Die Gegenwart

Deutschsprachige Erzähler
der Jahrgänge 1900–1960

Band 1

Die Gegenwart

Deutschsprachige Erzähler
der Jahrgänge 1900–1960
Band 1

Herausgegeben und
mit einem Nachwort von
Rolf Hochhuth

Kiepenheuer & Witsch

© 1981 by Verlag Kiepenheuer & Witsch, Köln
Einband und Kassettengestaltung Hannes Jähn, Köln
Gesamtherstellung Mohndruck, Gütersloh
ISBN 3 462 01480 3

Inhalt

Anna Seghers *Das Obdach* 9
Martin Beheim-Schwarzbach *Der Verfemte* 17
Marie Luise Kaschnitz *Eines Mittags, Mitte Juni* . . 26
Joachim Maass *Der Schnee von Nebraska* 34
Marieluise Fleisser *Das Pferd und die Jungfer* 67
Ernst Glaeser *Das Kirschenfest* 80
Reinhold Schneider *Die Geschichte eines Nashorns* 93
Ernst Kreuder *Nebelkomplott* 118
Josef Breitbach *Der Schuß im Tiergarten* 128
Kurt Kusenberg *Der Lokomotivführer hat Geburtstag* 133
Wolfgang Koeppen *Als ich Gammler war* 139
Stefan Andres *El Greco malt den Großinquisitor* . . 151
Bernt von Heiseler *Katharina* 183
Albrecht Goes *Unruhige Nacht* 192
Gerd Gaiser *Revanche* 258
Hans Jürgen Soehring *Die Sektion* 261
Edzard Schaper *Das Wiedersehen* 275
Marianne Langewiesche *Kaspar Hauser in Pilsach* . 284
Ulrich Becher *Er wollte sie nicht haben* 295
Hans Scholz *Die alte Chabarowsker Apotheke* . . . 302
Max Frisch *Russenzeit* 311
Hilde Spiel *Auf einem anderen Stern* 314
Gertrud Fussenegger *Der große Obelisk* 320
Felix Hartlaub *Notizen aus dem Kriege* 330
Rudolf Krämer-Badoni *Unterwegs nach Stalingrad* 341
Arno Schmidt *Trommler beim Zaren* 349
Alfred Andersch *Mit dem Chef nach Chenonceaux* . 357
Gregor von Rezzori *Von der Gerechtigkeit des Kadis* 369

Heinrich Schirmbeck *Die Nacht vor dem Duell* . . 372
Johannes Bobrowski *Unordnung bei Klapat* 382
Heinrich Böll *Wanderer, kommst du nach Spa* . . . 386
Hans Lipinsky-Gottersdorf *Die letzte Reise der Pamir* 397
Wolfdietrich Schnurre *Das Manöver* 421
Friedrich Dürrenmatt *Der Richter und sein Henker* 430
Wolfgang Borchert *Jesus macht nicht mehr mit* . . . 516
Nino Erné *Unvollendete Novelle* 520
Christine Brückner *»Nicht einer zuviel!«* 527
Franz Fühmann *Die Berge hinunter* 531

Anna Seghers

Das Obdach

geb. 1900

An einem Morgen im September 1940, als auf der Place de la Concorde in Paris die größte Hakenkreuzfahne der deutsch besetzten Länder wehte und die Schlangen vor den Läden so lang wie die Straßen selbst waren, erfuhr eine gewisse Luise Meunier, Frau eines Drehers, Mutter von drei Kindern, daß man in einem Geschäft im XIV. Arrondissement Eier kaufen könnte.
Sie machte sich rasch auf, stand eine Stunde Schlange, bekam fünf Eier, für jedes Familienmitglied eins. Dabei war ihr eingefallen, daß hier in derselben Straße eine Schulfreundin lebte, Annette Villard, Hotelangestellte. Sie traf die Villard auch an, jedoch in einem für diese ruhige, ordentliche Person befremdlich erregten Zustand.
Die Villard erzählte, Fenster und Waschbecken scheuernd, wobei ihr die Meunier manchen Handgriff tat, daß gestern mittag die Gestapo einen Mieter verhaftet habe, der sich im Hotel als Elsässer eingetragen, jedoch, wie sich inzwischen herausgestellt hatte, aus einem deutschen Konzentrationslager vor einigen Jahren entflohen war. Der Mieter, erzählte die Villard, Scheiben reibend, sei in die Santé gebracht worden, von dort aus würde er bald nach Deutschland abtransportiert werden und wahrscheinlich an die Wand gestellt. Doch was ihr weit näher gehe als der Mieter, denn schließlich Mann sei Mann, Krieg sei Krieg, das sei der Sohn des Mieters. Der Deutsche habe nämlich ein Kind, einen Knaben von zwölf Jahren, der habe mit ihm das Zimmer geteilt, sei hier in die Schule gegangen, rede französisch wie sie selbst, die Mutter sei tot, die Verhältnisse seien undurchsichtig wie meistens bei den Fremden. Der Knabe habe, heimkommend

von der Schule, die Verhaftung des Vaters stumm, ohne Tränen, zur Kenntnis genommen. Doch von dem Gestapooffizier aufgefordert, sein Zeug zusammenzupacken, damit er am nächsten Tag abgeholt werden könne und nach Deutschland zurückgebracht zu seinen Verwandten, da habe er plötzlich laut erwidert, er schmisse sich eher unter ein Auto, als daß er in diese Familie zurückkehre. Der Gestapooffizier habe ihm scharf erwidert, es drehe sich nicht darum, zurück oder nicht zurück, sondern zu den Verwandten zurück oder in die Korrektionsanstalt.
— Der Knabe habe Vertrauen zu ihr, Annette, er habe sie in der Nacht um Hilfe gebeten, sie habe ihn auch frühmorgens weg in ein kleines Café gebracht, dessen Wirt ihr Freund sei. Da sitze er nun und warte. Sie habe geglaubt, es sei leicht, den Knaben unterzubringen, doch bisher habe sie immer nur nein gehört, die Furcht sei zu groß. Die eigene Wirtin fürchte sich sehr vor den Deutschen und sei erbost über die Flucht des Knaben.
Die Meunier hatte sich alles schweigend angehört; erst als sie fertig war, sagte sie: »Ich möchte gern einmal einen solchen Knaben sehen.« Worauf ihr die Villard das Café nannte und noch hinzufügte: »Du fürchtest dich doch nicht etwa, dem Jungen Wäsche zu bringen?«
Der Wirt des Cafés, bei dem sie sich durch einen Zettel der Villard auswies, führte sie in sein morgens geschlossenes Billardzimmer. Da saß der Knabe und sah in den Hof. Der Knabe war so groß wie ihr ältester Sohn, er war auch ähnlich gekleidet, seine Augen waren grau, in seinen Zügen war nichts Besonderes, was ihn als den Sohn eines Fremden stempelte. Die Meunier erklärte, sie brächte ihm Wäsche. Er dankte nicht, er sah ihr nur plötzlich scharf ins Gesicht. Die Meunier war bisher eine Mutter gewesen wie alle Mütter: Schlange stehen, aus nichts etwas, aus etwas viel machen, Heimarbeit zu der Hausarbeit übernehmen, das alles war selbstverständlich. Jetzt, unter dem Blick des Jungen, wuchs mit gewaltigem Maß das Selbstverständliche, und mit dem Maß ihre Kraft. Sie sagte: »Sei heute abend um sieben im Café Biard an den Hallen.«

Sie machte sich eilig heim. Um weniges ansehnlich auf den Tisch zu bringen, braucht es lange Küche. Ihr Mann war schon da. Er hatte ein Kriegsjahr in der Maginotlinie gelegen, er war seit drei Wochen demobilisiert, vor einer Woche hatte sein Betrieb wieder aufgemacht, er war auf Halbtagsarbeit gesetzt, er verbrachte den größten Teil der Freizeit in der Wirtschaft, dann kam er wütend über sich selbst heim, weil er von den wenigen Sous noch welche in der Wirtschaft gelassen hatte. Die Frau, zu bewegt, um auf seine Miene zu achten, begann zugleich mit dem Eierschlagen ihren Bericht, der bei dem Mann vorbauen sollte. Doch wie sie auf dem Punkt angelangt war, der fremde Knabe sei aus dem Hotel gelaufen, er suche in Paris Schutz vor den Deutschen, unterbrach er sie folgendermaßen: »Deine Freundin Annette hat wirklich sehr dumm getan, einen solchen Unsinn zu unterstützen. Ich hätte an ihrer Stelle den Jungen eingesperrt. Der Deutsche soll selbst sehen, wie er mit seinen Landsleuten fertig wird... Er hat selbst nicht für sein Kind gesorgt. Der Offizier hat also auch recht, wenn er das Kind nach Haus schickt. Der Hitler hat nun einmal die Welt besetzt, da nützen keine Phrasen was dagegen.« Worauf die Frau schlau genug war, rasch etwas anderes zu erzählen. In ihrem Herzen sah sie zum erstenmal klar, was aus dem Mann geworden war, der früher bei jedem Streik, bei jeder Demonstration mitgemacht hatte und sich am 14. Juli stets so betragen, als wollte er ganz allein die Bastille noch einmal stürmen. Er glich aber jenem Riesen Christophorus in dem Märchen — ihm gleichen viele —, der immer zu dem übergeht, der ihm am stärksten scheint und sich als stärker erweist als sein jeweiliger Herr, so daß er zuletzt beim Teufel endet. Doch weder in der Natur der Frau noch in ihrem ausgefüllten Tag war Raum zum Trauern. Der Mann war nun einmal ihr Mann, sie war nun einmal die Frau, da war nun einmal der fremde Junge, der jetzt auf sie wartete. Sie lief daher abends in das Café bei den Hallen und sagte zu dem Kind: »Ich kann dich erst morgen zu mir nehmen.« Der Knabe sah sie wieder scharf an, er sagte: »Sie brauchen

mich nicht zu nehmen, wenn Sie Angst haben.« Die Frau erwiderte trocken, es handle sich nur darum, einen Tag zu warten. Sie bat die Wirtin, das Kind eine Nacht zu behalten, es sei mit ihr verwandt. An dieser Bitte war nichts Besonderes, da Paris von Flüchtlingen wimmelte.
Am nächsten Tag erklärte sie ihrem Mann: »Ich habe meine Kusine Alice getroffen, ihr Mann ist in Pithiviers im Gefangenenlazarett, sie will ihn ein paar Tage besuchen. Sie hat mich gebeten, ihr Kind so lange aufzunehmen.« Der Mann, der Fremde in seinen vier Wänden nicht leiden konnte, erwiderte: »Daß ja kein Dauerzustand daraus wird.« Sie richtete also für den Knaben eine Matratze. Sie hatte ihn unterwegs gefragt: »Warum willst du eigentlich nicht zurück?« Er hatte geantwortet: »Sie können mich immer noch hierlassen, wenn Sie Angst haben. Zu meinen Verwandten werde ich doch nicht gehen. Meine Mutter und mein Vater wurden beide von Hitler verhaftet. Sie schrieben und druckten und verteilten Flugblätter. Meine Mutter starb. Sie sehen, mir fehlt ein Vorderzahn. Den hat man mir dort in der Schule ausgeschlagen, weil ich ihr Lied nicht mitsingen wollte. Auch meine Verwandten waren Nazis. Die quälten mich am meisten. Die beschimpften Vater und Mutter.« Die Frau hatte ihn nur darauf gebeten zu schweigen, dem Mann gegenüber, den Kindern, den Nachbarn.
Die Kinder konnten den fremden Knaben weder gut noch schlecht leiden. Er hielt sich abseits und lachte nicht. Der Mann konnte den Knaben sofort nicht leiden; er sagte, der Blick des Knaben mißfalle ihm. Er schalt seine Frau, die von der eigenen Ration dem Knaben abgab, er schalt auch die Kusine, es sei eine Zumutung, anderen Kindern aufzuladen. Und solche Klagen pflegten bei ihm in Belehrungen überzugehen, der Krieg sei nun einmal verloren, die Deutschen hätten nun einmal das Land besetzt, die hätten aber Disziplin, die verstünden sich auf Ordnung. Als einmal der Junge die Milchkanne umstieß, sprang er los und schlug ihn. Die Frau wollte später den Jungen trösten, der aber sagte: »Noch besser hier als dort.«

»Ich möchte«, sagte der Mann, »einmal wieder ein richtiges Stück Käse zum Nachtisch haben.« Am Abend kam er ganz aufgeregt heim. »Stell dir vor, was ich gesehen habe. Ein riesiges deutsches Lastauto, ganz voll mit Käse. Die kaufen, was sie Lust haben. Die drucken Millionen und geben sie aus.«
Nach zwei, drei Wochen begab sich die Meunier zu ihrer Freundin Annette. Die war über den Besuch nicht erfreut, bedeutete ihr, sich in diesem Stadtviertel nicht mehr blicken zu lassen, die Gestapo hätte geflucht, gedroht. Sie hätte sogar herausbekommen, in welchem Café der Knabe gewartet habe, auch daß ihn dort eine Frau besuchte, daß beide den Ort zu verschiedenen Zeiten verließen. — Auf ihrem Heimweg bedachte die Meunier noch einmal die Gefahr, in die sie sich und die Ihren brachte. Wie lange sie auch erwog, was sie ohne Erwägen in einem raschen Gefühl getan hatte, der Heimweg selbst bestätigte ihren Entschluß: die Schlangen vor den offenen Geschäften, die Läden vor den geschlossenen, das Hupen der deutschen Autos, die über die Boulevards sausten, und über den Toren die Hakenkreuze. So daß sie bei ihrem Eintritt in ihre Küche dem fremden Knaben in einem zweiten Willkomm übers Haar strich.
Der Mann aber fuhr sie an, sie hätte an diesem Kind einen Narren gefressen. Er selber ließ seine Mürrischkeit, da die eigenen Kinder ihn dauerten — alle Hoffnungen hatten sich plötzlich in eine klägliche Aussicht verwandelt auf eine trübe, unfreie Zukunft —, an dem fremden aus. Da der Knabe zu vorsichtig war und zu schweigsam, um einen Anlaß zu geben, schlug er ihn ohne solchen, indem er behauptete, der Blick des Knaben sei frech. Er selber war um sein letztes Vergnügen gebracht worden. Er hatte noch immer den größten Teil seiner freien Zeit in der Wirtschaft verbracht, was ihn etwas erleichtert hatte. Jetzt war einem Schmied am Ende der Gasse die Schmiede von den Deutschen beschlagnahmt worden.
Die Gasse, bisher recht still und hakenkreuzfrei, fing plötzlich von deutschen Monteuren zu wimmeln an. Es

stauten sich deutsche Wagen, die repariert werden sollten, und Nazisoldaten besetzten die Wirtschaft und fühlten sich dort daheim. Der Mann der Meunier konnte den Anblick nicht ertragen. Oft fand ihn die Frau stumm vor dem Küchentisch. Sie fragte ihn einmal, als er fast eine Stunde reglos gesessen hatte, den Kopf auf den Armen, mit offenen Augen, woran er wohl eben gedacht habe. »An nichts und an alles. Und außerdem noch an etwas ganz Abgelegenes. Ich habe soeben, stell dir vor, an diesen Deutschen gedacht, von dem dir deine Freundin Annette erzählt hat, ich weiß nicht, ob du dich noch erinnerst, der Deutsche, der gegen Hitler war, der Deutsche, den die Deutschen verhafteten. Ich möchte wohl wissen, was aus ihm geworden ist. Aus ihm und seinem Sohn.« Die Meunier erwiderte: »Ich habe kürzlich die Villard getroffen. Sie haben damals den Deutschen in die Santé gebracht. Er ist inzwischen vielleicht schon erschlagen worden. Das Kind ist verschwunden. Paris ist groß. Es wird sich ein Obdach gefunden haben.«

Da niemand gern zwischen Nazisoldaten sein Glas austrank, zog man oft mit ein paar Flaschen in Meuniers Küche, was ihnen früher ungewohnt gewesen wäre und beinahe zuwider. Die meisten waren Meuniers Arbeitskollegen aus demselben Betrieb, man sprach freiweg. Der Chef in dem Betrieb hatte sein Büro dem deutschen Kommissar eingeräumt. Der ging und kam nach Belieben. Die deutschen Sachverständigen prüften, wogen, nahmen ab. Man gab sich nicht einmal mehr Mühe, in den Büros der Verwaltung geheimzuhalten, für wen geschuftet wurde. Die Fertigteile aus dem zusammengeraubten Metall wurden nach dem Osten geschickt, um anderen Völkern die Gurgel abzudrehen. Das war das Ende vom Lied, verkürzte Arbeitszeit, verkürzter Arbeitslohn, Zwangstransporte. Die Meunier ließ ihre Läden herunter, man dämpfte die Stimmen. Der fremde Junge senkte die Augen, als fürchte er selbst, sein Blick sei so scharf, daß er sein Herz verraten könne. Er war so bleich, so hager geworden, daß ihn der Meunier mürrisch betrachtete und die Furcht äußerte, er

möge von einer Krankheit befallen sein und die eigenen Kinder noch anstecken. Die Meunier hatte an sich selbst einen Brief geschrieben, in dem die Kusine bat, den Knaben noch zu behalten, ihr Mann sei schwer krank, sie ziehe vor, sich für eine Weile in seiner Nähe einzumieten.
— »Die macht sich's bequem mit ihrem Bengel«, sagte der Mann. Die Meunier lobte eilig den Jungen, er sei sehr anstellig, er ginge schon jeden Morgen um vier Uhr in die Hallen, zum Beispiel hätte er heute dieses Stück Rindfleisch ohne Karten ergattert.
Auf dem gleichen Hof mit den Meuniers wohnten zwei Schwestern, die waren immer recht übel gewesen, jetzt gingen sie gern in die Wirtschaft hinüber und hockten auf den Knien der deutschen Monteure. Der Polizist sah sich's an, dann nahm er die beiden Schwestern mit aufs Revier, sie heulten und sträubten sich, er ließ sie in die Kontrolliste eintragen. Die ganze Gasse freute sich sehr darüber, doch leider wurden die Schwestern jetzt noch viel übler, die deutschen Monteure gingen bei ihnen jetzt aus und ein, sie machten den Hof zu dem ihren, man hörte den Lärm in Meuniers Küche. Dem Meunier und seinen Gästen war es längst nicht mehr zum Lachen, der Meunier lobte jetzt nicht mehr die deutsche Ordnung, mit feiner, gewissenhafter, gründlicher Ordnung war ihm das Leben zerstört worden, im Betrieb und daheim, seine kleinen und großen Freuden, sein Wohlstand, seine Ehre, seine Ruhe, seine Nahrung, seine Luft.
Eines Tages fand sich der Meunier allein mit seiner Frau. Nach langem Schweigen brach es aus ihm heraus, er rief: »Sie haben die Macht, was willst du! Wie stark ist dieser Teufel! Wenn es nur auf der Welt einen gäbe, der stärker wäre als er! Wir aber, wir sind ohnmächtig. Wir machen den Mund auf, und sie schlagen uns tot. Aber der Deutsche, von dem dir einmal deine Annette erzählt hat, du hast ihn vielleicht vergessen, ich nicht. Er hat immerhin was riskiert. Und sein Sohn, alle Achtung! Deine Kusine mag sich selbst aus dem Dreck helfen mit ihrem Bengel. Das macht mich nicht warm. Den Sohn dieses Deutschen,

den würde ich aufnehmen, der könnte mich warm machen. Ich würde ihn höher halten als meine eigenen Söhne, ich würde ihn besser füttern. Einen solchen Knaben bei sich zu beherbergen, und diese Banditen gehen aus und ein und ahnen nicht, was ich wage und was ich für einer bin und wen ich versteckt habe! Ich würde mit offenen Armen einen solchen Jungen aufnehmen.« Die Frau drehte sich weg und sagte: »Du hast ihn bereits aufgenommen.«
Ich habe diese Geschichte erzählen hören in meinem Hotel im XIV. Arrondissement von jener Annette, die dort ihren Dienst genommen hatte, weil es ihr auf der alten Stelle nicht mehr geheuer war.

Erschienen 1941

Martin Beheim-Schwarzbach

Der Verfemte

geb. 1900

Der Traum vom Großgermanischen Imperium war aus. Es war ein gigantischer Traum gewesen, eine Vision, die ihrer Verwirklichung nahe gewesen war, eine irre Fata Morgana, deren Ferne und Weite eines großen alten Dichters wohl würdig gewesen sein mochte, aber nun war alles ausgeträumt und zerronnen. Die siegreichen Eroberer marschierten ein, und die geschlagenen Eindringlinge wurden in langen Kolonnen als Gefangene abtransportiert, am Gutshof vorbei, und es kamen auch Landsleute, die dem Alten seine Bücher über den Zaun warfen, und dort blieben sie haufenweis liegen und verrotteten im Regen.
Es erschien dann auch der Polizeichef und meldete dem Greis, daß er unter Hausarrest stünde. Ob er Schußwaffen habe? Seine Frau lieferte die beiden Gewehre aus, die auf dem Boden lagen. Die Frau mußte ihm alles erklären, denn er war fast völlig taub. Dem Polizeichef war das überlaute Gespräch, eine Amtshandlung, ersichtlich peinlich, und er machte sich rasch und grußlos wieder davon.
Als er gegangen war, fielen dem Alten die beiden Pistolen ein, die er einmal in Paris geschenkt bekommen hatte. Ich muß der Polizei das schreiben, damit man sie ebenfalls abholt. Wozu habe ich mich eigentlich mit den Dingern abgegeben? Ich habe gar kein Verhältnis zu Waffen. Jetzt bin ich sechsundachtzig Jahre alt, und die Vorstellung, ich könnte im Leben noch auf jemanden schießen, ist komisch.
Ein paar Tage danach kam der Amtsdiener vom Dorf herauf und holte die beiden Pistolen.
Wieder ein paar Tage später, und Frau Marie wurde in

das Frauengefängnis gebracht, er selber aber ins Krankenhaus. »Warum bin ich hier?« fragte er die junge Schwester, verstand aber ihre Antwort nicht. Er verstand nur, daß er sich hinlegen sollte. Es hatte in der Zeitung gestanden, er sei unter der Wucht der Niederlage, seiner Niederlage, unter der Wucht des Erwachens aus seinem Traum zusammengebrochen, sei krank und müsse gepflegt werden.

»Gott segne Sie, Kind«, sagte er zu der jungen Schwester, »nie ist ein gesünderer Mensch hier in das Krankenhaus gekommen als ich. Ich bin nur taub!«

Sie gab darauf keine Antwort, und auch die anderen Pflegerinnen wollten nicht mit ihm sprechen, die einen, weil sie gar so laut hätten schreien müssen, um von ihm verstanden zu werden, und andere wohl auch, weil ein so alter und berühmter Mann so tief in Schande war. Nur die Oberschwester redete mit ihm, sie hatte auch die kräftigste Stimme.

Krankenhaus, Untersuchungsgefängnis, Altersheim, Psychiatrische Klinik, was ein gelehrter Ausdruck fürs Irrenhaus war. Er wurde von einer dieser Stätten in die andere gebracht, und er wußte, daß sein Hof indessen verkam und daß die Bücher, die seine Landsleute ihm über den Zaun warfen, sich dort zu Haufen türmten. Schrotthaufen, denn auch Papier, auch Bücher, auch Dichtungen hohen Ranges können Schrott sein. Einmal verlangte der Untersuchungsrichter von ihm zu wissen, wie es mit seinem Vermögen bestellt sei. Er gab an, was er besaß. Und Ihre Autorenrechte? »Sie sind nichts mehr wert, Herr Amtsrichter. Mit meinen Aussichten als Dichter ist es wohl nun vorbei.«

Dergleichen hatte es schon gegeben, mehr als einmal, daß ein hochberühmter Dichter verfemt und allen Ansehens, aller Achtung, aller Einnahmen beraubt wurde. Als er darüber nachsann, fiel ihm nur der Name Oscar Wildes ein.

Zwei volle Jahre der Demütigungen, wenn er sich auch eines leidlichen Maßes an Freiheit erfreute. Er konnte lesen, umherschlendern, spazierengehen, mit anderen Greisen

plaudern. Er war ein Greis unter Greisen, die er in vielen Figuren so oft mit krassen, abstoßenden Farben geschildert hatte. Wenigstens war er nicht in eine Zelle gesperrt, denn er galt nicht — noch nicht! — als Verbrecher. Man schwankte, ob man ihn als Landesverräter oder als Geistesgestörten ansehen sollte. Wer an jenes Monstrum geglaubt hatte, mußte wohl geistesgestört sein? Die Verhandlung vor Gericht würde darüber Klarheit bringen.
Er begann sogar an einem Tagebuch zu schreiben. Daß er kein ordentliches Schreibpapier hatte, störte ihn nicht. Er hatte sein Leben lang seine Bücher auf Zettel, auf die Rückseiten von Rechnungen oder erledigter Kalenderblätter gekritzelt, auch so war der »Segen der Erde«, war »Hunger« und »Pan« und all das andere zustande gekommen. Das Kopfschütteln des Verlegers über dergleichen Knauserigkeit war ihm gleichgültig gewesen, ja hatte seine Bockigkeit herausgefordert. Nur begannen ihm seine Augen zu schaffen zu machen. Vielleicht würde er, der schon taub war, auch noch erblinden?
Sein schlohweißer Bart wucherte. Zur Verhandlung würde er ihn vielleicht wieder abnehmen, aber hernach ihn wieder wachsen und wuchern lassen. Hernach? Was würde hernach sein? Aber sie zögerten die Verhandlung ja hinaus, verlängerten die Ungewißheit, in der er schwebte, auf das qualvollste. Taten sie es mit Absicht? Er mußte all seine Menschenfreundlichkeit, und das war nicht sehr viel, zusammennehmen, um es nicht zu glauben.
Ein Schuldgefühl hatte er nicht. Zu den Sätzen, die er einmal geschrieben hatte und die dann und wann in seinem Gedächtnis wieder aufstiegen, auch jetzt, gehörten diese: »Ein Licht brennt still im Leuchter, die Tür wird aufgemacht, und das Licht geht aus. Wessen Schuld ist es? Schuld, wieso?« — Und ein andermal: »Hier und da strauchelt ein Mensch und geht über Bord. Soso, spricht dann der Liebe Gott. Auch ein Mädchenherz zerbricht hier und dort, ein Frauenleben zerschellt, ein Menschenwrack liegt da. Soso, spricht der Liebe Gott, und das Leben geht weiter.«

Sie holten ihn wieder einmal ab, diesmal, um ihn in die Hauptstadt zu fahren. Welch eine Fahrt war das! Sie suchte an Trostlosigkeit ihresgleichen und dauerte an die zwölf Stunden, denn das Land ist weit ausgedehnt. Diesmal glich es einer Zuchthauszelle, ein Eisenbahnabteil ist wie ein Kerker, und an spazierengehen und mit anderen Greisen zu plaudern war nicht zu denken. Vor allem aber dies, es war zu ihm durchgesickert, durch die Mauer seiner Taubheit war es gedrungen: er sollte dort auf seinen Geisteszustand untersucht werden.

»Ich bin entweder ein Landesverräter oder ein Geistesgestörter«, sagte er vor sich hin und kicherte.

Der Psychiater ließ sich so vernehmen: »In meinem Bericht an die Behörden habe ich auch eine Kennzeichnung Ihrer Charaktereigenschaften beizufügen. Gewiß haben Sie sich selber im Verlauf Ihres Lebens gründlich analysiert. Soweit ich sehe, sind Sie von aggressiver Natur; ferner sind Sie verletzbar und empfindlich. Habe ich recht? Und welche Eigenschaften haben Sie noch? Sind Sie mißtrauisch? Egoistisch? Eifersüchtig? Sind Sie vorwiegend logisch oder gefühlvoll? Haben Sie einen starken Gerechtigkeitssinn?«

Fragen über Fragen, bohrende, tastende, neugierige, taktlose. Ein fast neunzigjähriger Mann muß einem halb so alten Doktor Rede und Antwort stehen. Eines Tages wird er einem Richter Rede und Antwort stehen müssen, der sein Enkel sein könnte. Er ist indessen gewillt, Rede und Antwort zu stehen, man soll ihm nicht nachsagen, er sei störrisch. Und sehr bedächtig formen sich seine Auskünfte.

»Wenn ich mich selber analysiert habe, dann dadurch, daß ich in meinen Büchern mehrere hundert der verschiedensten Gestalten geschaffen habe. Jede einzelne von ihnen ist aber aus mir selber heraus entwickelt, mit Fehlern und Vorzügen, die auch meine eigenen sind. Früher besaßen die Figuren in der Literatur sogenannte vorherrschende Eigenschaften, aber ich glaube, es findet sich in meiner ganzen Produktion nicht eine Person mit einer solchen

gradlinigen, herrschenden Eigenschaft. Sie sind alle ohne Charakter, sie sind gespalten und zusammengesetzt, nicht gut und nicht böse, sondern beides, was in ihren Handlungsweisen durcheinanderwechselt. So bin ich gewiß auch selber. Vielleicht bin ich aggressiv und habe auch sonst ein wenig von all den Eigenschaften, die der Herr Professor andeutet. Aber ich finde nicht, daß ich einer von ihnen in mir ein Übergewicht einräumen kann.«
Obwohl sein Gedächtnis seit längerem stark nachließ, hatte er dies behalten und sich's schon damals zurechtgelegt, als er seine Dankesrede zum Empfang des großen Preises zu halten hatte — wobei er dann freilich zuletzt doch auf ein ganz anderes Gleis geraten war. Wie hatten sie ihm zugejubelt, und dann hatte er den großen Scheck mit der sechsstelligen Ziffer beim Aufbruch unter seinem Gedeck liegenlassen, vergessen, so daß es wie eine snobistische Albernheit ausgesehen hatte, und die hatte ihm doch ganz ferngelegen. Den Scheck hatte man ihm nachschicken müssen, und nun war nichts als ein gewaltiges, unabsehbares Minussaldo davon geblieben.
Gedächtnisproben, Intelligenzteste. »Wen haben Sie am meisten bewundert? Wie war Ihre religiöse Einstellung? Haben Ihre Interessen abgenommen? Was beschäftigt Sie jetzt besonders?«
Ja, was? Greisentum und Angst. Aber das sagte er nicht. Sie brachten ihn ins Altersheim zurück, weil Geistesgestörtheit nicht nachzuweisen war. Und wahrhaftig, zwischen all den Achtzig- und Neunzigjährigen war er ein Jüngling an geistiger Frische. Und machte sich wieder mit den fast blinden Augen und zittrigen Händen an sein Tagebuch. Die Brille hatten sie ihm weggenommen, um ihn vorm Selbstmord zu schützen, denn mit Glasscherben kann man sich die Adern öffnen. Aber jetzt bekam er sie wieder.
Er beschwerte sich in einem Brief an den Staatsanwalt über die quälende Hinauszögerung seines Falles. Sein Sohn sollte den Brief weiterleiten, aber kurz darauf schrieb er an den Sohn: »Die Polizei ist allmächtig. Sie

wird sich an mir rächen. Ich habe Angst. Schick mir den Brief am besten wieder zurück. Es besteht kein Zweifel daran, daß sie auf meinen Tod spekulieren, dann entfällt die ganze Sache. Doch nun muß sich erst zeigen, ob man mit meiner Zählebigkeit gerechnet hat.«
Ja, damals. Ein König hatte ihm die Hand gedrückt, jetzt hatte er Angst vor dem nächstbesten Staatsanwalt. Ein Mann geht über Bord. Soso, spricht der Liebe Gott. Aber nicht hinderte der Liebe Gott einen Mann, der über Bord gegangen war, noch zu erzählen, was ihm in den Sinn kam. Wir haben hier unter anderem ein gewisses Hähnchen, schrieb er auf seine Zettel, das sollte zum erstenmal krähen. Es hatte noch nicht einmal merken lassen, daß es ein Mannsbild war, aus Angst, jemand könnte kommen und zusehen wollen. Nun machte es einen höchst merkwürdigen Hokuspokus mit seinem Hals, machte noch mehr Hokuspokus, kam nicht weiter. Der Arme stand ganz allein auf der Welt und wagte nicht, es auf gut Glück ankommen zu lassen. Da hörte er etwas aus seinem Hals, es war scheußlich, aber da tat er es auch schon! Die kleinen Hennen wackelten herbei und guckten ihm zu. Er war es nicht gewesen, er schwieg ganz still, niemand sollte ihn dazu bringen zuzugeben, daß er es gewesen war. Aber es überkam ihn wieder, jetzt half kein Leugnen mehr, das Schicksal mußte seinen Lauf nehmen. Oh, wie bodenlos die Welt war! Später tat er es noch oft...
Morgen will ich schreiben, dachte er beim Zubettgehen, wie der kleine Hahn dran glauben muß. Wie, gehört nicht auch die Schlachtung eines Hähnchens zum Segen der Erde? Es brauchen nur zwei, drei Zeilen zu sein, und es wird bodenlos dunkel. Aber wer soll dieses Tagebuch wohl lesen? Nein, die Verleger werden mich auslachen, der Liebe Gott wird die Achseln zucken, ich schreibe es einfach nur für mich selbst.
Aber nach so vielen Monaten sprach irgend jemand im Land ein Machtwort, und die Verhandlung wurde festgesetzt. Der Staatsanwalt contra Knud Pedersen, genannt Hamsun. Der alte Mann geht mit der Nachricht in seinem

Altersheim umher, nein er springt förmlich herum und erzählt allen die Neuigkeit. Seine Schuld soll abgewogen werden. Schuld, wieso? Aber den Märtyrer spielen, das will ich nicht! fährt es ihm beim Betreten des Saales durch den Sinn. Seine Hände zittern vor Alter und vor Aufregung.
Er nimmt vor einem Tischchen Platz, auf dem sich eine Petroleumlampe befindet, denn im Raum ist es winterlich trübe, sowie ein Glas Wasser und ein Stapel von Papieren. Man hat ihm erlaubt, sitzen zu bleiben. Die Papiere enthalten seine Notizen, auf denen er seine Argumente aufgeschrieben hat. Sein schlohweißes Bartgestrüpp ist fortrasiert, nur der gesträubte Schnurrbart, mit dem die Welt ihn kennt, ist geblieben. Er ist so angezogen wie sich's gehört, eine lose geknotete Krawatte umschließt den fast offenen weißen Hemdkragen, ja, und ein weißes Taschentuch steht aus der Außentasche seines Jacketts heraus.
Was um ihn her vorgeht, nimmt er kaum wahr. Der Vertreter der Anklage spricht lange, und die Anwältin, die zu seiner Verteidigung bestellt ist, kaum weniger. Die Zeit verrinnt, aber der taube Uralte folgt weder der Zeit noch den Reden, er irrt mit den fast blinden Blicken auf den Notizen umher, die seiner Rechtfertigung dienen sollen, er müht sich verzweifelt, den einen oder anderen Satz zu entziffern, doch ist es vergeblich. Er hat sich vorgenommen und bestärkt sich hartnäckig in seinem Vorsatz, sobald ihm das Wort erteilt wird, will er mit diesem Satze beginnen: Ich werde die Zeit des geehrten Gerichtes nicht so sehr lange in Anspruch nehmen. Der Satz geht ihm wie ein Mühlrad im Kopfe herum. Auch das hat er sich vorgenommen, daß er fortfahren will mit der Versicherung, er wolle sein Möglichstes tun, daß sein Sündenregister ordentlich aufgerollt werde. Diese Worte sollen sich an die jenes ersten Satzes reihen, und dann wird sich, das weiß er, seine Rede verwirren, denn ablesen kann er sie nicht.
Der Saal verschwimmt in seiner winterlichen Trübe vor seinen halbblinden Augen, der weiße Fleck des Petroleumlichtes zu seiner Seite, das auf die Schreibblätter fällt,

ist das einzige was er noch sieht, und dann ist Stille, und die Stille schwillt und brütet und fängt an zu hämmern, und dann sagt eine Stimme dicht an seinem Ohr, er sei nun dran und er habe das Wort.
Er erhebt sich und bringt seinen Satz hervor: »Ich werde die Zeit des geehrten Gerichtes nicht so sehr lange in Anspruch nehmen.«
Seine Stimme ist sehr brüchig, aber nicht schwach. Sie ist deutlich zu vernehmen. Aber die Sätze, die sie vorbringt, sind auch brüchig. Sie zittern und verhaspeln sich. Die Personen des Gerichtes, die sie anzuhören haben, müssen sich viel Mühe geben, aus ihnen klug zu werden. Sie schweifen ab, kommen zu Dingen, die er gar nicht sagen will, finden mühsam zum Faden zurück, verkrampfen sich in ihm, spinnen ihn verwirrt weiter. So viel erkennt man, daß er sich rechtfertigen will, nun, das ist klar, dazu ist er hier. Er hat sein Land nicht verraten wollen, wie das hochtrabende Wort immer lautet. Er hat immer das Beste gewollt — das Beste, das auch jenes monströse Großmaul immer beteuert hat, das himmelstürmend Beste und Herrlichste, bis es sich die Waffe in das Maul hat stecken müssen. Das Beste, wieso? Und wessen Schuld war es? Schuld, wieso?
Er verheddert sich wieder, findet nur mühsam zurück. Es ist recht lange, daß er die Zeit des geehrten Gerichtes in Anspruch nimmt. Wer ihn da sitzen sieht mit seinem gesträubten schlohweißen Schnurrbart, kahl und hager, aber aufrecht — denn er hat sich wieder hinsetzen dürfen —, der gewinnt den Eindruck, daß die Störrischkeit wieder die Oberhand in ihm hat. Aber wie sollte ein Neunzigjähriger nicht störrisch sein. Kann man von ihm erwarten, daß er noch umlernt? Hat er erkannt, wie ungeheuerlich die Verbrechen waren, die jenes Monstrum beging? Es scheint so, und wiederum klingt es so nicht. Er weiß es und will's doch nicht wahrhaben.
»Es war nicht verkehrt, was ich schrieb. Es war nicht verkehrt, als ich es schrieb. Es war richtig. Was ich schrieb, war richtig.« Darein verbeißt er sich.

Dann schildert er, was er Gutes getan hat. Er hat manches Gute getan. Er hat Menschen, die verfolgt wurden, zu helfen versucht. Es hat nicht immer genützt, aber er hat es versucht. Er ist guten Willens gewesen, guten Willens gegen das Ungeheuer, weil er ihm geglaubt hat, aber guten Willens auch gegen sein Land. Er hat es erhöhen wollen. Jetzt heißt es, er habe es im Stich gelassen, habe es verraten, wie man das immer nennt. »Aber lassen wir das, womit die Herren mich jetzt belasten wollen.«
Und auch in diesen Satz, der doch zu nichts nütze ist, verbeißt er sich. »Lassen wir das. In hundert Jahren ist alles vergessen. Da ist auch das geehrte Gericht vergessen, vollständig vergessen. Die Namen von uns allen, die heute hier sind, werden in hundert Jahren von der Erde getilgt sein, niemand wird sich ihrer mehr entsinnen, sie noch erwähnen.«
Aber er sagt nicht, was er sich dahinter noch denkt, er verschweigt es aus der Schläue und Verschmitztheit seines Blutes: Sie werden auch in hundert Jahren nicht von der Erde getilgt sein, meine Bücher, sie nicht, nein!
Und dann redet er noch manches und sagt zuletzt: »Nun danke ich dem geehrten Gericht«.
Als sie ihn am Abend zu Bett bringen, murmelt er noch einmal vor sich hin: »Ein Mann strauchelt, geht über Bord, ein Menschenwrack liegt da. Und der Liebe Gott spricht: Soso...«
Erschienen 1970

Marie Luise Kaschnitz

Eines Mittags, Mitte Juni

1901—1974

Ich kam von der Reise und wußte von nichts. Ich fuhr von der Bahn direkt nach Hause und klingelte bei der Dame, bei der ich meine Schlüssel gelassen hatte. Sie begrüßte mich freundlich und machte ein vielsagendes Gesicht. Wissen Sie auch, daß Sie gestorben sind? fragte sie. Obwohl ich nicht am Leben hänge, haben mich diese Worte unangenehm berührt. Gestorben? fragte ich, wieso? Ja, sagte meine Nachbarin — Frau Teichmann heißt sie —, aber Sie dürfen es sich nicht zu Herzen nehmen, wer totgesagt wird, lebt lange. Ich lächelte etwas gezwungen und nahm die Schlüssel, die sie in ihrer Schreibtischschublade verwahrt hatte. Wer hat mich totgesagt? fragte ich. Eine Fremde, sagte Frau Teichmann, niemand hat sie gekannt, sie ist ins Haus gekommen, hat an allen Türen geläutet und überall gesagt, Sie seien tot. Sie hat eine dunkelbraune Haut gehabt und ein mageres Gesicht. Eine Ausländerin war es, ganz gewiß.
Eine Italienerin? fragte ich.
Aber das wußte Frau Teichmann nicht. Sie meinte, die Fremde habe eine Zeitschrift in der Hand gehabt, vielleicht habe sie in anderen Häusern diese Zeitschrift zum Abonnieren angeboten, aber an den Titel der Zeitschrift erinnere sie sich nicht. Es kommen so viele, sagte sie, auch junge Männer, gestern hat einer vor der Tür gestanden und nichts gesagt als: Christus ist da. Und dann berichtete sie noch, daß die Fremde nach meinen Wohnungsschlüsseln gefragt und gefordert habe, ihr diese auszuhändigen, und zwar sofort.
Das ist eine Unverschämtheit, sagte ich empört. Ich bedankte mich, ging in meine Wohnung hinüber, packte aus

und sah den Stoß Drucksachen durch, die mir nicht nachgeschickt worden waren. Ich versuchte, nicht mehr an den sonderbaren Vorfall zu denken, aber das gelang mir nicht. Man hat beim Heimkommen ohnehin leicht ein Gefühl der Verlorenheit, besonders, wenn man nicht gewohnt ist, allein zu sein. Die Dinge begrüßen einen anders als die Menschen; was sie von einem fordern, ist bestenfalls Abstauben, dafür aber überschütten sie einen sofort mit Erinnerungen aller Art. Man geht umher und tut dieses und jenes, es war ja nicht immer so still hier, und dann setzt man sich hin und macht die Augen zu, weil man überhaupt nirgends mehr hinsehen kann, ohne daß es schmerzt. Ich setzte mich also hin und machte die Augen zu, und gleich fiel mir die Fremde wieder ein, und daß es doch gut wäre, mehr von ihr zu wissen, jede kleinste Einzelheit, ganz genau.
Es war jetzt fünf Uhr, und eigentlich hätte ich mir gern einen Tee gemacht. Ich ging aber zu der Dame unter mir, der Frau Hoesslin, und dann ging ich auch noch zu der Familie, die über mir wohnt. Ich erfuhr einiges, aber nicht sehr viel, und als ich wieder in meinem Zimmer war, versuchte ich mir vorzustellen, wie es gewesen war an jenem Mittag Mitte Juni, das war jetzt zwei Monate her. Mittag und Mitte Juni und heiß, die Frauen alle auf der Treppe, herausgerufen von der lauten, fremdländischen Stimme und Herr Frohwein, der Vertreter ist, gerade im Begriff wegzufahren und irgendwo auf einem Treppenabsatz die Betrügerin, die sehr sicher auftritt und sich beinahe herausfordernd benimmt. Sie können es mir glauben, sagte sie, diese Frau Kaschnitz lebt nicht mehr, sie ist gestorben, so wahr ich hier stehe. Die Frauen schüttelten die Köpfe, und Herr Frohwein nimmt unwillkürlich den Hut ab. Alle sind betroffen, aber nicht ganz überzeugt. Da wir schon lange in diesem großen Mietshaus leben, kennen mich alle Einwohner recht gut. Es sind sogar einige darunter, mit denen wir schon ganze Nächte im Keller gesessen und uns auf den Boden geworfen haben, wenn in der Nähe die Bomben fielen. Frau Hoesslin hatte mir die Post nachge-

schickt, und ich hatte mich dafür von Zeit zu Zeit mit Ansichten der römischen Brunnen oder der Küste am Cap der Circe bedankt. Eine solche Postkarte, eben vom Cap der Circe, war vor wenigen Tagen eingetroffen. Ich hatte geschrieben, daß es mir gut gehe, und meine Tochter hatte einen Gruß hinzugefügt. Mein Tod war also unwahrscheinlich, aber unmöglich war er natürlich nicht. Es gibt den Sturm und den Sog und die Haifische, es gibt Unfälle und Herzschläge, und wie viele Leute gehen freiwillig aus der Welt. Grund genug also, bedenklich den Kopf zu schütteln, aber nicht Grund genug, den Schlüssel herzugeben und das einer wildfremden Frau.
So wahr Sie hier stehen, sagt Frau Teichmann, das klingt schön und gut, aber wer steht da? Wir kennen Sie nicht, wir haben Sie nie gesehen.
Mein Name tut nichts zur Sache, sagt die Frau hastig, ich bin ermächtigt, das genügt.
Und warum gerade Sie, fängt Frau Teichmann wieder an.
Weil, sagt die Fremde, und wirft das Haar zurück, die Frau Kaschnitz ganz allein gestanden ist, weil sie niemanden gehabt hat auf der Welt. Und nun werden die Frauen lebendig und fangen alle auf einmal zu reden an. Niemanden gehabt, das ist eine Unwahrheit, das ist lächerlich. Besuch ist gekommen, fast jeden Tag, Freunde und Verwandte, und wie oft hat das Telefon geklingelt, und der Briefkasten war immer voll bis obenhin. Das alles sagen sie mit großer Entschiedenheit, und es ist zum Verwundern, daß die Fremde sich noch immer nicht einschüchtern läßt. Ganz hoch aufgerichtet steht sie auf der Treppe und ruft laut, das stimmt nicht, ich weiß es besser, sie hat niemanden mehr gehabt, sie war ganz allein auf der Welt.
So weit war ich nun mit meiner Wiederherstellung der Szene, die Geschichte war noch nicht ganz zu Ende, aber bei dem letzten Satz blieb ich hängen, er ging mir im Kopf herum, und um ihn loszuwerden, lief ich durch die Wohnung und steckte bald im Westzimmer, bald im Ostzimmer den Kopf zum Fenster heraus. Auf der Straße ging ein Polizist mit einem kleinen Mädchen an der Hand, in

solchen Fällen, dachte ich, muß man die Polizei benachrichtigen, und eigentlich ist es gar nicht zu begreifen, daß das nicht sofort geschehen ist. Oder ist es geschehen? Nein, es ist nicht geschehen, der Herr Teichmann hat nur zu seiner Frau ganz leise etwas von der Polizei geredet, und daraufhin, oder gar nicht daraufhin, hat die Fremde ihre Zeitschrift in eine Mappe gesteckt und hat sich, aber keineswegs fluchtartig, entfernt. Ganz langsam, wie eine beleidigte Königin, ist sie die Treppe hinuntergegangen und hat niemanden mehr gegrüßt.
Ich muß die Frau suchen, dachte ich, wer Zeitschriften verkauft, ist auf der Straße oder in den Hauseingängen, und warum soll sie nicht wieder in unserer Gegend sein? Ich zog also meine Handschuhe an, eine Jacke brauchte ich nicht, es war immer noch heiß draußen, ein Sommer ohne Ende. Ich ging auf die Straße hinunter und wartete in verschiedenen Hauseingängen und vor den Türen, und dann tat ich dasselbe in den Nebenstraßen und fragte auch in den Geschäften, die noch geöffnet hatten, nach der fremden Frau. Aber niemand hatte sie gesehen, auch früher nicht, und von Hausierern war nur noch ein Scherenschleifer unterwegs und einer mit einem Apfelkarren, den er aber schon mit der Plane bedeckt nach Hause fuhr. Es wurde nun auch bald dunkel, die Tage waren schon kürzer, die Nächte länger, worüber auch die heißeste Sonne nicht hinwegtäuschen kann. Ehe ich heimging, machte ich mich noch auf den Weg zum Polizeirevier, aber das war inzwischen verlegt worden, und ich war plötzlich sehr müde und hatte keine Lust mehr, weiterzugehen. Ich stellte mir auch vor, was für Ungelegenheiten die Polizei den Leuten in meinem Haus bereiten konnte, wahrscheinlich würde man ihnen sogar Vorwürfe machen. Sie würden verhört werden und sich in Widersprüche verwickeln. Hatte die Frau einen Hut aufgehabt, ja, nein, natürlich nicht, oder doch, vielleicht, und am Ende würden sie selbst wie Verbrecher dastehen, während sie doch ganz vernünftig gehandelt und den Schlüssel nicht hergegeben hatten. Daß sie nichts mit der Polizei zu tun

haben wollten, geht ja auch schon daraus hervor, daß sie sie nicht damals schon angerufen hatten; so eine unheimliche Person war das gewesen, die kann ja auch wiederkommen und sich rächen, etwa ein Bündel Werg an die Kellertreppe legen und es anzünden, was ein Kinderspiel wäre, da leider unsere Haustür immer offensteht.
Ich ging also nicht aufs Revier, sondern nach Hause, und zu Hause kam mir dann ein Gedanke, und ich nahm mein Notizbuch vor, das eigentlich ein Kalender, aber einer mit viel Platz zum Schreiben neben jedem Datum ist. Es war mir plötzlich außerordentlich wichtig zu wissen, was mir geschehen war an diesem Tag Mitte Juni, aber warum mir das so wichtig war, wußte ich nicht.
Freitag, der dreizehnte, Sonnabend, der vierzehnte, Sonntag, der fünfzehnte Juni. Das Datum des Tages, an dem die Fremde ins Haus gekommen war, stand nicht fest. Es war wirklich zuviel verlangt von meinen Mitbewohnern, daß sie sich auch daran noch erinnern sollten. Eines Mittags, Mitte Juni, das hatten sie alle gesagt, und da fiel der Freitag weg, weil die Frau Hoesslin da im Taunus war, und der Samstag, weil am Samstag der Herr Frohwein nicht wegfuhr, und am Sonntag werden keine Zeitschriften verkauft. Am Montag hatte die Dame über mir ihre Putzfrau, und die wäre gewiß aus lauter Neugierde mit auf der Treppe gewesen. Es kam also nur der siebzehnte und achtzehnte Juni in Betracht. Und unter dem siebzehnten und achtzehnten suchte ich nun in meinem Kalender nach. Ich tat das nicht etwa im Stehen über meine halb ausgepackten Koffer gebeugt. Ich setzte mich vielmehr an meinen Schreibtisch, nachdem ich die Vorhänge zugezogen hatte, und zündete die Stehlampe an, alles ganz feierlich, als sollte ich weiß Gott was für eine Entdeckung machen. Da war aber am achtzehnten gar nichts aufgezeichnet, und am siebzehnten sehr wenig, nämlich nur die Worte Trinken, Ertrinken, Orfeo, und die verstand ich nicht.
Ich habe mir oft überlegt, warum man gewisse Dinge nur verschlüsselt oder verschleiert niederzuschreiben wagt.

Dinge, die man später vielleicht schonungslos preisgibt, die aber in diesem Augenblick noch nicht verwandelt, noch gefährlich sind. Daran dachte ich auch jetzt, gefährlich, Gefahr, Gefahrenfahne, kleines, rotes Stück Tuch, das flattert an einer Bambusstange über dem Strand. Sturm, Sog, Gefahr, geht nicht ins Wasser. Aber so war es doch gar nicht gewesen an jenem Mittag, Mitte Juni, plötzlich wußte ich es ganz genau. Tiefblauer Himmel, das Meer der bekannte Spiegel, in winzigen, kaum hörbaren Uferwellchen auslaufend, sengende Sonne, der Sand glühend heiß. Panische Stunde und Furchtbarkeit des Südens, und ich hinausschwimmend, zufällig ganz allein. Auf dem weißen Sand unter dem Sonnenschirm meine schwarzen Kleider, schwarze Strümpfe, schwarze Schuhe. Costanza und ihre Freundin und der Mago und der Ingenieur sind etwas trinken gegangen, die Bar steht ein paar Stufen höher, mit dem Rücken zum Wasser, der Musikkasten neben der Tanzfläche brüllt und schluchzt und schweigt. Die englischen Kinder werden zum Essen gerufen, wer sonst noch da ist, blinzelt in die Sonne und rührt sich nicht. Das Wasser ist an dieser Küste sehr flach, bis ich endlich richtig schwimmen kann, bin ich schon weit fort vom Ufer, unterscheide die Gesichter, die Gestalten nicht mehr. Ich lege mich auf den Rücken, das dicke Salzwasser trägt mich, ich brauche kein Glied zu rühren, verschränke die Arme unter dem Kopf. Die Häuser sind ganz klein, darüber steigt der Wald auf, noch darüber die Felsen, das Haupt der Circe, im Schmerz zurückgebogen und versteint. Armselige Zauberin, denke ich, Nichtskönnerin, du hast den Odysseus nicht halten können mit all deinen Künsten, wer fort will, geht fort, auch wenn man ihm ewige Liebe verspricht, wer wandern muß, wandert, und wer sterben muß, stirbt. Dann denke ich nichts mehr, schwimme weiter, halte die Augen unter Wasser offen, sehe tief, tief unter mir das Wellenmuster im feinen Sand. Den Kopf herauszustrecken ist furchtbar, eine Einsamkeit sondergleichen, man sollte zurückschwimmen, sich anziehen, zum Essen gehen. Aber warum eigentlich, es ist

doch alles verloren, du hast dich nicht halten lassen, Odysseus, fort, dein Schicksal erfüllen, fort nach Ithaka, und Ithaka ist der Tod. Ich bin keine Zauberin, nicht unsterblich, ich brauche nicht zu versteinen und gegen den Himmel zu stehen, ein schauriges Monument. Ich kann trinken, ertrinken, hinuntersinken in die Tiefe, hinaufsteigen in die Höhe, oben und unten sind dasselbe, oben und unten sind die seligen Geister, oben und unten bist du. Ein Unglücksfall, ein Herzschlag, niemand braucht sich Vorwürfe zu machen. Trinken, ertrinken, und das Wasser schäumt schon und braust schon, grauweiß, grünweiße Wirbel und drückt auf die Brust. Noch ein wenig tiefer, es drückt mir die Brust ab, es schnürt mir die Kehle zu, aber wo kommt der Ton her, der Flötenton, Costanza nimmt ihre Flöte nicht mit zum Baden, der Sand würde sie verderben, und man würde sie auch gar nicht spielen hören, so weit vom Strand. Aber ich höre sie doch, eine Flötenstimme, die so gar nichts hat von Rokoko und Schäferpoesie, die einen ganz neuen Ton hat, einen starken und wilden Ton. Und keineswegs, so viel man auch denken kann in Sekunden, keineswegs denke ich jetzt, Costanza ist da, das Leben ist nicht sinnlos, ich bin nicht allein auf der Welt. Denn das weiß ich wohl, Kinder sind Kinder und gehen in ihre Zukunft, man kann sich an ihnen freuen und an ihnen ärgern und um sie zittern, aber helfen können sie einem nicht. Aber es ist doch diese geheimnisvolle Flötenstimme, dieser Ruf des Lebens, der mich übers Wasser reißt und über dem Wasser hält, keuchend, hustend, spuckend, auf dem Rücken liegend und ausruhend und nun schon die ersten Armbewegungen dem Ufer zu. Am Ufer steht dann tatsächlich Costanza mit dem Badetuch in der Hand und sagt zornig, was schwimmst du so weit hinaus, weißt du nicht, daß es Haifische gibt? Wir packen zusammen, und ich sage, vergiß deine Flöte nicht, und sie sieht mich verständnislos an. Das war um zwölf Uhr zwanzig, da hatte daheim die fremde Frau unser Haus schon verlassen, warum eigentlich, doch nicht aus Furcht vor der Polizei?

Das mußte ich noch wissen und stand vom Schreibtisch auf, mit blinden Augen und steifen Beinen, und ging hinaus und klingelte bei der Nachbarin, die schon zu Bett gegangen war und mir nur das Fensterchen aufmachte, das in der Wohnungstür ist.
Entschuldigen Sie, fragte ich durch das Fensterchen, ich habe nicht recht verstanden, warum die Frau, die mich totgesagt hat, schließlich fortgegangen ist, und ich wüßte es gern.
Denken Sie immer noch daran, sagte meine Nachbarin, ich habe Ihnen doch gesagt, wer totgesagt wird, lebt lange.
Ich wüßte es aber doch gern, sagte ich.
Habe ich das nicht erzählt, sagte Frau Hoesslin freundlich. Jemand hat von ihrer Tochter gesprochen. Da hat sie es aufgegeben und ist fort.
Frau Hoesslin fror und gähnte, es war jetzt beinahe elf Uhr.
Haben Sie es auf der Polizei gemeldet? fragte sie.
Aber das hatte ich nicht getan, und ich würde es auch nicht mehr tun.

Erschienen 1966

Joachim Maass

Der Schnee von Nebraska

1901—1972

Kalifornien, Nevada, Utah und Wyoming lagen hinter uns. Ebenmäßig, Stunde um Stunde, rollte unser Zug durch die ungeheure Prärie von Nebraska. Sie war eingeschneit; zuerst hatten noch Büschel schwarzen Steppengrases die grenzenlose Weite gemustert; aber mit dem Mittag und dem immer volleren Sonnenschein war auch diese letzte Unterbrechung verschwunden. Das Geblitz des Schnees hatte unsere Augen ermüdet. Nun wurde es Abend, und ein bedrückendes Grau senkte sich über das verlassene Gefilde. Es war eine schwermütige Fahrt.
Der Doktor kam mit der Whiskyflasche, wir tranken, und ich schaute wieder hinaus. Er folgte meinem Blick und sagte, indes er sich mir gegenüber niederließ:
»Da ist nicht viel zu sehen.«
Jetzt schaute auch er hinaus, und nach einer Weile fuhr er fort, und er sagte:
»Ich habe eine gewisse traurige und unheimliche Erinnerung an dieses Land Nebraska. Sie betrifft nicht gerade mich selbst, aber doch Menschen, die mir nahestanden — das Dunkel, das alles verschluckt, hat auch sie inzwischen zu sich genommen.
Ich will Ihnen die Geschichte erzählen und will sagen: sie spielte in Omaha, wo wir heute abend hinkommen werden; es war nicht Omaha, aber es war ein Städtchen diesem ähnlich, an der Grenze Nebraskas nach Iowa hin gelegen, am Rand der Wüste, die wir jetzt durchfahren. Dort finden Sie zwar noch ein paar Wäldchen, Buschwerk, hier und da eine Siedlung und sogar ein Flüßchen, dessen Bett aber im Sommer fast immer austrocknet; im ganzen war es jedenfalls eine typische Präriestadt.

Dorthin wurde aus einem schwerverständlichen eigenen Antriebe ein Mann verschlagen, den ich sehr schätzte, ja: verehrte, ein Arzt namens Doktor Watson. Er war mein Lehrer in Chikago gewesen, und eine Zeitlang assistierte ich ihm. Er hatte eine ausgedehnte Praxis, einen großen Namen und ein bedeutendes Vermögen. Seit zwei Jahren war er Witwer, und mit dem Tode seiner Frau, von der ich nicht einmal sagen könnte, daß er sie zu ihren Lebzeiten in einer auffälligen Weise verwöhnt hätte, hatte ihn eine seltsame Verdüsterung, ein fortdauernd in ihm arbeitendes Mißtrauen gegen diese Welt beschlichen. Dann kam ein junges Mädchen namens Mabel MacFadden, die Tochter einer guten, aber nicht reichen Familie, wegen eines nervösen Leidens in seine Praxis, und eine Art hysterischer Glückseligkeit befiel ihn. Das Mädchen war freilich außerordentlich schön (ehrlich gesagt, auch ich verliebte mich in sie), aber sie war fast dreißig Jahre jünger als er: er war bald fünfzig und sie eben zwanzig. Auch hatte er aus seiner Ehe zwei Kinder, Virginia und Clark, Zwillinge von jetzt fünf Jahren; doch erwiderte das junge Mädchen seine Liebe, wenn auch auf jene etwas gläserne Weise, die Sie häufig bei unseren jungen Damen finden können.
Jedenfalls, sie willigte darein, seine Frau zu werden und sogar mit ihm die Großstadt zu verlassen und nach dem besagten Omaha zu übersiedeln. Ich weiß nicht bestimmt, warum sich die absurde Idee, dorthin zu ziehen, in ihm bildete und festsetzte; ich könnte mir aber denken, daß er mit diesem freiwilligen Opfer dem Schicksal sein Glück bezahlen wollte, daß es sich nicht über Nacht gegen ihn erbose, denn selbst die Liebe hatte sein Mißtrauen nicht ersticken können.
Kurz nachdem sich Doktor Watson in Omaha niedergelassen hatte, besuchte ich ihn, und ich hatte merkwürdigerweise das Gefühl, daß er an dieser Übersiedlung recht getan hatte, so abstrus sie doch eigentlich war. Aber wahrscheinlich erschien einem das Glück und der geschmackvolle Luxus, mit dem er sich umgeben hatte, noch gestei-

gert durch die Ärmlichkeit und Leere der weiteren Umwelt, darin er beides genoß.
Es gab ein paar Ärzte in Omaha und besonders einen älteren in Doktor Watsons Revier; aber der berühmte Mann aus der Weltstadt hatte alsbald den größten Zustrom an Patienten, einen größeren Zustrom, als ihm im Grunde lieb war, denn er hatte nicht die Absicht, sein Leben wie bisher ganz der Arbeit zu widmen, an Mitteln fehlte es ihm ja nicht, und also stoppte er den Zulauf durch sehr hohe Honorarforderungen — womit er allerdings seinen Ruf noch weiter vergrößerte.
Das Haus, das er sich nach seiner Vorliebe in spanischem Kolonialstil erbaut hatte, wie man ihn an der pazifischen Küste viel sieht, lag am Rande der Stadt mit einem großen Garten nach hinten zu und einem ansehnlichen Vorplatz, es war zweifelsohne das schönste Haus, und Doktor Watson war der glücklichste Mann von Omaha, denn auch seine neue Ehe war die denkbar beste.
Die junge Frau schien die Großstadt in keiner Weise zu entbehren, sie war, seit sie in Doktor Watsons Behandlung gewesen war, von einem erstaunlich gleichmäßigen Temperament, sie hatte nur für ihren Mann und für dessen Kinder Augen; für die Kinder nämlich, Virginia und Clark, hatte sie eine freundschaftliche Zärtlichkeit, die um so rührender wirkte, als ihr Wesen auf den ersten Blick für Zärtlichkeiten so gar nicht gemacht schien; die drei hockten zusammen, sobald der Doktor in seiner Praxis zu tun oder das Haus zu einer Operation zu verlassen hatte, weswegen er denn auch häufig von seinen ›drei Kleinen‹ sprach. Als nun das Paar noch im ersten Ehejahr ein Kind bekam, einen kleinen Jungen, den sie Jerry nannten, der aber bald Chuck gerufen wurde, schien zur Seligkeit, soweit diese Welt sie zu bieten vermag, nicht mehr viel zu fehlen.
Chuck wurde der Liebling aller. Er war aber auch wirklich ein bezaubernder Junge, ein vollendeter kleiner Gentleman. Er hatte die Schönheit seiner Mutter und den tiefen nachdenklichen Ernst im Auge von seinem Vater. Ich

habe ihn, wenn ich in Omaha zu Besuch war, häufig gesehen, zuletzt, als er neun Jahre alt war. Ich war wie alle Welt ein bißchen vernarrt in ihn und geneigt, der Mutter Anschauung zu teilen, Chuck sei zu etwas Besonderem ausersehen. Daran glaubte sie fest, und tatsächlich lieferte dies eine der wenigen Streitigkeiten in der Ehe mit dem älteren und weltklügeren Manne, der von einer Ausnahmestellung seines Lieblingskindes nichts wissen und schon gar nicht zulassen wollte, daß Chuck, wie Mabel wünschte, nach Hollywood gebracht und dort Probeaufnahmen von ihm gemacht werden sollten, damit er ein Filmstar werde gleich Shirley Temple oder Freddie Bartholomew.

Der Junge aber hatte eine unvergleichliche Art, jede Bevorzugung zu übersehen, darum liebten ihn seine Geschwister und Altersgenossen noch mehr, und obgleich er keineswegs zimperlich war, hatte er, soweit ich weiß, nur ein einziges Mal eine Prügelei, und zwar mit dem gleichaltrigen Sohn jenes älteren Arztes aus Doktor Watsons Revier (er hieß O'Brady), mit dem er sich aber unmittelbar danach aussöhnte und dann sogar in enger Freundschaft lebte, bis jene bösartige Grippeepidemie von 19... kam, die unter so vielen anderen in Omaha auch diesen Jungen zugleich mit seiner Mutter zum Opfer forderte.

Mabel hat mir erzählt, daß kurz nach diesem Ereignis ein zufälliger Spaziergang sie am Friedhof vorbeigeführt und daß sie Chuck am Grabe des Freundes habe stehen sehn, die Mütze in der Hand, und der Schnee, der dicht und ebenmäßig fiel, habe ihm Haar, Gesicht und Schultern besetzt, er aber habe sich nicht gerührt; eine Scheu befiel die junge Frau, ihr Kind anzureden, und sie ging lautlos davon.

Zu Hause erwähnte weder Mutter noch Sohn den Besuch auf dem Friedhof, und überhaupt machte sich keinerlei Veränderung in Chucks Wesen bemerkbar; er lebte, so verbindlich er sich betrug, in einer Welt für sich, und das prägte sich auch in seinem Gesicht aus, besonders wenn man ihn aus Scherz zum Narren halten oder ihm eine win-

dige Geschichte erzählen wollte und er vor einem stand und einen mit seinen unbeirrbar nachdenklichen Augen ansah, die Zähne immer fest zusammengebissen, ein kleines gutmütiges Lächeln in beiden Mundwinkeln.

Als im vorigen Jahre das Weihnachtsfest eben vorüber war, der Christbaum stand noch mit vielen bunten Birnen geschmückt nach amerikanischer Sitte auf dem Schneeplatz vor Doktor Watsons Haus, geschah etwas Furchtbares. Es hatten nämlich Virginia und Clark, die nun sechzehn Jahre alt waren, eine kleine Nachfestfeier mit Popcorn und Wurzelbier veranstaltet und dazu eine Freundin und einen Freund aus der Nachbarschaft geladen; die Eltern waren zu einem Besuche ausgefahren, aber Chuck mußte selbstverständlich dabeisein, er gehörte sozusagen mit zu den Genüssen, die die Freunde mit Recht erwarten konnten, und in seiner weltmännisch zurückhaltenden Art ging er unter ihnen umher, bediente sie und ließ mit sich plaudern.

Da ließ ein Klirren von Glas sie alle auffahren, und sie sahen, daß ein Mann mit vorgestrecktem Revolver das fußtiefe, ebenerdige Fenster durchstoßen hatte und mit einem einzigen Schritt mitten durch die entzweisplitternde Scheibe eingetreten war. Das Fenster lag seitlich von dem Tisch, an dem sie saßen, und Chuck, der eben davorstand, war also dem Eindringling am nächsten. Auch er starrte den Mann an, dessen Gesicht von einem schwarzen Tuch umwunden war; es war ein hünenhaft großer Mensch in einem Kamelhaarmantel mit eckigen Schultern, und unter seinem Tuche hervor murmelte er mit einer heiseren Stimme, daß er sie alle kaltmachen werde, wenn einer sich rühren oder rufen sollte.

Er machte einen Schritt ins Zimmer hinein, stieß die Hand mit dem Revolver Chuck oberhalb der Knie zwischen die Beine, indes er mit dem anderen Arm sein Genick umschlang, und riß ihn zu sich hoch, Chuck gab kein Wort von sich, aber ein kaum wahrnehmbares Ächzen drang zu den jungen Leuten am Tisch, offenbar wehrte er sich mit seinen schwachen Kräften gegen die eiserne Umschlin-

gung, und dadurch wurde dem Mann das schwarze Tuch ein wenig heruntergezogen, so daß das Auge zum Vorschein kam. Dies alles dauerte nur wenige Sekunden, im nächsten Augenblick flatterte ein Stück Papier zu Boden, und der Mann war mit seiner Beute durchs splitternde Fenster verschwunden.
Obgleich aber alles so schnell ging, war den vier jungen Leuten gleichmäßig der furchtbare Ausdruck im Auge des Eindringlings aufgefallen; es war, so sagten sie später übereinstimmend aus, unter buschigen schwarzen Brauen ein helles, graues oder graublaues Auge von völlig unbeseelter, erschreckender Starrheit gewesen, ja, dieses Auge war es, das ihnen in der Erinnerung mehr noch als das Geschehnis selbst die Schauer des Entsetzens über den Rücken laufen ließ.
Nun kam, unmittelbar nachdem der Mann mit dem kleinen Chuck verschwunden war, das eine Dienstmädchen, vom Klirren des Glases angelockt und in der Meinung, die jungen Leute hätten irgendwelchen Unfug angerichtet, in die Stube, die vier erwachten aus ihrer Lähmung, die jungen Damen brachen in Schreie und Tränen und die jungen Männer in atemlose Rufe aus; das Mädchen aber erfaßte das Geschehene schnell, und sie stürmte, den Namen Chucks rufend, auf den Vorplatz hinaus. Draußen war die Dämmerung schon ziemlich weit vorgeschritten, und der Schnee hatte wieder zu fallen begonnen; die Rufe des Mädchens blieben in der Taubheit der leisen Stunde ohne jede Erwiderung, und sie ließ entmutigt ihre Arme sinken. Doch fügte es der Zufall, daß nur wenige Minuten später Doktor Watson und seine Frau im Auto von ihrem Besuche heimkehrten. Als der Doktor das gestikulierende Mädchen erblickte, das im Lichtkegel des Scheinwerfers stand, stieß er den Wagenschlag auf und schrie, als hätte er seit langem auf diesen schrecklichen Augenblick gewartet:
»Wo ist Chuck? Um Gottes willen, wo ist Chuck?!«
Er drehte, ohne eine Sekunde Zeit zu verlieren, um und jagte zur Polizei. So kam es, daß schon eine halbe Stunde

nachdem der Junge geraubt worden war, die Verfolgung des Verbrechers aufgenommen wurde, die Sirenen der Polizeiräder heulten durch die Stadt und ins leere Land hinaus, die Telegraphen meldeten in ganz Nebraska und Iowa die Merkmale des Räubers, das Radio forderte die Bevölkerung zur Mitarbeit auf, und Aushänge liefen überall durch die Druckereipressen: es schien unmöglich, daß der Mann mit dem Jungen das Netz der Verfolgung durchschlüpfen könnte.
Als die Watsons nach Hause kamen, fanden sie den Zettel, den der Entführer zurückgelassen hatte. Es war ein schmutziger und schon halb verwischter Lappen Papier; darauf forderte der Verbrecher in einer rohen, ungebildeten und überdies verstellten Bleistiftschrift den Doktor auf, sich unverzüglich mit ihm in Verbindung zu setzen, und zwar durch eine Anzeige in den Omaha-News unter dem Kennwort ›Mabel‹ und mit der Unterschrift ›Ann‹, und ihm eine Summe von achtundzwanzigtausend Dollar an einem noch zu vereinbarenden Orte auszuhändigen; wenn dieses binnen drei Tagen nicht geschehen oder aber die Polizei von dem Vorgefallenen benachrichtigt sei, so würde der Junge eines Todes sterben, *›fuller of torture than you could imagine‹*.
Daraufhin stürzte der unglückliche Mann ans Telefon, um die Polizei zu beschwören, sie möchte alle Maßnahmen in dieser Sache sofort einstellen, es komme ihm weder auf das Geld noch auf den Täter, einzig auf die Sicherheit seines Sohnes an. Er machte sich gleich wieder auf, um auf dem Polizeibüro persönlich seine Bemühungen fortzusetzen, und wirklich vermochte er den Polizeichef, für eine Frist von drei Tagen alle Unternehmungen in der Angelegenheit zu stoppen — das heißt: in Wirklichkeit und unter der Hand wurden die Nachforschungen natürlich doch fortgesetzt, aber nur ein Eingeweihter konnte davon wissen, und in die Öffentlichkeit drang nichts mehr als ein Schweigen ungeheurer Spannung.
Vom Polizeibüro aus fuhr Doktor Watson zum Haus der Omaha-News und gab für die Rubrik ›Familiennachrich-

ten‹ eine Anzeige wie gefordert auf, in der er sich zur Zahlung der achtundzwanzigtausend Dollar bereit erklärte und um Angabe des Ortes bat, an dem er ›Mabel‹ die Summe aushändigen könnte. Ich muß aber bemerken, daß mir der Wortlaut dieser Anzeige nicht bekanntgeworden ist; alles nämlich, was mit dem Zettel und mit den Versuchen zu tun hatte, eine Fühlung mit dem Verbrecher zu finden, hielt der Doktor streng geheim, damit um Gottes willen nichts geschähe, was das Leben seines Jungen gefährden könnte.

Die Nachricht von dem Verbrechen erreichte mich am nächsten Morgen durch die Zeitung, als ich eben beim Frühstück saß. Ich ließ alles stehen und liegen, stürzte zum Bahnhof und bekam mit knapper Not den ›Superchief‹, die schnellste Zugverbindung von Chikago nach dem Westen. So war ich schon in der folgenden Nacht in Omaha, um meinen Freunden nach Möglichkeit zur Seite zu stehen.

Ihr Zustand war, wie Sie sich denken mögen, gräßlich; aber während Mabel sich in einer durch nichts zu beeinflussenden wimmernden Erregung befand, in der sie nicht einmal die Anwesenheit Virginias und Clarks, geschweige denn ihren Trost und Zuspruch zu bemerken schien, so daß man sich endlich entschließen mußte, eine Pflegerin ins Haus zu nehmen, war der Doktor auf eine beängstigende Weise verstummt, als hätte ihn ein furchtbarer Schlag, aber ein Schlag nicht im übertragenen, sondern im physischen Sinne, seiner Fähigkeit zu reden beraubt, und mit einer närrischen Starrheit hielt er am regelmäßigen Ablauf seines Tages fest, besorgte mit unheimlicher Pünktlichkeit seine Praxis und führte am Nachmittag des dritten Tages sogar eine größere Operation aus, bei der ich ihm wie in glücklicheren alten Zeiten assistierte.

Diese Merkwürdigkeit in des Doktors Verhalten führte zu der bald verbreiteten Meinung, er habe sich nicht genügend um das Schicksal seines Jungen bemüht; indes konnte wohl nicht gut mehr geschehen, als durch ihn geschah, er war täglich mehrere Stunden abwesend, um Be-

suche zu machen, wie er andeutete, in Wirklichkeit aber, um sich mit den Detektiven zu besprechen, die er hinzugezogen hatte. Ob er recht beraten war, kann ich nicht beurteilen; Sie werden aber sehen, daß die Ereignisse schon damals auf einem Punkt der Entwicklung angekommen waren, auf dem nur ein Zufall den armen kleinen Chuck noch hätte erretten können.

Die verschiedensten und durch nichts zu belegenden Gerüchte tauchten auf, zuerst: ein Wahnsinniger habe den Raub begangen, vielleicht um sich wegen einer vermeintlich falschen ärztlichen Behandlung an dem Doktor zu rächen, und es bestehe keine Hoffnung, daß der Junge mit dem Leben davonkommen werde; dann verbreitete sich, Chuck werde auf einer nahe gelegenen verlassenen Geflügelfarm festgehalten, und obgleich das Ganze nur leeres Gerede war, jagte sofort mit Autos und Motorrädern eine Polizeistreife an den bezeichneten Ort, den man natürlich leer und ohne jede Spur vorfand, die auf einen Zusammenhang mit dem Verbrechen hingedeutet hätte; später hieß es, Chuck sei munter und wohlauf, er werde bald zurück sein, wenn nur der Doktor, der mit der Bande des Entführers in Verbindung stehe, rasch genug handelte.

Freilich ist es wahr, daß eine zweite Anzeige in den Omaha-News um ›neue‹ Beweise bat, daß Chuck am Leben sei; der Doktor aber leugnete, vielleicht aus übergroßer Vorsicht, stumpf und hartnäckig, eine Berührung mit dem Verbrecher gefunden zu haben — womit er übrigens die Wahrheit sagen mochte, selbst wenn er eine Antwort auf seine Anzeige erhalten hatte, denn es konnten sich ja Schwindler, die mit der Entführung selbst nichts zu tun hatten, in das dunkle Spiel eingemischt haben, um sich das Lösegeld zu ergaunern; immerhin bat der Doktor die Polizei um einen weiteren ›truce‹, einen Waffenstillstand, der ihm Verhandlungen ermöglichen sollte, und die Polizei gab nochmals nach.

Endlich hieß es, man habe in Kansas City einen von Gangstern übel zugerichteten Mann aufgegriffen, der vorgab, den Watsonjungen im Unterschlupf der Verbrecher gese-

hen zu haben, ›nackt und in weiße Laken gewickelt‹, aber auch die Nachforschungen, die man auf diese Anzeige hin unternahm, verliefen völlig im Leeren.

Sieben Tage waren seit dem Verschwinden Chucks vergangen, der Doktor hatte vier Anzeigen in den Omaha-News erscheinen lassen, die Presse des ganzen Landes hatte täglich mit großen Schlagzeilen die kärglichen und meist am nächsten Tag widerrufenen Nachrichten gebracht, und noch war keinerlei Licht in die Angelegenheit gekommen. Ich habe später Gelegenheit gehabt, Einblick in des Doktors Vermögensverwaltung zu nehmen, und dabei festgestellt, daß um diese Zeit sechsundfünfzigtausend Dollar von seinem Konto abgehoben worden waren, also zweimal der als Lösegeld geforderte Betrag. Wem er diese Summe ausgezahlt hat, weiß ich nicht; er sprach nie darüber. Tatsache ist, daß dies alles zu keinem Erfolge führte: Chuck war und blieb verschwunden.

Als die Polizei einsah, daß ohne ihr tatkräftiges Eingreifen doch nichts zutage gefördert würde und daß ihre Zurückhaltung zwecklos war, beendete sie den ›*truce*‹, den sie dem Täter durch die Anzeigen Doktor Watsons hatte versprechen lassen, und begann in großem Stil ihre Arbeit von neuem.

Man hatte schon im geheimen Listen aller aus den Irren- und Strafanstalten kürzlich entlassenen oder entsprungenen Personen aufgestellt, und die Suche wurde jetzt in dieser Richtung aufgenommen; schon einmal, vor ein paar Jahren, war in Omaha der Versuch gemacht worden, ein Kind zu entführen, den achtjährigen Sohn eines Großkrämereibesitzers namens Franklin; auch diesen Fall, den man seinerzeit nicht allzu energisch verfolgt hatte, weil der erste Versuch ohne Schaden verlaufen und ein weiterer von dem Verbrecher nicht unternommen worden war, griff man wieder auf; die Überwachung der Straßen wurde verschärft und auf ganz Nebraska und Iowa und auf Teile von Kansas und Missouri ausgedehnt, die Aushänge mit den wenigen Merkmalen, die von dem Täter bekanntgeworden waren, wurden endlich veröffentlicht.

Am dritten Tage verbreitete sich die Kunde, man habe den Kidnapper gefaßt, aber Chuck sei nicht mehr am Leben. Wie es nun mit derlei Nachrichten zu gehen pflegt: es stimmte zwar, daß man einen Verdächtigen gestellt, nicht aber, daß man etwas über Chucks Schicksal in Erfahrung gebracht hatte. Der Festgenommene bestritt jeden Zusammenhang mit dem Verbrechen. Es nützte ihm jedoch nicht viel, die Erregung und Ungeduld von Bevölkerung und Polizei war zu groß, man mußte einen Schuldigen haben.

Der Mann war in Burlington aufgegriffen worden, man brachte ihn nach Omaha, und als er Virginia und Clark und deren Freunden vorgeführt wurde, behaupteten die jungen Leute mit Ausnahme Clarks, der sich nicht sicher war: dieses sei der Mann; sie erkannten es an seinem Blick, der freilich, von der Seite und bei der Gelegenheit gesehen, bei der sie ihn zuerst gesehen hatten, einen unvergeßlichen Eindruck hinterlassen mußte; der Mann hatte nämlich ein Glasauge, und sogar die helle Farbe dieses künstlichen Auges war die gleiche, die die vier schon vorher angegeben hatten. Indes leugnete der Mensch hartnäckig, und zwar auch dann noch, als sich herausstellte, daß man ihn in der Nacht nach der Entführung Chucks nahe Red Oak, etwa fünfzig Meilen entfernt von Omaha, in einer Waldstraße schon einmal gestellt, als nicht hinreichend verdächtig aber hatte weiterfahren lassen, nachdem der bewußte ›*truce*‹ von der Polizei verkündet worden war.

Man listete dem Mann aber noch einen weiteren Beweis seiner Identität ab, indem man ihn nämlich irgendwelche Aussagen schriftlich zu machen zwang, und obwohl er seine Hand verstellte, war es den Sachverständigen doch ein leichtes zu erkennen, daß diese Schriftzüge von dem gleichen Manne stammten wie jene auf dem Zettel in Doktor Watsons Haus. Sie mögen sich vorstellen, daß man im Guten wie im Bösen auf ein Geständnis des Verhafteten drang; aber was man auch anstellte: der Mensch blieb bei seiner Leugnung, er wisse nichts von dem Verbleib des geraubten Jungen.

Für die Öffentlichkeit war er trotzdem der Täter, auch die jungen Leute blieben unerschütterlich von seiner Identität mit dem Eindringling überzeugt, nur einer glaubte seltsamerweise nicht daran, und das war Doktor Watson selbst. Er bat die Polizei um eine Gelegenheit, unter vier Augen mit dem Manne zu reden, und man gewährte sie ihm. Was die beiden miteinander besprachen, ist nicht bekanntgeworden; nach dem Gespräch aber bat Doktor Watson den Polizeichef abermals inständig, seine Suche mit aller möglichen Sorgfalt und Tatkraft fortzusetzen und sich darin nicht durch die Tatsache beirren zu lassen, daß man vermeinte, des Täters bereits habhaft zu sein.
Dieses geschah an einem Sonnabend, dreizehn Tage nach dem Verschwinden Chucks und drei Tage nach der Festnahme des Verdächtigen, der übrigens Clifford Down hieß und alles in allem ein ziemlich übel beleumundetes Individuum war, mehrfach vorbestraft und möglicherweise, wie sich jetzt herausstellte, auch in jene Entführungsaffäre verwickelt, die sich früher in Omaha zugetragen hatte.
Am darauffolgenden Tage kam die Kunde auf, Clifford Down habe ein Geständnis abgelegt, und das stimmte auch, aber das Rätsel war damit nicht gelöst. Am Sonntagmorgen verlangte nämlich Down, den man seit dem Gespräch mit Doktor Watson und auf dessen Bitte allein gelassen hatte, vor den Polizeichef geführt zu werden, und sagte aus: er sei es tatsächlich, der Chuck geraubt und jenen Zettel zurückgelassen hätte; er sei mit seiner Beute auf Red Oak zugefahren; dort aber in einer Waldstraße sei ihm von ferne der Schein schwingender Lampen, deren Licht matt über die Stämme streifte, aufgefallen, und in der Angst, daß die Polizei schon an der Arbeit und er also in großer Gefahr wäre, habe er den Jungen ›betäubt‹, ihn aus dem Wagen in ein nahes Gesträuch geschleppt und ihn mit seinem Mantel zugedeckt, der ihm ohnehin leicht zum Verhängnis hätte werden können; wirklich sei er dann auch von einer Polizeistreife sistiert, aber wieder entlassen worden, und nun habe er ›der ganzen verfahre-

nen Angelegenheit« den Rücken gekehrt und sich nach Burlington begeben, wo er sich bis zu seiner Festnahme aufgehalten habe; vom weiteren Ergehen des Watsonjungen aber wisse er nichts.
So hatte man denn den Täter und hatte ihn doch wieder nicht — sofern man nämlich der Aussage glauben wollte; selbstredend hätte man ihr nicht geglaubt, wenn man nicht durch ein weiteres Ereignis, das am gleichen Tage eintrat, halb und halb dazu gezwungen worden wäre.
Wir hatten damals einen Winter mit reichlichem Schneefall in Nebraska; aber an diesem Sonntagmorgen schneite es nicht, es war eiskalt, und ab und zu ließ ein schneidender Windzug die verharschten Körner über die weite Fläche rieseln, dabei aber war der Himmel grau, und es sah aus, als ob der Schnee bald wieder zu fallen beginnen wollte, wie er auch in der letzten Nacht gefallen war, stetig und in ungeheurem Schweigen, wie wenn er die ganze Welt bedecken wollte.
Nun wohnte ein paar Meilen außerhalb Omahas ein Mann namens Johnson, der zusammen mit seinem achtzehnjährigen Sohn Douglas eine Hühnerfarm unterhielt. An jenem Morgen begab sich der junge Mann auf die Kaninchenjagd; es war eben zu der Stunde, als auf einen Anruf des Polizeichefs von Omaha die Leute von Red Oak sich aufmachten, um an dem beschriebenen Orte nach dem Mantel Downs und dem Körper des kleinen Chuck zu suchen, denn man mußte wohl annehmen, daß die ›Betäubung‹, von der Down gesprochen hatte, einem Totschlag gleichkam.
Douglas war also auf der Jagd, und er hatte gerade ein Kaninchen aufgebracht, als das Tier in ein Gestrüpp abging; Douglas eilte hinterher, da stürzte er und hatte sogleich das schreckhafte Gefühl, daß es ein menschlicher Körper sei, über den er gefallen war. Er richtete sich auf, die Flinte in der Linken, und schaufelte mit der andern Hand den Schnee beiseite; zuerst wollte es ihm, so erzählte er, gar nicht recht gelingen, und eine Gier kam in ihn, den geheimnisvollen Fund mit den Augen zu sehen.

Als es aber soweit war und die ersten Teile des Gesichtes frei wurden, konnte er nicht einhalten, und automatisch und gegen seinen Willen fuhr er in seiner Arbeit fort; plötzlich aber stieß er einen langen wilden Schrei aus, er warf die Flinte zu Boden und jagte, wie vom Bösen gehetzt, der Farm zu. Er hatte das Gefühl, das Entsetzliche würde ihn einholen, er lief wie ein Wahnsinniger, und als er endlich die kleine Siedlung erreichte, schrie er: ›Dad, ich habe den Watsonjungen gefunden! Dad! Dad!‹ Und dabei beschäftigte ihn die Vorstellung, was er anstellen sollte, wenn der Vater nicht da, wenn er einfach verschwunden wäre.

Der Alte kam indes ruhig aus dem Holzschuppen hervor, er vermeinte nichts anderes, als daß sein Sohn der allgemeinen Psychose verfallen wäre; als er jedoch sein Gesicht sah, wußte er, daß dem nicht so war, Douglas war ein beherzter Bursche, und nun hatte ihm das Entsetzen die Augen rund und starr und das Gesicht schmal und fahl gemacht, daß dieser Anblick allein genügt hätte, einen von der Unheimlichkeit dieser Welt zu überzeugen. Der Vater vermochte kaum den Sohn zu bewegen, daß er ihn zum Fundort führe; nur die Tatsache, daß er sonst allein in dem Hause hätte bleiben müssen, nötigte es ihm ab.

Es war also Chuck, den Douglas da im Schnee gefunden hatte; es bestand kein Zweifel, dennoch konnten sie es kaum fassen. Man hatte den Jungen unsäglich zugerichtet, und die Drohung, er werde eines Todes sterben, ›*fuller of torture than you could imagine*‹, war offenbar wahrgemacht worden, ganz gleich, durch wen; die offenen Augen, jetzt von Schnee gefüllt, zeugten noch von dem weltweiten Grauen, das das Kind erlebt hatte. Blut war in Strömen über das einst so reizende Gesicht gequollen und nun dick verkrustet und vereist, und der rechte Mundwinkel war aufgerissen. Auch der Körper selbst, der nackt und völlig gefroren war, befand sich in einem fürchterlichen Zustand — aber ich will es nicht genauer beschreiben, das Grauen und der Ekel packen mich wieder, wenn ich daran denke. Ich war nämlich von den Näherstehen-

den der erste, der den Leichnam identifizierte, weil der Doktor sich gerade auf einem seiner geheimnisvollen Wege befand, als die Nachricht uns erreichte.
Er selbst kam eine halbe Stunde später; er ging langsam auf den Leichnam seines Sohnes zu und schaute hinab; er beugte sich nicht nieder und berührte auch den gequälten Körper nicht; er stand nur da, und wie in der Einsicht, daß es nun genug sei, fing es aus dem grauen Himmel wieder zu schneien an, und der Schnee bedeckte gütig das entsetzliche Bild; da befiel den Doktor ein Schüttelfrost, daß ihm hörbar die Zähne aufeinanderschlugen, er wandte sich um und begann zu gehen, nicht auf das Haus zu, wo sein Auto wartete, sondern einfach in die schneetreibende Prärie hinaus. Ich ging ihm nach, faßte seinen Arm und führte ihn; es war ihm ganz gleich, wohin man mit ihm ging: wohin auch immer, kein Weg führte aus seinem Erlebnis nach Hause.
Schlimmer noch war die Wirkung der Ereignisse auf die arme Mabel. Man versuchte selbstverständlich, es vor ihr geheimzuhalten, wenigstens was die Einzelheiten anbetraf; aber sie verstand es, sich am nächsten Morgen durch ein junges Negermädchen, das im Hause die einfacheren Arbeiten verrichtete, eine Zeitung zu besorgen, und diese Zeitung brachte eine Darstellung des Falles von allem Anfang bis zum Ende in großer Aufmachung und schrecklicher Genauigkeit, sogar ein Bild des kleinen Chuck erschien auf dem Titelblatt, darüber stand: ›*He returns — dead*‹ und darunter: ›*Jerry Watson, Cruelly Tortured and Body left to Freeze.*‹ Unter der Fürchterlichkeit dieser Nachrichten brach Mabel vollends zusammen, sie verfiel in ein schweres Nervenfieber und starb am zweiten Tage nach ihrer Erkrankung, zur Zeit, als die Sonne unterging.
Um in der Erzählung des Falles selbst fortzufahren, muß ich zunächst berichten, daß es den Leuten von Red Oak wirklich gelang, Downs Mantel an dem angegebenen Ort zu finden, wo er tief im Schnee begraben lag, und da außerdem nach dem Ergebnis der ärztlichen Untersuchung Chuck, als man seinen Körper entdeckte, nicht viel länger

als vierundzwanzig Stunden tot sein konnte, Down aber schon seit über einer halben Woche in Haft war, kam seine Täterschaft für den Mord nicht mehr in Frage.
Wer aber kam in Frage?
Der alte Johnson sagte aus, in der Nacht gegen elf Uhr habe sein Hund, eine große Bulldogge, angeschlagen und gewimmert, wie sie täte, wenn Fremde in der Nähe wären; er habe gedacht, ein später Besuch wolle noch zu ihm, und habe das Tier ins Haus genommen; dort habe es sich nach wenigen Minuten beruhigt, und er, Johnson, habe den kleinen Vorfall bald vergessen. Daraus wurde die Theorie entwickelt, daß der Leichnam, vielleicht in Laken gewickelt, in der letzten Nacht im Auto dorthin geschafft wäre, wo man ihn am Morgen fand; daß der Mord aber etwa an Ort und Stelle ausgeführt worden wäre, erschien überhaupt von vornherein ausgeschlossen.
Noch eine weitere Vermutung kam durch den Umstand auf, daß die wenigen unverletzten Teile des Gesichtes und die Hände des kleinen Ermordeten mit einer Schicht rußigen und inzwischen gefrorenen Schmutzes bedeckt und beschmiert waren und daß man unter den Fingernägeln Klümpchen eines Kalkstaubes sah; vielleicht, so meinte man, habe der Verbrecher den Jungen geknebelt und gebunden und in einer sonst unbenutzten Dachkammer in Verwahrung gehalten, während er Anstrengungen machte, irgendwie in den Besitz des Lösegeldes zu kommen. Eine gewisse Wahrscheinlichkeit konnte man dieser Mutmaßung nicht absprechen; denn daß der Junge gefesselt worden war, und zwar aufs brutalste, verrieten die übriggebliebenen Spuren an dem Körper nur allzu deutlich.
Wer aber hatte dies alles getan?
Von der Abscheulichkeit seiner Tat hatte der Schuldige genügend deutliche Merkmale zurückgelassen, aber wo er sie ausgeführt und wohin er sich nachher gewandt hatte, darauf wies nichts, und das Gemunkel, der junge Douglas Johnson hätte mit der Sache zu tun, war denn doch zu unsinnig, als daß die amtlichen Stellen ihm hätten nachfor-

schen mögen. Man konnte im weichen Schnee noch ahnen, daß der Fundort von Stiefeln zerstampft gewesen sein mochte; irgendwelche identifizierbare Autospuren aber waren auf der nahen Straße nicht zu sehen — wenn wirklich welche dagewesen waren, der Schnee hätte sie längst verweht.
Man mußte also einfach suchen, jeden noch so geringen Hinweis in Augenmerk nehmen, jeden nur möglicherweise Verdächtigen festhalten, und so setzte das größte Manhunting ein, die größte Menschenjagd, die die Staaten seit Jahren gesehen hatten; es begann in Nebraska und Iowa, dehnte sich nach Kansas und Missouri im Süden, nach South Dakota im Norden und nach Kolorado im Südwesten aus, und schließlich überspannte das ganze Land ein dichtes Netz von Argwohn und gefährlichem Mißtrauen, eine Verunsicherung aller gesellschaftlichen Empfindungen und eine Bereitschaft zur Lynchjustiz, die sich am ersten besten auszulassen drohte.
Aber ich will der Reihe nach erzählen.
Mabel, die schöne Mabel MacFadden, die auch ich einst geliebt hatte, und der kleine Chuck wurden am gleichen Tage bestattet. Ganz Omaha, soweit es sich nicht am Manhunting beteiligte (es beteiligten sich aber fast alle jüngeren Männer daran), versammelte sich schon früh auf dem Friedhof und öffnete dem Zug der Trauernden ehrfürchtig eine Gasse — der Trauernden, sage ich, aber sie trauerten alle, und als die Särge sanken, war es ein allgemeines Weinen und Schnupfen in der winterlichen Stille des Vormittags, und sogar die Stimme des Geistlichen, die weithin klang, als lauschte ihr die ganze Natur, brach mitten in einem Satze ab und schluchzte: einen so starken Eindruck hatte die Entdeckung und Folge der Untat nach der langen Spannung auf die Menschen gemacht.
Der Doktor aber stand stumm und betäubt, vielleicht war er der einzige, der keine Rührung zeigte, es war, als sähe er gelähmt dem Treiben von Irrsinnigen zu. Dann wandte er sich nicht schnell, doch unvermittelt ab, gerade so, wie er sich vom Leichnam seines Sohnes abgewandt hatte, und

ging zwischen der beiseite tretenden Menge der Trauergemeinde hindurch. Nach einigen Schritten jedoch machte er halt und kam wieder zurück; er nahm meinen Ellenbogen und sagte, indem er nachdenklich seinen Kopf senkte:
›Sie könnten meine Schwiegermutter und die Kinder mitnehmen.‹
Er sah mich an und fragte:
›Sie fahren doch nach Chikago?‹
Ich erwiderte, daß man es zu Hause besprechen könnte. Er nickte und wandte sich wieder ab; dieses Mal ging ich ihm nach, und als ich an seiner Seite war, fuhr er im gleichen Tone fort:
›Ja, das wird das beste sein.‹
Um es kurz zu machen: der Doktor erwachte, solange ich bei ihm war, nicht aus seiner Halbbetäubung, er bat nur von Zeit zu Zeit, ihn sich selbst zu überlassen, und nach seinem Wunsch und Willen verließen wir, Virginia, Clark und Mabels Mutter, die zum Begräbnis von Tochter und Enkel herbeigekommen war, Omaha mit dem nächsten Zuge und reisten meiner Heimatstadt Chikago zu, ehe noch die Verstorbenen vierundzwanzig Stunden unter der Erde lagen.
Drei Tage lang hockten wir vier ratlos zusammen, und noch immer konnte ich mich nicht entschließen, mich wieder an meine Arbeit zu machen; da kam mit der Morgenpost des vierten Tages, zugleich mit der Zeitung, ein Brief Doktor Watsons.
Dieser Brief ist das letzte Kapitel meiner Geschichte; er lautete wie folgt:
›Lieber Ben!
Eben, als ich aus dem verfluchten Hause kam, bin ich beim Anwalt vorgegangen und habe Sie für den Fall meines Todes testamentarisch zum Vormund meiner Kinder Virginia und Clark ernannt. Tragen Sie die Belastung aus alter Freundschaft willig, und nehmen Sie sich ihrer an; Mrs. MacFadden ist zu alt, zu verbraucht und zu unvernünftig.

Ich schulde Ihnen eine Erklärung, und ich will sie Ihnen geben. Ich bin ohnehin in einer vergleichsweisen ruhigen und erlösten Stimmung; das Grauen sitzt mir noch im Nacken, aber auch das wird bald vorüber sein — ich danke Gott, daß die Finger einer Hand genügen, um die Stunden abzuzählen, die ich noch zu atmen habe. In meiner Studienzeit habe ich oft vom Tode geträumt, nun kommt er so spät und mit so viel Heimweh nach Chuck und Mabel; draußen ist es schon dunkel, und der Schnee fällt lautlos, es ist eine feierliche Stunde — trotz des Grauens, das hinter mir sitzt. Aber ich werde geschwätzig, verzeihen Sie, nehmen Sie es einem alten Manne nicht übel (ich bin älter als Mrs. MacFadden).
Hören Sie also zunächst, was sich hier noch weiter begeben hat. Die Kinder und Sie waren wohl zwei Tage fort (ja, richtig: es war gestern morgen), da fand ich im Briefkasten an der Gartenpforte eine Nachricht von Chuck — es war die zweite, die ich seit seinem Verschwinden erhielt. Die erste war mit einem verwischten und ganz unleserlichen Poststempel von irgendwo gekommen, als von seinem Schicksal noch nichts bekannt war; diese aber war unfrankiert in den Kasten geworfen worden, und also mußte sich die Person, die sie eingeworfen hatte, zur entsprechenden Zeit in Omaha befunden haben.
Die Nachricht bestand nur aus wenigen Zeilen, die in Chucks Handschrift auf einen Bogen glatten Briefpapiers geschrieben waren, von dem man den oberen Teil sorgfältig abgeschnitten hatte; bei der ersten war es ganz ebenso gewesen, aber die Schrift war damals noch anders gewesen, obwohl auch diese zweifellos von meinem Sohne stammte. Auf dem Bogen stand das folgende:
»Liebe Eltern, ich soll Euch sagen, daß es mir gut geht und daß dies mein letzter Gruß an Euch ist, wenn Ihr Euch nicht sehr eilt. Euer Chuck.«
In die Ecke rechts unten war in großer Hast noch ein weiterer Satz geschrieben, der lautete:
»Dad, komm schnell!«
Vielleicht hatte mein armer Junge gedacht, dieser Hilfe-

ruf, der ihm offenbar nicht diktiert worden war, würde seinem Quäler entgehen, der aber hatte ihn wohl mit Freuden wahrgenommen.
Nun, als ich diese Worte las, lag Chuck ja lange unter der Erde; dennoch war der Brief angekommen, eine ununterrichtete Mittelsperson konnte es in diesem Falle einfach nicht geben, und so war es klar, daß das Ganze aus Quälerei geschah, denn welche Qual mir dieser Brief war und besonders das Sätzchen in der Ecke, das fühlen Sie wohl.
Es wird Ihnen nicht entgangen sein, daß die Gerüchte im Zusammenhang mit dem Unglück, das uns betroffen hat, etwas halb Närrisches, halb Geniales an sich hatten, indem sich nämlich darin fast jedesmal irgendeine völlig unhaltbare Behauptung mit einer anderen verband, die sich später als zutreffend herausstellte; so war von vornherein von einer Geflügelfarm gemunkelt worden, man hatte von Downs Festnahme gewußt, bevor sie bekannt wurde, und von meinen Verhandlungen, über die ich nie ein Wort verlauten ließ, und es war auch gesagt worden: dadurch, daß ich »neue« Beweise für das Wohlbefinden meines Sohnes verlangte, hätte ich die Angelegenheit in den entscheidenden Tagen verzögert, ich hätte nicht rasch genug gehandelt.
Nun weiß Gott, daß ich getan habe, was in meinen Kräften stand, um das Leben meines Jungen zu retten, aber etwas ist doch daran — ich habe falsch gehandelt.
Wie oft, wenn wir, Sie und ich, in der Klinik vor einem schwierigen Fall standen und wir uns die Dinge nicht zusammenreimen konnten, habe ich Ihnen gesagt: man muß, was man gesehen und empfunden hat, in sich wirken lassen, das meiste und gerade das Wichtigste geht häufig nicht bis ins Bewußtsein, aber später meldet es sich von selbst, man muß nur auf sich hören können. So habe ich auch in dieser Sache, von allem Anfang an Bescheid gewußt, in jenen dunklen Bezirken des Wissens, wohin die Gedanken selten dringen; ich wußte den Täter, wie man einen Namen weiß, auf den man nicht kommen kann, und obgleich ich immer so klug gewesen war, stellte ich mich

doch gerade so an, wie sich ein undisziplinierter Mensch in einem solchen Falle anzustellen pflegt, ich wollte es unbedingt und sogleich herausbekommen, und mit meiner fortdauernden hysterischen Fragerei übertönte ich die Stimme, die die Wahrheit wußte und sie sagen wollte.
Deshalb, weil ich im Grunde Bescheid wußte, glaubte ich auch Down sogleich, als er behauptete, von Chucks Ergehen nichts zu wissen; er widersprach in allem dem Bilde, das ich hatte, ohne es doch fassen zu können, und das mich auf irgendwelche mystischen Urgründe hinwies — denn daß hier das Schicksal selber tätig war, war mir gewiß, schon weil ich es seit Jahren erwartet hatte, nicht gerade in dieser Form, aber doch irgendwie, und ich hatte das Schicksal zu betäuben versucht, viele Male, so während des letzten großen Bankkrachs, an dem ich aus purer Mutwilligkeit, wie es jedem Außenstehenden scheinen mußte, drei Viertel meines Vermögens verlor, und jetzt, indem ich ziemlich bedeutende Summen an Leute hergab, die mich dumm machen und mir erzählen wollten, von ihnen hinge Leben und Tod meines Kindes ab; ich wußte aber, daß dies alles nur Farce war.
Allerdings mußte sich auch das Schicksal, das nun endlich seinen Willen hatte, eines menschlichen Werkzeuges bedient haben, aber es mußte jemand sein, der in irgendeiner ferneren oder näheren Berührung mit meinem Leben gestanden hatte — und auch diesen Hinweis hatte das Gerücht schon erteilt, indem es die Tat einem Wahnsinnigen zusprach, der sich an mir hätte rächen wollen.
Der Brief Chucks, dieser angsterfüllte letzte Gruß, brachte mir endlich Klarheit — das heißt: zuerst erfüllte er mich natürlich nur von neuem mit Trauer und Schmerz und einem abgründigen Ekel, aber als sich diese Gefühle gesetzt hatte, fing mein Hirn, mein Instinkt — ich weiß nicht, wie ich diese Apparatur nennen soll, die Intellekt und tieferes Wissen verkuppelt — wieder zu arbeiten an, und es schien mir, daß es gerade das Papier, seine Art wäre, die mich der Lösung des Geheimnisses näherbringen müßte. Allerdings war es genau dasselbe Papier, auf

dem auch die erste Nachricht gekommen war, und damals hatte es mir gar nichts gesagt, aber jetzt schien es mir ungeheuer wichtig. Ich strengte all meinen Scharfsinn an und verfiel in Grübeln, ich befühlte das Papier mit den Fingern und betrachtete es wieder und wieder, ich schlief die ganze Nacht keinen Augenblick, und als der Morgen kam, saß ich vorm Kaminfeuer und starrte hinein, mein Hirn fing von dem Anblick der züngelnden Flammen und Flämmchen müde zu werden an, fast wäre ich eingedämmert, da war es mit einemmal geschehen, der Funke war übergesprungen.

Zuerst saß ich ganz still mit aufgerissenen Augen, ich wagte vor meiner Erkenntnis kaum zu atmen (denn Zweifel hatte ich gar nicht), aber dann sprang ich auf, ich jagte im Auto zur Polizei, und Ryppins, der Chef, fragte nicht lange, er gab mir Leute mit, so viel ich wollte, und wir machten uns auf den Weg, auf den es mich mit unwiderstehlichen Kräften zwang, obzwar ich auch von Angst und Grauen erfüllt war, denn es war nun wirklich das Ende.

Ein wenig außerhalb der Stadt, etwa sieben Minuten von meinem Besitz entfernt, liegt an der Straße nach Red Oak ein einzelnes altes Haus mit einem halb verfallenen Schuppen daneben — ich weiß nicht, ob Sie sich erinnern, es gesehen zu haben. Es hatte, als ich nach Omaha kam, seit Jahren leer gestanden und stand auch später noch jahrelang leer; es gehörte keinem persönlichen Besitzer, sondern irgendeiner Testamentsverwaltung, glaube ich, die sich wohl keine allzu große Mühe damit gab, ein geheimnisvoller Ruf von Unheil, Verbrechen und Spuk umwitterte das Haus seit je, aber vor anderthalb Jahren, nach dem letzten großen Bankkrach, hatte es plötzlich einen Mieter bekommen: ein älterer alleinstehender Mann zog hinein.

Dennoch veränderte sich das unheimliche Aussehen des Hauses in keiner Weise; spitzgiebelig, mit einstmals wohl graugrünen, jetzt aber längst farblos gewordenen Holzwänden stand es da und glotzte mit leeren Fensteraugen

auf die öde Straße, und als mich nach dem Verschwinden Chucks einer der Wege vorbeiführte, die ich um meiner Sammlung willen unternahm, kam mir im Vorübergehen das Gefühl: wie kann hier einer wohnen, was für ein Mensch muß das sein! Nicht, daß ich nicht gewußt hätte, wer dort wohnte, ich wußte es seit Jahr und Tag, aber jetzt fiel es mir ein, und es befremdete mich für einen Augenblick. Dies war einer der Fingerzeige, die uns der Instinkt in seiner Geheimsprache zu erteilen pflegt, ich aber verstand ihn nicht, auch nicht, als sich das Haus wegen einer weiteren Erscheinung, von der ich noch erzählen werde, später nochmals wieder in meine Erinnerung drängte, ich empfand es jedesmal als Störung — und bedenken Sie: es wäre noch nicht zu spät gewesen, die Warnung kam zur rechten Zeit!
Dorthin also begab ich mich mit Ryppins' Leuten. Das Grundstück war nicht umzäunt, kein Pfad, nur eine in den Schnee getretene schmale Spur von Fußstapfen führte zum Eingang. Die beiden Frontfenster waren völlig eingefroren, und ein Druck auf den Klingelknopf gab keinen Ton, der etwa im Innern zu hören gewesen wäre. Wir machten uns sogleich, und zwar hastig, als könnten wir noch irgend etwas ausrichten oder verhindern, daran, die Türe aufzubrechen. Es gab ein paar trotzig splitternde und dann ein klagend quietschendes Geräusch, als sie nachgab, was indes fast sofort geschah, da sie vor Alter ganz undicht und mit einem einfachen Schlosse nur einmal zugeriegelt war.
Ein Dämmer, der vom Schneelicht draußen kalt erhellt war, empfing uns. Auf den ersten Blick hätte man meinen können, daß dort am Tische jemand säße, in schiefer Haltung, mit lauschendem Ohr, dem Eintretenden mit dem Rücken zu; es war jedoch nur ein Mantel, den man in einen alten Korbsessel geworfen und auf dessen hochstehenden Kragen man einen steifen schwarzen Hut gestülpt hatte. Man fühlte, kein lebender Mensch war in diesem Hause. Freilich auf dem Tisch stand in einem als Eierbecher benutzten Schnapsglas ein halb aufgegessenes Ei mit

geronnenem Gelb, der gebrauchte Löffel und ein paar abgenagte Brotrinden lagen noch daneben. Aber über alles war der Staub von Tagen gefallen, und die Schmutzschicht glimmerte frostig.
Die Tür zum nächsten Raume stand offen, und während der erste wenigstens noch ein paar ärmliche Möbelstücke gehabt hatte, war dieser und die Küche, die sich daran schloß, völlig leer. Von hier führte eine niedrige Tür, die angelehnt stand, aber festgefroren war, auf den Hinterhof oder, besser gesagt, einfach ins Freie, denn es dehnte sich dahinter ohne jede Unterbrechung die verschneite Prärie.
Aber an der Rückwand des Hauses war eine überdachte hölzerne Treppe, die stiegen wir empor. Der Bodenraum war dunkel, weil die beiden Luken vom Schmutz der Jahre erblindet waren, wir tappten vorwärts und kamen abermals vor eine kleine Tür; sie war verriegelt, gab aber unserem Brecheisen sofort nach, und wir standen für einen Augenblick still.
Da hing der Mensch, den wir so lange gesucht hatten, in einer Schlinge vom Dachbalken herab und glotzte uns mit seinen herausgequollenen Augen viehisch und unheimlich an, denn er war uns zugewandt, als hätte er uns erwartet.
Chirugische Instrumente, alle mit Blut beschmiert, eine ledergeflochtene Hundepeitsche, verschiedene Rollen zentimeterdicken Taues und außerdem eine Unzahl großer und zarter Kotelett- und Geflügelknochen, die restlos abgenagt waren wie von einem Hunde oder einem gierigen Affen, waren über eine verwühlte rotgestreifte Matratze und über den Boden verstreut, und in der Ecke lagen in einem Häufchen die Kleider, die mein armer Chuck getragen hatte — die kleinen schwarzen Hosen, das Jäckchen und alles —, und darüber war der Stuhl gestürzt, den der idiotische Schuft unter sich weggetreten hatte, als er seinem verfluchten Leben ein Ende machte.
Übrigens war es in dem entsetzlichen Gemach unbeschreiblich dreckig und stinkig, ein Petroleumofen uralten Modells, wie es bei uns schon lange nicht mehr im Gebrauche ist, stand noch glimmend unter dem kleinen qua-

dratischen Fenster und machte die verpestete Luft warm und stickig, so daß man kaum atmen konnte und einem übel wurde, von der infamen Atmosphäre, die der Schmutz, die eingetrockneten Blutlachen und das ungelüftete Matratzenlager ausströmten.
Jemand führte mich am Arm hinaus. Ich stolperte die Treppe hinab, doch dann drängte ich mich, dem Widerstrebenden zum Trotz, zu dem Schuppen, und dort sahen wir einen hochräderigen alten Ford stehen; ich wußte sofort: in diesem Wagen hatte man den Leichnam meines Sohnes auf Johnsons Farm gebracht, »nackt und in Laken gewickelt«, wie das Gerücht gesagt hatte, denn stellen Sie sich vor: nicht einmal die blutbefleckten Laken zu verbergen hatte dieser Mensch für nötig befunden, sie lagen achtlos zusammengeknäuelt auf dem Boden des Wagens, wie er sie an jener Stelle beim Gestrüpp hineingeworfen hatte — so sicher fühlte er sich, und das quälte mich am allermeisten, denn ich hätte es doch wissen müssen, ich hätte es verhindern können!
An Hinweisen hatte es das Schicksal weiß Gott nicht fehlen lassen, aber daß sie sich gerade in dieser und überhaupt in einer so furchtbaren Weise bewahrheiten könnten, daran hätte ich nie gedacht, und das kam daher, weil der betreffende Mensch in meinem Leben bei weitem nicht die Bedeutung hatte wie ich in dem seinen — und das werden Sie häufig finden, daß ein Mensch einen anderen für »sein Schicksal« hält, der aber merkt es gar nicht, bis er eines Tages durch irgendeine Tat dieses Menschen und meistens eine schlechte zu der Einsicht gezwungen wird, daß er jenem ungeheuer wichtig war, und nun haben sich die Rollen vertauscht: der Unbeachtete ist in des Achtlosen Leben zum »Schicksal« geworden.
Als ich mich entschloß, die Leitung des Hospitals in Chikago aufzugeben und nach Omaha zu übersiedeln, gab das, wie Sie sich erinnern werden, eine Befremdung und Erregung, die sogar von der Presse aufgegriffen wurde, und daß ich dementsprechend sehr auffällig in Omaha angekündigt war, wird Sie nicht wundernehmen. Ich hatte

hier aber keinerlei besonderen Ehrgeiz, ich wollte niemandem etwas wegnehmen und mich mit allen freundlich stellen.
So machte ich, bevor ich noch meine Sprechstunde (eine Stunde am Tage) eröffnete, bei allen Kollegen Besuche und wurde auch mit jener neidgemischten Liebenswürdigkeit empfangen, die jedermann kennt, der seine Sache versteht. Nur eine Tür blieb mir verschlossen, und das war die O'Bradys; ich hielt es für einen Zufall oder Irrtum, wiederholte den Versuch und wurde ein zweites Mal abgewiesen, dieses Mal mit der Bemerkung: »Herr Doktor will Sie nicht sehen.«
Das war gewiß ungewöhnlich, aber doch leicht zu erklären: O'Brady praktizierte in meinem Revier, er hatte von Woche zu Woche das schöne Haus aufwachsen sehen, das ich mir hier baute, und sein Neid und seine Beunruhigung mußten um so größer sein, als seine eigene Praxis ohnehin im Rückgang begriffen war; dabei hatte er früher einen nicht geringen Ruf als Arzt genossen, aber eine gewisse ungute, kalte und trotzdem heftige Art, mit den Patienten umzugehen, und eine ausgesprochene Brutalität verscherzten ihm diesen Ruf — man sagte nämlich, es mache ihm offenbar Freude, seine Kranken leiden zu sehen, er führe kleinere Operationen, Schnitte und Bruchrichtungen grundsätzlich ohne Narkotika und, so wurde wenigstens behauptet, auch dann aus, wenn sie vielleicht nicht einmal unbedingt nötig gewesen wären.
Schließlich ging mich dies alles nichts an, mir tat der Mann eher leid, denn ich weiß aus eigener Erfahrung, was gerade über einen nicht durchschnittlichen Arzt alles geredet wird.
Ich hatte daher den kleinen Vorfall lange vergessen, als eines Tages ein Patient zu mir kam, von dem ich nicht wußte, daß er vorher bei O'Brady in Behandlung gewesen war, O'Brady aber erfuhr davon (er lag vielleicht damals schon auf der Lauer), und er schrieb mir einen Brief, wie ich selten einen empfangen habe, so voll von Wut, Haß und Drohungen. Ich überlegte, ob ich den Brief der Po-

lizei oder einem ärztlichen Ehrengericht übergeben sollte, nahm aber davon Abstand, denn ich war ein glücklicher Mensch, und ich wollte meinen Frieden.
Damals fiel mir übrigens auf, daß O'Brady mit seiner medizinischen Wissenschaft durchaus nicht mehr auf der Höhe sein mußte, er hatte nämlich eine ganz unverständlich falsche und sogar gefährliche Behandlungsmethode in Anwendung gebracht, aber auch das ging mich schließlich nichts an, und ich schwieg.
Ich schwieg auch dann noch, als ich durch weitere Patienten, die von ihm zu mir übergingen, so zurückhaltend ich mich auch betrug, wieder und wieder erfuhr, daß er schlecht über mich sprach und sich bisweilen gar in Anschuldigungen erging, die genügt hätten, ihn sofort wegen schwerer Beleidigung und noch anderer Delikte anzuklagen und ihn unschädlich zu machen. Aber schließlich zogen sich die Dinge über die Jahre hin, und ich sagte mir: was kann ein solcher Mensch mir schaden? Das sagen wir oft und wissen nicht, was wir tun, und je länger wir es sagen, desto gefährlicher wird so ein Mensch, den wir aus Verachtung schonen, denn auch das verstärkt noch seine Wut.
Ich weiß nicht, ob Ihnen bekannt ist, daß mein armer Chuck einmal eine gräßliche Prügelei mit dem kleinen O'Brady hatte, der, nebenbei, ein braver Junge war, Chuck war ein Gentleman, er hatte bei aller Liebenswürdigkeit etwas von der Wortkargheit und Sprödigkeit meiner geliebten Mabel, so sprach er nie über den Anlaß zu dieser Prügelei; daß er sich aber um seinetwillen nicht geprügelt hat, weiß ich, denn darin war er mir ähnlich, er ließ die Dinge gerne laufen, er hatte es also um einer anderen Person willen getan, und ich bin sicher, diese Person war ich, und der kleine O'Brady hatte irgend etwas von seines Vaters Äußerungen über mich wiederholt; dafür hatte Chuck ihn gezüchtigt und sich dann mit ihm versöhnt: dieser Aussprache hätte ich zu meiner Belehrung beiwohnen mögen.
Sie befreundeten sich daraufhin innig, der kleine O'Brady

kam manchmal in unser Haus, bis es ihm verboten wurde; aber dann spielten sie eben anderswo zusammen, und ihre Freundschaft litt nicht mehr darunter.

Bald darauf traf O'Brady ein wirkliches Unglück; er verlor bei dem letzten großen Bankkrach fast sein ganzes Vermögen, und das war um so schlimmer für ihn, als er so gut wie gar keine Praxis mehr hatte. Man sagt, ein Unglück kommt selten allein, und in diesem Fall war es jedenfalls so, denn es geschah zur Zeit der schlimmen Grippeepidemie, während O'Bradys Frau, an der er in einer Art höriger Liebe gehangen zu haben scheint, und sein Junge im Hospital schwer daniederlagen und dann im Verlaufe einer Woche beide starben.

Das war gewiß ein furchtbarer Schlag — ein einstmals wohlrenommierter vermögender Arzt mit einem guten Familienleben, und nun plötzlich arm, vereinsamt und durch einen ruinierten Ruf an jedem nennenswerten Erwerb verhindert —, aber seine Reaktion war doch gar zu heftig und besonders zu unsinnig, er behauptete nämlich und erzählte überall in der Stadt herum: ich hätte aus altem Haß seine Frau und seinen Jungen während ihrer Krankheit nicht richtig versorgt und sie also umgebracht. Nun tat ich zwar wie jeder andere Arzt um diese Zeit meine Pflicht im Spital, die beiden aber hatten gar nicht zu meinen Patienten gehört.

Zuerst hatte ich noch Mitleid mit dem Manne, um des Schweren willen, das sein Leben zerstört hatte; als indessen das Gerede überhaupt nicht mehr aufhören wollte, beschloß ich, der Sache im Guten oder im Bösen ein Ende zu machen. Ein paarmal versuchte ich, ihn in seinem Hause zu stellen, wurde aber nicht vorgelassen, und das letztemal, als ich mich eben abwandte und der Gartenpforte zugehen wollte, wurde hinter mir ein Fenster aufgerissen, und O'Bradys Gesicht stand haßerfüllt in dem Rahmen, er schüttelte die Faust und schrie:

»Dafür werden Sie büßen, ich verspreche es Ihnen!«

Ich schrieb ihm einen Brief, in dem ich ihm sagte, daß ich dieser Sache nun nicht länger zuzusehen gewillt wäre, daß

ich sie beim nächsten und geringsten Anlaß den Gerichten übergeben und daß ich auch davor nicht zurückschrecken würde, ihn auf offener Straße zu verprügeln, denn ein Instinkt sagte mir, daß ihm diese Drohung am ehesten einleuchten würde.

Daraufhin wurde es mit einem Schlage still — heute muß ich sagen: unheimlich still, aber damals war ich sehr zufrieden mit dem Erfolg, und ich hielt die Angelegenheit für erledigt, obgleich er mir noch einmal drohte, aber auf eine so lächerliche, ja: komische Weise, daß ich es wirklich nicht für ernst nehmen konnte, namentlich da es allmählich stadtbekannt wurde, daß O'Braddy närrisch geworden war.

Damals hatte er gerade den kleinen Besitz, der ihm geblieben war, zu Geld gemacht und das verlassene Haus vor der Stadt gekauft; dort führte er ein völlig abgeschlossenes Leben, Patienten, selbst wenn welche zu ihm kommen wollten, aus Neugier oder sonst einem Grunde, empfing er nicht mehr, nur zuweilen erschien er in der Stadt und machte sich durch sein Betragen und seinen Aufzug zum Ulk für die Gassenjungen und auch für das ältere Volk; es war ja eigentlich nichts zum Lachen, dieses zugrunde gerichtete Leben, und eigentlich sah er auch nicht komisch, sondern eher spukhaft aus: er hatte nämlich weder auf dem Kopfe noch im Gesicht auch nur ein einziges Haar, Tausende von Fältchen ersetzten die Brauen und umspielten die runden grauen Augen, über denen die wimperlosen Lider lichtscheu zuckten, seine Ohren standen weit ab, und er war mit Jungenspumphosen, unordentlichen Wickelgamaschen und einem ganz kurzen Lodencape bekleidet; da nun außerdem seine Glieder mit den Jahren seltsam eingetrocknet waren, während sein Rumpf und namentlich der Rücken ungeheuer breit erschienen, wirkte er mit seinen fahrigen Bewegungen wie ein riesiges Insekt, das sich auf die Hinterbeine erhoben hat und nun aufrecht weiterläuft.

In dem beschriebenen Aufzug befand er sich auch an dem Tage, als er mir das letztemal drohte. Ich kam zusammen

mit Chuck die Mainstreet herauf, da bemerkte ich, daß er in seinem hochrädrigen alten Ford, der am Straßenrand wartete, sich duckte und uns entgegenlugte; wir gingen vorüber, aber nach einer Weile wandte ich mich um und sah, daß er dem Wagen entstiegen war; nun stand er mitten auf dem Bürgersteig und drohte mit einem alten unaufgerollten Regenschirm hinter uns her, ringsherum hatten sich die Leute angesammelt und schauten ihm lachend zu; Chuck aber (von dem man immer lernen konnte) hatte sich nicht umgedreht, sondern er sah geradeaus, mit zusammengebissenen Zähnen, wie es seine Art war.
Nun frage ich Sie, hätten Sie an einen so verblödeten und vergreisten Narren, von dem Sie jahrelang sozusagen nichts gehört haben und der dann auf offener Straße mit einem alten Regenschirm hinter Ihnen herdrohte, in einem solchen Falle gedacht — besonders nachdem Sie ihn wieder anderthalb Jahre nicht einmal mehr zu Gesicht bekommen haben? Und wenn Sie selbst an ihn gedacht hätten, hätten Sie ihn einer so viehischen Tat, einer solchen Grausamkeit und infernalischen Bosheit für fähig gehalten?
Allerdings war es wohl nicht alles Berechnung, der Zufall spielte vielmehr seine infame Rolle: der Zufall führte diesem vertierten Menschen ganz plötzlich und unerwartet einen trefflichen Gegenstand für die Rache in den Weg, die vielleicht seit langem der einzige Traum und Inhalt seines elenden Lebens geworden war. Dessen nämlich bin ich sicher, daß Down die Wahrheit sprach, als er sagte, er habe Chuck »betäubt«, und zwar durch einen Faustschlag gegen die Schläfe; mit dem Morgen stolperte dann Chuck wohl die verlassene winterliche Waldstraße entlang, und O'Brady kam aus Gott weiß welchem Grunde in seinem lächerlichen alten Ford daher.
Da sah er die große Möglichkeit, die Erfüllung seines lang gehegten Wunsches — das heißt, ich glaube nicht, daß er von vornherein an Folter und Mord gedacht hat, sondern er wollte ihn und mich wohl ein bißchen quälen, ihn festhalten und sich an dem Gefühl weiden: jetzt spüren sie

meine Macht. Als er dann aber sah, in was für eine Sache er unversehens hineingeraten war, hatte er wohl einerseits Angst, die Täterschaft könnte auf ihm sitzenbleiben, und andererseits wuchs sein Verlangen zu quälen — oh, er war ein idiotischer und verschlagener alter Schuft, er verfolgte die Anzeigen in den Omaha-News und foppte uns mit dem Briefchen, das Chuck schreiben mußte, und je länger er dies alles trieb, desto gefährlicher wurde es für ihn, die Beute herauszugeben, und er bekam immer mehr Lust, sein verödetes idiotisches Leben mit aller Art Quälereien, Auspeitschungen und Folterungen erregend und amüsant zu machen — ich sehe es vor mir, als wäre ich dabei gewesen, schon die Patienten hatten gesagt, daß er gerne quälte, er war wie ein schwachsinniges Kind, das ein hilfloses Tier quält, bis es tot ist. Als es aber geschehen war, stand sein Dasein wieder leer wie ein verpestetes Kellerloch, nichts war ihm geblieben. Da trug er das zweite Briefchen, das er vorher zu befördern vielleicht vergessen hatte (vielleicht aber hatte er es auch absichtlich aufbewahrt), zum Kasten, und nun war alles getan.
Es ist eine so unsäglich gemeine Geschichte — wären Sie darauf gekommen? Ich habe nicht so eine Phantasie, wiewohl ich mir immer eingebildet habe, die Gemeinheit und Hinterhältigkeit dieser Welt zu verstehen: sie ist aber viel gemeiner, als auch der gemeinste Mensch ausdenken kann.
Ich habe Ihnen gesagt, als Chuck schon verschwunden war, kam ich an O'Bradys Haus vorüber, und ich dachte: was für ein Mensch muß das doch sein, mein Gott, und was für ein Leben führte er wohl; aber das dachte ich nur nebenbei und dachte es von einem, der ganz am Rande meines Lebens stand und den ich als alten Narren in meinem Hirn registriert hatte — und sehen Sie, insofern, als er für mich überhaupt in eine bestimmte Kategorie Menschen gehörte, stand er mir doch wieder zu nah: die langen Jahre hatten mein Mißtrauen eingeschläfert.
Und ich kam später noch einmal an dem Hause vorbei, war aber ganz in Gedanken versunken und vom Grübeln

abgelenkt; als ich jedoch heimkam, drängte sich mir in einem verwischten Bilde die Vorstellung auf, als hätte O'Brady aus dem Dachfenster geschielt; ich sah nicht eigentlich sein Gesicht, und doch hatte ich den dunklen Eindruck, daß seine rechte Backe verletzt war, durch eine lange Kratzwunde, die sich vom Ohr herabzog. Ich fand es geradezu absurd, daß diese unwichtige Sache mir im Hirne haften geblieben war, und ich sagte mir: was für ein dummer Zufall überhaupt, daß ich noch einmal an diesem ekelhaften Haus vorüberkam, was geht mich dieser alte Idiot an!
Dies war am Morgen des gleichen Tages, an dem man Chuck fand, ich brachte die Dinge aber in keinerlei Zusammenhang, und meine Erregung war auch viel zu groß, als daß ich alles und besonders mich selbst bis in die Tiefe hätte prüfen können.
Und noch einmal erhielt ich einen Fingerzeig und begriff ihn nicht. Mabel, meine geliebte kleine Mabel, nannte nämlich in ihren Fieberphantasien O'Bradys Namen, und ich dachte nichts anderes, als daß sie den toten Sohn O'Bradys meinte und sich vielleicht in ihren armen kranken Gedanken des Bildes erinnerte, wie Chuck einmal auf dem Friedhof gestanden und sich gesenkten Hauptes am Grabe des Freundes hatte einschneien lassen.
Nein, ich wäre wohl nie auf die Wahrheit gestoßen, wenn O'Brady seine Schuftigkeit nicht auf die Spitze getrieben und mir noch jenes letzte Briefchen Chucks in die Hände gespielt hätte; an dem Briefchen aber war es etwas ganz Gleichgültiges und Allgemeines, was mich schließlich den Zusammenhang erkennen ließ — es war eine Art Papier, wie Ärzte es lieben, glatt, ein bißchen anspruchsvoll dick und kühl und vornehm, ein Papier, auf dem Rechnungen, Gutachten und Atteste sich gewichtiger ausnehmen, weniger zum Widerspruch reizend und fast amtlich, und den Kopf hatte man abgeschnitten, weil offenbar Adresse, Name und Sprechstundenzeit daraufgestanden hatten. Natürlich hätte es auch das Papier eines Anwalts oder eines Kaufmannes sein können, aber ich verfiel, weil mir

das am nächsten lag, gerade auf einen Arzt, und plötzlich mußte ich mich bestimmter Schnitte erinnern, die ich an dem armen Körper Chucks gesehen hatte, obwohl ich mich zwang, nicht allzu genau hinzusehen, und mit einemmal wußte ich: ein Arzt hatte es getan, und wußte, daß es O'Brady gewesen war, und alles andere wußte ich, alles bis auf die kleinste Einzelheit.
Hören Sie, lieber Ben, ich bin am Ende, mit diesem Brief und überhaupt. Da ich nun fertig geschrieben habe und die Gestalten verschwunden sind, die guten und die bösen, ist nichts als die Stille geblieben. Der Schnee fällt lautlos. Ich werde noch einmal durch die Straßen der Stadt gehen, ich habe noch eine Viertelstunde Zeit, aber es duldet mich nicht länger in diesem Hause, dessen Verlassenheit mich mit Angst erfüllt.
Nehmen Sie sich meiner Kinder an — und leben Sie wohl. Wie es Euch allen wohl ergehen mag in dieser Welt, in der das Grauen in jeder Ecke sitzt.‹
Dieses war der Brief Doktor Watsons, eine Unterschrift hatte er nicht.
Wir, Virginia, Clark und ich, kamen noch einmal in die Stadt, um den Freund und den Vater zu Grabe zu tragen; er hatte sich nämlich bei der Sektion O'Bradys, die er sich ausbedungen hatte, infiziert. Nichts mehr als vielleicht hie und da eine flüchtige Erinnerung in den Gedanken der Menschen, die dort schnellebig sind wie überall (denn sie sind ein kleines Geschlecht), kündet noch von der großen Missetat und dem erbärmlichen Unglücklichsein — es ist ein Ort wie andere auch, ein Städten am Rande der Prärie von Nebraska.«
Der Doktor hatte zu erzählen aufgehört, wir sahen beide in die Nacht hinaus. Vorn hörte man die Lokomotive unermüdlich ihre Arbeit tun, und eine schwarze Rauchfahne stand schräg über den weißen Eisfeldern; darüber aber wölbte sich glasklar und von feurigen Sternen funkelnd der ewig unberührbare Himmel.

Erschienen 1938

Marieluise Fleisser

Das Pferd und die Jungfer

1901—1974

»Du hättest das Pferd nicht kaufen sollen«, sagt mein Schwager, »das ist kein Pferd an einen Wagen.«
Ich sage kurz, ich wollte es haben.
»Warum machst du alles allein?« sagt mein Schwager, »ich wäre mit dir gegangen.«
Da kann ich nur lachen. Ich fühle mich nicht hereingelegt jedenfalls, ich hätte kein anderes genommen.
»Wer kauft eigentlich das Pferd?« fragte ich ihn.
»Du natürlich.«
»Schön. Dann ist es gekauft und jetzt Schluß.«
Mein Schwager sagt nichts mehr. Aber mich stößt der Bock, wenn mir alle hineinspucken dürfen, gewöhnen kann ich mich nie. Wovon lebt der Mensch, frage ich. Ich bin nicht mehr ich selber, man nimmt es mir stündlich.
Ich hätte große Lust, ich gehe auf und davon mit meinem Pferd, aber nichts ist wie früher, man bekommt keinen Zuzug. Man bekommt nicht einmal Futter fürs Pferd, wenn man nicht wie mein Schwager die Wirtschaft hat. An die Wirtschaft bin ich gebunden und wäre gern wie der Vogel so frei, man muß das ganz nüchtern anschaun. Man muß sich vertragen, auch wo man nicht hinpaßt, aber kriechen doch auch nicht.
Und doch bückt man sich unter Zwang, das kommt von den falschen Plätzen. Man sucht sich den Platz ja nicht mehr aus. Da ist es gut, wenn man glaubt an sein festes Kreuz, an das innere Rückgrat nämlich, möge einen der Glaube nicht täuschen. Man kann gleichgültig werden vom Bücken und innerlich tot, das ist die Gefahr, stumpf kann man werden. Man muß was suchen, daß man nicht

abstirbt, man muß was haben, was man heftig verlangt, und sei's eine kurze Täuschung, ein Pferd zum Beispiel. Verlangen hält einen wach, sich täuschen ist besser als tot sein.
Das kann mein Schwager freilich nicht wissen, er sieht nicht hinein.
»Ihr sollt keine Last davon haben«, verspreche ich. »Ich mache alles mit dem Pferd ganz allein.«
Der Knecht schaut mich schief an.
»Und ich tue alles dafür«, wiederhole ich scharf, »denn es ist kein gewöhnliches Pferd, es ist ein Pferd von der Steppe.«
Der Knecht verbeißt sich ein Lachen.
»Es geht bloß krumm«, sagte er grob.
»Es geht nicht krumm«, fahre ich auf. Aber, ich habe selber gesehn, wie widerwillig es mit in den Stall ging, vor Widerwillen war es ganz linkisch.
»Es hat«, sagt der Knecht, »seit der Krieg aus ist, den Besitzer schon dreimal gewechselt, keiner hält es aus mit dem Pferd. Der Krieg hat an ihm was verdorben.«
»Das ist Schicksal«, sage ich und bin nicht zu belehren. »Denn es hat zu mir kommen müssen, und ich halte es aus.«
»Das ist Schicksal«, lacht der Knecht voller Hohn und geht mir aus den Augen. Später auf der Treppe hält er mich auf.
»Und wenn es ein Schieber ist?« grinst er.
»Was? Schiebt es?« frage ich erschreckt, »seit wann? Hast du selber gesehn, daß es schiebt?«
Der Knecht zuckt die Achseln.
»Da muß doch was schuld sein, wenn keiner es haben will«, sagt er verstockt.
Ich stürze hinaus in den Stall, und mir graust. Ein Schieber, das wäre das Ende, weil man mit so einem Pferd nichts mehr anfangen kann, für den Menschen ist es verloren.
Es schiebt mit dem Hirn an jedem Ding, wogegen sich anschieben läßt, versteckt den Kopf unter der Futterraufe

und schiebt, es scheuert und schiebt an der Wand und hört nicht mehr auf. Es würde dir die Mauer vom Stall durch Sonne und Mond schieben, wenn es nur könnte, hört nicht, sieht nicht, reagiert nicht, wird nie mehr normal, du kannst es gleich auf der Stelle zum Tierarzt bringen, was anderes bleibt dir nicht übrig.
Das Pferd natürlich steht im Stall wie jeder andere Gaul, schiebt jedenfalls nicht in dem Moment. Mir ist ganz elend, ich weiß nicht, soll ich ihm glauben? Vielleicht macht es eben jetzt eine Pause. Es kann doch nicht die reine Bosheit sein von dem Knecht, er hat was gesehen, bestimmt.
In meinem Unglück nehme ich mir selber das Pferd vor. Ich verstehe davon ja nicht viel, weiß aber, daß solche Tiere auf nichts reagieren, und ich mache die Probe darauf. Ich trete ihm gegen den Huf, da wo die Haare anfangen und wo der Huf aufhört, das Pferd schlägt aus, wie es soll, Gott sei Dank. Es läßt sich auch von mir in die Ohren langen. Wäre es ein Schieber, täte es das nicht. Ich bin erleichtert, die Tränen brechen mir aus. Ich werde kindisch und bitte ihm ab. Dann kommt mir der Zorn. Man hat mir mein Pferd verleumdet.
Seitdem lebe ich nur für das Pferd, und es hat nichts gegen mich, es spitzt die Ohren und läßt sich was gefallen. Es spitzte die Ohren schon gleich beim ersten Mal, als ich darauf zuging und es aushandeln wollte. Es war ein Gaul, wie man ihn träumt. Als es Aug in Aug vor mir stand, fuhr es in mich hinein wie ein Blitz, als habe der Gaul mir schon einmal gehört. Ich nahm ihn an auf der Stelle.
Eine Eigenheit hat das Pferd, daß es scharrt. Mitten in der Nacht schleiche ich mich an seinen Stall und horche von draußen. Das Pferd ist wie eine Uhr, es scharrt und scharrt, und ich horche darauf. Ich war auch drinnen im Anfang, ich habe zugeschaut, wie es das macht. Es zieht den einen Vorderfuß vorsichtig schürfend zurück, dann kommt die Pause, wo es den Fuß unbeeilt vorsetzt, und wieder scharrt es zurück, ohne Unterlaß, in einem Rhythmus, der gleich bleibt. Wenn es müde wird, nimmt

es dafür den anderen Fuß, und so macht es die ganze Nacht, ob es schläft oder wach ist, und mißt seine Zeit, das Pferd kommt zu keiner wirklichen Ruhe.
»Mein Pferd«, sage ich, »schläft überhaupt nicht.«
Außer mir läßt es keinen heran und wird unberechenbar, wenn ein anderer im Stall ist, es schlägt nach dem Knecht, holt ihm solche Stücke Fleisch aus dem Arm.
Ich sage: »Bleibt um Gottes willen weg von dem Gaul.«
Jede Fuhr, die über Land geht, nehme ich mit Absicht auf mich, ich nehme ihn so oft wie möglich nach draußen. Darauf wartet er nur, und alles vibriert an dem Gaul. Mit den Vorderfüßen ist er hoch in der Luft, wenn er anzieht.
Auf freier Landstraße ist das Pferd ein ganz anderer Gaul, wer es nicht sieht, glaubt es nie. Die wilde Freiheit jagt ihn dahin, ich kann ihn fast nicht mehr halten. Paßt ihm was nicht, macht er sich steif und geht krumm auf einmal, er spricht mit dem Fuß und macht mich verrückt. Die Kinder wissen es schon, sie laufen neben mir her und deuten, wie krumm mein Gaul geht.
Den Stall mag er nicht und steht in seinem Eck, als sei ein Zauber auf ihn gelegt, er hat im Aug einen boshaften Schleier. Ich bürste ihn ab und rede in einem fort auf ihn ein, ich bilde mir ein, daß der Gaul mich versteht.
»Wir müssen schon dableiben«, sage ich voll Verstand, »denn wohin könnten wir laufen?«
Aber es kommt schon die Zeit, da gehen wir weg alle zwei, ich weiß es, das Pferd muß es wissen. Ich habe es ihm mehr wie einmal versprochen.
Manchmal zweifle ich, daß es mich mag. Ein schwerer Widerstand steckt drin in dem Pferd, es muß was erlebt haben, was wir nicht wissen. Die Natur war in ihm wohl zu stark, man hat sie verbogen in lauter Pein, jetzt macht sie in ihm was Verkehrtes. Das Pferd kann nichts dafür jedenfalls, von wem sonst weiß man das so genau?
Ich denke viel darüber nach, mein eigenes Leben zieht auf diesen einen Punkt sich zusammen. Denn das Pferd ist wie Feuer so schön und in der stürzenden Welt ein Wunder für mich. Ich will es bewundern, ich glaube, sonst

müßte ich hassen, ich kann nichts mehr glauben, ich wäre verloren, glaube ich.
Auch wenn ich nicht im Stall bin, beschäftigt es meine Gedanken. Es läutet, ich gehe zur Gassenschenke und nehme den Krug an.
»Dunkel«, frage ich, »oder hell?«
»Wie immer.«
Ich bücke mich unter die Leiste vom Schiebefenster, ich sehe den Mann sonst nicht genau, der ein Stammkunde ist und darauf pocht. Da trifft mich sein zwinkerndes Auge.
»Na,« sagt er, »Amazonenfrau! Immer noch keinen Mann?«
»Ich mag keinen«, sage ich kalt, so was regt mich nicht auf.
Andere sagen zu mir noch ganz andere Sachen, und ich sitze einmal da an dem Tisch, einmal dort und sitze bei keinem zu lang. Über keinen denke ich nach, ich sehe jedes Glas, wenn es leer wird. Muß ich trinken, stelle ich mir Schaum hin und behaupte, der ist mir am liebsten.
Ich fühle mich unglaublich sicher, ich habe das Pferd jetzt, habe den Sperrkreis, in dem es wirkt. Wie eine Wand steht es zwischen mir und den anderen.
Zuviel Böses habe ich gesehn vor dem Krieg und darin und danach, das Böse von allen Seiten. Wie kann es das gleiche sein wie zuvor und wem soll man traun? Der spielt Fußball mit dir, dem du traust. Es sank in mir auf den Grund, geht seitdem nicht mehr weg, wie ein Stein blieb es liegen. Will ich zum Menschen, heißt es springen über den Stein. Es wühlt in mir, lohnt denn das Springen? Bitter zuweilen stößt es mir auf, es müßte um Gottes willen sich lohnen. Ich erkenne, daß das mein Wunsch ist.
Die Erfahrung ist anders, die Menschen sind böse, sehe ich. Es gibt Gesichter, die gefallen einem vom Anschaun, man möchte hinzu wie die Motte ans Licht. Ich kanns übertäuben. Warum so nah? Daß er mich frißt? Ich bin auch nicht mehr so allein, ich habe das Pferd jetzt.
Und so schön ist mir keiner, daß mich nach ihm verlangt, in die sichere Hölle vielleicht, und so redet keiner mir

nach dem Mund, über den Weg trau ich keinem. Ich weiß, wo die Roheit aufkommt mit der Gewohnheit, zuviel ist geschehn, die Welt wird nicht besser, sehe ich. Ich bin auch sicher, ich habe das Pferd jetzt.
Ein Zirkus kommt in die Stadt draußen vor dem Tor auf der Wiese. Ich gehe nicht hin, habe ich vor. In so einer Stadt natürlich tritt man auf die Leute vom Zirkus, sie schwirren in allen Winkeln. Unverwechselbar sehen sie aus. Viel Zeit haben sie nicht, sie kommen nur kurz herein zum Anschaun und Angeschautwerden, sie haben in ihrem Gang eine Uhr, soundsoviel Minuten. Sie blicken dir fest ins Gesicht, denn sie treffen dich nie mehr, ihr Blick wandert dann weiter.
Sie könnten mich neugierig machen, die mit einem Zirkus ziehn, aber ich würde mich vorsehn. Sie leben im Dschungel und bleiben nicht hängen. Sie biegen und brechen. Was sich nicht freiwillig gibt, fällt zurück.
Einer kommt in die Schenke manchmal, wenn die Vorstellung aus ist, so ein Schwarzer mit nach hinten gebürstetem Haar. Er sieht wie ein Dompteur aus, macht aber das andere auch. Seine Hautfarbe ist frisch und durchblutet.
Ein Zirkus hat zu wenig Leute gewöhnlich. Ein Mann muß schon für drei stehn. Mich wundert, wie oft dieser kommt, es wird ihm am Schlafen abgehn. Er hört sich herum, wie es scheint, und sucht was Bestimmtes.
Beim Austreten vorhin im Hof hat er mit dem Knecht gesprochen, nicht zum ersten Mal offenbar. Ich schnappte es zufällig auf, weil ich Fleisch aus dem Eisschrank brauchte. Jetzt sitzt er an seinem Tisch, ich mache mir in der Nähe zu schaffen.
Ich weiß nicht, was ich habe an seinem Gesicht, ich schaue es forschend an und mache eine Reise darin. Das Gesicht ist sehr fest und setzt gern durch, was es vorhat. Da hineinsehn ist nicht anders wie einen tiefen Trunk tun für mich, und ich scheue den Trunk nicht, der Mann geht ja wieder fort. Er unterscheidet sich durchaus von allen.
Er mißt mich mit prüfendem Blick, leert sein Glas, ich muß Frisches bringen.

»Habt ihr kein Pferd für einen Zirkus?« fragt er nebenbei, und ich höre ihn gehn, ich bin mißtrauisch auf der Stelle.
»Wir haben kein Pferd.«
»So? Ich dachte.«
»Wir haben nur mein Pferd, und das ist nicht feil.«
»Wer spricht von kaufen? Ich will das Pferd ja nur leihn. Ich zahle sehr gut für den Tag.«
»Mein Pferd«, sage ich, »muß nichts verdienen.«
»Aber vielleicht macht es ihm Spaß. Wir haben Pferde, die arbeiten gern für den Zirkus.«
Ich antworte nicht mehr darauf. Die Katze ist aus dem Sack und will mir nicht gefallen.
»Sie werfen Diskus?« fragt er mich auf den Kopf zu, bilde ich es mir ein und lauert sein Blick, oder hat es nichts zu bedeuten? Er würde dann aber nicht fragen.
Ich ärgere mich über den Knecht, der ihm was gesteckt haben muß. So viel gebe ich zu, ich habe es einmal getrieben.
»Man sieht es am Arm«, sagt er und betrachtet mich haargenau, ich stehe am Pranger, vielleicht bilde ich mir das nur ein. »Fast ein Männerarm, wenn man so hinschaut! Der Handteller, unglaublich!«
Ich starre gefroren. Es kann eine Bemerkung aus reinem Unverstand sein. Nein, der Knecht hat den Mund nicht gehalten.
»Warum sind Sie bei dem Sport nicht geblieben?«
Der Kerl fragt mir zuviel.
»Halt! Wohin laufen Sie?«
Nun, das kann er sehen, wohin. Ich muß ja kassieren, ich gehöre nicht ihm.
Ich habe keine Lust mehr und setzte mich an einen anderen Tisch, das waren schon zwei Sachen, die mir an ihm nicht paßten. Ich winke der Schwester, daß sie drüben bedient statt meiner, sie macht das sehr unauffällig, sie kennt meine Sprünge.
Ich muß so sitzen, daß er mich anschaut, sein Blick liegt mir im Gesicht wie eine Hand. Das könnte schön sein von

diesem Mann, jetzt aber nicht mehr. Außerdem geht es ihm bloß um das Pferd.
Man muß wissen, mit dem Diskuswerfen hatte ich schönen Erfolg in einer Zeit, die auffällig kurz war. Es war eine Leistung wie von einem Mann, noch dazu war ich neu, ich war gar nicht so lang im Training, man konnte sich das nicht erklären. Meine Neider haben dann aufgebracht, daß das nicht mit rechten Dingen zugehen kann, und ich sei in Frauenkleidern ein Mann, unglücklich schon von Geburt. Wie scharf so ein Neid sieht, wie plump kann er übertreiben.
Das weiß ich am besten, daß ich zuviel habe von einem Mann in meiner Art mich zu geben, in der Seele, wenn man so will. Das ist kein Grund mich zu verlästern. Unglück ist es genug und mein schlechter Stern, ich bin zur alten Jungfer geboren.
Der Verein verlangte von mir, daß ich ein ärztliches Zeugnis beibringe. Ich trat aus dem Verein aus, ging in einen anderen, dorthin folgte mir das Gerücht sehr schnell. Auch dieser Verein verlangte ein Zeugnis. Ich trat abermals aus, warf die Scheibe ins Eck, sie war mir verleidet.
Von einem gewissen Standpunkt war es ja falsch. Nun hieß es, sie hat die Untersuchung zu scheun, aber ich konnte nicht helfen. Allem Spott hielt ich stand und wich nicht davon ab. Heutzutage wissen die Menschen nicht mehr, was Keuschheit ist, dachte ich, Sport hat seine Grenzen. Natürlich ist es schlimm, daß der Meute der Mund nicht gestopft ist. Ich lasse mich aber denen zum Spott nicht untersuchen.
Seitdem lebe ich im Zwielicht, ein bißchen anrüchig vielleicht, aber auf meine Art stolz, zwischen den Geschlechtern ein Niemand. Wen geht es was an außer mir und wem falle ich zur Last? Ich bin da, keiner hat mich gefragt, ob ich will. Ich werde was machen aus meinem Leben, ich will schon was leisten.
Der Zirkusmensch steht zum Austreten auf, ich nütze seine Abwesenheit. Unter einem Vorwand rechne ich ab mit den Gästen. Dann ist für mich der Moment, wo ich

ungesehen auf mein Zimmer verschwinde, ich lasse alle Arbeit der Schwester allein.
Bei halber Treppe hält es mich auf, das Pferd im Stall tut einen seltsamen Schrei, da wiehert es wieder wie eine Trompete. Was ist mit dem Pferd los? Hinunter die Treppe, hinein in den Stall, finde ich den Zirkusmenschen bei dem Knecht, und sie machen was mit meinem Pferd. Der Zirkusmensch macht es.
Was es ist, kann ich nicht sehn. »Weg von dem Pferd!« schreie ich viel zu spät. Ich hätte gern gewußt, was der Mann mit dem Pferd tat.
Der Knecht verteidigt sich, er hat das Pferd nur gezeigt, das wird kaum verboten sein, wenn sonst nichts passiert ist.
»Es ist aber was passiert«, behaupte ich unnötig laut, ich vergesse nie, wie es schrie. Beweisen konnte ich nichts. Es gibt von Zigeunern so Tricks.
»Na«, sagt der Knecht ganz ohne Scham, »gegen Sympathie läßt sich nichts machen.«
Denn der Zirkusmensch geht aus dem Stall und das Pferd ihm nach, als zöge er es mit einem Duft, es ist nicht an der Kette. Es reibt sich an ihm und sprüht dicke Flocken von Schaum, der Mann wird ganz naß übers Gesicht und zwickt die Augen lachend zusammen, er kann in lauter Liebe sich baden.
An mir ging es vorbei wie an einem Pfahl. Ich könnte weinen, denn das ist mein Pferd. Der Mann schüttelt sich ab, die Spritzer springen mir gegen den Mund, und ich wische nichts weg. Ich gehe auf mein Pferd zu, will es am Zügel fassen, ihm, wer sein Herr ist, zeigen.
Wie die Schlange fährt es herum, und ich springe weg mit einem Satz, der Satan wollte mich beißen. Ich bebe am ganzen Leib vor seinem unerklärlichen Haß, die Knie geben unter mir nach, und es ist die eindeutige Niederlage vor einem Mann, oh, es ist schändlich.
Habe ich es nicht verteidigt vor diesem Mann? Mein Pferd, habe ich gesagt, muß nichts verdienen. Jetzt bringe ich es nicht einmal mehr in den Stall, bis es der Zirkus-

mensch selber zurückführt, im Augenwinkel männlicher Spott.
Ich stehe im Hof ganz betäubt. Der Mann kommt heran mit dem Knecht, sagt, es ist eine Sünde an so einem Pferd, ich soll es ihm einen Tag wenigstens lassen.
»Dann wird es bloß fremd«, wehre ich ab.
Der Mann redet lange Zeit auf mich ein, auch der Knecht, der ihm alles gesteckt hat.
»Schieben Sie Ihren Satan doch ab«, schreit der geradeheraus, »man ist ja im Stall seines Lebens nicht sicher.«
Ich weigere mich die ganze Zeit, ich bin so böse auf den Mann, wie ich ihm gar nicht zeige, mich schüttelts von innen heraus. Mittendrin reiße ich alles ab und schlage die Tür hinter mir zu, ich bin im Stall, wo mich aber das Pferd nicht heranläßt, es ist aufsässig gegen mich wie gegen den Knecht. Ich rufe hinaus in den Hof, der Knecht muß mir auf der Stelle das Pferd an die Kette legen, das muß er sonst nicht.
Vielleicht bin ich verrückt, ich fürchte, daß es mir nicht mehr dableibt. Ich habe gelebt in dem Wahn, das Pferd und ich, wir gehören zusammen. So einer brauchte bloß kommen! Natürlich hat so ein Dompteur was im Griff, was ein Laie nicht in der Hand haben kann, es gibt von den Zigeunern so Tricks. Ich bin noch dazu eine Frau, aber das Pferd war mein höchstes Gut und in der stürzenden Welt ein Wunder für mich. Darum war es nicht fair von dem Mann. Da stehe ich und denke nach, ich schlucke und gehe nach oben.
Ich will den Schlüssel umdrehen zu meiner Tür, da warnt mich was, vielleicht ein Geräusch, das Herz schlägt mir bis in den Hals. Bis ich mich umdrehe, hat der Mann mir doch abgepaßt und nimmt mich noch in den Arm nach allem, was er mir antat. Ich mache mich steif, weiter nichts, ich wehre mich nicht so besonders.
Ich will nichts schmecken und schmecke auch nichts von dem Kuß, ohne Leben hänge ich in seinem Arm. Natürlich will er mich erpressen.
»So wach doch auf, Dummes«, sagt er und hält meine

Brust in der Hand. »Du siehst doch, ich glaubs doch nicht«, sagt er und steht vor mir wie ein Dieb in der Nacht.
So können sie zu einem kommen, anders kommen sie nicht. Sie nehmen einem noch weg, was man hat. Ich kann nichts dafür, ich bin wachsendes Eis. Und der macht mich nicht schwach. Den kriege ich klein, denke ich langsam, ich kann nämlich denken. Ganz sacht dränge ich ihn von mir ab, ich rate ihm höhnisch, er muß das schon glauben. Hier bitte, ein Freibrief! Er läßt mich los wie gestochen, ich könnte ihm heut noch dafür eine Ohrfeige geben.
Die Nacht ist nicht schön, aber ich habe ein Kopfkissen, wenn ich losschreien möchte, und ich habe mich in einer Weise entschieden. Es ist doch gut, wenn man das tut, sonst vergißt man sich noch und glaubt an ein verfluchtes Glück.
Am anderen Tag habe ich eine eilige Fuhr, da holt mich beinahe der Teufel.
Ich könnte daran ja gewöhnt sein, immer wird es auf der Landstraße eine Jagd, das Pferd will mich messen. Es fordert mich immer heraus, das ist seine Lust, das war meine Lust, so waren wir beide ein Paar. Heut bin ich dem Pferd nicht gewachsen. Ich bin ganz woanders noch immer.
So schnell löst man sich nicht ab, auch wenn es entschieden ist und schon vorgezeichnet, bewältigt ist es noch nicht. Sichtrennenmüssen ist schwere Arbeit für mich, wo man gründlich sich loswühlen muß, ich bin noch am Wühlen.
Das Pferd spürt den Bruch zwischen mir und ihm. Es tut seinen Satz mittendrin, als ob es den Wagen abschütteln möchte, ich fange den Wagen nicht völlig ab, heute nicht. Dann geht es los mit allen Schikanen, ich habe Gott sei Dank keine Flaschen.
Im schleudernden Wagen stemme ich mich zurück mit aller Kraft, noch habe ich die Zügel, spüre aber, ich werde ihm nicht Herr, das Pferd wird mir den Arm noch auskegeln, spüre ich.

»So wart doch«, schreie ich ganz sinnlos, ich gebe ihm keine Namen, das nicht.
Habe ich es nicht geliebt, dieses Pferd, schön wie Feuer, und in der stürzenden Welt ein Wunder für mich? Nimmst du mir das Leben, denke ich. Zur Angst habe ich keine Zeit, nur zu, denke ich, im Nu kann es aus sein. Ich habe einen kalten Mut in dem Moment und alles Leben im Arm, mir liegt so viel nicht am Leben, das hier geht schnell, weiß ich.
Einmal hat es mich schon vom Sitz heruntergezogen, ein paar Schritt bin ich mitgelaufen sogar in einer häßlichen Hast zwischen den Hinterbeinen von einem Pferd, die mein armseliges Laufen gefährlich umgriffen, da war nicht viel Platz für den Fuß, es war häßlich, immer den Wagen hinter mir her. Wenn er mich faßte, kam ich unter das Rad, nur mitkommen, nicht stolpern! Ich weiß nicht durch welchen Ruck bekam ich mit dem Hintern den Wagen zu fassen, ich stemmte und schob mich hinauf, ich war König, ich war wieder droben.
Das war aber eine Gunst, wie der Mensch sie nur einmal bekommt in seinem Leben, wiederholen möchte ich das nicht. Die Tour ist mir verleidet, überfahren werden möchte ich nicht, dann schon lieber erstürzen. Ich seh mich noch laufen zwischen den Hinterbeinen von einem Pferd, dann klopft mir das Herz bis hinauf in den Hals, das ist eine Erfahrung.
So oder so, das Pferd ist für mich verdorben.
Noch am gleichen Tag schreibe ich an den Zirkus, das Pferd ist mir feil. Ich mache alles schriftlich und durch den Knecht, ich kann den Mann bei dem Handel entbehren. Er hat das Pferd draußen zur Probe, schickt es aber noch einmal heim, vielleicht um den Preis zu drücken. Dann nimmt er es doch, was sage ich, bekommt es von mir so gut wie geschenkt gegen alte Währung in lumpigen Rentenmark, die Währungsumstellung ist kurz danach, keiner gibt Sachwerte aus der Hand. Wenn das knapp an der Umstellung kein Streich war!
Das Pferd wenigstens hat seine Freude und ist stolz

abends in der Vorstellung, wie man mir sagt. Es soll in seinem Schmuck und all dem Glanz um sich herum nur so steigen.
Nach einer Zeit schreibt der Zirkusmensch mir eine Karte von Aachen, sie haben dort Winterquartier, der Gaul macht sich glänzend, wenn ich Lust habe, soll ich hinfahren und sie beide besuchen.
Ich hätte gern gesehen, was seitdem geworden ist aus meinem Pferd. Ich suche Aachen in meinem Atlas heraus und alle großen Stationen, an denen ich vorbeifahren müßte. Ich habe in Aachen mein zweites Ich, meine Gedanken sind dort. Ich müßte hinfahren, wenn ich täte, was einem so vorschwebt, natürlich tue ich das nicht. Ich wüßte gar nicht, wie es begründen.

Erschienen 1972

Ernst Glaeser

Das Kirschenfest

1902—1963

Die Arbeit, die ich in Rheinhessen für acht Tage gefunden hatte, war zu Ende. Drei Mark hatte ich in der Tasche und im Rucksack eine Literflasche Wein. So zog ich nach Mainz.

In einer Kneipe am Hafen traf ich einen Kollegen, einen Rohrleger aus Gladbach, der war arbeitslos wie ich und ging auch so durch Deutschland spazieren. Zunächst haben wir einmal ein Viertel getrunken, und dann waren es plötzlich vier, und als wir uns unser Leben erzählt hatten, da waren es acht, und mein Geld war weg. Darauf hat der Kollege lange in den Hosen gekramt, und siehe, der Wirt brachte noch zwei Viertel, und dann haben wir uns umarmt und Brüderschaft getrunken. Wie aber der Kollege anfing, zu erzählen, was er früher alles gearbeitet hatte, da konnte ich mich auch nicht zurückhalten und legte los und erzählte von meinen Reisen auf Montage in Deutschland, in Rumänien und in Schweden. Da riß der Kollege das Maul auf und sagte: »Mensch, das waren aber feine Zeiten ...«

Mir jedoch stieg die Trauer in die Kehle, und ich schwang mein letztes Viertelchen und sang: »Was nützet mir ein schöner Garten, wenn andre drin spazierengehn und pflücken mir die Röslein ab ...«

Da kam der Wirt, setzte sich an unsern Tisch, und plötzlich erzählten wir uns alle vom Krieg. »Damals in Cambrai ...« rief mein Kollege, da erhob sich der Wirt und holte einen Krug, und wir tranken ihn auch noch leer, und unsere Seelen waren weit fort, draußen im Gelände, an der Aisne, bei Bapaume und im Argonner Wald. Das aber vergesse ich nie, wie der Kollege plötzlich ganz dunkle

Augen bekam und so vor sich hin sagte: »Kinder, wenn wir damals gewußt hätten, was das für einen Frieden gibt . . .« Da wurden wir alle still, nur die Uhr tickte, und der Wein schaukelte in den Gläsern.
Plötzlich befand ich mich auf der Straße. Der Kollege lag mit den Armen auf dem Tisch und heulte. Er wollte kein Abschiedswort hören. »Deckung!« schrie er. »Nehme Deckung, wer kann!« Da ging ich von ihm, weil er betrunken war. Der Wirt begleitete mich an die Tür. Dort, im vergessenen Licht des Tages, sagte er zu mir: »Bald wird es gut in Deutschland.« Da schüttelte ich ihm die Rechte und antwortete, wie ich das schon oft tat: »Wolle Gott, Kamerad . .«
Zuerst waren die Häuser etwas krumm, und die Autos fuhren, als seien sie allein auf der Straße. Ich ließ mich aber nicht stören und ging los über den Damm. Da mußte sogar ein Auto halten, und meine Wenigkeit wurde von seinem Besitzer beschimpft. Das machte mir Spaß, und ich rief dem Kreischenden zu: »Sie sind eine plastische Ohnmacht!« Darauf zog ich befriedigt von dannen. Bald jedoch erfaßten meine Augen das Leben in gewohnter Frische. Hinter mir im Dunst der Altstadt versanken der Kollege Rohrleger, der Kriegskamerad Wirt, der Gottestrost der Viertelchen und der heitere Bauch des Krugs. Ich schritt geradeaus, und siehe, nach wenigen Minuten stand ich auf der Rheinbrücke. Da lachte mein Herz, als ich den Fluß sah. Und ich lehnte mich an das grüngestrichene Geländer, die Märzbrise erfrischte mich, und wie ich etwas näher auf den Fluß blickte, da war weit und breit kein fahrendes Schiff, nur im Hafen lagen sie, verankert und geteert — arbeitslos wie ich.
Aber vor mir, da war immer noch die Stadt. Im dünnen Schleier stand die Front der Häuser, und darüber wuchs der Dom, und über alles streute sich das Licht, über die Dächer, das Wasser und über die ganze Breite des Rheins. Das war alles ein einziger Glanz. Und die Möwen, die trudelten um die Streben der Brücke, und am Himmel die kleinen weißen Wolken — die segelten nach Holland.

Da hielt ich mein Maul und sah nur so vor mich hin, und es war mir, als sei ich ein Mann, der nicht verlorengehen kann, solange es so viel Licht und so viel gutes Wasser und so eine warme Stadt gibt in seinem Vaterland. Guten Mutes tippelte ich los, durch langweilige Vororte mit stillen Fabriken — aber das hörte auch bald auf, und die Landstraße begann, eine Allee von Nußbäumen. Der Wind, der von den Spargeläckern kam, trieb gelben Staub vor mir her. In der Ferne, am Horizont, sah ich die blauen Ketten des Gebirges. Das war der Odenwald. Dort wollte ich hin. Es war Abend, als ich in Darmstadt ankam. In der Herberge wurde ich abgewiesen, denn aus mir stieg noch immer der Dunst der Viertelchen, aber es machte mir nichts aus; denn am Rande der Stadt fand ich einen Schuppen, in dem Heu lag. Das war warm und schuf gute Träume. Ich rollte mich ein und übergab meine Sinne der Dunkelheit.
Ich erwachte mit dem Gesang der Vögel. Da ich fror, rief ich die Literflasche zu Hilfe, und das immer bereite Wunder des Weins erfüllte bald meine armen Glieder. Ich wusch mich an einem Teich, in dem ein Boot schaukelte, das hieß »Elfriede«, dann stieg ich die Straße hoch, hinauf in den Wald. Dort hüpften bereits die Vögel, und der Tau blitzte auf den Anemonen.
Zwei Stunden war ich gegangen, als mich der Hunger angriff. Aber ich fand kein Dorf. Die Luft war rein. In tausend Flecken fiel die Sonne durch das dünne Laub. In den Kronen der Bäume sägte der Wind. »Arme Seele«, dachte ich, »was hilft dir der Friede der Natur, wenn dein Magen keinen Frieden hält?«
Nach einer halben Stunde wurde mir schwach. Ich setzte mich nieder und begann tief zu atmen. Da wurde das Herz ruhiger. Schließlich streckte ich mich aus und schlief ein. »Das ist das beste«, dachte ich, »wenn du kein Brot hast, dann schläfst du; denn der Schlaf ist das Brot der Armen.«
Im Traum jedoch erhob sich mein Gewissen und setzte sich auf meine Brust.

»Heinrich«, sagte es, und ich fror unter seiner Gerechtigkeit, »drei Mark hast du vertrunken, und jetzt hungert dich, Heinrich!«
Da erhob sich jedoch mein Gegengewissen und sagte: »Oh, du alte Tante, wie hielte seine arme Seele dies Leben aus ohne die Viertelchen?«
Da sprang mein Gewissen von der Brust und wollte sich auf mein Gegengewissen stürzen und es erschlagen, aber dieses verwandelte sich in einen heiteren Ton. Es schwang sich hinauf in das Geschwebe der Bäume. Es verging im Licht der Sonne. Es kam wieder hernieder als Tau. Es war überall und nirgendwo zu sehen, und zuletzt verbarg es sich als kicherndes Echo in einem fernen Steinbruch. Ich aber dehnte mich befreit auf dem Boden der Natur und schlief den göttlichen Schlaf eines Knaben, um dessen Seele sich die Musen streiten ...

Ich erwachte durch einen Stoß. Riesengroß stand vor mir ein Pferd. Eine Stimme fluchte. »Versoffenes Pack!« schrie sie. Da bemerkte ich, daß ich auf der Mitte der Straße lag. Sicher hatte ich mich im Schlaf bis dahin gewälzt. Der Bauer sprang vom Wagen, und ich erhob mich. Da stand er vor mir, blaurot im Gesicht, es war ein junger Bauer, und er zerrte mich an der Schulter. »Morgens um sieben Uhr schon blau!« schrie er und wollte mich in den Straßengraben werfen. Da gab ich ihm einen Stoß, daß er hinunterfiel. Worauf wir, was verständlich war, einige Zeit schweigend aufeinander loshieben. Da ich aber boxen konnte, lag er bald am Boden und sagte nichts mehr. Worauf ich tief die köstliche Luft des Waldes einsog, und siehe, meine Lebensgeister kamen zurück. Ich reckte mich stolz und wollte gerade aus meiner Literflasche einen Trunk fassen, da sprang aus dem Wagen ein Weib.
»Schickedanz!« schrie es und lief zu dem Bauern, faßte seinen Kopf und begann seine Stirn zu streicheln.
»Nicht doch, Madame«, sagte ich hierauf, und ich begab mich zu dem Paar, hielt dem Bauer die Flasche unter die Nase, und was geschah? Er wachte auf. Als er auf den Bei-

nen stand und seine Frau neben ihm, sagte er: »Was ist los?«
»Ich habe Ihnen eine gelangt«, antwortete ich. Da lachte die Frau, so blöd schaute der Bauer mich an.
»Wenn Sie aber glauben, ich sei ein Räuber oder so ein anderer Gauner, wie sie vielleicht im Auto durchs Land fahren«, fuhr ich fort, »dann will ich Ihnen sagen, wer ich bin. Ein arbeitsloser Monteur, der hier auf der Wanderschaft durch sein geliebtes Vaterland vom Hunger gepackt wurde und deshalb einschlief.«
Da lachte wieder die Frau. Sie hatte schwarze Haare unter einem roten Tuch und Zähne, weiß der Herrgott wie schön.
»Schickedanz«, sagte sie und strich dem Bauern den Dreck von der Stirn, »du hättest auch erst fragen können. Nicht immer so wild. Das hast du davon.« Da sah mich der Schickedanz an, so eine Minute lang, dann sagte er: »Wo wollen Sie hin?«
Und ich erwiderte, das wüßte ich nicht, aber auf jeden Fall in ein Dorf, um ein Labsal, eine Stulle oder ein paar Kartoffeln zu fechten. »Steig ein!« sagte da der Schickedanz, und ich stieg ein. Das Pferdchen ging im Schritt, vorne saß der Schickedanz und hielt die Zügel. Ich saß neben der Frau. Um uns wehte der Wald. So fuhren wir.

Ich weiß heute noch nicht, wie es geschah, daß ich bei dem Schickedanz blieb. Unterwegs haben wir überhaupt nichts gesprochen, und als wir in das Dorf kamen, das in einer Grasmulde lag, da hielten wir vor einem Bauernhof, der war sehr breit, und wir gingen in eine Stube, und dann wurde mir schlecht. Als ich aufwachte, lag ich in einem hohen Bett, und auf dem Fensterbrett saß eine Katze. Ich schaute mich um, und mein Auge erfreute sich an einem Schutzengel, der ein Kind in einem finsteren Wald über einen schwierigen Steg geleitete. So ein Bild hing auch über meinem Bett, als ich einmal klein war. Da brüllte plötzlich eine Kuh, und ich dachte, ich sei bei der Tante Amalie in Mecklenburg, welches die Schwester meines ar-

men Vaters war. Und als die Kuh zum zweiten Male brüllte, da dachte ich: »Du bist in Ruhestellung in Flandern, und gleich kommt der Konrad herein und der Schneider, dann dreschen wir einen Skat.« Als jedoch die Kuh zum dritten Mal brüllte, da kam der Schickedanz und sagte, ich hätte zwei Tage und zwei Nächte geschlafen. Er setzte sich ans Bett, schaute mich an und sagte, er hätte Arbeit für mich, vor vier Tagen sei ihm der Knecht gestorben.
»In dem Bett«, sagte er noch und deutete auf mein Lager. Da sprang ich auf und rief: »Freie Kost und Logis — dann arbeite ich alles.« — »Ist gemacht«, sagte der Schickedanz. Dann gingen wir in die Stube, tranken Wacholder und aßen Käse und Brot.
Es war keine schwere Arbeit auf dem Hof. Der Schickedanz ließ mich arbeiten, was ich wollte. Zunächst hab' ich einmal alle Maschinen ausgebessert. Den Garbenbinder und die Häckselmaschine, dann kamen die elektrischen Leitungen dran und die Zentrifuge. Ich besorgte das Vieh, half in der Buchhaltung, und als mir eines Abends der Schickedanz bei einem Schnaps gestand, er hätte gern ein Motorrad, da gingen wir nach Neustadt und kauften ein gebrauchtes. Ich fuhr es ein, und der Schickedanz brummte vierzehn Tage lang jeden Abend mit der Karre die Serpentine hinauf, in der die Chaussee sich hinter dem Hause die Hügelkette hochwindet.
So verging die Zeit mit Arbeit und Ruhe. Wie glücklich war ich, wenn ich die Tiere versorgt hatte. Da standen sie in ihren Verschalungen, die Felle gestriegelt, und ich ging an ihnen vorbei und freute mich an ihrer Zufriedenheit. Der Schickedanz lobte mich, wo er nur konnte. Manchmal nahm er mich hinten auf dem Motorrad mit in eine Kneipe im Wald.
Seine Frau hieß Johanna. Sie war jung und schön. Mit mir sprach sie wenig, und ich hütete mich, sie anzusehen, denn ich mußte immer an Fränzchen denken, wenn sie um mich war — so hieß das erste Mädchen, das ich liebte und nie bekam. So gingen die Tage hin in Arbeit, Schlaf und Es-

sen. Ein wunderbares Leben. Sechs Wochen schon war ich auf dem Hof, meine Backen hatten sich gefüllt, und die Mädchen im Dorf sahen schon nach mir. Wenn so der Abend kam, ging ich oft spazieren in der lauen Luft, und manchmal geschah es auch, daß ich nachts aus meiner Kammer schlich und hinunter nach den Wiesen ging, weil ich an Johanna dachte, die so schön war. Wenn aber mein Herz allzu laut klopfte, steckte ich mir eine Pfeife an oder ging in die Kneipe und trank mit den Bauern und ließ das Vaterland hochleben.
Der Frühling kam mit großer Macht. Ich arbeitete wie ein Pferd, und der Schickedanz sagte, so einen Knecht hätte er noch nie gehabt. Bald lag das Tal in Blüten. Und von den Wiesen roch es nachts, daß du nicht schlafen konntest. Der Schickedanz soff. Er sprach wenig. Johanna saß in der Stube und nähte.
Es war in diesen Tagen, mein Herz war schwer, aber ich arbeitete, was ich konnte, da rief mich der Schickedanz in die Stube, dort saß Johanna, und der Schickedanz sagte: »Heinrich, jetzt blühen die Kirschen. Komm, sieh hier durchs Fenster, der Hügel dort, wo nur Kirschbäume stehen, die blühen, der gehört mir. Das ist mein bestes Vermögen. Wenn sie reif sind, dann mußt du mit Johanna auf den Markt nach Zwingenberg fahren und sie verkaufen. Willst du so lange hierbleiben?«
Da sah mich Johanna an, und ich sagte: »Ja.«
Die Kirschen blühten. Die Früchte setzten gut an. Die Sonne war stark. Die Kirschen reiften. An einem Morgen, als ich das Vieh besorgt hatte und der Schickedanz aus politischen Gründen mit seinem Motorrad wegfahren mußte, stand Johanna im Hof und sagte zu mir: »Heinrich, wir wollen auf den Kirschberg gehen.«
Wir gingen und nahmen zwei Körbe mit. Es war eine lehmgelbe Hohl zuerst, dann ein schmaler Pfad durch eine Wiese, ein Wässerchen, und dann kam der Kirschberg. Da standen die Bäume, und die Früchte schimmerten lackrot im Lichte der Frühe. Johanna öffnete einen Schuppen, ich mußte eine Leiter herausnehmen, dann

stieg ich auf die Bäume und pflückte die Kirschen. Johanna sammelte sie in den großen Körben. Nach zwei Stunden rief sie mir zu, und ich setzte mich neben sie ins feuchte Gras. Unten lag das Dorf. Von der Kirche schlug es sechs. Und ein leichter Wind kämmte das Gras.
»Heinrich«, sagte Johanna nach einer Weile, »der Kirschberg gehört eigentlich mir. Den hab' ich mit in die Ehe eingebracht. Und was hier wächst, das darf ich ernten, wie ich will.«
»So«, sagte ich, »das ist aber fein, daß du ernten kannst.«
»Ja«, sagte Johanna, »der Schickedanz bekommt nur das Geld, aber die Bäume gehören mir.«
Wir tranken kalten Kaffee aus einer Blechkanne und schnitten das Brot, das im Korbe lag.
Dann stieg ich wieder auf die Bäume und pflückte die Früchte. Johanna sammelte sie. Um acht Uhr waren vier hohe Körbe voll. Da pfiff Johanna hinunter nach dem Hof, und es dauerte nicht lange, bis eine Magd mit dem Fuhrwerk kam. Wir luden die Körbe auf, Johanna faßte die Zügel, und wir fuhren auf den Markt, nach Zwingenberg.
Das kleine Städtchen mit seiner weißen Kirche liegt an der Bergstraße, und wenn die Sonne brennt, glüht der Staub auf den Wegen. Wir waren durch dichte Wälder gefahren, manchmal nahm ich die Zügel, das Pferdchen trabte — welch ein Friede, dachte ich, und sah nach Johanna. Die hielt die Augen halb geschlossen und ließ die Sonne auf das Gesicht brennen. Da wurde mein Herz weit, und ich fing an zu pfeifen. Das Pferdchen trabte, und Johanna schlief.
Wir verkauften an diesem Tage sehr gut. Johanna hatte die Tasche voll Geld. In einer Konditorei tranken wir Kaffee. Um fünf Uhr fuhren wir nach Hause. Das Pferdchen kannte den Weg. Ich ließ die Zügel locker. Johanna saß neben mir. Der Wald war hoch, und die Straße stieg an.
Da ritt mich der Teufel, und ich faßte Johanna um die Hüfte. Sie ließ es geschehen. Da stoppte ich das Pferd und

wollte Johanna küssen. Da lächelte sie und sagte: »Ich bin nicht deine Frau, Heinrich.« Und da wurde ich rot. Das Pferdchen ging wieder im Schritt, der Wald war kühl, hinten im Wagen torkelten die leeren Körbe. Johanna erzählte. »Heinrich«, sagte sie, »ich bin dem Schickedanz seine Frau. Ich hab' ihn geheiratet, weil der, den ich liebhatte, aus dem Krieg nicht wiedergekommen ist. Aber heiraten muß eine Frau. Und der Schickedanz war damals ein feiner Bauer, und er gefiel mir, weil er so stark war. Da haben wir uns zusammengetan, Heinrich. Aber es war nicht die Liebe, sondern die Vernunft, Heinrich. Das soll man aber nicht tun. Wenn ich dich ansehe, weiß ich das ganz genau. Sechs Wochen hab' ich dich angesehen. Da wußte ich es. Vorher nichts.«
»Johanna«, sagte ich da — weiter nichts als »Johanna«.
»Ich bin nur ein dummes Bauernweib«, fuhr sie fort, »aber mein Herz ist auch so wie deins — immer auf Reisen. Sechs Wochen hab' ich dich angesehen, du bist auch so traurig wie ich.«
»Johanna«, sagte ich und sonst nichts. »Aber es ist alles beschlossen mit mir«, sagte Johanna, »ich bekomme ein Kind, und der Schickedanz kann es nicht abwarten, daß es ein Bub wird.«
Kühl war der Wald, das Pferdchen trabte, mein Herz war still.
»Ich hab' dich wirklich lieb, Heinrich«, sagte Johanna, »wirklich, das kam ganz einfach, und ich erzähl' es so, wie es kam, aber das Kind ist dem Schickedanz, und du bist ja auch nur so etwas, was der Wind dahergeweht hat.« Da hielt ich mein Maul und dachte: »Ich bin auch wirklich so etwas, was der Wind dahergeweht hat.«
Langsam näherten wir uns dem Dorf. Johanna sagte: »Der Schickedanz ist ein guter Bauer, und er will, daß er einen Sohn bekommt, und er will, daß ich so ein Weib bin, das das tut, was er sich vorstellt. Und ich tu' es ja auch. Heinrich, manchmal jedoch möcht' ich weglaufen, aus dem Dorf, aus dem Tal; aber das ist alles so weit, und du bist auch so einer, die immer reisen. Aber ich kann's nicht.

Weil ich den Schickedanz doch liebhabe und weil das Kind doch von ihm ist.«
Da kamen wir an. Der Schickedanz stand vor der Tür. Und Johanna gab ihm die Tasche mit Geld. Da lachte der Schickedanz und führte uns in die Stube und holte Wacholder, und da tranken wir, der Schickedanz und ich, zwei Stunden lang, und als Johanna ins Bett gegangen war, lachte der Schickedanz und holte Johannisbeerwein, und den tranken wir auch, und der Schickedanz behauptete, in drei Monaten bekäme er einen Sohn, dann gäbe es ein Fest, und so lange müßte ich bleiben.
Vierzehn Tage lang bin ich mit Johanna jeden Morgen auf den Kirschberg gegangen. Wir haben geerntet und sind nach Zwingenberg auf den Mark gefahren. Vierzehn Tage lang wußte ich, daß Johanna mich liebt, weil ich so einer war, den der Wind dahergeweht hat, und keiner von denen, die sie immer sah. Vierzehn Tage lang hielt Johanna dem Schickedanz die Treue.
Da geschah es, daß der Schickedanz zu mir sagte: »Übermorgen ist Kirschfest.« Ich fragte Johanna, was das sei, da sagte sie, das sei ein Fest zum Dank der Kirschenernte, und es kämen alle Verwandten von den umliegenden Höfen und Musiker und die Burschen und Mädchen vom Dorf.
Am Morgen dieses Tages sind Johanna und ich wieder mit Kirschen weggefahren, und auf dem Heimweg, da hab' ich sie geküßt, und sie sagte, in zwei Monaten sei das Kind da, das werde sie aber Heinrich nennen. Wir fuhren durch den Wald, und Johanna weinte, weil wir nicht sündigen konnten.
»Ach«, sagte ich, »Johanna, ich weiß nicht, wohin mich der Wind wehen wird, aber deine Liebe, die kann ich nicht vergessen, weil sie so nah und doch so weit ist.«
Da hielt Johanna das Pferdchen an und sagte: »Heinrich« — und küßte mich auf die Augen. Das war oben auf dem Hügel, wo die Straße kahl ist vom Wind und das Gras flattert. Unten lag das Dorf. Und die Wiesen waren weich und grün.

»Ich habe ein Leben«, sagte Johanna, »das nicht dort ist«, und sie deutete auf das Dorf, »aber das Kind gehört dorthin, und du, Heinrich, wirst verstehen, was eine Frau braucht, die da geboren ist —«
»Ja«, sagte ich, »Johanna, ich liebe dich ja nur, du sollst leben, wie du es tun mußt.«
Da weinte Johanna, ich aber trieb das Pferd an, und die Karre rollte zu Tal.

Was jetzt geschah, ist mir heute noch wie ein Flimmern. Wir waren gerade ins Dorf gekommen, da liefen uns schon Weiber entgegen, und hinter ihnen kamen Männer, und dann ein Rudel Kinder, und die starrten uns alle an. Johanna erhob sich und fragte: »Was ist los?« Da schwiegen sie, und ich gab dem Pferdchen die Peitsche. Da waren wir schon vor dem Hof, und da standen die Musikanten, und die Bäume im Garten waren mit bunten Bändern geschmückt, und am Giebel des Hauses wehte die Fahne des Vaterlandes. Ich sprang ab, und Johanna stand neben mir. »Was ist los?« schrie sie, da gingen die Männer, die im Hofe standen, ein wenig auseinander, und auf einer Bank lag der Schickedanz. Blutig war der Riß über der Stirn, blutig war sein Jackett, blutig war der Boden unter ihm. »Was ist los?« schrie Johanna. Da kam der Mann, der neben Schickedanz stand, das war der Arzt aus Neustadt, und er sagte: »Er ist verunglückt mit dem Motorrad, es geht zu Ende.«
Da schrie Johanna, so was von einem Schrei hab' ich noch nie gehört, sie schrie und schrie, sie heulte, dann lachte sie, die Männer wichen zurück, die Weiber liefen hinzu, da stand Johanna und hielt sich den Leib und schrie und sank um. Da packten sie die Weiber und trugen die Schreiende ins Haus.
Wir aber, drei Männer mit dem Arzt, standen neben dem Schickedanz und hörten, wie das Vieh unruhig wurde. Aber da schrie die Frau wieder aus dem Haus, und da begann die Glocke von der Kirche zur Nacht zu läuten, und da hob sich der Schickedanz hoch, Blut um den Mund

und weißen Speichel, und da fragte er: »Ist der Bub' schon da?«
Mein Herr, da hab' ich gefroren, und wir haben ihn aufgehoben und in die gute Stube getragen, und da lag er nun, und oben im Stock schrie die Frau, und da fragte er, wenn er gerade einmal Luft hatte: »Ist der Bub' schon da?« Dann sank er zurück und murmelte etwas.
Draußen im Hof war es still. Ich saß neben dem Schickedanz. Sein Brustkorb war zerbrochen, und sein Blut floß unruhig über die Backen. Oben schrie die Frau. Manchmal versuchte er, etwas zu sagen, dann formten sich die Lippen, und da hatte ich eine große Liebe zu ihm, als er das Wort nicht ausdrücken konnte, was er meinte. Der Arzt kam zurück und gab ihm eine Spritze. Da wurde er ruhiger. Ich hielt ihm die Hand. »Schickedanz«, fragte ich, »erkennst du mich?«
»Der Bub'?« lallte er. — »Ja«, sagte ich, »der Bub'...«
Da gab er mir die Hand und sagte: »Heinrich, der Bub', das ist alles, ich hau' gern ab, wenn der Bub' nur da ist...« Ich legte ihm einen Essiglappen auf die Stirn, aber den schmiß er weg und richtete sich auf. Steil waren seine Augen, so was von Kraft in den Augen hab' ich noch nie gesehen, er hob sich hoch, sein Brustkorb knirschte. »Hörst du?« flüsterte er. »Hörst du?«
Oben schrie es dreimal kurz auf, dann kam ein Wimmern, und während die laue Luft des Juni über die Wiesen durchs Fenster strich und die Bänder des Kirschenfestes in den Bäumen des Gartens klatschten, stand der junge Bauer auf, torkelte nach der Tür, fiel um und wimmerte: »Erst der Bub', dann ich, Gott und Vater...«
Ich wollte ihn hochheben, aber er schlug um sich. Da hörte ich Schritte. Der Arzt kam zurück. Er lachte und wischte sich die Hände. »Ein kräftiger Bub'«, rief er, »etwas zu früh, aber ein strammer Schickedanz.«
Da stand der Bauer auf, gerade ging er zum Bett, legte sich nieder und spuckte Blut. »Ach so«, sagte der Arzt, »das hätte ich beinahe vergessen...« — Aber da hob sich der Schickedanz hoch, sein Brustkorb quoll, seine Augen

waren ein ewiges Weiß, er atmete tief, dreimal, dann sank er um.

»Amen«, sagte der Arzt und drückte ihm die Augen zu. Im ersten Stock wimmerte das Kind. Ich ging in den Stall und packte meinen Rucksack. Im Hof standen die Musikanten und achtzehn Weiber. Da trat der Arzt auf die Schwelle und sagte: »Ein kleiner Schickedanz!« — Da bliesen die Musikanten, und die Weiber rieben sich vor Freude die Hände an den Röcken. Und während der Choral erklang, ging ich auf die Straße, hinein in den Staub, aus dem wir kommen und in den wir vergehen ...

Erschienen 1953

Reinhold Schneider

Die Geschichte eines Nashorns

1903—1958

König Emanuel der Glückliche von Portugal sah ärgerlich auf die Menschenmenge, die sich vor seinem Uferpalaste um die Landungsstelle drängte; auch die Verkaufsbuden, die in einem verwirrten Schwarme vor dem Schlosse standen und flämische Stoffe, östliche Teppiche, von spanischen und deutschen Bäckern hergestellte Backwaren, Toledaner Waffen, in Frankreich gefaßten Schmuck und das rote rauchende Fleisch der Ochsen aus der großen flachen Einöde jenseits des Tejo unter wehenden Tüchern bargen, leerten sich und schickten Käufer und Verkäufer in den Schatten der schlaffhängenden Segel, die, als wären sie aus der Erde emporgewachsen, unmittelbar vor der niedern Mauer am Ende des Platzes langsam auf- und niederstiegen. »Ich will nicht«, rief der König heftig, »daß irgend jemand das Wundertier sieht, bevor ich es dem Volke zeige. Mann soll Tücher über den Käfig werfen und ihn verdeckt in das Schloß tragen!«
Einer der Edelherren ging; der Graf von Castello Branco trat in die Fensternische: »Der Schloßhof der Könige von Portugal ist der größte Hafen der Welt; er ist das Tor Europas, durch das ein neuer Erdteil einzieht in den alten; auch das Gold in der Hand des Kaisers floß hindurch.« — Der König lächelte: »Macht Eure Schmeichelei wieder gut mit einem Gedanken und sagt, wie wir morgen dem Volke das Ungeheuer mit dem größten Aufsehen vorführen können.« — Der Graf schien glücklich über diese Aufforderung: »Seit vor zwanzig Jahren Vasco da Gama zurückkam aus Calicut, gibt es nur zwei Städte in der Welt, aber schon hat Lissabon das alte Rom geschlagen. Von Brasilien wußten die Römer nichts, und kein Cäsar träumte da-

von, eine Gesandtschaft nach China zu schicken, wie Ihr es im vergangenen Jahre tatet. Wollt Ihr nicht auch Tierspiele feiern wie die Römer? Man sagt, daß das Nashorn eines der wildesten Tiere ist und unbedenklich jeden Gegner angreift, auf den es stößt: es wäre ein noch niemals erlebtes Schauspiel, wenn Ihr es morgen in einem geschlossenen Käfig dem Elefanten, der Euch mit der vorigen Indienflotte geschickt wurde, gegenüberstelltet. Sagt ein einziges Wort, und ich werde im Fluge alles vorbereiten, was dazu nötig ist; Ihr führt die beiden Tiere morgen im Triumph durch die Hauptstadt nach dem Kampfplatz, und man wird es in der ganzen Welt erzählen, welche Kurzweil der König von Portugal veranstalten darf.« Da er noch einen Schatten von Bedenklichkeit auf dem Antlitz des Königs sah, fügte der Graf rasch hinzu: »Natürlich werde ich nicht vergessen, die Gesandten zu laden; dann mag der Spanier seinem kaiserlichen König Karl von Spanien und Deutschland diesen wohlgespitzten Dorn auf eine angenehme Art ins Fleisch treiben, und Franz von Frankreich ärgert sich von neuem über den Vorsprung, den Ihr an seinen geliebten Kuriositäten habt.«
Nun war der König entzückt: »Ich will nicht wissen, was in der ersten Schatztruhe steckt, die man jetzt eben hereinträgt; aber Ihr sollt gleich gehen und nachsehn und drei volle Hände daraus greifen«, und im Selbstgespräch fügte er, während der Graf hinausging, hinzu: »Das Gold ist es nicht, das unsern Namen erhält; aber vielleicht ist es die Art, wie wir es verschenken.«
Inzwischen wurde im Schutz der Palastwache ein gewaltiger, von grauen Tüchern umhüllter Würfel auf glatten Baumstämmen über den Platz hinweg zum Schlosse gerollt; die Zuschauer folgten gleichzeitig zudringlich und zaghaft, heranflutend und wieder zurückweichend, bis das Holz auf den Steinplatten knirschte, die das Gebäude umsäumten, und standen noch immer, als längst die Gewölbe und Treppen im Innern dröhnten von der widerwillig sich fortbewegenden Last und die eisenbeschlagenen Flügel des Portals sich wieder zusammengefaltet hatten.

Rasch aus der Tür tretend, traf der König den Edelherrn Francisco d'Andrade, der sich mit angstverzerrtem Gesicht vor ihm verneigte. Emanuel erriet sofort seine Furcht: »Wollt Ihr nicht mitkommen und das Untier betrachten? Oder fürchtet Ihr Euch vor ihm?« — »Ich muß gestehn, ich bin ein wenig schreckhaft geworden, seit wir auf der letzten Reise nach Frankreich in den Pyrenäen von Bären angefallen wurden«, stammelte der Edelherr, ohne das Zittern seiner dürren Gestalt verbergen zu können. In diesem Augenblick erbebten alle Gewölbe vom Fall einer gewaltigen Masse; offenbar hatten die Matrosen, die mit ihrer Last am Bestimmungsort angekommen sein mußten, die Baumstämme unter dem niederstürzenden Gewichte hervorgezogen. Unter dem plötzlich heraufschlagenden Lärm knickte Francisco d'Andrade zusammen, als habe man ihm selbst die ganze Last des grauen Würfels auf die Schultern geworfen. Der König sah es lächelnd, dann fragte er Francisco, ob er sich auch in der Gegenwart seines Königs vor dem verrufenen Ungetüm fürchte, und befahl ihm mit dieser Frage zu folgen. Sie eilten durch die breiten, von Splittern des zerriebenen Holzes besäten Gänge des Erdgeschosses und traten in eine verödete Halle, aus deren Schatten sich die Kontur des gefürchteten Würfels hob; das graue Licht ließ noch immer nicht mehr erkennen als den Umriß. Als sie davorstanden, hörten sie aus dem Innern des umspannten Gehäuses ein Brausen, als ob sich der Wind in einem Segeltuch verfangen habe; unten, nahe den Steinplatten des Bodens, ging die schwere Leinwand langsam vor und zurück.
Für ein paar Augenblicke genoß der König die Furcht des armen Edelherrn; dann griff er selbst das Tuch an und warf nicht ohne Anstrengung den unteren Zipfel auf das Dach des Käfigs. Hinter rohbehauenen Stämmen aus fremdem Holz, die von dicken Eisenklammern zusammengehalten waren, zeichnete sich unsicher eine unförmige Masse ab; die Linien lösten sich aus einem riesenhaften, fast nicht begrenzten Halbrund und liefen vorn ent-

schieden und spitz einander zu. Knapp vor ihrem Zusammentreffen sprangen zwei unruhige gelbliche Funken aus ihnen hervor. Der herausströmende Luftzug und das helle Dämmern, vielleicht aber auch die Witterung animalischer Nähe brachten den Klotz in Bewegung: er erhob sich pustend auf seine niedern Beine und ließ die beiden suchenden Funken aufwärts den Pfosten folgen, so daß über die beiden Männer in der kühlen Halle eine überraschende Welle dampfenden Lebens ging. Emanuel hielt diesem Strome die weiche, etwas schlaffe Hand entgegen, und sofort dehnte sich die Masse aus. Anscheinend hatten die Hinterbeine Halt gefunden an der Rückwand des Käfigs, während die Vorderbeine sich in wachsender Gewalt fest zwischen die Pflöcke klemmten.

Durch die Balken lief ein Krachen, und das ganze zitternde Gebäude aus Holz und Eisen drohte zu zerspringen von dem Druck des noch immer sich vergrößernden Leibes, der sich wie ein einziger Muskel gegen seine Beengung stemmte und zum Beherrscher aller seiner Kräfte zu werden schien; allein die erstarrten Schranken gaben dem Anlauf des Lebendigen nicht weiter nach, und die hochgetürmte Flut seiner Anstrengung sank zurück. Sofort aber zog sich der dunkle Leib zu einer steilen Biegung zusammen, um dann mit der vergrößerten Gewalt eines raschen Angriffs gegen die Stäbe zu prallen. Nun erbebte auch der König unter dem über ihn ausgegossenen Schauder einer besinnungslosen, gigantischen Wut, die einzuschließen der Käfig ganz unzureichend schien; Holz und Eisen waren wie dünnes Gespinst, das nur noch zufällig die in sich selber tobende Energie umgab. Die beiden mittleren Stäbe an der Vorderseite des Käfigs traten oval auseinander, als würde ein stählerner Keil durch sie getrieben, und hart vor der Brust des Königs stieß ein schnaubender Rüssel in die leere Luft, der in der verzehrenden Nähe seines Zieles mit allen Fibern danach zuckte, sich zu verlängern. Aus dem Rüssel sprang ein scharfes, leicht nach hinten gebogenes Horn wie ein Dorn hervor.

Emanuel erstaunte über die rätselhafte Feindlichkeit, die

in dieser Gestalt sich gebildet und an ihn herangedrängt
hatte, um ihn zu bedrohen; aber sein Befremden, auf dem
der Schatten aufkommender Gedankentiefe lag, wechselte rasch mit dem Entzücken, das der Vorschlag des
Grafen Castello Branco in ihm erweckt hatte. Er war der
erste, der ein solches Kuriosum in Europa besaß und zeigen konnte! Endlich erlöste er den armen Dom Francisco,
der mit Angstschweiß auf der Stirn hinter ihm stand und
jede Biegung und jedes krachende Geräusch der Balken
bis in alle Tiefen seines Wesens miterlebt hatte. »Werft
das Tuch darüber und kommt!« rief der Herrscher, vergnügt und rasch sich umdrehend, so daß es ihm entging,
wie sein Edelherr von der Seite mit der Spitze seines Degens den grauen Wulst an die Kante schob und dann herunterfallen ließ. Unglücklicherweise wurde aber das Tuch
von dem hervorspringenden Rüssel mit seinem Horne
aufgefangen, und so hing es noch lange Zeit, während die
Halle schon wieder leer war, bis das Nashorn ermüdete
und selbst den Vorhang vor seine Ungestalt zog. Oben
empfing der König einen Stoß Huldigungsschreiben indischer Fürsten, von denen er nur die Anzahl, nicht den
Inhalt beachtete; dann prüfte er die Gelder und Schätze,
die aus dem Osten eingeliefert worden waren. »Nur das
Notwendigste für die Schiffe«, sagte er zum Schatzmeister, und als dieser ihn darauf aufmerksam machte, wie
ausbesserungsbedürftig die Flotte war, ja, daß mehrere
Schiffe schon am Kap mit allen Schätzen versanken, nur
weil sie schlecht gebaut waren, wurde Emanuel wieder gereizt: »Sie sollen mir Geld bringen, nicht nehmen. Alle
Ausgaben werden zurückgestellt bis zum nächsten Jahr.
Ich will endlich das Kloster Bêlem fertig wissen und den
Platz sehn, wo man mich begräbt. An den reichen König
wird man sich nicht so lange erinnern, als man mir versichert; wenn aber ein armer König sich ein reiches Grabmal bauen läßt, so hat er gewonnen. Gräber machen lebendig.«
Die Versicherung, daß er mehr getan habe als irgendein
anderer für seinen Ruhm und daß er weder einen baldigen

Tod in der Zeitlichkeit noch ein Auslöschen seines Namens in der fernsten Zukunft zu befürchten habe, stimmte Emanuel nur noch nachdenklicher. Und als die Höflinge ihn wieder als den glücklichsten Herrscher priesen, dessen Ruf plötzlich in niemals geahnte Fernen gedrungen sei und der von allen Fürsten Europas beneidet werde, fiel er unvermittelt ein: »Das Grabmal soll geändert werden. Das Kloster will ich prächtig, unerhört reich, als steinernen Siegesjubel, als Triumph über Okzident und Orient. Damit ist genug getan für meinen Namen; meine Knochen aber wollen ausruhen, sie sind krumm von so viel Glück. Legt mir eine flache Platte ohne Monument; sie soll ganz flach sein, nicht höher als der Boden, so daß man bequem ... darüber *gehen* kann; so daß keiner ausweicht, daß alle darüberschreiten. Es ist ganz schön, von Kindern und Bettlern getreten zu werden, wenn man so viel geherrscht hat; Schritte über sich zu fühlen und das Glück abzubüßen, das doch immer unverdient ist. Niemand sieht es den Perlen an, daß ich sie in der Hand gehalten habe; sie dauern viel länger als die Finger eines Königs. Ich möchte wissen, wie viele sie noch besitzen werden. Früher, als wir arm waren, nicht mehr hatten, als das eigene steinige Land uns ließ und das Meer uns zuwarf, waren wir froh. Hätten wir weniger Glück gehabt in Portugal!« Auf diese immer wiederkehrende Stimmung seines Herrn hatte der stets anwesende Pater gewartet, und der König verbrachte in seiner Gesellschaft über den Plänen des Klosters Bêlem den Abend in Einkehr und Zerknirschung.

Am folgenden Tage, einem Sonntag, ging der Triumphzug des Königs, der eigentlich ein Triumphzug des Nashorns war, vonstatten. Der Graf von Castello Branco hatte mit ausgestreuten Wundermärchen alle Erwartungen des Volkes erregt und in größter Eile die umfangreichsten — und freilich ziemlich flüchtigen — Vorbereitungen getroffen. Es war kurz vor Mittag, als Emanuel samt der ganzen Pracht seines Hofstaates vor dem Schlosse das Pferd bestieg und Befehl gab, das Nashorn

herauszuführen. Man hatte, noch während der Käfig das Tier in Fesseln hielt, um jedes der unförmigen Beine einen Eisenring geschlossen, die Beine durch kürzere Ketten untereinander halb gefesselt und an jedem eine längere Kette befestigt, die jeweils von sechs bunt aufgeputzten Negern gehalten wurde. So zog man das Ungeheuer, das glücklicherweise merkwürdig apathisch gestimmt schien, ans Licht.
Kaum waren die Schwarzen mit ihrem Gefangenen ins Freie getreten, als ein wildes Aufbäumen durch die glänzende Kavalkade lief und fast den Abgang des Zuges gefährdete. Die Turbane des indischen Fürsten und seines Gefolges, der mehr als ein Gefangener denn als Besuch am Hofe des neuen Machthabers weilte, rollten in den Staub; einige Pferde rissen sich aus der Ordnung des Zuges und trugen ihre machtlosen Reiter in besinnungsloser Angst quer über den weiten Platz mitten in die wartende Menge hinein, wo sie in wenigen Sekunden eine heillose und nicht unblutige Verwirrung anrichteten. Schlimmer aber erging es noch dem Trupp der Hofdamen, die ihre diamantbesetzten Zügel nur spielerisch in den Händen gehalten hatten. Der Federputz knickte, Perlschnüre rissen und streuten ihre mattschirmmernden Tränen auf die Erde; damastene Röcke bauschten sich auf und entblößten seidenumhüllte Beine. Während das Nashorn die Verwirrung gar nicht zu bemerken schien, die sein Erscheinen in seiner eigenen, natürlichen Gestalt hervorrief, wurde der König wieder der besten Laune. Er lachte aus vollem Halse über die stolze Anführerin der Hofdamen, die Gräfin d'Abrantes, die, schon halb zur Erde niederhängend, verzweifelt den Hals ihres Falben umarmte, während ihre Füße sich nicht aus den Steigbügeln befreien konnten und die vom Meer herwehende Brise die durchaus nicht untadelhafte Rundung ihrer Waden unbarmherzig verriet. In vollem Trab eilte der gräfliche Festordner der zwischen Himmel und Erde Schwebenden zu Hilfe und richtete sie wieder auf ihren Sattel, wobei er, ohne sich zu wehren, die Sturzflut ihrer Empörung über sich niederrauschen ließ.

Inzwischen schmetterten die Herolde ihre Siegesfanfaren, als sei eine zweite Schlacht von Aljubarrota gewonnen oder ein neues Königreich erobert worden, und die Fahnen wurden geschwenkt, als gälte es den Einzug in Rom.

Stolz wie ein Pfau saß Emanuel auf seinem Schimmel; das schimmernde Rad seines Königsmantels war weit über den Pferderücken geschlagen und blitzte wie eine himmlische Gloriole. Vor ihm bewegte sich zwischen den vierundzwanzig Schwarzen und einem Trupp mit Lanzen Bewaffneter das Hinterteil des Nashorns wie eine gewaltige Halbkugel auf und ab; hinter ihm trippelte zwischen dem schweren Hufschlag der mit dicken Lederplatten gepanzerten Schlachtrosse der tänzelnde Tritt der leichten Pferde der Hofdamen. Dann folgten drei mit Ananas und Bananentrauben beladene, mit Teppichen behängte Wagen, auf denen an langen Ketten gefesselte Affen kreischend herumturnten; oben, unter einer Längsstange, schaukelten Papageien mit metallenen Ringen wie Blumensträuße aus Federn.

Als das Nashorn mit seiner schmetternden Vorhut und seinem königlichen Gefolgsmann um die Ecke des Palastes gebogen war und die Edelleute und Damen in einer vollendeten Kurve wie ein auseinandergefalteter Fächer ihm nachschritten, krachten auch die Achsen der Fruchtwagen, und der indische Sultan ließ zwei seiner Diener auf den vorsichtig aus einem andern Teil des Palastes herausgeführten Elefanten steigen. Dieser bildete das Ende des Zuges, der demnach von den zwei füreinander als Gegner bestimmten Bestien geführt und beschlossen wurde; gleichsam eingeschlossen von den zwei feindlichen Gewalten, von denen keine noch die andere kannte.

Das Aufsehen war ungeheuer, als das Nashorn mit seinem Gefolge durch die von Palästen gebildete Straße nach dem Rocio zog. Soweit sie sich nicht selbst an dem Zuge beteiligen konnten, standen die Adligen mit ihren Frauen und Töchtern, umgeben von der glänzend gekleideten Dienerschar und einer Unzahl schwarzer Sklaven, auf den

Freitreppen und Balkonen, Haupt und Banner senkend vor der außerordentlichen Erscheinung. Zu ihren Füßen, eingeklemmt zwischen die Palastwache und die Mauern, stritt sich die Menge um jeden freien Blick auf das noch nie erlebte Schauspiel.
Unter den von allen Seiten, aus allen Fenstern wie schreiend bunte Tücher niederfallenden Jubellauten und Ausrufen des Erstaunens, die im Grunde dem gemächlich forttrollenden Vierfüßler galten, ritt König Emanuel in einem Übermaß von Glück. Jedes Beifallszeichen war ihm mehr wert als eine indische Perle, und er hätte am liebsten den Grafen Castello Branco, der den Zug erdacht und angeordnet hatte, auf offener Straße umarmt und zum Herzog gemacht.
Alles entwickelte sich auf die gewünschte Weise, als nicht mehr weit von dem großen Eisenkäfig, in dem der Kampf stattfinden sollte, das Nashorn plötzlich stehnblieb und weder durch Ziehen an seinen Ketten noch durch Lanzenstiche seiner Wächter vorwärts zu treiben war. Die Eisenspitzen schienen gar nicht einzudringen in die dicke, fast völlig glatte und haarlose Lederschicht, die wie Panzerplatten die starre Uniform umschloß; aber auch die am Tage vorher bekundete Wildheit war durch kein Mittel in dem rätselhaften Koloß aufzuwecken.
So stand der vordere Teil des Zuges, während der hintere sich noch bewegte und bald Menschen, Pferde und Wagen unter der glühenden Sonne auf das beängstigendste zusammenschob. Rasch gelangweilt von dem Stillstand des gleichen Bildes wandte sich das Interesse des Volkes, das einen lebhaften Wechsel der Szenen längst zu wünschen gewohnt war und überdies vor Begierde nach dem Tierkampf brannte, dem Treiben der sich auf die ausgelassenste Weise neckenden und verfolgenden Affen auf den Fruchtwagen zu. Ein Knabe hatte es indessen auf einen großen, melancholischen Schimpansen abgesehn, der unberührt von allem, was um ihn vorging, auf seiner Stange saß und mit halbgeschlossenen Augen herunterblinzelte. Als keine Handbewegung, keine Drohung und

kein Zuruf ihn aus seiner trübsinnigen Stellung brachten, versuchte es der Junge endlich mit einem Steinwurf, und im nächsten Augenblick war den Affen wie ihren Zuschauern ein neues Betätigungsfeld eröffnet. Sämtliche Kletterer bewehrten sich mit den zunächst erreichbaren Wurfgeschossen und ließen in sicheren Linien Orangen, Mandarinen, Bananen, Kokusnüsse und Ananas auf die Menge niedersausen, die natürlich nichts Besseres zu tun wußte, als mit allen Mitteln diese Tätigkeit zu fördern. Der unerwartet herniederstürzende Segen seltener Früchte zog immer größere Scharen heran, die den zusammengedrängten Zug auch noch von den Seiten beengten und in eine völlig hilflose Lage brachten. Auch die lärmenden Bemühungen der Palastwache trugen nur zu noch schlimmerer Verwirrung bei.
Machtlos und fast geschüttelt von Zorn sah der König auf die fühllose lederne Halbkugel, die ihm den Weg versperrte und wie ein tief verwurzelter Baumstumpf durch nichts zu beseitigen war; seine Ohren waren fein genug, das versteckte Gelächter in den Fenstern zu vernehmen, und seine Augen waren nicht so schwach, als daß sie nicht den schadenfrohen Spott entdeckt hätten, der über die devoten Gesichter ging. Plötzlich hörte er hinter sich ein Gebrüll, als ob ein Dutzend Drommeten gleichzeitig fortissimo bliese, und entsetzte Stimmen schrien »Der Elefant ist hinter uns her! Vorwärts! Er wird uns alle zertrampeln!« Schon drängten sich zur Seite des Königs Pferdeköpfe vor, und Hunderte von Hufen schlugen verzweifelt auf den Stein, da bemerkte er, wie die Halbkugel, ungeachtet der Ketten, in Bewegung geriet und in einem weiten schwerfälligen Bogen sich drehte. Das Nashorn sah ihn an.
Der König saß auf seinem Pferd wie eines jener erzenen Standbilder, von denen er manchmal träumte. Gleichzeitig spürte er, daß hinter ihm die Bewegung erstarrt war. Unter wulstigen Lidern kam ein langer stumpfer Blick zu ihm empor, dem er nicht ausweichen konnte. Die Lider bewegten sich ein wenig, als würden sie heruntergezogen

von tiefer Müdigkeit oder aber, als ob ein schwerer Zweifel, der sich nur im Innern lösen ließ, sie schließen wolle. Wieder brüllte der Elefant und noch ein drittes Mal. Die spitzen Ohren des Nashorns hoben sich und sanken langsam wieder herunter; die ganze Straße war stumm und bewegungslos, indes die beiden großen Feinde einander witterten und unterhielten. Auch die Affen und Papageien gaben keinen Laut. Emanuel fühlte, wie die Zügel seines Pferdes auf und nieder flogen, weil er seine Hände nicht mehr bemeistern konnte. Noch immer sah ihn das Nashorn zweifelnd an, ohne ihn zu beachten; es schien zu sehen, ohne wahrzunehmen. Mitten in seiner offen ausbrechenden Angst fühlte der König das durchdringend Lächerliche seiner Lage.
Einige Minuten verharrten so die Menschen unter der Herrschaft der Tiere, stand der erschrockene kleine König im Bann einer unverständlichen großen Gewalt. Dann drehte sich das Nashorn wie nach einer langen Überlegung wieder um, als bliebe ihm noch unendlich viel Zeit, seinem Feinde zu begegnen, und setzte, gleichgültig gegen Ketten und Lanzen; seinen Weg fort. Sofort war die Beängstigung von allen genommen; die Enge löste sich; die Ausgelassenheit trat an die Stelle der Angst, und in der übermütigsten Stimmung und mit noch gesteigerter Erwartung folgte der Zug seinem vierfüßigen Führer nach dem Kampfplatz.
Es war eine von hohen Gittern umgebene, im übrigen flüchtig gezimmerte Arena, wie man sie auch zu Stierkämpfen benutzte, und an der das bemerkenswerteste der samtene Baldachin war, unter dem Emanuel Platz nahm. Mit einer großen Geste winkte er die Gesandten zu sich heran; dem Spanier gab er den besten Sitz zu seiner Rechten. Nachdem der Hofstaat die Reihen hinter dem König gefüllt hatte, drängte das Volk herein und besetzte in wenigen Augenblicken die freigelassene Hälfte der Arena so dicht, daß auch nicht ein Stückchen des Bretterbodens zwischen den dunklen Köpfen zu sehen war.
Alle waren stumm vor Erwartung. Endlich trat statt der

Tiere ein reichgekleideter Herold auf, der in einem langen Lobgedichte den König feierte und ihn nicht nur den glücklichsten, sondern auch den größten König nannte; denn wahres Glück werde nur wahrer Größe zuteil. Emanuel hörte diese Worte, die heilend an seine geheimste Wunde rührten, beifällig an und lohnte sie reichlich ihrem Urheber, als den er leicht den Grafen Castello Branco erkannte. Freilich war niemand außer dem Herrscher anwesend, für den der Vorspruch des Herolds mehr gewesen wäre als ein leeres Wortgeklingel, so daß die Ungeduld aufs höchste gestiegen war, als der König das Zeichen zum Anfang gab und der Elefant wie ein wandelnder rissiger Felsblock hereinstampfte.

Er umschritt einen Halbkreis und blieb mit dem Rücken gegen den König stehn. Bald darauf stand das Nashorn, von seinen Ketten befreit, fast verschlafen vor dem Türflügel, der gewaltsam hinter ihm zugeschoben wurde. Zwischen den beiden Todfeinden lag nur der offene sandbedeckte Platz, eine Entfernung von wenigen Schritten. Die Tiere spürten ihr Gegenüber. Durch die Nähe des vertrauten Gegners, mit dem es unzählige Kämpfe in fernen Steppen geführt haben mochte, schien der alte Tatendrang im Nashorn zu erwachen; ein Zittern lief durch seine Masse. Der Elefant trat zurück, so daß sich die Eisenstäbe des Gitters in die faltige Haut seines Rückens preßten. Nun senkte das Nashorn den Rüssel. Niemand wagte die Feinde anzufeuern im Gefühl des in der nächsten Sekunde losbrechenden Gewitters. Gleich darauf duckte sich das Nashorn; seine Hinterfüße scharrten, suchten Halt; dann flog der Sand auf, der Rüssel furchte den Boden, und in einem bespiellosen Wirbel der Schnelligkeit verwandelte sich der schwere Leib des Nashorns in ein staubumkreistes Geschoß; aber ebenso schnell hatte der Elefant sich gedreht und war links vom König, unmittelbar vor dem Zugang der Zuschauer, mit dem ganzen Gewicht seiner Masse gegen die Eisenumhegung geprallt. Die Stäbe flogen auseinander wie vom Sturm zerstreute Halme, und ohne für den Bruchteil eines Augenblicks in

seinem Ansturm gehemmt worden zu sein, jagte der Elefant aus der Arena. Gleichzeitig stürzte das Nashorn an der Stelle, wo sein Gegner sich eben noch befunden hatte, unter der Wucht seines ziellos gewordenen Anlaufs zusammen.

Es war still, dann sickerte es aus der obersten Reihe des Volkes unterdrückt, aber unwiderstehlich wie ein Gelächter hervor, und plötzlich erdröhnte die ganze Arena von rücksichtslosem, ungebändigtem Lachen. Der König stand in der Mitte, zornrot, beschämt, unmächtig zu befehlen. Er suchte nach dem Grafen Castello Branco, der unsichtbar geworden war. Da fiel sein Blick auf Francisco d'Andrade, den einzigen, der nicht lachte, weil ihn noch immer die Angst erstickte. »Ihr übernehmt die Sorge für das Nashorn«, sagte Emanuel böse, »seht zu, daß Ihr Euch mit ihm befreundet, Ihr müßt vielleicht eine lange Reise mit ihm tun«. Dann ging er rasch.

Bis zum Schloß war die Straße völlig verwüstet von dem Elefanten, der, vom Schreck vor seinem Urfeind gejagt, alles niedergetrampelt hatte, was ihn hinderte oder ihm begegnet war. Am schlimmsten hatte er unter den Verkaufsbuden im Schloßhof gewütet. Dort sah es aus, als seien die Stände der Fleischer, Bäcker, Tuch- und Waffenhändler samt ihren Waren und Besitzern in wildem Durcheinander aus einem Sack geschüttet worden. Erst unmittelbar vor dem Tejoufer hatte sich das Rasen des Elefanten gelegt, so daß ihn die Leute des Sultans, die ihm sofort schreiend nachgestürzt waren, in seinen Stall zurückführen konnten.

Die Arena leerte sich rasch nach dem etwas beklemmenden Weggang des Königs. Niemand achtete mehr des Nashorns, das wieder aufgestanden und gemächlich nach der Tür getrottet war, aus der man es herausgelassen hatte. Bedrückt und über die Worte des Königs grübelnd, sah Dom Francisco über die leere Sandfläche, die eine tiefe, vom Rüssel des Nashorns gezogene Schramme zerteilte. Dann ordnete er an, daß man das Ungeheuer in das Schloß zurückbringe, wohin er ihm selbst in beträchtli-

chem Abstand folgte. Dort angekommen, erhielt er den Befehl, sofort vor dem König zu erscheinen.
Emanuels Ärger schien bereits gemildert durch einen gefaßten Plan. »Ihr habt es recht geahnt«, sagte er zu dem sich tief verneigenden Edelherrn, »das Ungetüm bringt uns kein Glück, es muß aus dem Lande. Es ist kostbar und schädlich zugleich, also vortrefflich geeignet als Geschenk. Ich dachte erst an den Kaiser, aber er hat keine Freude an solchen Mißgeburten und würde das Nashorn wahrscheinlich unbesehen weitergeben. Dem Franz von Frankreich gönne ich nicht einmal den Ärger, den er mit dem Untier hätte; aber wir können es ihm immerhin an der Nase vorbeiführen und, rechtzeitig angekündigt, in Marseille damit landen. Kurzum, es soll zum Heiligen Vater nach Rom. Wir sind ihm für mancherlei verpflichtet; hat er doch für die Spanier und uns die Welt mitten durchgeschnitten und jedem eine Hälfte geschenkt. Überdies ist es ein Beweis meiner Ergebenheit und ein neuer Anlaß, über die zweckmäßige Einrichtung der Welt zu philosophieren; denn was diese Ungestalt auf ihr soll, kann niemand ergründen.« Doch erschrak er sofort über seine Worte: »Der Himmel vergebe mir; es soll heute noch eine Messe gelesen werden zum Dank, daß kein größeres Unheil angerichtet worden ist. Aber trotzdem soll der Dickhäuter nach Rom. Der Heilige Vater hat, wie ich weiß, einen besonderen Spaß an diesen Karnevalsscherzen der Natur. Wollt Ihr ihm Euren Schützling bringen?«
Hinter der Frage lauerte eine Absicht, von der Dom Francisco wußte, daß sie keinen Widerspruch ertragen werde, ebenso, wie es ihn mit plötzlicher Klarheit überkam, daß diese Absicht von einer noch viel tieferen Feindlichkeit war als das Ungeheuer, vor dem er sich fürchtete. Seine arme Verstellungskunst reichte nicht aus, den Schrecken zu verbergen, den er über den neuen Auftrag empfand; und so senkte er seinen Kopf, gleichzeitig um sich zu verstecken und zu bedanken, und nahm die Gesandtschaft nach Italien an. Vor dieser hilflosen Demut flog ein Schein von Mitleid über Emanuels Gesicht: »Ihr kennt

doch schon Italien? Freut Ihr Euch nicht, es wiederzusehn?« — »Ja, ich war dort auf dem Landweg vor fast zwanzig Jahren; doch was ist Rom gegen Lissabon? Es verdient seinen Ruhm nicht; aber für Lissabon wäre Roms Ansehen nicht zuviel. Wir haben schöneren Marmor, schönere Kirchen; Lissabon thront hoch über dem Fluß: dort ist alles flach und leer.« Diese Worte kamen aus einem Abgrund der Liebe zum eigenen Land, in den die Schmeichelei keinen Zutritt hat; sie waren in dem einzigen Tonfall gesprochen, in dem Dom Francisco zu bitten wagte; aber der König hörte das Flehen seines Edelherrn nicht, gab ihm kurz seine Instruktionen und ging.

Obwohl Dom Francisco schon an die fünfzig Jahre alt war, hatte er doch nie eine Seereise ausgeführt, weil er seit Kindertagen ein unerklärliches Grausen vor den Wellen empfand. Nun sah er sich plötzlich wegen jenes unheimlichen Fabelwesens gezwungen, sein Leben für Wochen dem Meere anzuvertrauen. Er machte sich die bittersten Vorwürfe, daß er der Aufforderung des Königs nicht widersprochen hatte, gleichgültig, was aus dieser Verweigerung gefolgt wäre, entwarf abends Pläne, wie er sich nachträglich noch dieses Auftrages entledigen könne, und begeisterte sich an ihnen, aber am Morgen fand er kaum noch den Mut, sich ihrer zu erinnern. Häufig sah er nachts einen gewaltigen Wellenberg, der auf ihn zueilte, während er auf dem äußersten Vorsprung eines Felsens stand; oder er erlebte wieder die Täuschung, die ihn als Kind befallen hatte, wenn er am Meer gestanden war und plötzlich vermeinte, daß auch das Land sich auf und ab bewege in dem furchtbaren, alles sich unterwerfenden Rhythmus des Atlantik. Im Kreise seiner Freunde machte er dem Haß gegen das Nashorn Luft, den er in sich wachsen fühlte; sobald er aber sich den Käfig vorstellte in dem dunklen Gewölbe, peinigte ihn Reue, als habe er eine Gottheit beleidigt, die sich rächen werde.

Endlich fanden seine von Tag zu Tag gefristeten Hoffnungen auf eine weitere Verzögerung in der Abfahrt des

Schiffes keinen Boden mehr, auf dem sie fortwuchern konnten, und er stand morgens am Hafen, um den Transport des Ungetüms auf das Schiff zu überwachen. Seit dem Tage des Tierkampfes hatte er das Nashorn nicht mehr gesehn, obwohl er täglich den Wärter mit einer uneingestandenen Erwartung nach ihm gefragt hatte, und auch jetzt vermied er es, einen Blick unter die verhängenden Tücher zu tun, während die Matrosen die Last über die Brücke rollten. Man stellte den Käfig auf dem Hinterteil des Schiffes auf, in jenem halbdunklen Raum, der von dem nur dort bestehenden Ansatz eines Oberdecks überdacht war, und schraubte ihn an allen vier Ecken an den Planken fest. Die Reise sollte über Ceuta und Marseille nach Genua gehen; von dort sollte das sonderbare Geschenk zu Land nach Rom gebracht werden.

Dom Francisco stand am Bug, über das Gitter gelehnt. In dem schmutzigen Hafenwasser hingen ein paar Quallen, die, sich zusammenziehend, in steiler Wölbung die fettige Oberfläche durchbrachen und dann, auseinandergehend, sich wieder sinken ließen, während ihre Greifarme wie fleckige Tuchfetzen durch die Trübe wehten. Ein Stück weiter schwamm eine tote rote Katze, steif, mit dem Kopf nach unten, in einer Einbuchtung, die die Strömung nicht erreichte. Unglücklich blickte Dom Francisco nach der Stadt empor; das Licht hatte schon den Höhepunkt seiner täglichen Bahn überschritten und etwas von seiner Weiße verloren; in den Fenstern glühte die Verheißung eines goldenen Abends. Die Palmen, die weit entfaltet aus den Steinschluchten aufblühten, regten sich leise, so daß Francisco das Knistern zu hören meinte, mit dem sie über die rauhen Hauswände strichen; alle Läden waren geschlossen, auch in seinem eigenen Hause oben über der Kathedrale, die eben ihren zackigen Schatten nach ihm über die Dächer warf, ohne es zu erreichen. Da begann plötzlich das geliebte Bild zu erzittern und sich den Fluß hinunter auszudehnen; das Segel schwang knarrend hin und her wie das Pendel einer wieder in Gang gesetzten Uhr, die in eine unbewußt genossene Stille den uner-

wünschten Stundenschlag tickt. Der seltsam Bewegte glitt an den Baugerüsten von Bêlem vorbei, die fragmentarisch in den Himmel starrten, und glaubte den König selbst zu sehen, wie er sich zur Erde niederbeugte mit einem Maßstab und ein längliches Geviert damit umschrieb; dann traten die aufgehäuften Steintrümmer davor und verschütteten die Gestalt. Der geliebte Strom hatte es eilig, das Schiff hinauszutragen, und Dom Francisco fühlte es schmerzlich, mit welcher Schnelligkeit er ihn von seiner Heimat entfernte. Noch berührte die Sonne die Wasserfläche nicht, als die Felsen von Cascaes und die letzten Dünen des linken Ufers im Blau versunken waren.
Erst spät am Abend fand sich Dom Francisco unter der trüb schwelenden Lampe mit dem Jeronimiten-Pater zusammen, der ihm als einziger Begleiter mitgegeben worden war. »Wir Portugiesen sollten nicht reisen«, sagte der stille verschleierte Mann im Mönchskleid, »denn es gefällt uns nirgends, und würden wir wie Magalhães das volle Rund der Erde umfahren. Wir besitzen die halbe Welt, aber wir sind nicht in ihr zu Hause, und so müssen wir alles wieder lassen. Ich weiß wohl, daß unsere Felder steinig, unsere Berge kahl sind, und doch muß ich immer zu ihnen zurück.« — »Sagt das nicht«, erregte sich Dom Francisco, »es ist nirgendwo schöner. Ich war in Spanien, Frankreich und Italien; aber jeder Berg ist dort feindlich, jeder Hügel, jedes Feld traurig und trostlos. Als ich das letzte Mal zurückkehrte, schwor ich, nie mehr Lissabon zu verlassen, und nun muß ich übers Meer — um des Königs Spielzeug fortzubringen. Habt Ihr Euch das Tier betrachtet?«
»Ich sah es an«, erwiderte der Pater, »aber ich verstehe es nicht. Es ist furchtbar. Sollte wirklich ein Funke des gleichen Lebens sein in mir und dieser rätselhaften Ungestalt?«
Das Schiff legte sich tief auf die Seite, so daß die beiden Männer sich kaum festhalten konnten auf ihren Sitzen; über ihnen ächzte das Gebälk, als ob ein Steinklotz hin und her gewälzt werde. Nun setzte auch ein stärkerer

Wind ein, und sie spürten, wie der Kiel die Wellen rascher zerschnitt. »Es liegt über uns«, Dom Francisco wies nach der Decke, »es ist wie ein Gewicht, das auf das Schiff drückt und hinunterzieht.« Es kam ihm zu Bewußtsein, daß nur Meer um sie war, kaltes, lauerndes Wasser, und daß sie trieben auf der matt erleuchteten Lebensinsel, so fern von der Erde wie irgendein Stern und mit diesem Ungetüm, das auf eine unbegreifliche Weise lebte. Trostlos sah er auf ein paar Leinwandballen, die in dem Halbdunkel auf und ab schwankten und dumpf zusammenstießen, widerwillig dem Gesetz ihrer Masse folgend, dem auch sein eigner magerer Körper dienstbar war; die Lampe tanzte, und die Schatten verwirrten sich in heftigen Zukkungen, riesenhaft wachsend, zwerghaft zusammenschrumpfend, daß die Maße des Raumes und der Dinge unsicher wurden und alles in einer chaotischen Verwandlung begriffen schien. Die ruhige Festigkeit seines Hauses und seiner gewohnten Räume, die ihm auch das Dunkel heimisch gemacht und ihm noch im Halbschlaf, an der Grenze der gegründeten Welt, das Bewußtsein geordneter Umschirmung tröstend fühlbar gemacht hatte — so daß er, von einem immer wieder erreichbaren Ufer aus, sich leichter dem Unbestimmten übergab —, erweckten in ihm eine unbegreiflich wehmütige Erinnerung. Aus einer Tiefe heraufsteigend, die nicht nur ihm allein gehörte, sondern die vielen tausend Seelengründe seines Volkes in Europa, in Brasilien, Indien, auf den Molukken, in China und im Gelben Meer mit derselben verdunkelten Flut erfüllte, strömte seine ganze angeborene Trauer in diesem einen Schmerz, dem Heimweh, zusammen, das ebenso töricht wie unheilbar war.

Nach Mitternacht, als das Schiff sich steile Berge erkämpfte und in fliehende Täler stürzte, wurden die beiden Männer von der sonderbaren Angst befallen, das Nashorn könne sich aus seinem Käfig befreien. Sie stiegen hinauf mit einer Laterne, in die der Wind vergebens von allen Seiten einzudringen suchte, und tasteten sich auf den schiefen, nassen Planken bis an den Käfig, der fest, wie mit

dem Boden verwachsen, auf seiner Stelle saß. Das Nashorn schlief. Wie die großen langen Wellen des Atlantiks, die auch bei Windstille und klarem Himmel die Schiffe geheimnisvoll auf und nieder tragen, lief sein Atem durch den hingestreckten Leib; aus seinem Rüssel röchelte es schwerfällig wie eingefangener Sturm. Zum erstenmal sahen sie, daß der Käfig viel zu eng war und die vergeblich vorgeschobenen Beine krümmte, und sie ahnten für einen Augenblick, daß es doch ein verwandtes Leben war, das, in eiserne Gitterstäbe gezwungen, unter dem rasch aufblitzenden und verlöschenden Himmel schlief. Der Wind war sehr kalt, und der hereinwehende Wellenschaum traf ihre Gesichter wie prickelndes Eis. Sie standen wie an einem Grab, dessen Stille nicht ganz sicher ist, als könne plötzlich aus dem verschütteten Hohlraum ein Hauch hervordringen, der auf eine sonderbare Weise tot und lebendig ist.

An einem unbestimmten Abend, der alle Farben vermischte, sahen sie Ceuta sich wieder entfernen. Aus der Monotonie von Himmel und Meer waren sie für ein paar Stunden in das vielstimmige Farbenspiel des Orients versetzt worden; dann blieb alles zurück im Schweigen des Unbegrenzten, und nur ein paar Bilder tanzten noch vor ihren Augen, von verströmendem Leben immer matter bewegt. Obwohl er kein Wort von dem Vorgetragenen verstehn konnte, hatte sich Dom Francisco in den dreifachen Zuhörerring des Märchenerzählers gesetzt: nur um etwas von dem zeitlosen Verweilen des Ostens sich vorzutäuschen und zu genießen, das ihm nicht beschieden war, und sich einzuordnen, wo er nicht bleiben durfte. Von der Höhe der Festung sah er das Schiff im Hafen liegen, so fern, als hätte er es niemals noch betreten; wie ein Wolkenbild, das ohne seinen Anteil kommen und zerfließen mochte.

Dann betäubte er sich im Lärm der arabischen Gassen. Er stellte sich neben den Tisch des Wechslers und zählte die gehäuften Geldstücke mit, als ob sie ihm selbst gehörten; er sah dem Schreiber über den Rücken und folgte der ra-

schen Hand, die rätselhafte Zeichen wie einen Bilderschmuck auf die zarten Bogen tupfte. Fernher klang, dumpf und erregend, die Trommel des Schlangenzauberers. Er handelte Früchte ein, um sie zu verschenken, trat in den palmenbeschatteten Hof eines Hauses, nur um dann zurückzusehn und sich vorzustellen, wie er noch eben, an dem flachen Brunnenbecken stehend, ernst vom Pförtner gegrüßt worden war und nun diesen Kreis schon wieder verlassen hatte und mitten in der Gegenwart der Vergangenheit angehörte. Unter einem Torbogen, wohin ihn die Fülle des farbensatten Lebens gedrängt hatte, ergriff ihn mit einer heimatlichen Wehmut die Glocke des Wasserverkäufers. Langsam, mit einem feuchten, noch behaarten Fell auf dem Rücken, in dem die Kühle auf und nieder schwappte, zog dieser an ihm vorüber und verschwand läutend in den schattendunkeln Gassen. Diese Glocke, die überall tönte in der Stadt und über ihren Dächern, auch wo man den Wasserverkäufer nicht sah, klang immer noch in den Ohren Dom Franciscos, als lang schon wieder die Wellen an die fliehende Schiffswand klatschten und Stadt und Ufer unsichtbar geworden waren.
Der Schaum ballte sich unter der wogenden Oberfläche und sank wie große Gletscherbrocken in die bodenlose Nacht. Auf den Kämmen der spanischen Berge lag noch Schnee; sie stürzten grau, von Nebel umweht, aus ungeheurer Höhe in das Meer. Andere flohen zurück und türmten sich nach hinten auf, zusammenbrechend und sich wieder erraffend, kahl vom Meeressaum bis in die Wolkennacht. In einem flüchtig sich öffnenden Tal erstickte ein Licht. Dom Francisco bemerkte, wie die Möwen die Wellen mieden und langsam auch den Mast verließen, der unsicher seine Zeichen in die Wolken schrieb.
Das Felsenschloß der Insel Ibiza stand von Schaum umsprüht, aber noch nicht überschüttet, völlig vereinsamt vor dem zackigen Inselland. Breit und verloren lag Mallorca da; von aller Schwermut einer Inselhaftigkeit umspült tauchte es auf und versank, als warte es vergebens auf einen Fuß, der es betreten sollte; vergessen wie ein

verwilderter Acker, auf dessen Früchte niemand achtet. Bei verhängtem Himmel und bewegter See, aber ohne Sturm langten sie in Marseille an, wo sie hörten, daß König Franz, der inzwischen auf Emanuels Betreiben durch seinen Gesandten über die Durchreise des Wundertiers unterrichtet worden sei, sich eigens aufgemacht habe, um es zu sehn, und in Kürze erwartet werde.
Das Nashorn empfing seinen königlichen Besuch am folgenden Tage, schlafend, ohne sich im mindesten von dem bunten Lärm stören zu lassen, der sich um seinen Käfig erhob; denn Dom Francisco hatte diesen, um ihn dem Halbdunkel zu entziehen, losschrauben und auf ein paar Steinblöcken am Kai aufstellen lassen. Der König geriet außer sich vor Entzücken; er sah zwischen allen Stäben hindurch, hielt seinen Kopf nahe an den pustenden Rüssel, tippte mit dem Finger an die dicken Ledersohlen der Hinterfüße und wagte es endlich, mit einem Stäbchen der gefährlichen Rundung des Horns zu folgen.
»Ein solches Tier kann der König von Portugal wegschenken!« sagte er aufgeregt zu seinem Begleiter, »es ist hohle Prunkerei, aber immerhin: er tut es, und es wird bekannt. *Wir* haben keine solchen Geschenke zu machen, wir haben kein Afrika, kein Indien, wir schlagen uns mit Kaisern und Königen herum, *dem* fällt es unverdient über Nacht in den Schoß. Das wäre ein Aufsehen in Paris! Das wäre ein Stück für die Annalen! Natürlich weiß Emanuel nichts damit anzufangen: auch das größte Glück ist dem Mittelmäßigen nichts. Aber ist es nicht eine Schmach, daß das Glück gerade an den Mittelmäßigen fällt? Ich wollte das Ungetüm der Welt schon vorstellen! Alle Siege sind schal ohne Trophäen; aber eine solche Mißgeburt trägt den Ruhm weiter als die Posaunen von Jericho.« Dann legte er Dom Francisco freundschaftlich den Arm auf die Schulter und führte ihn beiseite: »Hört, hieltet Ihr es für unverdient, wenn euer König mir, statt dem Papste das Geschenk machen würde? Das Nashorn schläft; vielleicht ist es krank; vielleicht erträgt es die Seereise nicht und stirbt in den nächsten Tagen. Es ist so; und wenn es nicht so ist,

wer kann es widerlegen? Ihr habe Euer Haus in Lissabon; Ihr habt ein Schloß, ein Gut, indische Schätze; Ihr habt drei oder vier Schlösser: wenn Ihr mit dem Kopfe nickt, so weiß ich genug, und Ihr habt das Doppelte in Frankreich. Kennt Ihr die Gascogne, die Provence; Früchte, Üppigkeit, Schatten, strotzende Äcker, liebt Ihr Gemälde, Statuen, Frauen? Bedenkt, so viel Schönheit für die häßlichste Ungestalt der Welt!« Dom Francisco wußte nichts zu erwidern; Franz der Erste begeisterte sich an einem höchsten Trumpf: »Ich weiß, Ihr seid groß in Portugal, Ihr herrscht über Erdteile und kennt den Umfang Euerer Herrschaft noch nicht einmal. Aber habt Ihr ein Bild von Leonardo, einen marmornen Helden von Donatello? Ihr habt das Große gesehn und erlebt; wollt Ihr nicht das Dauernde besitzen? Sind solche Werke nicht noch mehr, beständiger als ein Weltreich?«

Das Nashorn lag grunzend, aufgebläht da, in einem grauenvollen Mißverhältnis aller seiner Maße; Dom Francisco schien es, daß sein Schlaf noch schreckenvoller sei als seine Wut. Er erinnerte sich der boshaften Feindlichkeit des Königs Emanuel und aller jener traurigen Torheiten, mit denen man in Portugal die Weltherrschaft feierte; der verderblichen Folgen allzu rasch gewonnener Macht; der Beflissenheit, mit der man schon Monumente errichtete, die an das Imperium erinnern sollten, während es doch eben erst begonnen hatte; der aufgeblasenen Unsicherheit, mit der man es regiere. Dann fühlte er die scharf lauernden Augen des französischen Königs auf sich und verlor darüber die Fähigkeit, weiter zu denken und abzuwägen. Wieder stieg die Angst vor dem Meere in ihm auf, die sich mit der Angst vor dem Nashorn vermischte, als sei es dasselbe Ungeheuer, das in dem Käfig und in den Wellen drohte; er sah die trostlose Weite, die auf und nieder wankte, schwer und flüssig, wie geschmolzenes Erz. Aber plötzlich wachte die Glocke des Wasserverkäufers wieder in ihm auf, und mit einem Male wußte er, warum sie ihn so ergriffen hatte: sie klang wie das Glockenspiel der Spitalkirche in Lissabon. Er sah sich die

breiten Stufen hinuntergehen von der Calçada Santa Anna und hörte den leisen verschwebenden Ton, der immer über den Dächern der Stadt war und von dem man doch nicht recht wußte, woher er kam ...
Noch immer suchte Dom Francisco nach einer Entschuldigung, aber der König, der nicht gewohnt war zu warten, schnitt sie ungeduldig ab: »Eure Miene genügt. Ihr habt kein Recht, dem König von Frankreich mit Worten eine Bitte zu verweigern. Lebt wohl!«
Stumm hatte sich Dom Francisco das Recht heimzukehren bewahrt; doch war er nicht froh über seinen Sieg, an dessen Notwendigkeit er im übrigen nicht zweifelte. War er nun sicher? Hatte er sich die Heimkehr wirklich erworben? Bedrückt bestieg er das Schiff, und er glaubte zu spüren, wie es sich senkte, als man den Käfig wieder heraufrollte und an seine Stelle brachte. Da die Fahrt nur noch wenige Tage dauern sollte, so befestigte man das Gehäuse nur mit Ketten an den Planken der Hinterwand.
Rasch verschleierte heraufwehender Regen die Küste; der Segler spannte seine feuchten Flügel und übergab sich den Strömungen der beiden Ozeane, die ihn trugen und trieben, mit schlagenden Wellen, mit unsichtbaren Lüften; sie mußten noch nahe am Lande sein und gehörten doch schon dem Grenzenlosen an. Die beiden Männer saßen unten und sprachen von der ängstlichen Sorge der Könige um ihren Ruhm. Das Nashorn schlief stumpf, ohne Nahrung zu nehmen, ohne den Kopf zu erheben; seine dicken Beine schlugen tot an die Stäbe, monoton, wie die Trommel des Schlangenbeschwörers von Ceuta.
Am frühen Morgen nach der zweiten Nacht, als sich in der Ferne schon die scharfen Grate der Ligurischen Alpen aus den Wolken drängen wollten, fiel ein Sturm in die Leinwand und spannte sie auf wie ein Paukenfell für den Wirbel des Schicksals. Unten stürzte der Tisch um; die zinnenen Teller und Kannen sprangen über die Bretter wie gejagte Ratten; man hörte sie nicht mehr klirren in dem gurgelnden Toben; sie trafen und stießen sich ohne Gewicht, ohne Stimme.

Dom Francisco sprang hinauf. Die Matrosen hingen machtlos in den Seilen. Neben ihm wuchs ein graues Gebirge rasend schnell zur Höhe des Segels; dann ward das Schiff in die Luft geworfen, als habe die Welt sich gedreht und der Himmel sei der Abgrund. In der nächsten Sekunde fiel die Erde in ihre Achsen zurück, und das Schiff stürzte ihr nach in die leergewordene Tiefe. Die Glocke, die am Oberdeck befestigt war, schlug, von unsichtbaren Händen geschüttelt, in verzweifelter Schnelligkeit hin und her, bis der Schwengel herausgeschleudert und von den abströmenden Wellen hinuntergerissen wurde. Mit beiden Armen in die Seile verstrickt, sah Dom Francisco, wie unter der sinnlos weiterläutenden leeren Glockenschale der Käfig wie ein Strohgeflecht an seinen Ketten gegen die Seitenwände flog und seine Stäbe knickten und splitterten. Vor ihm stemmte sich der Steuermann steif in das Rad. Dann sah er plötzlich einen Riesenleib mit ausgleitenden Beinen im Halbdunkel zappeln und hervorbrechen, getragen von der Schnelligkeit einer tödlichen Wut. Im nächsten Augenblick rollte der Steuermann in seinem Blute, das sich wie ein rotes Tuch um ihn wickelte, in die Wellen hinunter. Gleich darauf schoß der Riesenleib an Dom Francisco vorbei einem ungeheuern Wogenberge zu, der ihm entgegenstieg und ihn in sich aufnahm.
In der Luke erschien jetzt der Kopf des Paters mit weit geöffnetem Mund; die Hände hatte er nicht frei, um Zeichen zu geben. Zum erstenmal brach das Wasser mit voller Gewalt von oben, fast senkrecht auf das Schiff und löschte das entsetzte Antlitz aus wie ein Traumbild. Das Schiff warf sich hin und her wie ein zu Tode verwundeter Wal.
Endlich erreichte ein Matrose, der an einem Seile platt auf den Planken hinkroch, den Platz des Steuermanns. Als er das Rad angriff, verzog sich sein Gesicht zu leerem Grinsen: spielend, wie ein getriebenes Mühlrad drehte es sich unter seinen Fingern. Das Steuer war gebrochen. Von beiden Seiten schlossen sich die Berge zusammen wie gewaltige Zangen; deutlich waren die Menschen zu sehn, die

am Strande hin und wider rannten, und die Köpfe, die alle Fenster der steil ansteigenden Stadt besetzten, aber die Wellen nahmen kein Fahrzeug an. Gegen einen Felsen geworfen sank das hilflose Schiff um Mittag im Angesicht der Bevölkerung von Genua. Dom Francisco war kein Held, so wird er nicht einer von den drei Männern gewesen sein, die zur Verwunderung aller am Ufer Stehenden sich knapp eine Stunde bevor der Sturm sich legte, noch in dem überspülten Mastkorb hielten, während ihre Genossen schon lange die salzige Kälte nicht mehr fühlten.
Zwei Tage später wurden Fischer aus der Gegend von Sturla erschreckt von einem entsetzlichen Meerungeheuer, das tot, mit aufgedunsenem Leibe, mit Algen und Muscheln behängt, an ihren Strand gespült worden war. Die Kunde von dem aufgefundenen Ungetüm, über dessen dicke Lederhaut bereits der schützende Segensspruch mehrerer Mönche und Priester und der sanfte Abendtau des Weihwassers gegangen waren, gelangte bis zum portugiesischen Gesandten, der in ihm nach der ihm bekannt gewordenen Beschreibung das fromme Geschenk seines Königs an den päpstlichen Oberhirten erkannte. Er ließ die unversehrte Lederhülle sorgfältig präparieren und ausstopfen und sandte sie als eifriger Vollstrecker eines durch widrige Umstände in seiner Erfüllung aufgehaltenen Befehls an den Heiligen Vater nach Rom, vor dem sie allerdings nur flüchtige Gnade fand. Denn dieser machte zwar beim Anblick der abschreckenden Form und beim Anhören ihrer sonderbaren Geschichte die Bemerkung, daß dieses Schicksal gut zum Nashorn und das Nashorn gut zu seinem Schicksal passe, daß dies vielleicht überhaupt die Gestalt des Schicksals sei: stumpf und furchtbar zugleich, dann aber wandte er sich von dieser Frage ab und bestimmte das mit Stroh gefüllte Schreckgespenst für seine Sammlungen, womit er es denn auch der Zeit und dem Staub übergab.

Erschienen 1929

Ernst Kreuder

Nebelkomplott

1903—1972

Die kühlen blauen Farben des Nachmittags versanken in der rauchgrauen Dämmerung. Im Direktionszimmer der Kuranstalt »Waldfrieden« brannte die Schreibtischlampe. Chnax, der Besitzer, trug seine Urlaubseindrücke im Ganzledertagebuch nach. Der beleibte, untersetzte Mittfünfziger war in diesem Jahr mit seinem Luxusdoppelwohnwagen bis Kleinasien vorgedrungen. Er schnaufte zufrieden beim Schreiben. Als er aufblickte, sah er Nebelschwaden vor den Fenstern, die wallenden Gebilde kamen von oben und sanken rasch in die Tiefe. Er schüttelte den gepflegten Graukopf und läutete dem diensttuenden Oberarzt.
»Sehen Sie sich bitte diese ungewöhnliche Erscheinung da draußen einmal an«, sagte Chnax zu Dr. Flint, »irgendwie ganz besonders sehenswert.«
»Fürchte«, sagte der magersüchtige, skeptische Oberarzt, »es handelt sich weniger um eine Sehenswürdigkeit im Sinne echter Naturphänomene, als —, nun, im Krieg haben wir bei den Pionieren öfter...«
»Augenblick bitte«, unterbrach Direktor Chnax, sein Telefon klingelte durchdringend. Er nahm den neumodischen, hellbeigen Hörer ab.
»Chnax. Ich habe jetzt keine Zeit. Nein, verstehe nicht. Auf unserem Dach? Ausgeschlossen. Was? Wieso? Sind Sie absolut sicher? Na sehen Sie. Was soll das heißen, keine Amtsverbindung mehr? Seit fünf Minuten, kein Amtszeichen? Warum wird mir das erst jetzt gemeldet? Die Dachtüren verbarrikadiert? Nein, keine Polizei. Ein Skandal wäre für mein Haus der Ruin. Fordern Sie Kriminalbeamte in Zivil an, sie sollen die Dachtüren aufspren-

gen. In den Anlagen drüben steht ein Telefonhäuschen, laufen Sie hinüber, rufen Sie das Polizeipräsidium an. Nein, nicht die Feuerwehr. Verlangen Sie Kriminaloberrat Klingelmeyer, in meinem Namen. Beeilen Sie sich!«
Chnax legte den Hörer vorsichtig auf die Gabel. Mit grauen, geringfügig zitternden Lippen erklärte er seinem Oberarzt: »Auf unserem Dach scheinen irgendwelche Geräte, die Nebel erzeugen, in Tätigkeit zu sein. Gibt's doch überhaupt nicht.«
»Militärische Übung?« fragte Dr. Flint.
Chnax, bei dem die Atmung die Verblüffung überwunden hatte, sagte gereizt: »Jetzt hören Sie mal zu. Hat man jemals auf dem Dach einer privaten Kuranstalt Manöver abgehalten?«
Der Oberarzt zuckte die Schultern. »Der Nebel nimmt bereits eine violette Färbung an«, murmelte er.
Der Direktor, dessen Augen jetzt ein wenig hervorquollen, zog den Hörer von der Gabel und fuhr die Vermittlung an: »Alarmstufe I für Wärter und Personal! Außentüren sofort abschließen und verriegeln. Die Feuerlöscher sind aus den Haltern zu nehmen und parat zu halten. Ärzte und Angestellte begeben sich unverzüglich ins große Konferenzzimmer. Die Krankenzimmer sind nicht abzuschließen.«
Die herunterwogenden Nebelschwaden vor den Fenstern begannen violett zu glühen ...
Der flinke, schmalhüftige Mann im hellbraunen Regenmantel, mit dunkler Sonnenbrille und brauner Reisemütze, der soeben das Schaufenster des Juwelierladens in der Turmgasse eingeschlagen und ausgeraubt hatte, versuchte, hakenschlagend, den heranheulenden Polizeiwagen zu entkommen. Er rannte durch eine Tiefgarage und auf der anderen Seite in die Blumenbeete und Sträucher der Anlagen hinein. Zwischen hohen, dunkelgrünen Zypressenbüschen blieb er schnaufend stehen, stopfte die Mütze zwischen die Zweige, steckte die Sonnenbrille ein und klemmte die schwere Aktentasche zwischen die Knie. Er zog den hellbraunen Regenmantel aus, wendete ihn

und zog ihn, mit der dunkelblauen Seite nach außen, wieder an. Während die heulenden Polizeisirenen sich allmählich entfernten, sah er einen jungen Mann im langen, weißen Kittel durch die Anlagen rennen und im gelben Telefonhäuschen verschwinden. Der Einbrecher pirschte sich zwischen Lorbeer- und Haselgebüschen heran, drückte das Ohr an die Mattglasscheibe und hörte zu. Kurz darauf folgte er dem davoneilenden Weißkittel durch die Anlagen, entdeckte die violetten Nebelschwaden vor dem Portal der Kuranstalt und war im nächsten Augenblick im Nebel verschwunden.
In den ausgedehnten Stockwerken des Nervenkurheims ging es bereits lebhaft und aufgeregt zu. Durchs Treppenhaus hallten Hurrarufe, man hörte scharfe, durchdringende Pfiffe und hinter verschiedenen Türen Geklapper und Getrommel auf Holz, Glas und auf den Heizkörpern. Ein älterer Tenor sang mit Anstrengung etwas Opernhaftes, schmetternd und zuweilen knödelnd, und aus den Öffnungsklappen der festverschlossenen Fenster flogen Papiertaschentücher, beschriftet mit zügellosen Aufrufen, Stanniolbällchen, Filzpantoffeln und leichte Blumenvasen. Im dritten Stock versuchten Patienten zu jodeln.
Direktor Chnax sprach im grell erleuchteten Konferenzzimmer zu den Ärzten und dem Hilfspersonal: ». . . sehe ich vorläufig wenig Möglichkeiten, die verbarrikadierten Dachtüren aufzubrechen, zumal da wir gänzlich unbewaffnet sind. Feueräxte, Sägen und Hämmer sind spurlos aus den Glaskästen in den Hauptfluren verschwunden. Wir können noch nicht einmal vermuten, wie lange der Vorrat dieser unbekannten Nebelgeräte reichen wird. Die angeforderten Kriminalbeamten müßten spätestens in einer Viertelstunde hier sein. Irgendeine Beobachtung, die uns diesen Überfall erklären kann?«
»Ich, Herr Direktor«, sagte der Heizer vom Dienst. Er hatte ein gerötetes Gesicht, einen nikotingelben Hängeschnauzbart und eine tiefe grollende Stimme: »Nämlich der von Ihnen angeforderte Bautrupp ist endlich eingetroffen.«

»Nie einen Bautrupp bestellt«, knurrte Chnax, »weiter!«
»Der Bautruppführer«, erklärte der Heizer selbstzufrieden, »kam zu mir in den Keller hinunter, weil der Hausmeister mit Grippe im Bett liegt. Er zeigte mir das Telegramm mit Ihrer Unterschrift.«
»Telegramme haben keine Unterschriften, weiter!«
Der Heizer zog ein verkrumpeltes Papier aus der Tasche, fischte die Lesebrille aus dem Futteral und fing an, eintönig abzulesen: »An die Baufirma Klatt und Klober, Heroldstraße 37. Mein Auftrag zwecks Instandsetzung schadhafter Teile der Rückfronte meines Hauptgebäudes erging an Sie vor über vier Wochen. Sie sagten damals sofortige Reparaturen zu. Zu meinem Bedauern ist bisher nichts erfolgt und muß ich Sie daher haftbar machen für mögliche Unglücksfälle, die meinen Patienten durch die baufälligen Teile der Rückfront zustoßen könnten. Chnax, Direktor der Kuranstalt Waldfrieden.«
»Glatte Fälschung«, rief Chnax.
»Daraufhin«, fuhr der Heizer fort, »ließ ich den schweren Lastwagen durch das rückwärtige Tor in den Hof fahren und sah eine Weile zu, wie die Bauarbeiter ausluden und die gerüstartigen Leitern montierten und aufstellten.«
»Wann war das genau?«
»Heute mittag. Die vorgeschriebene Siesta hatte schon begonnen. Ich machte die Arbeiter darauf aufmerksam und sie versprachen, bis 15.30 Uhr nach Möglichkeit jeden Lärm zu vermeiden.«
»Ein unverschämtes, einwandfrei verbrecherisches Komplott«, dozierte Chnax. »Was mich noch mehr als dieser gefärbte Nebel aufbringt, ist dieses unverständliche Gesinge und Gejohle in sämtlichen Etagen. Offenbar betrachten unsere bemitleidenswerten Verstörten diesen Banditenstreich noch als Gaudi, als Allotria. Zum Glück nehmen wir weibliche Patienten nicht auf. Gar nicht vorzustellen, was erst hier los wäre, wenn...«
»Verzeihung, Herr Direktor«, unterbrach ihn der Oberarzt, »soeben ist der erste Kriminalbeamte eingetroffen.

Draußen fliegen jetzt übrigens brennende Wunderkerzen vom Dach herunter.«

»Inspektor Falk«, stellte der barhäuptige Mann im dunkelblauen Regenmantel sich vor. »Meine Kollegen müssen in wenigen Minuten hier sein. Ich konnte mit einem Motorrad rascher herkommen.«

»Ausgezeichnet«, sagte Chnax, »können Sie verbarrikadierte Dachtüren aufbrechen?«

»Selbstverständlich, jede Art von Türen. Wie komme ich am schnellsten hinauf?«

»Wir durften keinen Lift einbauen«, sagte Chnax, »wegen der empfindlichen Kranken. Der Heizer zeigt Ihnen den Weg.«

Auf der vorletzten Treppe vom Dach konnte man es schon brausen und summen hören. »Halten Sie bitte für einen Moment meine Aktenmappe«, sagte der Kriminalinspektor, »damit ich an meine Pistole kann.« Der Heizer hielt die bauchige Aktenmappe, in der es klirrte, mit beiden Händen fest und konnte der Faust, die auf seine Kinnspitze losfuhr, nicht mehr ausweichen. Er ließ die Mappe fallen, riß den Mund auf, schloß die Augen und rutschte zum Treppenabsatz hinunter, wo er einzuschlafen schien. Der sonderbare Kriminalbeamte ergriff seine Aktenmappe, lief ins dritte Stockwerk hinab und öffnete eine hohe weiße Saaltüre, an der ein blankes Emailleschild mit der üblichen Aufschrift hing: »Die Benutzung der Beschäftigungsräume ist den Patienten nur nach vorheriger, schriftlicher Anweisung des Oberarztes gestattet. Öffnungszeiten an Wochentagen: 9—12 und 16—18.30 Uhr. Sonntags und feiertags geschlossen. Die Direktion.« Zwischen langen, mit Hobelspänen und Eisenstaub bedeckten Werkzeugtischen drängten zwölf scheue Männer in schäbigen Arbeitskitteln hervor, um zu dem kleinen Rundfunkgerät zu gelangen, das in der Türecke auf einer Werkbank stand. Der Ansager der Sondermeldung verkündete soeben in gewählt zurückhaltender Aussprache:
»... benutzte der bisher noch nicht gefaßte Einbrecher zum Einschlagen der Schaufensterscheibe des Juwelierla-

dens in der Turmgasse einen gewöhnlichen roten Ziegelstein, der mit einem dicken, grauen Wollstrumpf umwickelt war. Der Wert der geraubten Schmucksachen wird vorläufig auf fünfzigtausend Franken geschätzt. Die Beschreibung des Täters wurde uns wie folgt durchgegeben...«
»Guten Abend«, sagte der Mann im blauen Regenmantel, »Sie brauchen sich, meine lieben Freunde, die Beschreibung nicht mehr anzuhören, denn der gesuchte Einbrecher steht nun persönlich vor Ihnen. Die erbeuteten Schmuckwaren sollen augenblicklich und brüderlich unter Ihnen verteilt werden.«
»Daß ich das noch erleben durfte«, rief ein dürrer, halsleidender Mann mit fliegendem Backenbart. Er schüttelte, zu Tränen ergriffen, den Kopf. Mehrere Patienten riefen zaghaft »Hurra!«, »Herzlich willkommen!« und »Bei uns sind Sie in Sicherheit!« Zwei mittelgroße Glatzköpfe umarmten sich und sangen zweistimmig, etwas mißtönig: »Hoch soll er leben, dreimal hoch!«
Der Juwelenräuber öffnete die Aktenmappe und schüttete auf die Innenseite eines frisch geleimten, übergroßen gelben Drachens, der auf dem Werktisch schaukelte, matt schimmernde Perlenketten, glitzernde Halsbänder, funkelnde Armreifen, Rubin- und Smaragdbroschen, Brillantringe und ein Dutzend diamantenbesetzte Armbanduhren.
»Nein, nein, ich werde gesund«, rief ein Mann mit schwarzem Vollbart und wild sprießenden Augenbüschen, »das ist mir denn doch zu verrückt.« Er zog aus der Kitteltasche eine winzige Mundharmonika, spielte den River-Kwai-Marsch und marschierte mit entschlossen steifen Schritten zwischen den Werktischen davon.
»Wir haben leider wenig Zeit«, sagte der falsche Inspektor. »Jeder von Ihnen wählt ein passendes Geschenk für seine Angehörigen und bringt es anschließend auf Nummer Sicher. Die Edelglitzer-Armbanduhren sind für den persönlichen Bedarf.«
Die nervenschwachen Männer umdrängten betroffen den

großen Werktisch, räumten die gebastelte Holzlampe und den halbfertigen Teewagen aus Bambusstäben beiseite und streichelten tastend und prüfend die funkelnden, blitzenden, für sie unerschwinglichen Luxuserzeugnisse.
»Ich habe nur noch einen Wunsch«, sagte der großmütige Einbrecher, »würden Sie eben noch mit mir die zweite Strophe des bekannten Räuberliedes singen?«
Sie nickten verstohlen, einige klatschten Beifall mit bittend erhobenen Händen. Die größeren Schmuckstücke waren bereits in den schäbigen Kitteltaschen verschwunden.
»Drei, vier«, rief der Juwelenräuber mit Dirigentengesten, »los!«
Mit zum Teil heiseren, weinerlichen, frohlockenden, unreinen und nachholpernden Stimmen sangen die aufgeregten Beschäftigungs-Betreuten:
»... nimm diesen Ring, und sollt dich einer fragen, so sage ihm, der diesen Ring getragen, hat dich geliebt bei Tag und in der Nacht und hat so manchen Händler umgebracht...«
In diesem Augenblick flog die Saaltüre auf. Ein Mann im schwarzen Ledermantel und mit gezogener Pistole rief:
»Hände hoch und oben behalten, sonst geschieht ein Unglück!«
»Hört zu«, rief der Schaufensterzertrümmerer, die Hände in Schulterhöhe, »ihr fürchtet euch doch nicht vor einem lumpigen Taschengeschütz, vor einem minderbesoldeten Knallfritzen?«
»Auf ihn!« riefen die wärterlosen Kranken befreit, »runter mit ihm«, und: »laßt ihn uns mit Blumendraht umwickeln und verschnüren!«
Sie umringten im Nu den verblüfften Kriminalbeamten, der nicht wagte, die Pistole abzudrücken, und zerrten ihn zu Boden. Der bärtige Mundharmonikaspieler drehte ihm die Waffe aus der Hand. Zehn Arme hielten den heftig strampelnden Beamten am Boden fest, während weitere sechs Arme und Hände mit Blumendrahtrollen beschäftigt waren, um den Besiegten, der jetzt um Hilfe rief, mit

grünem Blumendraht eng zu umwickeln, wobei sie ihn mehrere Male umdrehen mußten. Der River-Kwai-Marsch-Spieler eilte mit einem Topf herbei und goß verdünnte, scharlachrote Mennige über den perfekt Eingewickelten. Die erbosten Patienten drohten ihm mit den Fäusten und nannten ihn »dressierter Spürhund«, »bezahlter Menschenjäger« und »geheime Blindschleiche.«
Der Einbrecher entkam inzwischen durch ein Gangfenster zum Hof, kletterte eine lange Bauleiter hinunter und verschwand in den violetten Nebelschwaden. Kurz darauf fiel im Hauptgebäude der Strom aus. —
In der Gaststätte »Zum honorigen Krokodil« unterhielten sich Wochen später zwei befreundete Psychiater (mit gutgehender Privatpraxis) bei einem Krug Exportbier über die ungewöhnlichen Vorgänge in der Kuranstalt »Waldfrieden«.
»Wir wissen leider immer noch nicht genug«, sagte der hagere Dr. Brenner zu seinem gemütlich-runden Kollegen Dr. Zinkh, »doch wenn wir Gerüchten in Fachkreisen Glauben schenken dürfen, dann handelte es sich um ein vermutlich mißglücktes Experiment. Davon jedoch später. Eines scheint immerhin nachgewiesen: die veraltete, sogenannte Beschäftigungstherapie erzielte nur Scheinerfolge. Der ›Waldfrieden‹ war ständig überbelegt, die meisten Kranken erlitten Rückfälle. Wer will von uns Nichterkrankten permanent beschäftigt werden? Das wurden die Patienten draußen jahrzehntelang, und ich vermute, sie waren die Beschäftigungen leid bis zum krankhaften Überdruß.«
»Kommt es nicht auch auf die Art der therapeutischen Beschäftigung an?« fragte Dr. Zinkh.
»Zweifellos«, erwiderte Dr. Brenner. »Auf keinen Fall, scheint mir, wollten sie auf diese vorgeschriebene Art oder Unart beschäftigt werden, Weihnachtskalender kleben, Lampen leimen, Drachen kleistern, also mit Sägen, Hämmern, Feilen, Weben, Drahtwickeln und Binden bis zur geistigen Verödung und seelischen Schrumpfung betäubt und sozusagen unter dem Wasserspiegel der Realität ge-

halten werden. Und wie nun dieser noch etwas laienhaft inszenierte Nebelüberfall zeigt, war seine Wirkung als improvisierte Schocktherapie von erstaunlichen, positiven Folgen. Unsere üblichen Schockbehandlungen, auch die chemotherapeutischen, erzielen zwar eine bedingte Normalisierung, doch selten eine hinreichende seelische Gesundung. Dies scheint also eher durch solche Schocks des Unfugs möglich, meinetwegen der puren Allotria.«

»Haben Sie schon die Abendzeitung gelesen?« fragte Dr. Zinkh.

»Gewiß. Chnax will seine Versicherungsgesellschaft verklagen, weil sie sich weigert zu zahlen. Sie redet sich auf ›höhere Gewalt‹ hinaus. Es ist zwar noch nicht bewiesen, aber von einem Anarchisten-Anschlag kann wirklich nicht die Rede sein. Nennenswerte Reparaturschäden sind nicht entstanden, nur wurden eben seit dem kuriosen Nebeltumult etwa 48% der Patienten als geheilt entlassen. Was bei einem Tagessatz von 35 bis 45 Franken keinen geringen Verlust für Gottlieb Chnax bedeutet.«

»Hat man nicht von einer bevorstehenden Verhaftung gesprochen?«

»Verfrüht. Es werden weiterhin zahlreiche Spuren verfolgt und untersucht, dabei wird es bleiben. Der Juwelier erhielt den geraubten Schmuck bis auf zwei Armbanduhren zurück, die unauffindbar bleiben. Per Postanweisung, anonym, ging ihm ein Geldbetrag zu, mit dem er ein neues, einbruchsicheres Schaufenster einsetzen lassen konnte. Völlig unnötig, er war hoch versichert. Evelyne, seine zweite Frau, bekam zum Geburtstag zwei Dutzend rote Rosen, ebenfalls anonym. Der Juwelenraub gehörte also zur geplanten Allotria.«

»Und warum sind Sie der Ansicht, daß die Akteure nicht gefaßt werden?«

»Weil man in Kollegenkreisen erzählt, es habe sich um ein Experiment einiger jüngerer wissenschaftlicher Außenseiter gehandelt, aus der Schule der sogenannten Spielpsychiatrie, die nicht ohne gründliche kriminologische Studien vorgegangen sind. Niemand ist erwischt worden. Der

Lastwagen mit den falschen Nummernschildern konnte rechtzeitig verschwinden. Was zurückblieb, waren zwei kombinierte Leitern, wahrscheinlich aus dem Ausland. Die Nebelgeräte, die im Hof den farbigen Nebel produzierten, wurden rechtzeitig abmontiert und in den Laster geladen. Nur die Schlauchleitung zum Dach und die Verteiler an den Dachrinnen konnten nicht mehr mitgenommen werden. Es handelt sich um ehemaliges Heeresgut. Falls es sich nun wirklich um ein wissenschaftliches Experiment handelt, wovon ich beinahe überzeugt bin, dann können die daraus gewonnenen psychiatrischen Erkenntnisse in unseren Fachblättern leider nicht veröffentlicht werden. Ein Millionär wie Gottlieb Chnax könnte sich dann die kostspieligsten Prozesse leisten.«
»Prost«, sagte Dr. Zinkh, »es lebe die neue Jux-Therapie!«

Erschienen 1970

Josef Breitbach

Der Schuß im Tiergarten

1903 — 1980

In der Nacht vom Samstag auf Sonntag wurde, zugleich mit einigen anderen Strichjungen, der elternlose, achtzehnjährige Ernst Drewer im Tiergarten verhaftet. Die Polizei behielt ihn bis morgens in Gewahrsam. Dann mußten sie ihn entlassen. Es lag nichts gegen ihn vor. Die Beamten kannten ihn seit langem. Er war jetzt das vierzigste Mal festgenommen und entlassen worden. Drewer machte sich nicht mehr viel daraus. Er hatte eine leichte Ader, wie er es auch nicht allzu schwer nahm, daß er dreihundert Tage des Jahres ohne Arbeit herumlief. Meistens war der Lohn sowieso zu gering, nur auf seiner letzten Arbeitsstelle wäre er gerne geblieben. Da hatte er ganz gut verdient. Aber Pech muß der Mensch haben. Pech muß auch der Ernst Drewer haben. Zwanzig Mann hoch arbeiteten sie auf der Baustelle, ausgerechnet ihm muß ein Gerüstbalken die linke Hand zerquetschen. Wenn es wenigstens etwas Schlimmeres gewesen wäre, dann hätte er sich ein paar gute Wochen im Krankenhaus machen können.

Ernst Drewer hatte nun nichts anderes mehr zu tun, als einmal in der Woche eine winzige Unterstützung abzuholen. Von dieser Rente könnte nicht einmal der größte Rechenkünstler leben, wie erst sollte es Ernst Drewer anstellen, mit so wenig Geld so viel freie Zeit totzuschlagen. Er ging also wieder regelmäßig in den Tiergarten spazieren, abends, um die Zeit, wenn merkwürdige Herren dort auf und ab promenieren und die Jungens um Feuer ansprechen oder sonstwie ein Gespräch einleiten. Er ging auf den Strich, was immer noch besser und weniger aufregend ist als Diebstahl und Einbruch. Lästig sind nur die Polizei-

streifen, die dann und wann plötzlich auftauchen und die Jungens ohne Ansehen der Person auf die Wache bringen. Gestern hatten sie ihn, obwohl er den Beamten gut bekannt war, zum vierzigsten Mal verhaftet, und eben verläßt er zum vierzigsten Mal in bescheinigter Unschuld das Polizeigebäude. Er hat nichts auf dem Kerbholz. Er hat nichts gestohlen, keinen Einbruch verübt, er hat niemanden betrogen, keinen Kavalier erpreßt, alles ist in Ordnung, und wenn er jetzt etwas mehr Geld in der Tasche hätte, würde er sich ein feines Frühstück leisten! Aber es langt nur für ein paar Schrippen, und die sind heute am Sonntag trocken.
Wie lang und wie langweilig ist dieser Sonntagmorgen! Die Straßen sind leer, nirgendwo passiert etwas, die wenigen Zigaretten hat er verraucht. Seine Schlafstelle kann er nicht aufsuchen: er hat der Wirtin am Samstag die Miete nicht bezahlt. Hoffentlich gelingt es heute abend, etwas Geld aufzutreiben. Er verbringt den Tag im Wartesaal eines Bahnhofs. Es ist das reinste Fegefeuer: Ununterbrochen strömen die Reisenden an das Büfett: »Ein Helles«, »Eine Wurst mit Kartoffelsalat«, »Ein Schinkenbrot«, »Zehn à Sechs«, »Zwei Zigarren«, »Eine Tafel Schokolade«, »Einen Kognak«!! Das muß er sich anhören.
Drewer bettelt nicht. Er bettelt ganz einfach nicht, er bittet nicht einmal die dicke Bäuerin an dem Tisch gegenüber, ihm eines von ihren belegten Broten abzugeben. Dabei schaut sie ihn so gutmütig und mütterlich an, wie ihm seine Wirtin niemals einen Blick gönnen würde.
Von den Kollegen ist auch keiner zu erblicken. Er könnte ja in den Kneipen nachsehen, aber jetzt sitzt er einmal fest und sieht der Bäuerin zu, wie sie kaut und schmatzt, sieht Hunderte ein- und ausgehen, erkennt Dutzende von Zigarettenmarken, die in seiner Nachbarschaft geraucht werden, hört das fortwährende Geklapper aus der Spülküche hinter dem Büfett und die Züge auf den Bahnsteigen ein- und auslaufen, bis es dunkel wird. Jetzt macht er sich auf den Weg. Er muß Geld herbeischaffen. Die Wir-

tin weist ihn von der Tür, wenn er heute nichts mitbringt ...
Es sind nur ein paar Schritte bis zum Tiergarten. Er biegt sofort in einen der gewohnten Seitenpfade ein. Nach einer halben Stunde hat er den ersten Kavalier gefunden. Es ist ein Unbekannter. Im allgemeinen hält er auf Stammkundschaft. Heute wird nicht lange gefragt. Der Herr scheint Geld zu haben. Am Hauptweg hält er ein Taxi an: »Fahren Sie bitte langsam«, erklärt er dem Chauffeur ... und sie fahren langsam durch den Tiergarten.
Nach einer Stunde kommt Drewer zu Fuß an seinen Platz zurück. Jetzt fehlen ihm nur noch zwei Mark für die Miete. Bei dem Herrn hatte er sich allerdings verrechnet. Er hatte mit dem Preis heruntergehen müssen. Zum Glück herrscht großer Betrieb. Die Kollegen sind alle auch schon zum zweiten Mal da ... Bald spricht ihn ein Herr an. Er lädt Drewer sogar in eine Wirtschaft ein.

Gegen Mitternacht zieht ein junger Mann torkelnd und singend zu dem Treffpunkt im Tiergarten. Drewer hat zuviel getrunken, er klimpert mit dem Geld in der Tasche und belästigt die Passanten mit ausgelassenen Redensarten. Er ist in bester Stimmung. Jetzt wird er mit den Kollegen noch ein Glas Bier ausgeben. Der zweite Herr war ein Kavalier vom Scheitel bis zur Sohle, das muß man ihm lassen.
»Nicht wahr, Fräulein«, ruft er einem Mädchen, das mit einem jungen Mann vorüberkommt, zu, »alles, was recht ist, Kavalier bleibt Kavalier, zehn Mark.«
In demselben Augenblick erhält er einen Faustschlag ins Gesicht. Ehe er zur Besinnung kommt, einen zweiten, indes das Mädchen nach der Polizei schreit. — Drewer liegt noch am Boden, als die Beamten kommen. Sie helfen ihm nicht auf die Beine, sie knüppeln ihn in das Polizeiauto hinein. Dann fesseln sie ihm mit Bindfaden die Hände.
Drewer ist auf einmal vollkommen nüchtern. Er unterbricht den Beamten, der die Namen des Pärchens feststellen will, mit lauten Zurufen. Man glaubt ihm nicht. »Wir

werden Ihnen Mißverständnis geben«, droht der Polizist, »Sie haben der Dame doch zehn Mark angeboten, wenn sie mit Ihnen ginge.« Er läßt Drewer nicht zu Wort kommen und schwingt sich zu ihm auf das Auto. Drewer kennt die Richtung, die der Wagen einschlägt. Nein, heute geht er nicht mit. Er hat die letzte Nacht dort verbracht. Er weiß auch, wie man ihm dort den Mund stopfen wird, nichts wird man ihm glauben, aber ein paar Wochen werden sie ihm aufbrummen. Und er hat seine Miete so schön beisammen! Bis jetzt hat er den Beamten, wenn sie ihn mitnahmen, nie Schwierigkeiten gemacht: sie kennen ihn auch alle. Deswegen wohl hat man ihm keine Handschellen angelegt, sondern mit einem dünnen Bindfaden der Form genügt. Den Faden könnte er sicher durchbeißen, wenn der Begleitbeamte sich noch ein Stück Weges länger so wenig um ihn kümmert und in seinem Notizbuch offenbar etwas sucht.
Drewer ist der Dümmste nicht. »Herr Wachtmeister, putzen Sie mir bitte die Nase«, fängt er an, »in der linken Tasche ist das Taschentuch.«
»Wisch sie dir doch am Ärmel ab.« Der Beamte hebt nicht einmal den Kopf von seinem Notizbuch.
Drewer schwitzt vor Aufregung, während er sich die Nase wischt und den Bindfaden durchbeißt. Dann spielt sich alles blitzschnell ab.
Drewer gibt dem Beamten einen Stoß, springt ab und rennt in den Tiergarten zurück. Eine halbe Minute nach ihm springt der Wachtmeister aus dem noch fahrenden Wagen, jagt ihm nach, er ist schneller und kräftiger als der unterernährte und durch Ausschweifungen geschwächte Drewer, holt ihn ein, packt ihn und wirft ihn unter sich. Die beiden wälzen sich in einem ungleichen Kampf auf dem Boden. Drewer versucht hochzukommen, wird aber wieder niedergeboxt. Passanten laufen hinzu, betrachten diesen beinahe erheiternden Kampf, ohne einzugreifen. Es kann sich ja nicht um etwas allzu Ernsthaftes handeln, sonst hätte der Beamte um Hilfe gepfiffen oder gerufen — da ertönt plötzlich ein Knall, ein zweiter, der Polizist

hat den Drewer ins Herz geschossen. Mit so viel Geld in der Tasche hat er sterben müssen.
Der Polizeibericht, den die Zeitungen in der Nacht und am anderen Tag in großer Aufmachung brachten, besagte, daß es einer Polizeistreife gelungen sei, des lange gesuchten Schwerverbrechers Ernst Drewer im Tiergarten habhaft zu werden. Es sei ein Kampf auf Leben und Tod gewesen, und Drewer habe bei seinem tätlichen Widerstand gegen die Beamten den Tod gefunden.
Dies geschah am 13. Januar 1929 in Berlin.

Erschienen 1930

Kurt Kusenberg

Der Lokomotivführer hat Geburtstag

geb. 1904

Weil die Lokomotive »Orkan« hieß, nannte man den ganzen Zug nach ihr, denn sie bewegte ihn fort. Übrigens war es kein langer Zug, er hatte nur drei Waggons, für jede Klasse einen. Eines Abends, es dämmerte schon, verließ der »Orkan« die Station Petronia, in Richtung auf Taplis, die nächste Station. Er fuhr schnell an und erreichte bald seine höchste Geschwindigkeit. Dieser hätte es nicht bedurft, und es war vorauszusehen, daß er zu früh in Taplis eintreffen werde.

Der Lokomotivführer war in bester Laune. Er glaubte nämlich, er habe Geburtstag, und das mußte man doch feiern. Deshalb trug er eine Nelke im Knopfloch, nahm von Zeit zu Zeit einen Schluck aus der Flasche und bedachte freigebig den Heizer. In Wirklichkeit hatte er gar keinen Geburtstag, auch der Heizer nicht, nicht einmal die Lokomotive. Diesem Irrtum verfiel er oft, mindestens zweimal im Monat, es war eine Eigenheit von ihm.

Der Waggon erster Klasse befand sich stets in der Mitte des Zuges, dort, wo es am sichersten war. Vor ihm rollte die Lokomotive mit dem Tender, hinter ihm hingen die Waggons der zweiten und der dritten Klasse. Damit wollte man, ob der Zug nun auf ein Hindernis stieß oder von hinten angefahren wurde, jene Reisenden schonen, die am meisten bezahlt hatten.

Zwischen den Waggons gab es keine Übergangsbrücke. Der Schaffner konnte also während der Fahrt nicht von einem Waggon zum anderen gehen; nur auf den Stationen wechselte er den Ort seines Dienstes. Den Waggon erster Klasse bestieg er ebenso gern wie ungern. Gern,

weil er sich unter vornehme Leute begab, und ungern, weil sie ihn nicht achteten. Vergebens gab er sich lässig, höflich, wie ein Offizier, der in der großen Welt zu Hause ist. An der herablassenden Art, mit der man ihm die Fahrkarten hinhielt, spürte er genau, daß die Reisenden ihn als einen Lakaien einstuften, der sie nur belästigte.
Nein, am liebsten hielt er sich im Waggon dritter Klasse auf, bei den Leuten seines Standes. Dort tat seine schmucke Uniform ihre Wirkung, dort reichte man ihm beflissen, fast ängstlich die Fahrkarten und atmete erleichtert auf, wenn sie gültig waren. Nach der Kontrolle setzte der Schaffner sich zwischen die Reisenden, ganz ungezwungen, als sei er einer von ihnen. Er führte kleine Gespräche und schäkerte mit den Mädchen und Frauen, die keinen Begleiter hatten.
Im Waggon zweiter Klasse mischten sich die Stände. Jeder wollte mehr gelten als sein Nachbar; dabei wußte doch keiner, ob der Nachbar nicht ein steinreicher Geizhals sei, der nur deshalb in der zweiten Klasse saß, weil er Geld sparen wollte. Lauernd und gereizt war auch das Verhältnis der Reisenden zum Schaffner. Wenn einer in der falschen Richtung oder auf der falschen Strecke fuhr, schob er sogleich alle Schuld auf die Eisenbahngesellschaft. Mußte er gar nachbezahlen, gab es ein Gezeter. Der Schaffner war jedesmal froh, wenn er den Waggon hinter sich hatte.
Der Zug »Orkan« polterte dahin. Der Lokomotivführer und der Heizer hatten die Flasche geleert, ohne Bedenken, denn es war Nachschub da. Der Schaffner saß im Waggon dritter Klasse und lieh sein Ohr gütig einem alten Bauern, der eine verworrene Geschichte vorbrachte. In einem Abteil des Waggons erster Klasse erhob sich ein Mann, zog eine Pistole hervor und befahl den Mitreisenden, ihm auszuhändigen, was sie an Geld oder Geldeswert bei sich führten. Im Anblick der Waffe zögerten die meisten nicht, und wo es doch geschah, half der Mann nach. Mit geschickter Hand eignete er sich Brieftaschen an, knüpfte Halsketten und Armbänder los, zog Ringe ab. Als

das Werk getan war, ging er rückwärts zur Tür und schloß das Abteil zu.
Ohne Hast schritt er von Abteil zu Abteil. Überall unternahm er dasselbe, seine Beute wuchs. Dies jedoch hatte er bedacht; die Innenseiten seiner Jacke hatten riesige Taschen. Mit jedem Abteil nahm der Umfang seiner Jacke zu, der Mann wurde gewaltiger, sein Aussehen bedrohlicher. Sobald er ein Abteil erledigt und verriegelt hatte, besprachen die Männer erregt, wie leicht sie ihn gemeinsam hätten überwältigen können. Aber dazu war es ja nun zu spät.
Im letzten Abteil gab es einen Zwischenfall. Zwei Schachspieler, die am Fenster saßen, waren so sehr in die Partie vertieft, daß sie den Befehl des Banditen überhörten; dieser wiederholte ihn. »Die Pistole ist ja gar nicht geladen!« rief ein kleiner Junge. Damit kein Zweifel aufkomme, hob der Mann seine Pistole und schoß einen König vom Brett. Der Eingriff scheuchte die Schachspieler auf, sie begriffen endlich, was der Mann forderte. Einer von ihnen händigte ihm nicht nur seine Brieftasche, sondern auch zwei Pistolen aus. Bewaffneter als er jetzt war, konnte ein Räuber nicht sein; ihm fehlte ein dritter Arm. Er verließ das Abteil und schloß es ab. Sein Raubzug war zu Ende.
Von nun an wanderte er im Gang auf und ab, hielt vor jedem Abteil und überprüfte, ob man sich drinnen gesittet aufführe. Die Herren schauten mürrisch oder geniert beiseite. Einige Damen aber, die den Wagemut des Räubers bewunderten, warfen ihm lockende Blicke zu. Es focht ihn nicht an. Er hatte eine zänkische, aber hübsche Frau, die er liebte, und zu ihr wollte er so rasch wie möglich. Er wartete nur auf eine Gelegenheit, unbehelligt den Zug zu verlassen.
Während die Männer auf der Lokomotive die Feuerbüchse versorgten, entging ihnen, daß ihr Zug an der Station Taplis vorbeijagte. Nur die Reisenden bemerkten es. Sie sahen am Bahnsteig andere Reisende, die ihnen verblüfft nachstarrten. Weit hinter Taplis blickte der Lokomotivführer auf das Manometer; der Zeiger meldete

Überdruck. »Zuviel Dampf!« rief er und nahm dem Heizer die Flasche ab. »Das Trinken bekommt dir nicht, du heizt wie ein Narr.« Er zog den Hebel und ließ Dampf ab. Da er Hebel für Hebel hielt, zog er auch die Bremse ein wenig. Dicke Dampfschwaden qualmten den Zug entlang. Als der Bandit spürte, daß der Zug langsamer fuhr, öffnete er die Tür und sprang hinaus. Er fiel weich, erhob sich und wanderte landeinwärts. Den Augenblick des Absprungs hatte er gut gewählt, denn gleich darauf beschleunigte der »Orkan« seine Fahrt.
Inzwischen hatte der Stationsvorsteher von Taplis seinen Amtsgenossen in Gigosch, der nächsten Station, angerufen und ihm mitgeteilt, was geschehen war. »Hier ist er durch«, sagte er.
»Bei uns noch nicht«, erwiderte der andere. Daraus schlossen sie, der Zug müsse sich zwischen ihren Stationen befinden, und das stimme. »Ich bin neugierig«, sagte der Stationsvorsteher von Gigosch, »ob er auch hier nicht hält.«
Der Heizer zog seine Uhr aus der Tasche. »Wir müßten längst in Taplis sein«, sagte er. Der Lokomotivführer starrte in die Landschaft; so dunkel sie war, fand er sich in ihr zurecht. »Schafskopf!« schrie er. »Wir sind durchgefahren. Zurück!« Er hielt die Lokomotive an, jäh, und schaltete um. Die Maschine fuhr jetzt rückwärts, sie schob den Zug vor sich her.
Als die Reisenden der ersten Klasse merkten, daß der Zug rückwärts fuhr, überkam sie die Empfindung, es entwickle sich alles zurück: der Bandit erscheine, händige ihnen das geraubte Gut aus und setze sich wieder still auf seinen Platz. Doch dies geschah nicht, das Leben hat immer nur eine Richtung; auch die Rückfahrt des Zuges gehörte ihr an.
Daß man an der Station Taplis vorbeigefahren war, hatte der Schaffner erfaßt; er nahm jedoch an, es sei eine Weisung. Nachdem aber jetzt der Zug zurücksetzte, viel zu schnell, ohne jede Vorsicht, wurde der Mann unruhig; er wollte wissen, was da vor sich ging. Er kletterte aus einem

Fenster auf das Dach des Waggons; es war ein verwegenes Kunststück. Oben angelangt, sprang er zuerst auf das Dach des Waggons zweiter Klasse, dann auf das Dach des Waggons erster Klasse. »Was soll das?« rief er zum Lokomotivführer hinüber.
»Wir korrigieren uns!« schrie dieser zurück. »Da — fang auf. Ich habe Geburtstag.« Er warf dem Schaffner eine Flasche zu. Der griff sie aus der Luft, hielt eine Stärkung für verdient und tat einen gehörigen Schluck. Dann kletterte er, nun schon ein Meister, durch ein offenes Fenster in den Waggon erster Klasse. Kaum, daß er im Gang stand, gebärdeten sich die eingekerkerten Reisenden wie toll und rüttelten an den Türen. Der Schaffner schloß Abteil für Abteil auf, wurde umringt und erfuhr das Geschehene. Der Schnaps, den er getrunken hatte, nahm ihm alle Scheu. »Aber, aber!« sagte er, halb tadelnd, halb verächtlich. »So viele Männer gegen einen einzigen Mann! Ich hätte ihn niedergeschlagen.« Da lag er auch schon, von Fausthieben hingestreckt. Die Zornigen vollzogen an ihm, was sie dem Räuber nicht mehr antun konnten.
Die Strecke zwischen Gigosch und Taplis war eingleisig. Deshalb mußten die beiden Stationsvorsteher ins reine kommen. Der in Taplis redete dem anderen ein, sicherlich habe der »Orkan« auch Gigosch durchfahren und sei längst unterwegs zur nächsten Station. »Die Strecke ist demnach frei, ich schicke den nächsten Zug durch«, sagte der eine, doch der andere sagte es ebenfalls, zur selben Zeit und mit denselben Worten. Da beide sprachen, hörten beide nicht zu; so entstand ein Mißverständnis. In Taplis und Gigosch verließ je ein Zug die Station.
Auf dem »Orkan« riß das Unheil nicht ab. »Der Kessel brennt durch!« schrie der Lokomotivführer. »Es ist kein Wasser mehr drin. Raus mit den Kohlen!« Er drosselte die Geschwindigkeit. Er riß die Feuertür auf. Beide Männer ergriffen Schaufeln, holten die glühenden Kohlen hervor und warfen sie ins Gelände, teils nach links, teils nach rechts. Hei, wie flog das leuchtende Zeug an den Fenstern des Zuges vorbei!

Das Feuerwerk hatte sein Gutes. Es erregte die Aufmerksamkeit der Lokomotivführer, die auf den »Orkan« zuhielten; auch sie drosselten ihre Maschinen. Ganz sachte fuhren die Züge aufeinander. Es krachte nur ein bißchen, und im »Orkan« wurde der Waggon erster Klasse, der sorglich geschützte, leicht zusammengedrückt, doch erlitt kein Reisender nennenswerte Verletzungen.
Da standen sie, die drei Züge, und niemand wußte, was nun geschehen soll. Die Stationsvorsteher von Gigosch und Taplis tasteten im Dunkeln. Keiner konnte dem anderen die Ankunft eines Zuges melden, obwohl sie einen abgeschickt hatten. Züge, die von Gigosch nach Taplis oder von Taplis nach Gigosch wollten, sammelten sich an. Freie Fahrt erhielten sie jedoch nicht — dazu war die Lage zu unklar. Die Telefongespräche der Stationsvorsteher wurden immer wirrer, immer sinnloser. Was war zu tun?
»Kein schöner Geburtstag«, sagte mißgelaunt der Lokomotivführer des »Orkan« zu dem Heizer.
»Schön vielleicht nicht«, erwiderte der Heizer, »aber bewegt.«
Etwa um die gleiche Zeit, als die drei Lokomotivführer sich geeinigt hatten und allesamt nach Taplis fuhren, langte der Bandit zu Hause an. Er gab seiner Frau einen Kuß, entledigte sich der Schuhe, zog Pantoffeln an und trank ein Glas Wein. »Na — mit leeren Händen?« fragte sie spöttisch. Er wollte nur lächeln, geriet aber ins Lachen. Er griff in die riesigen Taschen seiner Jacke und breitete die Beute auf dem Tisch aus. »Reicht das?« fragte er. »Ist es ein Geburtstagstisch?« Anders, als der Lokomotivführer, hatte die Frau wirklich Geburtstag. Sie nickte. Sie zählte das Geld, prüfte die Halsketten, die Armbänder. Dann gab sie ihrem Mann einen Kuß. Später, nach dem Abendessen, gab sie ihm noch mehr.

Erschienen 1969

Wolfgang Koeppen

Als ich Gammler war

geb. 1906

In meiner Stadt war ich allein. Ich war jung, aber ich war mir meiner Jugend nicht bewußt. Ich spielte sie nicht aus. Sie hatte keinen Wert. Es fragte auch niemand danach.
Die Zeit stand still. Es war eher ein Leiden. Doch gab es in der Stadt keinen, der mir glich.
Ich trieb mich herum. Ich war unterwegs. Ich war auf den Straßen und Plätzen. Ich fiel überall auf. Ich hatte kein Ziel. Ich stellte mich mitten auf den Markt. Ich war unnütz; das gefiel mir. Ich genoß es, auf dem Markt zu stehen. Einfach nur so. Ich hatte nichts anzubieten. Nicht einmal mich selbst. Ich kaufte nichts. Ich wollte nicht teilhaben. Ich verachtete sie. Ich kannte die Kurse nicht. Ich fragte nicht nach dem Preis.
Ich ging absichtlich gebeugt. Ich wünschte mir einen Bukkel. Ich wollte ausgestoßen sein. Sie sollten es sehen. Sie sahen es. Ich hörte sie und hörte sie nicht. Sie riefen hinter mir her. Sie höhnten, geh, hol dir den Krankenschein zum Haareschneiden. Ich war in keiner Krankenkasse; ich war stolz, in keiner Kasse zu sein. Es berührte mich nicht. Sie schrien, Bubikopf, Bubikopf. Das schulterlange Haar stand mir für eine bessere Welt. Ich zog meine Schuhe aus, knüpfte sie zusammen, hängte sie über die Schulter, ging barfuß weiter.
So fühlte ich die Stadt. Sie war unter meinem Fuß. Sie war hart und kalt. Die anderen merkten es nicht. Viele liebten Stiefel. Sie marschierten gern. Sie hatten den Krieg verloren. Sie würgten an der Niederlage und haßten die Republik. Sie sagten, wenn wir die Wehrpflicht hätten. Sie riefen, die Hammelbeine langziehen. Sie kniffen die Augen

zusammen. Sie hofften, mich zu zerschneiden. Sie hatten alle nur ein Gesicht.
Ich war nicht traurig. Ich amüsierte mich. Ich war der Ritter von der traurigen Gestalt. Das war lustig. Ich sehnte mich nach Freuden. Ich wollte es bunt. Ich fand sie komisch, wie sie die Augen zusammenkniffen, die Stirn in strenge Falten legten, die eiserne Zeit des Krieges beschworen und die Toten vergessen hatten. Ich versagte mir das Lachen. Ich dachte an die Leichenfelder, an die Siege, die wir gefeiert hatten.
Ich gab mich düster. Ich schlug den Krimmerkragen meines Mantels hoch. Der Mantel war lang wie ein Kaftan. Ich hatte lange nach ihm suchen müssen. Ich zog einen Russenkittel an, schloß ihn um den Hals. Ich preßte mir den breiten jenseitigen Hut eines Landpfarrers tief über die Augen. Wenn ich einen Hut aufsetzte.
Ein Kind auf dunkler Treppe; es nahm meine Hand, flüsterte Hochwürden. Ich war Raskolnikow. Ich war einer aus den Dämonen. Der aus dem Kellerloch. Der aus dem Totenhaus. Ich hatte unterm Galgen gestanden. Der Bote war noch einmal gekommen. Begnadigt. Die Schlinge hing locker.
Ich zündete die Stadt an. Erdmanns Warenhaus brannte. Eine Fackel in der Nacht. Das Rathaus brannte. Meine Geburtsurkunde verbrannte mit. Das war gut. In Flammen stand das Gericht. Ich öffnete das Gefängnis. Ich verteilte die Waren der Geschäfte an die Armen und die befreiten Gefangenen. Aus Buggenhagens Buchhandlung bekam jeder ein Buch. Das Geld der Sparkasse auf der Straße. Kinder spielten mit den Scheinen, formten Schiffchen, setzten sie in die Gosse.
Vielleicht liebte ich die Stadt. Ich stülpte sie um. Ich vernichtete ihre Ordnung. Ich störte die Feier.
Ein Russe sprach mich russisch an. Das salbte mich. Ich eiferte Kropotkin nach. Der Russe war bekümmert. Er war Emigrant.
Er hatte Heimweh nach einem anderen Rußland. Im Sommer ging ich unter einem Sonnenschirm. Der Schirm war

weiß wie der heiße Himmel. Der Schirm hatte resedagrüne Volants. Ich wanderte in Tropen. Der Schirm hatte eine silberne Krücke, zu einem Vogel geschmiedet. Kam ein Wetter auf, flog der Vogel mit dem Sturm. Ich war weiß gepudert; ich hatte mein Gesicht mit Reismehl betupft.
Ich ruhte, wo ich im Weg war. Ich legte mich auf die Straße, lang vor die Türen. Ich saß auf den Stufen zu den Denkmalen toter Männer. Ich streckte mich ins Gras der Verschönerungen, dem Schutz der Bürger empfohlen.
Die Bibliotheken zogen mich an. Ich suchte sie heim, gierig und süchtig. Zu ihren Verwaltern war ich wie ein Liebhaber, unwiderstehlich. Die Bibliothekare waren wehrlos. Sie wurden mir hörig. Sie öffneten ihre Schränke, trennten sich von ihren Schätzen. Ich breitete Schrift um mich aus. Ich verschlang, was gedruckt war. Ich vergaß mich. Auf belebtem Platz saß ich wie trunken. Das Alphabet trug mich fort.
Ich versuchte die Stadt. Ich war ein Ärgernis. Ich wollte ein Ärgernis sein. Die Ordnung beobachtete mich. Die Bürger mikroskopierten mich in ihren Fensterspiegeln. Sie sahen ein Ungeheuer. Die Ordnung fühlte sich herausgefordert und verletzte das Gesetz. Alle Ertüchtiger bliesen zur Jagd. Sie pirschten sich ran. Sie umstellten mich. Sie bauten Fallen, in die ich nicht fiel. Ich tat nichts. Ich tat keinem etwas. Das war verdächtig. Das war böse.
Ich wollte ich sein, für mich allein. Da drängten sie sich auf. Die Stadt entblößte sich vor mir. Sie war nicht ehrbar. Sie hatte einen Untergrund. Die Polizei schlug. Die Richter waren parteiisch. Der Amtmann mißbrauchte sein Amt. Der Pfarrer glaubte nicht. Der Ertüchtiger war ein Sadist. Die Trinker kamen und entkorkten die Flaschen. Die Geilen machten ihre Offerte. Morphinisten und Kokser zeigten ihre Wunden und zeigten den Schnee. Dirnen gaben sich zu erkennen. Diebe luden ein. Der Anthroposoph stieg mit mir auf den Turm von Sankt Nikolai und schrie, Sie sind der Teufel. Als er mich würgte, sah ich die See. Sie schwankte grau unter einem grauen Himmel.

Lenz kam von den Kommunisten. Das verirrte Schaf war in die Herde zu führen. Lenz wollte der Herde entfliehen. Er war zerrissen. Er lief durch den Winter mit kurzen Hosen und nackten Knien. Das verband mich mit ihm. Wir badeten noch im November im Meer. Unsere Fahrräder lehnten beieinander und zitterten. An seinem Rad hing der rote Wimpel mit dem Emblem von Hammer und Sichel. Die Völker hörten die Signale. Die Völker hörten nichts. Die Sirenen schwiegen. Damals schwiegen sie noch. An meine Lenkstange hatte ich, um Lenz zu ehren, einen schwarzen Lappen gebunden, die stolze schwarze Fahne der Anarchie. Lenz wurde erschlagen. Das taten die mit dem verkniffenen Gesicht. Es gab da irgendwo ein Hünengrab; dort töteten sie ihn und verscharrten ihn gleich.
Ich wünschte ein Schauspiel. Ich reiste vierter Klasse. Ich pochte auf die moralische Anstalt. Ich hatte zu viel gelesen. Die Stadt rutschte hinter den Schienen weg. In Nebel, in graue Wolken, in Schnee, in die verlorene Zeit. Sankt Nikolai drohte zuletzt wie eine erhobene Faust. Erst später spürte ich die Narben. Das Abteil war für Reisende mit Traglasten. Ich hockte auf einer Kiepe. Häcksel drang durch das Geflecht. Ein Huhn gackerte. Ein Schwein grunzte im Sack. Der Mann, dem das Schwein gehörte, sagte, was liest du da. Ich sagte, Tairoff, das entfesselte Theater. Der Mann sagte, du wirst dir die Augen verderben. Es schneite. Es war kalt. Die Heizung war nicht an. Es war trübe. Der Mann schenkte mir ein Ei.
Es schneite. Berlin lag im Schnee. Das Reich lag im Schnee. Der Stettiner Bahnhof war eine Höhle aus Wind und Ruß und den Geräuschen großer Bewegung. Er war Babylon; ein Ort, um aufzubrechen. Mir schmeckte die Luft. Ich schmeckte Freiheit. Sie standen auf allen Straßen, sie standen gegen die Mauern gelehnt, sie froren, sie hungerten, sie waren Arbeitslose, Ausgesteuerte, Obdachlose, sie waren die Revolution. Sie standen anders herum als ich. Sie genossen es nicht. Ein Zug bildete sich, wie von selbst, es hatte kein Signal und keinen Befehl gegeben,

und ich lief hinter dem Zug dieser erschöpften, hoffnungslosen Gestalten her, und einer fragte mich, hast du die Karte, und ich sagte, was für eine Karte, und er schimpfte, die Stempelkarte, was denn sonst, und ich sagte, ich stempele nicht, und er stieß mich zurück und sagte, mach, daß du fortkommst. Es kam Polizei. Die Schupos sprangen vom Deck ihrer grünen Wagen. Sie schwärmten aus. Pfiffe gellten. Die Polizisten hoben ihre Knüppel. Sie zerstreuten uns. Ich rannte mit den anderen.
Mein Herz bebte. Es schlug hoch. Das war es nun, ich hatte es gefunden, das wollte ich zeigen, die moralische Anstalt, das entfesselte Theater, die Straße, die Hungernden, die Frierenden, die Armen, die Desperaten, die rote Fahne, das Lied der Revolte. Ich ging schneller und für eine Welt wie einer, der ein Ziel hat. Ich dachte an das Schauspiel »Gas« von Georg Kaiser. Ich stellte das Drama »Masse Mensch« von Ernst Toller in erhabene, düstere Kulissen. Auch der Schlesische Bahnhof war eine Höhle aus Wind und Ruß und Gekreisch. Er war nicht Babylon. Er war eine Hölle der Armen, die nicht wußten, wohin. Gegen Abend war ich in Grüneberg. Es war sehr kalt. Ich suchte das Theater. Ich kam aus dem Schnee. Ich sah Licht. Ich hörte Gesang. Ich spürte Wärme. Der Direktor war in karierte Wolle gekleidet. Er sagte, da sind Sie ja. Er sagte, das ist gut. Irgendeiner war krank. Er sagte, Sie springen ein. Er sagte, heute in Salzach. Er sagte, Frack. Ich sah ihn an und dann auf mein Plaid, in das mein Kamm, ein Hemd und meine Bücher gewickelt waren; und das war alles. Er sagte, ach ja, Ihre Koffer sind noch nicht da. Er sagte, schön, gehen Sie zum Fundus. Ich sagte, »Gas«. Kaiser, sagte er. Er verzog das Gesicht. Er sagte, lieber Freund. Er sagte, wir werden sehen.
Sie waren lustig. Sie waren traurig. Sie aßen belegte Brote. Sie taten gern, was sie taten. Sie taten es nicht gern. Sie tingelten, sie sangen, sie hüpften. Sie schliefen miteinander. Sie hatten ihre Liebschaften. Sie fürchteten sich allein in der Nacht. Wir froren im Bus nach Salzach. Sie hatten

Sorgen. Sie kamen mit der Gage nicht hin. Sie hatten Kinder. Die Kinder wurden groß. Sie waren nicht unfreundlich. Aber sie waren nicht meine Leute. Ich verschloß mich ihnen. Ich kroch in mich hinein.
Sie zogen mir den Frack an, zu groß und unendlich zu weit, ich war nicht zu sehen in dem Frack, sie stopften mir ein bretthart gestärktes Vorhemd in die Weste, sie banden mir einen Kragen und eine Schleife um, es schlotterte, sie stießen mich auf die Bühne, da war eine feine Gesellschaft, sie schlürfte Wasser, die Kelche funkelten, die Münder kreischten, in der Nacht wenn die Liebe erwacht, die Mädchen kicherten, einer dirigierte mich zu dem, den ich verhaften wollte, auch er war im Frack, er saß ihm besser, ich wußte nicht, was er verbrochen hatte, ich war Kriminalkommissar, was ging es mich an, ich streifte ihm Handschellen über, ich sagte, im Namen des Gesetzes, ein trauriger Tusch, der Vorhang fiel, ein Rokokopark, Schäfer und Schäferinnen auf allegorischen Wolken versöhnten das Gemüt, und alle gratulierten sie mir, sie sagten, ich hätte es gut gemacht.
Es war keiner mehr da. Die Häuser hatten sie zu sich genommen, die behäbigen Häuser, die Häuser mit ihren breiten verschlossenen Türen, die Häuser der Bürger, die Häuser voll Wärme und Schlaf. Jedes Licht erlosch. Der Schnee lag ruhig. Der Mond war aufgegangen. Die Stadt war gemütlich und kalt. Sie war wie eine Weihnachtskarte. Ich war im Bild. Ich war ohne Obdach. Ich hatte kein Geld. Das konnte bestraft werden. Ich fürchtete den Schritt des Polizisten. Nur Frost klirrte. Ich ging durch die Straßen, lautlos. Ich suchte Zuflucht. Ich fand sie. Ich kletterte über eine Mauer. Ich war auf dem Friedhof. Ich hatte Frieden. Ich suchte mir ein Grab. Ich sah die Kreuze, die Steine, ich las die Totensprüche. Es war die alte Stadt, die hier schlief. Ein ehrsamer Leineweber. Er war mir ein milder Wirt. Ich breitete mein Plaid aus; ich warf die Bücher unter den Kopf. Ich war einig mit der Welt. Ich wars zufrieden. In Abständen nahm ich, um mich zu wärmen, das Plaid, legte es mir auf die Schulter,

rannte neben der Friedhofmauer, zuweilen, auf einem Hügel sie überragend, mit einem Blick auf die schlafende Stadt. Ich war bei ihren Ahnen; sie wußten es nicht in ihren Betten. Lachen schüttelte mich, eine herrliche Heiterkeit. Ich malte mir aus, daß einer mich sehen könnte, vermummt in mein Plaid, und daß er erzählen würde, da war ein Gespenst in der Nacht, es spukte auf unserem Friedhof. Ich war sehr gern ein Gespenst.

Am Morgen litt ich Frost. Ich wusch mich unter dem schlagenden Strahl einer Pumpe und trank ihr eiskaltes Wasser. Ich hatte Hunger. Der Tag graute. In einem Bäckerladen brannte ein freundliches Licht. Der warme Geruch von frischem Brot drang ins Freie, und die Frau des Bäckers stand behaglich mit bloßen Armen hinter dem Tisch. Ich wollte kein Bäcker sein, aber ich war nicht befreit von den Vorurteilen meiner Erziehung. Ich schämte mich so sehr, um eine Semmel zu betteln, daß ich in der Backofenwärme des Ladens zitterte und schwieg. Die Bäckerin sah mich lange an, deutete dann auf ein Plakat, das neben ihr hing, und sagte, Sie sind vom Theater. Die Semmeln lagen frisch und knusprig in einem Korb und waren mir nah. Ich hätte sie greifen können. Ich sagte, ich inszeniere. Ich sagte es hochmütig. Ich sagte, »Gas«. Ich sagte, von Kaiser. Diese Antwort, oder wie ich sie gab, schien die rundliche, gutmütige Frau zu erschrecken. Es war, als gewahrte sie erst jetzt meine außerordentliche Erscheinung, einen Jungen, verfroren, hungrig, mit überlangen Haaren und schwarz angezogen wie ein geistlicher Herr. Und wenn die Bäckerin mich eben noch in wohlwollende Verbindung mit dem Theaterplakat gebracht hatte, der Werbung für die »Königin der Nacht«, der Operette, in der ich so erfolgreich debütiert hatte, erkannte sie nun in mir, gewarnt durch die Wörter »Gas« und »Kaiser«, eine ganz andere Nachtgestalt, vermutlich des Irrsinns. Sie streckte abwehrend ihre bloßen Arme, wich gegen die Wand, formte den Mund zum Schrei, während ich, brennend, errötend, mit einem scharfen Klingeln der Ladentür floh und davonlief.

Im Theater saß der Direktor in seiner karierten Wolle auf der Bühne und probte mit seinen Schauspielern einen alten Schwank. Er sah mich an. Ist Ihre Garderobe gekommen? Auch ich sah ihn an, oder ich wollte ihn ansehen, fast fordernd und schweigend. Aber mir war schlecht, und alles drehte sich ein wenig. Er sagte, ich habe keine Rolle für Sie. Er maß meinen Mantel, den Krimmerkragen, der sich auflöste, meine zerdrückten Hosen, die ungeputzten Schuhe. Ich sagte, ich bin als Regisseur engagiert. Er widersprach, aber er hob nicht die Stimme. Sie sind gar nicht engagiert. Ich sagte, »Gas« wird ein Erfolg werden, die Berliner Zeitungen werden berichten, Ihering und Kerr werden kommen. Er sagte, Sie sind zu jung. Jugend galt nichts. Sie genoß überhaupt kein Ansehen. Er sagte, meine Künstler ... Er deutete auf die Schauspieler in der dämmerigen, von einer einzigen Glühbirne erhellten Bühne. Ich blickte in die Gesichter von mürrischen kleinen Beamten, die ihrer Versorgung entgegenlebten. Er sagte, Sie sehen es, die würden sich nichts sagen lassen, sie könnten Ihre Väter sein. Er war kein Unmensch. Er zahlte mir die Reise.
Ich ging, Geld in der Tasche, in den Schwarzen oder Roten oder Weißen Adler. Ich setzte mich zu ihnen, bei denen ich geschlafen, den ehrsamen Leinewebern und Fabrikanten. Ich bestellte Schlesisches Himmelreich und Grünberger Wein. Ich war ein junger Herr auf seiner Bildungsreise. Ich war mit der Kutsche gekommen. Ich war auf Abenteuer erpicht. Die Honoratioren luden mich in ihr Haus. Sie stellten mich den Töchtern vor. Weiße Betten. Ich stieg hinein. Da entschloß ich mich, zur See zu fahren, und Indien war mir nahe.
Die Oder war zugefroren. Die Oderkähne lagen still und verschneit. Ich fuhr vorbei an den preußischen Festungen, an Küstrin und Landsberg, an den öden Exerzierplätzen, an den Stätten der Erniedrigung, die ich nicht kannte, an den Verstecken der Schwarzen Reichswehr, an ihren Femegräbern, eingeebnet und vergessen. Ich sah es wuchern. Ich ahnte es. Im Abteil für Reisende mit Traglasten. Es

war eine Pause. Sie hatten mich nicht. Es gab kein Entfliehen.
Stettin roch nach Heringen, doch auch nach Ertrunkenen. Die Schiffe lagen vor dem Bahnhof. Der Weg nach Indien war frei. Die Ertrunkenen gingen über die Lastadie, eine Uferstraße. Es waren Kneipen da, mit glühendem Ofen, warm und heimelig. Es gab Grog gegen den steifen Wind. Ich trank keinen Grog. Ich mochte ihn nicht.
Die Jugendherberge war auf dem Dachboden einer Schule, einem großen Gebäude aus rotem Backstein, und der Herbergsvater hatte mich in der Herberge und in der Schule eingeschlossen und war fortgegangen, und ich lag allein auf dem Dachboden und auf einem der hundert Betten, ich hatte kein Licht, und nur der Mond schien durch die Mansarden. Da hörte ich ihn. Er kam langsam die Treppe rauf, nicht schleichend, ruhig. Ich sah ihn im Dämmerlicht am Ende des Schlafsaals, einen Mann mit einem Jägerhut, einem Lodenmantel und mit angeschnallten Ledergamaschen über seinen Schuhen. Ich stand auf und lief zur anderen Seite des Raums, zur Treppe, die dort hinunterführte, ich eilte über die Stufen und im Gang unten, die Treppe mit Treppe verband, da stand er wieder, auf seiner Seite, mit Jägerhut und Lodenmantel und ledernen Gamaschen, und so im zweiten Stock und im ersten und im Parterre, und ich stürmte in ein Klassenzimmer und rückte eine Schulbank vor die Tür und hörte seinen Schritt und wie er stehenblieb, und ich hörte ihn nicht mehr. Ich saß in einer Schulbank, und ich war ein Schüler und vor dem Examen. Ich ging an die Schultafel und schrieb mit Kreide an die Tafel Freiheit, Gleichheit, Brüderlichkeit. Es machte sich gut. Ich war beruhigt. Ich öffnete ein Fenster und sprang in den Hof.
Die Schiffe fuhren nicht nach Indien. Die Schiffe lagen still. In der Paritätischen Heuerstelle saßen die Seeleute und warteten auf ein Schiff. Sie warteten lange, und einige warteten nur noch so, an sich, um des Wartens willen. Es ging kein Schiff irgendwohin. Der Beamte hinter dem Schalter sagte, es ist zwecklos. Er sagte, fahr nach Hause.

Ich sagte, ich habe kein Zuhause. Er trug mich in sein Buch ein und gab mir eine Karte. Auf der Karte war ich ein Jungmann. Ich hatte einen Beruf. Ich war ein Prolet. Ich setzte mich zu den Genossen. Aber auch die Genossen sagten, laß dir die Haare schneiden; sie machten den Witz mit der Krankenkasse. Sie waren Bürger. Sie waren Bürger ohne Haus und ohne Besitz. Sie waren Bürger für nichts und wieder nichts. Sie waren geduldig. Sie nahmen es hin. Sie enttäuschten mich. Ich hätte nicht lange bei ihnen gesessen; sie mißtrauten mir; auch hatte ich nichts zu essen und wieder kein Obdach.

Da kam ein Mann in die Heuerstelle, der von den Armen lebte. Er ähnelte etwas dem Jäger aus der Nacht in der Jugendherberge. Er war sein Bruder. Er war nicht unheimlich; er war durchtrieben. Er nahm sich einen Matrosen, setzte ihn auf einen Stuhl, beugte sich über ihn und sagte, schlafe, schlafe, und der Matrose schloß die Augen, sein festes Gesicht war ohne Gedanken, und der Mann sagte, heb den Arm, der Matrose hob den Arm, der Mann sagte, du kannst den Arm nicht senken, du kannst ihn nicht runterkriegen, und der Matrose konnte es nicht. Da sagte der Mann, du bist ein Esel, und der Matrose scharrte mit den Füßen und schrie wie ein Esel. Die Männer lachten; nur ich lachte nicht. Doch mehr war mit dem Matrosen nicht zu erreichen, und der Hypnotiseur weckte ihn auf.

Der Mann sah mich an. Vielleicht sah er mich an, weil ich nicht gelacht hatte. Er sagte, komm her. Ich setzte mich auf den Stuhl, und er blickte mir in die Augen, und ich sah in seinem Gesicht den Hunger, die Not und die Furcht und die Verderbnis, er faulte, sein Atem roch übel wie er schlaf, schlaf, schlaf sagte, und er strengte sich an, Schweiß trat auf seine Stirn, und es wollte ihm nicht gelingen. Da hatte ich Mitleid mit ihm, stand auf, stellte mich auf den Stuhl und rief, Lenin spricht zu euch, erhebt euch, zerbrecht eure Ketten. Der Hypnotiseur erhob seine Arme, wach auf, rief er, wach auf, komm runter, was anderes. Er blickte mich fragend an. Das geht nicht, zischte er mir ins Ohr. Er massierte mir die Schläfen, streichelte

mich und befahl mir, du bist Jesus, stehe auf, und wandele. Ich ging zu den Seeleuten mit einem heiligen Schritt, sie wichen zurück, und ich segnete sie. Sie waren ergriffen. Ich wollte lachen, aber da ergriff es auch mich. Ich war nicht hypnotisiert, ich tat nur so, doch war etwas geschehen, ein Funke war übergeschlagen.
Wir gingen am Abend und gingen jeden Abend über die Lastadie, wir gingen am Bollwerk entlang, vorbei an den liegenden Schiffen, dem Eis auf dem Wasser, fern von Indien, wir gingen von Kneipe zu Kneipe, ich ging hinein, mischte mich unter die Angetrunkenen, bestellte etwas, rührte es aber nicht an, dann kam er, mein Meister, bat um Aufmerksamkeit, schläferte einen ein, ließ ihn der Esel sein, rief mich dann auf, wählte mich aus der Menge, zum Schluß, blickte mir in die Augen, gab mir den faulen Atem, streichelte mich. Er hieß mich Jesus sein, und ich war Jesus und ging unter die Säufer und unter die Huren und unter die Armen, und ich segnete sie und sprach zu ihnen und gab ihnen Bibelworte, und es war still in der Kneipe, man hörte nur das Geld in den Teller fallen, wenn mein Meister die Kollekte machte.
Ich schlief bei ihr. Sie hatte mich mitgenommen. Sie war ein Mädchen aus der Kneipe. Ich lag in ihrem Bett, in ihrer engen Kammer, sie zog sich aus, ich sah sie nackt im stockfleckigen Spiegel, ich sah in dieser Scherbe, daß sie mager war, ein hungriges Kind, und sie sah, daß ich sie ansah, sie deckte Brust und Scham mit der Hand, wandte sich ab, ging zu einem Pappkoffer und holte ein Hemd heraus, ein langes weißes Hemd aus kräftigem Leinen mit langen Armen, sie zog es an, es reichte bis zu den Füßen, sie sagte, das ist mein Sterbehemd, sie legte sich neben mich, wir schliefen und berührten uns nicht, und es dauerte acht Nächte oder mehr.
Es kam der Tag. Der Schalterbeamte rief ein Jungmann für Dampfer Eddy nach Finnland. Ich reichte ihm meine Karte. Er heuerte mich an. Der Arzt griff nach meinem Geschlecht. Er sagte, hüte dich vor den Weibern. Er hatte Schmisse in einem blauroten Gesicht. Sein Auge zwin-

kerte. Der Dampfer Eddy ging auf Fahrt. Ein Eisbrecher brachte uns durch das Haff. Ich sah die große, graue See. Eine unendliche Grabplatte, wie aus Blei. Ich sah Seeschlachten, Versenkungen, Bombardierungen. Ich sah die großen Untergänge, die kommen sollten.

Erschienen 1969

Stefan Andres

El Greco malt den Großinquisitor

1906—1970

Es traf den Meister Domenicos Theodokopulos wie ein kalter Schlag, als der Kaplan des Kardinals, der eigens von Sevilla nach Toledo herübergeritten war, ihm überbrachte, der Maler el Greco habe am ersten Sonntag im Advent vor Seiner Eminenz zu erscheinen. Derweil er dem Gast eine Erquickung zu reichen befahl mit einem formelhaft höflichen Satz und mit einer wie auswendigen und ganz vergessenen Stimme, prüfte er seine innere Welt, nicht, ob sie gut, sondern ob sie dicht und abgeschlossen sei. Er dachte an seine Freunde, an in den Ohren der Inquisition unliebsame Namen, er dachte an Cazalla, dachte an Äußerungen, die er seinem Gehilfen Preboste über gewisse fromme Bildaufträge getan, er dachte an seine Bilder selber, war im Geiste hier und dort in allen Kirchen und Kapellen und Stiften; die zuckenden Flügelschläge seiner hingescheuchten Angst schatteten und schwirrten über seine Bilder hin, suchten in den Gesichtern seiner Heiligen und seiner Menschen ... Er blickte den hungrigen Kaplan nicht an, da er ihm die Schale mit Orangen hinschob, er sah allein die bleichen, beinigen Hände des Priesters, die eine Frucht nur mit der Spitze der Finger faßten und mit den scharfen, langen Nägeln aufstachen. El Greco sah den leuchtenden Saft tropfen und sah immer noch seine Bilder im Geiste an, und der Saft der Orangen stand auf den Stirnen seiner Heiligen, goldener Schweiß; und da die Schale leise krachend sich hob, kam die Frucht unter den spitzigen Fingern hervor.

Lange kann man sich verbergen, dachte el Greco, und er spürte den Schweiß unter den Achseln ausbrechen, bis der Ruhm kommt. Der Ruhm ist das geschliffene Brennglas

über unseren Werken; er wird ein Loch sengen, wohin sich der Blick der Welt versammelt. Der Generalinquisitor schickt seinen Kaplan.

»Was wünscht Seine Eminenz von ihrem Diener?« fragte er und hob seinen Blick, aber auf die Schläfe des Priesters, die weit mit Haaren zugewachsen war. »Ihr sollt Euer Malgerät mitbringen, über das übrige wird der Hausmeister mit Euch verhandeln.« El Greco hustete seinen aufgestauten Atem in verhohlener Erleichterung hin und lächelte dem Gast verbindlich zu. Eine Gefahr weicht der andern, dachte er und sprach: »Ich danke Seiner Eminenz für die außerordentliche Ehre.« Er wollte noch mehr sagen, wollte in Worten gegen Sevilla hin einen Kniefall tun, fügte indes nur bei: »Ich wundere mich!« Der Kaplan zögerte mit der Fruchtscheibe in seiner Hand, zögerte wie mit der Hostie vor der dargebotenen Zunge eines Verdächtigen, dann aß er und nickte: »Ich wundere mich nicht, daß Ihr Euch verwundert. Eure Malart ist neben Juan el Mudo gesehen — sehr — —«, er überlegte, »— fremd zu nennen.« »Mein Geblüt!« schob el Greco ein, »vergeßt nicht, daß ich Grieche bin!« Der Priester, er mochte schon über fünfzig sein, nickte wie vorhin. »Eure Eltern waren schismatisch?« »Das Volk ist nie schismatisch zu nennen; es sind die Priester, die Hirten — — die Grenzen aufrichten und niederreißen!« Der Kaplan horchte auf. Er drückte sich mit gespreizten Händen ein wenig vom Tische ab, sein Stuhl wiegte auf den hinteren Füßen, das Rohr knisterte. Er sprach die Worte el Grecos nach, er murmelte sie, den Maler dabei anblickend, ohne ihn anzublicken. Dann fügte er bei, etwas betonter, nicht mehr murmelnd: »Wenn ein ganzes Volk sich von Rom abreißt, ist auch das kleinste zu Verstand und Vernunft gelangte Kind verantwortlich zu machen. Oder denkt Ihr darüber anders?« El Greco schüttelte heftig den Kopf. »Es wäre sonst wohl zumindest eine Unmenschlichkeit, Unmündige auf den Scheiterhaufen zu stellen!« Er erhob sich dabei, auch der Kaplan erhob sich.

In diesem Augenblick kam der Knabe Manuel herein, el

El Greco malt den Großinquisitor

Greco war das Erscheinen seines Söhnchens angenehm; sie sprachen über seine Anlagen und Neigungen, und als der Kaplan sich nach einer Weile verabschiedete, segnete er zuvor den Knaben, der ihm vor der Tür in den Sattel half.

Als die enge Häuserrinne vom Eisen des Pferdes erfüllt war, stand Greco mitten im Gemach, und zum Takt der Hufe maß er mit verlorenen Lippen einige Jamben in seiner Sprache — oh, sie war dem gelösten, verklingenden Schritt des Reittieres näher als die gewichtigen Klänge des Spanischen. Dann sah er sich ratlos um und schrieb einige Namen auf einen Zettel — heute wollte er keine Gäste — und schickte den Diener in die Paläste von Toledo, er solle absagen, el Greco sei krank. »Nur der Arzt soll kommen, Dr. Cazalla, und er soll spät kommen.«

Es ist besser, in der Nacht mit Cazalla in der Bibliothek zu sitzen, auch die Diener sollen es nicht mehr sehen, daß ein Cazalla Nachtgast bei el Greco ist. Dieses Geschlecht hat es an sich, laut zu sprechen. Den andern Cazalla, den Bruder des Arztes, den *Dr. theologiae* im Valladolid, hat dieser Brustton das Leben gekostet, die heilige Inquisition will keine Brusttöne; aber Cazalla soll kommen. Was will Manuel? Der Vater trägt sich mit dem Bildnis des Generalinquisitors; während dieser Zeit soll er nicht mit seinem Söhnchen spielen. »Geh, Manuel, wo ist die Kinderfrau? — Geh, Vater muß in die Werkstatt.«

El Greco geht auch nicht in die Werkstatt. Preboste wird allein fertig. Preboste braucht nur einen Blick auf die graubrüchigen Tongestalten zu tun. Die Palette hat er selbst zusammengesetzt — er drückt sich auf die Augen, dann steigen langsam Sterne auf, und Kreise wallen nach allen Seiten, das sind el Grecos Farben: in der Gefolgschaft der Sterne, im Schwanz der Kometen, die immer da sind, sooft man sich auf die Augäpfel drückt, bis sie schmerzen. Preboste, der gute, entdeckt sie erst auf Grecos Palette, ah, mit einem diebischen Blick über die Schulter; Preboste sieht dann dumm aus in seiner schnellen und heimlichen Schläue. Preboste nimmt die Farbe als Außen-

seite der Welt, er hält die Welt für angestrichen; wie er sich irrt, der gute Hidalgo. Preboste malt jeden Greco, wenn er die Palette hat und die Tonmodelle, aber Seine Eminenz Nino de Guevara, den muß el Greco selber malen gehen, nach Sevilla, am ersten Sonntag im Advent. Und malen kann man doch nur Menschen oder Heilige, Menschen, wie sie sind, Heilige, wie die Menschen nicht sind.
El Greco gedachte einer Begegnung. Im Eskorial, aus dem Schlund des unendlichen Korridors kamen ein roter Strich und ein schwarzer. Der rote war lang, der schwarze klein, der rote bewegte sich unter den Falten seiner Moiréseide wie auf Rollen, man sah keine Schritte, der schwarze hinkte und stützte sich auf einen Stock. Das waren Nino und Philipp. Sie kamen zur Besichtigung seines Gemäldes vom Martyrium des heiligen Mauritius und der thebaischen Legion, eben als er seinen Namen in griechischen Lettern auf das Bild gesetzt hatte: Dománikos Theodokopulos-kräs. Der Name steht auf einem Schildchen, zu dem eine Viper sich reckt, als wollte sie den Namen lesen; die gemalte Viper, die sich hinter einem Stein emporwindet.
Philipp ließ sich auf einem Sessel nieder, el Greco hört noch immer den männlich verhaltenen Seufzer des von der Gicht immerwährend geplagten Königs. Oder war der Seufzer dem Bilde geopfert, das der König zum erstenmal sah? »Diesen Helden verdanken Wir nicht zuletzt Unsern Thron«, sprach Philipp, aber ernsthaft, ohne Lächeln — er kannte keine Ironie in einem Satz, in dem ein Thron stand. Der Kardinal reckte sich, als wolle er die Worte des Königs überhören, so schien es Greco, zu dem Bilde hin, und dann blitzten seine Brillengläser den Maler an. »Eine Schlange, warum eine Schlange, die Euer Namensschild ins Licht hebt?« »Verzeiht, Eminenz, die Viper trägt nicht mein Namensschild, es ist etwas undeutlich, sie reckt sich nur zu der Schrift. Mein Name soll allem Bösen den Eintritt in das Bild verwehren, der Name ist ja die Pforte des Werkes; das Böse soll vor der Pforte liegenbleiben und

sich fürchten.« Der Kardinal nickte mit den Augendeckeln hinter den Gläsern, als hätte er verstanden, sprach dann: »Uns scheint, daß der Name eines Menschen das Böse nicht bannen kann, wie wir zur Zeit in allen Ländern Europas sehen. Im Namen des Menschen wird der Hochmut und daraus der Irrtum und daraus die Zwietracht und daraus die Schwäche des Reiches Gottes beschworen.« Philipp seufzte, zu seinen Knien greifend, fuhr sich aber dann über sein blondes, schütteres Haar. El Greco sprach: »Verzeiht, Eminenz, aber mir scheint, daß der Mensch, der ein Werk schafft, Gottes voll sein muß, und so ist sein Name eine Beschwörung Gottes, wie es ja die Namen Ihrer Katholischen und Apostolischen Majestäten auch sind, bei uns freilich in kleinerem Maße.« »Das Bild sei fertig, wenn es Uns auch nicht gefällt«, sprach Philipp dazwischen, er schien dieses Gespräch nicht zu billigen. Die Diener kamen auf seinen Wink näher, und der rote und der schwarze Strich gingen davon; el Greco sieht immer noch den abgeschabten Samt des Königs und die schillernde Moiréseide des Kardinals. Das war im Eskorial vor einem fertigen Bild; nun ist es in Toledo vor einem aufgetragenen, das Herz klopft auf die gleiche Weise.
In dieser Stunde verwünschte el Greco seine Ruhmsucht, die ihn aus der freien Luft Venedigs in den Bannkreis des Eskorial getrieben hatte. Wahrhaftig, nicht umsonst hat Philipp dem nüchtern pathetischen Mönchspalast die Form eines Bratrostes gegeben, zum Andenken an den gebratenen Märtyrer Laurentius, an dessen Tag sein Feldherr die Franzosen schlug. Auf diesem spitzigen Dächerrost liegt die Welt gebraten, und verbranntes Fleisch stinkt, und die Scheiterhaufen werfen ihren Schein auf die Palette, man braucht sich nicht einmal auf die Augäpfel zu drücken. Also für den Thron, für den Thron Philipps starb die thebaische Legion ... das gefiel freilich Nino de Guevara nicht: sie starb für den Apostolischen Stuhl.
El Greco lachte in seiner Stube in Toledo, sein bleiches Gesicht färbte sich rot vor Lachen. Die Schlange vor meinem Namen, o bester Einfall meines Lebens, ohne Ton-

modell floß die Schlange ins Bild. Die Viper soll den Namen el Grecos nicht entziffern! Und wenn Nino de Guevara gemalt im Bild steht, braucht keine Schlange mehr unter mein Namensschild, und wieder lachte er, doch leiser, er hörte den Diener kommen. Dr. Cazalla sei seit einer Woche in Madrid, meldete der Diener. In Madrid? Dann kann er nur im Eskorial sein, im Eskorial herrscht die Gicht. Das ganze Spanische Reich hat die Gicht: der König, das Heer, die Flotte — alles ist steif, geschwollen, unbeweglich geworden. Welch eine gewaltige Krankheit, dachte er, die ein ganzes Zeitalter zu Tode bringt.

Dann spät in der Nacht, er wachte immer noch, pochte es. Er ging selber öffnen. In eine große Kappa gehüllt, trat Dr. Cazalla ein, und erst in der Bibliothek legte er den Mönch ab. Sein Gesicht stand auf dem Teller der Krause bleich und verstört. »Seine Majestät ist gestorben, vorgestern.« Die Bücherregale stehen plötzlich schief, die Tische und Sessel scheinen hinzugleiten, wie auf einem Schiff, das sich zur Seite legt; el Greco spreizt seine Beine. »Was wird nun aus der Welt?« will er sagen und sagt es dann. Dr. Cazalla reißt die Augen auf: »Was sagt Ihr? Wißt Ihr, daß der König so sprach, mit denselben Worten, als ich am Vorabend auf eine kurze Weile bei ihm allein war? Was wird aus der Welt?« El Greco wandte dem Freunde den Rücken. So sprach er, zu den Büchern blickend, als läse er in ihnen durch die Hüllen hindurch: »Mein Ausruf beweist, wie sehr wir alle, trotz inneren Widerstrebens, von der Notwendigkeit der Despoten überzeugt sind. Wir sprechen schon mit ihren anmaßenden Worten ihre Unersetzlichkeit aus! Es wird Zeit, daß alle, die im geheimen wissen, daß die Erde nicht Mitte der Welt ist, auch keinem Menschen mehr einräumen, Mitte der Menschen zu sein. Wir haben eine andere Mitte. Und so atmet das Land auf beim Tode eines Herrschers, und wäre er selbst erträglicher gewesen als Philipp — es ist ein Entgürten und Entwappnen, die Erwartung eines Unglaublichen, das die Lenden eines Reiches schwellt.« »Was

haben wir zu erwarten«, murmelte Cazalla düster, und dann hob sich seine Stimme: »Ich habe Philipp gehaßt wie Ihr, aber wer einen Gehaßten wie einen König sterben sieht, vergißt ihm alles. Philipp wußte, wie er gehaßt wurde; er sprach zu mir: ›Cazalla, Unsere Gicht ist der Haß des ganzen Landes, aber Wir haben Uns an Unsere Gicht gewöhnt, sie ist der wahre Anteil der Herrscher.‹« El Greco lächelte bitter: »Oh, diese tapferen Könige, die sich miteinander um den Anteil der Gicht balgen! Nein, Cazalla, das sind Rechtfertigungen, hinterher, die ein vergebliches Werk verkleiden wollen. Was bliebe außer dieser komischen Rechtfertigung solcher Sterbenden als die pure Verzweiflung?« Cazalla schüttelte ernst den Kopf: »Ihr habt Philipps Diener Diego nicht gehört. Ihr habt nicht gesehen, wie dieser Diener mit dem Leib seines Königs beim Umbetten stolperte, Ihr habt beider Gesicht nicht gesehen, das des Königs und des Dieners. Beider Gesicht war in diesem Augenblick eins im Schmerz. Und der König tröstete noch stöhnend den Diener: ›Nicht doch, Diego, Wir sind ja schon eine Grabesfrucht, da ist das Schütteln gut!‹ Dieser Diener wachte mit mir eine Nacht im Vorzimmer. Er weiß mehr als der erste Minister, er weiß auch, daß des Königs letzte Handschrift sein Namenszug unter das Todesurteil gegen einen Ketzer war. Er stöhnte dabei, dann blickte er den Diener an: ›Diego, der Mensch ist schlecht; wenn er nicht an der Hand Gottes das Laufen lernt, muß er es im Laufställchen von Partisanen lernen.‹ Und dann betete er mit Diego und ließ ihn das Glaubensbekenntnis sprechen. Zum Schluß sprach er: ›Das war nicht für Uns, Diego, das war für dich gemeint.‹« El Greco wehrte ab: »Und den Todeszuckungen seines verrückten Sohnes sah er durchs Guckloch der Zellentüre zu.« Dr. Cazalla sprach: »Seht die unbewegliche Sonne an, da, unbeweglich steht der größere König und läßt alles geschehen. Ein tobsüchtiger Infant, der sieben Pfund Pflaumen ißt und Eiswasser trinkt und sich nackt auf den Fliesen wälzt, muß nach den Gesetzen der Natur, nach dem göttlichen Willen also, notwendiger-

weise sterben!« El Greco lächelte: »Nach Nino de Guevaras Gesetzen müßtet auch Ihr sterben, teurer Cazalla, denn Eure neue Weisheit über die Sonne und den nur in Naturgesetzen sich erfüllenden Willen Gottes ist gefährlicher als sieben Pfund Pflaumen und Eiswasser im Bauch des Don Carlos. Ich warne Euch, zumal Euer Name und Euer Blut schon einmal durch das läuternde Feuer der heiligen Inquisition ging; vergeßt nicht, daß damals Philipp das Sonnenauge darstellte, das zudem nicht nur zuschaute...« Cazalla winkte ab und griff in seinen Bart; indem er sprach, zog er daran, so daß sein Kopf nickte: »Mein Bruder Agostino ist in Valladolid am Feuer der Inquisition gestorben, Philipp an der Gicht. Wären wir ewig, dann gäbe es nicht die Leidenschaft der Wahrheiten hüben und drüben. Die kurze Spanne des Lebens macht den Menschen heftig, und er sucht sich in seiner Meinung zu verewigen. Glücklich, wer es vermag, durch seinen Tod für alle Zeit Bekenner zu sein. Philipp baute den Eskorial, der Papst Sankt Peter, und bei Euch sind Eure Bilder die Bekenntnisse — —«

»Ja, ja«, el Greco erhob sich, »ich bekenne in Bildern. Ich werde bekennen den peinvollen Bogen, der sich zwischen dem Eskorial und Sankt Peter spannte; das wird der Heiligenschein sein zum Bildnis Nino de Guevaras, und die späteren Menschen werden ihr Leid in unserm Bilde erträglicher finden.« Cazallas Hals reckte sich unter dem Kragenteller: »Ist das Euer Ernst?« El Greco lachte befriedigt: »Welche Zeiten, daß diese Mitteilung einen ernsten Mann wie Euch so fragen läßt! Oder darf der Generalinquisitor nicht den Mut haben, sich der kommenden Zeit auf einem Bilde zu zeigen?« Cazalla lächelte ebenso: »Ja, warum nicht, Ihr habt einen großen Auftrag, doch einen gefährlichen, wie mir scheint!« Und er fügte, noch immer verwundert, bei: »Wie kommt Ihr nur derart in Ninos Gunst?« »Oh, es ist die Gunst, die ein Spiegel im Dienst eines häßlichen Weibes hat.« Grecos Auge zwinkerte in seiner ganzen kretischen Schläue, aber das schwere Oberlid verhängte diese Schläue mit der Traurigkeit des Men-

schen, der müde ist vom allzuvielen und genauen Schauen hinter die Menschengesichter.
Cazalla erwiderte dieses Zwinkern, jedoch nicht müde, sondern voll Verachtung, seine Augen rollten schier in den Winkeln der Lider fort: »Wer noch zu leben gedenkt, der lerne das Lügen!« El Greco wehrte mit der hageren Hand ab und horchte in einem zum geöffneten Fenster hinaus. Wie ein verhaltenes Gähnen der Nacht zog der Donner hin; die Luft stand schwer und dick zwischen ihnen. »Nein, Cazalla, *ich* müßte lügen können, denn ich bin ja von Kreta; ich könnte mir von den Serviten und Karmelitern die Skapuliere geben und die Lappen gelegentlich vor Nino durchblicken lassen, ich könnte mich auf meine ganz frommen Bilder, die Preboste mit meiner Palette machte, berufen, ich könnte wie Inigo von Loyola die Lippen kneifen, fromme Krippenverse wie Lope improvisieren, und den Aquinaten kenne ich stellenweise auswendig — —« Cazalla fiel ein: »Ihr könntet sogar der Bruderschaft der heiligen Inquisition beitreten!« Sie lachten beide unhörbar mit starren Gesichtern. Cazalla hob dann drohend den Kopf: »Ihr erwähnt Thomas! Doch bedenkt, auch ein Zitat von Thomas, dem engelgleichen Lehrer«, das letzte sprach er voll Ernst und Hohn zugleich, »kann Euch der heiligen Inquisition überliefern. Sagt Nino nur einmal frei nach Thomas, daß der Mensch seinem Gewissen folgen muß, daß unser Wille sich an das halten muß, was unsere Vernunft als Inhalt der Wahrheit erkennt! Mein Bruder Agostino starb nicht so sehr in des Deutschen Luther als in Thomas' Nachfolge!«
Ein neuer Donnerschlag, näher und länger, wie eine Ankerkette aus der Tiefe der Nacht rollend, ließ das Fenster erzittern. Nur el Greco hörte den Donner. Cazalla war zu sehr in Zorn und Gedanken und rief: »Aber der Wille des Gläubigen soll sich nach der heiligen Inquisition richten — — ha, aller Hälse sind von Aufmerksamkeit nach allen Seiten so wie Schrauben verdreht, aller Rücken sind krumm, aller Träume sind erfüllt vom Tanz der Flammen. Wenn wir leben wollen, lernen wir die Lüge!« El Greco

wehrte wieder mit seiner gleichen scheuchenden Handbewegung ab. »Leben sie denn?« Er lächelte vor sich hin. »Diese frommen Ameisen der Kirche haben nur das ewige Leben im Munde, um ihr nicht ewiges klug zu verlängern!« Cazalla klopfte sich aufs Knie: »Warum bleiben wir in diesem Bann, wenn es ein freies Venetien gibt?« Ein naher Blitz erhellte ihre Gesichter, Cazalla erschrak vor den Augen el Grecos. »Kreta, Kreta«, murmelte der und erhob sich. »Nein, nein«, sprach er dann eisig und fest, »kommt, Cazalla, wir gehen ins Gewitter hinaus.« Cazalla schützte Müdigkeit vor. »Ihr habt Angst«, sprach el Greco drohend. Da warf sich Cazalla die Kappa um und folgte stoßenden Schrittes. Die engen Gassen waren vom Donner voll, Cazalla ging nun eilig, als hätte er ein Ziel. Breite Bahnen des Blitzes erhellten auf zwei Schritte lang die zerfallenen Treppen. Sie traten durch die Nacht und schwiegen. Der Himmel war dunkellauernd, bis er wieder gräßlich die Augen aufschlug. Cazalla verhüllte dann jedesmal das Gesicht, el Greco aber ging weiter, ruhig prüfend den Blick über dem weiß aufflammenden Gemäuer.
Sie wußten nicht, wo sie gingen, so losgelöst wurde ihr Schritt von allem sinnvollen Weg und Ziel. Erst als sie den Tajo an den Uferfelsen schleifen hörten, wußten sie, daß ihr Weg sie zur Tiefe und zum Wasser gelockt hatte. Sie wandten sich bei einem Donnerschlag beide gegen den Berg zurück, als warteten sie, als hätte der Donner von den Zinnen des Berges ihr Gesicht zu sich her befohlen. Aber sie blickten in wogende Dunkelheit, im Rücken das Rauschen der ungestümen Wasser, unter den knatternden Mänteln den Wind, der sie mit hundert Händen betastete. Da fuhr hinter ihnen, über ihre Häupter weg, ein Blitz. Sie sahen ihn nicht selber, sie sahen nur die wogende Wand der Wolken, blitzweiß, vom Wind zerblasen in schwarzen Lücken, und der Donner schien aus dem Gewölbe der Wolken zu kommen; das Gewölbe stürzte dröhnend ein, und die Dunkelheit verschlang alles, nicht aber das Bild in el Grecos Augen. Er sah es noch: die schmale, zum Fluß herablaufende Mauer, wie das Rückgrat des Berges; den

spitzen Turm wie ein Händefalten der Erde; den Palast, trotzig und fest, aber geduckt; die Häuser gelb und mit leeren, schwarzen Fensterhöhlen.
Als der Regen mit scharfem Prasseln einsetzte, seufzte Cazalla: »Ich möchte wissen, warum wir hier stehen, während die andern schlafen oder beten! Und es ist das beste: schlafen oder beten, wenn der Himmel sich so furchtbar zeigt!« El Greco sagte: »Nenntet Ihr diesen Vorgang auch furchtbar, wenn er ohne Gefahr wäre für Euch oder die andern?« Cazalla schüttelte den Kopf: »Dann wäre er nur noch schön!« »Oh, Cazalla«, el Greco lachte mit hoher Stimme, »oh, Cazalla, ich werde dieses Bild malen, und keiner wird von diesen meinen gemalten Blitzen erschlagen, er wird nicht an den Tod durch Blitz denken vor meinem Bild, und er wird es doch furchtbar finden, das Große ist furchtbar; Gott ist furchtbar, nicht der Tod, nicht Nino und sein Anhang!«
Am andern Tage ging el Greco in die Werkstatt und begann das nächtliche Gesicht, in dem er Toledo gesehen, auf die Leinwand zurückzustrahlen. Preboste war still und konnte nicht arbeiten.

Sieben Tage vor dem ersten Sonntag im Advent ritt el Greco nach Sevilla, nachdem er sein Haus geordnet und dem Freunde Cazalla Frau und Sohn empfohlen hatte.
Vom Dom in Sevilla läuteten die Glocken zur Vesper, als el Greco an der Tür des Kardinals pochte. Im Dienerzimmer stand der zeremonielle Hütetisch, auf dem das ganze Haus seine Kopfbekleidung auslegte. Beim Anblick der Hüte zu Füßen des Kruzifixes, vom Baldachin des Kardinals beschattet, dessen Hut wie eine rote Sonne über den Dienerhüten an der Wand hing, lächelte el Greco, sooft er auch schon in die Häuser der Kirchenfürsten eingetreten war. »Wer da wohnt unter des Höchsten Hut«, fiel es ihm ein, es war ja auch die Zeit der Komplet. »Denn er wird mich befreien aus der Schlinge der Jäger und dem widerhakigen Wort!« Sein Hut lag jetzt zwischen den Dienerhüten, das schien so Brauch in Sevilla zu sein, in Gottes

Namen, wir sind ja alle Diener. »Mit seinen Flügeln wird er dich beschatten, und unter seinen Federn wirst du wieder Hoffnung schöpfen.«
Das folgende Birettzimmer war kahl wie die Seele eines Büßers, der nichts mehr hat von der Welt und noch nichts vom Himmel. Auf einem hochbeinigen Tisch vor einem schwarzen Kruzifix — hier war alles hoch und schmal, die Wände, die Tischbeine, das Kreuz — lag das rote Birett des Kardinals, ebenfalls hoch und schmal, oben sich verbreiternd, mit vier runden Zacken, einer Windrose gleich — er gebietet dem Wind, der Generalinquisitor. Er ist also zu Hause, der Träger des Biretts, wohlan! Und el Greco betete: »Du fürchtest dich nicht vor dem Nachtgespenst, nicht vor dem schwirrenden Pfeil am hellen Tag.«
Im Sekretärzimmer erhob sich über einem Aktenstoß der Kaplan, derselbe, der ihn in Toledo besucht hatte. Er kam bald wieder. Domenicos Theodokopulos solle am frühen Vormittag zur Arbeit erscheinen, ließ Seine Eminenz bestellen; bei den *fratres Dominicani* sei ihm Herberge bereitet. Der Kaplan übergab ihn dem Diener, der Diener dem Torhüter, der Torhüter einem herbeigerufenen Straßenjungen, der ihm den Weg zeigen sollte; aber el Greco kannte Sevilla und ritt zu seinem Quartier.
Nino de Guevara trug die violette Farbe des Advents, als er am andern Morgen el Greco in seiner Bibliothek empfing. Dicht am Fenster erhob sich eine Staffelei, er war erwartet. El Greco verbeugte sich dreimal, an der Tür, in der Mitte des Raumes und dann, als er dem Kardinal den Rubin küßte. Der Stein trug nicht die Farbe des Advents, der Rubin war rot wie ein übriggebliebener Blutstropfen an einer strengen Hausfrauenhand, die sich die Hände nach dem Hühnerköpfen zu flüchtig wusch. Das winterliche Tuch des Kardinals roch nach Kampfer, es war eben erst aus der Truhe gekommen. El Greco fand diesen Geruch unsagbar übereinstimmend mit dem Gesicht Nino de Guevaras. Im übrigen roch es wie in jeder Bibliothek: nach Staub und Papier und Tinte.
Da el Greco sich von seinem Ringkuß aufrichtete, blickte

er dem Kardinal in die Augen. Er sah nur die schwarze Fassung der Brille, gitterhaft, Gitter über Zisternen, Kindern und Tieren zum Schutz wie in Kreta, in seinem geliebten Kreta. Er hörte in diesem Augenblick seine Mutter sprechen, zärtlich warnen: »Hebe das Gitter nicht, Domenicos, sonst kommt Vater mit der Gerte!« ... »Wir sind erfreut, Theodokopulos, Euch in guter Gesundheit wiederzusehen!« Die Stimme Nino de Guevaras war tief, gleichwohl lag ihr Klangfeld nicht in der Brust, sondern irgendwo fern im Kopf, manchmal in der Nasengegend, manchmal im Halse, unbetont, gleichmäßig, kühl. »Ich danke Euer Eminenz für die Gnade und Ehre, Euer Bildnis der Nachwelt überliefern zu können, nach meinen besten Kräften.« »Der Kirche«, verbesserte ihn der Kardinal und setzte sich.
El Greco ging an seine Arbeit. Der Kardinal schellte, der Kaplan kam. »Das Birett«, flüsterte Nino. Das Birett, dachte el Greco eifrig, die Krone, die Windrose, die dem kahlen Kopf den gefährlich bestimmten Abschluß gibt, die Zacken nach allen vier Winden hin. Die erste Stunde saß der Kardinal schweigend, er las. El Greco wartete geduldig, lauernd. Das Licht ist das Gewand der Dinge, es kann verhüllen und entblößen. Ein Gesicht hat tausend Gesichter, indes nur eines ist gültig. Nino soll lesen. El Greco blickte an seiner Staffelei vorbei wie aus dem Hinterhalt. Manchmal tat er einen Strich, aber nur mit dem Daumennagel. »Wir hörten, daß Ihr sehr schnell arbeitet«, sagte der Kardinal ohne aufzublicken. »Ja, wenn Wir den richtigen Faden haben!« Der Kardinal blickte auf. El Greco hatte von sich Wir gesagt, so sehr suchte er nach dem Faden, daß er sich verdoppelte, daß er eine Anzahl wurde. Oder lächelte der Kardinal über den Faden? War dieses Lächeln übrigens sein Gesicht, diese Furche, die den grauen Bart etwas in die Backe schob und zwischen den Schlaufen, die die Brille hielten, eine Falte schlug? Nein, dieses Lächeln war ein Gewürz im Ganzen, das man auch schmecken sollte wie grauen Pfeffer, nicht wie eine Süßigkeit; in Nino war kein Krumen Süßigkeit, er war

Bitterholz, hart, trocken, ohne Wurzel, ein Stab! Breit ist dieser Mund, erkannte el Greco, sehr breit, der Bart verbirgt es, und schmal ist seine Unterlippe; der Strich Fleisch unter der Lippe, den der Bart freiläßt, täuschte eine breite Unterlippe vor, wie der tote Philipp sie hatte; Nino aber hat keine Lippen: der Bart täuscht. »Es wäre mir angenehm, wenn Eure Eminenz einen Vorleser hereinbäten«, sprach el Greco. Er wollte Nino zuhören sehen. Der Kardinal schellte. »Die Geschichte vom seligen Grafen Orgaz«, befahl er — und der Kaplan las. El Greco horchte auf, er arbeitete jetzt nicht. Sein Daumennagel kratzte nur einige Linien auf die leere Fläche. Und der Kaplan las: »Als nun der hochselige Graf Orgaz entschlafen war und die Edelleute sich bei Nacht in der Grabkapelle zu seinem Begräbnis versammelt hatten, da öffnete sich über den Versammelten der Himmel, und der heilige Kirchenvater Augustinus und der heilige Erzmärtyrer Stephanus traten aus den Wolken, und sie betteten den Leichnahm des Grafen in die Gruft. Fromme Bestürzung und heiliger Schrecken ergriffen die versammelten Herren, die Priester sowohl wie die Edelleute, und alle priesen die vorzügliche Tugend des verewigten Grafen, der zeitlebens mit all seinen Kräften und ganzem Vermögen der Kirche gedient und nun sogar an seinem Leichnam eine solche Ehre erfuhr, die wenigen am lebendigen Leibe vom Himmel erwiesen wurde.«
Hier unterbrach der Kardinal die eintönige Eindringlichkeit des Vorlesers. »Wenn wir Uns recht entsinnen, habet Ihr dieses Wunder gemalt?« Greco nickte. »Die Aufmerksamkeit Eurer Eminenz für meine Bilder ehrt mich.« Nino de Guevara wiederholte leise für sich die Worte aus dem Wunderbericht: »Fromme Bestürzung und heiliger Schrecken ergriffen die versammelten Herren ...« und er fügte bei: »Wir vermißten freilich die fromme Bestürzung und den heiligen Schrecken auf Eurem Bilde. Ihr maltet oben einen offenen Himmel, stelltet Heilige unter Menschen, und nicht einmal ein Verwundern zeigen Eure versammelten Granden!« El Grecos Daumennagel hörte auf

zu kratzen, statt einer Antwort machte der Stift den ersten Strich: eine jähe Kurve fing die Augen des Generalinquisitors, die verhangene, noch entfernte Frage in der Haltung des Kopfes, im schrägen Blick der Augen. So sprach el Greco, sein Stift zischte und krachte dazu — hinter seiner Staffelei sprach er heraus, nur mit dem rechten Auge, das er messend kniff, sichtbar: »Ein Wunder verwundert mich nicht, Eminenz, bei Gott ist alles möglich, lehrt die heilige Kirche, und wenn ein Engel käme und mir den Stift führte, würde mich nicht fromme Bestürzung packen — —« »Auch nicht heiliger Schrecken?« Nino de Guevaras Stimme schien um die verbergende Fläche des Bildes herumzugreifen, allein el Greco blieb, wo er war, und antwortete: »Engel sind gute Geister und sollen uns nicht erschrecken!« Der Generalinquisitor darauf mit leiser Stimme, als dächte er selber nach: »Die Engel sprechen aber stets: ›Fürchtet euch nicht!‹« El Greco stach mit dem Stift die Punkte der Augen fest, und so spitz und stoßend kam auch seine Antwort: »Das ist die tiefere Aufforderung des Evangeliums, das eine Frohbotschaft ist, der ständige Ruf des Himmels auf die Erde: Fürchtet euch nicht!« Der Generalinquisitor fragte nun, als ginge es um einen Rat: »Und wie ist es mit der Furcht Gottes, die doch der Anfang der Weisheit ist?« El Greco indessen, ebenso harmlos: »Ja, der Anfang der Weisheit, die unterste Stufe!« »Und die übrigen Stufen?« El Greco erhob sich, hob messend Daumen und Zeigefinger wie eine Zange, als hielte er den Kopf des Kardinals bohnengroß dazwischen. Dann sagte er: »Die übrigen Stufen: Freiheit, Freude und Liebe!« Der Kardinal winkte dem Kaplan, der ging hinaus. »Nun eine Frage, Herr Domenicos Theodokopulos«, er hob die Uhr vom Tisch und hielt ihre Röhre gegen das Licht, »eine Frage: auf welcher Stufe steht Ihr —«, die Stimme des Sprechenden wurde immer ferner und klangloser, »steht Ihr am Anfang der Weisheit oder seid Ihr höher hinaufgestiegen?« Als el Greco nicht antwortete, wiederholte er kärglich, fast müde: »Ihr fürchtet Euch nicht?« El Grecos Stirne senkte sich ein wenig; seine brei-

ten Oberlider, die auf seine Augen herabzusinken drohten, machten sein Gesicht alt und müde, er war aber erst fünfzig Jahre alt. Und er schüttelte einmal kurz den Kopf und ging dann zu seinem Kasten, in dem die Farben waren. Als er einen Strang Karmin und weiter einen Strang Zinnober auf die Palette drückte, sprach der Kardinal: »Rot? Wir sind doch adventlich violett!« »Ich male Eure Mozetta und das Birett rot, Eminenz, blutrot; und bleich Euer Gesicht, Kragen und Chorhemd weiß und dunkel den Grund, so wie Gott es mir befiehlt durch die Wahrhaftigkeit!« Nino de Guevara war nun wirklich erstaunt, er hob seine Stimme: »Gott befiehlt Farben?« El Greco wiederholte und beteuerte: »Ja, Eminenz, und kraft der Wahrhaftigkeit!« »Nach welcher Wahrhaftigkeit malt Ihr ein Violett rot und einen hellen Grund dunkel?« »Nach jener Wahrhaftigkeit, die der Herr aussprach, als er sich in das Bild des Blitzes begab, der leuchtet von seinem Aufgang bis zu seinem Niedergang und alles enthüllt, was im Verborgenen ist.« Der Kardinal blickte auf seine gespannt hängenden Hände, er sprach: »Schwarz und Rot, was enthüllt das?«

El Greco trat mit seiner ganzen Gestalt hinter der Staffelei hervor, seine Stimme zitterte nicht, gleichwohl war sie leise: »Feuer in der Nacht!« Der Generalinquisitor senkte kaum merklich die Stirn, alle seine Bewegungen waren langsam und immer unauffällig, nur neue Formen seiner Unbeweglichkeit, und so blickte er von unten el Greco an: »Ihr meint die heilige Kirche mit diesem Bild!« El Greco nickte, aber nun zitterte er; und wieder nickte er, flehte zu seinem Mut, daß er ihn nicht verlasse, daß er mit diesem Nicken kein Verräter werde, und so sprach er zitternd: »Sie ist ein blutiges Feuer geworden, Eminenz!« Der Generalinquisitor erhob sich: »Ja, die Kirche hat viele Feinde«, sagte er ruhig. Dann fügte er bei, morgen um dieselbe Stunde sei er wieder bereit. Als el Greco den Ring küßte, hörte er de Guevaras eingeschlossene Stimme weit über sich: »Heute nachmittag nimmt von Eurer Herberge die Prozession der heiligen Inquisition ihren Ausgang;

seht zu und erwägt die Worte, die auf die Prozessionsfahne für die Welt geschrieben sind. Kennt Ihr diese Worte?« El Greco nickte, sprach: »Diese zwei Worte sind die zwei Augen der heiligen Kirche, möge sie auf keinem Auge blind werden!« Er verneigte sich und ging rückwärts zur Tür hinaus. Hätte diese Vorschrift nicht bestanden, er hätte sie in diesem Augenblick erfunden. Nun aber, als er schon durch die Straßen ging, spürte er dennoch diese Augen im Rücken, diese kalten, unbeweglichen, dunklen Augen.
Er ging nicht in den Rempter zum Mittagstisch; er saß auf seiner Zelle, auf der Pritsche saß er und hatte die Hände neben sich liegen, das Innere nach oben. Und er blickte in seine rechte und in seine linke Hand und sah, daß sie leer waren. Sein Kopf war auf die linke Schulter gesunken.
Die Mittagsstunde in der Zelle bei den *fratres Dominicani* kann so still sein, daß ein Mensch sein eigenes Herz pochen hört. Man mußte dabei den Atem anhalten, dann kam dieser dumpfe, unaufhörliche Ton, nur tickte es zugleich auch im Holz des wurmstichigen Betpultes, heller — und nicht so gleichmäßig. El Greco lauschte zu dem Pult hinüber, er vergaß darüber den dunklen Ton seines Herzens. Da war ein anderes Herz, vielleicht Manuels Herz, das Herz seines kleinen Sohnes, oder das alte Herz seiner Frau oder Cazallas, der Angst hatte — wer sollte nicht Angst haben, der im Leibe seines Bruders Feuer und Folter einmal verspürte. Er erhob sich und ging in der Zelle im Kreise umher. Das Ächzen der losen Bohlen füllte den kleinen Raum. Er suchte feste Bohlen, die nicht lärmten, es war ein erregtes Suchen der Füße. — Wenn ich noch zu dieser Stunde nach Toledo hinaufritte, und wenn ich mit Manuel und seiner Mutter weiterritte — Cazalla käme mit nach Venetien — er blieb stehen und lächelte — er sah die lautlose und so lebendige Stadt. Wenn ich alles im Stich ließe — was ist alles? Was läßt man im Stich: Bücher, viele Bücher; ein nach eigenen Plänen aufgerichtetes Haus, viele nach eigenen Plänen aufgerichtete Häuser; Teppiche, Tische, Schränke, alles Tand — und die Bilder:

in Sankt Thomé ›Das Begräbnis‹, im Eskorial ›Die thebaische Legion‹, im Domkapitel ›Die Entkleidung‹, ach, die Entkleidung; was läßt man mehr denn zurück als das Kleid, das Leben ist nackt und allein alles. Nichts also läßt man zurück! Vielleicht sollte man nach Kreta gehen und dort den Kreis sich schließen lassen? Und wieder krachten die Bohlen, und wieder suchten seine Füße. Bis der Psalmengesang unter seinem Fenster sich erhob.
Er blieb in der Mitte der Zelle stehen, er trat nicht ans Fenster. Er kannte die schwarzweiß gescheckte Schlange der Dominikanermönche, diesen psalmodierenden Tausendfüßler; er kannte auch die Worte auf der Fahne, die den Zug anführte, diese gefährlichen Worte, die rückwärts auf den Zug blickten wie zwei schillernde Augen: *misericordia et justitia,* die Augen der Kirche, möge sie auf keinem Auge blind werden! Das hatte er zum Großinquisitor gesagt. Er kannte die bleichen Gesichter der büßenden und schwach gewordenen Ketzer, die hinter den Mönchen kamen, von einem Kruzifixus angeführt, der rückwärts blickend über ihnen die Arme breitete. Die Reihe war länger als die der Verstockten. Jedoch die Gesichter der Verstockten, auch von einem Kruzifixus angeführt — indes von einem, der ihnen den Rücken kehrte —, diese Gesichter waren nicht weiß, die waren gerötet ›vom Feuer in der Nacht‹. *Misericordia et justitia,* Barmherzigkeit und Gerechtigkeit, funkelnde Augen, die bis dahin reichen, wo der Kardinalinquisitor mit seinem Kaplan einherschreitet, Anführer des endlosen Zuges der Frommen, die für heute noch erlöst und zum Zuschauen begnadigt sind; aber der Tausendfüßler wird hungrig in seinen eigenen Schwanz beißen, aus dem Vorrat der neugierigen Frommen wird er sich neue Bewegung schaffen. Oh, er kennt diesen Zug und wird nicht ans Fenster treten, ihn anzusehen. Die Neugierde der Menge schafft dem Henker selbst noch Gefolgschaft, man wird nicht ans Fenster treten.
El Greco schrie auf. Im Rahmen des Fensters, das im niedrigen ersten Stock des Klosters lag, schwebten auf Stan-

gen befestigt Puppen vorüber mit hohen schwarzbeschriebenen Papiermützen; Puppen, die Seelen der im Kerker gestorbenen, auf der Folter gebliebenen Ketzer darstellend, trieben starr und aufrecht auf der Wolke des Psalmes: ›Erbarme dich meiner, o Gott, nach deiner großen Barmherzigkeit, und nach den Mengen deiner Erbarmungen tilge meine Missetat!‹ El Greco zählte mit dem Finger, als wäre die Zahl ihr Name, aber der sechste und der siebente im Fenster blickten geradeaus, machten in der Luft die kleine Kurve des Tausendfüßlers mit, noch gehorsam nach ihrem Tode, die Ungehorsamen, und entschwanden. El Greco fiel in die Knie. Er wußte, viele draußen auf Straßen und Plätzen fielen in die Knie, nur anders als er. Die Knienden da drunten fühlten sich bedroht vom Blick der Lebendigen, des schwarzweißen Tausendfüßlers; ihn aber bedrohten die Reglosigkeit und das Eingeordnetsein der Toten, der Ermordeten, die zu entseelten Puppen geworden waren nach dem Willen der heiligen Inquisition. Und er legte sich lang auf die Bohlen hin, der Speichel floß ihm, da er entschlief, aus dem Munde und netzte die Bohlen, die nicht mehr krachten.
Nun hatte er Pferd, Weib, Sohn, Freund und sein Haus in Toledo vergessen. Er sah im Traum ein Fenster, ein helles, vergittertes Rechteck; das Rechteck wurde aber rund — und das Gitter wurde wie die Fassung einer Brille. Und in diesem runden Fenster zogen in zuckendem Kurvenschritt Puppen vorüber mit hohen Mützen, unaufhörlich, er aber sah zu und zählte; und die Zahl wurde der Puppen Name, und immer wartete er ruhig, wann er seinen eigenen Namen sagen werde mit einer ganz unbegreiflich hohen Zahl. Indes seinen Namen sagte er nicht.
Ein Laienbruder fand ihn so auf den Bohlen. El Greco sah erwachend den schwarzen Skapulierstreifen in der weißen Fülle des Gewandes vor sich; und an der Fahlheit des Weiß und dem Abgründigen des Schwarz erkannte er die Stunde; es war noch nicht spät, allein der Tag stand im Dezember, und zum Abendbrot brannten schon die Kerzen im Rempter.

Der Bruder hatte sich gesorgt, weshalb der Herr Domenicos nicht zum Mittagsmahl erschienen sei. »Oder haltet Ihr Fasten im Advent?« El Greco nickte darauf müde. »Dann wollt Ihr auch wohl zur Mette geweckt sein?« Und er fügte bei, stolz und geheimnisvoll zugleich: »Der Herr Kardinal, den Ihr ja malt, wie ich hörte, kommt immer zu den Metten zu uns, jede Nacht, wie ein einfacher Priester angetan; er ist ein gestrenger Herr, und man sagt, er sei ein Heiliger!« El Greco hob kurz den Kopf und blickte den redseligen Bruder mit einem Blick an, den dieser nicht verstand; hätte der Bruder seinesgleichen so angeblickt, hätte der den Blick wohl dumm genannt. Aber die Maler sind andre Menschen, sind oft nicht bei der Sache, wenn sie einen anblicken. Das dachte der Bruder, als er ging — und schüttelte den Kopf über den frommen Maler, der die Adventsfasten hielt und sich für die Mette wecken ließ.
In jener Nacht kam der Kardinal nicht zur Matutin. Der Pater Prior wartete eine geraume Zeit, dann intonierte er. El Greco saß tief in seinem Chorstuhl verborgen und wartete, während der Laudes noch wartete er, und als der Konvent das Chor verließ, blieb er in seinem Gestühl und wartete immer noch auf den Kardinal, auf den morgigen Tag. Er fürchtete in den Schlaf einzugehen. Ein ausgeschlafener Mensch ist zwar kräftig, indessen auch weich und unentschlossen; im Schlaf vergißt der Mensch, Entschlüsse erschlaffen — und der Traum verlockt immer zur Erde und zum Leben — — er wollte nicht schlafen! ›Brüder, seid nüchtern und wachsam!‹
Bleich war sein Gesicht und verwacht bis zu gläserner Durchsichtigkeit der Haut und schmerzlicher Angespanntheit der Falten, als er im Laufe des Vormittags das Haus Nino de Guevaras betrat.
Der Kaplan teilte ihm mit, der Herr Kardinal habe in der Nacht einen heftigen Gallenanfall erlitten, doch er wolle den Herrn Theodokopulos, wiewohl zu Bette liegend, empfangen. Und der Kaplan führte ihn in das Schlafzimmer des Kardinals. Auf einer Mönchspritsche lag unter einem roten Teppich die reglose Gestalt des Kranken. Das

Zimmer war hoch, weiß, kalt; el Greco, jeden Schatten und jede Kante an seinem Leibe spürend, erfreute die Trostlosigkeit des Gemaches, ohne sich nunmehr noch zu befremden; er mußte nur denken, wie jeder den ihm zukommenden Teil von dieser Welt sich wählt.
»Ich bin bestürzt, Eminenz«, begann er, als der Kardinal ihn begrüßt hatte. Nino de Guevaras stützte sich auf die Ellbogen und richtete sich langsam hoch. Er trug eine dunkelgraue Tunika, sein Kopf ohne Birett war weit entblößt; er sah nun wie ein alter Mann aus, der verlassen in seinem Zimmer sich quält. Und doch nicht wie ein Mann, trotz des Bartes, das fühlte el Greco. Er ist nicht in der Liebe beteiligt. Sein Leib ist nur da, den Kopf zu tragen und den Purpur, und fast verzeiht er es dem Bauche nicht, Hunger zu haben und die Erledigungen nach unten. Wie oft er sich wohl badet, denkt el Greco, da er sich gehorsam auf einem Schemel niederläßt. Er riecht den Leib Nino de Guevaras, ja, wie Bitterholz. Das ist ein Leib, der nie schmutzig und nie gewaschen ist.
Der Kardinal setzte die Brille auf und blickte el Greco kurz und prüfend an: »Ihr seid übernächtig!« sprach er und seufzte, mit der Hand unter der Decke seinen Leib strählend. Guevaras Gesicht war gelb wie Safran, um die Augen himmelblau; eine treffliche Stimmung, dachte prüfend el Greco und sprach: »Eure Eminenz sehen viel übernächtiger aus.« Der Kardinal nickte: »Wir brauchen einen Arzt. Die Ärzte in Sevilla sind nicht gut.« »Habt Ihr kein Vertrauen zu ihnen?« fragte el Greco. Er faltete die Hände um seine Knie, um das verborgene Lachen in der Tiefe seines Leibes zu verhalten. Die Gläser des Kardinals funkelten, man erblickte nur Glas. »Wir sagten, sie seien nicht gut, die Ärzte in Sevilla. Ihr kennt gute Ärzte, wißt Ihr einen für Uns?« El Greco legte die Hand vor Augen, was sollte das bedeuten? Immerfort mußte er an einen Namen denken. Als dieser Name in ihn hereingekommen war, hatte er die Augen bedeckt, immer nur dachte er: Cazalla, an den lebendigen und den toten, an den Arzt und den *Dr. theologiae*, an die Brüder Cazalla dachte er, an

beide. »Seine Katholische Majestät berief kurz vor dem Tode Doktor Cazalla in den Eskorial.« Es gab keine Pause, der Kardinal fragte: »Ihr kennt Doktor Cazalla?« El Greco nickte einmal: »Wir sind Freunde!« Und sie blickten sich — jeder mit einer Falte zwischen den Brauen — lange an. Endlich sprach der Kardinal: »Wir dachten auch an Cazalla! Die Cazalla sind kluge und harte Köpfe.« Und dann, die Brille von den Augen fortnehmend, langsam die Schlaufen über die Ohren ziehend, ließ er sich zurücksinken; er seufzte, reichte el Greco die Brille, daß er sie auf das Tischchen lege. »Bestellt mir Doktor Cazalla«, sprach er ruhig, »und in einigen Wochen besucht mich wieder.«

Auf el Grecos Brief kam Cazalla sofort nach Sevilla herunter. Als el Greco mit müßigen Schritten über den Domplatz ging, vernahm er in der mittäglichen Stille Pferdehufe, er wandte sich und sah einen Reiter. Von hinten sah er ihn, und durch die Falten des Überwurfs an den schmalen, hohen Schultern erkannte er den Freund. »Cazalla«, rief er leise, und der Angerufene zügelte bei seinem Namen das Tier. Vor einer französischen Pastetenbäckerei standen sie; der Reiter hatte Hunger, gleichwohl bemerkte er nicht die Düfte des Teiges und des Würzfleisches, er hörte nur el Grecos flüsternde Worte, wegen der Vorübergehenden mußten sie flüstern. Cazalla aber hörte zu und betrachtete die bestaubte Spitze seines Hemdes, die unter seinem Ärmel herausstand. Und er riß die Spitze langsam ab und warf sie aufs Pflaster. »Soll ich mich nun nicht fürchten über die Ehre, die mir der Generalinquisitor antut?« El Greco sprach lauter: »Tut ihm vor allem nicht die Ehre der Furcht an!« Darauf antwortete Dr. Cazalla sehr leise: »Gewiß, denn er gab sein Leben in meine Hand!« Hierauf wollte ihm el Greco nicht auf dem Domplatz antworten, er zog ihn mit sich, und auf seiner Zelle sprach er dann: »Nicht so, Cazalla, wie Ihr vor der Pastetenbäckerei spracht, nicht so! Ihr seid Arzt — und der Kardinal vertraut Euch. Mir scheint, Euer Ruhm, der

Euch in den Eskorial rief, bewog ihn, Euch sein Leben anzuvertrauen. Und er rechnet damit, daß Ihr nicht Eures Bruders Leben an ihm rächt, damit rechnet Nino!« »Er rechnet mit dem edelmütigen Feinde? Mit welchem Recht?« Cazalla keuchte vor Atemnot. Jetzt lächelte el Greco — auf seine gefährliche Weise. »Freund, geht und heilt ihn schnell, daß ich sein Bildnis fertig malen kann, wie Gott es mir befiehlt durch die Wahrhaftigkeit.« Und nach einer Weile fügte er bei: »Wißt, es ist umsonst, die Inquisitoren zu töten. Was wir können, ist — das Antlitz dieser Ächter Christi festzuhalten!« Cazalla hörte kaum zu, er konnte sich nicht fassen: »Wer wäre sonst noch so abgefeimt, sich seinen Feind zum Arzt zu machen! Er beschwört meinen Stolz, meine Ehre, meine Pflicht. Und er weiß, daß er damit alle Kräfte in mir beschworen hat, all mein Wissen, meine ganze Kunst! Oh, daß ich in dieser Nacht kein Cazalla wäre!«

Am Abend, bevor er zu dem Kranken ging, sagte er: »Theodokopulos, wißt Ihr, heute am fünfzehnten Dezember wäre mein Bruder Agostino fünfundsechzig alt geworden.« Und er fragte, die Augen ganz in den Winkeln der faltigen Säcke auf el Greco gerichtet: »Wie alt schätzt Ihr den Kardinal?« »Ebenso alt«, sprach el Greco und hob dann fast drohend die Brauen. Da winkte Cazalla ab und hob seinen Gerätekasten, in dem es leise klirrte. »Ohne Sorge, Ihr kommt zu Euerm Bild! Denn die Rechnung des Generalinquisitors stimmt. Er weiß, daß Ketzer unseres Schlages vor dem Angesichte Gottes wandeln, daß wir wie Stiere ungefährlich sind, wenn wir im Joch eines Auftrages stehen. Doch seht, ich fürchte mich nun nicht mehr!«

El Greco hörte seine Sporen und die Gläser im Kasten die Stiege hinunterklirren. Es war ein doppelter Klang, ein kriegerischer und ein friedlicher, den der große Schritt Cazallas in einen schlang.

Als el Greco in dieser Nacht schlaflos in seiner Zelle schritt, vorsichtig auf die gemerkten Stellen tretend, daß

die Bohlen nicht krachten und keiner geweckt werde, betrat Dr. Cazalla das Gemach des kranken Kardinals. Einige Kerzen brannten über dem Bett und auf dem Tisch. Die Lichter liefen wie Wellen über das Gesicht des Kranken, das maskenhaft, großporig und gelb — wie aus Muschelkalk gehauen — schien. Der Kardinal wies den Krankenwärter und den Kaplan hinaus. Und dem Arzt Platz anbietend, sagte er leise, er brauchte nicht die Brille, er blickte den Angekommenen nicht an, er sprach nur über sich in die Luft: »Wie spät ist die Nacht, Doktor Cazalla?« »Eminenz, es schlug vom Dom vor einer Weile die elfte Stunde!« »Die elfte Stunde«, wiederholte es aus dem Kissen. Und gleich darauf: »So spät, und wann kamt Ihr an?« »Vor vier Stunden etwa, Eminenz!« »Und Ihr kamt nicht gleich zu Uns? Ihr waret bei el Greco?« Cazalla bejahte mit seiner Bruststimme, kühl und fest. Darauf der Kardinal ohne Übergang: »Wollet Ihr Uns heilen oder nicht?« Cazalla blickte nicht zum Bett hinüber, er blickte weit geradeaus, als wäre er im Freien. Und er sprach mit ferner kommender Stimme: »In Valladolid entschied sich Eure Eminenz für die Gerechtigkeit!« »Wir werden es, sobald Wir geheilt sind, weiter sein: Diener der Gerechtigkeit.« Nur der Atem Cazallas war zu hören, wie er sich an den Nasenflügeln rieb, der Atem des Kranken ging ruhig wie sonst. »Und die Diener der Gerechtigkeit erwarten in ihren Feinden Diener der Barmherzigkeit?« Die Stimme des Generalinquisitors wurde leicht höhnisch: »Wußten Wir es doch, Ihr wollt nicht heilen, Ihr könnt Uns den Schimpf nicht antun, mit Barmherzigkeit auf Gerechtigkeit zu antworten! Wir danken Euch!« »Oh, Eure Gerechtigkeit«, entfuhr es fauchend dem Arzt, »die jüngste der Damen in Valladolid war sechzehn Jahre alt!« Der Kardinal verbesserte: »Fünfzehn Jahre, die kleine Donna Elena. Sie war hartnäckiger als Euer Bruder. Wir sehen sie heute noch vor Uns. Bedenkt, wer die Kraft hat, zwischen Scheiterhaufen und Gehorsam zu wählen, ist in eben dem Maße gefährlich, als die Wahl schwer ist.« »Wahr gesprochen«, lächelte Cazalla, »aber glaubt die heilige Inquisi-

tion, daß mit dem Leib die Stimmen verbrannt werden können?« »Wir werden so oft Leiber verbrennen, als Stimmen gehört werden, die der Wahrheit widersprechen. Im übrigen wissen Wir, in welchem Maße das Feuer reinigt. Die Scheiterhaufen werden Leuchttürme der Wahrheit werden, denn die Stimmen verflüchtigen sich mit den Leibern: das ist die Erfahrung der heiligen Inquisition.« Der Kardinal sprach mit kurzen Pausen, seine Augen waren geschlossen. Cazallas Blick fuhr blitzend über den wie Schlafenden hin: »Die Erfahrung der heiligen Inquisition widerspricht den Erfahrungen der heiligen Kirche, die aus dem Blut der Märtyrer ihren Samen bereitete.« »Blutzeugen hat nur die Kirche«, der Kardinal schlug die Augen auf, er stützte sich auf die Ellenbogen, richtete den Kopf gegen Cazalla; seine brillenlosen Augen waren in ihrem Blick ohne Punkt, in ihrem runden Glotzen wie die Öffnungen einer Maske, durch die ein Verborgener, ein Fremder blickte.
Cazalla erhob sich. »Nur die Kirche, Eminenz?« Er spürte in den Winkeln des Mundes giftig das Mundwasser steigen, Grausen und Wut mischten sich auf seiner Zunge, allein er schluckte und sprach ruhig: »Ich werde Euch heilen. Ein Mensch wie Ihr müßte vom Leben immer neue Fristen bekommen, bis er keine Frist mehr haben will.« Der Generalinquisitor lächelte: »Spanien wird der Kirche erhalten bleiben.« Cazalla hob die Decke des Kranken. »Philipp ist tot«, sagte er dabei. Seine Hand legte sich tastend auf den glühenden Leib des Kranken. »Die Könige sterben nie zur unrechten Zeit«, sprach der Kardinal, der sich nicht um die Handlungen des Arztes kümmerte. »Ja, die Kirche braucht jeden nur, solange er lebt!« antwortete Cazalla. Nino de Guevara verdrehte die Augen und schloß sie dann. Seine Hände drückte er neben sich auf die Linnen. »Möchte etwas von dieser Gleichgültigkeit der Kirche die Hände des Arztes erfüllen und sie sicher machen.« Er lächelte schwach. Und gleich darauf: »Eure Hände hassen Unsern Leib, das spüren Wir.« »Mein Haß wird Euch heilen«, sprach Cazalla fest und gleichgültig;

er rief den Krankenwärter und hieß ihn heiße Leinsamenaufschläge bereiten.
Und er selber bereitete die Arzneien; die Gläser und Phiolen klirrten leise, das Flüssige wisperte in der Mischung. Als der Krankenwärter hinaus war, trat Dr. Cazalla mit dem Trank an das Lager. Der Kardinal segnete den Becher und kippte ihn, leerte ihn mit einem Zug, das scharfe Schlürfen füllte das Gemach, und die Bitterkeit, die aus seinem Munde und dem leeren Becher stieg. »Auf edle Feinde soll der Mensch bedacht sein!« So sprach er und streckte sich lang aus. Der Kaplan solle kommen, die versäumte Komplet zu beten, aber Dr. Cazalla verbot es. Er wollte selber wachen, während der Kranke schlief. »Werden Wir schlafen?« fragte Nino de Guevara. Meinte er: wird der Schmerz es zulassen? oder meinte er etwas anderes? Der Kaplan trat an das Bett. Die Hand auf der roten Decke hatte schwach gewinkt, eigentlich nur die Finger. »Don Consales, wenn Wir diese Nacht sterben sollten: Wir sind an Unserer Galle gestorben, an Unserer Krankheit, eines ganz natürlichen Todes. Habt Ihr verstanden?« Der Kaplan nickte. »Nun laßt mich mit Doktor Cazalla allein!« Der Kaplan ging auf den Zehen hinaus. Die Türe sollte sich behutsam schließen, indes, die Behutsamkeit mißlang in der letzten Handbreite, es gab einen dumpfen Knall, eigentlich nur laut hier an diesem Ort.
Dr. Cazalla blies einige Lichter aus, nur die Kerze über der Bettstatt leuchtete; sie störte den Kranken nicht, sie stand hinter ihm, über ihm; am Leib der Kerze konnte man die Stunden der Nacht abmessen, ohne Uhr.
Der Kardinal hat eine rote, enganliegende Schlafkappe über das gelichtete Haar getan. Dr. Cazalla gefällt die Kappe. Er denkt über ihre Beschaffenheit nach, über ihre Herstellungsart. Sie umschließt den Kopf wie eine rote Haut, hält warm und ist leicht. Wird sie nach Maß gemacht, diese Schlafkappe des Kardinals, oder ist es ein dehnbarer Stoff?
Der Atem des Kranken ist nicht zu vernehmen. Man kann auf die Atmung achten und den Stoff der Kappe dabei

prüfen. Er hat eine Flaumfeder aus seinem Barett gezupft, ein Arzt muß einen kleinen Busch Federn auf seinem Barett tragen. Und wird auch das Büschel in solchen Nächten vernutzt, der Tote wird auch noch die Federn bezahlen. Er tritt ans Lager, beugt sich, aber mit Vorsicht und beugt sich mit Anstrengung; man wird alt, ist älter als el Greco, oder ist's der vielbesprochene Ladestock der Arkebusiere, den jeder Hidalgo im Kreuz hat, oder — oder — der Flaum sträubt sich, gut also! Er geht rückwärts und setzt sich. Warum übrigens belauscht er derart den Atem des Kranken? Er hat doch schon Leute an der Galle sterben sehen; die sprechen nicht so viel vorher und liegen nicht so ruhig wie der da, oder stirbt ein Generalinquisitor anders? Man sagt doch, daß der Tod gleichmacht. Übrigens hat er vergessen, aus welchem Stoff die Kappe ist. Aber er wird nicht noch einmal nachsehen. Nach der Kerze zu urteilen, ist eine Stunde niedergebrannt, zwei schon vielleicht. Man wundert sich, wie die Zeit schwindet, wenn man an so unwichtige Dinge denken muß wie die Schlafkappe eines Kardinals, seinen Atem, seine Galle, seinen ruhigen Schlaf. Cazalla hat el Grecos Bild gesehen, als er durch die Bibliothek ging. Da war nicht viel zu sehen, ein dunkler Grund und ein ausgespartes In-der-Mitte, ein Platz für den Rumpf und den Kopf. Im Platz für den Kopf waren nur die Augen, eigentlich nur die Brille gezeichnet. Ein abscheuliches Gerät im Gesicht, diese Brille! Ob der Kardinal damit einverstanden ist, daß die Brille ihn so verunstaltet? Jedoch el Greco fragt niemanden, den er malt, auch einen Kardinal befragt er nicht. Cazalla möchte wissen, ob el Greco, wenn er hier Wache hielte, auch an so lächerliche Dinge sich heftete: an Kerzen, Nachtkappen, Atemzüge und Flaumfedern. Ob el Greco den Schlafenden ruhig anschauen könnte? Dieses Knochengebirge unter der Decke; eine Fliege sieht ihn wohl wie ein Mensch zu Hause die Berge von Toledo: fern, hoch, unfruchtbar. El Greco sieht ihn vielleicht mit den Augen der Fliege an, den schlafenden Generalinquisitor. Was ist das, Furcht? Er fürchtet sich, aber er will ihn

malen. So ging er auch ins Gewitter hinein. Wie ein Schwamm das Wasser, trank er das Wetter, war durchrieselt und durchschüttert von bläulichen Lichtern; wie ein Frostschauer ging jeder Blitz den Rücken hinab, und der Donner schlug ebenso auf die Haut wie ins Ohr. Dann: aus seinen Poren sprühten und züngelten die Farben auf die Leinwand, und da stand hernach Toledo auf dem Berg im Gewitter, grausig hell, in einem gespenstischen Nu; man fürchtete, der nächste Augenblick sei ewige Dunkelheit, doch nur der gemalte Blitz hat Dauer und verewigt den Schrecken.
Und Dr. Cazalla saß still auf seinem Stuhl die ganze Nacht und dachte über die Furcht nach — »um sich nicht ängstigen zu müssen«, sprach mit seinem scharfen Lächeln el Greco, als der Freund ihm aus den Stunden der Nachtwache mitteilte. Dr. Cazalla verstand: »So hab ich recht mit meinen Gedanken: Ihr malt die Furcht, um furchtlos zu werden.« El Greco nahm eine Birne aus dem Frühstückskorb — sie aßen auf seiner Zelle und stärkten sich beide nach der schlaflosen Nacht. Und da er die Frucht zerschnitt, verfinsterte sich sein Gesicht, und er wies mit dem Messer langsam auf den Madengang, der die beiden Fruchthälften zeichnete. »Seht, Cazalla, seht!« Und er schwieg. Der Arzt verstand ihn nicht und betrachtete die sich krümmende Made in ihrem Kot. »Man soll sich auch bei der schönsten Frucht vergewissern«, murmelte el Greco, »man soll sie auseinanderschneiden. Das ist meine ganze Furcht: den Wurm und seinen Kot auf die Zunge zu bekommen.« »Das ist Vorsicht«, lächelte Cazalla. »Das ist Abscheu«, versicherte el Greco und schnitt bedachtsam das Gehäuse heraus, »Abscheu vor dem Unreinen, Mißtrauen gegen die Welt von außen, Furcht! Die Furcht zerschneidet die Welt, die Furcht dringt bis ins Kerngehäuse vor. Eßt Ihr Pilze?« fragte er ebenso bedächtig. Cazalla bejahte. »Seht, Ihr wäret ängstlich zu nennen, wenn Ihr keine Pilze äßet. Die Furcht verbietet nicht, Pilze zu essen, vielmehr verleiht gerade sie erst den Mut zu diesem köstlichen Gericht. Ich sage Euch, Ca-

zalla, die Furcht gibt die Sicherheit und die Freude, die Furcht sondert die Welt, ja, wahrhaftig, sie ist der Anfang der Weisheit. Diese Erkenntnis habe ich mir von dem Generalinquisitor bestätigen lassen.« Er lächelte wieder vor sich hin. »Ich habe ihn nun auch gesondert«, fuhr er fort, »ich habe ihn mitten durchgeschnitten vor mir liegen, das vermochte die Furcht. Aber Nino weiß, daß ich keine Angst vor ihm habe. Die Angst fällt in die Knie, wenn die Fahne der heiligen Inquisition ihren Umzug hält. Die Furcht geht als Opfer der heiligen Inquisition zum Scheiterhaufen, sie gibt nicht mehr her, was sie mit ihrem Blick in das Kerngehäuse der Welt erspäht hat. Ich male also nicht die Furcht, sondern vielmehr meine Furcht malt. Meine Bilder schneiden die Welt mitten durch, ja, das will ich, und Nino soll gewahr werden, wie der Generalinquisitor inwendig aussieht.«

In der Oktav von Epiphanie kam der Tag, da el Greco das Bildnis des Generalinquisitors beendete. Dr. Cazalla war immer noch anwesend, den Zustand des Genesenden von allen Seiten und zu allen Zeiten des Tages wie ein mit seiner Arbeit ehrgeizig Unzufriedener überwachend. Der Arzt Cazalla war die Tür geworden, an der in den letzten Wochen jeder anpochen mußte, der zum Kardinal wollte, auch el Greco, der ebenso ruhelos kam und ging, bis zu jenem Tag in der Oktav von Epiphanie. Der Kardinal war willig und gehorsam gewesen, und obgleich die Aktenstöße im Zimmer des Sekretärs sich häuften, ließ er sich leichte Verse vorlesen, eben wie Cazalla sie richtig fand auf eine beschworene Galle, und el Greco fand den Kardinal jeden Tag eine Stunde für sich bereit. »Wir müssen neue Kräfte sammeln«, pflegte Nino de Guevara ganz unvermittelt in das Schweigen zu murmeln, als wolle er seine Müßigkeit entschuldigen. Dann floß in seine über die Stuhllehne hängenden Hände eine Welle wie in einen schlaffen Schlauch, und das Ende des Schlauches, die Finger krümmten sich einmal, und wieder hingen die Hände wie sonst da, müßig und bereit.

El Greco sah es, er wartete immer auf die Welle in den Händen, wenn der Generalinquisitor von seinen sich anhäufenden Verpflichtungen sprach. Und er wartete auf das kurze, ungeduldige Wimpernschlagen hinter der Brille.
Vielerlei Tiere sind in der Menschen Augen wie in den Käfigen der Tierzwinger; da geht es mannigfaltig um von Gier, List, Trägheit und Blutrausch, meist jedoch ungefährlich und durch Sitte und Angst vergittert. Gefährlich aber sind Ninos Augen. Wie im kühlen Dunkel der Krypta ist da alles unbewegt und ineinander. Und was der Arglose für einen Stab hält, ist das gefährlichste der Tiere, dem Stab des Moses gleich, der hingeworfen zur Viper wird. El Greco denkt an Höhlen, in denen Drachen hausen. Er denkt auch daran, daß die Drachen einen Schatz behüten. Es sind Kryptenaugen wie die meinen, denkt el Greco, sie sind traurig wie die meinen; in diesen Augen sind Gräber. O diese kalte, steinerne Schwermut in den Augen des Inquisitors! Vielleicht verdirbt sie den Sinn des Bildes, und die Menschen übersehen die Schlange in der Nacht dieser Traurigkeit. Was traurig ist, rückt in das Reich des Menschlichen. Soll man die Schwermut also dämpfen? Plötzlich reckt er den Kopf an der Staffelei vorbei und stiert den Generalinquisitor an. Sein Blick fragt lange nur das eine: Was hütet die Schlange? Den Schatz der großen Traurigkeit, welche die Welt erkannt hat? Bist du traurig, wie meine Heiligen es sind? Ein trauriger Henker?
Indem erhob sich Nino de Guevara und kam langsam auf el Greco zu, kam hinter die Staffelei. »Laßt mich sehen!« sprach er kurz. Es war das erstemal, daß er sein Bild betrachtete. El Greco zögerte. Indes der Kardinal winkte, als el Greco mit gepreßten Lippen daneben stand, und schob dann mit eigener Hand das Bild halb gegen das Fenster. Dort stand Cazalla und sprach: »Eminenz, seid auf Eure Gesundheit bedacht!« Nino de Guevara hörte diese Worte, eine kurze Bewegung des Kopfes zum Fenster schien zu einer Antwort auszuholen, aber die Augen

blieben an seinem Bildnis haften; und so stand er mit verdrehten Augen da und vergaß die Antwort; seine Hände hoben sich aus den Falten, sie wollten eine abwehrende Bewegung zum Arzt hin tun oder das Bild noch mehr ins Licht ziehen, man konnte es nicht wissen, denn die Bewegung stockte im Blick auf das Bildnis, und der Zeigefinger der Rechten kratzte in der hohlen Linken. Wer sah den Kardinal je eine solch lächerliche, verlorene Bewegung tun, kratzte er sich doch immer noch mit dieser kleinen, affenschnellen Bewegung, bei der nur der Zeigefinger lebendig, sonst aber alles erstarrt war. Endlich sagte er mit einer ganz kleinen, belegten Stimme: »Seide?« »Ja, Seide«, antwortete el Greco. Bei dieser Stimme schien Nino de Guevara zu erwachen, er ließ seine Hände sinken und sagte, nun schon bestimmter: »Wir tragen aber winterliche Wolle!« »Und ich malte Seide«, wiederholte el Greco. »Seid Ihr fertig?« fragte dann de Guevara mit gewohnter Stimme, und als el Greco jäh den Kopf schüttelte und das Bild herumschieben wollte, befahl er: »Das Bild ist fertig! Es soll fertig sein — oder — was fehlt noch?« Der Kardinal war bleich. El Greco wollte sich Zeit schaffen und sagte: »Mein Name fehlt noch.« »Und die Schlange davor?« Der Generalinquisitor lächelte boshaft. Da erbleichte auch el Greco und sprach: »Nicht davor, darinnen fehlt sie; zwar fehlt sie nicht, Ihr seht es, doch ist sie nicht so aufgerichtet wie jetzt in Euren Augen, Eminenz!« Der Kardinal, er überragte el Greco um eine halbe Haupteslänge, schüttelte den Kopf; man wußte nicht, was in seiner Stimme war, Hohn oder kühl entrückter Glaube: »Theodokopulos, wer sprach diese Worte: Gleich wie Moses die Schlange in der Wüste aufgerichtet hat — auch die Schlange bildet Christus vor, alles kann ihn vorbilden. Die von Schlangen gebissen sind, sollen durch das Bild von Schlangen geheilt werden!«
Und dann wandte er sich Cazalla und wieder el Greco zu, und als wollte er sie mit diesem Blick zusammenmähen, fragte er: »Seid ihr geheilt?« El Greco antwortete nicht, er setzte seinen Namen unter das Bild; er hörte dabei

Dr. Cazallas Stimme in seinem brausenden Ohr. »Eminenz, Ihr seid geheilt, allein ich weiß nicht, für wie lange.« Darauf sprach der Generalinquisitor, und das war sein letztes Wort, mit dem er beide entließ: »Nach des Arztes Willen sollten Wir in Zukunft nur Unserer Galle dienen. Unsere Galle aber dient der Heilung der Welt. Denn der Arzt, das wißt ihr, stirbt an seinem Heilen!«
Mit diesen Worten in den Ohren ritten sie durch die wüsten Berge nach Toledo, eine Woche lang; und es kam der Bote des Generalinquisitors und entlohnte sie, den Maler und den Arzt. Und die Scheiterhaufen der heiligen Inquisition regten sich wie die neugestärkten Lebensgeister Nino de Guevaras.
Da die beiden nun warteten, ob der andre Bote des Generalinquisitors zu ihnen komme, warteten sie vergebens.
El Greco aber schrieb später den Namen des Generalinquisitors in jene Liste, wo seine Heiligenbilder verzeichnet standen. Und als Cazalla darüber höchlichst verwundert war, lächelte er und wies auf die beträchtliche Summe, die der Kardinal geschickt hatte.
»Seht, er zahlt das Zehnfache des geizigen Philipp — und ich wollte ihm zehnfach übler als dem schlimmen König. Ich habe sein Gesicht erkannt, und dafür ist er dankbar, wie selten ist das! Er ist ein Heiliger um seiner Schwermut willen, ein trauriger Heiliger, ein heiliger Henker! Er hat Kryptenaugen«, sprach el Greco leise, »und wo sie im Dunkel seines Hauptes und seiner Welt münden, wissen wir nicht.«

Erschienen 1936

Bernt von Heiseler

Katharina

1907—1969

Während der letzten Maitage des Jahres 1701, als der Prinz Eugen von Savoyen seine Armee, unbemerkt von den Franzosen, über das Gebirge ins obere Italien führte, trug sich im Kalten Tal in der Nähe von Ala an der Etsch eine merkwürdige Begebenheit zu. Keiner von den Geschichtsschreibern, die den kühnen Alpenübergang des Prinzen geschildert haben, erwähnt die Begebenheit, obwohl sie nicht ohne Folge für den Ausgang des Unternehmens gewesen ist; die Erinnerung daran hat sich nur bei den Landeseinwohnern von Mund zu Munde fortgeerbt, und von alten Leuten kann man sie dort wohl jetzt noch erzählen hören.
Die Truppen des Königs von Frankreich, unter dem Befehl des Marschalls Catinat, hielten die Veronesische Klause sowie die übrigen Pässe zwischen der Etsch und dem Gardasee besetzt und glaubten damit den Kaiserlichen, die sich in Rovereto versammelten, den Eintritt nach Italien verwehrt zu haben. In der Tat hatte der Prinz die Stellungen der Franzosen für uneinnehmbar erkannt und ebendeshalb den Plan gefaßt, sie zu umgehen. Die Instandsetzung der Saumwege übers Gebirg, der Transport der Wagen und des schweren Geschützes konnte nur mit der tätigsten Beihilfe des Landvolks bewerkstelligt werden, und die Tiroler wußten recht wohl, wieviel darauf ankam, daß der Feind von den Bewegungen des kaiserlichen Heeres nicht vorzeitig Kunde erhalte; eine hohe Belohnung hätte dem nicht fehlen können, der Catinat von diesen Bewegungen in Kenntnis gesetzt hätte. Doch es fand sich kein Verräter unter dem Volk.
Nun geschah es aber, daß an dem sehr nebligen Abend des

29. Mai ein französischer Edelmann, der junge Vicomte N., der zu dem persönlichen Gefolge des Marschalls gehörte, von den südlichen Berghöhen ins Kalte Tal niederstieg. Das Tal hat seinen Namen davon, daß dort die Bergwände zu beiden Seiten besonders hoch sind und nah zusammentreten, so daß nur während einiger Morgenstunden die Sonne hereinfällt, die gleichwohl nie das in der Tiefe hingehende Wasser trifft. Dem Wasser entgegen dicht an der Bergwand steigt ein Saumpfad empor, auf dem seit drei Tagen das kaiserliche Fußvolk von Ala her südwärts geführt worden war, um über die Höhen das venezianische Gebiet zu erreichen. Die Artillerie war noch zurückgeblieben und sollte erst in den nächsten Tagen folgen, sobald die unablässig fortgesetzten Arbeiten den Weg für sie passierbar gemacht haben würden. An der oberen Talmündung, auf einem grünen steinübersäten Bergsattel steht ein Almhaus. Dort war es, wo der Vicomte, der bei einfallender Dämmerung von der waldbestandenen Höhe zur Rechten herunterkam, hinter dem Nebel ein erleuchtetes Fenster flimmern sah und sich gegen das Haus wandte, um anzuklopfen.
Es traf sich, daß von den Almleuten nur zwei Mädchen im Haus waren; der Bruder hatte sich den Kaiserlichen als Träger verdingt und war diese Nacht unterwegs. Von den Schwestern war die eine nicht mehr als ein Kind, die andere ein hellzöpfiges Ding von sechzehn Jahren, die aber Mut genug aufbrachte, um dem Klopfenden zu öffnen. Sie stand in der Tür, unter einem Windlicht, das sie hoch in der Linken über sich emporhielt, und da sie die französische Tracht des Fremden erkannte, ging ein Erblassen über ihre Wange, sie starrte ihn an mit ratlosen, erschrockenen Augen. Der Vicomte, der ihren Schrecken mißdeutete, versicherte ihr lächelnd, daß er nicht als Feind komme, er wolle nur einen Bissen Brot und einen Trunk erbitten und dann gleich weitergehen; dies alles mehr mit Gebärden als mit Worten, denn er konnte sich nur stockend in der Sprache des Landes verständlich machen. Das Mädchen wandte sich stumm und er folgte ihr durch ei-

nen schmalen Gang in die halbdunkle, rauchende Küche, wo die kindliche Schwester gleich, auf den Wink der Älteren, das Feuer auf der offenen Herdstatt schürte. Der Raum erfüllte sich mit dem Prasseln der Scheiter und mit starkem Licht. Der Vicomte sah seine Gastgeberin mit gelassener Bewegung einen Laib Brot vom Sims nehmen, sie brachte es ihm zum Tisch, an den er sich gesetzt hatte, sie fragte ihn, ob sie die Milch für ihn wärmen sollte. Nachdenklich begann er zu essen und zu trinken; er empfand ein wunderliches Unbehagen unter den Blicken des Mädchens, die ihn forschend, mit zusammengezogenen Brauen, betrachtete. Möchte sie doch lieber neugierig sein und mich ausfragen, dachte er. Aber sie schwieg.
Es war ihm, als habe er heute früh schon, als er in die Berge hinaufstieg, geahnt, daß er abends in dunkler rauchgeschwärzter Hütte sitzen und solch ein rasches Feuer finden würde, auf einem steinernen Herd. Jenes traumhafte Gefühl beschlich ihn, das uns einen fremden Ort wie etwas langher Vorausgewußtes wiedererkennen läßt. Draußen, wußte er, muß dieses Dunkel sein, wie es da vor dem Fenster ist, und gleich wird ein Wort fallen, das ich schon kenne, und ich werde etwas antworten, was ich in irgendeinem Traum schon einmal geantwortet habe. Er kämpfte stumm mit seiner Beklemmung. — Er hatte sich für den heutigen Tag Urlaub von dem Marschall erbeten, um im Gebirg einen Adler zu schießen, und hatte sich allein, nur in Begleitung seines Dieners, auf den Weg gemacht; denn im französischen Lager vermutete man die Kaiserlichen nicht in diesem Teil des Gebirges, sondern glaubte ihre ganze Macht am Monte Baldo, der französischen Stellung gegenüber, versammelt. Wirklich traf der Vicomte niemand an. Er tat einen glücklichen Schuß... der Adler war in ruhigem Flug hinter dem Bergkamm heraufgezogen und hing einen Augenblick, wie verzaubert von dem Blitz des Schusses, reglos in der Bläue, dann stürzte er rauschend zwischen die Wipfel der Fichten. Der Vicomte ließ nachher den erlegten Vogel, samt Flinte und Pulverhorn, durch den Diener ins Lager

vorausbringen; er selbst wollte in dem durchsonnten Wald noch eine Weile rasten und erst gegen Abend zurückkehren. Doch verlockte ihn der schöne Tag zu weiterem Steigen und Wandern. Einem Pfad folgend, der auf eine felsüberhangene Waldlichtung hinauslief, hatte er sich endlich so verloren, daß er beschloß, die Höhe ganz zu ersteigen, um sich oben über die Richtung seines Heimwegs gewiß zu werden. Als er sie, schon bei sinkender Sonne, erreichte, sah er mit Erstaunen auf dem Weg, der durchs Kalte Tal heraufführt, den Zug der kaiserlichen Truppen; er war nahe genug, um ihre Helme und Fahnen zu erkennen. Er wartete, in heftiger Aufregung, bis sie vorüber waren. Dann stieg er mutig in das Tal nieder, aus dem schon der Abendnebel heraufzuquellen begann — in der Absicht, einen Menschen zu suchen, der ihn auf dem schnellsten Weg über den Berg ins französische Lager führe, um Catinat von dem heimlichen Marsch der Kaiserlichen zu unterrichten; denn er besorgte, er würde den Heimweg allein, da er in der Gegend fremd war, im Dunkel der Nacht nicht finden. Er hatte schon von der Höhe aus die Almhütte bemerkt und zweifelte nicht, daß dort jemand, um Gold und gute Worte, für den nächtlichen Gang zu gewinnen sei.
Jetzt aber konnte er sich nur mit Überwindung zum Sprechen bringen. Vom Fenster her schlich ihm eine Kühle über den Rücken und er drehte den hölzernen Milchbecher zögernd zwischen den Händen. Gleich bei den ersten Worten fiel ihm auf, daß das Kind drüben am Herd über seine fremdländische Aussprache lächeln mußte und ihn mit Neugier und Freundlichkeit ansah. Davon erheitert, trug er sein Anliegen lebhaft vor, fügte auch hinzu, daß er es reichlich lohnen wolle, aber er müsse durchaus noch in der Nacht über den Berg, und gewiß sei seinen schönen Gastgeberinnen ein Weg bekannt, auf dem man auch nachts ohne viel Gefahr und Mühe zur Veronesischen Klause gelangen könne. Er würde keine Frau um einen solchen Dienst bitten, sagte der Vicomte, wenn die Sache nicht von so übermäßiger Wichtigkeit wäre, und nicht nur

seine eigene ewige Dankbarkeit sondern auch die des
Marschalls würde den Mädchen sicher sein, wenn sie ihm
heut ihre Hilfe gewähren wollten. Der Marschall sei ein
mächtiger Mann, wohl imstande, einen guten Dienst
fürstlich zu vergelten, und er habe noch keine Dankes-
schuld vergessen.
»Jetzt kann niemand über den Berg, sogar das Wild hält
sich ruhig in der Nacht, und bei solchem Nebel. Wenn der
Herr jetzt gehen will, wird er abstürzen und nie in die
Klause kommen,« sagte die ältere der Schwestern, indem
sie den Vicomte mit einem finsteren Blick streifte. Führen
könne sie ihn jetzt nicht, fuhr sie fort, wenn ihr auch der
Marschall einen Sack voll Gold dafür geben wollte. Auch
dürfe die Kleine nicht nachts in der Alm allein bleiben, es
komme jetzt viel fremdes Volk durch das Tal. Der Herr
müsse sich's schon heut in ihrer schlechten Hütte gefallen
lassen. Ein Heulager wolle sie ihm aufschütten und morgen mit dem Frühesten, sobald es Tag sei, werde sie ihn
auf den Weg bringen.
Das war mit aller Bestimmtheit gesagt; sie kehrte sich
auch gar nicht mehr an das, was der Vicomte noch einzuwenden versuchte, sondern stieß eine Tür auf, die aus der
Küche in einen hinteren Raum führte, und verschwand im
Dunkeln, aus dem sie gleich wieder mit einer Heulast,
hoch in beiden Armen, hervorkam. In einem niedrigen
Bretterverschlag unweit vom Herde warf sie es nieder und
schüttelte es zurecht, breitete eine schafwollene Decke
darüber. Sie sagte: »Da ist noch Holz genug, wenn Ihr
kalt habt. Laßt lieber den Herd nicht ausgehen. Gute
Nacht, Herr.« Dies ohne ihn anzusehen und mit rauher
Stimme, als wollten ihr die Worte nicht aus der Kehle herauf. Dann nahm sie die Schwester an der Hand und ging
mit ihr hinaus, die noch unter der Tür einen kindlich
strahlenden Blick auf den Gast zurückwandte.
Der Vicomte, über den so herrisch bestimmt worden war,
fühlte sein Gesicht in zorniger Hitze brennen. Er erwog,
ob er hinaus sollte und den Gang unbegleitet wagen. Aber
die Nacht war tief, und der Nebel hing dicht um das

Haus; er entsann sich, mit welchem finsteren Blick sie ihn gewarnt hatte. Wenn er wirklich irreging und abstürzte, war die Meldung an den Marschall verloren. Ich hätte sie zwingen sollen, mich zu führen, sagte er laut zu sich selbst ... doch empfand er wohl, daß etwas an ihr war, das nicht gezwungen werden konnte. Der Silbergriff seiner Pistole, den er unwillkürlich berührt hatte, legte sich kühl in seine Hand.

Er wurde ruhiger, indem er langsam unter den niederen Balken der Decke auf und ab ging. Er dachte: vielleicht hat sie recht, es ist bei Nacht nicht über den Berg zu kommen. Ich muß den Morgen erwarten. Er spürte beklommen die tiefe Stille des Hauses und in einer Regung von Furcht, deren er sich gleich wieder schämte, sah er nach der Tür, ob sie mit einem Riegel zu verschließen sei. Es gab aber keinen. Man kann nicht wissen, ob nicht in der Nacht noch Kaiserliche hierherkommen, sagte er, als müsse er sich selber rechtfertigen für seine Sorge. Ich werde nicht schlafen, nur etwas ruhen auf diesem Lager, das sie mir gemacht hat, und die Waffe nah halten.

Ein Glanz, der nah vor seinen Augen über die lange Klinge eines Messers hinlief, schreckte ihn jählings auf. Feuerschein schwankte durch den Raum, im Fenster war graue Helle. Er erkannte das Mädchen, seine Gastgeberin, die am Herde stand, mit dem Messer Späne von einem schlanken Holzscheit lösend. »Steht auf, Herr, es ist Morgen«, sagte sie, »Ihr habt das Feuer doch ausgehen lassen, ich muß wieder anfeuern.« An einem Lächeln, das ihren schmalen Mund wie in Bitterkeit verzog, meinte er zu sehen, daß sie seinen erwachenden, entsetzten Blick bemerkt habe. Beschämt und noch wie trunken vom bewußtlos-tiefen Schlaf erhob er sich und strich das Heu aus seinen Kleidern und Haaren.

Er trat vor die Hütte hinaus, die noch nebelumfangen ruhte, wie vergessen am äußersten Rand der Welt. Kein Berg, kein Baum war zu sehen. Brummen von Vieh, gleich einem tröstlichen Lebensruf, kam aus der Tiefe des Hau-

ses. Der Vicomte wusch Gesicht und Hände am Brunnen. Da er, nach seiner Gewohnheit, die Augen ins Wasser tauchte, schmerzten sie ihm von der scharfen Kühle, so daß er rasch den Kopf wieder hob. Es tropfte ihm in kalten Tränen von den Wimpern. In die Küche zurückkehrend, fand er schon beide Schwestern am Tisch, in Schüsseln dampfte Milch und gelblicher Mais. Er gab sich Mühe einen heiteren Gruß zu sagen, den ihm die Kleine hellstimmig erwiderte; die andere nickte stumm, er sah befremdet ihren übernächtigen und ganz von Trauer verschatteten Blick. Sie ist älter, als ich's gestern beim Licht gesehen habe, dachte er.
Sie faltete über dem Tischrand die Hände — aber indem plötzlich noch tiefere Blässe ihr Gesicht überflog, wandte sie sich mit leisem Wort zu dem Kind, das auch gleich, mit ernsten Augen, das Tischgebet vorsprach.
Während sie aßen, sagte das Mädchen zu dem Gast, mit einem veränderten, sanften Klang in der Stimme, der ihm das Herz seltsam anrührte: der Weg, den er nehmen wolle, sei auch bei Tag nicht leicht zu gehen, und noch sei der Nebel da. Sie könne ihn nur ein Stück weit begleiten. Ob er nicht lieber nach Ala hinunter wolle, und von dort in die Klause? Er erwiderte, lächelnd: »Wollt Ihr mich geradeswegs den Kaiserlichen in die Hände liefern?« Darauf schwieg sie.
»Also kommt«, sagte sie, sobald das Essen vorüber war. Draußen, im Fortgehen, sah der Vicomte nach der Hütte zurück, wo im offenen dunklen Türrahmen das Kind noch stand, mit winkend erhobenem Arm, aber schon verschleiert und wie ins Unwirkliche entfernt, hinter dem Nebel.
Sie gingen immer im Nebel fort, zuerst auf sicherem Pfad, dann an steilem, felsigem Hang, der sich unter ihnen jäh ins Abgründige verlor. Zuweilen blieb die Führerin stehen und schien an Merkmalen von Steinen oder einsam hängenden Bäumen sich des Weges zu versichern, ehe sie weiterging. Aber sie sprach niemals ein Wort. Unmöglich hätte ich diesen Weg ohne sie gefunden, dachte der Vi-

comte. Wie schön sie den Kopf trägt! Möchte sie doch immer so vor mir hergehen. —
Der Weg lief endlich auf brüchigen Lehmgrund hinaus, der leichter gangbar schien als die Steinplatten, zwischen denen sie so lange hingewandert waren. Doch kennen die Jäger und Bergwohner seine Gefahr. Nur nach anhaltendem Regen, durch den der Lehm fest wird, kann er sicher begangen werden. In trockener Zeit wird er spröde und die Berührung des leisesten Fußes genügt, ihn weithin ins Abrutschen zu bringen.
Hier war es wo das Mädchen innehielt und mit zum Boden gewandten Augen ihrem Begleiter bedeutete, er könne jetzt nicht mehr fehlgehen. Er habe nur diesen Hang geradehin zu überqueren und werde nach einer schwachen Stunde zu einer anderen Alm gelangen, wo man ihn leicht zur Veronesischen Klause weisen könne. Sie sagte es mit fester Stimme und ohne daß ihre Lippen zitterten.
Der Vicomte ergriff dankend ihre Hand und sie fühlte, daß er ein Goldstück hineingelegt hatte. Sie möge dies gütig von ihm annehmen, sagte er, er wisse wohl, daß er ihr damit den großen Dienst nicht lohnen könne, den sie ihm getan. Aber er werde den Marschall an sie erinnern und er selbst wolle ihr Andenken immer im Herzen halten, denn er vertraue, daß sie ihn gut geführt habe.
»Gott segne Euch, Herr — und mich«, sagte sie, so leise, daß er es nur mühsam, verstand.
Sie kämen vielleicht im Leben nie mehr zusammen; sie möge ihm doch ihren Namen sagen, bat der Vicomte.
»Katharina«, sagte sie. »Geht.«
Der Nebel war auch jetzt noch so dicht, daß der Mann, den Katharina zum Sterben geführt hatte, ihr gleich verschwunden war. Sie stand mit angstvoll schlagendem Herzen, sie konnte seine Schritte in dem Lehm nicht hören. Sie betete, heftig und alles vergessend, Gott möge ihn glücklich hinüberführen. Mitten in ihr Gebet klang ein Schrei, und das Stürzen von niederbrechenden Erdmassen und Steinen. Es wurde sehr bald wieder still, und dann

spürte sie, daß sie noch das Goldstück zwischen den feuchten gefalteten Händen hielt. Sie warf es mit Entsetzen von sich und lief eilig fort, lief zurück auf dem Weg, den sie mit dem Vicomte gekommen war. Über ihr wuchs langsam die Helle, während sie lief, sie sah aber nicht auf, sie floh wie ein gejagter Mensch und sah nicht auf, obwohl es über dem Nebel ganz blau wurde, ein blauer wolkenloser Tag.

Der Prinz Eugen erreichte in den nächsten Tagen mit seiner ganzen Kriegsmacht ungehindert das venezianische Gebiet und bezog ein Lager auf den Höhen von Breonio, von wo er am 4. Juni seinen Marsch gegen Verona fortsetzte. Der Feldzug war auf das glücklichste eröffnet, die kaiserlichen Fahnen ohne Kampf nach Italien getragen.

Katharina lebte noch in dem Kalten Tal, nachdem der Krieg um die spanische Erbfolge längst entschieden war und andere Dinge die Welt bewegten. Einige haben ihre Geschichte von ihr gehört, später, als ihre Haare weiß geworden waren; sie erzählte traurig davon und manchmal weinte sie über sich selbst. Denn sie hatte sich dem Manne, mit dem sie versprochen war, versagt, weil sie diesen Mord auf ihrem Gewissen trug; an einem Menschen, der ihr nichts Böses getan, der ihr vertraut hatte und ihr Gast gewesen war. Sie habe keinen Segen mehr gehabt, sagte sie, und sie habe nicht Kinder gebären dürfen, die das weitertrügen, sondern mit ihr müsse der Unsegen sterben. Sie wisse wohl, daß sie das Heil ihrer Seele verspielt habe, denn solch eine Tat werde nicht vergeben. Aber käme die Stunde noch einmal, so müßte sie doch wieder das gleiche tun. Denn man habe nicht zulassen dürfen, sagte sie, daß der Prinz Eugen und die kaiserliche Sache verraten werde.

Erschienen 1938

Albrecht Goes

Unruhige Nacht

geb. 1908

I

Den ganzen September hindurch war ich nicht aus dem Stadtbezirk hinausgekommen, und dabei war es ein so besonders schöner, warmer September gewesen, einer, der einen alten Wanderer wohl verlocken konnte zu weiten Gängen ins offene Land. Aber wie es so geht: man war eingespannt in seine täglichen Dienste, im Lazarettbereich her und hin, in den Kasernen und Truppenunterkünften, in denen man als Feldseelsorger zuweilen Besuch zu machen hatte, im Wehrmachtgefängnis nicht zu vergessen, und natürlich auch auf dem Soldatenfriedhof, der damals, Juli einundvierzig, während der kurzen heftigen Kämpfe um Winniza angelegt worden war und der sich seither, seit fünfzehn Monaten, erschreckend erweitert hatte. Nun waren die Herbstblumen auf den Gräbern schon wieder fast verblüht, und wenn ich noch etwas vom Glanz des ukrainischen Spätjahrs sehen wollte, mußte ich rasch dazu tun, Ende Oktober fängt hier zuweilen schon der Winter an.
Gut, dieser Oktobertag, dieser starkblaue, windige Tag sollte nicht ungenützt dahingehen. Natürlich war es zivilistisch gedacht und insofern durchaus anstößig, daß man nach Weg und Wanderung ein Verlangen hatte, nach Kartoffelfeuern und Sonnenblumenfeldern, nach Licht über dem schwarzen Acker und einer schweigsamen Stunde am Ufer des Bug. Ein ordentlicher Soldat macht seinen Dienst und geht abends ins Kino, allenfalls zum Wodka oder zur Panjenka, aber wie in keinem andern Sinn, so würde ich auch in diesem Betracht niemals ein ordentli-

cher Soldat werden. »Sie sind ein hoffnungsloser Fall«, hatte Stabsarzt Dold neulich zu mir gesagt, als ich ihm gestand, daß ich, spät abends durch die Allee laufend, mich dabei ertappt hätte, wie ich die Verse des Dichters Homer vor mich hinsprach.

Nun, das mochte sein, wie es wollte: wichtig war zunächst einzig dies, daß ich mir aus diesem Tag, dem Tag mit den schnellen Wolken und dem starken, lehmigen Herbstgeruch ein gehöriges Stück herausschnitt und daß dieses Stück dann als richtige, menschenwürdig verbrachte Zeit gelten durfte. Am besten, sagte ich mir, nehme ich gleich den Morgen. Um halb eins ist Mittagessen, und das Essen ist Dienst bei den Preußen, man sitzt eine halbe Stunde im Kasino und macht nach besten Kräften ein höfliches Gesicht, da ist die Herrlichkeit dann also schon wieder zu Ende; aber den Morgen, den gebe ich dran.

Es war ohnehin gerade nichts Besonderes im Lazarett selbst, was meine Gegenwart forderte; der Bauchschuß, den sie gestern abend eingeliefert hatten, war, wie mir die Nachtschwester am Telephon gesagt hatte, heute früh fünf Uhr dreißig gestorben. Ich hatte in der Nacht noch nach ihm geschaut, aber er war, auch vom Transport mitgenommen, kaum bei Bewußtsein gewesen. (Übrigens muß ich mich entschuldigen: ich merke, daß ich mich der Lazarettsprache bediene, die von den Verwundeten als ›dem Oberschenkel‹ oder ›dem Lungenschuß‹ spricht; ›der Ulcus auf sechsundzwanzig bekommt Diät‹ sagt man da: es ist eine fürchterliche Sprache, und ich will sie vermeiden.) Der Bauchschußverletzte also, ein blonder Westfale, war tot. Heute nachmittag würde dann Zeit sein, nach seinem Soldbuch zu fahnden, nach seiner Heimatadresse, und jenen traurigen Brief zu schreiben, den zu schreiben meines Amtes war.

Das blieb nun zurück. Die gepflasterten Straßen hörten auf, das Gelände der Zuckerfabrik war schon außerhalb der Stadt, und gleich danach befand man sich in der offenen Landschaft. Hier gab es keine Zerstörung, keine Armut, keine zerbrochenen Fensterscheiben und kein Ge-

lumpe mehr, hier war die Welt heil, war, wie sie in den ersten Schöpfungstagen gemeint sein mochte, groß und gut. Unermeßliches Dunkelbraun, darüber ein violetter Schimmer: dies war die Ackererde. Drüben der Fluß wie eine klare Grenze: kaum eine Windung, kaum ein Ried, selten eine Weide. Jenseits die Anhöhe mit der alten Klosterkirche; die vielen Zwiebeltürme, aus der Nähe anzusehen wie fremdartiges Knollengewächs, funkelnd jetzt in der Morgensonne, eine weißgoldene Pracht.
Ich lief schnell, wie als gälte es, sich ein Landgut zu erobern auf diesem Gang. Kein Ton ringsum als der Ton des großen Windes, kein Menschenlaut außer der eigenen Stimme, die nun wieder unbelauscht mit sich selber sprechen mochte: willkommen der Herbst! willkommen die Freiheit! Sie war freilich nicht so ganz harmlos, die Freiheit in diesem offenen Land, das wußte ich wohl. Einsame Gänge waren unerwünscht. Seit die Politik der Landausbeutung sich in ihrer ganzen Skrupellosigkeit durchgesetzt hatte und alles Gerede von Befreiung entlarvt war als Lüge und Gewäsch, hatten die Partisanen ihr Handwerk begonnen und von Monat zu Monat erfolgreicher entwickelt. Wir von den Lazaretten mußten es wissen, denn es verging keine Woche, in der man uns nicht angeschossene Soldaten einlieferte. Sei's drum: ich *will* jetzt unterwegs sein, will mit diesem Wind sein. Ich will noch nicht wieder umkehren. Bis zu dem Sonnenblumenfeld noch da vorne, und dann einen Bogen nach rechts zum Bug hin, und am Ufer zurück.
Natürlich wird irgend etwas vorgefallen sein; auf zwei, drei Stationen werden sie nach mir gefahndet haben. Laß sie fahnden, ich komme ja schon. Der Mustersträfling kehrt ganz von selbst in seine Zelle zurück.
Wie spät? Gleich halb zwölf. Ich könnte ja rasch noch am Gefängnis vorbei und mich über die Sache mit Rothweiler kurz unterrichten. Oberleutnant Rothweiler war nach einem mißglückten Selbstmordversuch gestern nachmittag bei uns eingeliefert worden, er hatte versucht, sich die Pulsadern aufzuschneiden. Ärgerliche Geschichte. Man

hatte ihn schon vor vier Wochen unter dem Verdacht der Selbstverstümmelung verhaftet. Ich hielt ihn für unschuldig und glaubte, gute Gründe dafür zu haben. Nun freilich durch diese neue Attacke war er sein eigener Feind geworden und hatte sich selbst alle Aussicht auf Rehabilitierung verbaut. Ein Selbstmord muß gelingen, sonst hat man nichts davon als Scherereien und Schlimmeres als das. Es ist Krieg, man darf nicht leben, wie man will. Aber sterben, wie man will, das darf man erst recht nicht.
Da ist der Strom. Gänse und Wildenten kommen mir entgegengefahren, silberne Wellenkämme und dieser feuchte Wind, es ist schön, es ist der Friede. Nein, ich werde doch nicht ins Gefängnis gehen, nicht jetzt. Die Stunde soll den guten Dingen gehören. Und das Kasino nachher ist schon wieder Gefängnis genug. So nehme ich denn den geraden Weg zum Lazarett und passiere die Pforte pünktlich um zwölf Uhr fünfzehn, der Augenarzt kommt eben von seinem Pavillon her und sagt: »Mahlzeit.«
Der diensttuende Gefreite spricht mich an. »Herr Kriegspfarrer möchten bitte doch gleich zum Herrn Hauptfeldwebel kommen.«
Die Schreibstube lag schräg gegenüber. Ehe ich eintrat, kam Hauptfeldwebel Hirzel, der mich erspäht haben mochte, selbst heraus und sagte, gemäßigten Vorwurf in der Stimme: »Herr Kriegspfarrer, wir haben Sie lang schon gesucht.«
Natürlich, dachte ich, halb lachend und halb böse, keine vier Stunden kann man ins Privatleben entschlüpfen. Und fragte:
»War denn etwas Besonderes?«
»Hier, ein Fernschreiben aus Proskurow.«
»Nanu, was wollen die denn?«
»Es scheint eine eilige Sache zu sein. Wir mußten sofort in Ihrem Namen zusagen.«
Ich las: »Oberfeldkommandantur Proskurow anfordert Ev. Kriegspfarrer. Eintreffen Mittwoch siebzehn Uhr erforderlich. Meldung bei Abt. III. Pkw zur Hinfahrt stellt Proskurow. Rückkehr Donnerstag möglich.«

Mittwoch, das ist heute.
»Wir haben das so bestätigt«, sagte Hirzel, »der Wagen von Proskurow her ist unterwegs. Sie fahren hier um vierzehn Uhr ab, dann kommen Sie bequem zurecht.«
»Ja, ja.«
Ich hörte nur halb hin. Abteilung III: das war das Kriegsgericht. Ich wußte nun, auf was dieser Abruf hinauslief: auf die Teilnahme an einer kriegsgerichtlichen Erschießung.
»Danke, Hauptfeldwebel, es ist gut«, sagte ich nur noch.
»Haben Sie den Chef schon in Kenntnis gesetzt?«
»Jawohl, er kam vorhin hier durch.«
»Schön.«
»Mahlzeit, Herr Kriegspfarrer.«
»Danke, gleichfalls.«
Ich stieg rasch die Treppe hinauf und lief, ohne noch vorher auf mein Zimmer zu gehen, gleich ins Kasino, um möglichst noch vor dem Oberstabsarzt zu erscheinen. Aber man saß bereits. Ich mußte den Kotau machen und eine Entschuldigung murmeln.
Der Chef sah von der Suppe auf: »Hat Hirzel Sie schon getroffen?«
»Jawohl, Herr Oberstabsarzt, wir haben gerade miteinander gesprochen.«
»Tja. Wird unangenehme Arbeit sein.«
»Ich denke auch. Ganz klar ist mir die Sache ja nicht. An sich hat Proskurow eigene Geistlichkeit.«
»Ich verstehe es auch nicht. Hirzel kam telephonisch nicht durch. Na, Sie werden ja sehen.«
Danach verlief das Essen so schweigsam wie immer. Klaus, mein katholischer Kollege, mit dem ich mich gerne gleich noch besprochen hätte, saß in diesem Zwölfmännerverein an anderer Stelle. Jessen, Internist Jessen, neben dem ich meinen Platz hatte, wurde gleich nach der Suppe telephonisch auf seine Station gerufen.
Der Kaffee wurde an zwei runden Tischen in einem Erker des großen Raumes serviert; hier durfte geraucht werden, auch versuchte man sich zuweilen an einem Gespräch. Ich

konnte heute nicht dableiben: wenn ich um vierzehn Uhr, in einer Stunde also, abgeholt wurde, mußte ich schleunigst dazu tun, meine Sachen zu packen.
»Bitte gehorsamst, mich abmelden zu dürfen.«
Der Chef stand auf, gab mir, wie er zu tun pflegte, zwei Finger seiner schmalen Hand, sah mich aus halben Augen an und erwiderte: »Na, viel Vergnügen.« Dann wandte er sich mit gichtigen Bewegungen zum Kaffeetisch.
Ein Uhr fünfzehn. Im Zimmer finde ich einige Post, ich stecke sie, menschliches Wort im unmenschlichen Hier und Heute, ungelesen in die Mappe. Jetzt wird nicht gelesen, gelächelt, geliebt ...
Ich nehme den Hörer von der Gabel: »Bitte die Schreibstube.«
»Schreibstube kommt.«
»Hier Schreibstube, Gefreiter Weik.«
»Tag, Weik. Hören Sie, ich brauche rasch meinen Marschbefehl.«
»Er ist schon geschrieben, ich kann ihn nur nicht heraufbringen, es ist niemand außer mir da.«
»Gut, ich hole ihn.«
Marschbefehl holen, Marschverpflegung holen: Brot, Schmalz, Wurstkonserven, eine Rolle Drops. Alle diese Gänge taten sich wie von selbst; wie von einer riesigen Spule lief das ab, wie oft schon, wie oft noch? Als ich, die Eßwaren in der Hand, einen der langen Korridore hinunterging, überfiel es mich wie eine Schreckensvision: seit tausend Tagen — dann, einen Augenblick nachprüfend: ja wahrhaftig seit tausend Tagen — vollzieht es sich so. Hier, hinter diesen Türen. Hier wird gelegen, gestöhnt, geliebt, gestorben. Briefe werden geschrieben, Schach wird gespielt, Halma, Dame, Skat, Doppelkopf. Es wird gespritzt: Eubasin, Cardiazol, intravenös, subkutan. Urlaubslisten werden aufgestellt, werden über den Haufen geworfen. Es wird getrunken, geraucht, gezotet. Sieben Hände schreiben Krankengeschichten: Kreislaufstörung, vierundzwanzig Uhr exitus letalis, an den Herrn Wehrmachtsanitätsinspektor. Listen, Zugangslisten, Abgangs-

listen, Wehrsoldauszahlungslisten, Termine. Papier, Papier, ein Turmbau von Babylon. Manchmal geht eine Schwester durch den Saal. Eine ist dabei, die trägt zwei Eheringe an der rechten Hand, blutjung ist sie und sehr schön. Lieber Gott, eine Frau, ein Mensch . . .
Was ist noch zu tun? Vor allem: was muß mitgenommen werden auf die Reise? Nachtzeug, frische Wäsche, die Bibel, Lesestoff für alle Fälle, das Abendmahlsgerät, zwei Kerzen; Zigaretten, freilich Zigaretten, es wird sich zeigen, wofür sie nütze sind. Da schrillt auch schon das Telefon: »Herr Kriegspfarrer, der Wagen aus Proskurow ist da.«
Ich klopfte noch rasch bei Klaus, aber der war nicht auf seinem Zimmer. Wahrscheinlich gab es die obligate Schachpartie der Mittagspause beim Chirurgen oder beim Apotheker. Schade, ich hätte gerne noch ein Wort mit auf den Weg genommen von einem, der wußte, wohin man geht, wenn man zum Richtplatz geht; denn daß es dahin gehen würde, das war mir kaum noch zweifelhaft.
Und nun kam ich also zum zweitenmal am gleichen Tag durch diese Landschaft, diesmal mit großer Geschwindigkeit auf gepflasterten Ausfallstraßen voranstürmend. Bald war Winniza verschwunden, bald genug auch die noch vertraute Umgebung. Eine gute Stunde lang fuhren wir, ohne ein einziges Haus zu sehen, nur da und dort zeigte sich eine riesige Kornscheuer im offenen Feld, dazu Sonnenblumen ohne Ende, Myriaden, ein wahres Meer von goldenem Öl verheißend.
Ich hätte den Obergefreiten, der mich fuhr, einen breitschultrigen Hamburger, gern manches gefragt. Aber er war einsilbig und unlustig, die Fahrt kam ihm vermutlich nicht recht zupaß: sie wird ihm ein Stelldichein verpfuscht haben. Vielleicht, daß er auch nur schon ganz jener sture Kommißknopf geworden ist, der alles tut und nichts; alles, weil es so befohlen wird, und nichts, was ihn noch angeht.
Die Türkenburg kam in Sicht. Ich hatte von ihr gehört und gelesen, sie stand hier als mächtige Bastion mittelal-

terlicher Geschichte, ein erregendes Zeichen jener fremden Welt, der wir als einen Namen der Beschwörung den Namen des Prinzen Eugen entgegenrufen. Nicht unmittelbar am Weg lag sie, doch kaum mehr als fünf Kilometer seitab. Ich schlug vor, einen kurzen Umweg zu machen, um sie zu besichtigen, aber es war offenkundig, daß der Fahrer nicht wollte. Er sah unruhig auf seine Armbanduhr, schwatzte etwas von schlechten Straßen und von seinem Marschbefehl, von dem Auftrag, mich auf schnellstem Weg zur Kommandantur zu bringen.
Nun, schade. Da komme ich jetzt wohl nie mehr hin. Später bekommt man dann eine ausführliche Schilderung zu Gesicht und denkt: da bin ich einmal, im Oktober zweiundvierzig, haarscharf dran vorbeigefahren. Das ist der Krieg. Es kann einem ja auch blühen, daß man bei einer Versetzung vom Osten nach dem Westen durch seine Heimatstadt fährt und nicht aussteigen darf. Man steht am Wagenfenster und sieht hinaus, der Balkon daheim reicht gerade noch ins Blickfeld herein. Vielleicht hat man Glück und die Frau hängt Wäsche auf, dann sieht man ihr rotes Kleid und ihr schwarzes Haar.
Ich komme ins Sinnieren und merke nicht, daß wir schon zwischen den Häusern fahren. »Wir sind da«, sagt plötzlich der Fahrer, ohne sich dabei groß nach mir umzusehen. Ich gebe ihm den üblichen Fahrsold, ein paar Zigaretten, er dankt gleichgültig und öffnet mir schweigend den Schlag.

II

Vor dem Kommandanturgebäude stand ein Posten unter Gewehr: also regiert hier was Höheres, vermutlich ein leibhaftiger General. Ich trat ins Haus und suchte mich zunächst, wie es so üblich ist, zur Adjutantur durch: IIa, Major Kartuschke, das war die Tür.
Jede Schreibstube hat ihre eigene Atmosphäre. Wer in so vielen Eintritt hat wie ich in meinem Amt, der bekommt

einen besonderen Sinn dafür. Er studiert Volks- und Stammeskunde aufs gründlichste, lernt Nord- und Süddeutschland, Bayern und Österreich unterscheiden und vermag auch die Hitlerhörigkeit des jeweiligen Chefs wohl zu ermessen, nicht anders, als man beim Wein nach Oechslegraden mißt.
»Der Herr Major ist gerade bei einer Besprechung«, sagte der Schreibstubenunteroffizier. Es war keine gute Luft, die mir entgegenkam. Da war die unsre drüben doch etwas reinlicher. Urban und heiter war auch die unsre nicht, wo sollte schließlich die Heiterkeit herkommen; aber diese hier mißfiel mir durchaus. Ich wandte mich zur Tür, unangenehm angestarrt von dem einen der zwei Gefreiten, die auch noch zwischen Akten ihren Platz hatten, und hörte dann, ehe sich die Türe schloß, eben diesen Gefreiten halblaut zum Unteroffizier sagen: »Nun ja, man kann es auch eine Besprechung heißen.«
Das ist die einzige Kunst, in der wir in diesen Jahren ungeahnte Fortschritte gemacht haben: wir lernen alle Äußerungen, die uns zu Ohren kommen, schnell auf ihre zweideutigen Untertöne und Anspielungen hin verstehen. Keine zehn Schritt weit kann man sich in diese Miliz hineinbegeben, ohne nicht Kotig-Zotiges auf der Haut zu fühlen. Und zuweilen denke ich dann: wenn wir je diesen Krieg überstehen sollten, wie kriegen wir diesen Dreckssinn, diese Bordellphantasie aus unserer Oberstube hinaus?
Nun, das gehört jetzt nicht hierher. Ich hatte Eile, ich lief durch die Gänge, es war der papierne Popanz in Riesengestalt, der hier angebetet wurde. Da: Römisch drei, und darunter, großmächtig und anspruchsvoll: ›Der Gerichtsoffizier‹. Justitia in Reitstiefeln, wohlan!
Er war da, der Kriegsgerichtsrat, auf den es ankam. Er erhob sich, nannte seinen Namen, den ich nicht verstand, und bot mir Platz an. Danach begann er, rasch und korrekt:
»Es ist mir leid, daß wir Sie herbemühen mußten, aber die hiesige Abteilung IVd ist auf protestantischer Seite zur

Zeit unbesetzt. Der Häftling Fedor Baranowski ist durch kriegsgerichtlichen Spruch wegen Fahnenflucht zum Tod verurteilt worden; die Ablehnung des Gnadengesuchs durch den Herrn Wehrmachtbefehlshaber Ukraine ist gestern hier eingetroffen. Der Ordnung entsprechend ist das Urteil innerhalb von achtundvierzig Stunden zu vollstrecken. Demzufolge findet die Erschießung morgen früh fünf Uhr fünfundvierzig in der Kiesgrube hinter dem Ziegeleiplatz statt. Der Verurteilte hat gemäß § 16 der diesbezüglichen Anweisungen Anspruch auf geistlichen Beistand eines Pfarrers seiner Konfession. Ich hatte deshalb, da, wie gesagt, der für hier zuständige Geistliche zur Zeit abkommandiert ist, den Auftrag seitens des Gerichtsherrn, Sie unverzüglich anzufordern, und ich danke Ihnen, daß Sie gekommen sind.«
Das klang wie von einem Manuskript abgelesen. Fremdartig, kühl. Aber so drückt man sich ja wohl aus in diesem Bereich. Unwillkürlich paßte ich mich an und gab zurück: »Ich bin es gewöhnt, mit den Häftlingen, vor allem mit den Todeskandidaten so sorgfältig wie möglich Fühlung zu nehmen. Wenn mein Dienst einen Sinn haben soll, so kann er nicht erst auf dem Richtplatz beginnen. Ich muß also auch diesmal den Mann und seinen Fall noch vorher kennenlernen.«
Darauf der Richter, eine Schattierung persönlicher: »Es bleibt Ihnen ganz überlassen, auf welche Weise Sie Ihren Pflichten nachkommen und von Ihren Rechten Gebrauch machen wollen.«
Ich sah auf die Uhr. Es war Viertel vor sechs Uhr. »Ich möchte jetzt zunächst noch kurz den Häftling kennenlernen und wäre dankbar, wenn mir dann für heute nacht die Akte überlassen würde.«
»Es ist an sich nicht üblich, die Akten aus der Hand zu geben. Sie können selbstverständlich hier ... Indessen ... Schmitt!« Eine Ordonanz erschien.
»Die Akte Baranowski.«
»Die Akte Baranowski, Herr Kriegsgerichtsrat.«
Die Akte kam. Es war ein ziemlich dickes Konvolut,

schon so sorgfältig verschnürt, daß man begreifen mußte: der Mann war für dieses Amt bereits tot.
»Viel Papier«, sagte der Kriegsgerichtsrat. »Da haben Sie gehörig zu lesen. Wie gesagt, es ist an sich nicht statthaft, die Akte aus dem Haus zu geben, aber ich sehe ein, es sind dies heute besondere Umstände. Ich gebe Ihnen die Akte mit, mache Sie aber darauf aufmerksam, daß Sie dafür haftbar sind.«
»Selbstverständlich.«
»Ich muß das schriftlich haben.«
»Natürlich, gerne.«
Ich unterschrieb einen Revers und fragte gleichzeitig: »Wo ist das Ortsgefängnis hier?«
»Sie gehen diese Straße hinunter, dreihundert Schritt, dann ist es auf der anderen Seite zu sehen, ein niederer Bau, eigentlich nur eine Art Ortsarrest. Wenden Sie sich an Oberfeldwebel Mascher.«
»Oberfeldwebel Mascher, gut. Ich danke Ihnen.«
»Bitte sehr. Auf Wiedersehen, Herr Pfarrer. Ich komme dann morgen früh zur Urteilsverkündigung ins Gefängnis um, sagen wir um fünf Uhr fünfzehn; das reicht.«
»Ja. Ich bin dann schon vorher dort.«
»Auf morgen also.«
Ich nahm die Akte, tat sie in die Mappe und schloß mit dem Sicherheitsschlüssel ab. So. Das war also Kriegsgericht Pruskurow. Was soll man sagen? Am besten noch das, was man in Kriegszeiten, in diesen Läuften hier nicht ungern sagt: das hätte können schlimmer sein. Es war freilich, wenn man es recht betrachtete, schlimm genug. Mit keinem Wort war dieser Kriegsrichter auf den Menschen zu sprechen gekommen, der da morgen früh erschossen werden soll, den Menschen aus Fleisch und Blut, aus Hoffnung und Angst, aus Sorge und Qual. Aber so war das eben. Und was sollte ich nun wohl vom Adjutanten erhoffen, sofern er zurückgekehrt ist von seiner ominösen Besprechung?
Man trat in das Schreibzimmer ein, ohne anzuklopfen. Richtig, da stand er nun, unter der Seitentür, die in sein

Zimmer führte, etwa fünfundvierzigjährig, klein und untersetzt, eine Akte in der Hand. »Heil Hitler, Herr Pfarrer.«
Das hieß: ein Messer zum Willkomm.
»Ich höre, Sie waren schon beim Gerichtsoffizier. Nun, dann wissen Sie ja Bescheid. Letzte Ölung. Morgen früh ist er fällig.«
Ich erwiderte nichts. Ich starrte meinem Gegenüber einen Augenblick ins Gesicht, fühlte aber dann, wie meine Augen abirrten. Vor Grauen, vor Scham. Das Grauen hieß: es gibt Menschen, die es nicht geben darf. Und dies war einer von ihnen.
»Kein angenehmes Geschäft, weiß Gott«, fuhr er fort. »'n Mädel im Bett ist was Hübscheres, was Schrotz?« Er wandte sich einem der Schreiber zu, es war der dritte Mann, der bis jetzt noch gar nicht von seinen Blättern aufgeschaut hatte, auch vorhin nicht, als ich das erstemal ins Zimmer gekommen war. Jetzt aber sah er auf, und für den Moment dieses Aufschauens war die trübselige Hausung, der stinkige Raum ein Ort, wo man leben konnte: so ernst, so nobel, so schmerzvoll freilich auch waren die Augen des Angeredeten auf uns gerichtet, zuerst auf den Major, dann auf mich. Er sprach kein Wort.
Der Major, irritiert durch dieses Schweigen, schlug das Aktenstück auf den Tisch und rief: »Tun Sie nur nicht so scheinheilig, als ob Sie nichts von der Zimmergymnastik verstünden.«
Das ist ja eine ganz unhaltbare Situation: ich komme in einem Auftrag — und in was für einem Auftrag! —, und der Mann, anstatt mit mir zu sprechen, wie es seines Amtes wäre, verlustiert sich im Zotenreißen. Ich bin feig wie ein Köter, wenn ich nicht auf der Stelle das Zimmer verlasse.
Was ist das für ein Mensch? Wo kommt er her? Wie kommt er zu seinen Majorsraupen? Dieser Krieg, der eine einzige Haßexplosion war gegen alles, was eines guten, heiter beweglichen Geistes sein mochte, brachte in seiner Truppenauswahl wieder und wieder die närrischsten

Dinge zustande. Einen Professor der Anglistik hatte man damit beschäftigt, Schinken zu zählen in einem Armeeverpflegungslager, einen Oberzahlmeister, daheim ein sublimer Kenner des Horaz, verbrachte seine Tage damit, über Stühle, Tische und Putzeimer zu quittieren, und ein Friseur, der zeitig genug aufgestanden war, konnte jetzt Hauptmann sein. Aber was war dieser Kartuschke gewesen, früher, vor dieser Zeit?
Unterdes gingen wir in sein Zimmer, er bot mir mit einer Bewegung, die ich nun übersah, Platz an und fuhr fort: »Nur kein falsches christliches Mitleid vorschützen. Wer desertiert, verliert die Rübe, das ist ein klarer Fall. Laßt Kugeln sprechen! Der Führer kann in diesem Kampf, wo es hart auf hart geht, keine Schlappschwänze brauchen.«
Dann in einem anderen Ton: »Haben Sie schon die Papiere?«
Ich erwiderte, daß ich eben dabei sei, mir Klarheit über den Fall zu verschaffen, wurde aber sogleich durch sein feindseliges Lachen belehrt, daß er nicht an die Gerichtsakten, sondern lediglich an meinen Quartierzettel oder dergleichen Lappalien gedacht hatte.
»Klarheit!« hämmerte er nun auf den Tisch, »was heißt hier Klarheit? Psychologische Details, wie? Gott, wenn ich schon Psychologie höre! Zum Kotzen, sag' ich Ihnen. Morgen früh 'n anständiges Vaterunser. Punkt. Schluß mit Jubel. Wir haben unsre Kraft der kämpfenden Truppe zu leihen. Für Kretins ist mir meine Zeit entschieden zu schade.«
»Na, Ihre Sache —«, setzte er eben noch hinzu, als die zweite Tür seines Arbeitsraumes sich öffnete und der General erschien. Kartuschke nahm Haltung an und wandte sich dem Chef zu. Der General, ein Sechziger mit Weltkriegsauszeichnungen, trug den Mantel offen. Ein rotnarbiges, nichtssagendes Trinkergesicht.
Ich hatte gegrüßt und wartete, ob der General mich anreden würde. Major Kartuschke stellte mich vor.
»Der Kriegspfarrer«, begann er — er hätte ja nun wirklich sagen können: der Herr Kriegspfarrer — »der Kriegspfar-

rer ist hier, um morgen früh an der Erschießung des Baranowski teilzunehmen.«
Nun der General zu mir: »Wo kommen Sie her?«
»Aus Winniza, Herr General.«
»Und Sie vertreten hier —?« — »Kriegspfarrer Holze.«
»Was ist mit Holze?« Die Frage galt dem Major. Der gab zur Antwort: »Holze ist abgelöst, Ersatz ist noch nicht gestellt.«
»Ach ja, da hatten Sie die Sache mit der Beerdigung, erinnere mich, mit den defaitistischen Äußerungen. Na ja, war indiskutabel. Ist für morgen alles vorbereitet? Zu eklig, wenn bei solchen Gelegenheiten nicht alles klappt.«
»WGO stellt Sarg und Transportkommando, Oberleutnant Ernst von III/532 führt das Peloton, das ist alles.«
(WGO hieß: Wehrmachtgräberoffizier. Die Zertrümmerung der Sprache ist gelungen. Wofern sie geplant war. Sie war geplant. Nimm dem Menschen die Sprache, und er wird zum Kadaver. Der Kadaver leistet Kadavergehorsam.)
Es erfolgte keine Antwort. Der General begann den Mantel zuzuknöpfen und wandte sich dann mir noch einmal zu. (›Sag ein Wort‹, denke ich, ›ein wirkliches Wort! Du trägst die Uniform des Clausewitz!‹) Dann kam es: »Sorgen Sie dafür, daß die Sache glatt vonstatten geht.«
Da hatte ich nun mein ›Wort‹. Nein, auf diesem Acker wächst kein lebendiges Korn mehr. Es ist Zeit, daß es damit zu Ende geht. Umgraben. Brach liegen lassen. Dornen und Disteln soll er tragen, der Acker. Dornen und Disteln trägt er lange schon. Und Giftweizen.
Aber ich sagte — und empfand zum zweitenmal meine Feigheit wie einen gallebitteren Speichel im Mund: »Jawohl, Herr General.«
Der General tippte an die Mütze und ging. Ich hatte das Gefühl, als ob mein ganzes Gesicht ein einziger Ausdruck des Ekels sei, ein einziges: Luft, oder ich ersticke! Vielleicht, daß sogar Kartuschke einen Augenblick davon betroffen war. Er sagte, weit weniger schneidig als vorher: »Ihr Quartierschein, Herr Pfarrer.«

Ich sah den Major noch einmal an. Er trug die beiden Eisernen Kreuze, dazu das Infanteriesturmabzeichen, das — ich wußte es — niemand geschenkt bekam. Er war ohne Würde, dieser Offizier, so viel stand fest. Ohne Geschichte war er nicht, ohne Erlebniskette. Vielleicht käme nicht wenig darauf an, diese Geschichte zu wissen, diese Kette zu kennen. Da nannten wir uns also Seelsorger. Nun denn, dann waren wir für alle da. Dem tapfren Schreiber, dem Schrotz, das Rückgrat zu steifen, das war nicht schwer. Mit Baranowski heute nacht zusammen sein, das mochte schon eher eine Mühe heißen. Aber was geschieht mit den Kartuschkes in diesem Heer? Und was geschieht nicht? Durch uns — nicht?
Ich ging. Das Angebot, mir durch den Unteroffizier den Weg zum Wehrmachtheim zeigen zu lassen, lehnte ich ab. »Danke, ich finde mich selbst zurecht.« Das mochte hingehen, ich war nicht verpflichtet, mir jetzt auch noch die Unteroffizierstöne zuzumuten. Aber daß ich es nicht über mich brachte, von mir aus zuletzt Major Kartuschke die Hand zu geben, das freilich empfand ich schon unter der Türe als das, was es war: als Niederlage.

III

Was nun folgt, ist ein Zwischenakt von fünfunddreißig Minuten Dauer, der zu überschreiben wäre: Im Wehrmachtheim. Seit ich den Namen des Mannes dieser Nacht und des kommenden Morgens wußte, drängte das Gefühl danach, ihm zu begegnen, und alles, was mich aufhielt, erlebte ich nur noch wie durch eine Glaswand hindurch. Auch die Begegnung mit Kartuschke hörte, kaum daß sie zu Ende gegangen war, fast schon auf, wirklich zu sein. Fedor Baranowski: Sprache ruft immer ins Geheimnis hinein, und Namen haben ihre eigene Magie; ich konnte es nicht hindern, daß hinter diesem Soldatennamen, der mir vor einer Stunde noch unbekannt war und der — nun schon fast ausgelöscht auf der Schreibtafel dieser Zeit —

unbekannt bleiben würde, daß hinter diesem Namen ein anderer Name aufstand, ein unauslöschlicher Name, verwandten Klanges, fast heilig und schrecklich zugleich, der Name Fedor Dostojewskijs. Den hatte das Leben im letzten Augenblick zurückgerissen vom Schafott. Aber das Peloton des Oberleutnants — wie hieß er doch? — des Oberleutnants Ernst wird sicher treffen.

Ich lief durch die halbdunklen Straßen der Stadt und wurde plötzlich gewahr, daß ich nicht achtgegeben hatte auf die Schilder, die zahllosen Truppenunterkunfts-Bezeichnungen, in denen man sich zurechtfinden mußte. Fast wollte ich schon bereuen, die Begleitung ins Wehrmachtheim abgelehnt zu haben, als ich Speisenduft und Geschirrgeklapper wahrnahm: hier könnte es sein. Es war, das sah man gleich, eines jener Häuser, die schon vorzeiten als Unterkunftshaus gedient hatten: ein Landgasthaus mit Stallungen und allem Zubehör, wie sie in den russischen Romanen wieder und wieder beschrieben sind, Troikageläut beschwörend, Pelz- und Branntweinduft, die Stimmen der tiefverschleierten Unbekannten, die Stimmen der Großfürsten und alles Geflecht des Schicksals. Nun hatte sich also das deutsche Militärkommando des Anwesens bemächtigt und ein Wehrmachtheim für Offiziere daraus gemacht, Speiseanstalt und Nachtquartier, beides gewiß nicht wenig besucht, schon des Flugplatzes wegen, der hier am Stadtrand lag. Man weiß, was es mit einer solchen Übernahme auf sich hat: ein Oberzahlmeister, der die Verantwortung trägt, hält sich im Hintergrund, ein alter Oberfeldwebel wird mit der Führung der Geschäfte beauftragt, der wiederum holt sich drei Soldaten, und die drei Soldaten kommandieren über ein Dutzend Landeseinwohner, Küchenmädchen, Kartoffelschälerinnen, Putzfrauen. Wenn alles aufeinander eingespielt ist, so geht es leidlich und mitunter sogar gut.

Keine Rede von Prunk und Glanz, Luxus und Völlerei: Preußen regiert, kühle, sachliche Strenge und Genauigkeit; sorgfältige Prüfung der Personalpapiere, klares Ja und Nein, und diese straffe Ordnung war noch das Beste,

was man sich hier wünschen konnte. Auf einen persönlichen Ton durfte man nicht hoffen, stellte er sich dennoch ein, so empfing ihn jeder als ein unerwartetes Geschenk.
Ich trat in die Kanzlei, sagte mein Begehren, gab an, daß ich das Haus früh um vier verlassen und vorher noch in der Nacht in Ruhe arbeiten müsse. »Sie verstehen, ich brauche unbedingt ein Zimmer für mich.«
»Das kann ich Ihnen leider nicht versprechen, Herr Pfarrer. Alle unsre Zimmer sind als Doppel- und Dreibettzimmer eingerichtet, auch die Zimmer für die Herren Stabsoffiziere. Wir haben sehr großen Durchgangsverkehr. Ich gebe Ihnen natürlich ein Zimmer, das jetzt noch ganz frei ist, und werde mir auch alle Mühe geben, es den Abend über frei zu halten, aber versprechen kann ich es nicht. Vielleicht muß ich Ihnen doch noch einen zweiten Gast hineinlegen.«
Das war ungewöhnlich höflich ausgedrückt und überdies vorgetragen in einem Tonfall, den ich kannte.
»Wo sind Sie her?« fragte ich den Obergefreiten, der sich so menschlich auszudrücken verstand.
»Aus Balingen auf der Schwäbischen Alb«, war die Antwort.
»So, aus Balingen; da sind wir Landsleute.«
Ich gab ihm die Hand, erkundigte mich nach diesem und jenem und hatte meine Freude an dem Mann. Wieder einmal dachte ich, wie so oft in diesen Jahren: Deutschland gibt es schon fast nicht mehr, das berühmte ›Großdoitschland‹ vor allem ist ein strategischer Götze, sonst nichts ... aber den Stamm, die Landsmannschaft, den Dialektzusammenklang, gleiches Lächeln, gleiches Klima, gleiches Zeitmaß, Eile mit Weile — das gibt es, das ist wirklich, und das verbindet denn auch fast ohne Mühe.
Der Landsmann zeigte mir zunächst den Nachtausgang, den Platz des Hausschlüssels, und führte mich dann in das Zimmer. Wie alles im Haus war auch dieses schmucklos, aber sauber, und dadurch, daß auf der einen Seite eine halbe Wand fehlte und eine Nische sich anschloß, wirkte es fast wie ein Doppelzimmer. Ich beschloß, den Seiten-

raum zur Schlafstätte, den Hauptraum zum Arbeitsplatz zu erwählen, und sagte halb lachend: »Oh, das ist ja die reinste Zimmerflucht.«
»Nicht ganz, Herr Pfarrer«, erwiderte der Landsmann, »aber man kann es hier aushalten. Übrigens, bis wann werden Sie, Herr Pfarrer, zurück sein? Ich frage, weil ich dann bis dahin noch heizen ließe.«
»Heizen? Das wäre ausgezeichnet. Ja, ich habe also zunächst noch einen Besuch zu machen. Aber bis neun, spätestens halb zehn Uhr werde ich wieder hier sein. Kann man wohl jetzt etwas zu Abend essen?«
»Sofort.«
Der Balinger ging, ich legte meine Sachen ab, nur die Aktenmappe behielt ich ständig bei mir, und ging zu Tisch. Der Speisesaal, der in jeder schwäbischen Kleinstadt als Wirtschaftsraum hätte vorkommen können, war ziemlich besetzt. Man gab den Bon ab und bediente sich selbst. Suppe, Gemüse und Kartoffeln — das war durchaus befriedigend. Was einen dennoch keinen Augenblick lang verließ, war das unfrohe Gefühl, das dieser zufällig zusammengewürfelten Versammlung anhing wie Harz am Waffenrock, und keiner schien sich der Verstörung entziehen zu können. Würde es im Lager der Gegner, in einem amerikanischen Kasino etwa so dumpf zugehen können? Kaum. Mir kamen einige Schilderungen solcher gemeinsamen Mahlzeiten aus Goethes ›Kampagne in Frankreich‹ in den Sinn. Auch da war eine andere Sphäre geschildert, ein menschenwürdiger, wohlgemuter Klang war zu vernehmen, und der berühmte Chronist wagte das Wort, es gäbe eigentlich keinen ergötzlicheren Umgang als den mit einem gebildeten Soldaten. Freilich erinnerte ich mich auch einer anderen Stelle aus jenen langvergangenen Tagebüchern, wo von den Militärs einer Wirtstafel in Trier gesagt ist, daß sie alle ›wie in einer gemeinsamen Hölle zusammengefaßt‹ schienen, und an diese Bemerkung zu denken, gab es hier im Wehrmachtheim zu Proskurow Gelegenheit genug.
Daß der Krieg zu diesem Zeitpunkt — wir schrieben Ok-

tober neunzehnhundertzweiundvierzig — für Hitler nicht mehr zu gewinnen war, konnte keinem ruhigen Betrachter zweifelhaft sein. Die Kämpfe um Stalingrad waren zum Stillstand gekommen, die Landung der Alliierten auf dem afrikanischen Kriegsschauplatz würde heute oder morgen stattfinden, auch war eine englische Gegenoffensive bei Tobruk mehr als wahrscheinlich. Daß dieser Krieg aber verlorengehen *mußte*, wenn es in Zukunft überhaupt noch ein menschenwürdiges Leben für uns geben sollte — diese Einsicht blieb zu diesem Zeitpunkt noch immer die Einsicht von einzelnen. Was im Vordergrund des Bewußtseins der Allgemeinheit stand, das waren die unnötigen Quälereien des Soldatenalltags, die langanhaltenden Urlaubssperren, die Ungerechtigkeiten der Liebedienerei, Durchstechereien, und da und dort doch auch das Rinnsal böser Botschaft von daheim. Der Mord an den Geisteskranken war trotz aller Geheimhaltung nicht verborgen geblieben, und von den Judenpogromen wußte über den Kreis der Beteiligten hinaus dieser und jener mehr, als er ertragen konnte.
Noch war dieses Abendessen, ohne im mindesten üppig zu sein, wohl zubereitet, noch fuhren die Güterzüge mit Weizen, Zucker und Öl ziemlich unbehelligt über die Grenze, und die feisten Gesichter der Nutznießer aus dem rückwärtigen Heeresgebiet verrieten keine Not. Aber die bedrückende Finsternis, die sich über dem Saal auszubreiten schien — gab sie nicht kund, daß man auf die Dauer sich nicht täuschen konnte über die wirklichen Zusammenhänge, offenbarte sie nicht die strenge, einfältige Wahrheit: daß unrecht Gut nicht gedeiht?

IV

Ich hatte es absichtlich vermieden, mich durch den Fernsprecher im Ortsgefängnis anzusagen. Es war nötig, daß ich jetzt die Dinge genau in der Hand behielt. Das hieß: ich mußte zunächst dazu kommen, den Todeskandidaten

heute abend noch kennenzulernen, zum anderen aber sorgfältig vermeiden, daß er den wahren Grund meines Hierseins schon an diesem Abend erfährt. Ich war mir bewußt, daß ich das nicht ohne Umweg, möglicherweise nicht ohne Täuschungsmanöver bewerkstelligen könnte; aber das Ziel, dem Verurteilten eine letzte, ruhige Erdennacht zu lassen, mußte erreicht werden. Ich lief den Weg zur Kommandantur zurück; der Wind, der schon während des Nachmittags heftig über die Felder gefahren war und im Laufe des Abends immer noch an Stärke zugenommen hatte, war nun zum Sturm geworden. Die halbverdunkelte Hängelaterne nahe beim Gefängnis schwankte her und hin, und die Eisentür, welche den Hof abschloß, klirrte in ihren Fugen. Ich läutete. Läutete zum zweitenmal. Dann näherte sich der Schritt des Postens.
»Wer ist draußen?«
Ich nannte meinen Namen und meinen Dienstrang.
»Parole?«
Nun wußte ich die Parole nicht. Ich wiederholte meine ersten Angaben und fügte hinzu: »Komme soeben aus Winniza.« Der Posten schien sich zu besinnen. Wackrer Mann, vorsichtiger Mann. Dann öffnete er, der grelle Lichtkegel einer Taschenlampe fiel mir ins Gesicht.
»Ich bin der evangelische Kriegspfarrer und hätte gerne Oberfeldwebel Mascher gesprochen.«
»Jawohl.«
Ich folgte ihm in die Wachstube, sie war menschenleer. Zwei Tische, fünf Stühle, Gewehrständer, die Bücher — Wachbuch, Tagbuch, Strafregister — wie man das kannte! In ganz Europa dasselbe, wo immer Hitler seinen Fuß hinsetzte. Und die Luft — dieses Duftgemisch aus Gewehröl, Kommißtuch, Kochgeschirr und Miliz — nicht einzuatmen, ohne zu fühlen, was das ist: das Zuchthaus Europa.
Der Posten war in den Nebenraum gegangen, aus dem das wohlvertraute Abendgeräusch der Kasernenstuben kam: das harte Aufschlagen der Karten, die rätselhaften, wie

Feuerstöße sich folgenden Zahlen: achtzehn — vierundzwanzig — siebenundzwanzig — dazwischen das gleichfalls mysteriöse »weg« in dumpfer Monotonie. Einen Augenblick herrschte Stille, der Posten machte seine Meldung. Dann hörte man eine heiser-lärmende Stimme: »Der Himmelskomiker! Ick wer verrückt!« Dann nach einer Pause: »Das is sicher wegen Baranowski. Sag ihm, ich komme gleich.«
»Herr Oberfeldwebel kommt gleich.«
Ich, um etwas zu sagen: »Sie haben jetzt Feierabend?«
Der Posten: »Ja, um sechs ist hier Essensausgabe, dann ist Schluß. Nur noch so Streifengang. Wir haben ja zum Glück nur einen kleinen Betrieb.«
Der Feldwebel erschien, eine Welle von Wodkaduft ging ihm voraus.
Nur eine Sekunde war ich drauf und dran, ihn zu begrüßen mit dem Wort: Dem Himmelskomiker ist es selbst nicht recht, daß er stören muß — aber dann tat er mir leid; er stand so treudeutsch und blauäugig da, und wer sagt mir, daß ich nicht auch zum Wodka und zum Skat meine Zuflucht nehmen würde, wenn ich Gefängniswärter wäre in Proskurow?
»Ich muß Sie noch stören«, fing ich an. »Sie wissen: morgen früh ist die Exekution des Soldaten Baranowski; ich bin von Winniza herbeordert worden, um ihn auf den Tod vorzubereiten.«
»Jawohl, Herr Kriegspfarrer.«
»Ich würde nun großen Wert darauf legen, Baranowski heute abend noch kurz kennenzulernen. Andererseits möchte ich natürlich nicht, daß er vorzeitig erfährt, warum ich hier bin. Dazu ist es morgen früh — früh genug. Nun hätte ich gerne mit Ihnen besprochen, wie wir das zuwege bringen.«
Es war deutlich zu merken, daß der Feldwebel unversehens wieder Haltung gewann. Er sah ein, daß ich selbst ziemlich genau wußte, was ich wollte, und daß ich ihn nun doch fragte und so in die Verantwortung einbezog, das mochte er als ein Stück Höflichkeit empfinden. So war

das Glasige aus seinem Blick wie verschwunden, als er zur Antwort gab:
»Wenn ich einen Vorschlag machen soll, so könnten Herr Pfarrer vielleicht eine Art Kasernenstunde halten, wie das Kriegspfarrer Holze auch getan hat. Wir haben diese Andachten schon ein paarmal auf den Abend gelegt, da ist nichts Auffälliges dabei. Die Jungs sind ja so heilfroh, wenn ihre Nacht 'n bißchen kürzer wird. Bei dieser Gelegenheit könnte Herr Pfarrer dann den Baranowski so peu à peu kennenlernen. Ist übrigens ein ordentlicher Junge. Ich habe immer gesagt: Schade um den Bengel. Aber Fahnenflucht. Nichts zu machen. — Soll ich so mein Kommando informieren?«
»Gut, machen wir's so.«
»Wir sammeln die Gefangenen in einer Zelle.«
»Ist da ausreichend Platz?«
»Ja. Wir haben eine Gemeinschaftszelle, die ist zur Zeit unbelegt. Wir haben im Augenblick nur zwölf Gefangene.«
»Schön.«
»Vielleicht warten Herr Kriegspfarrer hier, bis alles bereit ist.«
»Nein, lassen Sie mich zuerst in die Zelle.«
Das hatte ich nur so auf gut Glück gesagt. Erst im Hinübergehen kam mir, daß dieses Zuerst-da-sein für mein Vorhaben einen wirklichen Vorteil bietet. Ich bekomme mühelos und ohne daß es irgendeinen Verdacht erregen könnte, von jedem Eintretenden bei seiner Meldung den Namen gesagt, automatisch gleichsam, und so auch den Namen, auf den es mir ankam. Vorausgesetzt, daß Baranowski an der Abendandacht teilnimmt. Die Teilnahme war freiwillig. Vermutlich hatte der Feldwebel ganz recht: die Gefangenen kamen ziemlich vollzählig, nicht unbedingt aus innerem Interesse, sondern einfach, weil es eine Abwechslung war. Und warum sollte Baranowski nicht kommen? Etwa wegen des Todesurteils? Ich hatte die Erfahrung gemacht, daß auch die zum Tode Verurteilten überhaupt nicht mit der Wirklichkeit dieses Urteils lebten,

sondern — so seltsam es klingt — nur mit der ihres Gnadengesuchs, jenes Blättchens Papier, das sie immer beschrieben und das so gut wie nie eine Bedeutung gewann. Nun, ich würde es ja sogleich innewerden.
Die Schließer hatten drei Schrannen aufgestellt und einen Tisch herangerückt. Ich stellte das Kreuz darauf und die beiden Kerzen, die ich zum Glück vorhin in meiner Tasche gelassen hatte.
Schon hörte ich die Häftlinge kommen. Der hallende Schritt in der Nacht, es war wirklich Nacht, eine Petroleumlampe gab geringen Schein: seltsam, wie die Seele wandern kann, wie ein einziges Geräusch ganze Vergangenheiten aufweckt. Wo hatte ich diese hallenden Schritte so, eben so gehört? Bei den Mönchen im Kloster Beuron war das gewesen, wenn sie abends über den Gang her kamen und in die dunkle Kirche einzogen zur Komplet: ›Eine ruhige Nacht und ein seliges Ende verleihe uns der allmächtige Gott.‹
Sie traten ein. Die Straffheit, mit der sie sich meldeten, wirkte wunderlich übertrieben, eher bricht das Leben entzwei als diese Form. Ich merkte mir die Namen nicht, da ich hier nur auf den einen Namen zu achten hatte, doch blickte ich aufmerksam in jedes einzelne Gesicht. Der, auf den es mir ankam, war der zweitletzte. (Er war also gekommen, dem Himmel sei Dank!) Fiel etwas an ihm auf? Die blasse Gefängnisfarbe hatte er nicht allein; aus einem dunklen Gesicht schauten schräge, sehr traurige Augen, die Vorstellung von geprügeltem Leben stellte sich ein.
Wie war es nun zu halten: zuerst Abendandacht, dann Privatgespräch, oder zuerst ein Rundgespräch, um sich kennenzulernen, und ein biblisches Wort am Schluß?
Ich entschließe mich für einen Zwischenweg und denke, es sei richtig, wenn ich mir zuerst noch einmal die Namen und die Herkunftsorte, dazu den Zivilberuf sagen lasse. Das ist neutrales Gebiet. Von den Straftaten und den Strafen vorderhand kein Wort, vielleicht, daß man später doch noch bei dem einen oder anderen darauf zu sprechen kommt.

»Soldat Baranowski, ohne Beruf, Küstrin.«
»Ich habe einen Freund, der ist auch aus Küstrin; Pastor Lilienthal von der Ostkirche dort.«
Baranowski hebt, als er den Namen des Freundes hört, das Gesicht, halb ungläubig und halb erfreut. Dann sagt er: »Ja? Der hat mich eingesegnet.«
»Ach was! Der ist jetzt drüben bei mir als Gefreiter in einem Landesschützenbataillon.«
»So, Pastor Lilienthal. Den hätte ich gern noch mal wiedergesehen. War ein wunderbarer Mann.«
»Soll ich ihn von Ihnen grüßen, Baranowski?« (Vorsicht, Vorsicht, sage ich zu mir, während ich das frage.)
Baranowski fällt zurück in die Traurigkeit von vorhin: »Ach nein, das ist ja nun schon sieben Jahre her; der kann sich doch nicht mehr erinnern. Da waren ja viele seither —«
»Doch, der schon. Er hat ein ganz unvorstellbares Gedächtnis für Gesichter und Namen und Menschen überhaupt.«
»Nein, grüßen Sie ihn vielleicht lieber nicht.«
Ich leitete über und sagte ihnen das Wort, das ich unterwegs mir zurechtgelegt hatte, anknüpfend an eine Stelle aus der Apostelgeschichte des Lukas, wo es heißt: ›Um die Mitternacht aber beteten Paulus und Silas und lobten Gott; und es hörten sie die Gefangenen.‹ So eine Botschaft auszulegen, das ist zu allen Zeiten und an allen Orten kein ungefährlicher Gang durch die Welt der Worte. Hier ist es noch schwieriger als sonst. Kein falscher Ton darf mir mit unterlaufen, keine unreine Schwingung. Es kam darauf an, ihnen in der besonderen Zeit und dem besonderen Los, die hier die ihren waren, einen Sinn zu zeigen und ihnen zu sagen, daß der Lobgesang inmitten der Nacht ein Geschenk ist, mit dem sie selbst beschenkt sind. Zuletzt sangen wir noch einen Vers und dann noch einen; danach kamen wir leicht miteinander ins Gespräch. Ich setzte mich zu ihnen auf die Bank.
Nun muß man sich vorstellen, daß es bei diesen Strafgefangenen sich oft genug um Buben handelt, die drüben in

der Bürgerwelt nie und nimmer ein Gefängnis von innen zu sehen bekommen hätten; ihre Vergehen konnten nur nach dem Militärkodex bestraft werden. Insubordination zum Beispiel, das hieß häufig gar nichts anderes, als daß ein armer Kerl die Nerven verloren hatte. Freilich kam auch Kameradendiebstahl vor, der galt als schimpflich, und niemand nahm in leicht.
Ein langer, rotblonder Junge, dessen offenes, zutrauliches Gesicht mir während meiner kleinen Ansprache aufgefallen war, gab auf die Frage, warum er hierhergekommen sei, freimütig zur Antwort — und so, wie er Antwort gab, klang es durchaus nicht böse und nicht einmal schamlos:
»Ick, ick ha ma ne L. jeholt. Na, da kam ick erst mal nach Jaissin uf de Ritterburch. So ne Verflejung. Klasse. Alles dran. Na ja, die Spritzen, det wa keen Vajnüjen. Nu jut. Ick, jeheilt, nehme meine Klamotten, zurück zu'n Haufen. Melde mir beim Alten, und nu det dicke Ende: ›Ich bestrafe Sie mit drei Wochen geschärftem Arrest wegen Unterlassung des Sanierens und wegen Verschweigens der Ansteckung.‹ Na, da hatte ick mein Fett wech.«
Jetzt keine Vorträge, keinen Sermon wider die Lues. Aber vielleicht eine Erinnerung an die andere Seite des Daseins. »Wer von euch hat Kinder? Habt ihr Bilder da?« Die Brieftaschen flogen auf, Photographien wurden herumgereicht, es war gut sein hier bei der Petroleumlampe in der Gefängnisnacht. Baranowski, den ich heimlich nicht aus den Augen ließ, saß still dabei, wie von einer Wolke verhüllt. Er zog keine Brieftasche heraus.
Der Schließer trat ein. »Herr Kriegspfarrer werden am Telephon verlangt.«
»Von wem denn? Aus Winniza?«
»Nein, hier vom Baubataillon III/532, Oberleutnant Ernst.«
»So. Gut. Ich komme sofort.«
»Ich bin gleich wieder da, Kameraden. Die drei kleinen Mädels da muß ich mir noch ein bißchen gründlicher anschauen, ich habe selber drei von der Sorte.«

Ich eilte durch die Gänge ins Wachzimmer. Der Hörer lag neben dem Feldfernsprecher.
»Ja?«
»Hier Oberleutnant Ernst. Ich hätte Sie gerne heute abend noch gesprochen im Zusammenhang mit dem Fall Baranowski. Ich bin als Chef des Pelotons bestimmt. Nun höre ich, Sie seien gerade im Gefängnis. Hätten Sie wohl nachher noch ein wenig Zeit für mich?«
»Natürlich, sehr gerne.«
»Haben Sie jetzt noch länger im Gefängnis zu tun?«
»Nein, ich bin für heute abend ungefähr fertig.«
»Gut, dann darf ich Sie am Ausgang des Gefängnisses erwarten, in zehn Minuten, ist Ihnen das so recht?«
»Ja. Oder soll ich zu Ihnen kommen?«
»Nein, nein — ich begleite Sie dann zu Ihrem Quartier.«
»Gut. Dann also in zehn Minuten.«
Ich lege den Hörer auf. »Ich muß noch einmal rasch in die Zelle zurück«, sagte ich zu dem Oberfeldwebel, der unter die Tür getreten war. In der Gemeinschaftszelle sind die Häftlinge ganz manierlich im Gespräch, ich schaue mir noch das Familienbild des Hannoveraners an, gebe ihnen dann die Hand, allen, doch ohne einen Namen zu sagen; auch Baranowskis Namen sage ich nicht. ›Eine ruhige Nacht und ein seliges Ende . . .‹ Da gehen sie ihren Weg in die Zellen zurück.
Einer drehte sich um und rief halblaut: »Schönen Dank auch.« Es war der Junge mit der Lues. Wie ernst das klang, dieses »Schönen Dank auch«, gar nicht nur so hingesagt. Und ich denke wieder wie schon oft: böser Krieg, satanischer Krieg. Die Buben sollen ihre Mädchen auf einem Waldweg treffen können, sollen einen Kuß spüren wie den Biß in eine Gartenfrucht, das wäre Prophylaktikum genug wider alle Lues.
Nun der Abschied im Wachzimmer.
»Herr Mascher, ich komme morgen früh, pünktlich um vier Uhr. Auf fünf Uhr fünfzehn hat sich der Herr Kriegsgerichtsrat angesagt. Ich brauche eine Stunde für das Gespräch mit Baranowski.«

»Jawohl, Herr Kriegspfarrer.«
»Gute Nacht.«
»Gute Nacht.« Unter der Tür noch: »Wie heißt das Kennwort heute?«
»Odessa.«
»Parole: Odessa.«

V

»Herr Pfarrer?«
»Jawohl.«
»Oberleutnant Ernst.«
»Guten Abend, Herr Ernst.« Ich empfand bei diesem Gruß das Wohltätige meiner Dienststellung, daß sie mir erlaubte, die meisten Einheitsführer zivilistisch anzureden. Man war nicht eigentlich eingestuft, rangierte aber doch ungefähr bei den Majoren und war ohnehin fast wie aus einer eigenen Welt. Für Hitler war die Feldseelsorge ein überflüssiges Anhängsel, oft war er drauf und dran, sie ganz abzuschaffen. So war die Einrichtung als solche bedeutungslos, aber jeder einzelne Träger des Amts konnte noch immer nicht wenig ausrichten.
»Ich bin Kompaniechef in einem Baubataillon, wir haben von der Oberfeldkommandantur den Auftrag bekommen, für morgen früh das Erschießungskommando, eins/zehn, zu stellen, ich selbst bin als Führer dieses Kommandos bestimmt.«
»Ein trübseliger Auftrag.«
»Ich vermute, wir haben uns beide nicht um unsren Dienst zu beneiden, Herr — Kollege.«
»Ach, Sie sind —«
»Ja, ich bin Pfarrer. In einem Dorf bei Soest. Ich — verzeihen Sie, Herr Bruder, aber dieser Auftrag geht über meine Kraft.«
Er hielt inne, und so gingen wir eine Weile schweigend unseres Wegs. Ich konnte das Gesicht des Mannes nicht erkennen, die Stimme nur kam auf mich zu, und sie ging

mich an. Er konnte zwölf, vielleicht auch fünfzehn Jahre älter sein als ich, gehörte also noch zu der Generation, die am ersten Weltkrieg beteiligt war. Er hatte ein wenig Mühe, sich aufrecht zu halten. Nun blieb er stehen.
»Ich kann es nicht.«
Das klang so wie ein Schlußwort nach langem Streit, erschöpft und schwer.
»Das Ganze ist eine Schikane, eine bewußte Schikane von Major Kartuschke.«
»Hat der Major etwas gegen Sie?«
Oberleutnant Ernst kam noch einen halben Schritt näher, senkte die Stimme und antwortete: »Wir kennen uns, Kartuschke und ich. Wir kennen uns nicht einmal ganz flüchtig. Leider, muß ich sagen. Kartuschke war nämlich vor zweiundzwanzig Jahren, Anno zwanzig, einige Monate lang mein Hausgenosse und mein Vikar.«
»Ja, aber — um Gott, Kartuschke ist Theologe!«
Ich hatte vor Schrecken fast aufgeschrien.
»Nicht so laut, Herr Kollege, der Wind hat Ohren. Kartuschke *war* Theologe. Nur kurze Zeit — ein, zwei Jahre. Es war ein Mißverständnis, er selbst sah es nach kurzer Zeit so an. Er ist dann bald abgeschwenkt, ich glaube zu einer ganzen Anzahl von Berufen. Wir hatten ihn aus den Augen verloren. Da, Anno dreiunddreißig, als Hitler kam, kam auch Kartuschke wieder. Sie kennen das ja. Der Diener der Kirche geht, und der Kirchenspitzel kommt. Es war eine böse Zeit. Wir haben aufgeatmet, als zwei Jahre später bei der Wiedereinführung der Wehrpflicht Kartuschke endlich Gelegenheit fand, etwas zu werden. Er ist jetzt Major. Nun, von mir aus. Aber wie konnte ich denken, daß ich ihn einmal so treffen würde, daß ihm das Leben Gelegenheit geben sollte, mich zu quälen.«
Nach einer Pause fuhr er fort: »Ich habe noch heute nachmittag versucht, diesen Auftrag abzuschütteln. Kartuschke war nicht da, oder, wahrscheinlicher, er ließ sich verleugnen. Einen Fußfall tu ich nicht. Ach, ich kann mir denken, wie sehr es ihn freut, mir das antun zu können. Sehen Sie, Herr Bruder, ich habe Kinder. Haben Sie auch

Kinder? Auch. Nun, dann verstehen Sie das ja. Ich kann es nicht.«
Wieder eine Pause.
»Sie sagen nichts?«
»Ich komme einfach noch nicht darüber hinweg, daß Kartuschke das gleiche Ordinationsgelübde —«
»Lieber Herr Bruder, entschuldigen Sie, wenn ich Sie unterbreche. Wir sollten Kartuschke beiseite lassen. Was tun wir denn? Morgen früh soll ich sagen: Gebt Feuer! Sie haben den Delinquenten schön zurechtgeknetet, und ich gebe ihm dann vollends den Rest. Wir essen Hitlers Brot und singen Hitlers Lied.«
»Sie bringen mich da in eine merkwürdige Lage. Oder nein: das Leben bringt mich in diese Lage. Ich soll Sie ermutigen, morgen früh zur Stelle zu sein. Ich soll Ihnen so etwas geben wie das gute Gewissen zu Ihrem argen Dienst. Was soll ich Ihnen sagen? Soll ich sagen: wenn Sie, Bruder Ernst, es *nicht* tun, so hilft das dem Baranowski keinen Deut; der muß doch dran glauben, und Sie kostet's das Offizierspatent oder mehr. Dürfen Sie das wollen? Im Effekt hieße das: ein menschlicher Offizier weniger in diesem düstren Krieg und ein unmenschlicher mehr; denn Ersatz, das wissen Sie ja, Ersatz ist gleich gestellt, er ist billig wie Zuckerrüben. Oder soll ich Sie an einen gewissen Martin Luther erinnern, der schon vor vierhundert Jahren gefragt hat: ›ob Kriegsleute auch in seligem Stand sein können‹, und geantwortet hat: ›ja‹?«
»Nun ja; Böses tun, um Böseres zu verhüten: ist es diese Melodie? Das Amt des Schwertes als das Amt der Ordnung. Aber was für eine Ordnung halten wir denn aufrecht mit unsrem Krieg? Die Ordnung der Friedhöfe. Und den letzten Friedhof, den größten dann, den belegen wir selbst. Und wenn wir je doch übrigbleiben sollten, dann wird man uns fragen: was habt ihr getan? Und dann werden wir alle daherkommen und sagen: wir, wir tragen keine Verantwortung, wir haben nur getan, was uns befohlen wurde. Ich sehe es schon im Geist, Herr Bruder, das ganze Heer der Beteuerer, die Händewäscher

der Unschuld. Da muß ein Handtuch her, groß wie ein Leichentuch, für so viele Hände. Aber nein, ganz im Ernst. Das wollte ich Sie fragen: haben wir denn nun irgend etwas voraus vor Kartuschke und seinesgleichen, sind wir nicht noch verdorbener, weil wir wissen, was wir tun?«
Wir waren über den Munizipalplatz weg in eine Anlage gekommen und hatten ein paarmal das Rondell umgangen. Ernst blieb von Zeit zu Zeit stehen und beugte sich vor, wie als müsse man im Duft der Oktobernacht, dem wohligen Duft von feuchtem Wind, sich an das einzig Wirkliche, Beständige und Gute halten, was einem hier geblieben war. Plötzlich schien er sich noch eines anderen zu erinnern und fragte mich: »Haben Sie ein Verhältnis zur Musik?«
»Ja, ein starkes.«
»Sie lieben den Fidelio?«
»Und wie ich ihn liebe! Ich kann keinen Gang in meine Gefängnisse tun, ohne daß mich das trifft: — ›den Atem frei zu heben‹.«
»Ja, und nun sehen Sie: Deutschland und Fidelio, Deutschland 1942!«
»Lieber Herr, der Fidelio gehört keinem Volk. Er gehörte auch den Wiener Trafikbesitzern von Anno dazumal nicht zu eigen. Der Fidelio gehört dem ewigen Geist, und der ist ein Fremdling auf dieser Erde.«
»Nun ja — aber es ist doch so: wir haben diese Musik, *diese* Musik im Ohr, und dann gehen wir hin und tun die berühmte Pflicht und Schuldigkeit. Sie geben das Plätzchen der trostreichen Worte und ich dann, nicht ganz so zuckerig, die trostreichen Kugeln.«
»Bruder Ernst, ich gehe morgen früh um vier zu Baranowski in die Zelle und bringe ihm kein Plätzchen, sondern, wenn es sich so gibt, Christi Brot und Wein, und Sie wissen, daß das ein Unterschied ist.«
»Ja, ich weiß, ich weiß. Verzeihen Sie, halten Sie es meiner Ratlosigkeit zugute, wenn ich ungereimtes Zeug rede. Aber sagen Sie doch selbst: schreit es nicht gen Himmel?

Da laufen wir, Diener am Worte Gottes, in unseren widerwärtigen Verkleidungen, das Mordzeichen auf die Litewka gestickt, durch die finstren Straßen einer russischen Stadt, und morgen früh schießen wir einen Jungen tot —?« Der Wind war so heftig geworden, daß ich nicht hören konnte, ob hier der Satz zu Ende war; ich wartete, bis wir wieder zwischen den Häusern liefen, und sagte dann:
»Sie haben mich vorhin gefragt, worin wir uns denn von Kartuschke und den Seinen unterscheiden und was wir tun sollen. Vielleicht unterscheiden wir uns wirklich nur dadurch, daß wir nie, zu keiner Stunde gutheißen, was nicht gut ist. Wahr, bitter wahr: wir sind hineinverstrickt, der Hexensabbat findet uns schuldig, uns alle. Auch Baranowski ist ja nicht ohne Schuld, und kein englischer Chaplain kommt daran vorbei, einen Fahnenflüchtigen auf solchem Gang zu begleiten. Unsere Schuld aber ist, daß wir leben. Nun müssen wir leben mit dieser unsrer Schuld. Eines Tages dann, da wird es vorbei sein, alles, der Krieg und Hitler, und da haben wir eine neue Aufgabe, und wir wollen redlich mit ihr zu Rate gehen. Dann geht es um das innere Bild aller dieser Dinge und dieses Krieges überhaupt. Es kommt nicht darauf an, den Krieg dann zu hassen. Haß ist, wenn man so sagen kann, ein positiver Affekt. Es ist notwendig, ihn zu entzaubern. Man muß es dem Bewußtsein der Menschen eintränken, wie banal, wie schmutzig dieses Handwerk ist. Die Ilias mag die Ilias bleiben, und das Nibelungenlied bleibe, was es war, aber wir müssen wissen, daß der Dienst mit Schaufel und Hacke ehrenwerter ist als die Jagd nach dem Ritterkreuz. Krieg, so muß man es ausdrücken, Krieg, das ist Fußschweiß, Eiter und Urin. Übermorgen wissen das alle und wissen es für ein paar Jahre. Aber lassen Sie nur erst das neue Jahrzehnt herankommen, da werden Sie's erleben, wie die Mythen wieder wachsen wollen wie Labkraut und Löwenzahn. Und da werden wir zur Stelle sein müssen, jeder ein guter Sensenmann.«
»Hier ist das Wehrmachtheim. Ich danke Ihnen, lieber

Bruder. Bringen Sie dem Jungen die ewige Wegzehr und beten Sie für meine arme Seele.«
»Für *unsre* armen Seelen.«
»Auf Wiedersehen. ›Gute Nacht‹ können wir uns ja wohl wechselseitig nicht wünschen.«
Wir gaben uns die Hand und nickten uns zu. Oberleutnant Ernst wandte sich zum Gehen. Ich sah ihm nach. Ein wenig vornübergeneigt ging er, wie einer, der Schweres trägt. Und erst jetzt kam mir zum Bewußtsein, was sein Gruß, was dieses »Auf Wiedersehen« diesmal bedeutete: daß er entschlossen war, sich in seinen Auftrag zu schikken.

VI

Der zuverlässige Landsmann hatte heizen lassen. Die Wärme tat gut nach dem kalten Gefängnis und dem windigen Gang durch die Stadt. Ich zog die Stiefel aus, schlüpfte in die Kletterschuhe und beschloß, mir noch zwei Tassen echten Kaffee zu bereiten. ›Für besondere Fälle‹ hatte mir neulich mein Oberzahlmeister ein kleines Quantum verschrieben; dies heute, dachte ich, sei ein besonderer Fall. Heißes Wasser ist bald beschafft, in der Küche wirken noch zwei Ukrainerinnen, sie sind verständig und gefällig, und mit den freundlichsten »dobre vetsche« und »spassivo« gehen wir auseinander.
Ich hatte mich gerade nur erst wieder gesetzt, als es klopfte. Der Balinger trat ein. »Herr Pfarrer, so leid es mir tut, aber ich muß hier noch einen Schlafgast unterbringen. Es handelt sich um einen Hauptmann, der morgen früh von hier aus zur Ostfront weiterfliegen muß.«
»Bitte sehr«, konnte ich gerade noch sagen, da stand auch schon der Angekündigte in der Tür.
»Brentano«, sagte er und grüßte.
Ich nannte meinen Namen und gab ihm die Hand. Er wandte sich, nicht ohne gleichzeitig eine ganz leichte, verbindliche Bewegung zu mir her zu machen, an den Gefreiten und sagte:

»Klopfen Sie mir bitte morgen früh sechs Uhr dreißig.«
»Jawohl, Herr Hauptmann, sechs Uhr dreißig klopfen.«
»Wann gibt es bei Ihnen unten Kaffee zu trinken?«
»Von viertel vor sieben an, Herr Hauptmann.«
»Sehr schön. Dann reicht es ja gerade noch. Ich danke.«
Der Gefreite, jetzt militärisch korrekt vom Scheitel bis zur Sohle, grüßte und trat ab. Ich hatte während des winzigen Zwiegesprächs auf nichts so achtgegeben wie auf die Stimme dieses jungen Offiziers, und wieder ging es mir so wie vor einer Stunde, als Oberleutnant Ernst neben mir her gegangen war: mit der Stimme schloß ich Freundschaft. Sie war gewöhnt zu befehlen, diese Stimme, nun freilich, wie sollte sie auch nicht? Aber sie war dabei eine leichte schwebende Stimme geblieben. Sie legte sich nicht auf den Befehl. Es ist selbstverständlich — schien diese Stimme ausdrücken zu wollen —, es ist selbstverständlich, daß man es so macht, wie ich es sage; was verliere ich viele Worte, wir wollen es uns so leicht wie möglich machen. Und hinzu kam: diese Stimme gehörte dem ganzen Mann in Wahrheit zu. Hier wurde sichtbar, daß der gleiche Krieg, dem ich soeben die bösen Namen gegeben hatte — und ich gedachte, keinen davon zurückzunehmen —, doch auch dem ritterlichen Glanz Raum gewährte, einem achilleischen Licht. Dies freilich, so wollte mir scheinen, einzig fast unter dem Vorzeichen des Opfers: Hauptmann Brentano kommt nicht zurück.
»Ich muß sehr um Entschuldigung bitten, daß ich störe, Herr Kamerad. Ich störe ungern.«
Ich sah ihn an, und mit einem kam mir zum Bewußtsein, daß ich vorhin den Oberleutnant Ernst überhaupt nicht wirklich zu Gesicht bekommen hatte. Ich würde ihn morgen früh kaum kennen. Da war unser Gang durch die dunkle Stadt gewesen, unser Gespräch, dieses doch nicht alltägliche Gespräch, und alles war geschehen, ohne daß man des anderen Gesicht betrachtet hatte. Gut, daß ich dieses neue Gegenüber wenigstens in Wahrheit zu sehen bekam. Unwillkürlich, vom Namen her dazu angetrieben, suchte man in dem dunkelernsten Jünglingsantlitz nach

Zügen von Clemens oder Bettina. Etwas Loderndes war in dem Gesicht, Todesernst und Lebensglanz wunderlich vermengt.
Ich erwiderte: »Das ist doch selbstverständlich, daß Sie hier Unterkunft finden so gut wie ich. Es gibt keine Privilegien. Ich schlage vor, Sie nehmen diese Nische hier. Wir werden dann das Licht ein wenig abschirmen, damit Sie schlafen können. Ich selbst habe nämlich noch einiges Unaufschiebbare zu tun.«
Brentano war ans Fenster getreten und hatte sich, von einer seltsamen Unruhe befallen, an den Verdunkelungsvorhängen zu schaffen gemacht. Nun kam er an meinen Tisch und bemerkte die Akte, die, noch verschnürt, vor mir lag. Sichtbar genug war die römische Drei auf dem Deckblatt angebracht.
»Römisch drei in den Händen eines Geistlichen — das kann nichts Gutes bedeuten«, sagte er nun.
»Es bedeutet genau das, was Sie vermuten.«
»Da —!« rief er plötzlich und legte mit einer ungestümen Handbewegung auf mein Konvolut ein Blatt Papier, das er aus dem Waffenrock gezogen hatte. »Todesurteile gefällig? Man kann sich die Schreiberei ersparen und das auch kürzer sagen —«
Ich entfaltete das Papier. Es war einer von den Marschbefehlen, wie sie zu Tausenden durch alle Hände gingen. Er besagte, daß Hauptmann Brentano von der Einheit — folgte ein Pentagramm — sich unverzüglich — jetzt mit Schreibmaschine eingefügt: auf dem Luftweg — zur Einheit — folgte ein zweites Pentagramm — zu begeben habe. Punkt. Unterschrift. Oberstleutnant und Divisionsadjutant.
»Sie können das auch *so* lesen: Hauptmann Brentano begibt sich im Flugzeug zur sechsten Armee nach Stalingrad auf Nimmerwiedersehen.« Seine Stimme war klirrend, als sie das sagte. Und kaum anders klang der Zusatz: »Na, keine falsche Übertreibung. Wie stehen die Chancen? Sagen wir: fünfundneunzig zu fünf.«
Er kehrte zum Fenster zurück. Clemens oder Bettina?

fragte ich mich von neuem. Nicht auszumachen. Höchstens vielleicht so zu verstehen, wie es das Schicksalslied des Clemens meint: ›Hab die Sehne ich gezogen, du gezielt, so triffts ins Herz.‹ Ich wurde abgelenkt — man kennt das ja, gerade in den erregendsten Augenblicken gibt es das: Brentanos Wolljacke fiel mir auf. Es war nicht die graugrüne Überziehjacke aus Wehrmachtbeständen. Sie war fast weiß, schafwollen, handgestrickt, ein Stück persönlicher Liebe. Ich gedachte der Pflockschafe auf Sylt, ihres warmen, schweigenden Lebens.

»Ich muß Ihnen etwas sagen, Herr Kamerad«, fing nun die Stimme von neuem an, und jetzt war nichts Klirrendes mehr in ihr. »Ich konnte nicht wissen, wen ich in dieser Nacht hier treffen würde. Oder vielmehr: ich mußte hoffen, ein Zimmer für mich zu finden. Ich fand es nicht. Nun habe ich eine Bitte. Ich muß eine Bitte aussprechen. Ich muß sagen, daß es mir einem Geistlichen gegenüber nicht ganz leicht fällt, diese Bitte auszusprechen. Ich muß sie aussprechen. Und ich will sagen, daß es mir Ihnen gegenüber, so wie ich Sie da sehe, auch wieder nicht sehr schwer wird — mit zwei Worten gesagt: meine Verlobte, Schwester Melanie, ist unten. Sie ist von ihrem Lazarett Bjala-Zerkow hergefahren, ich konnte sie durch ein Fernschreiben davon verständigen, daß ich für knapp zwölf Stunden hier sein werde. Ich fliege morgen früh nach Stalingrad. Wir haben in dieser unruhigen Nacht keine Bleibe, wenn nicht hier. Und die hier haben wir nur dann, wenn Sie einverstanden sind, wenn Sie uns decken. Ich weiß, ich belaste Sie, Herr Kamerad, es ist —«

»Um mich geht es gar nicht«, gab ich zur Antwort. »Natürlich müssen Sie hier beisammen sein können. Nur ich, ja, ich bin betrübt, daß ich jetzt nicht gehen und Sie beide, wie es nötig und richtig wäre, allein lassen kann. Ich kann es nicht. Diese Akte, Herr Brentano, muß gelesen werden. Jetzt auf der Stelle. Der Mann, von dem sie handelt, liegt morgen früh um sechs Uhr in seinem kümmerlichen Sarg. Vorher aber muß ich noch mit ihm sprechen. Sub specie aeternitatis, Sie verstehen. Es ist ein eigenartiges Zusam-

mentreffen, aber hier ist wirklich so wenig Aufschub möglich wie bei Ihnen. Was aber Sie beide angeht, so lassen Sie mich sagen: ich bin da, als wäre ich nicht da.«
Brentano ging auf mich zu und gab mir die Hand. Wortlos. Aber jeder von uns beiden empfand, daß es Jahre des Anstiegs bedurfte, um diesen Augenblick auf dem Gipfel zu bestehen. Und daß es Jahre lohnte, um diesen Augenblick zu gewinnen.
»Schwester Melanie steht im Sturm.« Ich war es, der zuerst das Schweigen brach.
Darauf Brentano: »Ja, gleich. Nur noch dies. Ich stamme aus einem Haus, in dem man schwer lebt. Oder: in dem man es sich nicht leichtmacht. Mein Vater hat mich in diesen Krieg entlassen mit dem Wort des alten Claudius: ›Tue keinem Mädchen etwas zuleide und denke, daß deine Mutter auch ein Mädchen gewesen ist.‹ Ich habe viel an dieses Wort gedacht und nicht nur gedacht. Aber jetzt —«
»Jetzt, Herr Brentano, nein, jetzt müssen Sie die Schwester holen und ihr sagen, daß sie sich nicht fürchten soll.«
Er ging. Ich löste die Bänder von der Akte Baranowski und schlug auf. Aber ich vermochte fürs erste nichts zu erkennen als Stempel und Vermerke, Unterschriften und Zahlenreihen. Die Gedanken irrten ab. Ich sollte vielleicht den Liebenden behilflich sein. Es herrschte zwar seit kurzem Ruhe im Haus, aber ganz sicher konnte man doch nicht sein, daß nicht auf der Treppe oder im Gang ein mißtrauisch prüfender Blick ihnen begegnen würde. Ich ging hinunter und öffnete die Haustüre; den Platz, an dem der Schlüssel hing, hatte ich Brentano vorsorglich beschrieben. Da kam vom Hof her der Hauptmann, ihm folgte festen Schritts eine große, in ein Regencape gehüllte Gestalt. Wir nahmen die Verhüllte in die Mitte und gingen ohne falsche Hast die Treppe hinauf, ich tauschte sogar mit Brentano ein leises, belangloses Wort. Niemand sah uns. Ich meinte zwar, noch während wir den Korridor entlanggingen, einen leisen Schritt zu hören, aber da waren wir schon an der Schwelle unsres Zimmers. Wir traten

ein, ich schloß die Türe und schob den Riegel vor. Die Gestalt, noch immer in ihrer Vermummung, hielt sich einen Augenblick am Tisch fest, wie als müßte sie sich überzeugen, daß die Wirklichkeiten da sind: Stuhl, Tisch, der Geliebte. Dann legte sie die Verhüllung ab und wandte sich mir zur Begrüßung zu. Sie strahlte. Aber das sagt nichts, wenn ich schreibe: sie strahlte. Ich müßte schreiben: der ganze Mensch war zusammengefaßt in diesem einen, in diesem Strahlen. Befangenheit, Scheu, Sorge, Bangnis, das Wissen um Abschied und Tod —: so groß kann das Strahlen in einem Angesicht sein, daß es dies alles aufnimmt, löst und verwandelt.
»Eigentlich wie aus Mozarts Figaro«, sagte ich, während ich den Mummenschanz-Mantel an einen Nagel hängte, und fügte nur halb einschränkend hinzu: »wenn es nicht so ernst wäre.« Natürlich war das falsch ausgedrückt; aber es gibt Augenblicke, in denen auch aus einem ungenauen Wort nur das zum Klingen kommt, was dann doch richtig ist: die Anrufung nämlich jener herrlichen Musik mitten in dieser Nacht. Melanie lachte, und auch Brentano stand mitten im Lachen Cherubinos. Im Lachen Cherubinos? Cherubino lacht nicht, aber er singt. Mozart singt im Angesicht der Abgründe, im Vorgefühl des Todes.
»Ich habe noch eine Tasse guten Kaffee, nur keinen Becher.«
»Ich habe eine Feldflasche mit schwarzem Tee.« Es war das erste Wort, das ich von Schwester Melanie hörte. Und ich dachte, wie gut diese Stimme sagen könnte, drüben an den Betten von Bjala-Zerkow: ›Schlafen Sie wohl.‹
»Und ich habe Wein«, ließ sich Brentano vernehmen.
»Das gibt ja das reinste Gelage«, gab Melanie zurück. Sie hatte einen Stuhl hergezogen, ihren Brotbeutel geöffnet, Keks, Weißbrot und Honig herausgenommen, nun begann sie uns vorzulegen. »Darf ich?« Wir sprachen nicht. Das Gespräch verstummt auf den Gipfeln und in den Schluchten, und wie weit die beiden voneinander sind, das weiß keiner als Gott allein. Gott und die Liebenden. So

also ist das, denkt Brentano. Und Melanie: so also hätte es sein können, ein ganzes Leben lang. Und beide: aber es war doch einmal. Ein paarmal. Und zuletzt noch einmal in Proskurow in der Nacht. Und dann: es ist noch immer.
»Wie machen wir das mit dem Licht, Brentano?« fragte ich, als Schwester Melanie aufstand und die Dosen wieder verstaute; den ›Herrn‹ in der Anrede hatten wir wechselseitig stillschweigend fallen lassen, und wäre noch eine halbe Stunde unser gewesen, so hätten wir uns wohl ›Du‹ gesagt, alle drei: so stark war die Verzauberung dieser Nachtstunde und dieses Mahls. »Wir müssen da jetzt ein Appartement schaffen, Schwester Melanie. Etwas bescheidene Mittel, muß man sagen. Im Adlon hätten Sie's besser.«
Vielleicht ist das ein Gesetz, daß dort, wo es wirklich schwer ist, nur noch der leichte Ton hinfindet. Es war nicht vorgesehen in den Plänen der Liebenden, daß es so gehen würde; daß man drei Schritte nur von einem Unbekannten entfernt und durch keine Tür von ihm getrennt seinen Abschied halten müßte, Hochzeit und fast schon Tod.
Aber nun waren wir, die eben noch aus einem Becher getrunken hatten, unversehens auseinandergeführt. Die beiden hatten das Ihre zu tun, ich das Meine. Und es erwies sich, daß dieses Meine, das Studium der Akte Baranowski nämlich, nicht weniger einen Menschen umfassen konnte, als nur je Liebesarme dergleichen vermögen.

VII

Man hatte Blatt auf Blatt geschichtet, und es ging an sich durchaus mit rechten Dingen zu, wenn nun in der Akte zuoberst das Schlußwort lag, die Ablehnung des Gnadengesuchs, mit ihr verbunden die Anordnung, das Urteil zu vollstrecken. Aber für den Blick des einsam-nächtlichen Lesers war die Reihenfolge der Dokumente doch tief erschreckend: so also, sagte man sich, so sieht ein Leben von

rückwärts gelesen aus, und nur die ewige Weisheit selbst dürfte so lesen. Ich begann zu blättern. Hier das Gnadengesuch des Häftlings, darunter der Vermerk: ›Ohne Stellungnahme vorgelegt.‹ Ja, das war dieser Kriegsgerichtsrat: ›Ohne Stellungnahme vorgelegt.‹ Nicht ja und nicht nein. In seines Herzens Grund hätte er wohl lieber nein gesagt, aber zu diesem ›Nein‹ war er dann wieder nicht entschlossen genug. Das nächste Blatt war eine Abschrift des Todesurteils: — verhängt wegen Fahnenflucht in Tateinheit mit dem Verrat militärischer Geheimnisse. Dann die Prozeßakte selbst, ein ziemlich umfangreiches Bündel. Ich suchte Namen, Einzelheiten, Handschriften zu Gesicht zu bekommen, las: ›Die Briefe des B.‹, ›Zahlmeister Schildt‹, ›Die Ljuba‹ . . . Und hier, was ist das? Ein Urteil? Noch ein Urteil: ›wird zu drei Jahren Zuchthaus verurteilt.‹ Nun verstehe ich aber gar nichts mehr. Dann ist also offenbar dieses Verfahren, das ihn jetzt das Leben kostet, bereits das zweite?
Ich muß das chronologisch richtig legen. Ich bin ja nicht die ewige Weisheit, die rückwärts lesen darf.
Hier der Tatbestand.
Fedor Baranowski, geboren am 19. November 1920 in Küstrin als uneheliches Kind einer Kontoristin. Der Vater ein verheirateter, polnisch sprechender Schreiner deutscher Staatsangehörigkeit. Von ihm fehlt jede Notiz, es gibt weder eine Anerkennung der Vaterschaft noch Beurkundungen einer Unterhaltspflicht. Aber auch die Mutter, die sich bald nach der Geburt dieses Kindes mit einem Textilhändler namens Hoffmann verheiratet hat, hielt zu ihrem Kind nur eine ganz lose Verbindung aufrecht. Fedor kam in eine Gärtnerei, dann zu einem Altwarenhändler nach Danzig, dann wieder zurück nach Küstrin. Von regelmäßigem Schulbesuch scheint keine Rede gewesen zu sein, auch von Berufsausbildung war nichts zu erfahren. Bei Kriegsausbruch wird Baranowski Soldat. Zu denken, daß ihm in irgendeiner Kaserne zum erstenmal im Leben das zuteil wird, was für andere zur Kindheit gehört: ein geordneter Mittags- und Abendtisch, ein eigenes

Bett, regelmäßige Nachtruhe. Die Kaserne als Heimat. Wie sehr das in diesem Falle galt, mit allen Konsequenzen, macht eine Bemerkung deutlich, die sich in einer — übrigens ausgesprochen günstigen — Beurteilung findet: ›erhielt nie Post und keine Weihnachtsgeschenke‹. (Ein anscheinend besonders schneidiger Regimentskommandeur, der diesen Bericht seines Kompaniechefs vorzulegen hatte, sah sich veranlaßt, an dieser Stelle an den Rand zu schreiben: Berichte sind keine Gedichte.) Nicht weniger nachdenklich aber stimmt die Notiz: ›geht nie zu Mädchen.‹ Sie steht im Zeugnis des Truppenführers aus der Heimat. ›B.‹ — heißt es dort — ›ein stiller, ordentlicher Soldat, der nirgends besonders hervortritt. Lebt mäßig, keine auffallenden Interessen, geht nie zu Mädchen.‹ Es folgen Berichte über den Fronteinsatz, über zweimalige Verwundung, Verleihung des Eisernen Kreuzes zweiter Klasse, Beförderung zum Gefreiten und zum Obergefreiten; nach der zweiten Verwundung, einem Schuß durch die Kniescheibe, kommt die Versetzung ins rückwärtige Heeresgebiet, der Einsatz in einer Bautruppe. Dort wird Baranowski mit Rücksicht auf seine Gesundheit in der Küche beschäftigt, und hier werden zum erstenmal die polnischen und russischen Sprachkenntnisse erwähnt. Woher diese Sprachkenntnisse stammen, ist nicht ganz aufgehellt, vermutlich aus Baranowskis Danziger Kinderjahren. Jedenfalls sind sie der Grund dafür, daß Baranowski vom Zahlmeister seiner neuen Einheit dann und wann zu Einkäufen in die Umgebung geschickt wird. Die Truppe selbst, die einen, wie es scheint besonders geheimen Bauauftrag durchzuführen hatte, war um der Geheimhaltung willen sehr streng von der Zivilbevölkerung geschieden. Nirgends waren, wie sonst üblich, Ukrainer und Ukrainerinnen mit eingesetzt, es gab besondere Sperrkreise und Ausgehverbote. Baranowski aber, der Sprachkundige, geht in die Dörfer als Eier- und Gemüseeinkäufer.
Nun Ljuba. Wenig genug war in Erfahrung zu bringen über die Ukrainerin, die so tief mit ins Netz verstrickt ist.

Man wird sich den Vorgang etwa folgendermaßen zu denken haben: Baranowski lernt in einem von diesen Dörfern die Ljuba kennen, eine wahrscheinlich ganz junge ukrainische Witwe, deren Mann in den Julikämpfen gefallen war, Mutter eines Kindes, das zu dieser Zeit etwa zwei Jahre alt gewesen sein muß. Es gibt Gründe für die Vermutung, daß es zunächst mehr dieses Kind gewesen ist, das in Baranowskis Soldatendasein eine besondere Bedeutung gewann. Der Gruß eines Kindes, die Quelle in der Wüste: man versteht, daß er festhalten wollte, was ihm da das Leben bereitete. Nun hing es mit den Bauarbeiten der Truppe zusammen, daß der Standort mehr als einmal wechselte. Von diesen Verlegungen pflegte Baranowski die Ljuba zu unterrichten, vielleicht hatten auch Zusammenkünfte am dritten Ort stattgefunden, genug: es gab Briefe, und die Briefe wurden ihm zum Verhängnis. Bei einer Razzia der SS fielen eine Anzahl dieser kleinen Briefe dem Suchkommando in die Hand, und unseligerweise war ein Teil dieser Briefe auf die leere Rückseite von Verpflegungsformularen geschrieben. Jede Truppeneinheit führte solche Blocks mit sich, gut möglich, daß sie Baranowski weitgehend überantwortet waren, genug: das Kriegsgericht hatte leichtes Spiel, der Schreiber war bald festgestellt, und Ausflüchte gab es nicht. Die Mitteilungen waren an sich völlig harmlos, immerhin hatten sie die Standorte einer Wehrmachteinheit zur Kenntnis der Ukrainer gebracht; das Partisanenwesen war auch in diesem Abschnitt eine ständige Bedrohung — kurz: die Anklage lautete auf ›Verrat militärischer Geheimnisse‹, der Strafantrag auf fünf Jahre Zuchthaus, die Strafe selbst fiel etwas milder aus; die Bemühungen einiger Dienststellen, dem Obergefreiten Baranowski zu helfen, waren offenkundig, im Grunde freilich war ihm, so wie die Gesetze formuliert waren, auf keine Weise zu helfen.

In Rowno hatte die Hauptverhandlung stattgefunden, in Dubno befand sich zu jener Zeit das größte Wehrmachtgefängnis. Dorthin sollte der Verurteilte gebracht werden, um von dort aus wahrscheinlich in eine Strafkompa-

nie oder ein sogenanntes Bewährungsbataillon zu kommen. Die Strafe selbst durfte nach Hitlers Anordnungen erst ›nach Kriegsende‹ verbüßt werden; aber wer in einer Strafkompanie das Kriegsende erleben wollte, der mußte schon einen sonderlichen Engel zur Seite haben ... Auf der Fahrt nach Dubno gelang es dem Häftling, aus dem fahrenden Zug zu springen. Er blieb, ein wahres Wunder, fast unverletzt und war dann, dank seiner Sprachkenntnisse und bald genug wohl auch mit Hilfe einiger Verkleidung im ukrainischen Zivilleben untergetaucht. Man fahndete nach ihm, aber er blieb verschwunden.
Drei Wochen später ereignete sich folgendes: ein Waldstück, in dem Partisanengruppen sich aufhalten sollten, wurde durchgekämmt und mit zahlreichen anderen Männern, Frauen und Kindern, die da im Wald gelebt hatten, wurde auch Baranowski gestellt. Man trieb sie zusammen, und der Zufall wollte es, daß gerade in dem Dorf, in dem man sie zum Verhör sammelte, Baranowskis ehemalige Truppe im Augenblick stationiert war. Die Partisanen standen mit erhobenen Händen auf einem Platz, man suchte eben nach einem Dolmetscher, um mit dem Verhör zu beginnen, da ging ein Feldwebel von Baranowskis Einheit eilig vorüber, warf einen flüchtigen Blick auf die Zivilisten, stutzte, trat näher, erkannte seinen ehemaligen Küchenchef und rief in lauter Überraschung: »Mensch, Baranowski, was tun Sie denn hier?«
Dies war das Ende. Was mit den Zusammengetriebenen (unter denen sich übrigens Ljuba und ihr Kind nicht befanden) an diesem Tage geschah, ist nicht bekannt geworden; Baranowski selbst aber wurde auf der Stelle verhaftet und in Fesseln nach Proskurow gebracht. Hier fand dann am 5. September die zweite Verhandlung statt. Sie schien sehr kurz gewesen zu sein. Die Frage, ob zu allem anderen hin auch noch auf Feindbegünstigung Anklage erhoben werden solle, wurde kaum geprüft, der Tatbestand der Fahnenflucht war so eindeutig, daß nicht einmal der Offizialverteidiger den Versuch unternehmen mochte, auf ›unerlaubte Entfernung von der Truppe‹ zu plädieren.

Ich schloß die Akten und dachte nach. So also schreibt sich die äußere Geschichte eines solchen Lebens. Wie aber sieht die innere Geschichte aus?
Es ist kein Zweifel, dies ist die Geschichte von einem, der nicht genug geliebt worden ist. Von einem, dem das Leben auch noch jenen untersten Wärmegrad vorenthalten hat, den, der unerläßlich ist, wenn überhaupt ein natürliches Wachstum zustande kommen soll. Nie Post. Nichts zu Weihnachten. Und dann Ljuba und dieses Kind. Nicht irgendein ukrainisches Mädchen, sondern diese Mutter. ›Geht nie zu Mädchen‹, hatte es geheißen. Aber da war nun diese Frau gekommen. Ljuba — mochte er denken —, die Unseren haben dir den Mann erschossen und deinem Buben den Vater genommen; aber jetzt, gib acht, jetzt bin ich da. Und ich bleibe da.
Ich sah ins Leere. Ich fühlte die Augustwochen, in denen der Junge da im Wald gelebt haben mochte, wahrscheinlich in einer von den Hütten, zusammen mit Ljuba und dem Kind. Ich spürte die trockene Wärme dieses Sommerwalds, ich roch Pilze und Beeren, ich sah ihn selbst, wie er, fast schon ein ukrainischer Bauer geworden, durch die Lichtung ging, früh vor Tag, spät am Abend, Nahrung suchend. Er blickte um sich, wach, sprungbereit immer, immer in Gefahr. Aufatmend dann, wenn sich die kleine Tür wieder geschlossen hatte. Manchmal kamen Männer in die Hütte; was fragte Baranowski danach, ob dies Partisanen waren? Sie saßen eine Stunde am Feuer, brieten Kartoffeln, rauchten Machorka und redeten in einem Dialekt, den der Fremde kaum verstand. Und dann gab es Nächte. Sterne zwischen den Baumkronen, verlöschende Herdglut und das Feuer der Liebe. Angst? Vielleicht auch Angst. Aber da war eine Stimme, die Stimme der Geliebten. Und der Atemzug des Kindes. —
Plötzlich drang ein Ruf an mein Ohr. Mein Name wurde gerufen. Wo bin ich denn? Ich war doch eben in der Waldnacht im August, ich hörte doch den Herzschlag des Glücks. Aber nein, das ist ja hier, das ist ja das Wehrmachtheim von Proskurow, und das ist Brentanos

Stimme, und jetzt fragt diese Stimme im Flüsterton: »Wie spät ist es denn?«
Ich schaue nach und gebe flüsternd zurück: »Ein Uhr.«
Darauf Schweigen. Dann, nicht für mich bestimmt, aber ich mußte es hören: »Noch sechs Stunden.« Und dann, noch leiser: »Noch sechs Augenblicke.«
Und dann die andere Stimme — (verzeih, daß ich dies höre!): »Noch sechs Jahre.«
Das ist die Süßigkeit der Liebe: ihr wird die Stunde zum Augenblick. Und das ist die Weisheit der Liebe: daß sie der Augenblick ein Jahr dünkt. Sie haben nur diese eine Nacht, die beiden. Aber gemeint ist es doch: für alle Zeit.
Ich rührte mich nicht. Mein Blick fiel noch einmal auf die Akte. Aber nun lese ich keine Akte mehr. Es ist genug. Nun, was über den Akten ist.
Und so las ich denn:
»Denn Er nicht von Herzen die Menschen plagt und betrübt, als wollte er alle die Gefangenen auf Erden gar unter seine Füße zertreten und eines Mannes Recht vor dem Allerhöchsten beugen lassen und eines Menschen Sache verkehren lassen, gleich als sähe es der Herr nicht. Du nahest dich zu mir, wenn ich dich anrufe, und sprichst: Fürchte dich nicht! Du führest, Herr, die Sache meiner Seele —«
Ich sah auf: Schwester Melanie stand vor mir. Sie trug wieder den Mantel, und nur eines war anders als vorhin, aber gerade dieses eine machte sie ganz anders: sie trug die dunklen Haare offen, und war mit einemmal keine Schwester mehr, nur noch Mädchen, nur noch Frau.
»Ein Fensterladen lärmt so«, sagte sie leise, »ob wir ihn nicht festmachen können?«
»Kaum. Es geht ein solcher Sturm, daß alle Mühe umsonst sein wird, aber ich will es versuchen.«
Ich ging zum Fenster und schaute nach. Der Wind fuhr mit schwarzer Feindseligkeit ins Zimmer, ein Glück, daß ich die Akte vorhin schon in Sicherheit gebracht hatte. Auch Melanie trat in die Fensteröffnung; ihr Gesicht, ihr ganzer Mensch war offen und hingehalten ganz. Sie

wußte es wohl: so undurchdringlich ist alles, was mir hinfort geschieht. Aber Gewalt des Lebens wird darin sein und also: willkommen!
Ich hatte zur Dämpfung einen Lappen befestigt und schloß das Fenster. Melanie wandte sich um. »Er schläft«, sagte sie mit einer Bewegung zur Nische hin, und ich dachte, nun darf sie auch dieses noch haben, sie darf den Schlaf des liebsten Menschen bewachen.
»Sie sollten auch noch eine kleine Weile schlafen, Schwester Melanie.«
»Ach, dazu ist den ganzen Winter Zeit.«
»Ich lösche jetzt noch für eine Stunde das Licht.«
Sie gab mir, wie zum Abschied, die Hand. Wortlos auch sie. Und wandte sich ab. Ich sollte wohl die Tränen nicht sehen, die nun doch hervorstürzen wollten.

Auf dem Stuhl steht die Kerze, daneben liegt die Uhr. Ganz dunkel zu machen, wage ich nicht. Ich darf nicht einschlafen. Sie dürfen alle nicht einschlafen, die Menschen in dieser Zeit. Das ist der Krieg, Hitlers Krieg.
Ich gedachte der Brüder, der Freunde, der liebsten Menschen, aller der Horchenden in dieser Nacht, aller, denen die Müdigkeit auf den Augenlidern lastet und die doch nicht schlafen dürfen. Abschiednehmende übermannt es zuweilen, so daß einer von ihnen schläft, tief, tief gestillt. Und auch Baranowski wird schlafen, denk ich, und wird ohne Argwohn sein. Sturm, großer Sturm der Nacht, wütender Lärmer, Fensterrüttler, mir magst du toben. Aber die Todgeweihten, wecke sie nicht!
Und nun ist es halb vier. Ich presse den nassen Schwamm auf Augen und Stirn, um den Schlaf zu vertreiben. Alles Notwendige ist bereit. Da die Akte noch. Indem ich sie verschnüre, weiß ich plötzlich, wie man dergleichen weiß: ich war ihr letzter Leser auf dieser Welt. Wenn in zwei Stunden die Schüsse gefallen sind, dann fragt keine Menschenseele mehr nach der Sache dieses Mannes. Aber was in den Klageliedern des Jeremia geschrieben steht, das gilt: ›Du führest, Herr, die Sache meiner Seele.‹

Ich stieg leise die Treppe hinab. Und so ungeheuer war nun die Gewalt des Sturms geworden, daß ich die Haustür fast nicht zu öffnen vermochte. Straßenzug um Straßenzug arbeitete ich mich voran, wie als müßte ich diese Stadt einem verbissenen Verteidiger entreißen.

VIII

»Parole?«
»Odessa.«
Der Schließerposten öffnete. In der Wachstube stand Oberfeldwebel Mascher im Dienstanzug und grüßte straff. Es war alles anders als am Abend zuvor. Im Ofen war das Feuer neu angezündet, aber wir fröstelten. Wie auch nicht? In Todesnähe fröstelt das Leben. Als ich trotzdem Anstalten machte, den Mantel auszuziehen, sagte Mascher: »Es ist kalt drüben.«
»Tut nichts. Wenn ich im Mantel hinüberkäme, das sähe so aus, als wollte ich nur so auf einen Sprung hereinschauen.«
»Dann gehen wir.«
»Würden Herr Kriegspfarrer es ihm sagen?« fragte mich der Oberfeldwebel, während wir den Gang entlangliefen. Zu beiden Seiten lagen Zellen. Er fragte flüsternd, denn es sollte alles in der Stille vor sich gehen, die anderen Gefangenen brauchen nicht innezuwerden, was geschieht. Sie *werden* es inne, das ist gewiß. Nicht erst morgen früh, wenn Baranowski bei der Arbeit fehlt. (Falls er überhaupt noch bei der Arbeit war, vielleicht hatten sie ihn auch ständig in der Zelle gehalten.) Nein, sie werden es inne, jetzt in der Nacht. Der Tod, dieser gewaltsame Tod, der ist wie ein Fieber und fährt durch Ritzen und Träume.
»Würden Herr Kriegspfarrer es ihm sagen?«
Ich war dazu nicht verpflichtet. Es ist Sache des Militärs, die reine Mitteilung zu machen. Aber mußte man nicht die Scheu dieses Kriegers, jedes Zögern, jede menschliche Regung ehren?

»Gut, ich werde es tun.« (Und dachte: wie nur, wie?)
Der Schließer öffnete und trat dann zurück.
»Ich gehe einmal voraus«, sagte der Oberfeldwebel.
Die Taschenlampe blitzte auf, man sah den Schlafenden, nur einen Haarschopf sah man, die Zelle war kalt, er hatte sich ganz eingerollt in die Decken, Kreatur, wärmesuchende Kreatur. Er regte sich nicht.
Der Feldwebel rüttelte ihn. »Stehen Sie auf, Baranowski.«
Das war fast gutmütig gesagt, in den Kasernen hatte das anders geklungen.
Baranowski fuhr auf, seine Hand fuchtelte einen Augenblick lang auf die Taschenlampe zu, dann erkannte er den Feldwebel. Gehorsam gewöhnt, sprang er sogleich mit beiden Füßen aus den Decken heraus. Ich stand unter der Türe, er konnte mich nicht erkennen.
»Ziehen Sie sich an, Sie bekommen Besuch.«
»Was ist denn? Was soll ich denn?«
»Fragen Sie nicht so viel, machen Sie voran.«
Er griff nach seiner Hose, stieg hinein, und wandte sich dann ab. »Bitte einen Augenblick allein —«
Der Feldwebel gab mir einen Wink mit den Augen, ich trat noch einmal in den Gang hinaus, wo der Schließer stand. Baranowski wandte sich zum Eimer.
Man ist an einem solchen Morgen sehr wach und empfindet überwach, aber zuweilen genügt ja wirklich ein Spalt, um des Abgrunds ganze Tiefe zu erkennen. So traf mich dieses hingestammelte »Bitte einen Augenblick allein —« wie der Urlaut des Geschöpfs in seiner Scham und seinem Preisgegebensein.
»Los«, hörte ich jetzt den Feldwebel sagen, »machen Sie die Decken zurecht.« Dann trat er einen Schritt zur Tür her und rief mich. »Bitte, Herr Pfarrer.«
Die Tür schloß sich hinter mir. Baranowski sah mich starr und ungläubig an, er vergaß die Ehrenbezeigung.
»Sie können sich nicht denken, warum ich zu so früher Stunde noch einmal komme?«
»Ist es wegen des Todesurteils?«
»Ja.«

»Ist mein Gnadengesuch abgelehnt worden?«
»Ja.«
»Und wann komme ich dran?«
»Heute.«
»Heute ... wann?«
»In einer Stunde.«
»Und wo?«
»Hier, vor der Stadt draußen.«
»Werde ich geköpft?«
»Aber nein, Sie sind doch Soldat, Baranowski.«
»Also eine Kugel.«
»Ja.«
»Herr Gott ... und das Gnadengesuch ist abgelehnt worden.«
Pause. Ich setzte mich auf den Stuhl in der Zelle, den einzigen Stuhl, und rückte den Tisch so, daß auch Baranowski an ihm sitzen kann, wenn er auf seiner Pritsche Platz nimmt. Die Kerze erhellt nur eben gerade den kleinsten Kreis. Ich öffne mein Zigarettenetui, biete Baranowski an und nehme selbst. Ich gebe ihm die Kerze als Feueranzünder. Eine vorzügliche Einrichtung, das Rauchen. Es geschieht etwas dort, wo es unerträglich sein würde, wenn nichts geschähe.
»Nur weil man auch einmal ein paar Wochen lang ein Mensch sein wollte, muß man jetzt dran glauben.«
Das war das Stichwort. Mehr: das Thema. War Über- und Unterschrift.
»Ich habe nichts Schlechtes getan, Herr Pastor.«
Dann, nach einem langen Zug an der Zigarette: »Aber ich lasse mich nicht in eine Strafkompanie sperren.« Es klang, wie wenn er nicht gehört hätte, daß er in einer Stunde allen Kompanien dieser Welt entronnen sein wird.
»Da waren zwei in unsrer Einheit, die haben von der Strafkompanie erzählt. So'n Stückchen Brot und Kohlsuppe, Arbeit von halb fünf in der Frühe bis abends um sieben, und bei dem einen Wachtmeister immer im Laufschritt. Da sollen sie einen doch gleich fertigmachen.«

Er übertrieb nicht. Ich hatte genug Berichte gesammelt, um zu wissen, was Strafkompanie im Jahr neunzehnhundertzweiundvierzig bedeuten konnte. So war es also: die Angst vor dem langsamen Tod hat ihn hierher gebracht, stracks in den schnellen Tod hinein, fünf Uhr fünfundvierzig bei der Kiesgrube. Und da sitze ich nun und soll die letzte Stunde mit ihm teilen, soll dieses letzte Gespräch mit ihm führen. Es war ein Gespräch an der Grenze, und ich trug die Verantwortung dafür, daß es ein richtiges Gespräch wurde. Ich mußte ihm die Freiheit lassen, alles zu sagen, was er wollte, und mußte doch auch wieder das Gespräch in der Hand behalten. Es ging ja um beides: um den Tod und um die Ewigkeit. Tod ist Freiheit, aber Ewigkeit ist Bindung; der Abschied ist ein Schmerz, aber die Ankunft ist das Glück.

Was ist das für ein Ding, dies vor sich zu haben wie eine Aufgabe — wie als ginge es um die Aufführung einer Sarabande im geistlichen Stil. Es geht um das Wort, um das verantwortlich gesprochene Menschenwort, und zugleich freilich wieder um mehr als dieses Menschenwort. Klaus, der frater catholicus, gibt Absolution, Hostie und Chrisma; er übt eine Zeichensprache, die gleichsam nicht verstanden werden muß und doch verstanden wird. Aber ich, hier und heute? Drüben in meinem eigenen Bereich, da kenne ich die Todeskandidaten im Gefängnis nicht weniger gut als die Moribunden im Lazarett, ja häufig viel besser. Wir haben ein breites Stück Boden unter den Füßen und müssen, wenn es aufs Letzte geht, nicht erst mit allem beginnen. Hier müssen wir beginnen, ganz von vorn. Denn streng genommen darf ich nicht einmal wissen, was ich aus den Akten weiß. Aha, würde es sonst heißen können, der Pfaffe hat spioniert, nun kommt er und will mir eine verpassen. Danke schön. Keinen Bedarf für Erzeugnisse aus dem heiligen Ramschladen.

»Wir haben noch eine Stunde Zeit miteinander, Kamerad, und es käme darauf an, daß wir die nützen.« Ist das ein Anfang? Es ist mehr zu mir selber gesagt.

»Könnte ich Ihnen noch einen Wunsch erfüllen? Viel-

leicht schreiben wir miteinander an jemand, der Ihnen lieb ist und den Sie grüßen möchten.«
Die Antwort kam nicht gleich. Dann hieß es: »Nein, danke, es ist niemand da.«
Jetzt: Wahrheit. Kein Schleichen mehr, keine Winkelzüge. »Ich habe teilweise in den Gerichtsakten gelesen, Baranowski; ich mußte das ja wohl tun.«
»Ja. Dann wissen Sie ja Bescheid.«
»Schon. Aber bei solchen Akten weiß man ja nie, ob sie ein richtiges Bild geben.«
»Na, ist ja auch egal, jetzt —«
»Freilich. Ich frage nur: möchten Sie nicht — der Ljuba noch ein Wort schreiben?«
Baranowski schaute auf. Der Name Ljuba hier — in dieser Zelle. Aber gleich irrte der Blick wieder zur Seite, zuletzt heftete er sich an die Kerzenflamme: »Es hat ja keinen Sinn, daß ich schreibe. Der Brief kommt nicht an.«
»Doch.«
»Wie?«
»Ich werde dafür sorgen.«
»Sie?«
»Ja.«
(Es ist verboten. Natürlich ist es verboten. Es ist überhaupt verboten, ein Mensch zu sein. Aber es ist der Wille eines Sterbenden, ein Testament. Hol der Teufel diesen Krieg und seine Befehle.)
»Haben wir noch Zeit?«
»Ja, gut Zeit.«
»Haben Sie Schreibpapier bei sich, Herr Pastor?«
»Hier.«
Er nimmt den Bogen und legt ihn zurecht. Plötzlich schüttelt es ihn in einem wilden Krampf. Es geht nicht.
»Soll ich für Sie schreiben?«
»Wenn Sie so gut sein wollen. Können Sie Russisch?«
»Nein. Das heißt, die Buchstaben, die cyrillische Schrift, die kann ich schon. Sie müssen mir eben langsam diktieren.«
»Dann wissen Sie aber nicht, was ich schreibe.«

»Das geht ja auch nur euch beide an.«
Er diktiert und ich schreibe. Mitunter verstehe ich ein Wort. Es sind Menschenworte. Es ist kein Verrat militärischer Geheimnisse.
»So. Den Namen müssen Sie selber schreiben, sonst glaubt Ljuba gar nicht, daß es Ihr Brief ist.« Er schreibt. Die Hand jagt auf und ab, aber zuletzt wird es doch eine Unterschrift.
Ich notiere den Namen des Dorfs, und er beschreibt mir das Haus, der Brief kommt in das innere Fach der Brieftasche. Gut.
»Soll ich nun nicht doch Pastor Lilienthal sagen, daß wir uns hier begegnet sind?«
»Sie können ihn ja grüßen. Aber ich glaube nicht, daß Sie ihm eine große Freude damit machen.«
»Wissen Sie eigentlich noch Ihren Einsegnungsspruch, den Ihnen Pastor Lilienthal gegeben hat?«
»Nein, den weiß ich nicht mehr.«
»Auch nicht wenigstens ungefähr? Wenn Sie etwas daraus wüßten, brächten wir ihn vielleicht zusammen.«
»Warten Sie ... es kam etwas vom Trinken darin vor.«
»Dann war es wohl: Wen da dürstet, der komme zu mir und trinke.«
»Ja, so kann er geheißen haben. Ich muß sagen, ich hab mich nämlich nicht viel um Religion und Kirche und all so was gekümmert. Aber 'n bißchen was von 'n Gebet habe ich immer noch gewußt. Und jetzt die letzten Tage, da hab ich manchmal gedacht, wie das so ist, daß das alles nun so vorbeigegangen ist, und daß es nun nicht mehr nochmal von vorne angeht, und man es auch gar nicht mehr anders machen kann. Na, das gehört nun nicht hierher.«
Er sprach auf einmal fast ohne Stockung, war auch aus dem lichtlosen militärischen Schriftdeutsch in einen Anklang von pommerscher Mundart zurückgefallen, nun plötzlich wieder ein Junge. Eine schlimme Falte über der Nasenwurzel war wie weggewischt, und in die erstarrten Augen war Leben gekommen, Leben und Angst.

»Doch«, sagte ich, »das gehört ganz hierher.«
Und was sollte ich ihm nun noch sagen. Daß die ewige Liebe den nicht abweist, den die Welt ausstößt. Daß wir alle uns Unzähliges schuldig bleiben, daß aber der heilige Friede schon beschlossene Sache ist. Und wen die Tische des Lebens nicht einladen, dem ist doch der letzte Tisch gedeckt.
Die Zigarettenasche ist weggeräumt, ich habe das weiße Tuch gebreitet, das Kreuz darauf gestellt, den Hostienteller und den Kelch. Ich spreche die Worte der Beichte und den Zuspruch der Absolution. So wie drüben in meinem Dorf zur österlichen Zeit, wie im Lazarett an den Sterbebetten. Beim Vaterunser betet er langsam und unsicher mit. Aber nun stehen die Worte doch da, große Wächter von Ewigkeit. Keine Verstörung dringt herein. Und selbst als plötzlich irgendwo eine Uhr fünfmal schlägt und ich denke: sechs Uhr hört er nicht mehr schlagen — selbst da weicht die Geborgenheit nicht von uns.
Die Feier ist zu Ende. Wir setzen uns noch einmal.
Baranowski fragt: »Haben wir immer noch Zeit?«
»Ja, wofür?«
»Ich könnte, weil Sie das von dem Frieden gesagt haben — doch noch schreiben.«
»An wen?« (Ich ahne, an wen er jetzt schreiben wird.)
»An — die Frau Hoffmann.«
»Ja. Schreiben wir.«
Ich schreibe, er diktiert. »Teile Dir mit« — nein: »Muß Dir leider mitteilen, daß ich heute früh erschossen werde. Der Herr Pastor ist bei mir. Er wird Dir das Nähere schreiben. Danke für Deine Mühe, die Du Dir gemacht hast. Es ist mir leid, daß es so gekommen ist. Denke manchmal an Deinen Sohn —«
Noch eine Unterschrift. Fedor.
»Und deine Anrede, Kamerad? Ein Brief sollte doch fast eine Anrede haben.«
Er zögert. Dann schreibt er: Liebe Mutter.
(Und nun kein Wort darüber, was für eine Sache das ist, dieses: Liebe Mutter.)

»Jetzt sei ganz still. Ich werde mitgehen und bis zuletzt dabei bleiben.«
»Bis zuletzt«, wiederholt er. »Wird es schnell gehen? Werden sie gleich treffen?«
»Sie werden.«
Seine Augen irrten in der Zelle umher. (Jetzt könnte er kommen, der Kriegsgerichtsrat, denke ich.) Dann griff er nach der Brieftasche, in der noch ein paar Dinge sich befanden, die man ihm gelassen hatte; zwei Bilder waren dabei. »Das ist sie«, sagte er. Es war Ljuba. Eine russische Amateuraufnahme, kein Meisterstück. Aber das Gesicht, so viel konnte man erkennen, war von der Art, daß man dies und das dafür wagen mochte. »Sie werden sie ja sehen. Und das ist der Junge. *So* ein Bursche. Schade.«
Er zerriß die Bilder.
Er war in dem Augenblick, als er die Bilder zerriß, wie einer, der sich unwiderruflich vom lieben, lebendigen Leben trennt. Mit einemmal stand er auf, wandte sich zu mir, legte die Arme auf meine Schultern, dann, schüchtern fast, um den Hals, küßte mich auf den Mund, und sagte: »Ich danke dir, ich danke dir, ich danke dir.«
Nun griff er nach meinen Händen, preßte sie und flüsterte: »Was für gute warme Hände du hast.« Es ist kaum noch der gleiche Mensch, als der er gestern abend in der Schar der anderen gestanden war. Er hatte rasch ein Stück Leben nachgeholt, und diese letzte Stunde war nicht ganz arm gewesen.
»Und der Brief wird besorgt, da sei ganz ruhig!« konnte ich eben noch sagen — da waren Schritte auf dem Gang zu vernehmen. Wir traten eine Armeslänge auseinander; die Erregung des Abschieds, die uns wie zu Brüdern gemacht hatte — das war nicht für fremde Augen bestimmt. Die Tür ging auf, zwei Angehörige der Feldpolizei, Kettenhunde genannt, traten ein, Maschinenpistolen in der Hand; ihnen auf dem Fuß folgte der Kriegsgerichtsrat, im Stahlhelm jetzt auch er. Er begrüßt mich knapp und wendet sich dann Baranowski zu. Der Delinquent steht starr, den Blick ins Leere gewandt, vor seiner Pritsche.

»Fedor Baranowski! Ich habe Ihnen zu eröffnen: der Herr Wehrmachtbefehlshaber Ukraine hat entschieden, wie folgt: Das Gnadengesuch des Baranowski ist abgelehnt. Das Urteil ist zu vollstrecken. Zufolge dieser Entscheidung werden Sie heute erschossen. Bewahren Sie Haltung! Sterben Sie als Soldat!«
Er ging rasch hinaus, Baranowski rührte sich nicht. Die Kettenhunde traten zu ihm und legten ihm nun Handfesseln an. Es geschah schweigend. Einer von den Schließern, ein gutmütiger Junge, wie es schien, kam mit einem Taschenmesser, um, wie es befohlen war, die Schulterklappen, das Hoheitszeichen und auch das Ordensbändchen zu entfernen; die beiden Obergefreitenwinkel waren ihm schon bei seiner Degradierung genommen worden. Das Hoheitszeichen löste sich nicht gleich, ein paar Nähte hielten fest. Niemand hatte jetzt Geduld. Der Gefreite riß ein Stück Stoff mit heraus.
»Mensch, passen Sie doch auf!« herrschte ihn einer von den Feldpolizisten an.
»'s is eh' gleich«, erwiderte der andere, und dieses bayrische »'s is eh' gleich« klang mild und traurig in die arge Morgenstunde herein.
Sehr anders aber klang die Rede des Feldgendarmen: »Ich mache Sie darauf aufmerksam, daß ich bei dem geringsten Fluchtversuch sofort von der Waffe Gebrauch mache.«
Fedor Baranowski erwiderte nichts. Seine Augen waren noch immer wie abwesend; aber die Starre reichte nicht mehr bis an sein Herz.

IX

Letzte Szene im Wachlokal.
»Wohin sollen Ihre Sachen geschickt werden? Haben Sie eine Adresse angegeben?«
Ich erwiderte für ihn: »Ich habe die Adresse.«
»Wollen Sie eine Tasse Kaffee?«
Baranowski nickte: »Ja, bitte!«

Der Oberfeldwebel: »Schließen Sie noch einmal auf.«
Der Feldgendarm: »Ist gegen die Vorschrift.« Nach einem Augenblick des Besinnens: »Na, er wird uns ja keine Zikken machen. Schon mal ausgebüxt, was, Junge?«
Die Handschellen wurden noch einmal gelöst, der Verurteilte trank zwei, drei Schluck Kaffee.
»Noch 'ne Scheibe Brot?«
»Nein, danke.«
»Aber noch eine Zigarette?« Sie waren auf einmal alle gefällig. Mit solchem Bettelgeld wollen wir die Schuld begleichen, die Schuld, daß wir leben.
Draußen lief ein Wagen an. Von einem Begleitkommando kam einer herein und rief: »Los!«
Baranowski legte, nun fast ruhig, die halbgerauchte Zigarette in einen Aschenbecher, gab dann allen die Hand, wie man vor einer weiten Reise zu tun pflegt, und fragte zuletzt, während die Fesseln sich wieder schlossen, zu mir her: »Fahren Sie mit mir, Herr Pfarrer?«
»Ja, ich bleibe bei Ihnen.«
Es war die Stunde zwischen Dämmerung und Tag. Der wilde Sturm hatte sich gelegt. Westwind kam uns entgegen, regenfeucht und gelinde.
Im Hof stand ein Schirrmeister und gab seine Anweisungen.
»Ihr kommt mit dem Mann hinten rauf«, hörte ich ihn eben zu dem einen Feldpolizisten sagen und vernahm, wie ein anderer Mann, einer vom Begleitkommando, zurückgab, halblaut nur: »Ne, det jeht nu nich... Mensch, da is doch der Sarch mit druff.«
Ich begriff: das war das Kommando des Gräberoffiziers, das hier mit dem Sarg fuhr.
»Herr Kriegspfarrer fahren mit Herrn Kriegsgerichtsrat im Pkw?«
»Nein, ich bleibe bei Baranowski.«
»Gut; vorne im Lkw haben vier Mann Platz.«
Da sitzen wir nun, die Feldgendarmen, Baranowski und ich, und die Fahrt beginnt. Der Privatwagen des Kriegsgerichtsrats ist schon vorausgefahren. Die Feldpolizisten,

froh, daß bis jetzt alles ohne Zwischenfall gegangen ist, lehnen sich zurück und versuchen, auf ihre Weise dem Delinquenten zuzusprechen.
»So was Blödes, mein Junge«, sagte der eine.
Der andere: »Na, nu Kopf hoch! *Einen* Tod sterben müssen wir alle.«
Ich war nun doch wohl übernächtig-müde. Halb wütend mußte ich in mich hineinlachen wegen dieses »Kopf hoch«. Indessen fuhren wir, niemand begegnete uns, es war gut so. Wir fuhren ein Stück weit auf eben der Straße, auf der ich gestern gekommen war, dann bog der Wagen links ab, und es begann eine mühsame Fahrt, fast ohne Weg. Plötzlich erblickten wir vor uns das düster-feierliche Bild des militärischen Zeremoniells: graue Stahlhelme und schimmernde Koppelschlösser im Morgenschein. Auf der linken Seite hatte sich eine Kompanie postiert, in der Mitte stand das Peloton, auf der rechten waren einige Offiziere zu sehen, vorn der Holzpfahl. Der Wagen hielt, wir stiegen aus. Baranowski, der während der ganzen Fahrt kein Wort mehr gesprochen hatte, ging mit langsamen Schritten auf den Pfahl zu. Als er dort stand, wurden ihm die Augen verbunden.
Die Stimme des Kriegsgerichtsrats. Der Ordnung nach mußten Urteil und Bestätigung noch einmal verlesen werden. Ein unbarmherzig langer Sermon. Die Stimme klang, wie sie mir gestern geklungen hatte: ohne Anteil, aber auch ohne den Ton der Kränkung.
Ich hatte mich zu den Offizieren gestellt, doch ganz ohne auf ihre Gesichter zu achten. So erschrak ich denn, als ich plötzlich die Stimme Kartuschkes hörte, die wie mit Messerschärfe die Morgenluft durchschnitt, und ich war es, den sie aufrief: »Der Herr Wehrmachtpfarrer hat das Wort.«
Ich fühlte mehr als hundert Augenpaare auf mich gerichtet. Aber ich selbst gedachte jetzt nur des einen, und dieses eine war durch eine weiße Binde verdeckt. Ich ging auf Baranowski zu und sagte, als ich ganz nahe bei ihm stand, so leise, daß nur er es hören konnte: »Nun denk nur noch:

in Deine Hände befehle ich meinen Geist. Du hast mich erlöset, Herr, du getreuer Gott.«
Darauf er: »Würden Sie mir noch einmal die Hand geben?«
Unsicher, ohne den Tastsinn des Blinden, suchte er nach meiner Hand. Ich gab sie ihm, ruhig und fest. Es war gut. Der Diener des Evangeliums, der Sache, für die ich hier stand, dokumentierte damit, wo sein Platz ist: auf der Seite derer, die unter die Räder gekommen sind. Die Wahrheit des Evangeliums ist die Torheit der Welt, ihr Spott und ihr Zorn. Ich ließ es gelten, daß es so war. Dann trat ich zurück. Als ich auf halbem Wege war, fielen die Schüsse. Oberleutnant Ernst hatte schweigend das Zeichen gegeben.
Baranowski war aufs Gesicht gefallen. Der Stabsarzt, ein kleiner, schmaler Mann, den ich erst jetzt bemerkte (er sah nicht so aus, als hätte er Freude an seiner Frühtätigkeit), ging vor zum Pfahl, befühlte den Puls, machte sich an den Augen zu schaffen, zog dann die Uhr, kehrte um und meldete vor Kartuschke mit einer geborstenen Stimme: »Tod fünf Uhr siebenundfünfzig eingetreten.«
Handgriffe. Der ungestrichene Sarg wurde hergebracht, zweimal zwei Hände packten zunächst an den Stiefeln des Toten, die Wehrmacht braucht Leder, dann hob das Kommando ihn in den Sarg, eine breite Blutlache blieb im Sand zurück. Nägel, Hammerschläge: es war an alles gedacht, das deutsche Heer ist eine korrekte Institution, korrekt bis zum Erschossenwerden.
Unterdessen hatten die Einheitsführer die Kommandos zum Abrücken gegeben, ich hatte in den Offizierskreis kurz und blicklos hineingegrüßt.
Da drüben ging Oberleutnant Ernst mit seinem Kommando. Er ging schwer, ein wenig vornübergeneigt auch jetzt. Ich hatte ihn nun gar nicht zu Gesicht bekommen, es tat mir leid. Ich werde ihm ein Wort schreiben müssen, morgen.
Der Kriegsgerichtsrat trat auf mich zu. »Ich darf Sie jetzt in meinem Wagen zur Stadt zurück mitnehmen?« Ich

wollte zunächst ablehnen, da bemerkte ich, daß er seinen Fahrer wegschickte und selbst den Steuersitz einnahm. So wollte er wohl einen Augenblick mit mir allein zusammensein. Dem war standzuhalten.
»Tadellos hingekriegt haben Sie das«, sagte der Kriegsgerichtsrat, als der Wagen anfuhr. Ich sah ihn an. Er schien sich nicht im mindesten dessen bewußt, was er da redete. Es war ihm darum zu tun, mir etwas Verbindliches zu sagen. Ich freilich konnte nichts erwidern.
»Kalt«, sagte er dann, zog den Mantelkragen hoch, schüttelte sich und fahndete nach einer Zigarette. Nun mußte ich wohl ein Wort sprechen.
»Es ist uns jetzt nicht recht wohl, Herr Kriegsgerichtsrat«, sagte ich. Und fügte hinzu: »und es *soll* uns auch nicht wohl sein.«
»Na, wieso?«
»Die Gerechtigkeit, Herr Kriegsgerichtsrat.«
Er sah mich nicht an. Sein Feuerzeug hatte beim zehnten Versuch endlich gezündet, er tat den ersten Zug an seinem Stäbchen, riß dann mit Vehemenz an der Fensterkurbel, atmete die Herbstluft ein und sagte laut: »Verfluchte Scheiße!«
Dann, nach einer kleinen Pause: »Gott sei Dank habe ich noch einen anständigen Wodka daheim. Reservierte Pulle. Schluckweise zu trinken. Nur für besondere Fälle. Erschießungsschnaps, sagt mein Bursche. Lade Sie ein, Herr Pastor.«
»Danke, nein, geht nicht.«
»Wieso nicht? Moralische Bedenken? Wie lange sind Sie beim Verein?«
»Drei Jahre.«
»Drei Jahre und noch nicht verdorben? Sie kommen in den Himmel. Erster Klasse.«
»Sie meinen von wegen nicht getrunkenem Wodka? Ich trinke sonst gern einen Schluck. Nur jetzt ist mir nicht danach zumut. Es war nämlich alles verkehrt.«
»Was heißt da verkehrt? Ich habe den Krieg nicht gewollt. Aber wenn schon, denn schon. So oder so, wie Adolf im-

mer sagt. Auto oder Sarg. Und dann lieber noch Auto.«
Wir fuhren eine Weile schweigend. Mir kam zum Bewußtsein, wie der Mann, der gestern abend seine Rede so sicher und kühl gehalten hatte, nun hier mit seinen Worten wie zwischen Trümmern lief. Die Sprache ist von Gott und übt ein gerechtes Gericht.
»Ich glaube, ich gehe eine Stunde ins Gelände«, sagte ich dann. »Wenn Sie mich da vorn absetzen wollten.«
»Schön. Gehen Sie. Gehen Sie mit Gott. Nochmals meine Anerkennung. Sie verstehen Ihr Metier.«
»Leben Sie wohl, Herr Kriegsgerichtsrat.«

X

Auf der anderen Seite der Straße ging ein kleiner Weg der Anhöhe entgegen, die mir schon gestern bei der Anfahrt aufgefallen war. Ich war froh, endlich wieder allein zu sein und Fuß vor Fuß setzen zu können, so wie ich es gestern (oder wann war das gewesen?) in dem morgendlich atmenden Land getan hatte. Das Erlebnis freilich, die Kette von Erlebnissen dieser Nacht ließ mich nicht los; und als oben auf der Höhe ein Soldatenfriedhof sich zeigte, empfand ich es ganz als zur Stunde gehörig. Hier wird ja dann wohl auch Baranowski seinen Platz finden; nicht in der Reihe der anderen, gewiß nicht, aber außen an der Seite, und auch da wird Ruhe sein. Er ruhe in Frieden. Niemand spricht dieses Wort über seinem Grab. So spreche ich es jetzt. Und es wird gelten, selbst wenn in drei, vier Jahren neue Verwüstung hier um sich greifen wird; allzulange wird die nicht mehr auf sich warten lassen. Die Sowjets werden diese Länder und Städte wieder besitzen, und kein Kreuz wird mehr auf diesem Friedhof stehen, Kreuze sind gutes Brennholz für die Kasernen der Roten Armee. Fedor Baranowski wird kein Kreuz bekommen. Nun, so wird er auch keines verlieren können.
Ein jäher Lärm schreckte mich auf. Es war ein Flugzeug, das ganz tief über die Anhöhe weg flog, der Pilot schaute

heraus und winkte mir zu. Ich sah ihm nach und wurde gewahr, daß der Flugplatz ganz in der Nähe lag.
Zum Flugplatz! Das könnte der richtige Weg in dieser Stunde sein. Ins Wehrmachtheim will ich noch nicht zurück, obwohl es gewiß ist, daß die Liebenden nicht mehr im Zimmer sind. Schwester Melanie muß ja schon in aller Frühe gegangen sein, Brentano hat sie ein Stück weit begleitet, denk ich, ist dann zurückgekehrt, der Gefreite aus Balingen hat ihm geklopft, jetzt sitzt er am Frühstückstisch. Vielleicht, daß ich ihm noch begegne, wenn ich jetzt aufs Rollfeld komme.
Die Absperrung des Geländes war nicht sehr streng; ich wies mein Soldbuch vor und konnte passieren, eine Anzahl kleiner Maschinen standen fahrbereit, Bodenpersonal lief her und hin, es herrschte jene muntere Geschäftigkeit, die in dieser Waffengattung sich noch am ehesten bis ins vierte Kriegsjahr hinein erhalten hatte.
»Good morning, chaplain«, rief da plötzlich eine Stimme von hinten. Ich wandte mich um, es war der Horstkommandant von Winniza, ein Oberstleutnant, den ich von manchen Dienstbesprechungen her kannte. Er war das, was man einen edlen Heiden nennen könnte. Wir hatten uns ziemlich bald gefunden in der gemeinsamen Liebe zur Musik und dem ebenso gemeinsamen Haß auf Hitler und die Seinen. Es war bewunderungswürdig, wie er — ungleich mehr den Spitzeln ausgesetzt, als ich es war — jenen unfaschistisch-menschlichen Raum schuf, den er ›sturmfreie Zone‹ zu nennen pflegte. Schon dieses ›good morning‹ war unvorsichtig genug.
»Was tun Sie denn hier?« fragte er.
»Ich hatte dienstlich hier zu tun, Herr Oberstleutnant.«
»Einer ins Gras gebissen?«
»Gebissen worden.«
»Ach so.« Er verstand sogleich. Unser Leben, ein primitiv gewordenes Leben, war geübt, die wenigen Dinge, die es noch gab, rasch zu verstehen. »Diese Bande. Na — alles aufs Konto.«
»Schon. Bloß werden die da droben nicht mehr lebendig

davon«, gab ich zurück und deutete mit der Hand auf die Friedhofshöhe.
»Nein. Aber wenn Schicklgruber in den Tartarus fährt, machen die Geister Musik. Sie wissen ja: Gluck. Eigentlich sollten wir das noch erleben, was? — Und wo wollen Sie jetzt hin?«
»Nach Winniza zurück.«
»Haben Sie schon einen Wagen?«
»Nein, ich gehe nachher zur Fahrbereitschaft und frage nach.«
»Unsinn, Sie fliegen mit mir. Ich fliege in einer Stunde.«
»Sehr gerne, Herr Oberstleutnant. Ich habe nur meine Sachen noch drüben im Wehrmachtheim.«
»Gut, die holen Sie sofort. Ich fasse für uns drüben einen Wagen und wir fahren zur Stadt.«
Wir fuhren. Der Oberstleutnant hatte auf der Kommandantur einiges zu tun. Es lag mir auf der Zunge, ihm von Kartuschke zu erzählen, ich unterließ es dann aber doch. War das nun nicht schon wieder ganz fern gerückt? Brentanos Händedruck, Melanies Lachen und der Kuß des Gefangenen, die waren da. Auch schien es mir plötzlich, es sei das Böse, das mich so kränken konnte, viel mehr das Unerlöste, dem wir noch nicht gewachsen waren. War es so, so war es gewiß nicht wohlgetan, davon zu sprechen.
Am Wehrmachtheim setzte mich der Oberstleutnant ab. »In einer halben Stunde an der Kommandantur; ist es Ihnen so recht?«
»Sehr recht.«
Ich trat durch das hintere Tor ins Haus, stieg, ohne jemandem zu begegnen, die Treppe hinauf und eilte durch den Gang. An der Tür blieb ich stehen und horchte einen Augenblick lang. Kein Laut war zu hören. Dann trat ich ein. Die Stube war leer, es war eine Stube wie alle Stuben. Kein Hauch des nächtlichen Lebens war in ihr zurückgeblieben. War hier geliebt und gewacht worden? Nichts deutete mehr zurück in Bangnis und Seligkeit hinein, aber der innere Sinn bewahrt, was er weiß. Ich schloß ab und gab den Schlüssel zurück. Im Frühstücksraum saßen die

Offiziere zu einem kleinen Teil noch immer am Kaffeetisch. Von Hauptmann Brentano war auch hier nichts zu sehen, ich fragte nicht nach ihm. Nur für den freundlichen Landsmann, den ich auch nirgends entdecken konnte, hinterließ ich einen Gruß.
Eben, als ich auf das Kommandanturgebäude zukam, erschien der Oberstleutnant unter der Türe. »Evviva il pastore.« Er liebte die italienische Sprache, die Sprachen überhaupt. Ingenieur von Haus aus, war er viel in der Welt herumgekommen. Was ihn bei seiner jetzigen Tätigkeit allenfalls ergötzte, war der Reiz des technischen Fortschritts. Aber keine Neuerung vermochte ihn so zu fesseln, daß er nichts über seine Flugzeuge hinaus zu denken wünschte. Abends saß er am Klavier, spielte Vivaldi und rezitierte dazwischen aus dem Gedächtnis am liebsten aus romanischen Sprachwerken. »Ich bin inkonsequent, Signore«, sagte er dann wohl, »aber ich bringe keinen Widerwillen auf gegen den torre di Roma, weil er — nun, weil er die Sprache des Dante spricht.«
»Avanti!« rief er jetzt, und so schnell, wie wir hergefahren waren, fuhren wir zum Flugplatz zurück.
Dort war unterdessen eine große Maschine gelandet, und wie ich das Wachlokal des Gefängnisses am gestrigen Abend als Lebenshausung, heute früh aber als Vorzimmer des Todes empfunden hatte, so war auch hier plötzlich der ganze Bereich verwandelt: das Bodenpersonal tat auf gleiche Weise Dienst wie zuvor, die Offiziere standen unter der Türe und rauchten eine Zigarette nach der anderen, die Piloten liefen in ihren ledernen Kombinationen über das Gelände, Flugbefehle in der Hand, und doch war es, wie wenn ein schieferblauer, tödlicher Ernst sich auf den ganzen Platz gelegt hätte.
Da stand die große Maschine, eine Ju 52, und es fiel mir ein, daß man sie gelegentlich als ›gute Tante Ju‹ bezeichnen mochte, um von ihrer behäbigen Sicherheit eine Vorstellung zu geben. Hier aber verhielt es sich anders: dies war die Stalingrader Maschine, und Hauptmann Brentano flog mit ihr in den Tod.

Woher man das wußte? Man wußte es. Auch der Oberstleutnant hatte Eile, den geliehenen Wagen mit zwei Worten an einen von den Fahrern des Horstes zurückzugeben und an die Rampe zu kommen. Dort stand, im Gespräch mit zwei Begleitern, der fremde Pilot. Ich blieb ein wenig zurück, doch hörte ich, was nun gesprochen wurde.
»Wohin fliegen Sie?« fragte der Oberstleutnant.
»Zunächst nach Rostow, Herr Oberstleutnant.«
»Und dann?«
Der Pilot zögerte. Das Ziel war offenkundig Dienstgeheimnis.
»Lassen Sie nur« — sagte der Oberstleutnant sogleich, um den Piloten nicht in Versuchung zu führen, und fügte hinzu, dies aber in einem ganz leichten Ton gesprochen: »Haben Sie Schokolade bei sich?«
Der Pilot sah einen Augenblick unsicher drein; was sollte die Frage?
Da griff der Oberstleutnant in seinen Waffenrock, zog zwei Tafeln Schokolade heraus und gab sie dem Piloten.
»Hals- und Beinbruch«, sagte er dann und reichte ihm die Hand.
Hals- und Beinbruch: das war so eine Art Fliegersegen. Man gedachte das Unheil damit zu bannen, daß man es beim Namen nannte.
Der Händedruck aber — was der bedeutete, das wußte der Pilot wohl. Er ging zurück zum Flugzeug und wandte sich nicht mehr um.
Indes trat der Oberstleutnant zu mir; sein Gesicht war fahl, wie ich es nie gesehen hatte. Er sagte: »Nevermore.«
Nur dies: Nevermore. Das Rabenwort des Edgar Allan Poe. Und dann, wieder in dem anderen Ton: »Ich komme gleich wieder, dann fliegen wir.«
Ich blieb an der Rampe stehen und sah aufs Rollfeld hinaus. Der Pilot war eingestiegen, die Propeller liefen an. In diesem Augenblick entdeckte ich den Hauptmann Brentano. Er mußte eine Zeitlang hinter dem Flugzeug gestanden haben; wahrscheinlich wünschte er, solange als es möglich war, den Boden der Stadt Proskurow unter

den Füßen zu spüren, zu viel hing für ihn an dieser Stadt.
Nun kam er und wandte sich dem Laufsteg zu, blickte herüber, unbestimmt zuerst, dann aber erkannte er mich. Einen Augenblick schien es, als wolle er nun noch her zu mir eilen, aber ein Ruf aus der Kabine schien zu besagen, daß es dazu schon zu spät sei. So blieb er denn stehen und grüßte vom Laufsteg aus. Und mit diesem Gruß war es so bestellt, daß er noch ein letztes Mal alles zusammenfaßte, was mir in Hauptmann Brentano begegnet war: Haltung, Leichtigkeit, Morgenlicht in Todesnähe. Allen Kriegen und allen Verwirrungen fast schon entronnen — so grüßte er. Und so fremd und feindselig mir zu anderer Zeit die stechende Gebärde dieses Grußes erschienen sein mochte — diesmal war ihr strenger Ausdruck auch für mich die einzig angemessene Weise, das noch zu sagen, was der Mund nicht mehr sagen konnte: Melanie und der Tod, Liebesnacht und nevermore. Ich grüßte zurück. Ich hätte nicht sorgfältiger grüßen können, wenn ein Feldmarschall die Front entlanggeschritten wäre. Nun schloß sich die Tür, das Flugzeug stieg auf.
Mein Oberstleutnant war zurückgekehrt, er trug den leichten Overall, der für die kurze Strecke genügte. Wir sahen dem großen Vogel nach, schweigend. Dann sagte er: »Da drüben steht meine Kiste, kommen Sie, wir starten.« Er gab mir ein wenig Hilfestellung, zeigte Fallschirm, Gurt und Reißleine — »für alle Fälle« — und stieg auf seinen Sitz. Es war ein Zweisitzer vom Typ der Sturzkampfmaschinen, der Beobachter saß allein in dem Glasgehäuse auf der Rückseite; hier nun, da es nichts zu beobachten gab, konnte ich diesen Platz einnehmen.
Proskurow kam schnell außer Sicht, Kommandantur und Kiesgrube, der Friedhof zuletzt — jetzt waren wir schon in der Höhe. Wir flogen rasch. Dunkelbraun, weit und klar lag das Land unter uns.
Kaum, daß wir die unterste Region verlassen hatten, machte sich von neuem jener Sturm bemerkbar, der die Nacht über auf der Erde regiert und erst in den frühen

Morgenstunden nachgelassen hatte; hier herauf, so schien es, hatte er sich verzogen. Mir kam die Kunde von der katalaunischen Feldschlacht in den Sinn: setzten auch heute die Geister der Erschlagenen ihre Kämpfe in den Lüften fort? Unten — da, wo ich herkam und wohin ich zurückkehren würde — wie lange würde da unten wohl noch das schwere Unentschieden dauern? Wie lange regieren noch die Kartuschkes? Es sterben die Schuldig-Unschuldigen, die Besorgten aber wachen, und sie quälen sich bis an den Tag.
Lange genug hatte ich meine Müdigkeit überlisten können. Jetzt war sie dabei, es über mich zu gewinnen. Vielleicht walten in diesen oberen Schichten auch schon andere Gesetze. Jedenfalls begannen die Gedanken, die mir während der Nacht so strengen Gehorsam geleistet hatten, nach und nach zu entschwinden, einzig die träumerischen Vorstellungen blieben mir nahe.
Was für eine Figur war das, die aus dieser Wolke mich ansah? Es war ein Menschengesicht, ein Kindergesicht war es, fast silberweiß in halbverwehter Kontur. Ist Ljubas Sohn gemeint? Ich werde die beiden finden, die Mutter und den Sohn, und vielleicht schenke ich ihnen den Ring, der mir neulich auf dem Baszar in die Augen gefallen war, den schmalen Ring mit den zwei roten Steinen. Zwei Väter, Sohn, haben über dir gewacht, beide sind dahingegangen, du sollst es nicht vergessen. Aber schon wandelt sich die Wolke, es ist kein einzelnes Gesicht, eher ein Kreis von Gesichtern, eine Puttenschar, wie Rubens sie gemalt hat. So werden sich die Kinder da droben in dem Dorf bei Soest zusammenfinden, wenn der Vater in den Urlaub kommt, schweren Schritts auch dort, und ein wenig vornübergebeugt. Sie werden ihn schön willkommen heißen, und auch du, Bruder Ernst, sollst ihnen wohl ins Gesicht sehen. Wer auf diesem Planeten hinwandert, wird schuldig werden, es ist ein unergründliches Gesetz. Es ist ein eiserner Ring, und ihr sollt es wissen.
Nun sind es keine Kinderscharen mehr, die der Traumblick gewahrt, die Wolke hat sich gedehnt, es ist ein

Menschenleib, ein schlafender. Auch seh ich sie so silbern nicht mehr, sondern fahlgelb und jetzt fast dunkel. So möchte es wohl Baranowski sein, der Mann in seinem Sarg. Oder ist Zukunft gemeint, verborgen für heute, dann aber offenbar? Hat Melanie in dieser Nacht ein Kind empfangen? Und soll die alte prophetische Weissagung gelten: Ehe der Knabe lernt, Gutes und Böses zu unterscheiden, wird diese Widermacht vernichtet sein?
Aber da ist noch Kartuschke. Und ich weiß, es ist ein weiter Weg, bis auch die Haßerfüllten verwandelt sind. Das Leben wird nicht aufhören, uns einzuladen, an diesem Weg zu bauen. Und ehe nicht das wohlbemessene Teil geleistet ist, darf keiner sich zur Ruhe begeben.
Eine gute Zeitlang waren wir in immer gleicher Höhe dicht unter den niederen Wolken geflogen, dann aber stießen wir durch die Decke hindurch in die Sphäre der völligen Klarheit. Ich riß die Kanzel auf und beugte mich hinaus, tief Atem holend. Es war eine Art Jubel, ein seltsam zorniger Jubel. Und als der Pilot wenig später von neuem in die Wolkenzone hinabstieg und ein Regenschauer mir entgegenkam wie Peitschenhieb und Nadelstich, da dachte ich nicht daran, das Glasgehäuse zu schließen. Ich war einverstanden mit allem, auch mit dem wilden Aufruhr der Lüfte.

Erschienen 1950

Gerd Gaiser

Revanche

1908—1976

Einmal habe ich — erzählte der spätere Unteroffizier Martin — einem Kameraden eine Wache abgenommen, und der Mensch sagte damals zu mir: »Dafür werde ich mich bei dir revanchieren.«
Ich hatte mir nichts damit ausgedacht, daß ich ihm die Wache abnahm; wir lagen in Ruhe in einer kleinen Stadt an der Warthe und stellten den Mädchen nach, wie es in Garnison der Brauch war. Es war gerade ein Sonnabend, und niemand mochte gerne von Sonnabend zu Sonntag auf Wache ziehen, mir kam es aber damals nicht darauf an. Einen Augenblick vorher hatte ich selbst nichts von einer solchen Absicht gewußt, dann aber bot ich es ihm plötzlich an, wie ich den Kerl so stehen sah, als die Einteilung herauskam.
Ich kann mir den Burschen noch mehr als genau vorstellen, ihr werdet auch bald begreifen warum, einer von den linkischen Vögeln, die beim Kommiß Pech haben und zu den Diensten eingeteilt werden, vor denen jeder sich drückt.
Übrigens war er nicht übel anzusehen, er konnte sogar für einen forschen Kerl gelten, solange er bloß den Mund nicht auftat. Er litt nämlich an einem Sprachfehler, so daß seine Laute unartikuliert herauskamen und alles, was er sagte, von einem absonderlichen, heulenden Unterton begleitet war. Begann er einen Satz, so zuckte es ihm in der Hand, solang er ansetzte, endlich, wenn dann der Satz kam, schlenkerte er die Hand heftig, hob sie mit einem Ruck hoch und ließ sie fallen. Das sah verwunderlich aus, und die Korporale machten sich einen Spaß damit, den Menschen anzureden und dabei jene Hand ins Auge zu

fassen, die ihm an der Hosennaht zuckte und sich mühte stillzuhalten, wie es die Vorschrift befahl.
Das versteht sich, daß er so bei Mädchen nicht viel gelten konnte, die Spötter, die ihn auf vorgebliche Liebschaften ansprachen, glaubten an ihre Erfindungen selber nicht. Aber nun hatte grade damals der Pechvogel eine gefunden, die bereit war, an einem Gartenzaun auf ihn zu warten, wahrscheinlich seine erste, bei ihm ging das ja nicht wie bei den flotten Korporalen, die jeden Tag einer die Schürze aufziehen konnten, wenn sie bloß wollten. Kein Wunder, daß ihm die Welt einfiel, als er jetzt hörte, er müsse gerade jetzt auf Wache ziehen. Also die Wache nahm ich ihm ab, und das war sein Glück. »Jetzt habe ich auch einmal Glück gehabt«, gestand er mir am anderen Tag und rückte mir ganz nah auf den Leib dabei. Seine Hand tat den Ruck, er schlenkerte sie und ließ sie schnell fallen; ich weiß nicht, weshalb mir so albern grauste dabei, als er mir so ins Gesicht blickte und seine Stimme sich abmühte und er sich dann noch einmal nach mir umwandte und die Hand hob: »Dafür, mein Lieber, werde ich mich noch bei dir revanchieren.«
So erzählte es Martin, und Martin wurde nach seinem Unteroffizierslehrgang versetzt zu einer anderen Kompanie damals, als der neue Feldzug begann. Eines Tages war er mit drei Leuten seiner Gruppe unterwegs nach vorn, das Gelände lag unter einem schwachen, planlosen Feuer. Links hinauf hatten sie einen mäßigen Hang, rechts den Wald, mit dem der Nachbarabschnitt anfing. Da lag am Waldrand, mit einer Zeltbahn zugedeckt, ein Toter.
»Ich möchte wissen, wer's ist«, sagte Martin und spähte hinüber, aber den Leuten stand der Kopf nicht danach, sie mochten sich nicht aufhalten und stapften zu, und nur einer sagte: »Soll ich nachsehen gehen, Herr Unteroffizier?«
»Nein«, sagte Martin, »bleibt ihr auf dem Weg, ich hole euch ein, seht zu, daß ihr weiterkommt.« Denn er konnte nicht dagegen an, es zwang ihn, unter der Zeltbahn nachzusehen, wer darunter läge. Und er war eben daran, einen

Zipfel aufzuheben, da fauchte es seitwärts, und blitzschnell warf er sich hin. Wie er aber den Kopf hob, da hatte ein Doppeleinschlag seine drei Leute zerrissen im Augenblick, als sie die Höhe des Hanges erreichten. Er wollte vorstürzen und hinlaufen, doch plötzlich kam es ihm wieder, was ihn zu dem Umweg bewogen habe, jetzt hob er den Zipfel vollends auf und spähte hinunter, da lag der Mann drunten, dem er damals die Wache abgenommen und der zu ihm gesagt hatte: »Dafür werde ich mich noch revanchieren.«

Erschienen 1956

Hans Jürgen Soehring

Die Sektion

1908—1960

»Bißchen komisch, daß sie gleich zur Begrüßung ihres Mannes aus dem Fenster springt«, sagte der Professor. Er war Professor für gerichtliche Medizin und eine Kapazität. »Wann ist die Beerdigung?«
»Morgen früh um halb zehn.« Der junge Staatsanwalt stieß die Gittertür zum Friedhof auf. »Es tut mir leid, daß wir Ihren Sonntagnachmittag stören mußten. Aber wenn die Leiche erst einmal beerdigt ist . . .«
»Macht nichts, macht nichts, Herr Staatsanwalt«, sagte die Kapazität und räumte die Luft mit den Händen weg. »Das ist unsere Pflicht, nicht wahr? Sie hätten wahrscheinlich auch etwas Besseres zu tun gehabt, aufs Land fahren, irgendwohin, oder Segeln bei diesem Bombenwetter, oder im Garten sitzen mit einem Buch. Treiben Sie Sport? Sie sehen so aus.«
»Ich spiele Tennis«, sagte der Staatsanwalt.
»Habe ich auch getan. Hier geht's lang? Danke schön. Habe ich auch getan, als ich jünger war. Wandern und Tennis. Mit dem Tennis habe ich Schluß gemacht, Schluß machen müssen, mir blieb allmählich die Puste weg. Jetzt spiele ich Golf dafür. Haben Sie schon mal Golf gespielt?«
»Nein«, sagte der Staatsanwalt. »Rechts herum bitte, Herr Professor.«
»Großartige Sache, sage ich Ihnen. Man schlägt den Ball ins Gelände, zack huii, und wandert dann hinterher. Schlagen ist eigentlich falsch, es ist mehr ein Schwung, sagt mein Lehrer, aber ich schlage nun mal. Oder vielmehr, ich hacke. Ich hacke nun mal. Sehen Sie: So . . .«
Der Professor blieb stehen, mitten auf dem Friedhofsweg, und nahm seinen Hut ab. Den Hut in der Hand, sah er

sich suchend um, legte den Hut auf ein Grabkreuz, nahm ihn sofort wieder weg und drückte ihn schließlich seinem Faktotum in die Hand.
»Halte mal, Blümel«, sagte er. Dann faßte er seinen Stock mit beiden Händen bei der Spitze, so, daß die Krücke den Kies berührte, und schwang den Stock über die rechte Schulter. »Sehen Sie, so ... Der Schwung kommt vom rechten Handgelenk, die Linke führt bloß, der Schlägerkopf«, er deutete mit dem Kopf nach der Krücke, »beschreibt von oben nach unten und wieder nach oben, nach links oben diesmal natürlich, eine Parabel. Oberkörper und Becken drehen sich dabei um die Wirbelsäule. Sehen Sie meine linke Hüfte an. Sehen Sie so...« Er war blau im Gesicht, und die Äderchen auf Nase und Bäckchen traten bordeauxrot hervor. Dann sackte er plötzlich zusammen wie ein Ball, dem die Luft entweicht. Er hackte nach etwas am Boden, was nicht am Boden war, nur Kies spritzte auf. »Wieder falsch«, sagte er mit dem Fuße stampfend, »wieder gehackt. Ich kann das Hacken nicht lassen, hast du gesehen, Blümel? Blümel ist nämlich immer dabei«, sagte er. Er drehte den Stock um und setzte den Hut wieder auf, der Hut war sehr breitkrempig für den kleinen Mann, Krempe und Taille hatten etwa den gleichen Umfang. »Blümel trägt nämlich immer die Taschen«, sagte er, »mal die mit den Instrumenten, mal die mit den Schlägern. Hast du die Säge mit, Blümel?« Blümel hatte die Säge mit. »Gut«, sagte der Professor, im Weitergehen die linke Hand unter den Arm des Staatsanwaltes schiebend, der Staatsanwalt hielt den Arm ziemlich steif dabei. »Eine tolle Sache ist das, dieses Golf; man hat keine Ahnung, was alles dahintersteckt. Es sieht alles so harmlos aus, so lächerlich einfach, bis man dahinterguckt. Sie sollten das mal versuchen.«
»Mache ich gern mal«, sagte der Staatsanwalt. »Hier ist die Kapelle.«
Die Kapelle war ein brandroter Ziegelbau in allgemein gotischen Formen. Sie stand zwischen blühendem Flieder, unter Kastanien, die blühten, und hellgrünem Birkenlaub;

das Plätzchen, auf dem die Kapelle stand, war von Taxushecken umfaßt und von Hecken vom Lebensbaum. Im Türmchen das Glöckchen hing regungslos; der Himmel glänzte vergißmeinnichtblau durch die Bäume, die Sonne warf einen goldenen Schleier über alles Grün. Vögel zwitscherten in den Hecken.
Der Professor wies mit dem Stock. »Die Tür ist ja zu«, sagte er. »Ich habe den Schlüssel«, sagte der Staatsanwalt. Er gab Blümel den Schlüssel. Blümel setzte die Taschen ab und schloß die Tür zur Kapelle auf. Es quietschte, als sich der Schlüssel im Schloß drehte. Die Tür ging nach innen auf; im Innern war es dunkel. Der Professor trat in die Tür. »Die Läden sind auch zu«, sagte er. »Wir werden sie aufmachen müssen, hier sieht man die Hand ja vor Augen nicht. Mach mal die Läden auf!« Es quietschte, als Blümel sie aufzog; sie gingen nach innen auf. Ein rötliches Licht fiel durch die bemalten Fenster, im rechten Fenster war sehr viel Rot, es stellte die Hölle dar, links war es hoffnungsvoller, dort war die Auferstehung. Das tiefe Fenster der Apsis war voller Grün und Blau, und in der Krone die Rose war wie eine Sonne, die trübe schien.
»Der Leichenöffnungsbeschluß«, sagte der Staatsanwalt, indem er ein staubiges Lorbeerbäumchen mitsamt dem Kübel beiseite stellte, »gibt uns natürlich das Recht, die Frau in Ihr Institut zu bringen. Mir wäre es lieber, es könnte hier geschehen, wir sparen viel Zeit und vermeiden Aufsehen.« Er rieb sich den Staub von den Händen. »Aber wenn Sie bei diesem Licht nicht arbeiten können...«
»Wenn wir eine Kerze zu Hilfe nehmen, wird's schon gehen«, sagte der Professor. Er nahm einen Leuchter vom Altar. »Wachs brennt sehr hell. Vier Kerzen sind hell genug. Nur«, er sah sich suchend um, »uns fehlt ein Tisch, ich muß die Leiche irgendwo hinlegen können.« — »Die Bretter da«, sagte Blümel. »Die sind voll Sand«, sagte der Staatsanwalt zweifelnd. Er sah auf die Bretter, die an den Altar gelehnt standen und sonst den Särgen als Unterlage dienten, wenn sie während der Einsegnung über den offenen Gräbern standen. »Der Sand macht nichts«, sagte der

Professor. Er wies mit dem Kopf nach dem Sarg. »Die braucht keine Sepsis mehr zu fürchten. Fegen Sie vier von den Brettern sauber, und dann«, er wies auf die beiden Bänke vor dem Altar, »hier, so über die Lehnen. Dann haben wir gleich auch gutes Licht vom Altar.« Er stellte den Leuchter auf den Altar zurück. Blümel fand einen Handfeger bei den Brettern, er fegte die Bretter sauber, er trug sie sogar vor die Tür dazu, obwohl der Steinboden in der Kapelle auch sehr sandig war. »Wo stellen wir das Gemüse hin?« fragte er und wies auf die Lorbeerbüsche, die zwischen dem Sarg und den Bänken standen. »Wohin Sie wollen.« Der Professor machte die größere seiner Taschen auf und nahm seine Gummihandschuhe heraus. Er streifte sie über die Hände, breite, sehr fleischige Hände mit kurzen Fingern und breiten Nägeln. »Nur aus dem Weg damit«, sagte er. »Wo ist mein Kittel?« »Ganz unten drin«, murmelte Blümel. »Praktisch, praktisch!« Der Professor kramte den Kittel hervor. »Er lernt es nicht«, brummte er, als er den Kittel anzog. »Was man zuerst braucht, kommt zuletzt hinein, das ist doch so einfach. Oder nicht?« Er beugte sich zu dem Sarg. »Oder nicht?« fragte er noch einmal. »Der Sarg ist auch schon zu«, sagte er. »Die Friedhofsverwaltung wollte mir einen Mann mitgeben«, sagte der Staatsanwalt, »aber ich denke, wir machen es lieber allein. Der Mann tratscht es 'rum, und ich möchte jedes Aufsehen vermeiden.« Blümel kniete sich an den Sarg und löste die Schrauben.
Es war ein ziemlich billiger Sarg, aber er war verschraubt, nicht vernagelt. Als Blümel den Deckel hob, sah man auch, daß der Sarg gepolstert war, nicht mit Seide, aber mit weißem Rips. »Sssit«, Blümel pfiff leicht durch die Zähne, als sich der Deckel hob. »Oha«, sagte der kleine Professor und nahm seinen Hut ab. Er setzte ihn aber gleich wieder auf; der Staatsanwalt wußte, daß er nicht arbeiten konnte ohne den breiten Hut auf dem Kopf. Sie sahen alle drei auf die Frau. Die Frau war sehr jung.
Die Frau lag im Sarg in einem kurzärmeligen blauen Kleid, das bis knapp an die Knie ging. Sie lag nicht ganz

auf dem Rücken, sie lag, leicht auf die rechte Schulter gedreht, auf der rechten Schulter und dem rechten Gesäß. Die Beine waren übereinandergekreuzt, sonnengebräunt, ohne Strümpfe. In der Haut über dem linken Knie war ein handtellergroßer himbeerfarbener Fleck. Die Frau lag nicht friedlich da. Sie bäumte sich. Ihre Ellbogen waren vom Körper weg in die Polster gepreßt, die Fäuste neben den Schenkeln stemmten sich gegen das Polster. »Als ob sie herauswill«, sagte Blümel, der ein leinenes Metermaß aus der Tasche zog. »Wie alt«, fragte der Professor, ohne den Blick von der Toten zu wenden. »Noch nicht zwanzig«, gab der Staatsanwalt zur Antwort. Er sah in das wilde, wachsgelbe Gesicht, dessen trotzig aufwärts gerichtetes Kinn Kehle und Hals dem Licht freigab, dem blassen Licht, das durch die staubigen Fenster fiel. Der Kopf war auf die Seite gefallen, gegen die ruhende Schulter zu, und der Mund über dem Kinn war zusammengepreßt, zusammengeschlagen so fest von Wut und Schmerz, daß man kaum die Trennung der Lippen sah. Das billige Lippenrot war leicht verwischt, leicht in die Kerbe des Kinns geschmiert. Aus dem linken Nasenloch lief ein nasenlochbreiter dunkler Strich bis zum Mund. Das geronnene Blut, das verschmierte Lippenrot sahen aus wie zwei Falten furchtbaren Grimms. Sie wirkten beinahe lebendig. In die Stirn hatte der letzte Augenblick eine senkrechte Furche des Hasses gegraben, von der aus die Brauen in Bögen des Staunens gegen die Schläfen schwangen. Um die Augen war Frieden. Die Wimpern waren bis auf die Wangen herabgesenkt, zwei dunkle Sicheln über den wächsernen Wangen. Das Weiß des Kissens schimmerte rings um den Kopf durch das stumpfe rostrote Haar, das gekräuselte Puppenhaar.
»Sieht nicht aus, als wenn sie viel Ruhe hätte«, sagte der Professor. Er ging mit kurzen Schritten zum Kopfteil des Sarges. Er legte der Toten die Hand auf den Kopf. »Hier ist die Wunde?« sagte er und sah den Staatsanwalt fragend an. Er drückte mit Zeige- und Mittelfinger gegen die Schädeldecke, man hörte ein Knirschen. »Glatte Zertrüm-

merung«, sagte er. »Das ist die Stelle«, sagte der Staatsanwalt von der Türe her, »mit der sie auf die Zementeinfasung der Jauchegrube geschlagen sein soll. Vier Meter hoch aus dem Fenster gesprungen und auf die Kante aufgeschlagen.« Der Professor drückte noch einmal, es knirschte wieder. »Möglich«, sagte er kurz. »Na, wir werden sehen.« Er knöpfte den weißen Mantel zu. »Faß mal mit an«, sagte er zu Blümel. Blümel zog rasch der Toten die Schuhe aus, zierliche Schuhchen aus blauem Linnen, und faßte die Tote mit beiden Händen an den Füßen. »Die hätten sie ruhig waschen können«, sagte er. »Auch wenn sie schon steif war.« Aber dann ließ er schnell den linken Fuß wieder los. Der linke Fuß und das linke Bein mit ihm bis zum Knie, hatten sich bewegt. Sie hatten seinem Griffe nachgegeben. »Gebrochen«, sagte der Professor, dem die Bewegung nicht entgangen war. »Das hab ich mir beinah gedacht. Na, mal los, Blümel!« Sie hoben die Leiche aus dem Sarg und trugen sie zu den Brettern über den Bänken. Sie hing nicht durch dabei, obwohl sie nur an Schultern und Knien getragen wurde. Sie lag auf den Brettern auch ebenso, wie sie zuvor im Sarge gelegen hatte, rechts auf der Schulter und dem Gesäß, die Beine übereinandergeschlagen, das linke Knie leicht angewinkelt jetzt mit seinem glatten himbeerroten Fleck. Der Rock war etwas weiter am Schenkel hinaufgerutscht. Man sah einen Streifen rot unter der Haut, der sich den Schenkel hinaufzog. »Das wollen wir gleich einmal näher ansehen.« Der Professor umfaßte den linken Oberschenkel der Frau mit der rechten Hand, dann nahm er auch noch die Linke zu Hilfe. Er schob den blauen Wollstoff des Kleides noch etwas weiter zurück, bis zu der Stelle, an welcher der rote Strich ein Ende hatte. Er massierte das wächserne Fleisch kräftig mit beiden Händen. Dann drückte er beide Hände auf das Knie. Es knirschte. »Gib mal das Messer her«, sagte er. Blümel, aus der geöffneten Instrumententasche, die neben den Füßen der Frau auf den Brettern lag, gab ihm das Messer. Es war ein lanzenartig gespitztes Messer mit Nickelgriff; für einen Augenblick blitzte das Messer

auf, als ein Schimmer vom trüben Licht aus der Apsis die Scheide traf. Der Professor setzte das Messer an über dem Knie. »Es geht nicht«, sagte er, »man sieht nicht genug. Zünde die Kerzen an!« Er stemmte die Hand mit dem Messer gegen die Hüfte. »Mit dem Kopf auf die Kante der Grube geschlagen?« fragte er, ohne den Blick von der Toten zu lassen, den Staatsanwalt. »So sah zunächst die Sache aus«, sagte der Staatsanwalt, gegen den Bogen der Tür gelehnt. »Die Leichenschau hat auch Selbstmord angenommen. Selbstmord durch Sturz aus dem Fenster.« Er zuckte die Achseln. »Wann?« fragte der Professor. »Die Leichenschau?« fragte der Staatsanwalt, »gestern morgen.« — »Der Sturz«, sagte der Professor. »Gestern ganz früh«, sagte der Staatsanwalt, »in der Nacht von vorgestern zu gestern, wie der Amtsarzt festgestellt hat, der die Leiche zur Beerdigung freigab. Man hat ja die Leiche zunächst zur Beerdigung freigegeben.« — »Stell zwei Kerzen hier auf das Brett!« sagte der Professor und wies mit dem Messer auf das Brett jenseits der Beine. »Die beiden anderen laß da stehen, dicht am Rand.« Er deutete auf den Altar. »Nimm erst die Decke runter«, sagte er. »So geht's. Aber Sie«, fuhr er fort, indem er mit gerunzelten Brauen das Messer abermals ansetzte, »glauben nicht recht an Selbstmord?« Er machte über dem Knie einen kräftigen Einschnitt vom Ansatz der roten Linie quer durch den himbeerfarbenen Fleck bis zur Kniescheibe. Die Haut und das Fleisch unter ihr klafften weit auseinander. Etwas dünne gelbliche Flüssigkeit floß aus dem Schnitt und rann am Schenkel herab bis da, wo er am unteren Schenkel auflag. »Warum?« fragte er und roch schnell am Messer. »Haben Sie Anhaltspunkte für etwas anderes?« Der Staatsanwalt zuckte nochmals die Achseln. »Ich sagte schon, daß ihr Mann in der gleichen Nacht nach Hause gekommen ist, aus Gefangenschaft, unerwartet. Sie hatte ihn nicht mehr erwartet, seit langem nicht mehr«, wiederholte er. — »Und hatte sich einen anderen angelacht?« Über die Schenkel der Frau gebeugt, begann der Professor, die Knochen rings um das Knie freizule-

gen. »Hat er die Kleine — zwei Klammern, Blümel — mit einem andern erwischt?« »Das nicht«, der Staatsanwalt setzte sich auf den Rand eines Lorbeerkübels, er zog die Falten der Hose hoch dabei und sah dem Professor zu, der mit schnellen Schnitten Muskeln zerschnitt und Sehnen trennte. »Jedenfalls wissen wir nichts davon. Wir haben die Leute im Ort gefragt. Die wissen auch nichts. Oder wollen nichts wissen. Sie wissen ja, wie das manchmal ist.« — »Und der Mann?« fragte der Professor über die Schulter. »Was sagt der Mann dazu?« — »Der Mann hat selbst die Anzeige bei der Gendarmerie gemacht, gestern frühmorgens gleich. Seine Frau liege unter dem Küchenfenster auf dem Hof. Er habe sie angefaßt und geschüttelt, aber sie rühre sich nicht.«
»Aha«, sagte der Professor. Er wies mit der Schere. »Sehen Sie sich das an! Kommen Sie besser her dazu! Sehen Sie sich das an! Da...« Er beschrieb mit der Spitze der Schere einen Bogen um das Knie. »Alles gesplittert. Glatte Durchspießung mehrfach. Und sehr wenig Blut. Verdächtig wenig Blut.« — »Das begreife ich nicht!« Der Staatsanwalt sah kopfschüttelnd auf den rindfleischroten Schnitt, aus dessen Grunde die Kniescheibe ragte; sie war in einem Winkel von vierzig Grad gegen die Achse des Schenkels geneigt, in der Höhe gedrückt von mehreren großen Splittern vom Beine der Toten her. »Ich begreife das nicht«, wiederholte er. »Was bedeutet das?« Er sah fragend auf die Krempe des breiten Hutes, er konnte die Augen des Professors nicht sehen. »Das ist ganz einfach«, sagte der Professor unter seinem Hut. »Sehen Sie, hier...«, er wies auf die Splitter, »das ist das obere Ende des Unterschenkels. Es ist mit großer Gewalt in das Knie und sogar in den Oberschenkel hineingetrieben worden.« — »Aber wie ist das möglich?« — »Es gibt verschiedene Erklärungen« — der Professor hob seine Schere dozierend —, »meistens finden wir solche Frakturen dann, wenn Patient aus größerer Höhe genau auf die Füße fällt. Das kann auch hier so gewesen sein.« Er faßte die Tote beim linken Fuß. »Auch gebrochen«, sagte er. »Das brau-

che ich gar nicht erst aufzumachen, das sehe ich so.« — »Dann wäre sie ja auf die Füße gefallen?« fragte der Staatsanwalt. »Auf die Füße und nicht... Aber der Schädel ist doch zertrümmert? Sie kann doch nicht mit dem Schädel und den Füßen zugleich aufgeschlagen sein?« — »Das kaum«, sagte der Professor und ging zum Kopf der Toten, »gleichzeitig nicht, aber vielleicht nacheinander. Gib mal die Haarschere her.« Er nahm den Kopf der Toten in beide Hände. Er hob den Kopf an und versuchte, ihn hin und her zu bewegen. »Geht nicht«, sagte er. »Schneide mal hier die Haare ab!« Er umschrieb mit dem gummibekleideten Finger die Stelle. »Aber vorsichtig«, sagte er. »Wenn sie zuerst mit dem Kopf aufgeschlagen wäre, aus vier Meter Höhe, sagten Sie« — der Staatsanwalt nickte —, »dann hätte sie sich wahrscheinlich auch das Genick gebrochen. Aber die Wirbel sind ganz. Haben Sie eine Zigarette? Nicht hier. Kommen Sie vor die Tür.«
Sie traten hinaus und rauchten. Es war ganz still, bis auf das Zirpen der Vögel, bis auf das dünne Klappern der Schere. Der Himmel über den Bäumen glänzte. Die Bäume rührten sich nicht; nur wo ein Vogel abgestrichen war, wippten die Zweige. Der Rauch der Zigaretten stieg lautlos in die Luft, als dünner blaugrauer Faden zuerst, und dann in feinen Spiralen. Der Professor wies mit der Spitze über die Schulter. »Wie erklärt denn der Mann die Sache, von Anfang an?« fragte er. »Wir haben den Mann noch nicht vernommen, ich habe bisher nur das Protokoll gesehen, das die Gendarmerie mit ihm gemacht hat«, sagte der Staatsanwalt. »Er ist in der Nacht nach Hause gekommen, hatte keine Zeit, sich anzumelden. Hat seine Frau zu Hause gefunden, noch nicht im Bett anscheinend, sie war noch angezogen, in diesem Kleid, als sie ihm öffnete...« — »Allein?« fragte der Professor und stieß Rauch von sich, der Rauch quoll mühsam unter der Krempe ins Freie. »Allein, sagt er. Sie hat ihm etwas zu essen gemacht« — »Was?« fragte der Professor. — »Was war es gleich?« sagte der Staatsanwalt, »ach ja, Kartoffelsalat und ein Stück Wurst.« Blümel kam zu ihnen heraus.

»Da sind ziemlich viel Sprünge im Schädel, Chef. Ich glaube, ich schneide die Haare gleich alle ab.« »Gut«, der Professor nickte. »Hat sie dann mitgegessen?« fragte er. »Ich glaube nicht«, sagte der Staatsanwalt, »nein, sie hatte bereits gegessen, und es war nicht genug für zwei. Er wollte zwar, daß sie mitessen sollte, aber sie wollte nicht. Richtig, so war es. So sagt er. Sie hat ihm nämlich schon während des Essens Vorwürfe gemacht, sagt er, daß er niemals geschrieben hat. Es hat gleich Krach gegeben, sagt er.« — »Das ist doch ganz interessant für Sie«, sagte der Professor, »warum, meinen Sie, gibt er den Krach ohne weiteres zu?« — »Ich weiß nicht«, sagte der Staatsanwalt, »vielleicht aus Ehrlichkeit. Vielleicht denkt er sich auch, die Nachbarn haben was gehört. In unserm Beruf sieht man schwer dahinter, hinter die Wahrheit, meine ich.« Er warf seine Zigarette zu Boden und trat sie aus. »Er hat ihr ebenfalls Vorwürfe gemacht. Er habe so allerhand läuten hören, hat er gesagt, es war noch ein anderer Mann aus dem Dorf im Lager, der hatte Post über sie bekommen, sie treibe sich hier mit Ausländern rum. Jedenfalls hat es Krach gegeben, das scheint festzustehen. Aber dann haben sie sich vertragen. Sagt er.« — »Und sind ins Bett gegangen?« fragte der Professor. Er blies den Stummel der Zigarette aus der Spitze. »Nein«, sagte der Staatsanwalt, »sie hat nämlich nicht gewollt, sagt er. Sie ist dann in die Küche gegangen, gleich neben der Schlafstube ist die Küche, sie haben nur die zwei Räume, und hat sich da schlafen gelegt. Da steht noch ein Sofa.« »Aus, der Traum«, sagte der Professor. »Fröhliche Heimkehr! Der wird 'ne Freude gehabt haben.«

»Fertig«, rief Blümel. »Der Nächste bitte!« Der Professor fuhr herum. »Sie sollen das dumme Gerede lassen, Blümel«, sagte er scharf im Hineingehen. Die Krempe wippte zornig an seinem Hut, er wiegte sich in den Hüften. Blümel hatte der Toten alles Haar abgeschnitten, es lag wie ein Kranz aus staubigen Kupferspänen um ihren Kopf auf dem Brett. Der Kopf, sah man jetzt, war winzig klein, er hatte mit Haaren viel größer ausgesehen, und die Stirn,

nun, da der Vorhang von Haar ihr fehlte, war niedrig, sehr niedrig und flach. Der Kopf sah mit einemmal wie ein Säuglingskopf aus, verschrumpelt und faltig. »Zweimal im Leben«, sagte der Professor, der den entsetzten Blick des Staatsanwalts sah, »sieht der Mensch uralt aus. Wenn er geboren wird, und hier. Wenn er kommt und wenn er geht.« Er gab dem Kopf einen leichten Klaps. Dann beugte er sich über den Scheitel. »Oha«, sagte er. Auch der Staatsanwalt beugte sich herunter. In der Mitte des Scheitels, mitten im Schädeldach, waren zwei rote Winkel zu sehen, dicht ineinandergesetzt, wie zwei ineinandergesetzte »L«. Ihre Schenkel waren nicht von gleicher Länge. »Das Maßband«, sagte der Professor und maß die Schenkellänge. »Zwoundvierzig mal dreiundzwanzig«, sagte er. »Schreib das auf!« Blümel schrieb sich die Maße auf, in ein schwarzes Kalikobüchlein, das er aus der Tasche zog. »Millimeter natürlich«, der Professor sah rasch zu Blümel hin, »hast du schon die andern Maße?« Blümel hatte die andern Maße. »Sie ist 'ne ganz Kleine«, sagte er, »ohne die Schuh. Eins vierundfünfzig, aber es paßt alles zusammen. Das war 'ne Hübsche.« — »Das kann natürlich«, der Professor drückte vorsichtig auf die Winkelränder, »vom Aufschlag auf die Kante kommen. Es kann, sagte ich. Aber es kann ebensogut was anderes sein. Ganz was anderes.« Er drückte noch einmal auf die Ränder. »Jedenfalls haben wir hier«, er drückte fester, und es knirschte, »die Todesursache.« Er blickte über den Körper hin. »Wenn wir nicht noch etwas anderes finden. Aber ich glaube es nicht.« Er trat neben die Leiche, an die Längsseite der Bretter. »Wann hat der Mann denn gemerkt«, er fing an, das Kleid aufzuknöpfen, das Oberteil war zum Knöpfen eingerichtet bis zur Taille, »wann will der Mann denn gemerkt haben, daß seine Frau nicht mehr in der Küche war?« Er knöpfte den letzten Knopf auf. »Den Rock werden wir aufschneiden müssen«, sagte er, »und die Wäsche wohl auch. Schade, aber es geht nicht anders.« — »Der Mann«, sagte der Staatsanwalt und sah zu, wie die Schere den Rock über dem Leib zerschnitt, wie

der Rock nach rechts und links der Toten vom Leibe glitt, »der Mann will um vier Uhr morgens oder halb fünf in die Küche gegangen sein, weil er trinken wollte. Die Frau ist nicht dagewesen, sagt er, das hat er gleich gesehen. Aber er hat gedacht, sagt er, daß sie eben mal weggegangen sei, austreten oder Milch holen.« — »Die Ärmel auch«, sagte der Professor halblaut. »Und an den Schultern.« — »Er hat erst getrunken. Dann ist ihm aufgefallen, daß beide Flügel des Fensters offen waren. Das ist ihm aufgefallen, sagt er, ich weiß nicht warum, ich habe ihn ja noch nicht vernommen.« — »Vielleicht«, sagte der Professor, »haben sie immer bei geschlossenen Fenstern geschlafen. Es gibt so Leute. Heb sie da mal an, wir kriegen vielleicht die Hose ohne Zerschneiden herunter.« — »Nein«, sagte Blümel, »es geht nicht, die Beine gehen nicht auseinander.« Er schnitt die Hose über dem Leib entzwei. Er schnitt jedes Hosenbein einzeln entzwei über den Schenkeln. Er schnitt auch das Leibchen entzwei. »Möglich«, sagte der Staatsanwalt und sah durch die Tür auf den Platz hinaus, »jedenfalls hat er dann doch zum Fenster hinausgesehen, sagt er, ob sie nicht kommt. Er hat nicht gleich direkt unter das Fenster gesehen, erst nur so allgemein, sagt er, aber dann hat er doch an der Mauer heruntergesehen. Wie unter einem Zwang, steht in der Vernehmung. Da hat er sie dann gesehen.« Er hielt den Kopf noch immer gegen die Tür gerichtet. »Das Messer!« sagte der Professor.
Der Staatsanwalt ging zur Tür und sah zu den Gipfeln der Bäume auf, die Kapelle warf einen langen Schatten über den Platz, jenseits der Gipfel wurde der Himmel blasser. Es war sehr still. »Nimm das Mikroskop und sieh nach«, hörte er den Professor sagen. Gleich darauf ging Blümel an ihm vorbei, den Mahagonikasten in beiden Händen. Auf dem Kasten lag ein Glasplättchen. Er nahm das Instrument aus dem Kasten und stellte es auf den Treppensockel. Er tropfte eine hellblaue Flüssigkeit auf das Plättchen. »Was machen Sie da?« fragte der Staatsanwalt. Blümel grinste ihn an. »Kribbelkrabbel, Herr Staatsanwalt. Man sieht se so besser.« Er schob die Glasplatte auf den

Plattenträger. Er drehte die Stellschraube am Mikroskop und sah lange ins Okular. Er sah mit dem linken Auge hinein. Das rechte Auge hatte er zugekniffen. Er drehte noch einmal. Er hob den Kopf und sah in den Himmel. »Vielleicht hat sie 'n Grund gehabt, daß sie 'n weggebissen hat«, fügte er wichtig hinzu, aber dann schlug er sich mit einem erschrockenen Blick zur Tür, auf den Mund. Er sah wieder ins Okular. »Nein«, sagte er schließlich laut, »ich sehe nischt. Und wo ich nischt sehe, da ist auch nischt.« — »Aber ich sehe etwas«, rief der Professor. »Ich weiß jetzt, warum sie nicht wollte. Hier ist der Grund.« Er brummte etwas vor sich hin. »Dritter Monat etwa«, hörte der Staatsanwalt ihn sagen. »Wo ist die Knochenschere, Blümel?« Blümel trug den Mahagonikasten wieder hinein. »Da ist doch die Schere, Chef«, hörte der Staatsanwalt. Und dann hörte er das dumpfe Krachen, mit dem der Professor den Brustkorb aufschnitt.

Er zog eine neue Zigarette heraus, er suchte nach seinem Feuerzeug. Aber dann steckte er die Zigarette wieder ein. Er ging in die Kapelle. Er trat an die Bretter. Er zwang sich, die Tote anzusehen. »Noch irgend etwas von Wichtigkeit?« fragte er kühl. Der Professor sah nicht auf. »Herz, Leber, Nieren ohne Befund«, sagte er. »Aber die Lungen. Oha!« Er schnitt geschickt mit zwei Schnitten die Lunge aus dem Brustkorb heraus. Dann zerschnitt er den einen der Flügel. »Das genügt schon«, brummte er. Er ging mit dem zerschnittenen Flügel an die Tür. Er nickte. »Kein Schaum«, sagte er. »Was heißt das?« Der Staatsanwalt trat zu ihm an die Tür. »Durch den Aufprall des Körpers auf den Hof«, sagte der Professor und wiegte den Lungenflügel in der Hand, »ist die Lunge an mehreren Stellen gerissen, auch an den Luftgefäßen. Sehen Sie, hier und hier.« Er zeigte die Risse. »Aber sie hat nirgends Schaum. Schaum entsteht«, sagte er, als der Staatsanwalt schwieg, und legte den Kopf so weit zurück, daß der Staatsanwalt seine Augen sah, »wenn die Lunge durchblutet wird in dem Augenblick, in dem sie reißt. Dann mischt sich die Luft in ihr mit Blut. Das gibt Schaum.« —

»Das heißt...«, sagte der Staatsanwalt zögernd. »Das heißt«, sagte der Professor schnell, »daß keine Durchblutung mehr in der Lunge war, als sie riß. Das heißt, daß die Frau nicht mehr lebte, als ihr Körper auf den Hof aufschlug, daß sie schon tot war. Daß er sie erst erschlug — zwoundvierzig mal dreiundzwanzig, suchen Sie das Instrument — und dann auf den Hof hinauswarf, um Selbstmord vorzutäuschen. Darum war auch die Stelle am Knie nicht durchblutet.« Er wandte sich um. »Näh sie wieder zu!« sagte er zu Blümel. Er gab ihm den Lungenflügel. Er sah den Staatsanwalt an. »Wir müssen leider den Kopf mitnehmen«, sagte er, »als Beweis. Zwoundvierzig mal dreiundzwanzig. Das wird genau in die Hiebe passen. Ich würde das Instrument in der Jauchegrube suchen lassen, es wird ein Hammer sein oder die Rückseite eines Beils.« Er zog sich die Gummihandschuhe ab. »Das Gutachten diktiere ich im Institut«, sagte er. »Ich schicke es Ihnen.« Er zog seinen Kittel aus. »Sagen Sie bitte in der Friedhofsverwaltung, daß man den Sarg auf keinen Fall noch mal öffnet. Es ist kein erfreulicher Anblick.« Er winkte zum Sarg hinüber, den Blümel eben verschraubte. »Hast du nichts von den Kleidern draußen gelassen?« — »Nein«, sagte Blümel. »Tu den Kopf in die große Tasche. Fertig? Dann können wir gehen.« Blümel blies die Kerzen aus, er stellte die beiden Leuchter von den Brettern auf den Altar. »Die Bretter«, sagte er. Er lehnte sie an den Altar zurück. Der Staatsanwalt schloß die Tür. Er hörte die Schritte der beiden auf dem Kies. Gerade als er die Tür schloß, fiel sein Blick auf die große, verschlungene Inschrift über dem Chor; er hatte bis dahin die Inschrift nicht gesehen.
»*Selig sind*« — las er links vom Chor, und sah nach rechts — »*die Toten.*«

Erschienen 1947

Edzard Schaper

Das Wiedersehen

geb. 1908

An einem Spätsommerabend des Jahres 1941, während des großen Krieges im Osten, bezogen einige Kompanien eines deutschen Infanterieregimentes Quartier in einem Dorf der östlichen Ukraine, das vom Gegner einmal aus Furcht, eingekesselt zu werden, in großer Eile kampflos geräumt worden und mitsamt der angestammten bäuerlichen Bevölkerung unversehrt in deutsche Hände gefallen war. Dabei fügte es sich so, daß beinahe der ganze erste Zug der zweiten Kompanie in ein Anwesen eingewiesen wurde, dessen enge Räumlichkeiten wohl der Zahl derer spotteten, die hier Unterkunft finden sollten, doch dessen schon auf den ersten Blick offenbare Ordnung und Sauberkeit eine trotz der Enge erträgliche Nacht verhießen. Der lärmende Haufen meist junger Soldaten, der sich so gut wie möglich einrichtete, war noch keine Stunde in diesem Hause, als schon jedem klar war, daß er hier keine Schätze oder verborgene Leckerbissen würde finden können, sondern daß die Eigenheit dieses Quartiers eine sonderbare, in manchen Kleinigkeiten lächerlich übertriebene Ordnung war, wie sie zumeist alten Männern eigen ist, zumal verwitweten, die — allein gelassen — mit männlicher Übertreibung zu wiederholen lieben, was sie ihren Frauen ein Leben lang abgeguckt haben. In der Tat wurde auch, bis der spätere Abend anbrach, keine Frauensperson sichtbar, die als Hausfrau hätte gelten können, und ein alter Mann, an dem sie sich beim Beziehen des Hauses recht achtlos vorbeigedrängt hatten, schien der Besitzer und Wirt dieses Anwesens zu sein.

Er saß neben dem großen Ofen in der Stube, aus der ihn niemand vertrieben hatte, und blickte, die Hände im

Schoß, scheu in das Gewimmel derer, die jetzt kochen wollten und nach etwas Brennbarem oder nach Töpfen und Pfannen suchten oder die sich schon zur Nacht einzurichten begannen und zwischen ihren Habseligkeiten hockten. Ein paarmal, als irgend jemand ihm einen gutmütig derben Trost auf die Schultern geklopft hatte, er solle sich von dem unvermuteten Getümmel in seinem Porzellanladen nicht bange machen und alles gehen lassen, wie es gehe [denn er hatte etliche Male den schüchternen Versuch unternommen, die Ordnung wiederherzustellen, wo sie nach seinem Gefühl gar zu gröblich mißachtet worden war], hatte er verzagt vor sich hin gelächelt, aber nichts gesagt, und soweit jemand sich hätte Gedanken machen wollen, was in ihm vorgehe, hätte man den Alten in der Ofenecke vielleicht für etwas schwerhörig oder altersschwach oder aber für dermaßen ›verbiestert‹ gehalten, daß ihm das Reden vergangen sei.

Indessen hätte man, wenn man ihm Beachtung geschenkt hätte, merken können, wie sein Gesicht mit der Zeit einen wacheren, gespannten Ausdruck annahm, daß er, immer weiter reglos auf der Ofenbank sitzend, bisweilen stumm die Lippen bewegte, oder daß, als die ganze Mannschaft bei verhängten Fenstern schon zu jener Ruhe gekommen war, die dem baldigen Schlaf vorangehen konnte, und nur noch einige am Tisch miteinander sprachen, er aus seiner Ecke jedem der Sprechenden auf den Mund sah und mit seiner Miene eine Anteilnahme an der Unterhaltung bewies, die ihm bei völliger Unkenntnis der Sprache nicht zugekommen wäre. Jedoch hatten alle die Anwesenheit des Alten in der Ofenecke so gut wie vergessen. Bis in einer Pause bei dem Gespräch derer, die noch am Tisch saßen und sich darüber stritten, ob die Ukraine jemals ein richtiger, selbständiger Staat gewesen sei, aus der halbdunklen Ofenecke etwas hörbar wurde, was halb ein Räuspern und halb ein Gurgeln war, und eine Stimme, jedes Wort nur mühsam formend auf deutsch einwarf: Jawohl, das sei sie gewesen, viele Male im Laufe der Zeit, und nur die Polen ...

Wäre die Überraschung beabsichtigt gewesen, sie hätte nicht erregender ausfallen können. Wie? Wie? riefen die am Tisch nach einer Pause sprachloser Betroffenheit, in der sie sich zunächst ratlos umgesehen und gemeint hatten, sie müßten den Sprecher woanders suchen, verstehe er Deutsch? Woher? Warum? Wie das komme und dergleichen.
Sie wollten ihn aus seiner Ofenecke hervorziehen, aber er wehrte sich. Das Getümmel nun aber, in dem sie ihn nötigen wollten und zu überreden versuchten, war so groß, daß etliche von jenen, die schon eingeschlafen waren, wieder aufwachten und nach Ruhe schrien. »Der Alte versteht Deutsch!« rief man ihnen zu und erregte ihre Anteilnahme und die anderer, die jetzt erst erwachten, und allmählich kam es dahin, daß sie alle, am Tisch sitzend oder, vom Schlaf erwacht, auf dem Nachtlager am Boden hockend, den alten Mann in der Ofenecke verhörten. Er sei eigentlich aus Deutschland, erklärte der, immer mit der gleichen ungelenken Aussprache, die alle Merkmale der Aussprache des Russischen hatte, das heiße: er sei ein Deutscher, er lebe nur so hier...
Die Überraschung bei seinen Zuhörern war noch nicht beschwichtigt. Vom Tisch und vom Boden befragte man ihn wild durcheinander, wie das gekommen sei, wie lange er schon hier lebe, wie er als Deutscher überhaupt hier habe leben dürfen und was dergleichen mehr war, und die erregte Anteilnahme war nun so stark, daß alle, die sich schon einmal hingelegt hatten, wieder aufstanden und zur Ofenecke kamen, aus welcher der alte Mann, von Fragen und Blicken bedrängt, nicht ohne Scheu, oftmals stokkend, nach Worten suchend und, wenn er sie nicht gleich fand, mit Gebärden oder mit russischen Brocken als Hilfe, seine Geschichte erzählte.
Er sei als deutscher Soldat im ersten Weltkrieg schon gleich zu Beginn in russische Kriegsgefangenschaft geraten, habe erst eine Zeitlang in einem sibirischen Lager verbracht und sei dann zur Landarbeit in die Ukraine geschickt worden — in eben dieses Dorf und dieses Haus.

Darin habe damals ein alleinstehender alter Mann gelebt, ein Witwer — ein sehr guter, frommer Mann fügte er mit der Rührung der eigenen Jahre hinzu. Schon als Gefangener habe er hier wie dessen Sohn gelebt. Der Alte habe nämlich keinen eigenen Sohn gehabt. Und dann, nach dem Kriege, sei er geblieben ... Die jungen Leute staunten. — Geblieben? Einfach dageblieben? Habe er denn nie Heimweh gehabt? Nach seinem Zuhause? Nach seinen Eigenen?
Doch. Ja ...
Und trotzdem sei er nicht weggegangen, als der Krieg zu Ende gewesen sei?
Nein. — Das heiße doch, ja.
Habe er einen Versuch gemacht?
Der Alte zögerte einen Augenblick weiterzusprechen, aber es war dem Anschein nach nicht nur die ihm fremd gewordene Sprache, die ihn zaudern ließ. — Doch ja, er sei auch einmal weggegangen von hier, als der Krieg zu Ende gewesen sei, sozusagen nach Haus ...
Woher in Deutschland er stamme, fragte jemand.
Aus Mecklenburg sei er.
Jemand rief halbbelustigt dazwischen:
»Na, Albert, was sagst du, ein Landsmann!«
Der alte Mann blickte von einem zum anderen, bis er den gefunden zu haben meinte, der ein Mecklenburger sei und Albert heiße, und sagte dann: als er aber von hier weggegangen und nach Hause gekommen sei, sozusagen nach Haus, da habe er gemerkt, daß er dort gar kein Zuhause mehr habe und daß sein Zuhause hier sei.
Wie er denn das gemerkt habe, fragten ihn viele.
Ja, also ... Sie hätten ihn damals bei ... bei den Preußen, sagte er zu aller Ermunterung, und dieser Ausdruck wies ihn glaubwürdiger aus als alles, was er bis dahin gesagt hatte, der Ausdruck schien ihm aber auch aus der tiefsten Tiefe der Erinnerung gekommen zu sein, aus der ein Mensch nur mit Mühe etwas hervorholt, und er schwieg einen Augenblick wie ermattet ... Bei den Preußen also, fuhr er dann fort, hätten sie ihn, der in Gefangenschaft

geraten war, auf die Gefallenenliste gesetzt und seiner Frau zu Hause seinen Heldentod gemeldet.
Verheiratet sei er also auch — oder verheiratet gewesen?
Der alte Mann schien den Einwurf überhören zu wollen und fuhr fort: Als er damals von dem alten Manne hier weggegangen sei [der habe ihn beschworen zu bleiben, aber schließlich ja verstehen müssen, daß er nach so vielen Jahren wieder ins eigene Land zu den eigenen Leuten wollte] und sich auf allerlei abenteuerlichen Fahrten bis nach Haus, nach Mecklenburg, durchgeschlagen habe [das sei in jener Zeit und bei den Verhältnissen, die damals geherrscht hätten, keine Kleinigkeit gewesen], da habe er natürlich nicht gewußt, daß er ... na, daß er eigentlich tot sei, daß es ihn gar nicht mehr gebe. Und zufällig, er wisse nicht mehr, wie das gekommen sei, ob er nicht daran gedacht habe, Nachricht vorauszuschicken, oder ob er die Seinen habe überraschen wollen [daß er tot sei, habe er ja nicht gewußt] — zufällig habe es sich so gemacht, daß er eines Morgens in aller Herrgottsfrühe daheim mit der Bahn angekommen sei. Und kein Mensch von denen, die von alter Zeit her auf dem Bahnhof gewesen seien, habe ihn erkannt, nicht der Vorstand und nicht der vom Güterschuppen, kein Mensch ...
Wo das gewesen sei, fragte der, den sie vorher Albert genannt hatten.
Das sei bei Mirow gewesen. — Na, er wisse wohl nicht ...
Jener Albert warf ein: Doch, er wisse das, er ... und wollte schon weitersprechen, als die neben ihm Stehenden ihn knufften, er solle den Alten weiterreden lassen.
Kein Mensch habe ihn erkannt, ja. Erst habe ihm das Spaß gemacht, aber dann sei ihm schon ganz merkwürdig zumute geworden. Er habe sozusagen selber nicht mehr gewußt, wer er sei. Er habe so nach diesem und nach jenem im Dorf gefragt, was der und der mache, wie es dem und dem gehe, nach der ganzen Kegelbrüderschaft und dem Gesangverein, und ob der Baron ... [bei dem sei er nämlich als Wagner im Dienst gewesen, auf dem Gut], ... ob der Baron alle seine Söhne heil aus dem Krieg zurückbe-

kommen habe — immer so, als sei er aus der Nachbarschaft und hier gut bekannt. Und schließlich, er wisse nicht, wie ihm das beigefallen sei, habe er mal nach sich selbst gefragt. Und da ... da habe er nun also auf nüchternen Magen gehört, daß er gefallen sei. Da sei ihm schon ganz blümerant geworden.
Er sprach zusehends freier und gebrauchte in seiner Erzählung immer häufiger Worte, die aus der Welt seines alten, mecklenburgischen Ichs stammten.
... Ganz blümerant sei ihm geworden da morgens in aller Frühe auf dem regennassen Bahnsteig, das wisse er wie heute. — »Na, und die Frau?« habe er gefragt.
Ach, die habe im Jahr danach den Schmied geheiratet, den kenne er doch sicher auch, so ein Schwarzer ...
»So, so«, habe er gerade noch sagen können. — Und ... und der ... ob die nicht auch einen Sohn gehabt habe?
Einen vom Wagner, vom ersten Mann, ja. Aber jetzt habe sie schon zwei dazu, sei glücklich verheiratet, wie man so sage.
Der Alte schwieg ein Weilchen und blickte vor sich hin, als sähe er den regennassen Bahnsteig, den Wald rundherum, den alten Vorstand mit der roten Mütze. Dann räusperte er sich und bemerkte trocken: da habe er nicht stören wollen und sei tot geblieben. Und weil ihn auf dem Bahnhof doch niemand erkannt habe, habe er nur Danke schön für die vielen Auskünfte gesagt, seinen Sack genommen und sei — abgehauen. Erst mal zu Fuß bis zur nächsten Station und dann so in einigen Wochen und Monaten zurück — hierher. Hier sei er jetzt zu Hause gewesen, und hier sei das letzte Stück Welt gewesen, das er als Toter gehabt habe, sein Grab und seine Häuslichkeit, an der er gehangen habe, zugleich. Der Alte habe ihn freudestrahlend empfangen. Sie hätten miteinander gelebt, als sei er gar nicht weggewesen, und als der Alte nach einigen Jahren gestorben sei, habe er ihm das Ganze vererbt. Wie das Dorf bei Mirow heiße, aus dem er stamme, fragte der, den sie Albert genannt hatten, mit spröder, beinahe streng klingender Stimme. Der Alte blickte zu ihm auf und sagte

leise, Kummerow habe es geheißen, aber sein flüchtiges Aufblicken verwandelte sich vor den Augen aller Umstehenden in einen Schrecken, der sein Gesicht verzerrte und seinen Mund sprachlos offenstehen ließ, während der junge Soldat vor ihm totenblaß geworden war und ihn mit schweißbedecktem Gesicht und weit aufgerissenen Augen stammelnd fragte: Dann sei er der Wagner Wilhelm Dallichow? In diesem Augenblick drängten sich die meisten der um die Ofenecke Gescharten zusammen, packten einander beim Arm und beugten sich vor, denn ihr Kamerad, Albert, der ... Der Frager stand von einem Augenblick zum andern allein vor dem Alten.
Der alte Mann, die Hände auf den Knien, wie er den ganzen Abend dagesessen hatte, aber mit Augen, die ihm förmlich aus den Höhlen quollen, nickte ins Leere. Nach geraumer Zeit endlich hörte man ihn nur flüstern: Ja, Wilhelm Dallichow aus Kummerow, das sei er ... Von dem, was der vor ihm stehende Soldat, ihr Kamerad, mit erstickter Stimme sagte, hörten die meisten nur das letzte Wort: »... Vater!«

Die Einquartierung fand in dieser Nacht wenig Ruhe und Schlaf, so verheißungsvoll das kleine, sauber gehaltene Haus dafür ausgesehen hatte. Und selbst als Vater und Sohn den Raum, in dem alle hingestreckt lagen, spät in der Nacht verlassen hatten und draußen allein miteinander waren, taten die meisten kein Auge zu und bedachten das Ereignis, das zwei zueinander gehörende Menschen unter so seltsamen Umständen wiedervereinigt hatte.
Am folgenden Tage bekamen sie zu wissen, was sie den Erzählungen ihres Kameraden von dessen häuslichen Verhältnissen eigentlich schon früher hätten entnehmen können: daß seine Mutter seit beinahe zwanzig Jahren abermals Witwe sei. Ihr zweiter Mann war bald nach dem Krieg gestorben.
Sie begegneten dem alten Mann am folgenden Tag mit einiger Scheu oder auch mit so etwas wie Ehrerbietung. Mitten in einem Krieg, den sie nach Osten trugen, so wie

einmal auch er als Soldat des ersten Weltkrieges, schien er ihnen nach allem, was sie aus seinem Munde gehört hatten, eine dunkle Summe von Kriegserfahrung zu verkörpern, die manchen eine bange Frage an das eigene Geschick stellen ließ. Im Umgang mit ihrem Kameraden Albert bewiesen selbst diejenigen unter ihnen, die nicht zu den zartesten gehörten, eine Behutsamkeit, wie sie wohl selbst für vieles tauben Naturen abgenötigt wird, wo das Schicksal des einzelnen unter ihnen in geheimnisvoller Beziehung zu jenen Mächten offenbar wird, die nicht immer so offenkundig wie hier in das Dasein eingreifen, und durch Leid und Verstrickung Träger einer unerklärlichen Weihe wird.

Albert D. setzte von diesem Tage an alles daran, seine alte Mutter daheim wieder mit dem Vater, den er hier gefunden, zu vereinigen. Vielleicht machte er sich nicht einmal so viele Gedanken darüber, was er mit diesem Unterfangen, bei dem ihn alle amtlichen Stellen bereitwillig unterstützten, heraufbeschwor; was für Erinnerungen und welches Leiden er einem jeden der beiden wieder vergegenwärtigen mußte, wenn er das Wiedersehen zustande brachte und jenen Toten wieder lebendig machte, der von seiner Mutter einmal kurz beweint und rasch vergessen worden war, und wenn er dem alten Manne noch einmal die nun alte Frau zuführte, an deren ahnungsloser Untreue sein Leben am Morgen der Heimkehr auf einem regennassen Bahnsteig so gut wie zerbrochen war. Er war der Sohn, der nicht nur Vater und Mutter in zwei so ungleichen Welten haben wollte, sondern ein Elternpaar in *einer* Welt.

Das Wiedersehen des alten Paares fand nach einigen Monaten statt, mitten im Winter, in jenem Dorf, in dem der Sohn den Vater entdeckt hatte; es lag damals schon weit, weit hinter der Front. Der alte Mann hatte bis zuletzt nicht darin einwilligen wollen, die Reise nach Westen zu unternehmen, dorthin, von wo er einst als Toter weggefahren war. Nicht so sehr Trotz als Angst hielten ihn davon ab; zudem war er kränklich und die Reise aus Meck-

lenburg in die Ukraine für eine deutsche Staatsbürgerin leichter zu bewerkstelligen als der umgekehrte Weg für den sowjetrussischen Bürger. Über das Wiedersehen — wie es vor sich ging und was dabei gesprochen wurde, wie lange es dauerte, was ihm gefolgt sein könnte — ist nichts bekannt, gar nichts. Denn der einzige, der Zeuge war, ist nicht mehr am Leben. Der Gefreite Albert D., dem die Anteilnahme aller Vorgesetzten und die Fürsprache des Divisionspfarrers die Gunst verschafft hatte, um jene Zeit zu einer Wachkompanie im ›Heimatdorf‹ seines Vaters kommandiert worden zu sein, wurde bei einem Bombenabwurf russischer Flugzeuge auf die Lagerschuppen, vor denen er Posten stand — ein Ereignis, wie man es sich dort, weit im Hinterland der Front, damals überhaupt nicht hätte träumen lassen —, getötet. Er hatte das Wiedersehen seiner Eltern da um nur zwei Tage überlebt.

Die Geschichte, die ich hier erzählt habe, ist manchen bekannt. Aber sie verdient es, immer wieder einmal erzählt zu werden. Denn wie groß ist doch der Mensch, daß er sich am Menschen erweise! Wir können nicht hoch denken von uns allein. Bedeutsam sind wir erst, wenn wir — wie der Sohn an Vater und Mutter — die geheimnisvollen Aufträge erfüllen, die Gott wohl einem jeden von uns bereithält — so gering er ihn auch achtet, daß er ihn, kaum daß er ihn als Werkzeug nach seinem Willen gebraucht hat, fallen läßt. Aber leben wir für uns allein oder füreinander? Oder leben wir miteinander für Ihn?

Erschienen 1954

Marianne Langewiesche

Kaspar Hauser in Pilsach

1908 — 1979

Uralt und kinderklein, krumm gezogen von Arthritis oder Gicht, gekleidet in ein viel zu schweres, viel zu langes schwarzes Gewand, das schwarze Kopftuch so um das Gesicht gepreßt, daß es an das Gesicht eines Heiligen, eines Märtyrers erinnerte, blaß, immer blasser werdend, während sie erzählte, was vor fünfzig Jahren passierte, als sie Kinderfräulein im Schloß zu Pilsach gewesen war. Die Herrschaft war auf der Jagd. Sie war allein mit den Kindern. Sie schlief mit den Kindern zusammen. Es war mitten in der Nacht, als sie plötzlich erwachte. »Es klang, als zögen Lastzüge durch das Schloß.« Die Kinder krochen zu ihr ins Bett. Sie hielten sich die Ohren zu und weinten. Sie hat gebetet: »Herr Jesuschrist, Herr Jesuschrist, Herr Jesuschrist, Herr Jesuschrist.« Es hat nichts genützt. Die Lastzüge fuhren die ganze Nacht durch das Schloß, bis es hell wurde draußen; da blieben sie stehen wie auf ein Signal.
Die Alte versank noch tiefer in dem Sessel, den ihr der Schloßherr angeboten hatte. Sie blickte nicht rechts, nicht links, nicht geradeaus. Sie hielt die Hände im Schoß zusammengelegt in der Gebärde des Betens und blickte auf ihre Hände hinab. Sie hatte leise gesprochen, abgehackt, schwieg dann, fragte dann, jäh, heftig, obwohl keiner von uns etwas gesagt hatte. »Nein. Sonst nichts. Was wollen Sie denn sonst noch? Was hätte denn sonst noch gewesen sein sollen?«
Sie war aus dem Schloß geflohen nach jener Nacht vor fünfzig Jahren und hatte die Kinder mitgenommen. Sie hatte sich geweigert, je wieder ihren Fuß über die Schwelle des Schlosses zu setzen, und setzte ihn dann

doch wieder über die Schwelle, nicht weil ich da war, sondern weil jemand da war, der von ihr hören wollte, wie es gewesen war in jener Nacht vor fünfzig Jahren.
»Nicht geschenkt«, würde sie es haben wollen, das kleine Wasserschlößchen in Pilsach, das damals den Wittelsbachern gehört hatte, damals im Jahre 1816, als gewiß nicht ohne Genehmigung des bayerischen Königs Ludwig I., gewiß nicht gegen seinen Wunsch, nicht gegen seinen ausdrücklichen Befehl, nicht gegen sein Wissen, nicht gegen seinen Willen, ein vierjähriger Knabe hier eingemauert wurde, in ein winziges Verlies, und in diesem winzigen Verlies zwölf Jahre leben mußte und in diesen zwölf Jahren nichts anderes lernte, als einen Namen zu schreiben, Kaspar Hauser, der nicht sein Name war und er dies wußte. Und schwieg.
Warum er schwieg, hat er einmal, sehr viel später, als er lesen und schreiben konnte, in einem Schulheft gestanden:
»Der unverbrüchliche Eid. Der mächtige König. Das verwundete Herz.«
Es wird in der Nacht vor Pfingsten des Jahres 1828 sein, daß er das Verlies in Pilsach verlassen muß oder darf; es war in der Nacht vor Pfingsten, rund hundert Jahre später, daß ein Kindermädchen einen solchen Lärm im Schloß vernahm, als führen Lastzüge hindurch.
Doch erst Stunden nach meiner Ankunft in Pilsach wird das Kinderfräulein blaß und alt und zusammengesunken in einem Sessel sitzen, schwarz gekleidet, als trüge sie Trauer um ihr achtzigjähriges Leben, das in einer einzigen Nacht seiner Zukunft beraubt wurde und aller Möglichkeiten, je mehr irgendeine andere Erinnerung zu besitzen als nur die an jene eine einzige Nacht.
Erst Stunden nach meiner Ankunft in Pilsach werden wir zusammensitzen, der Schloßherr, die Schloßherrin, das Kinderfräulein und ich, an dem mit einer Kreuzstichdecke gezierten Tisch; da wird es Tag sein; ich aber war schon vor Tau und Tag nach Pilsach gekommen. Ich war über Neumarkt gefahren, ein kleines Städtchen in der Ober-

pfalz, mit einer boulevardbreiten Hauptstraße, die an beiden Enden je von einem ungewöhnlich aparten Gebäude abgeschlossen wird, so daß sie den Eindruck eines langgezogenen Platzes macht. Ich war dann weitergefahren durch eine entzückende Landschaft, wie in einem Bilderbuch für ganz kleine Kinder, an Hand dessen die Mama erklären kann — denn welches Kind wird das alles noch in natura sehen? —: Schau, das ist ein Dorf, und das ist ein Baum, und das ist ein Acker, das ist ein Fischteich. Es ist eine Landschaft, die alles besitzt, was man sich nur wünschen kann, sogar einen Moorsee, eine Ruine und drei Rehe; sie war ein bißchen wellig und dann wieder ein bißchen flach, dann wieder ein bißchen sumpfig, sogar der Regen fehlte nicht und dementsprechend auch nicht die Pfützen auf der Straße. Es war noch sehr früh. Doch ich wollte sicher sein, in Pilsach niemand zu begegnen, und außer einer Radlerin begegnete mir auch niemand. Das winzig kleine Dorf Pilsach schlief, zusammengedrängt und geduckt am Fuß eines Höhenzugs, obwohl die Dorfkirche alle Augenblicke lang und eindringlich bimmelte. Auch das Schloß schlief noch und sogar der Schloßhund. Er schlug nicht an, als ich, das verschlossene Gartentor umgehend, eine schmale Öffnung fand, die mir den Einlaß in den Schloßgarten gewiß nicht erlauben sollte, es aber tat. Nur die Karpfen im Wassergraben, den ich auf einer steinernen Brücke überschritt, streckten ihre ungemein fetten Körper, so weit sie es vermochten, aus dem Wasser heraus, betrachteten mich neugierig, vielleicht auch mißtrauisch, sie rissen ihre Mäuler auf, als wollten sie schreien, was sie, gottlob, nicht vermochten. Ich wollte, im Gegensatz zum toten Kaspar Hauser, im Schloß nicht bemerkt werden; noch nicht. Ich wollte ungestört den Garten durchstreifen, der triefend im Regen, eingehüllt in Regen, rings um den sumpfigen Wassergraben liegt, der das Schlößchen umgibt. Ich ging zwischen den verwilderten und verwildernden Bäumen und Büschen und Blumen und überprüfte immer wieder den Eindruck, den das Schlößchen schon beim ersten Anblick auf

mich gemacht hatte. Es war nicht Furcht, sondern Grauen. Doch graute mir nur, weil ich wußte, nur weil ich gelesen hatte, daß das Verlies in diesem Schloß gewissermaßen abstrakt gebaut worden war, schon im Schloßplan vorgesehen war, ehe der oder die Erbauer wußten, ob überhaupt und wer einmal darin eingeschlossen leben wird? Es war, so hatte ich gelesen, von einem Fachmann für Verliese gebaut worden, es sei ein geradezu vorbildliches Verlies, ein wirkliches Meisterwerk, und erfülle die höchste Forderung, die man überhaupt nur an ein Verlies stellen könne: Leben brauchte der nicht, der darin saß. Sterben aber durfte er auf keinen Fall. Die Temperatur sei ideal, nie heiß, nie kalt und immer gute Luft, und tatsächlich erfreute sich Kaspar Hauser ja auch einer vorzüglichen Gesundheit, auch später, in Nürnberg und in Ansbach, wo er dann, fünf Jahre nach seiner Freilassung aus dem Verlies, ermordet wurde; und niemand den Mörder verfolgte, obwohl Spuren, die zu seiner Entdeckung geführt hätten, vorhanden waren und trotz der überaus hohen Belohnung von zehntausend Gulden, die König Ludwig I. von Bayern aussetzte.

War das Schlößchen so düster, weil ich zuviel wußte? Oder lag seine Düsterkeit am Regen und der frühen grauen Morgenstunde? Vielleicht, wenn ich nichts gewußt hätte, vielleicht wenn ich dann das Schloß gesehen hätte, am Tag und bei strahlender Sonne, vielleicht, daß ich dann auch sagen würde, was alle sagen, es ist reizend, »eine vergrößerte Ausgabe von Goethes Gartenhaus«, so hatte es die Schriftstellerin und Verliesentdeckerin Clara Hofer, die es 1919 kaufte, einmal sehr treffend charakterisiert; aber auf einem mittelalterlichen Fundament und mit einem Verlies, das den Geist des Mittelalters verriet.

Die Proportionen des Schlosses sind edel. Beherrscht wird die Vorderfront von dem Halbrund der Eingangstüre, durch die er ins Freie trat, am Tag vor Pfingsten des Jahres 1828, in die Freiheit trat, über die versprengten und jetzt auch zersprengten Steinplatten zur steinernen Brücke ging, auf der Brücke den Wassergraben über-

schritt, dem Gartentor zuging, das Gartentor durchschritt, ein christliches Traktat in der Tasche, »über die Kunst, die verlorene Zeit und übel zugebrachte Jahre zu ersetzen.«

Nein. Nicht ins Freie trat. Nicht in die Freiheit trat. Nicht über die Platten ging. Nicht über die steinerne Brücke dem Gartentor zuging. Nicht das Gartentor durchschritt; sondern von seinem Gefangenenwärter getragen wurde, wie man einen Sack Kartoffeln trägt, und dann irgendwo abgesetzt wurde, mit einem Brief an einen Rittmeister in Nürnberg, und zusehen mußte, wie er die rund dreißig Kilometer nach Nürnberg gelangte, um diesen Brief abzugeben — obwohl er seit seinem vierten Lebensjahr nie mehr gegangen war, denn das Verlies ist zu niedrig, um aufrecht darin zu stehen, und zu klein, um auch nur zwei Schritte darin zu gehen.

Neben dem Halbrund der Eingangspforte lagen ein paar Autoreifen, und über der Eingangspforte ist ein schmaler Balkon, auf den, in einer Nacht vor noch ganz wenigen Jahren, die Schloßherrin hinausstürzte und um Hilfe schrie, weil es durch das Schloß dröhnte, als führen Schnellzüge hindurch. Sie war allein im Schloß, ihr Mann war auf der Jagd, doch niemand hörte ihr Schreien, vielleicht wagte auch niemand das Schreien zu hören, es ist noch nie einem Menschen gut bekommen, der sich mit der Affäre Kaspar Hauser befaßte; und dann, rechts und links Fenster, hinter denen ich ein paar Stunden nach meiner Ankunft in Pilsach sitzen werde an einem mit einer Kreuzstichdecke verzierten Tisch und überall, an den Wänden, die Hirschgeweihe, und ich werde denken, Jagdleidenschaft, Jagdschloß, Jagd auf Kaspar Hauser; sitzen werde ich über einem Verlies, in dem zwölf Jahre lang ein Knabe mit hölzernen Pferdchen spielte und mit einem hölzernen Hund.

»Da nahm ich auch den Hund und wollte ihn putzen wie die Pferde, aber ich konnte ihn nicht mehr fertigbringen, weil mein Mund zu trocken wurde, ich nahm sehr oft das Krüglein in die Hand, hielt es lange an den Mund, aber es

ging niemals Wasser heraus. Wenn ich eine Zeitlang gewartet hatte, und es ist kein Wasser gekommen, dann legte ich mich rückwärts und schlief ein. Ich erwachte wieder, da ist mein erstes gewesen, nach dem Wasser zu langen, und, sooft ich erwachte, war ein Wasser in dem Krüglein und ein Brot war dabei.«

Einzige Gefährten eines Kindes, eines jungen Mannes, Holztiere, die gewiß noch heute irgendwo im Dorf verwahrt werden, sorgfältig gehütet, nicht wie Kostbarkeiten, was sie auch nie waren, sondern wie man alles Fluchbeladene hüten muß, damit der Fluch gebannt bleibt, da sonst ja das ganze Dorf für das büßen muß, was sich hier einst zutrug mitten in seiner Mitte, und von dem es auch heute noch, des bin ich sicher, mehr weiß als alle Kaspar-Hauser-Forscher und schweigt; doch wer oder was ihm den Mund verschließt, weiß ich nicht, ahne es nur.

Über dem Verlies, dort, wo wir sitzen an der Kreuzstichdecke und rauchen — ja, ich erinnere mich genau, daß ich eine Zigarette an der anderen anzündete, ein paar Züge tat, die nächste Zigarette nahm und anzündete und so fort — über dem Verlies mit dem spielenden Knaben wurde damals, als das Schlößchen den Wittelsbachern Jagdschlößchen war, getrunken, gelacht, vielleicht auch getanzt, auf jeden Fall gefeiert, die Nächte hindurch, wenn die Jagden erfolgreich und beutereich gewesen waren, es wurde Karten gespielt, Jagdlieder gesungen, gelärmt, während nur wenige Meter tiefer... »Nein! Nein!«, wehrte die Schloßherrin ab, »das nicht. Das ist auch heute nicht möglich, obwohl die eine der Holzdecken, die es verhinderten, in dem Verlies zu stehen, inzwischen beseitigt wurde. Das nicht. Kein Laut dringt in das Verlies. Die Decke, die Mauern sind viel zu dick.« Viel zu dick, als daß der Eingekerkerte hätte hören können, wenn der Priester in der Schloßkapelle das heilige Meßopfer zelebrierte und den Anwesenden die Absolution erteilte, ohne zu ahnen — ohne zu ahnen? Es wußte ja jedermann in dem Dorf, vielleicht nicht wer, aber daß wer hier eingemauert lebte, »und sie hassen das Haus«, schrieb Clara

Hofer hundert Jahre später; hassen noch heute das Haus oder, vielleicht genauer, fürchten es noch heute; so jedenfalls habe ich jedesmal den Eindruck, wenn ich in Pilsach bin.
Nein, er vernahm nichts als das Geräusch, das seine hölzernen Tiere auf dem Klodeckel machten, einmal zu laut machten, so daß der Kerkermeister den Spielenden mit einem Holzscheit derart schlug, daß die Wunde erst in Nürnberg verheilte. Wahrscheinlich fürchtete er, die fröhlich zechende Jagdgesellschaft könne durch das Geräusch der Tiere darauf aufmerksam gemacht werden, daß noch jemand außer ihnen im Schloß sei, der, wenn es rechtens zuginge auf der Welt, mit ihnen hätte feiern müssen, mit ihnen trinken, mit ihnen lachen und singen und jagen, als einer der Erlauchtesten dieses erlauchten Kreises, wenn auch noch nicht König von Baden, so doch badischer Kronprinz. Denn unwidersprochen blieb der Stammbaum Hausers, den Kurt Heyer 1958 in den »Beiträgen zur Geschichte des Abendlandes« veröffentlichte.
Nein, er hörte in seinem Verlies nichts als nur das Knistern des Strohs, auf dem er lag, und die Holztiere, nicht einmal die Glocke der Dorfkirche, so nah und so unermüdlich auch immer sie bimmelte. Er hörte nicht das Zwitschern irgendeines Vogels, nicht das Getrappel irgendeines Pferdes. Er hörte nichts. In der kurzen Zeit des Lebens, die ihm nach dem tödlichen Dolchstoß noch bleibt, wird er fragen:
»Warum soll ich Groll oder Zorn gegen irgend jemand haben? Es hat mir ja niemand was getan.«
Er hörte auch nicht, wenn der Kerkermeister die umständliche Zeremonie absolvierte, die nötig war, um das Verlies zu betreten, erst den Deckel abhob, der den Eingang abschloß, sich dann die Treppenstufen hinabzwängte, dann die eiserne Türe zum Vorraum öffnete, dann die verbarrikadierte Türe zum Verlies, um dem Eingeschlossenen Brot und Wasser hinzustellen, Wasser und Brot, Brot und Wasser, denn der Kerkermeister kam nur, wenn Kaspar Hauser schlief; er muß wohl meistens ge-

schlafen haben, wahrscheinlich war in dem Wasser irgend etwas, was ihn fast immer schlafen ließ.
Ich hatte geglaubt, bei meiner vormorgendlichen Umkreisung des Schlosses auf alles geachtet zu haben. Doch ich hatte zuwenig auf die Blumen geachtet. Ich hatte eine Lilie übersehen; eine Lilie, aus Eisen geschmiedet, die eine winzige Maueröffnung des Schlosses gegen den Garten zu abschloß — überflüssigerweise, denn auch ohne diesen Verschluß wäre eine Flucht durch diese schießschartengroße Öffnung nicht möglich gewesen, selbst nicht für ein Kind, das in dem Raum hinter dieser Schießscharte lebte. Und wozu Flucht? Und wohin? Diese eiserne Lilie sah Kaspar Hauser, wenn er auf seiner Kloschüssel saß; er zeichnete sie später, als er in das getreten war, was man Freiheit nennt und was für ihn ungleich härter und grausamer war als die Jahre im Verlies. Und an dieser Lilie wird man, abermals später, erkennen, daß es das Wasserschloß in Pilsach gewesen war, in das man ihn eingekerkert hatte. Sah er zwischen den Blättern der Lilie irgend etwas? Eine Ranke, eine Blüte, das Vorüberwehen eines Gewandes? Er sah nichts. Er sah in den zwölf Jahren des Dämmerns und Dahindämmerns nichts, was ihm hätte verraten können, daß es so etwas gibt wie Leben, wie etwas Lebendiges; er sah ja nicht einmal seinen Kerkermeister, der ihm, vermutlich, die Holztiere geschnitzt und geschenkt hatte, der ihn, vermutlich, manchmal wusch und gewiß seine Kloschüssel leerte, der ihm Brot brachte und Wasser und der ihn auch einmal schlug; denn er kam ja nur, wenn Kaspar Hauser schlief, oder er kam mit verhülltem Gesicht.
Ich werde die eiserne Lilie erst am späten Vormittag sehen, erst wenn ich hinuntergekrochen sein werde in den Vorraum des Verlieses und mich dann weiter hindurchgezwängt haben werde in das Verlies selbst; erst wenn sich zu dem Grauen, das mich schon beim Anblick des Schlosses befallen hatte, noch mehr Grauen dazugesellt haben wird durch unsere Gespräche an dem mit einer Kreuzstichdecke gezierten Tisch und es ununterbrochen weiter-

regnete. Unser Thema blieb der geheimnisumwitterte Gast im Keller und warum er eingemauert worden war, warum man ihn nicht — es wäre menschlicher gewesen — vorher getötet hatte als später, warum die Wittelsbacher ihr Schloß für dieses Verbrechen hergegeben hatten, warum er dann eines Tages freigelassen wurde, nachdem er einen Namen zu schreiben gelernt hatte, der nicht sein Name war; freigelassen ausgerechnet zu Pfingsten, einem Fest, von dem sein Zeitgenosse Goethe gemeint hatte, es sei lieblich; und nie mehr zurückkehren durfte, sosehr ihn auch das Heimweh plagte, auch nie mehr hätte zurückkehren können, denn er wußte ja nicht, daß es Pilsach war, wo er die einzigen glücklichen Jahre seines nur einundzwanzig Jahre dauernden Lebens verbracht hatte; und doch zurückkehrte, als er auch aus dem letzten Kerker befreit worden war, dem seines Leibes, immer wieder zurückkehrt in das Wasserschloß von Pilsach und dort Kerzen ausbläst und Kerzen entzündet, die Toilette benutzt, Lastzüge, D-Züge durch das Haus rattern läßt, Fenster zum Klirren bringt, die meterdicken Wände erschüttert, Aktenstöße von Schreibtischen herunterschleudert, immer wieder zurückkehrt, um allen Schabernack, allen Unsinn nachzuholen, die er in seiner Kindheit, seiner stumpfen, stummen und phantasielosen Kindheit nicht hatte machen können.
Nur eine andere Stimme zu unsern drei Stimmen, nur ein Gesicht noch zu unseren drei Gesichtern, das ehemalige Kinderfräulein vom Schloß, mit seinem Bericht, der lediglich Erhärtung und Bestätigung dessen war, was die Schloßherrin, der Schloßherr erzählten, nur ein flüchtiger, kurzer Besuch dieses selbst so gespensterhaften Geschöpfs in seinem zeitlosen Gewand und seiner harten Stimme.
»Keiner, der eine solche Nacht erlebt hat, ist geblieben. Sie sind alle nach einer solchen Nacht geflohen, die Gärtner, die Mädchen, die Mägde, keiner hielt es dann mehr hier aus«, und die Schloßherrn ansah, wie man jemand ansieht, den man für verrückt hält, daß sie sich dieses Schloß

als Ruhesitz gekauft haben, ausgerechnet dieses Schloß der immerwährenden Unruhe.
Die Angestellten flohen das Schloß. Die Schloßherren verkauften es. Pilsach wechselte oftmals seinen Besitzer. Nie blieb einer lang hier wohnen. Merkwürdig ist, daß jeder, der Pilsach kaufte, irgend etwas hier bergen wollte, ein Kind oder pornographische Schriften oder eine Liebesbeziehung, die bei den alten Griechen nicht verboten war, bis dann die heutigen Besitzer es kauften, um hier ihre Möbel zu bergen; auf denen, zwischen denen sie sitzen, Abend für Abend, sie lesen oder hören Radio oder sehen fern, doch immer mit einem halben Ohr hinhorchend auf die Geräusche des Schlosses, das Klappern eines nicht ganz verschlossenen Fensters, einer Holzdiele, in der ein Holzwurm sein Wesen treibt, harmlose Geräusche, und dann ins Bett gehen und das Licht löschen und einschlafen und schlafen, bis die Hähne krähen am Morgen oder die Kirchenglocke mit ihrem Gebimmel beginnt —
Denn er kommt nur selten zurück, dann aber unüberhörbar, unübersehbar an sich erinnernd.
Sich erinnern. Unerlöst — wenn es erlaubt ist, dieses altmodische Wort noch zu gebrauchen, ich meine, es außerhalb von Pilsach zu gebrauchen, denn wir gebrauchten es oft an dem mit einer Kreuzstichdecke gezierten Tisch. Wir fragten einander oft, wie denn der ruhelos sich Erinnernde, zur Erinnerung an sich Mahnende und mit was er denn erlöst werden könnte — ob es ratsam sei, die Hauskapelle wieder als Kapelle einzurichten, ob es ratsam sei, wieder Stroh in das Verlies zu legen oder Holztiere — zwei Pferde und einen Hund. Einmal, ich glaube, es waren in der Kette der Besitzer die Hochstapler, die das Schloß haben aussegnen lassen, der Dorfpfarrer hat sich geweigert — wußte er, daß hier kein Aussegnen hilft? — Sie mußten von einem anderen Dorf einen Pfarrer holen, aber das Aussegnen half wirklich nichts.
Ich weiß nicht, ob ich der Schloßherrin sagte, wenn er wieder einmal käme, so solle sie doch zu ihm sprechen, so wie zu einem Fieberkranken, denn von allen Überlegun-

gen, die wir gemacht hatten, wie dem Toten zu helfen sei, schien mir ihre Stimme zu genügen, nur ihre Stimme, diese warme ruhige Stimme mit dem Anhauch irgendeines Juradialekts.
Aber ich glaube, ich sagte es ihr nicht.

Erschienen 1971

Ulrich Becher

Er wollte sie nicht haben

geb. 1910

Der Caboclo Luiz Albuquerque, genannt Papai, hockte vor seiner Lehmkate und wunderte sich ein bißchen über die dünne rote Rauchwolke, die aufquoll hinter dem namenlosen Hügel. — *Caboclos:* kleinbäuerliche Mestizen, wie sie *Roca,* die Hügelsteppe des unermeßlichen brasilianischen Innern bewohnen. Blut portugiesischer Eroberer, indianischer Urbevölkerung, afrikanischer Sklaven fließt in ihren Adern; aber was Luiz, im Umkreis genannt Papai, weil er kinderreich war, was Papai Albuquerques Blut betraf, hatte es damit in letzter Zeit ein etwas seltsames Bewenden. Wenn er etwa den lappigen Zügel seines zwergigen räudig-wolligen Pferdchens straffte — ohne daß er sich geritzt hätte, tropfte es von seiner Hand für kurze Weile: schwärzlich-dickes Blut.
Als er kürzlich in Drei Herzen — so hieß der nächste Flecken — in einer offenen Kaffeeschenke den Doktor Agamemnon de Sà aus Juiz-de-Fora getroffen, hatte er dem nebenhin erzählt von seiner Beschwerde, die eigentlich kaum eine solche zu nennen war, denn sie kam und ging schmerzlos: »Wie ein Bluten aus heiterm Himmel.«
»Geduld«, hatte der Doktor gesagt. »Wird schon vergehn, mein Bester.«
Papai war die Geduld selber. Doch da sich die diskrete Ungelegenheit weiterhin anzeigte, beschlich ihn gewisse Bedrückung, und er ging der Reina Izabela Castiliana — Königin Isabella die Kastilische, auf den hochtrabenden Vornamen getauft war sein Eheweib, eine noch junge hübsche, allerdings fast zahnlose Mulattin — und seiner scheckigen Kinderschar aus dem Weg.

Drei Wochen nach seinem Ritt nach Drei Herzen war der Doktor Agamemnon de Sà in einer Charette (zweirädiger Einspänner) auf dem tomatenrotlehmigen holprigen, für Autos unpassierbaren Ochsenkarrenweg zwischen den namenlosen baumlosen, mit sonnenversengtem löwenfarbenem Gras bestandenen Steppenhügeln herangeschaukelt gekommen zu Papai Albuquerques abgeschiedener *granja*, zur Einödfarm, Hutzelfarm, Bettelfarm: drei elende Lehmkaten, darin die Familie, die Zebukuh, die Ziegen und die brandroten Indianerhühner hausten, indes die vierte das kleinste Gotteshäuschen darstellte, das je gesehen ward. Papai schickte sich an, dem Gast nach Landesbrauch in die Arme zu sinken.

Doch der Doktor wich der Umarmung von ungefähr aus: »Wie steht's Holdester, mit deinem bewußten, eh, aus heiterm Himmel Bluten? Unverändert? Dann wollen wir mal einen Abstrich machen, um der lieben Ordnung willen. ›Ordnung und Fortschritt‹, so steht's ja auf unserm Nationalbanner. Ein niedliches Abstrichlein«, zwinkerte er neckisch.

Papai verstand zwar nicht, was sein kleines Wehweh — wie die Kinder es nannten — sollte mit lieber Ordnung und Bannerinschriften zu tun haben, aber er ließ die kurze Prozedur geschehen.

»Du hörst bald wieder von mir, Freundchen«, hatte de Sà beim Abschied gelächelt, war jedoch wiederum einer Umarmung ausgewichen; »und wenn du nichts hörst, um so besser.«

In den folgenden dreizehn Tagen spähte Papai häufig verstohlen zum Hügelpaß, darüber der Karrenweg führte, den nur selten Caboclo-Nachbarn passierten auf ihren niedrigen Pferdchen, die rasch dahinschnurrten, kaum die Hufe lüpfend aus dem rotem Staub, eilig krabbelnd gleichsam. Am sengenden Spätvormittag des vierzehnten, zu einer Tageszeit, da kein Caboclo ausreitet, erblickte Papai jene dünne Staubwolke, die ihn ein bißchen wundernahm, denn in ihr schwang der Khakihelm näher eines berittenen Zivilgardisten.

Alsbald hielt der Gendarm am Eingang der Granja; herein ritt er nicht. Papai kannte ihn gut aus den Kaffeeschenken von Drei Herzen, auch seinen Namen: Eomiro dos Santos — doch hier draußen ward er noch nie gesehen.

»Wie geht's, Eomiro, mein guter Junge«, rief Papai ihn an. Das wie aus Mahagoni geschnitzte Gesicht des in einer durchschwitzten Khakiuniform steckenden Indios blieb merkwürdigerweise unbeweglich: »Ich habe den Auftrag, Ihnen mitzuteilen, Senhor Albuquerque, daß Sie noch heute verreisen müssen.«

Auch die förmliche Anrede klang dem Papai sonderbar: »Wozu? Ich bin noch nie verreist und werde nie verreisen.«

»Sie müssen. Es ist gesetzlich. Sie haben sich noch heute beim *Subdelegado* von Drei Herzen zu melden. Dort kommen Sie über Nacht in eine Einzelzelle —«

»Einzelzelle?« Dem Caboclo wurde es fahl im Magen. »Was hab ich denn ausgefressen, Eomiro, sag mal? Das ist doch, mit Erlaubnis, dummes Zeug.«

»Sie haben nichts ausgefressen, aber es ist Gesetz«, sprach das schäbige Reiterstandbild. »Und morgen werden Sie in die Kolonie überführt.«

»In welche Kolonie?« Des Caboclo Name ist Geduld; doch in dem Augenblick wallte, ungeachtet der wuchtigen Hitze, in dem Steppenbauern kalte Wut auf: »Welcher Hurensohn befiehlt dir, mir zu befehlen, daß ich —?«

»In die Kolonie São Francisco«, unterbrach ihn der Zivilgardist ausdruckslos; »Sie haben die Hansensche Krankheit.«

»Die — was?«

Der Reiter wendete sein Pferdchen, blickte zurück. In seinen onyxschwarzen Augen glimmte es auf wie fernes Mitleid: »Du bist *um leproso*, Papai. Du hast den Aussatz.«

— — Er machte nicht viele Worte. Seiner Kastilischen Isabella teilte er mit, daß er in einer geschäftlichen Angelegenheit nach Drei Herzen reiten müsse, ›vielleicht auch etwas weiter‹.

Wiewohl er wußte, daß lepröse Mütter gesunde Kinder

gebären, daß die Krankheit weniger ansteckend sei, als gemeinhin angenommen wurde, rührte er zum Abschied weder die Königin an noch die gescheckte Kindermeute, widerstand er dem krampfhaften Verlangen, zumal die jüngsten, splitternackten, mit rotem Schlamm beschmierten Rangen abzuküssen. — Über den löwenfarbenen Kuppen der Roça irisierte der Abend wie eine Muschel. Gemessenen Krabbeltrabs entschwand Papai seinen winkenden Lieben in einer violetten Staubwolke. Ihnen unbemerkt blieb, daß er weinte.
Nächsten Mittags lief Papai Albuquerques räudiges Pferdchen herrenlos seiner Granja zu. Arges ahnend, hieß die Königin den Luiz, ihren Ältesten, sogleich nach Drei Herzen reiten. Vor Abend kehrte der Junge in Begleitung des berittenen Zivilgardisten Eomiro zurück. — Die Nacht brannte in der zwergigen Gotteskate ein dürftiges Ewiges Lämpchen wie allnächtlich, einziges armes Erdenlicht weit und breit in den Schattenhügeln unterm Südlichen Kreuz. Hervor scholl bis zur plötzlichen Dämmerung pausenlos das dumpf oder schrill litaneiende, klagende, wimmernde, tierhaft schreiende Beten der Kastilischen Isabella.
Der Delegado (Polizeichef) von Juiz-de-Fora, als ihm die Sache rapportiert wurde, spuckte er auf die Fliesen neben einem auf seinen Befehl angebrachten Schild: ›Auf die Fliesen spucken verboten‹. Er mutmaßte, Luiz Albuquerque, Aussätziger, habe sich in die unermeßlichen Urwälder des Mato Grosso geflüchtet, gab per Polizeitelegraf Signalement und Personalien des Flüchtlings bekannt, womit die Lappalie für ihn erledigt war.
— — Er lag den dritten Tag an einer nie begangenen Stelle der Roca, keine zwanzig Kilometer von seinem Zuhaus, und die grauen Schwingen wagten, wagten sich näher.
Auf dem Abendritt nach Drei Herzen war seine alles hinnehmende Geduld zerbrochen: er wollte nicht in die Kolonie. Er lenkte Viralata, sein Pferdchen, vom Karrenweg ab in die Hügel und ritt weglos auf und nieder durch die

rasche malvene Dämmerung, schon durch die ureinsame Nacht unbewohnter Hügelsteppe, steil zu Häupten das wenig prunkvolle Sternbild des Südlichen Kreuzes. Bis er zu einem der Einsiedlerbäume gelangte, wie sie gewaltig verstreut in der Roca ragen, einer mächtigen Ipee, in deren Wipfel die Dämmerung hängengeblieben schien, so rotmalven schimmerte ihre Blütenkrone im Fahlen der Sterne. Nah ihren ausladenden Wurzeln blinkte wie phosphoreszierend ein Weißliches: der breit gehörnte Schädel eines in dieser Wüstenei verirrten, verendeten Zeburindes, säuberlich abgenagt von den Urubus, gebleicht von ewiger Sonne.

Das war die richtige Stelle zur Ausführung seines Vorhabens, hier würde ihn keiner finden. Er ruhte die Nacht in den Wurzelarmen des Baums, ja, er schlief fest, wie eingeschlossen in eine Kugel aus Stille; kein vor Mitternacht krähender Indianerhahn störte seinen Schlaf.

Morgens weckte die Sonne ihn mit überhellen frühheißen Nadelstichen, die niederschossen durch die nun flammend malvenen Blüten; der einsame Baum glich einer gigantischen Blume, nur Blüten trug er, kein Blatt. Er knotete dem Pferdchen die Zügel, wobei seine Hand leicht zu bluten begann, doch achtete er nicht darauf: nein, das ging ihn nun nichts mehr an. »Marsch, lauf nach Hause, Viralata!« Sein Pferdchen blickte ihn seitlich an aus überzottetem Auge. Er hieb's auf die Kruppe: »Marsch!« Da trippelte es davon, und Papai blickte ihm nach und sah, wie es bald über die zweite Hügelkuppe hinweg und außer Sicht krabbelte wie ein brauner Käfer, und er blutete und weinte ein bißchen; dann weinte und blutete er nicht mehr.

Er mied den Schatten der gigantischen Blume. Er legte sich in die verzehrend grelle Sonne, den Kopf auf das Zebuskelett gebettet, und aß nicht und trank nicht und wartete. Er wollte sie nicht haben. Er dachte an die Familie des Cacoblo Nelson Gomes, die vom Aussatz befallen worden war, und jedermann im Umkreis hatte sie gemieden, und es hatte lange gedauert, bis sie ausgehoben wor-

den, aber ein Verwandter, der sie alljährlich besucht hatte in der Kolonie, hatte berichtet von dem urlangsam verstümmelnden Siechtum. Er wollte sie nicht haben, die Lepra. Er wollte im Vollbesitz seiner Gliedmaßen sterben, auf »natürliche Weise«, nicht durch Selbstmord, denn er war Christ; er wollte »von selber« sterben. — Nachmittags sah er sie zum erstenmal über sich kreisen, die schwärzliche Wolke im gnadenlos brütenden Blau: *Urubús*.
Die Aasgeier.
Sie kreisten sehr hoch, stets über ihm, erst ein Dutzend, dann zwei, dann mehr. Dann zog, wie alltäglich um die Jahreszeit, eine echte lehmgelbe Regenwolke auf, und der Urubuschwarm verflüchtigte sich, und der Platzregen prasselte wütend auf seinen versengten Leib und hörte ebenso plötzlich wieder auf, und der muschelfarbene Abend kam und mit der raschen Dämmerung die starre Kühle und schon die prunklos gestirnte Nacht.
Nachts beschlich ihn das Fieber. Er begann keuchend zu hüsteln, und Hitze und Kälte durchschauerten ihn, und in der Ferne das leichte dumpfe eilige Trappen eines galoppierenden Tapirs, oder war das sein Herz?
Vor der Dämmerung flötete ein *Benteví* im Wipfel des Blumenbaums sein süßes Lied. Nie hatte er ein berückenderes Vogellied erlauscht. Das Fieber sank; eine tiefe Schlaffe umfing ihn, die wie großer Frieden war, und der Schlaf nahm ihn hin und floh ihn alsbald im wuchtigen übergrellen Stechen der gnadenlosen Sonne. — Nachmittags donnerte sein Kopfschmerz, ächzte der Durst, doch regte er sich nicht, und die Urubuwolke begann über ihm im Zenit zu kreisen und senkte, senkte sich. — Mit böser Mühe wandte er den Kopf: In einer Entfernung von hundert Metern hüpften Aasgeier hin und her mit nackten menschenhäutigen Hälsen, schlagend mit grauen zerfransten Schwingen, mindestens fünfzig; doch da er sich nun regte, wagten sie sich nicht näher. Dann prasselte der Platzregen los, und der Urubuschwarm zerstob.
Die Nacht lag er röchelnd im Koma, von brennend peit-

schendem Fieber verzehrt. Aber er hatte seinen Willen noch: Er wollte sie nicht haben.
Er spürte das Sonnenstechen der nächsten Frühe, doch der Überhelle des Tages war er sich nimmer bewußt. Bewußt allein blieb ihm noch: Er wollte sie nicht haben, und er *würde* sie nicht haben, würde nicht.
Auch die kreisende, sich senkende Urubuwolke sah er nicht mehr. Er hörte aber noch dies: spitzes Krächzen, das sich näherte wie todfremder Palaver. Er machte eine letzte Erfahrung: vorsichtiges Schlagen wie von zerzausten Fittichen, das seine Stirn streifte. Und endlich — ein sachte vorprüfendes Picken an seiner nimmer blutenden Hand, die fühllos war wie die eines Lokalanästhesierten.
Er würde sie nicht haben.

Erschienen 1958

Hans Scholz

Die alte Chabarowsker Apotheke

geb. 1911

Der Chef einer Berliner Kunstwerkstatt, ein schwerer, betriebsamer, erfolgreicher Mann, erzählte mir, er habe vor einigen Jahren, zur Zeit der Verhandlungen in Panmunjon über den Abschluß des Koreakrieges, sich einer Kur unterziehen sollen und sei in einem Pyrmonter Sanatorium auf einen alten Schulkameraden gestoßen, den er im Laufe unserer so turbulenten Zeiten vollständig aus den Augen verloren hatte. Aber wie es so ginge und Vorstellungen sich bildeten: wenn er jemals an diesen Mitschüler gedacht hätte oder nach ihm gefragt worden wäre, er hätte ihn für verstorben gehalten.

Nun ja, fuhr der gewichtige Herr ausholend fort und wendete nichts ein, als ich den Notizblock zog, die Zahl möglicher Todesursachen hatte sich mit Hitlers Auftritt unermeßlich vervielfacht. Das heißt, die Annahme, jener Kompennäler lebe nicht mehr, fußte in unbestimmbarer Weise auch auf dem Wunsch, er möge nicht mehr leben. Mir war nämlich, während des Rußlandfeldzuges noch, zu Ohren gedrungen oder sogar ausdrücklich versichert worden, daß seine Frau samt den Kindern sowie Mitgift, ein Haus und eine chemische Fabrik, den Bomben zum Opfer gefallen seien. Und er befinde sich als Soldat irgendwo in Rußland. Vermutlich.

Däubler hieß dieser Mensch. Warum seinen Namen verschweigen? Wir haben die gleiche Schulbank gedrückt. Ich werde ihm kaum noch einmal zu Gesicht bekommen. Er war Berliner, heiratete dann aber nach dem Südwesten, nach Freiburg, wo besagte Fabrik stand, nachdem er seine Laufbahn an der Berliner Hochschule hatte aufgeben müssen.

Däubler und aufgeben! Das war auch so eine von den Geschichten, wie sie sich nur im Dritten Reich ereignen konnten. Sein Vater Wilhelm Däubler war Ostpreuße, ein Kaufmann, seine Mutter Russin. Nun hatte aber damals jeder nachzuweisen, daß er kein jüdisches Blut in den Adern habe oder wenigstens keinen Tropfen mehr als ein gesetzliches Viertel. Neger- und Zigeunererbteile übrigens waren nicht weniger unzulässig und Türkenblut zum Beispiel nur dann geduldet, wenn die türkischen Großeltern Hausbesitzer, nicht aber Zeltbewohner gewesen waren. Wer weiß, wie Hitler den gelben Chromosomen gesonnen war? Zum Heulen das Ganze, aber grotesk und lächerlich eben auch. Ich bin sicher, wir sind da einer Meinung.
Ja, Däubler. Was hatte er verbrochen? Reinen Gewissens hatte er angegeben, ein sogenannter »Arier« zu sein. War's aber nicht! Irgendein Widersacher, den er an der Hochschule hatte, forschte unerbeten nach der Herkunft der russischen Mutter, die dem Sohn ihre eigene jüdische Mutter vorsätzlich verschwiegen hatte. Kurz, Däubler hatte das bewußte Viertel im Blut und dies nicht gemeldet! Damit fiel er zwar noch nicht unter Benachteiligung vor dem Gesetz, geschweige unter Verfolgung. Doch wollten Hochschulleitung und Kultusministerium die schuldlos falsche Angabe übelnehmen, wenn auch von gerichtlicher Ahndung abgesehen wurde. Däubler hatte zu gehen und verließ Berlin 1935.
Nun aber in Pyrmont: ich dachte zuerst, ich sei von Sinnen. So eine Hungerkur greift an. Man kommt ins Delirium. War er's oder war er's nicht? Dieser schweigsame Gast, der nie ins Lesezimmer kam, der sich höchstens einmal ein Hauskonzert von einem dunklen Nebenraume her anhörte? Im Gegensatz zu den Kurgästen, die da Nachkriegsüppigkeiten abbüßten, beneidenswert hager, grauen Haars, abwesend, abseitig fast, aber doch gestraffter als ich, erleuchteter, möchte ich sagen: er war's. In der Gästeliste stand: Dr. Karl Ludwig Däubler, Apotheker, Chabarowsk.

Eine Stadt. Wo sie liegt, wird kein Mensch auf Anhieb wissen. Ich wußte es auch nicht. Eine Stadt, ich schätze etwa 150000 Einwohner, im Fernen Osten, in Sibirien, am unteren Amur. Jetzt weiß ich es. Aber nicht, daß mein Schulfreund nun von dort her als von seinem ständigen Wohnsitz sich ausgerechnet einer Kur in Pyrmont unterzogen hätte! So klein war diese Welt nun wieder nicht. Und außer 8000 km Entfernung sperren sich penibelste Grenzen dazwischen. Ein überaus inniger Wunsch hatte ihn wie eine Beschwörung niederschreiben lassen, was künftigen Tatsachen erst noch entsprechen sollte! Es gelang mir, sein Widerstreben zu überwinden und die Fäden neu zu knüpfen, wozu freilich er keine Anstalten getroffen hatte.
Und du lebst also nicht in Chabarowsk, versuchte ich festzustellen.
Ja und nein, antwortete er schließlich, ich habe dort gelebt und werde mit allen Mitteln versuchen, nach Chabarowsk zurückzukehren.
So! Nach Sibirien?
Ja, nach Sibirien. Halt mich für wahnsinnig oder nicht!
Er war, so erfuhr ich, im ersten Winter des Rußlandfeldzuges in Gefangenschaft geraten, kam in ein Lager bei Magnitogorsk und wurde im Frühjahr mittels Bahntransport weiter ostwärts befördert, um mit zahllosen Gefährten als Landarbeiter eingesetzt zu werden. Das wurde dem Dienst in den Bergwerken allemal vorgezogen. Die Waggons rollten der Maisonne entgegen. Die Stimmung war die beste, die sie sein konnte.
Man hat allerdings zu berücksichtigen, daß es, in Kriegsläuften zumal, nicht ganz so zu klappen pflegt, wie Befehlsstellen sich das denken. Die sibirischen Landstriche erwiesen sich, je entlegener, desto ausreichender, mit Feldbestellern versorgt, mochten sich die Transportkommissare noch so bemühen, interessierten Kolchosen beiderseits des Schienenweges ihre Menschenfracht aufzudrängen. Wenn es bisweilen glückte, hundert Mann auf einen Schlag abzuschieben, war es viel. Und so gelangte

unser Transport endlich dorthin, wo sich das transsibirische Bahnnetz anschickt, auf seine Prellböcke am Ochotskischen Meer aufzulaufen, wenn ich das so ausdrücken darf.
Nun nimmt der Strahlungsdruck des Kreml sicherlich, nimmt die Starrheit des Staatsgefüges mit wachsender Entfernung von Moskau ab. Der Himmel ist hoch, und der Zar ist weit; daran dürfte sich nur das Nötigste geändert haben. Der Transportleitung kam es am Ende heikel vor, jener Befehlsstelle gewissermaßen unter die Nase zu reiben, wie weit ihre Vorausschau reiche. Verdrossen auf den weitläufigen Verschiebegleisen des Chabarowsker Güterbahnhofs angelangt, forschten die Kommissare dem örtlichen Landarbeiterbedarf nicht erst nach, eröffneten den restlichen Zuginsassen, daß man ihrer hier nicht bedürfe, was nicht erwiesen war, und hießen sie, sich stadtwärts zu begeben und auf eigene Faust zu betreiben, wie jeder unter Dach und Fach komme. Der Kriegsgefangenenstand sei damit nicht etwa aufgehoben, und ein jeglicher solle sich angesichts der östlichen Länge von 135° aller Fluchtgedanken entschlagen. So sprachen sie, ließen die Lokomotive zu neuem Dampf kommen und überantworteten diese letzten, Däubler unter ihnen, ihrem Schicksal.
Chabarowsk ist von Eingeborenen bevölkert, und die Weißen dort scheinen in Art einer Kolonie beieinander zu hausen. Deutsche und also Feinde eben oder nicht, gleichviel, die Ankunft von etlichen Europäern sprach sich windeseilig herum, und wer zu den Weißen zählte oder weiß war, lief, sich so willkommener Hilfskräfte zu versichern. Plennij Dr. Däubler, der sich bald schon so gut wie allein inmitten von marktenden Tungusen, Mandschus und Mischlingen aller Art befand, stolperte einem Herrn mit Strohhut und Kneifer geradewegs in die Arme, einem Apotheker, der vor dem ersten Weltkriege gar auch noch in Wien studiert hatte und sich nun, ganz außer Atem, glücklich pries, einen Chemiker aus dem Reich, wie er sagte, einzuheimsen, obwohl er schon befürchtet hätte, zu

spät von der Ankunft der Deutschen erfahren zu haben. Provisor wie Gehilfe ständen bei den Fahnen, und er, ein Witwer, sei mit Kinderchen allein, die noch zu zart seien, um helfend einzuspringen, zwei Mädchen.
Däubler zögerte keinen Augenblick, dem neuen Brotherrn zu folgen. Die sogenannte Alte Apotheke befand sich in einem Blockhaus mit allerlei schlichtem Holzzierat. Er erhielt Fjodor Ignatjewitschs, des Gehilfen, Kammer, deren Wand ein Tigerfell bedeckte. Eine schlitzäugige Magd brachte heißes Wasser, eine zweite schaffte die neben dem Tiger befestigten Jagdflinten fort und murmelte Iswinitje! — Entschuldigen Sie! Das Zimmer des Provisors über der Garage bewohnte als Untermieter der Direktor des Elektrizitätswerkes.
Abends gab es Kascha und frische Aprikosen. Über der sonderbaren Bahnverladung war es Juni geworden, Juni zweiundvierzig. Ein Stalinbild blickte zuversichtlich aus der Ecke. Unter einer Ikone brannte ein Lämpchen. Die Mädchen sahen den Fremden mit großen Augen an. Wera, die Zehnjährige, verkündete, sie werde ihm russischen Unterricht geben, nach Feierabend, wenn er seinen Dienst in Vaters Apotheke hinter sich haben werde. Sie ist fürs Praktische, sagte der Direktor. Platoscha bemerkte, der Fremde spreche ja schon Russisch, und beide Kinder wünschten gute Nacht. Platoscha ist zwölf, sagte der Apotheker. Dann spielten die Herren Schach. Der Gefangene sah zu. Die Mägde brachten Tee. Der Direktor sagte: die Deutschen rückten an die Wolga vor, und wiegte den Kopf mit einem Seufzer. Langsamen Pendelschlags maß eine Standuhr die Zeit.
Jahrelang saßen sie so, Michail Ismailowitsch, dessen Eltern einst aus Alaska zurückgewandert waren, als diese Kolonie an die Amerikaner verkauft wurde, und dessen Frau, Studentin und Kerenski-Anhängerin, hier eines Tages als Verbannte erschienen war; der Werksdirektor, vordem Mitglied des Obersten Sowjets, der auf Rehabilitierung wartete, und Dr. Däubler, der Plennij. Eines Abends meldete der Direktor: die Rote Armee steht an der

Elbe. Iswinitje! fügte er hinzu. Im Laden unten, wo eine Sitzbank umlief, hockten Parteifunktionäre, Koltschak-Armisten, Juden, Deutsche, Popen, Kriminaldeportierte, Japaner, Koreaner und was sonst der Gegensätze mehr sein mochten, in endlose Gespräche verstrickt. Die Ureinwohner erschienen als Kunden seltener. Sie halfen sich meist mit eigenen Heilkenntnissen weiter, pharmakologischen Kuriositäten von einigem Interesse im übrigen.
Daß der Krieg mit der deutschen Kapitulation endete, rief im fernen Chabarowsk minder starke Regungen des Patriotismus hervor als in Leningrad oder Moskau etwa, versteht sich. Man ließ es den Gefangenen nicht eben sehr entgelten. Er gehörte halbwegs zur Gemeinde und in der Alten Apotheke eigentlich schon zur Familie. Ja, der Hausherr gestand sich, daß er in ihm nur mehr den Nachfolger und Schwiegersohn zu erblicken sich gewöhnt habe. Denn das ist sicher, Wera und Platoscha hatten ihn zu lieben begonnen vom Komisch-Finden übers Schnippisch-Werden, Besorgtsein, Bewundern, Schwärmen bis zum unstillbaren Verlangen; Platoscha allerdings erst, nachdem sie ihre Abneigung gegen alles Deutsche zu beschränken gelernt hatte.
Wera, fünfzehnjährig nun, beteiligte sich an dem Wettstreit freilich auch, weil sie auf den Herzensreichtum der Älteren eifersüchtig war: Platoscha brannte vor Liebe. Der Provisor, glücklich heimgekehrt, erklärte mit Seitenblick, er werde demnächst die staatliche Apotheke in Blagowjetschtschensk übernehmen. Platoscha schwieg. Und Wera schützte vor, sie sei zu jung, als auch der Gehilfe Fjodor Ignatjewitsch wieder auf den Plan trat und ihr den Hof machte. Fjodor übrigens hatte zum Pillendrehen keine Lust mehr, sondern war, mit Standort in Wladiwostok, aktiver Hauptmann geworden. Er schlug seinem deutschen Nachfolger ermunternd auf die Schulter, lachte über das Tigerfell, daß die Orden klirrten, und nagelte die Jagdgewehre wieder an.
Aus Deutschland kam oder erreichte den Gefangenen keine Nachricht. Die sowjetischen Dienststellen schienen

die Chabarowsker Sonderfälle, deren Däubler nun der letzte war, aus der Sicht verloren zu haben. Seine Bemühungen um Entlassung führten wie die selbstlosen Befürwortungen des Apothekers zu nichts. Der rückte denn eines Tages mit der Frage heraus, ob Däubler nicht einfach bleiben wolle. Es herrsche seit vier Jahren Frieden, und ein Internationales Rotes Kreuz werde doch wohl Post zu lancieren wissen, wenn welche aufgegeben werde. Wie bedauerlich auch, aus Deutschland sei für ihn nichts mehr zu erwarten. Und ob nun als Weras oder Platoschas Ehemann, ihm sei er gleich herzensnah, und auch Däubler sei an der Alten Apotheke samt ihrem Drum und Dran festgewachsen und solle seine Seele nicht verdrehen. Karl Ludwig Wilhelmowitsch, rief der eifrige Herr, Ihre Frau Mutter, Russin war sie! — Bei solcher Prüfung auf Herz und Nieren kamen beiden Männern die Tränen. Aber Däublers Hinweise, er sei von Geburt und Erziehung Deutscher und Hitler nicht mehr an der Macht und daheim habe er Frau und Kind, zwei Kinder vielleicht sogar, waren Argumente, denen auf die Dauer kein redlicher Mitmensch etwas entgegenhalten konnte.
Den Direktor hob eine Begnadigungswelle wieder hoch hinauf nach Moskau. Von dort gelang es, den überfälligen Gefangenen dem Entlassungsapparat zuzuführen. Wie der Abschied war, hat Däubler verschwiegen. Man kann sich ausmalen, was Platoscha tat und dachte. Wera überraschte mit dem Entschluß, sich Arbeit in Wladiwostok zu suchen. Chabarowsk fände sie fade. Der Apotheker schüttelte Kopf und Kneifer. Du bist fürs Praktische, sagte er. Einmal noch sah der Entlassene die rosigen Wolkenbäusche an den Bergschroffen des Sichota-alin. In den Amurwellen sprangen die Lachse. Vom Auto aus sah er's. Die Garage hatte nur den Krieg über leergestanden. Der Apotheker ließ es sich nicht nehmen, seinen Gastfreund im Wagen bis nach Moskau zu fahren, daß alles seine Richtigkeit bekomme.
Die Entlassungsformalitäten vollzogen sich in Moskau, Frankfurt und Friedland. Ein Abwehrdienst hielt es für

angezeigt, dem Spätheimkehrer auf den Zahn zu fühlen, da seine Auslieferung als Einzelperson allerdings von der üblichen sowjetischen Abfertigung abstach und seine Berichte, über die Rückreise zumal, Befremden erregten.
Däublers erstes Ziel auf dem Boden der Bundesrepublik war Freiburg. Vom Untergang dessen, was sein früheres Leben ausgemacht hatte, erfuhr er erst dort. Er schämte sich, weil ihn die Freiheit, in die er sich versetzt sah, beschwingte. War sie unbewußt erhofft? Uneingestandenermaßen erhofft?
Einzelgräber hatten damals nicht angelegt werden können. Das zweite Kind, im Kriege geboren, sei ein Sohn gewesen, sein Sohn. Däubler hatte seine Frau, so gab er zu, nach jenem Mißgeschick in Berlin auf eine verlockende Anzeige hin als Tochter aus reichem Hause geheiratet und dabei in Kauf genommen, daß sie von irgendeinem Studiker ein Kind erwartete. Der jungen Dame mit der chemischen Fabrik habe er das gewiß nicht übelgenommen, sich selbst aber den Handel, in den gekränkter Ehrgeiz ihn getrieben, im Grunde nie verziehen. Die Truppe hatte ihn als »vermißt« gemeldet und die Verwandten seiner Frau als Erben der Ruinengelände termingerechte Schritte eingeleitet, ihn für tot erklären zu lassen. Ihre zornige Enttäuschung verbargen sie kaum.
Däubler fuhr, in der Tasche die Entlassungsgelder, nach Pyrmont. Von der Kur versprach er sich Läuterung. Gesuche an Bonn, Pankow, Karlshorst und Moskau um Rückkehr in die Sowjetunion wurden gar nicht oder abschlägig beschieden. Mit Hilfe des Chefarztes wandte er sich ans Schweizer Rote Kreuz, das etwas derzeit Außergewöhnliches, eine Schiffsreise über Indien nach Korea, ermöglichte. Er reiste als Sanitätspersonal mit einem eidgenössischen Lazarettzug bis Panmunjon, wo es von Delegationen wimmelte. In einem Barackenwindfang prallte er auf Fjodor Ignatjewitsch, nunmehrigen Major bei der sowjetischen Waffenstillstandskommission.
Was Sie hier machen? rief der Offizier und küßte Däubler mehrmals.

Ich will nach Chabarowsk.
Nun, dort werden Sie meine Frau treffen, sagte Fjodor, für die Dauer der hiesigen Arbeit ich habe sie zu Michail Ismailowitsch gesteckt, meinem Schwiegerväterchen.
Däubler fühlte seine Stimme versagen: Ihre ... Ihre Frau?
Wera Michailowna, wahrhaftig! Einreisepapiere haben Sie doch schon?
Nicht eins.
Der Major säumte nicht, das Erforderliche zu beschaffen. Ein chinesischer Jeep nahm Däubler nach Mukden mit. Dann ging's mit der Bahn über Charbin — Wladiwostok nach Chabarowsk ...
Ja, und von dort, müssen Sie wissen — sonst hätte ich mir diese Wendung der Geschichte nur ausdenken können — habe ich Post bekommen, des Inhalts etwa: ... haben geheiratet und so weiter. Besorge einen Anwalt. Will vom Lastenausgleich anfallende Gelder und die Grundstücke dem Roten Kreuz überschreiben. Unterschrift: Dein alter Karl Ludwig und so weiter. Und wissen Sie, was noch darunter stand? In lateinisch Kursiv, mehr gemalt als geschrieben: Platonida Michailowna Däubler.

Geschrieben 1957

Max Frisch

Russenzeit

geb. 1911

Frank, unser Gastgeber, erzählt mir einen Fall aus der sogenannten Russenzeit, die auf den Nerven mancher Frauen, aber auch vieler Männer schwerer lastet als die Bombenzeit. Seine Schilderung:
Mai 1945, Berliner Westen, Keller eines schönen und wenig zerstörten Hauses, oben die Russen, Lärm, Tanz, Gelächter, Siegesfeier, im Keller verstecken sich die Frau und ihr Mann, Offizier der Wehrmacht, der aus der Gefangenschaft entwichen ist, keinen anderen Anzug hat und keinesfalls erblickt werden darf. Eines Tages kommt einer herunter, Wein suchend, sprengt die Waschküchentüre. Die Frau muß öffnen. Ihr Mann versteckt sich. Ein ziemlich betrunkener Bursche, Ordonnanz. Natürlich soll sie hinaufgehen. Ob der Kommandant deutsch verstehe? Der Bursche bejaht. Ihre Hoffnung, sich durch Sprechen retten zu können. Sein Gestammel über die vielen feinen Bücher. Sie erbittet sich eine Frist von einer halben Stunde. Ihr Mann will sie nicht gehen lassen; aber wenn die Russen herunterkommen und ihn sehen? Sie zieht ihr bestes Kleid an, ein Abendkleid; sie versprechen sich, gemeinsam aus dem Leben zu gehen, wenn es nicht gelingt. Oben trifft sie eine Gruppe von ziemlich betrunkenen Offizieren. Sie als große Dame. Nach etlicher Anrempelung, die sie mit einer Ohrfeige erfolgreich verwehrt, gelingt es immerhin, den Oberst allein zu sprechen. Ihr Anliegen, ihre Bitte um menschliche Behandlung und so weiter. Er schweigt. Getrieben von seinem Schweigen, das sie nur für grimmiges Mißtrauen halten kann, geht sie so weit, die Geschichte ihres Mannes preiszugeben: um sein Vertrauen zu erzwingen. Als sie endlich begreift, daß der

Oberst kein deutsches Wort versteht, bricht sie zusammen. Sie sieht sich in einer Falle. Der Oberst holt den Burschen, er solle übersetzen; in diesem Augenblick kommt sie in den Besitz einer Waffe, die sie unter ihrem Kleid versteckt, hoffend, daß sie geladen ist. Dann ihr verzweifeltes Angebot: Wenn er alle andern aus dem Hause schickt, und zwar für immer, wird sie ihm zu Willen sein, sagt sie etwas verborgen, jeden Tag zu einer bestimmten Stunde. Damit gewinnt sie mindestens Zeit; im übrigen ist sie entschlossen zu schießen, sobald er sich vergreift. (Auf ihn oder auf sich?) Es geschieht aber nichts. Eine Woche lang geht sie jeden Abend hinauf, um dem Oberst sozusagen Gesellschaft zu leisten, immer im Abendkleid; unten im Keller tut sie, als spreche er wirklich deutsch, erfindet Gespräche, die sie mit dem Russen geführt habe, Gespräche über Rußland und so. Ihr Mann ist einigermaßen beruhigt, spürt aber, daß sie nicht ungerne hinaufgeht, daß sie ihm selten in die Augen blickt, daß sie sich wirklich kämmt, um wirklich schön zu sein und so weiter. Mit der Zeit (der Bericht ist sehr sprunghaft) hat sich offenbar eine Liebe ergeben, die auch gelebt wird. Ohne Sprache. Es endet damit, daß der Oberst sie auf dienstlichen Befehl plötzlich verlassen muß, weg von Berlin; beide hoffen auf ein Wiedersehen. Er ist nicht wiedergekommen. Der Mann, der gerettete, spricht von dem Russen stets mit kameradschaftlicher Achtung; die russischen Verhältnisse und Einrichtungen, wie seine Frau sie damals im Keller erzählt hat, scheinen ihn nicht wenig überzeugt zu haben. Woher sie ihre Wissenschaft hatte, da der Oberst doch nur russisch konnte und sie nur deutsch? Vom russischen Sender in deutscher Sprache, den sie abzuhören pflegte, als ihr Mann im Osten gefangen war...

Nachtrag

Die Geschichte mit dem russischen Oberst und der deutschen Frau: das Ganze hat drei Wochen gedauert. Die

Frau ist ohne jeden Zweifel, daß es auch von seiner Seite eine wirkliche Liebe gewesen ist; für sie ist es die Liebe ihres Lebens —
Was mich an dem Fall fesselt:
Daß er eine Ausnahme darstellt, ein Besonderes, einen lebendigen Widerspruch gegen die Regel, gegen das Vorurteil. Alles Menschliche erscheint als ein Besonderes. Überwindung des Vorurteils; die einzig mögliche Überwindung in der Liebe, die sich kein Bildnis macht. In diesem besonderen Fall: erleichtert durch das Fehlen einer Sprache. Es wäre kaum möglich gewesen, wenn sie sich sprachlich hätten begegnen können und müssen. Sprache als Gefäß des Vorurteils! Sie, die uns verbinden könnte, ist zum Gegenteil geworden, zur tödlichen Trennung durch Vorurteil. Sprache und Lüge! Das ungeheuere Paradoxon, daß man sich ohne Sprache näherkommt. Und wichtig scheint mir auch, daß es eine Frau ist, die diese rettende Überwindung schafft; die Frau: konkreter erlebend, eher imstande, einen einzelnen Menschen als solchen anzunehmen und ihn nicht unter einer Schablone zu begraben. Sie geht zu einem Russen, einem Feind, sie hat bereits eine Waffe unter ihrem Kleid, aber da sie einander nicht verstehen können, sind sie gezwungen, einander anzusehen, und sie ist imstande, wirklich zu sehen, den einzelnen Menschen zu sehen, wirklich zu werden, ein Mensch zu sein gegen eine Welt, die auf Schablonen verhext ist, gegen eine Zeit, deren Sprache heillos geworden ist, keine menschliche Sprache, sondern eine Sprache der Sender und eine Sprache der Zeitungen, eine Sprache, die hinter dem tierischen Stummsein zurückbleibt. Der Turm zu Babel; wenn es an der Zeit ist, daß uns diese Art von Sprache entrissen wird. Ich finde in dieser Frau, was an so vielen Frauen, die ich gesprochen habe, und an tausend Frauen in der Untergrundbahn zu finden ist: sie ist heiler als die Männer, wirklicher, in ihrem Grunde minder verwirrt.

Erschienen 1950

Hilde Spiel

Auf einem anderen Stern

geb. 1911

Es lag ein paar Meilen außerhalb von Oxford, auf einer kleinen Anhöhe, von der ein Rasen hinab zur Themse lief, die dort ein schmaler Fluß ist und den Namen Isis führt. Ein Herrenhaus aus dem sechzehnten Jahrhundert, weitläufig aus grauen Quadern gebaut, mit mehr als einem Trakt und etwa zwanzig Zimmern, von denen die Familie Spring-Roberts mit ihren vier Kindern und einer einzigen Helferin nicht mehr als sieben bewohnte. Mrs. Spring-Roberts hatte es von einem entfernten Onkel geerbt. Ihr Mann, der Professor, lehrte freilich nicht in Oxford. Er war das Haupt der Londoner Schule für Wirtschaftsforschung, die zu Anfang des Krieges nach Cambridge verlegt worden war. Nun reiste Professor Spring-Roberts jeden Montagmorgen von Oxford nach Cambridge und kehrte jeden Freitagabend von dort in sein Haus zurück. Er mußte dazu dreimal den Zug wechseln, denn eine direkte Verbindung zwischen den beiden ältesten Universitäten Englands gibt es bis heute nicht.
Während der Woche brachte der Professor seinen Studenten, die täglich ihren Abruf zur Armee erwarteten, die Grundlagen der Volkswirtschaft nach der Theorie wenn nicht der Marxisten, so doch der Fabier bei. Am Wochenende spielte er an der Seite seiner feudalen, aus uraltem, katholischem Geschlecht stammenden Gattin den Gutsherrn im Manor von Waterhouse. Er war nicht der einzige Sozialist in Oxford, der daheim das Leben eines Landedelmannes führte. Die Universitätsstadt, von den Unbilden des Krieges verschont, beherbergte zahlreiche Mitglieder jener intellektuellen und häufig aristokratisch versippten Schicht, die sich an der Spitze der Tories wie der

Arbeiterpartei befindet. Ein solcher Labour-Lord wohnte nahebei. Seine sechs Kinder waren mit den vier kleinen Spring-Roberts' gut befreundet. An jedem Samstag oder Sonntag ritten die Sprößlinge der linksgerichteten Familien vormittags zusammen aus.
Ich war, mit meiner kleinen Tochter, für ein paar Wochen ins Haus geladen worden, weil meine Londoner Wohnung bombenbeschädigt war. Als zahlender Gast bewohnte ich ein Turmzimmer, hoch über dem grünen Rasen. Es war Spätherbst. Aus der Isis stiegen die Nebeldünste auf, doch ein paar Stunden täglich schien mild und klar die Sonne. In dem uralten Steinhaus war es kalt. Man dachte nicht daran, zu heizen. Überdies standen Türen und Fenster immerzu offen, allerorten drang Zugwind ein, und durch die Zimmer und Korridore tobten die Spring-Roberts-Kinder und die kleinen Lords, ständig in schlammbespritzten Gummistiefeln und wetterdicht verwahrt in dicken Spielhosen aus Manchestersamt, Schottenröckchen und warmen Shetland-Sweatern. Blondes Haar wehte zerzaust um ihre ungewaschenen Gesichter, in denen das engelsgleiche Ebenmaß der Gainsborough-Knaben und Mädchen lag. Es gab keinen Raum in Waterhouse Manor, auch nicht unter den unbenützten, in dem nicht der Boden voll zerbrochenen Spielzeugs war. Der Herrensitz war auf einen wohlbestallten Haushalt eingerichtet, in dem ein Butler, eine Wirtschafterin, eine Köchin, zwei Kinderfrauen und drei bis vier Stubenmädchen für die Bedürfnisse einer vier- bis sechsköpfigen Familie sorgen. Ein Landmädchen, das um fünf Uhr früh bereits die Kühe molk und nachher ihre ansehnlichen, aber unerfahrenen Kräfte in den Dienst der Küche stellte, und eine Hausfrau, die nur an der Arbeit im Blumen- und Gemüsegarten Gefallen fand, vermochten das Chaos, dem eine unbetreute Wohnstatt anheimfällt, nicht aufzuhalten. Staub, Schmutz, Kälte und Kinder regierten im Haus.
Mit meiner Tochter, die eben aufrecht zu gehen begonnen hatte, wohnte ich im Turm wie in einer belagerten Burg. Zuweilen machte ich Ausfälle, um mir Obst vom

Baum oder heißes Wasser für eine Wärmflasche zu holen. Mittags brachte mir Daphne, das Landmädchen, den Kinderbrei und ein kleines Pfannengericht, denn in der Küche, so hatte mir Mrs. Spring-Roberts längst klargemacht, hatten ihre Hausgäste nichts zu suchen. In den sonnigen Stunden des Tages saß ich mit meiner Tochter auf dem Rasen, nach dem nachmittäglichen Schulschluß umtobt von der entfesselten Engelshorde der vornehmen Sozialistenkinder, und jederzeit begleitet und umschmeichelt von einem reizenden kleinen Hund, der dem ältesten Knaben, Edmond, gehörte. Er war von jener sonderbaren Rasse, die nur in England gedeiht und sich königlicher Patronanz erfreut — ein Corgi, sanftbraun, Schnauze und Leib eines Füchsleins auf krummen Dackelbeinen ruhend. Der Corgi hieß Benjamin. Die Engelshorde, selbst Edmond, der ihn liebte, machte ihm Angst. Doch meiner Tochter, die lieber noch auf allen vieren kroch, als sich dem aufrechten Gang anzuvertrauen, war er herzlich zugetan. Wenn die Horde sich in alle Gegenden des Gartens verzog, trippelte er neben dem kleinen Mädchen her oder saß still neben ihr, auf die krummen Vorderbeine gestützt, und leckte ihr die Hände. Eines ihrer ersten Worte war: Enamin.
Abends und bei allen Mahlzeiten am Wochenende saß ich mit der Familie Spring-Roberts bei Tisch. Es war meine erste Einführung, ja Einweihung, in die Riten der englischen Gesellschaft, in ihre Kindererziehung, ihre Umgangsformen, ihre Launen, ihre Hemmungen, ihre Konversation. Staunend hörte ich Eltern und Kinder, deren ältestes das zwölfte Jahr nicht überschritten hatte, mit jenem geistigen Anspruch, jenem formalen Schliff, jenem zugespitzten Witz parlieren, die anderwärts nur unter überaus gebildeten Erwachsenen üblich sind. Jeder Rückfall in die Babysprache, zu dem die beiden Kleinsten noch berechtigt schienen, wurde stirnrunzelnd abgewehrt. Wenn Edmond ein ungewöhnlich schwaches Scherzchen machte, bezeichnete es sein Vater, der Professor, wegwerfend als »Prep-school-Humor«. Unerbittlich wurde hier

eine Intelligenz herangezüchtet, die freilich — trotz Mrs. Spring-Roberts' pflichtbewußten Kirchgängen an Sonn- und Feiertagen — von Caritas oder humaner Wärme unbeeinflußt, vielleicht sogar in bewußtem Gegensatz zu ihr gehalten war. Denn noch eine zweite Kunst wurde an der Tafel im Waterhouse Manor gepflegt, eine Kunst, wie sie sonst, freilich mit geringerer Schärfe und Treffsicherheit, nur noch in der maliziösen Gesellschaft meiner Vaterstadt Wien entwickelt wurde; jene üble Nachrede, die man seinen besten Freunden angedeihen läßt.
Lebensgewohnheiten, Vorurteile, Idiosynkrasien, scheinheilige oder affektierte Aussprüche, Geschmacksverirrungen und Faux-pas ihrer gesamten Umwelt, von der Familie des benachbarten Labour-Lords bis zu den engsten Anverwandten, wurden mit feingedrechseltem Spott am Spring-Roberts'schen Mittags- und Abendtisch unter aufmerksamer Teilnahme der Engelshorde kommentiert. Es war eine Vorschule der sozialen Konvention, eine Lästerschule, wie sie in der bekannten Komödie Sheridans geschildert wird. Zuweilen schien mir, als nähmen die ebenmäßigen Gesichter der Spring-Roberts-Kinder bereits jene zynisch-abgebrühten Züge an, mit denen sich das Konterfei Dorian Grays in aller Stille auf dem Dachboden bedeckt. Und doch war dies bloß eine Prinzenerziehung, wie sie in der britischen Oberschicht — sei sie nun politisch rechts oder links gerichtet — seit Jahrhunderten üblich ist, die kritische Talente weckt, das Wahre vom Simulierten zu trennen hilft, gespielte Klugheit, vorgetäuschtes Empfinden von echtem Geist und Gefühl unterscheiden lehrt und den Grundstein zu jener hellsichtigen und hellhörigen, jedoch schweigsam reservierten, jener bescheiden auftretenden, aber von innerer Arroganz durch und durch erfüllten Elite Englands legt, die in den Schulen und Universitäten ausgebildet wird, um nicht nur das eigene Land, sondern auch ein bereits schwindendes Weltreich zu verwalten.
Ich war, wenn nicht gerade entzückt, so doch sehr beeindruckt von allem, was ich in Waterhouse Manor sah. Ich

hätte auch, trotz steigender Kälte und häufig verspürtem Hunger, trotz Staubgeruch und Zugluft und einem immer wachsenden, niemals auch nur vorübergehend gelichteten Dickicht ausgedienten und zerbrochenen Kinderspielzeugs auf allen Treppen und Korridoren, noch wochenlang, wenn nicht gar monatelang, im Hause verweilen mögen, hätte nicht ein Vorfall sich ereignet, nach dem meines Bleibens nicht länger war. Es geschah Sonntag mittag, wir saßen alle um den Tisch — die immer ein wenig übellaunige Gutsherrin mit dem matten, strähnigen Haar, ihr Mann, der Professor, dunkel, mit Denkerstirn und tiefen Falten um den süffisanten Mund, die schönen Kinder in ihren marmeladeverklebten, filzig gewaschenen Shetland-Sweatern —, es geschah, daß die älteste Tochter des Labour-Lords eintrat und eine Unheilsbotschaft von sich gab. Sie war, die Überbringerin der bösen Kunde, ein großes, fülliges Mädchen von dreizehn Jahren, eine noch nicht ganz entwickelte Venus Britannica mit stahlblauen Augen und lang wehendem, flachshellen Haar. Wie immer trug sie Reithosen und eine Peitsche, die sie, während sie sprach, an ihre Stiefel schlug. Mit gelassener Stimme, unverwandt den feingliedrigen, aschblonden Edmond anblickend, mit dem sie seit längerem eine Art Haßliebe verband, teilte sie mit, daß Benjamin der Corgi soeben, als sie die Straße herüberritt, ihr entgegengelaufen und unter die Räder eines Lieferwagens der Walls-Würstchen-Compagnie geraten war. Weshalb sie die Walls-Würstchen eigens erwähnte, wußte niemand. Vielleicht, weil es dem Bericht eine nicht unkomische Pointe verlieh.
Die Tafelrunde war verstummt. Alle sahen Edmond an. Schließlich war Benjamin sein Hund gewesen, hatte ihm, wenn er sich zuweilen aus der Horde löste, ein paar scheue, aber sicherlich tiefempfundene Liebkosungen entlockt. Nun war das kleine, dackelfüßige Objekt seiner Zärtlichkeit — vielleicht das einzige, denn in der Spring-Roberts-Familie küßte man sich nicht — auf grausame Art zu Tode gebracht. In Edmonds Gesicht begann es zu zucken. Es fehlte nicht viel, da hätte es blind aus ihm her-

ausgeweint, hätte den ganzen Ekel und Schmerz aus seinem Kindergemüt gewaschen und ihn nach einer Weile, indes sein Schluchzen verebbte, allmählich davon befreit. Aber Mrs. Spring-Roberts sagte eisig: »Willst du dich wohl beherrschen, Edmond.« Und Professor Spring-Roberts blickte so verächtlich, so angewidert von diesem ersten Ansatz einer Gefühlsbekundung auf seinen ältesten Sohn, daß der Knabe sich duckte, die Zähne aufeinanderbiß, ein paar Mal schluckte und dann mit starrer Miene den Löffel in die Erbsensuppe tat.
Virginia, die Tochter des Labour-Lords, verharrte einen Augenblick unschlüssig auf der Schwelle und empfahl sich dann mit der Bemerkung, der Hund läge noch am Straßenrand, es habe ihn keiner weggeräumt. Sie ging grußlos und erwartete auch nicht, daß man sie grüßte. Die Sache schien abgetan. Dann aber geschah, was in Waterhouse Manor nicht hätte geschehen dürfen. Ich verlor die Nerven und brach in Tränen aus. Ich weinte um Benjamin, um das unterdrückte Gefühl eines fremden Kindes, und aus Heimweh nach einem Land, in dem ungehemmt hatte schluchzen dürfen, wem ein Schmerz widerfahren war. Ich vermochte auch nicht, meine Tränen zu unterdrücken. Ich stand von der Tafel auf, entschuldigte mich und stieg hinauf in meinen Turm. Niemand sah mir nach oder äußerte ein Wort. Und niemand zeigte die geringste Überraschung, nein, man schien befriedigt, wenn nicht geradezu erfreut, als ich anderntags meine Koffer packte und für die kurze Zeit, bis meine Londoner Wohnung wieder in Stand gesetzt war, zu einem Kleinbürgerpaar am Rande von Oxford zog. Man verabschiedete sich von mir, als wäre ich irrtümlich von einem anderen Stern in die Sphäre des Waterhouse Manor geraten und kehre nun dorthin zurück. Daphne, das Landmädchen, besuchte mich noch einmal. Bei den Spring-Roberts', sagte sie, werde mein Name nicht mehr genannt.

Erschienen 1976

Gertrud Fussenegger

Der große Obelisk

geb. 1912

Jeder Beruf hat seine besonderen Tücken und Probleme. Darum fragt der Jurist nach dem Sinn des Gesetzes, der Ingenieur nach den Grenzen der Technik, der Lehrer nach der Belehrbarkeit der menschlichen Natur — und so fragt der Schriftsteller — oder sagen wir heute etwas hochtrabend: der Dichter nach dem Wesen der Poesie. Was ist das Poetische? Was unterscheidet einen Text von der Masse des Geschriebenen, daß er Dichtung sei, was hebt ihn ab von Reportage, von banalem Bericht, was macht ihn poetisch?
Ich glaube, das Poetische ist nichts Abstraktes, Reserviertes, Definitives, es ist nichts, was sich ein für allemal genau beschreiben und von einem klassischen Modell ablesen ließe. Es ist keine Eigenschaft, die an einem Werk haftet und festklebt wie ein Firmenschild an einer Ware. Das Poetische ist ein Vorgang, der sich immer wieder ereignen muß in der Begegnung zwischen Werk und Mensch, ein Erlebnis also, ein immer neues individuelles Ereignis. Aber weil es individuell und damit so unendlich vieldeutig, vielfältig und vielgestaltig ist, scheint es mir unerläßlich, daß wir hier einen ganz realen Fall ins Auge fassen. An ihm möchte ich zeigen, was ich meine, durch ihn möchte ich mich verständlich machen. Der Fall betrifft eine römische Anekdote, in ihr steckt Poesie oder mindestens das, was ich unter einem poetischen Motiv verstehe. Trotzdem ist sie nicht zu *reiner* Poesie gediehen, inwiefern und wieso..., damit möchte ich mich hier beschäftigen.
Auf den schönsten Plätzen von Rom stehen ägyptische Obelisken. Sie wurden in der diktatorischen und imperia-

len Zeit des alten Rom aus dem Nilstromland herübergebracht und zur höheren Ehre ihres jeweiligen Räubers aufgerichtet. Als Rom verfiel und zugrunde ging, wurden diese Obelisken umgestürzt, der eine oder andere mag auch durch ein Erdbeben gefallen sein. Nur ein einziger dieser merkwürdigen gigantischen Steine blieb aufrecht stehen, er stand im Zirkus des Nero und soll, späterer Legende gemäß, auf Leiden und Tod zahlloser christlicher Märtyrer herabgeblickt haben. Der Zirkus verschwand, Rom war längst christlich geworden, doch immer noch schaute man mit Neugier und Ehrfurcht nach der riesigen steinernen Nadel, an deren Spitze eine goldene Kugel steckte. In ihr, so munkelte man, sei Caesars Asche verborgen. Nichtsdestoweniger erfrechten sich die Landsknechte, beim Sacco di Roma nach der goldenen Kugel zu schießen, sie wurde auch getroffen, aber nicht zu Fall gebracht, unbesieglich stand der Obelisk, ein zwar deutliches, doch auch wieder schwer deutbares Zeichen für königliche oder priesterliche oder königspriesterliche Macht, ein Symbol für den Sonnenstrahl, der die Erde trifft, ein Finger der Erde, der sich zum Himmel erhebt.
Und so konnte es nicht ausbleiben, daß einer der großen Päpste, die eben zu jener Zeit Rom aus- und umzugestalten beschäftigt waren und die sich ja gleichfalls als königliche Priester oder priesterliche Könige in nahezu pharaonischem Sinne begriffen, daß also einer von ihnen sein Augenmerk dem Obelisk zuwandte, diesem einen, der alle Jahrhunderte der Zerstörung überstanden hatte und irgendwie als Sinnbild der Unzerstörbarkeit selbst galt. Schon war die Peterskirche erbaut, wenn auch nicht ganz vollendet, und vor der Peterskirche sollte jetzt das steinerne Wunder aus Ägypten aufgepflanzt werden. Der Mann, der diesen Entschluß faßte, war Sixtus V., Sohn eines Bauern aus Grottammare, mit 65 auf den Stuhl Petri gelangt. Er war beileibe nicht der erste, der den Obelisk aus dem untergegangenen Zirkus des Nero verrücken und vor die Basilika San Pietro transportieren lassen wollte, aber er war der erste, der es wagte, wirklich an den mono-

lithischen Koloß zu rühren. Mit der Durchführung betraute er einen gewissen Domenico Fontana, einen sehr geschickten Architekten und Techniker, der sich schon an vielen schwierigen Aufgaben bewährt hatte und dem Papst Sixtus jede erforderliche Hilfe, jede nur denkbare Erleichterung und alle Mittel von vornherein versprach. Fontana stellte seine Berechnungen an. Danach stellte er seine Forderungen. Dann überwachte er die Herstellung der notwendigen Apparaturen. Der Obelisk wurde mit einem Gerüst aus starken Eisenstangen und Holzbalken umgeben. Zugleich wurde rings um ihn ein breiter Gürtel freien Raumes geschaffen, man brach Häuser ab, man demolierte sogar eine Kirche, um ihn niederzulegen und fortschaffen zu können. Dann wurden riesige Winden aufgestellt, auf denen armdicke Seile aufgerollt waren. Am Morgen eines Apriltages 1585 begann man mit der Arbeit.
Alle zu dem Platz führenden Straßen waren mittels Schranken abgesperrt. Papst Sixtus, nicht umsonst von Freunden und Feinden wegen seiner Strenge gefürchtet und von vielen »il terribile«, der Schreckliche, genannt, hatte die Todesstrafe verhängt für jeden, der die Schranken etwa durchbrechen würde. Schwere Strafen waren auch denjenigen angedroht, die durch Sprechen oder Lärmen die notwendige Stille stören würden. Innerhalb des abgesperrten Raumes stand der Bargello, der Polizeihauptmann, mit seinen Häschern und war bereit, jeden, der die Befehle übertrat, sofort zu fassen.
Zunächst hob man die Kugel von der Spitze ab. Sie war von den Geschossen der Landsknechte durchlöchert, ihr Inneres war leer. Die Asche des Caesar hatte sich also nicht in ihr befunden. Am 30. April, zwei Stunden vor Tagesanbruch, wurden zur Anrufung des Heiligen Geistes noch zwei Messen gelesen, wobei alle, die an der Arbeit beteiligt waren, die Kommunion empfingen. Noch vor Sonnenaufgang hatten die Arbeiter ihre Plätze eingenommen. Ein Trompeter gab das Zeichen zum Beginn. Die Schreiner, die den Auftrag hatten, unter den sich neigen-

den Obelisken Holzbalken zu spreizen, trugen eiserne Helme, um durch herabfallende Holzstücke nicht verletzt zu werden.
Hatte man für die Kardinäle und Botschafter eine eigene Tribüne errichtet, so waren alle Fenster und Dächer in weitem Umkreis von unzähligen Zuschauern besetzt. In den angrenzenden Straßen war ein Gewoge von Menschen, so daß die Schweizergarde und leichte Reiterei gerufen werden mußten, um die Ordnung aufrechtzuerhalten.
Endlich, nach einem neuerlichen Trompetenstoß, setzten sich die 40 aufgestellten Riesenwinden in Bewegung. 75 Pferde und 907 Menschen bedienten die Maschinen, die den 25 m hohen und 50000 Zentner schweren Monolith mittels eines erklügelten Systems von Flaschenzügen langsam, ganz langsam aus der Senkrechten kippen und in die Waagerechte legen sollten.
Fürs erste wurden der Obelisk von seinem jahrhundertealten Standort zwei Spannen hoch in die Höhe gehoben und die vier Kugeln, auf denen er stand, durch Holzbalken ersetzt. Die Kugeln wurden — als Zeichen des Erfolges — dem Papst überbracht. Kanonenschüsse von der Engelsburg verkündigten der Stadt den geglückten Beginn. Die gesamte päpstliche Artillerie stimmte ein.
Acht Tage später war der Obelisk glücklich niedergelegt. Die Überführung nach dem Petersplatz nahm den ganzen Sommer in Anspruch.
Der Petersplatz hatte damals noch nicht die Ausdehnung, die ihm später durch Bernini und durch den Bau der Kolonnaden gegeben wurde. Auch hier mußten Häuser und Kirchen abgebrochen und Platz geschaffen werden für das steinerne Ungeheuer und für die Winden und Maschinen. Bis jetzt hatte sich alles nach Wunsch und Berechnung abgespielt. Aber noch stand das Schwerste bevor: den Obelisk unbeschädigt, ohne Sprung, ohne Bruch auf die Fundamente zu hieven und aufzurichten.
Wieder ein feierlicher Beginn der Arbeit; wieder waren das Kollegium der Kardinäle, das Corps der Botschafter

und tausend und abertausend Menschen versammelt; wieder waren die Befehle des Papstes verkündigt und eingeschärft worden: niemand dürfte die Schranken durchbrechen, niemand mit einem Wort die Stille stören. Wieder Messen, Gebete und dann ein Trompetensignal. An den vierzig Winden setzten sich abermals 900 Menschen und diesmal 140 Pferde in Bewegung. Stunde um Stunde verging. In stummer Spannung hielten die Tausende aus und sahen zu, wie sich der Koloß langsam, ganz langsam, fast so unmerklich wie der Zeiger einer Uhr aus der Waagrechten hob. Schon war er weit aufgestiegen, schon trennten ihn nur noch wenige Winkelgrade von der Senkrechten, da — plötzlich — stockte die Arbeit. Einige Winden liefen leer, andere blockierten, das System der Flaschenzüge und Verspannungen versagte. Die Vorarbeiter blickten sich hilfesuchend nach dem Architekten um. Der Architekt stand ratlos. Auch der Papst war aufmerksam geworden, Kardinäle und Botschafter reckten die Hälse. Was war denn geschehen? So sorgfältig Fontana alles berechnet, wieder berechnet, geprüft und überlegt hatte, eins war ihm doch entgangen: das Riesengewicht des Obelisken hatte die Seile derart ausgedehnt, daß die mühsam erstellte Maschinerie nicht mehr funktionierte. Der Koloß stand auf der Kippe und war nicht mehr weiterzubewegen. Sollte das ungeheure Unternehmen in der letzten Minute mißglückt sein?
Da plötzlich ist an den Schranken unten ein kurzes Schieben, Stoßen, Vorwärtsprellen: ein Mann hat sich an die Barrieren durchgekämpft, hat sich herübergeschwungen und läuft vor, läuft in den freien, abgeriegelten verbotenen Raum, und dabei schreit er, schreit etwas vorerst kaum Verständliches, doch schreit er's noch einmal, da wird es deutlich und lautet: »Tut Wasser an die Seile! Tut Wasser an die Seile!«
Zwei, drei oder fünf Sekunden lang ist die ganze Szenerie bewegungslos. Fontana steht und starrt den Fremden an, die Arbeiter stehen und starren gleichfalls, der Chor der Botschafter und Kardinäle atemlos, vorgebeugt und lau-

schend, und selbst der Papst, der sich aus seiner Sedia erhoben hat, verharrt so, und sein altes, häßliches, runzeliges Bauerngesicht, das eben erst bis in die Lippen erblaßt war, ist ganz aufgerissen vor Staunen, Überraschung und Nichtbegreifen, Nichtbegreifen, in dem sich doch von Sekundenbruchteil zu Sekundenbruchteil Begreifen anbahnt, vorformt, durchformt und dann hervorbricht in den beinahe röchelnd hervorgestoßenen Worten: »Ja, Wasser, tut Wasser an die Seile!«
Da hat sich das Bild rund um den auf der Kippe schwebenden Obelisk auch schon durchaus verändert, aus zukkender Ratlosigkeit zuvor, Unbeweglichkeit danach bricht plötzliche Emsigkeit aus, ein Hasten und Rennen zu den Brunnen, ein Schöpfen und Schleppen, mit einem Male sind, weiß Gott woher, Eimer vorhanden, Krüge und Schläuche, und auf die armdicken Seile ergießt sich Schwall um Schwall.
Was danach geschah, können wir uns leicht vorstellen: die Seile zogen sich wieder zusammen, sie verkürzten sich auf die Länge, mit der der Architekt zuvor gerechnet und auf die er seine Winden und Züge eingestellt hatte. Das System funktionierte wieder, und bald stand der Obelisk aufrecht und fest auf seinem Postament.
Hier halte ich inne, um von der Erzählung zurückzukommen auf meine Frage: Was ist das Poetische? Was können wir poetisch nennen?
Ich meine, wir haben soeben ein Beispiel gehört, ein Beispiel wenigstens dafür, wie sich das Poetische aus einer Fabel ergeben, sich als Effekt einer Handlung einstellen kann.
Die Geschichte beginnt wie so viele historische Anekdoten im Raum historischer Kategorien: der Obelisk als Beute der Macht, als Zeichen der Macht, die Jahrhunderte überdauernd. Dann tritt eine neue Macht auf den Plan, die des Papstes, die den Obelisk neuen Zwecken zuführen will. Der päpstliche Befehl, die technische Vorbereitung, der Vorgang der Übertragung ... das alles sind Berichte, die vielleicht ganz interessant klingen, die vielleicht unse-

ren historischen Sinn ansprechen, die unter Umständen sogar malerisch-romantische Szenerien vor unser inneres Auge zaubern. Poetisch sind sie nicht. Zwar: wenn wir von dem befohlenen Schweigen hören, von dem verbotenen Raum, da siedeln sich in uns möglicherweise schon unterschwellige Ahnungen an, daß der Vorgang nicht so ohne weiteres ablaufen wird. Doch es sind eben nur Ahnungen; schließlich tritt die Stockung ein. Sie setzt ein deutliches Moment der Spannung. Trotzdem! Poetisch ist sie noch nicht. Erst in dem Augenblick, wo aus der anonymen Menge, aus der gesichtslosen Masse plötzlich einer, ein einziger hervorspringt und unter Einsatz seines Lebens das rettende Wort ruft, hier erst erfolgt der Umschwung, der Sprung hinüber in eine andere Zone, in die Erweisung des Poetischen. Denn, nicht wahr?, in diesem Augenblick ist dieser Mensch, dieser eine — eben noch gar nicht sichtbar Gewesene, er ist größer, wichtiger als der Architekt, der das ganze Unternehmen leitet, als alle seine Helfer, größer als die Zuschauer auf der Kardinalstribüne, größer als der Papst und, ich möchte beinahe sagen, größer als der Obelisk, dieses stumme, mit geheimen Mächten geladene Symbolum. Vor dem nüchtern-sachlichen Wissen dessen, der Bescheid weiß, vor seinem Mut, seiner Mannhaftigkeit verblaßt auch der Obelisk für einen Augenblick und gibt den Blick frei auf den Menschen in dessen voller sachbezogener Vernünftigkeit.
Hier haben wir die zarte Überraschung, die sinnvolle Sinnesverkehrung, den erheiternden Effekt der antithetischen Position. Der Namenlose wird zum Retter, der Niemand zur Schlüsselfigur. Er bringt in das Schauspiel mechanischer Kräfte einen neuen Gesichtspunkt ein, er ändert die Physik des Vorgangs, und die Überraschung, die seine Figur auslöst, gehört zu den Überraschungen, die das Poetische mit sich führt.
Hier wird Poesie geleistet.
Aber die Geschichte ist nicht zu Ende, leider. Denn der poetische Ansatz bleibt als solcher stehen und kommt im weiteren Verlauf nicht zum Tragen.

Noch während man auf die Weisung des Unbekannten mit größtem Eifer und in höchster Hast am Werk ist, Wasser herbeizuschaffen und die Seile zu begießen, kommt natürlich und ganz unvermeidlich der martialische Bargello herbei, um seines Amtes zu walten. Er nimmt den Mann in Haft, er führt ihn ab. Doch ehe er ihn noch in den Kerker bringen kann, schmettern schon die Trompeten, schießen die Kanonen, läuten die Glocken von Rom Sieg und Gelingen. Der Obelisk ist aufgestellt, und da kommt auch schon ein Bote gelaufen und keucht seinen Auftrag: Seine Heiligkeit der Papst habe befohlen, den Mann, der gerufen habe, vor seinen Thron zu bringen. Das geschieht, und nun stellt sich heraus, daß der Mann Bresca heißt und ein Schiffer ist aus San Remo bei Genua und deshalb Erfahrung hat mit Tauen und Seilen, die sich bei Regenwetter zusammenziehen, bei Trockenheit ausdehnen, und der auf diese Weise erkannte, woran es lag, daß sich Fontanas geistreiche Apparaturen im letzten Augenblick als unbrauchbar erwiesen.
Der Papst dachte nun freilich nicht mehr daran, den Mann zu bestrafen, im Gegenteil, er fragte sogar, welche Gunst er sich erbitte, welchen Lohn, und da sagte der Mann, er erbitte sich das Recht, am Palmsonntag den Römern die Palmblätter zu verkaufen, die sie dann zur Weihe trugen — ein bombensicheres Geschäft. Und wirklich: Bresca erhielt das Recht, und es wurde dann auch auf seine Nachkommen übertragen, und so wurde Bresca Palmblätterverkäufer und ein reicher Mann, und auch seine Familie wurde reich und blieb es jahrhundertelang.
Hier ist die Zone des eigentlich Poetischen schon wieder verlassen. Hier schlägt die Anekdote aus der symbolischen Dimension zurück ins Banausisch-Erbauliche, hier pendelt sie aus dem Bereich zarter Überraschung in den der Banalität, wo sich vielleicht noch sprichwörtliche Wahrheiten zu bewähren haben wie »Guter Rat ist Goldes wert« oder »Eine Hand wäscht die andere«.
Mit einer Art minderer Ersatzbefriedigung liest man dann noch am Ende, der Schiffer Bresca habe die Erlaubnis er-

halten, die päpstliche Flagge zu führen ... Nun gut, das war sicher das Äußerste, was von seiten des Sixtus zu erwarten war, eine Geste der Hochherzigkeit, die bei seiner sonstigen Strenge sympathisch berührt.
Damit ist die Anekdote zu Ende. Was können wir über sie sagen? Sie hat einen Ansatz zum Poetischen geleistet und hat ihn dann nicht durchgeführt. Hier erst müßte die Arbeit eines Dichters beginnen, der das poetische Fragment ausführt, der den poetischen Keim entfaltet. Hier müßte der Einfall erst erfolgen! — so wie er vielleicht einem Kleist, einem Brecht gelungen wäre, eine zugespitzte Szene zwischen dem Papst und dem Genuesen, ein Wortwechsel voll atemberaubender Wendungen ... bei Kleist sicher ganz anders als bei Brecht, dort als geistreiche Vorform der Selbstvernichtung, hier als marxistisches Lehrstück: Aufreizung zur Aufsässigkeit, dort Michael Kohlhaas, hier Herr Keuner. Und wollten wir uns vorstellen, daß etwa auch der jüngere Günter Grass das Thema behandelt hätte, so müßten wir uns darauf gefaßt machen, daß er eine pantagruelische Unanständigkeit eingeflochten haben würde, und sollte sich schließlich ein Dichter konkreter Poesie je zu dem Thema verirrt haben, dann würde sich die Figur des Obelisken sicher als ein großes Rufzeichen oder als ein großes I vortragen, ein I, daß das Ei der Seile dehnt, bis es sich im U des Ungehorsams wie in einer Zwinge stabilisiert und schließlich die Mitte und den Nabel des gewaltigen O bezeichnet, das die K-O-lonnaden des Bernini bilden.
Scherz beiseite. Ich habe lange genug von einem Beispiel gehandelt, das sich nur zur Hälfte als tauglich erwiesen hat, den Begriff des Poetischen zu beschreiben. Nur in einer Andeutung konnte ich ihn sichtbar machen.
Was mich allerdings selbst an dem Beispiel anzog, ist, daß ich in ihm etwas wie eine Beschreibung unserer Zeit fand, ein vereinfachtes Bild dessen, was wir erleben.
Auch wir haben uns sozusagen darauf eingelassen, das scheinbar Unverrückbare zu verrücken.
Wir haben uns darauf eingelassen, mit Mächten, Kräften

und Massen der Natur zu manipulieren, die wir bis vor kurzem zwar gekannt, nicht aber zu unserer Verfügung gehalten haben.
Auch wir haben die Techniker damit betraut, diese Kräfte und Massen in unsere Welt hereinzuholen und sie an den für uns genehmen Platz zu unserer Benutzung heranzubringen.
Auch unsere Zeit hat dabei der Technik jede Hilfe gewährt und ihr jede Forderung von vornherein bewilligt.
Es war zwar kein Verbot ausgesprochen, sich zu dem Vorgang zu äußern aber das viel mächtigere Übereinkommen gleicher Gesinnung und gleicher Überzeugung verurteilte jede warnende Stimme zum Verstummen.
Auch das von uns geleistete Werk ist erstaunlich.
Trotzdem trat, wie mir vorkommt, auch bei uns jener Augenblick ein, in dem sich die Apparaturen nicht mehr im richtigen Sinn bewegen, da die Arbeit stockt und die Erkenntnis um sich greift, daß alle Berechnungen, so großartig sie das Mechanische bewältigen, irgendeine wichtige Unbekannte nicht in Betracht gezogen haben. Man sagt, sie sei der Mensch ... ich weiß es nicht, man müßte doch wohl erst darüber klargeworden sein, was in diesem besonderen Fall am und mit dem Menschen gemeint ist.
Wie dem auch sei: der Obelisk steht oben auf der Kippe — die Zuschauer auf der Ehrentribüne sind beunruhigt und stecken, verstört beratschlagend, die Köpfe zusammen. Sogar draußen hinter den Schranken hat sich das Gerücht schon verbreitet: Gefahr ist in Anzug. Wir warten. Wir warten auf Bresca.
Vermutlich muß jeder einzelne sein eigener Bresca werden.

Erschienen 1977

Felix Hartlaub

Notizen aus dem Kriege

1913—1945

Weltwende im Freudenhaus. Die Fischkonserven aus der Sowjetbotschaft waren eigentlich gar nicht schlecht. Es war wohl Stör, wenigstens zeigte die Dose das Bild eines langgestreckten, brettsteifen Fisches, seine Schnauze vorn etwas aufgeworfen. Sie hatten die Dinger zum Öffnen ins Office geschickt, dazu das Viertelpfund Tee, eine gelbe glänzende Tüte, die auch aus den in der russischen Botschaft beschlagnahmten Beständen stammte. Das dampfte jetzt in den Tassen, braunschwarz wie Sepia; es schmeckte ein wenig fettig, aber weit kräftiger als der Tee, den einem das Hotel neuerdings vorsetzte, dessen Vorräte angeblich am Ausgehen waren. Dabei waren es gar keine richtigen Teeblätter gewesen, sondern nur Abfall, gemahlenes Pulver. Persischer Tee, hatte Fräulein Kläuter behauptet. Beim Essen unterhielten sie sich über den Artikel, der in der Abendausgabe von »Je suis partout« erschienen war, mit einem Haufen Fotos, auf denen nichts zu sehen war außer ein paar vom Blitzlicht geweißten Gesichtern. — Über die Durchsuchung und Beschlagnahme der Sowjetbotschaft, die gestern durchgeführt worden war. Schauergeschichten standen darin von Falltüren, Verliesen, elektrischen Wannen zum Verbrennen von Leichenteilen, die man aufgefunden haben wollte und die eine blitzartige Erklärung lieferten für eine ganze Reihe unaufgeklärt gebliebener Vorgänge der letzten Jahre. Das mit den Wannen konnte man allerdings Angehörigen einer Botschaft nicht weismachen; es handelte sich ganz einfach um Vorrichtungen zum Vernichten von Akten. Bei den Lebensmitteln hätte man sich mehr ranhalten sollen. Jetzt war es zu spät. Alex, der Chauffeur — seine Mutter war Elsässe-

rin, sein Vater russischer General, und gelebt hatte er lange Zeit in Spanien — war mit einer ganzen Mappe voll abgezogen: »Meine Herren«, hatte er gefeixt, »das ist das erste und letzte, was wir aus Rußland herausholen. Denn sonst werden wir nicht so viel herausholen«, — er schnalzte mit den nikotinvergoldeten Fingerspitzen —, »da können Sie Gift drauf nehmen. Nix Pelz, nix Kaviar, sind doch keine Franzosen ... nix, rein gar nix.« Eine ganz undurchsichtige Gestalt, dieser Alex, unbegreiflich, daß so etwas an der deutschen Botschaft beschäftigt wurde. Aussehen tat er auch wie ein Orang-Utan. Er konnte mit den Zähnen einen Stuhl hochwuchten.
Als sie mit dem Essen fertig waren, hörten sie ein bißchen Radio, mit dem von der Wache ausgeliehenen Apparat. Aber die Tanzmusik war nicht rauszukriegen, und die anderen Sender brachten alle nur deutsche Nachrichten auf französisch, dazwischen wurden Zahlen von Lotterielosen verlesen. Eine Hitze war das heute wieder! Und noch keine Spur von Abkühlung zu bemerken, obwohl es doch schon spät am Abend war. Nach dem Tee klebte ihm das Hemd wieder auf dem Rücken wie heute mittag, als er über dem Leitzordner eingeschlafen war. Z. ging ans Fenster und stieß die Läden auf. Der Himmel nach dem Westen zu beinahe weiß, von unten her durchwuchsen ihn ein paar Wolkenfasern; die waren noch weißer als glühende Dochte. Draußen war es noch taghell. Knüppeldicke, steinerne Hitze schlug ihnen entgegen. »Du, rasch, unsere rosane Freundin ist wieder da, verflixt, schon haut sie wieder ab.« Ein Mädchen im kurzen, seidenen Schlafmantel, das abends manchmal, seit es so heiß ist, für einige Minuten auf den Balkon heraustritt, die schmale, staubige, die ganze Etage durchlaufende Gitterrampe. Wahrscheinlich noch eine Schülerin, ein bißchen unentwickelt. Man sah ihr in den Ausschnitt, da war kaum ein Schatten. Sie hatten sie schon öfter durch die Ritzen der Persiennes beobachtet. Jetzt fing das Klavier an, Fingerübungen über die ganze Tastatur hinweg, ein mühsames Klettern, bei dem öfters der Atem ausging. Eine ganz veraltete Kommode

anscheinend, es klang, als seien die Saiten vertrocknet, die Hämmer ohne Filz. Sonst kannten sie da drüben nur noch die närrische weißmähnige Alte, die den ganzen Tag bei weit offenem Fenster halbnackt in der großen Wohnung herumtastete und nach der Katze rief. Draußen schien es immer noch heller zu werden, der Backofenhimmel ließ keine Dämmerung hochkommen. Man merkte gar nicht mehr, daß die Nachttischlampe brannte, der gelbliche Widerschein der Laken — das Bett war schon aufgeschlagen — erinnerte einen daran. Unter dem Kopfkissen schaute eine illustrierte Broschüre hervor, wohl ein Heft »Magazin«, nein »Par le trou de la serrure« hieß es. Aha, unanständige Fotos, aber in einer ganz ulkigen Art. Da war zum Beispiel ein Weib, Rückenansicht, das hatte nichts als eine kurze Lederhose, aber diese Hose hatte über den Hinterbacken große ovale Fenster. Auf der nächsten Seite dieselbe zweifelhafte Dame unten rum ganz frei, dafür trug sie aber ein schwarzseidenes über dem Rücken verschnürtes Mieder oder dergleichen. Gähnend warf er das Heft zurück. »Na, ich werde Sie verlassen. Muß noch ein wenig an die Luft. Bei der Hitze kann ja kein Schwein schlafen!«
... Bei der Station »Solférino« stieg er die Treppe zur Métro hinunter. Das goldene Zifferblatt der Uhr am Kriegsministerium war kaum zu sehen — jetzt war doch die Dunkelheit gekommen, nicht vom Himmel herunter, eher wie von den Mauern ausgeatmet, ein unendlich feiner weicher Staub, aus den offenen Poren der Steine. Auf der Treppe zog es; schwer zu sagen, ob kühl oder naßwarm. Was war denn das eigentlich für ein komisches Hufestolpern gewesen, ganz am Ende des Boulevards? Garde mobile, Feuerwehrhelme mit Pferdeschwänzen? Sie sollten nur aufpassen, daß sie nicht klebenblieben; heute mittag war der Asphalt buchstäblich weich gekocht von der Hitze.
Am besten schon bei Trinité aussteigen. Bloß nicht die Pigalle, das hatte ihm neulich gereicht. Na, jetzt ging es ja zum Glück schon auf den Zapfenstreich. Bis er da war, er

konnte ja ein bißchen langsam gehen, hatte die Soldateska längst das Feld geräumt. Bis Mitternacht, bis die Offiziere einzutrudeln begannen, war das dann eine ruhige Zeit, Ebbe auf den Treppen, nur die Femmes de chambre turnten mit der Bettwäsche herum. Die Mädchen zogen sich um, seidene Kimonos grün und rosa statt der robusten Kittelchen, die sie für die Landser anhatten, versilberte Pantöffelchen mit Schwanenpelz. Die Straßen schon leer, gangbar nur für Inhaber von Passierscheinen — die Stunde für deutsche Zivilisten.
Die Dunkelheit jetzt — da war alles dran. In einer Entfernung von ein paar Schritten schloß sie sich kompakt zusammen, satt, heiß, da konnte kein Luftzug durch. Hier in der Rue Clichy war es besonders drückend. Kein Schwanz unterwegs; seine Gummisohlen wetzten vorwärts mit einem schmatzenden Geräusch. Nur vor ihm diese klappernden Holzsandalen, eilig, auf dem Heimweg, und doch ein Spur lahmend, so daß er die Dame in absehbarer Zeit einholen mußte. Er hatte aber keine Lust. Bestimmt würde sie ihn anquatschen, und man sah ja nichts bei der Sack-Dunkelheit. Im Eingang von ›Scheherezade‹ brannte blaues Licht, der Mützenschirm des Nachtportiers fängt es auf, und ein paar gewölbte Limousinendächer. Was war das denn für ein stöhnender Haufen von schwarzen Klamotten im Haustor? Ein Paar magere Beine in hellen Strümpfen sahen daraus hervor, versperrten das Trottoir. Anscheinend besoffen das Weibstück. Vor sich hin brabbeln tat sie auch.
Die Glastür öffnete sich, noch bevor er die Hand nach dem Klingelknopf ausgestreckt hatte. Komisch, früher hatten sie einen oft Sturm läuten lassen. Nanu? Was war denn das für eine Leere, was wurde hier gespielt? Der Kronleuchter schwebte klar in rauchlosen Höhen, der schnurrende Ventilator war auch eine Neuerung. Auf dem Sofa, auf dem er schon bis zu acht Landser hatte sich pressen sehen, lag ein einsamer grüner Lodenhut. Einen Augenblick tauchte ein hemdsärmeliger Mann auf, mit einer Hornbrille, einer schweißüberströmten Glatze, wie ein

Kino-Operateur, Kulissenschieber . . . Aber da kam schon im schwarzseidenen Kleid mit weißem Einsatz die Empfangschefin herein, die Gouvernante, sprach fließend Deutsch, eine Frau von Format. Mit einem Fächer und ein quatschnasses Taschentuch in der Hand zusammengeknüllt, ganz außer Puste. »Ah, mon dieu, guten Abend, was denn los, heiliger Himmel . . .« — »Wieso denn, was soll los sein?« — »Wo sind Ihre Freunde et messieurs les soldats? Tous partis, mon dieu . . .« — »Avec cette chaleur, Madame . . .« — »Aber reden Sie doch nicht, Herr, lieber Herr. Alle Soldaten fort nach Rußland, gestern nacht zwei Divisionen fort aus Paris auf Eisenbahn.« — »So 'n verfluchter Blödsinn, wer bloß immer diese Parolen aufbringt. Je vous assure, Madame . . .«
»Encore deux jours comme ça et je dois congédier ces dames. Nous mêmes, la direction va nous foutre dehors.« Sie trommelte sich mit dem Taschentuchball gegen die Stirn, der Fächer wirbelte vor der Büste. »Die Deutschen sollen haben schon hohe Verluste. Quelle horreur cette guerre de Russie. Sie haben auch gehört?«— »Aber ganz im Gegenteil, Madame. Il faut garder votre sangfroid, je vous en prie. Die deutschen Verluste stehen in keinem Verhältnis zu dem gänzlich welthistorischen Ausmaß der Erfolge.« — »Vous dites . . .? Und wo arbeiten Sie eigentlich? Sie hören Neuigkeiten?«
»Wenn jemand überhaupt genaue Informationen besitzt, dann sind wir es« . . . Verfluchter Mist, da hätte er sich beinahe verquackelt. Sich hier als Botschaftsangehörigen vorzustellen, er war wohl nicht ganz gesund! Immer wieder diese kindliche Offenheit, diese deutsche Michelei. Wie geschickt einen diese Chefin auszuhorchen verstand, diese würdige schwarzseidene Ehrendame, die angeblich nicht den Arbeitsdienst von der Luftwaffe unterscheiden konnte. Ein silbernes Kreuz hing ihr vom Halse in die Einfahrt des stattlichen Busens.
Die Elsässerin brachte Sekt, er hatte noch gar keinen bestellt. Er konnte sie ja nicht leiden mit ihren geilen dunklen Spüraugen, ein hervorragend zudringliches taktloses

Biest. Sie schob auch gleich seine Hand beiseite und setzte sich auf die Armlehne des Sessels. — Na, mein Kind, nur nicht so burschikos. Entweder bist du hier Empfangsdame und wir unterhalten uns über die Zeitumstände, eine reife Frau in trauriger Lage und ein junger Mann mit politischem Scharfblick, oder du gehörst zur Belegschaft, dann warte, bis einer was von dir will. Zigaretten gefällig? Die Chefin hatte sich gegenüber niedergelassen, einen Schluck Sekt genommen. Aber schon stand sie seufzend wieder auf: »Alors, je vais appeler ces dames.«
Ja, appelliere sie mal, schließlich will man ja auch nicht die ganze Nacht hier Konversation machen. Draußen zirpte eine Klingel, wurde in die Hände geklatscht. Hoffentlich war diesmal die Auswahl etwas größer. Da kam auch schon die erste, er hatte noch nie die Ehre gehabt, eine Lange in rosa Tunika, schönes goldblondes Haar, kapitales Stück, eigentlich schon ganz das Richtige, aber wir wollen ruhig noch ein wenig weitersehen. Die zweite etwas pomadig, mit einem beleidigten Gesichtsausdruck, aber eine prachtvolle Kruppe, ja, nimm dein Mäntelchen nur schön knapp um dich, vielleicht etwas zu voll in der Brust. Nur immer hereinspaziert. Die kleine Anamitin, ein bißchen zu scharfe Schlüsselbeine, und die Augen so trübe gelbe Hundeaugen und dann der Wuschelkopf. Blecke nur nicht so begeistert die Zähne, mir ist heute nicht nach Paprika; wir brauchen die vollen stummen Formen. Und jetzt drängen sich drei gleichzeitig durch die Tür, drei verschiedene Grüns, alle zu mager, irgendwie auseinandergerenkt, auch die Gesichter so lang, wie von unterdrücktem Gähnen. Halt, halt, die Tür zu, s'il vous plaît. Das genügte nun erst einmal, man hatte ja schon gar keinen Überblick mehr, es rückte einem alles sowieso schon viel zu nah auf den Leib bei der Hitze und Enge. Und diese Stille, kein Flüstern und Kichern, nur das Rascheln der Seide und das leise Ächzen der Sandaletten. Ansehen tat ihn auch keine, sie schauten so merkwürdig schräg an der Wand hinauf, mit den großen schwimmenden Augen, oder auf ihre silbernen Fußspitzen nieder. Eine öffnete

den Kimono. Wie stumpf die Brüste auseinanderblickten, der Nabel zog ein schiefes Maul. Alle gar nicht richtig da, wie im Dämmerzustand, unter Chloroform. Das Lächeln wie schlecht gemalt und wieder zergangen, oder wie mit Spucke hingeschrieben und wieder vertrocknet, nur noch ein Spannen.
Und das strömte immer weiter. Es hatte sich schon eine zweite Reihe gebildet, dahinter baute sich lautlos, unfaßbar schnell eine dritte. Was war denn das für ein steinaltes Dragonergesicht dahinten, mit dem Fastnachtzinken? Die wollten ihn wohl veräppeln, mobilisierten Ersatzreserve und Landsturm. Er hatte die ganze Belegschaft auf höchstens zwölf Damen geschätzt, aber das waren ja schon fünfundzwanzig. Madame, Madame la sous-maîtresse! C'est trop. Die nächsten, weil schon der ganze Fond des Raumes voll war, lagerten sich vor der ersten Reihe. Achtung, Gruppenaufnahme, endlos lang hingestreckt, er konnte die Hand danach ausstrecken, und doch schwamm das alles in einem anderen Licht, wie hinter erhitztem Glas, in einem tropischen Aquarium. Er schlürft etwas Sekt, öffnet ein paarmal den Mund, ohne etwas herauszubringen. Sich nicht so am Kopf kratzen, das knistert ja doch durch den ganzen Raum. Urteil des Paris. Der war fein raus gewesen, hatte nur drei gegen sich, außerdem spielte sich die Sache im Freien ab, er konnte jederzeit türmen. Das Angebot übersteigt die Nachfrage. »Mesdames ... l'offre surpasse ...« was hieß Nachfrage? »Il me faudrait un certain ... Je me sens mal disposé ...« Sie scheinen ihn nicht verstanden zu haben. Die Brauen wölbten sich nur steiler, die Augen schwimmen nur ferner, die Schultern matt und taub. Aber hallo, ganz hinten, in der dritten Reihe, der große vulgäre Mund mit dem goldenen Blick im Winkel, die kannte er doch schon vom letzten Mal. Das war auch die einzige, die ihn manchmal ansah, die überhaupt Pupille in den Augen hatte — — kleine, fliehende Augen allerdings. Bestimmt kein Klasseweib, eher im Gegenteil, aber ein netter bescheidener Kerl, gab sich eine Engelsmühe, fragte einen nicht aus. Aber wie

sich ihr verständlich machen? Er hob zögernd den halben Arm in der Richtung — aber da würden sich gleich sechs betroffen fühlen. Ihren Namen hatte er auch nicht behalten ... ob nun Yvonne oder Yvette oder Madeleine ... Aber, da schau einer an. Die Frau konnte, scheint's, tatsächlich Gedanken lesen. Mit einem leisen »pardon«, die schmale Schulter voran, teilte sie die Reihen der Genossinnen. Und da war auch schon der ganze Spuk aus, wie weggeblasen. Das wirbelte lautlos auf dem Absatz herum, die Liegenden schossen hoch, man sah nur ein paar fliegende Ärmel und Gürtelenden, und der Raum, der blaugrüne Teppich lagen leer. Draußen auf der Treppe fingen sie alle plötzlich an, durcheinanderzusprechen, wie eine Schulklasse, es ebbte rasch wieder ab, Gelächter war nicht dabei. Das Mädchen setzte sich ihm aufs Knie. »Vous m'avez reconnue?«

Rückfahrt von Fontainebleau. Fast lautlos gleichmäßig, auf schnurgerader Strecke gleitet der Zug durch die Wälder. Über Lichtungen liegt blauer Rauch. Im Eichenlaub vielfach braune, braunviolette Töne, kleinblättrige trockene Stellen. Endlose Alleen, schön vollgesogen mit blauem Schatten, kommen auf den Bahndamm zugeeilt, teilen einen Augenblick lang die Laubmasse. Am Grunde des Westhimmels noch ein farblos glühender Lichtrest, der sich langsam verzehrt. Die im Walde angesammelte Nacht hat es nicht eilig. Der Himmel, durchsichtig, hoch, lebt noch von seiner eigenen Farbe. Beschwerten Fluges, in weit auseinandergezogener Reihe, streben große Raben ein steiles Laubufer entlang, als wären sie den ganzen heißen Tag lang dem Rand des großen Waldes nachgeflogen. Im Abteil ist es heiß, liegt Dunkelheit gepackt. Die Gesichter strömen die Glut des heißen Tages aus, leuchten braun und rot. Die Gepäcknetze bis an die Decke hinauf vollgeladen, Tornister, Gasmasken, Gewehre. Ein reserviertes Kurierabteil in einem Erster-Klasse-Waggon, in dem sich deutsche Zivilisten und zwei Französinnen festgesetzt haben. Die Soldaten sitzen nebeneinander, mit im

Plüsch versunkenen Hintern, die Knie, über denen der dicke Uniformstoff fürchterlich spannt, klafterweit auseinander, Der eine, am Fenster, fliehende Stirn, kühne Adlernase, späht hinaus, pfeift. Sie haben in Paris, das sie noch nicht kennen, nur eine Nacht Zeit, morgen weiter nach Saint-Malo. Der andere, der sich nachher als junger Student und Landsmann entpuppt, kommt mit seinem Schwitzen, Stöhnen, Beinerecken dauernd in Konflikt mit der benachbarten Französin. Trotz öfteren »pardon« wird er immer breiter, unruhiger, versucht vergebens sich vor- und zurückwerfend, einen richtigen Überblick über seine Nachbarin zu gewinnen: sie sitzt auf der Polsterkante, die Knie zum Ausgang gerichtet, zeigt den Soldaten nur einen vollen indifferenten Rücken in einem losen roten Wollkleid, eine goldblonde Mähne. Eine ziemlich ordinäre Erscheinung und doch, scheint ihm, durchaus keine poule. Er fühlt sich immer unbequemer, sitzt gleichsam mit der einen Backe im Bereich teestundenhafter Korrektheit, während die andere von landsknechtigem Tatendrang geröstet wird. ›Wir können uns benehmen‹ und ›na, was hat sich denn die Nutte so‹. Er erzählt mit einer in ihrer sonoren Tiefe nicht heimischen Stimme von seinen Taten, besonderen Aufträgen; Feldflugplätze vermessen, seit drei Monaten keinen Infanteriedienst mehr geschoben; die Franzosen sind schon wieder viel zu frech, die Russen in drei Wochen abserviert und so weiter. Die Teilnahme der deutschen Zivilisten ist sehr dünn. Den, mit dem er hauptsächlich spricht, behindert die Tatsache, daß der Soldat in ihm nicht den beurlaubten Leutnant erkannt hat.
Die Echolosigkeit, die unbefreite ratlose Männlichkeit, der schiefgewickelte Siegersstolz und der enge heiße Uniformkragen geben den Soldaten etwas Drohendes, zerreißen die Sätze im Mund; die Begleiter der Französinnen draußen auf dem Gang, sportliche junge Männer in kurzärmeligen Pullovern mit Badepaketen, senden immer wieder besorgte Blicke in das dunkle Abteil, nach dem kupferglühenden Soldatenkopf. Die andere Französin, in der

dem Gang benachbarten Polsterecke, hat es auch nicht leicht: sie muß die in ihrer Sprachlosigkeit doppelt bedrückende Aufmerksamkeit der drei deutschen Zivilisten aushalten. Der ihr direkt Gegenübersitzende fixiert sie ununterbrochen mit kleinen blaßblauen Murmelaugen, hinter dicken Brillengläsern hervor. Die fahrigen Bewegungen der großen, mit aufgetriebenen Adern überzogenen Hände. Sein Nebenmann gewährt ihr manchmal eine kurze Atempause, indem er einen Blick zum Fenster hinaus tut und sich über den jeweiligen Stand der Topographie unterrichtet. Er gibt dann kurze Kommuniqués: »Jetzt kommen wir an die Seine ... Dahinten muß Melun liegen.« Aber wenn seine Landsleute, aus ihrer Versunkenheit auftauchend, darauf eingehen, hat er das Netz seiner Sehgier nur heißer und enger über sein Objekt geworfen. Er ist nicht mehr zu sprechen, antwortet ärgerlich, kurz angebunden oder überhaupt nicht. Das Opfer hat die Hemdbluse aus grauer Seide nach und nach bis zum Kragen hinauf zugeknöpft, sich ein von ihrem Begleiter geborgtes Männerjackett übergehängt. Sie legt den Kopf energisch an das Ohrenpolster und versucht zu schlafen. Worauf die drei Gegenüber, die Beine übereinanderschlagend, zu völlig uneingeschränkter Betrachtung übergehen. Es zieht ihr die Augenlider auseinander, zerstört die Stirn. Sie benagt das trockene Scharlachrot von ihrer etwas kurz geratenen Oberlippe, verengt die Nasenlöcher. Von draußen werden ihr Zigaretten hineingereicht. Dann, von einer behutsamen Hand umgeben, eine windgebeugte Flamme. Viel zu spät erinnern sich die drei Gesellen ihrer eigenen Taschenfeuerzeuge. Wenn der Zug zwischen hohen dunklen Waldmassen hineilt, ist ihr Gesicht an dem steilen Ohrenpolster nur noch ein goldbraunes Oval.
Hohe Lichtungen, Flußübergänge. Einen Augenblick haben an der Decke des Abteils zwei kleine honiggelbe Lampen aufgeblinkt, wie zur Probe. Einer der Soldaten steht auf, stöhnend. Wie die Mäuse verschwinden die hellen Sandaletten der Französinnen tief unter der Bank, als

seine schweren Stiefelkähne dem Ausgang zuzusteuern beginnen. Der Zug hat jetzt die Wälder hinter sich gelassen und durchquert, mit immer wachsender Geschwindigkeit, eine weite Fruchtebene, Kornfelder. Es zeigt sich, daß die Nacht nun doch das Übergewicht gewonnen hat. Fast alle Farben sind erstorben, nur die Gersten- und Haferfelder halten noch einen silberweißen Schein fest und der Himmel eine Ahnung von Rosa und Smaragdgrün. Eine Wand von unfaßbar feinem grauviolettem Staub scheint rasch vom Horizont hervorzurücken, den ausgeglühten Himmel zu sättigen und die Felder und Baumstreifen einen nach dem anderen auszulöschen. Die Fenstervierecke schweben wie rasch erblindende Opale in dem fast gänzlich dunklen Abteil.
Der geschlossene, reglose Rücken dunkler Kastanienalleen schiebt sich durch die Saaten, kommt plötzlich als riesenhafte Masse auf die Bahn zu. Die Silhouetten einer alten Strohmiete gegen den Himmel, ihr nach einer Seite geneigtes zugespitztes Zwickeldach. Plötzlich ist der Mond da, erst im rechten, dann im linken Fenster, fast voll, eben noch eine mattrötliche, vom Himmel fast verzehrte Wabe, jetzt schon ein strahlendes Schild, aus Silber und Kupfer getrieben. Das Licht, das sich von Sekunde zu Sekunde verstärkt, scheint ihm in einzelnen Pulsstößen zu entströmen. — Ein turmartiges Industriewerk. Über dem enggedrängten Schlotwald schwebt reglos eine große pinienförmige Rauchwolke. La Banlieue.

Geschrieben 1941 — 1945

Rudolf Krämer-Badoni

Unterwegs nach Stalingrad

geb. 1913

Als ich mit der Lastwagenkolonne auf Stalingrad zurollte, war es wieder Winter. Und wie ich so im Führerhaus des ersten Wagens saß und vor mich hin döste, immer das gleiche Geholper in den Knochen, immer das gleiche Rattern in den Ohren, immer dasselbe Schneeweiß in den Augen, da war es mir auf einmal, als sähe ich alles verkürzt vor mir, in Jahre eingeteilt. Das erste Jahr — planmäßiger Rückzug der Russen; das zweite Jahr — hinhaltender Widerstand der Russen. Und das zweite Jahr schien gerade zu Ende zu gehen.

Ich wurde auf einmal hellwach, blickte den Fahrer an, aber der sah immer stur geradeaus. Ich wollte etwas sagen, aber man redete nichts auf solchen Fahrten. Ich nahm zwei Zigaretten aus der Schachtel, zündete eine an und steckte sie dem Fahrer in den Mund, der achtlos dankend mit dem Kopf nickte, und steckte mir die andere in den Mund und zündete sie auch an. Planmäßiger Rückzug, hinhaltender Widerstand. Das dritte Jahr könnte also Angriff bringen, dachte ich bei mir. Ich bin gar kein Hellseher. Mancher Landser dachte damals sicher dasselbe. Ja, daß ich das jetzt dachte, war mir die Garantie dafür, daß viele andere es auch dachten.

Wir hatten in Kramatorskaja Ersatzteile geholt. Unser Regiment hatte sich bei den ersten Kämpfen vor Stalingrad schon ziemlich verblutet. Allein meine Kompanie hatte über die Hälfte der Geschütze verloren, etwa achtzig Mann waren gefallen, darunter der neue Kompanieführer, der nach dem Abgang Kleins die Kompanie bekommen hatte. Auch Brenner, der inzwischen Oberleutnant geworden war, hatte in den ersten Schnee gebissen.

Armer Teufel — was soll ich anderes sagen. Er wäre immer ein armer Teufel geblieben. Zu seinem Tod konnte man nichts anderes sagen als: Glück gehabt. Ich glaube, er selbst hatte nie so recht gemerkt, daß er längst vor die Hunde gegangen war. Der Tod fürs Vaterland ersparte ihm das Leben in der Erkenntnis, daß er vor die Hunde gegangen war. Er erlebte es nicht, daß irgendein Schwurgericht ihm eines Tages mit Brief und Siegel bescheinigte, daß er vor die Hunde gegangen war. Als er getroffen wurde, war er so besoffen wie eine abgeschmierte Fußballmannschaft. Er starb schnell. Die Körperschlagader blutete aus. Dabei kam er noch einmal zu sich, nüchtern, hell. Ich habe das nicht selbst erlebt. Einer seiner Soldaten hat es mir erzählt. Der Soldat wußte wohl gar nicht, was er mir da erzählte. Der Oberleutnant habe vor einem zerschossenen russischen Unterstand gelegen und sei sehr bleich gewesen. Er habe ihn näher herbeigewinkt und ihm gesagt, in der Brieftasche sei ein Zettel mit einer Adresse. Er solle an diese Adresse schreiben: der Oberleutnant lasse ausrichten, er sei am Sterben. Er sehe alles. Es sei jetzt alles in Ordnung. Ob er das behalten könne. »Wie sollte ich das nicht behalten«, sagte der Soldat, als er mir die Geschichte erzählte, »Sterben, Klarsehen, Ordnung. Aber es wäre mir doch lieber, wenn Sie das machten, Herr Leutnant. Sehen Sie, da ist die Brieftasche. Und sehen Sie sich die Adresse an. Der kann doch ich nicht schreiben.«
Die Adresse war allerdings merkwürdig; eine Nonne in einem Kloster am Rhein, Maria von Herrnfels, wenn ich mich recht erinnere. Da ich der einzige überlebende Offizier war, habe ich diesen Brief geschrieben.
Der Kompanieführer war mit seinem ganzen Gefechtsstand in die Luft geflogen. Es war rein nichts von dem ganzen Gefechtsstand übriggeblieben. Es sind nicht viele von den Infanteristen durchgekommen, die von Anfang an dabei waren. Auch der Klein nicht. Der Klein war von einem Leipziger Militärgericht degradiert und zu anderthalb Jahren Gefängnis verurteilt worden. Aber jetzt war er schon wieder an der Front. Nach einem halben Jahr hat-

ten sie ihn begnadigt. Der Oberst hatte ihm mit seiner Beurteilung mächtig geholfen. Bevor er sie schrieb, hatte er mich noch einmal kommen und sich noch einmal alles erzählen lassen und nach Einzelheiten gefragt. Und nun war Klein wieder Gefreiter, wieder irgendwo im Osten, aber ich wußte nicht, wo. Einer Feldpostnummer sah man nicht an, wo sie lag. Und er schrieb nur ganz knapp, kühl und heiter, wenn ich mich damit richtig ausdrücke. In diesen Tagen, als ich vor mich hin dösend auf Stalingrad zufuhr, muß er gefallen sein. Ich habe es erst viel später erfahren. Nach dem Tod machten sie ihn wieder zum Hauptmann und gaben ihm einen Orden. Merkwürdige Zeit. Alle möglichen Rechnungen wurden mit dem Tode bezahlt und für bezahlt angesehen — und weder Gläubiger noch Schuldner glaubten an die Existenz einer metaphysischen Bank für Zahlungsausgleich.
Das Regiment nahm nun nicht mehr weiter an den Kämpfen um Stalingrad teil. Es war herausgezogen und sollte aufgefüllt werden. Ich selbst hatte neue Geschütze holen wollen. Aber es waren keine da. Ich bekam lediglich Ersatzteile, und da ich Platz hatte, ließ ich mir auch für andere Einheiten des Regiments dies und das aufladen. Wir hatten ja alle dieselben Sorgen. Nun mußte auch bald ein neuer Kompanieführer kommen. Aber so wenig wie neue Geschütze zu haben waren, so wenig war im Augenblick an Auffüllen mit Mannschaften zu denken. Wenigstens hatte der Regimentskommandeur so gesagt. Ich sah das nicht ein, aber später begriff ich es wenigstens.
Das ging mir alles durch den Kopf, als ich an das dritte Jahr, an das Jahr der Russen dachte. Wir hatten zwei Jahre unser Spiel gespielt, jetzt würden wohl sie ein Jahr ihres spielen. Ich döste wieder vor mich hin. Es holperte, es ratterte, aber vor dem Schnee wenigstens hatte ich die Augen geschlossen.
Dann hörte plötzlich das Holpern und Rattern auf, ich öffnete die Augen, ein Posten mit der Kuhkette um den Hals stoppte uns. Es war wohl keine Kontrolle, denn als wir hielten, drehte er sich gemächlich um und ließ uns ste-

hen. Wird was nicht in Ordnung sein da vorne, dachte ich. Ich blickte durch die Scheiben voraus. In der Ferne standen teilnahmslos die Trümmer eines Dorfes gegen den grauen Winterhimmel. Ich kramte die Karte heraus, um zu sehen, wo wir waren.

»Sehen Sie nicht auf die Karte«, sagte der Fahrer ruhig, »sehen Sie da links hinaus.«

Er ließ die Scheibe der linken Tür herunter. Eine beißende Schneeluft strömte herein. Ein paar hundert Meter entfernt stand eine lange Reihe Menschen am Rand eines Panzergrabens aufgereiht. In Abständen lagen große frische Erdhaufen auf dem Schnee. Es konnte gar nicht anders sein, als daß diese Erde gesprengt worden war. Ich staunte. Die Leute waren Zivilisten und reichlich zerlumpt, wie mir schien.

»Ist er nicht tief genug?« sagte ich.

Der Fahrer grinste.

»Sehen Sie rechts hinaus«, sagte er und drehte gemächlich seine Scheibe wieder hinauf. Ich ließ meine Scheibe herunter. Nun kam die beißende Luft von dieser Seite herein. Und auf dieser Seite war eine kleinere Gruppe Zivilisten mit Zuschaufeln des Grabens beschäftigt.

»Nanu«, sagte ich, »er scheint im Gegenteil zu tief zu sein.«

Der Fahrer grinste. »Juden«, sagte er.

Ich blickte ihn an. Er lehnte sich mit Armen und Kinn aufs Steuerrad und blickte gelangweilt geradeaus. Ich sah noch einmal hinaus. Jetzt erst sah ich überall Soldaten mit umgehängten oder schußbereiten Maschinenpistolen herumstehen. Ich stieß meine Tür auf und sprang hinaus. Die anderen Fahrzeuge hielten dicht aufgefahren hinter uns. Die Fahrer standen im Schnee und auf den Trittbrettern und redeten miteinander. Es schien sich um dieselbe Sache zu handeln. Ich ging zu dem Feldgendarm, der uns gestoppt hatte und der mit dem Rücken gegen mein Fahrzeug lehnte. Mein Fahrer schlug die Tür zu, die ich offengelassen hatte. Während ich auf den Gendarmen zutrat, sah ich auf seinem Kragen unter dem Mantel den blecher-

nen Totenkopf. Als er mich kommen sah, hörte er auf sich anzulehnen.

»Was ist das?« sagte ich und deutete auf die Menschen zu beiden Seiten der Straße.

»Juden«, sagte er, »russische Juden.«

»Und?«

»Sie können gleich weiterfahren«, sagte er. »Aber in zwei Minuten wird gefeuert, und Sie kämen in den Schußbereich des Exekutionskommandos. Darum müssen Sie zwei Minuten warten.«

Er schlenkerte mit geschicktem Wurf den rechten Ärmel ein wenig zurück und blickte auf die Uhr.

»Ja, zwei oder drei Minuten«, sagte er.

»Und was wird da gefeuert?« sagte ich. Ich erwartete, daß er die Auskunft verweigern würde. Es gab ja immer Dienstgeheimnisse, auch wenn man dabeistand. Dieser hier redete aber.

»Sehen Sie«, sagte er und deutete nach rechts zu den schaufelnden Leuten hinüber. »Da haben wir schon fünfhundert drin. Die werden da aufgestellt und einfach hineingeknallt. Die anderen schaufeln dann zu. Wenn Sie mal hingehen wollen? Die Erde bewegt sich nämlich noch ein bißchen. Das ist nicht zu vermeiden, wir müssen Munition sparen.«

Ich wollte nicht hingehen.

»Es wäre schon alles vorbei«, sagte er, »aber wir warten darauf, daß die fertig werden. Die gehören zu der letzten Serie. Auf die warten wir.«

Ich tastete in den Taschen nach den Zigaretten. Ich fand schließlich die Schachtel. Warum ist Juno rund? stand darauf. Ich sah das ganz deutlich, und ich weiß es heute noch. Während ich mir eine anzündete, konnte ich mich ganz gut gegen den Kühler lehnen. Das sah ganz normal aus. Ich tat einen tiefen Zug.

»Und wer schaufelt die letzten zu?«

»Ich weiß nicht«, sagte der Feldgendarm. »Ich fürchte, das Exekutionskommando selbst. Ist natürlich viel verlangt, so eine Drecksarbeit.«

Ich sah ihn an, ein gewöhnliches Gesicht. So ein Gesicht konnte einem zu jeder Zeit auf jedem beliebigen Fleck der Erde begegnen.
Auf einmal ging alles ganz schnell. Ein paar Pfiffe, ein Schuß, anscheinend in die Luft, dann wurde die Gruppe, die geschaufelt hatte, vor uns über die Straße getrieben und den anderen angereiht. Von den Russen hörte ich keinen Laut. Ich schloß die Augen, das half natürlich nichts. Man kann nur vor dem Schnee die Augen zumachen.
Es mußte jeden Augenblick knallen. Plötzlich brach Geschrei aus, russisch, und sofort krachte es aus vielen Läufen, ungeordnet. Krachen und Schreien begann fast gleichzeitig. Dann wurde es still. Hie und da schnurrte noch eine Pistole ihr Gebetchen herunter. Und dann wurde es ganz still. Nein, ganz still nicht. Aus der Stille hoben sich langgezogene Seufzer auf und Gewimmer und einzelne Schreie, die aber von den Wänden des tiefen Grabens gedämpft schienen. Ich ging mit geschlossenen Augen um den Kühler herum und hörte, wie der Posten rief: »Straße frei.« Der Fahrer warf den Motor an, der Wagen ruckte. Ich griff nach der Tür und wollte aufspringen. Es war mir, als sei ich sehr müde. Als ich das Trittbrett verfehlte, flogen mir die Augen auf. Schnee, nichts als Schnee, und grauer Himmel und wieder Schnee, und ich schlug mit dem Hinterkopf auf die hartgefrorene Straße auf, und der Lastwagen kam mir furchtbar groß vor, als er mir über den Fuß fuhr. Es knirschte, und das Knirschen ging mir durch den ganzen Leib. Durch mehr als den Leib. Ich schrie nicht. Trotzdem hielt der Wagen sofort, der nächste bremste quietschend, den dritten hörte ich leicht auf den zweiten auffahren. Mir war übel. Ob das mit dem Unfall zusammenhing? Ich drehte mich wie von selbst auf die Seite und erbrach in den Schnee.
Alle Fahrer sprangen heraus. Ich lag da und stöhnte und hielt die Augen geschlossen.
»So weit mußte es kommen«, hörte ich einen der Fahrer sagen.

»Guck doch mal nach«, sagte einer.
»Laß den Fuß in Ruhe«, ein anderer.
Dann hörte ich eine Pfeife trillern. Ein Geländewagen fing an zu rattern. Das Geräusch kam näher, unerträglich nahe.
Ich muß wohl halb bewußtlos gewesen sein. Ich hörte alles, aber alles wie durch einen Gazeschleier. Schleier? Hell? Ist es hell? Ach nein, in Sancerre war es hell. Da haben wir Ordnung gemacht. Aber ob das da noch in Ordnung kam? Aber wir waren doch sehr besoffen. Es muß doch kalt sein. Es ist gar nicht kalt. Ich hörte eine fremde Stimme, sie schien einem Arzt zu gehören. Man drehte mich behutsam um.
»Hat er getrunken?« hörte ich die Stimme fragen.
»Wir haben ja nichts.« Das war mein Fahrer.
»Wohl etwas weich?«
Mehrere Stimmen protestierten. Ich hörte zum Beweis die Nummer unseres Regiments nennen, einer sagte, man möge auf meine Brust schauen und die Auszeichnungen zählen, und dann hörte ich wieder diese Stimme sagen — es mußte wohl die eines Arztes sein:
»Ist schon gut, Kinder, es war nicht so gemeint.«
Dann wurde es stiller, aber ich machte die Augen nicht auf. Ich denke, ich wollte nicht. Es kann aber auch sein, daß ich nur dachte, ich wollte nicht. Und dann fragte mein Fahrer, ob sie warten sollten, und der Arzt sagte, nein, sie sollten weiterfahren. Und ich wurde behutsam in ein kleines Auto gehoben. Schmerzen spürte ich gar keine, nur Ruhe war um mich herum. Das schien mir gut. Und dann weiß ich eine Zeitlang nichts mehr.
Als ich wieder zu mir kam, war es dunkel. Ich wurde gerade in einen Sanitätswagen geschoben, wie ein Brot in den Backofen. Ich schlug die Augen auf. Ein Arzt stand neben der Bahre, natürlich ein Oberarzt, dachte ich. Aber ich sah ihn gar nicht richtig, es war dunkel. Vielleicht war er gar kein Arzt.
»Ein komplizierter Bruch«, sagte er. »Ich konnte nur die Erste Hilfe machen. Ich lasse Sie zurückfahren, das ist das

Beste. Solange Sie noch unter dem ersten Schock stehen, transportieren Sie sich am besten.«
Also doch ein Arzt, dachte ich. Ich nickte.
»Brauchen Sie etwas?« sagte der Arzt. »Durst, Hunger, eine Zigarette?«
Ich versuchte den Kopf zu schütteln. Aber ich lag zu dumm dazu, es ging nicht. »Danke«, sagte ich leise.
»Also los«, sagte der Arzt. Sie schoben mich ganz hinein, befestigten die Bahre, schlossen die Tür, und der Wagen fuhr ab. Der Fuß tat weh. Ich schloß die Augen. Ich wurde von Station zu Station geschoben. Ich glaube, daß ich die ganze Nacht und den ganzen nächsten Tag immer nur ausgeladen und wieder eingeladen wurde. Dann behielt mich eine Krankensammelstelle. Ich kam in einen Saal, in dem etwa zwanzig Betten standen. Sie waren alle bis auf ein paar belegt.
»Haben Sie Hunger?« sagte eine Schwester und beugte sich über mein Bett. Ich öffnete die Augen nicht, ich schüttelte nur den Kopf.
»Wie lange sind Sie unterwegs?« Ich zuckte die Achseln.
Aber man kann nur vor dem Schnee die Augen schließen. Und eines Tages muß man auch wieder zu essen anfangen.

Erschienen 1949

Arno Schmidt

Trommler beim Zaren

1914—1979

Ich selbst hab' ja nichts erlebt — was mir übrigens gar nichts ausmacht; ich bin nicht Narrs genug, einen Weltreisenden zu beneiden, dazu hab' ich zuviel im Seydlitz gelesen oder im Großen Brehm. Und was heißt schon New York? Großstadt ist Großstadt; ich war oft genug in Hannover; ich kenn's, wenn morgens tausend Henkelmänner mit ihren Kännchen aus dem Hauptbahnhof geschwindschreiten, in Fächerformation, hinein ins Vergoldete Zeitalter. Einer hat'n Gang, als käm'n Dackel hinter ihm her. Backsteinfarbene Geschöpfe mischen sich ein, Schirmpfeile in den blutigen Händen, (oder auch in totschwarzen; gleich werden ihre Schreibmaschinen hell wie Wachtelschlag erklingen. Alle die Weckergeweckten. Schon räuspert sich das Auto neben mir strafend; dabei bin ich doch wirklich, schon rein äußerlich, nicht mehr in dem Alter, daß man mich im Verdacht haben könnte, der Anblick zweier Milchdrüsen vermöchte mich noch zum Trottel zu machen!).

Also das Alles nicht. Aber Abends und Nachts spazieren geh' ich ganz gern — man beachte das dreifach-gaumige ›g‹, mir ist es eben auch unangenehm aufgefallen, (›warum‹ will ich aber nicht wissen; ich halte nichts mehr von ›Psychologischen Befunden‹, seitdem ich mich einmal unter der Hand nach der Bedeutung solcher-meiner nächtlichen Gänge erkundigt habe. Ein Gutachten sagte klipp & klar, ich sei hyänenhaft-feige und eine potentielle Verbrechernatur; das sind die Meisten von uns, sicher. Das andere behauptete, ich wäre ein Mutfänomen — ach, Du lieber Gott! Es wurde mir jedenfalls sehr rasch zu viel, auch zu teuer. Ich hab' dann selbst längere Zeit darüber

nachgedacht; der eigentliche Grund dürfte sein, daß ich so schlecht sehe, und es mir am Tage zu hell und zu heiß ist.)
Jedenfalls gehe ich immer erst eine rundliche Stunde — ich hätte gebräuchlicher ›runde‹ schreiben sollen, ich weiß; aber das hätte sich dann auf ›Stunde‹ gereimt, und ich mag Gedichte nicht — da sieht man allerlei, und braucht sich nicht als ›voyeur‹ vorzukommen, also ›schuldig‹ oder gar ›sündig‹: den Meisten-von-Uns vergeht das Leben damit, die in der Jugend verkehrt eingestellten Maßstäbe mühsam wieder zu adjustieren.
Die Jahreszeit spielt dabei keine Rolle — ich kann durchaus einen winterlichen Neubau würdigen, früh um 5; und die Handwerker tauen die eingefrorene Pumpe des schon fertigen Nachbars mit lodernden Tapetenresten auf. Es darf ein Sommermeteor sein, der gegen Mitternacht seinen Nylonfaden durch die Giraffe zieht, und über der DDR zerspringt; (ich wohn' so dicht am Zonengrenzübergang. Und erkenne also vorsichtshalber die DDR an.) Es darf ein Spätherbstabend sein, wo man stehen bleibt und horcht: was war das Geräusch eben? Eine nahe Grille; oder ein meilenferner Traktor? (Zum Frühling fällt mir im Augenblick nichts ein, und ich bin nicht Pedant genug, mich deswegen irgendwie zu forcieren; der Herbst ist mir jedenfalls die liebste unter den Jahreszeiten.)
Anschließend gehe ich dann grundsätzlich noch in die Fernfahrerkneipe; und das kann eventuell lange dauern; denn da sitzen ja dann lauter Leute, die »etwas erlebt« haben, beziehungsweise Alle noch mitten im Erleben drin sind, und zwar heftig.
Allein die ganze Atmosfäre dort: das hochoptische Gemisch aus nacktem Kunstlicht und kurz & klein gehackten Schatten. Die fleckigen Tischplatten (Decken haben davon nur die 2, links vom Eingang, wo die überwachten Vornehmen sitzen, in dünnen Fingerspiralen Eisglaskelche, auf denen Schlipsschleifen aus Zitronenschalen schwimmen: Er mit jener für öffentliche Ämter so un-

schätzbaren würdevollen Fadheit und leeren Ernsthaftigkeit, (dabei so doof, daß er nicht mal in der Hölle Eiskrem verkaufen könnte, wenn er selbstständig sein müßte!); S<small>IE</small> von der Sorte, die auf Camping-Plätzen gleich Blümchen vors Zelt pflanzt und einen Tannenzapfen daneben legt.)
Die Ernstzunehmenden sind natürlich die Anderen, Männer wie Weiber. Meist breit, mit energisch-fleischverhangenen Gesichtern, die Fahrer; sämtlich fähig, eine abstrakte Kleinplastik notfalls als Büchsenöffner zu verwenden; (ich bin nicht für's Moderne; man hat es vielleicht schon gemerkt). Die Frauen meist ›Lieschen‹, mit leicht gezerrtem Defensor virginitatis, aber handfest: weder ist die Brust, vorn, Tarn & Tara, noch hinten die Porta Nigra.
Die betreffende breitschultrige Fünfzigerin hatte ich übrigens schon öfter hier gesehen; stets leicht be-bowlt, so daß die Stimme ein entzückend hoher heiserer Baß wurde. Eben erklärte sie vermittelst desselben: »Mein Vater war Trommler beim Zaren: bei mir ist Alles Natur!«. (Eine Logik, die mir zwar gewagt, ihrem heutigen Partner jedoch anscheinend legitim vorkam, denn er nickte eifrig. Seinen Beruf erkannte ich, als er dann gleich allein abfuhr: er machte seinen Weekendausflug im Leichenauto. Und ich stellte mir das 1 Minute lang illustriert vor. Bis ich kichern mußte.)
Meine 2 Nachbarn auf der andern Seite bestellten sich erst »'ne Schachtel Zie'retten«, (der Eine noch zusätzlich »Fefferminzbruch«); und dann machten sie Folgendes: Jeder tat in sein leeres Glas 2 gehäufte Teelöffel Nescafé, und goß dann frisches CocaCola drüber: das schäumte hoch; dick & gelbbraun; Alles schien sich aufgelöst zu haben; sie schlürften und lächelten technoid. (Das muß ja auch toll aufpulvern! Ma'probier'n.) Mit solchem Trank im Leibe hatten sie dann freilich gut ketzern lästern & erzählen:
von dem Kehlkopfoperierten, dem die Russen die silberne Kanüle aus dem Halse geklaut hatten; (dabei hatte er

noch ›Wilke‹ geheißen, was ja bekanntlich vom slawischen ›Wlk‹, gleich ›Wolf‹, kommt: es hatte alles nichts genützt!).
»Wat hat sich 'ne Hausanjeschtellte vadient, die 60 Jahre in een- und derselbn Famielje jearbeit' hat?« : »'ne Urkunde von'n Landrat?« entschied der Andere pomadig. / Auch wollten sie, relata refero, Deutschland neutralisieren & entwaffnen; und dann noch 'ne solid-lose Konföderation ›zwischen Bonn und der DDR‹; und ihre Begründung war, wie immer bei Fernfahrern, so dumm gar nicht. Sie gingen nämlich von der 5%-Klausel aus, und einem künftigen Weltstaat: in dessen Parlament wäre ›Bonn‹ dann nämlich mit nichten vertreten! »Denn fümf Prozent von drei Milljarden, det mußte Dir ma' ausrechnen, det sind hundertfuffzich Milljohn'!« (Und der Andere nickte, vorgeschobenen Untergelipps, à la ›Ja bei uns schtimmt e'em ooch nich Alles‹.) / »Mensch, du liest noch Karlmay?! Bei dem kommt doch nich een Auto vor! Da reiten se doch noch uff Ferden rum, wie beim Ollen Fritzen — *det* hat doch keene Zukunft!« / (Und endlich fing er an, von ›Erlebtem‹ zu erzählen — darauf hatte ich gewartet; darauf warte ich immer; ich warte ja überhaupt auf nichts anderes. Schon kam ich mir wieder vor, wie bei Homers: los: skin the goat!)
: der Betreffende — (Ich will ihn, geheimnisvoll, ›Den Betreffenden‹ nennen. Das paßt für Viele: Dürre in Niedersachsen; dafür Überschwemmungen in Salzburg?: ›Der Betreffende hat wieder mal falsch disponiert!‹) — war ›im Westen‹ zu Besuch gewesen, Jubeltrubelheiterkeit; und hatte, da seines Zeichens Omnibusunternehmer, auch hiesige Tankstellen und Autohändler frequentiert. Neidisch die besterhaltenen Gebrauchtwagen gemustert — auf einmal blitzte sein Blauauge: war das nicht dort derselbe Autobus wie ›seiner‹? Natürlich nur viel fescher, und fast wie neu.—: »Den müßte man haben!«
Handelseinig wurde man relativ rasch; denn der Betreffende war im Nebenberuf auch noch HO-Leiter, und da fällt ja bekanntlich immer Einiges ab. Nur hatte ›seiner‹

hinten noch 2 ovale Fenster drinne:? »Die schneiden wa rein!«

»Fuffzehntausend? Na?«. — »Ja. Aber zahlbar erst nach Empfang!« (Und wie das Ding über die diversen Zonengrenzen kriegen; es war ja schließlich ein Objekt, das man sich nicht in den Ärmel schnipsen kann!).
: »Und denn haa'ck'n rüber jebracht!«. (Jetzt lehnte auch die Nachfahrin des Zarentrommlers ihre machtvollen Reize interessiert näher. Also zumindest ein Teil war bestimmt Natur.)
: »Erst ha'm se noch det janze Verdeck innen vabrannt«; nämlich beim Einschneiden der, zur Tarnung unerläßlichen, beiden neuen Rückfenster. Bis aus Lüneburg mußte man einen Sattler ranholen: »und ick schtand wie uff Kohln! Und et wurde Neune« (und zwar P. M.; das dauert jetzt schon dreißig Jahre, und die 24-Stunden-Zählung ist immer noch nicht volkstümlich geworden); »und et wurde Zehne: endlich, um Elwe, konnt'ick los!«
Und war eine finstere Nacht gewesen: der Regen goß in Strömen; von den Wetterfähnlein der Kirchtürme kreischte es herunter, wenn er, seinen Leviathan hinter sich, durch die schlafenden Dörfer spritzte; Paul Revere war ein Waisenknabe; bis Helmstedt.
: »Den een' Zollfritzen kenn'ick; der saacht: ›Kieck ma det Pärchen; die warten ooch schonn seit drei Taachen, det se Eener mitnimmt. Die sind beschtimmt durchjebrannt, und wolln jetz wieda zu Muttien.‹ Finster sahn se ja aus.« (Kunststück: 3 Tage warten; wahrscheinlich ungewaschen; ohne Geld; und dann bei dem Wetter. Jedenfalls hatte er sie, der Bus war ja ganz leer, dann um Gottes willen bis auf die Höhe von Lehnin mitgenommen. Begreiflicherweise auch den Rückspiegel so eingestellt, daß er vorsichtshalber die beiden Zerknitterten beobachten konnte. Beschrieb auch deren intimere Evolutionen; wozu unsere ältliche Hörerin, fachfraulich gepreßten Mundes mehrfach billigend nickte. Einmal allerdings stieß sie verächtlich Nasenluft aus: Anfänger!).
: »Hinta Braunschweig hatt' ick schonn ma'ne Weiße

Maus hinter mir jehabt«, (so nennt man in solcher Umgebung, unehrerbietig, einen einzelnen Verkehrspolizisten auf seinem Motorrad); in Westberlin aber war es dann gar ein »Peterwagen« (also ein ganzes Polizeiauto) gewesen, das ihn an den Straßenrand gedrückt, und seine Papiere kontrolliert hatte: die waren auf BRD & Westberlin via Zone ausgestellt gewesen, und ergo unanfechtbar; hier lag ja auch gar nicht die Schwierigkeit; aber
: »nu schteh ick in Berlin-Schalottenburch, und der Betreffende kommt an: mit *sonner* Aktentasche! Alles Fuffzijer und Hunderter.« Da wurde einem, beiden Teilen bekannten und ehrwürdigen, neutralen Dritten die Kaufsumme übergeben; der schrieb im Schweiße seines Angesichts 15 Postanweisungen à tausend Mark aus, und gab erst mal 7 davon auf bei der Post — in Berlin wundert man sich über gar nichts mehr.
: »Haste de Nummernschilder?!« Nämlich von des Betreffenden »alter ostzonaler Schaukel« : die mußten erst passend gemacht werden; das heißt, die Schraubenlöcher genau aufeinander, sämtliche Muttern geölt. Und dann als erstes wirkliches Risiko
: »durchs Brandenburger Tor : und det *war* vielleicht enge, Mensch, wie bei' ner Jungfrau : ›Kiek Du links raus; ich rechts.‹«; so waren sie, die Wände beinahe streifend, durch jenes nicht-marmorne deutsche Wahrzeichen gesteuert; und drüben harrte schon der Volkspolizist.
Nun braucht man im inner-berlinischen Verkehr weiter keine Papiere — aber daß sich Einer zur Besichtigung des Ostsektors ausgerechnet einen leeren Omnibus wählt, befremdete den Blanken, und mit Recht, doch ein wenig. Der Dicke aber, eiserner Stirnen rundherum übervoll, hatte solange auf seine besichtigungslustige Korpulenz, und den 1 Freund, verwiesen, bis der Beamte endlich achselzuckend sagte: »Et kost' ja *Ihr* Benzien.« Und ihn weiterließ.
: »aber nu kam de eijentliche Schwierichkeit«; und das war der Übergang aus Ostberlin in die ›Zone‹, also, disons le mot, die DDR: »Da hatt' ick nu schonn vorher meine

Bekannten mobilisiert jehabt: ›Sucht ma'n janz einsam Grenzüberjang raus‹« - er hielt den Zeigefinger effektvoll 3 Zentimeter vor die dicken Cäsarenlippen, und funkelte uns Lauschende majestätisch an (und geschmeichelt auch. Die Gebärden der Erzähler hier sind mannigfaltig.)
: »und zwar in Richtung Ludwigslust. — Ick fah da also immer an'n Kanal lank. Vor uns Keener, hinter uns Keener; et iss ja ooch bloß'n halber Feldwêch.« Steuerbord voraus kam der Kontrollposten in Sicht: eine simple Bretterbude, ganz einfältig. Bis auf 300 Meter fuhren sie ran
: »dann wir runter. Ick saache: ›De Schilder her: ick vorne, Du hinten!‹ Und de Muttern bloß so mit de Finger anjezogen. Rinn in'n Kanal mit de alten Schilder; und immer noch keen Aas in Sicht. Und ick richt' ma uff. Und ick dreh ma um. Und ick saache bloß: ›Hier haste Dein' Omnibus.‹« (Und wir nickten Alle im neidischen Takt: es gibt schon noch Männer!).
: »Der konnte det jaa nich'jlooben! Det er nu'n neuet Auto hatte.« Hatte nur immer strahlend das neu auf West lackierte Ungetüm betrachtet, der Betreffende. Und dann wieder den mutig-Dicken. Hatte sich selig ans Steuer geschwungen; ihm noch »Hundert Ost: für't Mittachessen!« in die Hand hinuntergedrückt; und war dann abgebrummt.
:»ick seh ma det noch so an, wie er an det Wach-Häuseken da ran jondelt. Da kiekt een-Enzjer raus, mi'm Kopp. Und winkt bloß so mit de Hand« — so schwach und schläfrig winkte die seine nach, wie ich, in al long and misspent life, noch nie zuvor gesehen hatte — »und der winkt wieder —: und da iß er ooch schonn durch. Keene Kontrolle. Nischt....«. Und breitete, leicht kopfschüttelnd, die Hände; und ließ sie wieder auf die Tischplatte sinken: geritzt.
Wir waren verpflichtet, wiederum zu nicken. Taten es auch gern. Der Andere bot ihm vor Anerkennung einen Stumpen.
»Det haa'ck übrijens ooch noch nich jewußt, det-det Brand'nburjer Tor nich massiv iß. Ick hab' immer jedacht,

wenichstens Jranitt oder so.« Aber der Erzähler schüttelte nur ablehnend den kundigen Kopf : nichts; gar nichts : »Überall blättert de Tünche ab.«

»Bei *mir* ist Alles Natur«, sagte die Walküre, und lehnte sich voller zurück: »Mein Vater war Trommler beim Zaren!«

Erschienen 1966

Alfred Andersch

Mit dem Chef nach Chenonceaux

1914—1979

Für den Fahrer hatte Herr Schmitz als ersten Gang eine »Terrine du Chef« bestellt — »Sie essen doch gern 'ne Suppe vorher, Jeschke!« —, aber man servierte zu ihrer Überraschung eine kalte Platte aus Geräuchertem, Wurst und Gänseleberpastete; der Garçon, vom Doktor herbeigerufen, erklärte in miserablem Deutsch, die befrackten Achseln leicht angehoben, dies sei in der Tat das Gewünschte. »Terrine«, grollte Herr Schmitz, »ich hätte geschworen, das wär 'ne Suppe!« Sie sprachen alle drei nicht Französisch, Herr Schmitz, der Fahrer und Doktor Honig, Französisch war des Doktors große Bildungslücke, aber Herr Schmitz hatte, als er ihn engagierte, großzügig erklärt: »Ist auch unnötig, der französische Markt ist für uns nicht interessant, Textil können die selber, da machen wir keine pöblik reläsch'ns« (er hatte ›pöblik‹ gesagt und ›relations‹ mit einem Kehlkopf-R ausgesprochen) — doch gerade weil er sich an dieses Zugeständnis erinnerte, empfand Doktor Honig es jetzt als Manko, daß er seinem Chef nicht behilflich sein konnte.

Jeschke, hager und schwärzlich, sicherlich überzeugter Kartoffelesser, musterte finster die Platte, gab aber nach einigen Versuchen zu, die Leberwurst sei ausgezeichnet, was angesichts seiner sonstigen Schweigsamkeit bemerkenswert war und Herrn Schmitz veranlaßte, seinen Appetit nicht weiter zu zähmen und sich Proben aus Jeschkes Hors d'œuvre zu fischen; er forderte auch den Doktor auf, Jeschke zu entlasten, aber Honig zog es vor, seine Weinbergschnecken abzuwarten und, bis sie kamen, den beiden Männern zuzusehen: dem steif aufgerichteten dürren Jeschke, der keinen Knopf seiner grauen Livreejacke

öffnete und mit der Gabel von oben her im Aufschnitt stockerte, und dem in gesundes, festes Fett verpackten Herrn Schmitz, der halb über seinem Teller lag und es fertigbrachte, zu reden, fast unablässig und dabei ganz gescheit zu reden, und dennoch intensiv und genießerisch zu essen, nicht etwa ein dicker Mann — auf eine so einfache Formel war er nicht zu bringen —, sondern ein Mann, der sich viele Jahre hindurch sorgfältig und nur vom Besten ernährt hatte, was, wie der Doktor überlegte, etwas ganz anderes ist als ein Mann, der sich vollfrißt. Übrigens hatte Herr Schmitz, ehe sie in die ›Anne de Beaujeu‹ eintraten, den Doktor gefragt, ob er sich sozial deklassiert fühle, wenn der Fahrer mit ihnen esse, und Honig hatte geantwortet, es sei schon eine ziemliche Zumutung, aber er wolle sich damit abfinden. Herrn Schmitz konnte, ja mußte man ironische Antworten geben, er haßte glatte Zustimmung — »Ich mag keine Ja-Sager um mich« — und das war es, was den Umgang mit ihm erträglich, wenn auch ein wenig anstrengend machte.
Nach dem Essen fuhren sie über die Porte d'Orléans aus Paris heraus, in Herrn Schmitz' Dreikommazwo-Liter-BMW, Doktor Honig saß vorn neben dem Fahrer und Herr Schmitz hinten allein; die Polsterung war aus schwach zitronenfarbenem Leder, und Paris, draußen, hinter den Scheiben aus sorgfältig mit einem Kunststoffschwamm gereinigtem Sicherheitsglas, Paris war vergammelt, wie Herr Schmitz melancholisch meinte. Gestern, in Versailles, war Herr Schmitz beinahe explodiert, als er den Zustand des Schlosses gesehen hatte. »Nee«, hatte er gemeint, »so vergammeln darf man dat Ding nicht lassen.«
Er nannte das Versailler Schloß »dat Ding«. Der Doktor hatte etwas von delikater Patina gesagt, aber Herr Schmitz hatte den Einwand nicht gelten lassen. »Das ist keine Patina«, hatte er entgegnet, »das ist Dreck. Wenn die Leute wirklich ihre Geschichte erhalten wollen, dann müssen sie das Ding so erhalten, wie es von Ludwig dem Vierzehnten gemeint war, nämlich neu, dann muß es fun-

keln, als sei es gestern gebaut.« Der Doktor hatte an Herrn Schmitz' funkelnde Krefelder Fabriken gedacht und innerlich »aha!« gesagt, aber obgleich er Herrn Schmitz' Ansicht so entwaffnend fand, daß ihm gar nichts dazu einfiel, machte er — denn Widerspruch mußte sein — dennoch ein paar Bemerkungen über Schönheit und Verwitterung, über Ästhetik und Geschichte. Herr Schmitz war unbeugsam geblieben. »Kann schon sein, daß Sie's schön finden, wie es ist«, meinte er, »aber nur, weil Sie sich nicht vorstellen können, wie's ausgesehen hat, als es neu war.« Und dann hatte er ausgepackt: er wußte alles über die Technik des Gebäudeanstrichs im Hochbarock; der Doktor hatte gestaunt.
Na, das kann ja heiter werden, dachte der Doktor, während sie Paris hinter sich ließen. Frankreich, gesehen mit den Augen eines Deutschen-Wunder-Mannes, der da hinter ihm saß, allein im Fond eines funkelnden schwarzen Autos, auf schwach zitronenfarbenem Leder, aber nicht nur im Autofond allein, sondern überhaupt von einem unbestimmten Air des Alleinseins umgeben, das er offenbar nur schwer ertrug, denn er hatte den Doktor zu dem verlängerten Wochenende mitgenommen, weil er Gesellschaft brauchte. Deshalb in erster Linie. »Kommen Sie«, hatte Herr Schmitz gesagt, »lassen wir die Koofmichs mal zu Hause, und machen wir uns ein paar schöne Tage!«, aber Doktor Honig wußte, daß er nicht als Begleiter ausgewählt worden war, weil Herr Schmitz ihn sympathischer fand als die anderen Herren seines ›Führungsstabs‹. Der Chef lebte ganz gern mit den Leuten zusammen, die er ›die Koofmichs‹ nannte, wenn er auch zu einer Schlösser- und Kathedralenfahrt lieber denjenigen seiner Mitarbeiter aufforderte, den er dafür bezahlte, daß er was von Kunst verstand. (»Von Form«, pflegte der Doktor zu widersprechen, wenn er Herrn Schmitz ein Plakat von Huegi vorlegte und der Chef es mit den Worten genehmigte: »Na, von Kunst müssen Sie ja mehr verstehen als ich« — aber er konnte es Herrn Schmitz nicht abgewöhnen, von Kunst zu sprechen, sowenig wie er sich dagegen

zu wehren vermochte, daß die Kollegen, die »Koofmichs« und die leitenden Ingenieure, ihn »den Kunst-Honig« nannten.) Nein, Herr Schmitz fand ihn weder sympathischer noch unsympathischer als die anderen Leute seiner Umgebung, Herr Schmitz war allein, aber er war es ungern, er hatte keine Freunde, aber er brauchte Gesellschaft, man hatte keine Freunde, man hatte Domestiken, einen fürs Auto, dachte der Doktor, und einen für die Kunst, und man erzog sie sich zum Widerspruch, weil kein Erfolg möglich war in einer Welt, die zu allem, was man tat und dachte, ja sagte. Wenn man so erfolgreich war wie Herr Schmitz, so war man dazu verdammt, im Fond seines Autos allein zu sitzen.

Es blieb natürlich eine offene Frage, warum Herr Schmitz dann nicht lieber mit einer Frau reiste. Daß er nicht mit seiner eigenen Frau reiste, war ohne weiteres zu verstehen: Herr Schmitz' Frau war eine Gattin; sie verließ nur ungern ihr mit falschem Chippendale eingerichtetes Haus. Merkwürdiger war schon, daß Freundinnen Herrn Schmitz nicht nachzuweisen waren. Jedesmal, wenn Doktor Honig über diese Seite des Wesens seines Chefs nachdachte, sah er unwillkürlich auf dessen Hände: sie waren kurzfingrig, aber feingeformt und von blasser, zarter Haut überspannt; sie paßten nicht zu dem wohlgenährten, erfolgreichen Körper des Mannes — oder waren sie seine Tastinstrumente, die Fühler seines Erfolgs? Nur eine fast unmerkliche Härte jedenfalls unterschied sie von Damenhänden.

An der Kathedrale von Chartres hatte Herr Schmitz nichts auszusetzen. Schade war nur, dachte der Doktor, daß sie eine halbe Stunde zu spät hinkamen, abends, als der späte Oktoberhimmel schon grau geworden war, so daß die große Fensterrose nicht mehr recht leuchtete. Und außerdem war es seit heute morgen eiskalt, der Wind fast unerträglich, und der Doktor spürte, daß er einen schweren Schnupfen vor sich hatte, während er die Figuren am Portail Royal bewunderte. Er trachtete danach, schnell wieder ins Auto zu kommen, aber Herr Schmitz

war unermüdlich; begeistert umrundete er den vom Wind umpfiffenen Bau. Das Hotel in Tours hingegen war, obwohl Première classe, so offenkundig vergammelt, daß Herr Schmitz vor dem Anblick der grauen, vor Alter brüchigen Voilegardinen und der fleckigen Tischdeckchen in den Zimmer sofort in den Speisesaal flüchtete, ein Speisesälchen eigentlich, ein Eßkabinett, im Stil der Touraine gehalten und mit einem blitzenden, glühenden Grill ausgestattet. Sie aßen Rebhühner à la chasseur. Den ersten, vom Kellner empfohlenen Wein wies Herr Schmitz zurück, er war ein im Fond harter, nachträglich überzuckerter Loire-Wein, aber Herr Schmitz war kein naiver deutscher Tourist, dem man einen solchen Wein anbieten konnte, er war der Sohn eines Mannes, der an der Mosel einige ausgezeichnete Lagen besessen hatte, und der Kellner begriff sogleich, daß er keinen Parvenu bediente, und brachte einen leichten, trockenen Barsac — »Kellertemperatur, nicht auf Eis!« hatte Herr Schmitz befohlen —, der auf sanfte Weise in ihnen zu blühen begann, nachdem sie ihn eine Weile tranken. Herr Schmitz redete weiter, wieder sprach er fast unablässig und dabei ganz gescheit, diesmal über Weine, über deutsche und französische Weine, er wußte alles über Weinbau, Weinpflege, Weinstockbeschnitt, Weinhandel und Namensgebung. Der Doktor nahm, in das leichte Fieber seines beginnenden Schnupfens eingehüllt, kaum auf, was Herr Schmitz an Fakten vor ihm ausbreitete, er staunte nur wieder, denn er, Honig, war ein Mann, der viel von Literatur und Kunst, von Public Relations und Werbung verstand, aber wenig von Fakten. Herr Schmitz schloß sein Referat unvermittelt mit den Worten: »Reisen kann man eigentlich nur noch in Frankreich.«
»Na«, sagte Doktor Honig zweifelnd, »und wie ist es mit Spanien?« Man brauchte Herrn Schmitz nur ein Stichwort zu geben, um ihn zu einer längeren Rede zu veranlassen; er behandelte also eine Weile Spanien, ehe er sagte: »Frankreich ist viel feiner, vornehmer, stiller.« Überrascht konstatierte der Doktor die echte Besorgnis in

Herrn Schmitz' Stimme, als der Chef hinzufügte: »Wenn sie's nur nicht weiter vergammeln lassen!«
Im Hotel aß Jeschke übrigens nicht mit ihnen zusammen. Der Doktor erfuhr einiges darüber, wie Chauffeure in Grand-Hotels lebten: sie bekamen kleine, aber komfortable Zimmer in den oberen Stockwerken und aßen feste Menüs in eigens für sie reservierten Räumen. Herr Schmitz beurteilte die Güte von Hotels nach der Güte des Essens, über das Jeschke ihm Rapport erstatten mußte. »Wenn Jeschke sagt, daß sein Essen nicht gut war, dann können Sie das Hotel ruhig abschreiben«, erzählte er dem Doktor, »ein Hotel, das daran spart, taugt auch sonst nichts.«
Als sie gegen elf Uhr nach oben gingen und sie sich vor Herrn Schmitz' Zimmer voneinander verabschiedeten, sah der Doktor durch die schon halb geöffnete Tür, wie Jeschke — noch immer in streng geschlossener Livree — dabei war, Herrn Schmitz' Nachtutensilien auszubreiten. Am Morgen bezahlte Jeschke die Hotelrechnung; er trug in seiner Brieftasche Herrn Schmitz' Reisekasse und verwaltete sie auf die gleiche sichere und schweigsame Weise, mit der er den schweren BMW fuhr. Eigentlich bin ich nur der Domestike, dachte der Doktor, während er mit heißem Kopf eine schlechte Nacht verbrachte, Jeschke ist etwas ganz anderes — ein Diener ist ein Mann, der mit seinem Herrn zusammenlebt, es ist ein Fall von Symbiose, wie die Verbindung von Regenpfeifer und Krokodil, man muß sehr reich sein, um einen Diener besitzen zu können, und Herr Schmitz war in der Tat ein reicher Mann, er war weder mittelreich, wie so viele, noch superreich, wie einige von den neuen Reichen, deren Bilder man in den Illustrierten sah — er war ein sehr reicher, ein richtig reicher Mann. Er war ein Krokodil.
Beim Frühstück hatte der Doktor einen dicken Kopf, er war ganz benommen von Fieber, Schnupfen und Halsschmerzen, aber draußen war ein kalter, sonniger Morgen, der ihm guttat, als sie in Tours spazierengingen. Die Kathedrale sah hoch und schlank aus, und die Palais im

Kathedralenviertel lagen still und herbstlich hinter alten Hofmauern, durch deren Pforten Nonnen und Gärtner gingen. Die Loire floß breit und sandgelb an Tours vorbei. Sie verließen es und fuhren nach Chenonceaux. Herr Schmitz äußerte sich zu Chenonceaux weder pro noch contra, am stärksten interssierte ihn in dem langestreckten Saal, unter dessen Fenstern der Cher hindurchfloß, eine Tafel, auf der geschrieben stand, daß hier im Ersten Weltkrieg Verwundete gepflegt worden waren. Er fand den Saal als Lazarett denkbar ungeeignet. Offenbar konnte Herr Schmitz sich einen Saal voller Verwundeter vorstellen, er vermochte das Stöhnen von Kranken in einem leeren, ungeheizten Schloß zu hören. Doktor Honig mußte sich gestehen, daß ihn selbst diese Erinnerungstafel zu keinem Nachdenken veranlaßt haben würde, wenn sein Chef sich nicht darüber verbreitet hätte. Schade, dachte er, weil er es vorgezogen hätte, mit Herrn Schmitz über Diane de Poitiers zu sprechen, über die er ausgezeichnet informiert war; es hingen ein paar schöne Porträts der Schule von Fontainebleau im Schloß.
Anschließend Amboise, danach Chaumont, und zum Mittagessen waren sie in Blois. In Amboise interessierte sich Herr Schmitz für Lionardos Wohnhaus weit mehr als für das Schloß hoch oben auf dem Felsen; die Modelle von Lionardos Apparaten regten ihn zu einigen fachmännischen Ausführungen an. Im Schloßhof von Chaumont fragte ihn der Doktor, den das Fieber in einen Zustand von Gereiztheit trieb, ob er diese Art Architektur nicht auch an sämtlichen Villen im Rheinland studieren könne, aber Herr Schmitz verstand diesmal die Ironie nicht, sondern ließ durchblicken, daß er den Loire-Stil noch in seinen Kopien aus der Gründerzeit bewunderte, was Honig um so merkwürdiger schien, als der Chef überall etwas auszusetzen fand. Besonders das Schloß in Blois war natürlich wieder völlig ›vergammelt‹, weil es altersschwarz und düster auf die Schieferdächer der Stadt und auf den flachen, trägen, chinesischgelben Fluß hinabblickte. Am Nachmittag fuhr Jeschke sie nach Chambord und weite-

ren Schlössern. Es war immer kälter geworden, ein eiskalter Wind pfiff über die Touraine hin, und jedesmal, wenn er aus der leicht und angenehm geheizten Limousine stieg, um wieder ein Schloß zu besichtigen, befürchtete der Doktor, seine Erkältung könne sich zu einer Lungenentzündung steigern. Er beneidete Jeschke, der nichts zu besichtigen brauchte, sondern beim Wagen bleiben, eine Tasse Kaffee trinken oder sich bei den Andenkengeschäften herumtreiben konnte, während er, Honig, mit dem Chef Sehenswürdigkeiten nach Sehenswürdigkeiten zu ›machen‹ hatte. Herr Schmitz war unermüdlich, und unermüdlich teilte er die Monumente von Frankreichs Vergangenheit in ›vergammelte‹ und gutgehaltene ein. Er rechnete, und er wurde im Laufe des Nachmittags immer melancholischer, weil die Summe seiner Addition dessen, was hier zu tun war, denn doch alles überstieg, was er erwartet hatte. Die Franzosen hatten sich in ihrer Vergangenheit zweifellos mit Bauten übernommen.
In Chambord gerieten sie beinahe aneinander. Der Doktor war starr vor Entzücken über den Manierismus der Dachlandschaft des Schlosses, die Bilder gewisser Surrealisten erschienen vor seinem geistigen Auge und verschmolzen mit Abbildungen aus dem Stundenbuch des Duc de Berry; Franz der Erste hatte in ein Fenster von Chambord die Worte geritzt »Souvent femme varie«, und das alles imaginierte ihm einen Plakatentwurf für Herrn Schmitz' Krefelder Kunstseiden, den er sofort nach seiner Rückkehr mit Huegi in der Schweiz besprechen würde.
»Wissen Sie, was Chateaubriand über die Dächer von Chambord gesagt hat?« fragte er Herrn Schmitz.
Der Chef schrak aus der düsteren Betrachtung einiger mit rohen Brettern vernagelter Fensterhöhlen im Parterre des Schlosses auf.
»Was hat er denn gesagt?« fragte er.
»Chambord gleicht einer Frau, deren Haare vom Wind in die Höhe geweht werden«, rezitierte der Doktor, sozusagen stehend, freihändig, denn er hatte es vorhin in einem Prospekt gelesen. »Quatsch«, sagte Herr Schmitz schroff.

»Sie sollten sich lieber mal den Zustand des Schlosses ansehen!«
Der Doktor fühlte mit Besorgnis, daß eine Art persönlicher Antipathie gegen ihn, Honig, sich in die Stimme seines Chefs eingeschlichen hatte. »An dem Ding haben zwölf Jahre lang ständig zweitausend Arbeiter geschuftet«, fügte Herr Schmitz hinzu, »Frankreich hat geblutet für dieses Schloß. Wissen Sie, daß dieser König — wie hieß er doch gleich?...«
»Franz der Erste.«
»... daß dieser König einen eigenen Finanzausschuß gegründet hat, der das Land ausplünderte, damit das Ding gebaut werden konnte?« Der Doktor wußte es natürlich nicht, und Herr Schmitz grollte: »Das interessiert mich mehr, als was so ein paar Literaten und Kunsthistoriker verzapfen. Manierismus! Die sollen lieber dafür sorgen, daß das Ding nicht so herunterkommt.«
Cheverny, das in der Dämmerung leuchtend, von einem dunkelrot glühenden Park umgeben, auf gepflegten Rasenflächen stand, versöhnte ihn ein wenig mit dem im allgemeinen so ›vergammelten‹ Zustand der französischen Geschichte. ›Vergammelt‹, dachte der Doktor, als er erschöpft neben dem Fahrer saß, auf der Fahrt nach Bourges, ein Slang-Ausdruck mit einem ganz alten germanischen Wortstamm, ›gamla‹ heißt in den skandinavischen Sprachen ›alt‹. Warum läßt er das Alte nicht einfach vergammelt sein, dachte der Doktor erbittert, während er, wieder heftig fiebernd und mit benommenem Kopf, in die vorbeihuschende Dunkelheit starrte. Sie hatten seit gestern abend zwei Kathedralen und elf Schlösser ›gemacht‹; der Doktor kicherte leise und nervös vor sich hin: er, der sonst einen angenehm versnobten Reisestil sorgsam kultivierte, hatte nie gedacht, so etwas könne ihm jemals passieren.
Im Hotel in Bourges entschuldigte er sich sogleich bei Herrn Schmitz und legte sich zu Bett. Er nahm zwei Aspirintabletten, aber es gelang ihm nicht, einzuschlafen, das Fieber hielt ihn in einem Zustand von betäubter

Wachheit. Das Zimmer, in dem er lag, war groß und dunkel, obwohl er die Vorhänge zurückgezogen hatte, denn die Straße draußen, im nächtlichen Bourges, war finster; nur der rote Laternenrhombus eines Tabakbistro warf einen schwachen Reflex an den Plafond. Gegen zehn Uhr klopfte es, und Herr Schmitz kam herein, um nachzusehen, wie es seinem Begleiter ging. »Schwitzen Sie's mal aus«, sagte er, »dann sind Sie's morgen früh los!«
»Ich komme nie ins Schwitzen«, sagte der Doktor, »ich kriege immer nur Fieber, leichtes bis mittleres Fieber, und dann verschwindet es wieder.«
»Richtiges Fieber und dann richtig schwitzen wäre besser«, sagte Herr Schmitz. Er seufzte und zog einen Stuhl heran. Offenbar schien er noch etwas auf dem Herzen zu haben.
»Ich war noch eine Stunde draußen«, sagte er.
»Mein Gott«, sagte der Doktor, »hatten Sie immer noch nicht genug?«
Herr Schmitz überhörte die Frage. »Ich habe das Palais von einem Mann namens Jacques Cœur gesehen«, berichtete er. »Es war trotz der Dunkelheit ganz gut zu erkennen. Ich habe im Guide nachgesehen und festgestellt, daß Jacques Cœur der Schatzmeister von Karl dem Siebenten war — diesem Kerl, den die heilige Johanna auf den Thron gesetzt hat. Stimmt's?«
Der Doktor nickte. »Jacques Cœur war ein Großkapitalist. Er hat Karl dem Siebenten das Geld für seine Kriege gegen England besorgt.«
»Sehen Sie«, sagte Herr Schmitz, »es ist doch gut, zu wissen, daß die heilige Johanna von irgendwem finanziert worden ist. Das macht sie ja nicht kleiner. Aber jemand mußte auch das Geld für die Idee aufbringen. Immer muß es Leute geben, die Geld aufbringen, damit aus Ideen Wirklichkeit wird.«
Er brachte den Gemeinplatz hervor, als hätte er soeben die ungeheuerlichste Entdeckung gemacht. Der Doktor hätte gern gelacht, aber an dem schweren Mann, der da bei ihm am Bett saß, in einem dunklen Hotelzimmer in

Bourges, war auf einmal etwas Lastendes, Trauriges zu spüren; Herr Schmitz saß da wie ein Trauerkloß, und der Doktor lachte nicht, aber er beschloß, die Gelegenheit zu benutzen und sich für die zwei Kathedralen und elf Schlösser zu rächen.
»Und für welche Ideen«, fragte er scharf, »bringen Sie Geld auf?«
Aber er hatte Herrn Schmitz unterschätzt. Der Trauerkloß hob zwar die Achseln, aber er hatte eine Antwort.
»Zeigen Sie mir eine heilige Johanna«, sagte er, »und ich finanziere sie.«
Am nächsten Morgen ging es dem Doktor etwas besser. Die Straßen von Bourges waren von kleinen Mädchen in schwarzen Schulkitteln überschwemmt, und die beiden Männer gingen, den warmen, lebendigen Strom aus Geschrei und Geflüster teilend, zur Kathedrale, die, einem riesigen vergammelten Elefanten gleichend, der sich auf seine Knie niedergelassen hat, in der Stadt lagerte. Die Kathedrale von Bourges war in der Tat das Vergammeltste, was sie auf ihrer ganzen Reise zu Gesicht bekommen hatten, aber es war dem Doktor unerträglich, daß Herr Schmitz es aussprach, denn die Kathedrale war andererseits zauberhaft in ihrem Verfall, sie war zu groß in ihrer Elefantenmüdigkeit, als daß ein Kapitalist und Deutscher-Wunder-Mann, ein Kunstseidenfabrikant und Krefelder Krokodil, sich um sie zu sorgen brauchte. Der Doktor erinnerte sich an seine Verpflichtung zum Widerspruch und fragte Herrn Schmitz, warum er das Bauwerk nicht einfach bewundere.
»Na, hören Sie mal«, sagte der Chef erstaunt, »das tue ich doch. Aber man darf nicht allzusehr loben, was man liebt.«
Jetzt erst begriff der Doktor. Während sie die Kirche betraten, dachte er voller Grimm daran, daß Herr Schmitz von Paris bis Bourges alles heruntergemacht hatte, was sie sahen. Und warum? Weil er es nicht ertrug, daß die Dinge, die er liebte, alt und dreckig geworden waren, in verwahrlosten Parks verkümmerten und aus leeren Fen-

sterhöhlen starrten, dunkel und rissig und abbröckelnd und schweigend vergingen, von keinem Funkeln aus Krefelder Fabriken getroffen und erhellt wurden, und auf einmal wußte der Doktor, daß Herrn Schmitz' Traum ein Traum von funkelnden Fabriken und funkelnden Schlössern war, eine Phantasmagorie aus glänzenden deutschen Fabriken und nagelneuen französischen Kathedralen, eine Tapisserie, in der Gegenwart und Geschichte aus strahlenden Kunstseidenfäden ineinander gewoben waren, glänzend und für alle Ewigkeit gemacht: Krefeld und Versailles.
Aber es gab keine heilige Johanna mehr. Nirgends ließ sich auch nur der kleinste Fetzen eines Mythos entdecken, den Herr Schmitz hätte finanzieren können. Glühend und tief das Ensemble der Glasfenster von Bourges — Herr Schmitz sah es nicht. Sein Blick hing am verstaubten Grabmal des Jacques Cœur. Als sie die Kathedrale verließen, wartete bereits die Limousine, in deren schwarzem Lack man sich spiegeln konnte, ein mit schwach zitronenfarbenem Leder ausgeschlagener Sarg. Jeschke hatte ihn prachtvoll gewienert.

Erschienen 1969

Gregor von Rezzori

Von der Gerechtigkeit des Kadis

geb. 1914

Ein Jäger hatte eine schöne Gazelle erlegt und brachte sie zum Bäcker, um sie in dessen Backofen zu braten. Der Duft des Bratens zog in die Nüstern des Kadis, der vorüberkam. »Was brätst du in deinem Ofen?« fragte der Kadi. Der Bäcker sagte es. »Gib mir den Braten«, sagte der Kadi. »Und wenn der Jäger ihn verlangt?« fragte der Bäcker ängstlich. »So sagst du ihm«, entgegnete der Kadi, »die Gazelle sei wieder auferstanden.« — »Wenn aber«, so bangte der Bäcker, »der Jäger mir nicht glaubt?« — »Dann«, so erwiderte der Kadi, »bringt er dich ohnehin zu mir.«

Bald darauf kam der Jäger und verlangte seinen Braten. »Dein Braten«, sagte der Bäcker, »ist nicht mehr. Denn kaum habe ich die Gazelle in den Ofen schieben wollen, ist sie wieder auferstanden.« Wütend packte ihn der Jäger beim Kragen. »Das sollst du mir vor dem Kadi beweisen!« rief er und schleppte ihn auf die Straße.

Auf der Straße stand des Bäckers Nachbarsfrau, schwanger bis unter die Nase. »Hat dich endlich einer gefaßt, du Mehldieb!« rief sie schadenfroh. Empört trat ihr der Bäcker vor den Bauch. Die Frau fiel nieder und mißgebar. Von ihren Schreien aus dem Haus gescheucht, stürzte ihr Mann auf die Straße. »Das sollst du mir büßen, du Rohling!« rief er. »Komm zum Kadi!« — »Wir gehen ohnehin zum Kadi«, sagte der Jäger.

Wie sie gemeinsam den Bäcker weiterschleiften, trafen sie auf einen Juden. »Was«, so sagte dieser kopfschüttelnd, »müssen sich die Gojim immer streiten?!« — »Du halte dein Maul«, schrie ihn der Bäcker an, schlug zu und schlug dem armen Juden ein Auge aus. »Waj«, schrie der

Jude, »Gewalt! Wo ist der Kadi?!« — »Wir gehen ohnehin zum Kadi«, sagte der Jäger, und der Jude schloß sich ihnen jammernd an.
Da packte den Bäcker doch die Angst, er riß sich los und rannte zur Moschee. Als aber die Leute ihn rennen sahen, verfolgten sie ihn. Geängstigt rannte der Bäcker die Treppe zum Minarett hinauf, und da man ihn alsbald erreichte, sprang er in die Tiefe und einem Betenden in den Nacken. Er brach ihm das Genick. Der Bruder dieses Mannes aber lief auf den Bäcker zu und packte ihn. »Mörder!« rief er. »Du kommst mit mir zum Kadi.« — »Wir gehen ohnehin zum Kadi«, sagte der Jäger.
Der Bäcker schlug nun wie wild um sich, damit er sich befreie. Im Getümmel kam er an einen Mann, der auf einem Esel ritt. In seiner Verzweiflung packte der Bäcker den Schwanz des Esels und riß ihn aus. »Tierquäler!« schrie der Mann, dem der Esel gehörte, und die Menge, die sich angesammelt hatte, brüllte: »Schleppt ihn vor den Kadi!« — »Wir gehen ohnehin zum Kadi!« sagte der Jäger.
Mit vereinten Kräften schleppten sie den Bäcker vor den Kadi. »Schön einer nach dem anderen«, beschwichtigte der hohe Richter die aufgeregten Kläger. Und, indem er sich an den Jäger wandte, fragte er: »Was hast du vorzubringen?« Der Jäger sagte, was er zu sagen hatte. »Du glaubst nicht, daß die Gazelle auferstehen konnte?« fragte der Kadi. »Also glaubst du nicht an Gottes Allmacht. Als einen Gottesleugner verurteile ich dich zu einem Jahr Gefängnis.«
Damit wandte der Kadi sich an den Nachbarn des Bäckers, dessen Frau zur Fehlgeburt getreten worden war: »Was hast du vorzubringen?« Des Bäckers Nachbar sagte, was er zu sagen hatte. »Wohlan«, so sprach der Kadi. »Dir gebührt Wiedergutmachung. Du wirst also deine Frau so lange zu diesem Bäcker geben, bis sie wieder schwanger ist.«
Damit wandte der Kadi sich an den Juden: »Was hast du vorzubringen?« Der Jude sagte, was er zu sagen hatte. »Auch dir«, so sagte der Kadi, »gebührt Wiedergutma-

chung. Es heißt bei euch Juden: Auge um Auge, Zahn um Zahn. Schlage also dem Bäcker ein Auge aus. Da aber«, so fügte der Richter hinzu, »nach dem Gesetz das Auge eines Maghrebiniers zwei Augen eines Juden gilt, soll der Bäcker dir erst noch dein zweites Auge ausschlagen.«
Damit wandte der Kadi sich an den Bruder des Getöteten: »Und was hast du vorzubringen?« Der Bruder des Getöteten sagte, was er zu sagen hatte. »Zu Recht«, sagte der Kadi, »forderst du Sühne für deinen toten Bruder. Steige also auf das Minarett und springe du deinerseits dem Bäcker in den Nacken.«
Dies alles hörte der Mann, dessen Esel der Schwanz ausgerissen worden war. Er schwang sich auf den Esel und galoppierte davon. »Das Tier ist ohne Schwanz geboren!« rief er. »Glaubt es mir! Es lebe die Gerechtigkeit des Kadis!«

Erschienen 1952

Heinrich Schirmbeck

Die Nacht vor dem Duell

geb. 1915

Ein junger Gelehrter hatte eine Liebesaffäre, in deren Verlauf er von dem betrogenen Gatten zu einem Duell gefordert wurde. Er entzog sich seiner Mannespflicht nicht und nahm die Forderung an. In der Nacht vor dem Duell saß er bis in die Morgendämmerung hinein wach und ordnete sein wissenschaftliches Vermächtnis, denn es war ihm sonderbar gewiß, daß er den Morgen nicht überleben würde. Sein Gegner, ein Mann der hohen Gesellschaft, galt als unübertrefflicher Pistolenschütze und hatte Übung in der Austragung derartiger Liebeshändel.
Ambroise Bonnard, so hieß der junge Gelehrte, stand im Begriffe, eine Entdeckung zu machen, die seinen Namen in der wissenschaftlichen Welt auf immer begründen, ja, so hoffte er, unsterblich machen sollte. Es fehlte ihm nur noch das Zwischenglied zweier Formelreihen, die, miteinander verbunden, der Forschung ungeahnte Möglichkeiten erschließen sollten. Ambroise Bonnard wußte, daß es außer ihm auf der ganzen Welt keinen Menschen mehr gab, der imstande gewesen wäre, dieses Zwischenglied zu finden, denn es wären dazu Gedankengänge notwendig gewesen, welche den Rahmen der bisher geltenden Vorstellungsweise völlig sprengten. Niemand hatte sich bisher so innig mit dieser Materie befaßt, niemand war bis zu so kühnen Folgerungen vorgedrungen wie er. Wenn er am anderen Morgen tot auf dem Duellplatz blieb, dann war die Welt um eine geniale Entdeckung ärmer, und er selbst eben nichts weiter als ein junger Gelehrter gewesen, der zu schönen Hoffnungen berechtigt hatte. Seine Freunde würden sich an den Kopf greifen und nicht verstehen, warum er um eines überspitzten Ehrenstandpunktes wil-

len den Auftrag der Wissenschaft verraten hatte. Und seltsam: Gerade dieser Gedanke bereitete ihm ein sonderbares Vergnügen. Es war eine Art Rache an der tückischen Welt, die ihm seine Größe neidete und ihn in eine Affäre hineingezogen hatte, deren Gesetze er, wenn er wollte, für sich nicht als verbindlich anzuerkennen brauchte. Aber er fand eine merkwürdige Genugtuung darin, eine Art höhnischen Trotzes, sich diesen Regeln zu beugen, nach außen das zu bleiben, was man einen Kavalier nennt, und dabei die Welt um das zu betrügen, was er mit ein wenig Selbstüberwindung leicht hätte geben können. Was er mit ins Grab nahm, würde die Nachwelt vielleicht unter Schmerzen, Irrungen und Enttäuschungen noch lange vergeblich suchen. Er sah im Geiste den Augenblick, da sein Auge brechen, sein Geist sich verdunkeln und in göttlicher Verschwendung auch jener geniale Funke erlöschen würde, welchen die Akademie einst vielleicht als den Anbruch eines neuen Zeitalters bezeichnet hätte.
Er lachte bitter bei diesem Gedanken und schenkte sich ein weiteres Glas aus der Flasche ein, aus der er den Abschied von der Welt trank. Gegen Mitternacht klopfte es. Unwillig stand er auf. Wer verlangte noch Einlaß? Er war fertig mit den Menschen; er hatte ihnen nichts mehr zu sagen. An der Tür stand die Zofe seiner Geliebten, in eine vermummende Pelerine gehüllt, als habe sie nicht erkannt werden wollen auf ihrem diskreten Gang durch die Nacht. »Was wollen Sie noch?« fragte er unwirsch. »Sagen Sie Ihrer Gebieterin, daß ich als letzte Gunst ihrer Liebe nichts weiter verlange, als daß sie mir den Abschied nicht schwermacht. Die Stunden, die mir noch bleiben, sind kurz. Die Zeit des Glückes gehörte der Liebe; diese Nacht aber teile ich nur mit dem Angesicht des Todes.« Es fröstelte ihn, und er hüllte sich tiefer in seinen abgetragenen Flauschmantel. Die Zofe stand verschüchtert in dem düsteren, bücherstarrenden Zimmer, das eigentlich nur eine elende Dachkammer war, und reichte ihm einen Brief. »Von Madame de Chantilly«, flüsterte sie. »Lesen Sie, um Gottes willen, lesen Sie!« Zögernd öffnete er den

Umschlag, dem ein leichtes Parfüm entströmte. ›Nicht einmal im Angesicht des Todes können die Weiber die Koketterie lassen‹, dachte er. »Ambroise«, stand in dem Briefe, »ich bin zum letzten Opfer bereit. Du sollst nicht sagen, daß mir die gesellschaftliche Reputation mehr bedeutet hätte als ein ungeteiltes Leben an Deiner Seite, gleichviel ob es im Glanze oder im Elend geführt werde. Folge Annabella. Sie wird Dich zu einem Wagen führen, in dem ich auf Dich warte, bereit, mit Dir zu gehen, wohin Du willst. Du kennst M. de Chantilly nicht. Es ist nicht sein erstes Duell. Er wird dich töten. Ich aber will, daß Du lebst, daß unsere Liebe lebt. Fürchte nicht um die Zukunft. Ich bin mit allem versehen, um ein Leben der Stille und des Glückes mit Dir führen zu können. Deine Wissenschaft brauchst Du nicht aufzugeben. Auch draußen feiert man die großen Gelehrten. Héloise.«
Kein Zweifel, das waren ihre Schriftzüge, jene schmeichlerischen, anmutigen Zeichen unzähliger billets-doux. Er dachte mit Zärtlichkeit an sie, und die sanfte Glut der Leidenschaft umhüllte ihn wie ein rosiger Nebel. Die Versuchung war groß. Warum nicht die Früchte der Liebe pflücken, die sich ihm so großmütig entgegenboten? Warum um eines für ihn nicht verbindlichen Ehrenkodexes willen die Unsterblichkeit aufs Spiel setzen, jetzt, da der lang ersehnte Lohn jahrelangen Forschens ihm in den Schoß fallen mußte? Lange saß er auf dem Stuhl, die Stirn in den Händen vergraben. Schließlich entspannte sich sein angestrengtes Starren. Ein schmerzliches Lächeln grub sich um seine Lippen. Die Zofe erschauerte. Sein Gesicht war totenfahl, aus seinen Augen brach ein dunkles, unergründliches Feuer, als er die Feder ergriff und einige Zeilen hastig aufs Papier warf. Er schrieb:
»Madame! Es ist zu spät. Ich bin entschlossen, den Weg der Ehre zu gehen, wie ihn die Gesellschaft befiehlt. Nicht einmal das Feuer der Liebe wäre imstande, das schmachvolle Dunkel einer feigen Flucht zu durchbrechen, und die Wissenschaft hätte keinen Glanz mehr in einer unlauteren Seele. Leben Sie wohl! Nur so kann ich

das Andenken unserer Liebe in die Ewigkeit retten. Ambroise.«

Er faltete das Blatt zusammen, steckte es in einen Umschlag und gab es der Zofe. »Bringen Sie das Mme. de Chantilly. Es ist mein fester Entschluß. Ein abermaliges Pochen an meiner Tür in dieser Nacht wäre vergeblich. Ich würde nicht öffnen.« Damit sank er in den Stuhl zurück. Ein tiefer Atemzug entrang sich seiner Brust. Er füllte ein anderes Glas Wein und gewann langsam die alte Ruhe und Bereitschaft zurück.

Er versank in ein traumartiges Hindämmern. Die Stationen seines Lebens zogen an ihm vorbei, die Kindheit unter den blühenden Apfelbäumen der Normandie, die Jahre auf der École Polytechnique, die ersten Träume von Ruhm und Unsterblichkeit, eine Parade, die der König abgenommen, das Lampenfieber vor seinem ersten Vortrag in der Akademie, die Seligkeiten kühnen Forscherdranges, die Gesichter der Freunde, die weiße Haut der Mädchen, deren Schönheit seine Phantasie beflügelt hatte, die Entzückungen der verbotenen Liebe. Was wollte er noch von der Welt? Er hatte alles genossen und verachtete die Wiederholungen.

Er leerte ein Glas nach dem anderen. Sein Geist wurde immer heiterer, immer schwungvoller, er schien sich auf Flügeln zu erheben und das dumpfe Gefäß der Sinne zu verlassen. Unerhörte Kombinationen durchzuckten ihn, Gedanken, deren Kühnheit ihn zu gewöhnlicher Stunde hätte erschauern lassen und die ihn jetzt nur heiter und glücklich stimmten. Es schien ihm, als habe er immer gewußt, daß diese Stunde einmal kommen würde, die Stunde der blitzartigen Erleuchtungen, der magischen Durchsichtigkeit aller Dinge und Zusammenhänge. Der Augenblick, da er dem Leben freiwillig entsagt hatte, erschien ihm zugleich die höchste Krönung desselben, und er war keineswegs verwundert, als in einem letzten Aufschwung seines Geistes wie ein herrlich aufschießender Kristall schließlich jene Zwischenformel aufblitzte, die die Achse seines Systems bildete und die er so lange ge-

sucht hatte. Er war am Ziel. Er konnte beruhigt abtreten von der Bühne.
Am Ziel? War er wirklich am Ziel? War es nicht ein Verbrechen an der Menschheit, wenn er seine Entdeckung mit ins Grab nahm, als wäre sie nur für ihn allein dagewesen? Galt das herrliche, seltene Aufleuchten des Genies nicht der ganzen Menschheit? Waren die Kammern seines Hirnes denn nicht nur das Gefäß, welches der Geist gewählt hatte, um sich für alle zu offenbaren? Ambroise Bonnard leugnete zwar Gott, aber er glaubte an die Göttlichkeit des Geistes. Ein tiefer, feierlicher Ernst ergriff ihn, er sah auf die Uhr. Bis zur festgesetzten Zeit blieben ihm noch drei Stunden. Er nutzte sie, um mit der Besessenheit eines Fieberkranken das Gerüst seines Systems für die Nachwelt zu umreißen. Pfeilgeschwind jagte die Feder über das Papier, Bogen schichtete sich auf Bogen, seine Augen brannten, der Schweiß perlte auf seiner Stirn, es war ein Wettlauf mit dem Tode, ein Ringen um die Unsterblichkeit; nicht um die persönliche Unsterblichkeit: die war ihm gleichgültig geworden. Aber vor seinem Auge erschien der ewige Kreislauf des Geistes. Der Blitz des Genies, der einmal die Hirnkammern seines Schöpfers verlassen hatte, wurde in Myriaden anderen Gedanken wiedergeboren, verwandelte sich in unaufhörlich neuer Befruchtung und mündete schließlich in jenen unabreißbaren Stoffwechsel des Geistes, der keinen Tod kannte. Er überschrieb das Manuskript: An die Académie Française, rollte es zusammen, steckte es in eine Flasche, verkorkte diese und schob sie in die Tasche seines Rockes. Dann sank er erschöpft auf sein Lager. Das erste Grau des Morgens witterte durch die schmutzigen Fensterscheiben. Als die Freunde, die er als seine Sekundanten bestellt hatte, pochten, erhob er sich, empfing sie lächelnd, aber wortlos, nahm den Rock vom Haken und ging mit ihnen hinunter. Sie machten einen erneuten Versuch, ihm die Torheit seines Beginnens vor Augen zu stellen, aber er winkte mit einem sonderbar glücklichen, besserwissenden Lächeln ab. Sie schwiegen. Am Seinequai ließ er den Wa-

gen plötzlich halten. Er öffnete den Schlag, trat hinaus und warf mit einer theatralischen Gebärde die Flasche ins Wasser. Sie klatschte auf, wippte ein paarmal auf und ab und trat schließlich ihren kreiselnden torkelnden Gang seineabwärts an. Mochte die Vorsehung entscheiden, was aus seiner Entdeckung wurde. Was an ihm lag, hatte er getan.

Der Tau perlte auf den Grashalmen der Wiese, die, an einem kleinen Wäldchen gelegen, zur Stätte des Duells ausersehen war. Die ersten Strahlen der Sonne brachen eben hinter dem Walde hervor. M. de Chantilly wartete schon mit seinen Sekundanten. Er war groß und breitschultrig, wie ein Dandy gekleidet, als ginge er zu einem Pferderennen, und wippte nervös mit einem elfenbeinernen Stöckchen. Ambroise Bonnard vermochte nicht den geringsten Haß gegen ihn zu empfinden, obwohl er in resignierter Bewußtheit den grauenhaften Widersinn begriff, der darin lag, einen Mann von Geist durch die gleichgültige, waffengeübte Hand eines völlig bedeutungslosen Modegecken der Gesellschaft umkommen zu lassen. Die Gegner gingen auf Distanz, die Sekundanten machten den üblichen Sühneversuch, man loste um die Pistolen. Der erste Schuß fiel M. de Chantilly zu. Mit der Gebärde des geübten Schützen ergriff dieser die silberbeschlagene Pistole und richtete den Lauf mitten auf die Brust des Gegners. Ambroise Bonnard stand ohne Zittern. Eine seltsame Unbeteiligtheit hatte sich seiner bemächtigt, ja, eine leichte Ungeduld, das ermüdende Zeremoniell beendet zu sehen und zur Sache zu kommen. Er hatte mit dieser Welt abgeschlossen. Sie war ihm wesenlos geworden, und alle ihre Kundgebungen hatten für ihn nur noch symbolhaften Wert. Mit ironischer Neugier blickte er den auf ihn gerichteten Pistolenlauf an und konnte plötzlich nicht mehr glauben, daß es diesem Instrument gelingen sollte, ihn aus dieser Welt in die nächste zu versetzen. Da ging der Schuß los. Der Knall hatte etwas Paffendes, Substanzloses, etwa wie das Platzen einer Tierblase. Ein milchiger Rauch hüllte Arm und Brustpartie M. de Chantillys ein, als habe

er eine Nebelpatrone verschossen, wie sie zu Feuerwerkszwecken in den Gärten der Tuilerien verwandt wurden. Sein Blick aber ruhte ernst und mit einer gewissen wehmütigen Güte auf Ambroise Bonnard. Dieser bemerkte das und fühlte eine gereizte Aufwallung in sich aufsteigen. Er zielte in das Gesicht seines Gegners und drückte los. Eine Sekunde später lag M. de Chantilly auf dem Rasen. Die Kugel war zwischen den Augenhöhlen hindurch in den Schädel gedrungen und hatte den augenblicklichen Tod zur Folge gehabt.

Wenn Ambroise Bonnard später an die Vorgänge zurückdachte, die dem Duell folgten, dann hatte er nur die Erinnerung an einen traumhaften Zustand, in welchem nicht er es war, der handelte, sondern in welchem eine Flucht von Ereignissen sich seiner bemächtigt hatte. Das Ergebnis dieser kaleidoskopartig aufeinanderfolgenden Geschehnisse war, daß er sich schließlich außerhalb Frankreichs befand, mit Empfehlungsschreiben an verschiedene hochgestellte Persönlichkeiten in der Tasche, die dem Freundeskreise Mme. de Chantillys angehörten. Er benutzte diese Briefe nicht, er zerriß sie. Sie waren die letzten Signale aus einer Welt, die hinter ihm lag wie eine ferne vergangene Existenz. Mehrere Jahre fristete er mühsam sein Dasein, dem er keinen Sinn mehr abgewinnen konnte. Er hatte damals so wenig mit der Möglichkeit eines Überlebens gerechnet, war so fest von seinem Tode überzeugt gewesen, daß ihm dieses Leben jetzt wie ein von einem boshaften Schicksale nachgeworfenes Geschenk erschien; ein Geschenk, das er sich nicht gewünscht hatte, das ihm gleichgültig war, ja das er haßte. Es war absurd, es war gemein, ein kümmerliches Nachspiel, an einer Existenz zu hängen, die ihren eigentlichen Sinn erschöpft hatte. Er fristete seinen Lebensunterhalt in untergeordneten Stellungen, lebte in dunklen Spelunken, lief nachts faselnd durch unbekannte Straßen, galt als ein Original. Wer ihn kennenlernte, nahm den Eindruck eines ausgebrannten Geistes mit, der in seltenen Stunden, wie ein Wetterleuchten, das an ferne Tage gemahnte, Blitze

von einer schaurigen Schönheit aussandte. Er kam bis nach Dublin, wurde Gehilfe des Royal Astronomers der Sternwarte, band sich, wenn er betrunken war, selber mit Stricken an das riesige Fernrohr, das die Gestirne absuchte, und wurde schließlich mit Schimpf und Schande davongejagt. Manchmal hatte er die Hoffnung, daß man jenes Flaschenmanuskript irgendwo finden würde, welches er damals in die Seine geworfen hatte. Aber die Vorsehung schien es zu leicht befunden zu haben. Es blieb verschollen. Auf die genialen Erleuchtungen jener Nacht vor dem Duell konnte er sich nicht mehr besinnen. Er besaß keinen Schlüssel mehr dazu; eine Stunde von solcher Einzigartigkeit wiederholt sich nicht.

Zwölf Jahre später stieg in der Dämmerung eines schwülen Sommertages ein gebeugter, ergrauter Mann die Treppen eines Quartiers in der Rue Morgue hinan. Im obersten Stockwerk zog er an der Klingel und fragte die verhutzelte Patronin, ob sie eine Mansarde frei habe. Es sei eine frei, sagte die Alte, aber sie dürfe sie nicht vermieten. — Warum nicht? — Es habe da vor mehr als zehn Jahren, erzählte sie, in einem geheimnistuerischen Flüstertone, ein junger Mensch gewohnt, der wegen eines Duells habe fliehen müssen. Er sei ein gelehrter Herr gewesen und habe die Mansarde vollgestopft mit Büchern, Papieren und seltsamen Apparaten zurückgelassen. Einige Tage nach dem Duell sei dann eine Dame der feinen Gesellschaft erschienen und habe die Mansarde gemietet. Sie, die Patronin, dürfe nichts an dem Inventar ändern, nicht einmal ein Buch anrühren, und bekomme dafür jeden Monat ein Papier zugesandt, das sie auf der Bank gegen die Mietsumme einlöse. Das ginge nun seit vielen Jahren so, und die vornehme Mieterin hoffe wohl immer noch, daß jener Mensch, der sich ihretwegen geschlagen hatte, zurückkehre.

Es war inzwischen dunkel geworden in der Stube der Alten. »Führen Sie mich hinauf«, sagte der Fremde, dessen Gesicht im Scheine eines entzündeten Feuerzeuges aufleuchtete. Die Alte stieß einen Schrei des Entsetzens aus.

»Sie sind M. Bonnard!« krächzte sie und war mehrere Augenblicke unfähig, sich von ihrem Sofaplatze zu rühren. Dann aber sprang sie auf, machte Licht, trippelte flink wie ein Wiesel auf ihn zu und überschüttete ihn, während Tränen über ihr verrunzeltes Gesicht liefen, mit kindischen Willkommensbeweisen. Er sah sie wesensfremd an. »Führen Sie mich hinauf, Mutter Perroux, ich möchte allein sein.«
Oben war alles noch so, wie er es vor zwölf Jahren verlassen hatte. Er setzte sich in den wackeligen Fauteuil und verharrte so stundenlang im Dunkeln. Das Mondlicht kroch über Bett, Teppich, Tisch und Stuhl, lief über sein Gesicht und ruhte schließlich auf seinem silbernen Scheitel. Er blieb regungslos, atmete den modrigen Duft des Zimmers und wartete; wartete, daß der Geist einer vergangenen Nacht wieder auf ihn herabströmen möge. Er kam nicht, jener Geist; das Zimmer blieb stumm. Der, der einstens hier gesessen, und der, welcher in dieser Nacht hier saß, waren Männer aus verschiedenen Welten. Es gab keine Brücke von einem zum andern. Im Morgengrauen sank er müde auf das Bett. Um die Mittagsstunde ging er wieder fort, still und gebückt, wie er gekommen.
Auf dem Tische hatte ein Brief gelegen, dessen Umschlag seinen Namen trug. Er hatte ihn in die Rocktasche gesteckt und mitgenommen. Im Jardin de Luxembourg, auf einer Bank unter einer alten Platane, durch deren Laubwerk die Mittagssonne rieselte, öffnete er den Brief und las:
»Monsieur, wenn Sie diese Zeilen erhalten, bin ich längst tot, getötet von Ihrer Hand. Sie wissen, daß es mir ein leichtes gewesen wäre, so zu handeln, daß nicht ich, sondern Sie an meiner Statt auf dem Rasen geblieben wären. Ich liebe Mme. de Chantilly, aber sie liebt nicht mich. Es kann nur einer von uns leben. Sie haben das größere Recht dazu. Ich beuge mich Ihrem Genie, ich beuge mich Ihrem Kavaliersgeist. Der Brief, den die Zofe ihnen heute nacht brachte, stammte nicht von Mme. de Chantilly, sondern von mir. Sie haben die Probe bestanden. Werden Sie

glücklich, erfüllen Sie die Hoffnungen, die die Welt in Sie setzt. Albert de Chantilly.«
Das Blatt entsank den Händen des Mannes. Er schloß die Augen. Sein Gesicht war kalkgrau und glich einer toten Maske.
Fünf Jahre nachher spülten die Wellen der Nordsee eine verkorkte Flasche an den Strand eines kleinen dänischen Fischerdorfes. Der Junge, der sie auflas, sah, daß einige Blätter darin eingeschlossen waren, und brachte den Fund zum Dorfschulmeister. Dieser sandte die Flaschenpost an eine ihm bekannte gelehrte Gesellschaft nach Kopenhagen. Von hier gelangte sie nach Paris. Ein besonderes Komitee bedeutender Naturwissenschaftler beschäftigte sich mit ihrem Inhalt. Man war sich einig darüber, daß eine Ruhmestat des Geistes fast zwei Jahrzehnte verborgen in einer Flasche gelegen hatte, denn das Manuskript trug das Datum seiner Niederschrift. Man forschte nach dem Verfasser, man fand ihn nicht; aber die Frucht jener Nacht ging ein in den unsterblichen Kreislauf des ewigen Geistes.

Erschienen 1946

Johannes Bobrowski

Unordnung bei Klapat

1917—1965

Da kommt man nach Hause, da ist einfach Weihnachten. Ist wohl gar nichts passiert? Frohes Fest oder gesegnetes und in die Kirche, da kann sein, was will.
Klapat, sagte die Frau, du redst und redst. Wir sind doch immer gegangen, Karfreitag, Weihnachten, Totensonntag.
Hör mir auf mit Totensonntag, sagt Klapat. Dafür ist der Bruder vielleicht gefallen, sechzehn, daß der da auf die Kanzel kriecht und krakeelt, die Gedenktafel muß raus. Haben wir doch gelernt: Niemand hat größere Liebe denn die, daß er sein Leben lässet für seine Freunde. Und deshalb, sagt er, soll die Tafel raus aus der Kirche. Weil das draufsteht. Weil das nicht gesagt ist auf deinen Vater und auf meinen Bruder, und wenn der Junge, aber er hat doch geschrieben, daß er lebt, wenn der aber auch — da hat man also gar nichts, bloß die Frechheiten von dem Kerl.
Klapat, sagt die Frau und bindet die Schürze ab, du ißt jetzt erst, du ärgerst dich immer. Der Karl-Heinz denkt, daß wir den Baum geschmückt haben und daß wir in die Kirche gehn, nachher.
Haben wir ja auch, den Baum, sagt Klapat. Wie die alten Germanen.
Essen ist immer gut, also sagt Klapat: Gehen wir meinetwegen auch in die Kirche, ich zieh Uniform an, und wenn er wieder mit so etwas anfängt, gehn wir raus.
Noch ein bißchen, sagt die Frau und säbelt am Gebratenen herum. Schöne Erfindung, so tote Sau, muß man sagen. Sagt auch Klapat und hält den Teller hin. Und jetzt fällt ihm ein, daß sie den ganzen Vormittag im Büro von Weihnachten geredet haben. Der Prellwitz immer von

Weltesche und so was. Soll man also den Baum an die Decke hängen und unten drunter einen Apfel, am Bindfaden, das ist dann die Erde.
Gar nicht so zum Lachen, sagt Klapat verweisend, weil Lina einfach Quatsch sagt und abwinkt.
Aber wer hängt schon einen Baum an die Decke, dann lieber gar keinen. Klapat legt Messer und Gabel hin, kreuzweis über den Teller, und fängt an zu erzählen. Was Horstigall gesagt hat.
Also die hatten zu Hause so einen drehbaren Fuß, wo sie den Baum immer reinsteckten. Der spielte Weihnachtslieder. Im Drehen.
Ist ja zum Lachen, sagt die Frau.
Nein gar nicht, sagt Klapat, überhaupt nicht. So ein Kasten, vertstehst du, Blech und außen bemalt. Und der Schlüssel wurde versteckt jahrüber, damit ihn keiner aufzog. Bloß Weihnachten, na ja, da haben sie ihn wohl überdreht oder so was, jedenfalls: erst dreht er sich ganz richtig und sie sitzen da und singen mit und sein Vater, sagt er, kaut schon an Steinpflaster und Katharinchen, da geht es aber los, da fliegen schon die Kugeln, klatsch, gegen die Wand, klatschklatsch, der Kater reißt aus, die Kinder hinterher, schöne Bescherung. Klapat lacht, daß ihm die Augen tränen. Na was denkst du, fröhliche Weihnachten.
Und nun fällt ihm ein, was der Neumann gesagt hat: Letzte Weihnachten war schön, waren die Jungens zu Hause, er hat drei Stück beim Militär, einer ist Feldwebel, da haben sie gesoffen, war sehr gemütlich.
Möchtest du das machen, Klapat, sagt Lina vorwurfsvoll.
Aber na ja, die Frau vom Neumann ist tot, dieses Jahr kommt keiner auf Urlaub, der alte Mann sitzt da. Soll er in die Kirche gehn. Aber Neumann ist ja wohl Dissident, wie man früher sagte, die glauben an kein höheres Wesen, bloß an solche, die einen befördern können, so ein Beamtenglauben.
Und nun sitzen Klapats also in der Kirche, Klapat in SA-Uniform, Lina im Schwarzseidnen. Lina denkt, wie wird ihm bloß gehen, dem Kind?

Der Herr Eschenbach spielt oben seine Orgel, erst schnell und dann langsam, und klingelt immer ein bißchen dazwischen.
Hat den Zimbelstern eingeschaltet, sagt Klapat, hört sich gut an. Und dann reckt Klapat den Hals, weil Hochwürden die Kanzelstiege hinaufklettert.
Und was sagt er da, der Herr Dompfarrer? Erst einmal, daß die Gemeinde Stille Nacht zu Hause singen soll, nicht in der Kirche.
Der will bloß jedem querkommen. Aber mir nicht. Heute nicht. Hier sitz ich, Klapat, in Uniform, Beamter, Frontkämpfer, EK II, und mein Sohn ist im Felde. Soll er bloß wieder anfangen von Soldaten und Krieg, soll er bloß wieder anfangen, der Mensch, wird schon sehen, was dann ist.
Na, was denn, Klapat?
Dann steh ich auf und geh raus. Und die Lina mit. Aber Hochwürden redet nicht vom Krieg, sondern von Frieden, je länger Klapat hinhört, desto verdächtiger hört sich das an. Wieso Frieden, wo wir jetzt Krieg haben? Aber soll er denn von Krieg reden? Also doch von Frieden? Soll er oder soll er nicht? Auf jeden Fall aber: Was er da oben redet, ist ja wohl nicht das, was man sich anhören kann, jetzt im Krieg und in Uniform: Daß die Friedfertigen die Friedenmacher sind und nicht solche, die mit dem Frieden fertig geworden sind.
Und Stille Nacht auch nicht. Weltesche will man ja schon nicht verlangen. Aber wenigstens Stille Nacht.
Das ist das Buch von der Geburt Jesu Christi, so fängt das Neue Testament an, sagt Hochwürden, und gleich danach heißt es: Die Geburt Christi war aber also getan. Getan, meine Freunde, also: Gott tut etwas, mit dieser Geburt, an seiner Welt.
Das nächste weiß Klapat nun wieder. Aber dieses Getan und daß das ganze Testament von Anfang an über Weihnachten redet, — na ich weiß nicht, da kommt ja wohl noch mehr, Heilige Drei Könige, Karfreitag, Ostern, Erster Mai, nein, der nicht, Himmelfahrt, Pfingsten. Und

Reformationsfest und Bußtag. Haben außerdem alles die alten Germanen erfunden, sagt Prellwitz. Ist ja vielleicht wahr, mußte ja erst mal geboren sein, das Christkind, aber so meint er das wohl nicht, jedenfalls nicht so einfach: geboren und dann weiter wie bekannt.
Und Lina sitzt da, lange Haare, kurzer Sinn, aber dafür gleich immer am Wasser gebaut. Soll sie. Besser jetzt, als nachher unterm Baum, man ist auch nur ein Mensch.
Das ganze Testament. Nein, Klapat ist nicht fertig damit. Direkten Grund zum Aufstehen hat es nicht gegeben, höchstens vorhin wegen dem Frieden, jetzt im Krieg, aber man geht doch wohl Weihnachten in die Kirche, weil Weihnachten ist: etwas Altes also, das man kennt, an das man nur erinnert zu werden braucht, um gleich vor Augen zu haben: wie es früher zu Hause war und wie wir immer den Baum klauen gingen, in der Schonung, und ein Jahr hatte der Förster Kiuppel alle Bäume gezeichnet, und dann kam er auf Besuch, Zweitfeiertag, aber gesagt hat er nichts, bloß uns draußen an den Ohren genommen, uns Jungens. Und dann Kriegsweihnachten, siebzehn, da haben wir geheiratet. Und jetzt: Das ist das Buch von der Geburt. Da wird etwas getan: Frieden, wo jetzt Krieg ist. Paßt alles nicht, hinten und vorne nicht, denkt Klapat. Da liegt er im Bett, nachts, und es ist alles vorbei.
Nein, aufgestanden sind sie nicht. Erst nachher, wie es sich gehört, als die Kirche aus war. Dann haben sie gesungen, zu Hause, die beiden Klapats, und sind sich alt vorgekommen. Und er hat die Geige vorgeholt, soviel kann er noch. Und einen Brief haben sie geschrieben an den Jungen. Und Klapat hat noch einmal angefangen von Horstigalls Drehfuß, der Lieder spielte, aber er hat bald aufgehört, nur ein bißchen Radio und um zwölf die Glocken.
Kein Wort mehr davon. Aber sind denn solche Feste dazu da, daß man durcheinanderkommt? Daß man daliegt und nicht schläft? Das weiß ich nicht

Erschienen 1969

Heinrich Böll

Wanderer, kommst du nach Spa...

geb. 1917

Als der Wagen hielt, brummte der Motor noch eine Weile; draußen wurde irgendwo ein großes Tor aufgerissen. Licht fiel durch das zertrümmerte Fenster in das Innere des Wagens, und ich sah jetzt, daß auch die Glühbirne oben an der Decke zerfetzt war; nur ihr Gewinde stak noch in der Schrauböffnung, ein paar flimmernde Drähtchen mit Glasresten. Dann hörte der Motor auf zu brummen, und draußen schrie eine Stimme: »Die Toten hier hin, habt ihr Tote dabei?«
»Verflucht«, rief der Fahrer zurück, »verdunkelt ihr schon nicht mehr?«
»Da nützt kein Verdunkeln mehr, wenn die ganze Stadt wie eine Fackel brennt«, schrie die fremde Stimme. »Ob ihr Tote habt, habe ich gefragt?«
»Weiß nicht.«
»Die Toten hierhin, hörst du? Und die anderen die Treppe hinauf in den Zeichensaal, verstehst du?«
»Ja, ja.«
Aber ich war noch nicht tot, ich gehörte zu den anderen, und sie trugen mich die Treppe hinauf. Erst ging es in einen langen, schwach beleuchteten Flur, dessen Wände mit grüner Ölfarbe gestrichen waren; krumme, schwarze, altmodische Kleiderhaken waren in die Wände eingelassen, und da waren Türen mit Emailleschildchen: VI a und VI b, und zwischen diesen Türen hing, sanftglänzend unter Glas in einem schwarzen Rahmen, die Medea von Feuerbach und blickte in die Ferne; dann kamen Türen mit V a und V b, und dazwischen hing ein Bild des Dornausziehers, eine wunderbare, rötlich schimmernde Fotografie in braunem Rahmen.

Auch die große Säule in der Mitte vor dem Treppenaufgang war da und hinter ihr, lang und schmal, wunderbar gemacht, eine Nachbildung des Parthenonfrieses in Gips, gelblich schimmernd, echt, antik, und alles kam, wie es kommen mußte: der griechische Hoplit, bunt und gefährlich, wie ein Hahn sah er aus, gefiedert, und im Treppenhaus selbst, auf der Wand, die hier mit gelber Ölfarbe gestrichen war, da hingen sie alle der Reihe nach: vom Großen Kurfürsten bis Hitler ... Und dort, in dem schmalen kleinen Gang, wo ich endlich wieder für ein paar Schritte gerade auf meiner Bahre lag, da war das besonders schöne, besonders große, besonders bunte Bild des Alten Fritzen mit der himmelblauen Uniform, den strahlenden Augen und dem großen, golden glänzenden Stern auf der Brust.

Wieder lag ich dann schief auf der Bahre und wurde vorbeigetragen an den Rassegesichtern: da war der nordische Kapitän mit dem Adlerblick und dem dummen Mund, die westische Moselanerin, ein bißchen hager und scharf, der ostische Grinser mit der Zwiebelnase und das lange, adamsapfelige Bergfilmprofil; und dann kam wieder ein Flur, wieder lag ich für ein paar Schritte gerade auf meiner Bahre, und bevor die Träger in die zweite Treppe hineinschwenkten, sah ich es noch eben: das Kriegerdenkmal mit dem großen, goldenen Eisernen Kreuz obendrauf und dem steinernen Lorbeerkranz.

Das ging alles sehr schnell: ich bin nicht schwer, und die Träger rasten. Immerhin: alles konnte auch Täuschung sein; ich hatte hohes Fieber, hatte überall Schmerzen. Im Kopf, in den Armen und Beinen, und mein Herz schlug wie verrückt; was sieht man nicht alles im Fieber!

Aber als wir an den Rassegesichtern vorbei waren, kam alles andere: die drei Büsten von Cäsar, Cicero, Marc Aurel, brav nebeneinander, wunderbar nachgemacht, ganz gelb und echt, antik und würdig standen sie an der Wand, und auch die Hermessäule kam, als wir um die Ecke schwenkten, und ganz hinten im Flur — der Flur war hier rosenrot gestrichen — ganz, ganz hinten im Flur hing die große

Zeusfratze über dem Eingang zum Zeichensaal; doch die Zeusfratze war noch weit. Rechts sah ich durch das Fenster den Feuerschein, der ganze Himmel war rot, und schwarze, dicke Wolken von Qualm zogen feierlich vorüber ... Und wieder mußte ich links sehen, und wieder sah ich Schildchen über den Türen O I a und O I b, und zwischen den bräunlichen muffigen Türen sah ich nur Nietzsches Schnurrbart und seine Nasenspitze in einem goldenen Rahmen, denn sie hatten die andere Hälfte des Bildes mit einem Zettel überklebt, auf dem zu lesen war: »Leichte Chirurgie« ...
Wenn jetzt, dachte ich flüchtig ... wenn jetzt ... aber da war es schon: das Bild von Togo, bunt und groß, flach wie ein alter Stich, ein prachtvoller Druck, und vorne, vor den Kolonialhäusern, von den Negern und dem Soldaten, der da sinnlos mit seinem Gewehr herumstand, vor allem war das große, ganz naturgetreu abgebildete Bündel Bananen: links ein Bündel, rechts ein Bündel, und auf der mittleren Banane im rechten Bündel, da war etwas hingekritzelt, ich sah es; ich selbst mußte es hingeschrieben haben ...
Aber nun wurde die Tür zum Zeichensaal aufgerissen, und ich schwebte unter der Zeusbüste hinein und schloß die Augen. Ich wollte nichts mehr sehen. Der Zeichensaal roch nach Jod, Scheiße, Mull und Tabak, und es war laut. Sie setzten mich ab, und ich sagte zu den Trägern: »Steck mir 'ne Zigarette in den Mund, links oben in der Tasche.«
Ich spürte, wie einer mir an der Tasche herumfummelte, dann zischte ein Streichholz, und ich hatte die brennende Zigarette im Mund. Ich zog daran. »Danke«, sagte ich.
Alles das, dachte ich, ist kein Beweis. Letzten Endes gibt es in jedem Gymnasium einen Zeichensaal, Gänge, in denen krumme, alte Kleiderhaken in grün- und gelbgestrichene Wände eingelassen sind; letzten Endes ist es kein Beweis, daß ich in meiner Schule bin, wenn die Medea zwischen VI a und VI b hängt und Nietzsches Schnurrbart zwischen O I a und O I b. Gewiß gibt es eine Vorschrift, die besagt, daß er da hängen muß. Hausordnung

für humanistische Gymnasien in Preußen: Medea zwischen VI a und VI b, Dornauszieher dort, Cäsar, Marc Aurel und Cicero im Flur und Nietzsche oben, wo sie schon Philosophie lernen. Parthenonfries, ein buntes Bild von Togo. Dornauszieher und Parthenonfries sind schließlich gute, alte, generationenlang bewährte Schulrequisiten, und gewiß bin ich nicht der einzige, der den Einfall gehabt hat, auf eine Banane zu schreiben: Es lebe Togo. Auch die Witze, die sie in den Schulen machen, sind immer dieselben. Und außerdem besteht die Möglichkeit, daß ich Fieber habe, daß ich träume.
Schmerzen hatte ich jetzt nicht mehr. Im Auto war es noch schlimm gewesen; wenn sie durch die kleinen Schlaglöcher fuhren, schrie ich jedesmal; da waren die großen Trichter schon besser: das Auto hob und senkte sich wie ein Schiff in einem Wellental. Aber jetzt schien die Spritze schon zu wirken, die sie mir irgendwo im Dunkeln in den Arm gehauen hatten: ich hatte gespürt, wie die Nadel sich durch die Haut bohrte und wie es unten am Bein ganz heiß wurde.
Es kann ja nicht wahr sein, dachte ich, so viele Kilometer kann das Auto ja gar nicht gefahren sein: fast dreißig. Und außerdem: du spürst nichts; kein Gefühl sagt es dir, nur die Augen; kein Gefühl sagt dir, daß du in deiner Schule bist, in deiner Schule, die du vor drei Monaten erst verlassen hast. Acht Jahre sind keine Kleinigkeit, solltest du nach acht Jahren das alles nur mit den Augen erkennen?
Hinter meinen geschlossenen Lidern sah ich alles noch einmal, wie ein Film lief es ab: unterer Flur, grün gestrichen, Treppe rauf, gelb gestrichen, Kriegerdenkmal, Flur, Treppe rauf, Cäsar, Cicero, Marc Aurel ... Hermes, Nietzscheschnurrbart, Togo, Zeusfratze ...
Ich spuckte meine Zigarette aus und schrie; es war immer gut, zu schreien; man mußte nur laut schreien; schreien war herrlich; ich schrie wie verrückt. Als sich jemand über mich beugte, machte ich immer noch nicht die Augen auf; ich spürte einen fremden Atem, warm und widerlich roch

er nach Tabak und Zwiebeln, und eine Stimme fragte ruhig: »Was ist denn?«
»Was zu trinken«, sagte ich, »und noch 'ne Zigarette, die Tasche oben.«
Wieder fummelte einer an meiner Tasche herum, wieder zischte ein Streichholz, und jemand steckte mir 'ne brennende Zigarette in den Mund.
»Wo sind wir?« fragte ich.
»In Bendorf.«
»Danke«, sagte ich und zog.
Immerhin schien ich wirklich in Bendorf zu sein, zu Hause also, und wenn ich nicht außergewöhnlich hohes Fieber hatte, stand wohl fest, daß ich in einem humanistischen Gymnasium war: eine Schule war es bestimmt. Hatte die Stimme unten nicht geschrien: »Die anderen in den Zeichensaal!«? Ich war ein anderer, ich lebte; die lebten, waren offenbar die anderen. Der Zeichensaal war also da, und wenn ich richtig hörte, warum sollte ich nicht richtig sehen, und dann stimmte es wohl auch, daß ich Cäsar, Cicero und Marc Aurel erkannt hatte, und das konnte nur in einem humanistischen Gymnasium sein; ich glaube nicht, daß sie diese Kerle in den anderen Schulen auf den Fluren an die Wand stellen.
Endlich brachte er mir Wasser: wieder roch ich den Tabak- und Zwiebelatem aus seinem Gesicht, und ich machte, ohne es zu wollen, die Augen auf: da war ein müdes, altes, unrasiertes Gesicht über einer Feuerwehruniform, und eine alte Stimme sagte leise: »Trink, Kamerad!« Ich trank; es war Wasser, aber Wasser ist herrlich; ich spürte den metallenen Geschmack des Kochgeschirrs auf meinen Lippen, und es war schön zu spüren, welch eine Menge Wasser noch nachdrängte, aber der Feuerwehrmann riß mir das Kochgeschirr von den Lippen und ging: ich schrie, aber er wandte sich nicht um, zuckte nur müde die Schultern und ging weiter; einer, der neben mir lag, sagte ruhig: »Hat gar keinen Zweck zu brüllen, sie haben nicht mehr Wasser; die Stadt brennt, du siehst es doch.«
Ich sah es durch die Verdunkelung hindurch, es glühte

und wummerte hinter den schwarzen Vorhängen, Rot hinter Schwarz, wie in einem Ofen, auf den man neue Kohlen geschüttet hat. Ich sah es: ja, die Stadt brannte.
»Wie heißt die Stadt?« fragte ich den, der neben mir lag.
»Bendorf.«
»Danke.«
Ich blickte ganz gerade vor mich hin auf die Fensterreihe und manchmal zur Decke. Die Decke war noch tadellos, weiß und glatt, mit einem schmalen klassizistischen Stuckrand; aber sie haben doch in allen Schulen klassizistische Stuckränder an den Decken in den Zeichensälen, wenigstens in den guten, alten humanistischen Gymnasien. Das ist doch klar.
Ich mußte mir jetzt zugestehen, daß ich im Zeichensaal eines humanistischen Gymnasiums in Bendorf lag. Bendorf hat drei humanistische Gymnasien: die Schule »Friedrich der Große«, die Albertus-Schule und — vielleicht brauche ich es nicht zu erwähnen — aber die letzte, die dritte war die Adolf-Hitler-Schule. Hing nicht in der Schule »Friedrich der Große« das Bild des Alten Fritz besonders bunt, besonders schön, besonders groß im Treppenhaus? Ich war auf dieser Schule gewesen, acht Jahre lang, aber warum konnte nicht in den anderen Schulen dieses Bild genauso an der gleichen Stelle hängen, so deutlich und auffallend, daß es den Blick fangen mußte, wenn man die erste Treppe hinaufstieg?
Draußen hörte ich jetzt die schwere Artillerie schießen. Sonst war es fast ruhig; nur manchmal drang das Fressen der Flammen durch, und im Dunkeln stürzte irgendwo ein Giebel ein. Die Artillerie schoß ruhig und regelmäßig, und ich dachte: gute Artillerie! Ich weiß, das ist gemein, aber ich dachte es. Mein Gott, wie beruhigend war die Artillerie, wie gemütlich: dunkel und rauh, ein sanftes, fast feines Orgeln. Irgendwie vornehm. Ich finde, die Artillerie hat etwas Vornehmes, auch wenn sie schießt. Es hört sich so anständig an, richtig nach Krieg in den Bilderbüchern... Dann dachte ich daran, wieviel Namen wohl auf dem Kriegerdenkmal stehen würden, wenn sie es wieder

einweihten, mit einem noch größeren goldenen Eisernen Kreuz darauf und einem noch größeren steinernen Lorbeerkranz, und plötzlich wußte ich es: wenn ich wirklich in meiner alten Schule war, würde mein Name auch darauf stehen, eingehauen in Stein, und im Schulkalender würde hinter meinem Namen stehen — »zog von der Schule ins Feld und fiel für . . .«
Aber ich wußte noch nicht wofür und wußte noch nicht, ob ich in meiner alten Schule war. Ich wollte es jetzt unbedingt herauskriegen. Am Kriegerdenkmal war auch nichts Besonderes gewesen, nichts Auffallendes, es war wie überall, es war ein Konfektionskriegerdenkmal, ja, sie bekamen sie aus irgendeiner Zentrale . . .
Ich sah mir den Zeichensaal an, aber die Bilder hatten sie abgehängt, und was ist schon an ein paar Bänken zu sehen, die in einer Ecke gestapelt sind, und an den Fenstern, schmal und hoch, viele nebeneinander, damit viel Licht hereinfällt, wie es sich für einen Zeichensaal gehört? Mein Herz sagte mir nichts. Hätte es nicht etwas gesagt, wenn ich in dieser Bude gewesen wäre, wo ich acht Jahre lang Vasen gezeichnet und Schriftzeichen geübt hatte, schlanke, feine, wunderbar nachgemachte römische Glasvasen, die der Zeichenlehrer vorne auf einen Ständer setzte, und Schriften aller Art, Rundschrift, Antiqua, Römisch, Italienne? Ich hatte diese Stunde gehaßt wie nichts in der ganzen Schule, ich hatte die Langeweile gefressen stundenlang, und niemals hatte ich Vasen zeichnen können oder Schriftzeichen malen. Aber wo waren meine Flüche, wo war mein Haß angesichts dieser dumpfgetönten, langweiligen Wände? Nichts sprach in mir, und ich schüttelte stumm den Kopf.
Immer wieder hatte ich radiert, den Bleistift gespitzt, radiert . . . nichts . . .
Ich wußte nicht genau, wie ich verwundet war; ich wußte nur, daß ich meine Arme nicht bewegen konnte und das rechte Bein nicht, nur das linke ein bißchen: ich dachte, sie hätten mir die Arme an den Leib gewickelt, so fest, daß ich sie nicht bewegen konnte.

Ich spuckte die zweite Zigarette in den Gang zwischen den Strohsäcken und versuchte, meine Arme zu bewegen, aber es tat so weh, daß ich schreien mußte; ich schrie weiter; es war immer wieder schön zu schreien; ich hatte auch Wut, weil ich die Arme nicht bewegen konnte.
Dann stand der Arzt vor mir; er hatte die Brille abgenommen und blinzelte mich an; er sagte nichts; hinter ihm stand der Feuerwehrmann, der mir Wasser gegeben hatte. Er flüsterte dem Arzt etwas ins Ohr, und der Arzt setzte die Brille auf: deutlich sah ich seine großen grauen Augen mit den leise zitternden Pupillen hinter den dicken Brillengläsern. Er sah mich lange an, so lange, daß ich wegsehen mußte, und er sagte leise: »Augenblick, Sie sind gleich an der Reihe ...«
Dann hoben sie den auf, der neben mir lag, und trugen ihn hinter die Tafel; ich blickte ihnen nach: sie hatten die Tafel auseinandergezogen und quer gestellt und die Lücke zwischen Wand und Tafel mit einem Bettuch zugehängt; dahinter brannte grelles Licht ...
Nichts war zu hören, bis das Tuch wieder beiseite geschlagen und der, der neben mir gelegen hatte, hinausgetragen wurde; mit müden, gleichgültigen Gesichtern schleppten die Träger ihn zur Tür.
Ich schloß wieder die Augen und dachte, du mußt doch herauskriegen, was du für eine Verwundung hast und ob du in deiner alten Schule bist.
Mir kam das alles so kalt und gleichgültig vor, als hätten sie mich durch das Museum einer Totenstadt getragen, durch eine Welt, die mir ebenso gleichgültig wie fremd war, obwohl meine Augen sie erkannten, nur meine Augen; es konnte doch nicht wahr sein, daß ich vor drei Monaten noch hier gesessen, Vasen gezeichnet und Schriften gemalt hatte, daß ich in den Pausen hinuntergegangen war mit meinem Marmeladenbutterbrot, vorbei an Nietzsche, Hermes, Togo, Cäsar, Cicero, Marc Aurel, ganz langsam bis in den Flur unten, wo die Medea hing, dann zum Hausmeister, zur Birgeler, um Milch zu trinken, Milch in diesem dämmerigen, kleinen Stübchen, wo man

es auch riskieren konnte, eine Zigarette zu rauchen, obwohl es verboten war. Sicher trugen sie den, der neben mir gelegen hatte, unten hin, wo die Toten lagen, vielleicht lagen die Toten in Birgelers grauem, kleinem Stübchen, wo es nach warmer Milch roch, nach Staub und Birgelers schlechtem Tabak...
Endlich kamen die Träger wieder herein, und jetzt hoben sie mich auf und trugen mich hinter die Tafel. Ich schwebte wieder, jetzt an der Tür vorbei, und im Vorbeischweben sah ich, daß auch das stimmte: über der Tür hatte einmal ein Kreuz gehangen, als die Schule noch Thomas-Schule hieß, und damals hatten sie das Kreuz weggemacht, aber da blieb ein frischer, dunkelgelber Fleck an der Wand, kreuzförmig, hart und klar, der fast noch deutlicher zu sehen war als das alte, schwache, kleine Kreuz selbst, das sie abgehängt hatten; sauber und schön blieb das Kreuzzeichen auf der verschossenen Tünche der Wand. Damals hatten sie aus Wut die ganze Wand neu gepinselt, aber es hatte nichts genützt; der Anstreicher hatte den Ton nicht richtig getroffen: das Kreuz blieb da, bräunlich und deutlich, aber die ganze Wand war rosa. Sie hatten geschimpft, aber es hatte nichts genützt: das Kreuz blieb da, braun und deutlich auf dem Rosa der Wand, und ich glaube, ihr Etat für Farbe war erschöpft und sie konnten nichts machen. Das Kreuz war noch da, und wenn man genau hinsah, konnte man sogar noch eine deutliche Schrägspur über dem rechten Balken sehen, wo jahrelang der Buchsbaumzweig gehangen hatte, den der Hausmeister Birgeler dorthinter klemmte, als es noch erlaubt war, Kreuze in die Schulen zu hängen...
Das alles fiel mir in der kleinen Sekunde ein, als ich an der Tür vorbeigetragen wurde hinter die Tafel, wo das grelle Licht brannte.
Ich lag auf dem Operationstisch und sah mich selbst ganz deutlich, aber sehr klein, zusammengeschrumpft, oben in dem klaren Glas der Glühbirne, winzig und weiß, ein schmales, mullfarbenes Paketchen wie ein außergewöhnlich subtiler Embryo: das war also ich da oben.

Der Arzt drehte mir den Rücken zu und stand an einem Tisch, wo er in Instrumenten herumkramte; breit und alt stand der Feuerwehrmann vor der Tafel und lächelte mich an; er lächelte müde und traurig, und sein bärtiges, schmutziges Gesicht war wie das Gesicht eines Schlafenden; an seiner Schulter vorbei auf der schmierigen Rückseite der Tafel sah ich etwas, was mich zum ersten Male, seitdem ich in diesem Totenhaus war, mein Herz spüren machte: irgendwo in einer geheimen Kammer meines Herzens erschrak ich tief und schrecklich, und es fing heftig an zu schlagen: da war meine Handschrift an der Tafel. Oben in der obersten Zeile. Ich kenne meine Handschrift: es ist schlimmer, als wenn man sich im Spiegel sieht, viel deutlicher, und ich hatte keine Möglichkeit, die Identität meiner Handschrift zu bezweifeln. Alles andere war kein Beweis gewesen, weder Medea noch Nietzsche, nicht das dinarische Bergfilmprofil noch die Banane aus Togo, und nicht einmal das Kreuzzeichen über der Tür: das alles war in allen Schulen dasselbe, aber ich glaube nicht, daß sie in anderen Schulen mit meiner Handschrift an die Tafeln schreiben. Da stand er noch, der Spruch, den wir damals hatten schreiben müssen, in diesem verzweifelten Leben, das erst drei Monate zurücklag: Wanderer, kommst du nach Spa...
Oh, ich weiß, die Tafel war zu kurz gewesen, und der Zeichenlehrer hatte geschimpft, daß ich nicht richtig eingeteilt hatte, die Schrift zu groß gewählt, und er selbst hatte es kopfschüttelnd in der gleichen Größe darunter geschrieben: Wanderer, kommst du nach Spa...
Siebenmal stand es da: in meiner Schrift, in Antiqua, Fraktur, Kursiv, Römisch, Italienne und Rundschrift; siebenmal deutlich und unerbittlich: Wanderer, kommst du nach Spa...
Der Feuerwehrmann war jetzt auf einen leisen Ruf des Arztes hin beiseite getreten, so sah ich den ganzen Spruch, der nur ein bißchen verstümmelt war, weil ich die Schrift zu groß gewählt hatte, der Punkte zu viele.
Ich zuckte hoch, als ich einen Stich in den linken Ober-

schenkel spürte, ich wollte mich aufstützen, aber ich konnte es nicht: ich blickte an mir herab, und nun sah ich es: sie hatten mich ausgewickelt, und ich hatte keine Arme mehr, auch kein rechtes Bein mehr, und ich fiel ganz plötzlich nach hinten, weil ich mich nicht aufstützen konnte; ich schrie; der Arzt und der Feuerwehrmann blickten mich entsetzt an, aber der Arzt zuckte nur die Schultern und drückte weiter auf den Kolben seiner Spritze, der langsam und ruhig nach unten sank; ich wollte wieder auf die Tafel blicken, aber der Feuerwehrmann stand nun ganz nah neben mir und verdeckte sie; er hielt mich an den Schultern fest, und ich roch nur noch den brandigen, schmutzigen Geruch seiner verschmierten Uniform, sah nur sein müdes, trauriges Gesicht, und nun erkannte ich ihn: es war Birgeler.
»Milch«, sagte ich leise ...

Erschienen 1950

Hans Lipinsky-Gottersdorf

Die letzte Reise der Pamir

geb. 1920

Am 10. August 1957, am frühen Nachmittag, machte in Buenos Aires die deutsche Viermastbark Pamir, einer der beiden größten der letzten großen Rahsegler der Welt, vom Kai des Getreidehafens los und ging mit dem Bestimmungsort Hamburg in See. An Bord hatte das frachtfahrende Segelschulschiff eine Gerstenladung und, einschließlich der 51 Jungmänner und Schiffsjungen, eine Besatzung von 86 Mann.
Der argentinische Vorfrühlingstag war windig und blau. Viele Menschen standen an den Kaianlagen und am Ufer des Rio de la Plata und sahen zu, wie die Pamir mit ihren mehr als fünfzig Meter hohen, noch kahlen Masten, getragen von der rasch laufenden Ebbe und getrieben von den 900 Pferdestärken ihres Hilfsmotors, seewärts den majestätischen Strom hinunterlief. Als sie freies Fahrwasser erreichte, erschollen auf ihrem Hochdeck ein paar laute Kommandos, und die neugierigen Nichtstuer an den nahen Stränden genossen das außerordentliche Schauspiel, ganze Herden von Matrosen über die Wanten in die Rahen hinaufentern und gleich darauf die ersten Segel sich entfalten zu sehen. Wenig später wirkten die ausgebreiteten, machtvoll geblähten Leinwandflächen wie ein schneeweißer Turm, der sich auf dem blauen Wasser, scheinbar unbewegt von der langen Dünung des Atlantiks, rasch zur schnurgeraden Kimmung hin entfernte.
»Welch eine Schönheit«, bemerkte ein junger Mann zu einem anderen, der mit seinem Teleobjektiv-bewehrten Photoapparat immerfort knipste. »Schwester der Wolken und Tochter der Winde ... nicht wahr?«
»Gewiß«, sagte der Photograph und knipste weiter, »aber

ich hoffe, mein Lieber, Sie werden nicht vergessen, daß diese hübsche Metapher von Joseph Conrad stammt.«
»Macht nichts. Eine vorzügliche Überschrift für meinen Artikel gibt sie trotzdem ab. Haben Sie nicht endlich genug im Kasten? Man sieht ja kaum noch was!«
Fünf Minuten später bestiegen die beiden jungen Leute ihr Auto und fuhren in die Stadt zurück, wo der Photograph sich alsbald in seine Dunkelkammer, der andere an seinen Schreibtisch begab, um jenen Artikel zu verfassen, der in der folgenden Ausgabe einer deutschen Sonntagszeitung auf der ersten Seite erschien. Sein Verfasser stand ersichtlich noch ganz unter dem Eindruck des Schau-Erlebnisses am Strand; die sachlichen Angaben über das Alter und die bisherigen Reisen der Pamir entbehrten nicht rühmender Hinweise auf bestandene Gefahren; die Bark trage nicht umsonst die Klasse Eins des Germanischen und des Britischen Lloyd. Die Namen des Kapitäns und seiner Offiziere wurden voller Sympathie erwähnt und die gesamte Mannschaft, einschließlich Bordkatze, Schiffsarzt und Kochsmoses, zu den letzten wahren und echten Abenteurern der Erde ernannt. Abschließend hieß es zuversichtlich, die Pamir werde, bisheriger Erfahrung nach, in etwa sechzig Tagen in Hamburg festmachen können: »Gute Reise, Pamir! Ahoi, du starkes, stolzes Schiff!«
Keine fünfundvierzig Tage später klopften die Typen derselben Schreibmaschine bedeutend unromantischere Gedanken aufs geduldige Papier. Die Pamir, keineswegs mehr Schwester der Wolken und Tochter der Winde, wurde diesmal mürrisch ein verrottetes Überbleibsel vergangener Epochen genannt, an dessen Fähigkeit, kritischen Situationen standzuhalten, man seit längerem habe — hätte! — begründete Zweifel hegen müssen. Der Verfasser, im Besitz jener reichen Fachkenntnisse, die ein genau zweieinhalb Minuten währendes Interview mit einem schlecht gelaunten Pinassenführer im Hafen vermitteln kann, erörterte eingehend die Gefahren, welche sich aus dem übermächtigen Gewicht stählerner Masten und Ra-

hen für die Stabilität der Bark ergeben haben dürften; er konstatierte tadelnd ein offensichtliches Fehlverhalten des Kapitäns angesichts eines tropischen Wirbelsturms und bescheinigte der abenteuerlichen Mannschaft einschließlich Bordkatze, Schiffsarzt und Kochsmoses, eine beklagenswerte Unerfahrenheit. Abschließend wurde diesmal die ernste und von hohem Verantwortungsgefühl getragene Frage an die Zuständigen gestellt, ob es im Zeitalter der Düsenflugzeuge und Computer noch sinnvoll sei, die Ausbildung seemännischen Nachwuchses auf Segelschiffen fortzusetzen. Es sei ja — so wurde mahnend vermerkt — auch nicht üblich, daß ein Elektriker seine Ausbildung an alten Petroleumlampen beginne.
Denn die Pamir war inzwischen untergegangen.
Beide Artikel, schlagendes Zeugnis der Vergänglichkeit menschlicher Begeisterungen, hatte ich, neben vielen anderen ähnlichen Inhalts, in den Papierhaufen eines Zeitungsarchivs gefunden, als ich elf Jahre später den Spuren jenes Unglücks nachzugehen begann. Ich wunderte mich daher nicht darüber, daß der Hafenkapitän S., ein breitschultriger, grauhaariger Mann in gut geschnittenem grauen Straßenanzug, mich in seinem Büro mit spürbarer Zurückhaltung empfing. Von Hamburg aus, wo ich in besagtem Archiv die Ablage ›Segelschiffe und Verwandtes‹ durchgewühlt hatte, war ich nach Lübeck gefahren, wo sich vor dem Seeamt der letzte Akt der Tragödie abgespielt und wo der letzte der ruhmreichen Flying-P-Liners der Reederei Laeisz, die Viermastbark Passat, das — wie ich damals glaubte — Schwesterschiff der Pamir, seit einigen Jahren vermutlich für immer vor Anker liegt. Ich hatte auf dem Seeamt vorgesprochen und war dort an Kapitän S. verwiesen worden, der, wie mir ein liebenswürdiger Justizamtmann erläuterte, als Beisitzer an der Pamirverhandlung teilgenommen habe und, als alter Kap Hornier, sicherlich jegliche Auskunft werde geben können. Der Kapitän im grauen Anzug aber eröffnete mir sofort, daß er keine Lust habe, über dieses Thema zu reden. Er saß hinter dem hanseatisch schlichten Schreibtisch seines win-

zigen Büros, das, eine Art von milchverglastem Aquarium, die Ecke einer nicht mehr als mittelgroßen, reichlich düsteren Stube einnahm.

»Es steht alles in den Akten«, sagte der Kapitän kühl, »und es ist, offen gestanden, schon viel zuviel darüber geschrieben worden.« Ich erinnere mich nicht, ob er die zweite Hälfte des Satzes aussprach; daß er sie dachte, stand deutlich auf seinem großflächigen Seemannsgesicht geschrieben.

»Übrigens«, fügte er hinzu, wobei er den Kopf von mir abwandte und zum Fenster seines Aquariums hinaus auf die schmale Hafenstraße, »übrigens ist es nichts mit dem Schwesterschiff. Das Schwesterschiff der Pamir war die Petschili, und die ist, wenn ich nicht irre, schon 1928 untergegangen. Die Passat ist 36 Zentimeter breiter als die beiden, und Tiefgang hat sie, warten Sie mal, Tiefgang hat sie 9 Zentimeter mehr.«

Mit diesem Wort des Kapitäns S. begann für mich eine der bemerkenswertesten, freilich auch wortkargsten Unterhaltungen, an die ich mich erinnere. Ich begriff augenblicklich, daß ich an die rechte Adresse gekommen war. Die Genauigkeit ist die Großmutter der Wahrheit, wie die Schweigsamkeit die Zwillingsschwester der Wahrheit sein kann; in diesem Falle war sie es zweifellos, denn wer die Ausmessungen so ansehnlicher Schiffe bis auf den Zentimeter genau im Gedächtnis hat, der ist für mein Empfinden zumindest ein sehr schätzenswerter Mann. Ich war mir klar darüber, daß er mich dorthin wünschte, wo der Pfeffer wächst; daß er mir gründlich mißtraute, weil er mich für einen jener Besserwisser hielt, die sich nach dem Untergang der Pamir in jeder Tonart zu Wort gemeldet hatten. Dennoch blieb ich; ich hatte meinen Auftrag, mehr noch: in mir war eine brennende Anteilnahme am Schicksal des Schiffes und derer, die auf ihm gefahren waren.

»Herr Kapitän«, sagte ich, bemüht, meiner Stimme möglichst viel Überzeugungskraft zu verleihen. »Ich will nicht urteilen. Dazu bin ich nicht befugt. Die wahre Weisheit

steckt in den Ereignissen. Ich möchte erzählen, was geschehen ist, mehr nicht.«
»Es steht alles in den Akten«, murmelte er ablehnend.
Unsere Unterhaltung dauerte etwa zwanzig Minuten lang. Zwei- oder dreimal gelang es mir, ihm ein Wort abzuringen. Er lachte kurz auf, als ich ihn nach der möglichen Bedeutung der stählernen Masten und Rahen befragte. »Stahlmasten sind hohl, Holzmasten massiv und sehr viel schwerer. Es ist Unsinn...« Er winkte ab. »Das Schiff war schuld«, fügte er mit großem Nachdruck hinzu. Ein andermal wurde er fast noch lebhafter. »Der Elektriker und die Petroleumlampe? Das haben Sie also auch gelesen! Ein selten blödsinniger Vergleich. Ich versichere Ihnen, Herr, die See ist die gleiche geblieben, die sie von Anbeginn war, und jedes Schiff, auch das größte, bekommt das zu spüren, wenn auch nur ein Schräubchen versagt. Man muß sie genau kennen, und wo lernte man sie genauer kennen als auf Segelschiffen. Bedenken Sie das bitte...«
Ich war bereit, es zu bedenken, nach Möglichkeit mit ihm zusammen, aber er fiel nach dieser überaus langen Rede wieder ins Schweigen zurück. Und zwanzig Minuten sind keine geringe Zeitspanne, wenn man sie damit verbringt, einander wortlos in die Augen zu starren. Diese Art des Gesprächs mag unter guten Freunden angängig sein, bequem ist sie nicht einmal da, und in jedem anderen Falle strapaziert sie die Nerven.
Ich muß erwähnen, daß Kapitän S. sich bei alledem der größten Höflichkeit befliß. Gewiß, er wünschte mich zu allen Teufeln, dennoch sprang er mir in der Art wohlerzogener Männer sofort bei, als ich nach fünf Minuten tiefster Stille und schweigenden Anstarrens, nur um endlich wieder ein anderes Geräusch als das der Schreibmaschine jenseits der Glaswand zu hören, einen schweren Formfehler beging. Ich lud ihn, den Beamten, nämlich ein, mit mir zusammen irgendwo zu Mittag zu essen. Er hätte diese gröbliche Zumutung mit noch eisigerem Schweigen quittieren können; statt dessen entschuldigte er sich mit gut-

gespieltem Bedauern und, wohl um mich meine Gewissensbisse rasch vergessen zu machen, fügte er sogar noch etwas hinzu: »Es muß viel zusammenkommen, um ein Schiff wie die Pamir sinken zu lassen«, erklärte er gleichsam unbeteiligt. »Sehr viel. Da war die Gerstenladung, der Streik der Trimmgang..., da war der Hurrikan, und ein Hurrikan hat seine Eigenheiten. Sie können das alles in den Akten finden, wenn Sie...« Er wollte sagen ›Wenn Sie sie lesen können‹, aber er wünschte, höflich zu bleiben. »Wenn Sie sie lesen werden«, vollendete er knapp.
»Ich werde es tun«, sagte ich mit Nachdruck.
In seinem Blick wechselte skeptischer Zweifel mit Nachdenklichkeit; plötzlich bekam er etwas von einer drängenden Schärfe.
»Wenn Sie es wirklich tun sollten, dann vergessen Sie auf keinen Fall: die Pamir war nicht schuld. Ich bin selbst einmal auf ihr gefahren. Die Pamir war ein gutes, starkes... wir nannten sie ein glückhaftes Schiff.«
Dies war in einem anderen, überzeugenderen Ton gesprochen, als ich ihn in jenem Artikel gefunden hatte. Als ich mich verabschiedete, verließ auch Kapitän S. sein Büro und, während ich noch die Flurtür in der Hand hielt, wandte er sich schon seinem Schreiber zu, vermutlich, um unmißverständlich klarzumachen, daß er in Zukunft nicht mehr von neugierigen Besuchern behelligt zu werden wünsche. Er wußte nicht, wie gut ich ihn verstand, wie dankbar ich ihm war für die Lektion, die er mir, ohne es zu wollen, erteilt hatte: eine Lektion über die Liebe der seebefahrenen Männer zu ihren Schiffen, jene Liebe, die nicht auf flüchtige Begeisterungen gründet, sondern auf männliche Dankbarkeit. Und noch etwas hatte der wortkarge Kapitän mir mitgegeben: eine Ahnung von der harten Kameradschaft, welche die See denen anerzieht, die sie befahren: sie läßt dem anderen nichts durchgehen, aber sie schweigt dort still, wo der Tod alle Schuld, jegliches Versagen bezahlte. Dies letzte begriff ich freilich erst später, begriff ich, als ich daheim an meinem Schreibtisch wochenlang über dem grauen Aktenband grübelte, mehr

als 300 Seiten eng bedruckten Papiers, aus denen mir mit den unbeholfenen Sätzen der Zeugenaussagen, den trokkenen mathematischen Formeln der Gutachter und dem würdevollen Deutsch des Seegerichts der Geruch von Salzwasser und Sturm, das letzte Echo dessen entgegenschlug, was sich am 21. September 1957 bei der Begegnung des Hurrikans Carry mit der Viermastbark Pamir auf 35 Grad Nord 40 Grad West, etwa sechshundert Seemeilen westsüdwestlich der Azoren vollendet hatte.

Die Pamir war damals zweiundfünfzig Jahre alt.
Im Jahre 1905 bei Blohm und Voß erbaut, hatte die Bark noch im gleichen Jahre unter der Flagge der Reederei Laeiz die rauchige Elbmündung und den düsteren Norden verlassen, war um die halbe Welt und rund Kap Horn nach Chile gesegelt und mit einer Salpeterfracht aus Valparaiso zurückgekehrt.
Sie hat diese Reise vor dem Ersten Weltkrieg achtzehnmal gemacht, nach dem Kriege wiederum achtzehnmal.
Im Jahre 1931, als die große Zeit der Segelschiffe in der Kauffahrtei für immer zu Ende ging, war die Pamir an den finnischen Reeder Eriksen verkauft worden, der, starrsinnig genug, sich dem Zug der Zeit zu widersetzen, in jenen Jahren die letzten Segelschiffe sammelte wie ein anderer Briefmarken oder kostbares Porzellan. Nach der Erfindung der künstlichen Stickstoffherstellung lohnte die Salpeterfahrt nicht mehr; die Pamir holte jetzt Weizen aus Australien, Roherze aus Neukaledonien herüber.
Es ist nicht mehr festzustellen, wie oft die Pamir damals das Kap der Guten Hoffnung umsegelt hat, wie oft ihr Bug im Treibeis am Rande der Antarktis Bekanntschaft machte und die blauen Fluten des Indischen und des Stillen Ozeans durchschnitt. Im Juni 1941, nachdem Finnland in den Krieg eingetreten, wurde die Pamir in Wellington auf Neuseeland beschlagnahmt; zum zweitenmal in ihrem Leben, nachdem sie schon den ersten Krieg in einer Bucht der Kanarischen Inseln überdauert hatte, lag sie jahrelang still. 1950 endlich gab die Neuseeländische Regierung die

Pamir an ihren Reeder zurück, aber Eriksen hatte den
Kampf aufgegeben, ein müder alter Mann. Pamir und
Passat liefen am selben Tage in Antwerpen ein, um dort
zum Abwracken aufgelegt zu werden.
Da fand sich noch einmal ein Mann, dessen Herz an den
großen Segelschiffen hing; der deutsche Reeder Schliewen kaufte beide Schiffe für billiges Geld und ließ sie für
sehr teures, für mehr als fünf Millionen Mark, zu Schulschiffen herrichten. Als Pamir und Passat die Kieler Howaldtswerft verließen, da waren sie, dem unbestechlichen
Urteil der Versicherungsfachleute von Lloyds zufolge,
seetüchtig wie nie zuvor, aber ihrem Reeder war der Atem
ausgegangen: von der zweiten Reise zurückgekehrt, wurden beide Schiffe im Hamburger Hafen vom Gerichtsvollzieher an die Kette gelegt. Sie lagen dort fest, bis sich drei
Jahre später ein Konsortium von vierzig Reedern zur Stiftung Pamir und Passat zusammenschloß und die Schiffe
wieder auf Südamerikareise schickte.
Am 1. Juni 1957 ging die Pamir von Hamburg aus zum
sechstenmal unter der Stiftungsflagge in See; am 22. Juli
erreichte sie die La-Plata-Mündung. Die Laderäume wurden gesäubert, die Tieftanks vom Wasserballast gelenzt,
und am 31. Juli begann die Übernahme der Gerstenladung, welche die Agentenfirma auf der Schiffahrtsbörse
für die Pamir eingehandelt hatte. Am gleichen Tage aber,
das Unglück wollte es so, traten die Hafenarbeiter von
Buenos Aires in einen Bummelstreik; auf Anordnung der
Gewerkschaft wurde von den Trimmgangs überall im Hafen mit Unlust — a desgano — gearbeitet.

»Es muß viel zusammenkommen, um ein Schiff wie die
Pamir sinken zu lassen«, hatte Kapitän S. zu mir gesagt.
Es war viel zusammengekommen, aber es ist schwer auszumachen, in welchem Augenblick das Unglück zum erstenmal seinen unsichtbaren Wimpel an den Mast des
glückhaften Schiffes band. Als die Trimmgang streikte?
Vielleicht! Vielleicht geschah es aber auch schon damals,
als, mitten im argentinischen Sommer, der heiße Sturm

von den Kordilleren herabstürzte, über die Weiten der Pampas, die endlos wogenden Seen reifender Getreidefelder pfiff und die langgrannigen Gerstenähren mit seiner Fracht von Millionen, Milliarden winziger Teilchen grauen, beißenden Staubes belud. Getreide als Bulkladung, also lose geschüttet, im Bauch seines Schiffes zu wissen, hat noch keinen Seemann zu ausgesprochenen Begeisterungsstürmen hingerissen. Beweglich und jederzeit geneigt, den Schiffsbewegungen folgend, auf die eine oder andere Seite zu rutschen, gilt loses Getreide als gefährliche Fracht. Es so zu stauen und zu trimmen, daß in den Laderäumen keine Hohlräume verbleiben, in welche die Körner später nachsacken können, ist eine Arbeit, die nach den strikten Maßgaben der Seeberufsgenossenschaft mit allergrößter Sorgfalt und von geübten Fachleuten verrichtet werden muß. Von allen Getreidearten aber ist dem Seemann die Gerste am verdächtigsten; schon der Form ihrer Körner wegen ist sie glatt wie Wasser, glatter als glatt. Kommt sie dazu noch mit reichlich Staub vermischt an Bord, so verwandelt sie sich, da Staub unter gewissen Umständen die Wirkung von Schmieröl haben kann, in einen Brei mit teuflischen Eigenschaften, der unter den Decksplanken auf seine Gelegenheit wartet.

Täglich mehrere Stunden lang rauschte aus mächtigen Gebläserohren ein nicht abreißender, übermannsdicker Strom gelbgrauer, länglicher Gerstenkörner durch die Ladeluken in den Schiffsbauch hinab. Es staubte fürchterlich; noch die Mastspitzen der Bark waren in die dichte Wolke gehüllt, die aus den Luken heraufqualmte. Unten in der Finsternis waren die starken Sonnenbrenner schon aus zwei Schritt Entfernung nur als matte Scheiben gelblicher Helligkeit zu erkennen. Die harten Männer der Trimmgang arbeiteten mit Unlust, was nicht bedeutete, daß sie schlechter Laune waren. Der zweite Offizier kam staubbedeckt und verzagt auf die Brücke, um mit einer Tasse Kaffee seine Kehle durchzuspülen.

»Da hören Sie nur«, bemerkte er düster, während er die heiße, schwarze Flüssigkeit schluckte, »wenn a desgano,

dann a desgano‹ haben sie zu mir gesagt. Ich solle mitsingen. Was soll ich bloß machen?«
Er deutete auf die geöffnete Ladeluke. Zwei, durch welche ungeachtet des vulkanartig qualmenden Staubes ein von rauhen Männerkehlen gesungenes argentinisches Volkslied heraufschallte.
»Wenn Sie nicht mitsingen wollen, dann taktieren Sie«, erwiderte der Funker heiter, und der Zweite stürzte den Rest des Kaffees hinunter und entfernte sich leise fluchend, denn es war seine Pflicht und Schuldigkeit, die Zeit des Verladens aufsichtsführend unter Deck zu verbringen, und zwar unabhängig davon, ob die Gang mit Lust oder mit Unlust arbeitete.
Am fünften Tage verwandelte sich das unlustige Arbeiten im Hafen in einen regelrechten Streik, der von der Regierung sofort für illegal erklärt wurde. Zur Beladung der Pamir wurden Soldaten zur Verfügung gestellt; außerdem ging die gesamte Mannschaft mit in die von erstickendem Staub gefüllten Räume hinab. Die Briefe, die während der folgenden Tage nach Hause geschrieben wurden, klangen begreiflicherweise nicht sehr vergnügt. Die Janmaaten klagten sehr über die schlechten Zeiten; es gab keine Staubmasken an Bord, und vor Mund und Nase gebundene Tücher halfen nicht viel. Der Bordarzt mußte tief in seine Medizinkisten greifen, um die stark schmerzenden Augenentzündungen und fieberhaften Hustenanfälle zu kurieren. Dennoch konnte der Kapitän an die Reederei berichten, daß von den Männern willig und schnell gearbeitet wurde. Daß dabei nicht alles vollkommen sachgemäß vor sich ging, versteht sich angesichts der Umstände von selbst. Als die Pamir ankerauf machte, lagen in ihrem Bauch, in vier haustiefen, von stählernen Querschotts und einem hölzernen Längsschott geteilten Laderäumen statt der viertausendzweihundert Tonnen, die sie fassen konnte, nur dreitausendachthundert Tonnen Getreide, wasserglatte, gelbgraue Gerstenkörner, stark durchsetzt vom Staub, der ihnen von jenem Sommersturm zurückgeblieben war.

An Bord aber war alles höchst erleichtert, die Höllenarbeit endlich hinter sich zu haben.
Am 11. August verließ die Pamir die La-Plata-Mündung. Es war genau 15 Uhr 15 örtlicher Zeit, und sie stand querab Recalada Feuerschiff, als die Mannschaft der Backbordwache die letzten Segel aufbrachte und das Schiff, dem Winddruck auf viertausendachthundert Quadratmeter Leinwand gehorchend, sich stärker zur Leeseite hinüberlegte, während die zugleich höher und schäumender aufspringende Welle vor seinem Bug der Beginn der Seereise verkündete. Der Hilfsmotor wurde stillgelegt; für die beiden Ingenieure und ihre Assistenten begannen erholsame Zeiten.
In der starken und stetigen Drift des Windes, der in jenen Breiten fast das ganze Jahr über von West nach Osten zieht, nahm die Pamir Kurs nach Nordnordost, ging sie auf dem alten Seglerwege zum Äquator hinauf.

Auf dem Fußboden meines Zimmers liegen, während ich dies hier niederschreibe, ein paar Karten aus dem Archiv des deutschen Seewetteramts. Die Stempel, die sie tragen, zeigen Daten aus jenem August. Wenn ich die Karten in der richtigen Weise nebeneinanderlege, so zeichnet sich auf ihnen das Bild des gesamten Atlantik ab, und es ist den Zahlen, Linien und Zeichen zu entnehmen: Über dem gesamten Gebiet herrschte damals das für diese Jahreszeit übliche Wetter.
Sehr tief im Süden, in den grauen, schiffleeren Weiten zwischen Feuerland und Antarktis, tobte sich in spätwinterlichen Stürmen von fürchterlicher Gewalt die in den langen finsteren Monaten der polaren Nacht über den Eismassen des Kontinents gesammelte und gestaute Energie der ungeheuren Kaltluftberge aus. Im hohen Norden dagegen zogen jetzt im ausgehenden Hochsommer nur zwei oder drei wenig bemerkenswerte Tiefdruckgebiete mit ihren Kernen durch die Dänemarkstraße — den Gesetzen der Erdumdrehung folgend auf ihrer uralten Bahn nach Osten. Aber weder die wütenden

Stürme des Südens noch die matte Unruhe im Norden vermochten es, die mächtigen Hochdruckgebiete ins Wanken zu bringen, die beiderseits des Äquators über dem Zentralatlantik lagerten. Auch diese Hochdruckgebiete glichen Bergen, freilich sehr warmer Luft, auf welche, sie verdichtend und beschwerend, eisigen Gipfeln gleich, die Kälte der Stratosphäre drückte. Aber während das Kaltluftgebirge über dem Südpol, unmäßig angeschwollen unter den extremen Temperaturen der antarktischen Nacht, einem krachend zusammen- und auseinanderstürzenden Gletscher glich, lagen die beiden zentralatlantischen Luftberge, getrennt vom brütend heißen, wasserdampfgesättigten Tal der Mallungen, in vollkommenem Gleichgewicht da: was in ihnen an überschüssiger Energie sich sammeln wollte, strömte ständig als Passatwind aus ihren Kernen heraus und gemächlich in einem weiten Halbkreis, der sich über Tausende von Seemeilen spannte, um sie herum.
Mit einem Wort: das Wetter in jenen Meeresgegenden, welche die Pamir in diesen Wochen durchfuhr, war schlechthin ohne jede Übertreibung prächtig zu nennen. Runde zwölfhundert Seemeilen von der brasilianischen Küste entfernt segelte die Bark auf der wundervoll gleichmäßigen Dünung und unter den wechselnden Wolkengebilden des Südostpassats dem Äquator zu; sie machte gute Fahrt, und die vom Wachhabenden in die Seekarten eingetragenen und vom Funker an die Reederei gemeldeten Etmale — so lautet die ordnungsgemäße Bezeichnung für die innerhalb von vierundzwanzig Stunden zurückgelegte Reisestrecke eines Schiffs — waren geeignet, sowohl den Herren im Hamburger Kontor als auch dem Kapitän bei seinen Besuchen im Kartenhaus ein zufriedenes Brummen zu entlocken. An Bord ging es zu, wie es bei solchem Wetter zuzugehen pflegt: im Logis der Freiwache schlief man oder knobelte um Büchsenbier; der Wachhabende auf dem Hochdeck erzählte unterdessen voller Behagen eine jener Hafengeschichten, die seit den Tagen der Wikinger die gleichen geblieben sind, wobei er keineswegs vergaß,

streng nach der Dienstvorschrift Segelstellung, Kompaß, Kimm und ein bißchen auch die Spleißen und Knoten übende Jungmannschaft auf dem Vordeck im Auge zu behalten. Die See war bei Tage von einem tiefen, fast schwärzlichen Blau; in den Nächten funkelte und sprühte das Kielwasser im Meeresleuchten mit den Sternen des südlichen Himmels um die Wette, und Tag und Nacht fuhr die Pamir nach Nordosten, mit ihren sechsundachtzig Männern und der Gerstenfracht, fuhr sie durch eine vollkommene Lautlosigkeit, in welcher nur das Pfeifen des Passats in den Wanten und ab und zu das Knarren eines überanstrengten Blocks zu hören war. Dann und wann vielleicht auch das Rinnen und Rieseln der Getreidekörner in der Tiefe, die, geschüttelt von den gleichmäßigen Bewegungen des Schiffskörpers, die beim Trimmen gebliebenen Hohlräume ausfüllten. Der graue Aktenband des Seegerichts enthält den wortkargen Telegrammwechsel zwischen der Schiffsführung und der Reederei; ihm ist, was den Verlauf dieser Reisewochen angeht, nichts Aufregenderes zu entnehmen, als daß an die Jungen Ladungsüberstunden zu zahlen seien und der Ziehschein für den in Buenos Aires zurückgebliebenen Matrosen B. rückwirkend überwiesen werden müsse.

Das Wetter war und blieb schön; es war von einer solchen Zuverlässigkeit, wie sie sich nur im August und im September findet, in jenen beiden Monaten, welche die friedlichsten des Jahres sind, solange nicht gerade die höllische Glut der Mallungen nördlich des Äquators einen jener gefährlichsten und unberechenbarsten aller Stürme gebiert: die Hurrikane, die man in anderen Weltgegenden auch Taifune, Cyclone oder, in einer Art düsteren und pessimistischen Seemannshumors, Willy-Willy nennt. Denn August und September sind auch deren Zeit. Aber, wie gesagt, solange sich nicht ein solches Ungeheuer, bösartige Tochter des bösen indianischen Sturmgottes Hunraken auf den Weg gemacht hat, ist das Wetter eben außerordentlich schön.

Die Toten sind stumm, und was allein zuverlässige Auskunft geben könnte, die Aussagen der sechs Überlebenden sind stockend und mit gepreßter Stimme vorgetragen, ganz vom unauslöschlichen Eindruck des Endes geprägt. Dazu kommt es aus dem Munde von Jungen, die von der Schiffsführung und deren Angelegenheit nichts wissen konnten. So steht nicht einmal mit Gewißheit fest, ob die Berichte und Warnungen der Wetterstationen vom Funker auf dieser Reise regelmäßig abgehört worden sind. Doch ist das mit großer Wahrscheinlichkeit anzunehmen, denn Kapitän D., der die Pamir auf ihrer letzten Fahrt stellvertretend für den erkrankten Schiffsführer kommandierte, war laut unbestechlichen Urteils der alten Segelschiffskapitäne, die vor dem Seegericht zu Wort gekommen sind, ein umsichtiger, erfahrener und in gar keiner Weise zu Leichtfertigkeiten neigender Mann. Er war das, was immer er in der letzten Nacht seines Lebens getan oder unterlassen haben mag. Und bis auf die letzte Nacht und den letzten Morgen, deren Vorgänge sein, des Toten Geheimnis bleiben werden, war sein Verhalten korrekt, seine Schiffsführung untadelig: die Aussagen seiner Kameraden beweisen es.
Am 28. August verließ die Pamir die Zone des stetig wehenden Südostpassats und lief auf ungefähr 10 Grad Süd 29 Grad West in den allen Segelschiffen feindlichen Gürtel der Mallungen ein. Breiten schwül dampfender Dschungelglut mitten auf dem Meer, in welchen über dem bis auf mehr als dreißig Grad erhitzten Wasser tote Stille mit hastig umlaufenden Winden und von hemmungslosen Wolkenbrüchen begleiteten Gewitterböen abwechselt. Die träge gegen die Masten schlagenden und flappenden Segel waren hier nur hinderlich; sie wurden zum größten Teil geborgen. Mit stark verringerter Fahrt, die sie den 900 Pferdestärken ihres Hilfsmotors verdankte, ging die Bark weiter nach Nordosten, um dort an einer möglichst nahe gelegenen Stelle den Nordostpassat zu erreichen. Am frühen Morgen des 1. September passierte sie den Äquator, ließ die weltverlorene Insel Sankt Paul back-

bords hinter der Kimmung liegen und stand am 2. September Schlag 12 Uhr mittags auf der Position 3,08 Grad Nord 27,09 Grad West.
Der Kapitän mag das mit einem erleichterten Aufseufzen zur Kenntnis genommen und im stillen berechnet haben, daß damit das Gebiet der ›gottverfluchten Mallungen‹ mindestens zur Hälfte hinter ihm lag. Er konnte nicht wissen, was zu dieser Zeit noch niemand wissen konnte: was nämlich zur gleichen Stunde knappe tausend Seemeilen nordnordöstlich seines Standortes hart südlich der Kapverden in der Atmosphäre geschah. Und daß sein glückhaftes Schiff mit diesem Geschehen dem Beginn einer weiteren Kette jener Zufälle begegnet war, welche die Pamir seit einiger Zeit heimsuchten und deren verhängnisvolle Reihung man Schicksal nennt.
Es gibt mindestens zwei Theorien, welche sich die Meteorologen zur Erklärung solcher Vorgänge ausgedacht haben. Jede ergänzt die andere ein bißchen, jede steht auch ein bißchen zur anderen im Widerspruch. Vielleicht war es auf diese Weise geschehen: in den Morgenstunden hatte, winziger Rest einer gealterten Kaltluftmasse, die ein längst vergangener Sturm aus der Arktis in diese Weltgegend transportiert, eine Welle kühlerer Luft die Kapverden erreicht; sie war träge um die Inselberge herumgeflossen, und ihre erschöpfte Kraft hatte eben noch vermocht, eine Zunge weiter nach Süden auszustrecken, wo über bleifarbenem, totenstillem Wasser die totenstille, bleifarbene Hitze des Tropenmeeres brütete. An der Spitze der Zunge war eine geringe Bewegung entstanden, die heiße Luft etwas zurückgewichen, sie hatte sich dabei ein wenig aufwärts bewegt, und dann ...
Es kann aber auch anders gewesen sein. Vielleicht hatte es gar keine kühlere Luft gegeben, vielleicht hatte der etwas zu hastige Flügelschlag eines Meeresvogels, das Springen eines Fisches ausgereicht, das hauchzarte Gleichgewicht der überhitzten Atmosphäre durcheinanderzubringen. Wer kennt die Zusammenhänge genau? Ein bedeutender amerikanischer Meteorologe hat gesagt: »Es kann durch-

aus sein, daß das Niesen eines chinesischen Bauern auf seinem Acker uns in Kalifornien zwei Wochen später sintflutartige Regenfälle beschert.«
Fest steht nur, daß sich in den Mittagsstunden des 2. September südlich der Kapverden ein zunächst sehr schwacher Luftwirbel ausgebildet hat. Heiße, wasserdampfgesättigte Luft stieg, um einen unsichtbaren Mittelpunkt kreisend, empor, an den Rändern dieser Bewegung bildeten sich Wolken, erste Regentropfen fielen, und nach einer Weile begann das ganze Gebilde langsam nach Westen zu wandern, wobei es unaufhörlich wuchs und wuchs. Am späten Nachmittag des 3. September kreuzte es, ohne daß irgend jemand davon wußte, in westlicher Richtung ziehend, zum erstenmal den Kurs der Pamir und zwar vierhundert Seemeilen vor ihrem Bug.
Vier Tage nach dem Entstehen dieser cyclonalen Störung, am 6. September, wurde von amerikanischen Wetterfliegern auf 17 Grad Nord 42 Grad West ein nahezu kreisförmiges Wolkenfeld ausgemacht, in dessen Mitte durch ein kreisrundes Loch die aufgebrachte See in den blauen Himmel blickte, und der Beamte des staatlichen Wetterdienstes in Washington/USA zog die Augenbrauen zusammen, als man ihm den Funkspruch brachte.
»Hören Sie mal, Bill«, sagte er zu seinem Kollegen, »zweihundertfünfzig Seemeilen Durchmesser, das Auge sehr schön entwickelt, 13 Knoten Marsch- und 80 Knoten Windgeschwindigkeit. Fast völlig ausgewachsen und allgemeine Kursrichtung Westnordwest. Was denken Sie?«
»Ich denke auch so«, erwiderte der andere. »Lassen Sie die Warnungen rausgehen, John. Der dritte in diesem Jahr. Wir werden ihn Carry nennen.«
Denn trotz empörter Proteste der amerikanischen Frauenvereine werden alle Hurrikane unter Mädchennamen registriert.

Es gibt einen obersten Grundsatz, den die jedem Seemann vertraute ›Praktische Orkankunde‹ des Kapitäns Schubart für den Umgang mit Hurrikanen anempfiehlt: »Gehe ih-

nen aus dem Weg, wenn du irgend kannst!« Es ist dies ein segensreicher Rat, bei dem der Ton allerdings auf ›wenn du irgend kannst‹ zu liegen hat, denn zu den zahlreichen unangenehmen Eigenschaften eines solchen tropischen Ungeheuers gehört vorab, daß es stets geneigt ist, das zu tun, was man am wenigsten von ihm erwartet. Selbst dem von solchen Ereignissen selten heimgesuchten europäischen Kontinent bot sich vor wenigen Jahren die Gelegenheit, kennenzulernen, zu welch außerordentlichen Leistungen ein Hurrikan in dieser Hinsicht fähig ist.

Als im September 1964 der schon recht altersschwache Hurrikan Mary vor der englischen Küste erschien, da besahen ihn die Meteorologen mit nur geringem Mißtrauen; sie sagten voraus, daß Mary ihren Weg nach Osten fortsetzen und vermutlich noch vor den norwegischen Küstenbergen eines sanften Todes sterben werde. Mary, mit Verlaub zu sagen, dachte nicht daran. Sie verweilte einen Tag über England und blickte aus blauem Auge unschlüssig auf die Stadt Birmingham herunter, indes ihre wirbelnden Fronten in Glasgow und Calais Dächer abdeckten, Autos von den Straßen fegten und den Kanal aufwühlten, so daß Kümos und Fischereifahrzeuge, von wildem Entsetzen gepackt, Zuflucht in französischen Häfen suchten. Sodann begann Mary, sich überraschend nach Süden in Bewegung zu setzen; mit der Beharrlichkeit und Zerstörungswut eines betrunkenen Landstreichers zog sie über Frankreich weg, wobei die Meteorologen jede der sonderbaren Krümmungen ihres Weges mit der zuversichtlichen Behauptung begleiteten, sie werde nunmehr sofort und auf Nimmerwiedersehen über dem Mittelmeer verschwinden. Mary kümmerte sich nicht um solche Hoffnungen; mit hochgeschürzten, triefenden Wolkenröcken begann sie gleich Hannibal die Alpen zu überschreiten; sie verschüttete die Hochpässe mit haushohen Schneewehen, überschwemmte die Lombardei und mit schweren Regengüssen, ließ Po und Arno unmäßig anschwellen und jagte mit den Wellen der sich wie tobsüchtig gebärdenden

Adria die unglückliche Einwohnerschaft Venedigs in die oberen Stockwerke ihrer Häuser hinauf. Die Meteorologen erklärten kategorisch, damit werde es jetzt genug sein, da Mary aus unwiderleglichen Gründen über den Balkan weg abziehen müsse. Mary aber tat abermals, was sie keinesfalls sollte: sie ging über die Alpen in den rauhen Norden zurück, fiel mit aufbrüllenden Böen über München her, rüttelte in Aschaffenburg einen Neubau zuschanden und legte sich zur gleichen Stunde an den Hängen des Teutoburger Waldes zur Ruhe, als der Wetterbericht des Deutschen Fernsehens ihr in jähem Sinneswechsel eine große Zukunft in der Vereinigung mit einem von Norden heranrückenden Sturmtief prophezeite.

Das Verhalten der Pamir von jenem 6. September ab, an dem Carry mit der Meldung des amerikanischen Wetterfliegers in das Blickfeld der Schiffsführung eingetreten sein muß, zeigt deutlich, daß Kapitän D. den erwähnten Grundsatz der ›Praktischen Orkankunde‹ gekannt und beherzigt hat. Und auch von dem zweiten, mindestens ebenso wichtigen Ratschlag hat er Gebrauch gemacht: »Wenn du dem Hurrikan nicht ausweichen kannst, so trachte in sein fahrbares Viertel zu gelangen, das in Zugrichtung auf der linken vorderen Seite liegt.« Carry selbst war es, die den Erfolg solcher Bemühungen vereitelt hat. Ihr Verhalten war von einer Art, die einen der schon auf Grund ihres Lebensalters nicht zu unzulässigen Poetisierungen neigenden Segelschiffskapitäne vor dem Seegericht zu der im Tone zorniger Überzeugung vorgetragenen Bemerkung veranlaßte:

»Carry war mit einer sagenhaften Bosheit hinter der Pamir her; sie hat sie haben wollen, und sie hat sie bekommen.«

Ein Blick auf die Karte genügt, die diesen Worten zugrunde liegende Wahrheit zu erkennen.

Am 6. September stand Carry runde fünfhundert Seemeilen westnordwestlich der damaligen Pamir-Position. In den folgenden fünf Tagen vergrößerte sich der Abstand von Stunde zu Stunde. Dabei blieb es auch, als Carry am

11. September jählings nach Norden einschwenkte und diesen neuen Kurs bis zum 14. beibehielt, wonach sie wieder nach Westen ging. Die Pamir segelte indessen im Passatgürtel mit Nordkurs weit östlich von den äußersten Wirbeln des Orkans; diese Entfernung betrug mehr als 1350 Seemeilen, als die Südflanke der Carry in der Nacht vom 16. zum 17. vernichtend über die Bermudas hinwegheulte. Sämtliche Wetterstationen gaben zu dieser Zeit Warnungen für die amerikanische Ostküste heraus, und die Meteorologen waren höchlichst überrascht, als sie am folgenden Tage feststellen konnten, daß Carry einen neuen Kurswechsel um 180 Grad vorgenommen hatte. Das bedeutete: sie hatte hart kehrtgemacht und ging nach Osten. Von nun an näherte sie sich dem einsamen Schiff, und sie tat das mit all der unberechenbaren Tücke, zu welcher ein Hurrikan fähig ist. Ständig neue Kursänderungen andeutend und damit die Vorhersagen des Warndienstes für die Schiffahrt verwirrend, steuerte Carry ihr windstilles, druckleichtes Zentrum (in welchem sich der entlastete Wasserspiegel zu einem Hügel von drei Metern Höhe über die übrige Meeresoberfläche erhob und riesenhafte Wellen von allen Richtungen her gegeneinander anliefen) und den entgegen dem Uhrzeiger darum herum jagenden Teufelskreis aus Wolken, zu Gischt zerblasenem Schaum und von der Zentrifugalkraft zusammengepreßter Luft genau jenem Punkt zu, an dem sie den Kurs der Pamir zum zweitenmal kreuzen mußte.

Zweifellos kannte der Kapitän der Pamir die Gefahr. Am 19. September in den frühern Morgenstunden wurde die Bark zum letztenmal von Menschenaugen gesehen. Bei bedecktem Himmel, niedriger nordwestlicher Dünung und schwachen Winden aus wechselnden Richtungen hastete sie, unter Stagsegeln fahrend und mit auf vollen Touren laufendem Hilfsmotor in 8 Seemeilen Entfernung an dem Frachter Brandenstein vorbei und verschwand im Norden.

Nach Norden mußte das Schiff, denn dem Wetterbericht war zu entnehmen, daß Carry westnordwestlich stand

und sich mit Ostsüdostkurs haargenau auf die derzeitige Position der Pamir zubewegte.
In den folgenden zwanzig Stunden änderte diese Lage sich nicht wesentlich, denn die Bark kam bei schlechten Windverhältnissen nur langsam voran, und der Hurrikan korrigierte seinen Kurs allmählich bedrohlich auf Ost. Erst in den frühen Morgenstunden des 20. sprang der Wind plötzlich auf Süd und frischte im Laufe des Tages mächtig auf; mit gesetzten Rahsegeln machte das Schiff noch einmal in seinem Leben hohe Fahrt.
Es war klar, daß die neuen Windverhältnisse schon von Carry herrührten, an deren Vorderseite nach dem Gesetz der Hurrikane es von Süden wehen mußte; dennoch kam an Bord die bei flottem Segeln übliche gute Laune auf, und es gibt allen Grund zu der Annahme, daß auch die Schiffsführung diese gute Laune teilte. Carry stand zwar nicht mehr sehr weit ab, allein die neuesten Funksprüche besagten auch, daß sich das Zentrum des Hurrikans allmählich aufzufüllen begann, das Ungeheuer mithin an Kraft verlor. Dazu konnte man sich leicht ausrechnen, daß man Carry bei gleichbleibendem Wind nach Norden hin entkommen, schlimmstenfalls in den ungefährlichsten Teil ihres fahrbaren Viertels geraten würde. Gegen 15 Uhr rutschten der Erste und der Dritte Offizier über das schrägliegende Deck zur Funkbude, um Telegramme nach Deutschland aufzugeben, die hoffnungsfroh von einem baldigen Wiedersehen sprachen.
Am Abend begann das Barometer stark zu fallen; es regnete leicht aus grauem Himmel. Die Dünung hatte weiße Mützen aufgesetzt. Es wehte mit Stärke 8, und das war genau die Brise, bei der die Pamir sich am wohlsten fühlte. Den letzten Meldungen zufolge stand das Zentrum von Carry runde 230 Seemeilen weit ab im Westen und bewegte sich mit 8 Knoten in der Stunde auf Kurs Ostsüdost. Es kam also nach wie vor auf einen Wettlauf an: wenn Carry nicht schneller wurde und nicht nach Nordosten ging, konnte die Bark ihr entkommen. Auf Befehl des Kapitäns wurden bei Einbruch der Dunkelheit entgegen dem

sonstigen Brauch nur wenige Segel geborgen; vor der starken Südbrise, durch die schon einzelne Böen aufgaloppierten, jagte die Bark mit einer Geschwindigkeit von mindestens 13 Knoten in die Finsternis des nördlichen Horizonts. Die Freiwache begab sich zur Ruhe.
Besondere Vorkehrungen waren nicht getroffen worden.
So kam noch ein letztes Mal vieles zusammen.
Es steht fest, daß Carry entgegen den Erwartungen schneller wurde und nach Nordosten ging. Es steht ferner fest, daß sie eine Ausnahme unter den Hurrikanen darstellte, insofern als ihr linkes vorderes Viertel nicht das fahrbare war; es war das gefährlichste, weil Carry, was niemand ahnen konnte, in der Begegnung mit einer überraschend auftauchenden Azorenkaltfront neue Kraftreserven aus dem Norden her bekam. Dennoch aber hätte all das zusammen immer noch nicht ausgereicht, die Pamir zu besiegen, wären die Schotts und Luken an den Aufbauten geschlossen gewesen, als es kam. Aber: besondere Vorkehrungen waren nicht getroffen worden, und das war der letzte, entscheidende Zufall, der die Pamir traf. Denn ein Zufall war es doch?
Kapitän D., wir wissen es, war zeitlebens ein Mann, der nicht zu Leichtfertigkeiten neigte.
Ich sprach deswegen mit einem alten Mann, der im Westen meiner Stadt zu Hause ist. Er ist früher zur See gefahren, jetzt blicken die beiden hohen Fenster seines Zimmers auf den Grüngürtel hinaus. Der alte Mann ist zufrieden damit; nur zuweilen rauscht die See noch in seine Träume, und das hat er nicht besonders gern. Er hat genug vom Meer, genug für immer.
»Es ist so«, sagte er und nickte, »wir alle, auch die Besten von uns, haben irgendwann einen solchen Augenblick. Vielleicht ist er gut ausgegangen; auf See tut er das fast nie. Die See ist so riesenhaft, so unbarmherzig. Sie nimmt uns unerbittlich beim Wort. Was sagtest du? Der Kapitän ist selbst in den Wanten gewesen, um die Segel zu bergen, als sein Schiff zu kentern begann? Er ist mit seinem Schiff untergegangen! Nun, siehst du ... er hat bezahlt ...«

»Neunundsiebzig haben mit ihm bezahlen müssen«, wandte ich ein.
Der alte Mann im Lehnstuhl schloß die Augen.
»Die See ist ein Teufel«, sagte er. »Hörst du sie? Ich höre sie jetzt. Weißt du, wie ihm zumute war, als er in den Wanten stand und wußte, daß sein Schiff verlieren mußte? Er hat alles bezahlt. Es ist leichter zu sterben als sterben zu lassen durch eigene Schuld...«
»Aber...«, begann ich wiederum.
Der alte Mann schlug die Augen weit auf und starrte mich kalt und abweisend an.
»Sei still! Überlaß ihn Gott! Gott ist gerecht und barmherzig zugleich. Willst du der Richter eines Toten sein? Hast du niemals so gehandelt wie er? Und du lebst doch noch!«
Da schwieg ich.

Die Begegnung des Hurrikans Carry mit der Viermastbark Pamir erfolgte auf 35,57 Grad Nord 40,20 Grad West, dort wo üblicherweise der Kern des Azorenhochs mit seinen schwachen umlaufenden Winden liegt, am 21. September zwischen acht und neun Uhr örtlicher Zeit. Die Pamir führte sämtliche Mars-, Fock- und Stagsegel; sie lief hart angebraßt mit Steuerbord Halsen am Wind, als der bisher mit etwa Stärke 9 wehende Sturm mit einem Schlage zum Orkan anschwoll. Schon der erste Stoß, der die Pamir traf, warf sie so stark nach Backbord hinüber, daß die Luvreling in die Seen eintauchte und durch die ungesicherten Schotts, Luken und Ventilatoren der Aufbauten viel Wasser ins Schiffsinnere drang.
Was dann über die Bark und ihre Mannschaft hereinbrach, beschreibt das ›Handbuch der Wellen der Meere und Ozeane‹ auf düster anschauliche Weise: »Die Wellenhöhe wird so groß, daß kleinere Schiffe nicht mehr zu sehen sind; sie kann bei einer Wellenlänge von 600 Metern auf 20 Meter und mehr anwachsen. Die See ist dabei mit weißen Schaumstreifen in Sturmrichtung bedeckt; der von den Kämmen abgerissene Wasserstaub fliegt so dicht, daß er Sicht und Atem raubt, und das Donnern der

Brandung ist in ein ununterbrochenes Getöse verwandelt.«

Fast dreieinhalb Stunden hindurch währte der Kampf des Schiffes mit den Schlägen des Hurrikans und der tobenden See. Das beim ersten Überholen eingedrungene Wasser verhinderte, daß die Pamir sich noch einmal aufrichten konnte; sie blieb mit einer Schlagseite von 35 Grad liegen, während die Segel eines nach dem anderen donnernd und knallend davonflogen. Und dann begann die glatte, staubige Gerste in den Laderäumen zu tun, wozu sie jederzeit bereit gewesen war: wie schweres graugelbes Wasser schwappte sie gegen das hölzerne Mittelschott, durchdrang dessen Ritzen und häufte sich erdrückend gegen die tiefliegende Backbordwand, so daß die Schlagseite stärker und stärker wurde.

Die Aussagen der sechs Überlebenden klingen dunkel und wirr; sie widersprechen sich in manchem. In ein paar Punkten aber stimmen sie überein: daß man in jenen Stunden nichts tun konnte als sich an die hochliegende Steuerbordreeling zu klammern, die gleichzeitig gegen den Winddruck und den fliegenden Schaum schützte, und daß der Kapitän, nachdem er den Befehl gegeben, die Rettungsboote zu Wasser zu bringen, zusammen mit ein paar freiwilligen Matrosen hinauf in die Wanten ging, um mit dem Bergen der Segelreste zu retten, was nicht mehr zu retten war.

Wir wissen ferner, daß der Funker bis zum letzten Augenblick auf seinem Posten blieb und die befohlenen Hilferufe in den Äther gab.

Kurz nach 12 Uhr mittag örtlicher Zeit endete der Kampf. Vielleicht hatte in diesem Augenblick das ungeheure Gewicht der Gerste das Mittelschott zerbrochen, so daß das lose Getreide endgültig überging; vielleicht war es auch eine jählings auftauchende und heranbrüllende Hurrikanbö, die das letzte bewirkte: die Pamir legte sich vollends auf die Seite, ihre Masten tauchten tief in die tobende See, und dann wälzte der Schiffskörper sich sterbend herum und versank. Wer sich nicht von ihr lösen

konnte, ging mit der Bark in sechstausend Meter Tiefe hinab. Der Kapitän wollte es wohl so für sich.
Der letzte Hilferuf des Funkers löste eine der größten Suchaktionen in der Geschichte der Schiffahrt aus. Mehr als zwanzig Schiffseinheiten und zahlreiche Flugzeuge kreuzten tagelang über dem sich langsam beruhigenden Meer. Sechs Mann, vier Jungmänner, ein Kochsjunge und ein Leichtmatrose wurden gefunden, auf zertrümmerten Rettungsbooten oder Wrackteilen im warmen Seewasser treibend, von Haien zur Verzweiflung getrieben, halb verdurstet und zu Tode erschöpft. So viel und so lange man auch suchte, länger als eine Woche: mehr und anderes fand man nicht. Der Hurrikan Carry aber zog weiter seine Bahn nach Nordosten. Er richtete keinen Schaden mehr an und legte sich, während die Suchaktion noch andauerte, alt und lebenssatt auf den Hügeln der französischen Auvergne zur Ruhe nieder. Wenn man das überhaupt so nennen darf, denn daß ein Gebilde aus Luft und Wasserdampf menschliche Eigenschaften anzunehmen, Eigenwillen, Bosheit, List und Grausamkeit zu zeigen vermag, das, so sagen alle Verständigen, kann doch wohl nicht sein.
Ich aber habe nicht zu urteilen. Die wahre Weisheit liegt in den Ereignissen. Ich habe nur erzählt, was sich zugetragen hat. Sonst nichts.

Erschienen 1970

Wolfdietrich Schnurre

Das Manöver

geb. 1920

In Kürze schon konnte der Ordonnanzoffizier der Manöverleitung melden, daß sich kein menschliches Wesen mehr innerhalb der Sperrzone befand. Der General ordnete zwar noch einige Stichproben an, doch seine Sorge erwies sich als unbegründet: jedes der untersuchten Gehöfte war leer; die Übung konnte beginnen.
Zuerst setzten sich die Geländewagen der Manöverleitung in Marsch, gefolgt von der Jeepkette der Militärdelegationen. Den Abschluß bildete ein Sanitätsfahrzeug. Es herrschte strahlendes Wetter; ein Bussardpaar kreiste vor der Sonne, Lerchen hingen über der Heide, und alle paar hundert Meter saß in den Büschen am Weg ein Raubwürger oder stob leuchtend ein Goldammernschwarm ab.
Die Herren waren blendender Laune. Sie hatten nicht mehr lange zu fahren, eine dreiviertel Stunde vielleicht; dann bog das Fahrzeug des Generals, langsam von den anderen gefolgt, vom Feldweg ab und hielt am Rand eines kurzen, mit Ginster bestandenen Höhenzugs. Hier war schon alles vorbereitet. Eine Goulaschkanone dampfte, Marketenderware lag aus, Feldkabelleitungen wurden gezogen, Klappstühle standen herum, und durch die bereitgehaltenen Ferngläser konnte man weithin über die Ebene sehen.
Der General gab zunächst einen kurzen Aufriß der geplanten Gefechtsübungen; sie sollten vornehmlich von Panzern und Infanterieeinheiten bestritten werden. Der General war noch jung; er sprach abgehackt, wegwerfend und in leicht ironischem Tonfall; er wünschte, man möchte ihm anmerken, daß er dieses Manöver für eine Farce hielt, denn es fehlte die Luftwaffe.

Das Manövergelände wurde im Norden von einer ausgedehnten Kusselkiefernschonung und im Süden von einem verlandeten Luch abgegrenzt. Nach Osten zu ging es in eine dunstflimmernde Heidelandschaft über. Es war schwer zu übersehen, zahlreiche Wacholdergruppen und allerlei mit Heide oder Ginster bewachsene Hügel und Bodensenken würden es den Panzern nicht leichtmachen; zudem waren die dazwischen verstreuten Gehöfte, wie sich der Adjutant ausgedrückt hatte, für PAK- und IG-Nester geradezu prädestiniert.
Es war Mittag geworden. Die Ordonnanzen hatten eben die Blechteller, von denen die Herren ihr Essen zu sich genommen hatten, wieder eingesammelt, und allerorts auf dem Hügel stiegen blaue Zigarettenwölkchen in die reglose Luft, da mischte sich in das Lerchengedudel und das monotone Zirpen der Grillen von fern das dumpfe Gleitkettenrasseln und asthmatische Motorgedröhn der sich nähernden Panzerverbände. Zugleich wurden überall im Gelände wandernde Büsche sichtbar, die jedoch ständig wieder mit dem Landschaftsbild verschmolzen. Lediglich die unruhig hier und dort aufsteigenden Goldammerntrupps ließen vermuten, daß die Infanterie dort Stellung bezog.
Es dauerte eine halbe Stunde vielleicht, da brachen, mit den Ferngläsern eben erkennbar, aus den Kusselkiefern die ersten Panzer hervor, dichtauf von kleineren, jedoch ungetarnten Infanterieeinheiten gefolgt; und nicht lange, und man sah auch um das Luch herum sich ein tief gestaffeltes Feld von Panzern heranschieben. Die Luft dröhnte; der Lärm hatte den Lerchengesang ausgelöscht, es blieb jedoch zu vermuten, daß er weiter ertönte, denn die Lerchen hingen noch genauso in der Luft wie zuvor. Die getarnte Infanterie hatte sich inzwischen eingegraben. Auch die in der Nähe der Gehöfte in Stellung gegangenen IG's und PAK's waren ganz unter ihren Tarnnetzen verschwunden.
Jetzt sahen sich allmählich auch jene Offiziere genötigt, ihre Ferngläser vor die Augen zu heben, die bisher etwas

gelangweilt abseits gestanden hatten, denn nun eröffneten die Panzer das Feuer. Anfangs streuten sie zwar noch wahllos das Gelände ab, doch als dann auch das sich von Süden her nähernde Feld beidrehte, um sich durch eine weit ausholende Zangenbewegung mit dem nördlichen zu vereinigen, fraßen sich die Einschläge immer mehr auf das eigentliche Übungsgelände zu.
Die eingegrabenen Infanterieverbände ließen sich überrollen. Sie warteten, bis das Gros der Panzer vorbei war; dann erst ging Gruppe um Gruppe, unterstützt von PAK's und IG's, zum Angriff teils auf die begleitende Infanterie, teils, mit allerlei Spezialwaffen, auf die einzelnen Panzer über, die sich nachhaltig, wenn auch etwas schwerfällig, zur Wehr setzten. Nun war die Schlacht in vollem Gang.
Unglücklicherweise war aber ein Wind aufgekommen, der die Staub- und Pulverdampfwolken auf den Hügel der Manöverleitung zutrieb, so daß den Offizieren einige Zeit jede Sicht entzogen war. In den Ginsterbüschen um sie herum waren indes allerlei verängstigte Vögel eingefallen, Stieglitze, Goldammern und einige Raubwürger. Ihre Angst hatte sie zutraulich gemacht, sie schienen die Offiziere ebenfalls für eine Schar durch die Schlacht in Mitleidenschaft gezogener Heidebewohner zu halten.
Der General mußte sich Mühe geben, sich sein Ungehaltensein nicht anmerken zu lassen. Es gelang ihm nur schwer; er ärgerte sich, daß der Wind sich ihm widersetzte. Plötzlich flaute der Gefechtslärm unvermutet ab, und als im selben Augenblick eine Bö den Qualmschleier zerriß, bot sich den Offizieren ein merkwürdiges Bild.
Das gesamte Übungsgelände, durch die Zangenbewegung der Panzer nun etwa auf einen knappen Quadratkilometer zusammengeschrumpft, wimmelte von Schafen, die, von offensichtlicher Todesangst gejagt, in mehreren unglaublich breiten, gegeneinander anprallenden und ineinander verschmelzenden Strömen zwischen den Panzern umherrasten.
Die Panzer hatten gehalten und, um die Tiere nicht noch kopfscheuer zu machen, auch ihre Motoren abgestellt.

Die PAK's und IG's schwiegen ebenfalls, und durch die Ferngläser konnte man erkennen, wie hier und dort in den Fenstern der zunächst gelegenen Gehöfte neugierige Soldatengesichter erschienen, die gebannt auf das seltsame Schauspiel herabsahen. Auch die Turmluks der Panzer gingen jetzt auf, immer zwei bis drei ölverschmierten Gesichtern Raum lassend, und plötzlich war die Luft, eben noch bis zum Bersten geschwellt vom Gefechtslärm, mit nichts angefüllt, als dem tausend- und abertausendfachen Getrappel der Schafhufe, einem Geräusch, das sich auf dem ausgedörrten Boden wie ein gewaltiger, drohend aufbrandender Trommelwirbel anhörte, der lediglich hin und wieder mal ein halb ersticktes Blöken freigab.
Der General, fleckig vor Zorn im Gesicht, sah sich nach seinem Ordonnanzoffizier um, der mit der Evakuierung des Geländes beauftragt gewesen war.
Der war blaß geworden. Er stammelte einige unbeholfene Entschuldigungen und vermochte sich nur mühsam so weit zu rechtfertigen, daß er behauptete, die Schafe könnten einzig von außerhalb des Gefechtsgeländes eingebrochen sein.
Mit Rücksicht auf die anwesenden Gäste verbiß sich der General eine Erwiderung und rief den Gefechtsstand an. Die Schafe, befahl er mit bebender Stimme, hätten umgehend zu verschwinden, die verantwortlichen Herren sollten sofort die entsprechenden Befehle erteilen.
Die Offiziere am Gefechtsstand sahen sich an. Auch ihnen war die Peinlichkeit der Situation klar. Doch wie sich gegen diese Flut von Sinnen gekommener Schafherden zur Wehr setzen? Sie fanden, daß der General es sich etwas leicht machte. Immerhin, sie gaben an die nördliche Flanke einen Feuerbefehl und befahlen gleichzeitig den Panzern auf dem südlichen Flügel, den Tieren einen Durchlaß zu öffnen, in der Hoffnung, daß das immer noch wirr durcheinander wogende Feld so fluchtartig sich ordnen und ausbrechen würde.
Doch die Tiere gehorchten anderen Gesetzen. Als die Schußsalve ertönte, fuhr zwar ein großer Schreck in die

einzelnen Herden, aber vor der erhofften Ausbruchstelle stauten sich die Tierströme plötzlich, bäumten sich auf und fluteten, womöglich noch kopfloser als vorher, wieder in den Kessel zurück, wobei die in ihren Erdlöchern kauernden Infanteristen alle Mühe hatten, sich der über sie wegdonnernden Schafhufe zu erwehren.
Nun konnte der General sein Ungehaltensein nicht länger verbergen. Er rief abermals den Gefechtsstand an und schrie in die Muschel, er werde die verantwortlichen Offiziere nach Beendigung des Manövers zur Rechenschaft ziehen, und sie sollten jetzt gefälligst mal achtgeben, wie man mit so einer Schafherde umspränge, er, der General, würde es ihnen jetzt vorexerzieren. Darauf entschuldigte er sich bei den Delegationen, befahl dem Ordonnanzoffizier, ihn zu vertreten, begab sich den Hang hinunter zu seinem Jeep und ließ sich, so weit es ging, in das Getümmel der Schafleiber hineinfahren.
Es ging aber längst nicht so weit, wie er gedacht hatte; die Tiere scheuten zwar vor den Panzern, doch der Jeep des Generals war ihrer Angst zu unbedeutend, und im Nu war er derart eingekeilt, daß er weder vorwärts konnte noch rückwärts.
Der General hatte eigentlich vorgehabt, ein paar Züge Infanterie zusammenzuraffen und mit ihrer Hilfe die Schafe zu jener Ausbruchstelle zu treiben; jetzt mußte er einsehen, daß das unmöglich war. Aber er sah noch etwas ein; er sah ein, daß er sich lächerlich gemacht hatte. Er spürte im Nacken, daß die Militärattachés auf dem Hügel ihn durch die Ferngläser beobachteten, und in Gedanken hörte er sie lachend allerlei Witzeleien austauschen.
Ein maßloser Zorn stieg plötzlich in ihm auf; ihn, der sich in zwei Weltkriegen und Dutzenden von Schlachten bewährt hatte, ihn sollte dieses Gewimmel dumpfer, nur ihrem Herdeninstinkt gehorchender Tiere der Lächerlichkeit preisgeben?
Er spürte, wie ihm das Blut ins Gehirn stieg, er schrie den Chauffeur an, er solle Gas geben und weiterfahren; der Chauffeur gehorchte auch, aufheulend fraßen die Räder

sich in den staubigen Boden; aber der Wagen rührte sich nicht, der Gegendruck der ihn umwogenden Schafherden war stärker. Da riß der General, verrückt fast vor Zorn, die Pistole aus dem Gurt und schoß, wahllos in die Herden hineinhaltend, sein Magazin leer. Im selben Augenblick wurde der Wagen auf der einen Seite eine Kleinigkeit angehoben, er schwankte, als würde er von windbewegten Wellen getragen, neigte sich etwas, und ehe noch der General und der Chauffeur sich hätten auf die entgegengesetzte Seite werfen können, stürzte er langsam und fast vorsichtig um.
Es dauerte eine Weile, bis der General sich gegen die über ihn hinrasenden Schafhufe nachhaltig genug zur Wehr setzen konnte. und die schmerzenden Beine unter der Jeepkante hervorgezogen hatte. Benommen erhob er sich und blickte sich um.
Die Welt schien nur aus Schafen zu bestehen; so weit das Auge reichte, reihte sich Wollrücken an Wollrücken, die Panzer ragten wie zum Untergang bestimmte Stahlinseln aus dieser Tierflut hervor.
Jetzt erst bemerkte der General, daß sich um ihn und den Jeep ein winziger freier Platz gebildet hatte, die Schafe schienen vor irgend etwas zurückgewichen zu sein. Der General wollte sich eben dem Chauffeur zuwenden, der sich den Kopf angeschlagen hatte und ohnmächtig geworden war, da gewahrte er, daß sich noch jemand innerhalb des Bannkreises befand: ein riesiger, schweratmender Widder.
Reglos stand er da, den zottigen Schädel mit dem unförmigen Schneckengehörn abwartend gesenkt; das Weiß seiner Augen spielte ins Rötliche, Brust und Vorderbeine des Tieres zitterten wie von einem im Innern laufenden Motor erschüttert, Hals und Gehörnansatz wiesen mehrere frische Schußwunden auf, aus denen in schmalen Rinnsalen fast tiefschwarzes Blut quoll, das sich langsam im klettenverklebten Brustfell verlief.
Der General wußte sofort: dieses Tier hatte er vorhin verwundet, und diesem Tier würde er sich jetzt stellen müs-

sen. Er tastete nach seiner Pistolentasche, sie war leer. Behutsam, ohne den Widder dabei aus den Augen zu lassen, machte er einen tastenden Schritt zum Jeep hin, den er gern zwischen sich und den Widder gebracht hätte. Doch kaum sah der sich den Gegner aus seiner Starre lösen, da raste er mit zwei, drei federnden Sätzen heran, der General warf sich zur Seite, und der Kopf des Widders krachte gegen die Karosserie. Er schüttelte sich und starrte einen Augenblick vor sich nieder.
Dem General schlug das Herz bis in den Hals, er spürte, wie ihm Stirn und Handflächen feucht wurden. Sein Zorn war verflogen. Er dachte auch nicht mehr an die Bemerkungen der Herren auf dem Manöverhügel, er dachte nur: Er darf mich nicht töten, er darf mich nicht töten. Er war jetzt kein General mehr, er war nur noch Angst, nackte, bebende Angst; nichts anderes hatte mehr in ihm Platz, nur diese Angst.
Da warf sich der Widder herum; der General spürte einen wahnsinnigen Schmerz in den Eingeweiden, eine Motorsäge kreischte in seinem Kopf auf, er mußte sich übergeben, er stürzte, und noch während er umsank, stieß ihm der Widder abermals das klobige Schneckengehörn in die Bauchgrube; der General spürte, wie etwas, das ihn an diese Erde gebunden hatte, zerriß, dann ging das Kreischen der Motorsäge in einen unsagbar monotonen Geigenstrich über, und ihm schwanden die Sinne.
Niemand hatte geahnt, daß der General sich in Gefahr befunden hatte. Einige der Panzerbesatzungen und die Offiziere auf dem Manöverhügel hatten zwar, als der Jeep umgekippt und dann plötzlich der Widder auf den General losgegangen war, den Eindruck von etwas Ehrenrührigem und Peinlichem gehabt, aber auf die Idee, der Widder könnte dem General gefährlich werden, war niemand gekommen. Die Offiziere fühlten sich daher, als der General sich nicht wieder erhob, etwas merkwürdig berührt; ein Teil versuchte sich abzulenken; ein Teil überlegte aber auch, wie man durch dieses Meer von Tierleibern hindurch zu ihm hingelangen könnte.

Es waren die Schafe selbst, die die Herren der Peinlichkeit ihres Untätigseinmüssens enthoben. Ganz plötzlich, wie auf einen unhörbaren Befehl hin, entstand nämlich inmitten der immer noch hektisch gegeneinander anbrandenden Herden so etwas wie eine Art ordnender Wirbel, der ständig breitere Tierströme mit einbezog, bis sich auf einmal eine gewaltige Sogwelle von ihm ablöste, die ihn im Nu aufgerollt hatte und, das gesamte Feld hinter sich herreißend, sich ostwärts in die dunstflimmernde Heide ergoß, wo die Tiere, innerhalb kürzester Frist, hinter einer riesigen rötlichen Staubwolke verschwunden waren.

Als der Ordonnanzoffizier, zugleich mit den Offizieren vom Gefechtsstand, bei dem umgestürzten Jeep angelangt war, hatten die Sanitäter, unterstützt von einigen Panzersoldaten, den Leichnam des Generals schon auf eine Leichtmetallbahre gehoben und waren dabei, ihn zum Krankenwagen zu tragen; der Chauffeur des Generals half ihnen dabei.

Eine Wiederaufnahme der Gefechtsübungen erschien nicht ratsam. Da die Panzer sich hierfür wieder auf ihre Ausgangspositionen hätten zurückziehen müssen, was gleichbedeutend mit einem gut dreifachen Spritverbrauch gewesen wäre, glaubte der rangälteste Offizier es verantworten zu können, die Übung kurzerhand abzublasen.

Enttäuscht schlenderten die Herren wieder zu ihren Geländewagen, die Fahrer ließen die Motoren an und langsam, vorbei an den schwerfällig wendenden Panzern und den Trupps sich sammelnder Infanterie, setzte die Jeepkette sich in Marsch; den Abschluß bildete der Sanitätswagen.

Es dauerte nicht lange, da zog auch die Infanterie ab; ihr folgten die PAK's und IG's; und zuletzt war nur noch die Feldküche übrig, auf die die Ordonnanzen die Klappstühle verluden, während zwei Nachrichtenleute die Feldkabel abbauten. Bald war auch diese Arbeit getan. Der Fahrer der Feldküche pfiff die Leute zusammen, sie stiegen auf, und einen sorgsam mit Wasser besprengten

Aschenhaufen zurücklassend, rollte die Feldküche mit halb angezogenen Bremsen den Abhang hinab.
Nun kehrte den Vogelscharen, die zu Beginn des Gefechts auf dem Ginsterhügel eingefallen waren, der Lebensmut wieder. Sie schüttelten sich, sie putzten sich umständlich, und Schwarm nach Schwarm stoben sie ab, hinab in die Ebene, über der immer noch, fast unbeweglich, die Lerchen hingen, deren Gesang nun wieder mit dem monotonen Zirpen der Grillen, dem Summen der Bienen und dem trunkenen Schrei des Bussardpaares verschmolz.

Erschienen 1977

Friedrich Dürrenmatt

Der Richter und sein Henker

geb. 1921

Alphons Clenin, der Polizist von Twann, fand am Morgen des dritten Novembers neunzehnhundertachtundvierzig dort, wo die Straße von Lamboing (eines der Tessenbergdörfer) aus dem Walde der Twannbachschlucht hervortritt, einen blauen Mercedes, der am Straßenrand stand. Es herrschte Nebel, wie oft in diesem Spätherbst, und eigentlich war Clenin am Wagen schon vorbeigegangen, als er doch wieder zurückkehrte. Es war ihm nämlich beim Vorbeischreiten gewesen, nachdem er flüchtig durch die trüben Scheiben des Wagens geblickt hatte, als sei der Fahrer auf das Steuer niedergesunken. Er glaubte, daß der Mann betrunken sei, denn als ordentlicher Mensch kam er auf das Nächstliegende. Er wollte daher dem Fremden nicht amtlich, sondern menschlich begegnen. Er trat mit der Absicht ans Automobil, den Schlafenden zu wecken, ihn nach Twann zu fahren und im Hotel Bären bei schwarzem Kaffee und einer Mehlsuppe nüchtern werden zu lassen; denn es war zwar verboten, betrunken zu fahren, aber nicht verboten, betrunken in einem Wagen, der am Straßenrande stand, zu schlafen. Clenin öffnete die Wagentür und legte dem Fremden die Hand väterlich auf die Schultern. Er bemerkte jedoch im gleichen Augenblick, daß der Mann tot war. Die Schläfen waren durchschossen. Auch sah Clenin jetzt, daß die rechte Wagentüre offenstand. Im Wagen war nicht viel Blut, und der dunkelgraue Mantel, den die Leiche trug, schien nicht einmal beschmutzt. Aus der Manteltasche glänzte der Rand einer gelben Brieftasche. Clenin, der sie hervorzog, konnte ohne Mühe feststellen, daß es sich beim Toten um Ulrich Schmied handelte, Polizeileutnant der Stadt Bern.

Clenin wußte nicht recht, was er tun sollte. Als Dorfpolizist war ihm ein so blutiger Fall noch nie vorgekommen. Er lief am Straßenrande hin und her. Als die aufgehende Sonne durch den Nebel brach und den Toten beschien, war ihm das unangenehm. Er kehrte zum Wagen zurück, hob den grauen Filzhut auf, der zu Füßen der Leiche lag, und drückte ihr den Hut über den Kopf, so tief, daß er die Wunde an den Schläfen nicht mehr sehen konnte, dann war ihm wohler.
Der Polizist ging wieder zum andern Straßenrand, der gegen Twann lag, und wischte sich den Schweiß von der Stirne. Dann faßte er einen Entschluß. Er schob den Toten auf den zweiten Vordersitz, setzte ihn sorgfältig aufrecht, befestigte den leblosen Körper mit einem Lederriemen, den er im Wageninnern gefunden hatte, und rückte selbst ans Steuer. Der Motor lief nicht mehr, doch brachte Clenin den Wagen ohne Mühe die steile Straße nach Twann hinunter vor den Bären. Dort ließ er tanken, ohne daß jemand in der vornehmen und unbeweglichen Gestalt einen Toten erkannt hätte. Das war Clenin, der Skandale haßte, nur recht, und so schwieg er.
Wie er jedoch den See entlang gegen Biel fuhr, verdichtete sich der Nebel wieder, und von der Sonne war nichts mehr zu sehen. Der Morgen wurde finster wie der letzte Tag. Clenin geriet mitten in eine lange Automobilkette, ein Wagen hinter dem andern, die aus einem unerklärlichen Grunde noch langsamer fuhr, als es in diesem Nebel nötig gewesen wäre, fast ein Leichenzug, wie Clenin unwillkürlich dachte. Der Tote saß bewegungslos neben ihm, und nur manchmal, bei einer Unebenheit der Straße etwa, nickte er mit dem Kopf wie ein alter, weiser Chinese, so daß Clenin es immer weniger zu versuchen wagte, die andern Wagen zu überholen. Sie erreichten Biel mit großer Verspätung.
Während man die Untersuchung der Hauptsache nach von Biel aus einleitete, wurde in Bern der traurige Fund Kommissär Bärlach übergeben, der auch Vorgesetzter des Toten gewesen war.

Bärlach hatte lange im Auslande gelebt und sich in Konstantinopel und dann in Deutschland als bekannter Kriminalist hervorgetan. Zuletzt war er der Kriminalpolizei Frankfurt am Main vorgestanden, doch kehrte er schon dreiunddreißig in seine Vaterstadt zurück. Der Grund seiner Heimreise war nicht so sehr seine Liebe zu Bern, das er oft sein goldenes Grab nannte, sondern eine Ohrfeige gewesen, die er einem hohen Beamten der damaligen neuen deutschen Regierung gegeben hatte. In Frankfurt wurde damals über diese Gewalttätigkeit viel gesprochen, und in Bern bewertete man sie, je nach dem Stand der europäischen Politik, zuerst als empörend, dann als verurteilungswert, aber doch noch begreiflich, und endlich sogar als die einzige für einen Schweizer mögliche Haltung; dies aber erst fünfundvierzig.

Das erste, was Bärlach im Fall Schmied tat, war, daß er anordnete, die Angelegenheit die ersten Tage geheim zu behandeln — eine Anordnung, die er nur mit dem Einsatz seiner ganzen Persönlichkeit durchzubringen vermochte. »Man weiß zu wenig, und die Zeitungen sind sowieso das Überflüssigste, was in den letzten zweitausend Jahren erfunden worden ist«, meinte er.

Bärlach schien sich von diesem geheimen Vorgehen offenbar viel zu versprechen, im Gegensatz zu seinem »Chef«, Dr. Lucius Lutz, der auch auf der Universität über Kriminalistik las. Dieser Beamte, in dessen stadtbernisches Geschlecht ein Basler Erbonkel wohltuend eingegriffen hatte, war eben von einem Besuch der New Yorker und Chicagoer Polizei nach Bern zurückgekehrt und erschüttert »über den vorweltlichen Stand der Verbrecherabwehr der schweizerischen Bundeshauptstadt«, wie er zu Polizeidirektor Freiberger anläßlich einer gemeinsamen Heimfahrt im Tram offen sagte.

Noch am gleichen Morgen ging Bärlach — nachdem er noch einmal mit Biel telephoniert hatte — zu der Familie Schönler an der Bantigerstraße, wo Schmied gewohnt hatte. Bärlach schritt zu Fuß die Altstadt hinunter und

über die Nydeckbrücke, wie er es immer gewohnt war, denn Bern war seiner Ansicht nach eine viel zu kleine Stadt für »Trams und dergleichen«.
Die Haspeltreppen stieg er etwas mühsam hinauf, denn er war über sechzig und spürte das in solchen Momenten; doch befand er sich bald vor dem Hause Schönler und läutete.
Es war Frau Schönler selbst, die öffnete, eine kleine, dicke, nicht unvornehme Dame, die Bärlach sofort einließ, da sie ihn kannte.
»Schmied mußte diese Nacht dienstlich verreisen«, sagte Bärlach, »ganz plötzlich mußte er gehen, und er hat mich gebeten, ihm etwas nachzuschicken. Ich bitte Sie, mich in sein Zimmer zu führen, Frau Schönler.«
Die Dame nickte, und sie gingen durch den Korridor an einem großen Bilde in schwerem Goldrahmen vorbei. Bärlach schaute hin, es war die Toteninsel.
»Wo ist Herr Schmied denn?« fragte die dicke Frau, indem sie das Zimmer öffnete.
»Im Ausland«, sagte Bärlach und schaute nach der Decke hinauf.
Das Zimmer lag zu ebener Erde, und durch die Gartentüre sah man in einen kleinen Park, in welchem alte, braune Tannen standen, die krank sein mußten, denn der Boden war dicht mit Nadeln bedeckt. Es mußte das schönste Zimmer des Hauses sein. Bärlach ging zum Schreibtisch und schaute sich aufs neue um. Auf dem Diwan lag eine Krawatte des Toten.
»Herr Schmied ist sicher in den Tropen, nicht wahr, Herr Bärlach«, fragte ihn Frau Schönler neugierig. Bärlach war etwas erschrocken: »Nein, er ist nicht in den Tropen, er ist mehr in der Höhe.«
Frau Schönler machte runde Augen und schlug die Hände über dem Kopf zusammen. »Mein Gott, im Himalaya?«
»So ungefähr«, sagte Bärlach, »Sie haben es beinahe erraten.« Er öffnete eine Mappe, die auf dem Schreibtisch lag und die er sogleich unter den Arm klemmte.

»Sie haben gefunden, was Sie Herrn Schmied nachschikken müssen?«
»Das habe ich.«
Er schaute sich noch einmal um, vermied es aber, ein zweites Mal nach der Krawatte zu blicken.
»Er ist der beste Untermieter, den wir je gehabt haben, und nie gab's Geschichten mit Damen oder so«, versicherte Frau Schönler.
Bärlach ging zur Türe: »Hin und wieder werde ich einen Beamten schicken oder selber kommen. Schmied hat noch wichtige Dokumente hier, die wir vielleicht brauchen.«
»Werde ich von Herrn Schmied eine Postkarte aus dem Ausland erhalten?« wollte Frau Schönler noch wissen. »Mein Sohn sammelt Briefmarken.«
Aber Bärlach runzelte die Stirne und bedauerte, indem er Frau Schönler nachdenklich ansah: »Wohl kaum, denn von solchen dienstlichen Reisen schickt man gewöhnlich keine Postkarten. Das ist verboten.«
Da schlug Frau Schönler aufs neue die Hände über dem Kopf zusammen und meinte verzweifelt: »Was die Polizei nicht alles verbietet!«
Bärlach ging und war froh, aus dem Hause hinaus zu sein.

Tief in Gedanken versunken, aß er gegen seine Gewohnheit nicht in der Schmiedstube, sondern im Du Théâtre zu Mittag, aufmerksam in der Mappe blätternd und lesend, die er von Schmieds Zimmer geholt hatte, und kehrte dann nach einem kurzen Spaziergang über die Bundesterrasse gegen zwei Uhr auf sein Bureau zurück, wo ihn die Nachricht erwartete, daß der tote Schmied nun von Biel angekommen sei. Er verzichtete jedoch darauf, seinem ehemaligen Untergebenen einen Besuch abzustatten, denn er liebte Tote nicht und ließ sie daher meistens in Ruhe. Den Besuch bei Lutz hätte er auch gern unterlassen, doch mußte er sich fügen. Er verschloß Schmieds Mappe sorgfältig in seinem Schreibtisch, ohne sie noch

einmal durchzublättern, zündete sich eine Zigarre an und ging in Lutzens Bureau, wohl wissend, daß sich der jedesmal über die Freiheit ärgerte, die sich der Alte mit seinem Zigarrenrauchen herausnahm. Nur einmal vor Jahren hatte Lutz eine Bemerkung gewagt; aber mit einer verächtlichen Handbewegung hatte Bärlach geantwortet, er sei unter anderem zehn Jahre in türkischen Diensten gestanden und habe immer in den Zimmern seiner Vorgesetzten in Konstantinopel geraucht, eine Bemerkung, die um so gewichtiger war, als sie nie nachgeprüft werden konnte.

Dr. Lucius Lutz empfing Bärlach nervös, da seiner Meinung nach noch nichts unternommen worden war, und wies ihm einen bequemen Sessel in der Nähe seines Schreibtisches an.
»Noch nichts aus Biel?« fragte Bärlach.
»Noch nichts«, antwortete Lutz.
»Merkwürdig«, sagte Bärlach, »dabei arbeiten die doch wie wild.«
Bärlach setzte sich und sah flüchtig nach den Traffelet-Bildern, die an den Wänden hingen, farbige Federzeichnungen, auf denen bald mit und bald ohne General unter einer großen flatternden Fahne Soldaten entweder von links nach rechts oder von rechts nach links marschierten.
»Es ist«, begann Lutz, »wieder einmal mit einer immer neuen, steigenden Angst zu sehen, wie sehr die Kriminalistik in diesem Lande noch in den Kinderschuhen steckt. Ich bin, weiß Gott, an vieles im Kanton gewöhnt, aber das Verfahren, wie man es hier einem toten Polizeileutnant gegenüber offenbar für natürlich ansieht, wirft ein so schreckliches Licht auf die berufliche Fähigkeit unserer Dorfpolizei, daß ich noch jetzt erschüttert bin.«
»Beruhigen Sie sich, Doktor Lutz«, antwortete Bärlach, »unsere Dorfpolizei ist ihrer Aufgabe sicher ebensosehr gewachsen wie die Polizei von Chicago, und wir werden schon noch herausfinden, wer den Schmied getötet hat.«
»Haben Sie irgendwen im Verdacht, Kommissär Bärlach?«

Bärlach sah Lutz lange an und sagte endlich: »Ja, ich habe irgendwen im Verdacht, Doktor Lutz.«
»Wen denn?«
»Das kann ich Ihnen noch nicht sagen.«
»Nun, das ist ja interessant«, sagte Lutz, »ich weiß, daß Sie immer bereit sind, Kommissär Bärlach, einen Fehlgriff gegen die großen Erkenntnisse der modernen wissenschaftlichen Kriminalistik zu beschönigen. Vergessen Sie jedoch nicht, daß die Zeit fortschreitet und auch vor dem berühmtesten Kriminalisten nicht haltmacht. Ich habe in New York und Chicago Verbrechen gesehen, von denen Sie in unserem lieben Bern doch wohl nicht die richtige Vorstellung haben. Nun ist aber ein Polizeileutnant ermordet worden, das sichere Anzeichen, daß es auch hier im Gebäude der öffentlichen Sicherheit zu krachen beginnt, und da heißt es rücksichtslos eingreifen.«
Gewiß, das tue er ja auch, antwortete Bärlach.
Dann sei es ja gut, entgegnete Lutz und hustete.
An der Wand tickte eine Uhr.
Bärlach legte seine linke Hand sorgfältig auf den Magen und drückte mit der rechten die Zigarre im Aschenbecher aus, den ihm Lutz hingestellt hatte. Er sei, sagte er, seit längerer Zeit nicht mehr so ganz gesund, der Arzt wenigstens mache ein langes Gesicht. Er leide oft an Magenbeschwerden, und er bitte deshalb Doktor Lutz, ihm einen Stellvertreter in der Mordsache Schmied beizugeben, der das Hauptsächliche ausführen könnte. Bärlach wolle dann den Fall mehr vom Schreibtisch aus behandeln. Lutz war einverstanden. »Wen denken Sie sich als Stellvertreter?« fragte er.
»Tschanz«, sagte Bärlach. »Er ist zwar noch in den Ferien im Berner Oberland, aber man kann ihn ja heimholen.«
Lutz entgegnete: »Ich bin mit ihm einverstanden. Tschanz ist ein Mann, der immer bemüht ist, kriminalistisch auf der Höhe zu bleiben.«
Dann wandte er Bärlach den Rücken zu und schaute zum Fenster auf den Waisenhausplatz hinaus, der voller Kinder war.

Plötzlich überkam ihn eine unbändige Lust, mit Bärlach über den Wert der modernen wissenschaftlichen Kriminalistik zu disputieren. Er wandte sich um, aber Bärlach war schon gegangen.

Wenn es auch schon gegen fünf ging, beschloß Bärlach doch noch an diesem Nachmittag nach Twann zum Tatort zu fahren. Er nahm Blatter mit, einen großen aufgeschwemmten Polizisten, der nie ein Wort sprach, den Bärlach deshalb liebte und der auch den Wagen führte. In Twann wurden sie von Clenin empfangen, der ein trotziges Gesicht machte, da er einen Tadel erwartete. Der Kommissär war jedoch freundlich, schüttelte Clenin die Hand und sagte, daß es ihn freue, einen Mann kennenzulernen, der selber denken könne. Clenin war über dieses Wort stolz, obgleich er nicht recht wußte, wie es vom Alten gemeint war. Er führte Bärlach die Straße gegen den Tessenberg hinauf zum Tatort. Blatter trottete nach und war mürrisch, weil man zu Fuß ging.
Bärlach verwunderte sich über den Namen Lamboing.
»Lamlingen heißt das auf deutsch«, klärte ihn Clenin auf.
»So, so«, meinte Bärlach, »das ist schöner.«
Sie kamen zum Tatort. Die Straßenseite zu ihrer Rechten lag gegen Twann und war mit einer Mauer eingefaßt.
»Wo war der Wagen, Clenin?«
»Hier«, antwortete der Polizist und zeigte auf die Straße, »fast in der Straßenmitte«, und, da Bärlach kaum hinschaute: »Vielleicht wäre es besser gewesen, ich hätte den Wagen mit dem Toten noch hier stehenlassen.«
»Wieso?« sagte Bärlach und schaute die Jurafelsen empor. »Tote schafft man so schnell als möglich fort, die haben nichts mehr unter uns zu suchen. Sie haben schon recht getan, den Schmied nach Biel zu führen.«
Bärlach trat an den Straßenrand und sah nach Twann hinunter. Nur Weinberge lagen zwischen ihm und der alten Ansiedlung. Die Sonne war schon untergegangen. Die Straße krümmte sich wie eine Schlange zwischen den Häusern, und am Bahnhof stand ein langer Güterzug.

»Hat man denn nichts gehört da unten, Clenin?« fragte er. »Das Städtchen ist doch ganz nah, da müßte man jeden Schuß hören.«
»Man hat nichts gehört als den Motor die Nacht durch laufen, aber man hat nichts Schlimmes dabei gedacht.«
»Natürlich, wie sollte man auch.«
Er sah wieder auf die Rebberge. »Wie ist der Wein dieses Jahr, Clenin?«
»Gut. Wir können ihn ja dann versuchen.«
»Das ist wahr, ein Glas Neuen möchte ich jetzt gerne trinken.«
Und er stieß mit seinem rechten Fuß auf etwas Hartes. Er bückte sich und hielt ein vorne breitgedrücktes, längliches, kleines Metallstück zwischen den hagereren Fingern. Clenin und Blatter sahen neugierig hin.
»Eine Revolverkugel«, sagte Blatter.
»Wie Sie das wieder gemacht haben, Herr Kommissär!« staunte Clenin.
»Das ist nur Zufall«, sagte Bärlach, und sie gingen nach Twann hinunter.

Der neue Twanner schien Bärlach nicht gutgetan zu haben, denn er erklärte am nächsten Morgen, er habe die ganze Nacht erbrechen müssen. Lutz, der dem Kommissär auf der Treppe begegnete, war über sein Befinden ehrlich besorgt und riet ihm, zum Arzt zu gehen.
»Schon, schon«, brummte Bärlach und meinte, er liebe die Ärzte noch weniger als die moderne wissenschaftliche Kriminalistik.
In seinem Bureau ging es ihm besser. Er setzte sich hinter den Schreibtisch und holte die eingeschlossene Mappe des Toten hervor.
Bärlach war noch immer in die Mappe vertieft, als sich um zehn Uhr Tschanz bei ihm meldete, der schon am Vortage spätnachts aus seinen Ferien heimgekehrt war.
Bärlach fuhr zusammen, denn im ersten Moment glaubte

er, der tote Schmied komme zu ihm. Tschanz trug den gleichen Mantel wie Schmied und einen ähnlichen Filzhut. Nur das Gesicht war anders; es war ein gutmütiges, volles Antlitz.
»Es ist gut, daß Sie da sind, Tschanz«, sagte Bärlach. »Wir müssen den Fall Schmied besprechen. Sie sollen ihn der Hauptsache nach übernehmen, ich bin nicht so gesund.«
»Ja«, sagte Tschanz, »ich weiß Bescheid.«
Tschanz setzte sich, nachdem er den Stuhl an Bärlachs Schreibtisch gerückt hatte, auf den er nun den linken Arm legte. Auf dem Schreibtisch war die Mappe Schmieds aufgeschlagen.
Bärlach lehnte sich in seinen Sessel zurück. »Ihnen kann ich es ja sagen«, begann er, »ich habe zwischen Konstantinopel und Bern Tausende von Polizeimännern gesehen, gute und schlechte. Viele waren nicht besser als das arme Gesindel, mit dem wir die Gefängnisse aller Art bevölkern, nur daß sie zufällig auf der andern Seite des Gesetzes standen. Aber auf den Schmied lasse ich nichts kommen, der war der begabteste. Der war berechtigt, uns alle einzustecken. Er war ein klarer Kopf, der wußte, was er wollte, und verschwieg, was er wußte, um nur dann zu reden, wenn es nötig war. An dem müssen wir uns ein Beispiel nehmen, Tschanz, der war uns über.«
Tschanz wandte seinen Kopf langsam Bärlach zu, denn er hatte zum Fenster hinausgesehen, und sagte: »Das ist möglich.«
Bärlach sah es ihm an, daß er nicht überzeugt war.
»Wir wissen nicht viel über seinen Tod«, fuhr der Kommissär fort, »diese Kugel, das ist alles«, und damit legte er die Kugel auf den Tisch, die er in Twann gefunden hatte. Tschanz nahm sie und schaute sie an.
»Die kommt aus einem Armeerevolver«, sagte er und gab die Kugel wieder zurück.
Bärlach klappte die Mappe auf seinem Schreibtisch zu: »Vor allem wissen wir nicht, was Schmied in Twann oder Lamlingen zu suchen hatte. Dienstlich war er nicht am Bielersee, ich hätte von dieser Reise gewußt. Es fehlt uns

jedes Motiv, das seine Reise dorthin auch nur ein wenig wahrscheinlich machen würde.«
Tschanz hörte auf das, was Bärlach sagte, nur halb hin, legte ein Bein über das andere und bemerkte: »Wir wissen nur, wie Schmied ermordet wurde.«
»Wie wollen Sie das nun wieder wissen?« fragte der Kommissär nicht ohne Überraschung nach einer Pause.
»Schmieds Wagen hat das Steuer links, und Sie haben die Kugel am linken Straßenrand gefunden, vom Wagen aus gesehen; dann hat man in Twann den Motor die Nacht durch laufen gehört. Schmied wurde vom Mörder angehalten, wie er von Lamboing nach Twann hinunterfuhr. Wahrscheinlich kannte er den Mörder, weil er sonst nicht gestoppt hätte. Schmied öffnete die rechte Wagentüre, um den Mörder aufzunehmen, und setzte sich wieder ans Steuer. In diesem Augenblick wurde er erschossen. Schmied muß keine Ahnung von der Absicht des Mannes gehabt haben, der ihn getötet hat.«
Bärlach überlegte sich das noch einmal und sagte dann: »Jetzt will ich mir doch eine Zigarre anzünden«, und darauf, wie er sie in Brand gesteckt hatte: »Sie haben recht, Tschanz, so ähnlich muß es zugegangen sein zwischen Schmied und seinem Mörder, ich will Ihnen das glauben. Aber das erklärt immer noch nicht, was Schmied auf der Straße von Twann nach Lamlingen zu suchen hatte.«
Tschanz gab zu bedenken, daß Schmied unter seinem Mantel einen Gesellschaftsanzug getragen habe.
»Das wußte ich ja gar nicht«, sagte Bärlach.
»Ja, haben Sie denn den Toten nicht gesehen?«
»Nein, ich liebe Tote nicht.«
»Aber es stand doch auch im Protokoll.«
»Ich liebe Protokolle noch weniger.«
Tschanz schwieg.
Bärlach jedoch konstatierte: »Das macht den Fall nur noch komplizierter. Was wollte Schmied mit einem Gesellschaftsanzug in der Twannbachschlucht?«
Das mache den Fall vielleicht einfacher, antwortete Tschanz; es wohnten in der Gegend von Lamboing sicher

nicht viele Leute, die in der Lage seien, Gesellschaften zu geben, an denen man einen Frack trage.
Er zog einen kleinen Taschenkalender hervor und erklärte, daß dies Schmieds Kalender sei.
»Ich kenne ihn«, nickte Bärlach, »es steht nichts drin, was wichtig ist.«
Tschanz widersprach: »Schmied hat sich für Mittwoch, den zweiten November, ein G notiert. An diesem Tage ist er kurz vor Mitternacht ermordet worden, wie der Gerichtsmediziner meint. Ein weiteres G steht am Mittwoch, dem sechsundzwanzigsten, und wieder am Dienstag, dem achtzehnten Oktober.«
»G kann alles mögliche heißen«, sagte Bärlach, »ein Frauenname oder sonst was.«
»Ein Frauenname kann es kaum sein«, erwiderte Tschanz, »Schmieds Freundin heißt Anna, und Schmied war solid.«
»Von der weiß ich auch nichts«, gab der Kommissär zu; und wie er sah, daß Tschanz über seine Unkenntnis erstaunt war, sagte er: »Mich interessiert eben nur, wer Schmieds Mörder ist, Tschanz.«
Der sagte höflich: »Natürlich«, schüttelte den Kopf und lachte: »Was Sie doch für ein Mensch sind, Kommissär Bärlach.«
Bärlach sprach ganz ernsthaft: »Ich bin ein großer alter schwarzer Kater, der gern Mäuse frißt.«
Tschanz wußte nicht recht, was er darauf erwidern sollte, und erklärte endlich: »An den Tagen, die mit G bezeichnet sind, hat Schmied jedesmal den Frack angezogen und ist mit seinem Mercedes davongefahren.«
»Woher wissen Sie das wieder?«
»Von Frau Schönler.«
»So, so«, antwortete Bärlach und schwieg. Aber dann meinte er: »Ja, das sind Tatsachen.«
Tschanz schaute dem Kommissär aufmerksam ins Gesicht, zündete sich eine Zigarette an und sagte zögernd: »Herr Doktor Lutz sagte mir, Sie hätten einen bestimmten Verdacht.«
»Ja, den habe ich, Tschanz.«

»Da ich nun Ihr Stellvertreter in der Mordsache Schmied geworden bin, wäre es nicht vielleicht besser, wenn Sie mir sagen würden, gegen wen sich Ihr Verdacht richtet, Kommissär Bärlach?«
»Sehen Sie«, antwortete Bärlach langsam, ebenso sorgfältig jedes Wort überlegend wie Tschanz, »mein Verdacht ist nicht ein kriminalistisch wissenschaftlicher Verdacht. Ich habe keine Gründe, die ihn rechtfertigen. Sie haben gesehen, wie wenig ich weiß. Ich habe eigentlich nur eine Idee, wer als Mörder in Betracht kommen könnte; aber der, den es angeht, muß die Beweise, daß er es gewesen ist, noch liefern.«
»Wie meinen Sie das, Kommissär?« fragte Tschanz.
Bärlach lächelte: »Nun, ich muß warten, bis die Indizien zum Vorschein gekommen sind, die seine Verhaftung rechtfertigen.«
»Wenn ich mit Ihnen zusammenarbeiten soll, muß ich wissen, gegen wen sich meine Untersuchung richten muß«, erklärte Tschanz höflich.
»Vor allem müssen wir objektiv bleiben. Das gilt für mich, der ich einen Verdacht habe, und für Sie, der den Fall zur Hauptsache untersuchen wird. Ob sich mein Verdacht bestätigt, weiß ich nicht. Ich warte Ihre Untersuchung ab. Sie haben Schmieds Mörder festzustellen, ohne Rücksicht darauf, daß ich einen bestimmten Verdacht habe. Wenn der, den ich verdächtige, der Mörder ist, werden Sie selbst auf ihn stoßen, freilich im Gegensatz zu mir auf eine einwandfreie, wissenschaftliche Weise; wenn er es nicht ist, werden Sie den Richtigen gefunden haben, und es wird nicht nötig sein, den Namen des Menschen zu wissen, den ich falsch verdächtigt habe.«
Sie schwiegen eine Weile, dann fragte der Alte: »Sind Sie mit unserer Arbeitsweise einverstanden?«
Tschanz zögerte einen Augenblick, bevor er antwortete: »Gut, ich bin einverstanden.«
»Was wollen Sie nun tun, Tschanz?«
Der Gefragte trat zum Fenster: »Für heute hat sich Schmied ein G angezeichnet. Ich will nach Lamboing fah-

ren und sehen, was ich herausfinde. Ich fahre um sieben, zur selben Zeit, wie das Schmied auch immer getan hat, wenn er nach dem Tessenberg gefahren ist.«
Er kehrte sich wieder um und fragte höflich, aber wie zum Scherz: »Fahren Sie mit, Kommissär?«
»Ja, Tschanz, ich fahre mit«, antwortete er unerwartet.
»Gut«, sagte Tschanz etwas verwirrt, denn er hatte nicht damit gerechnet, »um sieben.«
In der Türe kehrte er sich noch einmal um: »Sie waren doch auch bei Frau Schönler, Kommissär Bärlach. Haben Sie denn dort nichts gefunden?« Der Alte antwortete nicht sogleich, sondern verschloß erst die Mappe im Schreibtisch und nahm dann den Schlüssel zu sich.
»Nein, Tschanz«, sagte er endlich, »ich habe nichts gefunden. Sie können nun gehen.«

Um sieben Uhr fuhr Tschanz zu Bärlach in den Altenberg, wo der Kommissär seit dreiunddreißig Jahren in einem Haus an der Aare wohnte. Es regnete, und der schnelle Polizeiwagen kam in der Kurve bei der Nydeckbrücke ins Gleiten. Tschanz fing ihn jedoch gleich wieder auf. In der Altenbergstraße fuhr er langsam, denn er war noch nie bei Bärlach gewesen und spähte durch die nassen Scheiben nach dessen Hausnummer, die er mühsam erriet. Doch regte sich auf sein wiederholtes Hupen niemand im Haus. Tschanz verließ den Wagen und eilte durch den Regen zur Haustüre. Er drückte nach kurzem Zögern die Falle nieder, da er in der Dunkelheit keine Klingel finden konnte. Die Türe war unverschlossen, und Tschanz trat in einen Vorraum. Er sah sich einer halboffenen Türe gegenüber, durch die ein Lichtstrahl fiel. Er schritt auf die Türe zu und klopfte, erhielt jedoch keine Antwort, worauf er sie ganz öffnete. Er blickte in eine Halle. An den Wänden standen Bücher, und auf dem Diwan lag Bärlach. Der Kommissär schlief, doch schien er schon zur Fahrt an den Bielersee bereit zu sein, denn er war im Wintermantel. In

der Hand hielt er ein Buch. Tschanz hörte seine ruhigen Atemzüge und war verlegen. Der Schlaf des Alten und die vielen Bücher kamen ihm unheimlich vor. Er sah sich sorgfältig um. Der Raum besaß keine Fenster, doch in jeder Wand eine Türe, die zu weiteren Zimmern führen mußte. In der Mitte stand ein großer Schreibtisch. Tschanz erschrak, als er ihn erblickte, denn auf ihm lag eine große, eherne Schlange.

»Die habe ich aus Konstantinopel mitgebracht«, kam nun eine ruhige Stimme vom Diwan her, und Bärlach erhob sich.
»Sie sehen, Tschanz, ich bin schon im Mantel. Wir können gehen.«
»Entschuldigen Sie mich«, sagte der Angeredete immer noch überrascht, »Sie schliefen und haben mein Kommen nicht gehört. Ich habe keine Klingel an der Haustüre gefunden.«
»Ich habe keine Klingel. Ich brauche sie nicht; die Haustüre ist nie geschlossen.«
»Auch wenn Sie fort sind?«
»Auch wenn ich fort bin. Es ist immer spannend, heimzukehren und zu sehen, ob einem etwas gestohlen worden ist oder nicht.«
Tschanz lachte und nahm die Schlange aus Konstantinopel in die Hand.
»Mit der bin ich einmal fast getötet worden«, bemerkte der Kommissär etwas spöttisch, und Tschanz erkannte erst jetzt, daß der Kopf des Tieres als Griff zu benutzen war und dessen Leib die Schärfe einer Klinge besaß. Verdutzt betrachtete er die seltsamen Ornamente, die auf der schrecklichen Waffe funkelten. Bärlach stand neben ihm.
»Seid klug wie die Schlangen«, sagte er und musterte Tschanz lange und nachdenklich. Dann lächelte er: »Und sanft wie die Tauben«, und tippte Tschanz leicht auf die Schulter. »Ich habe geschlafen. Seit Tagen das erste Mal. Der verfluchte Magen.«
»Ist es denn so schlimm«, fragte Tschanz.

»Ja, es ist so schlimm«, entgegnete der Kommissär kaltblütig.
»Sie sollten zu Hause bleiben, Herr Bärlach, es ist kaltes Wetter und es regnet.«
Bärlach schaute Tschanz aufs neue an und lachte: »Unsinn, es gilt einen Mörder zu finden. Das könnte Ihnen gerade so passen, daß ich zu Hause bleibe.«

Wie sie nun im Wagen saßen und über die Nydeckbrücke fuhren, sagte Bärlach: »Warum fahren Sie nicht über den Aargauerstalden nach Zollikofen, Tschanz, das ist doch näher als durch die Stadt?«
»Weil ich nicht über Zollikofen-Biel nach Twann will, sondern über Kerzers-Erlach.«
»Das ist eine ungewöhnliche Route, Tschanz.«
»Eine gar nicht so ungewöhnliche, Kommissär.«
Sie schwiegen wieder. Die Lichter der Stadt glitten an ihnen vorbei. Aber wie sie nach Bethlehem kamen, fragte Tschanz: »Sind Sie schon einmal mit Schmied gefahren?«
»Ja, öfters. Er war ein vorsichtiger Fahrer.« Und Bärlach blickte nachdenklich auf den Geschwindigkeitsmesser, der fast hundertzehn zeigte.
Tschanz mäßigte die Geschwindigkeit ein wenig. »Ich bin einmal mit Schmied gefahren, langsam wie der Teufel, und ich erinnere mich, daß er seinem Wagen einen sonderbaren Namen gegeben hatte. Er nannte ihn, als er tanken mußte. Können Sie sich an diesen Namen erinnern? Er ist mir entfallen.«
»Er nannte seinen Wagen den blauen Charon«, antwortete Bärlach.
»Charon ist ein Name aus der griechischen Sage, nicht wahr?«
»Charon fuhr die Toten in die Unterwelt hinüber, Tschanz.«
»Schmied hatte reiche Eltern und durfte das Gymnasium besuchen. Das konnte sich unsereiner nicht leisten. Da wußte er eben, wer Charon war, und wir wissen es nicht.«
Bärlach steckte die Hände in die Manteltaschen und

blickte von neuem auf den Geschwindigkeitsmesser. »Ja, Tschanz«, sagte er, »Schmied war gebildet, konnte Griechisch und Lateinisch und hatte eine große Zukunft vor sich als Studierter, aber trotzdem würde ich nicht mehr als hundert fahren.«
Kurz nach Gümmenen, bei einer Tankstelle, hielt der Wagen jäh an. Ein Mann trat zu ihnen und wollte sie bedienen. »Polizei«, sagte Tschanz. »Wir müssen eine Auskunft haben.«
Sie sahen undeutlich ein neugieriges und etwas erschrockenes Gesicht, das sich in den Wagen beugte.
»Hat bei Ihnen ein Autofahrer vor zwei Tagen angehalten, der seinen Wagen den blauen Charon nannte?«
Der Mann schüttelte verwundert den Kopf, und Tschanz fuhr weiter. »Wir werden den nächsten fragen.«
An der Tankstelle von Kerzers wußte man auch nichts. Bärlach brummte: »Was Sie treiben, hat keinen Sinn.«
Bei Erlach hatte Tschanz Glück. So einer sei am Montagabend dagewesen, erklärte man ihm.
»Sehen Sie«, meinte Tschanz, wie sie bei Landeron in die Straße Neuenburg—Biel einbogen, »jetzt wissen wir, daß Schmied am Montagabend über Kerzers—Inn gefahren ist.«
»Sind Sie sicher?« fragte der Kommissär.
»Ich habe Ihnen den lückenlosen Beweis geliefert.«
»Ja, der Beweis ist lückenlos. Aber was nützt Ihnen das, Tschanz?« wollte Bärlach wissen.
»Das ist nun eben so. Alles, was wir wissen, hilft uns weiter«, gab er zur Antwort.
»Da haben Sie wieder einmal recht«, sagte darauf der Alte und spähte nach dem Bielersee. Es regnete nicht mehr. Nach Neuveville kam der See aus den Nebelfetzen zum Vorschein. Sie fuhren in Ligerz ein. Tschanz fuhr langsam und suchte die Abzweigung nach Lamboing.
Nun kletterte der Wagen die Weinberge hinauf. Bärlach öffnete das Fenster und blickte auf den See hinunter. Über der Petersinsel standen einige Sterne. Im Wasser spiegelten sich die Lichter, und über den See raste ein Mo-

torboot. Spät um diese Jahreszeit, dachte Bärlach. Vor ihnen in der Tiefe lag Twann und hinter ihnen Ligerz.
Sie nahmen eine Kurve und fuhren nun gegen den Wald, den sie vor sich in der Nacht ahnten. Tschanz schien etwas unsicher und meinte, vielleicht gehe dieser Weg nur nach Schernelz. Als ihnen ein Mann entgegenkam, stoppte er. »Geht es hier nach Lamboing?«
»Nur immer weiter und bei der weißen Häuserreihe am Waldrand rechts in den Wald hinein«, antwortete der Mann, der in einer Lederjacke steckte und seinem Hündchen pfiff, das weiß mit einem schwarzen Kopf im Scheinwerferlicht tänzelte.
»Komm, Ping-Ping!«
Sie verließen die Weinberge und waren bald im Wald. Die Tannen schoben sich ihnen entgegen, endlose Säulen im Licht. Die Straße war schmal und schlecht, hin und wieder klatschte ein Ast gegen die Scheiben. Rechts von ihnen ging es steil hinunter. Tschanz fuhr so langsam, daß sie ein Wasser in der Tiefe rauschen hörten.
»Die Twannbachschlucht«, erklärte Tschanz. »Auf der andern Seite kommt die Straße von Twann.«
Links stiegen Felsen in die Nacht und leuchteten immer wieder weiß auf. Sonst war alles dunkel, denn es war erst Neumond gewesen. Der Weg stieg nicht mehr, und der Bach rauschte jetzt neben ihnen. Sie bogen nach links und fuhren über eine Brücke. Vor ihnen lag eine Straße. Die Straße von Twann nach Lamboing. Tschanz hielt.
Er löschte die Scheinwerfer, und sie waren in völliger Finsternis.
»Was jetzt?« meinte Bärlach.
»Jetzt warten wir. Es ist zwanzig vor acht.«

Wie sie nun warteten und es acht Uhr wurde, aber nichts geschah, sagte Bärlach, daß es nun Zeit sei, von Tschanz zu vernehmen, was er vorhabe.
»Nichts genau Berechnetes, Kommissär. So weit bin ich im

Fall Schmied nicht, und auch Sie tappen ja noch im dunkeln, wenn Sie auch einen Verdacht haben. Ich setze heute alles auf die Möglichkeit, daß es diesen Abend dort, wo Schmied am Mittwoch war, eine Gesellschaft gibt, zu der vielleicht einige gefahren kommen; denn eine Gesellschaft, bei der man heutzutage den Frack trägt, muß ziemlich groß sein. Das ist natürlich nur eine Vermutung, Kommissär Bärlach, aber Vermutungen sind nun einmal in unserem Berufe da, um ihnen nachzugehen.«
Die Untersuchung über Schmieds Aufenthalt auf dem Tessenberg durch die Polizei von Biel, Neuenstadt, Twann und Lamboing habe nichts zutage gebracht, warf der Kommissär ziemlich skeptisch in die Überlegungen seines Untergebenen ein.
Schmied sei eben einem Mörder zum Opfer gefallen, der geschickter als die Polizei von Biel und Neuenstadt sein müsse, entgegnete Tschanz.
Bärlach brummte, wie er das wissen wolle?
»Ich verdächtige niemanden«, sagte Tschanz. »Aber ich habe Respekt vor dem, der den Schmied getötet hat; insofern hier Respekt am Platze ist.«
Bärlach hörte unbeweglich zu, die Schultern etwas hochgezogen: »Und Sie wollen diesen Mann fangen, Tschanz, vor dem Sie Respekt haben?«
»Ich hoffe, Kommissär.«
Sie schwiegen wieder und warteten; da leuchtete der Wald von Twann her auf. Ein Scheinwerfer tauchte sie in grelles Licht. Eine Limousine fuhr an ihnen Richtung Lamboing vorbei und verschwand in der Nacht.
Tschanz setzte den Motor in Gang. Zwei weitere Automobile kamen daher, große, dunkle Wagen voller Menschen. Tschanz fuhr ihnen nach.
Der Wald hörte auf. Sie kamen an einem Restaurant vorbei, dessen Schild im Lichte einer offenen Türe stand, an Bauernhäusern, während vor ihnen das Schlußlicht des letzten Wagens leuchtete.
Sie erreichten die weite Ebene des Tessenbergs. Der Himmel war reingefegt, riesig brannten die sinkende Wega,

die aufsteigende Capella, Aldebaran und die Feuerflamme des Jupiters am Himmel.
Die Straße wandte sich nach Norden, und vor ihnen zeichneten sich die dunklen Linien des Spitzbergs und des Chasserals ab, zu deren Füßen einige Lichter flackerten, die Dörfer Lamboing, Diesse und Nods.
Da bogen die Wagen vor ihnen nach links in einen Feldweg ein, und Tschanz hielt. Er drehte die Scheibe nieder, um sich hinausbeugen zu können. Im Felde draußen erkannten sie undeutlich ein Haus, von Pappeln umrahmt, dessen Eingang erleuchtet war und vor dem die Wagen hielten. Die Stimmen drangen herüber, dann ergoß sich alles ins Haus, und es wurde still. Das Licht über dem Eingang erlosch. »Sie erwarten niemand mehr«, sagte Tschanz.
Bärlach stieg aus und atmete die kalte Nachtluft. Es tat ihm wohl, und er schaute zu, wie Tschanz den Wagen über die rechte Straßenseite hinaus halb in die Matte steuerte, denn der Weg nach Lamboing war schmal. Nun stieg auch Tschanz aus und kam zum Kommissär. Sie schritten über den Feldweg auf das Haus im Felde zu. Der Boden war lehmig und Pfützen hatten sich angesammelt, es hatte auch hier geregnet.
Dann kamen sie an eine niedrige Mauer, doch war das Tor geschlossen, das sie unterbrach. Seine rostigen Eisenstangen überragten die Mauer, über die sie zum Hause blickten.
Der Garten war kahl, und zwischen den Pappeln lagen wie große Tiere die Limousinen; Lichter waren keine zu erblicken. Alles machte einen öden Eindruck.
In der Dunkelheit erkannten sie mühsam, daß in der Mitte der Gittertüre ein Schild befestigt war. An einer Stelle mußte sich die Tafel gelöst haben; sie hing schräg. Tschanz ließ die Taschenlampe aufleuchten, die er vom Wagen mitgenommen hatte: auf dem Schild war ein großes G abgebildet.
Sie standen wiederum im Dunkeln. »Sehen Sie«, sagte Tschanz, »meine Vermutung war richtig. Ich habe ins

Blaue geschossen und ins Schwarze getroffen.« Und dann bat er zufrieden: »Geben Sie mir jetzt eine Zigarre, Kommissär, ich habe eine verdient.«
Bärlach bot ihm eine an. »Nun müssen wir noch wissen, was G heißt.«
»Das ist kein Problem: Gastmann.«
»Wieso?«
»Ich habe im Telephonbuch nachgeschaut. Es gibt nur zwei G in Lamboing.«
Bärlach lachte verblüfft, aber dann sagte er: »Kann es nicht auch das andere G sein?«
»Nein, das ist die Gendarmerie. Oder glauben Sie, daß ein Gendarm etwas mit dem Mord zu tun habe?«
»Es ist alles möglich, Tschanz«, antwortete der Alte.
Und Tschanz zündete ein Streichholz an, hatte jedoch Mühe, im starken Wind, der jetzt die Pappeln voller Wut schüttelte, seine Zigarre in Brand zu stecken.

Er begreife nicht, wunderte sich Bärlach, warum die Polizei von Lamboing, Diesse und Lignière nicht auf diesen Gastmann gekommen sei, sein Haus läge doch im offenen Feld, von Lamboing aus leicht zu überblicken, und eine Gesellschaft sei hier in keiner Weise zu verheimlichen, ja geradezu auffallend, besonders in einem so kleinen Jura-Nest. Tschanz antwortete, daß er dafür auch noch keine Erklärung wisse.
Darauf beschlossen sie, um das Haus herumzugehen. Sie trennten sich; jeder nahm eine andere Seite.
Tschanz verschwand in der Nacht, und Bärlach war allein. Er ging nach rechts. Er schlug den Mantelkragen hoch, denn er fror. Er fühlte wieder den schweren Druck auf dem Magen, die heftigen Stiche, und auf seiner Stirne lag kalter Schweiß. Er ging der Mauer entlang und bog dann wie sie nach rechts. Das Haus lag noch immer in völliger Finsternis da.
Er blieb von neuem stehen und lehnte sich gegen die

Mauer. Er sah am Waldrand die Lichter von Lamboing, worauf er weiterschritt. Aufs neue änderte die Mauer ihre Richtung, nun nach Westen. Die Hinterwand des Hauses war erleuchtet, aus einer Fensterreihe des ersten Stocks brach helles Licht. Er vernahm die Töne eines Flügels, und wie er näher hinhorchte, stellte er fest, daß jemand Bach spielte. Er schritt weiter. Er mußte nun nach seiner Berechnung auf Tschanz stoßen, und er sah angestrengt auf das mit Licht überflutete Feld, bemerkte jedoch zu spät, daß wenige Schritte vor ihm ein Tier stand.
Bärlach war ein guter Tierkenner; aber ein so riesenhaftes Wesen hatte er noch nie gesehen. Obgleich er keine Einzelheiten unterschied, sondern nur die Silhouette erkannte, die sich von der helleren Fläche des Bodens abhob, schien die Bestie von einer so grauenerregenden Art, daß Bärlach sich nicht rührte. Er sah, wie das Tier langsam, scheinbar zufällig, den Kopf wandte und ihn anstarrte. Die runden Augen blickten wie zwei helle, aber leere Flächen.
Das Unvermutete der Begegnung, die Mächtigkeit des Tieres und das Seltsame der Erscheinung lähmten ihn. Zwar verließ ihn die Kühle seiner Vernunft nicht, aber er hatte die Notwendigkeit des Handelns vergessen. Er sah nach dem Tier unerschrocken, aber gebannt. So hatte ihn das Böse immer wieder in seinen Bann gezogen, das große Rätsel, das zu lösen ihn immer wieder aufs neue verlockte. Und wie nun der Hund plötzlich ansprang, ein riesenhafter Schatten, der sich auf ihn stürzte, ein entfesseltes Ungeheuer an Kraft und Mordlust, so daß er von der Wucht der sinnlos rasenden Bestie niedergerissen wurde, kaum daß er den linken Arm schützend vor seine Kehle halten konnte, gab der Alte keinen Laut von sich und keinen Schrei des Schreckens, so sehr schien ihm alles natürlich und in die Gesetze dieser Welt eingeordnet.
Doch schon hörte er, noch bevor das Tier den Arm, der ihm im Rachen lag, zermalmte, das Peitschen eines Schusses; der Leib über ihm zuckte zusammen, und warmes Blut ergoß sich über seine Hand. Der Hund war tot.

Schwer lag nun die Bestie auf ihm, und Bärlach fuhr mit der Hand über sie, über ein glattes, schweißiges Fell. Er erhob sich mühsam und zitternd, wischte die Hand am spärlichen Gras ab. Tschanz kam und verbarg im Näherschreiten den Revolver wieder in der Manteltasche.
»Sind Sie unverletzt, Kommissär?« fragte er und sah mißtrauisch nach dessen zerfetztem linken Ärmel.
»Völlig. Das Biest konnte nicht durchbeißen«.
Tschanz beugte sich nieder und drehte den Kopf des Tieres dem Lichte zu, das sich in den toten Augen brach.
»Zähne wie ein Raubtier«, sagte er und schüttelte sich, »das Biest hätte Sie zerrissen, Kommissär.«
»Sie haben mir das Leben gerettet, Tschanz.«
Der wollte noch wissen: »Tragen Sie denn nie eine Waffe bei sich?«
Bärlach berührte mit dem Fuß die unbewegliche Masse vor ihm. »Selten, Tschanz«, antwortete er, und sie schwiegen.
Der tote Hund lag auf der kahlen, schmutzigen Erde, und sie schauten auf ihn nieder. Es hatte sich zu ihren Füßen eine große schwarze Fläche ausgebreitet: Blut, das dem Tier wie ein dunkler Lavastrom aus dem Rachen quoll.

Wie sie nun wieder aufschauten, bot sich ihnen ein verändertes Bild. Die Musik war verstummt, die erleuchteten Fenster hatte man aufgerissen, und Menschen in Abendkleidern lehnten sich hinaus. Bärlach und Tschanz schauten einander an, denn es war ihnen peinlich, gleichsam vor einem Tribunal zu stehen, und dies mitten im gottverlassenen Jura, in einer Gegend, wo Hase und Fuchs einander gute Nacht wünschten, wie der Kommissär in seinem Ärger dachte.
Im mittleren der fünf Fenster stand ein einzelner Mann, abgesondert von den übrigen, der mit einer seltsamen und klaren Stimme rief, was sie da trieben.
»Polizei«, antwortete Bärlach ruhig und fügte hinzu, daß sie unbedingt Herrn Gastmann sprechen müßten.
Der Mann entgegnete, er sei erstaunt, daß man einen

Hund töten müsse, um mit Herrn Gastmann zu sprechen; und im übrigen habe er jetzt Lust und Gelegenheit, Bach zu hören, worauf er das Fenster wieder schloß, doch mit sicheren Bewegungen und ohne Hast, wie er auch ohne Empörung, sondern vielmehr mit großer Gleichgültigkeit gesprochen hatte.
Von den Fenstern her war ein Stimmengewirr zu hören. Sie vernahmen Rufe, wie: »Unerhört«, »Was sagen Sie, Herr Direktor?«, »Skandalös«, »Unglaublich, diese Polizei, Herr Großrat«. Dann traten die Menschen zurück, ein Fenster um das andere wurde geschlossen, und es war still.
Es blieb den beiden Polizisten nichts anderes übrig, als zurückzugehen. Vor dem Eingang an der Vorderseite der Gartenmauer wurden sie erwartet. Es war eine einzelne Gestalt, die dort aufgeregt hin und her lief.
»Schnell Licht machen«, flüsterte Bärlach Tschanz zu, und im aufblitzenden Strahl der Taschenlampe zeigte sich ein dickes, aufgeschwemmtes, zwar nicht unmarkantes, aber etwas einseitiges Gesicht über einem eleganten Abendanzug. An einer Hand funkelte ein schwerer Ring. Auf ein leises Wort von Bärlach hin erlosch das Licht wieder.
»Wer sind Sie, zum Teufel, Mano?« grollte der Dicke.
»Kommissär Bärlach. — Sind Sie Herr Gastmann?«
»Nationalrat von Schwendi, Mano, Oberst von Schwendi. Herrgottsdonnernocheinmal, was fällt Ihnen ein, hier herumzuschießen?«
»Wir führen eine Untersuchung durch und müssen Herrn Gastmann sprechen, Herr Nationalrat«, antwortete Bärlach gelassen.
Der Nationalrat war aber nicht zu beruhigen. Er donnerte: »Wohl Separatist, he?«
Bärlach beschloß, ihn bei dem anderen Titel zu nehmen, und meinte vorsichtig, daß sich der Herr Oberst irre, er habe nichts mit der Jurafrage zu tun.
Bevor jedoch Bärlach weiterfahren konnte, wurde der Oberst noch wilder als der Nationalrat. Also Kommunist,

stellte er fest, Sternenhagel, er lasse sich's als Oberst nicht bieten, daß man herumschieße, wenn Musik gemacht werde. Er verbitte sich jede Demonstration gegen die westliche Zivilisation. Die schweizerische Armee werde sonst Ordnung schaffen!
Da der Nationalrat sichtlich desorientiert war, mußte Bärlach zum Rechten sehen.
»Tschanz, was der Herr Nationalrat sagt, kommt nicht ins Protokoll«, befahl er sachlich.
Der Nationalrat war mit einem Schlag nüchtern.
»In was für ein Protokoll, Mano?«
Als Kommissär von der Berner Kriminalpolizei, erläuterte Bärlach, müsse er eine Untersuchung über den Mord an Polizeileutnant Schmied durchführen. Es sei eigentlich seine Pflicht, alles, was die verschiedenen Personen auf bestimmte Fragen geantwortet hätten, zu Protokoll zu geben, aber weil der Herr — er zögerte einen Moment, welchen Titel er jetzt wählen sollte — Oberst offenbar die Lage falsch einschätze, wolle er die Antwort des Nationalrats nicht zu Protokoll geben.
Der Oberst war bestürzt.
»Ihr seid von der Polizei«, sagte er, »das ist etwas anderes.«
Man solle ihn entschuldigen, fuhr er fort, heute mittag habe er in der türkischen Botschaft gespeist, am Nachmittag sei er zum Vorsitzenden der Oberst-Vereinigung »Heißt ein Haus zum Schweizerdegen« gewählt worden, anschließend habe er einen »Ehren-Abendschoppen« am Stammtisch der Helveter zu sich nehmen müssen, zudem sei vormittags eine Sondersitzung der Partei-Fraktion gewesen, der er angehöre, und jetzt dieses Fest bei Gastmann mit einem immerhin weltbekannten Pianisten. Er sei todmüde.
Ob es nicht möglich sei, Herrn Gastmann zu sprechen, fragte Bärlach noch einmal.
»Was wollt Ihr eigentlich von Gastmann?« antwortete von Schwendi. »Was hat der mit dem ermordeten Polizeileutnant zu tun?«

»Schmied war letzten Mittwoch sein Gast und ist auf der Rückfahrt bei Twann ermordet worden.«
»Da haben wir den Dreck«, sagte der Nationalrat. »Gastmann ladet eben auch alles ein, und da gibt es solche Unfälle.«
Dann schwieg er und schien nachzudenken.
»Ich bin Gastmanns Advokat«, fuhr er endlich fort. »Warum seid Ihr denn eigentlich ausgerechnet diese Nacht gekommen? Ihr hättet doch wenigstens telephonieren können.«
Bärlach erklärte, daß sie erst jetzt entdeckt hätten, was es mit Gastmann auf sich habe.
Der Oberst gab sich noch nicht zufrieden.
»Und was ist das mit dem Hund?«
»Er hat mich überfallen, und Tschanz mußte schießen.«
»Dann ist es in Ordnung«, sagte von Schwendi nicht ohne Freundlichkeit. »Gastmann ist jetzt wirklich nicht zu sprechen; auch die Polizei muß eben manchmal Rücksicht auf gesellschaftliche Gepflogenheiten nehmen. Ich werde morgen auf Ihr Bureau kommen und noch heute schnell mit Gastmann reden. Habt Ihr vielleicht ein Bild von Schmied?«
Bärlach entnahm seiner Brieftasche eine Photographie und gab sie ihm.
»Danke«, sagte der Nationalrat.
Dann nickte er und ging ins Haus.
Nun standen Bärlach und Tschanz wieder allein vor den rostigen Stangen der Gartentüre; das Haus war wie zuvor.
»Gegen einen Nationalrat kann man nichts machen«, sagte Bärlach, »und wenn er noch Oberst und Advokat dazu ist, hat er drei Teufel auf einmal im Leib. Da stehen wir mit unserem schönen Mord und können nichts damit anfangen.«
Tschanz schwieg und schien nachzudenken. Endlich sagte er: »Es ist neun Uhr, Kommissär. Ich halte es nun für das beste, zum Polizisten von Lamboing zu fahren und sich mit ihm über diesen Gastmann zu unterhalten.«
»Es ist recht«, antwortete Bärlach. »Das können Sie tun.

Versuchen Sie abzuklären, warum man in Lamboing nichts vom Besuch Schmieds bei Gastmann weiß. Ich selber gehe in das kleine Restaurant am Anfang der Schlucht. Ich muß etwas für meinen Magen tun. Ich erwarte Sie dort.«
Sie schritten den Feldweg zurück und gelangten zum Wagen. Tschanz fuhr davon und erreichte nach wenigen Minuten Lamboing.
Er fand den Polizisten im Wirtshaus, wo er mit Clenin, der von Twann gekommen war, an einem Tische saß, abseits von den Bauern, denn offenbar hatten sie eine Besprechung. Der Polizist von Lamboing war klein, dick und rothaarig. Er hieß Jean Pierre Charnel.
Tschanz setzte sich zu ihnen, und das Mißtrauen, das die beiden dem Kollegen aus Bern entgegenbrachten, schwand bald. Nur sah Charnel nicht gern, daß er nun anstatt französisch deutsch sprechen mußte, eine Sprache, in der es ihm nicht ganz geheuer war. Sie tranken Weißen, und Tschanz aß Brot und Käse dazu, doch verschwieg er, daß er eben von Gastmanns Haus komme, vielmehr fragte er, ob sie noch keine Spur hätten.
»Non«, sagte Charnel, »keine Spur von Assassin. On a rien trouvé, gar nichts gefunden.«
Er fuhr fort, daß nur einer in dieser Gegend in Betracht falle, ein Herr Gastmann in Rolliers Haus, das er gekauft habe, zu dem immer viele Gäste kämen und der auch am Mittwoch ein großes Fest gegeben habe. Aber Schmied sei nicht dort gewesen, Gastmann habe gar nichts gewußt, nicht einmal den Namen gekannt. »Schmied n'était pas chez Gastmann, impossible. Ganz und gar unmöglich.«
Tschanz hörte sich das Kauderwelsch an und entgegnete, man sollte noch bei andern nachfragen, die auch an diesem Tag bei Gastmann gewesen seien.
Das habe er, warf nun Clenin ein, in Schernelz über Ligerz wohne ein Schriftsteller, der Gastmann gut kenne und der oft bei ihm sei, auch am Mittwoch hätte er mitgemacht. Er habe auch nichts von Schmied gewußt, auch nie

den Namen gehört und glaube nicht, daß überhaupt je ein Polizist bei Gastmann gewesen sei.

»So, ein Schriftsteller?« sagte Tschanz und runzelte die Stirne, »ich werde mir wohl dieses Exemplar einmal vorknöpfen müssen. Schriftsteller sind immer dubios, aber ich komme diesen Übergebildeten schon noch bei.«

»Was ist denn dieser Gastmann, Charnel?« fragte er weiter.

»Un monsieur très riche«, antwortete der Polizist von Lamboing begeistert. »Haben Geld wie das Heu und très noble. Er geben Trinkgeld an meine fiancée — und er wies stolz auf die Kellnerin — comme un roi, aber nicht mit Absicht um haben etwas mit ihr. Jamais.«

»Was hat er denn für einen Beruf?«

»Philosophe.«

»Was verstehen Sie darunter, Charnel?«

»Ein Mann, der viel denken und nichts machen.«

»Er muß doch Geld verdienen?«

Charnel schüttelte den Kopf. »Er nicht Geld verdienen, er Geld haben. Er zahlen Steuern für das ganze Dorf Lamboing. Das genügt für uns, daß Gastmann ist der sympathischste Mensch im ganzen Kanton.«

»Es wird gleichwohl nötig sein«, entschied Tschanz, »daß wir uns diesen Gastmann noch gründlich vornehmen. Ich werde morgen zu ihm fahren.«

»Dann aber Achtung vor seine Hund«, mahnte Charnel. »Un chien très dangereux.«

Tschanz stand auf und klopfte dem Polizisten von Lamboing auf die Schulter. »Oh, mit dem werde ich schon fertig.«

Es war zehn Uhr, als Tschanz Clenin und Charnel verließ, um zum Restaurant bei der Schlucht zu fahren, wo Bärlach wartete. Er hielt jedoch, wo der Feldweg zu Gastmanns Haus abzweigte, den Wagen noch einmal an. Er stieg aus und ging langsam zu der Gartentüre und dann

der Mauer entlang. Das Haus war noch wie zuvor, dunkel und einsam, von den riesigen Pappeln umstellt, die sich im Winde bogen. Die Limousinen standen immer noch im Park. Tschanz ging jedoch nicht rund um das Haus herum, sondern nur bis zu einer Ecke, von wo er die erleuchtete Hinterfront überblicken konnte. Hin und wieder zeichneten sich Menschen an den gelben Scheiben ab, und Tschanz preßte sich eng an die Mauer, um nicht gesehen zu werden. Er blickte auf das Feld. Doch lag der Hund nicht mehr auf der kahlen Erde, jemand mußte ihn fortgeschafft haben, nur die Blutlache gleißte noch schwarz im Licht der Fenster. Tschanz kehrte zum Wagen zurück.
Im Restaurant zur Schlucht war Bärlach jedoch nicht mehr zu finden. Er habe die Gaststube schon vor einer halben Stunde verlassen, um nach Twann zu gehen, nachdem er einen Schnaps getrunken, meldete die Wirtin; kaum fünf Minuten habe er sich im Wirtshaus aufgehalten.
Tschanz überlegte sich, was der Alte denn getrieben habe, aber er konnte seine Überlegungen nicht länger fortsetzen; die nicht allzu breite Straße verlangte seine ganze Aufmerksamkeit. Er fuhr an der Brücke vorbei, bei der sie gewartet hatten, und dann den Wald hinunter.
Da hatte er ein sonderbares und unheimliches Erlebnis, das ihn nachdenklich stimmte. Er war schnell gefahren und sah plötzlich in der Tiefe den See aufleuchten, einen nächtlichen Spiegel zwischen weißen Felsen. Er mußte den Tatort erreicht haben. Da löste sich eine dunkle Gestalt von der Felswand und gab deutlich ein Zeichen, der Wagen solle anhalten.
Tschanz stoppte unwillkürlich und öffnete die rechte Wagentüre, obgleich er dies im nächsten Augenblick bereute, denn es durchfuhr ihn die Erkenntnis, daß, was ihm jetzt begegnete, auch Schmied begegnet war, bevor er wenige Atemzüge darauf erschossen wurde. Er fuhr in die Manteltasche und umklammerte den Revolver, dessen Kälte ihn beruhigte. Die Gestalt kam näher. Da erkannte er, daß

es Bärlach war, doch wich seine Spannung nicht, sondern er wurde weiß vor heimlichem Entsetzen, ohne sich über den Grund der Furcht Rechenschaft geben zu können. Bärlach beugte sich nieder, und sie sahen sich ins Antlitz, stundenlang scheinbar, doch handelte es sich nur um einige Sekunden. Keiner sprach ein Wort, und ihre Augen waren wie Steine. Dann setzte sich Bärlach zu ihm, der nun die Hand von der verborgenen Waffe ließ.
»Fahr weiter, Tschanz«, sagte Bärlach, und seine Stimme klang gleichgültig.
Der andere zuckte zusammen, wie er hörte, daß ihn der Alte duzte, doch von nun an blieb der Kommissär dabei.

Erst nach Biel unterbrach Bärlach das Schweigen und fragte, was Tschanz in Lamboing erfahren habe, »wie wir das Nest nun wohl doch endgültig auf französisch nennen müssen.«
Auf die Nachricht, daß sowohl Charnel wie auch Clenin einen Besuch des ermordeten Schmied bei Gastmann für unmöglich hielten, sagte er nichts; und hinsichtlich des von Clenin erwähnten Schriftstellers in Schernelz meinte er, er werde diesen noch selber sprechen.
Tschanz gab lebhafter Auskunft als sonst, aufatmend, daß man wieder redete und weil er seine sonderbare Erregung übertönen wollte, doch schon vor Schüpfen schwiegen sie wieder beide.
Kurz nach elf hielt man vor Bärlachs Haus im Altenberg, und der Kommissär stieg aus.
»Ich danke dir noch einmal, Tschanz«, sagte er und schüttelte ihm die Hand. »Wenn's auch genierlich ist, davon zu reden; aber du hast mir das Leben gerettet.«
Er blieb noch stehen und sah dem verschwindenden Schlußlicht des schnell davonfahrenden Wagens nach.
»Jetzt kann er fahren, wie er will.«
Er betrat sein unverschlossenes Haus, und in der Halle mit den Büchern fuhr er mit der Hand in die Manteltasche und entnahm ihr eine Waffe, die er behutsam auf den

Schreibtisch neben die Schlange legte. Es war ein großer, schwerer Revolver.
Dann zog er langsam den Wintermantel aus. Als er ihn jedoch abgelegt hatte, war sein linker Arm mit dicken Tüchern umwickelt, wie es bei jenen Brauch ist, die ihre Hunde zum Anpacken einüben.

Am andern Morgen erwartete der alte Kommissär aus einer gewissen Erfahrung heraus einige Unannehmlichkeiten, wie er die Reibereien mit Lutz nannte. »Man kennt ja die Samstage«, meinte er zu sich, als er über die Altenbergbrücke schritt, »da zeigen die Beamten die Zähne bloß aus schlechtem Gewissen, weil sie die Woche über nichts Gescheites gemacht haben.« Er war feierlich schwarz gekleidet, denn die Beerdigung Schmieds war auf zehn Uhr angesetzt. Er konnte ihr nicht ausweichen, und das war es eigentlich, was ihn ärgerte.
Von Schwendi sprach kurz nach acht vor, aber nicht bei Bärlach, sondern bei Lutz, dem Tschanz eben das in der letzten Nacht Vorgefallene mitgeteilt hatte.
Von Schwendi war in der gleichen Partei wie Lutz, in der Partei der konservativen liberalsozialistischen Sammlung der Unabhängigen, hatte diesen eifrig gefördert und war seit dem gemeinsamen Essen anschließend an eine engere Vorstandssitzung mit ihm auf Du, obgleich Lutz nicht in den Großrat gewählt worden war; denn in Bern, erklärte von Schwendi, sei ein Volksvertreter mit dem Vornamen Lucius ein Ding der absoluten Unmöglichkeit.
»Es ist ja wirklich allerhand«, fing er an, kaum daß seine dicke Gestalt in der Türöffnung erschienen war, »wie es da deine Leute von der Berner Polizei treiben, verehrter Lutz. Schießen meinem Klienten Gastmann den Hund zusammen, eine seltene Rasse aus Südamerika, und stören die Kultur, Anatol Kraushaar-Raffaeli, weltbekannter Pianist. Der Schweizer hat keine Erziehung, keine Weltoffenheit, keine Spur von einem europäischen Denken.

Drei Jahre Rekrutenschule das einzige Mittel dagegen.«
Lutz, dem das Erscheinen seines Parteifreundes peinlich war und der sich vor seinen endlosen Tiraden fürchtete, bat von Schwendi, Platz zu nehmen.
»Wir sind in eine höchst schwierige Untersuchung verstrickt«, bemerkte er eingeschüchtert. »Du weißt es ja selbst, und der junge Polizist, der sie zur Hauptsache führt, darf für schweizerische Maßstäbe als ganz gut talentiert gelten. Der alte Kommissär, der auch noch dabei war, gehört zum rostigen Eisen, das gebe ich zu. Ich bedaure den Tod eines so seltenen südamerikanischen Hundes, bin ja selber Hundebesitzer und tierliebend, werde auch eine besondere, strenge Untersuchung durchführen. Die Leute sind eben kriminalistisch völlig ahnungslos. Wenn ich da an Chicago denke, sehe ich unsere Lage direkt trostlos.«
Er machte eine kurze Pause, konsterniert, daß ihn von Schwendi unverwandt schweigend anglotzte, und fuhr dann fort, aber nun schon ganz unsicher, er sollte wissen, ob der ermordete Schmied bei von Schwendis Klienten Gastmann Mittwoch zu Besuch gewesen sei, wie die Polizei aus gewissen Gründen annehmen müsse.
»Lieber Lutz«, antwortete der Oberst, »machen wir uns keine Flausen vor. Das wißt ihr von der Polizei alles ganz genau; ich kenne doch meine Brüder.«
»Wie meinen Sie das, Herr Nationalrat?« fragte Lutz verwirrt, unwillkürlich wieder in das Sie zurückfallend; denn beim Du war es ihm nie recht wohl gewesen.
Von Schwendi lehnte sich zurück, faltete die Hände auf der Brust und fletschte die Zähne, eine Pose, der er im Grunde sowohl den Oberst als auch den Nationalrat verdankte.
»Dökterli«, sagte er, »ich möchte nun wirklich einmal ganz genau wissen, warum ihr meinem braven Gastmann den Schmied auf den Hals gehetzt habt. Was sich nämlich dort im Jura abspielt, das geht die Polizei nun doch wohl einen Dreck an, wir haben noch lange nicht die Gestapo.«
Lutz war aus den Wolken gefallen. »Wieso sollen wir dei-

nem uns vollständig unbekannten Klienten den Schmied auf den Hals gehetzt haben?« fragte er hilflos. »Und wieso soll uns ein Mord nichts angehen?«
»Wenn ihr keine Ahnung davon habt, daß Schmied unter dem Namen Doktor Prantl, Privatdozent für amerikanische Kulturgeschichte in München, den Gesellschaften beiwohnte, die Gastmann in seinem Hause in Lamboing gab, muß die ganze Polizei unbedingt aus kriminalistischer Ahnungslosigkeit abdanken«, behauptete von Schwendi und trommelte mit den Fingern seiner rechten Hand aufgeregt auf Lutzens Pult.
»Davon ist uns nichts bekannt, lieber Oskar«, sagte Lutz, erleichtert, daß er in diesem Augenblick den lang gesuchten Vornamen des Nationalrates gefunden hatte. »Ich erfahre eben eine große Neuigkeit.«
»Aha«, meinte von Schwendi trocken und schwieg, worauf Lutz sich seiner Unterlegenheit immer mehr bewußt wurde und ahnte, daß er nur Schritt für Schritt in allem werde nachgeben müssen, was der Oberst von ihm zu erreichen suchte. Er blickte hilflos nach den Bildern Traffelets, auf die marschierenden Soldaten, die flatternden Schweizer Fahnen, den zu Pferd sitzenden General. Der Nationalrat bemerkte die Verlegenheit des Untersuchungsrichters mit einem gewissen Triumph und fügte schließlich seinem Aha bei, es gleichzeitig verdeutlichend: »Die Polizei erfährt also eine große Neuigkeit; die Polizei weiß also wieder gar nichts.«
Wie unangenehm es auch war und wie sehr das rücksichtslose Vorgehen von Schwendis seine Lage unerträglich machte, so mußte doch der Untersuchungsrichter zugeben, daß Schmied weder dienstlich bei Gastmann gewesen sei, noch habe die Polizei von dessen Besuchen in Lamboing eine Ahnung gehabt. Schmied habe dies rein persönlich unternommen, schloß Lutz seine peinliche Erklärung. Warum er allerdings einen falschen Namen angenommen habe, sei ihm gegenwärtig ein Rätsel.
Von Schwendi beugte sich vor und sah Lutz mit seinen rotunterlaufenen, verschwommenen Augen an. »Das er-

klärt alles«, sagte er, »Schmied spionierte für eine fremde Macht.«
»Wie meinst du das?« fragte Lutz hilfloser denn je.
»Ich meine«, sagte der Nationalrat, »daß die Polizei vor allem jetzt einmal untersuchen muß, aus was für Gründen Schmied bei Gastmann war.«
»Die Polizei sollte vor allen Dingen zuerst etwas über Gastmann wissen, lieber Oskar«, widersprach Lutz.
»Gastmann ist für die Polizei ganz ungefährlich«, antwortete von Schwendi, »und ich möchte auch nicht, daß du dich mit ihm abgibst oder sonst jemand von der Polizei. Es ist dies sein Wunsch, er ist mein Klient, und ich bin da, um zu sorgen, daß seine Wünsche erfüllt werden.« —
Diese unverfrorene Antwort schmetterte Lutz so nieder, daß er zuerst gar nichts zu erwidern vermochte. Er zündete sich eine Zigarette an, ohne in seiner Verwirrung von Schwendi eine anzubieten. Erst dann setzte er sich in seinem Stuhl zurecht und entgegnete:
»Die Tatsache, daß Schmied bei Gastmann war, zwingt leider die Polizei, sich mit deinem Klienten zu befassen, lieber Oskar.«
Von Schwendi ließ sich nicht beirren. »Sie zwingt die Polizei vor allem, sich mit mir zu befassen, denn ich bin Gastmanns Anwalt«, sagte er. »Du kannst froh sein, Lutz, daß du an mich geraten bist; ich will ja nicht nur Gastmann helfen, sondern auch dir. Natürlich ist der ganze Fall meinem Klienten unangenehm, aber dir ist er viel peinlicher, denn die Polizei hat bis jetzt noch nichts herausgebracht. Ich zweifle überhaupt daran, daß ihr jemals Licht in diese Angelegenheit bringen werdet.«
»Die Polizei«, antwortete Lutz, »hat beinahe jeden Mord aufgedeckt, das ist statistisch bewiesen. Ich gebe zu, daß wir im Falle Schmied in gewisse Schwierigkeiten geraten sind, aber wir haben doch auch schon —« er stockte ein wenig — »beachtliche Resultate zu verzeichnen. So sind wir von selbst auf Gastmann gekommen, und wir sind denn auch der Grund, warum dich Gastmann zu uns geschickt hat. Die Schwierigkeiten liegen bei Gastmann und nicht

bei uns, an ihm ist es, sich über den Fall Schmied zu äußern, nicht an uns. Schmied war bei ihm, wenn auch unter falschem Namen; aber gerade diese Tatsache verpflichtet die Polizei, sich mit Gastmann abzugeben, denn das ungewohnte Verhalten des Ermordeten belastet doch wohl zunächst Gastmann. Wir müssen Gastmann einvernehmen und können nur unter der Bedingung davon absehen, daß du uns völlig einwandfrei erklären kannst, warum Schmied bei deinem Klienten unter falschem Namen zu Besuch war, und dies mehrere Male, wie wir festgestellt haben.«
»Gut«, sagte von Schwendi, »reden wir ehrlich miteinander. Du wirst sehen, daß nicht ich eine Erklärung über Gastmann abzugeben habe, sondern daß ihr uns erklären müßt, was Schmied in Lamboing zu suchen hatte. Ihr seid hier die Angeklagten, nicht wir, lieber Lutz.«
Mit diesen Worten zog er einen weißen Bogen hervor, ein großes Papier, das er auseinanderbreitete und auf das Pult des Untersuchungsrichters legte.
»Das sind die Namen der Personen, die bei meinem guten Gastmann verkehrt haben«, sagte er. »Die Liste ist vollständig. Ich habe drei Abteilungen gemacht. Die erste scheiden wir aus, die ist nicht interessant, das sind die Künstler. Natürlich kein Wort gegen Kraushaar-Raffaeli, der ist Ausländer; nein, ich meine die inländischen, die von Utzenstorf und Merligen. Entweder schreiben sie Dramen über die Schlacht am Morgarten und Niklaus Manuel, oder sie malen nichts als Berge. Die zweite Abteilung sind die Industriellen. Du wirst die Namen sehen, es sind Männer von Klang, Männer, die ich als die besten Exemplare der schweizerischen Gesellschaft ansehe. Ich sage dies ganz offen, obwohl ich durch die Großmutter mütterlicherseits von bäuerlichem Blut abstamme.«
»Und die dritte Abteilung der Besucher Gastmanns?« fragte Lutz, da der Nationalrat plötzlich schwieg und den Untersuchungsrichter mit seiner Ruhe nervös machte, was natürlich von Schwendis Absicht war.
»Die dritte Abteilung«, fuhr von Schwendi endlich fort,

»macht die Angelegenheit Schmied unangenehm, für dich und auch für die Industriellen, wie ich zugebe; denn ich muß nun auf Dinge zu sprechen kommen, die eigentlich vor der Polizei streng geheimgehalten werden müßten. Aber da ihr von der Berner Polizei es nicht unterlassen konntet, Gastmann aufzuspüren, und da es sich nun peinlicherweise herausstellt, daß Schmied in Lamboing war, sehen sich die Industriellen gezwungen, mich zu beauftragen, die Polizei, soweit dies für den Fall Schmied notwendig ist, zu informieren. Das Unangenehme für uns besteht nämlich darin, daß wir politische Vorgänge von eminenter Wichtigkeit aufdecken müssen, und das Unangenehme für euch, daß ihr die Macht, die ihr über die Menschen schweizerischer und nichtschweizerischer Nationalität in diesem Lande besitzt, über die dritte Abteilung nicht habt.«

»Ich verstehe kein Wort von dem, was du da sagst«, meinte Lutz.

»Du hast eben auch nie etwas von Politik verstanden, lieber Lucius«, entgegnete von Schwendi. »Es handelt sich bei der dritten Abteilung um Angehörige einer fremden Gesandtschaft, die Wert darauf legt, unter keinen Umständen mit einer gewissen Klasse von Industriellen zusammen genannt zu werden.«

Jetzt begriff Lutz den Nationalrat, und es blieb lange still im Zimmer des Untersuchungsrichters. Das Telephon klingelte, doch Lutz nahm es nur ab, um »Konferenz« hineinzuschreien, worauf er wieder verstummte. Endlich jedoch meinte er:

»Soviel ich weiß, wird aber doch mit dieser Macht jetzt offiziell um ein neues Handelsabkommen verhandelt.«

»Gewiß, man verhandelt«, entgegnete der Oberst. »Man verhandelt offiziell, die Diplomaten wollen doch etwas zu tun haben. Aber man verhandelt noch mehr inoffiziell, und in Lamboing wird privat verhandelt. Es gibt schließ-

lich in der modernen Industrie Verhandlungen, in die sich der Staat nicht einzumischen hat, Herr Untersuchungsrichter.«
»Natürlich«, gab Lutz eingeschüchtert zu.
»Natürlich«, wiederholte von Schwendi. »Und diesen geheimen Verhandlungen hat der nun leider erschossene Leutnant der Stadtpolizei Bern, Ulrich Schmied, unter falschem Namen geheim beigewohnt.«
Am neuerlichen betroffenen Schweigen des Untersuchungsrichters erkannte von Schwendi, daß er richtig gerechnet hatte. Lutz war so hilflos geworden, daß der Nationalrat nun mit ihm machen konnte, was er wollte. Wie es bei den meisten etwas einseitigen Naturen der Fall ist, irritierte der unvorhergesehene Ablauf des Mordfalls Ulrich Schmied den Beamten so sehr, daß er sich in einer Weise beeinflussen ließ und Zugeständnisse machte, die eine objektive Untersuchung der Mordaffäre in Frage stellen mußte.
Zwar versuchte er noch einmal seine Lage zu bagatellisieren.
»Lieber Oskar«, sagte er, »ich sehe alles nicht für so schwerwiegend an. Natürlich haben die schweizerischen Industriellen ein Recht, privat mit denen zu verhandeln, die sich für solche Verhandlungen interessieren, und sei es auch jene Macht. Das bestreite ich nicht, und die Polizei mischt sich auch nicht hinein. Schmied war, ich wiederhole es, privat bei Gastmann, und ich möchte mich deswegen offiziell entschuldigen; denn es war gewiß nicht richtig, daß er einen falschen Namen und einen falschen Beruf angab, wenn man auch manchmal als Polizist gewisse Hemmungen hat. Aber er war ja nicht allein bei diesen Zusammenkünften, es waren auch Künstler da, lieber Nationalrat.«
»Die notwendige Dekoration. Wir sind in einem Kulturstaat, Lutz, und brauchen Reklame. Die Verhandlungen müssen geheimgehalten werden, und das kann man mit Künstlern am besten. Gemeinsames Fest, Braten, Wein, Zigarren, Frauen, allgemeines Gespräch, die Künstler

langweilen sich, sitzen zusammen, trinken und bemerken nicht, daß die Kapitalisten und die Vertreter jener Macht zusammensitzen. Sie wollen es auch nicht bemerken, weil es sie nicht interessiert. Künstler interessieren sich nur für Kunst. Aber ein Polizist, der dabeisitzt, kann alles erfahren. Nein, Lutz, der Fall Schmied ist bedenklich.«
»Ich kann leider nur wiederholen, daß die Besuche Schmieds bei Gastmann uns gegenwärtig unverständlich sind«, antwortete Lutz.
»Wenn er nicht im Auftrag der Polizei gekommen ist, kam er in einem anderen Auftrag«, entgegnete von Schwendi. »Es gibt fremde Mächte, lieber Lucius, die sich dafür interessieren, was in Lamboing vorgeht. Das ist Weltpolitik.«
»Schmied war kein Spion.«
»Wir haben allen Grund, anzunehmen, daß er einer war. Es ist für die Ehre der Schweiz besser, er war ein Spion als ein Polizeispitzel.«
»Nun ist er tot«, seufzte der Untersuchungsrichter, der gern alles gegeben hätte, wenn er jetzt Schmied persönlich hätte fragen können.
»Das ist nicht unsere Sache«, stellte der Oberst fest. »Ich will niemand verdächtigen, doch kann nur die gewisse fremde Macht ein Interesse haben, die Verhandlungen in Lamboing geheimzuhalten. Bei uns geht es ums Geld, bei ihnen um Grundsätze der Parteipolitik. Da wollen wir doch ehrlich sein. Doch gerade in dieser Richtung kann die Polizei natürlich nur unter schwierigen Umständen vorgehen.«
Lutz erhob sich und trat zum Fenster. »Es ist mir immer noch nicht ganz deutlich, was dein Klient Gastmann für eine Rolle spielt«, sagte er langsam.
Von Schwendi fächelte sich mit dem weißen Bogen Luft zu und antwortete: »Gastmann stellte den Industriellen und den Vertretern der Gesandtschaft sein Haus zu diesen Besprechungen zur Verfügung.«
»Warum gerade Gastmann?«
Sein hochverehrter Klient, knurrte der Oberst, besitze

nun einmal das nötige menschliche Format dazu. Als jahrelanger Gesandter Argentiniens in China genieße er das Vertrauen der fremden Macht und als ehemaliger Verwaltungspräsident des Blechtrusts jenes der Industriellen. Außerdem wohne er in Lamboing.
»Wie meinst du das, Oskar?«
Von Schwendi lächelte spöttisch: »Hast du den Namen Lamboing schon vor der Ermordung Schmieds gehört?«
»Nein.«
»Eben darum«, stellte der Nationalrat fest. »Weil niemand Lamboing kennt. Wir brauchten einen unbekannten Ort für unsere Zusammenkünfte. Du kannst also Gastmann in Ruhe lassen. Daß er es nicht schätzt, mit der Polizei in Berührung zu kommen, mußt du begreifen, daß er eure Verhöre, eure Schnüffeleien, eure ewige Fragerei nicht liebt, ebenfalls, das geht bei unseren Luginbühl und von Gunten, wenn sie wieder einmal etwas auf dem Kerbholz haben, aber nicht bei einem Mann, der es einst ablehnte, in die Französische Akademie gewählt zu werden. Auch hat sich deine Berner Polizei ja nun wirklich ungeschickt benommen, man erschießt nun einmal keinen Hund, wenn Bach gespielt wird. Nicht daß Gastmann beleidigt ist, es ist ihm vielmehr alles gleichgültig, deine Polizei kann ihm das Haus zusammenschießen, er verzieht keine Miene; aber es hat keinen Sinn mehr, Gastmann zu belästigen, da doch hinter dem Mord Mächte stehen, die weder mit unseren braven Schweizer Industriellen noch mit Gastmann etwas zu tun haben.«
Der Untersuchungsrichter ging vor dem Fenster auf und ab. »Wir werden nun unsere Nachforschungen besonders dem Leben Schmieds zuwenden müssen«, erklärte er. »Hinsichtlich der fremden Macht werden wir den Bundesanwalt benachrichtigen. Wieweit er den Fall übernehmen wird, kann ich noch nicht sagen, doch wird er uns mit der Hauptarbeit betrauen. Deiner Forderung, Gastmann zu verschonen, will ich nachkommen; wir sehen selbstverständlich auch von einer Hausdurchsuchung ab. Wird es dennoch nötig sein, ihn zu sprechen, bitte ich dich, mich

mit ihm zusammenzubringen und bei unserer Besprechung anwesend zu sein. So kann ich das Formelle ungezwungen mit Gastmann erledigen. Es geht ja in diesem Fall nicht um eine Untersuchung, sondern nur um eine Formalität innerhalb der ganzen Untersuchung, die unter Umständen verlangt, daß auch Gastmann vernommen werde, selbst wenn dies sinnlos ist; aber eine Untersuchung muß vollständig sein. Wir werden über Kunst sprechen, um die Untersuchung so harmlos wie nur immer möglich zu gestalten, und ich werde keine Fragen stellen. Sollte ich gleichwohl eine stellen müssen — der Formalität zuliebe —, würde ich dir die Frage vorher mitteilen.«
Auch der Nationalrat hatte sich nun erhoben, so daß sich beide Männer gegenüberstanden. Der Nationalrat tippte dem Untersuchungsrichter auf die Schulter. »Das ist also abgemacht«, sagte er. »Du wirst Gastmann in Ruhe lassen, Lützchen, ich nehme dich beim Wort. Die Mappe lasse ich hier; die Liste ist genau geführt und vollständig. Ich habe die ganze Nacht herumtelephoniert, und die Aufregung ist groß. Man weiß eben nicht, ob die fremde Gesandtschaft noch ein Interesse an den Verhandlungen hat, wenn sie den Fall Schmied erfährt. Millionen stehen auf dem Spiel, Dökterchen, Millionen! Zu deinen Nachforschungen wünsche ich dir Glück. Du wirst es nötig haben.«
Mit diesen Worten stampfte von Schwendi hinaus.

Lutz hatte gerade noch Zeit, die Liste des Nationalrates durchzusehen und sie, stöhnend über die Berühmtheit der Namen, sinken zu lassen — in was für eine unselige Angelegenheit bin ich da verwickelt, dachte er —, als Bärlach eintrat, natürlich ohne anzuklopfen. Der Alte hatte vor, die rechtlichen Mittel zu verlangen, bei Gastmann in Lamboing vorzusprechen, doch Lutz verwies ihn auf den Nachmittag. Jetzt sei es Zeit, zur Beerdigung zu gehen, sagte er und stand auf.

Bärlach widersprach nicht und verließ das Zimmer mit Lutz, dem das Versprechen, Gastmann in Ruhe zu lassen, immer unvorsichtiger vorkam und der Bärlachs schärfsten Widerstand befürchtete. Sie standen auf der Straße, ohne zu reden, beide in schwarzen Mänteln, die sie hochschlugen. Es regnete, doch spannten sie die Schirme für die wenigen Schritte zum Wagen nicht auf. Blatter führte sie. Der Regen kam nun in wahren Kaskaden, prallte schief gegen die Fenster. Jeder saß unbeweglich in seiner Ecke. Nun muß ich es ihm sagen, dachte Lutz und schaute nach dem ruhigen Profil Bärlachs, der wie so oft die Hand auf den Magen legte.
»Haben Sie Schmerzen?« fragte Lutz.
»Immer«, antwortete Bärlach.
Dann schwiegen sie wieder, und Lutz dachte: Ich sage es ihm nachmittags. Blatter fuhr langsam. Alles versank hinter einer weißen Wand, so regnete es. Trams, Automobile schwammen irgendwo in diesen ungeheuren, fallenden Meeren herum. Lutz wußte nicht, wo sie waren, die triefenden Scheiben ließen keinen Durchblick mehr zu. Es wurde immer finsterer im Wagen. Lutz steckte eine Zigarette in Brand, blies den Rauch von sich, dachte, daß er sich im Fall Gastmann mit dem Alten in keine Diskussion einlassen werde, und sagte:
»Die Zeitungen werden die Ermordung bringen, sie ließ sich nicht mehr verheimlichen.«
»Das hat auch keinen Sinn mehr«, antwortete Bärlach, »wir sind ja auf eine Spur gekommen.«
Lutz drückte die Zigarette wieder aus: »Es hat auch nie einen Sinn gehabt.«
Bärlach schwieg, und Lutz, der gern gestritten hätte, spähte aufs neue durch die Scheiben. Der Regen hatte etwas nachgelassen. Sie waren schon in der Allee. Der Schloßhaldenfriedhof schob sich zwischen den dampfenden Stämmen hervor, ein graues, verregnetes Gemäuer. Blatter fuhr in den Hof, hielt. Sie verließen den Wagen, spannten die Schirme auf und schritten durch die Gräberreihen. Sie brauchten nicht lange zu suchen. Die Grab-

steine und die Kreuze wichen zurück, sie schienen einen Bauplatz zu betreten. Die Erde war mit frisch ausgehobenen Gräbern durchsetzt, Latten lagen darüber. Die Feuchtigkeit des nassen Grases drang durch die Schuhe, an denen die lehmige Erde klebte. In der Mitte des Platzes, zwischen all diesen noch unbewohnten Gräbern, auf deren Grund sich der Regen zu schmutzigen Pfützen sammelte, zwischen provisorischen Holzkreuzen und Erdhügeln, dicht mit schnell verfaulenden Blumen und Kränzen überhäuft, standen Menschen um ein Grab. Der Sarg war noch nicht hinabgelassen, der Pfarrer las aus der Bibel vor, neben ihm, den Schirm für beide hochhaltend, der Totengräber in einem lächerlichen frackartigen Arbeitsgewand, frierend von einem Bein auf das andere tretend. Bärlach und Lutz blieben neben dem Grabe stehen. Der Alte hörte Weinen. Es war Frau Schönler, unförmig und dick in diesem unaufhörlichen Regen, und neben ihr stand Tschanz, ohne Schirm, im hochgeschlagenen Regenmantel mit herunterhängendem Gürtel, einen schwarzen, steifen Hut auf dem Kopf. Neben ihm ein Mädchen, blaß, ohne Hut, mit blondem Haar, das in nassen Strähnen hinunterfloß, die Anna, wie Bärlach unwillkürlich dachte. Tschanz verbeugte sich, Lutz nickte, der Kommissär verzog keine Miene. Er schaute zu den andern hinüber, die ums Grab standen, alles Polizisten, alle in Zivil, alle mit den gleichen Regenmänteln, mit den gleichen steifen, schwarzen Hüten, die Schirme wie Säbel in den Händen, phantastische Totenwächter, von irgendwo herbeigeblasen, unwirklich in ihrer Biederkeit. Und hinter ihnen, in gestaffelten Reihen, die Stadtmusik, überstürzt zusammengetrommelt, in schwarz-roten Uniformen, verzweifelt bemüht, die gelben Instrumente unter den Mänteln zu schützen. So standen sie alle um den Sarg herum, der dalag, eine Kiste aus Holz, ohne Kranz, ohne Blumen, aber dennoch das einzige Warme, Geborgene in diesem unaufhörlichen Regen, der gleichförmig plätschernd niederfiel, immer mehr, immer unendlicher. Der Pfarrer redete schon lange nicht mehr. Niemand bemerkte es. Nur der

Regen war da, nur den Regen hörte man. Der Pfarrer hustete. Einmal. Dann mehrere Male. Dann heulten die Bässe, die Posaunen, die Waldhörner, Kornetts, die Fagotte auf, stolz und feierlich, gelbe Blitze in den Regenfluten; aber dann sanken auch sie unter, verwehten, gaben es auf. Alle verkrochen sich unter die Schirme, unter die Mäntel. Es regnete immer mehr. Die Schuhe versanken im Kot, wie Bäche strömte es ins leere Grab. Lutz verbeugte sich und trat vor. Er schaute auf den nassen Sarg und verbeugte sich noch einmal.
»Ihr Männer«, sagte er irgendwo im Regen, fast unhörbar durch die Wasserschleier hindurch: »Ihr Männer, unser Kamerad Schmied ist nicht mehr.«
Da unterbrach ihn ein wilder, grölender Gesang:

»Der Tüfel geit um,
der Tüfel geit um,
er schlat die Menscher alli krumm!«

Zwei Männer in schwarzen Fräcken kamen über den Kirchhof getorkelt. Ohne Schirm und Mantel waren sie dem Regen schutzlos preisgegeben. Die Kleider klebten an ihren Leibern. Auf dem Kopf hatte jeder einen Zylinder, von dem das Wasser über ihr Gesicht floß. Sie trugen einen mächtigen grünen Lorbeerkranz, dessen Band zur Erde hing und über den Boden schleifte. Es waren zwei brutale, riesenhafte Kerle, befrackte Schlächter, schwer betrunken, stets dem Umsinken nah, doch da sie nie gleichzeitig stolperten, konnten sie sich immer noch am Lorbeerkranz zwischen ihnen festhalten, der wie ein Schiff in Seenot auf und nieder schwankte. Nun stimmten sie ein neues Lied an:

»Der Müllere ihre Ma isch todet,
d'Müllere läbt, sie läbt,
d'Müllere het der Chnächt ghürotet,
d'Müllere läbt, sie läbt.«

Sie rannten auf die Trauergemeinde zu, stürzten in sie hinein, zwischen Frau Schönler und Tschanz, ohne daß sie gehindert wurden, denn alle waren wie erstarrt, und schon taumelten sie wieder hinweg durch das nasse Gras, sich aneinander stützend, sich umklammernd, über Grabhügel fallend, Kreuze umwerfend in gigantischer Trunkenheit. Ihr Singsang verhallte im Regen, und alles war wieder zugedeckt.

>»Es geht alles vorüber,
es geht alles vorbei!«

war das letzte, was man von ihnen hörte. Nur noch der Kranz lag da, hingeworfen über den Sarg, und auf dem schmutzigen Band stand in verfließendem Schwarz: »Unserem lieben Doktor Prantl.« Doch wie sich die Leute ums Grab von ihrer Bestürzung erholt hatten und sich über den Zwischenfall empören wollten und wie die Stadtmusik, um die Feierlichkeit zu retten, wieder verzweifelt zu blasen anfing, steigerte sich der Regen zu einem solchen Sturm, die Eiben peitschend, daß alles vom Grabe wegfloh, bei dem allein die Totengräber zurückblieben, schwarze Vogelscheuchen im Heulen der Winde, im Prasseln der Wolkenbrüche, bemüht, den Sarg endlich hinabzusenken.

Wie Bärlach mit Lutz wieder im Wagen saß und Blatter durch die flüchtenden Polizisten und Stadtmusikanten hindurch in die Allee einfuhr, machte der Doktor endlich seinem Ärger Luft:
»Unerhört, dieser Gastmann«, rief er aus.
»Ich verstehe nicht«, sagte der Alte.
»Schmied verkehrte im Hause Gastmanns unter dem Namen Prantl.«
»Dann wird das eine Warnung sein«, antwortete Bärlach, fragte aber nicht weiter. Sie fuhren gegen den Muristal-

den, wo Lutz wohnte. Eigentlich sei es nun der richtige Moment, mit dem Alten über Gastmann zu sprechen und daß man ihn in Ruhe lassen müsse, dachte Lutz, aber wieder schwieg er. Im Burgernziel stieg er aus, Bärlach war allein. »Soll ich Sie in die Stadt fahren, Herr Kommissär?« fragte der Polizist vorne am Steuer.
»Nein, fahre mich heim, Blatter.«
Blatter fuhr nun schneller. Der Regen hatte nachgelassen, ja, plötzlich am Muristalden wurde Bärlach für Augenblicke in ein blendendes Licht getaucht: die Sonne brach durch die Wolken, verschwand wieder, kam aufs neue im jagenden Spiel der Nebel und der Wolkenberge, Ungetüme, die von Westen herbeirasten, sich gegen die Berge stauten, wilde Schatten über die Stadt werfend, die am Flusse lag, ein willenloser Leib, zwischen die Wälder und Hügel gebreitet. Bärlachs müde Hand fuhr über den nassen Mantel, seine Augenschlitze funkelten, gierig sog er das Schauspiel in sich auf: die Erde war schön. Blatter hielt. Bärlach dankte ihm und verließ den Dienstwagen. Es regnete nicht mehr, nur noch der Wind war da, der nasse, kalte Wind. Der Alte stand da, wartete, bis Blatter den schweren Wagen gewendet hatte, grüßte noch einmal, wie dieser davonfuhr. Dann trat er an die Aare. Sie kam hoch und schmutzigbraun. Ein alter verrosteter Kinderwagen schwamm daher, Äste, eine kleine Tanne, dann, tanzend, ein kleines Papierschiff. Bärlach schaute dem Fluß lange zu, er liebte ihn. Dann ging er durch den Garten ins Haus.
Bärlach zog sich andere Schuhe an und betrat dann erst die Halle, blieb jedoch auf der Schwelle stehen. Hinter dem Schreibtisch saß ein Mann und blätterte in Schmieds Mappe. Seine rechte Hand spielte mit Bärlachs türkischem Messer.
»Also du«, sagte der Alte.
»Ja, ich«, antwortete der andere.
Bärlach schloß die Türe und setzte sich in seinen Lehnstuhl dem Schreibtisch gegenüber. Schweigend sah er nach dem andern hin, der ruhig in Schmieds Mappe wei-

terblätterte, eine fast bäurische Gestalt, ruhig und verschlossen, tiefliegende Augen im knochigen, aber runden Gesicht mit kurzem Haar.
»Du nennst dich jetzt Gastmann«, sagte der Alte endlich.
Der andere zog eine Pfeife hervor, stopfte sie, ohne Bärlach aus den Augen zu lassen, setzte sie in Brand und antwortete, mit dem Zeigefinger auf Schmieds Mappe klopfend:
»Das weißt du schon seit einiger Zeit ganz genau. Du hast mir den Jungen auf den Hals geschickt, diese Angaben stammen von dir.«
Dann schloß er die Mappe wieder. Bärlach schaute auf den Schreibtisch, wo noch sein Revolver lag, mit dem Schaft gegen ihn gekehrt, er brauchte nur die Hand auszustrecken; dann sagte er:
»Ich höre nie auf, dich zu verfolgen. Einmal wird es mir gelingen, deine Verbrechen zu beweisen.«
»Du mußt dich beeilen, Bärlach«, antwortete der andere. »Du hast nicht mehr viel Zeit. Die Ärzte geben dir noch ein Jahr, wenn du dich jetzt operieren läßt.«
»Du hast recht«, sagte der Alte. »Noch ein Jahr. Und ich kann mich jetzt nicht operieren lassen, ich muß mich stellen. Meine letzte Gelegenheit.«
»Die letzte«, bestätigte der andere, und dann schwiegen sie wieder, endlos, saßen da und schwiegen.
»Über vierzig Jahre ist es her«, begann der andere von neuem zu reden, »daß wir uns in irgendeiner verfallenden Judenschenke am Bosporus zum erstenmal getroffen haben. Ein unförmiges gelbes Stück Schweizer Käse von einem Mond hing bei dieser Begegnung damals zwischen den Wolken und schien durch die verfaulten Balken auf unsere Köpfe, das ist mir in noch guter Erinnerung. Du, Bärlach, warst damals ein junger Polizeifachmann aus der Schweiz in türkischen Diensten, herbestellt, um etwas zu reformieren, und ich — nun, ich war ein herumgetriebener Abenteurer wie jetzt noch, gierig, dieses mein einmaliges Leben und diesen ebenso einmaligen, rätselhaften Planeten kennenzulernen. Wir liebten uns auf den ersten

Blick, wie wir einander zwischen Juden im Kaftan und schmutzigen Griechen gegenübersaßen. Doch wie nun die verteufelten Schnäpse, die wir damals tranken, diese vergorenen Säfte aus weiß was für Datteln und diese feurigen Meere aus fremden Kornfeldern um Odessa herum, die wir in unsere Kehlen stürzten, in uns mächtig wurden, daß unsere Augen wie glühende Kohlen durch die türkische Nacht funkelten, wurde unser Gespräch hitzig. O ich liebe es, an diese Stunde zu denken, die dein Leben und das meine bestimmte!«
Er lachte.
Der Alte saß da und schaute schweigend zu ihm hinüber.
»Ein Jahr hast du noch zu leben«, fuhr der andere fort, »und vierzig Jahre hast du mir wacker nachgespürt. Das ist die Rechnung. Was diskutierten wir denn damals, Bärlach, im Moder jener Schenke in der Vorstadt Tophane, eingehüllt in den Qualm türkischer Zigaretten? Deine These war, daß die menschliche Unvollkommenheit, die Tatsache, daß wir die Handlungsweise anderer nie mit Sicherheit vorauszusagen und daß wir ferner den Zufall, der in alles hineinspielt, nicht in unsere Überlegung einzubauen vermögen, der Grund sei, der die meisten Verbrechen zwangsläufig zutage fördern müsse. Ein Verbrechen zu begehen nanntest du eine Dummheit, weil es unmöglich sei, mit Menschen wie mit Schachfiguren zu operieren. Ich dagegen stellte die These auf, mehr, um zu widersprechen als überzeugt, daß gerade die Verworrenheit der menschlichen Beziehungen es möglich mache, Verbrechen zu begehen, die *nicht* erkannt werden könnten, daß aus diesem Grunde die überaus große Anzahl der Verbrechen nicht nur ungeahndet, sondern auch ungeahnt seien, als nur im Verborgenen geschehen. Und wie wir nun weiterstritten, von den höllischen Bränden der Schnäpse, die uns der Judenwirt einschenkte, und mehr noch von unserer Jugend verführt, da haben wir im Übermut eine Wette geschlossen, eben da der Mond hinter dem nahen Kleinasien versank, eine Wette, die wir trotzig in den Himmel hineinhängten, wie wir etwa einen fürchterlichen Witz

nicht zu unterdrücken vermögen, auch wenn er eine Gotteslästerung ist, nur weil uns die Pointe reizt als eine teuflische Versuchung des Geistes durch den Geist.«
»Du hast recht«, sagte der Alte ruhig, »wir haben diese Wette damals miteinander geschlossen.«
»Du dachtest nicht, daß ich sie einhalten würde«, lachte der andere, »wie wir am andern Morgen mit schwerem Kopf in der öden Schenke erwachten, du auf einer morschen Bank und ich unter einem noch von Schnaps feuchten Tisch.«
»Ich dachte nicht«, antwortete Bärlach, »daß diese Wette einzuhalten einem Menschen möglich wäre.«
Sie schwiegen.
»Führe uns nicht in Versuchung«, begann der andere von neuem. »Deine Biederkeit kam nie in Gefahr, versucht zu werden, doch deine Biederkeit versuchte mich. Ich hielt die kühne Wette, in deiner Gegenwart ein Verbrechen zu begehen, ohne daß du imstande sein würdest, mir dieses Verbrechen beweisen zu können.«
»Nach drei Tagen«, sagte der Alte leise und versunken in seiner Erinnerung, »wie wir mit einem deutschen Kaufmann über die Mahmud-Brücke gingen, hast du ihn vor meinen Augen ins Wasser gestoßen.«
»Der arme Kerl konnte nicht schwimmen, und auch du warst in dieser Kunst so ungenügend bewandert, daß man dich nach deinem verunglückten Rettungsversuch halb ertrunken aus den schmutzigen Wellen des Goldenen Hornes ans Land zog«, antwortete der andere unerschütterlich. »Der Mord trug sich an einem strahlenden türkischen Sommertag bei einer angenehmen Brise vom Meer her auf einer belebten Brücke in aller Öffentlichkeit zwischen Liebespaaren der europäischen Kolonie, Muselmännern und ortsansässigen Bettlern zu, und trotzdem konntest du mir nichts beweisen. Du ließest mich verhaften, umsonst. Stundenlange Verhöre, nutzlos. Das Gericht glaubte meiner Version, die auf Selbstmord des Kaufmanns lautete.«
»Du konntest nachweisen, daß der Kaufmann vor dem

Konkurs stand und sich durch einen Betrug vergeblich hatte retten wollen«, gab der Alte bitter zu, bleicher als sonst.
»Ich wählte mir mein Opfer sorgfältig aus, mein Freund«, lachte der andere.
»So bist du ein Verbrecher geworden«, antwortete der Kommissär.
Der andere spielte gedankenverloren mit dem türkischen Messer.
»Daß ich so etwas Ähnliches wie ein Verbrecher bin, kann ich nun nicht gerade ableugnen«, sagte er endlich nachlässig. »Ich wurde ein immer besserer Verbrecher und du ein immer besserer Kriminalist: den Schritt jedoch, den ich dir voraushatte, konntest du nie einholen. Immer wieder tauchte ich in deiner Laufbahn auf wie ein graues Gespenst, immer wieder trieb mich die Lust, unter deiner Nase sozusagen immer kühnere, wildere, blasphemischere Verbrechen zu begehen, und immer wieder bist du nicht imstande gewesen, meine Taten zu beweisen. Die Dummköpfe konntest du besiegen, aber ich besiegte dich.«
Dann fuhr er fort, den Alten aufmerksam und wie belustigt beobachtend: »So lebten wir denn. Du ein Leben unter deinen Vorgesetzten, in deinen Polizeirevieren und muffigen Arbeitsstuben, immer brav eine Sprosse um die andere auf der Leiter deiner bescheidenen Erfolge erklimmend, dich mit Dieben und Fälschern herumschlagend, mit armen Schluckern, die nie recht ins Leben kamen, und mit armseligen Mörderchen, wenn es hochkam, ich dagegen bald im Dunkeln, im Dickicht verlorener Großstädte, bald im Lichte glänzender Positionen, ordenübersät, aus Übermut das Gute übend, wenn ich Lust dazu hatte, und wieder aus einer anderen Laune heraus das Schlechte liebend. Welch ein abenteuerlicher Spaß! Deine Sehnsucht war, mein Leben zu zerstören, und meine war es, mein Leben dir zum Trotz zu behaupten. Wahrlich, *eine* Nacht kettete uns für ewig zusammen!«
Der Mann hinter Bärlachs Schreibtisch klatschte in die

Hände, es war ein einziger, grausamer Schlag: »Nun sind wir am Ende unserer Laufbahn«, rief er aus. »Du bist in dein Bern zurückgekehrt, halb gescheitert, in diese verschlafene, biedere Stadt, von der man nie recht weiß, wieviel Totes und wieviel Lebendiges eigentlich noch an ihr ist, und ich bin nach Lamboing zurückgekommen, auch dies nur aus einer Laune heraus: Man rundet gern ab, denn in diesem gottverlassenen Dorf hat mich irgendein längst verscharrtes Weib einmal geboren, ohne viel zu denken und reichlich sinnlos, und so habe ich mich denn auch, dreizehnjährig, in einer Regennacht fortgestohlen. Da sind wir nun also wieder. Gib es auf, Freund, es hat keinen Sinn. Der Tod wartet nicht.«
Und jetzt warf er, mit einer fast unmerklichen Bewegung der Hand, das Messer, genau und scharf Bärlachs Wange streifend, tief in den Lehnstuhl. Der Alte rührte sich nicht. Der andere lachte:
»Du glaubst nun also, ich hätte diesen Schmied getötet?«
»Ich habe diesen Fall zu untersuchen«, antwortete der Kommissär.
Der andere stand auf und nahm die Mappe zu sich.
»Die nehme ich mit.«
»Einmal wird es mir gelingen, deine Verbrechen zu beweisen«, sagte nun Bärlach zum zweiten Male: »Und jetzt ist die letzte Gelegenheit.«
»In der Mappe sind die einzigen, wenn auch dürftigen Beweise, die Schmied in Lamboing für dich gesammelt hat. Ohne diese Mappe bist du verloren. Abschriften oder Photokopien besitzt du nicht, ich kenne dich.«
»Nein«, gab der Alte zu, »ich habe nichts dergleichen.«
»Willst du nicht den Revolver brauchen, mich zu hindern?« fragte der andere spöttisch.
»Du hast die Munition herausgenommen«, antwortete Bärlach unbeweglich.
»Eben«, sagte der andere und klopfte ihm auf die Schultern. Dann ging er am Alten vorbei, die Türe öffnete sich, schloß sich wieder, draußen ging eine zweite Türe. Bärlach saß immer noch in seinem Lehnstuhl, die Wange an

das kalte Eisen des Messers gelehnt. Doch plötzlich ergriff er die Waffe und schaute nach. Sie war geladen. Er sprang auf, lief in den Vorraum und dann zur Haustür, die er aufriß, die Waffe in der Faust:
Die Straße war leer.
Dann kam der Schmerz, der ungeheure, wütende, stechende Schmerz, eine Sonne, die in ihm aufging, ihn aufs Lager warf, zusammenkrümmte, mit Fiebergluten überbrühte, schüttelte. Der Alte kroch auf Händen und Füßen herum wie ein Tier, warf sich zu Boden, wälzte sich über den Teppich und blieb dann liegen, irgendwo in seinem Zimmer, zwischen den Stühlen, mit kaltem Schweiß bedeckt. »Was ist der Mensch?« stöhnte er leise, »was ist der Mensch?«

Doch kam er wieder hoch. Nach dem Anfall fühlte er sich besser, schmerzfrei seit langem. Er trank angewärmten Wein in kleinen, vorsichtigen Schlücken, sonst nahm er nichts zu sich. Er verzichtete jedoch nicht darauf, den gewohnten Weg durch die Stadt und über die Bundesterrasse zu gehen, halb schlafend zwar, aber jeder Schritt in der reingefegten Luft tat ihm wohl. Lutz, dem er bald darauf im Bureau gegenübersaß, bemerkte nichts, war vielleicht auch zu sehr mit seinem schlechten Gewissen beschäftigt, um etwas bemerken zu können. Er hatte sich entschlossen, Bärlach über die Unterredung mit von Schwendi noch diesen Nachmittag zu orientieren, nicht erst gegen Abend, hatte sich dazu auch in eine kalte, sachliche Positur mit vorgereckter Brust geworfen, wie der General auf Traffelets Bild über ihm, den Alten in forschem Telegrammstil unterrichtend. Zu seiner maßlosen Überraschung hatte jedoch der Kommissär nichts dagegen einzuwenden, er war mit allem einverstanden, er meinte, es sei weitaus das beste, den Entscheid des Bundeshauses abzuwarten und die Nachforschungen hauptsächlich auf das Leben Schmieds zu konzentrieren. Lutz

war dermaßen überrascht, daß er seine Haltung aufgab und ganz leutselig und gesprächig wurde.
»Natürlich habe ich mich über Gastmann orientiert«, sagte er, »und weiß genug von ihm, um überzeugt zu sein, daß er unmöglich als Mörder irgendwie in Betracht kommen kann.«
»Natürlich«, sagte der Alte.
Lutz, der über Mittag von Biel einige Informationen erhalten hatte, spielte den sicheren Mann:
»Gebürtig aus Pockau in Sachsen, Sohn eines Großkaufmanns in Lederwaren, erst Argentinier, deren Gesandter in China er war — er muß in der Jugend nach Südamerika ausgewandert sein —, dann Franzose, meistens auf ausgedehnten Reisen. Er trägt das Kreuz der Ehrenlegion und ist durch Publikationen über biologische Fragen bekannt geworden. Bezeichnend für seinen Charakter ist die Tatsache, daß er es ablehnte, in die Französische Akademie aufgenommen zu werden. Das imponiert mir.«
»Ein interessanter Zug«, sagte Bärlach.
»Über seine zwei Diener werden noch Erkundigungen eingezogen. Sie haben französische Pässe, scheinen jedoch aus dem Emmental zu stammen. Er hat sich mit ihnen an der Beerdigung einen bösen Spaß geleistet.«
»Das scheint Gastmanns Art zu sein, Witze zu machen«, sagte der Alte.
»Er wird sich eben über seinen toten Hund ärgern. Vor allem ist der Fall Schmied für uns ärgerlich. Wir stehen in einem vollkommen falschen Licht da. Wir können von Glück reden, daß ich mit von Schwendi befreundet bin. Gastmann ist ein Weltmann und genießt das volle Vertrauen schweizerischer Unternehmer.«
»Dann wird er schon richtig sein«, meinte Bärlach.
»Seine Persönlichkeit steht über jedem Verdacht.«
»Entschieden«, nickte der Alte.
»Leider können wir das nicht mehr von Schmied sagen«, schloß Lutz und ließ sich mit dem Bundeshaus verbinden. Doch wie er am Apparat wartete, sagte plötzlich der Kommissär, der sich schon zum Gehen gewandt hatte:

»Ich muß Sie um eine Woche Krankheitsurlaub bitten, Herr Doktor.«
»Es ist gut«, antwortete Lutz, die Hand vor die Muschel haltend, denn man meldete sich schon, »am Montag brauchen Sie nicht zu kommen!«

In Bärlachs Zimmer wartete Tschanz, der sich beim Eintreten des Alten erhob. Er gab sich ruhig, doch der Kommissär spürte, daß der Polizist nervös war.
»Fahren wir zu Gastmann«, sagte Tschanz, »es ist höchste Zeit.«
»Zum Schriftsteller«, antwortete der Alte und zog den Mantel an.
»Umwege, alles Umwege«, wetterte Tschanz, hinter Bärlach die Treppe hinuntergehend. Der Kommissär blieb im Ausgang stehen:
»Da steht ja Schmieds blauer Mercedes.«
Tschanz sagte, er habe ihn gekauft, auf Abzahlung, irgendwem müßte ja jetzt der Wagen gehören, und stieg ein. Bärlach setzte sich neben ihn, und Tschanz fuhr über den Bahnhofsplatz gegen Bethlehem. Bärlach brummte:
»Du fährst ja wieder über Ins.«
»Ich liebe diese Strecke.«
Bärlach schaute in die reingewaschenen Felder hinein. Es war alles in helles, ruhiges Licht getaucht. Eine warme, sanfte Sonne hing am Himmel, senkte sich schon leicht gegen Abend. Die beiden schwiegen. Nur einmal, zwischen Kerzers und Müntschemir, fragte Tschanz:
»Frau Schönler sagte mir, Sie hätten aus Schmieds Zimmer eine Mappe mitgenommen.«
»Nichts Amtliches, Tschanz, nur Privatsache.«
Tschanz entgegnete nichts, frug auch nicht mehr, nur daß Bärlach auf den Geschwindigkeitsmesser klopfen mußte, der bei hundertfünfundzwanzig zeigte.
»Nicht so schnell, Tschanz, nicht so schnell. Nicht daß ich Angst habe, aber mein Magen ist nicht in Ordnung. Ich bin ein alter Mann.«

Der Schriftsteller empfing sie in seinem Arbeitszimmer. Es war ein alter, niedriger Raum, der die beiden zwang, sich beim Eintritt durch die Türe wie unter ein Joch zu bücken. Draußen bellte noch der kleine, weiße Hund mit dem schwarzen Kopf, und irgendwo im Hause schrie ein Kind. Der Schriftsteller saß vorne beim gotischen Fenster, bekleidet mit einem Overall und einer braunen Lederjacke. Er drehte sich auf seinem Stuhl gegen die Eintretenden um, ohne den Schreibtisch zu verlassen, der dicht mit Papier besät war. Er erhob sich jedoch nicht, ja, grüßte kaum, fragte nur, was die Polizei von ihm wolle.
»Er ist unhöflich«, dachte Bärlach, »er liebt die Polizisten nicht; Schriftsteller haben Polizisten nie geliebt.« Der Alte beschloß, vorsichtig zu sein, auch Tschanz war von der ganzen Angelegenheit nicht angetan. »Auf alle Fälle sich nicht beobachten lassen, sonst kommen wir noch in ein Buch«, dachten sie ungefähr beide. Aber wie sie auf eine Handbewegung des Schriftstellers hin in weichen Lehnstühlen saßen, merkten sie überrascht, daß sie im Lichte des kleinen Fensters waren, während sie in diesem niedrigen, grünen Zimmer zwischen den vielen Büchern das Gesicht des Schriftstellers kaum sahen, so heimtückisch war das Gegenlicht.
»Wir kommen in der Sache Schmied«, fing der Alte an, »der über Twann ermordet worden ist.«
»Ich weiß. In der Sache Doktor Prantls, der Gastmann ausspionierte«, antwortete die dunkle Masse zwischen dem Fenster und ihnen. »Gastmann hat es mir erzählt.« Für kurze Momente leuchtete das Gesicht auf, er zündete sich eine Zigarette an. Die zwei sahen noch, wie sich das Gesicht zu einer grinsenden Grimasse verzog: »Sie wollen mein Alibi?«
»Nein«, sagte Bärlach.
»Sie trauen mir den Mord nicht zu?« fragte der Schriftsteller sichtlich enttäuscht.
»Nein«, antwortete Bärlach trocken, »Ihnen nicht.«
Der Schriftsteller stöhnte: »Da haben wir es wieder, die

Schriftsteller werden in der Schweiz aufs traurigste unterschätzt!«
Der Alte lachte: »Wenn Sie's absolut wissen wollen: wir haben Ihr Alibi natürlich schon. Um halb eins sind Sie in der Mordnacht zwischen Lamlingen und Schernelz dem Bannwart begegnet und gingen mit ihm heim. Sie hatten den gleichen Heimweg. Sie seien sehr lustig gewesen, hat der Bannwart gesagt.«
»Ich weiß. Der Polizist von Twann fragte schon zweimal den Bannwart über mich aus. Und alle andern Leute hier. Und sogar meine Schwiegermutter. Ich war Ihnen also doch mordverdächtig«, stellte der Schriftsteller stolz fest.
»Auch eine Art schriftstellerischer Erfolg!« Und Bärlach dachte, es sei eben die Eitelkeit des Schriftstellers, daß er ernst genommen werden wolle. Alle drei schwiegen, und Tschanz versuchte angestrengt, dem Schriftsteller ins Gesicht zu sehen. Es war nichts zu machen in diesem Licht.
»Was wollen Sie denn noch?« fauchte der Schriftsteller.
»Sie verkehren viel mit Gastmann?«
»Ein Verhör?« fragte die dunkle Masse und schob sich noch mehr vors Fenster. »Ich habe jetzt keine Zeit.«
»Seien Sie bitte nicht so unbarmherzig«, sagte der Kommissär, »wir wollen uns doch nur etwas unterhalten.« Der Schriftsteller brummte. Bärlach setzte wieder an: »Sie verkehren viel mit Gastmann?«
»Hin und wieder.«
»Warum?«
Der Alte erwartete jetzt wieder eine böse Antwort; doch der Schriftsteller lachte nur, blies den beiden ganze Schwaden von Zigarettenrauch ins Gesicht und sagte:
»Ein interessanter Mensch, dieser Gastmann, Kommissär, so einer lockt die Schriftsteller wie Fliegen an. Er kann herrlich kochen, wundervoll, hören Sie!«
Und nun fing der Schriftsteller an, über Gastmanns Kochkunst zu reden, ein Gericht nach dem andern zu beschreiben. Fünf Minuten hörten die beiden zu und dann noch einmal fünf Minuten; als der Schriftsteller jedoch nun schon eine Viertelstunde von Gastmanns Kochkunst gere-

det hatte und von nichts anderem als von Gastmanns Kochkunst, stand Tschanz auf und sagte, sie seien leider nicht der Kochkunst zuliebe gekommen, aber Bärlach widersprach, ganz frisch geworden, das interessiere ihn, und nun fing Bärlach auch an. Der Alte lebte auf und erzählte nun seinerseits von der Kochkunst der Türken, der Rumänen, der Bulgaren, der Jugoslawen, der Tschechen, die beiden warfen sich Gerichte wie Fangbälle zu. Tschanz schwitzte und fluchte innerlich. Die beiden waren von der Kochkunst nicht mehr abzubringen, aber endlich, nach dreiviertel Stunden, hielten sie ganz erschöpft, wie nach einer langen Mahlzeit, inne. Der Schriftsteller zündete sich eine Zigarre an. Es war still. Nebenan begann das Kind wieder zu schreien. Unten bellte der Hund. Da sagte Tschanz ganz plötzlich ins Zimmer hinein:
»Hat Gastmann den Schmied getötet?«
Die Frage war primitiv, der Alte schüttelte den Kopf, und die dunkle Masse vor ihnen sagte: »Sie gehen wirklich aufs Ganze.«
»Ich bitte zu antworten«, sagte Tschanz entschlossen und beugte sich vor, doch blieb das Gesicht des Schriftstellers unerkennbar.
Bärlach war neugierig, wie nun wohl der Gefragte reagieren würde.
Der Schriftsteller blieb ruhig.
»Wann ist denn der Polizist getötet worden?« fragte er.
Dies sei nach Mitternacht gewesen, antwortete Tschanz.
Ob die Gesetze der Logik auch auf der Polizei Gültigkeit hätten, wisse er natürlich nicht, entgegnete der Schriftsteller, und er zweifle sehr daran, doch da er wie die Polizei ja in ihrem Fleiß festgestellt hätte — um halb eins auf der Straße nach Schernelz dem Bannwart begegnet sei und sich demnach kaum zehn Minuten vorher von Gastmann verabschiedet haben müsse, könne Gastmann offenbar doch nicht gut der Mörder sein.
Tschanz wollte weiter wissen, ob noch andere Mitglieder der Gesellschaft um diese Zeit bei Gastmann gewesen seien.

Der Schriftsteller verneinte die Frage.
»Verabschiedete sich Schmied mit den andern?«
»Doktor Prantl pflegte sich stets als zweitletzter zu empfehlen«, antwortete der Schriftsteller nicht ohne Spott.
»Und als letzter?«
»Ich.«
Tschanz ließ nicht locker: »Waren beide Diener zugegen?«
»Ich weiß es nicht.«
Tschanz wollte wissen, warum nicht eine klare Antwort gegeben werden könne.
Er denke, die Antwort sei klar genug, schnauzte ihn der Schriftsteller an. Diener dieser Sorte pflegte er nie zu beachten.
Ob Gastmann ein guter Mensch oder ein schlechter sei, fragte Tschanz mit einer Art Verzweiflung und einer Hemmungslosigkeit, die den Kommissär wie auf glühenden Kohlen sitzen ließ. »Wenn wir nicht in den nächsten Roman kommen, ist es das reinste Wunder«, dachte er.
Der Schriftsteller blies Tschanz eine solche Rauchwolke ins Gesicht, daß der husten mußte, auch blieb es lange still im Zimmer, nicht einmal das Kind hörte man mehr schreien.
»Gastmann ist ein schlechter Mensch«, sagte endlich der Schriftsteller.
»Und trotzdem besuchen Sie ihn öfters, und nur, weil er gut kocht?« fragte Tschanz nach einem neuen Hustenanfall empört.
»Nur.«
»Das verstehe ich nicht.«
Der Schriftsteller lachte. Er sei eben auch eine Art Polizist, sagte er, aber ohne Macht, ohne Staat, ohne Gesetz und ohne Gefängnis hinter sich. Es sei auch *sein* Beruf, den Menschen auf die Finger zu sehen.
Tschanz schwieg verwirrt, und Bärlach sagte: »Ich verstehe«, und dann, nach einer Weile, als die Sonne im Fenster erlosch:
»Nun hat uns mein Untergebener Tschanz«, sagte der

Kommissär, »mit seinem übertriebenen Eifer in einen Engpaß hineingetrieben, aus dem ich mich wohl kaum mehr werde herausfinden können, ohne Haare zu lassen. Aber die Jugend hat auch etwas Gutes, genießen wir den Vorteil, daß uns ein Ochse in seinem Ungestüm den Weg bahnte (Tschanz wurde bei diesen Worten des Kommissärs rot vor Ärger). Bleiben wir bei den Fragen und bei den Antworten, die nun in Gottes Namen gefallen sind. Fassen wir die Gelegenheit beim Schopf. Wie denken Sie sich nun die Angelegenheit, mein Herr? Ist Gastmann fähig, als Mörder in Frage zu kommen?«

Im Zimmer war es nun rasch dunkler geworden, doch fiel es dem Schriftsteller nicht ein, Licht zu machen. Er setzte sich in die Fensternische, so daß die beiden Polizisten wie Gefangene in einer Höhle saßen.

»Ich halte Gastmann zu jedem Verbrechen fähig«, kam es brutal vom Fenster her, mit einer Stimme, die nicht ohne Heimtücke war. »Doch bin ich überzeugt, daß er den Mord an Schmied nicht begangen hat.«

»Sie kennen Gastmann«, sagte Bärlach.

»Ich mache mir ein Bild von ihm«, sagte der Schriftsteller.

»Sie machen sich *Ihr* Bild von ihm«, korrigierte der Alte kühl die dunkle Masse vor ihnen im Fensterrahmen.

»Was mich an ihm fasziniert, ist nicht so sehr seine Kochkunst, obgleich ich mich nicht so leicht für etwas anderes mehr begeistere, sondern die Möglichkeit eines Menschen, der nun wirklich ein Nihilist ist«, sagte der Schriftsteller. »Es ist immer atemberaubend, einem Schlagwort in Wirklichkeit zu begegnen.«

»Es ist vor allem immer atemberaubend, einem Schriftsteller zuzuhören«, sagte der Kommissär trocken.

»Vielleicht hat Gastmann mehr Gutes getan als wir drei zusammen, die wir hier in diesem schiefen Zimmer sitzen«, fuhr der Schriftsteller fort. »Wenn ich ihn schlecht nenne, so darum, weil er das Gute ebenso aus einer Laune, aus einem Einfall tut wie das Schlechte, welches ich ihm zutraue. Er wird nie das Böse tun, um etwas zu erreichen, wie andere ihre Verbrechen begehen, um Geld zu besit-

zen, eine Frau zu erobern oder Macht zu gewinnen, er wird es tun, wenn es sinnlos ist, vielleicht, denn bei ihm sind immer zwei Dinge möglich, das Schlechte und das Gute, und der Zufall entscheidet.«
»Sie folgern dies, als wäre es Mathematik«, entgegnete der Alte.
»Es ist auch Mathematik«, antwortete der Schriftsteller. »Man könnte sein Gegenteil im Bösen konstruieren, wie man eine geometrische Figur als Spiegelbild einer andern konstruiert, und ich bin sicher, daß es auch einen solchen Menschen gibt — irgendwo —, vielleicht werden Sie auch diesem begegnen. Begegnet man einem, begegnet man dem andern.«
»Das klingt wie ein Programm«, sagte der Alte.
»Nun, es ist auch ein Programm, warum nicht«, sagte der Schriftsteller. »So denke ich mir als Gastmanns Spiegelbild einen Menschen, der ein Verbrecher wäre, weil das Böse seine Moral, seine Philosophie darstellt, das er ebenso fanatisch täte, wie ein anderer aus Einsicht das Gute.«
Der Kommissär meinte, man solle nun doch lieber auf Gastmann zurückkommen, der liege ihm näher.
»Wie Sie wollen«, sagte der Schriftsteller, »kommen wir auf Gastmann zurück, Kommissär, zu diesem einen Pol des Bösen. Bei ihm ist das Böse nicht der Ausdruck einer Philosophie oder eines Triebes, sondern seiner Freiheit: der Freiheit des Nichts.«
»Für diese Freiheit gebe ich keinen Pfennig«, antwortete der Alte.
»Sie sollen auch keinen Pfennig dafür geben«, entgegnete der andere. »Aber man könnte sein Leben daran geben, diesen Mann und diese seine Freiheit zu studieren.«
»Sein Leben«, sagte der Alte.
Der Schriftsteller schwieg. Er schien nichts mehr sagen zu wollen.
»Ich habe es mit einem wirklichen Gastmann zu tun«, sagte der Alte endlich. »Mit einem Menschen, der bei Lamlingen auf der Ebene des Tessenberges wohnt und

Gesellschaften gibt, die einen Polizeileutnant das Leben gekostet haben. Ich sollte wissen, ob das Bild, das Sie mir gezeigt haben, das Bild Gastmanns ist oder jenes Ihrer Träume.«
»Unserer Träume«, sagte der Schriftsteller.
Der Kommissär schwieg.
»Ich weiß es nicht«, schloß der Schriftsteller und kam auf die beiden zu, sich zu verabschieden, nur Bärlach die Hand reichend, nur ihm: »Ich habe mich um dergleichen nie gekümmert. Es ist schließlich Aufgabe der Polizei, diese Frage zu untersuchen.«

Die zwei Polizisten gingen wieder zu ihrem Wagen, vom weißen Hündchen verfolgt, das sie wütend anbellte, und Tschanz setzte sich ans Steuer.
Er sagte: »Dieser Schriftsteller gefällt mir nicht.« Bärlach ordnete den Mantel, bevor er einstieg. Das Hündchen war auf eine Rebmauer geklettert und bellte weiter.
»Nun zu Gastmann«, sagte Tschanz und ließ den Motor anspringen. Der Alte schüttelte den Kopf.
»Nach Bern.«
Sie fuhren gegen Ligerz hinunter, hinein in ein Land, das sich ihnen in einer ungeheuren Tiefe öffnete. Weit ausgebreitet lagen die Elemente da: Stein, Erde, Wasser. Sie selbst fuhren im Schatten, aber die Sonne, hinter den Tessenberg gesunken, beschien noch den See, die Insel, die Hügel, die Vorgebirge, die Gletscher am Horizont und die übereinandergetürmten Wolkenungetüme, dahinschwimmend in den blauen Meeren des Himmels. Unbeirrbar schaute der Alte in dieses sich unaufhörlich ändernde Wetter des Vorwinters. Immer dasselbe, dachte er, wie es sich auch ändert, immer dasselbe. Doch wie die Straße sich jäh wandte und der See, ein gewölbter Schild, senkrecht unter ihnen lag, hielt Tschanz an.
»Ich muß mit Ihnen reden, Kommissär«, sagte er aufgeregt.

»Was willst du?« fragte Bärlach, die Felsen hinabschauend.
»Wir müssen Gastmann aufsuchen, es gibt keinen anderen Weg weiterzukommen, das ist doch logisch. Vor allem müssen wir die Diener verhören.«
Bärlach lehnte sich zurück und saß da, ein ergrauter, soignierter Herr, den Jungen neben sich aus seinen kalten Augenschlitzen ruhig betrachtend:
»Mein Gott, wir können nicht immer tun, was logisch ist, Tschanz. Lutz will nicht, daß wir Gastmann besuchen. Das ist verständlich, denn er mußte den Fall dem Bundesanwalt übergeben. Warten wir dessen Verfügung ab. Wir haben es eben mit heiklen Ausländern zu tun.« Bärlachs nachlässige Art machte Tschanz wild.
»Das ist doch Unsinn«, schrie er, »Lutz sabotiert mit seiner politischen Rücksichtnahme die Untersuchung. Von Schwendi ist sein Freund und Gastmanns Anwalt, da kann man sich doch sein Teil denken.«
Bärlach verzog nicht einmal sein Gesicht: »Es ist gut, daß wir allein sind, Tschanz. Lutz hat vielleicht etwas voreilig, aber mit guten Gründen gehandelt. Das Geheimnis liegt bei Schmied und nicht bei Gastmann.«
Tschanz ließ sich nicht beirren:
»Wir haben nichts anderes als die Wahrheit zu suchen«, rief er verzweifelt in die heranziehenden Wolkenberge hinein, »die Wahrheit und nur die Wahrheit, wer Schmieds Mörder ist!«
»Du hast recht«, wiederholte Bärlach, aber unpathetisch und kalt, »die Wahrheit, wer Schmieds Mörder ist.«
Der junge Polizist legte dem Alten die Hand auf die linke Schulter, schaute ihm ins undurchdringliche Antlitz:
»Deshalb haben wir mit allen Mitteln vorzugehen, und zwar gegen Gastmann. Eine Untersuchung muß lückenlos sein. Man kann nicht immer alles tun, was logisch ist, sagen Sie. Aber hier *müssen* wir es tun. Wir können Gastmann nicht überspringen.«
»Gastmann ist nicht der Mörder«, sagte Bärlach trocken.
»Die Möglichkeit besteht, daß Gastmann den Mord ange-

ordnet hat. Wir müssen seine Diener vernehmen!« entgegnete Tschanz.
»Ich sehe nicht den geringsten Grund, der Gastmann hätte veranlassen können, Schmied zu ermorden«, sagte der Alte. »Wir müssen den Täter dort suchen, wo die Tat einen Sinn hätte haben können, und dies geht nur den Bundesanwalt etwas an«, fuhr er fort.
»Auch der Schriftsteller hält Gastmann für den Mörder«, rief Tschanz aus.
»Auch du hältst ihn dafür?« fragte Bärlach lauernd.
»Auch ich, Kommissär.«
»Dann du allein«, stellte Bärlach fest. »Der Schriftsteller hält ihn nur zu jedem Verbrechen fähig, das ist ein Unterschied. Der Schriftsteller hat nichts über Gastmanns Taten ausgesagt, sondern nur über seine Potenz.«
Nun verlor der andere die Geduld. Er packte den Alten bei den Schultern.
»Jahrelang bin ich im Schatten gestanden, Kommissär«, keuchte er. »Immer hat man mich übergangen, mißachtet, als letzten Dreck benutzt, als besseren Briefträger!«
»Das gebe ich zu, Tschanz«, sagte Bärlach, unbeweglich in das verzweifelte Gesicht des Jungen starrend, »jahrelang bist du im Schatten dessen gestanden, der nun ermordet worden ist.«
»Nur weil er bessere Schulen hatte! Nur weil er Lateinisch konnte.«
»Du tust ihm Unrecht«, anwortete Bärlach, »Schmied war der beste Kriminalist, den ich je gekannt habe.«
»Und jetzt, da ich einmal eine Chance habe, soll alles wieder für nichts sein, soll meine einmalige Gelegenheit hinaufzukommen in einem blödsinnigen diplomatischen Spiel zugrunde gehen! Nur Sie können das noch ändern, Kommissär, sprechen Sie mit Lutz, nur Sie können ihn bewegen, mich zu Gastmann gehen zu lassen.«
»Nein, Tschanz«, sagte Bärlach, »ich kann das nicht.« Der andere rüttelte ihn wie einen Schulbuben, hielt ihn zwischen den Fäusten, schrie:
»Reden Sie mit Lutz, reden Sie!«

Doch der Alte ließ sich nicht erweichen: »Es geht nicht, Tschanz«, sagte er. »Ich bin nicht mehr für diese Dinge zu haben. Ich bin alt und krank. Da braucht man seine Ruhe. Du mußt dir selber helfen.«
»Gut«, sagte Tschanz, ließ plötzlich von Bärlach ab und ergriff wieder das Steuer, wenn auch totenbleich und zitternd. »Dann nicht. Sie können mir nicht helfen.«
Sie fuhren wieder gegen Ligerz hinunter.
»Du bist doch in Grindelwald in den Ferien gewesen? Pension Eiger?« fragte der Alte.
»Jawohl, Kommissär.«
»Still und nicht zu teuer?«
»Wie Sie sagen.«
»Gut, Tschanz, ich fahre morgen dorthin, um mich auszuruhen. Ich muß in die Höhe. Ich habe für eine Woche Krankenurlaub genommen.«
Tschanz antwortete nicht sofort. Erst als sie in die Straße Biel-Neuenburg einbogen, meinte er, und seine Stimme klang wieder wie sonst:
»Die Höhe tut nicht immer gut, Kommissär.«

Noch am selben Abend ging Bärlach zu seinem Arzt am Bärenplatz, Doktor Samuel Hungertobel. Die Lichter brannten schon, von Minute zu Minute brach eine immer finsterere Nacht herein. Bärlach schaute von Hungertobels Fenster auf den Platz hinunter, auf die wogende Flut der Menschen. Der Arzt packte seine Instrumente zusammen. Bärlach und Hungertobel kannten sich schon lange, sie waren zusammen auf dem Gymnasium gewesen.

»Das Herz ist gut«, sagte Hungertobel, »Gott sei Dank!«
»Hast du Aufzeichnungen über meinen Fall?« fragte ihn Bärlach.
»Eine ganze Aktenmappe«, antwortete der Arzt und wies auf einen Papierstoß auf dem Schreibtisch. »Alles deine Krankheit.«

»Du hast zu niemandem über meine Krankheit geredet, Hungertobel?« fragte der Alte.
»Aber Hans!« sagte der andere alte Mann, »das ist doch Arztgeheimnis.«
Drunten auf dem Platz fuhr ein blauer Mercedes vor, hielt zwischen anderen Wagen, die dort parkten. Bärlach sah genauer hin. Tschanz stieg aus, und ein Mädchen in weißem Regenmantel, über den das Haar in blonden Strähnen floß.
»Ist bei dir einmal eingebrochen worden, Fritz?« fragte der Kommissär.
»Wie kommst du darauf?«
»Nur so.«
»Einmal war mein Schreibtisch durcheinander«, gestand Hungertobel, »und deine Krankheitsgeschichte lag oben auf dem Schreibtisch. Geld fehlte keins, obschon ziemlich viel im Schreibtisch war.«
»Und warum hast du das nicht gemeldet?«
Der Arzt kratzte sich im Haar. »Geld fehlte, wie gesagt, keins, und ich wollte es eigentlich trotzdem melden. Aber dann habe ich es vergessen.«
»So«, sagte Bärlach, »du hast es vergessen. Bei dir wenigstens geht es den Einbrechern gut.« Und er dachte: »Daher weiß es also Gastmann.« Er schaute wieder auf den Platz hinunter. Tschanz trat nun mit dem Mädchen in das italienische Restaurant. »Am Tage seiner Beerdigung«, dachte Bärlach und wandte sich nun endgültig vom Fenster ab. Er sah Hungertobel an, der am Schreibtisch saß und schrieb.
»Wie steht es nun mit mir?«
»Hast du Schmerzen?«
Der Alte erzählte ihm seinen Anfall.
»Das ist schlimm, Hans«, sagte Hungertobel, »wir müssen dich innert drei Tagen operieren. Es geht nicht mehr anders.«
»Ich fühle mich jetzt wohl wie nie.«
»In vier Tagen wird ein neuer Anfall kommen, Hans«, sagte der Arzt, »und den wirst du nicht mehr überleben.«

»Zwei Tage habe ich also noch Zeit. Zwei Tage. Und am Morgen des dritten Tages wirst du mich operieren. Am Dienstagmorgen.«
»Am Dienstagmorgen«, sagte Hungertobel.
»Und dann habe ich noch ein Jahr zu leben, nicht wahr, Fritz?« sagte Bärlach und sah undurchdringlich wie immer auf seinen Schulfreund. Der sprang auf und ging durchs Zimmer.
»Wie kommst du auf solchen Unsinn!«
»Von dem, der meine Krankheitsgeschichte las.«
»Bist du der Einbrecher?« rief der Arzt erregt.
Bärlach schüttelte den Kopf: »Nein, nicht ich. Aber demnach ist es so, Fritz, nur noch ein Jahr.«
»Nur noch ein Jahr«, antwortete Hungertobel, setzte sich an der Wand seines Ordinationszimmers auf einen Stuhl und sah hilflos zu Bärlach hinüber, der in der Mitte des Zimmers stand, in ferner, kalter Einsamkeit, unbeweglich und demütig, vor dessen verlorenem Blick der Arzt nun die Augen senkte.

Gegen zwei Uhr nachts wachte Bärlach plötzlich auf. Er war früh zu Bett gegangen, hatte auch auf den Rat Hungertobels hin ein Mittel genommen, das erste Mal, so daß er zuerst sein heftiges Erwachen diesen ihm ungewohnten Vorkehrungen zuschrieb. Doch glaubte er wieder, durch irgendein Geräusch geweckt worden zu sein. Er war — wie oft, wenn wir mit einem Schlag wach werden — übernatürlich hellsichtig und klar; dennoch mußte er sich zuerst orientieren, und erst nach einigen Augenblicken — die uns dann Ewigkeiten scheinen — fand er sich zurecht. Er lag nicht im Schlafzimmer, wie es sonst seine Gewohnheit war, sondern in der Bibliothek; denn, auf eine schlechte Nacht vorbereitet, wollte er, wie er sich erinnerte, noch lesen, doch mußte ihn mit einem Male ein tiefer Schlaf übermannt haben. Seine Hände fuhren über den Leib, er war noch in Kleidern; nur eine Wolldecke

hatte er über sich gebreitet. Er horchte. Etwas fiel auf den Boden, es war das Buch, in dem er gelesen hatte. Die Finsternis des fensterlosen Raums war tief, aber nicht vollkommen; durch die offene Türe des Schlafzimmers drang schwaches Licht, von dort schimmerte der Schein der stürmischen Nacht. Er hörte von ferne den Wind aufheulen. Mit der Zeit erkannte er im Dunkeln ein Büchergestell und einen Stuhl, auch die Kante des Tisches, auf dem, wie er mühsam erkannte, noch immer der Revolver lag. Da spürte er plötzlich einen Luftzug, im Schlafzimmer schlug ein Fenster, dann schloß sich die Türe mit einem heftigen Schlag. Unmittelbar nachher hörte der Alte vom Korridor her ein leises Schnappen. Er begriff. Jemand hatte die Haustüre geöffnet und war in den Korridor gedrungen, jedoch ohne mit der Möglichkeit eines Luftzuges zu rechnen. Bärlach stand auf und machte an der Stehlampe Licht.
Er ergriff den Revolver und entsicherte ihn. Da machte auch der andere im Korridor Licht. Bärlach, der durch die halboffene Türe die brennende Lampe erblickte, war überrascht; denn er sah in dieser Handlung des Unbekannten keinen Sinn. Er begriff erst, als es zu spät war. Er sah die Silhouette eines Arms und einer Hand, die in die Lampe griff, dann leuchtete eine blaue Flamme auf, es wurde finster: der Unbekannte hatte die Lampe herausgerissen und einen Kurzschluß herbeigeführt. Bärlach stand in vollkommener Dunkelheit, der andere hatte den Kampf aufgenommen und die Bedingungen gestellt: Bärlach mußte im Finstern kämpfen. Der Alte umklammerte die Waffe und öffnete vorsichtig die Türe zum Schlafzimmer. Er betrat den Raum. Durch die Fenster fiel ungewisses Licht, zuerst kaum wahrnehmbar, das sich jedoch, wie sich das Auge daran gewöhnt hatte, verstärkte. Bärlach lehnte sich zwischen dem Bett und Fenster, das gegen den Fluß ging, an die Wand; das andere Fenster war rechts von ihm, es ging gegen das Nebenhaus. So stand er in undurchdringlichem Schatten, zwar benachteiligt, da er nicht ausweichen konnte, doch hoffte er, daß seine Un-

sichtbarkeit dies aufwöge. Die Türe zur Bibliothek lag im schwachen Licht der Fenster. Er mußte den Umriß des Unbekannten erblicken, wenn er sie durchschritt. Da flammte in der Bibliothek der feine Strahl einer Taschenlampe auf, glitt suchend über die Einbände, dann über den Fußboden, über den Sessel, schließlich über den Schreibtisch. Im Strahl lag das Schlangenmesser. Wieder sah Bärlach die Hand durch die offene Türe ihm gegenüber. Sie steckte in einem braunen Lederhandschuh, tastete über den Tisch, schloß sich um den Griff des Schlangenmessers. Bärlach hob die Waffe, zielte. Da erlosch die Taschenlampe. Unverrichteter Dinge ließ der Alte den Revolver wieder sinken, wartete. Er sah von seinem Platz aus durch das Fenster, ahnte die schwarze Masse des unaufhörlich fließenden Flusses, die aufgetürmte Stadt jenseits, die Kathedrale, wie ein Pfeil in den Himmel stechend, und darüber die treibenden Wolken. Er stand unbeweglich und erwartete den Feind, der gekommen war, ihn zu töten. Sein Auge bohrte sich in den ungewissen Ausschnitt der Türe. Er wartete. Alles war still, leblos. Dann schlug die Uhr im Korridor: Drei. Er horchte. Leise hörte er von ferne das Ticken der Uhr. Irgendwo hupte ein Automobil, dann fuhr es vorüber. Leute von einer Bar. Einmal glaubte er, atmen zu hören, doch mußte er sich getäuscht haben. So stand er da, und irgendwo in seiner Wohnung stand der andere, und die Nacht war zwischen ihnen, diese geduldige, grausame Nacht, die unter ihrem schwarzen Mantel die tödliche Schlange barg, das Messer, das sein Herz suchte. Der Alte atmete kaum. Er stand da und umklammerte die Waffe, kaum daß er fühlte, wie kalter Schweiß über seinen Nacken floß. Er dachte an nichts mehr, nicht mehr an Gastmann, nicht mehr an Lutz, auch nicht mehr an die Krankheit, die an seinem Leibe fraß, Stunde um Stunde, im Begriff, das Leben zu zerstören, das er nun verteidigte, voll Gier zu leben und nur zu leben. Er war nur noch ein Auge, das die Nacht durchforschte, nur noch ein Ohr, das den kleinsten Laut überprüfte, nur noch eine Hand, die sich um das kühle Metall

der Waffe schloß. Doch nahm er endlich die Gegenwart des Mörders anders wahr, als er geglaubt hatte; er spürte an seiner Wange eine ungewisse Kälte, eine geringe Veränderung der Luft. Lange konnte er sich das nicht erklären, bis er erriet, daß sich die Türe, die vom Schlafzimmer ins Eßzimmer führte, geöffnet hatte. Der Fremde hatte seine Überlegung zum zweiten Male durchkreuzt, er war auf einem Umweg ins Schlafzimmer gedrungen, unsichtbar, unhörbar, unaufhaltsam, in der Hand das Schlangenmesser. Bärlach wußte nun, daß er den Kampf beginnen, daß er zuerst handeln mußte, er, der alte, todkranke Mann, den Kampf um ein Leben, das nur noch ein Jahr dauern konnte, wenn alles gutging, wenn Hungertobel gut und richtig schnitt.
Bärlach richtete den Revolver gegen das Fenster, das nach der Aare sah. Dann schoß er, dann noch einmal, dreimal im ganzen, schnell und sicher durch die zersplitternde Scheibe hinaus in den Fluß, dann ließ er sich nieder. Über ihm zischte es, es war das Messer, das nun federnd in der Wand steckte. Aber schon hatte der Alte erreicht, was er wollte: im andern Fenster wurde es Licht, es waren die Leute des Nebenhauses, die sich nun aus ihren geöffneten Fenstern bückten; zu Tode erschrocken und verwirrt starrten sie in die Nacht. Bärlach richtete sich auf. Das Licht des Nebenhauses erleuchtete das Schlafzimmer, undeutlich sah er noch in der Eßzimmertüre den Schatten einer Gestalt, dann schlug die Haustüre zu, hernach durch den Luftzug die Türe zur Bibliothek, dann die zum Eßzimmer, ein Schlag nach dem andern, das Fenster klappte, darauf war es still. Die Leute vom Nebenhaus starrten immer noch in die Nacht. Der Alte rührte sich nicht an seiner Wand, in der Hand immer noch die Waffe. Er stand da, unbeweglich, als spüre er die Zeit nicht mehr. Die Leute zogen sich zurück, das Licht erlosch. Bärlach stand an der Wand, wieder in der Dunkelheit, eins mit ihr, allein im Haus.

Nach einer halben Stunde ging er in den Korridor und suchte seine Taschenlampe. Er telephonierte Tschanz, er solle kommen. Dann vertauschte er die zerstörte Sicherung mit einer neuen, das Licht brannte wieder. Bärlach setzte sich in seinen Lehnstuhl, horchte in die Nacht. Ein Wagen fuhr draußen vor, bremste jäh. Wieder ging die Haustüre, wieder hörte er einen Schritt. Tschanz betrat den Raum.
»Man versuchte, mich zu töten«, sagte der Kommissär. Tschanz war bleich. Er trug keinen Hut, die Haare hingen ihm wirr in die Stirne, und unter dem Wintermantel kam das Pyjama hervor. Sie gingen zusammen ins Schlafzimmer. Tschanz zog das Messer aus der Wand, mühselig, denn es hatte sich tief in das Holz eingegraben.
»Mit dem?« fragte er.
»Mit dem, Tschanz.«
Der junge Polizist besah sich die zersplitterte Scheibe.
»Sie haben ins Fenster hineingeschossen, Kommissär?« fragte er verwundert.
Bärlach erzählte ihm alles. »Das Beste, was Sie tun konnten«, brummte der andere.
»Sie gingen in den Korridor, und Tschanz hob die Glühbirne vom Boden.
»Schlau«, meinte er, nicht ohne Bewunderung, und legte sie wieder weg. Dann gingen sie in die Bibliothek zurück. Der Alte streckte sich auf den Diwan, zog die Decke über sich, lag da, hilflos, plötzlich uralt und wie zerfallen. Tschanz hielt immer noch das Schlangenmesser in der Hand. Er fragte:
»Konnten Sie denn den Einbrecher nicht erkennen?«
»Nein. Er war vorsichtig und zog sich schnell zurück. Ich konnte nur einmal sehen, daß er braune Lederhandschuhe trug.«
»Das ist wenig.«
»Das ist nichts. Aber wenn ich ihn auch nicht sah, kaum seinen Atem hörte, ich weiß, wer es gewesen ist. Ich weiß es; ich weiß es.«
Das alles sagte der Alte fast unhörbar. Tschanz wog in sei-

ner Hand das Messer, blickte auf die graue, liegende Gestalt, auf diesen alten, müden Mann, auf diese Hände, die neben dem zerbrechlichen Leib wie verwelkte Blumen neben einem Toten lagen. Dann sah er des Liegenden Blick. Ruhig, undurchdringlich und klar waren Bärlachs Augen auf ihn gerichtet. Tschanz legte das Messer auf den Schreibtisch.
»Morgen müssen Sie nach Grindelwald, Sie sind krank. Oder wollen Sie lieber doch nicht gehen? Es ist vielleicht nicht das richtige, die Höhe. Es ist nun dort Winter.«
»Doch, ich gehe.«
»Dann müssen Sie noch etwas schlafen. Soll ich bei Ihnen wachen?«
»Nein, geh nur, Tschanz«, sagte der Kommissär.
»Gute Nacht«, sagte Tschanz und ging langsam hinaus. Der Alte antwortete nicht mehr, er schien schon zu schlafen. Tschanz öffnete die Haustüre, trat hinaus, schloß sie wieder. Langsam ging er die wenigen Schritte bis zur Straße, schloß auch die Gartentüre, die offen war. Dann kehrte er sich gegen das Haus zurück. Es war immer noch finstere Nacht. Alle Dinge waren verloren in dieser Dunkelheit, auch die Häuser nebenan. Nur weit oben brannte eine Straßenlampe, ein verlorener Stern in einer düsteren Finsternis, voll von Traurigkeit, voll vom Rauschen des Flusses. Tschanz stand da, und plötzlich stieß er einen leisen Fluch aus. Sein Fuß stieß die Gartentüre wieder auf, entschlossen schritt er über den Gartenweg bis zur Haustüre, den Weg, den er gegangen, noch einmal zurückgehend. Er ergriff die Falle und drückte sie nieder. Aber die Haustüre war jetzt verschlossen.

Bärlach erhob sich um sechs, ohne geschlafen zu haben. Es war Sonntag. Der Alte wusch sich, legte auch andere Kleider an. Dann telephonierte er einem Taxi, essen wollte er im Speisewagen. Er nahm den warmen Wintermantel und verließ die Wohnung, trat in den grauen Morgen hinaus, doch trug er keinen Koffer bei sich. Der Himmel war klar. Ein verbummelter Student wankte vorbei,

nach Bier stinkend, grüßte. »Der Blaser«, dachte Bärlach, »schon zum zweiten Male durchs Physikum gefallen, der arme Kerl. Da fängt man an zu saufen.« Das Taxi fuhr heran, hielt. Es war ein großer amerikanischer Wagen. Der Chauffeur hatte den Kragen hochgeschlagen. Bärlach sah kaum die Augen. Der Chauffeur öffnete.
»Bahnhof«, sagte Bärlach und stieg ein. Der Wagen setzte sich in Bewegung.
»Nun«, sagte eine Stimme neben ihm, »wie geht es dir? Hast du gut geschlafen?«
Bärlach wandte den Kopf. In der anderen Ecke saß Gastmann. Er war in einem hellen Regenmantel und hielt die Arme verschränkt. Die Hände steckten in braunen Lederhandschuhen. So saß er da wie ein alter, spöttischer Bauer. Vorne wandte der Chauffeur sein Gesicht nach hinten, grinste. Der Kragen war jetzt nicht mehr hochgeschlagen, es war einer der Diener. Bärlach begriff, daß er in eine Falle gegangen war.
»Was willst du wieder von mir?« fragte der Alte.
»Du spürst mir immer noch nach. Du warst beim Schriftsteller«, sagte der in der Ecke, und seine Stimme klang drohend.
»Das ist mein Beruf.«
Der andere ließ kein Auge von ihm: »Es ist noch jeder umgekommen, der sich mit mir beschäftigt hat, Bärlach.«
Der vorne fuhr wie der Teufel den Aagauerstalden hinauf.
»Ich lebe noch. Und ich habe mich immer mit dir beschäftigt«, antwortete der Kommissär gelassen.
Die beiden schwiegen.
Der Chauffeur fuhr in rasender Geschwindigkeit gegen den Viktoriaplatz. Ein alter Mann humpelte über die Straße und konnte sich nur mit Mühe retten.
»Gebt doch acht«, sagte Bärlach ärgerlich.
»Fahr schneller«, rief Gastmann schneidend und musterte den Alten spöttisch. »Ich liebe die Geschwindigkeit der Maschinen.«
Der Kommissär fröstelte. Er liebte die luftleeren Räume

nicht. Sie rasten über eine Brücke, an einem Tram vorbei und näherten sich über das silberne Band des Flusses tief unter ihnen pfeilschnell der Stadt, die sich ihnen willig öffnete. Die Gassen waren noch öde und verlassen, der Himmel über der Stadt gläsern.
»Ich rate dir, das Spiel aufzugeben. Es wäre Zeit, deine Niederlage einzusehen«, sagte Gastmann und stopfte seine Pfeife.
Der Alte sah nach den dunklen Wölbungen der Lauben, an denen sie vorüberfuhren, nach den schattenhaften Gestalten zweier Polizisten, die vor der Buchhandlung Lang standen.
»Geißbühler und Zumsteg«, dachte er, und dann: »Den Fontane sollte ich doch endlich einmal zahlen.«
»Unser Spiel«, antwortete er endlich, »können wir nicht aufgeben. Du bist in jener Nacht in der Türkei schuldig geworden, weil du die Wette geboten hast, Gastmann, und ich, weil ich sie angenommen habe.«
Sie fuhren am Bundeshaus vorbei.
»Du glaubst immer noch, ich hätte den Schmied getötet?« fragte der andere.
»Ich habe keinen Augenblick daran geglaubt«, antwortete der Alte und fuhr dann fort, gleichgültig zusehend, wie der andere seine Pfeife in Brand steckte:
»Es ist mir nicht gelungen, dich der Verbrechen zu überführen, die du begangen hast, nun werde ich dich eben dessen überführen, das du nicht begangen hast.«
Gastmann schaute den Kommissär prüfend an.
»Auf diese Möglichkeit bin ich noch gar nicht gekommen«, sagte er. »Ich werde mich vorsehen müssen.«
Der Kommissär schwieg.
»Vielleicht bist du ein gefährlicher Bursche, als ich dachte, alter Mann«, meinte Gastmann in seiner Ecke nachdenklich.
Der Wagen hielt. Sie waren am Bahnhof.
»Es ist das letzte Mal, daß ich mit dir rede, Bärlach«, sagte Gastmann. »Das nächste Mal werde ich dich töten, gesetzt, daß du deine Operation überstehst.«

»Du irrst dich«, sagte Bärlach, der auf dem morgendlichen Platz stand, alt und leicht frierend. »Du wirst mich nicht töten. Ich bin der einzige, der dich kennt, und so bin ich auch der einzige, der dich richten kann. Ich habe dich gerichtet, Gastmann, ich habe dich zum Tode verurteilt. Du wirst den heutigen Tag nicht mehr überleben. Der Henker, den ich ausersehen habe, wird heute zu dir kommen. Er wird dich töten, denn das muß nun eben einmal in Gottes Namen getan werden.«
Gastmann zuckte zusammen und starrte den Alten verwundert an, doch dieser ging in den Bahnhof hinein, die Hände im Mantel vergraben, ohne sich umzukehren, hinein in das dunkle Gebäude, das sich langsam mit Menschen füllte.
»Du Narr!« schrie Gastmann nun plötzlich dem Kommissär nach, so laut, daß sich einige Passanten umdrehten. »Du Narr!« Doch Bärlach war nicht mehr zu sehen.

Der Tag, der nun immer mehr heraufzog, war klar und mächtig, die Sonne, ein makelloser Ball, warf harte und lange Schatten, sie, höher rollend, nur wenig verkürzend. Die Stadt lag da, eine weiße Muschel, das Licht aufsaugend, in ihren Gassen verschluckend, um es nachts mit tausend Lichtern wieder auszuspeien, ein Ungeheuer, das immer neue Menschen gebar, zersetzte, begrub. Immer strahlender wurde der Morgen, ein leuchtender Schild über dem Verhallen der Glocken. Tschanz wartete, bleich im Licht, das von den Mauern prallte, eine Stunde lang. Er ging unruhig in den Lauben vor der Kathedrale auf und ab, sah auch zu den Wasserspeiern hinauf, wilden Fratzen, die auf das Pflaster starrten, das im Sonnenlicht lag. Endlich öffneten sich die Portale. Der Strom der Menschen war gewaltig, Lüthi hatte gepredigt, doch sah er sofort den weißen Regenmantel. Anna kam auf ihn zu. Sie sagte, daß sie sich freue, ihn zu sehen, und gab ihm die Hand. Sie gingen die Keßlergasse hinauf, mitten im

Schwarm der Kirchgänger, umgeben von alten und jungen Leuten, hier ein Professor, da eine sonntäglich herausgeputzte Bäckersfrau, dort zwei Studenten mit einem Mädchen, einige Dutzend Beamte, Lehrer, alle sauber, alle gewaschen, alle hungrig, alle sich auf ein besseres Essen freuend. Sie erreichten den Kasinoplatz, überquerten ihn und gingen ins Marzili hinunter. Auf der Brücke blieben sie stehen.
»Fräulein Anna«, sagte Tschanz, »heute werde ich Ulrichs Mörder stellen.«
»Wissen Sie denn, wer es ist?« fragte sie überrascht.
»Er schaute sie an. Sie stand vor ihm, bleich und schmal.
»Ich glaube zu wissen«, sagte er. »Werden Sie mir, wenn ich ihn gestellt habe«, er zögerte etwas in seiner Frage, »das gleiche wie Ihrem verstorbenen Bräutigam sein?«
Anna antwortete nicht sofort. Sie zog ihren Mantel enger zusammen, als fröre sie. Ein leichter Wind stieg auf, brachte ihre blonden Haare durcheinander, aber dann sagte sie: »So wollen wir es halten.«
Sie gaben sich die Hand, und Anna ging ans andere Ufer. Er sah ihr nach. Ihr weißer Mantel leuchtete zwischen den Birkenstämmen, tauchte zwischen Spaziergängern unter, kam wieder hervor, verschwand endlich. Dann ging er zum Bahnhof, wo er den Wagen gelassen hatte. Er fuhr nach Ligerz. Es war gegen Mittag, als er ankam; denn er fuhr langsam, hielt manchmal auch an, ging rauchend in die Felder hinein, kehrte wieder zum Wagen zurück, fuhr weiter. Er hielt in Ligerz vor der Station, stieg dann die Treppe zur Kirche empor. Er war ruhig geworden. Der See war tiefblau, die Reben entlaubt und die Erde zwischen ihnen braun und locker. Doch Tschanz sah nichts und kümmerte sich um nichts. Er stieg unaufhaltsam und gleichmäßig hinauf, ohne sich umzukehren und ohne innezuhalten. Der Weg führte steil bergan, von weißen Mauern eingefaßt, ließ Rebberg um Rebberg zurück. Tschanz stieg immer höher, ruhig, langsam, unbeirrbar, die rechte Hand in der Manteltasche. Manchmal kreuzte eine Eidechse seinen Weg, Bussarde stiegen auf, das Land

zitterte im Feuer der Sonne, als wäre es Sommer; er stieg unaufhaltsam. Später tauchte er in den Wald ein, die Reben verlassend. Es wurde kühler. Zwischen den Stämmen leuchteten die weißen Jurafelsen. Er stieg immer höher hinan, immer im gleichen Schritt gehend, immer im gleichen stetigen Gang vorrückend, und betrat die Felder. Es war Acker- und Weideland; der Weg stieg sanfter. Er schritt an einem Friedhof vorbei, ein Rechteck, von einer grauen Mauer eingefaßt, mit weit offenem Tor. Schwarzgekleidete Frauen schritten auf den Wegen, ein alter gebückter Mann stand da, schaute dem Vorbeiziehenden nach, der immer weiterschritt, die rechte Hand in der Manteltasche.

Er erreichte Prêles, schritt am Hotel Bären vorbei und wandte sich gegen Lamboing. Die Luft über der Hochebene stand unbewegt und ohne Dunst. Die Gegenstände, auch die entferntesten, traten überdeutlich hervor. Nur der Grat des Chasserals war mit Schnee bedeckt, sonst leuchtete alles in einem hellen Braun, durchbrochen vom Weiß der Mauern und dem Rot der Dächer, von den schwarzen Bändern der Äcker. Gleichmäßig schritt Tschanz weiter; die Sonne schien ihm in den Rücken und warf seinen Schatten vor ihm her. Die Straße senkte sich, er schritt gegen die Sägerei, nun schien die Sonne seitlich. Er schritt weiter, ohne zu denken, ohne zu sehen, nur von *einem* Willen getrieben, von *einer* Leidenschaft beherrscht. Ein Hund bellte irgendwo, dann kam er heran, beschnupperte den stetig Vordringenden, lief wieder weg. Tschanz ging weiter, immer auf der rechten Straßenseite, einen Schritt um den andern, nicht langsamer, nicht schneller, dem Haus entgegen, das nun im Braun der Felder auftauchte, von kahlen Pappeln umrahmt. Tschanz verließ den Weg und schritt über die Felder. Seine Schuhe versanken in der warmen Erde eines ungepflügten Ackers, er schritt weiter. Dann erreichte er das Tor. Es war offen, Tschanz schritt hindurch. Im Hof stand ein amerikanischer Wagen. Tschanz achtete nicht auf ihn. Er ging zur Haustüre. Auch sie war offen. Tschanz betrat einen Vor-

raum, öffnete eine zweite Türe und schritt dann in eine Halle hinein, die das Parterre einnahm. Tschanz blieb stehen. Durch die Fenster ihm gegenüber fiel grelles Licht. Vor ihm, nicht fünf Schritt entfernt, stand Gastmann und neben ihm riesenhaft die Diener, unbeweglich und drohend, zwei Schlächter. Alle drei waren in Mänteln, Koffer neben sich getürmt, alle drei waren reisefertig.
Tschanz blieb stehen.
»Sie sind es also«, sagte Gastmann und sah leicht verwundert das ruhige, bleiche Gesicht des Polizisten und hinter diesem die noch offene Türe.
Dann fing er an zu lachen: »So meinte es der Alte! Nicht ungeschickt, ganz und gar nicht ungeschickt!«
Gastmanns Augen waren weit aufgerissen, und eine gespenstische Heiterkeit leuchtete in ihnen auf.
Ruhig, ohne ein Wort zu sprechen und fast langsam nahm einer der zwei Schlächter einen Revolver aus der Tasche und schoß. Tschanz fühlte an der linken Achsel einen Schlag, riß die Rechte aus der Tasche und warf sich auf die Seite. Dann schoß er dreimal in das nun wie in einem leeren, unendlichen Raume verhallende Lachen Gastmanns hinein.

Von Tschanz durchs Telephon verständigt, eilte Charnel von Lamboing herbei, von Twann Clenin, und von Biel kam das Überfallkommando. Man fand Tschanz blutend bei den Leichen, ein weiterer Schuß hatte ihn am linken Unterarm getroffen. Das Gefecht mußte kurz gewesen sein, doch hatte jeder der drei nun Getöteten noch geschossen. Bei jedem fand man einen Revolver, der eine der Diener hielt den seinen mit der Hand umklammert. Was sich nach dem Eintreffen Charnels weiter ereignete, konnte Tschanz nicht mehr erkennen. Als ihn der Arzt von Neuveville verband, fiel er zweimal in Ohnmacht; doch erwiesen sich die Wunden nicht als gefährlich. Später kamen Dorfbewohner, Bauern, Arbeiter, Frauen. Der

Hof war überfüllt, und die Polizei sperrte ab; einem Mädchen aber gelang es, bis in die Halle zu dringen, wo es sich, laut schreiend, über Gastmann warf. Es war die Kellnerin, Charnels Braut. Er stand dabei, rot vor Wut. Dann brachte man Tschanz mitten durch die zurückweichenden Bauern in den Wagen.

»Da liegen sie alle drei«, sagte Lutz am andern Morgen und wies auf die Toten, aber seine Stimme klang nicht triumphierend, sie klang traurig und müde.

Von Schwendi nickte konsterniert. Der Oberst war mit Lutz im Auftrag seines Klienten nach Biel gefahren. Sie hatten den Raum betreten, in dem die Leichen lagen. Durch ein kleines, vergittertes Fenster fiel ein schräger Lichtstrahl. Die beiden standen da in ihren Mänteln und froren. Lutz hatte rote Augen. Die ganze Nacht hatte er sich mit Gastmanns Tagebüchern beschäftigt, mit schwer leserlichen, stenographierten Dokumenten.

Lutz vergrub seine Hände tiefer in die Taschen. »Da stellen wir Menschen aus Angst voreinander Staaten auf, von Schwendi«, hob er fast leise wieder an, »umgeben uns mit Wächtern jeder Art, mit Polizisten, mit Soldaten, mit einer öffentlichen Meinung, aber was nützt es uns?« Lutzens Gesicht verzerrte sich, seine Augen traten hervor, und er lachte ein hohles, meckerndes Gelächter in den Raum hinein, der sie kalt und arm umgab. »Ein Hohlkopf an der Spitze einer Großmacht, Nationalrat, und schon werden wir weggeschwemmt, ein Gastmann, und schon sind unsere Ketten durchbrochen, die Vorposten umgangen.«

Von Schwendi sah ein, daß es am besten war, den Untersuchungsrichter auf realen Boden zu bringen, wußte aber nicht recht, wie. »Unsere Kreise werden eben von allen möglichen Leuten geradezu schamlos ausgenützt«, sagte er endlich.

»Es ist peinlich, überaus peinlich.«

»Niemand hatte eine Ahnung«, beruhigte ihn Lutz.

»Und Schmied?« fragte der Nationalrat, froh, auf ein Stichwort gekommen zu sein.

»Wir haben bei Gastmann eine Mappe gefunden, die Schmied gehörte. Sie enthielt Angaben über Gastmanns Leben und Vermutungen über dessen Verbrechen. Schmied versuchte, Gastmann zu stellen. Er tat dies als Privatperson. Ein Fehler, den er büßen mußte; denn es ist bewiesen, daß Gastmann auch Schmied ermorden ließ: Schmied muß mit der Waffe getötet worden sein, die einer der Diener in der Hand hielt, als ihn Tschanz erschoß. Die Untersuchung der Waffe hat dies sofort bestätigt. Auch der Grund seiner Ermordung ist klar: Gastmann fürchtete, durch Schmied entlarvt zu werden. Schmied hätte sich uns anvertrauen sollen. Aber er war jung und ehrgeizig.«
Bärlach betrat die Totenkammer. Als Lutz den Alten sah, wurde er melancholisch und verbarg die Hände wieder in seinen Taschen. »Nun, Kommissär«, sagte er und trat von einem Bein auf das andere, »es ist schön, daß wir uns hier treffen. Sie sind rechtzeitig von Ihrem Urlaub zurück, und ich kam auch nicht zu spät mit meinem Nationalrat hergebraust. Die Toten sind serviert. Wir haben uns viel gestritten, Bärlach, ich war für eine ausgeklügelte Polizei mit allen Schikanen, am liebsten hätte ich sie noch mit der Atombombe versehen, und Sie, Kommissär, mehr für etwas Menschliches, für eine Art Landjägertruppe aus biederen Großvätern. Begraben wir den Streit. Wir hatten beide unrecht, Tschanz hat uns ganz unwissenschaftlich mit seinem bloßen Revolver widerlegt. Ich will nicht wissen, wie. Nun gut, es war Notwehr, wir müssen es ihm glauben, und wir dürfen ihm glauben. Die Beute hat sich gelohnt, die Erschossenen verdienen tausendmal den Tod, wie die schöne Redensart heißt, und wenn es nach der Wissenschaft gegangen wäre, schnüffelten wir jetzt bei fremden Diplomaten herum. Ich werde Tschanz befördern müssen; aber wie Esel stehen wir da, wir beide. Der Fall Schmied ist abgeschlossen.«
Lutz senkte den Kopf, verwirrt durch das rätselhafte Schweigen des Alten, sank in sich zusammen, wurde plötzlich wieder der korrekte, sorgfältige Beamte, räus-

perte sich und wurde, wie er den noch immer verlegenen von Schwendi bemerkte, rot; dann ging er, vom Oberst begleitet, langsam hinaus in das Dunkel irgendeines Korridors und ließ Bärlach allein zurück. Die Leichen lagen auf Tragbahren und waren mit schwarzen Tüchern zugedeckt. Von den kahlen, grauen Wänden blätterte der Gips. Bärlach trat zu der mittleren Bahre und deckte den Toten auf. Es war Gastmann. Bärlach stand leicht über ihn gebeugt, das schwarze Tuch noch in der linken Hand. Schweigend schaute er auf das wächserne Antlitz des Toten nieder, auf den immer noch heiteren Zug der Lippen, doch waren die Augenhöhlen jetzt noch tiefer, und es lauerte nichts Schreckliches mehr in diesen Abgründen. So trafen sie sich zum letzten Male, der Jäger und das Wild, das nun erledigt zu seinen Füßen lag. Bärlach ahnte, daß sich nun das Leben *beider* zu Ende gespielt hatte, und noch einmal glitt sein Blick durch die Jahre hindurch, legte sein Geist den Weg durch die geheimnisvollen Gänge des Labyrinths zurück, das beider Leben war. Nun blieb zwischen ihnen nichts mehr als die Unermeßlichkeit des Todes, ein Richter, dessen Urteil das Schweigen ist. Bärlach stand immer noch gebückt, und das fahle Licht der Zelle lag auf seinem Gesicht und auf seinen Händen, umspielte auch die Leiche, für beide geltend, für beide erschaffen, beide versöhnend. Das Schweigen des Todes sank auf ihn, kroch in ihn hinein, aber es gab ihm keine Ruhe wie dem andern. Die Toten haben immer recht. Langsam deckte Bärlach das Gesicht Gastmanns wieder zu. Das letzte Mal, daß er ihn sah; von nun an gehörte sein Feind dem Grab. Nur *ein* Gedanke hatte ihn jahrelang beherrscht; den zu vernichten, der nun im kahlen, grauen Raume zu seinen Füßen lag, vom niederfallenden Gips wie mit leichtem, spärlichem Schnee bedeckt; und nun war dem Alten nichts mehr geblieben als ein müdes Zudecken, als eine demütige Bitte um Vergessen, die einzige Gnade, die ein Herz besänftigen kann, das ein wütendes Feuer verzehrt.

Dann, noch am gleichen Tag, Punkt acht, betrat Tschanz das Haus des Alten im Altenberg, von ihm dringend für diese Stunde hergebeten. Ein junges Dienstmädchen mit weißer Schürze hatte ihm zu seiner Verwunderung geöffnet, und wie er in den Korridor kam, hörte er aus der Küche das Kochen und Brodeln von Wasser und Speisen, das Klirren von Geschirr. Das Dienstmädchen nahm ihm den Mantel von den Schultern. Er trug den linken Arm in der Schlinge; trotzdem war er im Wagen gekommen. Das Mädchen öffnete ihm die Türe zum Eßzimmer, und erstarrt blieb Tschanz stehen: der Tisch war feierlich für zwei Personen gedeckt. In einem Leuchter brannten Kerzen, und an einem Ende des Tisches saß Bärlach in einem Lehnstuhl, von den stillen Flammen rot beschienen, ein unerschütterliches Bild der Ruhe.
»Nimm Platz, Tschanz«, rief der Alte seinem Gast entgegen und wies auf einen zweiten Lehnstuhl, der an den Tisch gerückt war. Tschanz setzte sich betäubt.
»Ich wußte nicht, daß ich zu einem Essen komme«, sagte er endlich.
»Wir müssen deinen Sieg feiern«, antwortete der Alte ruhig und schob den Leuchter etwas auf die Seite, so daß sie sich voll ins Gesicht sahen. Dann klatschte er in die Hände. Die Türe öffnete sich, und eine stattliche, rundliche Frau brachte eine Platte, die bis zum Rande überhäuft war mit Sardinen, Krebsen, Salaten von Gurken, Tomaten, Erbsen, besetzt mit Bergen von Mayonnaise und Eiern, dazwischen kalter Aufschnitt, Hühnerfleisch und Lachs. Der Alte nahm von allem. Tschanz, der sah, was für eine Riesenportion der Magenkranke aufschichtete, ließ sich in seiner Verwunderung nur etwas Kartoffelsalat geben.
»Was wollen wir trinken?« sagte Bärlach, »Ligerzer?«
»Gut, Ligerzer«, antwortete Tschanz wie träumend. Das Dienstmädchen kam und schenkte ein. Bärlach fing an zu essen, nahm dazu Brot, verschlang den Lachs, die Sardinen, das Fleisch der roten Krebse, den Aufschnitt, die Salate, die Mayonnaise und den kalten Braten, klatschte in

die Hände, verlangte noch einmal. Tschanz, wie starr, war noch nicht mit seinem Kartoffelsalat fertig. Bärlach ließ sich das Glas zum dritten Male füllen.
»Nun die Pasteten und den roten Neuenburger«, rief er. Die Teller wurden gewechselt, Bärlach ließ sich drei Pasteten auf den Teller legen, gefüllt mit Gänseleber, Schweinefleisch und Trüffeln.
»Sie sind doch krank, Kommissär«, sagte Tschanz endlich zögernd.
»Heute nicht, Tschanz, heute nicht. Ich feiere, daß ich Schmieds Mörder endlich gestellt habe!«
Er trank das zweite Glas Roten aus und fing die dritte Pastete an, pausenlos essend, gierig die Speisen dieser Welt in sich hineinschlingend, zwischen den Kiefern zermalmend, ein Dämon, der einen unendlichen Hunger stillte. An der Wand zeichnete sich, zweimal vergrößert, in wilden Schatten seine Gestalt ab, die kräftigen Bewegungen der Arme, das Senken des Kopfes, gleich dem Tanz eines triumphierenden Negerhäuptlings. Tschanz sah voll Entsetzen nach diesem unheimlichen Schauspiel, das der Todkranke bot. Unbeweglich saß er da, ohne zu essen, ohne den geringsten Bissen zu sich zu nehmen, nicht einmal am Glas nippte er. Bärlach ließ sich Kalbskoteletts, Reis, Pommes frites und grünen Salat bringen, dazu Champagner. Tschanz zitterte.
»Sie verstellen sich«, keuchte er, »Sie sind nicht krank!« Der andere antwortete nicht sofort. Zuerst lachte er, und dann beschäftigte er sich mit dem Salat, jedes Blatt einzeln genießend. Tschanz wagte nicht, den grauenvollen Alten ein zweites Mal zu fragen.
»Ja, Tschanz«, sagte Bärlach endlich, und seine Augen funkelten wild, »ich habe mich verstellt. Ich war nie krank«, und er schob sich ein Stück Kalbfleisch in den Mund, aß weiter, unaufhörlich, unersättlich.
Da begriff Tschanz, daß er in eine heimtückische Falle geraten war, deren Türe nun hinter ihm ins Schloß schnappte. Kalter Schweiß brach aus seinen Poren. Das Entsetzen umklammerte ihn mit immer stärkeren Armen.

Die Erkenntnis seiner Lage kam zu spät, es gab keine Rettung mehr.
»Sie wissen es, Kommissär«, sagte er leise.
»Ja, Tschanz, ich weiß es«, sagte Bärlach fest und ruhig, aber ohne dabei die Stimme zu heben, als spräche er von etwas Gleichgültigem. »Du bist Schmieds Mörder.« Dann griff er nach dem Glas Champagner und leerte es in einem Zug.
»Ich habe es immer geahnt, daß Sie es wissen«, stöhnte der andere fast unhörbar.
Der Alte verzog keine Miene. Es war, als ob ihn nichts mehr interessiere als dieses Essen; unbarmherzig häufte er sich den Teller zum zweitenmal voll mit Reis, goß Sauce darüber, türmte ein Kalbskotelett obenauf. Noch einmal versuchte sich Tschanz zu retten, sich gegen den teuflischen Esser zur Wehr zu setzen.
»Die Kugel stammt aus dem Revolver, den man beim Diener gefunden hat«, stellte er trotzig fest. Aber seine Stimme klang verzagt.
In Bärlachs zusammengekniffenen Augen wetterleuchtete es verächtlich. »Unsinn, Tschanz. Du weißt genau, daß es *dein* Revolver ist, den der Diener in der Hand hielt, als man ihn fand. Du selbst hast ihn dem Toten in die Hand gedrückt. Nur die Entdeckung, daß Gastmann ein Verbrecher war, verhinderte, dein Spiel zu durchschauen.«
»Das werden Sie mir *nie* beweisen können«, lehnte sich Tschanz verzweifelt auf.
Der Alte reckte sich in seinem Stuhl, nun nicht mehr krank und zerfallen, sondern mächtig und gelassen, das Bild einer übermenschlichen Überlegenheit, ein Tiger, der mit seinem Opfer spielt, und trank den Rest des Champagners aus. Dann ließ er sich von der unaufhörlich kommenden und gehenden Bedienerin Käse servieren; dazu aß er Radieschen, Salzgurken und Perlzwiebeln. Immer neue Speisen nahm er zu sich, als koste er nur noch einmal, zum letzten Male das, was die Erde dem Menschen bietet.
»Hast du es immer noch nicht begriffen, Tschanz«, sagte

er endlich, »daß du mir deine Tat schon lange bewiesen hast? Der Revolver stammt von dir; denn Gastmanns Hund, den du erschossen hast, mich zu retten, wies eine Kugel vor, die von der Waffe stammen mußte, die Schmied den Tod brachte: von *deiner* Waffe. Du selbst brachtest die Indizien herbei, die ich brauchte. Du hast dich verraten, als du mir das Leben rettetest.«
»Als ich Ihnen das Leben rettete! Darum fand ich die Bestie nicht mehr«, antwortete Tschanz mechanisch. »Wußten Sie, daß Gastmann einen Bluthund besaß?«
»Ja. Ich hatte meinen linken Arm mit einer Decke umwickelt.«
»Dann haben Sie mir auch hier eine Falle gestellt«, sagte der Mörder fast tonlos.
»Auch damit. Aber den ersten Beweise hast du mir gegeben, als du mit mir am Freitag über Ins nach Ligerz fuhrst, um mir die Komödie mit dem ›blauen Charon‹ vorzuspielen. Schmied fuhr am Mittwoch über Zollikofen, das wußte ich, denn er hielt in jener Nacht bei der Garage in Lyß.«
»Wie konnten Sie das wissen?« fragte Tschanz.
»Ich habe ganz einfach telephoniert. Wer in jener Nacht über Ins und Erlach fuhr, war der Mörder: du, Tschanz. Du kamst von Grindelwald. Die Pension Eiger besitzt ebenfalls einen blauen Mercedes. Seit Wochen hattest du Schmied beobachtet, jeden seiner Schritte überwacht, eifersüchtig auf seine Fähigkeiten, auf seinen Erfolg, auf seine Bildung, auf sein Mädchen. Du wußtest, daß er sich mit Gastmann beschäftigte, du wußtest sogar, wann er ihn besuchte, aber du wußtest nicht, warum. Da fiel dir durch Zufall auf seinem Pult die Mappe mit den Dokumenten in die Hände. Du beschlossest, den Fall zu übernehmen und Schmied zu töten, um einmal selber Erfolg zu haben. Du dachtest richtig, es würde dir leichtfallen, Gastmann mit einem Mord zu belasten. Wie du nun in Grindelwald den blauen Mercedes sahst, wußtest du deinen Weg. Du hast den Wagen für die Nacht auf den Donnerstag gemietet. Ich ging nach Grindelwald, um das festzustellen. Das Wei-

tere ist einfach: du fuhrst über Ligerz nach Schernelz und ließest den Wagen im Twannbachwald stehen, du durchquertest den Wald auf einer Abkürzung durch die Schlucht, wodurch du auf die Straße Twann-Lamboing gelangtest. Bei den Felsen wartetest du Schmied ab, er erkannte dich und stoppte verwundert. Er öffnete die Türe, und dann hast du ihn getötet. Du hast es mir ja selbst erzählt. Und nun hast du, was du wolltest: seinen Erfolg, seinen Posten, seinen Wagen und seine Freundin.«

Tschanz hörte dem unerbittlichen Schachspieler zu, der ihn matt gesetzt hatte und nun sein grauenhaftes Mahl beendete. Die Kerzen brannten unruhiger, das Licht flakkerte auf den Gesichtern der zwei Männer, die Schatten verdichteten sich. Totenstille herrschte in dieser nächtlichen Hölle, die Dienerinnen kamen nicht mehr. Der Alte saß jetzt unbeweglich, er schien nicht einmal mehr zu atmen, das flackernde Licht umfloß ihn mit immer neuen Wellen, rotes Feuer, das sich am Eis seiner Stirne und seiner Seele brach.

»Sie haben mit mir gespielt«, sagte Tschanz langsam.

»Ich habe mit dir gespielt«, antwortete Bärlach mit furchtbarem Ernst. »Ich konnte nicht anders. Du hast mir Schmied getötet, und nun mußte ich dich nehmen.«

»Um Gastmann zu töten«, ergänzte Tschanz, der mit einem Male die ganze Wahrheit begriff.

»Du sagst es. Mein halbes Leben habe ich hingegeben, Gastmann zu stellen, und Schmied war meine letzte Hoffnung. Ich hatte ihn auf den Teufel in Menschengestalt gehetzt, ein edles Tier auf eine wilde Bestie. Aber dann bist du gekommen, Tschanz, mit deinem lächerlichen, verbrecherischen Ehrgeiz, und hast mir meine einzige Chance vernichtet. Da habe ich *dich* genommen, dich, den Mörder, und habe dich in meine furchtbarste Waffe verwandelt, denn dich trieb die Verzweiflung, der Mörder mußte einen anderen Mörder finden. Ich machte mein Ziel zu deinem Ziel.«

»Es war für mich die Hölle«, sagte Tschanz.

»Es war für uns beide die Hölle«, fuhr der Alte mit

fürchterlicher Ruhe fort. »Von Schwendis Dazwischenkommen trieb dich zum Äußersten, du mußtest auf irgendeine Weise Gastmann als Mörder entlarven, jedes Abweichen von der Spur, die auf Gastmann deutete, konnte auf deine führen. Nur noch Schmieds Mappe konnte dir helfen. Du wußtest, daß sie in meinem Besitze war, aber du wußtest nicht, daß sie Gastmann bei mir geholt hatte. Darum hast du mich in der Nacht von Samstag auf den Sonntag überfallen. Auch beunruhigte dich, daß ich nach Grindelwald ging.«
»Sie wußten, daß ich es war, der Sie überfiel?« sagte Tschanz tonlos.
»Ich wußte das vom ersten Moment an. Alles, was ich tat, geschah mit der Absicht, dich in die äußerste Verzweiflung zu treiben. Und wie die Verzweiflung am größten war, gingst du hin nach Lamboing, um irgendwie die Entscheidung zu suchen.«
»Einer von Gastmanns Dienern fing an zu schießen«, sagte Tschanz.
»Ich habe Gastmann am Sonntagmorgen gesagt, daß ich einen schicken würde, ihn zu töten.«
Tschanz taumelte. Es überlief ihn eiskalt. »Da haben Sie mich und Gastmann aufeinandergehetzt wie Tiere!«
»Bestie gegen Bestie«, kam es unerbittlich vom andern Lehnstuhl her.
»Dann waren Sie der Richter und ich der Henker«, keuchte der andere.
»Es ist so«, antwortete der Alte.
»Und ich, der ich nur Ihren Willen ausführte, ob ich wollte oder nicht, bin nun ein Verbrecher, ein Mensch, den man jagen wird!«
Tschanz stand auf, stützte sich mit der rechten, unbehinderten Hand auf die Tischplatte. Nur noch eine Kerze brannte. Tschanz suchte mit brennenden Augen in der Finsternis des Alten Umrisse zu erkennen, sah aber nur einen unwirklichen, schwarzen Schatten. Unsicher und tastend machte er eine Bewegung gegen die Rocktasche.
»Laß das«, hörte er den Alten sagen. »Es hat keinen Sinn.

Lutz weiß, daß du bei mir bist, und die Frauen sind noch im Haus.«
»Ja, es hat keinen Sinn«, antwortete Tschanz leise.
»Der Fall Schmied ist erledigt«, sagte der Alte durch die Dunkelheit des Raumes hindurch. »Ich werde dich nicht verraten. Aber geh! Irgendwohin! Ich will dich nie mehr sehen. Es ist genug, daß ich *einen* richtete. Geh! Geh!«
Tschanz ließ den Kopf sinken und ging langsam hinaus, verwachsend mit der Nacht, und wie die Türe ins Schloß fiel und wenig später draußen ein Wagen davonfuhr, erlosch die Kerze, den Alten, der die Augen geschlossen hatte, noch einmal in das Licht einer grellen Flamme tauchend.

Bärlach saß die ganze Nacht im Lehnstuhl, ohne aufzustehen, ohne sich zu erheben. Die ungeheure, gierige Lebenskraft, die noch einmal mächtig in ihm aufgeflammt war, sank in sich zusammen, drohte zu erlöschen. Tollkühn hatte der Alte noch einmal ein Spiel gewagt, aber in einem Punkte hatte er Tschanz belogen, und als am frühen Morgen, bei Tagesanbruch, Lutz ins Zimmer stürmte, verwirrt berichtend, Tschanz sei zwischen Ligerz und Twann unter seinem vom Zug erfaßten Wagen tot aufgefunden worden, traf er den Kommissär todkrank. Mühsam befahl der Alte, Hungertobel zu benachrichtigen, jetzt sei Dienstag und man könne ihn operieren.
»Nur noch ein Jahr«, hörte Lutz den zum Fenster hinaus in den gläsernen Morgen starrenden Alten sagen. »Nur noch ein Jahr.«

Erschienen 1952

Wolfgang Borchert
Jesus macht nicht mehr mit
1921—1947

Er lag unbequem in dem flachen Grab. Es war wie immer reichlich kurz geworden, so daß er die Knie krumm machen mußte. Er fühlte die eisige Kälte im Rücken. Er fühlte sie wie einen kleinen Tod. Er fand, daß der Himmel sehr weit weg war. So grauenhaft weit weg, daß man gar nicht mehr sagen mochte, er ist gut oder er ist schön. Sein Abstand von der Erde war grauenhaft. All das Blau, das er aufwandte, machte den Abstand nicht geringer. Und die Erde war so unirdisch kalt und störrisch in ihrer eisigen Erstarrung, daß man sehr unbequem in dem viel zu flachen Grab lag. Sollte man das ganze Leben so unbequem liegen? Ach nein, den ganzen Tod hindurch sogar! Das war ja noch viel länger.
Zwei Köpfe erschienem am Himmel über dem Grabrand. Na, paßt es, Jesus? fragte der eine Kopf, wobei er einen weißen Nebelballen wie einen Wattebausch aus dem Mund fahren ließ. Jesus stieß aus seinen beiden Nasenlöchern zwei dünne ebenso weiße Nebelsäulen und antwortete: Jawoll. Paßt.
Die Köpfe am Himmel verschwanden. Wie Kleckse waren sie plötzlich weggewischt. Spurlos. Nur der Himmel war noch da mit seinem grauenhaften Abstand.
Jesus setzte sich auf, und sein Oberkörper ragte etwas aus dem Grab heraus. Von weitem sah es aus, als sei er bis an den Bauch eingegraben. Dann stützte er seinen linken Arm auf die Grabkante und stand auf. Er stand in dem Grab und sah traurig auf seine linke Hand. Beim Aufstehen war der frisch gestopfte Handschuh am Mittelfinger wieder aufgerissen. Die rotgefrorene Fingerspitze kam daraus hervor. Jesus sah auf seinen Handschuh und

wurde sehr traurig. Er stand in dem viel zu flachen Grab, hauchte einen warmen Nebel gegen seinen entblößten frierenden Finger und sagte leise: Ich mach nicht mehr mit. Was ist los, glotzte der eine von den beiden, die in das Grab sahen, ihn an. Ich mach nicht mehr mit, sagte Jesus noch einmal ebenso leise und steckte den kalten nackten Mittelfinger in den Mund.
Haben Sie gehört, Unteroffizier, Jesus macht nicht mehr mit.
Der andere, der Unteroffizier, zählte die Sprengkörper in eine Munitionskiste und knurrte: Wieso? Er blies den nassen Nebel aus seinem Mund auf Jesus zu: Hä, wieso? Nein, sagte Jesus noch immer ebenso leise, ich kann das nicht mehr. Er stand in dem Grab und hatte die Augen zu. Die Sonne machte den Schnee so unerträglich weiß. Er hatte die Augen zu und sagte: Jeden Tag die Gräber aussprengen. Jeden Tag sieben oder acht Gräber. Gestern sogar elf. Und jeden Tag die Leute da reingeklemmt in die Gräber, die ihnen immer nicht passen. Weil die Gräber zu klein sind. Und die Leute sind manchmal so steif und krumm gefroren. Das knirscht dann so, wenn sie in die engen Gräber geklemmt werden. Und die Erde ist so hart und eisig und unbequem. Das sollen sie den ganzen Tod lang aushalten. Und ich, ich kann das Knirschen nicht mehr hören. Das ist ja, als wenn Glas zermahlen wird. Wie Glas.
Halt das Maul, Jesus. Los, raus aus dem Loch. Wir müssen noch fünf Gräber machen. Wütend flatterte der Nebel vom Mund des Unteroffiziers weg auf Jesus zu. Nein, sagte der und stieß zwei feine Nebelstriche aus der Nase, nein. Er sprach sehr leise und hatte die Augen zu: Die Gräber sind doch auch viel zu flach. Im Frühling kommen nachher überall die Knochen aus der Erde. Wenn es taut. Überall die Knochen. Nein, ich will das nicht mehr. Nein, nein. Und immer ich. Immer soll ich mich in das Grab legen, ob es paßt. Immer ich. Allmählich träume ich davon. Das ist mir gräßlich, wißt ihr, daß ich das immer bin, der die Gräber ausprobieren soll. Immer ich. Immer ich.

Nachher träumt man noch davon. Mir ist das gräßlich, daß ich immer in die Gräber steigen soll. Immer ich.
Jesus sah noch einmal auf seinen zerrissenen Handschuh. Er kletterte aus dem flachen Grab heraus und ging vier Schritte auf einen dunklen Haufen los. Der Haufen bestand aus toten Menschen. Die waren so verrenkt, als wären sie in einem wüsten Tanz überrascht worden. Jesus legte seine Spitzhacke leise und vorsichtig neben den Haufen von toten Menschen. Er hätte die Spitzhacke auch hinwerfen können, der Spitzhacke hätte das nicht geschadet. Aber er legte sie leise und vorsichtig hin, als wollte er keinen stören oder aufwecken. Um Gottes willen keinen wecken. Nicht nur aus Rücksicht, aus Angst auch. Aus Angst. Um Gottes willen keinen wecken. Dann ging er, ohne auf die beiden anderen zu achten, an ihnen vorbei durch den knirschenden Schnee auf das Dorf zu.
Widerlich, der Schnee knirscht genauso, ganz genauso. Er hob die Füße und stelzte wie ein Vogel durch den Schnee, nur um das Knirschen zu vermeiden.
Hinter ihm schrie der Unteroffizier: Jesus! Sie kehren sofort um! Ich gebe Ihnen den Befehl! Sie haben sofort weiterzuarbeiten! Der Unteroffizier schrie, aber Jesus sah sich nicht um. Er stelzte wie ein Vogel durch den Schnee, wie ein Vogel, nur um das Knirschen zu vermeiden. Der Unteroffizier schrie — aber Jesus sah sich nicht um. Nur seine Hände machten eine Bewegung, als sagte er: Leise, leise! Um Gottes willen keinen wecken! Ich will das nicht mehr. Nein. Nein. Immer ich. Immer ich. Er wurde immer kleiner, kleiner, bis er hinter einer Schneewehe verschwand.
Ich muß ihn melden. Der Unteroffizier machte einen feuchten wattigen Nebelballen in die eisige Luft. Melden muß ich ihn, das ist klar. Das ist Dienstverweigerung. Wir wissen ja, daß er einen weg hat, aber melden muß ich ihn.
Und was machen sie dann mit ihm? grinste der andere.
Nichts weiter. Gar nichts weiter. Der Unteroffizier schrieb sich einen Namen in sein Notizbuch. Nichts. Der Alte läßt ihn vorführen. Der Alte hat immer seinen Spaß

an Jesus. Dann brüllt er ihn zusammen, daß er zwei Tage nichts ißt und redet, und läßt ihn laufen. Dann ist er wieder ganz normal für eine Zeitlang. Aber melden muß ich ihn erst mal. Schon weil der Alte seinen Spaß dran hat. Und die Gräber müssen doch gemacht werden. Einer muß doch rein, ob es paßt. Das hilft doch nichts.
Warum heißt er eigentlich Jesus, grinste der andere.
Oh, das hat weiter keinen Grund. Der Alte nennt ihn immer so, weil er so sanft aussieht. Der Alte findet, er sieht so sanft aus. Seitdem heißt er Jesus. Ja, sagte der Unteroffizier und machte eine neue Sprengladung fertig für das nächste Grab, melden muß ich ihn, das muß ich, denn die Gräber müssen ja sein.

Geschrieben Herbst 1946

Nino Erné

Unvollendete Novelle

geb. 1921

In Alcamo, einer westsizilianischen Stadt an der Strada Statale 131, die von Palermo nach Trapani führt, stiegen zwei junge Männer von ihrem Motorrad, klopften am Tor des Hauses Nr. 41 in der Via Arancio und fragten, ob der Herr, Bernardo Viola, anwesend sei. Es war kurz vor neun Uhr morgens, am 26. Dezember 1965. Auf den Bescheid der Hausfrau, Signora Vita Viola, ihr Mann sei ausgegangen, erklärten sie, nicht warten zu wollen, und empfahlen sich. Wenige Minuten später fuhren zwei Wagen vor, eine weiße Giulietta und ein roter Fiat 600, und blieben mit laufendem Motor stehen, während mehrere Männer im Alter zwischen zwanzig und fünfundzwanzig Jahren und zum Teil bewaffnet das Haus mit Gewalt stürmten. Da nämlich Frau Vita, etwas beunruhigt durch den nicht näher erklärten Besuch der Motorradfahrer, das Tor verschlossen hatte und sich nun angesichts einer ganzen Gruppe weigerte zu öffnen, schlugen die Burschen eine Fensterscheibe im Erdgeschoß ein und verschafften sich Zugang durch die Haustür. Einige von ihnen bändigten die Frau des Hauses, die sich verzweifelt wehrte, aber nicht um Hilfe rufen konnte, da ein umklammernder Männerarm ihr den Mund verschloß; die anderen drangen ins Schlafzimmer der siebzehnjährigen Tochter Franca, die vor dem Spiegel gesessen und sich für den Kirchgang gekämmt hatte, nun aber, vom Lärm erschreckt, aufgesprungen war und den Eindringlingen entgegenstarrte. Als diese jetzt das Mädchen packen und mit sich zerren wollten, warf der kleine Martino, Francas achtjähriger Bruder, sich dazwischen, verbiß sich, kratzend und tretend, in die Angreifer und klammerte sich

dann, als er sah, wie Franca trotzdem vom Boden hochgerissen wurde, an seine Schwester, so daß beide zusammen in das größere der vor dem Haus haltenden Autos geschleppt wurden. Ehe die Wagen jedoch mit voller Geschwindigkeit in Richtung Segesta und Trapani davonfahren konnten, war auch Frau Vita, endlich freigelassen, herausgerannt und versuchte, sich am Türgriff der weißen Giulietta, in der sie ihre Kinder erblickte, festzuhalten, wurde dann aber, als der Wagen mit einem Satz startete, auf den Fahrdamm gestürzt. Ein Brigadiere der Verkehrspolizei brachte die Frau, die sich beide Knie aufgeschlagen hatte, zur Ersten Hilfe, wo sie verbunden wurde und über das, was geschehen war, aussagte: sie nannte sogar unbeirrbar mehrere Namen, darunter als Anführer des Überfalls einen gewissen Filippo Melodia, fünfundzwanzig Jahre alt und bis vor kurzem mit ihrer Tochter Franca verlobt.

Etwa um dieselbe Zeit griff man den kleinen Martino auf, der zu Fuß am Stadtrand von Alcamo anlangte, nachdem ihn die Männer schließlich doch von der Schwester getrennt und auf die Straße gestoßen hatten; das erfuhr man jedoch erst später, denn der Junge war zu verstört, um zusammenhängend reden zu können. Inzwischen sammelte die Polizei auch schon Zeugenaussagen bei Nachbarn und Passanten, was freilich nicht viel Greifbares an den Tag brachte, befand man sich doch mitten im dunkelsten Herrschaftsgebiet der Mafia, wo jedermann sich tunlichst an das ungeschriebene Gesetz der Verschwiegenheit, der *omertà*, hält. Jemand erklärte immerhin, beide Wagen hätten Nummernschilder der Provinz Trapani gehabt, und ein anderer wollte in dem Fiat 600 eine bekannte Ehevermittlerin und Kupplerin gesehen haben, welche Aussage aber in sich zusammenfiel, man konnte der entsetzten, empört alles abstreitenden Frau nichts nachweisen. Dafür meldete sich der Besitzer jenes Wagens, Herr Antonio Tiziano, und gab an, er sei ihm in der Heiligen Nacht gestohlen worden. Es gelang der Polizei, den kleinen Fiat sicherzustellen und ebenfalls schon am Tag des Verbre-

chens drei junge Männer zu verhaften, von denen zwei, Carlo Costantino und Ignazio Lipari, von Vita Viola identifiziert wurden. Überhaupt arbeiteten Squadra Mobile, Polizia Stradale und Carabinieri rasch und zielstrebig in gemeinsamer Aktion, spürten bereits einige Tage später das abgelegene Haus auf, in dem Filippo Melodia, unterstützt von einigen Freunden, seine Ex-Verlobte versteckt hielt, brachten Franca nach Hause und die Männer ins Untersuchungsgefängnis. Daß Melodia sich ohne Widerstand, scherzend fast, einsperren ließ, wunderte niemanden: er hatte zweifellos sein Ziel erreicht, die Versöhnung mit der widerspenstigen Braut. Denn was blieb ihr wie unzähligen anderen Mädchen vor ihr und nach ihr anderes übrig, als ihre Ehre durch die Wiedergutmachungsheirat, die *riparazione* mit dem Verführer, zu retten, mochte er ihr noch so sehr und nun erst recht zuwider sein. Da er sich bereit erklärte, sie zu heiraten, mußte, sobald sein Antrag angenommen war, die Anklage fallengelassen werden; es war nach Überzeugung eines jeden nur eine Sache von Tagen, bis er freikam und alles seinen gewohnten, ordentlichen Verlauf nehmen konnte.
Da geschah, zum erstenmal in der Geschichte Siziliens, das Unglaubliche: Franca Viola, im Einvernehmen mit ihrem Vater Bernardo, weigerte sich, Filippo an ihrer Hand aus dem Gefängnis heraus und in die Ehe hineinzugeleiten. Stand hielt sie, jetzt und auch später noch, nach Verkündung des Urteils, nach Bitten und Drohungen der Familie Melodia, die den Violas im Fall weiterer unbegreiflicher Weigerung tödliche Rache schwor, sie zog sich für Jahre, eine freiwillige Gefangene, ins väterliche Haus zurück, mehr um den Blicken der Nachbarn und den Fragen der Reporter zu entgehen, wie sie sagte, als aus Angst, der Clan des abgewiesenen Bewerbers könne seine Anschläge ausführen; außerdem habe die Polizei versprochen, gut auf sie aufzupassen. So kam es, daß, während Carabinieri am Tag und bei Nacht in der Via Arancio patrouillierten, dem Entführer und seinen Helfern der Prozeß gemacht wurde; ein Prozeß, der nicht nur dadurch, daß er über-

haupt stattfand, paradigmatische Bedeutung gewann, sondern durch die Einzelheiten, die er enthüllte, das Interesse der sizilianischen und kontinental-italienischen Öffentlichkeit nicht eher erlahmen ließ, als bis das Urteil gesprochen, angefochten und, verschärft für die einen, gemildert für die anderen, neu verkündet und rechtskräftig war.
Vergebens wiesen die Verteidiger darauf hin, daß hier ein Jüngling nichts anderes getan hatte, als was seit Urzeiten Brauch und Sitte war. Liebe zur schönen Franca, die nichts mehr von ihm wissen wollte, trieb Filippo Melodia zu seiner zugegebenermaßen übereilten Tat, brachte ihn außer sich, ließ ihn den Kopf verlieren, sein Temperament überkochen. Mußte nicht jeder, der weiß, was es heißt, als ein von der Vollkraft seiner Männlichkeit bedrängter Junggeselle in einem Land zu leben, das nur Ehemännern die Freuden, um nicht zu sagen die Notwendigkeiten und Unerläßlichkeiten der Liebe erlaubt, mußte nicht, mit einem Wort, jeder Sizilianer das Verhalten des Angeklagten wenngleich nicht billigen, so doch begreifen und mildernd entschuldigen? Daß der junge Melodia im Grunde ein anständiger Kerl und alles andere denn ein Wüstling sei, gehe eindeutig aus seinem gesamten Verhalten hervor, wenn man nämlich bedenke, wie sehr bereit er sich immer wieder gezeigt habe und noch jetzt in dieser Stunde, als gedemütigter Angeklagter in einem unseligen Gerichtsverfahren, das bei etwas gesundem Menschenverstand zu vermeiden gewesen wäre, weiterhin bereit sei, Franca Viola zu ehelichen, allem zum Trotz, was sie ihm abweisend angetan, während doch ein entarteter Verführer, als den man diesen vielversprechenden jungen Mann verunglimpfe, nur auf die Befriedigung seiner fleischlichen Lüste ziele und, habe er dieses Ziel erreicht, gar nicht daran denke, eine Wiedergutmachung anzubieten.
Hier allerdings ließ sich die Verteidigung von ihrem eigenen Schwung aus der Bahn schleudern. Denn nun hatte es der Ankläger leicht, darauf hinzuweisen, daß beschuldigter Filippo Melodia, seine guten Absichten einmal derart, wie es der Verteidigung vorzuschweben scheine, voraus-

gesetzt, sich allein mit der Entführung hätte begnügen können und die unbescholtene Siebzehnjährige schonen müssen, da es doch völlig ausreiche, eine Zeitlang mit einem jungen Mädchen allein, ohne die Eltern oder sonstige Personen der Verwandtschaft, in einem Zimmer zu bleiben, um die Signorina zu entehren und ihr die Wiedergutmachung durch eine Heirat als einzigen Ausweg nahezulegen. Statt dessen sei erwiesen, und zwar nicht nur gestützt auf das Indiz der klaren, geradlinigen, wenn man so wolle, unerbittlichen Haltung Franca Violas, an der alle Überredungsversuche scheitern mußten, sondern belegt durch Zeugenaussagen, unter anderen durch das Gutachten des behandelnden Arztes, daß der anständige Kerl, als den die Verteidigung ihren Mandanten apostrophiere, die von ihm angeblich verehrte Gefangene so lange mißhandelt habe, bis sie es nicht mehr aushielt und ihm zu Willen war. Und wenn der Herr Verteidiger, sein illustrer Kollege, diese Tatsache zu entkräften versuche, indem er vorsichtig darauf hinweise, daß Schläge auch ein Ausdruck überkochenden Temperaments, ja der Liebe sein könnten und es auf unserer gesegneten Insel nur wenige weibliche Geschöpfe gäbe, die nicht irgendwann in ihrem Leben vom Vater oder vom Ehemann ein paar Klapse bekommen hätten, so sei das eine Ebene der Diskussion, auf die herabzusteigen ein zivilisierter Mensch des zwanzigsten Jahrhunderts sich entschieden weigere. Alles zusammengenommen und ohne daß von mildernden Umständen die Rede sein könne, habe sich eindeutig herausgestellt, daß es sich hier nicht nur um eine Entführung, nicht einmal nur um eine Verführung, sondern schlichtweg um eine rücksichtslose Vergewaltigung handele.

Am Ende eines langwierigen Prozesses, nachdem Filippo Melodia zu elf Jahren Haft verurteilt worden und in die Berufung gegangen war, nach Appellationen und Wiederaufnahmen und neuen Zeugenaussagen und Beweisstücken, forderte der Generalstaatsanwalt Dr. Fici einundzwanzig Jahre und acht Monate; das Gericht erkannte auf dreizehn Jahre. Von den Komplizen erhielten Giovanni

Daidone, im ersten Verfahren freigesprochen, fünf Jahre und zwei Monate, Ignazio Lipari, Carlo und Francesco Costantino, Giuseppe Ferro, Vito Varvaro statt vier Jahre, vier Monate jetzt fünf Jahre, zwei Monate, ein Dritter aus der Familie Costantino statt vier Jahre, acht Monate jetzt fünf Jahre, vier Monate. Vito Vilardi, Ignazio Coppola, Gaspare Brucia wurden wie zuvor völlig freigesprochen, ebenso Antonino Stellino, nun nicht mehr in Ermangelung von Beweisen, sondern wegen erwiesener Unschuld. Dieses Urteil fällte das Oberste Regionalgericht von Palermo am 10. Juli 1967.
Anderthalb Jahre später, am 3. Dezember 1968, heiratete Franca Viola in Alcamo den sechsundzwanzig Jahre alten, in einer Ziegelfabrik als Buchhalter angestellten Giuseppe Ruisi. Er hatte sie bei einem Familienfest in größerem Kreis kennengelernt und dann Gelegenheit gesucht, mit ihr, selbstverständlich unter den Augen der Eltern, noch einige Male zu sprechen. Als jetzt das Paar in der Kirche San Paolo vor den Altar trat, war den Zuschauern, als würden zwei Kinder getraut. Der Knabe stand da im dunklen Anzug, mit gebürstetem und gescheiteltem Haar, ernsten Augen über einer langen, etwas weichen Nase und unberührt wirkenden, geschwungenen Lippen von feiner, vielleicht auch allzu weicher Zeichnung. Die junge Frau neben ihm, von der jeder wußte, was sie durchlebt hatte, überwältigte die Anwesenden durch die kindliche Schönheit ihres blassen Gesichtes über hohem, nacktem Hals derart, daß der Reporter einer überregionalen Zeitung, eigens aus Rom herbeigeeilt und nur mit Mühe zur Zeremonie Eingang findend, sich in seiner überschwenglichen Schilderung zu der Behauptung hinreißen ließ, Franca habe die Augen einer erschreckten Gazelle. Bemerkenswert war ferner, daß sie keinerlei Schmuck trug außer einer Perle an jedem Ohr, mondhaft schimmernd vor dem dahinter mit einer Schleife gebändigten, lang herabfallenden dunklen Haar.
Als sie später am Tag ihren Freundinnen die Aussteuer zeigte, vor allem die weißen Wäschestücke, die sie in drei

Jahren freiwillig-unfreiwilliger Zurückgezogenheit umsäumt, bestickt, gehäkelt und geklöppelt hatte, erfuhr sie, daß wenige Tage zuvor in San Cataldo, einer drei Stunden entfernten Gemeinde, die siebzehnjährige Schülerin Maria Lucia Lunetta ihren zwei Jahre älteren Verlobten Giuseppe Cammarata, der sich von ihr losgesagt, erschossen hatte, und zwar nach dem verzweifelten, offenbar vergeblichen Ruf: »Mi devi sposare! Devi riparare al mal fatto!« — »Du mußt mich heiraten, mußt die Schande wiedergutmachen!« Franca Ruisi wurde bei diesem Bericht einige Sekunden lang noch blasser, fast weiß, biß sich dann aber auf die Lippe und widmete sich wieder der Aussteuer und den eingetroffenen Geschenken, ohne über das Ereignis ein Wort zu sagen.

Im Gefängnis von Trapani wartet Filippo Melodia auf seine Freilassung. Daß Franca ihm dazu verhelfen werde, ist nun nicht einmal durch ein Wunder der Sinneswandlung mehr möglich. Allenfalls wird er wegen guter Führung und aufgrund seiner Verbindungen vorzeitig entlassen; doch auch das ist nicht anzunehmen, denn Siziliens Polizei schläft ruhiger, solange sie ihn fest in Gewahrsam hält. So läßt sich mit an Sicherheit grenzender Wahrscheinlichkeit ausrechnen, an welchem Tag der junge, dann freilich nicht mehr so junge Mann zum letztenmal die Zellentür hinter sich schließen und nach Hause zurückkehren wird. Aber kein Prophet wagt vorauszusagen, was dann geschieht und wie diese Geschichte endet.

Erschienen 1975

Christine Brückner

»Nicht einer zuviel!«

geb. 1921

Der Studienrat Dr. K. muß damals Anfang Vierzig gewesen sein. Wir verehrten ihn, das Wort schwärmen träfe nicht zu. Seine Überlegenheit war augenfällig, er mußte sie nicht betonen. Er war in den entscheidenden Jahren unserer geistigen Entwicklung der Leiter meiner Klasse und unterrichtete uns in den wichtigsten Fächern: Geschichte und Deutsch. Ein Deutsch-Nationaler, der zu dem abgespaltenen volkskonservativen Flügel übergetreten war, als sich Hugenberg mit Hitler zur ›Nationalen Einheitsfront‹ verband.
Geschichte war bei ihm nicht mit Kriegsgeschichte gleichzusetzen; er verlangte nicht, daß wir die Daten und Orte der Schlachten auswendig lernten. Er unterrichtete uns in den möglichen Staatsformen. Wir wußten Bescheid darüber, was Absolutismus, was Diktatur und was Demokratie besagte, und kannten die typischen Ausprägungen in den verschiedenen Ländern und Zeiten. Er verglich die Französische Revolution mit der Achtundvierziger Revolution und mit der Russischen Revolution vom Jahr 1917. Wir lasen die amerikanische Verfassung und stellten ihr die Weimarer Verfassung und das Parteiprogramm der NSDAP gegenüber.
Dr. K. hatte als Infanterieoffizier am Ersten Weltkrieg teilgenommen und war an der Einnahme der Festung Douaumont im Februar 1916, damals zwanzigjährig, beteiligt gewesen. Es hieß, daß er im Bericht der Obersten Heeresleitung namentlich erwähnt worden sei. Er war Träger des Eisernen Kreuzes Erster Klasse, aber er erzählte uns nie von seinen Erlebnissen im Krieg, nicht einmal am letzten Tag vor den Sommerferien. Zu keinem der

zahlreichen nationalen Feiertage trug er ein Ordensbändchen im Knopfloch. 1918 war er durch einen Lungendurchschuß schwer verwundet worden, auch davon sprach er nicht. Wenn er die Zahl der Toten und Verwundeten des Ersten Welkriegs nannte, erwähnte er nie, daß er dabei mitgezählt worden war, statt dessen unterrichtete er uns über die Höhe der Kosten für Waffen und Munition.

Ich erinnere mich, daß er 1934 zu uns sagte, der Nationalsozialismus könne zum Verhängnis für das deutsche Volk werden. Er vertrat die Ansicht, daß Aufklärung nicht allein im Biologieunterricht, sondern auch und vor allem im Geschichtsunterricht zu erfolgen habe und daß Geschichte kein totes Wissensgebiet sei, sondern daß man aus der Geschichte lernen könne und müsse. Es gab Augenblicke, in denen leidenschaftlicher Eifer bei ihm durchbrach, im allgemeinen blieb er ruhig, beherrscht, sachlich. Er las uns Abschnitte aus Hitlers ›Mein Kampf‹ vor, ein Buch, das er für eine unerläßliche Pflichtlektüre für alle Gymnasien ansah, da es das ganze Programm Hitlers enthielt, das jener zu verwirklichen trachtete. Wir sprachen über die ›Germanisierung des Ostraums‹, über den Austritt Deutschlands aus dem Völkerbund und über die Folgen, die die einseitige Kündigung des Versailler Vertrages würde haben können. Wir lasen gemeinsam die Texte der Kriegserklärungen und lasen die Texte der Friedensverträge.

Der weitaus größte Teil unserer Klasse saß in braunen Uniformen vor ihm. Das hinderte ihn nicht daran, über das Risiko zu sprechen, das die deutsche Regierung mit der Einführung der Wiederbewaffnung einging. Wir waren zwölf- und dreizehnjährig in dieser Epoche der nationalen Erhebung und von unkontrollierten Gefühlen mitgerissen. Er stand uns ruhig und besonnen gegenüber. ›Ich gebe zu bedenken‹, mit diesen Worten fingen viele seiner Sätze an. Später konnte er seine Erwägungen nicht mehr zu bedenken geben. Er besaß eine Familie, vier Kinder. Er las nicht mehr ›Mein Kampf‹ mit seinen Schülern,

zitierte nicht mehr ironisch Dietrich Eckart, nahm nicht mehr Führerreden mit uns durch. Er mußte die Lektüre von Heinrich Heines ›Politischem Testament‹ abbrechen, immerhin lasen wir Herders Schrift ›Über den Nationalwahn‹.

Eines der Themen, die er uns für den deutschen Aufsatz gab, lautete: »›Der Intellekt ist eine Gefahr für die Bildung des Charakters‹. Welche Wirkung übt dieser Satz Josef Goebbels' auf den Schüler einer Obersekunda aus?«

Als unsere jüdische Mitschülerin eines Tages fortblieb, sagte er: Sie kann nicht länger eine deutsche Schule besuchen, da weder ihr Aussehen noch ihr Charakter so deutsch sind wie eure und meine. Außerdem lebt ihre Familie erst seit zweihundert Jahren in dieser Stadt, das reicht nicht aus.

Von da an bediente er sich nur noch der mittelbaren Äußerungen, der Verschlüsselungen. Einige seiner Schüler verstanden ihn, die anderen hörten die Ironie nicht heraus, wenn er Hölderlins ›Tod fürs Vaterland‹ interpretierte. »O Vaterland / Und zähle nicht die Toten! Dir ist / Liebes! nicht einer zuviel gefallen.« Er gab dann exakt die Zahl der Toten auf deutscher Seite und auch auf der Seite der Entente an. »Nicht einer zuviel!« Damit schloß er den Unterricht und verließ das Klassenzimmer, bevor es geläutet hatte.

Als seine Oberprimaner nach Ausbruch des Zweiten Weltkriegs einberufen wurden, sagte er zu ihnen: »Ich habe versucht, Sie auf das Leben vorzubereiten. Ob meine Vorbereitungen auch —«, da brach er ab, sagte nur noch: »Das Leben ist der Ernstfall! Der Frieden!« und ging.

Die Angehörigen meines Jahrgangs sahen sich 1948 zum ersten Mal bei einem Klassentreffen am Schulort wieder. Von einundzwanzig Schülern waren noch neun am Leben. Sieben waren gefallen, drei vermißt, eine Mitschülerin war bei einem Luftangriff ums Leben gekommen, eine war im Konzentrationslager vergast worden, einer der Männer trug eine Beinprothese.

Wir hätten Studienrat Dr. K. gern zu diesem Treffen eingeladen, aber es war uns leider nicht möglich. Es hat ihn nie gegeben.

Erschienen 1973

Franz Fühmann

Die Berge hinunter

geb. 1922

Zuerst war es ein Gerücht, das die Berge herunterkam und wie das Flackern eines Blitzes jäh in das verräucherte Dunkel der Schankstuben schlug: Das Gebiet, in dem unser Städtchen lag, sollte, so sagte das furchtbare Gerücht, gar nicht an das Reich abgetreten werden, sondern, da die Dörfer ringsum völlig von Tschechen bewohnt waren, bei der Rest-Tschechoslowakei verbleiben. Dies Gerücht riß uns hoch. »Wenn die Franzosen und Engländer zu blöd sind, uns heim ins Reich zu bringen, dann machen wir's eben allein!« schrie mein Vater, als das Gerücht ins Wirtshaus Zum Rübezahl gedrungen war und hieb mit der Faust auf den Tisch, daß die Biergläser klirrten. Wir saßen im Wirtshaus Zum Rübezahl; in diesen Tagen saß jeder in seinem Stammwirtshaus, um die politische Lage zu bereden, und wir saßen im Wirtshaus Zum Rübezahl in der Nähe des Marktes und beredeten die politische Lage. Sie schien trüb: Der Hauptteil des Sudetengebietes war, wie in München festgelegt, bereits angeschlossen worden; nur unser Städtchen und die Nachbardörfer ringsum im Riesengebirge waren noch nicht angeschlossen, und nun kam gar das Gerücht, daß wir überhaupt nicht angeschlossen werden sollten. »Wenn die Franzosen und Engländer zu blöd sind, dann befreien wir uns eben allein«, schrie mein Vater und hieb mit der Faust auf den Tisch, und alle, die im Wirtshaus Zum Rübezahl saßen und Bier tranken, riefen »Bravo!« und »Freiheit!«, »Waffen her!«, »Riesengebirge, deutsches Gebirge.« Da kam plötzlich der Bauer Dohnt, der oben am Gebirgskamm seinen Hof hatte, in die Schankstube gestürmt und schrie, wir sollten schnell herauskommen, die Tschechen zögen ab. Also doch! Wir

stürzten hinaus. Von den Bergen herunter kamen die tschechischen Soldaten.

Von den Bergen herunter, aus ihren Grenzbefestigungen, die als uneinnehmbar galten, zogen die tschechischen Soldaten, ein schmales, olivgelbes Band, das den grünen Hang der Koppel hinab ins Tal sich entrollte und nun, eine müde Kolonne, die Straße hinab durchs Städtchen zog. Sie zogen stumm dahin, mit schleppendem Schritt, die Köpfe gesenkt, die Mienen finster und voll Scham; sie waren übermüdet und abgerissen, sie hatten in ihren Stellungen auf Wache gestanden, sie hatten kämpfen gewollt, sie waren aufs Sterben gefaßt gewesen, und nun war ihnen befohlen worden, ihre Festungen und Gräben und Bunker und Wälle aufzugeben, ohne einen Schuß abzufeuern, und nun kamen sie die Berge herunter in ihren olivgelben Monturen, gesenkten Kopfs, ein verratenes Heer. Sie marschierten stumm, manche ballten die Fäuste, manche weinten. Ihre Schuhe waren bestaubt. Wir standen am Straßenrand vorm Wirtshaus und sahen ihnen zu und auch wir schwiegen, ein höhnendes Schweigen, und die Soldaten schwiegen, ein stummer, langer, schweigender Zug. »Haut's ab, Bagage!« schrie ein Gast aus dem Fenster des Wirtshauses. Die Soldaten schritten müde, ohne Tritt. Einer stolperte. Einer preßte die Fäuste an die Schläfen. Die Gewehre schlenkerten auf dem Rücken. Einer hatte einen zerrissenen Gewehrriemen; er trug das Gewehr an einem Strick. Wir sahen auf ihn; alle sahen auf ihn, wir wußten nicht, warum sein Gewehrriemen zerrissen war, wir sahen nur voll Spott, daß er einen Strick als Gewehrriemen trug. Der Soldat, der das Gewehr an einem Strick trug, hielt den Kopf gesenkt; er war ein baumlanger kräftiger Bursche, und er senkte den Kopf und seine Wangen glühten. Hinterm Marktplatz entschwanden sie unserem Blick; dann kamen noch ein paar Nachzügler; zum Schluß kamen zwei Soldaten, die einen dritten, der auf einem Bein humpelte, unter den Schultern gefaßt hielten; sie schleppten sich langsam die Straße hinunter, dann waren auch sie unserm Blick entschwunden. Waren wir nun

frei? Wir wußten es nicht. Ein Wind brauste; es roch nach Birnen und Heu. Ich atmete tief und sah hinauf auf die Berge: Die braune Doppelwölbung der Kuppen stieß in den Himmel wie die Brust einer Göttin, die auf den grünen Weiden sich lagerte. Die Sonne stand im Zenit; die Bergkuppen glänzten wie Kupferbrünnen. Der Wind hatte sich gelegt, es war vollkommen still, da hörte man es plötzlich oberhalb der Straße hämmern und krachen, und das Hämmern und Krachen kam die Straße herunter und wurde lauter und lauter, und plötzlich begannen auch wir auf dem Marktplatz wie ein Hornissenschwarm durcheinanderzubrausen, und nun stürmten auch wir Schule und Rathaus und die öffentlichen Gebäude und Kaufläden und Werkstätten und Kontore und Wirtshäuser und Straßenschilder. Wir waren aus unsrer Betäubung erwacht und jählings begriffen wir: Wir waren ja nun frei, die Tschechen waren fort, nun war alles deutsch, nun bestimmten wir selbst. Die Selbstbestimmung war gekommen und nun los auf die doppelsprachigen Tafeln und Firmenschilder und Straßennamen: ŠKOLA krachte von der Schule herunter und RADNICE vom Rathaus und HOSTINEC vom Wirtshaus; wir rannten nach Hause, zu dem orangerot verputzten Haus mit dem großen Glasfenster mit Mörsern und Medikamenten in der Mitte des Erdgeschosses, an dessen linker Seite in messinggelben großen Blockbuchstaben APOTHEKE und an der rechten Seite LEKÁRNA stand. Ich lief nach der Leiter, der Lehrling nach Hammer und Zange, und dann flogen, losgehämmert, das L und das É und das K und das A mit seinem Akzentstrich und das R und das N und das A auf die Straße, tschechisches Messing, feindliches Metall. Das gab's nun nicht mehr, jetzt wurde alles anders, jetzt bestimmten wir. Die Buchstaben flogen auf die Straße; überall flogen jetzt die Buchstaben auf die Straße; ich stand auf der Leiter und hämmerte die Buchstaben aus, ich schlug große Löcher in den Putz. Doch das machte jetzt nichts, schnell, nur schnell die Buchstaben herunter, der Putz bröckelte, ein Stück Messing schlug gegens Fenster, gegen das breite

hohe teure Milchglasfenster, das kein andres Geschäft im Städtchen so breit und hoch und teuer als Auslage hatte, und die breite hohe teure Milchglasscheibe zersprang, aber das machte jetzt auch nichts, wenn das Haus nur frei von tschechischen Buchstaben war! Die Buchstaben flogen auf die Straße, überall flogen die Buchstaben auf die Straße, das Wirtshaus hieß endlich, endlich, nicht mehr Wirtshaus/Hostinec, sondern nur noch Wirtshaus und das Restaurant nicht mehr Restaurant/Restaurace, es hieß jetzt nur noch deutsch, nur Restaurant: Das war die Freiheit, das bestimmten jetzt wir! Ich klopfte den Buchstaben N los und warf ihn auf die Straße, überall flogen jetzt die Buchstaben auf die Straße und die Holzschilder und die Staatswappen mit dem Löwen und die Farben Weiß-Rot-Blau; es hämmerte und hallte und schallte und knirschte und knallte und splitterte und dröhnte, ein Geschmetter der neuen Zeit, die nun anbrechen sollte, und da plötzlich, in dies Hämmern und Hallen und Krachen und Dröhnen und Schmettern hinein, klang wie Glockengeläute die Kunde: Sie kommen!
Staub wirbelte auf der Straße, Marschlieder schallten, Marschtritte knallten! Steige hoch, du roter roter Adler. Sie kamen, sie kamen, die Wehrmacht war da! Junge, Junge, waren das Soldaten, eine Militärkapelle vornweg, mit einem Tambourmajor und Kesselpauken und Trompeten, die nur so blitzten. Was das für Soldaten waren. Junge, Junge, kein Vergleich mit den Tschechen vorhin! Menschenskind, wie die marschierten und wie die sangen und wie das hallte und knallte, im Gleichschritt, Junge, wie gestochen, das war schon eine Pracht! Die tschechischen Soldaten hatten nicht gesungen, die waren die Straße hinuntergestolpert, die Köpfe gesenkt, ein trauriger Zug. Nicht mal Stiefel hatten sie angehabt, nur Wikkelgamaschen, lächerlich, Wickelgamaschen statt Stiefeln, und das Gewehr hatten sie an einem Stück Schnur getragen, alle hatten sie das Gewehr an einem Stück Schnur getragen, ein verrotteter Haufen, aber das hier, das war nun wirklich eine Pracht! Das waren Soldaten, deutsche Sol-

daten, da sah man doch gleich den Unterschied, die trugen Stiefel, schwarze hohe Stiefel, und sie trugen die Gewehre geschultert, alle gleich hoch, keins nur einen Zentimeter höher; Kerle waren das, Herrgott, Kerle wie Bäume, Kerle wie Bären, und da kam ein Zug Pioniere, kleine drahtige Männer, Teufelsjungen, klein aber oho, die hatten die Sache geschmissen, und bei den Tschechen hatte es baumlange Männer gegeben, die waren davongelaufen, die Berge hinunter, ohne einen Schuß abzugeben: Vor diesen kleinen zackigen Jungs da waren sie davongelaufen, vor diesen Prachtjungen, diesen Teufelskerls, unsern Befreiern. Die Kesselpauken knallten und die Trompeten schrien, steige hoch, du roter Adler, und wir schrien Heil und wieder Heil, und die Tränen schossen uns in die Augen, und die Soldaten kamen die Straße herunter, und plötzlich liefen wir alle auf unsre Befreier zu, und nun war kein Halten mehr, und die Marschordnung war plötzlich hinweggespült. Wir lagen einander in den Armen und stammelten und weinten und lachten und schrien Heil und Willkommen und umarmten einander, und die Kinder holten Blumen, die letzten Blumen vom Garten, Astern und späte Dahlien. Aus allen Fenstern regneten Blumen, und mit den Blumen flatterten die Fahnen aus den Fenstern, die heimlich genähten Hakenkreuzfahnen, und die Fahnen schwangen im Wind und wehten, und wir standen, ein wirbelnder Schwarm, auf den zertrampelten tschechischen Buchstaben und Wappen und Fahnen und umarmten unsre Befreier, und ich weiß nur noch, daß ich selig war und lachte und schrie. Dann versuchten sich die Kolonnen wieder zu ordnen und weiterzumarschieren, doch wir gaben den Weg nicht frei; wir brachten Wein und Obst und belegte Brote und Kuchen und Milch, und die Soldaten wußten nicht, womit die Brote fassen und womit die Gewehre, und langsam, singend, jauchzend, stammelnd, wälzte sich der Zug die Straße hinunter zum Marktplatz, Befreier und Befreite. Der Zug stockte wieder und wieder in den Fluten des Jubels, und einmal auch blieb er vorm Haus unsres Kürschnermeisters stehen, und

plötzlich drang durch das Heilschreien und Jubeln und Jauchzen und Weinen ein Lachen, ein prustendes Lachen erst und dann ein brüllendes Gelächter, und die Soldaten standen da und sahen auf das Firmenschild des Kürschnermeistes und lachten und stießen einander in die Rippen und hielten sich den Bauch vor Lachen. Wir starrten auf das Schild, das ihr so maßloses Gelächter erregt hatte und lachten mit ihnen, ohne daß wir wußten, warum wir eigentlich lachten, bis einer der vor Lachen schon japsenden Soldaten die Worte herauskeuchte: »Du meine Fresse, ich lach mir dod — heeßt der Kerl doch wirklich Kurbel-Arsch!«
Natürlich, nun sahen wir es auch, und nun hielten wir uns auch die Seiten vor Lachen: Der Kerl, der Kürschner, hieß wirklich Kurbel-Arsch. Wir hatten sein Firmenschild vieltausendmal gesehen, ohne daß es uns zum Lachen gereizt hätte: Die tschechische Endung -ař, gesprochen arsch, entspricht dem deutschen Suffix -er: Ein Bäcker heißt pekař, ein Zöllner centař, ein Krämer kramář, und so hieß der Kürschner eben Kurbelař, und da er das deutsch schrieb, schrieb er Kurbelarsch. Ein gewöhnlicher Name, und wir hatten ihn wohl an die tausendmal gehört und gelesen und ihn nie lächerlich gefunden, aber diese Soldaten hatten es entdeckt: Kurbel-Arsch, Mensch, wo hatten wir nur unsre Augen gehabt: Kurbel-Arsch, und wir hielten uns die Seiten vor Lachen, und Karli machte eine obszöne Geste. Anton Kurbelarsch, der Kürschnermeister, versicherte, Tränen der Scham und der Wut in den Augen, er könne wirklich nichts für seinen Namen, er sei kein Tscheche, er sei ein Deutscher, ein guter Deutscher und seit Menschengedenken habe es keinen Tschechen in der Familie gegeben und gleich morgen, nein, heute noch, wenn es ginge, würde er seinen Namen abändern lassen in Kurbelar oder besser gleich noch in Kurbler, ja, Kurbler, oder Kürbler oder Körbler, das wäre ein deutscher Name. Die Soldaten klopften dem Kürschner vergnügt auf die Schulter und sagten, das solle er tun, denn jetzt wäre er ja befreit. Flugzeuge brausten übers Gebirge; der Kürsch-

nermeister Kurbelarsch wischte sich mit dem Taschentuch die Augen aus und sagte, er könne es noch gar nicht fassen, daß er jetzt wirklich befreit sei und daß die Tschechen nicht mehr zurückkommen würden, und auch ich konnte es noch gar nicht richtig fassen. Die Soldaten lachten und sagten, wir könnten jetzt Gift drauf nehmen, wir wären jetzt für immer frei und die Tschechen kämen nie mehr zurück! Dann ordnete sich die Marschkolonne wieder, und der Schellenbaum klirrte, und die Kesselpauke dröhnte, und die Trompeten schrien, und die Soldaten marschierten auf den Marktplatz, im gleichen Schritt und Tritt; die Stiefel knallten, und die Gewehre zeigten alle in eine Richtung, und die Soldaten marschierten auf den Marktplatz und von da aus ins Quartier. Wir bekamen einen Oberfeldwebel zugeteilt; ich machte ihm mein Zimmer frei und baute mir ein Nachtlager auf dem Boden, und Vater holte die lang gehütete Flasche alten Steinweins aus dem Keller. Zwanzig Jahre lang hatte sie dort gelegen. Staub und Spinngeweb hatten sie eingemummt, doch heute war endlich ihre Zeit gekommen: Nach zwanzig Jahren, die Freiheit war da!

Die Freiheit war da, und sie kam die Berge herunter mit wehenden Haaren: Sie trug rote Stiefel und die Schenkel nackt, und der Mund im wüsten Gesicht roch nach Kümmel und Korn. Sie kam in die Schenken und Gasthäuser und lagerte sich dort: ihre Herrschaft währte eine Woche, und in dieser Woche war das ganze Städtchen ein einziges Wirtshaus und ein einziges Bordell. Wir feierten unsre Freiheit mit einem ungeheuren Gelage; es gab keine Schule; wer nicht in die Fabrik oder ins Büro gehen mußte, der saß im Wirtshaus; und auch die Soldaten schienen kaum Dienst zu tun. Die Schenken standen Tag und Nacht offen; die Polizeistunde war aufgehoben; mein Vater drückte mir einen Hundert-Kronen-Schein in die Hand und sagte, diese historischen Tage müsse man feiern, es seien Tage, wie sie kommende Generationen vielleicht erst wieder in tausend Jahren erleben würden. So feierten wir denn und feiern hieß: Hinein in die Wirts-

häuser und den Fässern den Spund eingehaun! Wir zogen ins Wirtshaus Zum Rübezahl und in den Goldenen Stern und in den Blauen Ochsen und ins Hotel Hähnel und ins Bergschlößchen und in die Hüttenbachbaude und ins Café Neumann und überall saßen die Soldaten: Infanterie, Artillerie, Panzerfahrer, Funker und Pioniere. Überall saßen die Soldaten und tranken, und, hol's der Teufel, die konnten auch trinken, eine Flasche und noch eine Flasche und noch einen Korn und noch eine Buddel und noch einen Liter und noch einen Liter und natürlich hielten wir sie frei; wir hielten uns untergefaßt und schunkelten durch die Wirtshäuser und durch die Straßen. In alle Wirtshäuser kehrten wir ein, und die Kaufleute, die keinen Ausschank hatten, räumten einfach ihr gutes Zimmer und stellten Bierkästen hinein und Schnapsflaschen und Stühle und Tische, und auch da zogen wir ein, und jeder von uns hatte Geld in seinem Beutel, und wenn es die letzte Rücklage war. Überall zogen wir ein, überall wurde gesoffen, überall wurde gesungen, und wir hakten unsre Befreier unter und schunkelten und soffen und sangen das neueste Lied, das die Befreier mitgebracht hatten: »Auf der Heide steht ein kleines Blümelein«, sangen wir und dann bumm, bumm, bumm, dreimal mit der Faust auf den Tisch gehaun, daß die Gläser klirrten, und wenn sie zerbrachen, war es auch nicht schlimm, der Wirt schaffte schnell neue herbei, und er schalt nicht, wie sonst, wenn man etwas zerbrach, denn jetzt war ja seine große Zeit. Es war die große Zeit aller Schankwirte und Kaufleute, die Geldscheine strömten aus allen Taschen in ihre Kassen, sie hätten ein Dutzend Hände haben können, um zu nehmen, und sie schleppten die Kisten mit den Schnäpsen, Vorräte für Jahre, aus den Kellern herauf, ganze Kisten hinters Schankpult, wo sonst nur zwei, drei halbvolle Flaschen gestanden hatten. Jeder gab das letzte Geld aus, denn jetzt würden ja herrliche Zeiten kommen: Keine Schulden, keine Sorgen, keine Juden, keine Notzeit mehr, und so warfen wir das Geld auf den Tisch: Noch eine Runde für die ganze Stube! Der Wirt fuhr die Stuben-

runde auf, und der Schweiß perlte ihm von den speckigen Wangen, und wir schütteten die Runde herunter und trommelten auf den Tisch und sangen Erika, und dann Annemarie, ihr Sohn hieß Waldemar, weil es im Walde war, und schwarzbraun muß mein Madel sein, geradeso wie ich, und dann kamen die Mädchen. Die Mädchen kamen, jede wollte nun einen Soldaten, ihren Soldaten, und sie kriegten auch alle einen Soldaten, auch ihrer zwei oder drei oder vier, und auch die Spröden waren gekommen und auch sie, sieh da, sie ließen sich von den Soldaten unter die Röcke greifen, und die Soldaten griffen unter die Röcke und hoben die Röcke hoch und klatschten auf die nackten Schenkel und knöpften die Blusen auf und griffen da hinein, und die Mädchen kreischten und die Frauen stöhnten und die Musik spielte, überall spielte Musik, und wenn's eine Mundharmonika war. Die Mädchen drängten sich an ihre Soldaten, überall wurde getanzt, in allen Schenken und Kneipen und den geräumten guten Stuben, und dann verschwanden die Paare, hinaus in die Nacht, hinaus in den Tag. Da war nicht Nacht noch Tag und überall Pärchen, überall Küsse, überall Keuchen, und die Musik spielte; Tag und Nacht spielte die Musik, und Tag und Nacht standen die Kneipen offen, und das mußte doch ewig so weitergehn, ewig so weiter, ewig so weiter. Es wußte keiner mehr, ob es Nacht oder Tag war oder nüchtern oder betrunken, alles lallte, lallte durcheinander und noch eine Nacht und noch ein Tag, und dann war plötzlich wieder Schule, es war wieder Dienst, es war wieder Alltag und ein sonderbares Gespenst ging unsichtbar um.

In den Tagen der rotgestiefelten Freiheit war nämlich etwas Schwarzes über die Berge gekommen: Männer in schwarzer Uniform und auch in Zivil, stille Beamte, leise Leute, die schon ernst und fleißig gearbeitet hatten, als die Wirtshäuser noch hallten von Jauchzen und Gesang. Sie hatten sich in einem Haus neben der Polizei eingerichtet, dort arbeiteten sie, und dieser und jener wurde in das Haus, in dem sie arbeiteten, hereingerufen; wir sahen ihn

in das Haus hineingehen, aber nicht wieder herauskommen, und da sahen wir lieber nicht genauer hin. Dann wurde gemunkelt, daß der oder jener abgeholt worden wäre und daß dieser und jener noch habe fliehen können und daß dieser und jener jetzt im KZ säße, aber das regte uns wenig auf, denn dieser und jener waren Leute, die es verdient hatten, abgeholt zu werden und im KZ zu sitzen: Kommunisten, Sozis, Deutsche wie Tschechen, meist Arbeiter, kurzum: die Kommune. Da war es schon richtig, daß man sie griff!
Aber auch unsre Gespräche waren leiser geworden, und man flüsterte mehr als vordem; der Tschechischunterricht war zwar verschwunden, aber an seine Stelle war die Rassenlehre und die Geschichte der preußischen Könige getreten, deren Krieg und Siege wir nun nachpauken mußten; die Reichenberger Bank, bei der Vater verschuldet war, wurde arisiert, die Schulden aber blieben und wuchsen noch an, denn neue, unerwartete Ausgaben kamen dazu: Die Steuern waren höher, das Winterhilfswerk forderte gebieterisch seinen Tribut, die Sammelbüchsen der SA klapperten, und ich war auch in der SA und hatte eine Sammelbüchse und klapperte. Die Leute stöhnten, wenn wir das fünfte Mal ins selbe Café kamen und mit der Sammelbüchse klapperten, aber unser Truppführer hatte uns den Befehl gegeben, nur mit der vollen Sammelbüchse zurückzukommen, und so gingen wir eben das fünfte Mal und das sechste und siebente Mal ins Café Neumann und klapperten mit den Sammelbüchsen. Die Leute im Café, Tarockspieler, Mariagespieler, Billardspieler, Zeitungsleser, sie stöhnten, wenn wir das fünfte und sechste und siebte Mal zu ihnen kamen und mit den Büchsen klapperten; sie stöhnten, aber sie griffen doch immer wieder in die Tasche und zogen ihre Geldbörse heraus und warfen die Münze in unsere Sammelbüchsen, die immer noch nicht voll waren, denn die Sammelbüchsen der SA waren bauchig und tief. Die Leute stöhnten, und hie und da hörte man schon im Flüsterton die alte geliebte Losung in neuer Sprechart: »Wir wollen wieder heim, uns reicht's!«,

hieß es jetzt, und da und dort begann man, im Flüsterton natürlich, zu munkeln, so habe man es sich nicht vorgestellt. Was man sich vor allem nicht vorgestellt hatte, war dies: Zu Tausenden strömten Reisende aus dem Altreich über die Grenze, die nun keine Grenze mehr war, und plötzlich fanden wir alle Gaststätten und Cafés und Geschäfte von Touristen besetzt, die aßen und tranken und einkauften und sich nicht zu fassen wußten, wie billig alles bei uns sei. Ich verstand das nicht: Vater hatte doch immer über die teuren Zeiten geklagt; und unser Prokurist, ein würdiger alter Herr mit tintenbekleckstsen Fingern, versuchte es mir zu erklären: Die Tschechenkrone habe, so sagte er, eine sehr hohe Kaufkraft, die in keinem Verhältnis zum offiziellen Kurs von 1:8,6 stehen würde, gehabt; die Löhne und Preise wären hier immer viel niedriger gewesen als im Altreich, erkläte er und sprach von einer Preisdifferenz, die früher durch die deutschen Einfuhrzölle ausgeglichen worden sei. Als er dann abschließend feststellte, daß eben darum die Altreichsdeutschen mit ihrer Mark viel mehr bei uns kaufen könnten als wir mit unseren Kronen und daß sie uns bald arm gekauft haben würden, wenn das so weiterginge, verstand ich das alles noch nicht. Doch es mußte wohl schon so sein: Täglich kam ein tausendköpfiger Strom die Berge in unser Städtchen hinunter, und sie gingen in die Geschäfte und kauften ein Damenkleid für drei Mark fünfzig und ein paar Herrenschuhe für zwei Mark achtzig, und sie saßen in den Cafés und aßen und tranken, das Glas Bier für zehn Pfennig, die Portion Kaffee mit Kuchen und Sahne für zwanzig Pfennig, und sie aßen und tranken, wie wir Menschen noch nicht hatten essen und trinken sehn. Sie waren aus Berlin und Hamburg und Leipzig und sogar vom Rheinland heraufgekommen; die Reise mußte sich auszahlen, und so saßen sie in den Cafés und schlangen eine Portion Kaffee mit Kuchen und Sahne für zwanzig Pfennig und noch eine und noch eine und noch eine und standen auf und wankten zu den Toiletten und steckten sich, Römer von Leine und Pleiße, den Finger in den Rachen

und erbrachen sich, und dann kamen sie wieder zurück und aßen und tranken weiter, die Portion zwanzig Pfennig. Wenn sie beim besten Willen nichts mehr hineinwürgen konnten, standen sie auf und schaukelten, beladne Schaluppen, durch die Straßen und klopften uns auf die Schulter, fragten, ob wir ihnen auch dankbar seien, daß sie uns befreit hatten. Wir sagten ja, und sie klopften uns auf die Schulter und sagten, wir müßten ihnen sehr dankbar sein, sie hätten kein Opfer gescheut, um uns zu befreien, da sei es nur recht und billig, wenn sie sich jetzt hier ein bißchen erholten und Kaffee mit Kuchen und Schlagsahne äßen, das gäbe es nämlich im Reich schon lange nicht mehr! Dann gingen sie wieder in die Läden hinein, und die Taschen füllten sich mit Schuhen und Seidenstrümpfen und Wäsche und Seife und Zigaretten und Keks und Sardinen und Wurst und Prager Schinken und Uhren und Schmuck, und dann schleppten sie die Taschen über die Grenze, die es nun nicht mehr gab, und einmal hörte ich nach einem solchen Einkauf einen Mann mit Gamsbart am Hut zu seiner Frau sagen: »Was brauchen wir da noch Kolonien!« Manche blieben auch im Land und richteten sich ein: Es waren ja so viele Posten frei geworden, auf denen früher Juden und Rote gesessen hatten, und so kamen denn unsre Befreier und wurden Bürgermeister und Richter und Landrat und Amtswalter und Direktor der arisierten Bank, und unser Prokurist sagte leise, früher habe man ja auch schmieren müssen, wenn man habe gut fahren wollen, aber was man jetzt schmieren müsse, das sei des Guten doch wirklich zuviel. Dabei schüttelte er den Kopf, daß die schütteren weißen Haare an seiner Schläfe flogen, und dann sagte er mit gedämpfter Stimme, der Führer wisse nicht, was da alles geschähe, aber er würde bald alles erfahren, dann werde er aufräumen und Ordnung schaffen und den Gau ausfegen mit eiserner Hand. Seine Finger zitterten auf der grünen Schreibunterlage, und ich dachte empört, daß man den Führer doch jetzt nicht mit solchen Bagatellen behelligen dürfe: Er stand doch am Schalthebel der Weltgeschichte,

und die Zeiten waren ernst; das morsche Gebälk Europas krachte, die tschechische Frage mußte endgültig gelöst werden, so oder so. Jeder fragte besorgt, ob es Krieg geben würde, da konnte man dem Führer doch nicht mit geschäftlichem Kleinkram kommen! Ich sagte das auch dem Prokuristen, und der wiegte den Kopf und sagte dann leise, das stimme schon, jetzt müsse der Führer das Reich vor dem Krieg bewahren, und wir waren uns beide einig, daß es nur einen Mann auf der Welt gäbe, der das vermöge, und das sei der Führer, nur er allein.

Erschienen 1965

Heinrich Böll. Gesammelte Erzählungen.

Diese beiden Bände versammeln sämtliche Erzählungen, die Heinrich Böll in den über drei Jahrzehnten seines Schaffens, von 1947 bis 1979, geschrieben hat. Die Erzählung ist für Heinrich Böll neben den Romanen stets ein gleichrangiges, gleichgewichtiges Ausdrucksmittel gewesen. Besonders deutlich zeigt sich in ihr Bölls schriftstellerische Eigenart: seine sinnliche und moralische Sensibilität und sein Sinn für das charakteristische Detail, sein widerspenstiger Humor und vor allem sein Blick für den Modellcharakter auch alltäglicher Situationen, der ein erzählerisches Spektrum von der Satire bis zur modernen Legende hervorgebracht hat. Heinrich Böll. Gesammelte Erzählungen. Zwei Bände. 830 Seiten. Gebunden.

Die Gegenwart

Deutschsprachige Erzähler
der Jahrgänge 1900–1960

Band 2

Die Gegenwart

Deutschsprachige Erzähler
der Jahrgänge 1900–1960
Band 2

Herausgegeben und
mit einem Nachwort von
Rolf Hochhuth

Kiepenheuer & Witsch

© 1981 by Verlag Kiepenheuer & Witsch, Köln
Einband und Kassettengestaltung Hannes Jähn, Köln
Gesamtherstellung Mohndruck, Gütersloh
ISBN 3 462 01480 3

Inhalt

Heinar Kipphardt *Der Hund des Generals* 9
Jürgen von Manger *Der Lügner von Goldoni* . . . 55
Dieter Wellershoff *Doppelt belichtetes Seestück* . . 58
Maria Frisé *Kartoffelsalat wie immer* 80
Siegfried Lenz *Die Flut ist pünktlich* 86
Ingeborg Bachmann *Unter Mördern und Irren* . . . 93
Max von der Grün *Französin* 120
Werner Wollenberger *Der Architekt und sein Richter* 141
Martin Walser *Alpen-Laokoon oder Über die Grenze zwischen Literatur und Gebirge* 144
Walter E. Richartz *Arbeitsessen* 157
Walter Matthias Diggelmann *Der Jud Bloch* . . . 162
Walter Vogt *Beute* 170
Herbert Meier *Nabelgeschichte* 174
Carl Merz/Helmut Qualtinger *Der Herr Karl* . . . 182
Reinhard Lettau *Mißglückte Landnahme* 205
Hans Magnus Enzensberger *Der Entkommene von Turin* 209
Herbert Heckmann *Die Wahrheit* 228
Anneliese Friedmann *Der Schnee der Reichen* . . . 240
Ernst Hinterberger *Rudolf* 247
Alexander Kluge *Ein Liebesversuch* 254
Rolf Schneider *Grenzgänger* 258
Gabriele Wohmann *Ein unwiderstehlicher Mann* 270
Jochen Ziem *Die Klassefrau* 289
Peter Härtling *Der wiederholte Unfall oder die Fortsetzung eines Unglücks* 309
Reiner Kunze *Fünfzehn* 320

Herbert Rosendorfer *Die Karriere des Florenzo*
Waldweibel-Hostelli 323
Adolf Muschg *Playmate* 331
Manfred Bieler *Winterlandschaft* 346
Herbert Reinoß *Tante Marie* 354
Albert von Schirnding *Eine Vergebliche* 375
Jürgen Lodemann *Bettgeschichte* 377
Gisela Elsner *Die Mieterhöhung* 384
Kurt Bartsch *Berlin, Gormannstraße* 394
Sigrid Brunk *Strukturen* 396
Otto Jägersberg *Der letzte Biß* 407
Günter Wallraff *Brauner Sud im Filterwerk Melitta
Report* 418
Hugo Dittberner *Das Kriegsopfer* 448
Botho Strauß *Berlin ohne Ende* 457
Reiner Wertheimer *Wir sind immer noch gute
Freunde* 471
Karin Struck *Ein kleiner Fall von Zensur* 478
Gerd Martin Holtzapfel *Schnüffler-Novelle* 482

Neue Themen — alte Formen von Rolf Hochhuth .. 513

Quellenverzeichnis 539

Heinar Kipphardt

Der Hund des Generals

geb. 1922

Der Himmel über dem Dnepr war grau wie Rauch. Es regnete seit vierzehn Tagen, aber die Luft schmeckte noch immer nach der kalten Asche der Felder, der Dörfer, der Menschen.
Ein niedergebranntes Sonnenblumenfeld sieht wie ein großer, verdorrter Blumengarten aus, nur schwarz. Ein verbrannter Apfelbaum hat Bratäpfel so klein wie Schneebeeren, nur schwarz. Auch ein Mensch, in einem Lastwagen oder Panzer verbrannt, ist kleiner.

Es war Herbst. Der Krieg ging ins fünfte Jahr. Aus den Heeresberichten war zu entnehmen, daß die deutschen Armeen erfolgreiche Frontverkürzungen vornahmen. In weniger als zwei Monaten war die Ukraine fast ganz geräumt, der Dnepr von den Resten der zurückflutenden Armeen erreicht, nördlich Kiew und südlich Rostow sogar überschritten.
Bei diesem Tempo war es für den einzelnen Soldaten schwer, die für den Rückzug ausgegebenen Armeebefehle durchzuführen. Es gab Städte, die aus Zeitmangel nicht, oder nur unvollkommen zerstört wurden. Es gab Schächte von Bergwerken, die niemand rechtzeitig zum Absaufen gebracht hatte. Es gab Dörfer, die Häuser behalten hatten, es gab Schulen und Krankenhäuser, die unzerstört dem nachfolgenden Feind als Quartier dienen konnten, ja es gab ganze Kreise, wo nicht einmal der Weizen auf den Feldern verbrannt worden war. Auch konnten nicht alle männlichen Zivilpersonen abtransportiert werden.
Natürlich wurde eine Reihe von Offizieren für diese be-

fehlswidrigen Versäumnisse zur Rechenschaft gezogen. Einige von ihnen wurden standrechtlich erschossen. Zu Unrecht. Sie hatten ihr möglichstes getan. Die fehlende Zeit war der Befehlsverweigerer. Es gab Einheiten, die entgegen allen Gepflogenheiten des Sommerrückzugs 1943 nicht einmal mehr die Zeit gefunden hatten, ihre Gefangenen zu erschießen, ehe sie selbst gefangen wurden. Freilich gab es auch einfache Soldaten (von der Natur mit weniger Ehrgefühl ausgestattet), die, vor die Frage gestellt, ob sie ihr Maschinengewehr oder ihre Haut retten sollten, das Maschinengewehr wegwarfen, um schneller laufen zu können.
Die Beobachtung dieser Symptome moralischen Verfalls, die Meldung ferner, daß die Russen in ihren Brückenköpfen schwere Angriffswaffen massierten, um die Dneprfront aufzurollen, sowie schließlich der schmerzliche Verlust seines Gepäckwagens nebst Fahrer, veranlaßte den General Rampf, Kommandeur der xten Division, zu der lakonischen Bemerkung:
»Der Krieg, meine Herren, ist in sein finales Stadium getreten. Es geht nicht mehr darum, ihn zu gewinnen, es geht jetzt um mehr, es geht um die Ehre.«
Er sagte dieses bedeutungsvolle Wort auf der Feier seines sechzigsten Geburtstages im Kreise seiner Adjutanten und nächsten Freunde. Sein treuer Schäferhund, der ihn auf allen Feldzügen dieses Krieges begleitet hatte und nun an chronischer Gicht litt, fiel dabei eine Ordonnanz an, die den Kaffee servierte. Er war auf das Wort »Ehre« dressiert. Die Adjutanten lachten wie immer verblüfft. Immerhin blieb man auch im unterhaltsamen Teil der Feier nachdenklich.
Ein Musikzug, der den General mit einem Musikprogramm erfreuen wollte, mußte Waffen fassen und wurde auf Lastwagen über knietief verschlammte Wege an die Front des nördlichen Brückenkopfes zwischen Kiew und Karosten gefahren. In diesen bedrohten Abschnitt beorderte der General ferner eine Magenkompanie, die Mannschaften eines Hauptverpflegungsamtes, einer Entlau-

sungsanstalt, einer Feldbäckerei, die Sanierungsdienste der Heeresbordelle und alle Kriegsberichterstatter. Andere Reserven waren nicht da.

Als das Gespräch nicht wieder in Gang kommen wollte, weil niemand den General zu fragen wagte, was aus seiner Bemerkung zu folgern sei, schnitt der Divisionsgeistliche, ein durch und durch philosophischer Kopf, leider an einer Stinknase leidend, sein Lieblingsthema an. Eine umfangreiche theologische Untersuchung nämlich, in der er bewiesen hatte, daß die Schrift unter der Erbsünde keineswegs die Erkenntnis oder den Beischlaf an sich, sondern vielmehr die Zweifel und die Empfängnisverhütung verstanden wissen will. Er halte es für falsch, in der Armee Präservative auszugeben.

Der 1. Adjutant, ein ehemaliger Mittelschullehrer, widersprach. Es war bemerkenswert, wie er es fertigbrachte, bei Erörterung dieses Gegenstandes immer von neuem leidenschaftlich zu werden. Er führte als Gegenthese aus, daß die sexuellen Ausschweifungen der modernen Menschheit lediglich sekundäre Folgeerscheinungen der Versklavung durch das internationale Finanzjudentum wären. »Marx, Heine, Roosevelt, Kaganovitsch, alles Juden. Kulturbolschewismus.«

»Warum nennen Sie nicht gleich Jesus Christus!« sagte der Divisionsgeistliche sarkastisch, da er einen scharfen Unterschied zwischen getauften und ungetauften Juden zu machen pflegte. Er blies seinem Gegner eine scharfe Brise seines Nasenleidens ins Gesicht.

»Was streiten Sie sich, meine Herren«, sagte der General, »Schweinereien sind Folge von Phantasie, Muße, Ausschweifung. Fehlende soldatische Erziehung. Es gibt wichtigere Dinge, die jetzt zu tun sind.«

Er stand auf und ging austreten. Der Divisionsgeistliche und der 1. Adjutant folgten ihm auf dem Fuße. Der Divisionsgeistliche, weil er ein vertrauliches Gespräch herbeizuführen hoffte, der 1. Adjutant, weil er eine Neigung zur Harnverhaltung hatte. Sie standen unter einer schönen Birkengruppe und verrichteten ihre Notdurft.

»Der Regen reißt das Laub von den Bäumen«, brach der Divisionsgeistliche das konzentrierte Schweigen. »Der Herbst ist die Zeit der Besinnung, er läßt uns an den Tod denken. — Glauben Sie, daß die Dneprlinie zu halten ist?«
»Wenn Hitler Panzer gebaut hätte, wie ich ihm geraten habe, statt Unterseeboote, dann ja«, brummte der General. »Der Mann ist kein Militär.«
»Und er versteht nichts von Antibolschewismus«, sagte der 1. Adjutant, mit gesenkter Stimme. »Wir hätten die Russen geistig gewinnen müssen. Ich habe vor Jahren eine entsprechende Eingabe gemacht, aber man hat sie nicht beachtet. Wozu gibt es Fachleute, wenn ihre Eingaben nicht beachtet werden.«
Bei diesem Gespräch, das in solcher Offenheit niemals vorher zwischen ihnen geführt wurde, waren die drei, ihrer schwierigen Verrichtung ungeachtet, näher zusammengerückt wie Verschwörer. »Was meinten Sie übrigens mit der Bemerkung, daß es nunmehr um die Ehre gehe, Herr General?« flüsterte der Divisiongeistliche konspirativ.
»Teufel«, sagte der General, »ich habe vergessen durchzugeben, daß alle Panzerwaffen als Reserve bei uns zu konzentrieren sind! Die Brüder stoßen mit ihren Panzerkeilen glatt bis zu uns durch.«
Er knöpfte hastig seinen Hosenlatz zu und lief in die Funkstelle, ohne auf den Divisionsgeistlichen und den 1. Adjutanten zu warten.
Der Obergefreite Czymek, Schaubudenbesitzer und Fahrer eines der drei Panzerwagen, die der Kompanie geblieben waren (nebst 22 Mann von 200), saß auf dem Rand einer Kartoffelluke und schnitt Machorka in seine Gasmaskenbüchse. Mit seinen blauen Schweinsäuglein in dem stachligen Gestrüpp eines fingerlangen roten Bartes, den kurzen Gliedern, dem untersetzten, verfressenen Körper, der, von einem Offizierskoppel umgürtet, in eine Damenpelzjacke russischer Herkunft gezwängt war, schien er das Ergebnis eines wohlüberlegten Kreuzungsversuches

zwischen einem Igel und dem dänischen Stummfilmkomiker Patachon. Ihm gegenüber benutzte der aufgeschossene, kurzsichtige Abiturient Pfeiffer die zweistündige Postenzeit, seinen zarten, leider völlig zerkratzten Oberkörper mit dem Krätzemittel Mitigal einzureiben, das einem unerklärlichen Gerücht zufolge gut gegen Läuse sein sollte, das aber vordringlich nur stank.
Der Soldat Pfeiffer war der Sohn des Buchhalters Pfeiffer, der davon träumte, daß sein Sohn eines Tages Oberbuchhalter werden würde. Zu seinem tiefen Kummer wollte der ängstliche, häßliche Junge mit den langen Abstehohren und dem bepickelten Gesicht Schauspieler werden. Vermutlich weil es für ihn die einzige Möglichkeit war, in die Lage eines Helden zu kommen.
Pfeiffer war das Gaudi aller Unteroffiziere und Feldwebel, das dankbarste und geduldigste Objekt der ergiebigen Geschichte des Kasernenhofsadismus. Er war unfähig, ein Bett zu bauen, ein Koppel zu wichsen, ein Maschinengewehr auseinanderzunehmen, eine Kragenbinde sauberzuhalten, einen Palisadenzaun zu überklettern, einen Pappkameraden zu treffen, einen Puff zu besuchen. Er war der unwiderlegbare Beweis der verheerenden Auswirkungen geistiger Beschäftigung auf jede Art soldatischer Tugend. Es gab keinen Gesundheitsappell (die hygienische Einrichtung, Rekruten reihenweise mit zurückgezogener Vorhaut an einem Unterarzt vorbeimarschieren zu lassen, um Tripper und Syphilis rechtzeitig zu erkennen), ohne daß Pfeiffer zurückgeschickt werden mußte, sein Genitale zu waschen.
»Ein Abenturient fällt sogar bei der Schwanzparade auf«, sagte sein Unteroffizier mit pommerschem Sarkasmus und gab ihm den verantwortungsvollen Auftrag, allabendlich die Pißrinne mit Filterpapier zu trocknen.
Da Pfeiffer auch bei dieser Verrichtung wenig Geschick zeigte, wurde seiner Stube aus Erziehungsgründen der Ausgang gesperrt. In begreiflichem Unmut warfen ihm die Kameraden in der Nacht die Bettdecke über den Kopf, verprügelten ihn und beschmierten ihm das Gesäß mit

Stiefelwichse. Wenige Tage darauf begann Pfeiffer zur allgemeinen Belustigung nachts das Bett zu nässen.
Der Stabsarzt behandelte ihn mit einer konservativen, aber durchaus erfolgreichen Methode. Während der Nachtruhe hatte sich Pfeiffer stündlich beim Unteroffizier vom Dienst zu melden.
»Bettnässer Pfeiffer meldet sich ab zur Latrine. Bisher keine besonderen Vorkommnisse.«
Nach vierzehn Tagen bekam er einen hysterischen Krampfanfall und wurde als Simulant vorzeitig zur Feldtruppe abgestellt. »In vierzehn Tagen Rußland hast du dich vor Angst totgeschissen«, sagte der Pommersche Unteroffizier zum Abschied. Und Pfeiffer sagte: »Jawohl!«
»Was heißt jawohl?«
»Jawohl, Herr Unteroffizier!«
Die erste Belehrung an der Front bekam Pfeiffer von Czymek. Als Pfeiffer bei dem ersten Angriff, den er mitfuhr, die Luke aufreißen wollte, um hinauszuspringen, weil er das Hämmern des MG-Beschusses gegen die Panzerplatten nicht aushielt, rettete ihm Czymek das Leben, indem er ihm zwei Vorderzähne ausschlug. Am Abend kam Czymek zu dem vor sich hin brütenden Jungen und sagte in seinem harten Oberschlesisch:
»Hör zu. Du bist Nichtraucher und ich kann mir vorstellen, daß du mir deine Zigarettenzuteilung überlassen kannst regelmäßig, so daß wir Freunde werden können. — Die Sache hier ist so: Ein feiger Mensch fällt am ersten Tag fürs Vaterland. Warum? Er geht als erster aus seinem Loch, wenn seine Stellung angegriffen wird. Ein tapferer Mensch fällt am zweiten Tag fürs Vaterland. Warum? Er geht als erster aus seinem Loch, wenn wir eine Stellung angreifen. — Alle beide sind sich insofern ähnlich, als sie sich von Gefühlen hinreißen lassen. Ein Soldat mit einem Gefühl aber ist ein toter Soldat, wie ein Soldat mit einem Gedanken notwendigerweise zu einem verrückten Soldaten wird. Gefühle und Gedanken sind mehr für Zivil geeignet. Übrigens kann man sich Kaffee in den Stiefel

schütten, wenn man eine Erfrierung erzeugen will. Gib deine Zigaretten her.«
Pfeiffer holte seinen Zigarettenvorrat aus seiner Segeltuchtasche, wischte sich die Tränen ab, und Czymek ließ ihn zum Erstaunen der übrigen Wagenbesatzung neben sich unter seiner geklauten Steppdecke schlafen. Sie wurden eine Interessengemeinschaft, sie wurden Freunde, und Czymek gewöhnte Pfeiffer an den Krieg wie man einen jungen Hund an den Straßenverkehr gewöhnt.
Seitdem waren zwei Jahre vergangen und Pfeiffer gehörte zu den zweiundzwanzig Mann, die von der Aufklärungskompanie seit dem ersten Winterrückzug übriggeblieben waren.
Er hatte zwei erfrorene Zehen, einen Oberschenkeldurchschuß, einen Gefrierfleischorden, ein Panzersturmabzeichen, eine Nahkampfspange, ein Eisernes Kreuz zweiter Klasse. Letzteres war ihm verliehen worden, als die Kompanie nicht mehr so viel Soldaten hatte wie sie Eiserne Kreuze zugewiesen bekam. »Für Tapferkeit vor dem Feind.« Pfeiffer war nicht tapfer. Er war gleichgültig, stumpf, apathisch. Zwei Jahre Rußlandfront hatten aus einem sensitiven, neurotischen Jungen ein System von Nerven, Muskeln, Knochen und Selbsterhaltungtrieb gemacht, das funktionierte. Zwei Jahre Rußlandfront hatten ihn mit der Speckschicht eines durchschnittlichen Landsers versehen.
Sie verbarg den empfindlichen, melancholischen Jungen, der noch immer vor den Mädchen, dem Lachen, dem Schweineschlachten Angst hatte und davon träumte, im Rampenlicht seiner Heimatbühne als Lord Byron in Missolunghi einzuziehen, schön und tatenkühn und todessehnsüchtig. Die Ängste waren da, die Träume, die Gedanken waren da, aber er benutzte sie nicht. Er war ein Soldat, der überleben wollte und sich infolgedessen weder Gedanken noch Gefühle leisten konnte. Er schlief, er aß, er lief, er schoß.
Ein Band Byronscher Gedichte hatte ihm und Czymek gute Dienste getan, als sie auf dem Rückmarsch von Wo-

ronesch an blutiger Ruhr litten. Er hatte tausend Kilometer Vormarsch und zweitausend Kilometer Rückmarsch hinter sich. Im Winter, im Sommer, im Winter, im Sommer.
Wenn er sich Mühe gab, erinnerte er sich einiger Bilder: eine Nachschubkolonne, die von Panzern in den Schnee gewalzt war. Ein Bataillon Frauen, denen man die Augen und den Schoß ausgestochen hatte. Kosaken, trinkend und tanzend unter einem verbrannten Baum, in den sie nackte Partisanen gehängt hatten. Eine Nachrichtenhelferin gefangengenommen, vergewaltigt, entkommen, die für ein deutsches Weißbuch fotografiert wurde. Ein kniender, magerer Junge, der eine aufgetriebene Kuh an einem Strick hielt, erschossen, weil er sie nicht hergeben wollte. Tote Rotarmisten, auf den Schneewall der Rollbahn geworfen. Einer hat noch Filzstiefel an. Pfeiffer springt zu ihm hin, zerrt einen Stiefel herunter. Er paßt. Er greift nach dem zweiten Stiefel, der Russe streckt ihm das Bein entgegen. Pfeiffer läuft dem Panzerwagen nach, zweierlei Stiefel an den Füßen. — Blasse, gewöhnliche Bilder der Mechanik des Krieges in Rußland.
Pfeiffer war mit Czymek auf Posten. Pfeiffer war ein überlebender Soldat einer Aufklärungskompanie in der Division des Generals Rampf.
Sie lagen an dem Rand des Sumpfgeländes, das den nördlichen russischen Dneprbrückenkopf von den spärlich besetzten deutschen Stellungen trennte. Die überholungsbedürftigen Panzerwagen, mit MGs und 2-cm-Flakgeschützen bestückt, waren längs der Brandmauern abgerissener Häuser am Rande des ehemaligen Dorfes Demidowo eingegraben. Sie konnten die 200 Meter weiter vorn gelegenen Infanteriestellungen überschießen, solange die Landser in den Löchern blieben.
Der Sumpfgürtel zwischen den Kampflinien war etwa drei Kilometer breit, in der Mitte von einem schwarzen, träge fließenden Fluß durchschnitten. Ein morastiger Feldweg, obwohl aufgeschüttet und von Knüppeldämmen gehalten, führte über eine Holzbrücke, die von keiner Seite besetzt

wurde, weil sie bei dem derzeitigen Frontverlauf nicht zu halten war.
Die Stellung, tagsüber ruhig, wurde etwa in jeder zweiten Nacht von russischen Stoßtrupps eingenommen und gegen Morgen ohne wesentlichen Widerstand zurückerobert. Die Stoßtrupps um den Brückenkopf hatten offenbar die Aufgabe, von den Truppen- und Panzerbewegungen im Brückenkopf abzulenken und die deutschen Abwehrkräfte einzuschätzen.
Gegenwärtig befehligte in ihrem Abschnitt ein nervöser österreichischer Infanteriehauptmann achtzig Pioniere und die drei Panzerwagen. Hundert schlecht genährte, schlecht ausgerüstete Soldaten, die seit drei Monaten nicht aus den Kleidern gekommen waren. Hundert zermürbte, schlammüberkrustete Soldaten, die von Orel bis Kiew um ihr Leben gelaufen waren. Hundert verbrauchte, ausgelaugte Landser, die davongekommen waren. Hundert Landser, die wußten, daß sie nicht davonkommen, wenn der Angriff der russischen Panzerbrigaden aus dem Brückenkopf losbricht. Der Himmel über dem Dnepr war grau wie das Gesicht eines Toten.
Während Czymek Machorka schnitt und Pfeiffer gegen die Läuse kämpfte, überlegte jeder von ihnen, wie er rechtzeitig vierzig bis fünfzig Kilometer Hinterland zwischen sich und die Russen bekommen könnte.
Als sich Czymek gerade, in dem Arsenal seiner Erfahrungen aus Militärgefängnissen schmerzlich wühlend, für eine tiefe Brustmuskelphlegmone entschieden hatte (sie ist zu erzeugen, indem ein Bindfaden mit einer Stopfnadel unter dem Brustmuskel durchgezogen und an den Enden abgeschnitten wird), sah er nicht ohne Rührung einen Zug von etwa vierzig kurios als Soldaten verkleideten, älteren Männern mit langen Infanteriegewehren verschiedenen Modells an seiner Kartoffelluke vorbei in die unbesetzten Schlammlöcher einrücken. Sie hatten taillierte Offiziersmäntel, Ausgehhosen, Halbschuhe an und waren mit Schanzzeug, Handgranaten, Gepäck, Panzerfäusten und Gasmasken wie zu einer Manöverübung für Reserve-

offiziere behängt. Über den frisch rasierten Gesichtern wackelten breitrandige Stahlhelme aus dem Ersten Weltkrieg, in deren Tarnnetze sie nach Vorschrift Gras und Zweige gesteckt hatten. Um die Schlammlöcher, die man ihnen als Infanteriestellung bezeichnet hatte, standen sie ratlos wie eine wohlausgerüstete Ärztekommission vor einer zu leerenden Scheißgrube.
Die sonderbaren Soldaten gehörten dem Musikzug an, der tags zuvor den Geburtstag des Generals mit Schuberts ›Unvollendeter‹ zu verschönen gesucht hatte. Bisher hatten sie nur einmal auf einem Schießstand geschossen. Sie lösten die Aufklärungskompanie ab, die dringend als Divisionsreserve gebraucht wurde.
Als Czymek die Nachricht erreichte, daß sie bei einbrechender Dunkelheit zurückverlegt würden, richtete er, seine Rührung unterdrückend, an Pfeiffer die nachfolgende Ansprache:
»Diese Nachricht, Komiker, scheint unseren Namen für die nächsten vierzehn Tage die Möglichkeit zu nehmen, auf einem ehrlichen Kriegerdenkmal oder auf einem anständigen Heldenfriedhof zu stehen. Ich begreife nicht, wie du bei diesem Gedanken gleichgültig bleiben kannst und dich, wie ich wohl spüre, sogar der Überlegung hingibst, daß du als Feuerwehr bei der Division die Möglichkeit haben wirst, in einem Bett zu schlafen, zu baden, läusefreie Wäsche anzuziehen, einen Brief an deine Mutter zu schreiben und die Gelegenheit zu einem ordentlichen Beischlaf auszuspähen. — Was aber wird dein Vater, der Buchhalter, am Stammtisch sagen, wenn der Krieg vorübergegangen ist, ohne daß dein Name im Radio genannt wurde? — Wie wird deine Mutter im Luftschutzkeller der Nachbarin ins Auge sehen können, deren vier Söhne bereits unsterblich gefallen sind? Was kannst du hierauf entgegnen? Nichts. Du kannst den Schnaps herausrücken, mit dem du dir heute nacht Mut ansaufen wolltest, um dir durch den Oberschenkel zu schießen, was eine einigermaßen überzeugende Verwundung nur einem Volltrottel vortäuscht. — Der Schnaps verdient einem höheren

Zweck zugeführt zu werden, denn es geht zurück. Der General Rampf, der uns einhundertundelfmal angeschissen hat, hat eine Idee gehabt.«
Er schüttete den frisch geschnittenen Machorka in die Kartoffelluke, tauschte seine Damenpelzjacke und ein paar Reservestiefel bei den Musikern gegen Zigaretten ein und trank mit Pfeiffer zwei Feldflaschen Fusel, der aus Kartoffelschalen und Lumpen gewonnen schien.
Bei Anbruch der Dunkelheit, während die Magenkranken, die Feldbäcker, die Badediener und eine Gruppe desorientierter Kriegsberichterstatter in die Sumpfstellungen einrückten, fuhren drei Panzerwagen und 22 Mann zurück zum Divisionsstab des Generals Rampf. Ihre Zuversicht auszudrücken, saßen sie, des Regens ungeachtet, auf den Panzerplatten und sangen das ergreifende Soldatenlied: »Trinkt nicht den gift'gen Samachonka.«

Der General Rampf, gegen zwei Uhr nachts von einer Lagebesprechung bei der Armee zurückgekehrt, schickte den Fahrer schlafen und gab dem 1. Adjutanten Befehl, ihn in den nächsten Stunden ungestört zu lassen.
Er hatte einen Anspruch, einsam, verzweifelt und schicksalumwittert zu sein. Zum einen war die militärische Lage verzweifelt, zum anderen sah er sich in seiner Berufsehre gekränkt. Er war der unerschütterlichen Meinung, daß er im Winter 41 nicht wegen einer das Denken beeinträchtigenden Hirngefäßverkalkung, sondern wegen strategischer Differenzen in der Landkriegsführung vom Generalstab zu einer Felddivision kommandiert worden war: ›Alles ist gekommen, wie es kommen mußte. Alles ist gekommen, wie ich vorausgesagt habe. Aber man erwähnt mich nicht einmal, man denkt nicht daran, mich in den Generalstab zurückzuholen. Sie haben nichts gelernt. Nichts!‹
Von seinem mit einem Gichtanfall geplagten Schäferhund gefolgt, durchquerte er mehrfach den kargen Arbeitsraum und blieb vor den Bildern der großen Generalstäbler Moltke, Schlieffen und Ludendorff stehen, die über sei-

nem englischen Feldbett neben Jagdtrophäen und einem schlichten Holzkreuz hingen.
»Halten, halten, halten!« schrie er. »Die Dneprlinie halten. Mit was? Kleckern, kleckern, kleckern. Gefreitenstrategie. Erste-Weltkriegs-Strategie. — Nicht kleckern, sondern klotzen! Panzerkorps aus Frankreich her! Zusammenballen! Über den Dnepr vorgehen! Klotzen! — Sie haben nichts gelernt!« Er wischte ein wenig Speichel von der Backe Ludendorffs.
Im Spiegel seines zusammenklappbaren Toilettentisches sah er sich als einen vergeistigten, verinnerlichten, alt gewordenen Mann, den man gehindert hatte, den Krieg zu gewinnen. ›Ich bin einsam. Ein Hund und die Fotos großer Vorbilder, das ist die Welt, von der ich heute verstanden werde.‹ Er nahm seine liebe Frau aus, die auf ihrem Gut, unweit Preußisch-Eylau, fühlen mochte, wie es um ihn stand. Er legte seine Mauserpistole vor sich auf den Tisch und aß einen Karton Datteln, seine Lieblingsnahrung im Felde. Der Hund leckte ihm verstehend die Hand.
»Wir sind miteinander alt geworden«, sagte der General gerührt, »ich kenne Menschen, denen ich deine Einfühlungsgabe wünsche.«
Er bot ihm Butterkekse an. Der Hund aß sie nicht.
Der General steckte die Mauserpistole ein, nahm einen Meldeblock zur Hand und begann für die Nachwelt seine Memoiren niederzulegen, eine glänzende Rechtfertigung der Traditionen des deutschen Generalstabs. Da ihm das Schreiben kolossal leichtfiel, kam er tüchtig voran.
Als er gegen Morgen zu Bett gehen wollte, rief der Ia des Armeekorps bei ihm an und fragte, ob er, Rampf, es nicht für ratsam halte, mit seinen vorderen Linien bei Demidowo über den Fluß näher an den Brückenkopf heranzugehen oder wenigstens die Holzbrücke zu besetzen.
»Ich halte es nicht nur für nicht ratsam, sondern für schwachsinnig«, sagte Rampf. »Die Brücke ist für Panzer absolut wertlos und außerdem nur von Selbstmordkandidaten einzunehmen, da sie von Höhe 508 und 604 unter

Artillerie- und Pakbeschuß genommen werden kann. Ich habe meine motorisierten Truppen nicht zurückgenommen, um sie zu verkleckern, sondern um zu klotzen, wenn ich sehe, wo angegriffen wird.«
Er war entschlossen, seinen Stab nach Shitomir zurückzuverlegen, sobald der Schlamassel anfing.
Er zog ein Regencape über und inspizierte die Sturmgeschützabteilung und die Reste der Aufklärungskompanie, die er zum Schutz dieser Operation zurückbeordert hatte. Das Cape machte ihn unkenntlich. Der Regen, der Herbst, die Einsamkeit, die Verzweiflung und die Hirngefäßverkalkung ließen ihn an Friedrich den Großen nach der verlorengegangenen Schlacht bei Kolin denken. An den mit Planen abgedeckten Sturmgeschützen vorbeigehend, legte er die linke Hand auf den Rücken und empfand Geschichte.
Der einzige Posten, ein blonder Bauernjunge, war trotz des Regens eingeschlafen, einen nassen Zigarettenstummel im Mund. Der General ging an ihm vorüber, ohne ihn zur Rede zu stellen. Er fühlte Leutseligkeit.
Die Soldaten der herausgezogenen Panzerwagen lagen auf dem Boden der überheizten Quartiere wie Mehlsäcke, von einem fahrenden Lkw geworfen. Sie schliefen wie Tote, sie schliefen ohne Angst.
Pfeiffer träumte von einer üppigen Frau, die ihn zwischen ihre mächtigen, weichen Brüste drückte und mit ihrem Kuß sein ganzes Gesicht wie mit einem Schwamm anfeuchtete. Der Traum wurde von dem Speichel erzeugt, der ihm im Schlaf über das Kinn lief. Oder von einem Gefühl der Geborgenheit. Als ihn Czymek nach langem Rütteln endlich wach bekam, fühlte er, daß seine Hose von einem Samenerguß naß war. Er konnte keinen Gedanken fassen, bis er die Gasmaskenbrille aufgesetzt hatte. Die mächtige Frau war eine Opernsängerin gewesen. Er hatte sie in der Schulzeit als Isolde gesehen.
Czymek hatte noch nicht geschlafen. Er hatte die Nachtstunden benutzt, einen Hammel aus dem Stall der Feldgendarmerie zu stehlen und ein Quartier für sich und

Pfeiffer zu organisieren, das üblicherweise von Offizieren belegt war, da es Betten hatte. Der Hammel war geschlachtet, abgezogen, ausgenommen und zerlegt, als er Pfeiffer weckte.
»Was unterscheidet einen Menschen von einem gewöhnlichen Vieh?« fragte Czymek. »Daß er seine Bedürfnisse mit Überlegung befriedigt. Daß er nicht eine stumpfsinnige Rindfleischkonserve in sich hineinschlingt, wenn er Hunger hat, wozu du bereit wärst ohne weiteres, sondern Verfeinerungen anstrebt, wozu ich einen Hammel besorgt habe. Daß er sich ferner nicht auf dem ersten besten Strohsack herumwälzt, wenn er müde ist, sondern einen Sinn hat für Wohnkultur, wozu ich ein Quartier besorgt habe, das unseren Qualitäten entgegenkommt. Bei einer halben Witwe mit heranwachsenden Töchtern, Großvater und Babuschka, die einen Sinn für Kochkunst hat. — Umsteigen, Komiker, denn du wirst für mich den ersten Posten stehen müssen, während ich uns zum Frühstück eine gespickte Hammelkeule brate.«
Pfeiffer nahm seine beiden Packtaschen, und sie gingen über die breite, regenzerweichte Dorfstraße. Weißgetünchte Bauernhäuser, die nicht zerschossen und nicht verbrannt waren. Zäune, Vorgärten mit Astern, ein kleiner Pflaumenbaum. Er sah einen Streifen braun gewordenes Unkraut, eine Art wilder Kresse, deren linsenähnliche Samen sie als Kinder ›Butternäppel‹ genannt hatten. Er hatte nie mehr daran gedacht. Der Regen hatte nachgelassen und er roch den Herbst wie zu Hause. Er roch den kommenden Schnee.
»Können Sie nicht grüßen!« schrie sie ein Hauptmann an und kam von der anderen Straßenseite her auf sie zu. Es war der 1. Adjutant, der antisemitische Mittelschullehrer, in Begleitung des Divisionsgeistlichen, der jedoch auf der anderen Straßenseite blieb.
»Sind Sie Hottentotten!«
»Das nein, Herr Hauptmann«, sagte Czymek gemütlich, »gewöhnliche Landser.«
»Und warum können Sie nicht grüßen!«

»Es ist weniger das Können, als vielmehr die fehlende Übung in Schlammlöchern an der Front seit drei Jahren, Herr Stabshauptmann.«
»Ich werde Sie einsperren lassen! Ich werde —«
»Jawohl, Herr Hauptmann!« schrie Czymek mit der Stimmgewalt einer mittleren Fabriksirene und riß die Hacken zusammen.
Er stand in einer Pfütze und der Dreck spritzte auf des Hauptmanns hellgraue Reithose.
»Name?« krähte der Mittelschullehrer, »Name!«
»Obergefreiter Czymek, Divisionsreserve der 6. Aufklärungsabteilung!« schrie Czymek und spritzte Dreck auf das andere Hosenbein. Er machte eine stramme Kehrtwendung, furzte und ging. Der 1. Adjutant starrte ihm mit offenem Mund nach, ohne einen Laut herauszubringen. Die Harnverhaltung schien sich auf seine Stimme gelegt zu haben, denn er stotterte, als er den blaß gewordenen Pfeiffer nach seinem Namen fragte.
»Soldat Pfeiffer. Ich habe Sie nicht gesehen. Ich bin kurzsichtig, Herr Hauptmann.«
»Hinlegen! Auf! Hinlegen! Auf! Hinlegen! Auf!« kommandierte der Adjutant.
Er sah sein verletztes Ehrgefühl wiederhergestellt, als Pfeiffer einem Kanalreiniger glich. Sogar seine Brillengläser waren mit Dreck bespritzt. Er sah, daß Pfeiffer rote Ohren hatte und daß seine Lippen zitterten. Er sah die Angst und die Wut seiner Schüler in Pfeiffers Gesicht. Er fühlte, daß er eine starke Persönlichkeit war. Er steckte sich eine Zigarette an und ließ Pfeiffer stehen.
»Ich verstehe nicht, wie ein gebildeter Mensch eine Straße überqueren kann, nur weil er von zwei Dummköpfen nicht gegrüßt wird«, sagte der Divisionsgeistliche. »Christus ließ sich anspeien, ohne seine Würde zu verlieren.«
Der Adjutant, der bereits formuliert hatte, daß er diese Würde für Masochismus und bei einem Offizier für Vernachlässigung der Aufsichtspflicht halte, unterdrückte seine Antwort, da er einerseits den eifernden Atem seines nasenleidenden Partners fürchtete und da er andererseits

herauszubringen wünschte, was der fremde Oberst gewollt habe, der heute morgen ein einstündiges vertrauliches Gespräch mit dem Divisionsgeistlichen geführt hatte. Eine entsprechende Anspielung wurde von dem Divisionsgeistlichen jedoch überhört. Er war sich des Vertrauens bewußt, das man höheren Ortes in ihn gesetzt hatte. Und der Gefahr.
Pfeiffer hatte den Geruch der Latrine in der Nase, die er mit Filterpapier getrocknet hatte. Er überlegte, ob er imstande wäre, den Hauptmann oder den pommerschen Unteroffizier abzuschießen, wenn er mit ihnen im Einsatz wäre. ›Czymek natürlich, Czymek könnte das ohne weiteres‹, dachte er, ›er würde nicht einmal auf den Tabak verzichten in des Toten Tasche. Ich glaube, ich komme nicht nach Hause. Es ist natürlich blödsinnig, daß ich jemals Schauspieler werden kann, mit meinen Abstehohren, mit meiner bepickelten Fresse. Ich werde ein Buchhalter, Walt Whitman kann kein Buchhalter gewesen sein, ich könnte nicht einmal einen Hund abschießen, der mich ins Bein beißt, viel weniger ein Gedicht machen oder ein Kind. Ich bin so kaputt, weil ich seit gestern nichts gefressen habe.
— Ich muß die Läuse erst mal loswerden?‹
Er putzte seine Brille mit einem Fußlappen, der ihm als Taschentuch diente, er wischte sich die Hosen ab, er nahm die beiden Segeltuchtaschen und ging.
In der dunklen Küche des Quartiers waren zwei Frauen mit der Zubereitung großer Fleischstücke beschäftigt. Sie rieben sie mit Zwiebel ein und spickten sie mit Knoblauch. Bratende Hammelnieren hatten einen leichten Uringeruch. Eine verdorrte alte Frau, mit dünnen Kinderzöpfen rechts und links, kreuzte die Hände über der Brust und verneigte sich vor Pfeiffer. Ein halbwüchsiges Mädchen sah ihn mit Augen an, die gut und ausdauernd zu hassen versprachen.
Er sah weg.
Die alte Frau hatte sich aufgerichtet und lächelte ihn freundlich an. Sie hatte Angst. Sie lächelte aus Angst. Sie wischte sich an der Schürze die Hände ab, die von den

Fleischstücken feucht waren und segnete ihn auf altrussische Weise. Sie segnete ihn aus Angst. Pfeiffer stand unschlüssig, die beiden Packtaschen in der Hand und überlegte, was ›Guten Morgen‹ auf russisch heißt. Es fiel ihm nicht ein. Sie wollte ihm sein Gepäck abnehmen, aber Pfeiffer ließ die Packtaschen nicht los. Er schüttelte den Kopf und sagte: »Carascho.« Ein anderes russisches Wort hatte er nicht zur Hand.
Sie öffnete ihm die Tür zu dem geräumigen Wohnzimmer, dessen Dielen mit weißem Sand bestreut waren. Zwischen den Doppelfenstern waren Moospolster, in denen rote Papierblumen steckten. Czymek saß behaglich auf einem der weißbezogenen Betten und spaltete mit dem Seitengewehr einen Stapel alter Holztafeln, Ikonen Nowgoroder Schule, die Pfeiffer auf dem Rückzug aus einer zerstörten Kirche mitgenommen und in der Bodenwanne des Panzerwagens verstaut hatte.
»Warum läßt du dich von einem Etappengammel in den Dreck legen?« sagte Czymek. »Du bist doch ein gelehriger Mensch, warum bleibst du wie ein Schuljunge stehen, wenn ich ihm einen Anschauungsunterricht vollkommener Subordination erteile. Es ist einem Menschen nicht verboten zu furzen, wenn er einen Befehl ausführt. Ich habe gleich Wäsche für dich mitbesorgt und ein Schaff, wo wir baden können, wenn du vom Posten zurückkommst.«
»Aber das sind doch Bilder, die du da zerhackst, das sind doch alte Bilder«, sagte Pfeiffer.
»Alte Bilder und altes, gut abgelagertes Lindenholz, womit ich uns eine Hammelkeule braten werde am Spieß und was eine feinere Zunge zu schmecken in der Lage ist. Fang mir nicht mit solchen Blödigkeiten an, denn ich habe den Krieg nicht angefangen. — Büstra, babuschka, büstra mjasso! Sol, iluk, tschessnok jest?« Die alte Frau kam mit den Fleischstücken herein, versicherte, daß Salz, Zwiebel und Knoblauch daran seien und betrachtete sachverständig, wie Czymek eine Hammelkeule zerlegte und kunstgerecht auf einen Bratspieß zog. Sie kommentierte genie-

ßerisch seine Kenntnisse, verschwand und kam mit einem Reibeisen und einer Muskatnuß zurück, die Czymek in eine lyrische Stimmung versetzte.
»Job vrä matj!« schrie er vergnügt und warf die Muskatnuß in die Höhe, »job vrä matj!«* Er umarmte die Frau und schenkte ihr die beiden Vorderkeulen des Hammels.
Pfeiffer füllt das Magazin seiner Armeepistole, nahm eine Zeltplane und löste den Posten an den drei Panzerwagen ab.

Aus der Art, wie der General zum Frühstück ein kaltes Rebhuhn aß (obwohl übernächtig und von der ethischen Krise ergriffen, die jeden echten Generalstabsoffizier packt, wenn ein Krieg verlorengeht), war ein ungestümer und unerbittlicher Charakter zu lesen, ein Willensmensch, ein Tatmensch.
Er lehnte es ab, im Felde mit Messer und Gabel zu frühstücken. Er tranchierte das Rebhuhn mit dem Jagdmesser, riß es an den Beinen auseinander, schälte mit wenigen Schnitten Brust- und Beinfleisch vom Knochen und warf alles übrige dem Hunde zu.
Der Hund hatte seinen tückischen Tag. Die Reste des Rebhuhns vor sich, fixierte er die Tür und bleckte die Zähne nach einem imaginären Feind. Der General dachte darüber nach, wie es komme, daß sich sein eigener Seelenzustand so beständig auf den Hund übertrage. Und umgekehrt. Er konnte Menschen nicht leiden, die von Hassan gebissen wurden. Es hatte sich mehrfach herausgestellt, daß sie ungute Nachrichten bringen wollten.
Er war deshalb mißtrauisch, als Hassan den Divisionsgeistlichen anfiel, der unangemeldet zu einem Besuch bei ihm auftauchte. Zum Feldbett zurückweichend, rief der kurzatmige Mann mehrfach beschwörend »Pfui«, ein Komando, das Hassans Wut erfahrungsgemäß zu steigern geeignet war.
»Schreien Sie nicht ›Pfui‹, und haben Sie keine Angst!«

---

* russischer Mutterfluch

befahl der General. »Ein Hund beißt nur, wenn er Angst riecht.«
Doch ehe der Divisionsgeistliche seine Angst bezähmen konnte, hatte ihn der Hund auf das Feldbett geworfen und stand knurrend über seiner Gurgel. Der Geistliche, von Angstschweiß naß, sah starr in die Augen des Hundes und wagte nicht auszuatmen. Er fürchtete, daß der Hund sein Nasenleiden übelnehmen könnte.
»Garstig, Hassan, garstig«, sagte der General, »tob dich draußen aus.« Er zog den Hund am Halsband von dem Divisionsgeistlichen herunter und ließ ihn auf die Straße.
»Danke, vielen Dank«, sagte der Divisionsgeistliche, »darf ich Sie um ein großes Glas Wasser bitten? — Ich glaube, ich würde niemals einen Hund in meiner Nähe dulden können.«
»Unsinn«, sagte der General, »kein besserer Freund als ein Hund, den Herrgott ausgenommen. Vom Wolf zum deutschen Schäferhund, zweihunderttausend Jahre menschlicher Kulturgeschichte. Ich wette, Sie bringen mißliche Nachrichten. Ein Hund hat Witterung für Verdrießlichkeiten. Schießen Sie los.«
»Mit was?« fragte der Divisionsgeistliche tastend.
»Mit Ihrer Hiobsbotschaft!«
»Ich würde es nicht Hiobsbotschaft nennen. Eher Gewissensentscheidung.«
»Was, Mann?«
»Sie sagten anläßlich unserer letzten, leider abgebrochenen Unterredung, daß es nunmehr um die Ehre gehe, Herr General.«
»Na und?«
»Ich hatte heute morgen einen Besuch, der dieses Wort in eine unvermutet politische Bedeutung rückte. Es gibt wesentliche Kräfte, die ähnlich empfinden. Ich wurde ersucht, ein privates, natürlich vertrauliches Gespräch mit Ihnen zu vermitteln.«
Der General stand auf, drehte dem Geistlichen den Rükken und betrachtete die Bilder der großen Generalstabsoffiziere über seinem Feldbett. Auch von hinten sah man

seiner Gestalt an, daß er mit prinzipiellen Entscheidungen rang. Sogar die Falten seiner Reithose (der General verfügte nicht eigentlich über ein Gesäß) drückten Tragik aus. Er überlegte, ob es tunlich sei, das Gespräch einfach auszuschlagen, ohne den Umfang der möglichen Verbindungen und das reale Kräfteverhältnis zu kennen. Er rechnete das Risiko für sich und er rechnete den möglichen Nutzen aus. In der Stille war ihm, als hörte er entfernt das Bellen seines Hundes Hassan.
Er drehte sich dem Feldgeistlichen zu, sah ihn durchdringend an und frage:
»Wann?«
Er hörte einen entfernten Pistolenschuß und kurz danach einen zweiten.
»Morgen früh, Herr General«, sagte der Divisionsgeistliche. »Oberst Fahlzogen. Sie müßten Ort und Zeit bestimmen.«
Der General rang noch einmal mit sich, und er fand noch einmal, daß er sich zumindest anonym sympathisierend verhalten müßte, ohne sich untreu zu werden.
»Ich werde mich morgen früh über die Frontlage am Brückenkopf informieren. Ich kann mit Oberst Fahlzogen um acht im Ort Demidowo zusammentreffen«, sagte der General bedeutungsvoll karg. Er suchte nach historischen Analogien. Es fiel ihm Tauroggen ein, obwohl es nicht recht paßte.
Er nahm zwei Karlsbader Pastillen, die er mit Wasser heruntertrank. Die Aufregung und die Datteln ließen ihn für seine alte Neigung zu spastischer Obstipation fürchten.
Der Divisionsgeistliche war von der Größe des Augenblicks so hingerissen, daß er sein Nasenleiden vergaß und sich der Diskretion des Generals ohne jede Distanz zu versichern suchte.
Der General öffnete das Fenster. Er hörte das Jaulen eines Hundes auf der Straße, er hörte einen Posten schreien, er hörte ein Röcheln vor der Tür: Der General sah seinen Schäferhund Hassan auf der Schwelle seines Zimmers verscheiden.

Aus einer Lache schaumigen Blutes hob der Hund zum letztenmal seinen Kopf zu seinem Herrn empor, fletschte die Zähne und verschied. Wie ein Soldat. Er hatte einen kleinen Einschuß am Hals und einen talergroßen Ausschuß im Oberbauch. Das graue Fell war blutig und schmutzig. Es war als ein echter Willensakt zu werten, daß er sich im Tode bis auf die Schwelle seines Herrn geschleppt hatte. Es war Größe darin.
Ungeachtet des Blutes, das über des Generals Uniform rann (er war außerstande materielle Überlegungen anzustellen, mochten seine Ordonnanzen zusehen, wie sie wieder sauber wurde), zog er den Hund an seine Brust, trug ihn auf sein frisch bezogenes Feldbett und bedeckte sein Gesicht mit beiden Händen. Mehrere Adjutanten und eine Streife Feldgendarmerie schwärmten durch das Dorf und suchten den Schuldigen.
Es war Pfeiffer.
Der 1. Adjutant, mit seinem Instinkt für Widersetzlichkeiten aus Schul- und Kasernenhoferfahrung, hatte sofort Verdacht gefaßt, als er Pfeiffer betont arglos bei den Panzerspähwagen Posten stehen sah. Sein Instinkt wurde durch die Tatsache begünstigt, daß Pfeiffers Hose aufgerissen war, und daß sich Pfeiffer ein großes Verbandspäckchen um den Oberschenkel wickelte, ehe er den Hauptmann sah und die offenkundig falsche Meldung abgab:
»Soldat Pfeiffer auf Posten, keine besonderen Vorkommnisse!«
Der 1. Adjutant griff wortlos in Pfeiffers Pistolentasche und stellte fest, daß dem Magazin zwei Patronen fehlten, und daß der Pistolenlauf frisch durchschossen war. Er sah zufrieden aus.
Als Pfeiffer (er vermutete, daß ihn der Hauptmann mangelhafter Waffenpflege überführen wolle) die Sache mit dem Hund zu seiner Entschuldigung vorzubringen begann, schnitt ihm der 1. Adjutant das Wort ab und befahl, vor ihm her zum Divisionsstab zu gehen.
Der General, in einem Sessel sitzend, nachgrübelnd, wie

so viel Gefühllosigkeit in einem Menschen Platz findet, betrachtete den strammstehenden Pfeiffer lange Zeit schweigend. Er sah eine verdreckte, gewöhnliche, verquollene Physiognomie ohne Ideale. Er sah eine verdreckte, verwahrloste Uniform um einen untrainierten, haltungslosen Körper. Er sah durch die Uniform hindurch verlauste Wäsche, ungewaschene Haut und niedere, unsoldatische Gedanken. Er sah eine jämmerliche, ratlose Gestalt, die nach Angst und Sperma und Knecht roch. Er sah in Pfeiffer den deutschen Soldaten, der ihm den Krieg verlor. Er vermißte Größe.
»Was haben Sie zu Ihrer Rechtfertigung zu sagen?« sagte der General.
Pfeiffer, der nicht begriff, um was es ging, der den Rapport vor dem General allenfalls auf eine Meldung des Hauptmanns über die versäumte Grußpflicht zurückzuführen vermochte, machte in strammer Haltung geltend, daß er den Hauptmann tatsächlich übersehen habe, da er kurzsichtig sei, daß er erst heute nacht aus der Front gekommen sei, daß er übermüdet wäre, daß er mit den Nerven herunter wäre, daß er...
»Hören Sie mit dem Gesabber auf!« schrie der 1. Adjutant, der in seinem Rücken stand. »Haben Sie den Hund erschossen oder nicht?«
Pfeiffer bemerkte, daß er das gerade habe sagen wollen, daß sich dadurch erkläre, daß seine Waffe dreckig gewesen wäre, daß er kein Putzzeug bei sich gehabt habe, daß...
»Sie wollten also vertuschen, daß Sie den Hund erschossen haben!« unterbrach ihn der 1. Adjutant.
»Wieso vertuschen, Herr Hauptmann?« sagte Pfeiffer, der noch immer nicht begriff und abwechselnd in strammer Haltung vor dem General und dem Hauptmann Front machte. Warum solle er vertuschen wollen, daß er einen Hund erschossen habe, da der Hund ihn ja doch angefallen habe, da er ihn nicht abschütteln konnte, da der Hund nur immer wütiger geworden wäre, wenn er ›Pfui‹ gerufen habe, da der Hund ihn schließlich mehrfach in

den Oberschenkel gebissen und auch nicht abgelassen habe, als er, Pfeiffer, um das Tier zu schrecken, einen Warnschuß abgegeben habe, da...
Der General, von den lendenlahmen Ausflüchten und dem offenbaren Fehlen moralischer Einsicht angewidert, stand auf und befahl, daß sich Pfeiffer und sein Gruppenführer in einer halben Stunde in vorschriftsmäßigem Anzug bei ihm zu melden habe, um sich je einundzwanzig Tage geschärften Arrest bei ihm abzuholen.»Abtreten!«
»Jawohl, Herr General!« Pfeiffer machte eine stramme Kehrtwendung und sah den toten Hund auf dem Feldbett liegen. Erst jetzt wurde ihm klar, daß er den Hund des Generals erschossen hatte. Er machte noch einmal kehrt und sagte:
»Ich habe nicht gewußt, daß der Hund der Hund von Herrn General waren, Herr General!«
»Treten Sie ab, Sie Miesmuschel. Abtreten!«

Als Pfeiffer Czymek berichtete, was vorgefallen war, aß dieser die frisch gebratene Hammelkeule mit mildem, verklärtem Gesicht. Er konnte einem Heiligenbildmaler als Modell dienen. Er glich dem Apostel Paulus während der Erscheinung des Heiligen Geistes. Er aß die Hammelkeule wie ein Liebender liebt. Er vereinigte sich mit der Hammelkeule, er war ein anderer Mensch während er die Hammelkeule nachdenklich und geräuschvoll in sich hineinfraß. Er war dem Genuß so ausschließlich hingegeben, daß Pfeiffer zweifelte, ob ihm Czymek überhaupt zuhörte. Als Czymek gegen fünf Pfund Fleisch in sich hineingebracht hatte, machte er eine Pause, rülpste andächtig und wischte sich das Fett ab, das sein ganzes Gesicht glänzend gemacht hatte wie eine Speckschwarte.
»Iß, Mensch«, sagte er, »denn es ist eine Sünde, Hammelfleisch kalt werden zu lassen wegen einem Kacker von General. Ich werde mit dir bei ihm antreten als dein Gruppenführer, weil ja ein Gruppenführer bei uns nicht mehr vorhanden ist einerseits, und weil ich andererseits eine In-

spiration habe von einem alten Divisionsbefehl, Hunde betreffend, der uns nützlich sein kann und den ich mir besorgen werde in einer Schreibstube für deine Zigarettenration. Iß Mensch.«
Pfeiffer saß vor der Hammelkeule und aß nicht. Er sah das Fett herunterlaufen, auf den Tisch tropfen und zu Talg erstarren. Er konnte nicht essen. Er litt an einem seiner nervösen Zustände: Aus allen Speicheldrüsen floß Speichel in seinem Mund zusammen, füllte die Mundhöhle rann über die Lippen, tropfte auf die Hammelkeule. Dünnflüssiger, fadenziehender Speichel. Er konnte nicht schlucken, nicht sprechen, nicht rufen. Er sah fünf russische Soldaten mit erhobenen Armen aus einer bereits überrollten Stellung in einem Sonnenblumenfeld kriechen, er hörte ein MG rattern, er sah fünf russische Soldaten in das Loch zurückfallen, er sah einen grauen Schäferhund, der um den Hals ein kleines Schild ›Hund des Generals‹ hatte. Das Schild sah wie das Etikett seines Schönschreibheftes aus, das sein Vater verwahrte.
Der bedeutungslose Anfall klang schnell ab. Er spuckte auf den Boden, wischte sich das Gesicht ab und versuchte den trocken gewordenen Dreck von seiner Uniform zu bürsten, als ihn der ausnehmend gut gelaunte Czymek zum Rapport beim General abholte.
»Ich bin so kaputt wie eine Talerhure«, sagte Pfeiffer, als er sich den Stahlhelm aufsetzte. Und Czymek sagte: »Ich nicht.«
Sie hatten eine Stunde im Flur zu warten, da der General damit beschäftigt war, seinen Stabsoffizieren am Sandkasten klarzumachen, daß der Ia vom Korps ein geistloser Routinefritze sei. Er zeigte ihnen, wie ein ganzes Panzerregiment zur Sau gemacht würde, wenn er es, wie vom Ia vorgeschlagen, über die Brücke bei Demidowo an den feindlichen Brückenkopf ziehen würde.
»Abgesehen davon, daß ich kein Panzerregiment mehr habe.«
Der General hatte den komfortabelsten Sandkasten der

ganzen Armee. Er hatte sich von einem Kunsttischler wirklich hübsche kleine Modelle aller Waffengattungen und aller landschaftlichen Formationen anfertigen lassen. Mit allen Schikanen. Kleine Kunstwerke. Er legte Wert darauf. Es war sein Handwerkszeug. In einer knappen Viertelstunde spielte er ihnen abschließend den vermutlichen Ablauf des russischen Angriffs aus dem Brückenkopf durch. Es blieb von seiner Division nicht viel übrig, und er brauchte alle Panzer und eine Werferabteilung, um wenigstens noch den Stab herauszuhauen.
»Das ist die Lage von morgen, meine Herren«, sagte er, »denken Sie an meine Worte.«
Er ging in sein Dienstzimmer und ließ Pfeiffer und Czymek zur Bestrafung hereinrufen.
Er war mit seinen Gefühlen an den Hund immer noch zu beteiligt, um sich mit der Sache lange aufhalten zu können. Er winkte ihre Meldung ab, musterte Czymeks Aufmachung und fragte:
»Sind Sie der Gruppenführer?«
»Durch ein Versehen, Herr General, zu Befehl, da alle anderen geeigneten Persönlichkeiten bereits gefallen sind. Obergefreiter Czymek, Herr General, Schaubudenbesitzer in Zivil.«
»Bemerkungen zur Sache?«
»Melde Herrn General gehorsamst, daß uns der Hund menschlich leid tut, da ich mit meinem Kameraden Pfeiffer sehr tierliebend bin und eine Leidenschaft für Hunde habe, besonders für dressierte. Kein schönerer Zeitvertreib. Aber Pflicht ist Pflicht. Ein Soldat handelt nicht nach einem Gefühl, sondern nach einer Pflicht, sonst ist er nichts. Es soll ja ein sehr schönes und auch ein sehr gut dressiertes Tier gewesen sein, allerdings ohne Kennzeichen.«
»Stillgestanden!« kommandierte der General. »Ich bestrafe den Soldaten Pfeiffer und den Obergefreiten Czymek mit je einundzwanzig Tagen geschärften Arrest wegen unsoldatischen Verhaltens, Wachvergehens und Versäumnis der Aufsichtspflicht. Wegtreten!«

»Erlaube mir die Bemerkung zu bemerken, Herr General, daß dieses nicht sein kann«, sagte Czymek gemütlich.
»Wie? Haben Sie einen Furz im Kopf?«
»Nein, Herr General«, blinzelte Czymek, »einen Divisionsbefehl. Weil ein Soldat ein Gedächtnis haben muß für Befehle, weil sie für ihn gemacht sind. Ich sage immer: Was ist ein Soldat ohne einen Befehl? Ein Mensch, ein unbrauchbares Individuum. — Hier, bitt schön.« Er knöpfte seine Brusttasche auf und überreichte dem General die Abschrift eines alten Divisionsbefehls, der die Truppe anwies, herumlungernde Hunde und Katzen aus sanitären Gründen zu erschießen.
»Gut«, sagte der General beherrscht, »gut, Sie werden an diesen Befehl denken. Sie werden an mich denken.«
»Jederzeit, Herr General. Ein Soldat denkt jederzeit an seine Vorgesetzten.«
»Raus! Raus!«
Sie machten Kehrtwendungen, die in ihrer Exaktheit sogar den Heeresgelehrten Reiber, den Erfinder der Heeresdienstvorschrift, befriedigt hätten.
»Du stirbst nicht auf einmal«, sagte Pfeiffer anerkennend, »dir muß man das Maul extra totschlagen.«
»Ich habe das Gefühl, daß bei dem Kantinenbullen hier Schnaps zu bekommen ist gegen anständige Bezahlung deinerseits, Komiker. Ein Mensch ist ein genießendes Wesen. Besonders nach Aufregung.«
Sie gingen in die Kantine und Pfeiffer kaufte eine Flasche erstklassigen polnischen Wodka, die sich Czymek in die Tasche steckte.
In die Straße zu ihrem Quartier einbiegend, sahen sie, daß die Panzerwagen angelassen wurden und die Landser ihre Klamotten in die Wagen schleppten.
»Was ist los?« fragte Pfeiffer den kleinen Schindler, der mit einer Lötlampe unter ihrem Wagen hervorgekrochen kam, weil das Biest nicht anspringen wollte.
»Frag nicht dämlich«, sagte Schindler, »wir fahren vor, wegen deiner Scheißgeneralstöle fahren wir vor. Man müßte dir die Fresse polieren.«

»Mir? Wieso mir?« fragte Pfeiffer. »Das muß auf einem Irrtum beruhen.«
»Du bist blöder, als es die Polizei erlaubt«, sagte Schindler und stieß ihn zur Seite.
»So«, sagte Czymek, »so ist das also.«
Er kroch in den Wagen und ließ die Karre an, daß man besorgt sein mußte, das Getriebe fliege heraus. Dann warf er vier Magazine aus den eisernen Munitionsbehältern, ging in das Quartier und verstaute sein Hammelfleisch darin.
»Büstra, babuschka, büstra«, rief er der alten Frau zu, »Pack unsere Klamotten zusammen. Wir gehen an die Front und sind begierig, den Arsch zuzukneifen. Es ist nötig, den Hund des Generals an deinen sibirischen Untermenschen zu rächen. Hier hast du einen Kanister Benzin für deinen Benzinkocher.«
Die Alte bedankte sich und packte die Sachen so praktisch zusammen, als ginge ihr Sohn an die Front. Sie legte zwei Piroggen obenauf in jede Packtasche.
Pfeiffer lag auf der Plane eines abgekoppelten Munitionsanhängers und kotzte Schleim, da er nichts im Magen hatte. Er kümmerte sich nicht um seine Sachen und er sah niemanden an. Sein zusammengekrümmter Körper lag wie ein Lappen da, den man in den Dreck getreten hat. Er bemühte sich nachzudenken, er bemühte sich einen Zusammenhang herauszufinden, aber er kotzte nur Schleim.
Der Richtschütze, ein kraushaariger Schmied, den sie Partisanenfranz nannten, wollte den Anhänger ankoppeln:
»Komm runter und kotz mir nicht die Plane voll, Mensch. Sauf nicht, wenn du es nicht verträgst.«
Pfeiffer rührte sich nicht. Der Schmied richtete ihn auf und sah, daß Pfeiffer fix und fertig war.
»Meld dich doch krank, Mensch«, sagte er, »du hast doch Fieber, du bist doch kaputt wie eine Filzlaus, warum willst du dich nicht krank melden.«
»Nein«, sagte Pfeiffer, »ich bin schon wieder ganz in Ordnung, ich muß nur etwas fressen. Ich geh zum General, ich will alleine nach vorn geschickt werden.«

»Blödes Zeug, blödes. Als wenn nicht jeder andere von uns auch die Hundelerge umgelegt hätte. Meld dich krank und fertig.«
»Nein«, sagte Pfeiffer, »nein.«
Die Motoren der Panzerwagen liefen, die Anhänger waren angekoppelt, und die Landser verstauten ihre Sachen.
Czymek hatte sein Zeug unter den Armen und die alte Frau trug Pfeiffers Gepäck an den Wagen. Neben ihr ging die halbwüchsige Enkelin, aber sie half nicht. Die Alte wollte sich von Czymek verabschieden, und Czymek begriff nicht, warum sie ihn dabei von oben bis unten abtasten wollte.
»Sie kann dir sagen, ob du stirbst«, sagte die Enkelin deutsch, »sie ist verrückt im Kopf. Wo ihre Hände stehenbleiben, dort wirst du getroffen.«
»In meiner Schaubude haben solche Sachen Geld gekostet, warum soll ich mir nicht ein kostenloses Orakel mitnehmen. Wenn es stimmt, wirst du in meiner Schaubude engagiert gegen freie Verpflegung, babuschka.«
Die Landser kamen von den Wagen herunter und sahen zu, wie die Hände der alten Frau über Czymeks Gesicht und Körper glitten. Sie hatte die Augen geschlossen und murmelte unverständliches Zeug. Die Landser grinsten, aber sie waren nicht sicher, ob die Alte nicht tatsächlich den Tod fühlen konnte. Die Hände der Frau passierten Czymeks Körper ohne jeden Aufenthalt und Czymek sagte:
»Du nimmst mir die letzte Hoffnung. Auf einen anständigen Heimatschuß hatte ich fest gerechnet. Der nächste bitte zur Leichenvorschau.«
Es war der kleine Schindler, und er hörte auf zu grinsen, als die tastenden Finger einen Moment an seinem rechten Schlüsselbein stockten, zurückgingen und erst beim zweitenmal glatt vorbeikamen.
»Du mußt bei mir vor allem auf die edleren Teile weiter unten achten«, sagte Schindler, »da lege ich den meisten Wert drauf.«

Einer nach dem andern stellte sich vor die Alte und fühlte sich erleichtert, wenn sie zu murmeln aufhörte und ihr Gesicht freundlich wurde, weil sie nichts gefunden hatte. Nur Pfeiffer wollte nicht.
»Mensch, Komiker«, sagte Czymek, »du wirst doch nicht vor einem alten Weib Angst haben.«
»Ich habe keine Angst, ich weiß ohne sie, was mit mir los ist. Ich glaube nicht an den Quatsch.«
»Na also, dann mach keine Geschichten und laß dir von ihr beweisen, daß du so unverwundbar wie der heilige Michael bist.« Er schob Pfeiffer zu ihr hin. Er meinte, daß die Alte ihren Hokuspokus nur machte, um die Jungens aufzumuntern. Pfeiffer konnte das brauchen.
Die alte Frau schloß die Augen und begann zu murmeln wie bei jedem anderen. Sie fühlte über seinen Kopf, seinen Hals, und ihre Hände blieben auf seiner rechten Brustseite liegen. Sie hörte auf zu murmeln, sie öffnete die Augen und sah Pfeiffer an.
»He, babuschka, schlaf nicht ein, he! Mach weiter!« rief Czymek. Aber die Alte rührte sich nicht.
»Weitermachen!« schrie Czymek. »Mach weiter, du Gespenst!« Er packte sie und rüttelte den kleinen Körper wie eine Puppe. Es sah aus, als ob sie den Kopf schüttelte.
»Laß sie los«, sagte Pfeiffer, »laß sie! Ich glaube sowieso nicht an diese Blödheiten.«
Aus der Luke des ersten Wagens rief der Waffenunteroffizier, der gegenwärtig den Rest der Kompanie kommandierte: »Aufsitzen, Czymek, los aufsitzen, wir warten bloß noch auf euch Waldheinis!«
»Du wirst noch früh genug zu einem kalten Arsch kommen, Kapo«, sagte Czymek und verstaute sein Hammelfleisch.
Sie fuhren an den Fenstern des Generals Rampf vorbei. Sie fuhren an die Front. Sie fuhren nach Demidowo.

»Wer hat Ihnen gesagt, daß Sie in die alte Stellung fahren sollen?« fauchte der nervöse Infanteriehauptmann mit den Wickelgamaschen den Waffenunteroffizier an. »Sie

fahren vor. Sie gehen jenseits der Brücke in Stellung. Damit der Rabatz aufhört, den uns die Iwans hier jede Nacht machen. Gestern abend haben sie uns zehn Musiker und ein SMG kassiert. Sie kriegen die dreißig Musiker dazu und besetzen die Brücke. Das ist ein Divisionsbefehl. Verstanden!«
»Jawohl, Herr Hauptmann«, sagte der Waffenunteroffizier langsam. »Ich habe genau verstanden.«
»Sie fahren vor, sobald es dunkel wird. Das Kommando übernimmt Leutnant Faber.«
›Natürlich ist der Befehl ein Unsinn, den sich irgendein Stabshengst aus den Fingern gesaugt hat, und wahrscheinlich werden die Jungens von der Pak zu Hackfleisch gemacht, ehe sie »piep« sagen können‹, dachte der Hauptmann und weiter: ›Ich kann gegen einen Divisionsbefehl nicht anstinken.‹
Er hatte das Gefühl, daß er den Soldaten noch etwas sagen mußte, aber es fiel ihm nichts ein.
»Da haben Sie wieder ein schönes Glück gehabt mit uns, Herr Leutnant«, sagte Czymek zu dem jungen Offizier, der noch nie einen Angriff gefahren hatte. »Nichts Schöneres für einen Krieger als ein Auftrag, den ein normaler Mensch für aussichtslos halten möchte. Dabei beginnt erst das wahre Heldentum. Sind Sie schon einmal in einem Wagen gesessen, der abgeschossen wird von Ratschbumm*? Wenn nicht, so steht Ihnen ein originales Erlebnis bevor. Ich hatte einmal einen Leutnant, der sogar über seinem Feldbett den Spruch angebracht hatte, daß es für einen Offizier nicht genügt vorzuleben, sondern auch vorzusterben. Wir haben ihm ein sehr ansprechendes Birkenkreuz gemacht. Wenn Sie wollen, können Sie mit in meinem Wagen fahren, ich fahre als erster.«
Die Landser sahen den Leutnant mit verkniffenen Gesichtern an und grinsten. Sie erwarteten, daß er ihnen jetzt einen schneidigen, starken Mann machen würde. Der Leutnant, ein volksdeutscher Junglehrer aus dem Sudetenland,

---

* russische Pak

war erst vor drei Tagen von der Kriegsschule an die Front gekommen. Er war trotzdem intelligent genug zu spüren, daß es bei diesen hartgekochten Jungens keinen Effekt machen würde, den starken Wilhelm zu markieren. Er hatte sich den Krieg irgendwie heroischer und großartiger vorgestellt. Er hatte einen Haufen Kriegsbücher gelesen, aber er war schlau genug, die Schnauze zu halten. Schließlich war er auf die Leute in den nächsten Stunden angewiesen. Er war entschlossen, zu gegebener Zeit durch sein Beispiel zu wirken. Wie Walter Flex.
Czymek ging mit mehreren Kochgeschirren los, um den Schnaps zu organisieren, der vor Heldentaten verteilt wird.
Es war kälter geworden. Die Erde hatte eine dünne Kruste bekommen. Wenn man vorsichtig auftrat, brach man nicht ein. Die drei Panzerwagen waren in einem nicht einzusehenden Hohlweg in Bereitschaftsstellung gefahren. Sie hatten noch zwanzig Minuten Zeit. Dann sollte die Werferabteilung, die der General für die kommende Nacht zum Divisionsstab zurückbeordert hatte, einen Feuerüberfall auf die beiden Höhen starten, und die drei Wagen sollten mit den aufgesessenen Musikern zur Brücke vorfahren und sich während der Nacht in der Flußböschung eingraben.
Pfeiffer saß abseits, in Czymeks Steppdecke gehüllt und sinnierte vor sich hin. Wenigstens sah es so aus. Er dachte daran, wie ihn die Alte angesehen hatte. Er glaubte nicht daran. Es war ihm gleichgültig. Czymek würde sich seine beiden Packtaschen nehmen. Er hatte keine Lust mehr. Wenn jemand von den anderen in seine Nähe kam, empfand er so etwas wie Schuld. Wegen des Hundes. Dann dachte er, daß schließlich alles Schicksal ist, daß man nichts dagegen machen kann, daß alles vorübergeht, daß alles Scheiße ist. Er kaute das philosophische Kauderwelsch des deutschen Landsers wieder, die Philosophie des Marschierers, die Philosophie des Durchhalters, des Soldaten ohne Ideologie, der den Kanal voll hatte und schoß, um nicht erschossen zu werden.

Als die Dämmerung stärker wurde, fing es zu schneien an. Die großen Flocken fielen langsam und sahen sehr weiß aus. Er dachte an Weihnachten, an Pfefferkuchen, an seine Mutter und an Lale Andersen: ›Wenn sich die späten Nebel drehn, wirst du bei der Laterne stehn.‹ Er hatte das Lied immer kitschig gefunden und ließ sich immer sehr davon rühren. Er dachte daran, daß er nun doch nicht die Wäsche gewechselt hatte und daß er noch nie ein Mädchen gehabt hat. Er dachte nicht daran zu meutern, und er dachte nicht daran überzulaufen.
Es waren noch zehn Minuten Zeit, und die Landser tranken Schnaps aus ihren Kochgeschirren, um das dämliche Gefühl im Bauch loszuwerden. Sie erzählten sich Zoten. Der dicke Briefträger Paschke, der seit zwanzig Jahren glücklich verheiratet war und im Kirchenchor als Tenor geschätzt war, bewies ihnen, daß er ein ungeheures Sexualtier wäre. Er erzählte von einer Hure in einem Pariser Puff, die das Geld mit der Scheide vom Tisch geschnappt hätte.
Der kleine Schindler entleerte abseits seinen Darm (er machte das vor jedem Angriff, weil er Angst vor einem Bauchschuß hatte), und der Schmied, den sie Partisanenfranz nannten, fing einen Brief an seine Verlobte an, der er vor anderthalb Jahren ein Kind gemacht hatte. Er wollte sie heiraten, wenn die Urlaubssperre vorbei wäre. Die dreißig Musiker waren eingetroffen und sahen mit ihren großen Stahlhüten wie Fliegenpilze aus, über die man Jauche gefahren hat. Sie guckten sich die Panzerwagen von allen Seiten an und versuchten aus den Landsern herauszukriegen, wie die ganze Sache vor sich gehen sollte. Ein Stotterer, der viel Gepäck bei sich hatte und ein vorzüglicher Fagottist war, kam an Czymeks Wagen, gab Czymek eine Schachtel Zigaretten und fragte, wo sie denn alle auf den drei Wagen sitzen sollten und Czymek sagte: »Auf dem Arsch.«
Der Leutnant sah auf die Uhr und ließ aufsitzen. Er ging nacheinander zu den Wagenführern und gab die Anweisung:

»Es ist verboten zu sprechen, es ist verboten zu rauchen. Wenn die Werfer loslegen, fahren wir mit abgedrosselten Motoren langsam und auf Tachoabstand vor.«
»Das ist gut«, sagte Czymek, »das ist eine gute, sichere Sache für Selbstmörder. Überlassen Sie den Quatsch lieber uns.«
»Das ist ein Befehl! Haben Sie verstanden! Das ist ein Befehl!«
»Natürlich«, sagte Czymek, »natürlich ist das ein Befehl, aber ein falscher. Wenn Sie zu der Brücke hinkommen wollen, so halten Sie sich an mich. Wir fahren als erster Wagen wie abgesprochen.«
»Sie machen, was ich befohlen habe!«
»Immer, Herr Leutnant, immer!« Er sah den Leutnant in den dritten Wagen steigen.
Als die Werfer losorgelten, fuhr Czymek aus dem Hohlweg auf den schnurgeraden Weg zur Brücke, den die russische Artillerie jeden Moment mit Pak, Stalinorgeln und jedem gewünschten Kaliber zudecken konnte. Er trat das Gas ganz durch, gab den großen Gang rein und preschte über den zerkarrten Knüppeldamm, als hätte er mit der Karre ein Straßenrennen zu gewinnen. Auf den Panzerplatten hockten links vorn Pfeiffer und rechts vorn Schindler, und sie schrien wie die Stiere, wenn Czymek aus der Richtung zu kommen drohte. Der zweite Wagen kümmerte sich um den Befehl des Leutnants so wenig wie Czymek und schließlich war auch der Wagen mit dem Leutnant gezwungen, das Tempo aufzunehmen und im Karacho bis zur Brücke durchzustoßen, ehe die russische Pak anfing. Da der Leutnant wütend herumschrie, kam der Fahrer an der Brückenauffahrt vom Weg ab und kippte den Wagen um. Dabei wurden einem Musiker zwei Finger abgequetscht und einem ein Bein gebrochen. Sonst war nichts passiert. Die Landser krochen aus dem Wagen und rannten mit umgeschlagenen Decken über die Brücke.
»Das MG und die 2-cm ausbauen!« schrie der Leutnant, aber es war nur noch der Musiker mit dem gebrochenen

Bein bei ihm und der Stotterer, der um sein Gepäck jammerte.
Der Leutnant rannte hinter den Soldaten her und suchte Czymek. Als er auf der Brücke war, legte die russische Artillerie aus zirka zweihundert bis dreihundert Rohren los, haute den Weg kurz und klein und legte auf die deutschen Stellungen bei Demidowo Sperrfeuer. Der Leutnant kroch die Flußböschung hinunter und fand Czymeks Wagen in einer Mulde, die gegen direkten Beschuß von den Höhen deckte. Die Landser gruben sich in der Böschung ein und Czymek saß auf seinen beiden Magazinkästen mit Hammelfleisch. Er rauchte eine Zigarette, die er in der hohlen Hand hielt.
»Das ist Ihr Werk!« schrie der Leutnant. »Sie haben es gewagt, gegen meinen ausdrücklichen Befehl zu handeln!«
»Wieso?« sagte Czymek freundlich. »Gegen welchen Befehl, Herr Leutnant?«
»Stehen Sie auf, Mensch! Aufstehn! Ich habe befohlen, daß mit gedrosselten Motoren langsam vorgefahren wird!«
»Das kann ich mir nicht denken, Herr Leutnant. Das hätte ich bestimmt gehört, denn ich habe einen Sinn für Befehle. Das muß ein Mißverständnis sein. Hast du etwas gehört, Komiker?«
»Nichts«, sagte Pfeiffer, »gar nichts.«
»Dabei hat das Mißverständnis noch den Nachteil, daß wir sonst schön ruhig miteinander bei dem alten Herrn da oben auf weichen Wolken säßen«, sagte Czymek, »statt hier an einer Scheißbrücke zu liegen bei dieser Kälte. Womöglich wäre dort ich Ihr Vorgesetzter, bei der Verkalkung der Obrigkeit.«
»Machen Sie keine Witze, Mensch! Die Witze werden Ihnen vergehen, wenn ich einen Bericht über Sie mache!«
»Das können Sie, Herr Leutnant, das können Sie. Ich habe darin Erfahrung. Von einem gewissen Standpunkt aus ist es sogar unangebracht, einen Bericht vermeiden zu wollen, sonst säßen wir nämlich jetzt nicht hier, sondern

in einer geheizten Stube, mein Kamerad und ich. Es war ein Denkfehler von uns zu denken. Ich würde Ihnen raten, den Bericht sofort zu schreiben, weil wir in ein paar Minuten das Festfeuerwerk hier auf der Brücke haben werden. Ich kann Ihnen empfehlen, die Leute von der Brücke weg weit auseinanderzuziehen und mit sehr abgedrosselten Motoren alles zurückzufahren, was der Zauber übriggelassen hat.«
Die Landser hatten mit dem Schanzen aufgehört und hatten ihr Vergnügen daran, wie Czymek den Leutnant auf die Schippe nahm. Der Leutnant bemühte sich, seine Haltung nicht zu verlieren und suchte nach einem guten Abgang. Er sagte:
»Ich gebe Ihnen allen jetzt einen guten Rat. Ich rate Ihnen, sich daran zu gewöhnen, daß hier einzig und allein ich befehle, und daß ich eine Witterung für Defätismus habe. Ich rate Ihnen, zur Kenntnis zu nehmen, daß die Brücke befehlsgemäß gehalten wird. Die 2-cm-Geschütze und die MGs werden ausgebaut und an dem oberen Böschungsgrad mit freiem Schußfeld in Stellung gebracht. Sicht geht vor Deckung. Anfangen.«
»Ich werde Sie daran erinnern in ein paar Minuten«, rief Czymek dem Leutnant nach, und der kleine Schindler sagte: »Dieser Pflaumenaugust hat uns gerade noch zu unserem Begräbnis gefehlt.«
Sie horchten auf den Artilleriebeschuß, und es schien ihnen, daß die Feuerwalze zur Brücke hin zurückgenommen wurde. Sie hörten ein helles Dudeln, die Abschüsse von Salvengeschützen, und der Schmied sagte: »Das Orgelkonzert beginnt.« Sie krochen in die Erde und zählten: »Eins, zwei, drei, vier, fünf...«
Sie hörten das hohe Schellern der Raketengeschosse über ihre Köpfe wegziehen und in ziemlicher Entfernung einschlagen. Die Artillerie hörte auf, und sie erwarteten, daß sie mit dem nächsten Feuerüberfall zugedeckt würden. Sie warteten fünf Minuten und es blieb alles ruhig. Sie warteten eine Stunde, und es passierte nichts. Es passierte die ganze Nacht nichts.

Sie hörten das Rumoren von Panzerfahrzeugen, die in den Brückenkopf gebracht wurden, sie hörten hie und da entfernte Stimmen, die der kalte Ostwind herüberwehte, hie und da ein Grölen, ein Lachen, ein Fluchen, ein Grammophon, ein Stück von einem Lied. Es waren Frauenstimmen dazwischen.
»Die saufen sich voll und stemmen dicke Weiber«, sagte der Briefträger Paschke. Er war wie die meisten anderen Landser dabei, die Angst, die Hoffnungslosigkeit, die Wut auf den General, das Frieren, die Läuse und die Entfernung vom Bett der Frau in Haß auf den Feind umzuwandeln.
»Was ist los mit den Iwans?« sagte Pfeiffer beunruhigt. »Was haben sie mit uns vor?«
Und Czymek sagte: »Ich bin kein Hellseher. Aber ich halte es für natürlich, daß wir uns ein bissel den Weg anschauen flußaufwärts.«
Es war eine schöne, kalte Nacht und sie sahen aus einiger Entfernung, daß sich der Leutnant an den Musikern schadlos hielt. Er ließ sie Stellungen schanzen, als wollte er sich an der Brücke für den Winter einrichten.
Obwohl es in Demidowo keine Häuser mehr gab, brannte es an einigen Stellen. Czymek sagte: »Ich habe das ganze rohe Hammelfleisch mit und kann es nicht fressen, weil ich kein Feuer habe.«
»Wer weiß, wozu alles gut ist«, sagte Pfeiffer, »in Demidowo wären wir jetzt im Arsch. Ich wette, der General schläft jetzt in seinem Bett so ruhig wie eine Laus.«
Pfeiffer hatte unrecht.

Als der General den Bericht über die starken Verluste durch den massierten Feuerüberfall auf Demidowo bekam, rief er seine Stabsoffiziere zusammen und sagte: »Es sieht böse aus, meine Herren. Was ich Ihnen heute morgen am Sandkasten vorexerziert habe, ist eingetreten. Schreibtischstrategie. Wenn es den Russen einfallen sollte, über das Sumpfgelände vorzugehen, müßten sie sich die Landser, auf die sie schießen wollen, mit dem

Scherenfernrohr suchen. Was schlagen Sie vor, meine Herren?«
Die Herren zögerten. Einerseits, weil ihr Gepäck schon gepackt war, und andererseits, weil der General ihre Meinungen in der Regel nur einholte, um ihnen zu zeigen, daß er ein besserer Stratege sei. Da der 1. Adjutant am dümmsten war, sprang er in die Bresche:
»Es wird uns nur übrigbleiben, die Divisionsreserven vorzuziehen.«
»Das sieht Ihnen ähnlich«, sagte der General, »diese Antwort habe ich von Ihnen erwartet. — Na, meine Herren, was soll geschehen?«
Da sich niemand zu Wort meldete, antwortete sich der General selbst:
»Gar nichts, meine Herren, ich werde den Russen nicht den Gefallen tun, meine Reserven in einem Gelände zu verkleckern, wo sie wegen ihrer schweren Waffen sowieso nicht angreifen können. Ich werde morgen früh meine Entscheidungen an Ort und Stelle treffen, denn Strategie wird nicht am Schreibtisch gemacht. Gute Nacht.«
Die Herren gingen hinaus und der 1. Adjutant rief von der Funkstelle den österreichischen Hauptmann an und informierte ihn privat, daß der General morgen früh seinen Abschnitt inspizieren wolle. Der 1. Adjutant wußte aus Erfahrung, daß der General einerseits gerne unangemeldet bei der Feldtruppe aufkreuzte, daß er es aber andererseits nicht ausstehen konnte, wenn die Leute überhaupt nicht vorbereitet waren.
Der Divisionsgeistliche fing den General vor seinem Zimmer ab und teilte ihm flüsternd mit, daß sich Oberst Fahlzogen für morgen früh in Demidowo angesagt habe, um als Beauftragter der Heeresinspektion Ost Erhebungen über Winterbekleidung zu machen. »Ein völlig zufälliges Zusammentreffen.«
»Gut«, sagte der General.
Er ging in sein Zimmer und rang mit seinem Gewissen bis er müde war.
Er schrieb in sein Tagebuch: ›Die Verantwortung wird

riesengroß. Hic Rhodus, hic salta. Werden wir vor der Geschichte bestehen? Wird Europa sich besinnen oder untergehen? Die Geschichte hat in Kulturkreisen zu denken begonnen, und unsere Tragödie würde die Tragödie Europas sein. Gibt es eine Rettung? Morgen weiß ich mehr.‹

Morgens gegen sechs Uhr wachte Czymek von einem undefinierbaren Geräusch auf. Es fing an hell zu werden. Die Luft war kalt und feucht. Auf dem Fluß und in der Ebene vor ihnen lag dichter Nebel. Nicht einmal die Horchposten im Vorgelände waren zu sehen. Die meisten Landser schliefen.
Dank dem Leutnant hatten sie fast die ganze Nacht hindurch geschanzt. Czymek hörte das Geräusch noch einmal. Es kam von der anderen Seite des Flusses und war wie das Klappern eines Löffels. Er stieß den schlafenden Pfeiffer an.
»He, Komiker«, flüsterte er, »hörst du was?«
Pfeiffer schob sich den Kopfschützer von den Ohren, horchte und schüttelte den Kopf. Da fing ein russisches SMG in ihrem Rücken zu schießen an und gleich danach war die Hölle los.
Die Russen waren nachts mit Pontons über den Fluß gegangen und griffen mit Infanterie von beiden Seiten an. Im Nebel war wenig zu sehen. Es mußten gegen zweihundert Mann sein, die mit ›urrää‹ die jenseitige Flußböschung besetzten und mit Maschinenpistolen, Teller-MGs und 3,5-Pak in die durcheinanderlaufenden Landser knallten. Sie bestrichen die Brücke, die Böschung, den Fluß. Sie warfen Handgranaten zwischen die Musiker, die rudelweise wie verstörte Kaninchen über die Brücke zu entkommen suchten, zurückfluteten und reihenweise von MGs erledigt wurden.
Man hörte Verwundete schreien, Körper ins Wasser klatschen, das Pfeifen der Leuchtspurgeschosse, das Kreischen der Querschläger, das trockene Bellen der Pak. Pfeiffer versuchte, an das 2-cm-Geschütz zu kommen, er trat auf etwas Weiches, er trat auf den Briefträger

Paschke, dem ein Pakgeschoß die Schädeldecke abgerissen hatte. Er hörte den Leutnant Befehle schreien, er sah den Leutnant und einige Landser die Böschung hinauflaufen und, von MG-Garben erfaßt, wieder hinunterpurzeln. Er kam an das Geschütz, er klemmte sich in den Sitz, er versuchte vergeblich, das Geschütz herumzudrehen. Er kletterte wieder aus dem Sitz heraus und suchte nach der Ursache. Er räumte den toten Schmied zur Seite, den sie Partisanenfranz genannt hatten und dessen Beine zwischen Drehkranz und Gestänge geraten waren. Er riß sich von einem Mann los, der ihn von dem Geschütz wegzerren wollte, er kriegte ein paar Ohrfeigen und erkannte Czymek, der ihn mit sich die Böschung hinunterzog und in ein Dränagerohr stopfte, das Sumpfwasser in den Fluß leitete und gute Deckung bot.
Sie lagen nebeneinander in der kalten, schwärzlichen Brühe und der Gefechtslärm hörte sich auf einmal dunkel und entfernt an. Pfeiffer sah, daß Czymek eine Packtasche in der Hand hatte. Er paßte auf, daß sie nicht naß wurde.
Sie hörten die Russen über die Brücke kommen und sahen, daß sich das Feuer auf den Fluß zu konzentrieren begann, um niemand auf die andere Seite zu lassen. Sie kletterten aus dem Rohr und krochen flußaufwärts den Weg, den sie in der Nacht inspiziert hatten.
Nach fünfhundert Metern hörten sie plötzlich russische Soldaten vor sich, die den Pfad flußabwärts auf sie zukamen. Es war zu spät wegzulaufen. Sie robbten bis zu einem Baumstumpf, langten die Pistolen heraus und ließen sich bis zum Hals ins Wasser gleiten. Ein baumlanger, breitgesichtiger Rotarmist zog ein SMG auf Rädern wie ein Puppenwägelchen hinter sich her. Er machte eine komische Nummer aus dem Mißverhältnis zwischen seiner Größe und dem SMG. Er zog es zu sich heran, nahm es unter die Arme und schwenkte das Ding wie eine Spielzeugkanone. Seine beiden Begleiter, untersetzte, halbwüchsige Bauernjungens, konnten vor Lachen kaum weitergehen.

Sie setzten sich auf das SMG, legten ein kleines Frühstück ein und erzählten sich Witze. Sie waren offenbar nicht besonders scharf darauf, an die Brücke zu kommen, solange dort noch geschossen wurde.
Sie saßen zehn Schritte von Czymek und Pfeiffer entfernt, fühlten sich wohl und zeigten große Ausdauer. Nach zwanzig Minuten spürte Pfeiffer seine Glieder nicht mehr, und er fürchtete, die Besinnung zu verlieren.
»Was wird?« flüsterte er. »Ich halte nicht mehr lange aus.«
»Ich nehme den Langen«, sagte Czymek, »und du den linken mit dem spitzen Kopf.«
Sie hatten Zeit zu zielen, da ihnen die Russen den Rücken zuwandten. Die Armeepistole in Pfeiffers Hand zitterte, daß er einen Möbelwagen verfehlt hätte. Sie schossen kurz nacheinander, und Pfeiffer sah noch, wie der Lange vornüberfiel. Sie stießen sich ab und versuchten durch den Fluß zu schwimmen, auf dem noch immer Nebel lag.
Das MG fing erst zu feuern an, als sie fast drüben waren. Pfeiffer war so erschöpft, daß er zweimal von dem überhängenden Uferrand ins Wasser zurückfiel, er konnte nichts mehr erkennen, und er hörte die Geschosse nicht mehr, die rund um ihn einschlugen. Er keuchte wie ein Asthmatiker und meinte, seine eigene Lunge auskotzen zu müssen. Seine Beine schleppten ihn die Böschung hoch, er fiel auf der anderen Seite in eine Wasserlache und verlor für einige Sekunden das Bewußtsein.
Als er aufwachte, merkte er, daß Czymek zurückgeblieben war. Er kroch zurück und sah Czymek, der mit beiden Ellenbogen die Böschung heraufzurobben suchte und offenbar seine Beine nicht mehr gebrauchen konnte. Er lud sich Czymek auf den Rücken und schleppte ihn in eine morastige Mulde, die von Sumpfgewächsen fast zugedeckt war. Er zog seinen nassen Mantel aus und schob ihn unter Czymeks Kopf.
»Hau ab, Komiker«, sagte Czymek, »es hat sich ausgeschissen.«
Er spuckte hellrotes Blut. Er hatte einen glatten Lungendurchschuß und eine Doublette mit Sprenggeschossen

durch die linke Beckenseite abbekommen. In den Ausschuß an der Innenseite des Oberschenkels konnte man zwei Fäuste hineinlegen. Pfeiffer stopfte zwei große Verbandspäckchen hinein und hatte die Hände bis zu den Handwurzeln voll Blut. Es kam stoßweise aus der Wunde, und es war Pfeiffer klar, daß die große Arterie zerfetzt war. Er machte den Traggurt von seinem Brotbeutel los und sagte:
»Wir müssen das Bein abbinden, verstehst du, das wird verflucht weh tun. Ich schnall dich mit dem Koppel in meinen Mantel und zieh dich hinter mir her. Das ist ohne weiteres möglich, Czymek.«
Er wollte den Gurt um Czymeks Bein ziehen, und Czymek stieß ihn weg.
»Mach keine Fisematenten, Komiker, laß mich, ich weiß, was mit mir los ist. Hast du noch Zigaretten?«
»Ja«, sagte Pfeiffer, »ich glaube ja, aber sie werden hin sein.«
Er kramte aus seinem Brotbeutel eine feine Packung ›Nil‹, eine Sonderzuteilung, die er Czymek vorenthalten hatte, weil er sie zu Weihnachten seinem Vater schicken wollte. Die Zigaretten waren sehr naß. Czymek beobachtete ihn.
»Du hat mich darum beschissen, Komiker, nicht wahr, und jetzt rauch ich sie doch«, sagte er. »Steck mir eine an, das Feuerzeug ist in meiner rechten Hosentasche.«
Pfeiffer holte das Feuerzeug heraus und fühlte, daß auch die ganze Tasche schon von Blut durchfeuchtet war. Er wischte das Feuerzeug ab, damit es Czymek nicht merkte. Er zündete sich die nasse Zigarette an und steckte sie Czymek in den Mund. Czymek atmetete sehr flach, und er sah in die Wolken. Er zog an der Zigarette und unterdrückte den Hustenreiz. Wenn er atmete, war aus seiner Brust ein Schnarchen zu hören. Das war die Luft, die durch den Lungendurchschuß austrat. Czymek bemühte sich, genußvoll zu rauchen, und der Rauch kam sowohl aus dem Mund wie aus dem offenen Pneumothorax.
»Quatsch nicht, Komiker, laß mich mit deinem dämlichen

Gequatsche zufrieden«, sagte Czymek. Aber Pfeiffer hatte nichts gesagt.
»Ich glaube, wir haben einen großen Fehler gemacht, mit diesem Divisionsbefehl, Czymek.«
»Von einem Standpunkt ja und von einem anderen Standpunkt auch wieder nicht«, sagte Czymek.
»Von welchem nicht?« sagte Pfeiffer.
Czymek machte eine lange Pause und schien zu überlegen. Er sprach leise und stoßhaft, denn er mußte mit seinem Atem haushalten.
»Von einem Standpunkt ist die Sauerei hier gekommen, weil du den Jungen mit dem spitzen Kopf nicht getroffen hast, nicht wahr. — Von einem anderen Standpunkt, weil wir uns nicht haben einbuchten lassen, wegen einem blöden Hund, nicht wahr, weil wir uns was ausgedacht haben unsinnigerweise. — Von einem dritten Standpunkt aber, weil wir uns nicht früh genug etwas ausgedacht haben. Ich war ein Zirkusarbeiter, als du dir noch in die Hose geschissen hast und Hitler kam, und jetzt hab ich eine Schaubude.«
Pfeiffer verstand ihn nicht. Was hatte die Schaubude damit zu tun, daß Czymek hier in einem Sumpfloch lag und vor sich hin stöhnte und die Zähne zusammenbiß und ausblutete und an dem letzten Zigarettenstummel zog und weiß im Gesicht wurde und den Zigarettenstummel ausspuckte und sinnloses Zeug sprach und plötzlich nach Hammelfleisch verlangte... was hatte die Schaubude...
Czymek lag auf dem Rücken und hatte Schweißperlen auf dem Gesicht. Seine Worte hatten keinen Sinn mehr, und er verlangte zwischendurch immer wieder nach Hammelfleisch, das ihm Pfeiffer aus dem Kanister geben sollte.
Pfeiffer erinnerte sich an die eiserne Ration in seinem Brotbeutel. Es war eine kleine Zinnbüchse Schweinefleisch, und er öffnete sie mit dem Seitengewehr. Er richtete Czymek auf und gab ihm den Batzen Schweinefleisch in die Hände, die eine schwarze Kruste hatten von Morast und Blut. Er sah Czymek das Fleisch in sich hineinstopfen, und er sah das Blut aus Czymek herauslaufen, und er

hatte nie gedacht, daß ein Mensch so viel Blut haben könnte. Er sah, daß es Czymek schmeckte, und er sah, daß seine Schweinsäuglein einen hellen Schimmer bekamen, und daß er essend vornüberfiel, und daß Czymek tot war.
Er dachte an die alte Frau, die sich getäuscht hatte, und er dachte an den General. Er dachte an den Hund des Generals, und an der Brücke hatte die Schießerei aufgehört. ›Sie werden an mich denken‹, hatte der General gesagt, und Pfeiffer war vermutlich jetzt der einzige, der an ihn denken konnte. Er war ein überlebender Soldat.
Er saß eine Weile regungslos da und sah auf den dunklen, gallertigen Blutkuchen, der aus Czymek herausgelaufen war, und der immer noch größer wurde, obwohl Czymek tot war. Er dachte, daß es notwendig wäre, dem General gegenüberzustehen, er dachte, daß es seine verdammte Pflicht und Schuldigkeit wäre, mit Czymek dem General gegenüberzustehen. Er fror, und das nasse Zeug an seinem Körper wurde von der Kälte steif.
Er wälzte Czymek auf den Mantel, er band den Traggurt darum, und er befestigte das Koppel so, daß er Czymek hinter sich herziehen konnte. Er zerrte Czymek aus der morastigen Mulde, er sackte in dem flüchtig überfrorenen Boden bis zur Hüfte ein, er arbeitete sich heraus, er kroch mit Czymek durch den Sumpf des anderthalb Kilometer breiten Niemandslandes vor den deutschen Stellungen in Demidowo. Er hatte nicht mehr viel Kraft, und er mußte sich häufig ausruhen. Er brauchte mehr als zwei Stunden, und als er da war, sah er wie eine Kloake aus. Daß er bei den deutschen Stellungen war, begriff er erst, als er beschossen wurde.
»Was rufst du nicht, du Blödist«, schrie ihn ein Pionier aus seinem Schlammloch an, »ich hätte dir bald einen Freifahrtschein verpaßt.«
»Ich muß einen Sanka haben. Ich muß zur Division. Ich muß zum General«, sagte Pfeiffer. Er hatte Schüttelfrost, und sein Gesicht war mit Blut und Dreck und Schweiß beschmiert.

»Zum General brauchst du keinen Sanka«, sagte der Pionier, »der General befindet sich zu unserer moralischen Unterstützung im Befehlsbunker.« Der Pionier erinnerte ihn an Czymek.
Die Zusammenkunft mit Oberst Fahlzogen war für den General programmgemäß verlaufen. Der österreichische Hauptmann hatte die wie zufällig zusammentreffenden Herren miteinander bekannt gemacht und ihnen seinen Befehlsstand, einen tiefen, fensterlosen Keller zur Verfügung gestellt. Sie saßen auf unbequemen Kisten, beim Schein einiger Hindenburglichter, versicherten sich der gegenseitigen ehrenwörtlichen Diskretion und erörterten danach ziemlich offen die Weltlage, das Schicksal Deutschlands und die Ehre des deutschen Generalstabs. Es war eine bittere Stunde.
Der General ging in seiner Kritik an der obersten Heeresführung bis zum Äußersten. Er berichtete, was man ihm angetan hatte. Er erklärte sich der schweren Verantwortung in schwerer Stunde bewußt und zitierte nach dem Gedächtnis philosophische Gedanken aus seinem Tagebuch. Er ließ sogar durchblicken, daß er prinzipiell mit dem Gedanken sympathisiere, daß etwas Entscheidendes geschehen müßte, daß er mit dem Herzen dabei sei, und daß er um Einzelheiten bitte.
Der Oberst Fahlzogen sagte, daß dies seinen Auftrag leider übersteige, da er für heute nur gebeten sei zu erfahren, ob mit ihm, dem General Rampf, im Ernstfall zu rechnen sei.
Was unter Ernstfall zu verstehen sei, fragte der General leise, und der Oberst Fahlzogen antwortete, daß darunter die Übernahme der Regierungsgewalt durch die Armee zu verstehen wäre.
»Aber das würde doch nur mit Gewalt gehen!« sagte der General erschrocken, und als der Oberst bejahte, zwang er sich zur Ruhe und sagte: »In diesem Fall muß ich Ihnen meine Zustimmung leider versagen. Meine christliche Glaubensüberzeugung hindert mich, trotz ideeller Sympathie, der Anwendung von Gewalt zuzustimmen.«

Die beiden Herren standen auf, und der General fand, daß er sich gut aus der Affäre gezogen hatte. Einerseits war er ein Mitwisser und andererseits loyal.
Er sah dem Obersten tief ins Auge und drückte ihm bewegt die Hand, als ein Soldat die Kellertreppe heruntergestolpert kam und nach dem General schrie.
Der General bedeutete dem Obersten, sich ruhig zu verhalten, und ging nicht ohne Unbehagen auf die Treppe zu. Es fiel ihm ein Stein vom Herzen, als er an der Treppenwindung im Halbdunkel, einen verdreckten, triefenden, blutverschmierten Jungen erblickte, den er nie vorher gesehen hatte.
»Sind Sie wahnsinnig geworden, hier herumzugrölen, Kerl!« schrie der General. »Was wollen Sie!«
Der Junge sah sich den General an, und er antwortete nicht. Er griff ein drecküberkrustetes Bündel hinter sich, das von einem Traggurt zusammengehalten war, und warf es die Treppe hinuter, vor die Füße des Generals. Es war ein Toter, dessen Glieder sich im Sturz verrenkt hatten wie bei einer Kasperlepuppe.
»Wir wollten uns bei Ihnen melden, Herr General«, sagte der Junge. »Wir kommen von der Brücke. Soldat Pfeiffer und Obergefreiter Czymek melden sich von der Brücke!«
Es war etwas Verrücktes in seiner Stimme, und der General, der die beiden Namen niemals gehört hatte, erkannte, daß er irgendeinen Knaben mit einem hysterischen Frontkoller vor sich hatte. Er war erfahren genug, um ein derartiges Versagen zu verstehen, aber er wußte auch, daß man solche Burschen nur zur Vernunft bringt, indem man sie anständig zusammenstaucht.
»Nehmen Sie sich zusammen, Sie Scheißkerl!« schrie der General. »Sie sind hier beim Militär und nicht bei der Heilsarmee! Sie sind nicht der einzige an der Front! Nehmen Sie Haltung an, Mensch! Schnauze! Sie gehen in Ihre Stellung zurück und melden sich bei Ihrem Vorgesetzten! Sonst lasse ich Sie wegen Meuterei erschießen! Verstanden!«
»Jawohl, Herr General«, sagte Pfeiffer.

Er begriff, daß sich der General weder an ihn noch an Czymek, noch an die Brücke erinnerte.
»Abtreten!« sagte der General, und Pfeiffer sagte noch einmal: »Jawohl.« Und Pfeiffer trug Czymek die Treppe hinauf. Er nahm ihm die Erkennungsmarke und das Soldbuch ab, und er meldete sich bei dem österreichischen Hauptmann.
Er bekam ein paar trockene Klamotten und ein nach den Verlusten überzähliges Schnellfeuergewehr neuester Fabrikation. Er wurde in das Schlammloch neben dem Pionier eingewiesen, der ihn an Czymek erinnerte. Der Nebel hatte sich gehoben, und der Himmel über dem Dnepr war grau wie Rauch.

Erschienen 1977

Jürgen von Manger

Der Lügner von Goldoni

geb. 1923

Einführung vor der Matinee eines Betriebes

Meine liebe Arbeitskollegen und -kolleginnen!
Sagt, die sollen da hinten erst mal de Tür zumachen!
Junge, Junge — die haben zu Haus auch Säcke vor de Türen. Dat zieht ja wie Hechtsuppe, kannste dir doch auf'n Tod wat holen. Kuckmal, der Vorhang is ja richtig hin und her am Wackeln!
Meine liebe Arbeitskolleginnen und -kollegen!
...Ja, is doch wahr — nachher sind sie die ersten, die schreien, wennse mit'n dicken Hals rumlaufen müssen. Als wenn dat zuviel Arbeit wäre, nur mal de Tür zumachen!
So! Jetzt also — meine liebe Arbeitskollegen und -kolleginnen!... Is ein Ärger, daß man sich mit so Sachen überhaupt aufhalten muß. Na ja.
Mein liebe Arbeitskollegen — — Wir sehen also heute das Schauspiel »Der Lügner« von Goldoni.
Dieser lebte im Mittelalter... das heißt: im Ausgang war dat wohl, da lebte der in Venedig, und hat er uns viele Werke der heiteren Muse beschert. Der Lügner selber is ein... woll'n ma sagen: munterer Geselle, der uns immer wieder mit seine Stückskes, was er da so alles verbricht... äh... wie soll ich sagen? ...also, daß er seine Mitwelt schon mal ganz schön auf'm Arm nimmt. Aber, wir dürfen ihn nich böse sein — wegen sein'n goldenen Herzen!
Wir begleiten ihn in diesen Schauspiel durch die südliche Nächte... fahren wir mit in de Gondel einher... lauschen den Klängen der Gitarren... flüstern verliebte Worte im Ohr der Senjorita... und schmeißen auch schon mal Lie-

besbriefe über'm Balkongitter. Also, daß wir da bei alle Sachen schön mit bei sind. Augenblick, wat hast du, Paul? — Wat is? — — Ach so... ja, kannste doch'n Anschlag am Schwarzen Brett machen. Wie bitte? — Au ja, dat is natürlich wichtig! Moment, ich sag Bescheid. So! Hört mal her: es spricht jetzt noch unser Schriftführer Paul Ellersiek, und dann wünsche ich »Viel Vergnügen!« mit diesen Lügner von Goldoni.
Paul Ellersiek löst den Referatsleiter »Kultur« vor dem Vorhang ab. Paul ist älter, geht am Stock und spricht sehr gemessen.
Liebe Kolleginnen und Kollegen!
Ich habe... die traurige Aufgabe... Sie von den Ableben unseres 2. Vorsitzenden Willy Neumann... Kunde zu... äh... verbreiten. Sie alle wissen, der gute Willy hatte Freitag nachmittag Karambolage oben am Zubringer. Ein Lkw is ne so mit ein'n Affenzahn dazwischengesaust. Die ärztliche Kunst hat es noch versucht, jedoch — vergeblich! Beerdigung is Dienstagmittag 12 Uhr oben am Südfriedhof. Herrschaften, es stehen 3 Omnibusse parat, die sind aber nur für die älteren Kollegen vom Hauptwerk. Ihr andern werdet dat ja wohl mit eure jungen Füße noch einrichten können. Mann, wenn ich denke, wie ich in euern Alter war, wat wir da für Sachen... nich wahr... aber alles per pedes Apostelorum! Jedenfalls — daß es jetzt nicht bei die Omnibusse wieder so einen Sturm auf die Bastillje gibt wie damals bei Dr. Münstermann. Das war ja wohl ein Ding'n bei so ein traurigen Anlaß, und ich glaube, das hat auch unser Willy Neumann bestimmt nicht um uns verdient... daß wir ihm doch mal ruhig diese letzte Ehre erweisen können. Mit'n Personalrat is ausgemacht: Arbeitsbeginn erst wieder um 15 Uhr! Also, da kommt ihr schön noch nach Haus, könnt gemütlich paar Eier inne Pfanne hauen, habt ihr Zeit genug für euch zum Erholen.
So! Jetzt noch eins: ich sehe hier so einige im Saal — will jetzt keinen scharf ankucken —, die haben de 3. Rate noch nich bezahlt. Herrschaften, der Kassierer is kein

Affe, daß er hinter euch herläuft wie so'n... äh... Blödmann... nich wahr. Mensch bleiben — bitteschön, behandelt ihn so, wie ihr selber... als Menschen... also, daß ihr ja auch selber... da... ich meine, das wollt ihr ja auch selber nich. Was du nicht willst, was man dir tu, das füg auch keinen andern zu! Das ist ein alter Satz — denkt mal an meine Worte.
Is wahr, wir sehen hier diese schöne Kunsterzeugnisse für eine Mark — Junge, dat is doch kein Geld, im Kino zahlt ihr dreimal soviel! Wenn einer mal eine, zwei Raten im Rückstand is, da sagt man ja auch noch nix, aber wer jetzt die 3. Rate — dat sind die rosa Märkskes, da geht dat jetzt drum! — wer die noch nich im Heft geklebt hat... darf ich doch wohl herzlich bitten! Soll sich lieber was schämen... der Kassierer tut dat ja schließlich auch nich zum Vergnügen! Also, ich hoffe, daß das jetzt aber in Ordnung kommt und keine Klagen mehr geben.
So! Na ja! Und in diesen Sinne wünsche ich dann auch von mir aus »Viel Vergnügen!« allerseits bei diesen... äh... bei... diesen... wat se da jetzt spielen wollen... bei diesen... äh... Theaterstück!

Erschienen 1966

Dieter Wellershoff

Doppelt belichtetes Seestück

geb. 1925

Ein tiefes, lebloses Blau und ein leiser, körperloser, betäubender Druck, als hinge sie noch an seinem Arm. Blau, die Farbe der Bewußtlosigkeit. Die junge braungebrannte Frau im weißen Badeanzug kam lachend gelaufen, mit wehenden Haaren und hielt einen großen blauen Ball in ihren ausgestreckten Händen. Sie kam aus der Zeit gestürzt und zeigte ihm ihren leichten Wasserball, auf dem in großen weißen Buchstaben das Wort Nivea stand.
Da, nimm den Ball!
Immer dieselbe sinnlose Aufforderung, aufgeblasen zu einem plumpen Schrecken.
Sich wiedererkennen an dem Gefühl hier falsch zu sein.

Also hier bist du mit ihr gewesen, sagte seine Frau.
Ja, sagte er, fast genau vor einem Jahr.
Was für eine Idee, sagte sie, das muß ziemlich höllisch gewesen sein.
Er antwortete nicht.
War es dein Einfall, fragte sie.
Ja, sagte er, ich wollte es immer schon einmal sehen.

Er hatte es immer schon einmal sehen wollen, das Meer im Winter, den von Stürmen überfluteten Strand, die verlassenen Uferpromenaden, die Fronten der leeren Appartementhäuser mit den heruntergelassenen Rolläden, die geschlossenen Andenkenstände, Modeboutiken, Restaurants, Bars, die menschenleeren Straßen einer Stadt, in der alle Verkehrsampeln ausgeschaltet waren und nur noch ein oder zwei Geschäfte stundenweise öffneten, damit die wenigen Bewohner, die Verwalter, die Schlüsselverwahrer der Appartementhäuser und vielleicht ein paar mit Reparaturarbeiten beschäftigte Handwerker aus ihren versteckten Wohnungen hervorkommen und einkaufen konnten, was sie brauchten, um am Leben zu bleiben, wenn wieder die frühe Dunkelheit einbrach, die nachbarlose, windige Dunkelheit der Nacht oder der nächste ereignislose, graue Tag, an dem sie mit ihren Handwerkskästen oder mit Farbtopf und Pinsel durch die verlassenen Stockwerke stromloser, ungeheizter Häuser gingen, in denen die Möbel, die Standardausrüstungen der Ferienwohnungen jeweils in einem Raum zusammengerückt standen und aus deren Fenstern man immer das Meer mit seinen weißen Schaumkämmen sah, die alle sechs Stunden näher rückten und sich wieder zurückzogen.

Er hatte A vorgeschlagen, zusammen noch diese Reise zu machen, als ob nichts geschehen sei. Sie hatte sofort geantwortet, daß das unmöglich sei und daß er das wohl selbst wisse. Sie war empört gewesen über diese neue Konstruktion, in die er sie einfach einbaute, nicht wie sie war, sondern wie sie ihm paßte, wie er sie noch ertragen konnte. Sie sagte, er glaube wohl, daß das eine elegante Lösung sei, aber er sei naiv oder willentlich blind, einfach weil er Angst habe, Angst auseinanderzufallen, das mache ihn so brutal.
Du willst mich abschaffen, hatte sie ihm gesagt. Diese Reise ist deine Abzahlung. Du willst dich retten, und ich soll dir dabei helfen.
Schade, hatte er gesagt, ich hatte gedacht, daß wir etwas anderes retten könnten, irgendein kleines Stück Vernunft.
Vernunft, hatte sie geantwortet, das ist deine Vernunft, nicht meine. Mit der Vernunft drückst du dich an allem vorbei, was du nicht ertragen kannst.
Gut, hatte er gesagt, das kenne ich auswendig, machen wir weiter.
Sie hatte aufgehört zu sprechen und den Kopf gesenkt. Nach einer Pause hatte er wieder angefangen; diesmal, wie die unbewußte Regie dieser Gespräche es ihm auf-

trug, in einem ruhigen Ton: Wir haben beide Angst, du auch. Vielleicht haben wir mit Recht Angst voreinander, vielleicht können wir uns nur noch gegenseitig kaputtmachen. Ich hatte gedacht, daß es trotz allem noch etwas zwischen uns gibt, das uns davor schützen würde, irgendeine grundlegende Solidarität. Aber vielleicht muß das auch kaputtgehen, gerade das.
Während er redete, wußte er, daß er sie jetzt wehrlos machte, daß er sie überwältigte mit Hilfe ihrer eigenen unbelehrbaren Kraft, mit der sie an ein gemeinsames Leben mit ihm geglaubt hatte und weiter glauben wollte, während er sie immer mehr wegschob und einschränkte, so daß sie schließlich die Täuschung annehmen mußte, die er ihr anbot, diese kleine befristete Zukunft, ohne die sie sich sofort aufgeben mußte, und war es nicht besser, daran zu denken, daß die Zeit nichts Bestimmtes war, nicht ein festes Maß, sondern das, was man daraus machte, vielleicht mit Hilfe einer Täuschung, einer Täuschung, die auf einer Erkenntnis beruhte, aber das sagte er nicht.
Er dachte es, während er die Wohnung verließ, um einen Brief einzuwerfen, und von einer Telefonzelle aus seine Frau anrief, um zu fragen, wie es ihr ginge.
Sie antwortete zögernd und abwartend, wie immer, wenn er in den letzten Wochen mit ihr Kontakt aufnahm. Sie war ruhig und ohne Vorwürfe, und er hatte das nicht einmal unangenehme Gefühl, daß sie ihn wie ein Arzt betrachtete, der die Heilung seines Patienten beobachten wollte ohne einzugreifen, der nichts beschleunigen, nichts beeinflussen wollte, überzeugt, daß es nur dann eine gründliche Heilung sein könne. Aber diesmal hatte sie gesagt: Die Kinder glauben wohl, daß du zurückkommst.

Angst auseinanderzufallen. Er ging weiter durch die Straßen in dem starken Wunsch, einfach geradeaus zu gehen, immer weiter ohne sich umzublicken. Überall sah er Menschen, sie kamen an ihm vorbei, ohne ihn zu beachten und schienen mitten in ihrem eigenen Leben zu sein, sicherer als er, vernünftiger, klüger. Und er fragte sich, wie sie es machten.

Er war dann zurückgegangen und hatte A verändert vorgefunden. Sie war in sein Zimmer gekommen, hatte seine Hand gefaßt und eingewilligt. Sie hatte neben ihm auf der Couch gesessen und während sie unentwegt seine Hand drückte, hatte sie ihm versprochen, daß es schön würde. Dann wollte sie geküßt werden. Sie bat darum, ließ sich still von ihm in den Arm nehmen. Beide wußten sie, wie erregt sie waren, aber es war nicht gut, das zuzugeben, denn sie hatte seine Bedingung anerkannt, daß das der friedliche Abschied sein sollte oder der Beginn einer letzten friedlichen gemeinsamen Zeit, bevor er zu seiner Familie zurückkehrte.

War es dein Einfall? War es höllisch? War es der friedliche Abschied? War es hier in dieser Glasveranda hinter der weißen Spiegelschrift, die ihnen draußen angekündigt hatte, daß es hier heißen Pfannkuchen gab und Kaffee oder Tee, worauf sie sich beide entschlossen hatten Tee zu trinken, während er mit A sicher Kaffee getrunken hatte, er wußte es nicht mehr genau, konnte sie aber sehen, nicht vollständig, sondern unbestimmt, mit wechselnden Ergänzungen, so wie sie vor ihm saß in dem neuen langen Mantel im Military-Schnitt, den sie noch am Morgen gekauft hatte und in dem sie dauernd fror.

Ihr Gesicht, schmal, blutleer, übernächtigt, während sie die Tasse an die Lippen führt, mit einer seltsamen Bewegung, als koste es sie Kraft, nichts zu verschütten, als müsse sie vorsichtig sein. Sie krümmt sich etwas über die Tasse, wärmt behutsam ihre Hände daran. Die Bewegung ist sehr zart, das Umfassen von etwas Zerbrechlichem, sehr kindlich, auch wie sie die Lippen spitzt, um sich nicht zu verbrennen. Wie schlecht sie aussieht, ihre Gesichtshaut ist gelblich und unter den Augen durchschimmernd dunkel, große Flecken der Schlaflosigkeit, ihr strähniges

schwarzes Haar läßt sie älter erscheinen, als sie ist. Sie ist krank, ohne daß sie es weiß. Sie ist häßlich vor Erschöpfung. Aber das ist nicht wichtig jetzt, da er sie sieht, ihr Eingekreistsein sieht, ihre Unbewußtheit, die ihr Unglück objektiv macht, ruhig anschaubar auch für ihn. Er hat Verwundete so sitzen sehen. Sie schienen sich in einem geschrumpften Raum zu befinden, ihre Bewegungen waren langsamer, schwieriger, begrenzter und einfacher, denkt er, dachte er unklar, während er die Augen seiner Frau auf sich gerichtet sieht, forschend, oder vielleicht nur aufmerksam, nur wach:
Was hast du, woran denkst du?
Und da er nicht antwortete: Erinnerungen?
Und er sagte: Ach was.

Sie blickte ihn weiter an, und er glaubte den Anfang eines Lächelns zu sehen, zu unsicher, als daß er es aufnehmen konnte.
So kann man auch sagen, daß man nicht erinnert werden möchte.
Ja, sagte er, es war scheußlich.
Warum sind wir eigentlich hierher gefahren, fragte sie.
Ich denke, wir suchen ein Ferienquartier.
Aber doch nicht hier.
Nein, sagte er, das war nur ein Abstecher, weil es am Weg lag.
Und nach einer Pause fügte er hinzu:
Ich weiß auch nicht. Ich wollte, daß du es siehst.

Und warum? Warum diese Einbeziehung, dieses Zurückblicken? Sollte sie verstehen, und was hatte er verstanden?

Sie gingen langsam Arm in Arm über die leere Promenade, die trotz der Schutzzäune stellenweise mit Sand verweht war. Beide trugen sie die gleichen warmen Ledermäntel mit Innenpelz, sie mit einem hellen, er mit einem dunklen Kragen. Die junge braungebrannte Frau im weißen Badeanzug hielt ihnen lachend den blauen Ball entge-

gen. Sollten sie im kommenden Sommer zusammen mit den Kindern Urlaub machen oder zu zweit?
Ich fände es schön zu zweit, sagte sie, und du?
Doch, sagte er.
Was heißt das, doch?
Wenn wir einen schönen Platz finden.
Sie gingen weiter, leicht aneinandergelehnt, ohne zu sprechen. Die Promenade endete in einem weiten Rondell, in dessen Mitte ein pagodenartiger Pavillon stand, dessen Rolläden geschlossen waren. Auch hier waren breite Sandverwehungen, die teilweise die schwarze Erde der leeren Blumenrabatten bedeckten. Es mußte vor Tagen einen Sturm gegeben haben, danach hatte wohl der Regen eingesetzt. Außen um den Platz herum standen die Betonsockel abgeschraubter Bänke und leere schwarze Eisenständer für Fahnenmasten. Dahinter begannen die Dünen, bewachsen mit dem fahlen Grün des Strandhafers und abgezäunt durch Stacheldraht. Eine schmale Treppe führte auf die erste Anhöhe, wo sich ein Aussichtspunkt befand mit drei festmontierten drehbaren Fernrohren, die alle auf das unruhige, verhangene Meer gerichtet waren.
Willst du da noch rauf, fragte sie.
Nein, sagte er, nicht unbedingt.
Dann bin ich dafür, wir fahren weiter.

Sie haben Belgien verlassen und das ist nun Frankreich, der Küstenbereich der Côte d'Opale, wie sie auf einem verblichenen Schild lesen, das süße Frankreich, naß, kalt, und menschenleer, in der beginnenden Dämmerung des Winternachmittags.
Sie fahren über die kleinen Straßen in Küstennähe zwischen leeren Viehweiden, hohen Hecken und kahlen struppigen Gehölzen. An den offenen Stellen stehen einzelne windgeformte Bäume, und manchmal wird der Wagen von einer Bö erfaßt. Dann schlägt auch der Regen heftiger gegen die Scheiben, während er sonst nur ein dünnes Sprühen ist, das lichtlose graue Wehen unter dem niedrigen Wolkenhimmel, die Schwärze der sumpfigen

Erde, die Dunkelheit der verschilften Wassergräben, die Nässe der Mauern in den kleinen kulissenhaften Ortschaften, in denen niemand zu sehen ist. Als wären alle vor ihnen ausgewichen, als sollten sie allein sein, als führen sie beide durch ein Suchbild, dabei zu verschwinden, so daß sie die Frage nicht mehr hören können, die über dem Bild steht:
He, wo seid Ihr?
Sie fahren ohne zu sprechen, sie sind allmählich verstummt. Er bedient die Mechanik des Wagens, sie hat die aufgeschlagene Landkarte auf ihrem Schoß, schaut aber nicht hinein. In der trockenen Wärme des Wageninneren spüren sie beide ihre Anwesenheit und versuchen sich abzugrenzen in einmal gefundenen Haltungen, scheinbar entspannt. Zwischen ihnen ist ein Feld heimlicher Übergänge, das empfindliche Flimmern der Nervenströme, mit denen sie sich gegenseitig wahrnehmen als ein dunkles Wuchern, einen anhaltenden Druck. Es wäre gut zu sprechen, aber sie wissen, daß sie das beide denken, das macht sie stumm. Was könnte man auch sagen, das das Schweigen nicht deutlicher machte? Er hat den Wunsch zu rauchen, was ihn überrascht, denn seit Jahren ist er Nichtraucher. Sie haben es sich gemeinsam abgewöhnt. Das ist lange her. Damals hatte er gerade A kennengelernt, das aber als Episode betrachtet und mit seiner Frau einen neuen Anfang gemacht.

Einen ihrer neuen Anfänge, ein neuer Wellenkamm, neue Umarmungen, neue Zukunftspläne. A, die an den Rand gerückt war, aber eine Gefahr blieb durch ihr Nicht-begreifen-wollen. Die ihn ansah mit stummen und wie ihm schien verächtlichen Blicken, die bedeuteten, daß er ein Feigling war, ein Verräter, jemand der die Augen vor sich selbst verschloß, weil er nicht sehen wollte, was für sie eine ruhige Gewißheit war, daß er zu ihr gehörte. Er ertrug das schlecht, als brauche er weiter ihr Einverständnis mit seinem Leben. Und vielleicht war er deshalb nicht fortgegangen in eine andere Stadt. Er hatte die gemein-

same Arbeit mit ihr fortgesetzt und auf den Zusammenbruch ihres Glaubens gehofft. Er hatte versucht, sie unsicher zu machen und zu beschämen, hatte nicht nachgelassen, ihre Ansichten zu bekämpfen, ihr nachzuweisen, daß sie unreif sei, keine Kultur habe, nicht erwachsen sei. Sein Beispiel war, daß sie anderen Leuten ins Wort fiel. Er hielt es ihr jedesmal vor und versuchte ihr klarzumachen, daß die anderen recht gehabt hatten, nicht sie.
Und manchmal hatte er sie so weit, daß sie still war, wie erstickt, und zu seinem Erstaunen den Tränen nah. Er merkte es daran, daß sie wegblickte und die Schultern hochzog und eine flüchtige Bewegung mit dem Handrücken zu den Augen machte. So saß sie reglos da, abgewandt, in sich zusammengekauert, und wenn der Krampf sie zu überwältigen drohte, warf sie heftig den Kopf zurück und senkte ihn tiefer auf den Handrücken, und vielleicht schon mitten im Weinen drehte sie sich ihm zu und fragte: Bist du erwachsen? Ist das erwachsen, wie du lebst?

Erwachsensein, sagte er, heißt das Ganze sehen, die Widersprüche, das Recht der verschiedenen Möglichkeiten, während es für sie etwas Verächtliches bedeutete, wie Anpassung, Sich-Abfinden und Stillstand. Sie führten diese Gepräche kaum noch über sich selber, sondern über andere Menschen, andere Gegenstände bei anderen Gelegenheiten, aber ihre Heftigkeit oder auch ihre peinliche auftrumpfende Wissenschaftlichkeit verrieten, worum es ging. Sie wußten es, sie verleugneten es beide, es war ein Scheingefecht, eine andere Art von Berührung, und manchmal fühlte er, wie tief er bereits gespalten war. Er hatte zweierlei Ansichten über alles. Er war für das Bewahren und für die Auflösung. Sprach er mit anderen, nahm er A's Standpunkt ein, begegnete er ihm bei anderen, versuchte er ihn zu widerlegen. Er suchte trotzdem weiter nach einer Einheit. Er begann eine Theorie zu entwickeln, daß das praktische Leben der Bereich der Not sei, was Anpassung bedeutete oder Einsicht in das Notwendige, wie man es gelernt hatte und von anderen erwartete, und daß es daneben Träume und Phantasien gab, in denen das ungelebte Leben wiederkehrte, und beides waren Versuche, den Tod zu vermeiden, den körperlichen und den seelischen Tod, so daß das Leben nur die Vermischung und wechselseitige Begrenzung der beiden Prinzipien sein konnte, dachte er, sagte er, ohne selber zu wissen, ob er damit A recht gab oder sich selber oder ob überhaupt nichts entschieden werden konnte durch Denken und es die Erfahrungen waren, die man machen mußte, um denken zu können und um dann vielleicht so frei zu sein, sich entscheiden zu können, welche Erfahrungen man machen wollte, wie er wen sehen wollte, seine Frau und A, denn er hatte Einfluß auf diese Bilder, er erzeugte sie selber, und vielleicht war A nur sein Echo und seine Frau sein Echo, und sie warfen die Bilder zurück, die er in sich hatte und auf sie verteilte.

Was war es? Wollte er davonlaufen? Vor was?
Angst, von A verschlungen zu werden. Angst vor seiner Lust, von A verschlungen zu werden.
Seine Verteidigung war zusammengebrochen, und er war zu ihr gegangen, und dann, ohne daß er sagen konnte, weshalb und wann er damit begann, hatte er den Widerstand wieder aufgebaut. Es war ein Festungsbau bei Nacht, unter den Augen des Feindes, er mußte sich selbst täuschen und sie doch langsam von sich fortschieben, alles so, als geschähe es von selbst, gegen seinen Willen, und er wäre nicht verantwortlich, so daß sie sich auch nicht an ihn wenden konnte, nicht fragen konnte, was tust du, begreifst du das?
Nein, er tat nichts, er konnte nur nicht schlafen, nicht arbeiten, er wurde still, er träumte von seiner Frau und den Kindern, sah sie in gefahrvollen Situationen, aus denen er sie zu retten versuchte, und dann plötzlich träumte er, daß seine Frau mit anderen Männern zusammen war, undeutliche, halbverdeckte, immer wieder abbrechende Szenen, die ihm Angst machten, aus denen er ruckartig aufwachte und A über sich gebeugt sah, sie war angezogen, es war

Tag, sie mußte die Wohnung verlassen, sie hatte eine unbestimmte Angst um ihn gehabt, ihn aber nicht wecken wollen, weil endlich einmal schlief.
Später fragte sie: Was ist mit dir?
Und er antwortete: Nichts.
Da sagte sie es direkt, mit der Sachlichkeit einer lange vorbereiteten Erkenntnis: Du denkst daran zurückzugehen.
Alles kam einen Sprung weiter in diesem Augenblick. Sie sagte es ja selbst, sie gab ihm das Stichwort. Jetzt konnte er wagen daran zu denken, zuerst ein wenig schwindelig von dieser plötzlichen Wendung, als stünde er in einem weiten, nach allen Seiten abschüssigen Raum, alles war möglich, man konnte jederzeit alles tun, und er dachte in der Helligkeit seiner Überraschung: Das hätte sie nicht sagen dürfen! Von nun an würde sich alles darauf beziehen.

Es wurde ein Teil seiner heimlichen Verteidigung gegen A, daß er sich sagte, sie hat mir selbst die Richtung gezeigt. Es war ihr Fehler, ihre Schuld, wenn er sie wieder verließ. Wenn es aber nicht ihre Schuld, nicht ihr Fehler war, wenn sie darüber sprechen mußte, weil alles längst in Gang war und nicht mehr verschwiegen werden konnte, dann hatten sie nie eine Chance gehabt.

Sie hatten die Chance nicht ergreifen können, also hatten sie keine Chance gehabt.

Das Rauschen der Brandung scheint in der Dunkelheit stärker zu werden als am Tag. Es ist ein gleichmäßiges Geräusch, das einen zwingt, lauter zu sprechen und kürzer. Die beiden Spaziergänger auf der Uferpromenade befinden sich in einem Zustand wacher Benommenheit. Sie werden gleich ins Hotel zurückgehen, das einzige, das noch geöffnet hat.
A, die in ihrem neuen Mantel friert, wird niemals sagen, daß sie umkehren möchte. Sie wird mit ihm endlos weiter geradeausgehen, über die Promenade hinaus, vorbei an dem letzten Lichtmast, in die Dunkelheit der Dünen hin-

ein, immer weiter in dieser erschreckenden Gleichgültigkeit oder Betäubung, in dieser Fähigkeit zu sterben, die wie eine beängstigende Kraft ist und ihn zwingt, auf der Hut zu sein. Er darf nichts falsch machen, nichts Falsches sagen. Er ist ihr sanfter Bewacher, unauffällig, er lenkt ihre Schritte und schämt sich, daß er nicht so selbstvergessen, so verloren ist wie sie.
Komm, sagt er, kehren wir um.
Sie folgt ihm wortlos. Es ist, als könne er alles mit ihr machen. Wenn er etwas zu ihr sagte, würde sie eine kurze Antwort geben und wieder still sein. Sie haben den Wind im Gesicht, den kalten Sprühregen und nicht sie, ihr Körper antwortet darauf, indem sie den Kopf senkt und sich zusammenzieht. Er legt den Arm um sie und bemüht sich, mit ihr im Gleichschritt zu bleiben, es ist ein schwerfälliges, taumeliges Vorwärtskommen, aber jetzt kann er sie nicht wieder loslassen. Erbittert denkt er, so ist das mit uns. Und was sollte das Ganze, was machten sie hier? Das war eine Frage, die er sich nicht mehr zu stellen brauchte. Es war nur wichtig, das alles zu überstehen. Er muß schlafen diese Nacht, um morgen fahren zu können. Aber gleich, wenn sie im Hotel sind, wird sie sprechen oder weinen, und er wird sagen, halt dich an die Bedingungen, und sie werden in der Falle sein.
Vielleicht ist sie einverstanden, wenn wir morgen gegen einen Baum knallen. Das wäre allerdings das Letzte. All dieses Unglück wäre nicht nötig gewesen. Ich hätte bei ihr bleiben können. Ich hätte in diesem Fall, dann würde ich anders denken. Ich sitze in der Falle. Wir stecken beide in der Falle. Sie ist meine Falle, und ich bin ihre Falle. Es hörte sich an wie ein Liebesspiel. Er wollte hier rauskommen, sie vielleicht nicht.
Er weigerte sich daran zu denken, was sie wollte. Wer sich weigert, spürt, daß es schon begonnen hat.
Hier in der Dunkelheit, weit entfernt von allen anderen, geht er mit ihr, den Arm um ihren Rücken, spürt ihr Zittern, ihr Schaudern, und niemand kann ihn daran hindern, wenn er sie jetzt an sich zieht.

Niemand kann ihn hindern zu sprechen. Niemand weiß, was er sagen wird. Niemand kennt die nächsten Minuten. Niemand weiß, was die Wahrheit ist. Er kann es selbst entscheiden. Das ist es, was er jetzt begreifen muß. Sie wird ihm helfen, alles noch einmal herumzudrehen, wird ihm helfen mit einer plötzlich erneuerten, unerschöpflichen Kraft. Er wird kaum noch Boden unter den Füßen haben, aber sie wird bei ihm sein, auf diesem engen Fleck werden sie zusammen sein, einander ausgeliefert, aneinandergepreßt, so wie sie diese Nacht verbringen würden, die nächsten Minuten, oder, wenn er es aufschiebt, später, wenn er noch ein wenig wartet, bald, wenn er jetzt weitergeht, gleich. Er war sicher, daß es passieren mußte, sobald er stehenblieb. Verrückt zu denken, daß sie noch nicht wußte, was er gleich sagen würde. Er besaß das Geheimnis und so lange war er jemand, der gerade gestorben war und auf seine Wiedergeburt wartete.
Nein, er wartete nicht. Er war stehengeblieben und hatte sie stumm und entschieden zum Geländer geführt. Er merkte, daß er es mit beiden Händen umklammerte. Unten an der Ufermauer strahlten Scheinwerfer ihr gebündeltes Licht auf das Meer und beleuchteten die weißen Brandungswellen, die aus der ununterscheidbaren Finsternis von Meer und Nachthimmel heranrollten oder vielmehr immer an derselben Stelle entstanden, so daß es in der Dunkelheit aussah, als stünden sie still.
Ich bleibe bei ihr, dachte er.
Er wunderte sich, daß er es nicht gesagt hatte, und fühlte sich schrumpfen, aufgezehrt von dem Brausen. Dann hörte er sich sagen, die Luft ist jodhaltig hier, und das Brausen ging weiter, die Dunkelheit hielt weiter an. Wie gleichgültig man sein konnte, wie ruhig. Von einem Augenblick zum anderen stand sie neben ihm und verschwand, und dieses Pulsen bedeutete: nichts, niemals, noch nicht. Die dunklen Windstöße gegen Kopf und Brust ließen ihn spüren, daß er lebte.
Da, nimm den Ball, sagte die Frau auf dem Plakat.
Bitte komm hier weg, sagte A, ich kann es nicht ansehen.

Als sie ihn fortzog, hatte er die Hände noch um das Geländer gekrampft.
Das taumelnde unsichere Vorwärtsschreiten begann wieder. Er mußte den Wagen gegen die Böen steuern.
Wir müssen bald ein Hotel suchen, sagte seine Frau.
Ja, sagte er, noch eine halbe Stunde.
Ich möchte bald irgendwo bleiben, sagte sie. Vielleicht finden wir hier ein kleines abgelegenes Hotel, ganz für uns.
Sie sprach also wieder, hatte einfach damit angefangen, und das hieß jetzt, daß ihr stundenlanges ersticktes Schweigen nicht galt, daß sie anbot, es zu vergessen und so zu tun, als habe es keinen Grund gegeben und wenn doch einer da war, daß sie nicht darüber sprechen wollte. Diese kleine gemeinsame Reise sollte schön werden, ein Gewinn, ein kleiner, gemeinsam errungener Sieg über das, was sie begraben wollten und worauf sie Sieg auf Sieg häuften, um es unsichtbar zu machen, einig darin, daß dies alles einzelne Schritte eines einzigen, notwendigen, lebenslangen Beweises gegen das Unglück waren, das sie überall rings um sich sehen konnten, so als sei es die eigentliche Verfassung der Welt, gegen die man sich immer wieder behaupten mußte, in dem Bündnis, das sie geschlossen hatten und nun schon so lange immer wieder erneuerten. Manchmal sprachen sie darüber, wenn wieder jemand aus ihrer Bekanntschaft sich getrennt hatte oder wenn sie Zeugen eines Streites wurden, oder einer dieser verdeckten ironischen Peinigungen, oder wenn ein alter Freund, eine alte Freundin sie besucht hatte und plötzlich unaufhaltsam über seinen Ehepartner zu schimpfen begann, oder sie sprachen über die anderen, die meisten, die in einem verleugneten unbewußten Unglück lebten, kränkelnd, oder unauffällig und trübe alternd oder als geräuschvolle posenhafte Gespenster, die Arm in Arm in lächerlicher Euphorie ihr Vergessen betrieben. Er hatte einen Blick dafür, er entdeckte alle die verräterischen Zeichen, die falschen Worte und zeigte sie ihr, um immer wieder grell die Grenze zu beleuchten, über die sie nicht gehen durften. Das ist unmöglich, sagte sie dann manch-

mal, du hältst mich wach, deine ewige Unruhe. Jahrelang hatten sie sich kein neues besseres Bett gekauft, weil sie nicht wußten, ob sie zusammenblieben. Und doch waren sie ein beständiges Paar, ein Paar der neuen Anfänge.
Auch diese Reise war ein neuer Anfang. Die Kinder waren größer geworden, und sie probierten aus, wieder allein zu sein. Man mußte es neu lernen. Diese Reise sollte ein Erfolg werden, nicht so hoffnungslos wie die Reise mit A, auf deren Spur sie nun fahren, deren Spur sie schon verlassen haben.
Es soll schön werden. Sie spricht wieder.
Vielleicht finden wir ein kleines abgelegenes Hotel, ganz für uns.
Er hatte A zerstören und trösten wollen, er hatte ihre Niederlage und ihr Verständnis gewollt.
Ein kleines abgelegenes Hotel, der richtige Schauplatz für die erwünschte Szene.
Sie werden Madame et Monsieur sein und der Patron wird ihren Koffer eine schmale Stiege hochtragen in ein altmodisches Zimmer mit Blumentapete und einem großen französischen Bett. Sie werden sich umziehen und zum Essen hinuntergehen, wo der Patron einen kleinen Tisch für sie gedeckt hat und eine Kerze anzündet. Sie werden einander gegenübersitzen und sich anlächeln. In dem warmen lebendigen Licht wird er sehen, daß sie schön ist, und es ihr sagen, und ihr Gesicht, immer noch fähig zu dieser zärtlichen Verklärung, wird ihm zugewandt sein. Dann werden sie essen, Wein trinken und ohne Anstrengung miteinander sprechen. Vielleicht werden es weit zurückliegende Erinnerungen sein. Nach dem Essen werden sie nach draußen gehen, um vor dem Schlafen noch ein wenig frische Luft zu atmen. Arm in Arm werden sie durch eine dunkle, leere Straße zum Meer gehen und die Brandung hören.
Es ist das Tosen der Finsternis selber, ihr unaufhörliches, sinnloses Geräusch.
Bitte komm hier weg, sagt A, ich kann es nicht ansehen.
Das taumelnde Vorwärtsschreiten beginnt wieder. Er hat

den Arm wieder um ihren Rücken gelegt und schiebt sie ein wenig gegen den Wind, der ihnen ins Gesicht bläst. Sie geht vor ihm die Treppe hoch, er schließt hinter sich die Zimmertür. Sie sind in der Falle. Blaß und abwesend sieht er sie auf dem Bett sitzen, hierher verschleppt von ihm, in diesen zukunftslosen Stillstand.
Willst du dich nicht ausziehen, fragt er. Sie hört ihn nicht. Der Druck ihres betäubten Körpers, reglos in seinem Arm, ihr Mantel, der aufklafft, ihre entblößten Beine, während er mit der freien Hand die Knöpfe durch die Öffnungen zwängt. Sie spannen, es ist der neue Mantel, darunter trägt sie das Kleid, das sie gekauft haben, als er zu ihr kam. Es ist ein Gleiten, ein Weggleiten, das aus seiner inneren Unbestimmtheit kommt. Er ist der Regisseur dieser Szenen, er erzeugt sie, um wieder mit ihr dort anzufangen. Das ist der Auftritt von neuem, und sie findet sich ein. Das ist die Zimmerecke, die rote Steppdecke, auf der sie liegt, ihre Beine in den langen weißen Stiefeln. Ist sie immer noch in ihrem Mantel, immer noch in dieser willfährigen Ohnmacht, während er sie hochzieht und sie sich an ihn lehnt? Lieber, mein Lieber, sagte sie, während er wieder mit diesen Knöpfen beschäftigt ist. Dann verschwindet es wieder und es sind seine Kinder, denen er die Mäntel aufknöpft, die schlafenden Kinder, die er aus dem Auto ins Haus trägt. Mitten in der Nacht kommt seine Frau durch den Flur, sie ist noch nicht wach und stößt im Gehen an die Wände. Er hat geklingelt, er hat den Schlüssel vergessen, und das Baby ist aufgewacht und schreit in seinem Korb, den sie nachts in das Wohnzimmer stellt. Sie kommt, er hört sie mit dem Kind sprechen, hört ihre leisen beruhigenden Laute sich der Tür nähern. Und da ist von neuem dieses Hotelzimmer, wo A sich für Augenblicke aufstützt, um ihm zu helfen, es ist von neuem diese Knopfreihe, diese Benebelung, der weit aufklaffende Mantel, dieses Auseinandergleiten. Er geht an seiner Frau vorbei und entschuldigt sich, und während er den Mantel aufhängt, hört er hinter sich ihr leises Stöhnen und einen dumpfen Aufprall. Sie liegt ohnmächtig auf dem Rücken,

hält das Kind im Arm, das aufgehört hat zu schreien. Als er es ihr abnimmt und in den Korb legt, rutschen ihre Arme schlaff zur Seite, ohne daß sie die Augen öffnet. Er hebt ihren Kopf und sagt mehrmals ihren Namen. Sie sieht ihn jetzt starr an, in tiefer Verständnislosigkeit. Was ist? fragt sie, und er erklärt ihr, daß sie ohnmächtig war. Während er sie zum Bett zurückführt, will sie auf einmal wissen, wie spät es ist. Drei Uhr nachts. Warum kommst du erst um drei Uhr nachts? Sie hat ihn so gebraucht, sie hat so lange wach gelegen und auf das Auto gewartet, sie fühlte sich so einsam, so traurig, sie hat Tabletten genommen. Wie viele, fragt er. Nicht viele, sagt sie undeutlich, nicht schlimm. Sie lallt schon ein wenig, sie hat schon die Augen geschlossen. Er will sich schnell ausziehen, um bei ihr zu liegen, so lange sie ihn noch spüren kann. Aber sie liegt schon wieder in dieser tiefen, dichten, reglosen Betäubung, und er kann nicht einschlafen, weil er Angst hat. Dann fährt er hoch, es ist heller Tag, und er ist allein in der Wohnung, sie und die Kinder sind fort. Nach einer Stunde hört er sie zurückkommen. Er sagt zu A, es ist unmöglich, ich kann so nicht leben, es ist aussichtslos, sieh ein, es ist aussichtslos. Und sie fragt, warum kannst du nicht, was andere können, was ist so fremd für dich daran, was erschreckt dich? Und er sagt, es ist hoffnungslos. Und sie sagt, warum, erklär es mir. Und er sagt, ich glaube, es hängt mit dem Tod zusammen, es ist, weil man sterben muß, deshalb kann man sich nicht verlassen. Und sie fragt, aber mich kannst du verlassen? Und er sagt, ich weiß nicht, manchmal wünsche ich es.

Ja, er hatte es gewünscht, er hatte seine Verteidigung wiederaufgebaut. Manchmal konnte er sich sagen, sie ist wie alle anderen, vergleichbar oder sogar nach einer gewissen Zeit der Umgewöhnung, der inneren Veränderung, ersetzbar. Er hatte früher viele kurze Erlebnisse mit anderen Frauen gehabt und er glaubte, daß ihn das frei gemacht hatte, unabhängig, es blieben keine Phantasien zurück, keine Träume. Wenn er wollte, konnte er mit seiner

Frau darüber sprechen, es störte sie nicht, es befeuerte ihre Zärtlichkeit. Manchmal erinnerte sie ihn daran, sagte, ich verstehe dich nicht, siehst du denn nicht, daß es viel schönere, viel jüngere Frauen gibt als sie? Und vielleicht war das ein Weg, den er wieder gehen mußte. A betrügen, um etwas vor sie zu schieben, das vielleicht nicht an ihre Stelle trat, aber sie verdeckte. Er lernte im Zug eine Frau kennen, die sofort seine Bereitschaft verspürte, er knüpfte eine alte Bekanntschaft wieder an. In den Wohnungen der Frauen liefen die Plattenspieler mit derselben leisen, gleitenden Musik, es waren dieselben Entkleidungsszenen, dieselbe schwer ertragbare Fremdheit der nahegerückten Gesichter und dieselbe heimliche Angst zu versagen.

Er kehrte von diesen Unternehmungen zurück mit dem heftigen Wunsch nach Arbeit. Und um sich zu überzeugen, daß es ein neuer Anfang war, räumte er sein Zimmer auf, verrückte den Tisch, hängte ein Bild um, machte Einkäufe, dann tauschte er die Bücher in den Regalen gegen andere aus, die er jetzt lesen wollte, er las mehrere gleichzeitig, er fing an sich Notizen zu machen, und dann wurde schon etwas sichtbar, das ihn begeisterte, ein überraschendes Hervortreten und Zusammenrücken verstreuter oder bisher gar nicht vorhandener Einzelheiten, ein unsicherer, immer wieder verschwindender, beweglicher Zusammenhang, und nun mußte er versuchen, das zu fassen in einer langen, nur vom Schlaf und den Mahlzeiten unterbrochenen Anstrengung, bei der er manchmal die Luft durch die Zähne zog oder kaum hörbar vor sich hinflüsterte, wenn er durch das Haus ging. Er hörte es selbst nicht, aber seine Frau und seine Kinder erkannten daran, daß er arbeitete, und wie auf Verabredung schufen sie eine Art Hohlraum um ihn, in den nichts eindringen durfte, was ihn stören konnte. Er arbeitete, er war zu Hause, alles war an seinem Platz. Alle Gespräche waren einfach. Abends, eine Stunde vor dem Schlafengehen, saß er mit seiner Frau zusammen im Wohnzimmer und ließ sich erzählen, was sie tagsüber getan hatte. Sie tranken etwas, er sah sich die Nachrichten im Fernsehen an, manchmal ging er noch in der Dunkelheit um den Häuserblock herum, während sie schon schlief.

Plötzlich konnte es dann wieder da sein. Es war ein Überfall, nach kleinen Warnzeichen, die er übersehen hatte. Er war vielleicht nicht weitergekommen mit seiner Arbeit, er hatte eine Frau gesehen, die ihr glich. Oder es war scheinbar nichts, nur eine treibende Unruhe, die sich in ihm ausbreitete, bis sie ihm plötzlich mit einer unwillkürlichen Bewegung seines Körpers bewußt wurde als das, was sie war, das Verlangen, A zu sehen, das sofort ihr Bild erzeugte in immer den gleichen Wiederholungen, nah und verschwommen, als eine ständige Herausforderung, mehr zu verlangen. Er mußte sie anrufen, lauschte atemlos auf das Rufzeichen, bis, als würde mit einem jähen Ruck der Vorhang fortgezogen, sie plötzlich da war. Er hörte ihre zuerst etwas heisere, von langer Stummheit gelähmte Stimme, hörte ihr Erschrecken, glaubte zu sehen, wie sie dort ein wenig vorgebeugt an ihrem Tisch stand, und mußte sofort zu ihr gelangen, sofort, ohne nach rechts und links zu blicken, wie auf einer Fahrt durch einen dunklen sausenden Tunnel, wobei er sich sagte, jetzt ist es genug, jetzt habe ich alles versucht, jetzt ist das mein Leben. Aber außer diesen aufzuckenden Gedanken war er leer und vereinfacht, jemand der einen Wagen fuhr, eine bekannte Strecke, deren Stationen vorbeihuschten, schnell wie das achtlose Umblättern eines Buches, wie ein leises Murmeln, und wenn es spät war, stand er einen Augenblick unten auf der Straße und starrte durch die Glastür in den dunklen Hausflur, bis das Licht der Fahrstuhlkabine erschien und gleich darauf A mit ihrem eigentümlichen raschen, etwas schiebenden Gang auf ihn zukam und ihm die Tür aufschloß.
Komm herein, sagte sie.
Ich mußte kommen.
Ich weiß es.
Das war vielleicht alles, was sie sagten. Sie waren zusam-

men, das war alles, was es jetzt zu sagen gab. Später, wenn sie noch zusammenlagen, sprachen sie ruhig über alles, was sie beschäftigte, und sie erzählte ihm auch einen ihrer Träume.
Sie liegt nackt am Strand, mit vielen anderen Frauen, und alle haben eine Wunde in der Seite. Ihre eigene Wunde ist viel größer und blutiger, und sie weiß, daß sie niemals heilen wird.
Aber sie sagte: Das war kein schlimmer Traum. Ich habe es mir angesehen und war einverstanden. Es gehörte zu mir, ich wußte es.
Hatte er deshalb ihr gegenüber nie Schuldgefühle? Glaubte er sie verletzen zu können, ohne befürchten zu müssen, daß er sie verlor? War es nicht so, daß ihr Leiden ihn von ihr losmachte, während das Leiden seiner Frau ihn band? Und ging er nicht immer zu ihr hin, um wieder von ihr fortzugehen? Um vor sich selbst davonzulaufen? Um zu erkennen, wer er selbst war? Konnte er diese Frage gegen sie entscheiden, mit ihr, mit beiden?
Wenn er in der Nacht zurückfuhr, hatte er manchmal das Gefühl, allein zu sein, frei alles zu tun, klar abgegrenzt gegegen alles, was um ihn herum war, frei alles zu verlassen. Aber das war nur ein Augenblick, eine Pause, bevor die schwierige Veränderung begann, die Rückkehr in das Haus, in dem alles schlief, wo an der Garderobe die Mäntel hingen, wo im Wohnzimmer der Frühstückstisch gedeckt war, auch für ihn, dort an seinem Platz zwischen den anderen, und er bewegte sich leise wie ein Eindringling, um niemand zu wecken, oder blieb noch unten, trank etwas, blickte in die Zeitung, die er am Morgen schon gelesen hatte, und ließ den Raum auf sich eindringen und langsam wieder zurückfluten, bis er die Treppe hochging, wo alle schliefen, und sich auszog.
Schlief sie, schlief wirklich?
Einmal, als er spät kam, hatte sie sich eingeschlossen. Er klopfte an die Tür, rief leise ihren Namen und wartete in einer bangen Ratlosigkeit. Nach einer Weile klopfte er lauter und hörte, wie sie aufstand und die Tür aufschloß.

Es war vollständig dunkel im Zimmer, so daß er sie nicht sehen konnte. Er erkannte sie nur undeutlich, wie sie vor ihm zurückwich und unter die Decke kroch.
Wenn du noch nach ihr riechst, komm bitte nicht zu mir ins Bett, sagte sie.
Nein, sagte er, es ist nichts an mir, wirklich nicht.
Er legte sich neben sie, ohne sie zu berühren. Plötzlich warf sie sich mit einer halben Drehung herum und umarmte ihn.

Und jetzt sind sie seit Stunden in diesem fremden Raum, in diesem Hotel, das sie schließlich gefunden haben, am Ende einer kleinen Straße, die sich zu einem verlassenen, von einigen Häusern und Holzbuden umstandenen Platz ausweitet, auf dem im Sommer wahrscheinlich die Autos parken. Denn hier ist die Treppe, die über die Dünen zum Strand führt, der Übergang zum Meer. Sie haben das beste Zimmer bekommen, sie scheinen die einzigen Gäste zu sein.
In dem tiefen Dunkel, hinter den zugezogenen Vorhängen, unter der niedrigen Zimmerdecke kommt wieder diese drückende Vorahnung des Endes. Wie alt bist du, was bleibt noch zu tun, gibt es noch ein neues, ein anderes Leben? Und wieder öffnet sich, nicht im Kopf, nicht in diesem Raum und doch irgendwo vor den Augen diese schwebende Sphäre, in der alles beieinander ist: frühe Erinnerungen in einer vergessenen Frische, wegsinkende und stumm sich wiederherstellende Wünsche, schweigende Berührungen, Winke, vermischte Körper, mitten in einer fremden, von ferne vertrauten Landschaft, Treppen aufwärts und abwärts, mehr wie eine Woge, eine Wellenlinie, wie ein feuriger Kreis, und dann bist du selbst dort, verfangen in diesen Umrissen, in dieser Umarmung, die zu keinem Ende kommt, denn zugleich bist du auf der anderen Seite, vergeblich bemüht, es zusammenzuraffen und mitten durch die luftige Erscheinung zurückzukehren zu deinem verlorenen Gewicht, deiner verlorenen Dichte, die es dir erlauben würde, alles ernsthaft noch einmal zu tun.

Doch du bist aufgewacht, und auch sie neben dir ist aufgewacht. Und vielleicht bist du es, der zu sprechen beginnt:
— Schläfst du nicht?
— Nein. Immer nur kurz, dann bin ich wieder da.
— Das kommt vielleicht vom Meer. Es ist stürmisch heute nacht. Das macht nervös.
— Ja, ich bin ein bißchen unruhig. Es ist auch diese französische Nackenrolle. Ich weiß nicht, wie ich darauf liegen soll.
— Du hast auch zu viel gegessen, du schienst ganz gierig zu sein.
— Und es war gar nicht besonders gut, viel zu fett, zu schwer.
— Aber nicht wie in Paris.
— Wo ich mich die ganze Nacht erbrochen habe.
— Und wir waren so stolz, dieses kleine russische Restaurant entdeckt zu haben.
— Ich bin auf diesen russischen Namen hereingefallen. Fürst soundso und dann war es nur Hackfleisch.
— Es war wirklich schlimm. Ich dachte, ich müßte einen Arzt holen.
— Hörst du das Meer?
— Ja, es hört sich viel näher an.
— Bist du jetzt ruhig? Wirst du jetzt schlafen können?
— Ich weiß nicht. Ich möchte weiterreden.
— Denkst du noch oft an sie?
— Manchmal.
— Heute hast du es den ganzen Tag getan.
— Glaubst du, daß wir schlafen können, wenn wir jetzt davon anfangen?
— Du willst doch nicht schlafen. Weißt du, daß du mich gekränkt hast?
— Ich konnte nichts anderes tun, als still zu sein. Man muß eben lernen, damit umzugehen.
— Damit umgehen, sagst du ihr das auch?
— Sinngemäß habe ich ihr das gesagt.
— Es könnte alles so schön sein, nicht wahr. Mit unseren

Kindern, diese Reise. Hier nachts liegen und das Meer hören.
— Aber es ist doch so. Es lohnt sich doch?
— Fragst du mich das?
— Ja, ich will wissen, wie du es siehst.
— Bei dir muß man jeden Tag etwas anderes denken.
— So komisch es klingt, ich bin einer der treuesten Menschen. Deshalb bin ich auch zu dir zurückgekehrt.
— Und jetzt drehst du dich schon wieder um.
— Man müßte zweimal leben können. Dann wäre alles einfach.
— Das ist bloß deine Spaltung. Man muß sich entscheiden können.
— Sie hat mir das auch gesagt. Es ist überhaupt die Meinung aller vernünftigen Menschen.
— Wollen wir jetzt still sein?
— Sag noch etwas. Irgend etwas anderes.
— Du hast mich doch gewollt, damals?
— Ja, das weißt du.
— Das ist nichts anderes, nicht wahr, es ist dasselbe.
— Ja es ist dasselbe.
— In wie vielen Hotelzimmern sind wir schon gewesen?
— O Gott, ich weiß nicht, eine Menge.
— Überall haben wir geredet. Vielleicht immer über dieselben Sachen.
— Ich glaub' nicht, daß es immer dasselbe war.
— So wie wir jetzt sprechen, macht es mich ruhig.
— Einer muß jedenfalls schlafen, damit wir morgen fahren können.
— Wir fahren heute. Es ist drei Uhr nachts.
— Dann muß jetzt Flut sein. Deshalb hört es sich so nah an.
— Wie ein Donnern. Aber wenn du mir die Hand gibst, kann ich dabei schlafen.

Erschienen 1973

Maria Frisé

Kartoffelsalat wie immer

geb. 1926

Kartoffelsalat. Kartoffelsalat wie immer. Reste von zwei Tagen in blasser verdünnter Mayonnaise. Dazu Bockwurst, kalt im Innern oder geplatzt. Und Gerdas abgeblättertes Sonntagabendgesicht.
Sie saßen im Wohnzimmer, er im Sessel, sie auf dem Sofa, Teller auf den Knien. Die Mostrichtube lag auf dem schmalen niedrigen Couchtisch. Der Sekundenzeiger auf der Mattscheibe ruckte seine letzte Runde. Gleich würde das Programm beginnen: Tagesschau, Wetterkarte, Fernsehspiel.
Rivieravilla oder englischer Landsitz, wetten?
Sie schluckte ihren Wurstzipfel herunter. Was?
Was diesmal dran ist, frage ich.
Ach so. Endlich kapierte sie. Du könntest im Teleheft nachsehen, sagte sie spitz.
Es war immer dasselbe. Sonntagabend war die Luft voller Hagelkörner. Sie hatten sich satt. Sie erwarteten den Nachrichtensprecher wie einen Gast, einen Neutralen, der das Unwetter ein paar Minuten lang aufhalten würde. Guten Abend, meine Damen und Herren! Wenigstens einer, der Manieren hat, und die gleichmäßige, glattgeschliffene Stimme, die die Worte fugenlos in die Sätze einpaßt, besänftigend, zuverlässig, einlullend: Staatsempfang für den Präsidenten von Togo... achtunddreißig Tote bei einem Flugzeugabsturz über der Sierra Nevada... Restauration im Kloster Ottobeuren... hundertfünfunddreißigtausend Mark für die Opfer der Flutkatastrophe in... Weit weg, weit weg von ihrer gepolsterten Loge. Sichere Meldungen.
Du hast den Thermostat zu hoch gestellt, nörgelte er.

Dein Bier ist dir in den Kopf gestiegen. Ich friere.
Sonntagabend gönnt sie mir nicht einmal das Bier, dachte er. Gleich wird sie mir vorrechnen, wieviel wir für Getränke ausgeben. Ihr Kaffee zählt natürlich nicht dazu. Bier macht dick, weiß ich, weiß ich. Er schubste wütend das gelbe Wollknäuel, das vor seine Füße gerollt war, unter das Sofa.
Sie hatte nichts bemerkt. Emsig stieß sie die Nadeln in die Maschen, angelte den Faden und knüpfte ihn zu neuen Schlingen fest. Nach fünf, sechs Reihen hielt sie das Strickzeug hoch, zählte, verglich mit den fertigen Teilen, zufrieden, stolz, wie weit sie es schon wieder gebracht hatte.
Er rutschte in seinem Sessel zurück, bis er seine Beine auf den Tisch strecken konnte, die graurotbesockten Füße genau neben die leergegessenen Teller. Auch das schien sie nicht zu bemerken. Sie hatte sich's auf dem Sofa bequem gemacht, ihrem Rücken mit drei festgestopften Kissen Halt gegeben, die Waden mit dem Plaid zugedeckt. Ihr Gesicht trug friedfertige Milde zur Schau, aber ihre Schenkel, die den engen Rock fast sprengten, ihre Arme, auf denen sich die Muskeln hart abzeichneten, ihr gebeugter Nacken verrieten sie: sie war gerüstet und bereit.
Er hob mit dem großen Zeh einen Teller an und ließ ihn klirrend auf der Tischplatte tanzen.
Sie hakte ihre Augen in den Maschen fest. Möchtest du bitte das Geschirr wegräumen? Ihre Stimme rutschte jedesmal um einen halben Ton zu hoch, wenn sie diese falsche Höflichkeit anstimmte.
Möchtest du bitte... genau wie Tante Ernestine: elfenbeinerner Strich, der graucheckiges Haar teilt, runde, kahle Elfenbeinscheibe mitten auf dem Kopf. Die billigen Witze fielen ihm ein — Läusekaschel, Flohtanzplatz —, mit denen er in Tantes Rücken Rache nahm für ungezählte Unterwerfungen, aber auch die Angst, die ihm die wächserne wie abgestorbene Haut einflößte. Möchtest du bitte... Er mochte nie. Er mußte. Tantes Bitte war Dro-

hung, nichts anderes. Ihre kurze, gerade Nase schniefte nervös, die spärlichen Augenbrauen schoben die Stirn angestrengt zu sechs Faltenringen zusammen, die Oberlippe streckte sich wie bei einem Hasen über die langen gelblichen Vorderzähne, spitzknochige, trockene Hände griffen zu, schlugen wie Trommelschlegel...
Jetzt aber wollte, mochte und brauchte er nicht; er konnte es wagen, sich zu weigern. Er ließ den Teller noch einmal kreiseln und scheppern.
Möchtest du bitte das Geschirr wegräumen? Ihre Stimme klang unverändert höflich, beherrscht, nachsichtig.
Nein. Er spähte erwartungsvoll zum Sofa hinüber. Würde sie jetzt aufstehen, ihre Tiraden singen, sich endlich stellen?
Aber sie drückte sich nur fester in ihre Kissen, preßte die Lippen zusammen, als fürchte sie, zurückgehaltene Worte könnten ihnen entschlüpfen, sich zu Stoßtrupps formieren, die sie — vorläufig jedenfalls — noch nicht einzusetzen gedachte. Ihre Finger verdoppelten das Tempo, mechanisch zogen, schoben, klopften sie Nadel und Wolle.
Sah er nicht, wie beschäftigt sie war?
Er sah es. Er haßte diese selbstgefällige, selbstgenügsame Beschäftigung, dieses eifrige Pusseln, das sich als Arbeit ausgab. Stich um Stich und Masche um Masche rückte sie weiter von ihm ab. Er störte die Einheit von Faden, Hand und stumpfem Hirn. Sonntagabend war er für sie eine Drohne, untauglich, überzählig, eine trockene Hülse, ausgedient. Sie dagegen füllte sich mit Nützlichkeit.
Nützlich, sie brauchte das Wort genauso pharisäisch wie die anderen Frauen in seiner Familie. Sie putzte es heraus, bis die alte schäbige Schwarte nicht mehr zu erkennen war. Sie machte einen Popanz daraus. Er erinnerte sich an seine Tanten, Kusinen, Großmütter: gebeugte Köpfe, krumme Rücken, Hände, auf denen die Adern blausträngig hervortraten, strickend, flickend, stickend, stopfend, häkelnd. Sie lebten für ein Stück Wolle, Seide oder Leinen auf ihrem Schoß, sie vergaßen alles andere darüber. Auch ihn. Er störte. Sie schreckten auf, wenn er eintrat, sie wur-

den ärgerlich, wenn er etwas fragte, sie schimpften, wenn er sie bat, den Fetzen fortzulegen...
Er fühlte sich mies. Sauer und beißend stieß ihm der Kartoffelsalat auf. Viel zu schwer natürlich, dieses kalte fette Zeug.
Der Sprecher verabschiedete sich. Die nächsten Nachrichtensendung sehen Sie...
Vielleicht kommt jetzt die Blonde mit dem dünnen Hals oder die Dunkle langwimprige. Er mochte sie beide. Sie waren noch unsicher. Er drückte ihnen jedesmal den Daumen. Wenn sie sich verhaspelten, lächelte er ihnen ermutigend zu: nicht so schlimm. Die Blonde erschien. Aber ihre neue Frisur, ein Ballon aus Haaren, gefiel ihm gar nicht. Diesmal sagte sie ihren Text fehlerfrei auf, die Stimme floß bereits in künstlichen Wellen um Wortklippen. Satzgeröll, es klang alles gleich. Er hörte nicht mehr hin.
Sie klapperte unermüdlich mit ihren Nadeln. Der Ärmel sollte heute noch fertig werden. Wenigstens etwas. Montag im Geschäft würde sie berichten: ein schönes Wochenende, Freitag Kino, Tanz am Samstag, Sonntag Ausschlafen, Spaziergang, Stricken.
Das Abendprogramm rieselte lauwarm, gutgemischt, bekömmlich vom Bildschirm. Nichts Aufregendes, Spannung knapp dosiert. Milieu ertrebenswert hoch. Die Werktätigen würden Montagmorgen um sieben Uhr ausgeschlafen und erholt antreten.
Fünf Tage bis Freitag. Das Wochenende war weggesickkert, er hatte es kaum bemerkt. Was blieb? Bitterer Geschmack im Mund, pelzige Zunge?
Freitagabend, der schönste Abend der Woche. Er hatte Schokolade gekauft, er wartete vor Gerdas Büro. Ihr Puppengesicht, rosig, aufgedämpft unter der Friseurhaube, die braunen Haare aufgebauscht und hartfädig wie Glaswolle.
Sie liefen durch die Straßen, blieben vor Schaufenstern stehen. Ihre Hand in seiner Tasche, zutraulich, warm. Silberpapier knisterte, Lippenrot und Schokolade schmolzen

in ihren Mundwinkeln. Sie sprachen von später... wenn wir erst... dann... Ihre Wünsche flogen vor ihnen her. Im Kino küßten sie sich. Es war wie früher.
Zwei ganze Tage, dachte er, als er Samstagmorgen in die Sonne blinzelte. Er rekelte sich wach. Er schüttelte seine Glieder wie ein Läufer nach dem Training. Er fühlte sich leicht, ohne Last, ohne Sorge. Mit ausgebreiteten Armen stand er am offenen Fenster. Was würde der Tag ihm hineinlegen? Er erwartete viel, aber was? Er wußte es nicht.
Er war nicht der einzige, der seine Plastikeimer am Bordstein absetzte. Seifenlauge gluckerte in den Gully. Die Nachbarn rechts und links waren schon dabei: Wagenwaschen, Männerspiel und -sport am Samstag. Transistoren gaben her, was sie konnten: Einkaufstips, vermischt mit muntern Klängen oder Lesefrüchten aus alten Witzblättern, die ein wendiger Conférencier als eigene Produkte anbot.
Er platschte Wasser über das Verdeck, er pfiff den Schlager mit, der aus dem roten Sechshunderter, drei Autos weiter, trompetete. Er fand es lustig da draußen. Die Sonne wärmte seinen Rücken. Bis Gerda zu Linsensuppe und Mandelpudding rief, konnte er es aushalten mit Lederlappen, Schwamm und Chromreiniger.
Der Samstagplan lag fest: Trödeln. Entspannen nannte es Gerda. Sie war für exakte Bezeichnungen und approbierte Systeme. Beine hoch, Quark und Möhrensaft ins Gesicht, Ruhe, Ruhe. Zeitungsrascheln verstärkte sich in ihren Ohren zu trommelfellgefährdendem Geknatter, Worte drangen nicht mehr durch die weiße, breiige Maske. Schönmachen für den Abend. Für ihn? Er kannte die Haut zu genau, die für wenige Stunden aufblühte.
Jeden Samstagabend glitzerte ihr Straßklipp, mal im Haar, mal auf der Schulter, mal am Gürtel. Er hätte ihr längst etwas anderes schenken sollen. Er mochte ihn nicht. Sie traten schon vor Mitternacht aus dem rauchigtrüben Lokal. Sie sollten es aufgeben, dachte er, als er das Auto aufschloß. Er sagte nichts, ihr enttäuschtes Gesicht

tat ihm leid. Es war seine Schuld. Früher hatten sie anders getanzt.

Sonntagschläfrig, freizeitmüde, dösig bröselte der Feiertag ab. Sie wichen sich aus. Zu Toast mit Eiern morgens, Schmorbraten mittags, Apfelkuchen mit Sahne am Nachmittag trafen sie sich in ihrer makellosen, blankpolierten Zweizimmerwohnung. Komplett waren sie, nichts fehlte in ihrem gemeinsam und sorgsam zusammengetragenen Komfort. Radio und Fernsehen umspülten sie mit Welt, überschwemmten ihre Monologe. Verbrauchte Hoffnung, zerschlissene Liebe gingen lautlos unter.

Sie mußten sprechen, dachte er erschrocken, reden, ehe sie es ganz verlernten, ehe sie sich so weit voneinander entfernt hatten, daß sie sich nicht mehr hören konnten. Er nahm vorsichtig die Füße vom Tisch. Er schämte sich. Mayonnaise klebte an den Socken. Er zog die Strümpfe aus, stellte die Teller zusammen. Barfuß trug er das schmutzige Geschirr in die Küche. Als er zurückkam, drehte er den Apparat ab. Die violetten Schatten waren ausgewischt. Das Wohnzimmer tauchte in Honiglicht. Er hockte sich vor das Sofa. Sie legte das Strickzeug weg.

Erschienen 1966

Siegfried Lenz

Die Flut ist pünktlich

geb. 1926

Zuerst sah er ihren Mann. Er sah ihn allein heraustreten aus dem flachen, schilfgedeckten Haus hinter dem Deich, den Riesen mit dem traurigen Gesicht, der wieder seine hohen Wasserstiefel trug und die schwere Joppe mit dem Pelzkragen. Er beobachtete vom Fenster aus, wie ihr Mann den Pelzkragen hochschlug, gebeugt hinaufstieg auf den Deich und oben im Wind stehenblieb und über das leere und ruhige Watt blickte, bis zum Horizont, wo die Hallig lag, ein schwacher Hügel hinter der schweigenden Einöde des Watts. Und während er noch hinüberblickte zur Hallig, stieg er den Deich hinab zur andern Seite, verschwand einen Augenblick hinter der grünen Böschung und tauchte wieder unten neben der tangbewachsenen eisernen Spundwand auf, die sie weit hinausgebaut und mit einem Steinhaufen an der Spitze gesichert hatten. Der Mann ging in die Hocke, rutschte das schräge Steinufer hinab und landete auf dem weichen, grauen Wattboden, der gerieffelt war von zurückweichendem Wasser, durchzogen von den scharfen Spuren der Schlickwürmer; und jetzt schritt er über den weichen Wattboden, über das Land, das dem Meer gehörte; schritt an einem unbewegten Priel entlang, einem schwarzen Wasserarm, der wie zur Erinnerung für die Flut dalag, nach sechs Stunden wieder zurückzukehren und ihn aufzunehmen mit steigender Strömung. Er schritt durch den Geruch von Tang und Fäulnis, hinter Seevögeln her, die knapp zu den Prielen abwinkelten und suchend und schnell pickend voraustrippelten; immer weiter entfernte er sich vom Ufer, in Richtung auf die Hallig unter dem Horizont, wurde kleiner, wie an jedem Tag, wenn er seinen Wattgang zur Hal-

lig machte, allein, ohne seine Frau. Zuletzt war er nur noch ein wandernder Punkt in der dunklen Ebene des Watts, unter dem großen und grauen Himmel hier oben: er hatte Zeit bis zur Flut...
Und jetzt sah er von seinem Fenster aus die Frau. Sie trug einen langen Schal und Schuhe mit hohen Absätzen; sie kam unter dem Deich auf das Haus zu, in dem er wartete, und sie winkte zu seinem Fenster hinauf. Dann hörte er sie auf der Treppe, hörte, wie sie die Tür öffnete, zögernd von hinten näher kam, und jetzt wandte er sich um und sah sie an.
»Tom«, sagte sie, »oh, Tom«, und sie versuchte dabei zu lächeln und ging mit erhobenen Armen auf ihn zu.
»Warum hast du ihn nicht begleitet?« fragte er.
Sie ließ die Arme sinken und schwieg; und er fragte wieder: »Warum bist du mit deinem Mann nicht rübergegangen zur Hallig? Du wolltest einmal mit ihm rübergehen. Du hattest es mir versprochen.«
»Ich konnte nicht«, sagte sie. »ich habe es versucht, aber ich konnte es nicht.«
Er blickte zu dem Punkt in der Verlorenheit des Watts, die Hände am Fensterkreuz, die Knie gegen die Mauer gedrückt, und er spürte den Wind am Fenster vorbeiziehen und wartete. Er merkte, wie die Frau sich hinter ihm in den alten Korbstuhl setzte, es knisterte leicht, ruckte und knisterte, dann war sie still, nicht einmal ihr Atem war zu hören.
Plötzlich drehte er sich um, blieb am Fenster stehen und beobachtete sie; starrte auf das braune Haar, das vom Wind versträhnt war, auf das müde Gesicht und die in ruhiger Verachtung herabgezogenen Lippen, und er sah auf ihren Nacken und die Arme hinunter bis zu ihrer schwarzen, kleinen Handtasche, die sie gegen ein Bein des alten Korbstuhls gelehnt hatte... »Warum hast du ihn nicht begleitet?« fragte er.
»Es ist zu spät«, sagte sie. »Ich kann nicht mehr mit ihm zusammensein. Ich kann nicht allein sein mit ihm.«
»Aber du bist mit ihm hier raufgekommen«, sagte er.

»Ja, sagte sie. »Ich bin mit ihm auf die Insel gekommen, weil er glaubte, es ließe sich hier alles vergessen. Aber hier ist es noch weniger zu vergessen als zu Hause. Hier ist es noch schlimmer.«

»Hast du ihm gesagt, wohin du gehst, wenn er fort ist?«

»Ich brauche es ihm nicht zu sagen, Tom. Er kann zufrieden sein, daß ich überhaupt mitgefahren bin. Quäl mich nicht.«

»Ich will dich nicht quälen«, sagte er, »aber es wäre gut gewesen, wenn du ihn heute begleitet hättest. Ich habe ihm nachgesehen, wie er hinausging, ich stand die ganze Zeit am Fenster und beobachtete ihn draußen im Watt. Ich glaube, er tat mir leid.«

»Ich weiß, daß er dir leid tut«, sagte sie, »darum mußte ich dir auch versprechen, ihn heute zu begleiten. Ich wollte es deinetwegen tun; aber ich konnte es nicht. Ich werde es nie können, Tom. — Gib mir eine Zigarette.«

Der Mann zündete eine Zigarette an und gab sie ihr, und nach dem ersten Zug lächelte sie und zog die Finger durch das braune, versträhnte Haar. »Wie sehe ich aus, Tom?« fragte sie. »Sehe ich sehr verwildert aus?«

»Er tut mir leid«, sagte der Mann.

Sie hob ihr Gesicht, das müde Gesicht, auf dem wieder der Ausdruck einer sehr alten und ruhigen Verachtung erschien, und dann sagte sie: »Hör auf damit, Tom. Hör auf, ihn zu bemitleiden. Du weißt nicht, was gewesen ist. Du kannst nicht urteilen.«

»Entschuldige« sagte der Mann. »Ich bin froh, daß du gekommen bist«, und er ging auf sie zu und nahm ihr die Zigarette aus der Hand. Er drückte sie unterm Fensterbrett aus, rieb die Reste der kleinen Glut herunter, wischte die Krümel weg und warf die halbe Zigarette auf eine Kommode. Die untere Seite des Fensterbretts war gesprenkelt von den schmutzigen Flecken ausgedrückter Zigaretten. Ich muß sie mal abwischen, dachte er; wenn sie weg ist, werde ich die Flecken abwischen, und jetzt trat er neben den alten Korbstuhl, faßte ihn mit beiden Händen oben an der Lehne und zog ihn weit hintenüber.

»Tom«, sagte sie. »oh, Tom, nicht weiter, bitte, nicht weiter, ich falle sonst. Tom, du kannst das nicht halten.« Und es war eine glückliche Angst in ihrem Gesicht und eine erwartungsvolle Abwehr...
»Laß uns hier weggehen, Tom«, sagte sie danach, »irgendwohin. Bleib noch bei mir.«
»Ich muß mal hinaussehen«, sagte er, »einen Augenblick.« Er ging zum Fenster und sah über die Einsamkeit und Trübnis des Watts; er suchte den wandernden Punkt in der Einöde draußen, zwischen den fern blinkenden Prielen, aber er konnte ihn nicht mehr entdecken.
»Wir haben Zeit bis zur Flut«, sagte er. »Warum sagst du das nicht? Du bist immer nur zu mir gekommen, wenn er seinen Wattgang machte zur Hallig raus. Sag doch, daß wir Zeit haben für uns bis zur Flut. Sag es doch.«
»Ich weiß nicht, was mit dir los ist, Tom«, sagte sie, »warum du so gereizt bist. Du warst es nicht in den letzten zehn Tagen. In den letzten zehn Tagen hast du mich auf der Treppe begrüßt.«
»Er ist dein Mann«, sagte er gegen das Fenster. »Er ist noch immer dein Mann, und ich hatte dich gebeten, heute mit ihm zu gehen.«
»Ist es dir heute eingefallen, daß er mein Mann ist? Es ist dir spät eingefallen, Tom«, sagte sie, und ihre Stimme war müde und ohne Bitternis. »Vielleicht ist es dir zu spät eingefallen. Aber du kannst beruhigt sein: er hat aufgehört, mein Mann zu sein, seitdem er aus Dharan zurück ist. Seit zwei Jahren, Tom, ist er nicht mehr mein Mann. Du weißt, was ich von ihm halte.«
»Ja«, sagte er, »du hast es mit oft genug erzählt. Aber du hast dich nicht von ihm getrennt; du bist bei ihm geblieben, zwei Jahre, du hast es ausgehalten.«
»Bis zum heutigen Tag«, sagte sie, und sie sagte es so leise, daß er sich vom Fenster abstieß und sich umdrehte und erschrocken in ihr Gesicht sah, in das müde Gesicht, über das jetzt eine Spur heftiger Verachtung lief.
»Ist etwas geschehen?« fragte er schnell.
»Was geschehen ist, geschah vor zwei Jahren.«

»Warum hast du ihn nicht begleitet?«
»Ich konnte nicht«, sagte sie, »und jetzt werde ich es nie mehr brauchen.«
»Was hast du getan?« fragte er.
»Ich habe versucht zu vergessen, Tom. Weiter nichts, seit zwei Jahren habe ich nichts anderes versucht. Aber ich konnte es nicht.«
»Und du bist bei ihm geblieben und hast dich nicht getrennt von ihm«, sagte er. »Ich möchte wissen, warum du es ausgehalten hast.«
»Tom«, sagte sie, und es klang wie eine letzte, resignierte Warnung, »hör mal zu, Tom. Er war mein Mann, bis sie ihm den Auftrag in Dharan gaben und er fortging für sechs Monate. So lange war er es, und als er zurückkam, war es aus. Und weil du dein Mitleid für ihn entdeckt hast heute, und weil du wohl erst jetzt bemerkt hast, daß er mein Mann ist, will ich dir sagen, was war. Er kam krank zurück, Tom. Er hat sich in Dharan etwas geholt, und er wußte es. Er war sechs Monate fort, Tom, sechs Monate sind eine Menge Zeit, und es gibt viele, die es verstehen, wenn so etwas passiert. Vielleicht hätte ich es auch verstanden, Tom. Aber er war zu feige, es mir zu sagen. Er hat mir kein Wort gesagt.«
Der Mann hörte ihr zu, ohne sie anzusehen; er stand mit dem Rücken zu ihr und sah hinaus, sah den grünen Wulst des Deiches entlang, der in weitem Bogen zum Horizont lief. Ein Schwarm von Seevögeln kam von den Prielen draußen im Watt zurück, segelte knapp über den Deich und fiel in jähem Sturz in das Schilf bei den Torfteichen ein. Sein Blick lief suchend über das Watt zur Hallig, wo sich jetzt der wandernde Punkt lösen mußte; jetzt mußte er die Rückwanderung antreten, um vor der Flut auf dem Deich zu sein: er war nicht zu erkennen.
»Und du bist zwei Jahre bei ihm geblieben«, sagte der Mann. »So lange hast du es ausgehalten und nichts getan.«
»Ich habe zwei Jahre gebraucht, um zu begreifen, was passiert ist. Bis heute morgen hat es gedauert. Als ich ihn be-

gleiten sollte, habe ich es gemerkt, Tom, und du hast mir geholfen dabei, ohne daß du es wolltest. Du hast aus Mitleid oder aus schlechtem Gewissen verlangt, daß ich ihn begleiten sollte.«
»Er ist immer noch nicht zu sehen«, sagte der Mann. »Wenn er vor der Flut hier sein will, müßte er jetzt zu erkennen sein.«
Er öffnete das Fenster, befestigte es gegen den Widerstand des Windes mit eisernen Haken und blickte über das Watt.
»Tom«, sagte sie, »oh, Tom. Laß uns weggehen von hier, irgendwohin. Laß uns etwas tun, Tom. Ich habe so lange gewartet.«
»Du hast dir lange etwas vorgemacht«, sagte er, »du hast versucht, etwas zu vergessen, und dabei hast du gewußt, daß du es nie vergessen kannst.«
»Ja«, sagte sie, »ja, Tom. So etwas kann kein Mensch vergessen. Wenn er es mir gleich gesagt hätte, als er zurückkam, wäre alles leichter gewesen. Ich hätte ihn verstanden, vielleicht, wenn er nur ein Wort gesagt hätte.«
»Gib mir das Fernglas«, sagte er.
Die Frau zog das Fernglas vom Bettpfosten, gab es ihm mit dem ledernen Etui, und er öffnete es, hob das Glas und suchte schweigend das Watt ab.
»Ich kann ihn nicht finden«, sagte der Mann, »und im Westen kommt die Flut.«
Er sah die Flut in langen Stößen von Westen herankommen, flach und kraftvoll über das Watt hin ziehend; sie rollte vor, verhielt einen Augenblick, als ob sie Atem schöpfe, und stürzte sich in Rinnen und Priele, und kam dann wieder schäumend aus ihnen hervor, bis sie die eiserne Spundwand erreichte, sich sammelte und hochstieg an ihr und unmittelbar neben dem schrägen Steinufer weiterzog, so daß die dunkle Fläche des Watts gegen Osten hin abgeschnitten wurde.
»Die Flut ist pünktlich«, sagte er. »Auch dein Mann war pünktlich bisher, aber ich kann ihn jetzt nicht sehen.«
»Laß uns weggehen von hier, Tom, irgendwohin.«

»Er kann es nicht mehr schaffen! Hörst du, was ich sage?
Er ist abgeschnitten von der Flut, weißt du das?«
»Ja, Tom.«
»Er war jeden Tag pünktlich zurück, lange vor der Flut.
Warum ist er noch nicht da? Warum?«
»Seine Uhr, Tom«, sagte sie, »seine Uhr geht heute nach.«

Erschienen 1958

Ingeborg Bachmann

Unter Mördern und Irren

1926—1973

Die Männer sind unterwegs zu sich, wenn sie abends beieinander sind, trinken und reden und meinen. Wenn sie zwecklos reden, sind sie auf ihrer eigenen Spur, wenn sie meinen und ihre Meinungen mit dem Rauch aus Pfeifen, Zigaretten und Zigarren aufsteigen und wenn die Welt Rauch und Wahn wird in den Wirtshäusern auf den Dörfern, in den Extrastuben, in den Hinterzimmern der großen Restaurants und in den Weinkellern der großen Städte.
Wir sind in Wien, mehr als zehn Jahre nach dem Krieg. »Nach dem Krieg« — dies ist die Zeitrechnung.
Wir sind abends in Wien und schwärmen aus in die Kaffeehäuser und Restaurants. Wir kommen geradewegs aus den Redaktionen und den Bürohäusern, aus der Praxis und aus den Ateliers und treffen uns, heften uns auf die Fährte, jagen das Beste, was wir verloren haben, wie ein Wild, verlegen und unter Gelächter. In den Pausen, wenn keinem ein Witz einfällt oder eine Geschichte, die unbedingt erzählt werden muß, wenn keiner gegen das Schweigen aufkommt und jeder in sich versinkt, hört hin und wieder einer das blaue Wild klagen — noch einmal, noch immer.
An dem Abend kam ich mit Mahler in den ›Kronenkeller‹ in der Inneren Stadt zu unserer Herrenrunde. Überall waren jetzt, wo es Abend in der Welt war, die Schenken voll, und die Männer redeten und meinten und erzählten wie die Irrfahrer und Dulder, wie die Titanen und Halbgötter von der Geschichte und den Geschichten; sie ritten herauf in das Nachtland, ließen sich nieder am Feuer, dem gemeinsamen offenen Feuer, das sie schürten in der Nacht

und der Wüste, in der sie waren. Vergessen hatten sie die Berufe und die Familien. Keiner mochte daran denken, daß die Frauen jetzt zu Hause die Betten aufschlugen und sich zur Ruhe begaben, weil sie mit der Nacht nichts anzufangen wußten. Barfuß oder in Pantoffeln, mit aufgebundenen Haaren und müden Gesichtern gingen die Frauen zu Hause herum, drehten den Gashahn ab und sahen furchtvoll unter das Bett und in die Kasten, besänftigten mit zerstreuten Worten die Kinder oder setzten sich verdrossen ans Radio, um sich dann doch hinzulegen mit Rachegedanken in der einsamen Wohnung. Mit den Gefühlen des Opfers lagen die Frauen da, mit aufgerissenen Augen in der Dunkelheit, voll Verzweiflung und Bosheit. Sie machten ihre Rechnungen mit der Ehe, den Jahren und dem Wirtschaftsgeld, manipulierten, verfälschten und unterschlugen. Schließlich schlossen sie die Augen, hängten sich an einen Wachtraum, überließen sich betrügerischen wilden Gedanken, bis sie einschliefen mit einem letzten großen Vorwurf. Und im ersten Traum ermordeten sie ihre Männer, ließen sie sterben an Autounfällen, Herzanfällen und Pneumonien» sie ließen sie rasch oder langsam und elend sterben, je nach der Größe des Vorwurfs, und unter den geschlossenen zarten Lidern traten ihnen die Tränen hervor vor Schmerz und Jammer über den Tod ihrer Männer. Sie weinten um ihre ausgefahrenen, ausgerittenen, nie nach Hause kommenden Männer und beweinten endlich sich selber. Sie waren angekommen bei ihren wahrhaftigsten Tränen.
Wir aber waren fern, die Corona, der Sängerbund, die Schulfreunde, die Bündler, Gruppen, Verbände, das Symposion und die Herrenrunde. Wir bestellten unseren Wein, legten die Tabakbeutel vor uns auf die Tische und waren unzugänglich ihrer Rache und ihren Tränen. Wir starben nicht, sondern lebten auf, redeten und meinten. Viel später erst, gegen Morgen, würden wir den Frauen über die feuchten Gesichter streichen im Dunkeln und sie noch einmal beleidigen mit unserem Atem, dem sauren starken Weindunst und Bierdunst, oder hoffen, inständig,

daß sie schon schliefen und kein Wort mehr fallen müsse in der Schlafzimmergruft, unserem Gefängnis, in das wir doch jedesmal erschöpft und friedfertig zurückkehrten, als hätten wir ein Ehrenwort gegeben.
Wir waren weit fort. Wir waren an dem Abend wie an jedem Freitag beisammen: Haderer, Bertoni, Hutter, Ranitzky, Friedl, Mahler und ich. Nein, Herz fehlte, er war diese Woche in London, um seine endgültige Rückkehr nach Wien vorzubereiten. Es fehlte auch Steckel, der wieder krank war. Mahler sagte: »Wir sind heute nur drei Juden«, und er fixierte Friedl und mich.
Friedl starrte ihn verständnislos mit seinen kugeligen wäßrigen Augen an und preßte seine Hände ineinander, wohl weil er dachte, daß er doch gar kein Jude sei, und Mahler war es auch nicht, sein Vater vielleicht, sein Großvater — Friedl wußte es nicht genau. Aber Mahler setzte sein hochmütiges Gesicht auf. Ihr werdet sehen, sagte sein Gesicht. Und es sagte: Ich täusche mich nie.
Es war schwarzer Freitag. Haderer führte das große Wort. Das hieß, daß der Irrfahrer und Dulder in ihm schwieg und der Titan zu Wort kam, daß er sich nicht mehr klein machen und der Schläge rühmen mußte, die er hatte hinnehmen müssen, sondern derer sich rühmen konnte, die er ausgeteilt hatte. An diesem Freitag wendete sich das Gespräch, vielleicht weil Herz und Steckel fehlten und weil Friedl, Mahler und ich keinem als Hemmnis erschienen; vielleicht aber auch nur, weil das Gespräch einmal wahr werden mußte, weil Rauch und Wahn alles einmal zu Wort kommen lassen.
Jetzt war die Nacht ein Schlachtfeld, ein Frontzug, eine Etappe, ein Alarmzustand, und man tummelte sich in dieser Nacht. Haderer und Hutter tauchten ein in die Erinnerung an den Krieg, sie wühlten in der Erinnerung, in manchem Dunkel, das keiner ganz preisgab, bis es dahin kam, daß ihre Gestalten sich verwandelten und wieder Uniformen trugen, bis sie dort waren, wo sie beide wieder befehligten, beide als Offiziere, und Verbindung aufnahmen zum Stab; wo sie mit einer ›Ju 52‹ hinübergeflogen

wurden nach Woronesch, aber dann konnten sie sich plötzlich nicht einigen über das, was sie von General Manstein zu halten gehabt hatten im Winter 1942, und sie wurden sich einfach nicht einig, ob die 6. Armee entsetzt hätte werden können oder nicht, ob schon die Aufmarschplanung schuld gewesen war oder nicht; dann landeten sie nachträglich auf Kreta, aber in Paris hatte eine kleine Französin zu Hutter gesagt, die Österreicher seien ihr lieber als die Deutschen, und als in Norwegen der Tag heraufkam und als die Partisanen sie umzingelt hatten in Serbien, waren sie soweit — sie bestellten den zweiten Liter Wein, und auch wir bestellten noch einen, denn Mahler hatte begonnen, uns über ein paar Intrigen aus der Ärztekammer zu berichten.
Wir tranken den burgenländischen Wein und den Gumpoldskirchner Wein. Wir tranken in Wien, und die Nacht war noch lange nicht zu Ende für uns.
An diesem Abend, als die Partisanen schon Haderers Achtung errungen hatten und nur nebenbei von ihm scharf verurteilt worden waren (denn ganz deutlich wurde es nie, wie Haderer eigentlich darüber und über noch anderes dachte, und Mahlers Gesicht sagte mir noch einmal: Ich täusche mich nie!), als die toten slowenischen Nonnen nackt im Gehölz vor Veldes lagen und Haderer, von Mahlers Schweigen verwirrt, die Nonnen liegenlassen mußte und innehielt in seiner Erzählung, trat ein alter Mann an unseren Tisch, den wir seit langem kannten. Es war dies ein herumziehender, schmutziger, zwergenhafter Mensch mit einem Zeichenblock, der sich aufdrängte, für ein paar Schilling die Gäste zu zeichnen. Wir wollten nicht gestört und schon gar nicht gezeichnet werden, aber der entstandenen Verlegenheit wegen forderte Haderer den Alten unvermutet und großzügig auf, uns zu zeichnen, uns einmal zu zeigen, was er könne. Wir nahmen jeder ein paar Schilling aus der Börse, taten sie zusammen auf einen Haufen und schoben ihm das Geld hin. Er beachtete das Geld aber nicht. Er stand da, beglückt den Block auf den linken abgewinkelten Unterarm gestützt, mit zurückge-

worfenem Kopf. Sein dicker Bleistift strichelte auf dem Blatt mit solcher Schnelligkeit, daß wir in Gelächter ausbrachen. Wie aus einem Stummfilm wirkten seine Bewegungen, grotesk, zu rasch genommen. Da ich ihm zunächst saß, reichte er mir mit einer Verbeugung das erste Blatt.
Er hatte Haderer gezeichnet:
Mit Schmissen in dem kleinen Gesicht. Mit der zu straff an den Schädel anliegenden Haut. Grimassierend, ständig schauspielernd den Ausdruck. Peinlich gescheitelt das Haar. Einen Blick, der stechend, bannend sein wollte und es nicht ganz war.
Haderer war Abteilungsleiter am Radio und schrieb überlange Dramen, die alle großen Theater regelmäßig und mit Defizit aufführten und die den uneingeschränkten Beifall der ganzen Kritik fanden. Wir alle hatten sie, Band für Band, mit handschriftlicher Widmung zu Hause stehen. »Meinem verehrten Freund...« Wir waren alle seine verehrten Freunde — Friedl und ich ausgenommen, weil wir zu jung waren und daher nur »liebe Freunde« sein konnten oder »liebe, junge, begabte Freunde«. Er nahm von Friedl und mir nie ein Manuskript zur Sendung an, aber er empfahl uns an andere Stellen und Redaktionen, fühlte sich als unser Förderer und der von noch etwa zwanzig jungen Leuten, ohne daß es je ersichtlich wurde, worin diese Förderung bestand und welche Resultate die Gunst zeitigte. Es lag freilich nicht an ihm, daß er uns vertrösten und zugleich mit Komplimenten befeuern mußte, sondern an dieser »Bagage«, wie er sich ausdrückte, an dieser »Bande von Tagedieben« überall, den Hofräten und anderen hinderlichen vergreisten Elementen in den Ministerien, den Kulturämtern und im Rundfunk; er bezog dort das höchste mögliche Gehalt und er erhielt in gemessenen Abständen sämtliche Ehrungen, Preise und sogar Medaillen, die Land und Stadt zu vergeben hatten; er hielt die Reden zu den großen Anlässen, wurde als ein Mann betrachtet, der zur Repräsentation geeignet war, und galt trotzdem als einer der freimütigsten und unab-

hängigsten Männer. Er schimpfte auf alles, das heißt, er schimpfte immer auf die andere Seite, so daß die eine Seite erfreut war und ein andermal die andere, weil nun die eine die andere war. Er nannte, um es genauer zu sagen, einfach die Dinge beim Namen, zum Glück aber selten die Leute, so daß sich nie jemand im besonderen betroffen fühlte.
Von dem Bettelzeichner so hingestrichelt auf das Papier, sah er aus wie ein maliziöser Tod oder wie eine jener Masken, wie Schauspieler sie sich noch manchmal für den Mephisto oder den Jago zurechtmachen.
Ich reichte das Blatt zögernd weiter. Als es bei Haderer anlangte, beobachtete ich ihn genau und mußte mir eingestehen, daß ich überrascht war. Er schien nicht einen Augenblick betroffen oder beleidigt, zeigte sich überlegen, er klatschte in die Hände, vielleicht dreimal zu oft — aber er klatschte, lobte immer zu oft —, und rief mehrmals »Bravo«. Mit diesem »Bravo« drückte er auch aus, daß er allein hier der große Mann war, der Belobigungen zu vergeben hatte, und der Alte neigte auch ehrerbietig den Kopf, sah aber kaum auf, weil er es eilig hatte, mit Bertonis Kopf zu Ende zu kommen.
Bertoni aber war so gezeichnet:
Mit dem schönen Sportlergesicht, auf dem man Sonnenbräune vermuten durfte. Mit den frömmelnden Augen, die den Eindruck von gesundem Strahlen zunichte machten. Mit der gekrümmten Hand vor dem Mund, als fürchtete er, etwas zu laut zu sagen, als könnte ein unbedachtes Wort ihm entschlüpfen.
Bertoni war am ›Tagblatt‹. Seit Jahren schon war er beschämt über den ständigen Niedergang des Niveaus in seinem Feuilleton, und jetzt lächelte er nur mehr melancholisch, wenn ihn jemand aufmerksam machte auf eine Entgleisung, auf Unrichtigkeiten, den Mangel an guten Beiträgen oder richtiger Information. Was wollen Sie — in diesen Zeiten! schien sein Lächeln zu sagen. Er allein konnte den Niedergang nicht aufhalten, obwohl er wußte, wie eine gute Zeitung aussehen sollte, o ja, er wußte es,

hatte es früh gewußt, und darum redete er am liebsten von den alten Zeitungen, von den großen Zeiten der Wiener Presse und wie er unter deren legendären Königen damals gearbeitet und von ihnen gelernt hatte. Er wußte alle Geschichten, alle Affairen von vor zwanzig Jahren, er war nur in jener Zeit zu Hause und konnte diese Zeit lebendig machen, von ihr ohne Unterlaß erzählen. Gern sprach er auch von der düsteren Zeit danach, wie er und ein paar andere Journalisten sich durchgebracht hatten in den ersten Jahren nach 1938, was sie heimlich gedacht und geredet und angedeutet hatten, in welchen Gefahren sie geschwebt hatten, ehe sie auch die Uniform angezogen hatten, und nun saß er noch immer da mit seiner Tarnkappe, lächelte, konnte vieles nicht verschmerzen. Er setzte seine Sätze vorsichtig. Was er dachte, wußte niemand, das Andeuten war ihm zur Natur geworden, er tat, als hörte immer die Geheime Staatspolizei mit. Eine ewige Polizei war aus ihr hervorgegangen, unter der Bertoni sich ducken mußte. Auch Steckel konnte ihm kein Gefühl der Sicherheit zurückgeben. Er hatte Steckel, bevor Steckel emigrieren mußte, gut gekannt, war wieder Steckels bester Freund, nicht nur weil der bald nach 1945 für ihn gebürgt und ihn ans ›Tagblatt‹ zurückgeholt hatte, sondern weil sie sich in manchem miteinander besser verständigen konnten als mit den anderen, besonders wenn von »damals« die Rede war. Es wurde dann eine Sprache benutzt, die Bertoni zu irgendeiner frühen Zeit einmal kopiert haben mußte, und nun hatte er keine andere mehr und war froh, sie wieder mit jemand sprechen zu können — eine leichte, flüchtige, witzige Sprache, die zu seinem Aussehen und seinem Gehaben nicht recht paßte, eine Sprache der Andeutung, die ihm jetzt doppelt lag. Er deutete nicht, wie Steckel, etwas an, um einen Sachverhalt klarzumachen, sondern deutete, über die Sache hinweg, verzweifelt ins Ungefähre.
Der Zeichner hatte das Blatt wieder vor mich hingelegt. Mahler beugte sich herüber, sah kurz darauf und lachte hochmütig. Ich gab es lächelnd weiter. Bertoni sagte nicht

»Bravo«, weil Haderer ihm zuvorkam und ihm die Möglichkeit nahm, sich zu äußern. Er sah seine Zeichnung nur wehmütig und nachdenklich an. Mahler sagte, nachdem Haderer sich beruhigt hatte, über den Tisch zu Bertoni: »Sie sind ein schöner Mensch. Haben Sie das gewußt?«
Und so sah der Alte Ranitzky:
Mit einem eilfertigen Gesicht, dem Schöntuergesicht, das schon nicken wollte, ehe jemand Zustimmung erwartete. Selbst seine Ohren und seine Augenlider nickten auf der Zeichnung.
Ranitzky, dessen konnte man sicher sein, hatte immer zugestimmt. Alle schwiegen, wenn Ranitzky mit einem Wort die Vergangenheit berührte, denn es hatte keinen Sinn, Ranitzky gegenüber offen zu sein. Man vergaß das besser und vergaß ihn besser; wenn er am Tisch saß, duldete man ihn schweigend. Manchmal nickte er vor sich hin, von allen vergessen. Er war allerdings zwei Jahre lang ohne Bezüge gewesen nach 1945 und vielleicht sogar in Haft gewesen, aber jetzt war er wieder Professor an der Universität. Er hatte in seiner ›Geschichte Österreichs‹ alle Seiten umgeschrieben, die die neuere Geschichte betrafen, und sie neu herausgegeben. Als ich Mahler über Ranitzky hatte ausfragen wollen, hatte Mahler kurz zu mir gesagt: »Jeder weiß, daß er es aus Opportunismus getan hat und unbelehrbar ist, aber er weiß es auch selber. Darum sagt es ihm keiner. Aber man müßte es ihm trotzdem sagen.« Mahler jedenfalls sagte es ihm mit seiner Miene jedesmal oder wenn er ihm antwortete oder bloß einmal sagte: »Hören Sie...« und damit erreichte, daß Ranitzkys Augenlider zu flattern anfingen. Ja, er brachte ihn zum Zittern, jedesmal bei der Begrüßung, bei einem flachen, flüchtigen Händedruck. Dann war Mahler am grausamsten, wenn er nichts sagte oder die Krawatte nur etwas zurechtrückte, jemand ansah und zu verstehen gab, daß er sich an alles gleichzeitig erinnerte. Er hatte das Gedächtnis eines gnadlosen Engels, zu jeder Zeit erinnerte er sich; er hatte einfach ein Gedächtnis, keinen Haß, aber eben

dies unmenschliche Vermögen, alles aufzubewahren und einen wissen zu lassen, daß er wußte.
Hutter endlich war so gezeichnet:
Wie Barabbas, wenn es Barabbas selbstverständlich erschienen wäre, daß man ihn freigab. Mit der kindlichen Sicherheit und Sieghaftigkeit in dem runden pfiffigen Gesicht.
Hutter war ein Freigegebener ohne Scham, ohne Skrupel. Alle mochten ihn, auch ich, vielleicht sogar Mahler. Gebt diesen frei, sagten auch wir. So weit waren wir mit der Zeit gekommen, daß wir ständig sagten: gebt diesen frei! Hutter gelang alles, es gelang ihm sogar, daß man ihm das Gelingen nicht übelnahm. Er war ein Geldgeber und finanzierte alles mögliche, eine Filmgesellschaft, Zeitungen, Illustrierte und neuerdings ein Komitee, für das Haderer ihn gewonnen hatte und das sich ›Kultur und Freiheit‹ nannte. Er saß jeden Abend mit anderen Leuten an einem anderen Tisch in der Stadt, mit den Theaterdirektoren und den Schauspielern, mit Geschäftsleuten und Ministerialräten. Er verlegte Bücher, aber er las nie ein Buch, wie er sich auch keinen der Filme ansah, die er finanzierte; er ging auch nicht ins Theater, aber er kam nachher an die Theatertische. Denn er liebte die Welt aufrichtig, in der über all das gesprochen wurde und in der etwas vorbereitet wurde. Er liebte die Welt der Vorbereitungen, der Meinungen über alles, der Kalkulation, der Intrigen, der Risiken, des Kartenmischens. Er sah den anderen gerne zu, wenn sie mischten, und nahm Anteil, wenn ihre Karten sich verschlechterten, griff ein, oder sah zu, wie die Trümpfe ausgespielt wurden und griff wieder ein. Er genoß alles, und er genoß seine Freunde, die alten und die neuen, die schwachen und die starken. Er lachte, wo Ranitzky lächelte (Ranitzky lächelte sich durch und lächelte meistens nur, wenn jemand ermordet wurde von der Runde, ein Abwesender, mit dem er morgen zusammentreffen mußte, aber er lächelte so fein und zwiespältig, daß er sich sagen konnte, er habe nicht beigestimmt, sondern nur schützend gelächelt, geschwiegen und sich das

Seine gedacht). Hutter lachte laut, wenn jemand ermordet wurde, und er war sogar imstande, ohne sich dabei etwas zu denken, davon weiterzuberichten. Oder er wurde wütend und verteidigte einen Abwesenden, ließ ihn nicht morden, trieb die anderen zurück, rettete den Gefährdeten und beteiligte sich dann sogleich hemdsärmelig am nächsten Mord, wenn er Lust darauf bekam. Er war spontan, konnte sich wirklich erregen, und alles Überlegen, Abwägen, lag ihm fern.

Haderers Begeisterung über den Zeichner ließ jetzt nach, er wollte in das Gespräch zurück, und als Mahler es sich verbat, daß man ihn zeichnete, war er ihm dankbar und winkte dem alten Mann ab, der darauf sein Geld einstrich und sich ein letztes Mal vor dem großen Mann, den er erkannt haben mußte, verbeugte.

Ich hoffte zuversichtlich, daß das Gespräch auf die nächsten Wahlen kommen würde oder auf den unbesetzten Theaterdirektorposten, der uns schon drei Freitage Stoff gegeben hatte. Aber an diesem Freitag war alles anders, die anderen ließen nicht ab von dem Krieg, in den sie hineingeraten waren, keiner kam aus dem Sog heraus, sie gurgelten in dem Sumpf, wurden immer lauter und machten es uns unmöglich, an unserem Tischende zu einem anderen Gespräch zu kommen. Wir waren gezwungen, zuzuhören und vor uns hinzustarren, das Brot zu zerkleinern auf dem Tisch, und hier und da wechselte ich einen Blick mit Mahler, der den Rauch seiner Zigarette ganz langsam aus dem Mund schob, Kringel blies und sich diesem Rauchspiel ganz hinzugeben schien. Er hielt den Kopf leicht zurückgeneigt und lockerte sich die Krawatte.

»Durch den Krieg, durch diese Erfahrung, ist man dem Feind näher gerückt«, hörte ich jetzt Haderer sagen.

»Wem?« Friedl versuchte sich stotternd einzumischen. »Den Bolivianern?« Haderer stutzte, er wußte nicht, was Friedl meinte, und ich versuchte, mich zu erinnern, ob die damals auch mit Bolivien im Kriegszustand gewesen wa-

ren. Mahler lachte ein lautloses Gelächter, es sah aus, als wollte er den fortgeblasenen Rauchring wieder in den Mund zurückholen dabei.
Bertoni erläuterte rasch: »Den Engländern, Amerikanern, Franzosen.«
Haderer hatte sich gefaßt und fiel ihm lebhaft ins Wort: »Aber das waren doch für mich nie Feinde, ich bitte Sie! Ich spreche einfach von den Erfahrungen. Von nichts anderem wollte ich reden. Wir können doch anders mitreden, mitsprechen, auch schreiben, weil wir sie haben. Denken Sie bloß an die Neutralen, denen diese bitteren Erfahrungen fehlen, und zwar schon lange.« Er legte die Hand auf die Augen. »Ich möchte nichts missen, diese Jahre nicht, diese Erfahrungen nicht.«
Friedl sagte wie ein verstockter Schulbub, aber viel zu leise: »Ich schon. Ich könnte sie missen.«
Haderer sah ihn undeutlich an; er zeigte nicht, daß er zornig war, sondern wollte womöglich zu einer allem und jedem gerecht werdenden Predigt ausholen. In dem Moment stemmte aber Hutter seine Ellbogen auf den Tisch und fragte derart laut, daß er Haderer ganz aus dem Konzept brachte: »Ja, wie ist das eigentlich? Könnte man nicht sagen, daß Kultur nur durch Krieg, Kampf, Spannung möglich ist... Erfahrungen — ich meine Kultur, also wie ist das?«
Haderer legte eine kurze Pause ein, verwarnte erst Hutterer, tadelte darauf Friedl und sprach dann überraschend vom Ersten Weltkrieg, um dem Zweiten auszuweichen. Es war von der Isonzoschlacht die Rede, Haderer und Ranitzky tauschten Regimentserlebnisse aus und wetterten gegen die Italiener, dann wieder nicht gegen die feindlichen Italiener, sondern gegen die Verbündeten im letzten Krieg, sie sprachen von »in den Rücken fallen«, von »unverläßlicher Führung«, kehrten aber lieber wieder an den Isonzo zurück und lagen zuletzt im Sperrfeuer auf dem Kleinen Pal. Bertoni benutzte den Augenblick, in dem Haderer durstig sein Glas an den Mund setzte, und fing unerbittlich an, eine unglaubliche und verwickelte Ge-

schichte aus dem Zweiten Weltkrieg zu erzählen. Es handelte sich darum, daß er und ein deutscher Philologe in Frankreich den Auftrag bekommen hatten, sich um die Organisation eines Bordells zu kümmern; der Mißgeschicke dabei mußte kein Ende gewesen sein, und Bertoni verlor sich in den ergötzlichsten Ausführungen. Sogar Friedl schüttelte sich plötzlich vor Lachen, es wunderte mich und wunderte mich noch mehr, als er plötzlich sich bemühte, auch eingeweiht zu erscheinen in die Operationen, Chargen, Daten. Denn Friedl war gleichaltrig mit mir und war höchstens, wie ich, im letzten Kriegsjahr zum Militär gekommen, von der Schulbank weg. Aber dann sah ich, daß Friedl betrunken war, und ich wußte, daß er schwierig wurde, wenn er betrunken war, daß er nur zum Hohn mitsprach und sich aus Verzweiflung einmischte, und nun hörte ich auch den Hohn heraus aus seinen Worten. Aber einen Augenblick lang hatte ich auch ihm mißtraut, weil er einkehrte bei den anderen, sich hineinbegab in diese Welt aus Eulenspiegeleien, Mutproben, Heroismus, Gehorsam und Ungehorsam, jene Männerwelt, in der alles weit war, was sonst galt, was für uns tagsüber galt, und in der keiner mehr wußte, wessen er sich rühmte und wessen er sich schämte und ob diesem Ruhm und dieser Scham noch etwas entsprach in dieser Welt, in der wir Bürger waren. Und ich dachte an Bertonis Geschichte von dem Schweinediebstahl in Rußland, wußte aber, daß Bertoni nicht fähig war, auch nur einen Bleistift in der Redaktion einzustecken, so korrekt war er. Oder Haderer zum Beispiel hatte im ersten Krieg die höchsten Auszeichnungen erhalten, und man erzählt sich noch, daß er damals von Hötzendorf mit einer Mission betraut worden war, die große Kühnheit erfordert hatte. Aber Haderer war, wenn man ihn hier besah, ein Mensch, der überhaupt keiner Kühnheit fähig war, nie gewesen sein konnte, jedenfalls nicht in dieser Welt. Vielleicht war er es in der anderen gewesen, unter einem anderen Gesetz. Und Mahler, der kaltblütig ist und der furchtloseste Mensch, den ich kenne, hat mir erzählt, daß er damals, 1914 oder 1915, als

junger Mensch bei der Sanität, ohnmächtig geworden sei und Morphium genommen habe, um die Arbeit im Lazarett aushalten zu können. Er hatte dann noch zwei Selbstmordversuche gemacht und war bis zum Ende des Krieges in einer Nervenheilanstalt gewesen. Alle operierten sie also in zwei Welten und waren verschieden in beiden Welten, getrennte und nie vereinte Ich, die sich nicht begegnen durften. Alle waren betrunken jetzt und schwadronierten und mußten durch das Fegefeuer, in dem ihre unerlösten Ich schrien, die bald ersetzt werden wollten durch ihre zivilen Ich, die liebenden, sozialen Ich mit Frauen und Berufen, Rivalitäten und Nöten aller Art. Und sie jagten das blaue Wild, das früh aus ihrem einen Ich gefahren war und nicht mehr zurückkehrte, und solang es nicht zurückkehrte, blieb die Welt ein Wahn. Friedl stieß mich an, er wollte aufstehen, und ich erschrak, als ich sein glänzendes, geschwollenes Gesicht sah. Ich ging mit ihm hinaus: Wir suchten zweimal in der falschen Richtung den Waschraum. Im Gang bahnten wir uns einen Weg durch eine Gruppe von Männern, die in den großen Kellersaal hineindrängten. Ich hatte noch nie solch einen Andrang im ›Kronenkeller‹ erlebt und auch diese Gesichter hier noch nie gesehen. Es war so auffällig, daß ich einen der Kellner fragte, was denn los sei heute abend. Genaueres wußte er nicht, meinte aber, es handle sich um ein »Kameradschaftstreffen«, man gebe sonst die Räume für solche Versammlungen nicht her, aber der Oberst von Winkler, ich wisse wohl, der berühmte, werde auch kommen und mit den Leuten feiern, es sei ein Treffen zur Erinnerung an Narvik, glaube er.
Im Waschraum war es totenstill. Friedl lehnte sich an das Waschbecken, griff nach der Handtuchrolle und ließ sie eine Umdrehung machen.
»Verstehst du«, fragte er, »warum wir beisammensitzen?«
Ich schwieg und zuckte mit den Achseln.
»Du verstehst doch, was ich meine«, sagte Friedl eindringlich.
»Ja, ja«, sagte ich.

Aber Friedl sprach weiter: »Verstehst du, warum sogar Herz und Ranitzky beisammensitzen, warum Herz ihn nicht haßt, wie er Langer haßt, der vielleicht weniger schuldig ist und heute ein toter Mann ist. Ranitzky ist kein toter Mann. Warum sitzen wir, Herr im Himmel, beisammen! Besonders Herz verstehe ich nicht. Sie haben seine Frau umgebracht, seine Mutter...«
Ich dachte krampfhaft nach und dann sagte ich: »Ich verstehe es. Doch, ja, ich verstehe es.«
Friedl fragte: »Weil er vergessen hat? Oder weil er, seit irgendeinem Tag, will, daß es begraben sei?«
»Nein«, sage ich, »das ist es nicht. Es hat nichts mit Vergessen zu tun. Auch nichts mit Verzeihen. Mit all dem hat es nichts zu tun.«
Friedl sagte: »Aber Herz hat doch Ranitzky wieder aufgeholfen, und seit mindestens drei Jahren sitzen sie jetzt beisammen, und er sitzt mit Hutter und Haderer beisammen. Er weiß alles über die alle.«
Ich sagte: »Wir wissen es auch. Und was tun wir?«
Friedl sagte eifriger, als wäre ihm etwas eingefallen: »Aber ob Ranitzky Herz haßt dafür, daß er ihm geholfen hat? Was meinst du? Wahrscheinlich haßt er ihn auch noch dafür.«
Ich sagte: »Nein, das glaube ich nicht. Er meint, es sei recht so, und fürchtet höchstens, daß noch etwas im Hinterhalt liegt, noch etwas nachkommt. Er ist unsicher. Andre fragen nicht lang, wie Hutter, und finden es natürlich, daß die Zeit vergeht und die Zeiten sich eben ändern. Damals, nach 45, habe ich auch gedacht, die Welt sei geschieden, und für immer, in Gute und Böse, aber die Welt scheidet sich jetzt schon wieder und wieder anders. Es war kaum zu begreifen, es ging ja so unmerklich vor sich, jetzt sind wir wieder vermischt, damit es sich anders scheiden kann, wieder die Geister und die Taten von anderen Geistern, anderen Taten. Verstehst du? Es ist schon soweit, auch wenn wir es nicht einsehen wollen. Aber das ist auch noch nicht der ganze Grund für diese jämmerliche Einträchtigkeit.«

Friedl rief aus: »Aber was dann! Woran liegt es denn bloß? So sag doch etwas! Liegt's vielleicht daran, daß wir alle sowieso gleich sind und darum zusammen sind?«
»Nein«, sagte ich, »wir sind nicht gleich. Mahler war nie wie die anderen und wir werden es hoffentlich auch nie sein.«
Friedl stierte vor sich hin: »Also Mahler und du und ich, wir sind aber doch auch sehr verschieden voneinander, wir wollen und denken doch jeder etwas anderes. Nicht einmal die anderen sind sich gleich, Haderer und Ranitzky sind so sehr verschieden, Ranitzky, der möchte sein Reich noch einmal kommen sehen, aber Haderer bestimmt nicht, er hat auf die Demokratie gesetzt und wird diesmal dabeibleiben, das fühle ich. Ranitzky ist hassenswert, und Haderer ist es auch, bleibt es für mich trotz allem, aber gleich sind sie nicht, und es ist ein Unterschied, ob man nur mit dem einen von beiden oder mit beiden an einem Tisch sitzt. Und Bertoni...!«
Als Friedl den Namen schrie, kam Bertoni herein und wurde rot unter der Bräune. Er verschwand hinter einer Tür, und wir schwiegen eine Weile. Ich wusch mir die Hände und das Gesicht.
Friedl flüsterte: »Dann ist eben alles doch mit allem im Bund, und ich bin es auch, aber ich will nicht! Und du bist auch im Bund!«
Ich sagte: »Im Bund sind wir nicht, es gibt keinen Bund Es ist viel schlimmer. Ich denke, daß wir alle miteinander leben müssen und nicht miteinander leben können. In jedem Kopf ist eine Welt und ein Anspruch, der jede andere Welt, jeden anderen Anspruch ausschließt. Aber wir brauchen einander alle, wenn je etwas gut und ganz werden soll.«
Friedl lachte boshaft: »Brauchen. Natürlich, das ist es; vielleicht brauche ich nämlich einmal Haderer...«
Ich sagte: »So habe ich es nicht gemeint.«
Friedl: »Aber warum nicht? Ich werde ihn brauchen, du hast leicht reden im allgemeinen, du hast nicht eine Frau und drei Kinder. Und du wirst vielleicht, wenn du nicht

Haderer brauchst, einmal jemand anderen brauchen, der auch nicht besser ist.« Ich antwortete nicht.
»Drei Kinder habe ich«, schrie er, und dann zeigte er, einen halben Meter über dem Boden mit der Hand hin und her fahrend, wie klein die Kinder waren.
»Hör auf«, sagte ich, »das ist kein Argument. So können wir nicht reden«
Friedl wurde zornig: »Doch, es ist ein Argument, du weißt überhaupt nicht, was für ein starkes Argument das ist, fast für alles. Mit zweiundzwanzig habe ich geheiratet. Was kann ich dafür. Du ahnst ja nicht, was das heißt, du ahnst es nicht einmal!«
Er verzog sein Gesicht und stützte sich mit der ganzen Kraft auf das Waschbecken. Ich dachte, er würde umsinken. Bertoni kam wieder heraus, wusch sich nicht einmal die Hände und verließ den Raum so rasch, als fürchtete er, seinen Namen noch einmal zu hören und noch mehr als seinen Namen.
Friedl schwankte und sagte: »Du magst Herz nicht? Habe ich recht?«
Ich antwortete ungern. »Wieso denkst du das?... Gut, also, ich mag ihn nicht. Weil ich ihm vorwerfe, daß er mit denen beisammensitzt. Weil ich es ihm immerzu vorwerfe. Weil er mit verhindert, daß wir mit ihm und noch ein paar anderen an einem anderen Tisch sitzen können. Er aber sorgt dafür, daß wir alle an einem Tisch sitzen.«
Friedl: »Du bist verrückt, noch verrückter als ich. Erst sagst du, wir brauchen einander, und jetzt wirfst du Herz das vor. Ihm werfe ich es nicht vor. Er hat das Recht dazu, mit Ranitzky befreundet zu sein.«
Ich sagte aufgebracht: »Nein, das hat er nicht. Keiner hat ein Recht dazu. Auch er nicht.«
»Ja, nach dem Krieg«, sagte Friedl, »da haben wir doch gedacht, die Welt sei für immer geschieden in gut und böse. Ich werde dir aber sagen, wie die Welt aussieht, wenn sie geschieden ist reinlich.
Es war, als ich nach London kam und Herz' Bruder traf.

Die Luft war mir abgeschnitten. Ich konnte kaum atmen, er wußte nichts von mir, aber es genügte ihm nicht einmal, daß ich so jung war, er fragte mich sofort: Wo waren Sie in der Zeit, und was haben Sie getan? Ich sagte, ich sei in der Schule gewesen und man hätte meine älteren Brüder als Deserteure erschossen, ich sagte auch, daß ich zuletzt noch hatte mitmachen müssen, wie alle aus meiner Klasse. Darauf fragte er nicht weiter, aber er begann zu fragen nach einigen Leuten, die er gekannt hatte, auch nach Haderer und Bertoni, nach vielen. Ich versuchte zu sagen, was ich wußte, und es kam also heraus, daß es einigen von denen leid tat, daß einige sich genierten, ja, mehr konnte man wohl beim besten Willen nicht sagen, und andere waren ja tot, und die meisten leugneten und verschleierten, das sagte ich auch. Haderer wird immer leugnen, seine Vergangenheit fälschen, nicht wahr? Aber dann merkte ich, daß dieser Mann mir gar nicht mehr zuhörte, er war ganz erstarrt in einem Gedanken, und als ich wieder von den Unterschieden zu reden begann, der Gerechtigkeit halber sagte, daß Bertoni vielleicht nie etwas Schlechtes getan habe in der Zeit und höchstens feige gewesen war, unterbrach er mich und sagte: Nein, machen Sie bloß keinen Unterschied. Für mich ist da kein Unterschied, und zwar für immer. Ich werde dieses Land nie mehr betreten. Ich werde nicht unter die Mörder gehen.«

»Ich verstehe es, verstehe ihn sogar besser als Herz. Obwohl—«, sagte ich langsam, »so geht es eigentlich auch nicht, nur eine Weile, nur so lange das Ärgste vom Argen währt. Man ist nicht auf Lebenszeit ein Opfer. So geht es nicht.«

»Mir scheint, es geht in der Welt auf gar keine Weise! Wir schlagen uns hier herum und sind nicht einmal fähig, diese kleine trübe Situation für uns aufzuklären, und vorher haben sich andere herumgeschlagen, haben nichts aufklären können und sind ins Verderben gerannt, sie waren Opfer oder Henker, und je tiefer man hinuntersteigt in die Zeit, desto unwegsamer wird es, ich kenne mich manchmal nicht mehr aus in der Geschichte, weiß nicht, wohin ich mein Herz hängen kann, an welche Parteien, Gruppen, Kräfte, denn ein Schandgesetz erkennt man, nach dem alles angerichtet ist. Und man kann immer nur auf seiten der Opfer sein, aber das ergibt nichts, sie zeigen keinen Weg.«

»Das ist das Furchtbare«, schrie Friedl, »die Opfer, die vielen, vielen Opfer zeigen gar keinen Weg! Und für die Mörder ändern sich die Zeiten. Die Opfer sind die Opfer. Das ist alles. Mein Vater war ein Opfer der Dollfuß-Zeit, mein Großvater ein Opfer der Monarchie, meine Brüder Opfer Hitlers, aber das hilft mir nicht, verstehst du, was ich meine? Sie fielen nur hin, wurden überfahren, abgeschossen, an die Wand gestellt, kleine Leute, die nicht viel gemeint und gedacht haben. Doch, zwei oder drei haben sich etwas dazu gedacht, mein Großvater hat an die kommende Republik gedacht, aber sage mir, wozu? Hätte sie ohne diesen Tod denn nicht kommen können? Und mein Vater hat an die Sozialdemokratie gedacht, aber sage mir, wer seinen Tod beanspruchen darf, doch nicht unsere Arbeiterpartei, die die Wahlen gewinnen will. Dazu braucht es keinen Tod. Dazu nicht. Juden sind gemordet worden, weil sie Juden waren, nur Opfer sind sie gewesen, so viele Opfer, aber doch wohl nicht, damit man heute endlich draufkommt, schon den Kindern zu sagen, daß sie Menschen sind? Etwas spät, findest du nicht? Nein, das versteht eben niemand, daß die Opfer zu nichts sind! Genau das versteht niemand, und darum beleidigt es auch niemand, daß diese Opfer auch noch für Einsichten herhalten müssen. Es bedarf doch dieser Einsichten gar nicht. Wer weiß denn hier nicht, daß man nicht töten soll?! Das ist doch schon zweitausend Jahre bekannt. Ist darüber noch ein Wort zu verlieren? Oh, aber in Haderers letzter Rede, da wird noch viel darüber geredet, da wird das geradezu erst entdeckt, da knäuelt er in seinem Mund Humanität, bietet Zitate aus den Klassikern auf, bietet die Kirchenväter auf und die neuesten metaphysischen Platitüden. Das ist doch irrsinnig. Wie kann ein Mensch darüber

Worte machen. Das ist ganz und gar schwachsinnig oder gemein. Wer sind wir denn, daß man uns solche Dinge sagen muß?«
Und er fing noch einmal an: »Sagen soll mir einer, warum wir hier beisammensitzen. Das soll mir einer sagen, und ich werde zuhören. Denn es ist ohnegleichen, und was daraus hervorgehen wird, wird auch ohnegleichen sein.«
Ich verstehe diese Welt nicht mehr! — das sagten wir uns oft in den Nächten, in denen wir tranken und redeten und meinten. Jedem schien aber für Augenblicke, daß sie zu verstehen war. Ich sagte Friedl, ich verstünde alles und er habe unrecht, nichts zu verstehen. Aber ich verstand dann auf einmal auch nichts mehr, und ich dachte jetzt, ich könnte ja nicht einmal leben mit ihm, noch weniger natürlich mit den anderen. Schlechterdings konnte man mit einem Mann wie Friedl auch nicht in einer Welt leben, mit dem man sich zwar einig war in vielen Dingen, aber für den eine Familie ein Argument war, oder mit Steckel, für den Kunst ein Argument war. Auch mit Mahler konnte ich manchmal nicht in einer Welt leben, den ich am liebsten hatte. Wußte ich denn, ob er bei meiner nächsten Entscheidung dieselbe Entscheidung treffen würde? »Nach hinten« waren wir einverstanden miteinander, aber was die Zukunft betraf? Vielleicht war ich auch bald von ihm und Friedl geschieden — wir konnten nur hoffen, dann nicht geschieden zu sein.
Friedl wimmerte, richtete sich auf und schwankte zur nächsten Klosettür. Ich hörte, wie er sich erbrach, gurgelte und röchelte und dazwischen sagte: »Wenn das doch alles heraufkäme, wenn man alles ausspeien könnte, alles, alles!«
Als er herauskam, strahlte er mich mit verzerrtem Gesicht an und sagte: »Bald werde ich Bruderschaft trinken mit denen da drinnen, vielleicht sogar mit Ranitzky. Ich werde sagen...«
Ich hielt ihm das Gesicht unter die Wasserleitung, trocknete es ihm, dann packte ich ihn am Arm. »Du wirst nichts sagen!« Wir waren schon zu lange weg gewesen und muß-

ten zurück an den Tisch. Als wir an dem großen Saal vorbeikamen, lärmten die Männer von dem »Kameradschaftstreffen« schon derart, daß ich kein Wort von dem verstand, was Friedl noch sagte. Er sah wieder besser aus. Ich glaube, wir lachten über etwas, über uns selber wahrscheinlich, als wir die Tür aufstießen zum Extrazimmer. Noch dickerer Rauch stand in der Luft, und wir konnten kaum hinübersehen bis zu dem Tisch. Als wir näher kamen und durch den Rauch kamen und unseren Wahn abstreiften, sah ich neben Mahler einen Mann sitzen, den ich nicht kannte. Beide schwiegen und die anderen redeten. Als Friedl und ich uns wieder setzten und Bertoni uns einen verschwommenen Blick gab, stand der Unbekannte auf und gab uns die Hand; er murmelte einen Namen. Es war nicht die geringste Freundlichkeit in ihm, überhaupt nichts Zugängliches, sein Blick war kalt und tot, und ich schaute fragend Mahler an, der ihn kennen mußte. Er war ein sehr großer Mensch, Anfang Dreißig, obwohl er älter wirkte im ersten Augenblick. Er war nicht schlecht gekleidet, aber es sah aus, als hätte ihm jemand einen Anzug geschenkt, der noch etwas größer war, als seine Größe es verlangte. Es brauchte eine Weile, bis ich von dem Gespräch wieder etwas auffassen konnte, an dem sich weder Mahler noch der Fremde beteiligten.
Haderer zu Hutter: »Aber dann kennen Sie ja auch den General Zwirl!«
Hutter erfreut zu Haderer: »Aber natürlich. Aus Graz.«
Haderer: »Ein hochgebildeter Mensch. Einer der besten Kenner des Griechischen. Einer meiner liebsten alten Freunde.«
Jetzt mußte man befürchten, daß Haderer Friedl und mir unsere mangelhaften Griechisch- und Lateinkenntnisse vorhalten würde, ungeachtet dessen, daß seinesgleichen uns daran gehindert hatte, diese Kenntnisse rechtzeitig zu erwerben. Aber ich war nicht in der Stimmung, auf eines der von Haderer bevorzugten Themen einzugehen oder gar ihn herauszufordern, sondern beugte mich zu Mahler hinüber, als hätte ich nichts gehört. Mahler sagte leise et-

was zu dem Fremden, und der antwortete, grade vor sich hinblickend, laut. Auf jede Frage antwortete er nur mit einem Satz. Ich schätzte, er müsse ein Patient Mahlers sein oder jedenfalls ein Freund, der sich von ihm behandeln ließ. Mahler kannte immer alle möglichen Individuen und hatte Freundschaften, von denen wir nichts wußten. In einer Hand hielt der Mann eine Zigarettenpackung, mit der anderen rauchte er, wie ich noch nie jemand hatte rauchen gesehen. Er rauchte mechanisch und sog in ganz gleichmäßigen Abständen an der Zigarette, als wäre Rauchen alles, was er könne. An dem Rest der Zigarette, einem sehr kurzen Rest, an dem er sich verbrannte, ohne das Gesicht zu verziehen, zündete er die nächste Zigarette an und rauchte um sein Leben.
Plötzlich hielt er inne im Rauchen, hielt die Zigarette zitternd in seinen riesigen unschönen geröteten Händen und neigte den Kopf. Jetzt hörte ich es auch. Obwohl die Türen geschlossen waren, tönte von dem großen Saal jenseits des Ganges bis zu uns herüber der gegrölte Gesang. Es hörte sich an wie »In der Heimat, in der Heimat, da gibt's ein Wiedersehn...«
Er zog rasch an seiner Zigarette und sagte laut zu uns her, mit derselben Stimme, mit der er Mahler seine Antworten gegeben hatte:
»Die kehren noch immer heim. Die sind wohl noch nicht ganz heimgekehrt.«
Haderer lachte und sagte: »Ich weiß nicht, wie ich Sie verstehen soll, aber das ist wirklich eine unglaubliche Störung und mein verehrter Freund, der Oberst von Winkler, könnte seine Leute auch zu mehr Ruhe anhalten... Wenn das so weitergeht, müssen wir uns noch nach einem anderen Lokal umsehen.«
Bertoni warf ein, er habe schon mit dem Wirt gesprochen, es sei eine Ausnahme, dieses Frontkämpfertreffen, eines großen Jubiläums wegen. Genaueres wisse er nicht...
Haderer sagte, er wisse auch nichts Genaueres, aber sein verehrter Freund und ehemaliger Kamerad...
Mir war entgangen, was der Unbekannte, der weiterre-

dete, während Haderer und Bertoni ihn übertönten, zu uns her gesagt hatte — Friedl allein dürfte ihm zugehört haben —, und darum war mir unklar, warum er plötzlich sagte, er sei ein Mörder.

»...ich war keine zwanzig Jahre alt, da wußte ich es schon«, sagte er wie jemand, der nicht zum erstenmal darangeht, seine Geschichte zu erzählen, sondern der überall von nichts anderem reden kann und nicht einen bestimmten Zuhörer braucht, sondern dem jeder Zuhörer recht ist. »Ich wußte, daß ich dazu bestimmt war, ein Mörder zu sein, wie manche dazu bestimmt sind, Helden oder Heilige oder durchschnittliche Menschen zu sein. Mir fehlte nichts dazu, keine Eigenschaft, wenn Sie so wollen, und alles trieb mich auf ein Ziel zu: zu morden. Mir fehlte nur noch ein Opfer. Ich rannte damals nachts durch die Straßen, hier« — er wies vor sich hin durch den Rauch, und Friedl lehnte sich rasch zurück, damit er nicht von der Hand berührt würde — »hier rannte ich durch die Gassen, die Kastanienblüten dufteten, immer war die Luft voll von Kastanienblüten, auf den Ringstraßen und in den engen Gassen, und mein Herz verrenkte sich, meine Lungen arbeiteten wie wilde, eingezwängte Flügel, und mein Atem kam aus mir wie der Atem eines jagenden Wolfes. Ich wußte nur noch nicht, wie ich töten sollte und wen ich töten sollte. Ich hatte nur meine Hände, aber ob sie ausreichen würden, einen Hals zuzudrücken? Ich war damals viel schwächer und schlecht ernährt. Ich kannte niemand, den ich hätte hassen können, war allein in der Stadt, und so fand ich das Opfer nicht und wurde fast wahnsinnig darüber in der Nacht. Immer war es in der Nacht, daß ich aufstehn und hinuntergehen mußte, hinaus, und an den windigen, verlassenen, dunklen Straßenecken stehen und warten mußte, so still waren die Straßen damals, niemand kam vorbei, niemand sprach mich an, und ich wartete, bis ich zu frieren anfing und zu winseln vor Schwäche und der Wahnsinn aus mir wich. Das währte nur eine kurze Zeit. Dann wurde ich zum Militär geholt. Als ich das Gewehr in die Hand bekam, wußte ich, daß ich verloren war.

Ich würde einmal schießen. Ich überantwortete mich diesem Gewehrlauf, ich lud ihn mit Kugeln, die ich so gut wie das Pulver erfunden hatte, das war sicher. Bei den Übungen schoß ich daneben, aber nicht, weil ich nicht zielen konnte, sondern weil ich wußte, daß das Schwarze, dieses Augenhafte, kein Auge war, daß es nur in Stellvertretung da war, ein Übungsziel, das keinen Tod brachte. Es irritierte mich, war nur eine verführerische Attrappe, nicht Wirklichkeit. Ich schoß, wenn Sie so wollen, mit Zielsicherheit daneben. Ich schwitzte entsetzlich bei diesen Übungen, nachher wurde ich oft blau im Gesicht, erbrach mich und mußte mich hinlegen. Ich war entweder irrsinnig oder ein Mörder, das wußte ich genau, und mit einem letzten Rest von Widerstand gegen dieses Schicksal redete ich darüber zu den anderen, damit sie mich schützten, damit sie geschützt waren vor mir und wußten, mit wem sie es zu tun hatten. Aber die Bauernburschen, Handwerker und die Angestellten, die auf meiner Stube waren, machten sich nichts daraus. Sie bedauerten mich oder verlachten mich, aber sie hielten mich nicht für einen Mörder. Oder doch? Ich weiß nicht. Einer sagte ›Jack the Ripper‹ zu mir, ein Postbeamter, der viel ins Kino ging und las, ein schlauer Mensch; aber ich glaube, im Grunde glaubte er es auch nicht.«
Der Unbekannte drückte seine Zigarette aus, sah rasch nieder und dann auf, ich fühlte seinen kalten langen Blick auf mich gerichtet, und ich wußte nicht, warum ich wünschte, diesen Blick auszuhalten. Ich hielt ihn aus, aber er dauerte länger als der Blick, den Liebende und Feinde tauschen, dauerte, bis ich nichts mehr denken und meinen konnte und so leer war, daß ich zusammenfuhr, als ich die laute, gleichmäßige Stimme wieder hörte.
»Wir kamen nach Italien, nach Monte Cassino. Das war das größte Schlachthaus, das Sie sich denken können. Dort wurde dem Fleisch so der Garaus gemacht, daß man meinen könnte, für einen Mörder wäre es ein Vergnügen. Es war aber nicht so, obwohl ich schon ganz sicher war, daß ich ein Mörder war, und ich war ein halbes Jahr sogar

öffentlich mit einem Gewehr herumgegangen. Ich hatte, als ich in die Stellung von Monte Cassino kam, keinen Fetzen von einer Seele mehr an mir. Ich atmete den Leichengeruch, Brand- und Bunkergeruch wie die frischeste Gebirgsluft. Ich verspürte nicht die Angst der anderen. Ich hätte Hochzeit halten können mit meinem ersten Mord. Denn was für die anderen einfach ein Kriegsschauplatz war, das war für mich ein Mordschauplatz. Aber ich will Ihnen sagen, wie es kam. Ich schoß nicht. Ich legte zum erstenmal an, als wir eine Gruppe von Polen vor uns hatten; es sind dort ja aus allen Ländern Truppen gelegen. Da sagte ich mir: nein, keine Polen. Mir paßte es nicht, dieses Benamen der anderen — Polacken, Amis, Schwarze — in dieser Umgangssprache. Also keine Amerikaner, keine Polen. Ich war ja ein einfacher Mörder, ich hatte keine Ausrede, und meine Sprache war deutlich, nicht blumig wie die der anderen. ›Ausradieren‹, ›aufreiben‹, ›ausräuchern‹, solche Worte kamen für mich nicht in Frage, sie ekelten mich an, ich konnte das gar nicht aussprechen. Meine Sprache war also deutlich, ich sagte mir: Du mußt und du willst einen Menschen morden. Ja, das wollte ich und schon lange, seit genau einem Jahr fieberte ich danach. Einen Menschen! Ich konnte nicht schießen, das müssen Sie einsehen. Ich weiß nicht, ob ich es Ihnen ganz erklären kann. Die anderen hatten es leicht, sie erledigten ihr Pensum, sie wußten meist nicht, ob sie jemand getroffen hatten und wie viele, sie wollten es auch nicht wissen. Diese Männer waren ja keine Mörder, nicht wahr?, die wollten überleben oder sich Auszeichnungen verdienen, sie dachten an ihre Familien oder an Sieg und Vaterland, im Augenblick übrigens kaum, damals kaum mehr, sie waren ja in der Falle. Aber ich dachte unentwegt an Mord. Ich schoß nicht. Eine Woche später, als die Schlacht einmal den Atem anhielt, als wir nichts mehr von den alliierten Truppen sahen, als nur die Flugzeuge versuchten, uns den Rest zu geben und noch lange nicht alles Fleisch hin war, das dort hinwerden sollte, wurde ich zurückgeschafft nach Rom und vor ein Militärgericht gebracht. Ich sagte

dort alles über mich, aber man wollte mich wohl nicht verstehen, und ich kam ins Gefängnis. Ich wurde verurteilt wegen Feigheit vor dem Feinde und Zersetzung der Wehrkraft, es waren da noch einige Punkte, deren ich mich nicht mehr so genau entsinne. Dann wurde ich plötzlich wieder herausgeholt, nach Norden gebracht zur Behandlung in eine psychiatrische Klinik. Ich glaube, ich wurde geheilt und kam ein halbes Jahr später zu einer anderen Einheit, denn von der alten war nichts übriggeblieben, und es ging nach dem Osten, in die Rückzugsschlachten.«
Hutter, der eine so lange Rede nicht ertragen konnte und gerne jemand anderen zum Geschichten- oder Witzeerzählen gebracht hätte, sagte, indem er ein Brezel brach: »Nun, und ist es dann gegangen mit dem Schießen, mein Herr?«
Der Mann sah ihn nicht an und, anstatt noch einmal zu trinken wie alle anderen in diesem Augenblick, schob er sein Glas weg, in die Mitte des Tisches. Er sah mich an, dann Mahler und dann noch einmal mich, und diesmal wendete ich meine Augen ab.
»Nein«, sagte er schließlich, »ich war ja geheilt. Deswegen ging es nicht. Sie werden das verstehen, meine Herren. Einen Monat später war ich wieder verhaftet und bis zum Kriegsende in einem Lager. Sie werden verstehen, ich konnte nicht schießen. Wenn ich nicht mehr auf einen Menschen schießen konnte, wieviel weniger dann auf eine Abstraktion, auf die ›Russen‹. Darunter konnte ich mir überhaupt nichts vorstellen. Und man muß sich doch etwas vorstellen können.«
»Ein komischer Vogel«, sagte Bertoni leise zu Hutter; ich hörte es trotzdem und fürchtete, der Mann habe es auch gehört. Haderer winkte den Ober herbei und verlangte die Rechnung.
Aus dem großen Saal hörte man jetzt einen anschwellenden Männerchor, es hörte sich an wie der Chor in der Oper, wenn er hinter die Kulissen verbannt ist. Sie sangen: »Heimat, deine Sterne...«

Der Unbekannte hielt wieder lauschend den Kopf geneigt, dann sagte er: »Als wär kein Tag vergangen.« Und: »Gute Nacht!« Er stand auf und ging riesenhaft und ganz aufrecht der Tür zu. Mahler stand ebenfalls auf und sagte mit erhobener Stimme: »Hören Sie!« Es war ein stehender Ausdruck von ihm, aber ich wußte, daß er jetzt wirklich gehört werden wollte. Und doch sah ich ihn zum erstenmal unsicher, er sah zu Friedl und mir her, als wollte er sich einen Rat holen. Wir starrten ihn an; es war kein Rat in unseren Blicken.

Wir verloren Zeit mit dem Zahlen, Mahler ging finster, überlegend und drängend auf und ab, drehte sich plötzlich zur Tür, riß sie auf, und wir folgten ihm, denn der Gesang war plötzlich abgerissen, nur ein paar einzelne Stimmen, auseinanderfallend, waren noch zu hören. Und zugleich gab es eine Bewegung im Gang, die einen Handel oder ein Unglück verriet.

Wir stießen im Gang mit einigen Männern zusammen, die durcheinanderschrien; andere schwiegen verstört. Nirgends sahen wir den Mann. Auf Haderer redete jemand ein, dieser Oberst vermutlich, weiß im Gesicht und im Diskant sprechend. Ich hörte die Satzfetzen: »...unbegreifliche Provokation... ich bitte Sie... alte Frontsoldaten...«. Ich schrie Mahler zu, mir zu folgen, rannte zur Stiege und nahm mit ein paar Sprüngen die Stufen, die dunkel, feucht und steinig wie aus einem Stollen hinauf in die Nacht und ins Freie führten. Unweit vom Eingang des Kellers lag er. Ich beugte mich zu ihm nieder. Er blutete aus mehreren Wunden. Mahler kniete neben mir, nahm meine Hand von der Brust des Mannes fort und bedeutete mir, daß er schon tot war.

Es hallte in mir die Nacht, und ich war in meinem Wahn.

Als ich am Morgen heimkam und kein Aufruhr mehr in mir war, als ich nur mehr dastand in meinem Zimmer, stand und stand, ohne mich bewegen zu können und ohne bis zu meinem Bett zu finden, fahl und gedankenlos, sah ich auf der Innenfläche meiner Hand das Blut. Ich erschauerte nicht. Mir war, als hätte ich durch das Blut einen Schutz bekommen, nicht um unverwundbar zu sein, sondern damit die Ausdünstung meiner Verzweiflung, meiner Rachsucht, meines Zorns nicht aus mir dringen konnten. Nie wieder. Nie mehr. Und sollten sie mich verzehren, diese hinrichtenden Gedanken, die in mir aufgestanden waren, sie würden niemand treffen, wie dieser Mörder niemand gemordet hatte und nur ein Opfer war — zu nichts. Wer aber weiß das? Wer wagt das zu sagen?

Erschienen 1961

Max von der Grün

Französin

geb. 1926

Zwei gescheiterte Ehen sind genug; ich habe die Nase voll; das erste Mal war ich noch im siebenten Himmel, will sagen, sieben Meter über der Erde in der Luft; ich war siebzehn, was weiß man da schon vom Leben; ein Mädchen flüstert dem anderen die abenteuerlichsten Geschichten zu, dabei hatte noch kein Mädchen was erlebt mit einem Mann; Fantasien; dann kommt eben der Tag, da juckt es einfach zwischen den Beinen, die Neugier ist es im Grunde genommen, die Eckensteherei wird man auch bald leid, und in den Weiden und hinter den Bäumen, das läßt auch bald nach; Auto hatte er auch keins, wer hatte schon ein Auto zu der Zeit; naja, dann muß eben geheiratet werden; was anderes kennt man ja nicht; wenn schon Geschlechtsverkehr, dann verheirateter Geschlechtsverkehr; dann war es so, daß uns meine Mutter erwischt hat; wir trieben es hinter dem Hasenstall im Hof hinter unserem Haus; wir hatten meine Mutter nicht kommen gehört; meine Mutter packte mich an den Haaren, ich hörte nur Geschrei, ich wußte überhaupt nicht, was los war, ich trieb auf den Höhepunkt zu; mit der anderen Hand klatschte sie Pierre eine ins Gesicht; es war schlimm, heute kann man darüber lachen, ich hatte damals nur einen Wunsch, nämlich mich unsichtbar zu machen; Pierre hat in seinem ersten Schreck meiner Mutter am Hasenstall versprochen, mich zu heiraten; immerhin, er war dreiundzwanzig Jahre alt; ich hatte ihn vier Stunden zuvor auf einer Tanzveranstaltung kennengelernt, wir kannten uns schon, eben so, vom Sehen; Mutter hat uns beide gepackt und in die Wohnstube geschoben, Pierre hatte noch seinen Hosenschlitz auf, und ich keine

Schlüpfer an, meine Strümpfe waren auf die Schuhe gerutscht; Vater saß im Sessel und las Zeitung, es war abends um neun, Mutter hat auf uns beide gedeutet und gesagt: die beiden wollen heiraten, was sagst du dazu, du hast doch hoffentlich nichts dagegen; Vater ist aufgestanden, er hat uns über den Brillenrand angesehen, er hat zu Pierre gesagt: junger Mann wenn du deine Hose wieder in Ordnung hast, dann gehe ich in den Keller und hole eine Flasche Wein zur Feier des Tages; acht Wochen später waren wir verheiratet, meine Mutter hatte eine panische Angst, daß ich ein Kind kriegen könnte, alles konnte ihr nicht schnell genug gehen, wir hatten nichts, nur das, was wir auf dem Leib trugen, wir bekamen auch von unseren Eltern nichts, seine und meine Eltern hatten ja selber nicht viel; nach der Hochzeit zogen wir in die Mansarde unseres Hauses, wo ich schon immer mein Zimmer hatte, daneben war noch ein Zimmer, Vater hatte darin sein Werkzeug, das brachte er in den Ziegenstall; zwei winzige Zimmer, Kammern waren es genau genommen, hatten wir; gekocht habe ich in Mutters Küche, das heißt, meistens hat Mutter gekocht für uns alle, und wir mußten alle in der Küche essen; Mutter hat dann später auch alles besorgt und alles bestimmt, wenn wir uns billige Möbel kauften, Mutter hat ausgesucht, Mutter hat vorgeschrieben, was ich anziehen darf, und sie hat mir immer in den Ohren gehangen, daß ich Pierre im Bett nicht allzuschnell entgegenkommen darf, ich müsse ihn zappeln lassen, nur so macht man sich begehrlich und die Männer gefügig, Mutter hat einfach für gut oder für nicht gut befunden; Mutter hat auch am Morgen, wenn Pierre und ich aus dem Haus waren, unsere Bettlaken kontrolliert, ob Flekken darauf waren; Mutter war einfach alles, damals, 1950.
Dominique Zehetbauer ist heute 41 Jahre alt, französische Staatsbürgerin, französische Nationalität, Muttersprache Deutsch. Manchmal ist sie unsicher, ob sie nun eigentlich Französin oder Deutsche ist, das hat mit der Geschichte ihres Landes und der Vergangenheit ihrer Familie zu tun,

mal französisch, mal deutsch, dann wieder französisch, dann wieder deutsch, dann wieder französisch. Sie ist geboren, aufgewachsen, in die Schule gegangen in dem Städtchen Beuzohville, wo sie heute noch wohnt. Es liegt etwa 15 Kilometer von der deutschen Grenze entfernt, 30 Kilometer sind es bis Saarlouis, wo sie seit Jahren in einem zahntechnischen Labor arbeitet. Sie fährt jeden Tag mit ihrem Renault R 4 zu ihrer Arbeitsstelle, sie ist als zahntechnische Assistentin angestellt. Sie wohnt nach wie vor im Haus ihrer Eltern, ihre Mutter starb vor vier Jahren, 1970, an Krebs. Ihr Vater ist Invalide. Sie führt den Haushalt, sie hat nicht viel dabei zu tun, denn ihr Vater ist noch rüstig. An den Wänden im Wohnzimmer hängen Fotografien von Männern. Männer in deutschen und französischen Uniformen aus der wechselvollen Geschichte Elsaß-Lothringens: deutsches Kaiserreich und französische Republik, Drittes Reich und besetztes Frankreich. Dominiques Onkel, ein Bruder ihres Vaters, trug von 1941 bis 1944 eine deutsche Uniform, er war freiwillig zur SS gegangen, ihr Vater war zwei Jahre, von 1942 bis 1944 bei den Röchlingwerken im Saargebiet dienstverpflichtet, ihr Onkel ist seit 1945 vermißt, die einen sagen, er lebe in der Bundesrepublik unter falschem Namen, andere nehmen an, er sei in den letzten Kriegstagen in die Hände der Resistance geraten. Zu Hause spricht Dominique mit ihrem Vater Deutsch, einen schwer verständlichen deutschen Dialekt, Französisch ist ihre Zweitsprache. Aber sie fühlen sich als Franzosen. Auch als Elsaß-Lothringen von 1940 bis 1945 zum Reichsgebiet erklärt wurde, blieben sie Franzosen, dachten und handelten wie Franzosen. Der vermißte Onkel heißt heute noch in der Familie: Das braune Schaf.
Drei Jahre dauerte die Ehe mit Pierre; ich könnte nicht sagen, daß die Ehe schlecht war, wir waren einfach zu jung und zu unerfahren, ganz einfach zu dumm, ich hatte nichts gelernt, ich war Lehrmädchen und Verkäuferin in einem Lebensmittelladen, ich hatte nicht einmal einen Lehrvertrag; Pierre fuhr eine Zeitlang einen Lieferwagen,

dann ging er zu einer Firma, die Kanalisationsarbeiten ausführte; ich war das einzige Kind, ich konnte nie verstehen, warum meine Eltern mich nicht hatten etwas lernen lassen; der Krieg allein konnte es doch nicht gewesen sein und auch Armut ist kein Hindernis, das war es damals auch nicht, andere hatten einen Beruf gelernt, die hatten nicht mehr Geld als wir und waren fünf Kinder zu Hause; ich verkaufte jahrelang Milch und Käse; und dann das Leben bei den Eltern; Mutter nörgelte an allem herum, an mir, an Pierre, sie hatte ja den ganzen Tag über Zeit, sich für abends, wenn wir zu Hause waren, etwas zum Nörgeln auszudenken; schließlich war es so weit, daß Pierre und ich uns gelegentlich anschrien; hielt ich zu Pierre, bekam ich Krach mit meiner Mutter, ich bekam Krach mit Pierre, hielt ich zu meiner Mutter; und Vater hielt sich aus allem raus, er sagte immer nur, wie damals, als Pierre mit offenem Hosenschlitz nach mir ins Haus kam: also, wenn ihr fertig seid mit Streiten, dann hole ich eine Flasche Wein aus dem Keller; Vater hat ja nie etwas anderes gekannt als arbeiten und arbeiten, er war bei einem kleinen Baugeschäft Maurer und Betonierer; unser Haus hat er, Stein für Stein, selbst aufgebaut in seinen freien Stunden, sogar sonntags hat er gearbeitet und manchmal auch nachts im Licht der Stallampe; er hat nie Zeit gehabt, sich um etwas anderes zu kümmern, war die eine Arbeit am Haus erledigt, wartete schon die andere, und wartete keine Arbeit, dann hat er sich eine gesucht; und dann seine Kaninchen; zeitweise hatten wir vierzig bis fünfzig Stück, Vater sagte, das Fleisch, das man selbst hat, braucht man nicht zu kaufen; Mutter mußte für das Futter sorgen, sie hat Straßengräben gemäht, die waren zu pachten, später kamen noch Hühner, wegen der Eier, später dann auch zwei Ziegen, wegen der Milch, das alles, so mein Vater, brauchte man nicht zu kaufen, dabei mußte ich mich schon erbrechen, wenn ich nur die Ziegenmilch roch, und ich konnte jahrelang kein Kaninchenfleisch mehr essen; und dann kam es eben, wie es kommen mußte: Pierre kam immer später nach Hause, er blieb manchmal auch die ganze Nacht weg; erst redete er sich raus, er habe bei einem Freund übernachtet, weil er betrunken war, schließlich gestand er doch, als es schon die Spatzen von den Dächern pfiffen, daß er ein Verhältnis mit einer Frau hatte; die Frau habe ich wenige Tage später kennengelernt; ich ging einfach zu ihr in die Wohnung, hier in Beuzohville; Pierre lag auf der Couch, als gehöre er seit Jahren in diese Wohnung; die Frau wurde blaß und rot, als sie mich erkannte, Pierre ist nicht einmal von der Couch aufgestanden; die Frau war mindestens zehn Jahre älter als er, so Mitte Dreißig, aber ihre Wohnung war tipptopp in Ordnung, sauber, sie war Witwe, und man hatte ihr eine kleine Unfallrente ausbezahlt, weil ihr Mann vom Gerüst gestürzt war und sofort tot war, ihr Mann war Dachdecker; ich war erst so wütend, daß ich die Frau anspringen wollte, aber plötzlich sagte sie: setzen Sie sich doch, soll ich einen Kaffee machen; da habe ich mich irgendwie geschämt, ich weiß auch nicht recht, was für Gefühle ich damals hatte, ich konnte ihr einfach nicht mehr böse sein; in ihrem Haus war Ruhe, keine Hast, kein Streit; sie hat Kaffee gekocht, wir haben etwa zwei Stunden geredet, über alles mögliche, nur nicht über Pierre und mich und die Situation, in der wir uns befanden; Pierre war kein einziges Mal von der Couch aufgestanden, er hatte nur in alten Illustrierten geblättert; ich bin dann gegangen und an der Tür habe ich gefragt: du gehst wohl nicht mit; nein, hat er gesagt, ich bleibe, ich bleibe jetzt für immer, grüß deine Eltern schön von mir; ich glaube, ich war nicht einmal traurig, ich war, wenn ich es heute so sehe, vielleicht sogar erleichtert; zu Hause habe ich seine Sachen gepackt, viel hatte Pierre ja nicht, nur Kleidung, und auch damit bekam ich keinen Koffer voll; meine Mutter hatte getobt, sie wollte losrennen und Pierre aus dem Sündenbabel, wie sie sich ausdrückte, herausholen, aber da habe ich zum ersten Mal meinen Vater eingreifen sehen, er hat meine Mutter zurückgehalten und gesagt: Reisende soll man nicht aufhalten; das weitere war dann nicht mehr schwierig, es dauerte dann noch zwei Jahre, bis wir geschieden waren, endgültig, da war ich zweiundzwanzig Jahre alt; was man doch so hinter sich bringt, in jungen Jahren schon; die Ehe war ein Irrtum, weil wir beide für eine Ehe zu dumm waren.

Ich sah eine Fotografie von Dominique, als sie zweiundzwanzig Jahre alt war. Ein schönes, gutgewachsenes Mädchen. Ihr erster Mann Pierre hat die Frau, zu der er damals gezogen war, nicht geheiratet, er ging wenige Monate später nach Paris. Seitdem hat Dominique von ihm nichts mehr gehört, sie hat sich auch nicht darum bemüht, etwas über ihn in Erfahrung zu bringen. Nach der Scheidung wurde ihr die Wohnung ihrer Eltern zur Qual und die Kleinstadt zum Spießrutenlauf. Da waren der schweigsame Vater und die zeternde Mutter. Der Vater, der, wenn er den Mund auftat, nur davon sprach, was es alles morgen oder übermorgen oder in einigen Jahren am Haus zu tun geben würde, daß man sparen müsse, um Zement und Holz, Nägel und Steine zu kaufen, und die Mutter, die Dominique ständig in die Ohren keifte, daß sie, trotz ihres guten Ausehens, nicht fähig sei, einen Mann zu halten oder einen neuen zu finden. Dominique blieb noch ein halbes Jahr, dann bewarb sie sich um eine Stelle in Thionville, etwa dreißig Kilometer von Beuzohville entfernt, nördlich von Metz, sie hatte in einer Zeitung eine Anzeige gelesen, ein Zahnarzt suchte eine Sprechstundenhilfe, auch Berufsfremde oder nicht speziell dafür Ausgebildete könnten sich bewerben. Sie zögerte erst. Die neue Stadt, die neuen Menschen, die Unsicherheit, das Fremde, davor schreckte sie zurück. Bei ihren Eltern war sie, trotz der täglichen Reibereien, doch versorgt, ihr weniges Geld, das sie als Verkäuferin verdiente, durfte sie behalten. Aber sie bewarb sich, weil sie von zu Hause weg wollte, sie setzte sich in den Autobus und fuhr nach Thionville, sie hatte sich einen Tag freigenommen, ihren Eltern hatte sie nichts davon erzählt, sie suchte in Thionville die Straße, in der der Zahnarzt seine Praxis hatte; sie setzte sich ins Wartezimmer zu den Patienten und wartete, bis sie an die Reihe kam, sie ging

dann in die Ordination, sie sagte, daß sie wegen der ausgeschriebenen Stelle gekommen sei.
Ausschlaggebend für meinen Entschluß damals war wohl, weil in dem Inserat stand, ein eigenes möbliertes Zimmer gehöre zum Arbeitsvertrag; als ich den Mann sah, hat es mir einen Schlag gegeben; ich dachte sofort: mit dem möchte ich schlafen; Robert war fünfzehn Jahre älter als ich; von mir aus kann ich sagen: es war Liebe auf den ersten Blick; er sagte mir damals, als ich mich vorstellte, die Stelle wäre zwar schon besetzt, aber dem Mädchen, das sich beworben und vorgestellt habe gestern und der er auch schon so halb und halb zugesagt habe, könne er jederzeit wieder absagen, sofern ich mich entschließen könne, sofort ja zu sagen; er nannte mir den Lohn, er zeigte mir mein Zimmer, das im Anbau des Hauses einen separaten Eingang hatte; ich sagte ja; und doch war ich so verwirrt, daß ich anschließend zwei Stunden lang ziellos durch die Stadt lief; es war Abend geworden; als ich in mein Zimmer zurückkam, zu dem mir Robert, nachdem ich ja gesagt hatte, sofort den Schlüssel gab, saß Robert in einem Sessel; er blieb bei mir die ganze Nacht; am nächsten Morgen hat er mich mit seinem Wagen nach Beuzohville gefahren, um meine Sachen zu holen; es war ja nicht viel, nur Kleidung und ein paar persönliche Dinge; meine Mutter sah sprachlos zu, sie war von der Schnelligkeit und der Selbstverständlichkeit, mit der alles abrollte, genauso gelähmt wie ich; ich konnte überhaupt nicht mehr denken, die Nacht ging mir durch den Kopf, er hat mich genommen, und ich habe mich ohne Widerstand nehmen lassen, und ich habe in dieser Nacht eine neue, eine ganz neue Welt kennengelernt; Robert war einfach ein Mann, kein Junge, der hinter Mädchen herpfeift und dann versagt, wenn es soweit ist; er hat einfach zu mir gesagt: ich ziehe dich jetzt aus, dann ziehst du mich aus; das habe ich gemacht, wie unter Hypnose; ich wußte am nächsten Morgen, daß er verheiratet war, zwei Kinder hatte, und eine schöne und charmante Frau, daß er nicht daran dachte, sich meinetwegen scheiden zu lassen, er liebe seine

Frau und seine Kinder und mich brauche er zum Ausgleich, ich solle keine Szenen machen, und sollte er einmal bemerken, daß ich seiner Frau gegenüber hochnäsig wäre, dann werde er mich eigenhändig aus dem Haus werfen; er hat das ganz ruhig gesagt, freundlich, aber mir war, als kippe mir jemand einen Eimer Wasser über den Kopf, nach dieser Nacht; ich habe geheult, aber er hat nur gesagt, wenn ich nicht sofort mit dem Heulen aufhörte, dann könnte ich gehen; in der ersten Zeit kam er nach der Ordination zu mir, wenn wir satt waren, dann ging er und ich konnte tun und lassen, was ich wollte, oft kam er auch spät in der Nacht zu mir und ich wußte, daß er von seiner Frau kam, sein Penis war noch feucht vom Orgasmus; gleich vom zweiten Tag an in der Ordination — ich habe erstaunlich schnell gelernt, welche Bezeichnung und welche Bedeutung die einzelnen Geräte hatten, was ich reichen mußte, was ich wegnehmen mußte — durfte ich unter dem weißen Kittel nichts tragen, und manchmal haben wir es auch in der Ordination getrieben, das klingt kitschig, aber warum soll Kitsch nicht wahr sein, es war nun mal so, ich war wie in einem Rausch, ich fühlte mich wie in einer anderen Welt, ich habe mir keine Gedanken darüber gemacht, ob seine Frau etwas davon wüßte, ich hatte nach dem Mann ein unbeschreibliches Verlangen, ich hätte wahrscheinlich zu der Zeit alles für den Mann getan, egal, was er von mir verlangt hätte; ich war verliebt, ich liebte ihn; auch mein sexuelles Verlangen steigerte sich noch, es kam die Zeit, wo nicht er der Fordernde war, wo ich es war; heute bin ich einundvierzig Jahre alt, und manchmal frage ich mich, ob denn das alles wahr gewesen ist; ja, es war alles wahr, unser Verhältnis war sogar noch leidenschaftlicher, als ich es heute nach so vielen Jahren sagen kann, ich war den ganzen Tag über in einer sexuellen Erregung, wie seitdem nicht mehr, ich habe damals begriffen, daß sexuelle Dinge nicht nur eine Notwendigkeit sind und daß sie nicht nur Spaß machen, ich habe gelernt, daß man eine Kunst daraus machen kann, daß es nicht der Orgasmus ist, sondern das Drum und Dran; so war das damals, und ich wußte auch, daß die Männer hinter mir her waren, manche, wenn sie die Ordination betraten, streiften mich bewußt, es hatte sich wohl rumgesprochen, daß ich unter meinem weißen Kittel nackt ging, jedenfalls nahm die Zahl der Patienten, vor allem der männlichen, zu; ich weiß nicht, ob das von Robert auch mit eingeplant war, jedenfalls sagte er mir einmal, er sei mit mir zufrieden, mit meiner Arbeit, und vor allem, daß ich ihm Patienten in die Praxis hole; das dauerte zwei Jahre, zwei leidenschaftliche Jahre; ich hatte ein schönes Zimmer, ich hatte mein eigenes Geld, und ich habe kaum etwas ausgegeben, Robert kaufte mir, was ich brauchte, nach zwei Jahren aber, ich merkte wohl, daß sein Verlangen nach mir nachgelassen hatte, mein Verlangen nach ihm war wie am ersten Tag, sagte er mir, ich sollte mir eine andere Stelle suchen; er hatte auch schon etwas für mich gefunden, bei einem seiner Bekannten, er hatte ein zahntechnisches Labor, er stellte Zahnprothesen her, Gebisse; damals, als er mir das eröffnete, war mir, als stoße mich jemand in Eiswasser, ich war tagelang unfähig zu denken, ich machte meine Arbeit rein mechanisch; Robert schickte mich also fort, ich war ihm über geworden, und nach Tagen erst reagierte ich wie wahrscheinlich alle Frauen in meiner Situation damals reagiert hätten, ich schrie ihm ins Gesicht: so, ich bin dir also nicht mehr gut genug, aber wenn du mich fortschickst, dann erzähle ich alles deiner Frau, alles; da lachte er nur, dieses Lachen war verletzender als alles andere, und antwortete: mein Gott, bist du denn wirklich so dumm oder willst du es nicht wissen, daß meine Frau meine Sprechstundenhilfen aussucht, ja, ich war so dumm.

1956, im Dezember, Dominique war 23 Jahre alt, zog sie von dem Zahnarzt, der ihr Liebhaber war und den sie auch geliebt hatte, weg. Beruflich hatte sie viel gelernt, er schrieb ihr auch ein glänzendes Zeugnis und hat ihr sogar noch ein Zimmer in der Innenstadt besorgt. Ihr neuer Chef, schon über fünfzig Jahre alt, war freundlich und nicht zudringlich. Anfangs hatte sie den Verdacht, daß ihr ehemaliger Geliebter sie an einen Bekannten verkuppeln wollte. Aber ihr neuer Chef — seine beiden Söhne studierten in Paris Zahnmedizin — nahm sie freundlich auf und blieb auf Distanz. Durch ihre Tätigkeit in der Zahnarztpraxis hatte sie schon eine gewisse Vorbildung, und sie erhielt einen Vertrag als Zahntechnikerin mit eineinhalbjähriger Laufzeit. Sie verdiente, umgerechnet, 400 Mark, aber sie war anspruchslos, ihr Zimmer, mit allen Nebenkosten, wurde von ihrem Arbeitgeber bezahlt. Im Labor arbeiteten vier Männer und drei Frauen. Während der zweieinhalb Jahre, die sie dort arbeitete, fuhr sie jedes Wochenende nach Hause, als Anhalterin, oder aber Bekannte nahmen sie mit. In dieser Zeit mied sie Männerbekanntschaften, obgleich sich einige Männer ernsthaft um sie bemühten, sie ging nicht tanzen, sie schlug Einladungen aus. Zweieinhalb Jahre verkroch sie sich in ihr Zimmer. Sie kaufte sich ein gebrauchtes Fahrrad und fuhr täglich, auch bei schlechtem Wetter damit. Sie begann zu lesen, wahllos holte sie Bücher aus der Stadtbücherei. Nur zu politischen Veranstaltungen ging sie, sie schwärmte für de Gaulle und Adenauer. War sie übers Wochenende bei ihren Eltern, mied sie den Ort, saß die meiste Zeit im Wohnzimmer und sah Fernsehen, auf Drängen ihrer Mutter — die damals schon kränklich war, bei der sich aber dann eine ernste Krankheit abzeichnete — hatte ihr Vater einen Apparat gekauft. Sie sahen vorwiegend das deutsche Programm, nur bei den Nachrichten schalteten sie auch auf den französischen Kanal um, sie wollten beide Seiten zum gleichen Thema hören. Einmal traf sie Robert in Thionville auf der Straße. Sie wollte weglaufen. Aber er kam mit ausgestreckten Armen auf sie zu, umarmte sie und lud sie in ein Café ein. Sie saßen eine Stunde beisammen und redeten, das heißt, er redete, er erzählte, daß er mit seiner Familie und der neuen Sprechstundenhilfe einige Wochen im Schwarzwald gewesen war. Sie empfand plötzlich nichts mehr für ihn, er war ihr fremd geworden, obwohl er ihr dauernd versichert hatte, daß sie noch begehrlicher geworden sei. Sie hatte genickt und geantwor-

tet, er brauche ihr das nicht zu sagen, sie wisse das selbst. Sie trennten sich, und Dominique hatte gedacht, hoffentlich treffe ich dich nie wieder.
Ich hatte meine Ausbildung abgeschlossen, ich erhielt ein Diplom als Zahntechnikerin; da stand ich nun und wußte nichts mit mir und meinem Diplom anzufangen, das Diplom konnte ich mir an die Wand hängen; ich fragte mich in dieser Zeit oft, was das Leben denn nun eigentlich ist; jeden Morgen ins Labor, jeden Morgen die gleichen Gesichter, jeden Tag dieselben Geschichten, jeden Abend aufs Fahrrad oder vielleicht eine Stunde durch die Stadt bummeln, dann nach Hause, Radio aufdrehen und Bücher lesen; das Lesen allerdings wurde mir langsam zum Bedürfnis; ich mußte oft über mich selber lachen, denn seit der Schulzeit hatte ich kein Buch mehr angefaßt; und zum Wochenende nach Haus zu den Eltern, vor den Fernseher oder bei schönem Wetter saß man im Garten und bestaunte, was Vater in der letzten Woche wieder alles gemacht hatte; das Kaninchen, das ich eine Woche vorher geschlachtet hatte, das gab es am Sonntag dann zu Mittag — was übrigblieb nahm ich mit nach Thionville und aß es kalt —, und ich mußte wieder ein Kaninchen schlachten für den nächsten Sonntag. Vater hat sie nur gezüchtet und fett gefüttert, aber selber konnte er sie nicht schlachten; zweieinhalb Jahre hatte ich mit keinem Mann geschlafen, ich träumte oft davon und in wachen Träumen holte ich mit geschlossenen Augen die Zeit mit Robert zurück, aber ich rannte schon weg, wenn mich ein Mann auf der Straße ansprach und nur nach dem Weg oder einer Adresse fragte; was sollte ich tun, fragte ich mich immer wieder, ich war sechsundzwanzig Jahre alt, endlich hatte ich einen Beruf und konnte Forderungen stellen; plötzlich wurde mir alles zu eng, die Stadt, mein Zimmer, mein Arbeitsplatz, ich hatte manchmal das Gefühl, auch meine Haut sei zu eng geworden; mein Chef war gut, er sagte, wenn es mir nicht mehr gefällt, könne ich jederzeit gehen; gehen — wohin? Ich war durch das Erlebnis mit Robert schreckhaft geworden, ich lebte eine Zeitlang in der Vorstellung,

jeder auf der Straße müßte mir ansehen, was damals mit Robert war, ich bin, glaube ich, in dieser Zeit ständig mit gesenktem Kopf herumgelaufen; es haben sich mir viele genähert, ich sah schließlich auch nicht wie eine Vogelscheuche aus, ich kleidete mich modisch, ich wollte gefallen und hatte doch vor Männern Angst; allmählich wurde es auch zu Hause besser, meine Mutter hatte sich abgewöhnt, Fragen zu stellen; mein Vater hat ja nie gefragt; ich habe wieder Zeitung gelesen, ich suchte eine Stelle als Zahnlaborantin; am besten waren die Aussichten in Deutschland, aber damals wäre es mir nie in den Sinn gekommen, nach Deutschland zu gehen, ich mochte die Deutschen nicht besonders, aber ich haßte sie auch nicht; nach Deutschland gehen, das kam mir damals vor, als würde man sein Vaterland verraten, obwohl doch viele aus unserem Ort über der Grenze arbeiteten; ich dachte mir, gehst einfach nach Paris, wenn man bei uns nicht weiter weiß, dann geht man eben nach Paris, es wird sich schon was finden; ich hielt es nicht mehr aus in Thionville, ich war entschlossen zu kündigen, auch auf die Gefahr hin, längere Zeit keine gleichwertige Arbeit zu finden, auch auf die Gefahr hin, zu Hause zu sitzen und Kaninchen zu füttern oder vielleicht wieder Milch, Käse und Eier zu verkaufen in meinem alten Laden; ich hatte mir vorgenommen, wenn ich am Wochenende von meinen Eltern zurückkomme, gehe ich zum Chef und kündige; das war im Dezember 1959; ich wollte wieder das Fahrgeld sparen und trampte wie so oft, schließlich hatte ich Erfahrung, ich wußte, wie man Autofahrer zum Halten bringt, ich lief einfach vor die Stadt, ich wußte, bei dem Wetter hält jeder, es nieselte und zwischendurch goß es minutenlang, ich weiß es noch wie heute; dann fuhr einer vorbei, ich schimpfte hinter ihm her, er hatte mich bis oben hin vollgespritzt, er war durch eine tiefe Pfütze gefahren; fünfzig Meter weiter hielt er, er stieg aus und winkte mir; ich zögerte, ich hatte eine Stinkwut auf ihn; er fuhr einen VW, der Wagen hatte ein deutsches Kennzeichen; ich setzte mich rein, er fuhr weiter, er fragte auf

französisch, es war fließend aber mit unverkennbar deutschem Akzent, wohin ich wolle, ich antwortete, mit mir können sie ruhig Deutsch sprechen; er lachte, es war ein gutes Lachen; ich dirigierte ihn bis vor unser Haus, sagte, daß ich hier aussteigen müsse, und der unverschämte Mensch erwiderte, wenn er mich schon mitgenommen hätte, dann habe er auch Anspruch auf eine gute Tasse Kaffee; ich sagte gereizt, wir haben zu Hause nur Kaninchen; das sei seine Leibspeise, sagte er; ich nahm ihn mit; Erich wurde mein zweiter Mann.
1960, in der Osterwoche, heiratete Dominique Gautier den Monteur Erich Zehetbauer in Merzig im Saarland. Ihr Mann arbeitete als Monteur bei einer Elektromotorenfabrik, die in Saarlouis eine Verkaufsniederlassung unterhielt. Erich Zehetbauer hatte viel in Frankreich zu tun, vor allem im nordfranzösischen Industriegebiet, sein Französisch hat er nicht in der Schule, sondern so nach und nach bei der Arbeit in Frankreich gelernt. Dominique gab ihre Arbeit in Thionville auf und zog nach Merzig in das Haus ihrer Schwiegereltern, ihr Schwiegervater war Meister bei den Röchlingwerken in Völklingen, sie und ihr Mann hatten im ersten Stock eine Wohnung, dreieinhalb Zimmer, schräge Wände. Dominique zog in ein fertiges Nest. Sie ließen sich standesamtlich trauen, weil sie katholisch war und und ihr Mann protestantisch. Bald nach der Heirat bemühte sie sich wieder um Arbeit, zu Hause wurde es ihr zu langweilig, denn ihr Mann war viel unterwegs, oft länger als eine Woche nicht zu Hause, sie half bei den Schwiegereltern im Garten, sie machte sich im Haus nützlich, und die Schwiegereltern waren anfangs auch stolz auf ihre Schwiegertochter, sie sah gut aus und konnte sich anpassen, sie war freundlich und hatte für die Nachbarn immer ein verbindliches Wort. Später änderte sich das, langsam schlug die Stimmung um. Als die Schwiegereltern bemerkten, daß Dominique anderen Männern gefiel und ihr auch nachgestellt wurde, wenn ihr Mann auf Montage war, stichelten sie täglich. War es anfangs noch als Scherz gemeint, so spürte sie bald Vor-

würfe, ihr Verhältnis wurde gespannter, erst recht, als ihre Schwiegermutter sie mit einem fremden Mann in einem Café in Saarlouis sitzen sah, fröhlich und ausgelassen. Die Schwiegermutter erzählte es ihrem Sohn, der seine Frau zur Rede stellte. Von dem Tag an war auch zwischen ihnen etwas. Die Wahrheit wird bezweifelt, die Lüge wird geglaubt.
Da bekommen plötzlich diese Redensarten Gewicht, eine schöne Frau ist untreu, treu ist nur ein Aschenputtel; dabei hat es so gut angefangen, damals, als ich ihn einfach mit zu meinen Eltern nahm; er schlief in meinem Zimmer, ich auf der Couch im Wohnzimmer, als er am nächsten Tag abfuhr, sagte er nur: ich komme wieder; am Wochenende darauf war er tatsächlich da und machte mir einen förmlichen Heiratsantrag; ach, diese Deutschen, alles muß bei denen seine Ordnung haben; ich mußte lachen, aber ich sagte ja; ich weiß nicht, warum; weil ich ihn liebte, weil ich unbedingt weg wollte; er gefiel mir in seinem feinen und steifen Anzug, der nicht zu seinen breiten Händen passen wollte; er sah gut aus, er verdiente gut; dann überstürzte sich alles, der Mann hatte eine Hast, die störte und die doch wieder sympathisch war; meine Eltern sahen zwar etwas dumm aus, weil ich ausgerechnet einen Deutschen heiratete, aber dann war es ihnen recht, Merzig war ja nicht aus der Welt, die Grenze war kein Hindernis, sie konnten mich besuchen, ich sie; Erichs Mutter hatte mich bei meinem ersten Besuch eingehend gemustert, sie hatte Röntgenaugen, sie sagte am ersten Tag, als wir beim Abendessen saßen, einen Satz, der wohl nicht so dahergeredet war, der für sie eine Art Lebensauffassung bedeutete, sie sagte zu Erich: Junge, da hast du dir was aufgeladen, auf schöne Frauen muß man aufpassen, sonst gehören sie bald allen; wir haben damals darüber gelacht; jaja, über was man nicht alles lacht; na, dann mußte kommen, was kommen mußte; ich war nach Saarlouis gefahren, ich hatte ein Inserat in der Zeitung gelesen, ein Zahnlabor suchte einen Mitarbeiter; ich habe mich vorgestellt, sie sagten, man werde mir schreiben, dann traf ich den

Mann aus Thionville, er war der Besitzer des Bistros an der Ecke der Straße, wo ich zweieinhalb Jahre mein Zimmer hatte, in dem Bistro hatte ich mir manchmal etwas zu essen gekauft; natürlich kann man nicht aneinander vorbeigehen, so eine unverhoffte Begegnung muß einfach gefeiert werden; ich weiß nicht, ob meine Schwiegermutter zufällig vorbeikam — was hatte sie in Saarlouis zu suchen —, sie muß mir gefolgt sein, ich bin heute überzeugt, sie schlich, wo sie nur konnte, hinter mir her; ich bekam die Stelle im Labor, ich glaubte damals nicht daran, ist doch die alte Masche, man sagt, wir werden ihnen schreiben, weil sie keinen Mumm haben, einem die Ablehnung ins Gesicht zu sagen; ich fiel, als der Brief kam, aus allen Wolken, man bot mir tausend Mark brutto, ich verdiente damit fast so viel, wie Erich; in dem Labor arbeite ich noch heute, ich bin nach dem Inhaber sozusagen die erste Kraft, ich werde hier alt und grau werden, und ist der Chef verreist, schmeiße ich den ganzen Laden, auch das Geschäftliche, nicht nur die Prothesen; für die anderen im Labor bin ich einfach die Französin; aber sie respektieren mich; wir haben, mit zwei Lehrlingen sind wir acht Leute, ein gutes Verhältnis miteinander; damals schon begann die alte Leier, meine Schwiegermutter sagte, eine Frau gehört ins Haus, und sie waren auch nicht froh darüber, daß ich so viel verdiente; sie wollten nicht begreifen, daß ich mich langweilte, daß eine Frau, wenn sie keine Kinder hat, eine Arbeit, eine Aufgabe haben muß; zu Hause sitzen und auf den Mann warten, das ist keine Aufgabe, das ist Sklaverei; aber was soll's, weder meine Mutter noch meine Schwiegermutter hatten gelernt, über den Kochtopf wegzugucken, sie waren immer nur auf ihren Mann fixiert; am schlimmsten war es, wenn mich Erich manchmal vom Labor abholte, er sah die jungen Männer im Labor, und in seiner Vorstellung mußte ich dann schließlich mindestens einmal mit jedem von ihnen geschlafen haben, es kam ihm gar nicht in den Sinn, daß er mich damit beleidigte, er hat mir auch nie geglaubt, daß ich die Jahre im Labor in Thionville ohne Mann gelebt hatte, er sagte darauf nur, einer Deutschen könnte man das glauben, einer Französin nicht; daß unsere Ehe ernstlich gefährdet war, wurde mir dann bewußt, als Erich einmal nach zehn Tagen Abwesenheit von Montage zurückkam, er wollte nichts von mir im Bett, und als ich Annäherungsversuche machte, was er immer so gern hatte, brummte er nur: laß mich in Ruhe, ich bin müde; aber ich sagte mir, meine erste Ehe war eine Dummheit, aus Unerfahrenheit bin ich hineingeschlittert, vielleicht auch aus Neugier, meine zweite Ehe werde ich retten, ich werde mich nicht fortschicken lassen, ich werde meinen Platz, der durch Unterschrift und Stempel auf dem Standesamt bestätigt wurde, behaupten und um ihn kämpfen, ich bin schließlich seine Frau, ich hätte Erich zur damaligen Zeit sogar ein Verhältnis mit einer anderen verziehen; aber das sagt sich so, das ist dann alles anders, wenn man im Haus der Schwiegereltern wohnt, da ist immer einer da, da wird das harmloseste Gespräch zwischen Eheleuten immer vor einem Zuhörer ausgetragen, und mein Mann hörte mit der Zeit immer mehr auf seine Mutter, und als ich einmal wütend wurde und seine Mutter aus unserer Wohnung wies, da stand sie an der Tür und fing an zu heulen, und sie schrie mir ins Gesicht, was ich verlotterte und verhurte Französin hier eigentlich zu sagen hätte, ich dürfte froh sein, hier überhaupt aufgenommen worden zu sein, und immer wieder keifte sie Franzosenflittchen, Französinnen wären alle so, die gehörten allen Männern und ich wäre der böse Geist in diesem Haus und für ihren Sohn, da bin ich aufgestanden und habe meine Schwiegermutter geohrfeigt; ich weiß auch nicht mehr, warum ich mich plötzlich nicht mehr beherrschen konnte, es kam einfach über mich, dieses Gesicht, diese überschnappende Stimme, es war einfach zu viel, zu viele Kränkungen hatten sich angestaut; Erich stand mitten im Zimmer, die Frau machte ein Theater, als wäre ich mit einem Messer an ihrer Kehle; da sagte Erich zu mir: geh aus dem Haus! Sofort! Ich ging auch, sofort; das war 1963; ich zog wieder zu meinen Eltern, aber was mich am meisten überraschte, als ich an dem

Samstag nach Hause kam, war, daß meine Eltern ganz ruhig blieben, und als ich ihnen alles erzählt hatte, ich sagte, was ja nicht ganz die Wahrheit war, ich sei weggelaufen, da sagte mein Vater, der doch sonst niemals was sagte: was machst du dir Gedanken, droben ist deine Wohnung, wir haben sie nicht vermietet, ich hatte so eine Ahnung, daß du wiederkommst; ich kenne doch die Deutschen, bei denen kann man gut arbeiten, aber nicht leben; sieh nur zu, daß du deine Stellung behältst, in Deutschland verdient man gut; ich war noch keine dreißig Jahre alt, und alles war zerbrochen; am nächsten Tag rief ich den Chef an und meldete mich krank, ich kaufte mir einen gebrauchten Renault, damit ich jeden Tag nach Saarlouis fahren und abends nach Beuzohville zurückkehren konnte, ich wollte mir keine Wohnung suchen, ich hatte keinen Führerschein, es hat mich niemand erwischt, den Führerschein mußte ich erst machen, ich fuhr drei Monate ohne Führerschein, es hat mich ja niemand erwischt und an der Grenze kannte ich ja alle, die Franzosen und die Deutschen, da redet man schon über dies und das, die Zöllner sind immer freundlich, ich war für sie ja ein vertrautes Gesicht; es blieb natürlich nicht verborgen, daß ich nicht mehr in Merzig wohnte, daß ich wieder in Beuzohville bei meinen Eltern war, daß wir getrennt lebten, ich habe dann auch meinen Chef eingeweiht, der saß da und hat genickt und dann gesagt: Sie brauchen sich doch nicht vor mir zu entschuldigen, Ehen sind dazu da, daß sie geschieden werden, ich schätze ihre gute Arbeit und ihre Umsicht, aber mit den Schwiegereltern werden Sie Schwierigkeiten haben, die sehen eine Scheidung als Prestigeverlust an, ich kenne diese Leute; und eines Tages wartete Erich vor meiner Arbeitsstelle auf mich; er nahm mich einfach am Arm, als ich in meinen Wagen steigen wollte, Kollegen sind mit mir aus dem Labor gekommen; Erich sagte: Komm mit nach Hause, alles ist vergessen, entschuldige dich bei meiner Mutter, dann ist es wieder, wie es war; ich antwortete ihm, er und seine Mutter sollen sich erst bei mir entschuldigen, denn sie hat mich belei-

digt, und er hat mich rausgeworfen, aber er meinte nur, die Leute reden, das Gerede in der Nachbarschaft muß ein Ende haben, und da erfuhr ich, daß seine Mutter zu den Nachbarn gesagt hatte, ich wäre deshalb nicht im Haus, weil ich meine kranke Mutter pflegen müßte; er sagte, er sehe keinen Grund, sich zu entschuldigen, eine Frau müsse nun mal gehorchen; ich ließ ihn stehen und sagte noch, ich ließe mich nur einmal rausschmeißen, kein zweites Mal; da hat er mich geschlagen, die Arbeitskollegen sind dazwischengegangen; so war das.
Von diesem Tage an betrieb Dominique die Scheidung. Ihr Mann lehnte ab, vor allem seiner Mutter wegen, für die es unvorstellbar war, daß Verheiratete auch wieder auseinandergehen können. Anfangs schrieb Erich ihr jede Woche einen Brief, sie solle zurückkommen, aber sie hat nie geantwortet. Einmal wartete er auf sie auf der deutschen Seite der Grenze, sie bemerkte ihn und fuhr ohne anzuhalten weiter, er folgte ihr bis zum Labor und machte noch einmal den Versuch, sie zurückzuholen, und ließ erst von ihr ab, als sie mit der Polizei drohte. Ein Jahr nach ihrer Trennung fuhr Dominique zu ihren Schwiegereltern nach Merzig, die glaubten, sie komme zurück, aber Dominique wollte auf ihre Schwiegereltern einwirken, damit ihr Mann in die Scheidung einwilligt, denn, so ihr Argument, sollte Erich einmal etwas passieren, gelte sie immer noch als Ehefrau und damit als Erbin, denn Kinder hätten sie ja nicht. Aber die Schwiegermutter hatte darauf nur eine Antwort: das französische Flittchen wünsche ihrem Sohn sogar den Tod. Domonique ging in der Überzeugung, daß mit Argumenten nichts mehr auszurichten sei und nur das Warten eine Lösung bringen könnte. Vier Wochen später war ihr Mann tot. Er stürzte in Reims zwanzig Meter tief von einem Gerüst. Er war sofort tot. Dominique hätte dieses Unglück herbeigewünscht, sagten die Schwiegereltern und sagten auch die Nachbarn, in ihren Augen war sie eine Mörderin. Bei der Beerdigung, zu der Dominique auch ihre Eltern mitgenommen hatte, kam es zum Skandal. Ihre Schwiegermut-

ter schrie, als der Sarg in das Grab gelassen wurde: Da steht sie, das Flittchen hat ihn umgebracht. Am Grab erlitt ihre Schwiegermutter einen Nervenzusammenbruch. Seitdem hat Dominique das Haus ihrer Schwiegereltern nicht mehr betreten, sie hat auf alles verzichtet, was ihr gesetzlich als Erbschaft zugestanden hätte, sie wollte mit dem Kapitel ihres Lebens nichts mehr zu tun haben, sie fuhr auch nicht nach Merzig, als 1970 ihr Schwiegervater schrieb, daß sie sich freuen würden, wenn Dominique sie besuchen käme, alles solle vergessen sein, sie wären nun alt geworden, und Alter verzeihe. Ihr Schwiegervater hatte alles in die Wege geleitet, damit Dominique das Haus erbt. Dominique war über den Brief so wütend, daß sie ihren Schwiegereltern antwortete, sie sollten ihr Haus anzünden und von der Versicherungsprämie eine Fahrkarte in die Hölle lösen. Dominiques Elternhaus steht am Stadtrand von Beuzohville inmitten einer häßlichen Siedlung, ihr Vater, der bei der letzten Präsidentenwahl, genau wie sie selbst, Mitterrand gewählt hatte, ist nun Invalide, und seit dem Tod seiner Frau genießt er sein Dasein erst richtig, endlich kann er tun und lassen, was er will, von morgens bis abends im Haus und im Garten arbeiten. Dominique hat heute dafür Verständnis, sie ermuntert und unterstützt ihren Vater.
Zwei gescheiterte Ehen sind genug; ich frage mich manchmal, warum es bei anderen so gutgeht, bei mir nicht; aber ich tröste mich damit, daß es bei anderen auch nicht gutgeht, es sieht nur so aus, sie haben nicht den Mut, auseinanderzugehen, sie quälen sich durch die Jahre; wenn man etwas auf der Welt lernen muß, dann ist es: Schluß machen können; nicht nachtrauern; ich könnte sofort wieder heiraten, ich bin einundvierzig, im besten Alter, auch für eine Frau, aber ich mag nicht mehr, und das Bett ist nicht die Ehe, nur eine Abwechslung; trotzdem, man muß einen Mann haben, man kann sich nicht dauernd selbst befriedigen, vielleicht haben es die Lesbischen leichter; ich habe es gut, wer hat es schon so gut wie ich, ich verdiene in Deutschland tausendachthundert Mark

netto, und das ist noch mehr, wenn man in Frankreich lebt; ich hab ein Konto in Deutschland und ein Konto in Frankreich, egal, wie es kommt, ich habe mein Schäfchen im trocknen; mein Vater macht den Haushalt und finanziert ihn auch von seiner Rente; mein Geld habe ich für mich allein; und dann, ich werde zwei Häuser erben; wie sich das anhört, ich wäre nie auf den Gedanken gekommen, ein Haus zu bauen, mein Leben lang für einHaus zu arbeiten, das waren Idioten früher für mich, jetzt sehe ich doch, was das für Vorteile hat; ich habe ein Haus in Frankreich, eins in Deutschland; meine Schwiegereltern haben mir damals meinen Brief nicht übelgenommen, den mit der Fahrkarte in die Hölle, ich war richtig beschämt, als sie mir damals geantwortet haben, daß sie mir meinen Brief nicht übelnehmen, sie könnten meine Verbitterung verstehen, aber was war, das sollte nun endlich vergessen sein; und jetzt fährt mein Vater jeden Monat ein bis zwei Mal nach Merzig, und meine Schwiegereltern fahren alle vierzehn Tage nach Beuzohville, zu meinem Vater, die drei verstehen sich ausgezeichnet, ich nehme es zur Kenntnis, aber sonst habe ich nichts damit zu tun; jeder bei uns weiß, ich bin eine gute Partie geworden; ich bin eine Gastarbeiterin und doch keine; in Saarlouis bin ich eine Französin, in Beuzohville eine Deutsche; in Deutschland habe ich eine sichere Arbeit, und ich verdiene gut, in Frankreich würde ich für die gleiche Arbeit höchstens etwas mehr als die Hälfte verdienen, die Deutschen bezahlen die Leistung, die man bringen muß, gerechter.
Dominique unternimmt jedes Jahr eine große Reise, sogar bis nach Tokio und Südafrika. Sie fährt allein, und sie macht Bekanntschaften, aber sie geht keine längere Verbindung ein. Sie möchte nicht in Deutschland wohnen. Am Deutschen verachtet sie seine Radikalität und das Fehlen nationaler Gefühle, die Deutschen sind ihr zu prinzipiell, aber sie schätzt ihren Sinn für Ordnung und Sauberkeit und das, was sie für sozialen Fortschritt halten muß.
Beruflich hatte ich immer Erfolg, mit den Männern lief al-

les schief; ich weiß nicht, ob es allein meine Schuld war, ob ich wirklich bei anderen den Eindruck hinterlasse, mich könnte jeder haben, der mich möchte, ich wehre mich auch dagegen, ist man mit einem Mann verheiratet, daß er glaubt, man gehöre ihm wie sein Auto und sein Feuerzeug; sie wollen doch nur eins, mit einem schlafen, und wenn sie fertig sind, dann reicht es nicht mehr für eine Sekunde Zärtlichkeit, das ist es, was ihnen fehlt: Zärtlichkeit; ich will jetzt frei sein, mich nicht mehr binden, finanziell geht es mir gut, und alles begann beim Zahnarzt in Thionville; meine erste Ehe war ein Irrtum, meine zweite erstickte im Sumpf von Spießbürgern, aber beim Zahnarzt habe ich viel gelernt, in jeder Beziehung, da habe ich den Egoismus kennengelernt, den sexuellen und den geschäftlichen, aber heute kann ich sagen, es hat alles seinen Sinn gehabt; jetzt bin ich einundvierzig, ich stehe nicht mehr am Anfang, ich habe Vergangenheit, aber ich stehe mitten drin; und das ist schön; ich lese viel, ich habe eine Lebensstellung, und hier in Beuzohville werde ich von allen beneidet, sie sagen: die hat's gut; meine Schwiegereltern machen mir Geschenke, ich glaube, das geht nicht gut, wer etwas verschenkt, der erwartet eine Gegenleistung, ich bin da aus Erfahrung mißtrauisch; mein Vater ist im August 1974 gestorben, plötzlich, an Herzversagen, achttausend Franc hat er mir hinterlassen, ich wollte es einfach nicht glauben, als ich die Summe hörte; zwei Tage nach der Beerdigung ging ich zum Nachbarn und kaufte einige Kaninchen, die leeren Ställe waren ja noch vorhanden; ich habe immer gegen Kaninchen gewettert, aber jetzt, wo mein Vater tot ist, weiß ich, daß sie mir doch gefehlt haben, ihr Fell hat mir gefehlt, es ist so schön, wenn man mit der Hand über ihr Fell streichen kann, wenn man ein Kaninchen im Schoß sitzen hat; ich will allein bleiben, aber jeden Tag zurück in ein leeres Haus, das ist auch nichts, man muß wissen, daß man erwartet wird; ein leeres Haus ist fürchterlich.

Erschienen 1975

Werner Wollenberger

Der Architekt und sein Richter

geb. 1926

Als er das Zeitliche gesegnet hatte und ins Jenseits gekommen war, mußte der berühmte Architekt — wie es der Brauch und das Recht ist — vor dem obersten Richter erscheinen, um Rechenschaft abzulegen über sein irdisches Wallen. Die Verhandlung fand auf einer Wolke statt, von der aus man einen prächtigen Ausblick auf die zahlreichen Bauwerke des berühmten Architekten hatte.
»Sie möchten«, sagte der oberste Richter sanft, »wie ich annehme, gerne in den Himmel kommen?«
»Gewiß«, sagte der berühmte Architekt.
»Dann«, antwortete der oberste Richter, »führen Sie bitte an, was Sie zur Annahme berechtigt, Sie hätten sich einen Platz im Himmel verdient.«
Der berühmte Architekt zögerte. In einiger Verlegenheit sagte er schließlich: »Es ist schwer, sich selber zu rühmen...«
»Tun Sie sich keinen Zwang an«, sprach der Richter, »es geht für Sie schließlich um eine recht lange Zukunft!«
Der berühmte Architekt erblaßte, soweit ihm das noch zusätzlich möglich war. Dann sagte er: »Ich war also Architekt...«
»Was für einer?« wollte der Richter wissen.
»Ich war, wenn Sie mir das nicht als Hochmut auslegen wollen, ein recht berühmter Architekt.«
Der Richter schüttelte den Kopf, sanft mißbilligend, wie dem Architekten schien. »Das interessiert hier nicht«, sagte er, »wir möchten lieber wissen, ob Sie ein moderner Architekt waren.«
»Natürlich«, sagte der Architekt stolz.

In die himmlische Stille, die der Aussage folgte, fiel dünn das silberhelle Kichern eines Engelchens. Auf dem gütigen Gesicht des Richters aber malte sich Betrübnis. Der Richter murmelte: »Wir haben nur ganz wenige moderne Architekten hier bei uns...«
»Le Corbusier?« fragte der Architekt hoffnungsvoll.
»Die Fragen stelle ich«, antwortete der Richter, »was haben Sie denn so gebaut?«
»Ich habe zum Beispiel Wohnhäuser gebaut!«
»Auch Mehrfamilienhäuser?« fragte der Richter.
»Gewiß«, sagte der Architekt, »sogar hauptsächlich Mehrfamilienhäuser. Dutzende von Mehrfamilienhäusern!«
»Ton ab«, sprach der oberste Richter beiseite, irgendwo in eine andere Wolke. Allsogleich erhob sich, ohrenbetäubend, ein wüstes Geräusch klagender, keifender, kreischender und sich überschlagender Stimmen.
»Das«, sagte der Richter, »war ein kurzer Ausschnitt aus den gesammelten Flüchen, die von Bewohnern Ihrer Wohnungen stammen. Das gesamte Band dauert 4768 Stunden, 52 Minuten und 19 Sekunden. Die Flüche beziehen sich auf die dünnen Wände, die engen Gänge, die kleinen Küchen und die hohen Mietpreise.«
Der berühmte Architekt senkte sein Haupt, schluckte dreimal leer mit der Seele und sagte etwas kleinlaut: »Ich habe aber auch noch anderes gebaut!«
»Wir wissen es«, nickte der Oberste, »zum Beispiel ein Einkaufszentrum.«
»Es hat eine Auszeichnung als schönster Zweckbau bekommen«, sprach der Architekt.
»Bild ab!« befahl der Richter, und auf einer sehr weißen Wolke erschienen Projektionen. Sie zeigten die bloßen Füße von Hausfrauen. Die Füße, Millionen an der Zahl, waren wundgelaufen und wiesen große Blasen an Ballen und Zehen auf. Untermalt war der Film vom dünnen Weinen verlorengegangener Kinder und von saftigen Flüchen der Autofahrer, die sich in den labyrinthischen Parkgaragen des Einkaufszentrums verfahren hatten; auch waren

Seufzer von älteren Menschen, die sich mit etwas abzuschleppen schienen, deutlich zu vernehmen.
»Lassen wir das Einkaufszentrum«, sagte der Richter, »was war sonst noch?«
»Ein Theater!«
»Aufnahme ab!« sagte der Richter, und es erschien ein riesiger Betonklotz, der von allen Seiten aussah wie von hinten. Durch den Beton drang dünnes Klatschen und das heisere Heulen eines Schauspielers. Der schüttere Applaus stammte von sieben Zuschauern, die sich trotz der Sterilität des Raumes in das moderne Theater gewagt hatten, das heisere Heulen aber von einem Mimen, der im aussichtslosen Kampf gegen die Akustik des Theaters seine Stimme verloren hatte.
»Ich habe«, sprach der Architekt jetzt schon sehr kleinlaut, »auch noch eine Kirche gebaut!«
Das hätte er nicht sagen sollen, denn da lief der oberste Richter plötzlich dunkelrot an und donnerte: »Nach unten!« Allsogleich öffnete sich die Wolke, und der berühmte Architekt fiel und fiel und fiel. Sein endloser Sturz endete in der Hölle, die im übrigen aus einer von ihm gebauten Dreizimmerwohnung bestand.

Erschienen 1979

Martin Walser

Alpen-Laokoon oder Über die Grenze zwischen Literatur und Gebirge

geb. 1927

1.

Wenn ich einen Bergbauernroman schreiben würde, wäre ich verloren. Ich könnte ja nur einen schreiben, der mir nicht zusteht. Zum realistischen Bergbauernroman fehlen mir die Voraussetzungen genauso wie zu einem Seefahrtsroman. Einen Seefahrtsroman möchte ich niemals schreiben. Aber einen Bergbauernroman. Einen ganz und gar erlogenen, verlogenen. Das ist schon ein alter Reiz. Aber immer, wenn ich anfangen will, meinen genrehaften Alpenroman zu schreiben, spüre ich eine Hemmung, die so stark ist, daß ich fast nicht mehr glaube, sie sei mir nur durch die elitäre Tabuisierung dieses Genres eingebleut. Es muß in mir einen triftigeren Widerstand gegen die Sache selbst geben. Dabei habe ich doch wirklich keinen Anspruch auf den Titel Asphaltliterat. Und: noch nie seit 1945 hatte ein traditioneller Heimat- und Bergroman so viele Chancen gehabt wie jetzt in der Rückfall- bzw. Tendenzwendezeit. Selbst die schnellsten Jungs in Hamburg und Wien winden jetzt schon über eine Saison lang der Provinz fast unvergiftete Kränzchen und suchen in ihren PVC-Schubladen nach ein paar blumig verschimmelten Dialektbröcklein, die durch eine Putzfrau da hineingekommen sein könnten. Trotz dieser objektiven Gunst sehe ich mich zögern. Zweifellos müßte im Titel meines Bergbauernromans das Wort *Föhn* vorkommen. Ich möchte, daß das Buch eine Dichtung würde. Gleißende Passagen, völlig verhangene Passagen. Täler, in denen das Wetter sich braut. Granit und Schmelz. Ich habe als zu junger Mensch John Knittels *Via Mala* gelesen. Vielleicht

sollte man solche Bücher erst lesen, wenn man sie nicht mehr lesen kann. Ich vermute, zum Beispiel, daß die *Betrachtungen eines Unpolitischen*, die ich erst kürzlich las, mir nichts mehr schaden konnten. Die *Via-Mala*-Lektüre dagegen kann mich mit dem Wunsch, einen solchen Roman zu schreiben, infiziert haben.
Ich habe einmal — es muß im Winter 1942/43 gewesen sein — einen Roman gelesen, der *Das Licht der Berge* geheißen haben könnte; in diesem Roman tropfte der schmelzende Schnee in der Märzsonne vom Stadeldach; seitdem ist dieses ungeheure Stille-Ereignis — die Märzsonne schmilzt den Schnee vom alleinstehenden bzw. einsamen Stadel — durch dieses Buch besetzt. Die bohrende Sehnsucht, diesen Stadel zu finden und dann nicht mehr zu verlassen, habe ich seitdem mindestens in jedem März zu ertragen. Vor allem: wenn ich tatsächlich im März genau an einen solchen alleinstehenden bzw. einsamen Stadel komme, habe ich, wie jeder weiß, meinen Sehnsuchtsstadel von 1942/43 nicht gefunden, sondern werde auch durch die innigsten zerfurchtesten, gegenwärtigsten Städel nur an den nie gesehenen von 1942/43 erinnert. Das ist eine wahrhaft entsetzliche Wirkung von Literatur. Begreift man jetzt meinen Wunsch, selber einen Bergbauernroman zu schreiben? Ich muß der anhaltend zersetzenden Wirkung jenes Heimatromans literarisch-exorzistisch entgegentreten. Wenn da nicht die eingebleute oder tiefsitzende Hemmung wäre!
Schon wieder einmal stoße ich auf den fehlenden Lessing. Hat er mich durch seinen strengen *Laokoon* ein für alle Mal gebannt? Am besten nenne ich diesen Geständnisversuch *Alpen-Laokoon oder über die Grenze zwischen Literatur und Gebirge*. Ich leide tatsächlich unter der ganz gewiß irrigen Vorstellung, daß Landschaft, wenn sie in der Sprache erscheine, niemals jene Bestimmtheit erreiche, die sie in der Malerei, selbst durch schlichte Hände, sofort habe. Wäre es denn so schlimm, wenn man in der Prosa den Piz Buin nicht vom Piz Beverin unterscheiden könnte? Ich muß hier einschieben, daß mein Bedürfnis nach Gebirge

neuerdings arg zunimmt. Zweimal zwei Wochen Skifahren und die knappe Wanderwoche reichen mir nicht mehr. Den Rest des Jahres macht mich das Wetter mit dem Hin- und Herschieben der Gipfelherden an. Offenbar möchte ich mir den Luxus der Menschenlosigkeit andauernd leisten. Da man aus Erfahrung weiß, daß andauernder Umgang mit etwas die Sprache bestimmt, müßte ich mich also gefaßt machen auf die Einwirkung des alpinen Fundus auf meine Wortgewohnheiten. Bergmetaphern! Gott bewahre. Oder sich rechtzeitig fügen? Die Not zur Tugend machen?
Ich muß mein Vorurteil gegen Alpenmetaphorik endlich einmal verhören.

2.

An Verbrauchtheit ist die Alpenmetaphorik sicher nur noch mit der Meeresmetaphorik vergleichbar. Ist der einzige *Tell* unter allen Vierbuchstabenwörtern etwa nicht das ordinärste geworden? Alles, was es zuwenig gibt, muß zu oft genannt werden. Berg und Tal und Tell und Einsamkeit und Weite und Licht und herabstiebender Bach und hinaufsetzende Gemse und die anderen neunundzwanzigtausend alpinen Erscheinungsformen. Es gibt davon zuwenig für die Milliarden eingekerkerter Städter. Deshalb sehe und höre ich immer, wenn ich mich in London, Hamburg und Frankfurt durch die verrückten Straßen schleiche, die Leute in den Fenstern und die Leute auf dem Trottoir und die Leute an den Haltestellen die einzige Litanei murmeln: Berg, Tal, Tell, Einsamkeit, Weite, Licht, herabstiebender Bach, hinaufsetzende Gemse, Edelweiß. Ja, *Edelweiß* kommt jetzt immer öfter vor in der Litanei der Eingekerkerten. Ich mache dann immer ein Gesicht, als sei ich schon so erledigt, daß ich gar nicht mehr verstünde, was diese Wörter bedeuten. Ich habe Angst, die würden mich steinigen, wenn sie wüßten, daß ich noch vorgestern zwischen blauen Eisenhüten ging im

Hinterrhein-Tal, Höhe zweitausend und mehr. Wenn ich in meiner Gegend bin, in Alpennähe, oder gar drin in den Bergen, wenn ich meinen schlichten Wandererschritt auf die Kuhstufen setze oder mich von fast automatischen Skiern durch die begehrten Empfindungen tragen lasse, überlege ich, wie man den Aufenthalt in den Bergen so unangenehm machen könnte, daß er wieder weniger begehrt und dadurch für mich wieder erlaubter werden könnte. Ich darf ja nicht auf Anciennität pochen. Ich nähere mich dem wunden Punkt. Bis jetzt habe ich meinen Umgang mit Alpinem sprachlich eher verheimlicht. Ich habe mir angewöhnt, höhnisch zu lachen, wenn mir Alpen in der Literatur begegnen. Höchstens, wenn der, der sie vorkommen läßt, selbst lachen muß, weil er so kühn ist, Alpen vorkommen zu lassen, werde ich an den guten alten Ernst erinnert, den diese Geländeformationen in mir erwecken können. Wenn aber einer Alpines seriös bzw. pathetisch auftischt, reagiere ich mit zwanghaftem Gelächter. Ich will den Einfluß, den diese in vieler Hinsicht bedeutungslosen Gesteinsmassen auf uns ausüben, verdrängen. Ich gebe zwar zu, daß die Alpen Betstoff sind für Eingekerkerte. Etwas Pathetischeres als Matterhornbilder im Reisebüro kann man sich kaum denken. Offenbar schiebe ich das Alpine am liebsten ins Triviale, um nicht zugeben zu müssen, daß ich seit Jahr und Tag eine Selbstzensur ausübe. Ich sage mir: diese erhabene Wiese und dieser 2000 Meter hoch gelegene Weiher, der sich ruhig für das Auge Gottes halten könnte; diese aus purer Durchsichtigkeit bestehende Schwärze der plötzlich warm werdenden Winternacht ... was immer hier vorkommen kann, ich werde es nicht zulassen in meinem Bewußtsein. Ich stelle mich tot. Nur als Toter habe ich ein Recht, das zu erleben, was die in Londonhamburgfrankfurt nur als Litaneistoff haben. Vielleicht bilde ich mir nur ein, ich stellte mich tot. In Wirklichkeit bin ich sicher schon toter, als ich ahne. Sonst würde ich es wahrscheinlich gar nicht aushalten, an einem x-beliebigen Januarmittag auf dem Graubündner Berg zu stehen, mitten im Glanz. Also wenn das nicht peinlich ist.

Angesichts von allem, was sich nach allen Seiten hin unter den Wolken tut. Es ist peinlich. Nichts ist so peinlich wie das. Ich sage ja, wenn man wenigstens bestraft werden würde, wenn man zurückkommt. Acht Tage Dunkelhaft, zum Beispiel. Ach, ein bißchen ähnelt die Rückkehr unter die Wolkendecke doch der Dunkelhaft. Vielleicht sollte ich statt *peinlich komisch* sagen. Wegen des Kontrastes. Hier die reine Alpensache und rundum — in mir direkt auf die reine Alpensache stoßend — die schmutzige Welt, die furchtbare Welt, die Weltgemeinheit usw. Kein Wunder, daß der alpine Bestand von dieser Welt so gierig als Bet- und Sehnsuchtsstoff verbraucht wird. Begonnen hat das sofort mit unserem Patron Petrarca. Die Genetivmetaphern in der ersten Bergsteigerprosa (von »den Talgründen deiner Sünden« über die »Bergeskuppe der Überhebung« bis »zum Gipfel des seligen Lebens«) von jenem 26. April 1336 weisen darauf hin, was da für ein Wörtervorkommen entdeckt wurde; diese Metaphern stehen heute zur Verfügung, ohne daß einer zuvor einen Berg besteigen muß; das ist der Segen der kulturellen Tradition. Gerade mit Hilfe von solchen Bergmetaphern gelingt es, die Leute in den Ebenen zu halten: am Arbeitsplatz. Ach würde man doch einmal alle Bewohner von Manhattan einen Winter lang auf die Berge und Täler der Schweiz und Österreichs verteilen. Und alle Älpler würden einen Winter in Manhattan verbringen. Im Frühjahr würde jeder dort bleiben oder hingehen, wo er am liebsten ist. Vielleicht bliebe Manhattan dann leer und zerfiele. Allmählich wüchsen Gras und Bäume auf den Schuttbergen, Eisenhut und Arven. Allmählich würden die Berge und Täler Manhattans zum Inbild der Sehnsucht nach Einsamkeit.
Bei Tieren weiß man offenbar ganz genau, wieviel Raum und Fläche ein Exemplar einer Art braucht, um existieren zu können. Ein Pfau braucht natürlich einen Hektar. Bei Menschen gibt's welche, die müssen zu dritt auf vier Quadratmetern leben, und andere haben viertausend Quadratmeter für sich. Eine wilde bzw. zivilisierte Beliebig-

keit herrscht hier. Also werden brutale Zumutungen alltäglich. Unrecht wird Institution. In den Städten, in denen Menschen ordnungsgemäß vernichtet werden. Davor spricht sich's noch herum, unter welchen Umständen das Edelweiß existiert, das Murmeltier, der Steinbock. Im Fernsehen wird das Abbild der Einsamkeit gezeigt, daß die Eingekerkerten Stoff haben für ihre gehechelten Litaneien. Und ich habe das in Wirklichkeit. Muß ich das nicht verschweigen, so gut es geht? Goethe hat Schweizerreisen gemacht und beschrieben. Den *Tell* hat Schiller geschrieben, der nie in der Schweiz war.
Diesen Preis muß, zum Glück, jeder zahlen, der Schweizerreisen macht. Er kann den *Tell* nicht mehr schreiben, sondern muß penible Schweizerreisen verfassen und dem anderen die Tellfabel mitbringen.
Nichts kann komischer sein als die Stelle, wo die Alpen auf die Gesellschaft stoßen; auf die Gesellschafts*ordnung*, die sowohl für eine Million Menschen keine Arbeit hat als auch einigen Millionen Arbeitender keine fünf Wochen Urlaub gönnt. Was immer man mir über die Sache erzählen mag, aus der der Zwang stamme, der zu dieser Groteske führt, ich halte jede solche Erzählung für einen Versuch, das Interesse zu legitimieren, das von dieser Groteske profitiert. Es heißt: das Interesse des Kapitals. Andererseits könnten die Leute, wenn es *ihr* Interesse wäre, jährlich fünf Wochen in den Bergen zu verbringen, die Vertreter des Kapitals aus den Parlamenten heraus- und ihre Vertreter hineinwählen. Offenbar wollen die Zeitgenossen ihre Lebenszeit lieber von Vertretern des Kapitals organisieren lassen, als jährlich fünf Wochen in den Alpen zu verbringen. Also — schließe ich eifrig — ist meine Scham nicht angebracht. Ungeniert könnte ich den herausfordernden Glanz der Höhen in die Sprache eindringen lassen. Meine politischen Empfindungen gegen Alpenmetaphorik sind also sentimental oder edelsüchtig oder Schlimmeres. Zumindest läßt der Gang des Verhörs meiner Motive solche Schlüsse zu. Ich möchte gern protestieren; lasse es aber lieber.

3.

Lessing hat in seinem *Laokoon* erkannt, daß das Verhältnis der Zeichen zu dem Bezeichneten unstreitig ein *bequemes* sein soll. Das ist uns allen recht. Ich verstehe darunter, zum Beispiel, ein Verhältnis, in dem die Zeichen und das Bezeichnete entlastet werden von eher äußerlichen Ansprüchen. Es könnte ja sein, daß selbst die Berge nicht aus den Alpen stammen, sondern aus der Seele, aus der Erinnerung, aus dem Bewußtsein. Damit entfiele der Zwang zu der mit dem Lineal gefällten Unterscheidung, die Lessing zwischen *Körper* (Malerei) und *Handlung* (Poesie) zu machen befahl. Petrarca hat es schon in jener Beschreibung der »Besteigung des Mont Ventoux« vorgemacht, wie man sich in den bedrängend körperlichen Bergen »auf Gedankenflügeln vom Körperlichen zum Unkörperlichen« hinüberschwingt. Um dann, anstatt im Malerischen, im Predigerischen zu landen. Ich will mich auch einmal in *der* Richtung gehen lassen. Ich friere meistens zu früh. Aufgaben überschätze ich, also entmutigt mich ihr Anblick. Berge entmutigen mich weniger als Aufgaben. Wenn ich den ersten Schritt auf einer Anstiegsstrecke getan habe, vollziehen sich die nächsten 10000 Schritte ohne mein Zutun. Da auch keine Menschen zu befürchten sind oder doch nur solche, die genauso einsinnig und unansprechbar aufwärts spuren, ist Raum für jede Konzentration, die sich selbst will. Das heißt, man erfährt beim stundenlangen Aufwärtsgehen, woran man wirklich gern denkt. Mir ist beim Wandern in den Bergen und beim Skifahren noch nie etwas Unangenehmes eingefallen. Aber selbst Menschen und Verhältnisse, an die man im flachen Land nicht ohne sich sofort überspitzenden Gram denken kann, sind, wenn sie einem droben in den Höhen einfallen, zu einer lichten Immaterialität verurteilt, der man geradezu zuwinken und zulächeln kann. Deshalb winke und lächle ich des öfteren, wenn ich dort völlig allein bin. Das wichtigste ist, daß ich in der Höhe leichter bin als herunten. Ich wache auf und bin schon wach. Dazu brauche ich

herunten oft den ganzen Tag. Droben kann fast nichts mißglücken. Was man herunten anfangen kann, muß mißglücken. Wie könnte man unter so benehmenden Umständen auf etwas kommen, was nicht mißglückt! Den größeren Teil des Jahres unter schweren Wolken, die aussehen, als wüßten sie, was sie bewirken! Eine Luft, die man wie auf Befehl atmet. Hunde starren einen herunten an, als hätten sie einen Verfolgungsauftrag. Droben könnte ich ununterbrochen tätig sein, kann aber genausogut nichts tun. Herunten fällt mir Tätigkeit schwer, aber ich würde keine Stunde überleben, ohne tätig zu sein. Ein wahrhaft viktorianisches Ideal durchzuckt mich: hoch droben wohnen, hoch droben schreiben, Geld verdienen und, zur Erzeugung eines guten Gewissens, Gründung einer Stiftung für Druntengebliebene. Droben winkt die Freundschaft mit einem Senn. Ein Senn riecht gut. Er riecht um so besser, je näher man ihm kommt. Ich bin schon manchem Senn nahe gekommen. Auch Bäume stehen für Bekanntschaften zur Verfügung. Ich würde ganz gern verstummen. Welch ein Stichwort. Der Tod ist mir fast immer schon als etwas Wildes erschienen. Als etwas, das einen dann mitreißt. Gewaltsam. Man kann sich nicht mehr halten. Also für diese ganze Aufhörerei wäre ich viel lieber droben. Man geht dann und wann auf dem bequem begehbaren Grat ein paar Stunden südwärts; schaut links hinab, rechts hinab. Eine eitle Sache. Die Täler sehen aus wie Salami mit Apfelmus. Die weitere Welt ist ein violetter bis farbloser Dunst. Die kannst du vergessen. Dein Privileg ist die Sonne. Du stehst auf der Stirn des Gestirns. Wenn du merkst, daß du gleich spinnen wirst, hüpf abwärts. Bei 1500 Metern wirst du wieder normal. Überhaupt in der Nähe von Kühen.
Niemand, natürlich, wird auch nur des geringsten Bergsegens teilhaftig werden, der von drunten die falschen Leute mitgebracht hat. Die richtigen gibt es (fast) nicht. Das mußt gesagt werden. Das hat schon vollkommen scharfsichtig Patron Petrarca am 26. April 1336 gewußt. Zuerst entschuldigt er sich in seinem Bericht dafür, daß er einen

Berg bestiegen habe; auch das hat er schon gewußt, daß man sich für so etwas Schönes entschuldigen muß; *er* tut's mit dem jetzt nicht mehr recht ziehen wollenden Hinweis auf seine eigene Asozialität und auf das Vorbild des Bergsteigers und Königs Philipp von Mazedonien; dann schreibt er:

»Als ich aber wegen eines Begleiters mit mir zu Rate ging, erschien mir, so merkwürdig es klingt, kaum einer meiner Freunde dazu geeignet: so selten ist selbst unter teuren Freunden jener vollkommenste Zusammenklang aller Wünsche und Gewohnheiten. Der eine war mir zu saumselig, der andere zu unermüdlich, der zu langsam, jener zu rasch, der zu schwerblütig, jener zu fröhlich, der endlich zu stumpfen Sinnes, jener gescheiter, als mir lieb. Beim einen schreckte mich seine Schweigsamkeit, beim anderen sein lautes Wesen, beim einen seine Schwere und Wohlbeleibtheit, beim anderen Schmächtigkeit und Körperschwäche.«

So wie sich der Fallwind Föhn pro 100 m Fall um 1 Grad erwärmt, so werden unsere Eigenschaften pro 100 m Aufstieg um 1 Grad krasser. In 2000 Meter Höhe wird Wesen Erscheinung. Petrarca, dieser zweiunddreißigjährige Weise, nahm seinen Bruder mit.

Was das Gestehen der Bergprivilegien besonders erschwert, ist der Winter. Der Winter, der drunten nur einen Sinn hat als Strafe, Züchtigung, ist droben ein Gleißen. Gegen sechs Uhr abends kapriziert sich die Sonne im Januar nur noch auf drei in einer Reihe schräg hintereinander liegende Gipfel. Die holt sie lachsrot heraus aus einer blauweißen Schattensuppe. Nach der unsinnigen Pistenraserei tut dir alles selig weh. In deiner Seele sieht's aus wie Bing Crosby. Von frischer Luft bist du schön blöd. Mehr Sonne als sonstwas im Hirn. Im Bewegungszentrum laufen die zu vielen Fahrten weiter. Die sechs Stunden Dialog mit dem Gelände laufen noch einmal und noch einmal ab. Der Film läuft die ganze Nacht durch weiter. Du, ein notorischer Sitzkrüppel, kannst so viel Körperdialektik nicht so rasch verarbeiten. Momente und

Momente. Des Leichtwerdens, Abhebens, Schwereverlierens, Schweregewinnens. Irrsinnig, wie oft du den aus Ungleichheit bestehenden Herausforderungen des Geländes geantwortet hast. Öfter mal wolltest du aufgeben. Schluß. Keine Antwort mehr. Nur noch mechanische Reproduktion eines technischen Tricks zur folgenlosen Überwindung eines Höhenunterschieds von oben nach unten! Dann antwortest du doch wieder. Aus Freude. Oder Freiheit. Deine Trophäe: Luxusschmerzen überall. Verglichen mit dem nächstbesten Mitrasenden bist du alles andere als toll. Aber das sagst du jetzt. Um nicht in den Geruch zu geraten, du wolltest angeben. Du würdest natürlich schon gern angeben. Aber du mußt zugeben, es steht nicht dafür. Solang du draußen bist im Gelände, spielt das auch keine Rolle, wie du abschneidest. Du bist endlich heraus aus dem Vergleich mit anderen. Du würdest lieber bravo schreien vor Begeisterung über Buben und Mädchen, die mit dem Gelände umgehen wie Bach mit der Zeit. Du vergleichst dich nur noch mit dir selbst, und dabei schneidest du glänzend ab. Du bist nirgends so gut wie hier. Nirgends so wie hier. Früh aufstehen. Sich auf den Weg machen. Man weiß, wie viele Stunden es dauert, bis man das Alpenquantum hinter sich gebracht haben wird. Jemanden, der sich im Gebirge zuwenig vornimmt, könnte ich nicht verstehen. Für jemanden, der sich im Gebirge nicht bis an den Rand seiner Kräfte anstrengen will, habe ich nur ein Kopfschütteln übrig. Jemand, der im Gebirge nicht mehr aus sich herausholen will als das letzte Mal, sollte vielleicht gleich im Kino sitzen bleiben. Jemand, der sein Pensum nicht so bemessen hat, daß er, während er es absolviert, oft und oft in Versuchung ist, aufzugeben, hat sich zuwenig vorgenommen. Wer während des Ableistens nicht über seine Selbstüberforderung in Verzweiflung gerät, hat sich einen lächerlich langweiligen Tag gemacht. Und so weiter. Das ist die Freiheit, die ich meine. Von sich selber mehr verlangen, als man gerne geben will. Sich überanstrengen. Mehr, viel mehr wollen, als man kann. Und das Zuviel steigern. Das Jetzt-geht's-nicht-mehr hinaufsetzen. Die Überforderung zur Gewohnheit machen. Es ist das äußerste Gegenteil der Lebensweise drunten, wo andere uns überfordern, überanstrengen, uns die Aufgaben verpassen. Das sehe ich, das glaube ich zu sehen, in den schwitzenden Gesichtern hoch überpackter Bergwanderer, völlig knochenlos heimtaumelnder Pistenraser. Das kommt mir vor wie Freiheit. Natürlich könnte sich einer auch auferlegen, bis zum Umfallen um den Münchener Hauptbahnhof herumzurennen. Aber man darf doch, ohne hochmütig zu erscheinen, sagen, der wäre schön dumm.

Ich schließe diese Erbauung mit der Mitteilung, im Gebirge sei noch etwas, was um einen Großstadtbahnhof nicht im gleichen Maße sei, und dieses Etwas sei der Erzeugung eines Freiheitserlebnisses günstiger als das, was der Hauptbahnhof um sich hat.

Der Hauptbahnhof ist natürlich ein Inbegriff der Handlung. Er ist der denkbar größte Gegensatz zur Landschaft, die, nach Lessing, vorzüglich in *Körpern* erscheint. Der Hauptbahnhof ist also die schlechthin literarische Gegend. Das Gebirge bliebe das Gegenteil. Im Hauptbahnhof: Handlung (vor allem Abschiedshandlungen, Ankunftshandlungen: beide schmerzensreich, also nach Sprache schreiend). Im Gebirge: action. Das doch. Nicht nur *Körper*. Auch action. Und auf jeden Fall etwas, das man, seiner Intensität nach, als eine Art Leid bezeichnen kann. Womit ich zurückkehre zu dem Versuch, Lessing dadurch zu verinnerlichen, daß ich sage, Berge müßten nicht unbedingt aus den Alpen stammen; und selbst wenn es sichtbarste Berge wären, sie könnten einen Betrachter oder Besteiger doch in einer Weise affizieren, daß in ihm eine schmerzliche Handlung angestoßen, also eine Notwendigkeit für Sprache aufgetan wird. Dichtende Gewährsmänner: Hölderlin und Robert Walser. Letzterer: »Die Natur, Bruder, ist auf so geheimnisvolle unerschöpfliche Weise groß, daß man, wo man sie genießt, auch bereits schon unter ihr leidet...«

Um Körperliches in Handlung zu verwandeln und dadurch Lessingschen Forderungen im voraus gerecht zu werden, mußte Homer noch die Fabrikation des Achilles-Schilds beschreiben. Ein Trick, wenn auch ein genialer. Hölderlin und Robert Walser brauchen nichts dergleichen. Sie erleben bzw. erleiden die Natur als eine Handlung, deren Akteure und Betroffene sie, die Dichtenden, selbst sind. Und die Sprache ist notwendig, damit der Prozeß, der dialektische, überhaupt stattfinden kann. Und wenn dieses Hin und Her erst einmal in Fluß geraten ist, hat Lessing ausgesorgt. Dann sind die Körper Prozeßglieder, dialektische Akteure, und zwischen Stein und Bewußtsein fließt ein Strom, der beide zu einerlei Materie macht: »wohlgestalt stehn/ Die betroffenen Berge. Gezeichnet / Sind ihre Stirnen.« So antwortet der Hölderlinsche Blick. Die Gipfel werden der Körperwelt programmatisch streitig gemacht als *Die Gipfel der Zeit.* Und daß es die absolut gibt, weiß jeder Bergler. Meine Gewährsmänner haben eines gemeinsam. Sie sind Flüchtlinge. Sie haben unter Menschen keine ermutigenden Erfahrungen gemacht. Robert Walser, zum Beispiel: »Wie wohl tat es mir, auf das felsige Gestein treten zu dürfen. Der Erdboden war mir wie ein geheimer Bruder. Die Pflanzen hatten Augen, die mir Blicke voll Liebe und Freundschaft zuwarfen.«

Kurzum, die Scheu vor Alpenliteratur kann nur eine soziale sein. Wem es gut geht unter Menschen, der kann sich im Gebirge zwar wunderbar abarbeiten und sich in Freiheiten ausprobieren, aber Bäume und Steine werden erst zu ihm sprechen, wenn es die Menschen nicht mehr tun. Und das will man doch nicht hoffen. Aber falls es dann passiert, wisse, dort wartet das Ansprechbare. Man spürt das, sooft man in die Nähe kommt, als Attraktion. Wer sagt das erste Wort? Du oder der Stein? Dein Stein wird sich an dich wenden. Gegebenenfalls. Du bist sozusagen willkommen. Wenn es also überhaupt eine Grenze gibt, dann nicht zwischen Literatur und Gebirge, sondern zwischen Menschen und Menschen. Und um diese Grenze zu entschärfen, kann der direkteste Weg der über das höchste, einsamste, also literarischste Gebirge sein. Auf jeden Fall wäre es schön, wenn es so wäre. Jetzt, glaube ich, stünde meinem künstlichen Alpenroman nichts mehr im Wege.

Erschienen 1978

Walter E. Richartz

Arbeitsessen

1927—1980

Anläßlich des Besuches von Herrn Dr. T. und Herrn G. W. von der Fa. K & L fand ein Arbeitsessen statt, an dem auch Herr Direktor A. — zeitweise — teilnahm. Herr Direktor A. äußerte sich dabei wie folgt.
Und Sie — auch einen kleinen Sherry vorweg? — Lieber Tomato-Juice? — Ja, machen Sie das mal. — Alles versorgt?
Na, dann wollen wir mal auf die erfreuliche Nachricht trinken! — Ach so — wissen Sie noch gar nicht? — Ja, habe ich selbst erst heute morgen gelesen: Eine Milliarde Umsatz bei K & L! Dollar-Milliarde natürlich. Schön, was?
Tja, da müssen Sie erst zu uns kommen, um das zu erfahren! Na dann — Prost! Willkommen im Club!
Natürlich, Sie sind mehr mit den Details befaßt. Kosmetik. Wieviel Millionen macht die Kosmetik bei Ihnen?
So, 10 Millionen. Oder 40 Millionen?
Nein — ja, richtig. Das sind die Waschmittel.
Waschmittel machen 40 % bei Ihnen, es war eine Verwechslung.
Nicht 40 Millionen — 40 Prozent. Und das sind Waschmittel. Kosmetik macht nicht so viel.
Bitte, nehmen Sie Platz.
Herr Doktor, an meine grüne Seite.
10 Millionen, ja. Aber, da ist noch was drin. Das ist noch Potenschel.
Sehen Sie, das ist doch so: Heute will alles braun sein. Dunkelbraun wie die Neger. Die Mediziner raten dringend davon ab, es sei hautschädlich, aber was kann man machen — es ist eben Mode. Beinahe ansteckend.

Die soll abräumen. Wo bleibt die denn wieder. Klingeln Sie mal, der Knopf ist bei Ihnen, unter dem Tisch.
Mode. Während meiner Zeit in New York, da wunderten wir uns, daß die Leute von der Niederlassung der Fa. H. alle auf einmal so bunt waren. Irgendwie überdreht angezogen. Alle wunderten sich — selbst ihre eigenen Frauen. Das kam aber daher: Die mußten immer mit den Modefritzen zusammenhocken. Da sie Synthetic-Faser machen, müssen sie auch Mode machen.
Bitte, bedienen Sie sich.
Also wirklich, die Sonnenbaderei ist nicht gut.
In südlichen Breiten sogar schädlich. Während meiner Zeit in Mexiko hatte ich mal meinen Vater eingeladen. Wir waren in Acapulco, und er wollte in der See baden. Ich kannte das schon. Man muß sich beim Schwimmen die Schultern schützen. Ich sagte: Papa, zieh dir ein Hemd an! — Aber er, er ist so ein richtiger alter Husumer — er wollte davon nichts wissen. Ach papperlapapp. Und als er vom Schwimmen zurückkam, waren seine ganzen Schultern verbrannt.
Nordsee ist sicher gesünder.
Schmeckt es Ihnen? Bitte greifen Sie doch zu. Mich wollen Sie bitte entschuldigen. Muß abnehmen.
Es wird ja auch immer mehr von diesem Make-up aufgelegt, auch die Färbemittel, ganz dick. Die Kosmetikleute sind darauf gekommen, daß man das dick aufmalen muß, um die unteren Hautschichten vor der Verrunzelung zu schützen.
Kann man sich denken, das macht Menge.
Ist doch gut für Sie.
Die Kosmetik setzt sich eben immer weiter durch, neuerdings auch bei Männern. Da ist ein enormes Markenpotenschel. Da ist Zukunft.
Danke, ich darf wirklich nicht mehr. Heute abend schon wieder mit Leuten, muß nachher noch nach Brüssel.
Sie wollten uns doch mal Ihre Gliederung erklären.
Also nach Ländern, vertikal. Und Sie haben das wie or-

ganisiert? Aha ja, genau anders herum als bei uns. Sicher auch sehr gut.
Und Ihre Sparte ist da aufgehängt. Direkt unterstellt.
Haben Sie was Gutes. Echter Renner. Man wundert sich manchmal. Was man doch bereit ist auszugeben.
Neulich, als ich beim Friseur war, habe ich dann noch ein Pre-shave, etwas Haarwasser und noch ein paar Kleinigkeiten verlangt, und als ich nun fertig war, da hörte ich plötzlich, also da sagte der irgendwas von »hundertachtmark«! Ich fiel fast vom Stengel! Ich sage zu dem Mann: Hören Sie mal, ich hatte doch nur diesen Haarschnitt, und dann dieses Pre-shave, dies Haarwasser, die paar Sachen — tja, und was denken Sie? Allein das Pre-shave kostet schon zweiunddreißig Mark! Fantastisch! Die Rendite!
Enormes Potenschel in diesem Markt!
Übrigens, da fällt mir noch was ein — ich wollte Sie doch noch was fragen. Vielleicht können Sie sich mal bei sich zu Hause erkundigen, bei Ihren einschlägigen Leuten...
Ich muß vorausschicken, unser Herr M., im Vorstand, wissen Sie, das ist ein ganz hellhäutiger Mann. — Nun, er hatte früher immer sehr unter Sonnenbrand zu leiden. Hat dann aber mal so eine synthetische Pille genommen, aus unseren Labors, und seitdem nie mehr. Aber, was wollte ich sagen?
Ach ja, sehen Sie, jedesmal wenn wir uns treffen, dann kommt er mir wieder mit seinem Lieblingsprojekt, ob damit nicht doch was zu machen wäre.
Vielleicht sollte man sich damit beeilen.
Es ist ein bestimmtes Produkt, bei uns entwickelt, das die dunkle Hautfarbe wegmacht. Zum Beispiel für Neger: Ja, wirklich, die Neger werden davon weiß!
Das ist doch eine tolle Sache!
Ich meine, die meisten sehen doch immer noch in den Europäern das Vorbild.
Wir haben leider keine outlets für so was. Aber Sie, Sie haben doch eine Auslandsorganisation, sehen Sie da viel-

leicht eine Chance? Da gibt's doch Märkte, da sind doch Millionen drin! Jaja. I see.
K & L Kosmetik nur in Europa, jedenfalls der Kosmetik-Sektor. Bisher noch.
Nun, jedenfalls, Sie sollten an uns denken. Ich glaube, in Südafrika könnte man damit viel verdienen. Auch anderswo. Wir wollen braun sein — die wollen weiß sein. Ist das nicht ein Witz?
Oh, die Haare. Dafür gibt's natürlich die Haarglätter. Ich kenne das aus den Staaten. Was meinen Sie, der das erfunden hat, was der für ein Schweinegeld gemacht hat!
Also Haarglätter, Hautbleicher, geht alles wie warme Semmeln. Die Lippen nicht.
Haben Sie recht, die Lippen, das geht nicht. Die bleiben dick.
Na ja, kann ja gut aussehen, vor allem bei Frauen.
Jedenfalls, die Kosmetik wird sich weiter durchsetzen. Da habe ich keinen Zweifel. Da sind Sie auf der Sonnenseite. Nun gibt es die Kosmetik-Line für den Mann, es wird sie auch für Kinder geben. Vielleicht demnächst für alte Menschen. Rentner. Ein beachtlicher Markt.
Wie?
Was war das?
O Gott, Leichen. Halten Sie sich mal im Zaum, junger Mann. Ist ja wohl ein bißchen makaber, nicht? Schwarzer Humor, wie?
Sprechen wir lieber von erfreulichen Dingen.
Unsere beiderseitigen Interessen. Sie haben sich ja heute abgestimmt.
Zweifellos, es gibt da Berührungspunkte.
Neulich zum Beispiel, da traf ich Herrn T. beim Golf, Sie wissen, Vorstand von H., und der klagte mir sein Leid. Er sagte zu mir: Pharmazeutika, nichts wie Sorgen. Etwa unsere Appetithemmer, alle diese Mittel, das ist alles derart in der Presse, derart in der Diskussion — da ist nichts mehr zu machen.
Ein wackeliges Geschäft.
Wissen Sie, was man machen muß? sagte er zu mir. Man

muß ins Diät-Geschäft hinein! Das lohnt sich, das hat Zukunft. Gehen Sie mal in so ein Reformgeschäft, schauen Sie sich mal die Preise an!
Wie Sie wissen, haben wir damit auch zu tun.
Eiweiße. Aminosäuren, diese Artikel, da waren wir immer schon stark.
Sie auch. Da gibt es Berührungspunkte.
Wie ist das denn nun, mit den Proteinen?
Sie haben doch sicher auch damit experimentiert. Mit Kunstfleisch, habe ich mir sagen lassen.
So ist es, bei uns auch.
Enormes Potenschel, aber technisch noch mangelhaft.
Wenn der Fasan nach Fisch schmeckt, dann ist das nichts. So was wollen die Leute nicht. Es ist eine Aufgabe für die Zukunft. Aber leider, ich muß. Muß um fünf schon in Brüssel sein.
Aber wir bleiben in Kontakt, ja?
Bleiben Sie ruhig noch ein bißchen, lassen Sie sich nicht stören. Noch einmal: Prost!
Auf gutes Gedeihen — bis zum nächsten Mal.

Erschienen 1979

Walter Matthias Diggelmann

Der Jud Bloch

geb. 1927

Seit Jahren, aber mit großen Unterbrüchen, sammle ich Häuser aller Art. Ich antworte auf Verkaufsinserate in Zeitungen, auch wenn es darin heißt, der Käufer müsse über ein Eigenkapital von vierhunderttausend Franken verfügen können. Ich lasse mich ungeniert durch Villen mit fünfzehn Zimmern, vier Badezimmern, geheiztem Schwimmbassin und zehntausend Quadratmeter Umschwung führen. Ich diskutiere mit dem Makler ernst über die Vor- und Nachteile, die Unterhaltskosten, die Gehälter des erforderlichen Personals, ich erkundige mich eingehend nach dem Erbauer der Liegenschaft, und falls das Haus schon mehrmals den Besitzer gewechselt hat, möchte ich etwas über den Besitzer erfahren, der jetzt verkaufen will. Warum er diese prächtige Villa verkaufen wolle oder diesen wunderbaren Landsitz oder das guterhaltene, aus dem 19. Jahrhundert stammende Bauernhaus mitsamt Scheune, Stall und Gemüsegarten, jedoch ohne Wiesen und Äcker. Es kommt auf den Makler an oder auf dessen Beauftragten, zuweilen ist es auch eine Amtsperson, ob man viel erfährt, wenig oder gar nichts. Selten hat man Gelegenheit, mit dem Besitzer persönlich zusammenzutreffen. Man kann als Faustregel sagen, je höher der Kaufpreis ist, desto geringer die Chance, den Besitzer selbst zu sehen. Ich melde mich aber nicht nur auf Zeitungsannoncen. Auf unseren Spazierfahrten durchs Waadtland, unsere jetzige Heimat, sei es durch die Weinberge des Lavaux oder der Côte, sei es hinauf in die Jurahöhen oder durch die vielen Bergdörfer des Jorat entgeht uns kaum ein unbewohntes Haus, davor meistens ein brachliegender Garten, die Fensterläden geschlossen; wir

halten vor der nächsten Auberge, bestellen unseren Halben Salvagnin oder Gamay, fragen nebenbei nach dem Besitzer des unbewohnten Hauses und erfahren so oft, ob es zu kaufen wäre oder ob es auf die Erben wartet, die vielleicht erst in einigen Jahren werden einziehen können.
In P., einem Bauerndorf des Jorat mit ungefähr tausend Einwohnern, hauptsächlich Bauern, sahen wir schon vor Monaten einen großen unbewirtschafteten verlassenen Bauernhof. Gemüse- und Obstgarten umrandeten Haus und Stall und Scheune und Geräteschuppen. Altertümlich anmutende Mähmaschinen und Pflüge standen ungeschützt und verrostet im Hof. An den geschlossenen Fensterläden blätterte die blaßgrüne Farbe ab, auch die Eternitplatten, welche auf der Wetterseite den oberen Teil des Hauses vor Regen schützten, hatten sich verfärbt, waren fleckig und teils schon losgelöst. Der Hof mußte seit Jahren, wenn nicht Jahrzehnten unbewohnt sein. Wir wendeten unseren Wagen auf dem Hof und fuhren in den Dorfkern, wo wir bei der erstbesten Auberge haltmachten. Es war ein schöner Augustnachmittag, das Dorf menschenleer, weil zu dieser Jahreszeit die Bauern das Korn ernten; sie brummen mit riesengroßen Ungetümen über die Felder, den ganzen Tag, und wenn es in der Nacht windstill ist und mondhell, steuern sie ihre Mähdrescher bis lange über Mitternacht hinaus durch ihre Weizen-, Roggen- und Gerstenäcker. Zu Hause, wie in den Restaurants oder den kleinen Spezereiläden, bleiben an solchen Tagen nur die Großeltern oder gar die Urgroßeltern. Es kommen ja kaum Gäste oder Käufer. Auch in dieser Auberge saß ein altes gebücktes Mütterchen, als wir uns gesetzt hatten, kam sie schlurfend an unseren Tisch. Wir bestellten unseren Wein und eine Portion Gruyère, und als das Mütterchen uns die Sachen brachte, forderten wir es auf, sich an unseren Tisch zu setzen. Man brauche diese heißen Tage, bis zu dreißig Grad, selbst im Schatten fünfundzwanzig, nur so bringe man die Ernte ohne Einbuße unter Dach, aber für die alten Leute sei es zuweilen zuviel des Guten; auch der Tod, sagte die Frau, bringe die Ernte ein, schon

vier Frauen, mit denen sie vor fast achtzig Jahren die
Schule besucht habe, seien in den letzten drei Wochen gestorben. Wir rühmten die Schönheit und Sauberkeit des
Jorats im allgemeinen und dieses Dorfes im besonderen,
die Fruchtbarkeit der Erde, den Fleiß der Bauern.
Endlich kamen wir auf den verlassenen Bauernhof zu
sprechen. Die Frau schaute uns an, schaute von uns weg,
zögerte, machte eine Bewegung mit der rechten Hand.
Der Hof steht seit vielen Jahren leer, sagte ich fragend.
Leer? O nein, sagte die Frau, unbewohnt ist das Haus
nicht. Dann hätten wir uns getäuscht, der Besitzer sei
wohl verreist, deshalb die geschlossenen Fensterläden . . .
aber darauf erpicht, Haus, Stall und Scheune in gutem Zustand zu erhalten, sei der Besitzer wohl nicht gerade. Wieder sah uns die Frau an. Sie wisse nicht, ob wir das verstünden, wir seien sehr jung und sähen die Welt mit anderen Augen, aber . . . Aber? Der Besitzer, sagte die Frau
leise und neigte ihren Oberkörper uns zu, der Besitzer sei
zwar tot, aber er bewohne das Haus immer noch. Und
darum wolle man es nicht verkaufen. Man habe zwar die
Erben finden können, in Amerika, aber die hätten den
Hof der Gemeinde geschenkt, der Hof sei also schon seit
langem in Gemeindebesitz, aber man wolle ihn nicht verkaufen, und den Hof abbrechen und das neue Schulhaus
an seine Stelle bauen oder sonst ein öffentliches Gebäude,
dazu möge auch keiner ›Ja‹ sagen. Und als vor Jahren in
der Scheune Feuer gelegt worden sei, da sei die Feuerwehr
rascher ausgerückt als sonst und habe das Feuer in kürzester Zeit gelöscht. Nachher hätten einige gesagt, es wäre
klüger gewesen, nicht auszurücken, dann wären wir den
Hof los, es wäre ja nicht das erste Mal, daß ein Feuer so
stark wütete, daß die Feuerwehr ohnmächtig zusehen
mußte. Alltäglich sei das, man könne es in den Zeitungen
lesen, aber die anderen sagten, man sei es dem Toten
schuldig, und noch andere, jüngere, sagten, man sei eingeschritten, weil man sich habe ausrechnen können, daß das
Feuer gelegt worden sei und sogar durch wen, und weil
man ein zweites Verbrechen nicht dulde in diesem Dorf.

Ein Verbrechen?
Die Frau schaute uns lange an, nickte, daß wir es kaum wahrnehmen konnten.
Und der Brandstifter?
Den habe man seit jener Nacht nicht mehr gesehen, weder im Dorf noch sonst irgendwo im Jorat. Die Polizei habe ihn auch nicht gesucht, nicht suchen können. Niemals sei sein Name ausgesprochen worden, sein Name sei nie mehr über die Lippten eines einzigen Menschen dieses Dorfes gekommen, nachdem er 1955 heimgekehrt sei. Auch gegrüßt habe man ihn nicht, nicht einmal angesehen. Er habe nach seiner Entlassung aus dem Zuchthaus zwei Jahre bei seiner Mutter gelebt, dann aber sei die Mutter gestorben, und er habe wohl das Feuer gelegt, um die Erinnerung auszulöschen.
Aber das hätten sie ihm eben nicht durchgelassen ... Die alte Frau machte eine Pause, sah uns unverwandt an, als bitte sie uns, doch auch so zu verstehen, ohne daß sie uns alles ausführlich erklärte. Aber wir wußten nichts, konnten darum wenig verstehen. Er sei zwar der Mörder gewesen, sagte sie endlich, man habe ihn einwandfrei überführen können, und schließlich habe er auch gestanden, aber die anderen ... die ihn dann nicht mehr kannten, die ...
Er hatte also den Besitzer des Hofes ermordet?
Die Frau nickte. Ein Viehhändler. Ein Jud. 1942.
Ein Jud? Hier im Waadtland, im Jorat?
Wir wollten es nicht glauben. Die Welschen, die allem Deutschen den Rücken zukehren, die Arme ausbreiten Richtung Frankreich. Oder war's eine private Angelegenheit, ein Racheakt?
Nein, nein, antwortete die Frau, sie haben den Bloch umgebracht, weil er Jud war. Und Viehhändler. Ein reicher Viehhändler. Aber hilfsbereit. Die meisten konnten es auch nicht begreifen. Aber es war die Wahrheit.
Er war kurz nach dem Ende des Ersten Weltkrieges zu uns gekommen, dieser Bloch. Der große Hof, »La ferme du Pontet« war zu verkaufen, der alte Chessex hatte keine Söhne, die den Hof hätten übernehmen können. Und die

Schwiegersöhne wollten nicht. Niemand in der Familie wollte. Da verkaufte er. Und mit Bloch wurde er sofort einig. Der bezahlte, was der alte Chessex verlangte. »Il ne marchandait pas«, er handelte nicht. Daß er Viehhändler war, kam erst später heraus. Er zog im Sommer 1920 auf dem Hof ein. Hatte gerade geheiratet. Sie war auch Jüdin. Aber daß sie Juden waren, merkte kein Mensch. Daß sie Juden waren, wurde uns erst in den dreißiger Jahren gesagt, in den späten dreißiger Jahren. Bloch war ein guter Viehhändler. Er kaufte bald für den ganzen Jorat Kälber, Rinder, Kühe, Pferde ein. Unsere Leute fuhren nur noch aus Spaß nach Saignelégier an die Pferdetage. Bloch kaufte für sie ein. Nicht nur, daß er ein besonderes Gespür hatte, einen Instinkt wie kaum einer in der Umgebung, Bloch gab Kredit. Und Bloch kaufte auch bei unseren Leuten, wenn einer verkaufen mußte. Und er drückte nicht auf den Preis. Er gab auch Darlehen. Natürlich gab er keine Darlehen ohne Sicherheit. Er nahm Pfandbriefe für Geld. Er übernahm Hypotheken und Schuldscheine. Er kaufte auch Land. Er war der erste weit und breit, der schon in den zwanziger und dreißiger Jahren moderne Maschinen besaß. Und er lieh seine Maschinen den anderen Bauern aus. Natürlich nicht umsonst. Das hatte auch keiner gewollt. Er hatte ein richtiges Büro und einen Verwalter. Das war ein Agraringenieur. Bloch war tüchtig. Gescheit. Wohl zu gescheit.
Zu gescheit?
Und er war keiner von uns, kein Welscher, schon gar kein Waadtländer.
Aber Schweizer?
Das schon. Aber er war nicht immer Schweizer gewesen. Sein Vater, sagte man, sei aus Deutschland in die Schweiz gekommen, habe sich hier das Bürgerrecht erworben. Im Aargau.
Die Waadtländer, sagte ich, obwohl Marianne auch Waadtländerin ist, waren auch nicht immer Schweizer. Und vor hundertundsechzig Jahren waren sie nichts weiter als Untertanen der Berner. Die Frau lächelte, sagte,

aber Waadtländer waren sie, Welsche. Doch gleich meinte sie, so zu reden sei eine ›connerie‹, und sie und ihre Familie hätten überhaupt nie so dahergeredet, aber damals, während der schlimmen Jahre, damals, als es sich herausstellte, wer den Zug verpaßt hatte und wer nicht, da mußten Sündenböcke her.
Den Zug verpaßt?
Nun ja, wer eben nicht wie Bloch die Methoden der Landwirtschaft modernisierte, wer glaubte, Patriotismus allein genüge, damit der Weizen blühe und die Kühe viel Milch gäben, wer sein Geld noch immer unter der Matratze versteckte, statt damit Maschinen zu kaufen, wer sagte, bei uns hat man es immer so gemacht, warum und wozu es ändern, ja, die hätten es schwer gehabt, hätten Sorgen und Schulden gehabt, und die Banknoten unter der Matratze hätten sich auch nicht vermehrt, die hundert Frankenscheine vom Jahre 1925 seien dann 1935 nur noch fünfzig oder weniger Franken wert gewesen, und so seien dann einige mit ihren Schulden zu Bloch gegangen, hätten ihm ihr Land angeboten, ja einzelne sogar ihre Höfe, und Bloch habe gekauft, sicher in der Absicht, den Leuten zu helfen, denn selbst habe er weder Land nötig gehabt, noch zwei oder drei Höfe mehr, das habe sich ja auch gezeigt, als er die Höfe und das Land wieder verpachtet habe. Ja, und dann sei der Krieg gekommen, und die jungen Männer hätten zum Grenzschutz einrücken müssen, und das habe für die Bauern wieder Probleme gegeben, Bloch habe nicht zum Militär einrücken müssen, er sei militäruntauglich gewesen, und dann habe es natürlich an Arbeitskräften gefehlt und Bloch, weil er die höchsten Löhne habe bezahlen können, sei nie in Verlegenheit gewesen ... muß ich noch mehr sagen.
Aber das ist nicht alles, sagte die Frau. Ihre Stimme sank zu einem Flüstern herab. Angefangen hat das mit dem Hitlerismus. Da haben sie auch bei uns die patriotischen Vereine gegründet. Und was Sie gar nicht glauben werden, das waren ganz junge Leute. Man müsse die Heimat von diesen fremden Fötzeln und Halunken säubern. »La

Suisse aux Suisses.« Die Schweiz den Schweizern. Auf einmal wußte man, wer Schuld hatte an unserer Misere. Der Jud. Und bei uns war eben der Bloch der Jud. Hier, in dieser Wirtsstube, haben sie gestritten, die Jungen mit den Alten. Mehr als einmal mußten wir die Gendarmerie anrufen, weil es zu Schlägereien kam, aber natürlich blieben die Gendarmen aus. Die hatten Angst. Man wußte ja nicht, wie's enden würde. Und wenn's soweit kommen sollte, wie die Patrioten, »les Nationalistes«, es voraussagten, daß Deutschland Herr würde in Europa... ja, da mußten sie sich vorsehen... Dabei haben sie übersehen, daß nicht die Juden unser Dorf... heute nennen sie es überfremden... nein, es kamen die Bonzen von Lausanne, von Genf, von Bern und Zürich und Basel, die kauften ganze Bauernhöfe, Refugien, Kapitalanlagen, noch heute weiß man bei uns nicht genau, wer sein Geld auf unseren Höfen hat, wem Hunderte von Hektaren wirklich gehören. Viele von uns sind nur noch Pächter. Man hat hier nach dem Kriegsende erzählt, viele Großindustrien hätten damals von der Angst der Kleinen profitiert und nicht zuletzt, sie hätten die Angst und den Haß geschürt. Wer dem Junod nach dem Mord den besten Strafverteidiger aus Lausanne bezahlt hat, ist nie herausgekommen. Wissen Sie, ich und mein Mann hatten nie etwas übrig für Junod, aber daß er allein vor Gericht kam und zu lebenslänglichem Zuchthaus verurteilt wurde, das hat mit Gerechtigkeit nichts zu tun. Der Junod... Der Junod?
Der hat im Mai 1942 den Bloch ermordet. Aber nicht allein. Das wußten alle. Er hat es sogar zugegeben vor Gericht, daß er nicht alleine gewesen ist. Er hat Namen genannt. Und man hat die Männer gesucht. Alle von hier. Man hat sie nie gefunden. Man hat gesagt, sei seien noch in der gleichen Nacht im Jura über die Grenze nach Frankreich, zu den Deutschen. Später seien sie im Krieg umgekommen... Der Junod hat vor Gericht gelacht, als er das Urteil hörte. Fünfzehn Jahre? hat er gelacht, in fünfzehn Tagen hängt ihr. Die deutschen Divisionen ste-

hen schon an der Grenze... Es war schrecklich. Sie sind mitten in der Nacht bei Bloch eingedrungen, haben seine Frau und die beiden Kinder gefesselt, den Bloch natürlich auch, und ihn haben sie vor den Augen der Frau und der Kinder in der Scheune erhängt. Und dann sind sie fortgegangen. Die Frau und die Kinder mußten bei dem Ermordeten ausharren, bis sie endlich am nächsten Nachmittag entdeckt wurden. Die Kinder hatten Junod erkannt. An einer Narbe an der rechten Hand. Das Gesicht war maskiert. Und dann fand man Spuren bei Junod, und er gab alles zu. Er war sicher, daß er als Held in die Geschichte des Waadtlandes eingehen würde...
Wer war Junod?
Junod? Ein Student. Einer, der kein Examen bestehen konnte. Ein Versager. Einer von denen, die sagten, sie würden die Prüfungen nicht bestehen, weil an den Universitäten die jüdischen Professoren das letzte Wort hätten. War Offizier. Wie sein Vater. Immer korrekt... Der Vater war Oberst. Er besuchte seine Frau nur nachts. Und selten. Die Mutter kam nicht oft ins Dorf. Und immer in Schwarz. Sie mußte schließlich einkaufen. Der Vater erschoß sich 1944, als herauskam, daß er einer Verschwörung gegen General Guisan angehört hatte...
Wir hatten uns schon lange gewundert über diese Klarheit des Berichtes, über die wache Intelligenz dieser alten Frau, und ich wollte wissen, woher sie komme, welche Schulen sie besucht habe. Ach, wehrte sie lächelnd ab, gar nichts sei sie, in ihrer Familie seien sie immer Bauern gewesen, sie habe nur etwas von der Welt gesehen, weil sie als Laiendarstellerin während dreißig Jahren im »Théatre du Jorat« in Mézières gespielt habe... Aber wenn ich im Sinn hätte, den Bloch-Hof zu kaufen, könne sie mir schon jetzt sagen, daß die Gemeinde ihn nicht verkaufe. Vielleicht wenn wir, die wir Zeugen waren, nicht mehr leben, wenn wir nicht mehr dreinreden können, wird der Hof einmal abgebrochen...

Erschienen 1974

Walter Vogt

Beute

geb. 1927

Die Leiche des jungen Schwarzen wurde innerhalb der Umfriedung der Lodge gefunden. Der Körper war auf unbeschreibliche Weise verstümmelt, zerrissen und ausgeweidet worden. Einiges wies darauf hin, daß das Opfer noch lebend und bei Sinnen gewesen sein mußte.
»Shimba«, sagte der Room-Steward der Lodge, der ihn gefunden hatte. Der Ranger schwieg. Er wußte, daß es kein Löwe sein konnte. Die Leiche wies überdies nicht einmal wesentliche Fraßspuren von Aasjägern auf.
Aber ein Löwenmensch?
Der Ranger hob die Schultern und rief den Chief herbei. Der Chief machte ein bedenkliches Gesicht, ließ die Leiche bewachen und verbot, irgend etwas zu berühren.
Dann rief er Nairobi an.
Da der Zeitpunkt des Todes verhältnismäßig leicht und ziemlich genau festzustellen war, schränkte sich der Kreis der Verdächtigen sehr bald auf die paar hundert ein, die in der fraglichen Nacht in der Lodge untergebracht gewesen waren. Natürlich das Hauspersonal, der Staff. Die zwei-, dreihundert Touristen, deren Identität nicht schwer zu überprüfen war. Die Touristen hatten sich allerdings inzwischen wieder über ihre drei, vier Kontinente verteilt.
Ich arbeitete damals im Rahmen eines Internationalen Forschungsprogramms über das Thema »Nationalparks und Touristen«. Mein eigener Forschungsgegenstand war eine genauere Analyse der Beziehung von Tourist und Tier.
Ich zog also los, als Tourist verkleidet, mit offener Kamera und verstecktem Tonbandgerät. Ich reiste bald mit

den Touristengruppen, bald hinter ihnen her. Ich interviewte sie abends in den Lodges über ihre Abenteuer, tagsüber filmte ich die Tiere und die Touristen, vorerst etwas wahllos. Ich wußte nicht so genau, wo die interessanten Fragestellungen lagen. Das mußte sich erst noch ergeben. Dann und wann riskierte ich einen scharfen Zoom.
Da ich in meiner Funktion beim Polizeipräsidium auf einer Karte stand, mußte ein gewiefter oder phantasievoller Inspektor auf die Idee gekommen sein, mich über die Ermordung des jungen Bantu zu informieren — in der Hoffnung, von mir einen Hinweis auf den Mörder zu bekommen. Das Leben des Jungen lag aktenkundig vor mir. Das einzig Auffällige daran war, daß er tatsächlich mehr als üblich mit den Touristen fraternisiert hatte, hauptsächlich mit Deutschen und Amerikanern. Aber was hieß das schon — die Deutschen und die Amerikaner machten eben den Hauptteil der Touristen aus.
Mir fiel zu diesem Mord ganz einfach nichts ein.
Einmal mußte ich ja endlich mein Material zu sichten anfangen. Schließlich hocke ich hier nicht zum Vergnügen herum. An die Tonbänder wagte ich mich vorerst gar nicht heran. Der Schock über das, was ich da aufgenommen habe, saß noch zu tief. Was manche Touristen über die ostafrikanische Tierwelt wissen und nicht wissen, das ist wirklich zuviel — etwa über das Familienleben der Elefanten: das kommt doch alles direkt aus einem Babarbuch. Also klemmte ich mich hinter meine Filme. Meine Filme sehe ich mir, ehrlich, ganz gern an.
Unter allen Tieren faszinieren mich immer wieder die Löwen am meisten. Ich weiß, das ist nicht sehr originell. Aber die Löwen haben unter allen Tieren ein einmaliges Gesicht. Das einzige Tier, das in der Heraldik im Allgemeinen en face dargestellt wird. Und es gibt Menschen mit demselben melancholischen Löwengesicht. Unter den Touristen, die ich da gefilmt und bezoomt hatte, fielen mir zwei Amerikanerinnen auf. Wie Zwillingsschwestern starrten sie immer wieder aus dem Fenster des kleinen zebragestreiften Safaribusses. Amerikanerinnen, mit wei-

ßen, wehenden Gewändern, mit Hüten, die sie mit Schleiern festgebunden hatten, die Gesichter viel zu stark, viel zu rot geschminkt, meiner Meinung nach. Ich hatte sie immer wieder. Einmal im Ngorongorokrater, da starrten sie auf einen schönen alten Löwen, der ein Gnu im Maul trug, einfach so, das rindergroße Tier. Die Gnus tun mir leid, sie sind wirklich das klassische Beutetier für jedermann. Die Zwillingsschwestern starrten auf den Löwen, völlig fasziniert, mit einer Mischung von Entsetzen und Gier. Später tauchten sie in der Serengeti wieder auf. Eine Löwin mit zwei kleinen Kätzchen. Sie hatte ein frisch gerissenes Gnu in einen Graben geschleppt.
Die Löwin hat dem Gnu den Hodensack aufgerissen, die Kleinen lecken daran herum. Die Löwin ist erschöpft. Später reißt sie für ihre Jungen dem Gnu an der Halsseite die großen Blutgefäße auf. Die kleinen Löwen lecken und trinken Blut. Schließlich beginnt die Löwin das Gnu von hinten aufzureißen, die Bauchdecke, was ein ganz schönes Stück Arbeit ist. Die dünne Muskelschicht geht leicht — aber dann kommt die dicke Bindegewebsplatte, die Faszie. Die Löwin schneidet sie mit ihren Reißzähnen auf. Dann sticht sie befriedigt in die geblähten Gedärme. Gas entweicht ...
An dieser Stelle habe ich die Zwillingsschwestern wieder im Bild. Sie starren mit offenen Mündern gebannt auf die Szene. Und dann sehe ich etwas Merkwürdiges. Die Hand der einen Schwester verkrallt sich mit blutrot lackierten Nägeln in den Vorderarm der andern — nun tragen beide wieder diesen undefinierbaren, grauenvollen Ausdruck von Gier und Entsetzen im Gesicht.
Ich sehe mir den Streifen nochmals an. Das Datum könnte hinkommen. Vielleicht bin ich verrückt. Ich rufe das Morddezernat in Nairobi an. Wenig Begeisterung, aber immerhin, das wäre eine mögliche Spur. Ein Inspektor sucht mich auf und sieht sich höflich meine langweiligen Filmstreifen an. Als endlich die Szene mit der reißenden Löwin kommt, ist er doch beeindruckt. Ich schalte ab. Der Inspektor grinst. Dann zuckt er die Schultern. Er

dankt mir für den Hinweis. Er will versuchen, die Zwillingsschwestern ausfindig zu machen.
Der Pathologe, sagt er, hat nämlich an den Bauchdecken des Jungen Splitter von blutrotem Nagellack entdeckt.
Ach ja, und noch etwas wurde in unmittelbarer Nähe der Leiche gefunden: ein kleines damenhaftes Taschenmesser, mit einem Perlmuttergriff.

Erschienen 1977

Herbert Meier

Nabelgeschichte

geb. 1928

Eines Tages ging das Gerücht, er besitze keinen Bauchnabel.
Niemand konnte sich das erklären.
Denn jedermann hat doch diese rundliche Vertiefung oder Verknotung am Bauch, ein Überbleibsel aus der Zeit, da er als Keimling und Leibesfrucht in einer Gebärmutter schwamm und sich mittels eines Stranges oder einer Schnur ernährte.

Das Leben beginnt, wie man weiß, mit Kuchenessen, genauer mit Mutterkuchenessen, und statt des Tellers und der Gabel bedient man sich einer Schnur, der Nabelschnur, durch die eine dunkelrote und zwei hellrote Adern führen. Das ist der vorgeburtliche Blutkreislauf; mit dem ersten Atemzug hat er ausgespielt. Die Nabelschnur wird unterbunden und hernach abgeschnitten. Der wunderbare Nährkuchen wandert samt Schnur in den weißen Eimer einer gynäkologischen Abteilung.
Was bleibt, ist ein Nabel.
Und für alle, die bis anhin ohne Nahrungssorgen waren, beginnt mit dem Bauchnabel das Hungern. Sie müssen ihre Bedürfnisse mit Weinen und Schreien anmelden und erfahren zum erstenmal, wie wichtig Signale im gesellschaftlichen Leben sind. Die Schreie des Säuglings sind gleichsam die ersten Ampeln, die der Mensch sich aufstellt, akustische Ampeln müßte man sagen: sie bewirken, daß sich dem hungernden Mund große Drüsenkrüge darreichen, aus denen er sich stillen kann. Eine Rückkehr in den Schoß gibt es nicht mehr.

Aus jenen Jahren besaß er Tonbandaufnahmen.
Aufgezeichnet waren Trinkgeräusche, ein gieriges Saugen und Schlucken, atemberaubend; wer es hörte, fürchtete, im nächsten Augenblick werde das Kind am Trinken ersticken.
Er saß daneben, regelte an seinem Gerät Tonhöhe und Lautstärke, mittlerweile ein Mann von dreißig Jahren, der auf einer kleinen Spule allerlei Ereignisse aus seiner Kindheit geerbt hatte und sie heute, an seinem Geburtstag oder Geburtsabend, den nächsten Bekannten vorführte.
Nach den Trinkgeräuschen sagte eine mütterliche Stimme: »Und nun eine kleine Geschichte des Siebenjährigen.«
Der Siebenjährige sprach: »Wir waren am Meer. Einmal waren wir auf einer Insel. Dort sahen wir einen Tintenfisch. Mami wollte ihn fotografieren. Aber er ist schon fort.«
Da man sich so nahe seiner Kindheit fand, wagte es einer seiner Gäste, ein Trickfilmzeichner, ihn zu fragen, was es mit dem Gerücht, er besitze keinen Bauchnabel, auf sich habe. Er sog an seiner Pfeife, blinzelte, rieb sich das Auge und sagte:
»Kann sein. Kann auch nicht sein.«
Die Antwort rief eine verlegene Stille im Kreis seiner Bekannten hervor. Man empfand sie als einen Scherz und war doch ernstlich betroffen.
Ein Philologe, der anwesend war, vermochte glücklicherweise den Faden aufzunehmen. Er wies auf ein althochdeutsches Wort hin. »Naba« hieß es und bezeichnete das Mittelteil eines Rades, durch das die Achse geht. Naba bedeute beides, erklärte er, Nabe und Nabel. Was aber war zuerst da? Die Nabe oder der Nabel? lautete die Scherzfrage. Natürlich der Nabel, bevor ihre Wagenräder Naben hatten. Beim Wort Nabel stach der Philologe sich mit dem Finger in den Bauch, beim Wort Nabe berührte er mit der Hand das Rad einer alten Kutsche, das an der Wand hing.
Er tat das, um anschaulich zu reden.

»Ja«, meinte ein Konstrukteur, der sich tagsüber mit großen Absperrorganen für Wasserkraft- und Kernkraftwerke beschäftigte, »der Nabel ist die Achse.« Die Übertragung desselben Wortes vom Bauch auf das Rad schien ihm folgerichtig zu sein. Die Benennung Nabelschnur hingegen, fuhr der Philologe fort, kenne man erst im achtzehnten Jahrhundert.
Auch das sei folgerichtig, sagte ein innerer Mediziner, denn damals sei die pathologische Anatomie aufgekommen. Pathologisch mutete auch der Fall des Geburtstagskindes an.
Es handle sich um eine schlichte Vorspiegelung, dachte der Arzt. Der Mann habe das Gerücht in die Welt gesetzt, um in den Augen der andern besonders ausgezeichnet zu erscheinen.
Doch das war nicht zu beweisen. Der angeblich Nabellose benahm sich wie jedermann und keineswegs wie einer, der hervorstechen will.

Er war ein bescheidener Elektroniker, der Regel- und Steuergeräte für spanabhebende und andere Bearbeitungsmaschinen konstruierte und weiter nicht auffiel in seinem weißen Arbeitsmantel, dem lediglich eine kleine Initiale aufgestickt war, ein weißliches graues B.
Und wie es so zu geschehen pflegte, war das Gerücht natürlich auch in den elektronischen Betrieb gedrungen. Doch die Leute dort kümmerten sich weiter nicht um die zweifelhafte Nachricht, die, nüchtern besehen, auf einer Fehlschaltung beruhte.
Nur im allgemeinen Rechenzentrum, in der Lochkartenabteilung, wo die Mädchen an den Schreiblochern saßen und ermüdungsfrei arbeiteten dank ihren funktionell angeordneten Tastaturen, nur dort blieb das Gerücht hängen und wurde immer wieder beredet und bekichert. Man programmierte sogar, eine der Locherinnen sollte ihn verführen und die Nabelgeschichte an Ort und Stelle abtasten.
Die Jüngste unter den Mädchen wußte zu berichten, sie

sei in ihrem zweiten Lebensjahr an eben der Stelle operiert worden, eines Nabelbruchs wegen, und besitze heute ein Unding von einem Nabel. Sie hob die Bluse, die sie um die Hüfte verknotet trug, und zeigte das Unding: wie ein Vordach über einem offenen Hauseingang war es anzusehen. Es gibt vielerlei Nabelformen. Auch das war eine.

Doch der Elektroniker besaß offenbar nichts Vergleichbares. Die Neugierde, seine Nabelverhältnisse zu erforschen, wuchs. Und eines Tages bat ihn die kleine Nabelbrüchige, er möchte ihr eine Brief ins Englische übersetzen, denn man hatte erfahren, er habe sich längere Zeit in Philadelphia aufgehalten und beherrsche die Sprache wie kaum einer der Angestellten.
Er erfüllte die Bitte des Mädchens in der Kantine zur Mittagszeit. Ihm wurde bald klar, daß es sich um einen vorgetäuschten Brief handelte. Über den Empfänger befragt, verwickelte sich die kleine Locherin in Widersprüche. Sie schien gar nicht im Bilde zu sein, wem sie da schrieb.
Als sie dann beim Kaffe das Gespräch auf ihre Nabeloperation lenkte, fühlte er sich keineswegs in die Enge gedrängt. Er sagte nur, es gebe auch andere Nabelarten. Striche, ganz feine Striche zum Beispiel. Er kenne solches von seinen Aufenthalten auf Sylt, der friesischen Insel, wo man nackt bade. Dort habe man sich eines Abends in kleinem Kreise die Nabel besehen, und es sei erstaunlich, was für eine Vielfalt der Formen sich da zeige.
Ob er denn nicht aufgefallen sei, fragte das Mädchen.
»Nein. Ich trug meinen gewöhnlichen Badeanzug, mit Trägern und langen Beinen. Etwas bunt Gestreiftes, wissen Sie«, sagte der Elektroniker, stand auf und verließ den Tisch.

Von da an gab man es in der Lochkartenabteilung auf, weitere Nabeldaten einzuholen. Der Elektroniker war abgestempelt, oder wie man in der Lochkartensprache sagen könnte, als Begriff eingestanzt.

»Der spinnt«, hieß es.
Und so wurde er eines Tages vor den Betriebspsychologen gerufen. Man hatte ihn mittlerweile verleumdet: er trete bei den Locherinnen auf und entblöße vor ihnen am hellichten Tag den Bauch.
»Der Mann hat einen Nabelkomplex«, erklärte der Chef für Personelles. »Untersuchen Sie ihn.«
Der Fall war nicht einfach.
Da war ein Gerücht, es sprach von einer anatomischen, und da war eine Klage, sie wies auf eine sexuelle Anomalie.
Der Betriebspsychologe vermutete, beides habe ein und denselben Grund: Der Mann wolle die Aufmerksamkeit auf sich ziehen. Ein kleiner Exhibitionist und weiter nichts.
Er unterhielt sich dann freundlich und leise mit dem Verklagten und sprach zunächst über das Einstanzen alphabetischer und numerischer Begriffe, um, wie es schien, die Beziehungen des Patienten zu den kosmetisch frischen Locherinnen abzutasten.
»Sie tauchen in der Abteilung dort auf, sagt man, und zu welchem Behuf?«
»Aus arbeitstechnischen Gründen«, war die Antwort. Doch komme es nur selten vor, daß er sich dorthin zu begeben habe. Ob er sein Hemd lüften und seinen Hosengürtel lösen solle, damit der Herr Psychologe die Nabelverhältnisse gleich untersuchen könne?
Nein, das sei nicht notwendig, wurde ihm erwidert. Jenem Gerücht schenke man ohnehin keinen Glauben. Anatomische Anomalien seien in großer Zahl bekannt, aber ein Nabel fehle auf keines Menschen Bauch.
Der Elektroniker meinte, Mutationen seien jederzeit möglich. Daher habe er angeboten, man möge doch einen Augenschein nehmen.
Das faßte der Psychologe als eine scherzhafte Bemerkung auf und schlug vor, man wolle nun gemeinsam die näheren Lebensverhältnisse beleuchten.
Da gebe es wenig zu beleuchten, meinte der Patient. Und

wirklich, es zeigte sich, daß sein Tag wie der Tag von tausend andern verlief. Am Morgen kam er, arbeitete, am Mittag aß er, arbeitete, und am Abend ging er. Er fuhr einen gewöhnlichen Volkswagen, den er wenig pflegte. Waschungen nahm er selten vor, wie er betonte. Ein Fahrzeug sei ein Fahrzeug und kein mobiler Fetisch.
Wo er denn wohne, unterbrach ihn der Psychologe. Er wohne in einer Siedlung, Tür an Tür mit seiner Freundin, die in einem Sprachlabor unterrichte. Dann und wann besuche er sie, man esse auch zusammen.
Ob er auch mit ihr schlafe, fragte der Psychologe.
»Natürlich«, sagte der Elektroniker.
Warum er sie dann nicht heirate, fragte der Psychologe.
»Ja, sehen Sie. Ich könnte mich nicht ein Leben lang unterhalten mit ihr«, sagte der Elektroniker. »Für ein, zwei Stunden am Tag reicht der Wortschatz, für länger nicht. Und so verzichten wir auf die Ehe. Denn um die täglichen Verrichtungen zu teilen, lohnt es nicht, ein Leben lang Tag und Nacht zusammenzusein.«
Diese Anschauung sei ungewöhnlich, fand der Psychologe, ungewöhnlich, und doch sehr vernünftig. Anomalien seien keine festzustellen, notierte er und wies den Elektroniker an den Chef für Personelles zurück. Noch im Türrahmen bat er freundlich um Nachsicht. Doch sei ein untersuchendes Gespräch dienstlich nicht zu vermeiden gewesen, ergänzte er.
Dem entlassenen Patienten wurde angeboten, man werde sich um eine neue Stelle für ihn kümmern und ihn mit den besten Zeugnissen versehen oder ausstatten.
Der Elektroniker erklärte, ein Stellenwechsel komme nicht in Frage. Ihm gefalle es hier. Geschichten wie die besprochene kämen überall vor.
Natürlich möchte man eine Arbeitskraft wie ihn nicht einbüßen, sagte der Chef für Personelles, er sagte einbüßen, wo er doch immer verlieren meinte, und fuhr fort, man würde es aber nach allem begreifen, wenn er den Betrieb nunmehr verlasse, um andern Ortes eine verleumdungsfreie Atmosphäre zu finden.

Dergleichen sei nicht zu finden, sagte der Elektroniker.
»Ich bleibe, wo ich bin.«

Es war, als hätte dieser Satz den Gerüchten und dem Gerede die tägliche Nahrung entzogen, so daß sie eingingen und niemand es mehr wagte, die Nabelgeschichte aufzugreifen.
Der Elektroniker wurde gegrüßt und angesprochen wie die andern Elektroniker. Die Geschäftsleitung hatte seinen Fall in die Magazine für seelischen Betriebsausschuß geworfen und ließ ihn dort liegen, wie der Psychologe unter vier Augen sich äußerte.
Der ehemalige Patient konnte ungehindert arbeiten, in seinem weißen Arbeitsmantel. Die Frage des fehlenden Nabels beschäftigte nur noch seine nächsten Bekannten. Und an jenem abendlichen Geburtstagsfest sollte er endlich aufgedeckt werden.
Der anwesende Arzt hatte ihn, nach dem Abspielen des kindheitlichen Tonbandes, zu überreden versucht, doch nächstens in der Praxis vorbeizukommen. Dann und wann eine kleine Generaluntersuchung sei von gutem für jedermann. Der Elektroniker wehrte ab. Jetzt wolle man eins trinken, sagte er und füllte die böhmischen Kelchgläser. Er sei der Verdächtigungen und Mutmaßungen müde. Woher man denn die Gewißheit nehme, Bauchnabel seien notwendig für ein aufrechtes Leben und wer keinen Nabel besitze, sei kein Mensch. Nirgendwo stehe geschrieben, daß ein jeder mit Mutterkuchenessen sein Leben beginnen müsse.
»Doch«, sagte der Arzt.
Man trank und trank und vereiferte sich in ein lautes Gespräch hinein, an dessen Ende einer feststellte: »Elektroniker haben offenbar keine Mütter.« »Kann sein«, sagte der Betroffene und —

kann sein, daß ich dann kopfüber auf den Berberteppich fiel, erinnerte er sich am andern Morgen. Jedenfalls erwachte er mit dem Gefühl, er sei ärztlich untersucht worden, auf dem Berberteppich. Hände hätten ihm den Bauch abgetastet und —

Ich muß ihn palpiert haben, dachte der Arzt, als er sich Kölnisch Wasser auf die Bartflächen seines Gesichtes rieb. Da war doch eine weiße, unbehaarte Fleischgegend, erinnerte er sich, nichts rundlich Vertieftes und nichts Verknotetes. Man hätte sie filmen sollen, hautnah. Aber nach so viel Wein! Wer hat da noch Augen für die Realitäten?
Der Trickfilmzeichner entwarf am andern Tag einen kleinen Schimpansen, der einem Ball nachspringen sollte. Auf allen vieren sind wir gekrochen, dachte er, als er die Pfoten des Schimpansen zeichnete. Der Elektroniker lag besoffen da, eine richtige Weinleiche. Wir rissen ihm das Hemd auf und suchten rundlich Vertieftes und Verknotetes. »Wir fanden es auch«, sagte er, um im gleichen Augenblick sich zu fragen: »Haben wir es wirklich gefunden?«

Nach dem montäglichen Clublunch, als sie dann draußen in der Garderobe nach ihren Hüten griffen, meinte der Betriebspsychologe zum Arzt: »Ich hätte da eine Frage, Herr Doktor. Eine anatomische Frage...«
Seitdem geht eine große Unsicherheit durch die Gesellschaft. Jedermann fragt sich im Flugzeug, in der Eisenbahn, in Theatern und Vortragssälen, ob nicht ein Nabelloser neben ihm sitze. Man hört auch, auf Partys würden Nabelschauen veranstaltet, um der bösen Ungewißheit zu entgehen, am Ende sei man nicht mehr unter seinesgleichen. Und wenn auch diese Nabelschauen oft in Lustbarkeiten ausarten, so ist doch in ihrem Gelächter die Angst nicht zu überhören, in jenem Elektroniker habe sich eine unheimliche Mutation der menschlichen Spezies angekündigt.

Erschienen 1973

Carl Merz
Helmut Qualtinger

Der Herr Karl

geb. 1928

Keller einer Delikatessenhandlung, Stellagen, Kisten; auf den Regalen Konserven, Flaschen, Behälter aller Art.
Karl ist damit beschäftigt, Waren zu ordnen. Er ist im Begriff, eine größere Kiste aufzuheben, hält aber, bevor er Kraft aufwendet, inne und läßt sie stehen.

KARL *spricht zum Publikum, wie zu einer anwesenden Person*
Mir brauchen Se gar nix d'erzählen, weil i kenn das ... De Art von Geschäften kenn i scho, do ... Se san a junger Mensch ... da war i scho ... weil ich war auch ein junger Mensch ... wenn er do de Kistn ... *Laut* Ja! I waaß eh, Wermut rechts ... de Dings ..., was? Wia haaßt des Mineralwasser? Ja, i waaß, des is doch eh alles dasselbe ... Wasser ist Wasser ... *Nach oben* Bitte, ja? Jawohl Frau Chefin! Ja, ich verstehe!
Wieder zum Publikum De Alte keppelt scho wieder ... Chefin ... Des war vor vierzig Jahren aa ka Chefin g'wesn. A Chef is heit aa nimmer desselbe, ... na ja, wenn ma damals so gangen is mit de Kartons ... oder de Flaschen oder was da war, ... zustellen, da hat's nur zwa Möglichkeiten geben: entweder war der Hausherr z'haus ... anständiges Trinkgeld ... oder er war net z'haus ... *Lacht* Na, was glauben S'? die Hausfrau alleinig. Man war ein junger Mensch damals ... fesch ... das Äußeres, net? Nach aner Viertelstund' hat ma a Trinkgeld kriegt ... A Trinkgeld hat ma auf jeden Fall kriegt ... I war damals in an G'schäft ... des war a Begriff: Feinkost-Wawra ... Für Ihna natürlich net .. De ham sich dann in der Krise ... hat er sich derschossen ... der alte Herr Feinkost-Wawra ...

A Erbe hat dann des G'schäft ... er hat's weiterg'führt als Reform-Wawra ... aber des war scho nix mehr ... Aber: Feinkost-Wawra — hat ma g'wußt: Wann i beim Feinkost-Wawra was bestell', dann kommt der Herr Karl. I bin immer der »Herr Karl« g'wesen. Se — san a junger Bursch. I war in ihrem Alter schon der »Herr Karl«.
Damals hat man auf Formen was gehalten. De Kunden. Des warn Herren! Herren und Formen!
Des müssen S' Ihna vor Augen halten. Auch wann Se mi da anlernen sollen.
Es war a schreckliche Zeit. Inflation. Millionen san g'schwommen ... i maan, g'habt hat ma nix ... aber Formen.
Nimmt eine Zigarette heraus, zündet sie sich an. Blickt Richtung Publikum.
Rauchen verboten? ... Des hab i gern. Wie soll denn da a Unterhaltung zustande kommen? Was? Ah, sie riecht des oben? Ah so ...
Er tötet die Zigarette ab.
Wann geht s' denn Mittagessen? Wollen Sie vielleicht? *Bietet an* Aha. Se rauchen aa net? Is eh besser, is eh besser ... I sag Ihna, furchtbar ... was i mit den Rauchen allein an Geld ... Was ma sich da ... wann i des in de Bausparkassa geben hätt ... i hätt ja immer a Häusel wollen, net? Aber des Rauchen ...
Sonst hab i ja kane Leidenschaften. Auch als Junger ... i maan scho a bissel mit de Hausfrau ... Se wissen ... aber sonst: Nix. I hab mir damals g'schworen in dieser Zeit, daß ich aus meinem Leben etwas machen werde, und ich hab es getan. Ich war immer bescheiden, ich hab ein bescheidenes Leben geführt, aber ich habe es genossen.
Das war eine furchtbare Zeit damals. So unruhig. De Menschen waren zornig. Verhetzt. Fanatiker. Man hat nie gewußt, welche Partei die stärkere ist. Man hat sich nie entscheiden können, wo man sich hinwendet, wo man eintritt ...

Und dann is das historische Jahr sechsundzwanzig gekommen mit den Brand vom Justizpalast.
Sechsundzwanzig war es ... des waaß i ganz genau. Da is a Onkel von mir g'storben ... er hat mir eh nix hinterlassen ... und da war des mit den Palast ... siebenundzwanzig war's.
Und da san s' also marschiert ... i waaß ja net genau, was los war ... es war jedenfalls a Feuer ... a Mordsfeuer war ... a schöner Brand ...
I hab ja an sich Feuer gern. Mir san alle hing'rennt und ham g'schaut ... i siech gern Feuer ... Wann i a Feuer siech und hör »tatü«, renn i hin. I hab des gern, wann so de Leit umanandastehn ... und in die Flammen starren ... ein Naturschauspiel ...
Auch Unfälle. Wann wo an Unfall is ... und de Leit ... da hör i scho: »Heerst, da pickt ana, da liegt ana ...«, da renn i hin ... glei bin i dort. Weil: I bin hart. Weil: I war beim Luftschutz. I hab viel g'sehn ... *Nach oben* Ja, Frau Chefin, ja! Selbstverständlich!
Zum Publikum De Alte soll sie net aufregen ... soll froh sein, daß s' mi hat ... so leicht kriagt ma heit niemand ... des is ja auch ein Mangelberuf ... Wer steht schon auf ihr Geld?
In de Dreißgerjahr' — bitte — da ham ma kans g'habt ... traurig war's ... Österreich hat sich erst langsam aus die Wunden, die ihm der Erste Weltkrieg geschlagen hat ... hat sich erst langsam von die Wunden erholt. Aber sonst ham mir a Hetz g'habt ... mit de Katzen ... mit de Madln ... de warn vielleicht net so angezogen wia jetzt ... aber sonst ... hat sich was abg'spielt ... im Freien ... a Hotel hat ma sie damals net leisten können ... andere vielleicht scho ... i net ... bei mir war immer das Herz dabei ... immer a bisserl das Herz dabei ... mein ganzes Leben ...!
Und i kann Ihnen sagen: I bin bitter enttäuscht worden! I bin durch alle Höhen und Tiefen ... gegangen ... durch alle Höllen und Himmeln im Liebesleben ...

aber eines Tages steht ma do und fragt si: Was is dir geblieben ... innerlich?
Wissen S', i war nie a Materialist ... bei de Madln. I maan scho: I hob a Schmäh g'führt ... Mandoline g'spielt ... Harmonika ... g'sungen ... de Schlager aus de Tonfilme, »Weiße Chrysanthemen schenk ich dir zur Hochzeitsnacht«, »Du schwarzer Zigeuner, ach spiel mir was vor, denn wenn deine Geige weint, das geht mir ins Ohr ...« Da waren im Inundationsgebiet, Überschwemmungsgebiet — so Standeln ... san mir g'sessen mit de Madeln ... Ribiselwein abig'stessen ... dann hab i g'sagt: Gemma schwimmen, meine Damen? San ma abi zum Wasser, ham si umzogen ... i hab s' a bissel einkocht ... Gebüsch is eh überall. De Donauauen sind ja wunderschön ...
Nexten Tag hab i Gelsentippeln g'habt ... frage nicht ... Sunst war's ja traurig. Wie alt san Se? Hörn S', i könnt ja Ihna Vater sein! *Lacht.*
Ernst I hab ja nie Kinder wollen. I hätt ja haben können ... Aber die Verantwortung? I bin a verantwortlicher Mensch ... bei solche Zeiten ...!
I maan ... Der Schilling hat schon an Wert g'habt ... das muß ma ihm lassen ... aber er war net zum derwischen. Man hat sich ja bemüht, de ganzen Bundeskanzler ... wia s' da warn ... der Seip ... der Bur ... der Scho ... is ja wurscht ... aber bein Heirigen — da hat's Persönlichkeiten geben!
Petzner-Masl, Woitschkerlbuam, Korschinek-Vickerl, Nezwerka-Pepi. Is Ihna des a Begriff? Ah naa — Se san ja jung ... Sie wissen ja nicht, was Heiterkeit war, echte Fröhlichkeit! So a Hetz wia damals ham ma nie mehr g'habt! Im Prater ... an der Donau ... mit de Madln ... im Wasser ...
Ich bin ja nie einigangen ... i hab net schwimmen können ... I hab Ihna ja eh derzählt, wia i s' mit'n Schmäh übernommen hab, die Trampeln. I hab nie ins Wasser gehn müssen ... I maan scho: i wasch mi. I hab z'haus a Waschbecken, aber das genügt ma eigentlich. Aber ein

Meer kommt mir nicht ins Haus... weil i hab kan Bedarf für so viel Wasser... da krieg i a bledes G'fühl. Das ängstigt mich. So a bissel in an Waschbecken oder an Lawur is grad gnua... net?
Oder a See. I waaß, es gibt herrliche österreichische See-e. Aber i hab des net gern. Mir traamt oft von an See... I lieg auf aner Luftmatratzen... Auf amal kummt aner und zigat de Stöpsln aussi... Oiweh... I hab manchmal furchtbare Träume... Man vergißt s' Gott sei Dank immer glei... i sag Ihnen, ich habe im Traum... den Zweiten Weltkrieg vorausgesehen! I hab traamt... 's Schießen... Rennen... den ganzen Krampf... jetzt traam i scho wieder so... na ja...
Nach oben Jawohl, Frau Chefin, selbstverständlich... Ob wo was is?... Ja, es san genug Oliven da.
Zum Publikum Wo san de Oliven? Is ja wurscht. Von der Alten traam i aa no... Jaja, i wer' scho was machen. Ihnen kann's ja egal sein. Se san murgn eh weg...
De Dreißgerjahr? Da war i sehr oft arbeitslos. Hackenstad. War immer dazwischen arbeitslos. Ein Leben, junger Mensch! Dazwischen arbeitslos, dazwischen hab i was g'habt, arbeitslos... was g'habt... oft meine Posten g'wechselt. I war unbeständig... i war ein Falter.
Bis Vieradreißg war i Sozialist. Das war aa ka Beruf. Hat ma aa net davon leben können... heit wann i wär... aber heit bin i darüber hinaus... i hab eine gewisse Reife, wo mir de Dinge gegenüber abgeklärt sind...
Na — im Vieradreißgerjahr... wissen S' eh, wia des war. Naa, Sie wissen's net. Se san ja z' jung. Aber Se brauchen's aa net wissen... Da sind Dinge, da wolln ma net dran rührn, da erinnert man sich nicht gern daran... niemand in Österreich...
Später bin i demonstrieren gangen für die Schwarzen... für die Heimwehr... net? Hab i fünf Schilling kriagt... Dann bin i ummi zum... zu de Nazi... da hab i aa fünf Schilling kriagt... na ja, Österreich war

immer unpolitisch ... i maan, mir san ja kane politischen Menschen ... aber a bissel a Geld is z'sammkummen, net?
Na ja — ma hat ja von was leben müssen ... Des können S' Ihna gar net vurstelln, was? S' kenntn lerna von mir ... den Lebenskampf, wia mir ihn ham führn müssen! Sogar g'heirat hab i ... I maan, im Leben eines jeden Mannes kommt der Zeitpunkt, wo er ein Zuhause braucht. Ein Heim. I hab mi kirchlich trauen lassen ... Damals war des ... eher günstig. I maan, i bin ja katholisch. Net sehr. Aber doch. Wia's halt bei uns is.
Ich glaube an ein höheres Wesen. An eine Macht, die uns leitet. Schaun S' mi an, was i alles überstanden hab ...
Also se war — meine erste Gattin — se war nimmer so jung. A Witwe, net? Der Mann hat sie versoffn ... war a Wirt. I hab ihn eh kennt ... er ist immer g'standen bei seine alten Fleischlaberln und hat ka Luft mehr kriegt ... so hat er g'macht: *Er atmet schwer* Zum Schluß hat er net amal mehr so machen kenna ... An ganz roten Kopf hat er g'habt und de Fiaß voller Wasser. Sei' aanzige Freid war, wenn er einbrennte Suppen hat essen kenna. Aber der Löffel hat so stecken müssen. Asthma hat er g'habt ... Überg'wicht, net? Amal kumm i ins Wirtshaus, hat sie, de Frau, ganz rote Augen. Der Poldl is nimma ... hab i s' ang'schaut ... hab ma denkt: Scheen is s' net, aber eigentlich no a ganz a fesche Frau ... i maan, stattlich ...
I hab damals nix z'tun g'habt .. bin i vü in Wirtshaus g'sessen ... Amal, de Gäst warn scho weg ... kummt s' mit an Papier und Bleistift ... Was s' schreiben soll: »Der teure Verblichene« oder »mein unvergeßlicher Poldl« ... für den Partezettel? ...
Hab i ihr g'holfen ... Und wia mir so sitzen ... i hab ja scheene Augen ... i kann scheen schaun ... damals ... heit nimma. I hab aa nimmer den Blick, den was i damals g'habt hab ... des verliert si alles mitn Alter ...

Auf amal sagt sie: »Lassen S' mi anschaun, was Se da g'schrieben ham...« Sie beugt sich zu mir... da hab i g'spiert, daß s' zidert.. da hab i alles g'wußt.
I kennt Ihna Details derzähln... aber Se san a junger Mensch... Wan i Ihna amal meine diesbezüglichen Erfahrungen mitteile... da hätten S' was fürs Leben... I bin glei einzogen... hat sie g'sagt: »Karl, es muß alles sei' Ordnung ham...« Ham ma g'heirat... Sie hat ja a scheens Wirtsg'schäft g'habt. Jetzt — natirlich — hab i de Gäst dort animiert. An jeden Tisch war i gern g'sehn... dort a Viertel, dort a Achtel trunken... was hätt i machen sollen? Das G'schäft muaß ja renna, net? 's war ja alles stier damals... Dreißgerjahre... Bei mir is scho was z'sammakumma... Mir ham a gemeinsames Sparbuch g'habt... Kennwort hab i eh g'wußt... verstehn S'?
Aber dann *sich entschuldigend* natirlich hab i hie und da was aus der Kassa gnommen... I war ja a junger Mensch — gegen ihr... verhältnismäßig.
I bin umananderzogen mit meine Spezi... Sie war ja eh den ganzen Tag im G'schäft. Genügt ja, wenn aner im G'schäft is. I bin damals sehr auf Rennen g'standen. Es war eine furchtbare Zeit — lauter Arbeitslose... Viele Menschen haben gelitten damals in Österreich. I hab mir's halt... i hab mir's g'richt g'habt. Auf d'Nacht bin i eh ins G'schäft ganga und hab mi um de Gäst bemüht... repräsentiert... an Schmäh g'führt... i hab Witz g'wußt, i sag Ihna. Da war aner... von an Handwerksburschen und aner Wirtstochter. Er klopft an, und sie liegt scho im Bett. Naa... Es liegen alle zwaa im Bett, und der Wirt klopft an. Falsch. Alle drei liegen im Bett. Jetzt waaß i's nimmer... Aber Witz' hab i g'wußt... wann i Ihna de auf Ihnern Lebensweg mitgib...
Er entkorkt eine Cognacflasche.
Se sagen's eh net der Chefin? Es ist ja ganz a bülliger. Was? A französischer? Des i ma aa wurscht. I kann ja net den Unterschied... I hab ja an ganz andern Ge-

schmack. I hab zuhaus Likörkompositionen: Eierlikör ... Kaiserbirn ... Glühwürmchen ... das is das, auf was ich steh ...
Er trinkt.
Na, so hab i mi halt manchmal a bissel ang'soffen. Eines Tages wird de Alte, mei Gattin, frech. Schmeißt mi auf vur meine Freind, vur meine Haberer, vur de Gäst ...
»Der Poldl mecht scheen schaun, wenn er abaschaun mecht, wia's zuageht in sein Wirtshaus ...«
Na, mehr hab ich net braucht! »Was dei' Poldl mi kann, des waaßt eh«, hab i ihr g'sagt. Hab alles hing'schmissen ... Schürzen .. hab meine Sachen aus der Wohnung g'holt ... Anzug ... alles ... Servus ... gemma ... Na, dann hat s' bleed g'schaut ... Meine Freiheit aufgeben, das könnte ich nie!
Er öffnet eine mitgebrachte Thermosflasche und gießt den Großteil des Cognacs hinein.
Mei Tee ... *Er hält die Cognacflasche Richtung Publikum.*
Wollen S' net den Rest? Es fallt sonst auf.
Die Cognacflasche wird ihm aus der Hand genommen. Er entnimmt derselben alten Tasche, in der sich auch die Thermosflasche befand, ein zusammengelegtes Jausenbrot und beginnt zu essen.
Wissen S', des is mir immer no des Liebste ... *Blickt auf die Stellagen* I wer' mir scho amal a Konserven mitnehmen ... aber net für mi ... mit aner Konserven können S' mi jagen ... i bin ein Feind der Konservennahrung. Stellen S' Ihna vur — in dieser Zeit steh i plötzlich da ... a Gemeindewohnung hab i g'habt ... i hab s' ja net aufgeben g'habt ... natirlich ... Aber des war ja scho damals nix ... aber ich hab mich nie vom Leben unterkriegen lassen. I bin damals an Sparverein beigetreten ... zum Sparen hab i nix g'habt ... aber ich habe meine Arbeitskraft zur Verfügung gestellt ... i maan, man hat mich drum ersucht. Weil mi ham de Leit ja kennt, vom Wirtsg'schäft, net? I hab mas mehr so vom Organisatorischen her geleitet. An scheenen Namen er-

funden: »Eichkatzerln vom Grund«, bin zur Konkurrenz von meiner Gattin gegangen und hab g'sagt: »Was krieg i, wann i Ihna an Sparverein bring?« Na, mir ham jedes Jahr vor Weihnachten a Ganslessen g'habt ... *mit Bedeuten* in der Wirtschaftskrise! ... Schöne, fette Ganseln ... am nexten Tag is uns allen schlecht g'wesen ... Aber es hat si ausgezahlt ... So bin i Kassier worn ... Aber des war a Leichtsinn. I sag Ihna, fangen S' Ihna nie was mit an Sparverein an ...
Wissen S', daß de mi fast einsperren hätten lassen? Da san Sachen g'red't worn ... da ham s' mir vurg'worfen, mit de Konten ... Wissen S', was des is, a Konto? Also, des is a Bankangelegenheit, des kann i Ihna als Laien net so erklärn ... »Herr Vorsitzender«, hab i g'sagt, zu den Richter, »des Gansl war jedes Jahr da ... aber bitte, es wird mir eine Lehre sein ...« Immerhin konnte ich auf einige Erfolge zurückblicken in diesen Fach und so haben s' mi in an Sterbeverein mit offenen Armen aufgenommen ...
Der hat si aber leider net als ausbaufähig erwiesen, weil de Leit san g'storben und ham sich net an mei Kalkulation g'halten. Und wia s' den Präsidenten von unsern Verein, den alten Herrn Kommerzialrat Krisper begraben ham, da hab i g'wußt: 's Sterben haaßt aa nix mehr ... Und dann is eh der Hitler kommen ...
Na ja — das war eine Begeisterung ... ein Jubel, wie man ihn sich überhaupt nicht vorstellen kann — nach diesen furchtbaren Jahren ... die traurigen Jahre ... Endlich amal hat der Wener a Freid g'habt ... a Hetz ... ma hat was g'segn, net? Des kennen S' Ihna gar net vurstelln.
Wann san Se geboren? Achtadreißig? Na ja, also mir san alle ... i waaß no ... am Ring und am Heldenplatz g'standen ... unübersehbar warn mir ... man hat gefühlt, ma is unter sich ... es war wia bein Heirigen ... es war wia a riesiger Heiriger ...! Aber feierlich. Ein Taumel. *Er lacht* Na, drum san Se ja achtadreißig geborn ... Wan? Im Dezember, na ja ...

Die Deitschen san einmarschiert — mit klingendem
Spiel sans kummen, mit'n Bayerischen Hilfszug ... Die
haben so Gulaschkanonen gehabt, wie man sagt ...
Gulasch war kans drin ... Erdäpfeln, Kartoffeln ...
Uns is ja schlecht 'gangen ... aber so was hab'n mir nie
'gessen. Na ... die haben uns g'holfen ... wie die Hei-
schrecken habens uns g'holfen ... Auf amal war nix
mehr da ... in die G'schäfter und so ...
Aber Schwamm drüber — es waren deitsche Brüder ...
im süddeitschen Raum ... Altreich ... Neureich ...
Na, unsere Polizisten san aa scho da g'standen, mit die
Hakenkreizbinden ... es war furchtbar ... das Verbrechen, wie man diese gutgläubigen Menschen in die Irre
geführt hat ... Der Führer hat geführt.
Aber a Persönlichkeit war er ... vielleicht ein Dämon ... aber man hat die Größe gespürt ...
I maan, er war net groß. I bin ja vor ihm g'standen —
bein Blockwartetreffen in Rathaus. So wie i jetzt mit Ihnen sitz, bin i vor ihm g'standen ... Er hat mi
ang'schaut ... mit seine blauen Augen ... i hab eahm
ang'schaut ... hat er g'sagt: »Ja ja.« Da hab i alles
g'wußt. Wir haben uns verstanden ...
So bin i Illegaler worn ... I maan, i war scho ... des
wissen S' no gar net ... Illegal ... des war damals jeder
in Österreich ... Illegal ... des war so wie heit, wenn
ma bei aner Partei is ... Bei uns im Gemeindebau
alle ... mir warn eh alle bis Vieradreißg ... dann warn
mir illegal ...
I maan, schaun S', was ma uns da nachher vorg'worfen
hat — des war ja alles ganz anders ... da war a Jud im
Gemeindebau, a gewisser Tennenbaum ... sonst a netter Mensch ... da ham s' so Sachen gegen de Nazi
g'schrieben g'habt auf de Trottoir ... und der Tennenbaum hat des aufwischen müssen ... net er allan ... de
andern Juden eh aa ... hab i ihm hing'führt, daß ers
aufwischt ... und der Hausmaster hat zuag'schaut und
hat g'lacht ... er war immer bei aner Hetz dabei ...
Nachn Krieg is er z'ruckkumma, der Tennenbaum. Is

eahm eh nix passiert... Hab i ihm auf der Straßen troffen. I gries eahm freundlich: »Habedieehre, Herr Tennenbaum!« Der hat mi net ang'schaut. I grüaß ihn no amal: »— 'dieehre, Herr Tennenbaum...« Er schaut mi wieder net an. Hab i ma denkt... na bitte, jetzt iser bees... Dabei — irgendwer hätt's ja wegwischen müaßn... i maan, der Hausmaster war ja aa ka Nazi. Er hat's nur net selber wegwischen wolln.
Alles, was man darüber spricht heute, is ja falsch... es war eine herrliche, schöne.. ich möchte diese Erinnerung nicht missen... Dabei hab ich ja gar nichts davon g'habt... Andere, mein Lieber, de ham si g'sund g'stessn... Existenzen wurden damals aufgebaut... G'schäften arisiert, Häuser... Kinos!
I hab nur an Juden g'führt. I war ein Opfer. Andere san reich worden. I war a Idealist. Was war i scho? NSV... nationalsozialistische Volkswohlfahrt. Da hat si kaner was denkt, wann er dazua gangen is. Heit is ma ja aa überall... bei der Gewerkschaft und so... Schaun S', de Leit in so an Gemeindebau warn jahrelang unbetreut... hat si ja ka Mensch um sie kümmert... I hab ja nur versucht, de Leit zu erziehen... i hab eben net nur de Beiträge kassiert... des hab i so nebenbei g'macht... des hab i ja kennen vom Sparverein her. I hab ihnen Sprüche gebracht — Sinnsprüche — von Goethe und Hitler...»Gesundheit ist Pflicht« und solche aufbauende Sachen, net? Zum Aufhängen hab i s' ihnen bracht... und das war die Zeit, wo ich auch eine zweite Ehegemeinschaft eingegangen bin. Natirlich nur standesamtlich... Sie war a moderner Mensch ohne Vorurteile... mir warn in an Kino ang'stellt. I war Billetteur, net? Sie war Billetteurin... a guate Billetteurin, wirklich...
Wir haben sehr viel Gemeinsames gehabt... den gleichen G'schmack. Wann ma so viele Filme mitanander siecht... da kriagt ma scho a Urteil... der Besitzer von den Kino hat aa was drauf geben... er hat si ganz von uns beraten lassen...

Uns hat ka Schauspieler was vurmachen kennen ...
Wan S' so a G'sicht zehn oder fuffzehn mal segn ... da
kennen S' jeden Schmäh. I brauch des alles net ... von
mir aus brauchert's ka Theater geben, ka Kino, ... a
bissel a Musi, des is alles, was i brauch.
Drum bin i vielleicht für die Ehe net so geeignet ...
Na ... es war in Krieg, net ... Sommer ... I hab
manchmal Dienst g'habt, dann hat wieder sie Dienst
g'habt ... so abwechselnd ...
Natirlich hab i manchmal die Gelegenheit benützt ...
es war ja a moderne Ehe ohne Vorurteile ... a Mann is
a Mann, wann er a richtiger Mann is, ... in Krieg war's
ja leicht mit die Weiber ... i hab net einrucken müssen.
Die Frau ist der gebende Teil und der Mann ist der
herrschende. Des hab i ihr ja aa klarg'macht, bevor ma
g'heirat ham ...
Aber i bin bitter enttäuscht worn. Weil: sie hat si dann
Sachen herausg'nommen, de was tief unter der Würde
des Mannes liegen ...
Mir ham a Kasern in der Näh' g'habt ... und da hab i
immer scho g'heert, daß so viele Soldaten ... also deutsche Soldaten, aus und ein gehen im Gemeindebau ...
Na — dann hab i erfahrn ... daß de bei mir aus und
eingehen ... in meiner Wohnung! Meine Zigaretten
ham s' geraucht! Mit meiner Rasiersaaf ham sa si d'
Händ g'waschen ... die Piefke ...
Jetzt ... ma hat nix machen kennen ... net? Deutsche
Soldaten ... Krieg und so ... hab i g'wart'. Eines Tages
sagt ma mir: »Wissen S', wer oben war? A Fremdarbei-
ter! A Ausländer! A Tschusch!« Na, jetz war alles
Lei'wand. Weil des is ja kriegsrechtlich strafbar g'wesen ...
I bin eini in de Wohnung ... leise de Tür zuag'macht,
hab ganz ruhig zu ihr g'sagt: »Schleich di.« Sie hat mi
sofort verstanden. Hat alles dalassen ... Möbel,
Wäsch', Lebensmittel ... nur damit i s' net anzag ...
weg war s'. So ist auch dieses Kapitel in meinem Leben
vorübergegangen ...

Ruft hinauf Ja? Bitte, gnädige Frau? — Bitte, a bissel später...!
Wieder zum Publikum Zigaretten holn soll i ihr! I kann do jetzt net weggehn... mitten in der Arbeit... Ich hab mich dann mehr für die Gemeinschaft eingesetzt. I hab alles g'macht. Bei'n Winterhilfswerk war i... wann i mit der Büchsen g'scheppert hab, mei Liabe, da hat si kaaner getraut, sich auszuschließen... an jeden hab i derwischt... i bin ihm nachg'schlichen... aufg'lauert hab ich eahna... mit der Büchsen... wann s' des Scheppern g'heert ham, hat jeder g'wußt: Jetzt muaß er pariern!
Es war eine furchtbare Zeit... Se können Ihnen ja davon kaan Begriff machen.. Se warn a Kind... Was wissen Se, was mir damals alles mitg'macht ham!
I hab ja immer alles g'habt. I bin dann Aushilfskellner g'wesen... was damals alles durch meine Händ' gangen is...
Aber i war ja leichtsinnig... Und großzügig... Die Frauen...! Die Feste! Was sich da in meiner Wohnung abgespielt hat...! I sag' Ihna: Orgien im Gemeindebau...
Sonst hab i mi dem Luftschutz gewidmet. I hatte die Laienhelferausbildung unter mir... Meine Sonderauftrag war Abwehr von Giftgas...
Das Gebiet hab ich völlig beherrscht. Wann de Giftgas g'schmissen hätten, wär gar nix passiert... Natirlich — wann s' mit Bomben anfangen... das war ja unfair. Ein Verbrechen.
Zum Publikum Warum i net eing'ruckt bin? I hab a Herzklappen, wo ma nix Genaues waaß. Der ana Lungenflügel is aa net ganz durchsichtig... und dann — vor allem — meine Füß... —
Außerdem: a paar Leit ham ja die Heimat aufrechterhalten müssen. Es war a schwere Zeit... Da hat man Männer gebraucht: I hab ja damals g'strotzt!... I maan, auch heit noch. Schaun S' mi an! Sechzig Jahr! Und nie krank g'wesen. Immer pumperlg'sund...

Wann de Bombenschädlinge kummen san, ... de Bombengeschädigten ... I hab die Verteilung von de Marken und de Lebensmittel über g'habt ...
Da hab i damals guate Geschäfte g'macht damit. So a G'schäft *(Er deutet in den Laden)* hätt i mir aufbauen können ... den Bombenopfern war des eh wurscht. Wann aner grad sei' Haus verlorn hat, denkt er net ans Essen. Da is er froh, daß er lebt.
Wann aner si aufg'regt hat, den hab i nur ang'schaut. Glei war er stüll. Des hab i vom Führer g'lernt. I hab kane blauen Augen, aber des kann i aa. Na, dann san eh scho bald de Russen kumma ...
Also, i bin sehr guat mit eahna auskommen. I hab ja g'wußt, wie ma mit eahna umgeht ...
De Nachbarn san alle g'rennt mit ihre Hitlerbilder und ham s' am Misthaufen g'schmissen ...
I hab meins hängen lassen. Dann hab i de Russen extra in mei' Wohnung g'führt — kumm, Kamerad, dawai, Towarisch — hab 's Hitlerbild packt, um d' Erd g'haut ... drauf umanandtrampelt ... Ham s' g'sagt »Karascho« und san gangen ...
Ruft hinauf Was is denn, Frau Chefin? *Zum Publikum* Na also — jetzt geht s' Mittagessen. Endlich ... *hinauf* Kennan S' Ihna da net de Zigaretten glei selber mit neham? Was? *Zum Publikum* »Na schön«, hat s' g'sagt ... hätt aa freindlicher sein können ...
Na — dadurch, daß i Tschechisch kann, — a bissel — hab i immer Zugang g'funden zu der Mentalität von de Russen ... Rußki ... Slawen ... Asiaten ... mir is nix a'ganga ...
A paar Monat später ... — was glauben S', wer kumma is? — die Amerikaner. Des war eine Erlösung ...
Da hab i mi glei beworben ... Weil man steht doch dem Westen ... weil ich doch schon die ganze Zeit die Arbeit gemacht hab für die Gemeinschaft ... net? um den Westen zu verteidigen ... Luftschutz und des ... hab i mir denkt, es muaß doch a Meglichkeit geben bei de Ami ... und mitn Essen wars aa ganz guat ... was i so

g'heert hab von andere Parteigenossen ... und von de Kameraden von der NSV ... da ham s' mi eing'stellt als Tschiwilien Gard ... san ma g'standen ... so ... ältere Männer mit Helme ... und warn praktisch sozusagen a Militärpolizei ...

Na — mir ham aufpaßt! Wann a Österreicher kummen is, glei ham ma ihm verjagt ...! »Weg da! Go away! You!« ... Des is ma dann sehr zugute kumma, wia i später g'arbeit hab am Kobenzl als Parkwächter. Als Autoeinweiser, net?

Da hab i a Regiment g'führt! Wie bei der Gemeinschaft ... Ich war ja ka gewehnlicher Parkwächter ... i hab mir viel Sprachen angeeignet in der Besatzungszeit ... Wann a Autobus mit aner russischen Reiseg'sellschaft kumma is, — bin i glei dag'standen, hab g'sagt »Towarischi ... sdrasfudje!« Da ham s' ma auf de Schulter klopft und g'lacht ... da hab i scheen kriegt ... Und de Amis ... wann de kumma san, hab i sogar 's Wagentürl aufg'macht, hab g'sagt »Hello Sör! Everything is O. K. Americans O. K. Look at the Vienna, town of eternal Symphonie and music ...« Des heerns immer gern. Des is scho a Sache, was de auslassn .. ka Vergleich mit de Deitschen. Weil Deitsch kann ja eh a jeder.

Natirlich — es war eine harte Zeit ... man hat ein befreites Volk hungern lassen ... Mi net. I hab scho immer was derwischt. G'schäfter g'habt ...

Wann i damals in a Nachtlokal kumma bin, ham s' alle glaubt, i bin a Lord ... Dann is de Währungsreform kumma ... da hab i wieder alle Lust verlurn zum Leben ... Da hat man sein Leben aufgebaut ... mindestens zwanzigmal hab i mei Leben auf'baut in Lauf von mein' Leben ...

Was is blieben? Und wann ma dann scho ölter is und nicht mehr den Schwung hat und den Charme, da ... I hätt ja net arbeitslos sei' müssen ... i hätt in aner Garderobe arbeiten können. Oder als Portier ... Sogar in aner Sauna hätt i den Aufguß machn kenna ... den be-

sten Leuten ... aber wann's soweit war, hab i immer des G'fühl g'habt ... es gibt mir innerlich keine Befriedigung.
Z'letzt bin i ganga mit deformierte Luftballöner ... ballone. De hab i kriegt ... bülliger ... wei s' zweite Wahl warn ... Se warn nimma ganz rund ... ham so Dippeln g'habt ... manche warn aa a bissel eing'schrumpelt. Ma hat aufpassen müssen, daß net zerplatzen, bevur ma s' verkauft hat. Bin i ganga zum Heirigen ... wan de Leit scho b'soffen warn ... de hätten ma eckerte Ballons aa o'kauft ... de Trotteln ...
Na, so hab i's g'halten, de Luftballöner, und hab ma denkt: eigentlich is's traurig, daß ma so an Leben führn muß. Nach allem, was man so geleistet hat ...
Amal hab i nur no aan Ballon g'habt ... kumm i zu aner G'sellschaft, was sehr animiert war ... fragt mi ane ... se hat so an klaan Steirerhuat aus Papier aufg'habt ... per Hetz natirlich —— originell, net? Fragt s' mi: »Was kost der Ballon?« I sag mein' Preis. Sie lacht bled und sagt: »I geb Ihna a Bussel dafir!« Hab i ma denkt: ah was! Er kann eh kaum no fliagn, der Ballon ... Bin glei pickn bliebn ... Bis in der Fruah ...
Se hat am Laaerberg g'wohnt. Bin i mitg'fahrn. Am Weg hab i ihr dann von meine unglückliche Ehen derzählt ... in gleichen Alter war ma aa — bitte, sie war Brillenträgerin, aber ein sehr liebenswerter Mensch. Aa schlecht behandelt vom Leben ...
Na, bin i zu ihr zogn ... war Bedienerin. Aber sonst sehr reinlich.
Sie hat in an Biro g'arbeitet, und i hab den Haushalt g'führt, 'kocht ... alles in Ordnung g'halten ... i hab guat 'kocht ... na klar ... i hab ja aa mit'gessen ...
Gelesen hab ich sehr vü in dieser Zeit ... wissenschaftliche Sachen ... Ärztebücher ... Mechanik ... Technik ... Strahlenmeer ... Weltenraum ... alles, was uns angeht ... mi wundert gar nix mehr, was in Weltall g'schicht, weil i kenn mi durt genauso aus wie in Gemeindebau.

Am Sunntag san ma manchesmal ins Piestingtal g'fahrn — sie hat durt so a Siedlungshäuserl geerbt g'habt von ihre Eltern... da san ma g'sessn... ham in Regn aussig'schaut... und ham uns denkt: andere Leit haben das nicht...

Im Sommer, wanns haaß war, ham ma das Essen ins Papierl packt, Milchkaffee in a Bierflaschen, san zum Donaukanäu abi... i hab ma 's Hemd auszogn, sie war in der Kombinesch... schön war s' net... aber i hab da vor kurzn mei zweite Gattin g'segn... de fesche Billetteurin... i kann Ihna sagn... de hat ausg'schaut!: schiach... fett... direkt ungustiös...

I bin ja aa net scheen. Aber ein Mann halt sich immer no. Ein Mann hat noch immer einen gewissen Anwert.

Aa so wie i heit bin... Mir ham in unserer Gassn viel Witwen und Ledige... wie de mi anschaun: »Wann S' amal Fernsehn wolln, Herr Karl...« Fernsehen! I bin ja net interessiert...

Aber auch diese Lebensgemeinschaft war nicht von Dauer. Sie is leidend geworden... ins Spital hat s' müaßn...

Hab i g'sagt: Du mußt einsehn — jetzt muaß i weg. I maan — i hab eh mei' Arbeitslosen g'spart g'habt de ganze Zeit. Hat s' g'fragt: Besuchst mi amal in Spital? Hab i g'sagt: I waaß net. Mei' Gemeindebauwohnung hab i ja net aufgeben. I bin ja net teppet.

Na — von da ab is' eh wieder aufwärts ganga... I hab guate Posten g'habt... schlechte Posten g'habt.. g'arbeit hab i nie vül... Net, weil i's net kann...

...Aber des... des is des Alter der Reife... da genießt man gern — wissen S' — das Leben... Man wird überlegen... man erinnert sich: Wie man sich geplagt hat... für die Gemeinschaft... für die Gattinnen... für den Beruf... für den Wiederaufbau... und was ist geblieben? Erfahrung... Lebensklugheit... immerhin. Aber sonst? Zuviel Herz, zuviel Arbeit... zuviel Aktivität.

Natürlich ... es hat auch schöne Momente gegeben. Und auf die hab i mi immer konzentriert.
G'freit hab i mi scho ... an den Tag, wo ma 'n bekommen ham ... den Staatsvertrag ... da san ma zum Belvedere zogn ... san dag'standen ... unübersehbar ... lauter Österreicher ... wie im Jahr achtadreißig ... eine große Familie ... a bissel a klaneree ... weil's Belveder is ja klaner als der Heldenplatz. Und die Menschen waren auch reifer geworden ...
Und dann is er herausgetreten ... der ... der ... Poldl und hat die zwa andern Herrschaften bei der Hand genommen und mutig bekannt: Österreich ist frei!« Und wie i des g'hört hab, da hab i g'wußt: Auch das hab ich jetzt geschafft. Es ist uns gelungen — der Wiederaufbau ...
Ich mein', nicht daß ich blind wär' gegen die Fehler der Regierung ... i war ja immer kritisch. Ich hab immer alles durchschaut ... auch a Regierungsmitglied, wann i mir's so anschau ... der is aa net anders wie i. Und i kenn mi.
So san de alle.
Aber bitte — es geht mi nix an. Ich mache meine Arbeit, ich kümmere mich nicht um Politik, ich schaue nur zu und behalte es für mich.
I red ja net vül. I bin ja ein eher verschlossener Mensch ... Schaun S' — daß i jetzt so mit Ihnen red' ... i hätt's ja net notwendig. I kennt ja aa arbeiten ... Aber Sie müssen es ja auch einmal lernen. Und wenn man die Erfahrung hat, dann hat man auch die Pflicht, es weiterzugeben. Denn lernen kann man nur aus der Erfahrung ... Wolln S' an Schoklad? Schweizer. Na ja — Sie san a junger Mensch. Vor Ihnen liegt das ganze Leben. Aber in mein' Alter ... da is ma oft aufs Süße. Ma nimmt's in Mund, und es vergeht die Zeit ...
Na — i hab an Schofför kennt, der war ma sozusagen verpflichtet. Der hat g'sagt: »Paß auf, Karl, i fahr jetzt über die Länder — privat — weil i mecht amal unser

schönes Österreich kennenlernen — jetzt wo's wieder uns g'heert. Willst mitfahrn?« Da hab i g'sagt: »Geh — i kann des ja garnet zahlen, was du an Benzin verfahrst...« — »Naa, naa, Karl, i kenn di' — du machst eh nie an Urlaub... kum ruhig mit.« — »Naja, aber du muaßt dir ja aa dei' Geld verdiena...« — »Also bitte«, sagte er, »lad'st mi halt manchesmal ein und so...«

Na — san ma g'fahrn... was mi des kost hat! I hab alles zahln kenna. War bülliger kumma, wann i mit aner G'sellschaftsreise mit an Autobus g'fahrn war...

I hab des nämlich an sich gern, mitn Autobus... Da san immer vü Leit, mit denen man sich unterhalten kann. Ältere Frau'n, net? Se wissen ja. I hab halt noch de Art von früher...

So bin i amal sogar nach Italien kumma... Vüle Städte... so gena hab i ma's net g'merkt... der Wein kost' dort fast nix. De andern ham s' in der Hitz umananderzaht... i hab mi ang'soffen... Scheen war's in Italien. I hab net vül g'segn. Aber der Autobus is sehr guat g'fahrn.

Aber Österreich ist natirlich auch herrlich... Großglockner, der Pasterzengletscher... warn aa vül Leit dort... nette Leit. Da kummt ma glei ins Gespräch. Weil da steht aaner neben aan und sagt: »Schaun S?, is do eigentlich schön: Österreich. Und ma kenn's garnet...« Und i sag: »Ja, ja, wirklich. Des mecht ma gar net glauben, wann ma so in Wien is...« Unwillkürlich hat ma da was Gemeinsames... wann ma da steht, net? Herrlich, sag i Ihnen, die Franz-Josefs-Höhe. Achtzig Schülling hat mi des kost! Fünf Bier, fünf Schnäps hab i eahm zahln müaßn, dem Schaffeer. Na guat, i will ja nix drüber... irgend amal muaß ma si ja was leisten...

Dann war ma am Semmering.

Des is aa scheen. Sehr scheen. Wann ma bedenkt, daß ma des so in der Näh hat und eigentlich nie ausnutzt... ma kann überall mitn Sessellift auffifahrn... weil i brauch ja net z'fuaß gehn. Inundationsgebiet — Über-

schwemmungsgebiet — wann i da spazierngeh, des genügt ma. Was brauch i da auffisteigen, irgendwo? Des is eh net g'sund. I muaß eh ... i hab eh kan Aufzug im Gemeindebau ... i wohn ja im dritten Stock, i muaß steigen ...
I maan ... ich liebe die Berge ... wann i fahr ... San ma nach Mariazell kumma. Der Gnadenort. Hat mich sehr beeindruckt. Obwohl i also ka so absolut gläubiger Mensch bin. Aber ma denkt si, es kennt do was dran sein ... wan ma so die Kirchn siecht und ... de scheenen Hotels. Und de herrlichen Reiseandenken. Wirklich.
Auf der Rückfahrt san ma durch de Wachau kumma. Da war ich überwältigt von den steinernen Zeugen unserer Vergangenheit ... Melk, Dürnstein, Göttweig ... da hat er si ang'soffen —, mei Freind ... I hab ihm g'sagt: »Achte auf deinen Alkoholgehalt ...« Da is er ordinär worn... Hab i eahm erklärt: »Leider ... meine Barschaft is so, daß i mir nix mehr leisten kann.« Na, hat er was g'matschkert von Benzin und so ... Dabei is er eh an Dieseln g'fahrn ...
I hab des dann a'brochen, hab g'sagt: »I bin dir net bös, aber i geh jetzt ...« und bin mitn Schiff von Krems nach Wien g'fahren ...
Oben bin i g'standen, am G'lander ... angenehm kühl war's ... die Ufer sind an mir vorbeizogen, und i hab ma denkt: du kannst allaan nach Wien schaffiern ... in dein' alten, miesen, haaßen Kübel.
I maan ... mir hat's ja sehr guat g'fallen, unser Österreich. Aber in an gewissen Alter braucht man nicht mehr davon zu sehen .. man interessiert si' nimmer so ... Es laßt alles nach ... zum Beispiel das Atomzeitalter ... I war mein ganzes Leben von Gefahren umgeben ... Revolution, Hungersnot, Krieg, Giftgas ... fast ... i hab kan Kontakt mit der Atombomben. Es ist außerhalb meines Interessengebietes ... Ich überlaß das anderen Menschen. Ich bin nur ein kleiner Österreicher innerhalb einer unabhängigen Nation ... mi

fragt ja niemand ... bitte, sollen sich die andern den Kopf zerbrechen.
Wann i mi zerstreuen will, brauch i ka Wasserstoffbomben ... i geh spazieren in Überschwemmungsgebiet ... Inundationsgebiet ...
Da geh i gern hin! Oft! Wann's haaß is. Da san so Bombentrichter. Und da lingen s' dann drin ... de jungen Leit. Madeln und Burschen.
I maan, i bin ka Voyeur ... wie's vüle gibt, was da so spazierengehn. Aber mit so junge Leit is's halt a Hetz. Mir ham damals ja no Hemmungen g'habt ... aber heit ... kennan nix ... die Gfraster!
I siech's ja net ... i bin kaaner, der zuaschaut ... aber was i so heer ... wissen S', da kumm i ma ganz jung vur ...
Da is aa no des Standl von de Dreißgerjahr ... und de Alte — i maan, des is scho de Tochter von der Alten von damals — de kennt mi. Da kann i essen. Sehr guat ... sehr ausgiebig. Net teier ...
Neilich hab i a Schlachtplatten gessen, Schweinsbraten, Blunzen, Bratwürstel, Leberwurst, Kraut, Knedel, Bier dazua. Es war leider warm, denn es war furchtbar haaß' *Lacht* Naja — drum war i ja da.
Leider hab i kan Hut g'habt ... De Sunn hat de ganze Zeit auf mein' Kopf g'scheint ...
Wie i zur Straßenbahn ganga bin, is ma schlecht worn. I fall auf an Sitz zamm.
Kummt de Schaffnerin: »Is Ihna was?« I muaß ausg'schaut ham, wie der Tod.
I hab grad no sagen kenna: »I wohn Grösslgase 15, Stiege sechs, Tür 12, wann was sein sollt...«
Es war eh nix. I hab mi no mit letzter Kraft z'hausg'schleppt ... Ma will ja niemand Schereieien machen. Bin z'haus, hab's Fenster aufg'macht ... dann is ma schlecht worn ... net am Fenster ... scho wia si g'hert ...
Dann hab i mi aufs Bett g'legt und bin ohnmächtig worn.

Am nexten Tag bin i abiganga ins Wirtshaus ... a klans Golasch, a klans Bier ... alles wieder Lei'wand ...? Na — jetzt so wia i leb ... ich kann mich nicht beklagen. Es geht mir eigentlich sehr gut. Ich habe meine Wohnung ... eingerichtet ... sauber alles ... den Radio ... Eiskasten hab i ... I brauchn ja eigentlich net. I hab ja nix drin. I eß eh net z'haus ... I kumm aa kaum zum Radiohern ...
Früher, mit meiner zweiten Frau ... der Billeteurin ... da ham ma immer 's Radio aufdraht g'habt ... es war ja aa Krieg ... Da san aa vül Leit kumma ... jetzt ... Wissen S', die Leit in Haus san ma aa z'bled. I kenn s' jetzt scho fünfazwanzg Jahr ... Frauen gegenüber bin i ja mei Leben lang bitter enttäuscht worn ... des mecht i nimmer ...
I hab no an Verwandten in Stuttgart ... i kenn ihm persenlich net ... aber mir schreiben uns amal in Jahr ... zu Weihnachten. De Marken heb i immer auf ... San Se vielleicht Markensammler? Naja — ahso ... i hab ma denkt, daß Se dafür vielleicht Verwendung hätten ... und sonst ... eh ... i bin ja sehr zufrieden. I hab Krankenkassa, i bin völlig gesichert ... i hab alles z'haus: Schlafmittel, schmerzstillende Tabletten, wan was sein sollt ... daß 's mi net unvorbereitet trifft ... und so ... i kennt sagen, es geht ma zum ersten Mal in mein' Leben wirklich guat.
I kann ma's leisten, heute aa amal wohin z'gehn ... besser auszugehen ... i hab aa an scheenen Anzug ... an dunkeln. Der is kaum gebraucht ... naja, wann geh denn i scho aus? Eigentlich schad drum ...
Mit mein' Geld kumm i immer aus. I hab kaane Bedürfnisse. Lesn tua i aa nix. Damit muaß ma früher anfanga ... Oder Kunst oder solche Sachen ... i hab mei ganzes Leben ka Zeit g'habt für sowas. I hab Wichtigeres z'tuan g'habt ... ich habe Aufgaben zu erfüllen gehabt.
Wann i was segn will, geh i an de Ecken zum Wirt. Der hat an Fernseh ... Ma muaß net hinschaun, aber ma

kann. Da sitz i da und schau zua. Mir is wurscht, was g'spielt wird. Wann i müd bin, zahl i und geh furt. Manchesmal, wann's am Sunntag scheen is, fahr i nach Baden oder Klosterneuburg ... da schau i ma de Häuser an und denk ma: De hätten s' dir in der Russenzeit nachg'haut. Da is a Villa, an dera geh i immer vorbei ... de kennt heit mir g'hern ... Wer waaß, zu was 's guat is ...
Dann steig i in de Stadtbahn, fahr wieder haam und leg mi schlafen ...
I schlaf ja guat. Net immer, natirlich ... Manchmal, wann i so lieg, hör i de Rettung vorbeifahrn ... tatüü ... dann denk i ma nur:
Karl, du bist 's net ...
Schaun S', wann i mi von der Arbeit z'ruckziagn will, hab i mei' Renten ... wann i ma nimmer mein' Haushalt führn will, geh i nach Lainz ... i kann ruhig in die Zukunft blicken ... na und so wart ma halt ab, was no kummt, wia 's wird ... wia 's weitergeht ...
I bin heit immerhin so weit, daß i sagen kann, man hat sein Leben nicht umsonst gelebt ... und das is vielleicht das, worauf's ankommt ... Des werden Se als junger Mensch vielleicht noch net so begreifen ... aber Se werden no oft an mi z'ruckdenken.
Jaa ... de Kisten ...
Er schickt sich, wie zu Beginn, an, die Kiste aufzuheben, hält inne und blickt auf die Uhr.
Zwei Uhr ... ahso ... es ist ja Samstag ... Arbeitsschluß ...
Er läßt die Kiste sinken und stellt sie wieder hin.
Gehn ma ...
Dunkel.

Geschrieben 1961

Reinhard Lettau

Mißglückte Landnahme

geb. 1929

Es kam überraschend, als Herr Nehrkorn, dessen weit zurückliegende Habilitationsschrift über gewisse Dekadenzerscheinungen im Innern logarithmischer Tafeln seinerzeit die Fakultät erschreckt hatte, endlich einen Ruf als Professor erhielt. Zwar kam dieser Ruf von weit her und erfolgte gewissermaßen außer Hörweite der einheimischen akademischen Welt, aber durfte Nehrkorn nicht gerade aus der beschwerlichen Vernehmbarkeit dieses Rufes schließen, daß seine Arbeit nun sogar in der Ferne gewürdigt werde, während sie ringsrum noch auf Ablehnung stieß?

In der ausgedehnten Familie Nehrkorns wirkte die ehrenvolle Bestallung wie ein Zündstoff. Nehrkorn hatte, als er die Neuigkeit nahen Verwandten zur Kenntnis brachte, nicht bedacht, wie wenig von Glück begünstigt der weitere Kreis seiner Familie war. Auch zeichnete ein vorzüglich ausgebildeter Familiensinn insbesondere die ländlichen Kreise seiner Verwandtschaft aus, und nichts konnte sie hindern, sich in großer Anzahl bei Nehrkorn einzustellen. Es war nicht zu überhören, daß die Mehrzahl dieser Verwandten, die der vorherigen kargen Gelehrtenexistenz Nehrkorns wenig Aufmerksamkeit gezollt hatten, Träger fremdartiger Namen waren. Oft mußten sie, ehe sie eingelassen wurden, unter der Wohnungstür zum mitgeführten Stammbuch greifen, um ihre Blutsbeziehungen zum Professor Nehrkorn, wie sie ihn halb keck, halb drohend nannten, schlüssig nachzuweisen. Abordnungen aus entfernten Provinzen und in nie gesehenen Landtrachten wurden vorstellig und überließen Nehrkorn harte Würste oder selbstgebackene Brote. Ungelenk saßen sie auf den

Polstern, blöde Kinder im Schoß, und berichteten von gewissen Umsteigebahnhöfen oder aus der bedrängten Welt der Reisenden mit Traglasten und wehrten Nehrkorns Dank für die Gastgeschenke in mannigfachen Dialekten ab.
Es war schwierig, besonders die entfernten Verwandten zur Rückkehr in die Heimat zu bestimmen. Die Sorge um das Wohlergehen des Professors stehe ihrer Abfahrt im Wege, versetzten sie. In der Tat war ja noch vielerlei zu erledigen, ehe Nehrkorn an die Stätte neuen Wirkens eilen konnte. So war zwar der Ruf über den Ozean hinweg an sein Ohr gedrungen, tags darauf meldete aber ein weiterer Brief, daß die Bestätigung des Senats der Anstalt noch ausstehe. Auch erwarte man des Professors eigene Gehaltsvorschläge. Die Verwandten, denen der Inhalt dieses Briefes nicht hatte vorenthalten werden können, trösteten den Professor. Man dürfe sich hier nicht einschüchtern lassen, riefen sie. Die Gehaltsangelegenheit, riefen sie, während einer von ihnen Nehrkorn den Brief entwand, die wollten sie schon ausrichten. Man kenne ihn, sagten sie, als einen Mann des hohen Geistesfluges, aber das Praktische — sie schlugen auf den Brief —, das sei wohl besser durch sie wahrgenommen. Man kam dann auch überein, Nehrkorn von der Beantwortung dieser Post, die listige Sinnesart und festen Zugriff erfordere, zu entbinden. Gerührt vernahm Nehrkorn, wie ringsum ein emsiges Treiben entstand. Ein Teil der Verwandten verfolgte die handwerkliche Vorbereitung der Überfahrt, ein anderer widmete sich ganz der Korrespondenz mit der fernen Universität, während der Briefwechsel mit nicht anwesenden, bettlägerigen oder sonst zwingend verhinderten Familienmitgliedern Nehrkorn selbst oblag. Es war natürlich, daß man, da die Kosten für den familiären Mitarbeiterstab täglich stiegen, zum Verkauf der Nehrkornschen Bibliothek schritt. Diese Maßnahme schien um so verständlicher, als die Formalitäten zur Auswanderung des Professors sich in die Länge zu ziehen begannen. Gelegentlichen Andeutungen der Verwandten entnahm

Nehrkorn, daß man sich auf den Ablauf eines vollen Jahres werde einrichten müssen. Die bei dieser Enthüllung anwesenden bäuerlichen Verwandten unterbreiteten den Vorschlag, den aus dem Verkauf der Bücher erzielten Gewinn in Land anzulegen. Soeben sei Saatzeit, riefen sie, und wenn man rechtzeitig pflanze, so könne man noch in den Genuß der Ernte gelangen, ehe der Professor heimatliche Erde verlasse. Der Vorschlag fand Gefallen, und schon am nächsten Tag ward ein schönes Stück Land vor der Stadt erstanden.

Die Wintermonate verbrachte Nehrkorn im geschäftigen Kreise der Familie. Waren es die Bauern, die, ohnehin in der Mehrzahl, untätig herumsaßen, so hatten doch die Vertreter anderer Berufsgruppen vollauf zu tun. Triumphgeschrei hörte man aus Küche und Keller, wenn beispielsweise dem Tischler die Herstellung einer funkelnagelneuen Reisekiste geglückt war. Solche Leistungen wurden gefeiert, und manchmal fragte sich Nehrkorn, ob beispielsweise die Kiste, die im Verlauf solcher Feiern wieder mutwillig zerstört wurde, ob also diese Kiste solche ausschweifenden Feste rechtfertige — Feste, die die Arbeitskraft des betreffenden Berufszweiges für Tage erlähmten.

Meist waren die Abende jedoch friedlich und voller Geselligkeit. Streit war dem Kreise fern; lediglich Vetter Julius, ein schwäbischer Bauer, spielte wiederholt auf die Untätigkeit des Herrn Professors an. Wenn man es recht bedenke, so sagte er einst, so biete sich in diesen Räumen das Modell einer idealen Gemeinschaft dar. Jedermann sei tätig, dem Professor zu einer unbeschwerlichen Überfahrt zu verhelfen, indem ein Stand den anderen stütze, und nur er, Nehrkorn selbst, verhalte sich müßig. Nehrkorn, dem Bruderzwist verhaßt war, fochten diese Anspielungen hart an. Er erwog, zur Unterstützung des hilfreichen Verwandtenkreises vielleicht zeitweilig einer Lohnarbeit nachzugehen. Dazu kam es indessen nicht, denn eben verlas Julis den jüngsten Brief der Universität. Die Zurücknahme des Rufes, versetzte Julius, komme für ihn nicht

unerwartet. Das monatelange Schweigen der dortigen Herren habe ihm zu denken gegeben.
In dem Brief stand zu lesen, daß man die Bedingungen, an die er, Nehrkorn, die Annahme des Rufes geknüpft habe, leider nicht erfüllen könne. Noch nie habe man hier, so hieß es, davon gehört, daß ein künftiger Professor so maßlose Gehaltsforderungen stelle, auch dann nicht, wenn das in Rücksicht auf eine umfangreiche Familie geschehe. Auch könne man sich nicht dazu verstehen, die schmucken Rasenflächen vor und in der Nähe der Universität in Ackerland zu verwandeln. Man weise darauf hin, daß gerade dieser von Nehrkorn unbillig ins Auge gefaßte Anger über die Jahrhunderte hin als solcher gepflegt worden sei. Diesen traditionsreichen Anblick würde man nur ungern der offenbar überwiegend ländlichen Verwandtschaft Nehrkorns opfern. Der Herr Doktor sei sich wohl nicht darüber im klaren, daß auch in der Neuen Welt jeder Fuß freien Landes längst vergeben sei. Eine Professur in der Neuen Welt komme keinesfalls einer Landnahme gleich. Da er, Nehrkorn, aber — und übrigens in auffällig ungeschulter Rede — die Annahme seiner Berufung von der Landnot seiner Verwandten abhängig gemacht habe, müsse man von dem ursprünglichen Angebot leider zurücktreten.
Der folgende Tag sah den Aufbruch der Verwandten. Mißmutig und mit offenen Drohungen auf den Lippen verließen sie Nehrkorns Haus. Nehrkorn habe sich, riefen sie, über die begrenzten Möglichkeiten der Berufung absichtlich ausgeschwiegen, um sie zu täuschen. Wenn er von Fachkollegen und Nachbarn, die ihn auf einem kahlen Acker vor den Toren der Stadt oft herumirren, die krümelige Erde auflesen und betrachten sahen, gefragt wurde, pflegte Nehrkorn zu erwidern, aus wissenschaftlichen Gründen habe er sich entschlossen, den aus so großer Ferne an ihn ergangenen Ruf abzulehnen. Wir wissen, daß es persönliche Gründe waren.

Erschienen 1962

Hans Magnus Enzensberger

Der Entkommene von Turin

geb. 1929

Zusammenfassung

Das was ich euch erzähle ist keine ausgedachte Geschichte. Sondern die Geschichte eines armen Jungen der in einem Internat gelebt hat, wie ihr es euch gar nicht vorstellen könnt. Davon gibt es viel zu erzählen. Ich hoffe wenn ihr ein Herz habt werdet ihr daran denken. Denn jetzt wißt ihr was es heißt in einem solchen Internat zu leben wo es nur vier Mauern gibt und ihr nicht sehen könnt, daß die Welt offen und glücklich ist.

Die Kindheit

Geboren in Turin von armen Eltern. Sie haben mich in ein Waisenhaus in Superga gesteckt, wo solche wie ich aus der ganzen Provinz zusammengeholt werden. Dort haben sie sich um mich gekümmert und sie haben Pflegeeltern für mich gefunden und die Pflegeeltern haben mich adoptiert. Aber sie hatten sehr wenig Geld und ihre Wohnung war nicht sehr schön und sie wohnten in der ...straße Nr. 5.
Wie ich acht Jahre alt wurde war ich sehr nervös. Da haben sie mich zu einem Arzt gebracht und ich habe dem Psychiater gesagt, ob er nicht etwas dagegen machen könnte und sie haben mich gleich ins Krankenhaus eingeliefert, damit sie mich besser untersuchen konnten. Aber was der Herr in dem weißen Kittel gemeint hat, habe ich nicht verstanden. Dann bin ich wieder nach Hause gekommen und habe wieder in der Schule angefangen. Aber

scheinbar war ich geistig zu sehr zurückgeblieben. Denn wenn die Lehrerin etwas erklärte, habe ich nichts verstanden und deshalb hat sie mir einen Brief an meine Pflegeeltern mitgegeben und darin hat sie geschrieben, sie möchte mit ihnen sprechen.

Am nächsten Tag hat mich meine Mutter in die Schule gebracht und hat mit der Lehrerin gesprochen und die Lehrerin sagte, er kann nicht in dieser Schule bleiben, denn er ist geistig zu sehr zurückgeblieben und es gibt eine besondere Schule für solche wie mich und diese Schule nennt sich L'uccento*. Aber in L'uccento haben sie mich nicht genommen, denn sie sagten, ich sei zu krank. Damals war ich gerade acht.

Dann bin ich in eine Anstalt gekommen die hieß Collegno.

Dort war ich mit lauter Kindern zusammen, denen es genauso ging wie mir und die Aufsicht hatte die Frau Doktor ... Sie war ganz gut und tat alles mögliche, um uns zu helfen und behandelte uns so als ob wir ihre Kinder wären.

Dort haben sie mich behandelt und in die Schule geschickt, die es in dieser Anstalt gab. Ich war sehr dünn und sehr nervös und ich konnte nicht verstehen, was die Lehrerin sagte. Die Lehrerin war eine Nonne. Sie haben mich sehr lange in dieser Abteilung behalten und sie haben mich behandelt. Ob es mir dadurch nicht bessergingę, so daß ich wieder nach Hause zu meinen Pflegeeltern zurückkehren könnte.

Viele Monate lang bin ich in dieser Anstalt geblieben. Am Sonntag hatte ich immer meine Pflegemutter zu Besuch. Dort bin ich auch zur ersten Kommunion gegangen.

Bis eines schönen Tages auf einmal ein Brief gekommen ist. Und darin stand, daß sich meine Pflegemutter ein Kind angeschafft hat. Also hatte ich jetzt einen kleinen Bruder.

---

* Der Verfasser meint das Medizinisch-Pädagogische Institut von Lucento in der Provinz Turin.

Nach ein paar Tagen haben sie mich dann nach Hause gebracht. Ich war ganz glücklich, weil ich jetzt einen kleinen Bruder hatte. Denn mit ihm konnte ich mich unterhalten und es war lustig, jemand zu haben, mit dem ich sprechen konnte. Aber ich hatte auch einen kleinen Haß auf meine Familie bekommen, weil ich merkte, wie sie mich behandelt haben. Für sie war ich nämlich nur ein Adoptivkind und die Zuneigung war verschwunden. Aber wenn ein Kind keine Zuneigung hat, geht es ihm schlecht. Früher mochten sie mich gern, aber vielleicht jetzt nicht mehr, weil sie ein eigenes Kind hatten. Ganz gleich was ich machte. Meine Pflegemutter sagte immer, er ist eben verrückt. Das Irrenhaus ist das einzig Richtige für ihn. Als ich diese Worte hörte, wurde ich sehr nervös und stellte allerhand Unsinn an und deshalb nahm sie den Stock und haute mich und sie hat mich sogar gebissen, damit ich wieder brav sein sollte. Aber je mehr sie mich haute, um so ärger habe ich mich aufgeführt. Jedesmal wenn sie mich gebissen hat, war ich voller blauer Flecken. Wenn ich allein im Wohnzimmer war, hörte ich immer wie sich meine Mutter und mein Vater wegen mir stritten und ich wußte schon, daß mein Vater mir immer helfen wollte, weil er mich mochte.
So bin ich wieder in die Anstalt gekommen. Weil meine Mutter auf die Idee gekommen ist, dem Arzt zu sagen, daß ich nicht normal war und daß ich mich aufführte wie ein Verrückter. Und dasselbe hat sie auch der Frau Doktor erzählt.
Ich weiß noch, daß ich gerade zwölf Jahre alt war, wie sie mich das zweitemal in die Anstalt gebracht haben. Und ich verstand, was mit mir los war. Daß ich keine Eltern hatte, daß sie mich erst aufgenommen und dann wieder fortgeschickt hatten, weil ich geisteskrank war.
Nach einer langen Zeit, wo sie mich in der Abteilung Nr. 18 beobachtet haben, beschloß der Arzt, mich in eine andere Abteilung zu überweisen, wo die andern Jungen in meinem Alter waren. Ich erinnere mich, wie ich diese Jungen zum ersten Mal sah, fürchtete ich mich sehr, weil ich

Angst hatte, sie würden mich verhauen. Deshalb war ich sehr traurig und ich hatte es schwer, mich in dieser Abteilung einzugewöhnen. Viele Monate vergingen und nach und nach habe ich mich eingewöhnt und nach und nach freundete ich mich mit einem Jungen an. Damit ich mit einem Menschen sprechen und ein wenig Zuneigung finden konnte.

Ich weiß von dieser Abteilung noch, daß es an den großen Festtagen ein bißchen besseres Essen gab. Und das einzige was wir machen durften, war Fußballspielen, wenn es nicht regnete. Wenn einer irgendwas anstellt oder Streit mit den andern anfängt, dann setzt es schwere Strafen.

Die Strafen waren, daß man den Film nicht sehen durfte. Denn dann und wann kam ein Pfarrer und führte uns einen Film vor. Nur daß der Film immer stumm war. Oder man wurde ganz früh ins Bett geschickt. Aber zuvor gab es eine Tracht Prügel damit du es dir merkst und sie schnallten einen mit Riemen ans Bett fest und der Betreffende mußte eine ganze Zeitlang im Bett liegenbleiben.

Was kannst du machen wenn sie dich verhauen. Wenn du dich wehrst schlagen sie nur noch fester zu. Das alles haben sie gemacht wenn es niemand sehen konnte und vor allem wenn die Visite vorbei war und die Frau Doktor es nicht merkte. Es hat auch nichts genützt, wenn einer es ihr erzählt hat, denn kaum war sie draußen ging es von vorne an.

Das ist alles daher gekommen, daß wir von aller Welt verlassen waren und niemand sah was mit uns passierte und niemand hat an uns gedacht. Also ist es wahr, daß solche Kinder wie wir keinen Schutz haben und ganz verlassen sind.

Die Zeit verging und ich wurde größer und allmählich verstand ich was in dieser Abteilung los war. Eines Tages war ich auf dem Hof der von vier hohen Mauern umgeben ist, weil sie Angst haben, daß einer von uns entfliehen könnte obwohl keiner von uns gewußt hätte wohin. Alle die es versucht hatten waren wieder eingeliefert worden weil ihre Familie nichts von ihnen wissen wollte. Und

wenn so einer wiederkam, dann war die Hölle los und er wurde sehr streng bestraft. Wenn auch die Frau Doktor keinem etwas tat. Dafür sorgten schon andere kaum daß sie aus der Tür war.
Also eines Tages spielte ich auf dem Hof mit den andern und auf einmal rufen sie mich und ich gehe in den Speisesaal und dort sehe ich meinen Pflegevater auf einer Bank sitzen. Und wie die Tür zum Hof hinter mir zugefallen war hoffte ich auf einmal, daß ich herauskäme und nie wieder zurückmüßte.
Ich ging hin und setzte mich daneben und er sagte mir, ich habe drei Tage Urlaub für dich beantragt, damit ich dich mit nach Hause nehmen kann. Ich war sehr froh, weil ich die Welt draußen sehen durfte die ganz anders ist als dort in den Mauern der Anstalt. Und weil ich so froh war mußte ich weinen. Ich habe mir immer gewünscht, eines Tages ein Freier Junge zu sein wie alle andern. Aber es war nur ein kurzer Traum und als ich meine Tränen abgetrocknet hatte war alles wie vorher. So bin ich nach Hause gekommen nach einer langen Zeit wo ich eingesperrt war. Und wenn es auch nur für drei Tage war. Ich wünschte mir, daß die drei Tage nie vorübergingen.
Ich erinnere mich wie ich ins Zimmer trat, war es ganz still. Ich wußte nicht was los war weil mein Vater mir eine Überraschung bereiten wollte. Vom Balkon aus sah ich wie mein Vater mit einer fremden Frau sprach. Ich spielte gerade mit meinem kleinen Bruder auf dem Balkon und fragte ihn wer diese Frau war. Und er wußte es nicht. Dann hörte ich es läuten und meine Pflegemutter lief um die Tür zu öffnen.
Dann hat sie mich gerufen und mir gesagt, das ist deine Mutter. Ich brachte einen Augenblick lang kein einziges Wort heraus. Und ich schaute sie voller Haß an und fing an zu weinen. Denn jetzt wußte ich, daß ich ihr Sohn war. Sie kam zu mir her und sagte, der Krieg ist an allem schuld gewesen. Ich war so nervös, daß ich mich nicht mehr beherrschen konnte und ich sagte ihr sie soll fortgehen und ich wollte sie nie wiedersehen. Denn so wie sie mit mir

umgegangen ist, so machen es nur die Krokodile mit ihren Kindern.
Dann war es eine Weile ganz still und mein Adoptivvater sagte zu der Frau Bitte kommen Sie mit mir. Und dabei beugte er sich zu mir und sagte ganz freundlich Ich werde schon dafür sorgen daß dir nichts passiert. Und er sah nicht so ernst aus wie sonst. Nach einer langen Unterhaltung kamen sie wieder zu mir und mein Vater sagte mir: Sie kann dich leider nicht mitnehmen und für dich sorgen. Wie ich das hörte brach ich in Tränen aus und mein Traum war für alle Zeiten ausgeträumt. Sie ist noch zwei Tage dageblieben und sie war sehr freundlich zu mir. Bis der Tag der Abreise kam und wir brachten sie zum Bahnhof meine Pflegemutter und ich und ich fragte sie wann sie mich wieder besuchen würde. Sie sagte leise Bald. Wir weinten alle beide und ich konnte kein Wort mehr herausbringen außer Ciao Mamma auf bald.
Zu Hause wartete mein Pflegevater auf mich und er brachte mich wieder in die Anstalt. Unterwegs erzählte er mir warum meine Mutter nichts von mir wissen wollte wie ich auf die Welt kam. Er sagte wenn sie allein wäre hätte sie mich aufnehmen können. Aber sie war verheiratet und hatte schon zwei Kinder. Aber sie war von ihrem Mann getrennt. Das alles hat mir mein Vater unterwegs erzählt.
Als ich in die Abteilung zurückkam war ich so niedergeschlagen, daß ich eine Zeitlang nicht mehr mit den andern sprechen wollte und ich dachte die ganze Zeit daran, daß einer wie ein Hund behandelt wird wenn er keine Mutter hat. Warum die Menschen gar kein Herz haben. Diese Wörter gingen mir immer im Kopf herum. Bis mich eines Tages die Frau Doktor zu sich rief und mir sagte, ich sollte nicht mehr daran denken und wenn sie es gewußt hätte, dann hätte sie mich nicht nach Hause gehen lassen. So einen grausamen Schlag hätte ich nicht abbekommen sollen.
So lebte ich weiter wie zuvor und ich fing auch wieder an mit meinem Freund von früher zu spielen. Unsere Freundschaft wurde immer enger. Ich wollte auch noch etwas an-

deres von ihm. Denn ich hatte Sachen gesehen die mir in meinem ganzen Leben noch nicht vorgekommen waren. Ich erinnerte mich wie ich eines Abends mitten in der Nacht merkte, daß einer von den Jungen zu einem andern ins Bett gegangen ist und da haben sie etwas gemacht was andere Menschen nicht machen. Und ich sah daran, daß auch unsereiner einen andern Menschen braucht, um seiner Not Luft zu machen.
Wir haben das alles mitten in der Nacht gemacht damit der Pfleger es nicht merkte. Denn sonst hätte es schwere Strafen gesetzt. Wenn einer etwas verriet von dem was er gesehen hatte, den traktierten wir alle miteinander mit Hieben und Fußtritten. Auf diese Weise habe ich verstanden wie es geht und ich fing an mitzumachen wie alle andern auch. Und ich dachte nicht daran ob es uns vielleicht schaden könnte. Ich weiß auch, daß es ein paar Jungens gab die gingen mit den Erwachsenen für ein kleines Geschenk oder ein Trinkgeld.

Die Jugend

Als ich vierzehn war, da war mir schon alles recht was mein Freund tat. Ich war immer einverstanden weil ich dachte Vielleicht geht er eines Tages mit mir und tut das was ich mir wünsche. Aber er erriet was ich wollte und einmal sprach er mit mir allein und sagte mir er sei keiner von denen die mit den Jungens ins Bett gehen. Als ich diese Worte hörte sagte ich gar nichts. Sondern ich wartete auf eine gute Gelegenheit.
In unserer Abteilung war eine Nonne die uns unterrichten mußte. Eines Tages als die Schule aus war sagte sie zu mir Wenn du so weitermachst mit deinem Freund reißt mir der Geduldsfaden und ich sage es dem Oberpfleger. Aus lauter Angst habe ich mich auf sie gestürzt und sie geschlagen. Und hinterher wußte ich nicht mehr was passiert war.
Als ich wieder in der Abteilung war erinnere ich mich, daß

der Pfleger mich gerufen und angefangen hat mich mit dem Stock durchzuprügeln. Und er hat mich ins Bett gesteckt und mit den Riemen festgebunden. Ich konnte gar nichts machen. Nicht einmal der Frau Doktor alles sagen. Denn sonst wäre es mir noch schlimmer ergangen kaum daß sie der Abteilung den Rücken zukehrt. Also blieb nichts anderes übrig als still sein. Während die Tage vergingen überkam mich eine Angst die ihr euch gar nicht vorstellen könnt. Bis die Frau Doktor beschloß mich zur Arbeit zu schicken. Und sie sagte Einmal sehen, ob es da nicht besser mit dir wird.
Ich fing als Gärtner an und es ging mir sehr schlecht, weil ich den ganzen Tag lang arbeiten mußte ohne auszuruhen. Als wären wir Sklaven. Wenn einer dem Aufseher widersprach, wurde er gleich in die Abteilung zurückgeschickt und was dann passierte wußte ein jeder.
Ich erinnere mich, daß auch mein Freund im Garten arbeitete und wenn sie uns beisammen sahen, dachten sie gleich etwas Schlimmes. Sie redeten die ganze Zeit über uns und sagten uns, Ihr seid pervers. Obwohl es nicht die Wahrheit war. Einmal habe ich meinen Freund allein im Garten getroffen. Das war am Abend und ich versuchte etwas zu machen. Aber es war nichts. Denn er sagte, wenn ich ihn anfasse, sagt er es der Frau Doktor. Auch beim Fußballspielen habe ich eines Nachmittags versucht etwas zu machen. Und diesmal ist es mir geglückt. Aber er sagte es am andern Morgen der Frau Doktor und ich wurde sofort in eine andere Abteilung gesteckt, auf die Abteilung Nr. 6. Das war eine geschlossene Abteilung und ich bin lange Zeit dringeblieben. Dann haben sie mich herausgelassen und ich mußte Maschinen putzen. Diese Arbeit ging sehr lange Zeit bis ich rückfällig wurde und etwas mit einem andern Jungen anfing. Ihr könnt euch nicht vorstellen wie das für einen Jungen ist wenn er immer größer und älter wird und er kann nichts machen. Auch wenn es mit einem Jungen nicht dasselbe ist.
Am andern Morgen sagte er es dem Arzt. Daß ich schon wieder damit angefangen hatte. Und sie steckten mich in

Der Entkommene von Turin

eine Isolierzelle und ich wußte nicht, was sie mit mir machen wollten. Am nächsten Tag führten sie mich wieder in die Abteilung und dort sah ich eine Maschine auf einem kleinen Wagen. Sie sagten mir Leg dich aufs Bett. Dann kamen zwei Pfleger und steckten mir ein Stück Gummi in den Mund und Kopfhörer über die Ohren und der Arzt kam und schaltete den elektrischen Strom ein. Ihr könnt euch nicht vorstellen wie weh das tut. Als alles vorbei war, wollte ich gehen. Da rief mich der Arzt zurück und sagte, Zieh dich aus. Und ich sah wie sie die beiden Kabel an meine Geschlechtsteile legten und den Strom einschalteten. Es war wie das Ende der Welt für mich und nie werde ich vergessen wie weh das getan hat. Diese entsetzlichen Folterungen gingen noch mehrere Vormittage lang weiter. Ich erinnere mich noch ganz genau welche Angst ich hatte wenn es neun Uhr schlug. Vor Angst mußte ich jedesmal hinausgehen und mich übergeben. Im Grund ist es nicht zu begreifen warum sie einen so quälen. Es ist wie in der Sklaverei. Jedesmal wenn der Arzt kam fiel ich vor ihm auf die Knie und bat ihn mich zu verschonen. Aber es machte ihm nichts aus. Wenn ich auf dem Bett lag und er griff nach dem Schalter sagte ich ihm, Haben Sie Erbarmen. Aber er sagte, Wir sind hier nicht im Kindergarten, Wir machen das damit es dir eine Lehre ist und damit du dirs merkst. Als es vorbei war konnte ich vor lauter Schmerzen nicht mehr gehen und ich dachte sie würden nie damit aufhören. Sogar in der Nacht träumte ich davon was mir dieser Wahnsinnige noch alles antun würde. Denn er machte es nicht nur mit den Jungen, sondern auch mit den Alten.
Im Grunde begreife ich nicht warum sie einen so quälen. Auch wenn ein Mensch krank ist verdient er ein wenig Achtung. Ihr wißt nicht wie weh es tut. Und daß es einen Menschen fürs ganze Leben ruinieren kann. Wenn ich nur davon reden höre werde ich weiß im Gesicht und es geht mir schlecht. Ich kann es heute noch nicht vergessen. Das ist ein Haß der mir geblieben ist.

Später habe ich angefangen als Bäcker zu arbeiten und das hat mir gefallen weil ich in der Bäckerei zwei sehr gute Menschen traf. Nach allem was sie mit mir gemacht haben fand ich mich mit dem Leben in der Anstalt ab. Aus der Abteilung Nr. 6 wurde ich in die Nr. 2 überwiesen. Dort arbeitete ich bis ich 17 Jahre alt war. Dann kam mein Vater und nahm zwei Tage Urlaub für mich und wir fuhren nach Hause. Als wir angekommen waren sagte ich zu meinem Vater, ich habe es satt was die mit mir gemacht haben. Und ich habe beschlossen mir draußen eine Arbeit zu suchen und frei zu sein wie alle andern. Und so habe ich es auch gemacht. Und fand eine Arbeit in einer Fabrik wo sie Radkappen für Autos herstellten und mein Vater fuhr in die Anstalt und ließ sich den Entlassungsschein für mich geben.

In der Fabrik gefiel es mir gut. Nur zu Hause war es schlecht weil meine Pflegemutter mich wie einen Hund hielt und mich gar nicht anschaute. Wenn ich von der Arbeit kam war kein Essen für mich da. Sie sagte auch Aus dir wird nie was Ordentliches. Und am Morgen wenn ich zur Arbeit fuhr war nie die Tasche mit meinem Essen fertig. Weil ich aber Angst hatte daß sie über mich herfällt sagte ich nichts und ging zur Arbeit ohne etwas zu essen. So ging es eine ganze Weile bis ich eines Tages unter vier Augen mit meinem Vater sprach und ich sagte ihm Es hängt mir schon zum Hals heraus so schlecht behandelt zu werden wie ein Hund. Wenn sie nichts von mir wissen wollten hätten sie mich ja bloß wieder in die Anstalt zu schicken brauchen. Aber mein Pflegevater beschloß mich in ein Heim zu bringen. Dort wohnten lauter Jungens wie ich die auch im Krankenhaus gewesen waren. Bevor sie mich dort aufnahmen wollten sie wissen warum ich ins Heim kommen sollte. Und da sagte meine Pflegemutter ihnen Er schlägt immer seinen kleinen Bruder und er stiehlt alles was er finden kann. Ich weiß nicht warum sie einen solchen Haß auf mich hat. Erst hat sie mich großgezogen und dann hat sie mich ruiniert. Diese Worte dachte ich bei mir. Ich wäre gern glücklich gewesen und hätte ein

Zuhause gehabt aber es hatte gar keinen Zweck etwas davon zu sagen. Nicht wenn sie dir die ganze Zeit an den Kopf werfen: Du bist ja verrückt. Was willst du denn?
Ihr könnt euch nicht vorstellen wie niedergeschlagen ich war. Denn ich konnte mich nicht verteidigen obwohl ich unschuldig war und mußte den Mund halten.
So bin ich in dieses Heim gekommen. Die Leitung hatte ein Fürsorger. Sehr streng und manchmal auch grausam gegen uns. Wir durften nicht einmal das Haus verlassen. Abends wenn einer zu spät von der Arbeit kam fand er nichts mehr zu essen auf dem Tisch und wenn er sich beschwerte um so schlimmer. Am Sonntag gab es ein paar Stunden Ausgang aber wer zu spät kam durfte am nächsten Sonntag nicht heraus.
Eine Frau die im Heim gearbeitet hat kam eines Tages daher und sagte, ihr wären Wertgegenstände weggekommen. Da hat man uns alle beschuldigt und der Heimarzt hat die Sache untersucht. Das war ein Professor. Dabei sagte der Fürsorger zu dem Arzt Der da kann sich nicht beherrschen und außerdem ist er frech. Damit hat er mich gemeint. Und mit diesem Trick schickten sie mich wieder nach Collegno in die Anstalt zurück. Und sie behaupteten ich sei ein Dieb. Ich wurde wieder untersucht und in die Abteilung Nr. 2 gesteckt wo ich schon früher war. Ich fing wieder an als Bäcker zu arbeiten und diesmal vergingen viele Jahre.
In der Anstalt lernte ich einen Jungen kennen der war blond und kleiner als ich und sehr lieb. Ich besuchte ihn öfters und jedesmal brachte ich ihm etwas mit. Ich dachte vielleicht könnte ich eines Tages etwas mit ihm machen. Denn auch ich bin jung und brauche jemanden mit dem ich meiner Not Luft machen kann. Unsere Freundschaft wurde immer enger und weil ich meinen Freund von früher verloren hatte dachte ich vielleicht wird diesmal etwas daraus. Einmal spielten wir am Nachmittag Fußball und ich packte ihn am Kragen und legte ihn auf den Boden. Da sagte er Wenn du mich nicht gehen läßt melde ich es dem Pfleger. Und ich antwortete Wenn du versprichst daß

du mich nicht meldest laß ich dich los. Aber nachts bekam ich es mit der Angst und ich hätte es nicht tun sollen weil ich wußte wenn es herauskam. Dann würden sie wieder anfangen mit der Quälerei an meinen Geschlechtsteilen. Warum hatte ich mich wieder hinreißen lassen. Was wollte ich denn von ihm. Er war doch auch nur ein Junge wie ich. Warum ist alles so gekommen und was hat mich auf diesen Weg gebracht? Diese Worte dachte ich. Und ich konnte es nicht mehr aushalten und beschloß davonzulaufen. Wenn ich auch nicht wußte wohin. Für die von uns die zur Arbeit gingen mußte immer einer das Essen holen und ich meldete mich und ging den Weg entlang bis zur äußeren Mauer und kletterte rüber und lief so schnell ich konnte. Weil ich Angst hatte daß sie mich verfolgen würden und ich drehte mich immer wieder um und schaute nach ob mir jemand hinterherlief. Aber ich sah niemand und deshalb lief ich weiter obwohl ich ganz genau wußte daß sie mich gleich wieder abholen würden sobald ich zu Hause bei meinen Pflegeeltern angekommen war.
Aber umkehren konnte ich nicht weil ich wußte daß sie mich bestrafen würden. Als ich nach Hause kam war meine Pflegemutter ganz verblüfft und sie fragte mich Wie kommst du denn hierher? Ich sagte ihr warum ich davongelaufen war aber sie sagte mir Kehr lieber gleich wieder um denn sonst geht es dir schlecht. Ich wollte nicht weil ich wußte was sie mit mir machen würden. Denn ich hatte nichts vergessen. Und ich erklärte ihr daß sie einem Elektro-Massagen am Bauch machen und wie entsetzlich das ist. Daß es einen fürs ganze Leben zugrunde richten kann. Ich sagte ihr auch daß sie es mit mir schon gemacht hatten. Da versprach sie mir daß sie mit dem Direktor sprechen würde damit sie mir nichts tun sollten.
Sie dachte daß man mit ein paar Worten alles leicht in Ordnung bringen kann aber ich wußte wie es dort drinnen wirklich ist. Wer einen Fehler macht muß zahlen. Das ist das Gesetz in der Anstalt.
Ich machte die ganze Nacht lang kein Auge zu weil ich

immer daran denken mußte was sie mit mir machen würden wenn ich in die Anstalt zurückkehrte. Als der Morgen kam ging ich mit meiner Mutter nach Collegno. Als wir da waren war ich ganz weiß vor Furcht und weinte wie ein kleines Kind. Obwohl ich schon fast erwachsen war. Wir gingen in das Büro des Direktors und er fragte mich warum ich ausgerissen war. Ich erklärte es ihm und er sagte ich sollte mir keine Sorgen machen. Dann kamen zwei Pfleger und brachten mich zur Beobachtung auf die Station.
Am selben Nachmittag brachten sie mich in eine andere Abteilung. Dort war es sehr schlecht. Meine Mutter kam gleich am nächsten Tag und sie sagte mir Du brauchst nur ein paar Tage hierzubleiben dann hole ich dich ab. Aber sie ist nicht gekommen.
Sie fingen wieder an mich schlecht zu behandeln. In dieser Abteilung wurde man schon um vier Uhr nachmittags ins Bett geschickt und mußte bis acht Uhr morgens drinbleiben. Es war ein sehr schweres und trauriges Leben und ich konnte mich mit niemand unterhalten denn in dieser Abteilung gab es nur arme Kranke und Verrückte.
Was soll ich von dieser Abteilung erzählen. Sehr traurig und streng und ganz geschlossen, nicht einmal aus dem Fenster konnte ich schauen. Nur einmal am Tag gab es etwas zu sehen. Sie führten mich in den Hof an die frische Luft aber es war niemand da mit dem man ein Wort hätte reden können. Die Zeit verging und ich wurde wieder hineingeführt. Die Welt war ganz zu und es gab überhaupt nichts mehr. Drinnen gaben sie uns eine Suppe zu essen und einen Eintopf. Wenn es auch sehr schlecht war. Dann ins Bett in die Zelle mit zwei Riemen festgeschnallt einen am Fuß und einen am Arm. Die Tür wurde zugemacht und bis zum nächsten Morgen ging sie nicht wieder auf.
Ich schaute die vier Wände an und ich weinte weil niemand da war der mir hätte helfen und raten können und ich sagte mir Warum müssen sie mich wie einen Hund behandeln? Was habe ich denn getan? Warum will niemand was von mir wissen? Was sollte ich anfangen in dieser

Welt wo es nur ein Gesetz gab und das hatten sie gemacht und ich war ebenso wehrlos wie die andern. Aushalten und stillschweigen war das einzige. Weil wir arm waren und zu nichts auf der Welt taugten. Denn das glaubten sie, daß wir zu nichts taugten. Deshalb machten sie sich über uns lustig und ließen uns arbeiten als wären wir Bettler. Und wenn einer ein Wort riskierte, das war schon genug. Er brauchte gar nicht die Hand aufzuheben. Schon fühlten sie sich beleidigt und nahmen ihn her und schlugen ihn bis er blaue Flecke hatte. Warum gehen sie so mit den kranken Leuten um, die ihnen nichts getan haben? Das waren meine Worte. Und ich weinte, weil mir ganz trübsinnig zumute war.

In dieser Abteilung bin ich viele Monate lang geblieben. Und es ging mir sehr schlecht. Und von meinen Pflegeeltern hörte ich nichts. Bis eines Tages der Aufseher kam und mir sagte Der Arzt hat dich in eine andere Abteilung versetzt wo es besser ist.
Sie brachten mich in die Abteilung für die Strafgefangenen. Dort waren lauter Leute die auf ihren Prozeß warteten. Ihr könnt euch vorstellen was das für eine Abwechslung war!
Dort blieb ich eingeschlossen und allein und langsam gewöhnte ich mich an den Umgang mit den Strafgefangenen. Alles nur weil ich ausgerissen war. Damit du dirs merkst. Sagten sie.
In dieser Abteilung war es ein wenig heller und vom Fenster aus konnte man die Leute sehen wie sie jeden Tag zur Arbeit gingen. Nebenan war eine Wäscherei und dort gingen die Leute hin. Ich überlegte mir ob ich je wieder aus diesem Gefängnis herauskommen würde.
In der Abteilung gab es auch einen Pfleger. Der ging mit den Kranken und sie mußten auf alle seine Launen eingehen. Einmal fragte er auch mich ob ich wollte. Ich sagte gleich nein aber dann habe ich eingesehen daß mir nichts anderes übrigblieb wenn ich es einigermaßen gut haben wollte. Mit uns haben sie alles gemacht. Denn sie wußten

daß wir sie nicht verraten konnten und daß wir auf sie angewiesen waren. Auf diese Art und Weise war ich bald bei allen Pflegern gern gesehen und ich fing an ein Kapo zu werden. Und ich half ihnen und machte die Säle sauber. Ich mußte alles umsonst tun und bekam nichts dafür aber ich mußte nicht mehr schon am hellen Tag ins Bett wie früher.
Eines schönen Tages sagte mir der Arzt Du kommst in eine andere Abteilung und Wir wollen es noch einmal mit dir probieren und Du kannst wieder zur Arbeit gehen. Ich wußte schon was los war. Daß der blonde Junge nicht mehr da war und nur deshalb ließen sie mich wieder heraus.
In der Abteilung Nr. 6 wo ich schon früher einmal war, gab es einen Pfleger der seh grausam war. Vor allem hatte er die Manie daß er einem sofort eine elektrische Massage machte wenn man etwas Falsches tat. Denn er hat mir selber gesagt daß es ihm Spaß macht dabei zuzuschauen und daß es ihm nichts ausmacht. Im Gegenteil. Diese Worte habe ich mir genau gemerkt. Deshalb hatte ich die ganze Zeit Angst. Denn sie hatten kein Erbarmen mit einem wenn man etwas anstellte was ihnen nicht paßte.
Ich wurde zur Arbeit in die Wäscherei nebenan geschickt wo die Wäsche der Kranken gewaschen wurde. Es war eine sehr schmutzige Arbeit und ich mußte mich dort oft übergeben. Aber wenn einer nicht dort arbeiten wollte wurde es der Abteilung gemeldet und jeder wußte was dann passierte. Der wurde an die Maschine angeschlossen und lieber den ganzen Tag schwitzen als diesem Wahnsinnigen von einem Arzt in die Hände zu fallen.
Wir schufteten ohne Pause denn kaum setzte sich einer einen Augenblick hin da kamen sie sofort und drohten ihm. Morgen kommst du auf die Station! Auf diese Art sorgten sie schon dafür daß keiner von uns müde wurde.
Die andern hatten gehört warum ich in die geschlossene Abteilung gekommen war und da sagten sie mir Der Junge den du suchst der ist schon lange fort. Und es war nichts zu machen. Wie ich diese Worte hörte wurde ich sehr ner-

vös daß ich weinte. Weil ich niemand hatte bei dem ich meiner Not Luft machen konnte. Aber ich mußte es hinunterschlucken und still sein. Aber bei mir dachte ich Eines Tages werde ich euch zur Rede stellen wegen alldem was ihr mir angetan habt. Diese Gedanken kamen aus einem Zorn den ich nicht loswerden konnte. Und wenn ich daran dachte fühlte ich mich ein wenig besser.
Viele Jahre lang arbeitete ich in dieser Wäscherei. Bis es mir etwas besserging und ich sah welcher Weg nach draußen führt. Der Aufseher in der Wäscherei war sehr gut auch wenn er uns manchmal auslachte. Ich lernte dort auch einen Jungen kennen und den mochte ich gern denn er hatte manchmal Anfälle und ich weiß was das bedeutet. Er war auch zu mir sehr freundlich. Einmal waren wir bei der Arbeit und ich sah auf einmal daß er sich auszog und auf den Boden warf. Ich lief zu ihm hin so schnell ich konnte und sagte ihm er soll sich schnell wieder anziehen bevor die Pfleger kommen denn sonst ginge es ihm schlecht. Aber ich kam zu spät um ihm zu helfen denn schon waren zwei Pfleger da. Und sie fingen ihn ein und gaben ihm Fußtritte und Schläge. Ich fing an zu weinen wie ich das sah und lief hin und sagte ihnen sie sollten ihn laufenlassen. Denn er war krank und wußte nicht was er tat und konnte nichts dafür. Sie aber sagten mir Kümmere dich lieber um dich selber und Was wir machen das geht dich gar nichts an. Und wenn du keine Ruhe gibst dann kriegst du auch was ab. Genauso wie der da.
Sie schleppten ihn auf die geschlossene Abteilung und sperrten ihn ein. Und am andern Tag kam der Arzt um ihn zu behandeln. Einmal ging ich heimlich zu ihm hin um ihm zwei Zigaretten zu bringen. Und er zeigte mir etwas Furchtbares. Als er die Maschine sah hatte er eine solche Angst bekommen daß er sich in den Arm biß. Und er hatte sich ein ganzes Stück Fleisch herausgerissen. Er sagte Es ist genauso wie du mir erzählt hast und tut sehr weh. Er hatte auch große Angst weil es nicht das letzte Mal war und weil sie weitermachen wollten. Ihr könnt euch gar nicht vorstellen wie sich dieser arme Kranke fürchtete und

seine Augen waren voller Haß. Bin ich vielleicht schuld daran daß ich krank bin? Sagte er. Und warum haben sie ihn gequält statt ihn zu heilen?
Seine Mutter wollte ihn besuchen aber sie haben sie nicht hereingelassen weil sie Angst hatten daß sie es herumerzählen würde. Was sie in der Anstalt aus ihrem Sohn gemacht hatten. Er wurde mit vier Riemen angeschnallt und sie fütterten ihn wie einen Hund und stopften ihm das Essen in den Mund. Und die Suppe schütteten sie ihm zwischen die Zähne. Es war sowieso fast nur Wasser in der Suppe. Das habe ich mit eigenen Augen gesehen. Aber ich durfte seiner Mutter nichts sagen denn sonst wäre es mir schlecht ergangen. Unser einziger Ausweg war still zu sein und alles über uns ergehen zu lassen.
Nach langer Zeit ließ sich auch mein Pflegevater wieder sehen. Der nicht mehr gekommen war seitdem ich ausgerissen bin. Ich fragte ihn Warum und er sagte Der Direktor hat mir keine Besuchserlaubnis mehr gegeben. Ich fing an ihm zu erzählen daß ich es satt hatte in diesem Irrenhaus. Weil ich allzu viele schlimme Sachen dort mit angesehen habe. Er versprach mir immer daß er mich eines Tages aus der Anstalt herausholen würde aber er hat es nie getan.

Das Erwachsenenalter

Eines Tages rief mich ein Aufseher von der Arbeit weg und sagte mir Pack deine Sachen zusammen. Ich fragte ihn Warum und er sagte Der Chef der Abteilung will mit dir sprechen. Ich ging auf die Station und ich hatte schon wieder Angst davor. Aber diesmal war es etwas Anderes. Und er sagte mir ich sollte von nun an in der Anstaltskantine arbeiten. Aber er sagte auch Sieh zu daß du dich ordentlich aufführst und keine Dummheiten machst. Von da an hatte ich manchmal frei. Auch am Sonntag. Ich war froh denn die Wäscherei war ein sehr trauriger Ort gewesen und ich dachte nicht gern daran zurück.

Sie haben mich dann an die Abteilung Nr. 4 überwiesen.
Denn dort hatte ich nicht so weit bis zu meiner Arbeit. Ich
kam herein und sah dort sogleich zwei alte Pfleger mit denen ich schon früher Ärger gehabt hatte. In einer anderen
Abteilung. Am andern Vormittag kam der Arzt, den
kannte ich auch schon von anderswoher und er sagte mir
Es wird Zeit daß du dich besser anstellst denn jetzt bist du
erwachsen. Und dann redete er mit dem Aufseher. Und er
sagte ihm Sie können ihn frei herumlaufen lassen. Aber
wenn er etwas anstellt dann schicken Sie ihn zu mir in die
Nr. 8 und dann wird er behandelt. Ich wußte schon was
der Arzt damit meinte. Denn ich hatte es am eigenen Leib
erfahren.
Mein Leben ließ sich etwas glücklicher als früher an und
ich versuchte mir die Erinnerungen aus dem Kopf zu
schlagen. Aber das war sehr schwer. Denn in meinem Herzen war zuviel Haß.
So verging die Zeit. Und die Jahre vergingen. Aber ich
hatte mich mit einem Mann angefreundet, den hatte ich
im Garten getroffen als ich dort arbeitete. Der war sehr
anständig und hatte mich gern. Nicht einmal mein Vater
hatte mich so gern wie der. Ich wußte schon warum er
mich so gern hatte und alles für mich tun wollte. Nur damit ich bei ihm blieb und mit ihm machte was er wollte
und was ihm seine Laune eingab. Er wollte mir alles geben
was ich haben wollte und ich bekam auch Geld von ihm.
Und ich bin darauf eingegangen und so entstand zwischen uns eine Freundschaft. Und wir waren ganz unzertrennlich. Auch wenn die andern sich über uns lustig
machten und über uns lachten. Er sagte mir Was wir miteinander tun ist auch nichts anderes als wenn er mit seiner
Frau ins Bett geht. Er sagte Ich bin auch kein Hund und
jeder braucht etwas um seiner Not Luft zu machen.
So ging es lange Zeit bis eines Tages mein Pflegevater
kam und er sagte Ich will dich für ein paar Tage mit nach
Hause nehmen. Aber der Arzt erzählte ihm daß ich einen
Mann kennengelernt hatte und daß ich mit diesem Mann
ging. Doch mein Vater hat alles verstanden. Daß ich alles

machte weil ich mir keine Luft verschaffen konnte bei einer Frau und daß alles daher kam daß ich immer in der Anstalt eingeschlossen war.
So bin ich zum ersten Mal seit meiner Flucht nach Haus zurückgekehrt. Als ich aber zu Hause war beschloß ich nie wieder in die Anstalt zurückzukehren. Und ich suchte mir eine Arbeit draußen und sagte zu meinem Vater Bitte geh in die Anstalt und laß dir einen Schein geben darauf steht daß ich entlassen bin und draußen bleiben darf.
Und als er wiederkam sagte er mir daß ich endlich frei war. Für immer. Als ich diese Worte hörte lief ich ihm entgegen und fiel ihm in die Arme. Er sagte mir aber Du mußt aufpassen damit du nichts anstellst denn sonst holen sie dich wieder.

Erschienen 1975

Herbert Heckmann

Die Wahrheit

geb. 1930

Viele Lügen sind über mich in aller Munde. Ich sehe es an den schadenfrohen, spöttischen Gesichtern meiner Nachbarn. Sie haben gut lachen, denn sie sind nur auf Vermutungen angewiesen, und Vermutungen sind immer leichter zu ertragen und zu handhaben als die Wahrheit. Einer, der es wissen mußte, sagte einmal: nachher haben nur die Lügen eine Chance. Tatsächlich ist die Vergangenheit ein Tummelplatz für Aufschneider und Großschwätzer, die sich mit dem Mäntelchen der Wissenschaft schmücken und mehr mit der Nase denken als mit dem Kopf. Ich will jedoch versuchen, gegen alle Lügen, Erfindungen und Verleumdungen die Wahrheit zu behaupten. Ich bin zu alt, um die schadenfrohen Lügner eigenhändig zu verprügeln: so greife ich zur Feder. Meine Hand zittert, wenn ich schreibe. Meine Augen sind schwach, so daß ich mit der Nase fast das Papier berühre. Rheuma plagt mich. Im nächsten Monat werde ich achtzig Jahre alt, wenn mir Gott es erlaubt. Es gibt Leute im Dorf, die glauben, daß ich nicht mehr all meine Sinne beisammen habe. Auch meine Kinder betrachten mich mißtrauisch und tuscheln hinter meinem Rücken. Sie raten mir, nicht mehr aus dem Haus zu gehen, weil sie fürchten, ich könnte etwas Unüberlegtes tun. Ich lebe mit meinem jüngsten Sohn zusammen, der Schullehrer ist. Seine Frau führt das Regiment. Sie paßt gut auf, daß ich nicht zu viel esse. Auch ich war Schullehrer gewesen, aber ich will von vorne anfangen, damit ich den roten Faden nicht verliere.
Ich bin auf den Namen Yanis getauft. Mein Vater trug in seinem Leben nie einen Hut. Meine Mutter starb, als ich drei Jahre alt war. Mein Vater schlief ein Trauerjahr al-

lein, dann holte er sich eine junge Magd ins Haus, die sich erst um mich und dann um ihn kümmerte. Vorher hatte sich eine Schwester meines Vates um uns gesorgt. Sie tat des Guten zuviel und wollte aus mir einen Heiligen machen. Es kam so, wie es kommen mußte, die junge Magd wurde meine Stiefmutter und brachte in natürlicher Reihenfolge sieben Kinder zur Welt, die alle sehr gesund und laut waren. Sie lachte viel und entlockte meinem Vater, der etwas zum Trübsinn neigte, nicht selten auch ein Lächeln. Auch zu mir war sie sehr gut und stets besorgt, ich könnte nicht genug essen. Mein Vater war sehr streng. Wenn ich etwas angestellt hatte, verdrosch er mir mit seinem Ledergürtel den nackten Hintern. Auf diese Weise wurde ich auf meinen späteren Beruf vorbereitet. Er war sehr ehrgeizig: als armer Bauer hatte er immer mehr Tauben auf dem Dach als Spatzen in der Hand. Wenn er mich mit einem Buch sah, leuchteten seine Augen. Er selbst konnte kaum seinen Namen schreiben. Er ging oft zu Dimitrios, dem Schuster, und ließ sich aus einer Weltgeschichte vorlesen. Dimitrios bekam sehr leicht eine trockene Kehle beim Vorlesen, was meinen Vater dazu veranlaßte, dann und wann einen Krug Wein mitzunehmen, den Dimitrios mit demselben Eifer studierte wie die Weltgeschichte. Das ermunterte ihn, Geschichten vorzutragen, die nicht mehr im Buch standen und von denen man nur sagen konnte: es war gut, daß sie nie stattgefunden haben. »Bei allen Engeln!« schrie mein Vater. »Wenn das nicht alles schwarz auf weiß geschrieben stünde, würde ich kein Wort glauben.« Manchmal nahm er mich mit zu Dimitrios, und es geschah dort, daß ich mich für die Geschichte dieser Welt zu interessieren begann.
Den Schulunterricht in unserm Dorf erteilte ein Pope, von dem man sagte, daß er nicht nur nach dem ewigen Manna hungerte, sondern auch nach den Eßbarkeiten dieser Welt. Er war sehr dick und kurzatmig und bereitete uns auf das jenseitige Leben vor. Ich wußte damals mehr über die Heiligen unserer Kirche als über die griechischen Befreiungskriege. Der Pope erlitt während des Unterrichts

einen Schlaganfall. Sein rechtes Auge wurde plötzlich
ganz starr, wie die Augen der Heiligen auf den Ikonen, so
daß ich es mit der Angst zu tun bekam und schreiend aus
dem Schulsaal stürmte. Er starb noch am selben Tag. Wir
hatten schulfrei, bis ein Lehrer aus der Stadt kam. Er hieß
Deioneus, ein dünnes Männchen, von dem man im Dorf
behauptete, er habe fortschrittliche Ideen. Er hing Landkarten im Schulzimmer auf und anatomische Abbildungen, die mir für einige Zeit den Appetit verdarben. Er
hatte eine stille, zarte Frau, eine lebhafte Tochter mit dem
Namen Dia, die vier Jahre älter war als ich, und viele Bücher, mit denen er sich am meisten beschäftigte. Er gab
sich sehr viel Mühe mit uns, erzählte uns von Alexander
dem Großen, von der Erfindung der Dampfmaschine und
von Lord Byron, den ich damals, so gut ich es konnte,
nachzuahmen versuchte. Im Dorf war der Leher nicht
sehr beliebt. Einige Frauen behaupteten, er habe den bösen Blick. Sie bekreuzigten sich, wenn sie ihm begegneten.
In Wirklichkeit jedoch war er kurzsichtig. Er gab mir, als
er meinen Eifer bemerkte, viele Bücher zu lesen. Meine
Stiefmutter, die es gut mit mir meinte, fürchtete, ich
würde eines Tages überschnappen.
Als ich dreizehn Jahre alt war, wußte ich, daß die Erdoberfläche eine relativ dünne Kruste ist. Ich verliebte mich
in Dia und dachte allen Ernstes daran, mit ihr nach Amerika auszuwandern, das wir gerade im Erdkundeunterricht durchnahmen. Dia war ein sehr schönes Mädchen.
Außer mir waren wohl noch ein gutes Dutzend Burschen
in sie verliebt. Ich war jedoch der einzige, der ein Gedicht
auf ihre Schönheit machte, das nur zur Hälfte von mir
stammte. Ich wurde jedoch nicht nur ein Dichter, sondern
auch sehr eifersüchtig und prügelte mich sogar mit meinem besten Freund, weil ich glaubte, auch er würde Dia
nachsteigen. Dia mußte von dieser Prügelei erfahren haben, denn als ich ihr eines Tages auf der Straße begegnete,
fragte sie mich, ob es wahr wäre, daß ich mich ihretwegen
geschlagen hätte. Von meinem Gedicht, das ich ihr in den
Schulranzen gesteckt hatte, sagte sie kein Wort. Ich

wurde rot und schwieg. Sie trat auf mich zu und küßte meine Stirn. Derart ausgezeichnet verlor ich für einige Zeit den Verstand: als ich ihn endlich wiederfand, ging Dia mit Ixion, dem ältesten Sohn von Phlegyas, der einen Gutshof etwas außerhalb des Dorfes besaß. Er galt als sehr verschlagen und skrupellos. Dias Vater war über das Verhältnis seiner Tochter nicht sehr glücklich und ließ seine Tochter nicht aus dem Hause. Er hätte es besser wissen müssen. Sehr bald ging im Dorf das Gerücht um, daß Ixion durch das Fenster zu Dia eingestiegen wäre. Keiner hatte es gesehen, aber jeder wußte es. Ich nahm ab und muß sehr krank ausgesehen haben, denn mein Vater glaubte, ich hätte Würmer. Meine Stiefmutter kochte für mich Granatapfelschalen in Wein, worauf es mir noch schlechterging. Die eigentliche Ursache meiner Krankheit blieb meinen Eltern verborgen.
Ixion war ein draufgängerischer, verwegener Bursche, der im Jähzorn einmal eine Ziege mit dem Messer abgestochen hatte. Ziemlich alle Mädchen im Dorf warfen ihm schöne Augen zu, was ihn nur noch eitler machte, als er schon war. Ich haßte ihn und wünschte zur gleichen Zeit, ein Kerl zu sein wie er. Ich war nie sehr kräftig gewesen. Was mir an Kraft fehlte, ersetzte ich durch Zähigkeit und Ausdauer: ich konnte länger als alle anderen einen Frosch im Mund behalten. Mit vierzehn mußte ich eine Brille tragen, was mir den Spitznamen Professor eintrug. Was nutzte es mir schon, zu wissen, welches der höchste Berg der Erde ist, wenn Dia mich behandelte, als wäre ich Luft.
Im Nachbardorf wohnte ein sehr reicher Mann, von dem man sagte, er könne alle Dächer in unserm Dorf vergolden lassen. Er hatte eine Reederei in Athen und galt als großer Wohltäter. Man nannte ihn Vater Zeus. Jedes Jahr, meist in der Woche nach Ostern, erschien er in unserm Dorf. Die Bauern umringten ihn, küßten seine Hände und wünschten ihm ein langes Leben. Frauen hielten ihm ihre Kinder entgegen. Vater Zeus war ein stattlicher Mann mit einer majestätischen Glatze. Er roch sehr gut, hatte eine

wohlklingende Stimme und Goldzähne. Ein dunkelhäutiger Bursche mit dem seltsamen Namen Ganymed lief mit einem riesigen Sonnenschirm neben ihm her. Wenn Vater Zeus unser Dorf besuchte, gab es jedesmal ein großes Fest. Lämmer wurden am Spieß gebraten, die Frauen zogen ihre besten Kleider an und steckten ihre Haare hoch. Besonders ihnen gegenüber war Vater Zeus ein emsiger Wohltäter. Seine natürlichen Kinder, von denen es mindestens ein Dutzend in unserm Dorf gab, wenn man der Hebamme vertrauen konnte, nannte man allgemein die Wohltaten des Zeus. Die Feste waren sehr turbulent: es wurde viel gegessen, viel getrunken und viel getanzt. Mein Vater spielte die Klarinette, und Dionys, der Kesselflikker, schlug die Trommel. Vater Zeus schaute sich alles lächelnd an. Er hatte einen Ehrenplatz, bekam das beste Stück Fleisch und saß neben den schönsten Mädchen und Frauen des Dorfes. Die meisten Männer waren nicht eifersüchtig auf ihn: es schmeichelte ihnen vielmehr, wenn er mit ihren Frauen und Töchtern schäkerte. Vater Zeus ließ sie nicht unbeschenkt, und sie nahmen es an, wie es kam.

Am Tage nach dem Fest besuchte er die Schule und hörte sich eine Unterrichtsstunde an, wobei er nicht selten selbst Fragen stellte und Süßigkeiten verteilte. Unser Lehrer war jedesmal so aufgeregt, daß er zuweilen die anatomische Karte mit der Weltkarte verwechselte und die Milz für Griechenland hielt. Eine dieser Schulvisitationen wurde mir zum Schicksal. Vater Zeus thronte auf einem bequemen Korbsessel und verfolgte mit schläfrigen Augen den Unterricht. Dia, die schon der Schulbank entwachsen war, saß mit einigen andern Mädchen in der letzten Bank. Ihr Vater hatte einen schwarzen Rock an, der an den Ellenbogen glänzte. Viel lauter als sonst und wild gestikulierend begann er von Odysseus zu erzählen, von den alten Göttern und von Homer und geriet derart in Begeisterung, daß er uns ganz vergaß. Vater Zeus unterbrach ihn mit einer ungeduldigen Handbewegung und schaute sich in der Klasse um. Sein Blick blieb an mir hängen. Er deu-

tete mit seinem Zeigefinger auf mich. »Erzähl mir doch einmal, was du von Homer weißt!«
Ich sprang in die Höhe und begann meine Kenntnisse herunterzuleiern. Vater Zeus hörte mir lächelnd zu und klatschte, als ich zu Ende war, in die Hände. Ich mußte vor ihn hintreten. Er tätschelte meinen Kopf, zupfte an meinem Ohr und sagte mit hochgezogenen Augenbrauen: »Homer war ein alter Schwindler. Du hast aber deine Sache brav gemacht. Ich werde dich auf die höhere Schule nach Athen schicken; du mußt mir aber versprechen, immer ein frommer Junge zu bleiben.«
Er sagte es, winkte den Mädchen in der letzten Bank zu und ging, sich auf Ganymed stützend, der immer in seiner Nähe war.
Im nächsten Monat kehrte ich meinem Vaterhaus den Rücken und fuhr, ein kleines Köfferchen mit meinen Siebensachen in der Hand, nach Athen, um dort in ein Internat einzutreten, das Vater Zeus für mich ausgesucht hatte. Der Abschied fiel mir schwer, aber das streng geregelte Leben im Internat ließ mich schnell meinen Schmerz vergessen: auch an Dia dachte ich nicht mehr. Ich begann historische Frauengestalten mehr zu verehren als wirkliche. Ein Bild von Queen Elizabeth hing über meinem Bett. Erst später erfuhr ich, daß sie die Verehrung gar nicht in dem Maße verdiente. In dieser Zeit schwärmte ich für Frauen, die gegen ihren Willen einen Schnurrbart trugen. Ich war für das Männliche in der Frau.
Meine Schulkameraden nannten mich den Bauern und lachten mich aus, wenn ich meinen rauhen Heimatdialekt sprach. Am liebsten hatte ich den Geschichtsunterricht. Ich war mehr in der Vergangenheit zu Hause als in der Gegenwart.
Von Dimitrios erhielt ich einige Briefe, die ihm mein Vater diktiert hatte. Dimitrios liebte altmodische Wendungen. Er nannte mich, seltsamerweise, Gnädigster Herr und unterzeichnete als Untertänigster Diener. Viel mehr wußte er nicht zu sagen.
Als ich nach einem Jahr zum ersten Mal wieder nach

Hause kam, war ich sehr neugierig auf das, was in meiner Abwesenheit im Dorf geschehen war. Mein Vater holte mich am Bahnhof des Nachbardorfs ab. Er küßte mich, nahm meinen Koffer und sagte: »Du bist gewachsen.« Mein Vater war nie sehr gesprächig gewesen, und so kam es, daß dies der einzige Satz war, den er zu mir auf dem zweistündigen Heimweg sagte. Erst Thekla, meine Stiefmutter, die sich darin ziemlich von meinem Vater unterschied, überschüttete mich mit Küssen und Neuigkeiten. Was geschehen war, ist sehr kurz gefaßt dies: Einige Monate nach meinem Weggang stellte sich heraus, daß Dia schwanger war. Als letzter erfuhr es Dias Vater. Er schloß die Schule für einen Tag, putzte seine Schrotflinte und schaute jedem Burschen, dem er begegnete, tief in die Augen. Einige wollten wissen, daß Ixion der Vater sei; genau wußte es keiner, aber darauf kam es gar nicht an: Dia mußte heiraten. Ihr Vater nahm kurzentschlossen die Schrotflinte unter den Arm und ging zum Hause des Phlegyas, der sich recht wenig um die Angelegenheiten seines Sohnes kümmerte. Ixion war nicht zu Hause, und so blieb Deioneus nichts anderes übrig, als mit Phlegyas zu reden, der bei allen Heiligen schwor, daß sein Sohn nichts mit der Sache zu tun habe, und er selbst wolle lieber in die Hölle fahren, als einer solchen gewaltsamen Verbindung zuzustimmen. Er regte sich derart auf, daß er einen Herzanfall bekam. Dias Vater kehrte unverrichteter Dinge nach Hause zurück und rief seine Tochter zu sich. »Wer war es!« schrie er außer sich vor Wut und Hilflosigkeit und schoß eine Ladung Schrot in die Zimmerdecke. Dia fiel in Ohnmacht, ehe sie die Frage beantworten konnte. Da aber geschah etwas, woran keiner im Dorf geglaubt hätte: Ixion erschien im Schulhaus und erklärte stammelnd, er wolle Dia heiraten. Die Hochzeit wurde überstürzt vorbereitet. Phlegyas und Deioneus versöhnten sich mit Hilfe einer Flasche Schnaps. Dia war eine sehr bleiche Braut. Ixion betrank sich an seiner eigenen Hochzeit und mußte besinnungslos ins Brautbett gebracht werden. Nach fünf Monaten schenkte Dia einem kräftigen

Knaben das Leben, den sie Peirithoos nannte. Die Hebamme behauptete, noch nie einen so schönen Knaben gesehen zu haben, und fügte, als man sie schlecht für ihre Dienste belohnte, hämisch hinzu, er sähe seinem Vater überhaupt nicht ähnlich. Ixion, der sehr stolz auf seinen Sohn war, reagierte auf seine Weise. Er betrank sich und prügelte seine Frau so lange, bis sie gestand, daß er tatsächlich nicht der Vater sei. Noch in derselben Nacht stürmte er halb von Sinnen in das Schulhaus und trommelte Dias Vater aus dem Schlaf. Am nächsten Morgen fand man Deinoeus in einer Grube hinter der Schule. Er war tot. Eine häßliche Wunde zog sich über seinen Schädel. Jeder konnte sich nur zu gut vorstellen, was geschehen war, aber keiner war Zeuge gewesen. Dias Mutter, die man nie viel im Dorf gesehen hatte, ließ den Leichnam ihres Mannes in das Schulhaus tragen, in dem die Schulkinder ungeduldig auf den Anfang des Unterrichts warteten. Sie stimmte einen seltsamen Singsang an, wobei sie mit ihrem Oberkörper hin und her wippte. Ixion blieb verschwunden. Sein Vater hatte die Fensterläden geschlossen und seine Jagdhunde freigelassen. Der Gesang der Klageweiber übertönte das Gegacker der Hühner und das Schreien der Maulesel.
Eine Woche später stellte sich Ixion den Behörden. Er konnte vor Entkräftung kaum reden. Er wurde, obwohl sein Vater eine erhebliche Bestechungssumme anbot, ins Gefängnis geworfen. Dies war alles in meiner Abwesenheit geschehen: wenigstens erzählte man es mir so, am meisten wußte wie immer der Friseur Herodot, der das Gras wachsen hörte.
Meine Liebe zu Dia war durch die Ereignisse nur noch stärker geworden. Einmal traf ich sie mit ihrem Söhnchen. Sie trug ein schwarzes Kleid, selbst ihr Kind hatte ein schwarzes Jäckchen an. Meinen Gruß beachtete sie gar nicht, erst als ich sie mit dem Namen anredete, schaute sie vom Boden auf. Sie war etwas dicker geworden. Ich erzählte ihr von Athen. Über ihr Schicksal sprach sie kein einziges Wort. Ihr Söhnchen zappelte ungeduldig in ihren

Armen. Sie knöpfte ihr Kleid auf und reichte ihm die Brust.
»Weißt du schon, was er werden soll«, fragte ich sie.
»Pope«, antwortete sie lachend.
Ich war noch zu Hause, als Ixion vor dem Gericht erschien. Sehr viele aus dem Dorf fuhren in die Kreisstadt, um sich das Schauspiel nicht entgehen zu lassen. Mein Vater jedoch ließ mich nicht aus dem Haus. »Du bist noch zu jung für diese Dinge«, sagte er.
Vor Neugier und Ungeduld konnte ich nicht schlafen, und wieder mußte ich Mittel gegen Würmer einnehmen. Beim Friseur Herodot erfuhr ich dann die Neuigkeiten. Ich hatte fast keine Haare mehr auf dem Kopf, als ich alles wußte. Ixion wurde freigesprochen, er habe in Notwehr gehandelt. Vater Zeus, der plötzlich und unerwartet bei der Gerichtsverhandlung erschien, hatte sich für ihn eingesetzt. Er wird seine Gründe gehabt haben, sagte man. Schon längst war es kein Geheimnis mehr, daß er der Vater von Peirithoos war. Geheimnisse machen am schnellsten die Runde. Er machte auch gar keinen Hehl daraus und schenkte Dia ein Pferd und eine größere Geldsumme. Es war das Pferd, auf dem Dia ein Jahr zuvor geritten war, als sie auf dem Gutshof des Vaters Zeus zu Besuch war. Es blieb, wie es sich zeigte, nicht bei dem Ritt auf dem Pferd. Zeus liebte Pferde und Frauen. Er war ein in allen Sätteln gerechter Wohltäter, und es gab wohl keine Frau, die seine Wünsche nicht zu den ihrigen gemacht hätte.
Ixion kehrte nicht zu seiner Frau zurück. Er wurde Verwalter auf einem Gut, das auch Vater Zeus gehörte, und es wurde erzählt, daß er viel trank und auf jede erdenkliche Art Vater Zeus nachzuahmen versuchte. Er ging sogar soweit, sich in die Frau seines Wohltäters zu verlieben, die etwas dümmlich war und keine Ahnung von den Eskapaden ihres Mannes hatte. Sie trug an jedem Finger einen Ring. Das Schönste an ihr waren ihre Augen; sie hatte die demütige Ergebenheit einer Kuh. Sie hieß Hera und war zwanzig Jahre älter als Ixion, was diesen nicht hinderte,

sich wie ein feuriger Liebhaber zu gebärden. Als Vater Zeus von der Liebestollheit seines Schützlings Wind bekam, spielte er ihm einen Streich. Er überredete seine Frau, Ixion ein Stelldichein zu gewähren, ließ sie aber im letzten Augenblick von einer Magd vertreten, die ebenso korpulent war wie Hera. Man nannte sie das Nebelchen, weil sie gern einen über den Durst trank. Er selbst versteckte sich hinter einem Busch und war Zeuge, wie Ixion in trunkener Liebestollheit sich mit der Magd vereinte. Es wurde viel über den Streich gelacht. Ixion konnte sich nicht mehr in der Öffentlichkeit sehen lassen. Er kam bei einem Scheunenbrand ums Leben. Die Magd gebar einen Sohn, der sich später als Jockey in England einen Namen machte.
Vater Zeus wurde alt und stiftete eine Kirche. Er kam nur noch selten in unser Dorf. Ich sah ihn zum letzten Mal, als ich ihn nach bestandenem Examen aufsuchte. Er thronte teilnahmslos in seinem Korbsessel und starrte mich mit fast erblindeten Augen an. Meine Dankesrede, an der ich lang gefeilt hatte, schien er gar nicht zu verstehen, denn er fragte mich unvermittelt nach der Uhrzeit. Ich verließ ihn, ohne daß ich mich für seine Wohltaten richtig bedanken konnte. Er lebte nicht mehr lange. Steuerbeamte rückten ihm auf den Pelz. Seine Kinder prozessierten mit ihm. Auch verlor er sein Gehör.
Ich hingegen wurde Schullehrer in meinem Heimatdorf. Meine erste Tat war, daß ich das Schulzimmer mit einer Photographie von Vater Zeus schmückte. Bei seiner Beerdigung brachen mehrere Frauen ohnmächtig zusammen. Der Friedhof konnte die Menschenmassen gar nicht fassen. Ich war auch hingegangen, um so meinen Dank abzustatten, und traf zu meiner Überraschung Dia, wieder in Schwarz, ohne daß diese düstere Farbe ihre jugendliche Frische gemindert hätte. Später sah ich sie dann öfters, ja ich richtete es so ein, daß ich sie öfters sah. Schließlich faßte ich mir ein Herz und fragte sie, ob sie meine Frau werden wollte. All die Ereignisse hatten meine Liebe zu ihr nur gesteigert. Sie überlegte es sich drei Tage und drei

Nächte und willigte dann ein. Mein Vater versuchte alles, um die Heirat zu verhindern.
»Wie kannst du nur so eine Hure zur Frau nehmen!« schrie er. Ich ließ mich nicht beirren und heiratete Dia. Sie schenkte mir drei Söhne und eine Tochter, die Vater Zeus sehr ähnlich sah. Sie hatte wie er eine besonders stark entwickelte Unterlippe und angewachsene Ohrläppchen.
Meinen Vater sah ich erst wieder, als er im Sterben lag. Er hatte mich zu sich gerufen. »Ich muß dir etwas gestehen«, flüsterte er und zog mich zu sich herab. »Ich bin gar nicht dein Vater. Du hast denselben Vater wie Peirithoos.« Sagte es und verschied. Ich behielt das Geständnis, so gut ich konnte, für mich und lebte eine gute Ehe mit Dia, die im Alter sehr dick wurde, so daß sie das Haus nicht mehr verlassen konnte. Peirithoos, der eigentlich mein Halbbruder war, machte uns Sorgen. Er hatte das unruhige Blut seines Vaters und lief jeder Schürze nach.
Ich bin heute ein alter Mann. Ich habe neun Enkelkinder, drei zänkische Schwiegertöchter und den Rheumatismus. Dia ist vor sieben Jahren gestorben. Es ist Zeit, daß jemand im Dorf endlich einmal den Mund auftut und sagt, was wir alles Vater Zeus zu verdanken haben.

Nachsatz des Herausgebers

Als ich als junger Lehrer nach Ko... kam, fand ich in der Rumpelkammer der dortigen Schule ein altes Heft, das meine Aufmerksamkeit erregte. Auf dem Umschlagblatt stand in zittriger Schrift und rot unterstrichen »Die Wahrheit«. Es war wohl das Werk eines meiner Vorgänger. Nur mit Mühe konnte ich die Schrift entziffern, aber der Inhalt fesselte mich derart, daß ich das Ganze las. Als ich im Dorf fragte, ob man sich noch an Vater Zeus und Dia erinnere, erfuhr ich zu meinem größten Erstaunen, man hätte noch nie diese Namen gehört. Yanis jedoch kannten sie nur zu gut. »Yanis war verrückt«, sagten sie.

»Er hat mehr gelogen, als wir Steuern zahlen müssen. Er fühlte sich zu Höherem berufen.«
Er soll auch nicht verheiratet gewesen sein. Ich habe die Sache nicht weiter verfolgt. Yanis wird einen Grund gehabt haben. Wer kennt schon die Schullehrer.

Euphorion

Helena und Achilleus wurde ein geflügelter Knabe auf den Inseln der Seligen geboren, den sie, ob der Fruchtbarkeit des Landes, Euphorion nannten. In diesen verliebte sich Zeus, und da er keine Erhörung fand, erschlug er ihn mit seinem Blitz auf der Insel Melos, wo er den Verfolgten erwischte, und die Nymphen, weil sie ihn begruben, verwandete er in Frösche.

Patriarch Photios: Aus der
›Neuen Geschichte‹ des
Ptolemaios Chennos, Sohn
des Hephaistion. Übersetzt
von Karl Kerényi

Erschienen 1969

Anneliese Friedmann

Der Schnee der Reichen

geb. 1931

Wie von einer Schweizer Hausfrau geputzt, steigt die Sonne messingblank am Morgen über Muottas Muragl herauf: sie kennt ihre Pflicht als Wahrzeichen von Sankt Moritz. Der berühmteste, teuerste, eleganteste (und das alles seit hundert Jahren) Wintersportort der Welt badet in ihrem Glanz und im Glanz der Namen. Der Jet-set, die ganz Reichen und die ganz Schönen, dieser flüchtige Zug Schwäne fällt im Schwarm ein, das Nest zu besuchen, das die Vorväter als Festung vor den Niederungen der Armut und der Allgemeinheit errichtet haben: Badrutt's Palace Hotel.
Die Sonne spiegelt sich in den grünen Majolikaschindeln der Türme, die es flankieren, Trutzburg aus grauen Quadern und braunrotem Holz, Monstrum am Hang über dem Moritzer See, abseits vom Marktgetriebe, der Einfahrtshof bestückt mit Rolls-Royce, Jaguar, Ferrari, die Türsteher braunrot livriert, unauffällig, doch unerbittlich wie ein Elektronenauge. Denn schon im Windfang neben Fahrplänen präsentiert in kleinen Guckkasten Harry Winston (New York — Paris — Genf; Firmenzeichen »Rare Juwelen der Welt«) auf rotem Moosgebirge einen Smaragd groß wie ein Ei, von Rubinen und Brillanten bekränzt, als schlichter Anhänger am Halsband aus Smaragden und Rubinen zu tragen. Als Stahlbaron Heinrich v. Thyssen, selbst dünn und blaß wie Walzstahl, einen Kegelabend gab, stiftete er Ehrenpreise aus diesem Haus für die Damen.
Was weiter. Zwischen Weihnachten und Neujahr und wieder Ende Februar wimmelt es in diesem Reduit des Reichtums von Sprossen angestammter Fürstenhäuser

und eingeschriebener Markenartikel: Abkommen derer von Bismarck, Hohenlohe, Fürstenberg, derer von Nestle, Fort, Fiat. Zinnkönig Patiño, Modeschöpfer Emilio Pucci und Playboy Gunter Sachs, Dirigentenstar in Mode von Karajan und Filmstar aus der Mode Greta Garbo, Tankerboß Livanos und Reederboß Niarchos waren die Starbesetzung 66. Letzterer (56) mit frisch angetrauter Ehefrau Charlotte Ford (24) und frisch geschiedener Ehefrau; am Silvesterabend — Gedeck für zwei: 1200 Mark — tanzte er abwechselnd mit beiden. Von König Gustaf von Schweden über Aga, Ali bis Karim Khan, von Winston Churchill bis John F. Kennedy, von Christian Dior bis Soraya ist kaum eine Persönlichkeit, die nicht einmal wenigstens hier sonnige Höhenlage in Verbindung mit höchster Preislage im luxuriösesten Luxushotel der Welt genossen hätte. (350 Betten — 400 Angestellte, Zimmerpreise zwischen 200 und 2000 Franken, Sessel werden auf Wunsch neu bezogen, Möbel umgestellt, Hunde bedient wie Herrschaften.)

Morgens gegen elf treten die ersten Gäste auf den Holzbalkon über dem frostdampfenden See, von dienstbaren Händen in Decken gewickelt und Stühle verpackt, trinken Tomatensaft und halten eine Art Silbertablett unters Kinn, auf daß die Sonne ihre Gesichter doppelt bescheine. Sportlichere Naturen stehen indes schon unten auf dem Curlingplatz, vermummt wie Eskimos, und fegen mit Wischbesen das ohnehin spiegelblanke Eis, als gelte es dadurch das Leben zu verdienen, in dem sie, daheim, Hunderte von Putzfrauen beschäftigen. Doch gilt es nur, auf Geheiß des Curlingmaster, den Stein, eine Art Wärmflasche aus Granit, ins feindliche Feld zu wischen.

Harmlose Spiele verglichen mit dem, was hier die Jugend Tag für Tag ab neun Uhr treibt: reitet bäuchlings auf winzigen Schlitten hinunter von Sankt Moritz nach Celerina, Anfangsgeschwindigkeit 80, später 140 Stundenkilometer. Die höllisch schnelle Skeletonbahn, genannt Cresta-Run, ist eine Moritzer Spezialität, scharfe Kurven zwischen steilen Geraden, eisblau und eisglatt, ein Tunnel,

schmal wie ein Kanonenrohr für das menschliche Geschoß auf stählernen Kufen. Ein Turnierplatz für Ritter der Geschwindigkeit. An einer Stelle führt die Bahn unter der Straße durch, ich stehe auf der Brücke und schaue. Jetzt scharrt es heran, ein dumpfes und zugleich scharfes Geräusch, als risse schwere Seide, hingestreckt auf handhohem Stahlgerippe sausen die Fahrer vorüber wie Sternschnuppen, Astronauten mit Helmen und verglasten Gesichtern. Die Kurve schneiden sie oben am Rand, trägt es einen hinaus (das tut es oft), krachen die Knochen. Wie Spuk ist es vorüber.
War das der Gunter Sachs? Dort unten sind sie alle anonym, Gladiatoren, die ihr Glück suchen oder ihre Grenze oder ich weiß nicht was. Gleichmütig kündet eine Lautsprecherstimme Namen, Zeit, Start — »Now Faber Castell, next von Siemens, next Sachs« — jetzt liegt die Bleistiftindustrie auf dem Bauch, dann Deutschlands Elektrotechnik, jetzt die Kugellager: der ganze Präzisionsnachwuchs im Todestobel, geschient mit Lederpolstern an Armen und Knien, gepreßt in enge Pullover und Hosen wie in eine Rüstung.
»Es ist mehr als Geschwindigkeitsfimmel, es ist eine Art Disziplin, verstehen Sie. Neujahr zum Beispiel kamen die meisten gleich direkt aus der Palace-Bar im Smoking hierher«, erklärt mir Peter von Siemens am Abend auf einem Cocktail. Er ist schmal und blond und ziemlich streng, als ich ihn frage, ob der Goldknopf mit dem Skeletonfahrer an seinem Jackenaufschlag echt sei und die Inschrift »Life« etwa Reklame für das gleichnamige Magazin bedeute. Nein, sagt er, das bedeutet: for Lifetime, ein Leben lang dem Sport und dem Klub der Cresta-Fahrer verschworen. Hohe Ehre, ihm anzugehören. Hoher Einsatz, hoher Beitrag. Nur möglich mit hohem Namens- und Nennwert. Wenn die Saison im März vorüber ist, pickeln die Mütter von Sankt Moritz im Verein die Bahn zuschanden, damit ihre Buben den Spaß nicht auch probieren.
Übertroffen jedoch wird der Cresta-Club noch vom Cor-

viglia-Club, der das Feinste vom Feinen und von den Moritzer Exklusivitäten die exklusivste darstellt. Er ist nach dem Piz Corviglia, einem der Dreitausendergipfel des ungeheuren Schneefeldes über Sankt Moritz, benannt und als bescheidene Komforthütte dort errichtet, wo die Zahnradbahn vom Ort herauf endet. Traulich im Engadiner Stil, rosa verputzt und gitterverziert, eine Chesa mit rauchendem Kamin. Nur 145 Mitglieder zählt der Club, die Hälfte von ihnen repräsentiert ein Vermögen von rund dreihundert Billionen Dollar, die andere schöne Namen, wie etwa Herbert von Karajan.
Nur Gäste des Palace-Hotels dürfen als sorgsam ausgewählte Gastmitglieder für 400 Franken Beitrag pro Saison dort oben Sonne genießen, die weiter rechts oder links nicht das geringste kostet. Und noch nie, nie, nie, geht die Sage, soll ein unbefugter Fuß die Schwelle überschritten haben, die einführt ins Sanktum der Hochfinanz. Als ich oben bin, weht ein Schneesturm zum Umfallen, aber selbst eine nackte Jungfrau fände hier nicht Schutz. Zähneklappernd stelle ich mir vor, drinnen säßen der Welt größte Zwerge hinter ihrem goldenen Berge.
Um vier Uhr, wenn es auf den Pisten klirrkalt und hart wird, verlagert sich das Highlife in die Palace-Halle. Sie ist eine Kreuzung zwischen Jahrhundertwende-Wartesaal I. Klasse und der Alhambra von Granada, urscheußlich, urgemütlich.
Niemandem ist hier der Zutritt verwehrt, nur jeder Stuhl reserviert, während der Tee genommen wird. Ein Mann am Klavier spielt zu petit fours Gehobenes, könnte sein: Smetana, später Gershwin. Es ist ein ständiges Kommen und Gehen, Amazonen in weißen Elasticfutteralen und kniehohen Stiefeln aus schwarzem Lack tigern vorbei, einen Leoparden, wie eben erlegt, um die Schultern gehängt. Ein Prinz Orsini zieht vorüber, sechs breitschultrige Burschen im Gefolge, alle in knallroten Unterziehpullis bis zum Kinn, darüber Grobgestricktes, darunter schwarze Gedanken und im Blick Jagd. Die Mütter in den Gobelinsesseln, kaum von den Töchtern zu unterscheiden

in schlanken Hosen, bekommen altmodische Wachsamkeit in die Augen. Das Jungwild selbst schüttelt lüstern die Mähne.
In Klubsesseln weiter hinten sitzen die von Corviglia, müde Skibeine in Maßkeilhosen bequem gestreckt, und lassen zur leichten Musik die schweren Aktienpakete zittern. Herren wie Livanos oder Patiño trinken ihren Tee nirgendwo nur zum Spaß. Unablässig eilen ihre Privatsekretäre in Telefonzellen, Verbindungen nach, sagen wir, Buenos Aires oder Mexico City dauern nur eine Minute. Denn Spiel ist Spiel und Ernst ist Ernst, heißt es bei Hemingway, und auch der Krieg in Vietnam ist schließlich nur ein Geschäft, von dieser Halle aus betrachtet.
Überhaupt ist das Schönste am Palace dieses Gefühl, daß einem hier nichts, absolut nichts geschehen könne, wer auch in Indien stirbt, was auch in China sein mag, wo immer auch welche streiken, morden, rauben, verhungern, verbluten, verkommen. Die Berge rundum sind so hoch, so hehr, so hold champagnerfarben im letzten Licht, das Hotel ist so erstklassig geführt und beinahe autark: eigene Schlachterei, Bäckerei, Gärtnerei und die Keller gefüllt nur mit Bestem. In diesen heil'gen Hallen kennt man die Armut nicht... Im Bridgezimmer hängt ein Raffael und vor der Garderobe ein Bacchantenreigen; als ich mir die Nase pudere, tut es eine Superblonde auch, vom Hals bis zum Knöchel in einen Badeanzug aus schwarzem Breitschwanz genäht, nur ihr weißer Rücken ist freigelassen, straußfederumweht.
Voll mildem Ernst blickt Palace-Gründer Johannes Badrutt, vollbärtig wie Bayernkönig Ludwig II., von seiner Fotografie neben dem Lift. Er kann zufrieden ruhen, sein Hotel (Eröffnung 1866) ist wie einst unnachahmlich, unnahbar, unantastbar.
Mögen es die Goldenen Kinder auch abends in der Bar noch so schlimm treiben, drei Nächte lang feiern sie schon. Durch? frage ich Gunter Sachs. Er blickt mich höflich aus einem Rest von Öffnung seiner roten Augen an: 72 Stunden hintereinander weg, sagt er, habe er keines

von beiden geschlossen, doch werde er jetzt für mich singen. Der Bandleader weiß schon Bescheid, es ist immer der Haifischsong, er soufflirt jede Zeile »... der hat Zähne«, auf daß Herr Gunter von der Schweinfurtweide ohne Fehl sein Preislied bringe. Er singt sogar hübsch, doch als er auch noch den »armen Gigolo« angeht, klappt ihm einer derer zu Fürstenberg über die Schulter und trägt ihn fort. Später kommt Ritter Sachs samt dem lianenhaarigen Fräulein Heidi Balzer zurück, dem er gerade Minnedienst leistet. Sie trägt Tangohosen und eine Silberbrünne von Chanel und hat einen Troß junger Toren um sich. Alle sind sehr vergnügt, erklimmen die Bartheke im La-Bamba-Schritt und überqueren sie samt angrenzenden Tischen. Die Ober, sie dulden es gern.
Noch später wechselt man zum King's Club hinunter. Das ist eine Palace-Neuheit, Diskothek im Pariser Stil, Zugeständnis an die Beatgeneration, halb Twistschuppen, halb Schottenkneipe, fellbelegte Bänke vor rauhverputzten Wänden. Jeder kann hier eingehen, um wild zu tanzen, falls ihm nicht die Preise die Schuhe ausziehen. Kein Stuhl ist zu haben, doch eine ganz große Ecke frei, leise züngeln Kerzen auf den Tischen. Dann löscht ein Geisterhauch sie aus: sie kommen. Die ganz Reichen, die ganz Schönen. Sie kommen von einem Diner — immer gibt irgend jemand irgendeins, Vera Kálmán kocht Borschtsch für ihre Freunde, andere schenken Champagner aus in ihren Chalets.
Jetzt eben kommen sie von dem Diner, das Andrea Badrutt für seine liebsten Gäste gegeben hat, der Besitzer des Palace und Nachfahre des Johannes, ein Mann von Mitte Fünfzig, fast wie Ali Khan so schön, nur nicht ganz so reich. Er kann sich sein Publikum wählen und tut es wie der Boß von 007. Doch läßt er für »junge, aufstrebende Persönlichkeiten«, wie er es ausdrückt, Sonderarrangements zu, lädt sogar an seine private Tafel noch unbekannte neben den absoluten Größen ein. Heute waren es Nestlé, Rolls-Royce, die mexikanischen Zinnminen, die griechische Flotte, vermischt mit etwas Stahl und Aktien,

egalisiert durch Smoking, mancher ausgezeichnet durch Hünengestalt, doch selbst der unscheinbarste noch duftend nach dem besten Männerparfüm: Erfolg und Geld. Die Gefährtinnen aber, scheint es im halben Licht, sind die schönsten Geschöpfe der Welt, Profile wie aus Elfenbein geschnitten, wie aus samtmattem Ton modelliert, Haar üppig aufgetürmt oder wie ein Stück Seide auf nackte Schultern fallend. Kunstwerke aus Paris umhüllen die schmalen Körper. Brillanten tropfen von den Ohren, Steine groß wie Briefmarken beschweren die Finger, Reifen mit grünem, blauem, rotem Funkelgestein die Gelenke. Kühl legen sie die kühlen Hände ihren Partnern um den Hals. Kühl kippen sie Champagner in die Kehlen, die sehr lang und faltenlos und edel sind. Doch eigentlich wollen sie nur noch kühles Wasser, diese kühlen Musen des Mammon, den sie kühl verschwenden.
Auch die Winternacht draußen verschwendet kühl Silber auf Hänge und Grate und Gipfel, ein Silberdollar ist der Mond, mit einem süßen dünnen Silberstarlet neben sich. Silbern funkeln die Häuser und Hütten und Hotels ringsum wie Geschmeide von Harry Winston, hochkarätig, kalt und klar: St. Moritz ist ein Juwel.
Doch kaum eine Woche, dann ist alles vorbei, die Schwäne sind in ihren giftgrünen und knallgelben Privatflugzeugen abgeflogen, unten von der Schneepiste von Samedan. Dann ist das Engadin wieder nichts als ein besonders schönes Skigebiet mit besonders schönen alten Bauernhäusern und Sankt Moritz ein Ort mit besonders viel Sonne und besonders eleganten Läden. Dann ist la neige du mal, der Schnee des Bösen, wieder zum Schnee der Bürger geworden.

Erschienen 1966

Ernst Hinterberger

Rudolf

geb. 1931

Der Rudolf hat zwar nur ein paar Wochen mit mir im Magazin gearbeitet, ich kann aber über ihn nur das Beste sagen, weil er nicht nur ein netter Kollege, sondern sogar mein Haberer gewesen ist.

Der Rudolf und ich, wir harmonierten, wie man sagt, gleich auf Anhieb miteinander: Wir tauschten unser Essen aus, borgten einander wechselweise Zigaretten und auch Geld, sprachen vor allem viel mitsammen — selbst über Dinge, die man nicht jedem Beliebigen nach so relativ kurzer Zeit anvertraut. Ich erfuhr dabei von ihm Fakten über sein bisheriges Leben, die so ungewöhnlich waren, daß ich sie zuerst gar nicht glaubte und erst durch ein Ereignis von der Wahrheit seiner Geschichten überzeugt werden mußte.

Nach allem, was mir der Rudolf erzählte, hatte er, trotz seiner verhältnismäßigen Jugend, er mochte damals dreißig sein, mehr Zeit in Häfen als in Freiheit verbracht: war, schon als Kind, in diversen Heimen aufgewachsen, dann, als Jugendlicher, in einigen Besserungsanstalten, oder was man dafür hält, und später, als bereits Strafmündiger, auch mehrmals in richtigen Gefängnissen gewesen, darunter auch im berühmt-berüchtigten Stein, in einer der größten Haftanstalten unseres Landes, die sich nahe der Weinstadt Krems an der Donau befindet.

Unter den Delikten, wegen denen Rudolf verurteilt worden war, hatte sich, zum Beispiel, nicht nur gewöhnlicher, aber aus dem Wert des Gestohlenen zum Verbrechen gewordener Diebstahl befunden, sondern auch noch Banden- und Rückfallsdiebstahl, Erpressung, mehrmals Widerstand gegen obrigkeitliche Personen in Amtssachen, gefährliche Drohung, Notzucht, mehrere schwere und leichte Körperverletzungen — und dazu noch einige kleinere Delikte, über die zu reden sich im Grunde nicht lohnt, die aber trotzdem als erschwerende Umstände bei der jeweiligen Strafzumessung ins Kalkül gezogen worden waren. Mit einem Wort: der Rudolf hatte eine Latte, die sich sehen lassen konnte.

Wie er mir aber glaubhaft versicherte, war er in Wahrheit jedoch nur an einigen Straftaten tatsächlich wirklich schuld gewesen — denn die in Kindheit und Jugend begangenen wollte er, weil er ja damals noch nicht habe richtig denken können, ausgeklammert sehen, und alles, was nach den beiden Verurteilungen wegen der verbrecherischen Diebstähle gekommen war, erklärte er überhaupt nur als gewisser Umstände wegen, wenn nicht sogar aus dem Motiv unwiderstehlichen Zwanges heraus begangen zu haben, welche Behauptung er mir, wie folgend ausgeführt, zu erklären suchte.

Rudolf hatte, als er etwa zweiundzwanzig gewesen, eben aus der Strafanstalt Stein entlassen worden und wieder in sein ehemaliges Wohnviertel in Alt-Erdberg, nahe dem Donaukanal, zurückgekehrt war, zunächst ein, wenn auch lustiges, so doch straffreies Leben geführt, dessen er jedoch bald überdrüssig wurde, weil ihm, wie er sagte, »das ewige Herumrennen und Weiberwechseln nichts brachte«, so daß er, zunächst noch vorsichtig, nach einer Frau Ausschau hielt, mit der er sich so was wie ein Familienleben aufzubauen gedachte.

Diese Frau fand sich schneller als erwartet: denn es gab nämlich in dem einstöckigen Zinshaus in der Erdbergstraße, in dem er bei einer alten Frau in Untermiete wohnte, auch ein jüngeres Ehepaar mit zwei Kindern, mit dem er sich anfreundete, was hieß, daß er abends ab und zu eine Flasche Wein nahm und zu dem im gleichen Stockwerk wohnenden Ehepaar ging, um Preference oder ein anderes Kartenspiel zu spielen, oder auch nur, um zu plaudern, damit die Zeit verging, es hieß aber auch, daß er, wenn der Ehemann, der ein Fußballfanatiker war, jeden Sonntag auf den nahen LAC-Platz ging und die beiden Kinder, damit sie auch frische Luft bekämen, mitnahm, zuerst zögernd, dann aber gerne, zu der daheim bleibenden, wie er sagte, »ganz gustiösen« jungen Frau hinüberging, um mit ihr entweder über alles mögliche zu reden oder sich, gemeinsam mit ihr, die Radiosendungen anzuhören, wobei es selbstredend nicht blieb, sondern sich eine leidenschaftliche intime Beziehung entwickelte, die allerdings dem Ehemann verborgen blieb, entweder, weil sich die beiden so gut verstellen konnten, oder, weil der so gutgläubig und dumm war.

Als die Frau wenig später schwanger wurde, wußte weder sie noch irgendein anderer, ob nun ihr Ehemann oder Rudolf der Vater des zu erwartenden Kindes sein würde, was jedoch egal war, weil ja die ehebrecherische Beziehung unbekannt blieb, daher die Frage der Vaterschaft überhaupt nicht gestellt wurde.

Das Kind, ein Mädchen, kam zur Welt, und der Ehemann ging weiterhin auf seinen geliebten Fußballplatz — und Rudolf zu der jungen Frau, so daß sich alles hätte ohne zeitliche Begrenzung bequem und wie gehabt entwickeln können, wenn nicht ein Unglücksfall eingetreten wäre, der allem eine unerwartete, nicht vorhersehbare und völlige Wendung gegeben hätte.

Eines Tages stürzte nämlich der Ehemann, der Dachdecker war, vom Turm einer bekannten Wiener Kirche, auf dem er hatte Ausbesserungsarbeiten verrichten müssen, infolge vergessener Absicherung oder etwas Ähnlichem, auf das Straßenpflaster hinunter, war natürlich auf der Stelle tot, weil sein Körper, wie die Zeitungen schrieben, *geradezu zerplatzt* und *ein fürchterlicher Anblick* gewesen war.

Rudolf nahm sich, aus gegebenem Anlaß, und mehr oder weniger freiwillig, der jungen Witwe an, stand ihr, wie man sagt, ein bißchen bei, schwängerte sie in der Folge wieder und mußte, weil dieses Mal über die Vaterschaft kein Zweifel bestehen konnte und er ein anständiger Bursch war, also heiraten, was er anfangs nicht ungern tat,

später aber bereute, als sich nämlich herausstellte, daß er, Rudolf, für ein geordnetes, nach üblichen Maßstäben verlaufendes Familienleben völlig ungeeignet war: die ständige Nähe der Frau ging ihm bald auf die Nerven, und auch die vier Kinder waren ihm zu viel, vor allem deswegen, weil er zwar sehr gut Karten spielen, Wein trinken, ein klasser Bursch sein, mit seiner Frau schlafen und noch allerlei andere Dinge konnte, nicht aber mit Kindern umzugehen verstand, weil er zu ihnen eben keine Beziehung finden konnte und sie ihm überhaupt zuwider waren.
Damals geschah ihm, daß er, wenn er nachts nicht schlafen konnte und, von der neben ihm unbekümmert schnarchenden Frau angewidert, über dies und jenes nachdachte, dahinterkam, daß es im Gefängnis eigentlich schöner und er dort immer glücklicher als in Freiheit gewesen war, denn drinnen, im Häfen, hatte er, und ganz ohne sein Zutun, genau das gehabt, was ihm heraußen fehlte: den immer gleichen und darum immer vorhersehbaren Tagesablauf, angenehme Männergesellschaft von anderen klassen Burschen, er bekam pünktlich und ausreichend sein Essen und jede ärztliche Betreuung, konnte sich in der Anstaltsbibliothek haufenweise Bücher ausleihen und, falls er sich gut führte, entweder zu einem Kalfaktorposten im Häfen oder zur Außenarbeit in der Landwirtschaft kommen, stand mit jedem auf gutem Fuß, weil er sich ja so verhielt, wie er sich gemäß der Anstaltenordnung wie der Häfenkonvention zu verhalten hatte — und, dies vor allem, gab es dort weder dumme und freche Bankerten noch Ehefrauen, die einem mit der Zeit trotz allem ja doch auf den Hammer gingen, weil sie ständig entweder mit Geld versorgt oder beschlafen oder getröstet oder sonstwas sein wollten, was alles Dinge waren, die für einen, wie er sich selber sah, »friedlichen Mann« untragbar sein mußten.
Diese Gedanken gingen ihm, und je schlimmer seine Lage wurde, desto öfter, durch den Kopf und wurden schließlich so stark und geradezu übermächtig, daß er, als bei seiner Frau die Regel ausblieb und eine neuerliche Schwan-

gerschaft befürchtet werden mußte, völlig grundlos auf der belebten Mariahilfer Straße einen ihm unbekannten Mann stellte und mit diesem eine Prügelei begann, wobei er den Tatbestand der schweren körperlichen Beschädigung erfüllte, sich dann, als ein Polizist dazukam, auch gegen diesen verging, und schließlich, dies schon im Kommissariatsarrest, mit einer fast kindlichen Freude über die endliche Lösung seines unerträglichen Zustandes zu toben begann und dabei mehrere Polizisten, darunter einen ernstlich, verletzte, was ihm, nach durchgeführter Hauptverhandlung, eine Strafe von eineinhalb Jahren schweren Kerkers einbrachte, den er in Stein absitzen sollte.
Auf diese Art landete Rudolf endlich dort, wohin er sich schon sehnlichst gewünscht hatte: in der hinter Anstaltsmauern herrschenden Geborgenheit, die ihm, nach den Fährnissen des normalen Lebens, wie eine Art irdischer Himmel erschien.
Er blieb nicht lange in der Zelle, wurde wechselweise Kalfaktor und Außenarbeiter in der Landwirtschaft, war überaus glücklich und zufrieden und führte sich, aus lauter dummer Zufriedenheit, so gut, daß er schon nach einem knappen Jahr wieder entlassen und, wie er sich ausdrückte »mitten in die Scheiße« zurückgestoßen wurde, wieder arbeiten, Haftkosten zahlen, mit der ihm zuwideren Frau ins Bett und den Kindern spazierengehen mußte, was alles Dinge waren, die ihn, der er doch endlich den Weg zu einem glückseligen und ruhigen Leben zu finden gemeint hatte, so sehr verbitterten, daß er nur noch den Ausweg sah, wieder etwas zu unternehmen, was ihn in den Schutz der Häfenmauern zurückzubringen imstande war.
Das ist, in einfachen Worten, der wahre Grund für die gerichtlicherseits festgestellte Besserungsfähigkeit und des daraus resultierenden, immer wieder strafbaren Verhaltens des Rudolf P.
Ich weiß nicht mehr, aus welchem Grund sich Rudolf damals, als ich mit ihm zusammen war, entschlossen hatte oder gezwungen war, es wieder mit Fabriksarbeit zu versuchen: Er hat es mir sicher erzählt, weil er mir ja auch,

damals, nach einigen Wochen Bekanntschaft, anvertraute, daß bei ihm jetzt wieder der Punkt erreicht sei, an dem genau er den Hut draufzuhauen und sich wieder hineinzusetzen gedenke.

Sein Plan war recht einfach: Er würde, erzählte er mir unbefangen, sich in den Pratergasthäusern, in denen es vor Haberern wimmelte, einmal wegen einer guten Gelegenheit umhorchen, dann irgendwo, entweder bei einem Einbruch oder einer Schlägerei größeren Stils, mitmachen, sich dabei schnappen lassen und bei dieser Gelegenheit, als Absicherung, einem Polizisten eine in die Goschen hauen oder was anderes inszenieren, von dem hundertprozentig gewiß war, daß es als Erschwerungsgrund in Anwendung gebracht werden würde.

Scheinbar fand er diese gute Gelegenheit unmittelbar nach unserem Gespräch, das, wie ich genau weiß, an einem Freitag stattfand: Wir bekamen an diesem Tag unseren Lohn ausgezahlt, und ich sehe uns beide noch im dreckigen Magazin auf einer Kiste sitzen, unser Geld nachzählen und danach auf ein Bier in das der Fabrik gegenüberliegende Gasthaus gehen.

Ich kann mich noch erinnern, daß damals Winter war und der Rudolf eine blaue Jacke, einen sogenannten Stößer, anhatte, dazu dunkelblaue Schnürlsamthose und derbe hohe Schuhe, so daß er mir, als wir uns verabschiedeten und ich ihm während des Weggehens nachschaute, wie ein Seemann vorkam: Er ging, die Arme leicht abgewinkelt und in einer seiner breiten Hände ein Spagatnetz mit leergegessenem Menagereindl schwenkend, in der anderen eine Zigarette haltend, langsam, wiegend und irgendein Lied pfeifend, in Richtung Rheinprechtsdorfer Straße davon.

Am nächsten Morgen fehlte er, aber am Tag darauf erschien seine, übrigens recht hübsche, aber einfältig wirkende Frau mit den zwei größeren Kindern in der Fabrik, erzählte im Lohnbüro, daß ihr Mann eine plötzliche und unerwartete Erbschaft gemacht und deshalb dringend hätte verreisen müssen, sie aber um seine Papiere gekommen sei, verlangte dann mich zu sprechen, ging mit mir in eine ruhige Ecke, lächelte mich unsicher, einfältig und vor allem hilflos an und sagte mir, Rudolf lasse mich schön grüßen und mir bestellen, daß bei ihm alles laufe, und ich wüßte schon, was das zu bedeuten habe — außerdem sollte ich ihn nicht vergessen, lasse er mir noch besonders sagen.

Ich habe den Rudolf, das gebe ich zu, zwar zeitweise, aber nie wirklich ganz vergessen. Wo er heute ist, kann ich nicht sagen, nehme aber an, daß er sich in irgendeiner Haftanstalt befindet und dort mit sich und der Welt in Einklang lebt, vielleicht auch manchmal an mich, seinen ehemaligen Haberer, denkt.

Erschienen 1975

Alexander Kluge

Ein Liebesversuch

geb. 1932

Als das billigste Mittel, in den Lagern Massensterilisationen durchzuführen, erschien 1943 Röntgenbestrahlung. Zweifelhaft war, ob die so erzielte Unfruchtbarkeit nachhaltig war. Wir führten einen männlichen und einen weiblichen Gefangenen zu einem Versuch zusammen. Der dafür vorgesehene Raum war größer als die meisten anderen Zellen, er wurde mit Teppichen der Lagerleitung ausgelegt. Die Hoffnung, daß die Gefangenen in ihrer hochzeitlich ausgestalteten Zelle dem Versuch Genüge leisteten, erfüllte sich nicht.

Wußten sie von der erfolgten Sterilisation?
Das war nicht anzunehmen. Die beiden Gefangenen setzten sich in verschiedene Ecken des dielengedeckten und teppichbelegten Raumes. Es war durch das Bullauge, das der Beobachtung von außen diente, nicht zu erkennen, ob sie seit der Zusammenführung miteinander gesprochen hatten. Sie führten jedenfalls keine Gespräche. Diese Passivität war deshalb besonders unangenehm, weil hochgestellte Gäste sich zur Beobachtung des Versuchs angesagt hatten; um den Fortgang des Experiments zu beschleunigen, befahl der Standortarzt und Leiter des Versuchs, den beiden Gefangenen die Kleider fortzunehmen.

Schämten sich die Versuchspersonen?
Man kann nicht sagen, daß die Versuchspersonen sich schämten. Sie blieben im wesentlichen auch ohne ihre Kleider in den bis dahin eingenommenen Positionen, sie schienen zu schlafen. Wir wollen sie ein bißchen aufwekken, sagte der Leiter des Versuchs. Es wurden Schallplat-

ten herbeigeholt. Durch das Bullauge war zu sehen, daß beide Gefangenen auf die Musik zunächst reagierten. Wenig später verfielen sie aber wieder in ihren apathischen Zustand. Für den Versuch war es wichtig, daß die Versuchspersonen endlich mit dem Versuch begannen, da nur so mit Sicherheit festgestellt werden konnte, ob die unauffällig erzeugte Unfruchtbarkeit bei den behandelten Personen auch über längere Zeitabschnitte hin wirksam blieb. Die am Versuch beteiligten Mannschaften warteten in den Gängen des Schlosses, einige Meter von der Zellentür entfernt. Sie verhielten sich im wesentlichen ruhig. Sie hatten Weisung, sich nur flüsternd miteinander zu verständigen. Ein Beobachter verfolgte den Verlauf des Geschehens im Innenraum. So sollten die beiden Gefangenen in dem Glauben gewiegt werden, sie seien jetzt allein. Trotzdem kam in der Zelle keine erotische Spannung auf. Fast glaubten die Verantwortlichen, man hätte einen kleineren Raum wählen sollen. Die Versuchspersonen selbst waren sorgfältig ausgesucht. Nach den Akten mußten die beiden Versuchspersonen erhebliches erotisches Interesse aneinander empfinden.

Woher wußte man das?
J., Tochter eines Braunschweiger Regierungsrates, Jahrgang 1915, also etwa 28 Jahre, mit arischem Ehemann, Abitur, Studium der Kunstgeschichte, galt in der niedersächsischen Kleinstadt G. als unzertrennlich von der männlichen Versuchsperson, einem gewissen P., Jahrgang 1900, ohne Beruf. Wegen P. gab die J. den rettenden Ehemann auf. Sie folgte ihrem Liebhaber nach Prag, später nach Paris. 1938 gelang es, den P. auf Reichsgebiet zu verhaften. Einige Tage später erschien auf der Suche nach P. die J. auf Reichsgebiet und wurde ebenfalls verhaftet. Im Gefängnis und später im Lager versuchten die beiden mehrfach, zueinanderzukommen. Insofern unsere Enttäuschung: jetzt durften sie endlich, und jetzt wollten sie nicht.

Waren die Versuchspersonen willig?
Grundsätzlich waren sie gehorsam. Ich möchte also sagen: willig.

Waren die Gefangenen gut ernährt?
Schon längere Zeit vor Beginn des Versuchs waren die in Aussicht genommenen Versuchspersonen besonders gut ernährt worden. Nun lagen sie bereits zwei Tage im gleichen Raum, ohne daß Annäherungsversuche festzustellen waren. Wir gaben ihnen Eiweißgallert aus Eiern zu trinken, die Gefangenen nahmen das Eiweiß gierig auf. Oberscharführer Wilhelm ließ die beiden aus Gartenschläuchen anspritzen, anschließend wurden sie wieder, frierend, in das Dielenzimmer geführt, aber auch das Wärmebedürfnis führte sie nicht zueinander.
Fürchteten sie die Freigeisterei, der sie sich ausgesetzt sahen? Glaubten sie, dies wäre eine Prüfung, bei der sie ihre Moralität zu erweisen hätten? Lag das Unglück des Lagers wie eine hohe Wand zwischen ihnen?

Wußten sie, daß im Falle einer Schwängerung beide Körper seziert und untersucht würden?
Daß die Versuchspersonen das wußten oder auch nur ahnten, ist unwahrscheinlich. Von der Lagerleitung wurden ihnen wiederholt positive Zusicherungen für den Überlebensfall gemacht. Ich glaube, sie wollten nicht. Zur Enttäuschung des eigens herangereisten Obergruppenführers A. Zerbst und seiner Begleitung ließ sich das Experiment nicht durchführen, da alle Mittel, auch die gewaltsamen, nicht zu einem positiven Versuchsausgang führten. Wir preßten ihre Leiber aneinander, hielten sie unter langsamer Erwärmung in Hautnähe aneinander, bestrichen sie mit Alkohol und gaben den Personen Alkohol, Rotwein mit Ei, auch Fleisch zu essen und Champus zu trinken, wir korrigierten die Beleuchtung, nichts davon führte jedoch zur Erregung.

Hat man denn alles versucht?
Ich kann garantieren, daß alles versucht worden ist. Wir hatten einen Oberscharführer unter uns, der etwas davon verstand. Er versuchte nach und nach alles, was sonst todsicher wirkt. Wir konnten schließlich nicht selbst hineingehen und unser Glück versuchen, weil das Rassenschande gewesen wäre. Nichts von den Mitteln, die versucht wurden, führte zur Erregung.

Wurden wir selbst erregt?
Jedenfalls eher als die beiden im Raum; wenigstens sah es so aus. Andererseits wäre uns das verboten gewesen. Infolgedessen glaube ich nicht, daß wir erregt waren. Vielleicht aufgeregt, da die Sache nicht klappte.

Will ich liebend Dir gehören,
kommst Du zu mir heute nacht?

Es gab keine Möglichkeit, die Versuchspersonen zu einer eindeutigen Reaktion zu gewinnen, und so wurde der Versuch ergebnislos abgebrochen. Später wurde er mit anderen Personen wiederaufgenommen.

Was geschah mit den Versuchspersonen?
Die widerspenstigen Versuchspersonen wurden erschossen.

Soll das bedeuten, daß an einem bestimmten Punkt des Unglücks Liebe nicht mehr zu bewerkstelligen ist?

Rolf Schneider

Grenzgänger

geb. 1932

Hannas ältester Bruder arbeitete seit dem Frühjahr 1961 in Westberlin. Er hatte einen Vertrag als Schlosserlehrling bei Borsig. Hanna war damals dreizehn Jahre alt. Der große Spiegel im Korridor des Hauses zeigte sie: dürr, mit viel zu kräftiger Nase. Sie schnitt sich Fratzen. Bei diesem Spiegelbild, fand sie, halfen auch die Sommerkleider von Karstadt nicht viel.
Werner, ihr Bruder, den sie mochte, war jetzt wenig daheim. Er hatte die gleichen zeitraubenden Arbeitswege wie ihr Vater. Zu manchen Nächten kam er überhaupt nicht zurück, er nächtigte dann, sagte er, bei einem Freund in Wedding.

In der Zeitung, die sie lasen (außer der Westberliner Groschenzeitung, die ihr Vater abends mit heim brachte), begannen Artikel gegen die Grenzgänger zu erscheinen. Hanna erfuhr auch im Schulunterricht davon. Grenzgänger waren Leute, die in Westberlin arbeiteten und in Ostberlin wohnten. Der Sender in Oberschönweide brachte Kommentare gegen die Grenzgänger. Hannas Vater lachte anfangs, wenn er davon hörte; lachend ging er zum Radioapparat und schaltete auf einen Sender, der Musik brachte.
Hanna fuhr ein paarmal zu Borsig. Sie stand abends am großen Eingangstor. Die Luft war voller Maschinen- und Motorenlärm. Sie schmeckte nach Ruß. Sie schmeckte nach Staub und Autoabgasen und den Ausdünstungen erhitzter Leiber. Hanna wartete, daß mitten unter den Scharen von Angestellten und Arbeitern die kleinen Gruppen von Lehrlingen sichtbar würden und unter ihnen Werner.

Ihr Vater wurde in diesen Wochen reizbar. Die Angriffe auf die Grenzgänger nahmen nicht ab. Ihr Vater fand plötzlich lächerliche Anlässe für Geschrei und Wut, daß der Säugling in seinem Zimmer erwachte und zu plärren begann. An den Abenden wurden immer häufiger und immer größere Mengen von gefüllten Bierflaschen in das Haus getragen und bereitgestellt für ihren Vater.

An einem Sonntagvormittag zerstritt er sich mit Werner. Der äußerliche Grund war: Werner hatte drei Nächte hintereinander in Wedding geschlafen bei seinem Freund, aber sein Vater bezweifelte, daß es ein Freund sei. Werner war auch vorher schon an auffolgenden Nächten nicht zurückgekehrt. Es hatte deswegen nie eine Auseinandersetzung gegeben. Hanna hockte im Garten. Sie saß neben ihrer kleinen Halbschwester, die feuchten Sand in einen Kunststoffeimer füllte, sich den Mund damit verschmierte; der Berg mit dem feuchen Sand lag auf einem verwilderten Rasenstück, zwischen aufgeschossenen Goldruten. Hanna hörte die Stimmen Werners und ihres Vaters durch ein geöffnetes Fenster. Sie hörte Werner lachen und sagen, wieso sie den Dreck hier nicht hinwürfen und überhaupt nach drüben gingen. Die Stimmen wurden immer lauter. Keine Antwort hatte mit der anderen zu tun. Es war ein sinnloser Streit. Er endete in dem klatschenden Geräusch einer derben Ohrfeige. Nach einer halben Stunde stand Werner im Garten, mit hochrotem Gesicht, mit buntgemusterten Gepäcktaschen in beiden Händen. Hanna brachte ihn bis zur Haltestelle der Straßenbahn. Der Weg war trocken und sandig wie meist. Neben den Geleisen der Straßenbahn lagen fortgeworfene Zigarettenreste. Sie warteten. Die Straßenbahn fuhr heran und hielt. Als Werner auf den Perron kletterte, sagte ihm Hanna, sie würde ihn auch weiter besuchen, ganz gewiß. Sie blickte der abfahrenden Straßenbahn hinterdrein, aber sie winkte nicht.

Der Sommer war sehr warm, doch es gab dabei viel Regen. An manchen Nachmittagen fuhr Hanna mit dem Fahrrad bis nach Rahnsdorf, dann ein Stück durch den Forst, in der Richtung nach Friedrichshagen. Sie fuhr bis zum Müggelsee. Es wurde dort eine große Badeanstalt gebaut. Direkt neben der Baustelle, noch ehe das Schilf begann, gab es eine freie Badestelle. Der Rand war schlammig. Im Wasser schwammen Schwäne, sie hinterließen ihren Schmutz. Mit ein paar Schwimmstößen ließ sich die Randzone durchqueren. Das Wasser war warm, auf der Seemitte gab es ein paar Segelboote, dahinter die Müggelberge. Das Wasser hatte keinen Ölgeruch wie das Wasser in der Havel, höchstens blaßgrüne Algen schwammen unter der Oberfläche.

An einem Abend verfolgte sie ein Gespräch zwischen ihren Eltern, das im Nebenzimmer geführt wurde. Ihre Mutter sagte den Namen Werner. Sie weinte dazu. Aber Werner, sagte ihr Vater, gehe es doch gut, und überhaupt sei es seine Entscheidung gewesen. Das Gespräch ging bald darum, was werden solle. Das Haus, in dem sie wohnten, würden sie nur im äußersten Fall aufgeben wollen. Es gehörte ihnen. Hannas Mutter hatte es von ihren Eltern geerbt.

An einem Abend klingelten an der Gartenpforte zwei Männer. Hanna ließ sie ein. Sie wollten, sagten sie, Hannas Vater sprechen. Einer von ihnen trug das ovale Metallabzeichen der Einheitspartei am Rockaufschlag. Hanna führte sie ins Haus. Hannas Vater saß hemdsärmelig am Küchentisch, vor sich eine geöffnete Bierflasche und auf den Knien die gefleckte Katze, die alle im Haus bloß Mulle riefen. Hanna wurde ins Bett geschickt. Die Stimmen der drei redenden Männer hörte sie noch in ihrem Zimmer, zu den kurzen hellen Atemstößen des Säuglings, dessen mit bunt bedrucktem Stoff verhängtes Körbchen dicht neben ihrem Bett stand. Es ging wohl wieder um die Grenzgänger.

Überhaupt war es auch ein unruhiger Sommer. An den

Westberliner Grenzbahnhöfen, Neukölln oder Gesundbrunnen, hingen an den Kiosken die bunten Tageszeitungen. In Tausenderzahlen wurde ausgerechnet und in unübersehbar großen Lettern gedruckt, was dort Zonenflucht hieß. Hanna las es, wenn sie daran vorüberging, um Kaffee und Bananen und Trockenmilch zu kaufen für die nichtumgetauschten westdeutschen Markscheine, die ihr Vater verdient hatte.

Es hielt ein dunkelgrünes Personenauto vor dem Haus ihrer Eltern. Zwei Volkspolizisten stiegen aus, ein dritter blieb in dem Wagen sitzen, hinter dem Steuerrad. Diesmal war es Hannas Mutter, die auf das Klingelzeichen hin zum Gartentor ging, aber Hanna war neben ihr und beobachtete alles. Die Polizisten wiesen ein Papier vor. Hannas Mutter erschrak. Sie vollführte eine unbestimmte Bewegung, die auch so zu deuten war: die Männer sollten ins Haus kommen. Hannas Vater war im Badezimmer, von daher war im Korridor das Geräusch aus der Dusche strömenden Wassers zu hören, dazwischen die Stimme ihres Vaters: er sang, sehr unmelodisch und laut, sang ein Lied, das Hanna nur von ihm kannte und das von Erika handelte, einer blühenden Heideblume. Die Polizisten setzten sich an den Küchentisch. Einer fingerte an einer Zigarette, mochte sie aber nicht entzünden. Hannas Vater trat in die Küche, mit durchnäßten Haaren und im Bademantel. Der Polizist mit der Zigarette stand auf und wies abermals sein Papier vor. Hanna, die alles beobachtete, rechnete mit einem Wutausbruch ihres Vaters, ähnlich dem, dessentwegen ihr Bruder Werner schließlich das Haus verlassen hatte. Ihr Vater starrte bloß in das Papier. Es rannen ihm Wassertropfen aus dem Haar, sie fielen klatschend auf das Papier, ihr Vater unternahm nichts, um diese Feuchtigkeit wieder zu entfernen. Schließlich hob er den Blick. Er fragte die Polizisten nach den Gründen. Die Polizisten antworteten umständlich; sie lösten einander in ihren Erklärungen ab; das wichtigste Wort, es wurde mehrfach wiederholt, lautete Devisenvergehen. Hannas

Vater schrie nicht. Er nickte bloß. Er sagte, daß er sich ankleiden wolle. Der Polizist, der das Papier überreicht hatte, setzte sich wieder auf den Stuhl, als Hannas Vater die Küche verlassen hatte; er griff erneut nach seiner Zigarette, hantierte damit, bis sie zerbrach und Tabakkrümel auf das Wachstuch rieselten. Hannas Vater trat wieder auf, in Hemd und Pullover und Hosen. Die beiden Polizisten standen auf und gingen mit ihm hinaus, zu dem wartenden Fahrzeug hin. Die zerbrochene Zigarette blieb liegen auf dem mit Blumen bedruckten Wachstuchüberzug des Küchentisches.
Am anderen Tag kam Hannas Vater zurück. Er war in der Kreisstadt gewesen, die östlich von Berlin lag; die Fahrtverbindungen von dorther waren kompliziert: beinahe so wie die Fahrtverbindungen nach Siemensstadt. Hannas Vater hatte unterwegs Alkohol getrunken. Er sagte bloß höhnisch, er sei in Untersuchung gewesen; er schilderte die Verhöre und erwähnte die Mitteilungen, da sei noch ein Nachspiel zu erwarten. Er lachte. Er griff sich eine gefüllte Bierflasche aus dem Kühlschrank und öffnete sie. Am nächsten Morgen fuhr er trotzig wieder zu seiner Schicht nach Siemensstadt, zweieinhalb Stunden lang.
Werner war nicht wieder zurückgekommen nach dem Streit, er hatte auch keine Karte geschrieben. Seine Mutter buk einen Napfkuchen, heimlich, und verpackte ihn in Pergamentpapier. An einem Sonnabendnachmittag, 12. August, nahm Hanna das Päckchen mit dem Kuchen und fuhr mit der Stadtbahn, Ostkreuz umsteigen, nach Wedding. Werners Freund, ein Lehrling bei Borsig wie Werner, Hanna hatte ihn ein paarmal gesehen und kannte seine Anschrift: er sagte, Werner wohne jetzt in Charlottenburg. Der Freund nannte die Straße und den Namen des Obermieters. Hanna ging wieder zum Stadtbahnhof. Sie fuhr, umsteigen in Westkreuz, bis zum Bahnhof Savignyplatz. Sie stieg aus und fragte einen Polizisten nach der Straße und fand die Straße. Sie war nicht sehr lang. Sie war nur an einer Seite bebaut; auf der anderen gab es eine Grünanlage; erst dahinter, sehr weit entfernt, stan-

den Hochhäuser. Hanna fand die Hausnummer. Die Fassade, vor der sie stand, war altertümlich. Sie hatte Figuren und Säulen aus Sandstein; alles war angeschmutzt, und an den Außenwänden, sah Hanna, löste sich in krätzigen Flecken der Putz. Hanna ging in das Haus hinein. Der Flur hatte Kacheln mit grünen Blattmustern. Neben der Treppe war ein schwarzes Eisengitter für den Lift. Hanna drückte alle vorhandenen Knöpfe neben dem Gitter, aber der Aufzug bewegte sich nicht zu ihr herab. Sie ging die Stufen hinauf. Im Treppenhaus roch es nach heißem Fett und frisch gebrühtem Kaffee. Im vierten Stockwerk las sie auf einem blinden Messingschild den Namen, den ihr Werners Freund genannt hatte. Neben dem Messingschild gab es statt eines Klingelknopfes einen Metallbügel. Hanna nahm ihn in die Hand und hob ihn auf. Hinter der Tür war sofort Hundegebell, und bald nach dem Klingelzeichen öffnete eine grauhaarige Frau die Tür. Sie hielt eine Zigarette in der Hand. An ihren Knien rieb sich ein braunweiß gefleckter langhaariger Hund, der, zappelnd und unruhig, kurze fast pfeifende Töne von sich gab. Hanna nannte den Namen ihres Bruders. Die Frau faßte den Hund am Halsband und ließ Hanna ein.
Der Korridor war dunkel. Die grauhaarige Frau hatte auf eine Ecktür gewiesen. Als Hanna diese Tür öffnete, sah sie ein hohes und schmales Zimmer, darin stand ein Bett, und auf dem Bett lag Werner. Er sprang sofort auf die Füße, als er Hanna sah. Er war halbnackt, aber sofort zog er sich ein buntgemustertes Oberhemd an. Hanna nahm aus dem Pergamentpapier den Kuchen, den ihre Mutter gebacken hatte. Werner besah ihn bloß flüchtig. Er sagte, der Hund seiner Wirtin sei ziemlich scharf auf Kuchen. Er ging mit Hanna zur Stadtbahn und fuhr mit ihr bis zum Bahnhof Zoologischer Garten. Er setzte sich mit ihr in ein Restaurant, das billig war und dessen Tische hintereinander an einem sehr großen Fenster standen, in einem Gang; das Fenster ging auf die Joachimsthaler Straße, dort fuhren Fahrzeuge und gingen Menschen. Werner lud Hanna ein zum Essen. Zwischendurch erzählte er, daß er

nicht mehr Lehrling sei, von diesem Geld hätte er kein Zimmer bezahlen können; er sei jetzt Transportarbeiter bei einem großen Baubetrieb in Charlottenburg, deswegen wohne er jetzt auch in dieser Gegend. Er trank abwechselnd Cola und Schnaps, während er redete. Hanna aß nicht viel.
Er ging mit ihr in ein Kino an der Gedächtniskirche, da war er früher nie mit ihr gewesen. Er griff selbstsicher in die rechte Tasche seiner schwarzen Lederjacke, um Silbermünzen herauszunehmen und auf die Platte der Kinokasse zu legen. Der Film, den sie dann sahen, handelte von reichen Leuten in Italien, die sich die Zeit mit Getränken, mit Prügeleien und Autofahrten und katholischen Wundern vertrieben.
Sie fuhren hinterher zurück zum Savignyplatz. Werner sagte, sie könne die Nacht ebensogut in seinem Zimmer schlafen. Hanna war müde. Werner trank noch einmal Cola und Schnaps in einer billigen Kneipe, die auf dem Weg lag. In seinem Zimmer ließ er Hanna in seinem Bett schlafen, er selbst rückte für sich die beiden Sessel zusammen, die in seinem Zimmer standen.

Es war heller Tag, als Hanna erwachte. Sie war allein im Zimmer. Hinter dem Fenster war Sonne. Die Tür ging auf, und Werner balancierte auf einem Tablett Geschirr, Brötchen und eine Büchse mit Nescafé; er setzte das Tablett ab und öffnete das Fenster. Die Luft, die hereinkam, war warm und schmeckte nach süßlichen Autoabgasen. Irgendwo hinter den Wänden lief ein Radioapparat, sehr laut, eine hastige Sprecherstimme war zu hören, aber es war nicht zu verstehen, was sie sagte. Hanna aß. Werner erzählte von seiner Arbeit, von dem Geld, das er verdiente; er zeigte ihr stolz den kleinen transportablen Fernsehapparat, den er sich inzwischen gekauft hatte.
Er wollte mit ihr zum Wannsee fahren. Sie gingen auf die Straße, Werner trug in der Hand eine Tasche mit dem Badezeug. Viele Fenster waren geöffnet, und hinter allen Fenstern war die hastige Sprecherstimme aus dem Radio.

Sie gingen bis zu einer Kreuzung. Die Ampel stand auf Rot, sie mußten warten; neben ihnen wartete ein junger Bursche mit einem tragbaren Transistorradio, und aus dem Lautsprecher drang die Stimme des hastigen Radiosprechers. Diesmal war sie zu verstehen. Der Sprecher berichtete aufgeregt, Ostberlin habe alle Grenzübergänge geschlossen, und rund um Westberlin seien Bauarbeiter damit beschäftigt, eine Mauer zu bauen. Der Bursche, dem das tragbare Radio gehörte, schien die Mitteilungen nicht zu beachten. Er strich sich langsam und gelangweilt über das lange gefettete Haar. Als die Ampel auf Grün schaltete, schlenderte er langsam mit seinem Transistorradio über die Kreuzung.
Werner faßte Hannas Hand und sagte: Komm.
Sie kehrten um und gingen zurück in Werners Zimmer. Werner schaltete sein Fernsehgerät ein, und nach ein paar Sekunden erschienen Aufnahmen von der Grenze auf dem Bildschirm. Es war zu sehen, wie Bausoldaten Betonpfähle aufrichteten und Stacheldraht zwischen ihnen zogen. Auf anderen Bildern standen Fahrzeugsperren quer über der Fahrbahn einer Grenzstraße; dahinter standen Männer in Uniform, und davor drängten sich Menschen, die von einem Fernsehreporter befragt wurden; hinter den geöffneten Fenstern im Osten, mit zitternden Teleobjektiven eingefangen, standen Leute und starrten der Kamera entgegen, einige von ihnen winkten mit weißen Tüchern.
Werner sagte: Gottverdammtes Glück, daß du hier bist. Hanna antwortete nichts, sie starrte auf den Bildschirm. Ein Kommentator trat auf, mit dunklen Augen und herabgezogenen Mundwinkeln, er spie eine Menge böse Worte. Werner holte aus seinem Schrank eine Flasche mit lauwarmem Wermutwein; er schraubte die Flasche auf und schenkte Gläser voll für Hanna und für sich. Auf dem Bildschirm seines tragbaren Fernsehapparates begannen sich die Aufnahmen zu wiederholen. Werner trank von seinem lauwarmen Wermut und begann eine Zukunft für Hanna zu entwerfen: sie würde nach Lichterfelde gehen

müssen, in das Aufnahmelager; es würde vielleicht
Schwierigkeiten geben, weil Hanna noch minderjährig
war; man würde irgendeine Stelle finden müssen, wahrscheinlich eine kirchliche Behörde, die Hanna helfen
konnte: Werner hatte viele praktische Ideen. Hanna
wurde schwindelig, von dem lauwarmen Wermut und von
Werners Worten. Draußen, vor dem Fenster, waren
Sonne und Wind, der die Gardinen blähte.
Du wirst doch bleiben, sagte Werner.
Ich weiß nicht, sagte Hanna.
Du mußt bleiben, sagte Werner, du bist doch nicht blöd.
Er hatte plötzlich den Einfall, den Chef der Baufirma anzurufen, bei der er arbeitete, der Chef war Abgeordneter
der christlichen Partei im Westberliner Stadtparlament,
und Werner meinte, er würde sich bestimmt für Hanna
verwenden, schon weil das einen Eindruck mache; außerdem: er hatte die nötigen Verbindungen. Werner sagte:
Ich gehe zum Münzapparat an der Ecke, nimm dir Wermut, wenn du noch magst, dort ist auch eine Schachtel mit
Konfekt. Er lachte und winkte ihr zu und verließ eilig das
Zimmer.
Hanna hockte auf Werners Bett. Ihr war übel; daneben
hatte sie ein Gefühl, das vielleicht Angst war. Sie ging zum
Fenster. Sie schob die Gardine beiseite und blickte hinab
auf die Straße. Unten standen ein paar parkende Wagen
am Rinnstein. Es war immer noch windig und warm.
Hanna hatte keine Uhr bei sich, und sie hätte nicht sagen
können, ob es jetzt noch Mittag war oder später.
Sie verließ Werners Zimmer. Als sie im Korridor war,
schlug hinter einer Tür der Hund an. Sie verließ die Wohnung. Sie ging die Stufen hinab. Sie hatte Furcht, Werner
könnte ihr begegnen, aber sie traf keinen Menschen. Sie
trat auf die Straße. Auf dem Gehweg spielten ein paar
Kinder mit einem roten Ball. Sie rannte die Häuserfront
entlang und bog in die nächste Querstraße ein.

Sie hatte noch Westgeld bei sich, ein paar Silbermünzen,
die ihr Werner gestern geschenkt hatte. Sie ging bis zu ei-

ner Haltestelle, wartete dort auf den nächsten Omnibus, der heranfuhr, und sie stieg ein. Sie wußte nicht, wohin sie fuhr. Sie bezahlte ihren Fahrschein bei einem schwitzenden Schaffner. Auf den Sitzen des Omnibusses saßen Eltern mit sonntäglich gekleideten Kindern. Hanna verließ den Omnibus nach einer Viertelstunde Fahrzeit. Sie sah sich am Rande eines Platzes, den sie nicht kannte. Hier gab es Bäume, Büsche, Rasenflächen, es gab ein paar Tauben, und es gab Bänke am Rande von sorgfältig geharkten Erdwegen.
Sie setzte sich auf eine Bank. Oben im Himmel kreisten mehrere Flugzeuge. Ihr war zum Weinen zumute, ohne daß sie genau hätte sagen können, warum.
Sie ging durch viele unbekannte Straßen. Sie fühlte sich bald staubig und müde, ihre Füße begannen zu schmerzen. Irgendwann gelangte sie an einen U-Bahnschacht. Sie ging die Stufen hinab. Der vertraute Geruch dieser Schächte umfing sie. Am Schalter kaufte sie ihren Fahrschein. Der nächste einfahrende Zug fuhr nach Norden. Hanna überprüfte ihren Weg an dem Plan des Streckennetzes, der neben der Tür hing. Hanna wollte, ohne daß sie einen Grund dafür hätte angeben können, zur Brunnenstraße fahren. Sie mußte dazu umsteigen. Die Brunnenstraße kannte sie gut. Sie verließ den Zug, und sie verließ den Bahnhof. Sie ging die Straße hinab. Schon von fern erkannte sie die Grenze: dort stauten sich Menschen und Fahrzeuge, von einer Häuserzeile zur anderen. Sie ging, zuletzt immer langsamer, auf die Grenze zu. Menschen standen in Gruppen und redeten heftig aufeinander ein, dazwischen bewegten sich Polizisten mit weißen Mützen. Hanna sah keine Möglichkeit, durch diese Menschengruppen hindurchzugehen, sie fragte sich dann auch, ob sie das überhaupt wollte.

Sie saß wieder auf einer Parkbank, da war es schon Nachmittag. Sie hatte Hunger. Sie überlegte, ob sie zu Werner zurückgehen sollte. Sie dachte an das schmale Zimmer mit der geblähten Gardine und mit dem transportablen Fern-

sehapparat. Werner war ihr liebstes Geschwister, immer noch.
Sie stand an einer Würstchenbude. Eine dicke Frau in einem weißen Kittel nahm mit einer Holzzange bedächtig eine Wurst vom dampfenden Rost und legte die Wurst auf einen gelben Pappteller; die Frau drückte aus einer durchsichtigen Plastikflasche Ketchup auf die Wurst, streute aus einer Blechdose Curry darüber und legte ein Brötchen dazu. Die Bude stand unter einem Hochbahntrakt. Der Platz rund um die Bude war übersät mit hellgelben Papptellern, der Papierkorb neben dem Stahlpfeiler der Hochbahn quoll über davon. Hanna verschlang gierig das Brötchen. An der Wurst, in die sie hineinbiß, verbrannte sie sich die Zunge.
Sie saß an einem Tisch im Vorgarten einer Konditorei. Sie blätterte in einer illustrierten Zeitschrift, die sie sich gekauft hatte. Vor ihr auf dem Tisch stand ein Glasbecher mit Eiskugeln und Früchten. Sie aß nicht viel davon. Sie besaß jetzt noch drei silberne Markstücke. Abzüglich der Rechnung für den Eisbecher würde es jedenfalls genug sein, daß sie zu Werner zurückfahren konnte.
Es war Abend, als sie sich eine Fahrkarte für die Stadtbahn kaufte. Die Karte hatte roten Aufdruck auf gelbem Grund, jetzt besaß sie noch ein Markstück und vier Groschenstücke aus gelbem Metall. Sie fuhr bis Westkreuz. Sie verließ ihren Zug und bestieg einen anderen Zug Richtung Zoologischer Garten. Der Wagen, in dem sie saß, war leer, es roch nach kaltem Zigarettenrauch darin. Der Zug fuhr ein in den Bahnhof Zoologischer Garten. Hier war sie gestern mit Werner gewesen: sie erinnerte sich daran, dazwischen lag jetzt, so erschien es ihr, ein unglaubwürdig langer Zeitraum. Noch immer betrat niemand das Abteil. Der Zug fuhr weiter. Er fuhr am Tiergarten vorbei. Hanna sah die Hochhäuser mit ihren bunten Fronten. Auf den Bahnhöfen hingen große Plakate für Eiskrem und Zigaretten, die sie oft genug gesehen hatte, die sie nun, wenn sie sich nicht anders besann, zum letztenmal sehen würde. Der Zug fuhr ein in den Lehrter

Bahnhof. Auf dem Bahnsteig standen junge Leute, die angriffslustig dem haltenden Zug entgegenblickten. Hanna krümmte sich, um nicht sichtbar zu sein hinter dem Fenster. Der Zug fuhr wieder an. Die jungen Leute auf dem Bahnsteig schrien hinter dem fahrenden Wagen drein. Hanna richtete sich auf. Sie erblickte, durch das Fenster des fahrenden Zuges, Lagergebäude, einzelne Wohnhäuser mit weißen Wänden. Sie sah das Seeufer. Sie sah die Brücke über die Spree. Der Zug, in dem sie saß, fuhr dröhnend darüber hinweg. Die Sonne stand sehr schräg. Hanna erkannte die Dächer der Charité, ehe das dunkle Maul der Halle des Bahnhofs Friedrichstraße den Zug verschlang. Vielleicht hätte sie auch jetzt noch umkehren können, sie wußte es nicht. Sie dachte auch nicht darüber nach. Auf dem Bahnsteig erkannte sie viele Männer in Uniformen, die meisten trugen Schußwaffen. Der Zug hielt. Hanna schob die Tür auf. Sie stieg aus, ein mageres Mädchen von dreizehn Jahren, mit schulterlangem Haar und kurzsichtigen Augen hinter einer Brille. Einige der uniformierten Männer starrten sie an, verblüfft oder lächelnd. Sie selber ging auf den nächsten Mann in Uniform zu, er hatte, sah sie noch, ein schwitzendes und fleischiges Gesicht, sie sagte ihm, sie wolle nach Haus.

Erschienen 1978

Gabriele Wohmann

Ein unwiderstehlicher Mann

geb. 1932

Das Ganze liegt jetzt schon ein Jahr zurück, und es ist eigentlich traurig, daß ich mit Weihnachten nichts Besseres anzufangen weiß als eine Geschichte zu Papier zu bringen, die ausgesprochen unweihnachtlich ist. Das Weihnachtsfest einer alten Jungfer, die es verschmäht, eine fortschreitende Ergrauung ihrer Haare in Zusammenarbeit mit einem tüchtigen Friseur zu bekämpfen, kann aber vielleicht nicht sinnvoller begangen werden als mit der intensiven Versenkung in eine Vergangenheit, die ihr die Erbärmlichkeit ihres Jungfernstandes recht grausam vor Augen führte.

Ich erinnere mich allzu genau an jenen Weihnachtsabend vor einem Jahr, an Allans nervösen rechten Fuß, der unaufhörlich auf und ab wippte, an Brondas versteinertes Gesicht und an den fatalistischen Ausdruck auf den blassen Zügen der kleinen Wilden, an ihre langen, ineinanderverkrampften Finger mit den dunkelrot gefärbten Nägeln. Und zwischen diesen dreien saß ich, und ich weiß noch sehr gut, daß ein unbehagliches Gefühl, das mir meine bloße Anwesenheit in dieser Gesellschaft verursachte, mit einem starken Druck auf den Magen koordiniert war, und daß ich, neben allen anderen Empfindungen, den dringenden Wunsch verspürte, den Reißverschluß meines engen Tweedrockes zu öffnen. Ich tat es schließlich, und ich verbarg die schändliche Stelle, die eines der Symptome meines Alters verriet, mit einem Zipfel meiner schwarzen Stola.

Aber ich muß von vorne anfangen, um die Kontinuität begreiflich zu machen, die diesen verhängnisvollen Abend endlich hervorbrachte. Es begann mit einer Einladung

Brendas in ihr kalifornisches Heim, wo ich die Sommerferien verbringen sollte. Ich war damals noch amerikanischer Neuling, ich fühlte mich fremd und isoliert in der kleinen Stadt im Mittleren Westen, ich kam mir vor wie ein winziges Pünktchen in einer riesigen, endlosen Unbegreiflichkeit: Amerika. Meine Kollegen vom College behandelten mich mit einer gewissen Distanz, wenn auch nicht ohne jene naive, verständnislose Herzlichkeit, mit der man mir hier überall begegnete. Ich war damals erschöpft und ein wenig enerviert von allem: von der schlechten Aussprache meiner Schüler, von der munteren Fortschrittlichkeit meines Chefs, von den neubarocken Möbeln in meiner winzigen Wohnung und von der amerikanischen Küche. Und hauptsächlich litt ich unter Einsamkeit. Um so angenehmer berührte mich die Einladung Brendas, und wenn ich auch nicht ohne Skepsis gegenüber dem fuhr, was mich erwarten würde, so wußte ich doch mit einem Gefühl der Erleichterung, daß meine Reise mir wenigstens Veränderung und damit eine Unterbrechung meiner Einsamkeit bringen würde.
In der Tat lebte es sich sehr vorzüglich bei den Dennets. Mir zuliebe kochte man französisch, man führte mich überallhin, wo es etwas anzustaunen und zu bewundern gab, man zeigte mir die größten und ältesten Bäume der Welt, den fruchtbarsten Boden, die dicksten Seehunde, das tiefste Tal und den höchsten Berg dieses Staates der Superlative. Und nebenbei verliebte ich mich in den unwiderstehlichsten Mann, der mir je begegnet ist, in Brendas Mann, den vielbeschäftigten Architekten Allan Dennet. Die wenigen Stunden, in denen ich ihn zu Gesicht bekam, genügten, um mich in einen für mein Alter nicht nur lächerlichen und unwürdigen, sondern auch außerordentlich schmerzlichen Zustand zu versetzen. Was mir in neununddreißig Jahren mit der größten Anstrengung nicht gelang, vollzog sich hier unter der Sonne Kaliforniens mühelos und ohne eigenes Dazutun: ich brannte lichterloh, ich durchlitt — allerdings ganz für mich allein — sämtliche Phasen der Leidenschaft, und ich verzehrte

mich — unsichtbar für die Außenwelt, da ich äußerlich nicht den geringsten Schaden nahm — in einer unzeitgemäßen und absurden Liebesglut für einen Mann, der zwei Jahre jünger war als ich und dessen Frau meine beste Freundin ist. Ich machte damals mein privates Fiasko der Verspätung ganz mit mir allein ab, nachdem ich endgültig hatte erkennen müssen, daß Allan nicht in dem Sinn Augen für mich hatte, wie es die Liebe verlangt. Mit schmerzender Vertraulichkeit pflegte er mir auf die Schulter zu klopfen und »meine Alte« zu sagen, und seine evidente Zuneigung äußerte sich in einer kameradschaftlich-brüderlichen Kumpanei, die mich in meinem Zustand um so heftiger verletzen mußte.

Aber ich reiste ab ohne Groll; ich fuhr in mein College in der Erwartung einer entschärften Einsamkeit, denn meinen Gedanken hatte sich durch diese verspätete Liebe ein ganz neuartiges und für mich noch völlig unbekanntes Feld geöffnet. Es müßte nett sein, »an jemanden denken« zu können, während man mit Kollegen zusammensaß, und aufregend, sich allein über die Lektüre in Träume und Erinnerungen zu verlieren. Es wäre ein Ausweg aus der Umklammerung der Langeweile. Endlich hatte ich meine »Liebe«, meine »Leidenschaft«, wenn sie auch unbestreitbar das war, was man hoffnungslos nennt. Ich hegte keinerlei Zweifel über die Unerfüllbarkeit meiner heimlichen Wünsche und über die Absurdität meiner phantastischen Vorstellungen, die ich mir an langen Herbstabenden in meinem kleinen Zimmer machte und in die ich mich einspann. Ich umgab mich mit einem Filigran von Einbildungen und Zukunftsgemälden, an dem ich mit stillem Vergnügen weiter und weiter knüpfte, ohne doch darüber im unklaren zu sein, wie sehr ich meine Selbstachtung reduzierte, wie tief sich mein träumendes, verliebtes Ich vor dem beobachtenden, rationalistischen Ich degradierte. Ich ignorierte alles das, was mich vor mir selbst lächerlich machte: den Verstoß gegen die chronologischen Gesetze der Liebe, die Symptome des törichten Backfisches, die ich an mir wahrnahm, die Unproduktivität dieses neuen, sonderlichen Zeitvertreibs. Es genügte mir, daß meine Gedanken von Allan absorbiert waren und daß somit dem Trübsinn und der Beschäftigungslosigkeit meiner Freizeit ein Ende gesetzt war.

Für meine Umwelt blieb ich unverändert: meiner Vermieterin war ich nach wie vor die etwas schrullige Französin, die ihre touristenhaft gefärbten Meinungen über Paris und über die Pariserinnen durch mangelhaftes make-up und durch bescheidene Garderobe bedrohte und enttäuschte. Sie begnügte sich wohl allmählich mit der tröstlichen Verheißung von den Ausnahmen, ohne die keine Regel besteht.

Für meine Kollegen blieb ich die intellektuelle Freundin einiger berühmter Literaten, ja ich genoß sogar ein wenig Ansehen, gemixt aus Quartier-Latin-Romantik und Sorbonne-Ruhm. Und meine Schüler bemerkten kein Nachlassen in meinem ostentativen Abscheu vor jedem falschen Klang und keine Verminderung in der Beurteilung des Verbrechens, den Indikativ da zu gebrauchen, wo nur der Konjunktiv stehen darf. Ich machte Frühling, während alle mich mitten im Herbst wähnten, oder doch in einem temperierten Spätsommer.

Weihnachten verging zu meiner Enttäuschung ohne Einladung: die Dennets reisten nach Europa. Ich versuchte vergeblich, ihnen die Nachteile gerade einer winterlichen Reise klarzumachen; sie fuhren ab, und ich sah sie vor dem Sommer nicht wieder.

Da allerdings wurde es herrlich. Allan übertraf sich selbst in dem, was er uns bot: wieder schwamm ich im Pacific, wieder tauchte ich in die dichtesten und höchsten Wälder ein und wieder bewunderte ich Naturschutzparks und feierte Blumenorgien. Und wieder genoß ich vor allem die Nähe eines Mannes, den mir intensive Beschäftigung eines langen Jahres so nahe gebracht hatte. Ja, ich fürchtete, er möge die fundamentale Kenntnis seiner selbst in meinem in flagranti erwischten Blick erkennen. Aber er war ahnungslos und blind wie alle Männer. Ich erstaunte darüber, wie blind sie sind, wenn sie sich nichts aus der Frau

machen, die sie liebt — sie stellen sich schon dumm genug an, wenn es sich um eine amour réciproque handelt.
Eines Abends verriet mir Brenda den Grund ihrer besonderen Heiterkeit, die ich an ihr beobachtet hatte: ihre Reise nach Europa brachte ihnen die erfreuliche Gewißheit, daß sie endlich ein Kind haben konnte. Allan wünschte es sich seit Jahren, und ich erfuhr von einer Gefährdung ihrer Ehe, die in ihrer Kinderlosigkeit gelegen hatte und die mir vielleicht aus einfachem Mangel an Verständnis auch dann noch entgangen wäre, wenn ich mich wirklich um eine Chance bei Allan bemüht hätte. Jetzt würde Brenda ein Kind haben, und sie war glücklich.
Ich stand diesem blinden Fortpflanzungswillen ein bißchen verständnislos gegenüber; es erschien mir reichlich albern, nur aus Sehnsucht nach Nachkommenschaft von einem Professor zum andern zu pilgern. Ich versuchte, Allan mit einer gewissen Geringschätzung gegenüberzutreten, die ich tatsächlich empfand, aber es gelang mir nicht: daran erkannte ich den Grad meiner Verliebtheit.
Ich fürchtete, mein Alter und das ausgesprochen weibliche Leben, das ich bis zu der Begegnung mit Allan geführt habe, machten mich besonders empfänglich für seine intensive, konsequente Männlichkeit. An ihm gefiel mir, was mich früher an andren abgestoßen haben würde. Seine unsinnigsten Behauptungen und Forderungen atmeten den Geist männlichen Herrscherbewußtseins. Seine Art, sich zu kleiden, hätte ich bei jedem anderen Mann als aufdringlich extravagant und gar dandyhaft abgelehnt. Aber Allan sah ich gern in seinen engen, schneeweißen Hosen und in den hauchzarten Pullovern, in deren Ausschnitt er bunte Shawls zu tragen pflegte, und ich hegte ehrliche Bewunderung für die feinen Socken, die seine schlanken Knöchel umspannten, und für das erlesene Schuhwerk, das er trug. Er war ein wenig eitel, doch es stand ihm gut. Weil sie mir als der natürliche Ausdruck einer Selbstverständlichkeit schien, bedeutete seine Eitelkeit nichts Unwürdiges, war sie nicht eine Einbuße seiner Herrlichkeit. Ich liebte es, ihn strahlen zu sehen, zu beob-

achten, wie er sich selbstherrlich in seinem Glanze badete, wie er schritt und sprach und handelte in dem Schutz einer Sicherheit, die allein das Wissen von der eigenen Perfektion verleiht. Mich hatten Mademoiselle Clérémys Gymnastikkurse nicht so »enthemmen« und selbstbewußt machen können, wie Allan das Bewußtsein seiner eigenen kompetenten Männlichkeit.

Wieder mußte ich abreisen, und wieder war ich beladen mit Erinnerungen und neuen Eindrücken, die ich mit mir trug in mein stilles Reich einer etwas gewaltsamen Gelehrsamkeit. Ich kehrte zurück in meine vier Wände, die allzu viel Geschmacklosigkeit bargen, um in mir jeweils ein Gefühl des Zuhauseseins wecken zu können. Ich war ziemlich deprimiert nach diesen Ferien, und ich konnte nichts Rechtes mehr mit meinem absatzlosen Liebesvorrat anfangen. Ich kam zu dem Schluß, in die Wirklichkeit zurückzukehren und die Allanromantik aufzugeben.

Da kam Brendas Brief. Es war ein Brief, wie ich ihn nie von einem Menschen erwartet hätte, der mir, als ich ihn vor ein paar Wochen verließ, der zufriedenste auf der Welt zu sein schien. Er war ein Hilferuf, ein Flehen um Rat und um ein wenig Trost, und er ließ mich betäubt, zuerst ungläubig und dann fassungslos, ohne Verständnis. Allan betrog seine Frau. »Er behauptet, sie zu lieben; zum erstenmal in seinem Leben empfinde er wahre Leidenschaft, sagt er«, hieß es da. »Er brachte sie sogar mit hierher, zu einer Aussprache, wie er sagte. Sie sei sehr zart und ich solle sie schonen, trug er mir auf. Und er wünsche, daß alles im Guten geklärt werde. Aber obwohl ich doch das Kind von ihm habe, weiß ich, daß ich mit so viel Jugend und Unverschämtheit nicht konkurrieren kann.« So ging es über fünf Seiten hin. Das junge Objekt von Allans spontaner und elementarer Liebe stellte Brenda mir als Kostümzeichnerin und Bühnenbilderin vor, deren Ambitionen dem Film gehörten. Da Allan gar keine Beziehungen zum Film hatte, konnte man die Gefühle des Mädchens bedauerlicherweise nicht auf das Gleis von Ehrgeiz und Aufstiegshunger abschieben, und in Allan konnte

man nicht den Übertölpelten, Angeführten sehen. Das erschwerte das Problem.
Auf beiden Seiten bot sich das Bild einer ernstzunehmenden Leidenschaft, ernstzunehmend vor allem deshalb, weil sie absurd und nicht zu rechtfertigen und unmotiviert war, und weil sie einen Mann wie Allan überfiel. Einem von der Leidenschaft gezeichneten Allen konnte man als Frau nicht widerstehen, man mußte sich ihm ergeben und ihm folgen, wohin es auch sei. Allan brachte so viel unbewußte Eignung und Geschicklichkeit für das Geschäft des Liebens mit, daß man ihm als Äquivalent absolute Liebe und Hingabe zollen mußte. Zudem schien Allan seine Partnerin gefunden zu haben, die weibliche Frau hatte den männlichen Mann getroffen, und ihre Liebe würde nicht nur Farce sein, sondern echter Zweikampf unter Gleichwertigen.
Brenda nannte das junge Mädchen ungezähmt, nicht einmal hübsch, viel zu mager, um je den Argwohn einer jener netten, alterlosen und adretten Ehefrauen zu erwecken, zu denen Brenda gehörte. Aber sie sei sehr jung und von einer dreisten Ungeniertheit der rechtmäßigen Besitzerin Allans gegenüber, den sie »nie mehr zu lieben aufhören« könne. Die katastrophale Situation Brendas lag auf der Hand. Auch wenn sie Allan behielte, weil er sich nicht gegen Anstand und Respekt vor einer Frau verginge, die sein Kind zur Welt bringen würde, verlöre sie ihn. Und ich wußte plötzlich, daß sie ihn nie richtig besessen hatte.
Freilich erfordert es schon ein Übermaß an Größenwahn, wenn ein altjüngferliches Geschöpf, wie ich es bin, den Richter über Leute zu machen versucht, die sich auf dem Boden einer realen Praxis bewegen. Und darum hütete ich mich auch, Brenda meine Empfindungen mitzuteilen, die ihr das Gefühl eingegeben hätten, als spräche ich ihr selbst, ihr, der Ungerechtigkeit widerfuhr, die Hauptschuld zu. Ich wollte sie nicht verärgern. Ein echtempfundener Zorn auf Allan, der schließlich nicht nur Brenda, sondern auch mich selbst betrogen hatte, mich selbst und mein wunderschönes Filigran der Einbildungen, produ-

zierte einen teilnahmsvolleren Brief, als rein freundschaftliches Mitgefühl vermocht hätte.
Wir wechselten Briefe ehrlicher Empörung; sie alle waren kleine Manifeste enttäuschter und revolutionierender Weiblichkeit, gerichtet gegen diesen Prototyp »Mann«, gegen das unbekannte Wesen, das uns so ähnlich war, daß man entweder seine Menschlichkeit oder die unsrige in Frage stellen mußte. Hatten meine sowohl fragenden als auch tröstenden Briefe fast ausbeuterischen Charakter, so entbehrten die Litaneien Brendas nicht eines gewissen Neides auf mein unabhängiges und friedliches Ledigsein, den ich ihr nicht zu nehmen versuchte, mit der boshaften Freude daran, einmal im Leben um etwas, und sei es auch noch so nichtswürdig, beneidet zu werden, aber wieviel lieber hätte ich wie Brenda gelitten, als in der Sterilität meines Collegedaseins zu verharren und das Leben wie durch das Objektiv eines Fernrohrs zu beobachten. Allerdings muß ich zugeben, daß es sich recht geruhsam hinter den Palisaden einer weniger rigoros verteidigten als relativ unangefochten gebliebenen Jungfräulichkeit haust, und so sehr ich oft die Eintönigkeit meiner Existenz verabscheue, so wenig zweifle ich doch daran, daß ich mich zu gut an sie gewöhnt habe, um sie nicht doch zu vermissen, wenn ich sie je verlöre. Meine Trostbriefe an Brenda verrieten nichts von der Vielschichtigkeit meiner Gefühle, kein falscher Ton ließ auf einen gewissen Anteil an selbstsüchtiger Neugier schließen. Es waren die Briefe zweier Komplizen in einer Verschwörung gegen die brutale Macht »Mann«.
Die Weihnachtsferien rückten näher, und Brenda flehte mich an, sie nicht in Stich zu lassen: ich müsse einfach kommen. Ich ließ mich lange bitten und willigte nur zögernd ein: häßliche Taktik der Unaufrichtigkeit, aber sie schien mir notwendig. Ich wollte nicht, daß Brenda meine aus jahrelanger Einsamkeit geborende Sensationslust erkannte. Daß ich hauptsächlich aus Liebe zu Allan fuhr, hätte sie mir selbst dann nicht geglaubt, wenn ich dumm genug gewesen wäre, es ihr mitzuteilen.

An den ersten beiden Tagen bei den Dennets bekam ich Allan gar nicht zu sehen. Und dann kam schon jener Weihnachtsabend, der so theatralisch-verhängnisvoll enden sollte. Ohne die geringste Anstrengung vermag ich mich in den gediegenen Salon der Dennets zurückzuversetzen: ich sehe wieder die blauen Rauchwolken aus Allans Pfeife emporsteigen und unter dem Schein der Stehlampe zerfließen, ich glaube, das Aroma eines Allanschen Cocktails auf der Zunge zu spüren, und mein Herz klopft wie damals in einer rekonstruierten Anwesenheit dieses Mannes und der beiden Frauen, die Ansprüche auf ihn machten. Dieses äußerlich so harmonische und friedliche Bild einer gemeinsamen Weihnachtsfeier war trügerisch. Allan sollte sich nach dem Willen Brendas an diesem Abend noch entscheiden, er sollte unter den beiden Frauen wählen, die scheinbar gleichgültig in ihren Sesseln saßen und eine Konfrontierung erduldeten, die sie nur durch ihren Zustand hochgradiger Erregung rechtfertigen konnten. Es war nicht schwer zu entscheiden, wer von den beiden die meisten Chancen bei Allan hatte: sein Blick eines verwundeten Tieres bohrte sich in die wirklich bezaubernde Sally Whitebrook. Trotz ihrer Magerkeit und ihrer ein wenig verwilderten Aufmachung war sie reizvoll und von einer unamerikanischen Individualität; sie wirkte erfrischend und wohltuend in der vornehmen, ein bißchen düsteren Steifheit des Salons.
Brenda hatte ihren einzigen Vorsprung in dem Wettrennen um den eigenen Mann verloren: auch Sally erwartete ein Kind. Die Angelegenheit der Dennets hatte sich seit dem Sommer in einer Weise zugespitzt, die mir in Brendas Briefen entgangen war. Ich sah jetzt, daß Brenda manches verschwiegen hatte. Allan war im Herbst mit Sally entflohen, in irgendeinem verwunschenen Fischernest an der kanadischen Küste hatten sie ekstatische vierzehn Tage der Leidenschaft erlebt. Nach dieser Offenbarung der Liebe weigerte sich Sally noch entschiedener als zuvor, auf Allan zu verzichten. Und außerdem verschaffte ihr das Kind ein gewisses Recht auf ihn, beinah das gleiche

Recht wie das seiner Frau. Die Situation war prekär, tragisch und komisch zugleich, und es war mir klar, daß meine Rolle an diesem Abend und für die ganzen Ferien keine rein passive sein sollte. Die Bestätigung meiner Vermutung erfuhr ich von Allan selbst.
Als Brenda und ihr Gast nach oben gegangen waren und auch ich mich zurückziehen wollte, hielt Allan mich am Arm fest und bat mich, noch bei ihm zu bleiben. Er müsse unbedingt mit mir reden. Ich blieb, schwankend zwischen Ärger und Freude. Seine Liebe besaß ich nicht, ich würde für ihn niemals in dem Sinn eine Frau sein, wie ich es gewünscht hätte — so sollte mich wenigstens sein Vertrauen auf die Hilfe, die ich ihm sein könnte, trösten. Aber ich zeigte ihm nur den Ausdruck der negativen Gefühle, die seine Bitte in mir hervorrief, und mit den Anzeichen eines gutmütigen Ungehaltenseins ließ ich mich seufzend wieder in meinem Sessel nieder. Er schritt erregt auf und ab.
Ich erinnere mich noch genau an den Klang seiner Stimme, als er dann zu sprechen begann: sie war anders als sonst, beinah pathetisch, und doch wieder verwirrt und ärgerlich über sich selbst, über ihr verräterisches Unbeherrschtsein. Ich finde es immer verächtlich, wenn Männer nicht den Mut zum Bekenntnis ihrer Gefühle haben — ein Mangel, den sie bei uns Frauen aufs energischste kritisieren. Aber bei Allan gefiel mir einfach alles; ich hätte ihn auch wohl noch geliebt, wenn er schlimmere Proben von Feigheit geliefert hätte. Ich liebte alles an ihm, auch seine Unsicherheit und seine Schwäche. Ich liebte das Aufundabzucken seines Kehlkopfes, das mich an das ängstliche Flügelschlagen eines neugeborenen Vogels erinnerte. Ich liebte die Bewegung seines Unterkiefers, eine Art Malmen — sicheres Anzeichen für Nervosität bei Allan. Ich verlor mich in solche Details, während seine Erklärungen und Beschwörungen an meinem Ohr vorbeirauschten und ich nicht viel mehr von ihnen aufnahm als die Klangfärbung, das plötzliche Schwanken der Stimme, die Modulation des Tons. Allan war kein Rhetoriker und auch kein guter Komödiant. Er war bis in die letzten Tie-

fen seiner konsequenten Männlichkeit hinein ehrlich, keiner Verstellung fähig. In seiner Liebesgeschichte hatte er sich von Anfang an so ungeschickt angestellt, nur weil er so ehrlich, fast ein wenig dumm, und weil er von keiner amourösen Vergangenheit vorbelastet war. Jetzt tastete er in einem selbst verschuldeten Labyrinth unsicher wie ein Blinder nach dem Ausgang, und ich sollte ihm als Ariadnefaden dienen.
»Du bist Französin, Marcelle«, sagte er. »Ihr versteht mehr von der Liebe. Ihr habt mehr Talent dazu. Sag mir, was deine Landsleute in meiner Situation tun würden. Ich bin überzeugt, sie würden sich für die Liebe entscheiden.«
Ich schluckte die Bemerkung über mein französisches Talent für die Liebe — sein Fehlen mag wohl eine deutsche Urgroßmutter verschulden — und sagte scharf:
»Nein. Wir sind Rationalisten und keine Romantiker. Wir tun immer, was sowohl angenehm als auch vernünftig ist.«
»Aber das Angenehme ist niemals vernünftig«, rief Allan.
»Für uns eben doch«, behauptete ich starr.
Die Problematik Allans jedoch war, daß er nicht einmal mehr wußte, wo der angenehme Weg lag. Die Ankündigung eines zweiten Kindes hatte ihm das Steuer vollends aus den Händen gerissen.
»Du könntest Sallys Kind adoptieren«, schlug ich vor. »Es könnte gemeinsam mit dem andern aufwachsen.«
»Und nicht wissen, wer wirklich seine Mutter ist? Niemals wirklich geliebt werden?« brauste Allan auf. »Nein, niemals!«
Er schien mir anfängerhaft pathetisch und ein bißchen lächerlich. Er ließ sich mir gegenüber auf dem Seitenpolster eines Sessels nieder und beugte sich dicht zu mir vor. Das war beinah zu viel. Ich zündete eine Zigarette an und lehnte mich weit zurück.
»Eine andere Möglichkeit wäre, die Entscheidung zu vertagen«, sagte Allan langsam und auf einmal ruhig. »Man würde die Geburt der Kinder abwarten. Da ich mir sehr heftig ein Mädchen wünsche, würde ich zu der Frau gehören, die ein Mädchen zur Welt bringt.«

Ich lachte laut auf. Lotteriespiel mit Embryos: eine aparte Neuheit. Ich hielt dem ahnungslosen Don Juan vor, daß so viel Spannung eventuell dem Gesundheitszustand während der Schwangerschaft abträglich sein könnte und vor allem, daß es ein wenig unfair sei, sich derjenigen zu entziehen, die nicht ganz ohne seine eigene Mitwirkung »nur« mit einem Jungen gesegnet werde.
»Du bist frivol«, behauptete Allan, »frivol wie alle Franzosen.«
Er schien nicht zu bemerken, wie paradox gerade dieses Prädikat nach seinem sonderbaren Vorschlag war. Es machte mir Spaß, ihn noch mehr zu verspotten: Liebe existiert nie ganz ohne Wunsch, zu kränken und zu verletzen, und unerwiderte Liebe grenzt oft an Haß.
»Was aber geschähe, wenn beide Mädchen würden, oder beide Jungen?« fragte ich. »Man müßte die Entscheidung noch von anderen, außergeschlechtlichen Eigenschaften der Kinder abhängig machen: Haarfarbe, Statur, Intelligenz. Man müßte differenzieren...«
»Oh, sei still!« unterbrach mich Allan und sprang wieder auf. Er senkte die Stimme und fuhr feierlich fort: »Ich dachte, du wolltest mir helfen. Ich glaubte, du würdest es übernehmen, mit Brenda zu sprechen oder mit Sally, wer immer zurückstehen soll.«
Ich fürchte nichts so sehr wie Sentimentalität, weil sie mir so fern liegt, daß sie mich allein schon aus Neugierde rührt. Ich bemerkte, daß Allan so weit war, hoffnungslos sentimental zu werden. Ich sah ihn mir an, wie er mitten im Zimmer stand, hochgewachsen und schlank, sehr schön und sehr männlich, und ich brannte vor heimlicher bitterer Sehnsucht danach, in einer anderen Art von Intimität hier mit ihm vereint zu sein, als der wenig erfreulichen, die mir beschert worden war, ohne daß ich sie erbeten hatte. Es zuckte um seine Lippen, die nicht dazu erschaffen waren, vernünftige Worte zu formen, sondern deren Bestimmung es einzig schien, Verwirrung anzurichten. Seine ganze männliche Schönheit war in diesem Augenblick negativ; ihre Macht, zu beglücken, war der, zu

zerstören, erlegen. Da stand er wie ein Angeklagter, ein Verbrecher wegen einer unverschuldeten Berufung für die Leidenschaft. Nicht nur die beiden Frauen, die ihn liebten, waren seine Opfer — und ganz nebenbei auch ich — er selbst war es in hohem Maße, er war das Opfer seines eigenen, anbetungswürdigen Körpers, seiner männlichen Macht, mit der er mühelos jeden Sieg über die Weiblichkeit erringen mußte.
»Du warst schlau, Marcelle«, sagte er trostlos. »Man sollte nicht heiraten. Man kann nicht während eines winzigen Augenblickes, innerhalb der Sekunde, in der man das bedeutungsvolle »ja« spricht, für seine Unverwundbarkeit den Versuchungen eines ganzen Lebens gegenüber einstehen. Es ist eine Idiotie, eine Anmaßung, eine Überbewertung seiner eigenen Widerstandsfähigkeit, die man einfach nicht verantworten kann.«
Ich schwieg. Ich hätte ihm gern gesagt, daß ich nicht aus Schlauheit unverheiratet geblieben war, und daß die Idiotie nur die sei, jemanden zu heiraten, den man nicht genügend liebe. Aber da ich ihm hätte erklären müssen, wie kompliziert die Prüfung der eigenen Gefühlspotenz sei, schwieg ich, mehr aus Trägheit als wegen der Gewißheit, daß er doch nicht verstehen würde.
»Ich muß Sally haben«, hörte ich ihn plötzlich gepreßt, vollkommen verändert, endlich im Ton ehrlicher, verzweifelter Bestimmtheit. Ich sah auf und erschrak. Er hatte sich an den Schreibtisch gesetzt, die Ellenbogen auf die Platte gestützt und verbarg den Kopf in den Händen. Ich sah nur sein kastanienbraunes, glattes Haar in einer unbekannten, äußerst reizvollen Unordnung.
Dieser Augenblick ist vielleicht der deutlichste in meiner Erinnerung, er wird unverlierbar sein. Ein intensives Verlangen ergriff mich, aufzustehen, zu ihm hinüberzugehen und dieses Haar zu berühren, mich Allan anzubieten wie etwas, das seinen Wert ohnedies verloren hatte und das er gebrauchen und dadurch wieder wertvoll machen sollte, mit dem er nach seinem Willen verfahren konnte. Ich hatte das Gefühl, als sei der Moment meiner und vielleicht

auch seiner Erlösung gekommen: Sehnsucht und Hoffnung schaffen leicht ein Übermaß an Eigendünkel. Ich sah mich schon neben ihm, ich sah den Blick, mit dem er zu mir aufsah, geweckt von meiner imaginären Berührung, noch schwankend zwischen erstaunter Abwehr und erfreuter Annahme. Ich fühlte seinen Mund auf meinen heißen Lippen, die verrückt und sehnsüchtig und höchstens zwanzig Jahre alt waren, und ich ließ der Berührung unserer Köpfe die der Körper folgen: ich schmolz.
Natürlich blieb ich sitzen, ohne zu wissen, ob es klug oder dumm war. Ich blieb sitzen, weil ich mich geschämt hätte, zurückgewiesen zu werden, und weil ich zu ungeschickt in meiner Verliebtheit gewesen wäre, um das Streicheln seines Haares bei seinem fragenden Aufblicken auf eine rein mütterliche Gefühlsbasis zu stellen. Er hätte alles erkannt, und man wünscht nur zwischen fünfzehn und fünfundzwanzig die Offenbarung auch einer unerwiderten Liebe. Was konnte Allan zu meinem Pech, während dieser Altersspanne nicht einmal eine unglückliche Liebe erlebt zu haben? Ich hatte kein Verlangen nach Allans Quittung meiner vierzig Jahre, gegen deren Würde und Gesetze ich verstieße, wenn ich meinen jugendlichen Gefühlen gefolgt wäre, und so blieb ich sitzen und bestätigte mich auf dem Gebiet, das er mir selbst zugewiesen hatte. Ich sprach mit ihm, redete ihm gut zu, fragte und ließ ihn fragen und beantwortete. Allan blieb fest: die Liebe zu Sally sei etwas Elementares, Irrationales und Unbestechliches — er habe ihr zu folgen.
»Liebst du Brenda gar nicht mehr?« fragte ich sachlich. Je überschwänglicher er wurde, desto mehr trieb es mich zu einer prosaischen, realistischen, ein wenig rohen Fragerei.
»O doch«, widersprach er eifrig. »Ich habe ein gutes, warmes Gefühl für sie. Ein menschliches Gefühl, verstehst du, aber nichts mehr von dem, was das Fluidum zwischen Mann und Frau schafft.«
Ich verstand nur zu gut, ich kannte ja Allans »Fluidum«.
»Sally hingegen berauscht mich. Ich begehre sie in jeder Minute. Es ist etwas, das ich nicht kannte: Leidenschaft.«

Seine Stimme war ganz tief bei diesem Wort, das ich so oft auf ihn und mich bezogen hatte, und das er jetzt zum erstenmal vor mir gebrauchte: leider stand seine aktuelle Bedeutung in einem fatalen Widerspruch zu meinen Hirngespinsten.
»Ich ahnte immer, daß unserer Ehe etwas fehlte, ohne das Fehlende zu kennen. Jetzt habe ich erfahren müssen, daß Brenda mir nicht kongenial ist«, schloß er überheblich, aber er hatte vollkommen recht. Ich versank in Nachdenken darüber, daß in unserer Welt die guten, menschlichen Gefühle von den leidenschaftlichen, berauschenden besiegt werden müssen. Der Selbstvernichtungstrieb des Menschen spornt ihn an und läßt ihn nie im Stich: er braucht kein Mitleid.
Ich stand auf, ich wagte es, das Zusammensein mit einem Mann, den ich liebte, vorzeitig abzubrechen. Ich hatte das Gefühl, versagt zu haben, und ich glaubte mich zu einem kleinen Scherz als Abschluß und zur Rettung meiner Ehre verpflichtet. So heftig ich das Pathos der Leidenschaft begehrte, so strikt lehnte ich das des tröstenden Beistandes in Seelenfragen ab, zumal bei dem Gegenstand meiner Liebe. So sagte ich leichthin, während ich ihm zum Abschied die Hand reichte:
»Mein einziger Rat ist, dich zu erschießen. Ich kannte einen Franzosen, der das in einem ähnlichen Fall tat. Und es war noch nicht einmal so verzwickt bei ihm.«
Sein verstörter Blick und die Art, wie er meine Hand einfach fallen ließ, nachdem er sie angenehm fest gedrückt hatte, hätten mich aufmerksam machen sollen. Aber ich war blind und nur auf die beißende Wirkung meiner Worte bedacht.
»Für die beiden Damen wäre das das Beste«, fuhr ich fort. »Schon Kindern hilft man Streit und Eifersucht zu vermeiden, indem man den zu sehr begehrten Gegenstand ihrer Wünsche einfach beseitigt oder ihn einem Dritten, Neutralen überläßt.«
Hier hielt ich ein und beobachtete ihn. War es möglich, daß er die Anspielung nicht bemerkte? Er hatte sein Ge-

sicht abgewendet, und ich sah nur sein Profil, unscharf beleuchtet von der Lampe, und das Auf und Ab des eingesperrten Vögleins in seinem Kehlkopf. Er schluckte ein paarmal, und ich hätte mir einbilden können, daß er weinte. Aber er tat es nicht. Immer noch abgewendet, fragte er:
»Meinst du das im Ernst?«
Ich kann niemals leicht aus dem Ton des scherzhaften Spottes in den des Ernstes verfallen. So nickte ich und sagte:
»Natürlich. So eliminiert man Probleme und geht Konflikten aus dem Weg. Nach einem Jahr der Trauer, sei es um deinen Tod, sei es um deinen Abfall an eine Dritte« — Allan machte eine wegwerfende Handbewegung, die mich ernüchterte — »worum es also sei, nach einem Jahr werden sich die Feindinnen versöhnt haben, und zwei winzige neue Allans, weiblich oder männlich, ein Kind der Liebe und ein Kind des Willens, werden friedlich miteinander in deinem Garten spielen.«
»Aber die Zeitungen, die Bekannten, die neugierigen Fragesteller?«
Allans Eingehen auf meinen blasphemischen Unsinn machte mich nicht argwöhnisch.
»Da gibt es Ausreden genug«, sagte ich. »Hattest du zufällig beruflich Ärger?«
Allan überlegte.
»Nicht genügend, um einen Selbstmord zu begründen«, sagte er.
Ich dachte ein bißchen nach, mit gespieltem Ernst auf der in Falten gelegten Stirn.
»Laß nur«, wehrte ich dann all seine Bedenken ab. »Der Lärm um deinen sensationellen Tod wird verklungen sein, wenn die Kinder groß genug sind, um das Leben des Vaters zu eruieren. Die Welt vergißt rasch. Es ereignet sich zu viel, als daß alles Wichtigkeit behalten könnte.«
Ich verabschiedete mich von ihm und ging zu Bett. Ich schluckte drei Beruhigungspillen, das gleiche, was zwei Stunden zuvor Brenda und Sally getan hatten, und fand

nicht mehr genügend Zeit, mich über mein ungerechtes und hartes Schicksal, eine ungeliebte und daher sinn- und zweckentfremdete Frau zu sein, zu beklagen.
Die Tragik an Allans Tod liegt in seiner Komik. Keine von uns künstlich Eingeschläferten wurde durch den Knall seiner Pistole aufgeweckt, das Mädchen hatte Ausgang und kam erst zurück, als alles schon geschehen war. Ahnungslos ging sie an der geschlossenen Tür des Salons vorüber, die Stille des Hauses schien ihr berechtigt, nicht verdächtig und beängstigend.
Am Feiertagsmorgen bekamen wir unsere Frühstückstabletts ans Bett gebracht, hatten dem Mädchen jedoch Anweisung gegeben, erst auf unser Klingeln hin bei uns zu erscheinen. Daß Allan nicht klingelte, schien niemand erstaunlich. Brenda war es gewöhnt, daß er an Sonntagen bisweilen sogar den Lunch verschlief. Wir »weckten« ihn darum auch nicht, als wir uns zur Mahlzeit im Frühstückszimmer niederließen: sie verlief überdies ohne seine Anwesenheit komplikationsloser und weniger aufregend.
Ich vergesse Brendas Schrei nie, den sie ausstieß, als sie nach dem Essen im Salon nach Zigaretten fahndete. Ausgestreckt auf dem Teppich lag der tote Allan in einer winzigen Blutlache, über seine Stirn lief ein dunkelrotes, verkrustetes Band. Ich war erstaunt, wie wenig Blut vergossen werden mußte, um einen Mann wie Allan umzubringen. Er war noch ganz und gar er selbst, sein Körper sah nicht tot aus, und doch wäre er nie wieder zum Leben zu erwecken. Ich weiß nicht, ob Brenda und Sally so viel geweint haben wie ich.
Die Ferientage in Gesellschaft einer inquisitorischen und ungläubigen Mordkommission waren eine böse Nervenprobe für uns drei. Ich war wütend auf Allan, weil er uns in diese lächerliche theatralische Situation zwang. Ich reiste ab, sobald ich nicht mehr gebraucht wurde, und neben einem schrecklichen Schuldbewußtsein nahm ich mehr Traurigkeit mit zurück in mein College, als Brenda ahnen konnte. Es war mir egal, ob sie meine vorzeitige Abreise

für Gleichgültigkeit, Mangel an Mitgefühl oder eine Offenbarung von Egoismus hielt. Ich hatte ihr natürlich nichts von dem frivolen Ende meines letzten Gesprächs mit Allan gesagt. Auch der Polizei nicht. Wenn sie aber alle gewußt hätten, wie sehr ich ihn geliebt habe, wie verdächtig wäre ich gewesen, wie mühelos hätten sie eine Erklärung für Allans Tod gefunden. Mit dem Kummer, den ich zu schlecht verbergen konnte, würde ich meine Liebe verraten. Ich mußte weg.
Ich hatte, ohne es zu ahnen oder zu wollen, mit meinen leichtfertigen Prognosen recht gehabt: Brenda erholte sich leichter von Allans Tod als von seiner Untreue. Dieses unbegreifliche Phänomen weiblicher Gefühlsbeschaffenheit mußte ich erkennen, ob ich wollte oder nicht. Brendas Briefe wurden mehr und mehr zuversichtlich, und sie enthielten sogar eine gewisse gedämpfte Vorfreude auf das Kind, dessen Existenz sich immer deutlicher ankündigte und in dem sie, ich konnte nicht länger daran zweifeln, einen vollwertigen Ersatz für den Mann finden würde, der es gezeugt hatte. Wie ich es im Spott prophezeit hatte, erfüllte sich das Schicksal der beiden Frauen, die, als er noch lebte, unter keinen Umständen auf Allan hatten verzichten wollen. Brenda erwähnte ab und zu Sally, die einen guten, wenn auch etwas beschränkten jungen Mann gefunden hatte, der bereit war, die Vaterschaft für Allans Liebesprodukt anzutreten. Sally war illusionslos in bezug auf den Mann, aber voller Zuversicht und Freude in der Erwartung eines Lebens mit dem Kind, mit der fleischgewordenen Erinnerung an eine Liebe, auf die sie jetzt verzichten konnte, weil sie es mußte. Ich bin sicher, Allan würde über die friedliche Aufnahme, die sein Tod gefunden hatte, enttäuscht sein; aus seinem Sterben wurde Leben.
Im April erblickte Aline Dennet das Licht der Welt, zwei Monate später folgte Alice Turpin. Armer Allan, glücklicher Allan! Welchen neuen Komplikationen bist du aus dem Weg gegangen, indem du dem Impuls folgtest, den dir eine halb Verrückte eingab, die dich, so viel weiß ich

sicher, mehr liebte als die beiden Frauen, die dich umbrachten. Heute vor einem Jahr, in der gleichen Stunde, warst du mir sehr nahe und ich hätte dich beinahe geküßt. Aber ich fühlte das Gewicht jedes einzelnen meiner Jahre und besonders der, die ich älter war als du, und ich wollte nicht ausgelacht werden. Darum flüchtete ich aus der Wirrnis meiner Empfindungen in mein geliebtes Reservat der Ironie, und mein Leichtsinn tötete dich ebensosehr wie die penetrante Liebe von Brenda und Sally. Aber ich darf mich wohl damit trösten, daß meine frivolen Vorschläge nicht allein dich bestimmen konnten: wahrscheinlich lag die Pistole schon bereit und der Entschluß war schon gefaßt, als ich ihn nur noch festigte.
Ich biete ein erbarmungswürdiges Bild, wenn ich mich so zu rechtfertigen bemühe. Sollte ich nicht zufrieden sein, wenigstens *einen* Anteil am Leben eines Mannes zu haben, der mich zu lieben und zu empfinden lehrte, wie ich es Jahre der Langeweile hindurch nicht verstand: die Schuld an seinem Tod.

Erschienen 1957

Jochen Ziem

Die Klassefrau

geb. 1932

Er muß jetzt viel lernen. Er hat schon »Lohn, Preis & Profit« gelesen und Engels »Entwicklung der Familie...« und so weiter. Immer, wenn er denkt: jetzt ist der Groschen gefallen, jetzt hat er eine Erkenntnis richtig fest im Kasten, sagt Hertha: Er soll auf dem Teppich bleiben. Hertha weiß einfach mehr. Das Bildungsgefälle ist ihm unheimlich. Selbst, wenn sie gemeinsam ein Buch durchackern — Hertha ist ihm um Treppen voraus. Sie kapiert schneller und behält vor allem, was sie gelesen hat. Er hat schon Schwierigkeiten mit dem Alphabet. Wenn er im Fremdwörterlexikon ein Wort sucht, muß er das ABC von Anfang an herunterleiern, wie es ihm in der ersten Volksschulklasse eingebleut worden ist. Und wenn Hertha tröstet: Gedächtnis ist eine Sache des Trainings, geht ihm das nur auf den Magen, weil sie ihm so viele Jahre Training voraus hat.

Er muß jetzt aufholen. Er hat fünf Bände »Geschichte der deutschen Arbeiterbewegung« gekauft. Er weiß: das ist ein dicker Brocken. Er will nicht, daß sich Hertha für ihn schämt. Überall erzählt sie: Claus ist zweiundzwanzig. Dabei hat er bald sechsundzwanzig auf dem Buckel. Sie denkt: wenn sie ihn jünger macht, läßt sich seine Dämlichkeit besser verkraften.

Manchmal sagt er sich: Claus, hau alles hin! Zieh Leine! Such dir eine Puppe, die's Maul hält, die dir die Socken wäscht und die Beine breit macht. Und vielleicht hätte er wirklich längst in den Sack gehauen, wenn Hertha nicht auch im Bett unheimlich dufte wäre. Das eine hat er inzwischen gelernt: dumm fickt gut — das ist Quatsch. Und er glaubt, daß auch Hertha mit ihm ganz zufrieden ist.

Und es ist nicht wahr, daß er unsensibel wäre, wie es Hertha ihm manchmal vorwirft. Bevor er ihr seinen Schwanz reinsteckt, da massiert er sie eine halbe Stunde, da geht er jeden Muskel durch. Sie kann ihm vorwerfen, was sie will: die kommt. Und daß sie ganz ungeheuer kommt, ist einfach zu hören. Deshalb fliegt er vielleicht mal aus seiner Wohnung. Wenn er nachts um zwei mit Hertha vögelt, ist das immer so laut: Nachbarn haben schon gegen die Tür gehämmert. Aber ihn geilt das unheimlich auf. Er könnte morgens, mittags und abends mit Hertha pennen, wenn er Zeit dafür hätte.

Leider will sie nicht immer. Oft hat sie Kopfschmerzen oder Rückenschmerzen oder Bauchschmerzen oder hat, wie sie sagt, ihre Probleme. Und wenn sie ihre Probleme hat, sitzt sie von der Kinderstunde bis zu den Spätnachrichten vor der Glotze oder liegt im Bett mit der Stirn an der Wand und schreit ihn an, wenn er sie nur berührt. Er geht dann in die Küche. Aber er meint: man lebt nicht mit so einer Frau, um es sich selber machen zu müssen. Natürlich macht er's sich selber, wenn Hertha mal verreist ist. Was soll er sich erst eine Mieze abschleppen. Außerdem hat er ein gewisses Zugehörigkeitsgefühl entwickelt. Aber wenn er neben ihr liegt und denkt: nun könnte sie mal wieder, und sie kommt ihm mit ihren Problemen — das findet er schon unheimlich beschissen. Wenn sie ihm wenigstens erklären könnte, was für Probleme sie hat.

Er geht dann runter in die Eckkneipe und kippt ein Bier nach dem anderen.

Er weiß: zu Beginn ist er nur eine linke Marotte für Hertha gewesen.

Im Knast war eines Tages ein Dichter aufgetaucht und hat reichlich bescheuertes Zeug vorgelesen: daß alles Scheiße ist in dieser Gesellschaft und so. Er hat das schon als Zehnjähriger gewußt, bevor sie ihn ins Heim gesteckt haben. Seinem Vater war bei einer Keilerei in einer Kneipe das Genick gebrochen worden, und seine Alte schickte ihn durch Kaufhäuser, Lebensmittel klauen. Keiner hat begriffen, was der Dichter eigentlich wollte: ein Vierzigjäh-

riger mit geflochtenem Stirnband über langen Haaren und einem Gesicht wie ein altes, verbittertes Mädchen.
Als er entlassen worden ist, hat er den Dichter angerufen. Er hat sich gewundert, wie gierig der gewesen ist, ihn wiederzusehen. Aber neben der Cognacflasche hat ein Tonbandgerät gestanden. Er hat Lunte gerochen und klargestellt: Was er braucht, ist ein Zimmer oder eine kleine Wohnung. Und damit er ein Zimmer oder eine kleine Wohnung bekommt, will er auf Chiffreannoncen schreiben, braucht also sauber getippte Briefe, in denen was drinsteht, das Eindruck macht auf Vermieter. Verlangt er da von einem Dichter zu viel?
Der Dichter hat dreiviertel Stunde an seinem Schreibtisch gesessen und nachgedacht und geschrieben und eine Flasche Rotwein ausgetrunken. Dann hat er nach einer Hertha gerufen, die aus einem Nebenzimmer gekommen ist. Schlechtgelaunt hat sie den Briefentwurf zehnmal abgetippt und den Dichter angegiftet: sie ist, verdammt noch mal, nicht seine Tipse.
In der Wohnung ist viel Platz gewesen. Er hätte hier lieber gepennt als bei seiner Mutter. Aber die Stimmung in der Dichterwohnung hat ihm so gestunken, es roch so nach dicker Luft, daß er mit seinen zehn Briefen ganz schnell die Kurve gekratzt hat.
Eigentlich hätte er dankbar sein müssen. Schon die ersten vier Briefe, die er an die »Morgenpost« geschickt hat, haben ihm eine Wohnung in Gesundbrunnen eingebracht: ein Zimmer mit Kanonenofen und Küche mit kaputter Grude. Nichts Dolles also, aber immerhin.
Eine zweite Verabredung mit dem Dichter hat er verschwitzt. Ein paar Wochen später hat er ihn im »Zwiebelfisch« getroffen. Der Dichter hat breitbeinig vor einem Flipper geschwankt und auf die Leuchtschrift »gekippt« geglotzt und nicht begriffen, daß er schon mit Herthas Kugel spielte. Hertha hat ihren Typ vom Flipper weg auf einen Stuhl gedrückt. Dann hat sie sich ihm zugewendet und ihn aufgefordert, die Partie mit ihr zu Ende zu spielen. Er hat festgestellt, daß sie vom Hintern bis zum Ge-

sicht überall ein bißchen zu breit ist, aber unheimlich wache Augen hat. Sie hat wissen wollen, wie es ihm geht, was er so macht. Was soll er schon machen! hat er gesagt: Malochen, was sonst? Sie hat es genauer wissen wollen: Wie er heute zum Beispiel seinen Sonnabend verbringt. Mal sehen, hat er gesagt. Vielleicht noch'n bißchen joyriding. Aber das war bloß geprahlt. Er kann überhaupt nicht autofahren. Mit Autos hat er die denkbar schlechtesten Erfahrungen.

Als er noch im Heim und gerade mit der Schule fertig war, hat er mal auf einer Tankstelle arbeiten dürfen. Eine Mark haben ihm die Erzieher pro Tag gelassen. Aber pro Woche hat er an die fünfundzwanzig Mark Trinkgelder kassiert. Er hatte Zigaretten und Jungs, die ihm für ein, zwei Mark einen runterlutschten. Und was sich im Heim überhaupt keiner leisten konnte: er konnte ab und zu einen kippen. Da ist er mal übermütig geworden und hat eine Spritztour machen wollen mit einem VW, den er tagsüber gewaschen hatte. Der Wagen stand noch in der Waschanlage. Er hat aber nicht den Rückwärtsgang, sondern den zweiten Gang eingelegt und das Ding gegen die Wand gesetzt. Das hängt ihm jetzt noch nach. Ein richtiges Trauma.

Hertha hat gesagt: Bevor er ihren Wagen zum Spazierenfahren klaut, bietet sie ihm lieber freiwillig für eine Stunde den Autoschlüssel an. Er hat ihr den Schlüssel zurückgegeben und gesagt: Er ist schon zu besoffen. Schwimmen wäre jetzt besser.

Es ist eine warme Nacht gewesen. Sie sind zum Glienicker See raus und haben nackt gebadet. Auf der Wiese haben überall Paare gelegen, und es waren so aufregende Laute um sie herum: er hat vorsichtig nach Herthas Genick hingelangt. Sie ist schneller umgekippt, als er's erwartet hatte. Sie haben unheimlich geknutscht; ihr Speichel hat nach Bittermandel geschmeckt.

Er will ehrlich sein: er hat hundsgemeinen Schiß gekriegt. Er hatte bis dahin nur Miezen gehabt, die stillhalten oder sich zieren, bevor sie in Fahrt kommen, aber noch

nie eine Frau über dreißig, die so selbstverständlich zu verstehen gibt, daß sie's jetzt gemacht haben will. Er hat gekniffen und feige rumgeredet: daß es spät und kühl wird. Er hat das toll gefunden: sie hat ihm nichts übelgenommen.
Sie hat ihn zu Hause abgesetzt. Er hat ihr gesagt: in seiner Bude liegt nur eine Luftmatratze. Am nächsten Tag ist sie mit durch den Kreuzberger Trödel gezockelt, ein paar Klamotten einkaufen. Sie hat ihm Matratzen transportiert, Stühle, einen Sessel, Geschirr und anderen Schamott. Und als die Bude frisch gekälkt und eingerichtet war, ist sie mit einer Vase und Tulpen gekommen. Er hat ihr gesagt, wie unheimlich gut er sie findet und daß ihm eigentlich nur noch eines fehlt: daß er jetzt richtig gern mit ihr schlafen würde. Das ist für ihn das Größte gewesen: Hertha hat sich ausgezogen und zu ihm auf die Matratze geknallt, und es hat sofort richtig hingehauen.
Er will sich aber nicht selber anschmieren: er hat Hertha dem Dichter nicht abspenstig gemacht. Er weiß zwar, daß er ganz manierlich aussieht. Hertha gibt ihm auch zu verstehen, wie dufte sie seinen Körper findet. Er ist nicht auf den Kopf gefallen, obwohl ihm, wie gesagt, Bildung fehlt. Herthas Beziehung zu dem griesgrämigen Dichter war schon im Eimer. Hertha hat gesagt: Jeden Abend ist der Kerl besoffen, stundenlang quatscht er von der Befreiung der Arbeiterklasse, tut aber nichts dafür. Er vermutet: Hertha hat auf die erstbeste Gelegenheit zum Absprung gewartet. Diese Gelegenheit ist nun zufällig er gewesen. Und jetzt bloß keine Hirngespinste, hat er sich geraten. Werde nicht üppig. Die kommt höchstens drei, vier Mal wieder. Und als ihm Hertha nach zwei Wochen eröffnet hat: sie fährt jetzt nach Cannes in das Haus ihres geschiedenen Mannes und bleibt dort sechs Wochen, hat er gedacht: Laß fahren dahin! Daß sie ihn eingeladen hatte, mitzukommen, hat er für eine Höflichkeitsfloskel gehalten.
Einmal ist er von der Fürsorge nach Amrum ins Erholungsheim verfrachtet worden. Und einmal war er mit ei-

nem Kumpel am Lido di Jesolo zelten. Da hat er sich gesagt: Ehe er seine Keulen in diesem Fleischgroßmarkt neben andere Keulen packt und in dieser Kloake badet, bleibt er lieber am Wannsee. Das sind seine Reiseerfahrungen gewesen.
Sie sind durch die Provence gekurvt und über die Seealpen: eine irre heiße Landschaft. Und Hertha: eine irre gute Autofahrerin! Er hat sich immer gefragt: Was soll er von sich halten!? Soll er sich auf die Schulter klopfen? Ist er ein ganz toller Vogel? Oder ist er bloß ein abgeschleppter Penner, ein billiger Aushilfsschwanz?
Weniger als das, hat er gedacht, als er das Haus in Cannes gesehen hat. Das war für ganz andere Schwänze gebaut. Und er hatte immer gemeint: weißgekalkte Wände — das ist die letzte Armeleute-Behausung. Das Gebälk war schwarz gestrichen. Auch die Möbel nur schwarz und weiß: Segeltuch, Felle, Kunststoff oder altes, blankgescheuertes Holz. Und dann erst die Küche! Und der Garten mit Blick auf das Meer!
Dann hat Hertha eingekauft: zunächst Gewürze, weil ein Mensch, wie Hertha sagt, ohne Gewürze überhaupt nicht fressen kann, Gewürze, von denen er noch nie gehört hatte: Rosmarin, Basilikum, Salbei, Oregano, Estragon, Kerbel, Thymian, Safran, Ingwer, Beifuß, Lorbeer. Er hat zu Hause nur Salz und staubigen Pfeffer kennengelernt. Und wenn es Salat gegeben hat, wurden die Blätter in Essigtunke geschmissen und mit Zucker überstreut. Aber Hertha! Sie verrührt Öl und Estragonsenf, Zitrone, Salz, Pfeffer und eine Prise Zucker, Knoblauch und gewiegte frische Kräuter zu einer Sauce. Vorher wäscht sie die Salatblätter, opfert extra ein Handtuch, um sie wieder abzutrocknen, damit sie knackig bleiben. Ein Spritzer Tabasco dazu, sagt sie, ist das Geheimrezept von Orson Welles.
Sie hat gesagt: er soll nicht durchdrehen. Er soll nicht alles anhimmeln. Schließlich gehört dieser Bunker einem ganz miesen Typ, der seine Moneten durch ganz feiges, angepaßtes Verhalten zusammengekratzt hat: Werbung — wenn das nicht der letzte Dreck ist! Was diese Typen zu-

sammenbringen, darf man nicht anstaunen, das muß man benutzen, ausnutzen.
Er hat sie nicht verstanden.
Er ist die ersten Tage von Fenster zu Fenster, von Sessel zu Sessel gelaufen, hat alles ausprobiert, jede Ecke der Terrasse, des Gartens: immer wieder neue Ausblicke. Er ist fast verrückt geworden. Hertha hat ihn schließlich zurechtgestaucht: er soll sich, verdammt noch mal, nicht wie ein Schrebergärtner aufführen, der zum ersten Mal einen englischen Park durchquert. Dem das alles gehört: das ist der letzte Arsch! und er hat sich das Haus verdient durch Arschkriecherei!
Da hat er zurückgebrüllt: schließlich ist sie zehn Jahre mit diesem Arsch verheiratet gewesen und hat ihm dieses Haus mit aufgebaut und eingerichtet und hat hier jahrelang den Sommer über faul herumgelungert. Sie muß sich wohl ein bißchen wohlgefühlt haben, muß ein bißchen glücklich gewesen sein mit diesem Arsch und ihrem eigenen, im eigenen Côte d'Azur-Garten gebräunten Arsch!
Nie ist sie glücklich gewesen! hat Hertha geschrien. Ausgenützt hat sie dieser Arsch, solange ihr Körper ihn geil gemacht hat. Dann hat er eine andere gehabt, hat es aber geschickt verheimlicht und sie angestiftet, fremdzugehen, weil man angeblich fremdgehen muß, um seine Unabhängigkeit zu beweisen, um eine junge Ehe jung und spannend zu erhalten. Das hat sie getan, und da hat der Arsch behauptet: das hält er nicht aus, er geht kaputt, er hat sich geirrt. Er hat geflennt und sich scheiden lassen, und sie hat noch immer nicht gewußt, daß er längst eine andere hat. Achthundert Mark zahlt er ihr jetzt im Monat und verdient inzwischen das Zehnfache.
Hertha hatte sich in Wut geredet und mit Rotwein vollgetankt und hat die letzte halbe Flasche gegen eine Wand gedonnert. Die Wand hat versaut und bekackt ausgesehen. Er hat einen Schwamm geholt und die Wand abgewaschen und gesagt: von ihm würde Hertha nicht einen Pfennig bekommen, wenn sie sich in seinem Haus so beknackt aufführen würde.

Hertha hat erst höhnisch gelacht: was er zusammenraffen kann, ist höchstens eine Laube in Staaken. Dann hat er von ihr zum ersten Mal das Wort »Primitiver« gehört. Er ist sicher: er hätte sie windelweich gedroschen, wenn sie nicht gleichzeitig angefangen hätte, zu heulen. Eine heulende Frau kann er nicht schlagen. Er hat sie ins Bett verfrachtet.
Die nächsten zwei Tage haben sie gefressen, gevögelt, im Meer geschwommen und nur das Nötigste geredet. Als sie so richtig abgeschlafft waren, hat sie begonnen, in seinem Kopf herumzupopeln, hat die merkwürdigsten Fragen gestellt: ob er organisiert ist, wie es mit seinem Klassenbewußtsein steht, wie er sich die Mobilisierung der breiten Massen vorstellt, was er und seine Kollegen von Ausbeutung und Konsumterror halten — eine Latte von aufdringlichen Fragen. Er hat sich gesagt: Die Alte spinnt, die hat nicht mehr alle Töpfe im Schrank, hockt in einer Luxusscheune und kommt ihm mit Ausbeutung und Klassenkampf. Er hat gefragt: wieso sie das überhaupt kratzt und wer ihr das eingeimpft hat. — Martin, hat sie gesagt, ihr geschiedener Mann. Der hat auch mal anders geredet, bevor er in der Werbung versackt ist. — Soll sie doch froh sein, daß Martin versumpft ist, hat er gesagt, wenn für sie aus diesem Sumpf noch so viel herauskommt. — Nein, sie läßt sich nicht einwickeln, hat Hertha gesagt. — Er hat geantwortet: soll sie doch die Klappe dicht machen. Er findet sie sehr bequem und attraktiv eingewickelt.
Er hat gehofft, daß dieses Thema damit den Bach herunter ist. Aber Hertha hat weitergepuhlt: am Strand von Nice, im Picasso-Museum von Antibes, im Leger-Museum, in der Töpferstadt Vallauris, bei Spaziergängen durch Grasse. Er will ganz offen sein: es hat ihn beleidigt, daß Hertha gerade ihn zwischen Oliven, Zypressen, Feigen und irren antiken Klötzen mit diesem Kram verunsichern wollte. Das hat ihn an den Tick seiner Oma erinnert: die mußte vor jeder Katze anhalten und miez-miez-miez machen. Das hat die Viecher aber nicht beeindruckt,

sie sind einfach weggerannt, und seine Oma hat nichts daraus gelernt.
Trotzdem, irgendwann hat es dann doch bei ihm getickt. Er hat sich eingestehen müssen: Sein Vater ist ein richtiger Prolet gewesen. Selbst wenn er inzwischen durch Heim und Knast gewitzter ist: ihm ist, wie Hertha sagt, auf der relativ gleichen Entwicklungsstufe der Aufstieg vernagelt. Er hat sich unheimlich belämmert gefühlt: vor sich das Mittelmeer und im Rücken diesen edlen Schuppen.
Er hat zu Hertha gesagt: Die vierzehn Tage sind um, sein Urlaub zu Ende. Er will von seiner Firma nicht vor die Tür gesetzt werden. Er trampt zurück. Da hat sie ihn noch einmal angeschrien: sie hat sein Gehirn nicht deshalb strapaziert, damit er sich jetzt wie ein Kleinbürger aufführt. Was kümmert ihn sein Scheißbetrieb! Gibt es nicht genügend andere? Muß er sich verantwortlich fühlen für etwas, das ihm nicht gehört?
Er hat geantwortet: er kann die Urlaubsordnung nicht vom Mittelmeer aus ändern. Außerdem muß ein anderer Kollege auf Urlaub verzichten, solange er fortbleibt. Und schließlich: seine Kasse ist leer. Er will sich nicht von einer Frau aushalten lassen, die von ihrem geschiedenen Mann ausgehalten wird.
Er hat Lyon mit vier Wagen an einem Tag geschafft und abends in dem Café gesessen, in dem ihm Hertha seinen ersten französischen Pernod spendiert hatte. Er hat sich eine deutsche Zeitung gekauft. Da ist ein freundlicher Alter an seinen Tisch gekommen und hat gefragt: Was ist denn in Deutschland so los zur Zeit? — Keine Ahnung, hat er geantwortet. Er war seit zwei Wochen nicht mehr zu Hause. — Der Alte hat gesagt: er war schon siebenunddreißig Jahre nicht mehr zu Hause. Und hat gefragt: wie es einem jungen Deutschen heute in Frankreich gefällt. — Na, phantastisch, hat er gesagt. Am liebsten würde er bleiben. — Nichts leichter als das, hat der Alte behauptet. Er braucht sich nur mal umzusehen.
Gegenüber am Tisch hat eine Schachtel gesessen, bemalt und gepudert, von oben bis unten mit Klunkern behängt.

Wenn er sich an die ranmachen würde ..., hat der Alte gesagt. Auf diese Weise sind schon viele in Frankreich hängengeblieben. — Nee, hat er geantwortet. Die ist ihm zu aufgetakelt und zu wurmstichig. Die riecht ja schon. Dann lieber die Junge rechts von ihr.
Er hat das ungeniert laut gesagt, weil er dachte, hier versteht ihn niemand. Aber die Junge, ein unheimlich duftes Mädchen mit roten Haaren und blauen Augen, hat ihn angesehen und gelächelt. Sie hatte ihn sehr gut verstanden; ihre Großeltern leben in Dresden. Er ist gleich an ihren Tisch rübergeschlittert. Eine Stunde später lag er schon in ihrem Zimmer, ist drei Tage geblieben, ist mit Odile auch aufs Land zu Verwandten rausgefahren: da wurde Geburtstag gefeiert mit Freßgelage im Garten. Alle saßen an einem riesigen Holztisch. Und er hat sich wieder unheimlich den Bauch vollgeschlagen, gesoffen und gefickt. Und als er weiterreisen wollte und Odile bettelte, noch zu bleiben, hat er sich an Herthas Sätze erinnert: Ist er doch bloß ein Spießer, ein Krämer, der den Hut zieht vor einem Scheißhaufen?
Er hat Odile um 30 Franc angepumpt und ihr seine Adresse dagelassen, aber Hertha nicht erwähnt.
Er hat damals in der Auslieferung einer Messingrohr-Großhandelsfirma gearbeitet. Bald nach seinem Urlaub ist ein Neuer eingestellt worden, den er von der Plötze her kannte: Rüdiger Kanold, ein harmloser Irrer, der in Neukölln gekascht worden war, als er Gasherde kontrollierte und hier und da ein paar lumpige Markstücke mitgehen ließ. Sie haben sich gefragt: Warum kauft der Boß eine bucklige Sekretärin und tattrige Alte ein oder Typen, die so link sind wie Rüdiger und er? Lauter traurige Existenzen sind in der Firma rumgekrochen, alle die Hosen voll, den Job zu verlieren. Bangemann & Söhne hat er den Laden getauft. Keiner in der Gewerkschaft, keiner eine Ahnung von Tarifen. Und jeder bereit, dem Boß nach Feierabend für ein Trinkgeld oder ein freundliches Händeschütteln einen Gefallen zu tun.
Dann hat Hertha aus Cannes geschrieben, daß sie bald

kommt, ist aber doch noch neun Wochen geblieben. Eines Sonntags stand sie mittags vor der Tür mit Stranddisteln und einem Busch Rosmarin. Er hat gedacht: Eine Klassefrau! Sie hat nach Sonnenöl und Hitze gerochen. Er ist neben ihrer Bräune abgestunken wie ein Stück Schafskäse. Der Dichter hatte sie in Cannes besucht, hat sie erzählt. Aber nur fünf Tage. Dann hat sie ihn rausgeschmissen. Jetzt hat ihr der Dichter zum schnellstmöglichen Termin gekündigt. Da hat er Hertha vorgeschlagen: soll sie doch zu ihm ziehen. Für den Übergang wenigstens. Es ist doch hirnrissig, eine neue Bude unter Zeitdruck zu mieten. Er ist sich sehr kühn dabei vorgekommen und völlig verdattert gewesen, als Hertha zugestimmt hat.
Am Abend hat er sich total besoffen und nicht gewußt, macht er das vor Schreck oder Glück.
Hertha ist am nächsten Tag mit zwei Koffern und einer Schreibmaschine bei ihm eingezogen. Sie hat alle Nacktfotos von der Wand genommen und eine echte Ikone und eine Zeichnung von Horst Janssen aufgehängt. Beim Fernmeldeamt hat sie einen Telefonanschluß beantragt. Für ein paar Sekunden ist ihm ganz gehässig die Frage durchs Gehirn geschlichen: ist sie überhaupt eine Klassefrau, für die er sie hält? Hat sie es nötig, bei ihm unterzukriechen?
Im Kleiderschrank hat sie unter seinem Krempel einen blauen Sonntagsanzug, Strickkrawatten und spitze schwarze Halbschuhe entdeckt. Sie hat das auf die Dielen geschmissen und gesagt: das ist wohl nicht dein Ernst. Er hat es geschluckt und die Lumpen ohne zu mucken in den Mülleimer gestopft. In der Küche hat sie eine Batterie von Gewürzgläsern aufgestellt und dann gesagt: jetzt entwirft sie erst mal ein Kulturprogramm für ihn.
Er war bis dahin nie im Theater gewesen. Er will nicht mal sagen, daß ihn Theater angeödet hätte. Bloß: seine Kragenweite ist das nicht. Diese Tanten rechts und links! Und dieses sachverständige Gehabe, auch in dem Theater, von dem Hertha behauptet, es ist ganz links. Dann lieber Film. Bei ihm sind die Groschen gefallen wie aus einem Spiel-

automaten, wenns klingelt: daß man nicht auf Spannung, sondern auf Inhalt und Aussage und den Namen des Regisseurs achten muß, weil man dann besser vergleichen kann.
Sie sind jeden Abend bis zwölf, halb eins durch die Stadt getrabt. Immer wieder sind sie auf Bekannte von Hertha getroffen, und er hat manchmal mitquatschen wollen, aber Herthas Mundkisten angesehen, daß es vielleicht besser ist, zunächst die Schnauze zu halten, obwohl ihn einige ermuntert haben, zu reden. Besonders Almut, die Exfrau von Herthas Dichter, die jetzt mit einem Maler liiert ist, hat sich ganz offen und natürlich mit ihm unterhalten. Hertha hat gesagt: Er soll still sein, die wollen doch bloß einen Affen tanzen sehen. Er hat das nicht empfunden. Sie haben auch zu Haus diskutiert, sind selten vor drei ins Bett. Aber um sechs mußte er mit scheppernder Rübe wieder raus. Hertha hat zwar Kaffee gekocht, und wenn sie's verpennt hatten, ihn mit dem Wagen zum Betrieb gefahren, aber sie konnte ja in die Federn zurückkriechen, noch ein paar Stunden runterratzen und anschließend schwimmen gehen. Abends war sie aufgekratzt und unternehmungslustig, wenn er wie zerdroschen in die Kissen gefallen ist. Manchmal hat er gestreikt und ist liegengeblieben. Hertha hat gesagt: Müder Typ — und ist allein losgezogen. Das hat ihm auch nicht gepaßt.
Sie haben immer öfters den Wecker überhört. Sein Boß hat ihn zweimal verwarnt. Dann, er hatte wieder krankgefeiert, ist er dem Alten in der Lietzenburger Straße vor den Bauch gelaufen, war blau und irre fröhlich und hat dem Dicken auf die Schulter geklopft und gesagt: Man ist doch bloß einmal jung.
Am nächsten Morgen hat's die Papiere gegeben.
Er weinte der Klitsche nicht nach. Ihm hat an diesem Rausschmiß nur der Zeitpunkt gestunken. Rüdiger und er waren zur Gewerkschaft hingegangen, hatten dann heimlich im Betrieb agitiert und Mitglieder geworben und wollten bald die erste Betriebsgewerkschaftsversammlung einberufen. Hertha hatte zwar dazu gesagt: Naja, nicht

schlecht. Aber was soll's!? Dieser müde Verein ist so systemkonform, der verändert doch nichts.
Es hat ihn sehr deprimiert, wie einfach es ist, ihn unter den Teppich zu kehren. Er weiß genau: Es bringt nicht viel, wenn ein Frühkapitalist auf den Stand der heutigen Zeit geboxt wird. Er hatte Hertha zugestimmt: Grundsätzlich ist damit gar nichts verändert. Aber dem Erfolgserlebnis, das er und ein paar Kollegen gehabt hätten, dem trauert er nach.
Er hat sich erst mal ausgepennt. Hertha hat gesagt: ihre 800 Mark werden schon reichen. Sie haben aber nicht gereicht. Er hat mit Hertha immer gut gespachtelt und gebechert und viel für Kino und Kneipen ausgegeben. Da hat Hertha beschlossen: sie muß nach Frankfurt zu ihrem geschiedenen Mann und ihm mehr Mäuse aus der Tasche leiern. Ihm ist das zuerst übel aufgestoßen. Aber schließlich ist ihm dieser Martin völlig schnuppe. Wenn der, wie Hertha sagt, Menschen nur ausbeutet: Warum soll er nicht selber angezapft werden.
Hertha ist morgens um sieben gefahren. Um acht hat er sich schon einsam und unruhig gefühlt. So ein Schwachsinn! hat er sich gesagt, ihr wird es genauso gehen. Er ist zur Avus raus und hinter ihr hergetrampt. Um sechs ist er in Frankfurt gewesen. Hertha hatte ihm die Telefonnummer von Freunden dagelassen, bei denen sie übernachten wollte. Erst war ein Mann am Apparat, dann Hertha mit heiterer Stimme: Nee, nee, er soll sich gar keine Sorgen machen. Alles läuft prächtig. Sie geht jetzt zu Martin und wird ihn nach Kräften auswringen.
Er hat ihr nicht gesagt, daß er in Frankfurt ist.
Martins Adresse hat er im Telefonbuch gefunden: ein Villenviertel, viel Grün. Im Garten wurde eine Party gefeiert. Von einem Grill roch es nach Steaks. Er ist im Dunkeln über den Zaun gehechtet und in ein Gebüsch gekrochen. Er weiß wirklich nicht, was für ein kranker Hund ihn da gebissen hatte. Er konnte sich vorstellen: es gibt die letzte Blamage, wenn er entdeckt wird. Er ist mit eiskalter Muffe hocken geblieben und hat die Leute angestiert:

zwanzig bis dreißig vielleicht, die meisten kaum zu erkennen, weil die tiefstehenden Lampen wenig Licht gegeben haben. Einige saßen oder standen um den Gartengrill. Hertha hat mit einem kräftigen blonden Kerl etwas abseits im Gras gekauert. Später hat sie mit ihm getanzt und sich an seinen Hals geklammert; der Kerl hat sie mehrmals, aber reichlich lässig geknutscht.

Er hat nicht hören können, was gesprochen wurde. Durch einige Zurufe hat er Martin ausmachen können. Er hatte vermutet, daß Martin angefettet und etwas widerlich aussehen müßte; das war aber nicht der Fall. Martin ist ein Typ, wie er auf Tennisplätzen rumspringt; auch mit fünfzig wird er noch jugendlich und drahtig wirken. Neben ihm stand ein Mädchen, das eine hübsche, gerade erwachsene Schwester von Hertha hätte sein können. Hertha ist doppelt so dick wie das Mädchen gewesen. Überhaupt ist Hertha zwischen diesen Leuten etwas plump und ungeschickt herumgewandert. Öfters auch allein, als würden die Partygäste sie schneiden, als wäre sie eine Fremde in diesem Kreis. Für ein paar Minuten hat er Mitleid gefühlt, wollte am liebsten zu ihr hin und mit ihr weg. Aber dann hat sie wieder diesem blonden Kerl am Hals gehangen und sich knutschen lassen, während sie tanzten. Er hatte plötzlich das Bedürfnis, dieses lachende, quatschende und saufende Gesocks mit einem Vorschlaghammer in den Rasen zu rammen.

Später ist ein Mann in seine Nähe gekommen und hat ins Gebüsch gepinkelt. Er hat sich gesagt: Das ist die Zeit, in der sie bald alle pissen müssen und zu faul sein werden, aufs Klo zu gehen. Er hat sich verdünnisiert und ist stundenlang durch die Stadt zur Autobahn rausgetippelt.

Hertha ist nach einer Woche abgeschlafft und schlechtgelaunt zurückgekommen. Er hat gepflaumt: ihr Frankfurter Beschäler muß ja ein toller Rammler gewesen sein, wenn sie so ausgelaugt ist. — Sie kann mit ihrem Körper machen, was sie will, hat Hertha patzig erklärt. Er soll sie mit seiner schmierigen Fantasie verschonen. Sie hat ganz andere Sorgen: Martin will wieder heiraten und nur noch

ein halbes Jahr lang zahlen. Martin, dieser Arsch, hat gesagt: sie soll sich um Arbeit kümmern.
Zuerst ist er unheimlich geplättet gewesen, wie knallhart sie einen Seitensprung zugibt. Aber dann ist ihm ganz wohlig geworden: ohne Rente ist sie genausoviel wert wie er. Endlich muß sie ran. Sie soll gleich heute anfangen zu arbeiten, hat er gesagt. Wozu besitzt sie eine Schreibmaschine? Schließlich hat sie doch früher mal in den Journalismus reingerochen. Also los! Hertha hat gemault: Alle Zeitungen, die zahlen können, sind revisionistisch oder reaktionär. Da ist ihm die Suppe hochgekommen: wer zahlt denn ihm den Lohn? Etwa ein sozialistischer Betrieb? Muß er seine Arbeitskraft nicht auch an den Meistbietenden verscherbeln? Darf er sich vielleicht nach der Gesinnung des Chefs erkundigen?
Er hat ihr einen Studenten angeschleppt, der eine Diplomarbeit abgeschrieben haben wollte. Nach zehn Seiten hat der Student das Manuskript wieder mitgenommen: zu viele Tippfehler, zu unsauber geschrieben, Hertha hat rumgebrüllt: sie ist keine Sekretärin. Ihre eigenen Artikel hat sie immer mit zwei Fingern zusammengestochert.
Dann haben sie an einer Litfaßsäule gelesen: Das Rote Kreuz sucht Frauen für einen Hilfsschwester-Lehrgang. Wie ist es damit? hat er gefragt. Hat sie da auch ideologische Bedenken?
Hertha hat sich angemeldet. Zum ersten Mal mußten sie morgens zur gleichen Zeit aus dem Haus. Er hatte wieder ein Auslieferungslager übernommen: sanitäre Installationen. Abends hatte Hertha ein Heftchen voller neuer Vokabeln: Sputum, Karziom, Dekubitus und so weiter. Ihr ist dauernd schlecht geworden. Nach ihrem ersten Praktikumstag ist sie mehlweiß nach Hause gekommen, hatte Atembeklemmungen und wollte nie wieder ins Krankenhaus. Morgens waren ihr die Spucknäpfe und Pißpötte von Sechzig- bis Siebzigjährigen angedient worden. Die mußte sie durchrühren und auswaschen. Mittags hatte ihr eine junge Vollschwester eine abgeschnittene, krebszerfressene Brust in einer Schüssel in die Hand gedrückt und

sie gebeten, den Kadaver ein paar Stockwerke tiefer zum Chefarzt zu tragen.
Hertha hat sich zusammengerissen und ist Flure im Krankenhaus auf und ab gerast, hat Pißpötte geleert, Ärsche geputzt, Fußnägel beschnitten und alte Rücken mit Franzbranntwein massiert. Er hat voller Bewunderung gedacht: Sie ist eben doch eine Klassefrau!
Aber dann ist nachts um halb zwei ein Anruf aus München gekommen: sie wird in Sylt als Regieassistentin gebraucht. Hertha hat geschluchzt und ihn abgeküßt vor Glück. Sie hat das Krankenhaus-Praktikum hingeschmissen und ist abgereist.
Nach fünf Tagen war sie wieder da, kleinlaut und mürrisch. Die ganze Jungfilmerei ist nichts als des Kaisers neue Kleider, hat sie gesagt. In ihrer Handtasche hat er einen Vertrag gefunden: unter der Rubrik »Beschäftigt als . . .« hat »Skriptgirl« gestanden. Das hat sie wohl nicht richtig hingekriegt.
Und dann hat sie tagelang nur in die Glotze gestiert, hat nicht eingekauft, nicht aufgeräumt, war schon am frühen Abend blau und hat sich nicht anfassen lassen. Einmal hat er leise angefragt: soll er ihr jetzt vielleicht die Scheiße vom Hintern wischen und sie füttern?
Dann ist ein Telegramm von Odile gekommen: Eintreffe Montag Friedrichstraße 16 Uhr. Er hat zu Hertha gesagt: er hat bei Odile gegessen, getrunken, geschlafen und ist von ihrer Familie freundschaftlich aufgenommen worden. Er würde es ehrlich gut finden, wenn sich Hertha für ein paar Tage verkrümelt. Schließlich kann auch er mit seinem Körper machen, was er will.
Hertha hat ein paar Kleidungsstücke in ihren Koffer geschmissen und ist zu ihrer Freundin Almut abgerauscht. Er hat groß eingekauft und für Odile gekocht: Rührer mit Schnittlauch, Steak auf Toast mit Ananas, Apfelsinensalat und Camembert. Dann sind sie ins Bett. Er ist gerade bei seiner zweiten Nummer gewesen, da hat Hertha angerufen: in zehn Minuten steht sie unten vor der Haustür und wartet auf ihn. Er hat sich bei Odile entschuldigt: na-

türlich ist er nicht mehr unbeweibt. Er muß sich jetzt um seine Alte kümmern. Den Wohnungsschlüssel hat er selbstverständlich von innen stecken lassen.
Hertha hat ihn zu Almuts Wohnung gefahren. Er hat gleich seine dritte Nummer geschafft. Hertha ist weich und anschmiegsam gewesen wie lange nicht mehr. Danach hat sie sich erkundigt, wie er sich fühlt. Na, wahnsinnig dufte, hat er gesagt, einsame Spitze. Sie hat gesagt: so erfolgreich hat er sich noch nie fühlen dürfen, wie? Tagsüber Klosettbecken verladen und nachts Don Giovanni persönlich. Genauso abgeschmackt hat sie sich Spießersex immer vorgestellt: Wenn der Schwanz steht, steht der Mann, und wenn er noch so krumm liegt.
Er hätte ihr ein paar in die Fresse hauen können. Aber er hat sich gebremst und sich das durch den Kopf gehen lassen und schließlich gedacht: diese Frau hat doch ein irres Format. Inzwischen hat er sich solche Zicken wie mit Odile abgeschminkt. Er muß einfach dazugewinnen. Er will endlich mehr sein als Herthas Primitiver. Gestern zum Beispiel sind sie auf einer Hochzeit gewesen. Almut hat ihren Maler geheiratet. Ihr Vater ist Prokurist in einer Düsseldorfer Senffabrik und hatte einen Festsaal gemietet, hat eine fürstliche Tafel herrichten lassen: haufenweise Blumen und silberne Kerzenhalter und vier verschiedene Kristallgläser vor jedem Gedeck. Alle haben diesen Aufwand albern gefunden, aber die Schnauze gehalten, damit der reiche Macker bei Laune bleibt und weil Almut alle angebettelt hatte, friedlich zu sein. Sie hatte gehofft, daß ihr zum Höhepunkt des Festes der Alte einen Scheck für einen neuen Wagen überreicht. Der Brautvater, wie er sich selber nannte, hat aber nur eine Rede geschwungen, um die Gäste miteinander bekannt zu machen, hat über jeden was Blumiges salbadert.
Über ihn hat er gesagt, er ist ein Mann der Arbeit, ein Mensch, der das, was er schafft, mit eigenen Händen erschafft: Wen wundert es noch, gerade solch einem Menschen in diesem Kreise zu begegnen. Die Zeiten haben sich, gottlob, geändert. Die Jugend hat es früher wahrge-

nommen als das Alter und hat sich mit denen verbündet, die die Grundsteine legen für gemeinsamen Wohlstand, für gemeinsamen Fortschritt. Dann hat der Brautvater eine Pause eingelegt und jeden angeblickt, als wolle er jetzt um außergewöhnliche Andacht bitten. Deshalb, hat der Brautvater weiter gesagt, soll der Mann der Arbeit hier in diesem Kreis der Kunst, des Intellekts, der Wirtschaft besonders herzlich willkommen geheißen werden.
Er hat zu Hertha gesagt: Diese Arschgeige braucht ihren Neger. Laß ihn, sonst fühlt er sich nicht weiß genug. Mit solchen Figuren kann man nicht an diesem Ort abrechnen. Hertha hat ihn geküßt und beteuert: wenn er so selbstbewußt und vernünftig ist, liebt sie ihn sehr. Er hat gedacht: bei dieser Frau bleibt er ewig, da hat er eine geistige Gemeinschaft.
Kurz nach Mitternacht ist die ganze Meute ohne die Alten in eine normale Pinte umgezogen. Als er und Hertha eingetroffen sind, hat es plötzlich geheißen: Ah! Hertha ist jetzt auch gekommen. Alle haben gesagt: Hertha ist jetzt auch da. Er hat sich gefragt: Was soll das? Es hat so geklungen, als hätte hier jeder mal mit Hertha gepennt, als wäre Hertha überhaupt der Mittelpunkt. Er hat sich irgendwo hingepflanzt, mit den Handkanten auf den Tisch getrommelt und dabei das Gefühl gehabt, er müßte allen, die gerufen hatten, Hertha ist da, einen Schlag ins Genick geben. Er hat sich vollgetankt, ist vor die Tür gewankt, hat eine Viertelstunde in der Kälte gestanden, ist dann wieder rein und hat Hertha aufgefordert, ihn nach Hause zu fahren.
Sie haben sich noch in der Nacht versöhnt. Warum sitzt er jetzt trotzdem in seiner Stammkneipe und säuft wieder und redet und redet? Warum spürt er jetzt einen Widerstand, sich zu Hertha ins Bett zu legen?
Sie ist seit heute mittag gewaltig obenauf. Sie hat erfahren, daß sie auch ohne Abitur auf die Sozialakademie darf und als Geschiedene sogar ein Stipendium bekommt. Er traut der Sache noch nicht ganz und weiß nicht, ob sie's

durchstehen wird. Immerhin: In drei, vier Jahren könnte sie wer sein. Und er?
Er hat sich besser gefühlt, als er noch nachts mit einem Kumpel durch die Straßen getigert ist und Autos ausgeräumt hat. Und sie haben ganz schön abgesahnt: Kameras, Kofferradios, Handtaschen. Er hätte auch keinen Schiß, wieder in den Knast zu kommen. Das ist nicht der Grund, weshalb er die Finger von diesem Geschäft läßt. Nein. Aber wenn er nicht endlich dazugewinnt, stinkt er bald völlig neben Hertha ab. Deshalb hat er sich für Fortbildungskurse in historischem und dialektischem Materialismus angemeldet. Er ist schon zweimal dort gewesen. Da haben ganz dufte Mädchen herumgesessen. Die haben reichlich unausgeschlafen gewirkt, und er hat gedacht: Was müssen die gevögelt haben. Dann haben sie berichtet, wo sie die Nacht über Plakate geklebt und Flugblätter verteilt haben. Das hat ihn beeindruckt. Er will endlich zu einer Gruppe gehören. Er möchte auch mal, daß Leute rufen: Claus ist da! Claus ist jetzt auch gekommen! Er kann eben nicht, wie Hertha, plötzlich auf eine Akademie. Das ist für ihn in dieser Gesellschaft nicht drin. Das ist, und wenn es Hertha noch so sehr bestreitet, eine Gesellschaft, die für sie gemacht ist. Das hat ihm Hertha beigebracht und weiß es nicht einmal. Er findet es komisch, wie undialektisch sie da ist. Trotzdem hat er Angst: wenn er jetzt lernt, diese Gesellschaft genauer als bisher zu sehen — kann es da nicht sein, daß er eines Tages auch Hertha mit anderen Augen sieht?
Heute könnte er sich vor Wut in die Kaldaunen treten, daß er gestern dem Brautvater nicht sofort die Schau versaut hat. Der scheinheilige Sack hat ihn als progressives Alibi mißbraucht. Er hätte dem Alten den Rehrücken vor die Füße klatschen und ihm die Glatze mit dem Lachs garnieren sollen. Er hätte Almut und alle anderen, die sich im »Zwiebelfisch«, im »Bundeseck« und auf Demonstrationen so umstürzlerisch gebärden, fragen müssen, warum sie plötzlich so brave Gesichter ziehen und so wohlerzogen flöten, wenn der blechende Papi die Szene überwacht.

Ihm fällt die Nacht ein, in der Hertha im Haus ihres Geschiedenen die Rotweinflasche an der weißen Wand zerschlagen hat: Warum ist sie gestern nicht so mutig gewesen? Weil es unanständig ist, einen alten Herrn, der nichts dafür kann, daß er reaktionär ist, in einem Festsaal zu verschrecken? Hertha hätte sicher eleganter argumentiert, hätte Rosa Luxemburg zitiert: Anarchistische Einzelaktionen sind Rechnungen ohne den Wirt. Aber wer sagte eigentlich, daß er die Rechnung mit dem Wirt machen will?
Er wird jetzt viel lernen müssen. Er hofft nur, daß er sich morgen noch daran erinnert, wenn er wieder nüchtern ist.

Erschienen 1974

Peter Härtling

Der wiederholte Unfall oder die Fortsetzung eines Unglücks

geb. 1933

Erwin Quenzer hatte, in einer Anwandlung von Großzügigkeit, seiner Frau für den Abend versprochen, sie zum Italiener auszuführen, sobald sie die Kinder zu Bett gebracht habe, sie würden die beste Pizza essen, einen Valpolicella trinken, sie war erstaunt gewesen, so ohne jeden Anlaß und mitten in der Woche, hatte ihn geküßt, er war unsicher geworden, konnte die Einladung jedoch nicht mehr zurücknehmen, hatte die Haustür, noch immer zögernd, zugezogen, sich fragend, weshalb er auf diesen Unsinn gekommen sei, der Italiener ist zwar nicht teuer, aber zu zweit, und ist man angeregt, summiert es sich.
Er dachte auf dem Weg zum Büro schon lange nicht mehr an die Arbeit, allenfalls an den einen oder anderen Kollegen, der ihn geärgert hatte. Er würde, schmissen sie ihn nicht hinaus, nicht mehr wechseln, er hatte sich eingerichtet in einer Art von agiler Gleichgültigkeit, schrieb die Public-Relations-Texte, die seine Agentur von ihm wünschte, über Trockenrasierer und High-Fidelity-Anlagen, doch er hatte keine Angst mehr wie zu Beginn, empfand die Spannung nicht mehr, die oft nächtelang auf sein Gewissen gedrückt hatte.
Quenzer lief in das Auto hinein. Er hörte noch, ehe er mit einem Schlag gegen das Schienbein niedergerissen, weggeschleift wurde, warnende Schreie, die er nicht auf sich bezogen hatte, und die, als er im Krankenhaus wach wurde, sein Gedächtnis ausfüllten, Echos vom Echo. Den Stimmen derer, die sich in einem milden Licht über ihn beugten, gelang es eine Weile nicht, diesen Wall zu durchbrechen; die erinnerten Warnrufe hatten ihn taub werden lassen.

Er lag regungslos in Gips und Bandagen.
Die Schreie in seinem Kopf wurden allmählich leiser, wie Vogelgezwitscher. Irene besuchte ihn oft, manchmal mit den beiden Kindern. Sie strengten ihn an.
Da ihn jedes Wort schmerzte, das Reden ihm auch verboten war — am schlimmsten ist der Schädelbruch, Herr Quenzer — schloß er, um sie abzuweisen, die Augen. Irene schien es jedoch als Zeichen der Zärtlichkeit auszulegen und blieb oft länger, als es ihr erlaubt war.
Später besuchten ihn auch Kollegen aus der Agentur, bemühten sich, ihn zu unterhalten, erzählten von neuen Werbeaktionen, und welchen Erfolg seine Texte für die neue Kaffeemaschine hätten. Er reagierte freundlich, gleichmütig, und sie hatten, wie Irene, den Eindruck, sein Zustand bessere sich rasch. Aber er puppte sich ein.
Irene schien allmählich zu merken, daß er seinen Klinikaufenthalt zu verlängern versuchte. Ihre Aufmunterungen drängten ihn noch mehr in die Reserve. Der Trott der letzten Jahre, die Karriererempeleien in der Firma, der Bau des Bungalows und die, wenngleich gedämpften Ansprüche Irenes hatten ihn müde gemacht. Er fürchtete sich, dies alles, und ohne jegliche Veränderung, von neuem beginnen zu müssen.
Doktor Wieland, der Stationsarzt, hatte offenkundig Quenzers Manöver durchschaut, er drängte gleichwohl, zu dessen Verwunderung, nicht, vielmehr untersuchte er ihn immer wieder gründlich mit professioneller Freundlichkeit, führte ihn dem Internisten vor, ließ ihn röntgen. Die gebrochenen Rippen seien im Grunde eine Bagatelle, gewiß, zu Beginn ziemlich schmerzhaft, doch jetzt werde er wahrscheinlich nichts mehr spüren, es sei denn, er bewege sich ungeschickt. Mit dem Schädelbruch hingegen sei nicht zu spaßen. Also sei es vernünftiger, man behalte ihn noch eine Woche hier, die Rekonvaleszenz beobachtend.
Er hatte überhaupt keine Lust, seine alte Tätigkeit wiederaufzunehmen.
Doktor Wieland sagte ihm, Irene dränge nun auf Entlas-

sung. Er könne sich ohne weiteres noch ein oder zwei Wochen zu Hause erholen, die Kasse habe dagegen nichts einzuwenden, und der Garten ersetze geradezu eine Sommerfrische. Die Ärzte bestanden auf einer »ausführlichen Abschlußuntersuchung«.
Er hätte mißtrauisch werden können, er, mit seiner Anlage zur Hypochondrie, zum Selbstmitleid; doch die Genugtuung, ohne Schmerzen, gewissermaßen als Kurgast, noch einige Tage ungestört zu bleiben, schützte ihn.
Der Aufwand an Apparaturen beeindruckte ihn ebenso wie die Aufmerksamkeit der Ärzte, der leitende Internist, ein korpulenter, etwas schweratmiger Mann, nahm sich seiner besonders an. Er hatte eine Art, Fragen zu stellen, die Quenzer verwirrte: sie hörten sich beiläufig an und waren so mühelos zu beantworten, daß er nach den Untersuchungen meist nicht mehr wußte, wovon die Rede gewesen war. Erst später, wieder zu Hause, entsann er sich einiger dieser schwebenden Fragen: Ob er denn schon seit langem heiser sei? Und dieser eigentümliche Husten? Er sei zweifellos ein starker Raucher? Ob der Reiz häufig wiederkehre? Oder ein kleiner Schmerz, nicht stark, kaum lästig?
Nach dem Unfall war er ein Patient unter anderen gewesen; jetzt, genesen und ohne Schmerz, schien er, aus unerfindlichem Grund, interessant geworden zu sein.
Der Professor wolle vor seiner Entlassung mit ihm reden. Er saß mit Irene im Park der Klinik, sie erzählte Schulgeschichten der beiden Mädchen. Wir brauchen dich schon, Erwin, sagte sie.
Am Dienstag komme er ja nun.
Er könne sich gar nicht vorstellen, wieder im Büro zu sitzen, zu arbeiten, mit irgendwelchen Leuten zu verhandeln. Irene redete auf ihn ein, als wolle sie seine Gedanken wegschwätzen: Du wirst doch; du brauchst nicht; wenn wir vier; aber wir werden schon aufpassen; wenn ich es mir so überlege; die Kinder haben sich vorgenommen; ich bitte dich, Erwin.
Doktor Wieland begleitete ihn zu dem Professor. Er hatte

den kleinen Koffer schon gepackt, den Kaffee an die Schwestern verteilt und das Krankenblatt hing nicht mehr am Bett; die Oberschwester bat ihn, das Zimmer »nicht mehr zu gebrauchen«.
Der Husten. Wie das mit dem Husten sei?
Mein Lieber, also mit dem Rauchen ist nichts mehr.
Er fragte, ob es sich um eine Unfallfolge handle.
Ach wo, er müsse das Ganze nicht allzu schwer nehmen.
Ganz zufällig sind wir darauf gestoßen, sagte Doktor Wieland.
Der Professor bestätigte ihn.
Nur der Husten. Sie erklären nichts, reden, überhören seine Fragen. Sie trösten ihn wegen eines Leidens, das offenbar vorhanden ist, aber auch wieder nicht, das in Andeutungen aufgeht, sich in vagen Wortketten auflöst.
Eine Nachkur sei notwendig.
Er fühle keine Beschwerden mehr. Ich möchte mit meiner Arbeit beginnen, sagt er nachdrücklich und wundert sich, denn noch vor einer halben Stunde hätte er das Gegenteil gewünscht.
Und Bestrahlungen seien notwendig, fügt der Professor hinzu.
Ja, sagt Doktor Wieland.
Aber wieso, diese paar Brüche?
Darum gehe es längst nicht mehr.
Nicht schwierig, ein wenig anstrengend, erklärt der Professor, Kobalt, aber nicht weiter schlimm. Ach, Sie wissen das ja, man liest da allerhand.
Er antwortet nicht mehr, und er merkt nicht, daß die beiden Ärzte ebenfalls schweigen. Ein paar Wörter wurden in seinem Gedächtnis immer lauter. Husten. Nachkur. Bestrahlung. Kobalt.
Der Professor fragte mehrfach: Nun? Nun?
Quenzer sagte: Also Krebs.
Und löste wiederum einen sinnlosen Redeschwall aus.
Der Professor machte Anstalten, sich zu verabschieden, doch Quenzer, durch die Einsicht wieder krank geworden, Opfer eines zweiten, weitaus gefährlicheren Unfalls,

bestand auf dem Wort, ließ Umschreibungen nicht mehr zu.
Die Bestrahlungen sind, belehrte Wieland, in nicht wenigen Fällen erfolgreich gewesen.
Krebs? fragte Quenzer.
Der Professor murmelte einige lateinische Wörter, ging zu dem Aktenschrank und begann in einer Akte zu blättern.
Wo? fragte Quenzer. An der Lunge, in den Bronchien, im Hals?
Am Kehlkopf, korrigierte Wieland sehr leise.
Das war die Auskunft, auf die er gewartet hatte. Von nun an hörte er nicht mehr zu, war auch nicht imstande, Gedanken zu fassen, wußte freilich — also war es doch ein Moment der Erleuchtung —, daß er nichts mehr so annehmen könne, wie es gewesen war.
Sie überreichten ihm, mehr befangen als er — es sei ungewöhnlich, daß ein Patient die behandelnden Ärzte derart zu einer Information erpresse — einen Packen Papier, Überweisungen an den Kurarzt, den Hausarzt, Terminlisten für die folgenden Bestrahlungen.
Ich wünsche, daß Sie meiner Frau nichts sagen. Er überraschte sie mit seiner Bitte.
Das sei ungewöhnlich.
Er sehe nicht ein, daß seine Familie schon jetzt — die Bestrahlungen könnten doch erfolgreich sein — beunruhigt werde; außerdem müsse er in dieser ungewöhnlichen Situation erst einmal mit sich selbst ins reine kommen.
Die Ärzte versprachen ihm, zumindest für einige Zeit, seine Frau aus dem Spiel zu lassen.
Er wiederholte im Wagen, neben Irene sitzend, mehrfach den Satz: »Aus dem Spiel lassen.«
Er sei, weil er so lange allein gelegen habe, ein wenig wunderlich geworden, sagte sie.
Nein, er wundere sich nur, wie gedankenlos und frivol Sprache manchmal sein könne.
Die beiden Mädchen hatten gewartet, liefen ihm durch den Vorgarten entgegen, umarmten ihn, und ihm kamen,

gegen seinen Vorsatz, alles auf Distanz zu halten, die Tränen. Er habe ihnen nichts mitgebracht; aber er sei ja auch nicht von einer Reise zurückgekommen.
Am späten Nachmittag machten sie einen Spaziergang durch die Siedlung, er begrüßte Bekannte, bestätigte jedes Mal, daß es ihm ausgezeichnet gehe, und es wurde ihm gesagt, er sehe ordentlich erholt aus. Die Mädchen gingen ihm nicht von den Händen; Irene sah ihn manchmal von der Seite an; er spürte ihre Unsicherheit.
Auf der Terrasse, am Abend, beriet er mit Irene den Ablauf der kommenden Wochen; sie müsse sich, des Geldes wegen, nicht beunruhigen; die Versicherung werde die Lasten tragen, außerdem habe sich die Agentur bislang kulant gezeigt.
Er sagte: Ich werde das regeln. Er sagte es gewissermaßen abschließend. Im Büro merkte er, daß man sich mit seiner Abwesenheit abgefunden hatte; sie behandelten ihn als Gast und ihre unkonzentrierte Freundlichkeit ärgerte ihn. Er ging, nachdem er in der Buchhaltung die ärztlichen Papiere abgegeben hatte.
Die Entfernung zwischen ihm und dem, was er gewesen war, nahm mit einer ihn erschreckenden Geschwindigkeit zu. Er redete sich ein, es seien die psychischen Erscheinungen seiner Krankheit, nicht aber die Auswüchse einer Gleichgültigkeit, die ihm ohnehin eignete.
Manches sah er anders als zuvor: zum Beispiel den Zierahorn, den er vor einigen Jahren gepflanzt hatte, dessen Blattwerk sich ausbreitete und seltsam faserige Schatten warf; oder daß er, auf dem Steingeviert vor dem Schlafzimmer liegend, Wolken beobachtete und sich erinnerte, als Junge Wolkengeschichten erfunden zu haben, endlose kindische Metamorphosen; oder einige Gesten Irenes, an die er sich gewöhnt hatte und die ihm nun wieder aufreizend, sogar unangenehm vorkamen.
Fortwährend kontrollierte er seinen Husten, hielt ihn mitunter zurück, kämpfte gegen den Reiz an, schluckte und würgte; versuchte, Schmerz auszumachen, horchte auf die eigene Stimme — so redete er manchmal ohne Sinn —,

ob sie heiserer werde, ihre Kraft abnehme. Er hatte wieder zu rauchen begonnen.

Es rührte ihn, wenn die Mädchen ihn mit Zärtlichkeit aus seiner Strenge zu lösen versuchten, er streichelte sie, versprach ihnen dieses und jenes, ging mit ihnen Eis essen und empfand eine Zuneigung, die ihn derart schmerzte, daß er sich, noch vor der Abreise in das Sanatorium, auch von den Kindern zurückzog. Sie legten sich das als Folgen des Unfalls aus. Er werde sich mit der Zeit wandeln, wieder »der Alte« werden.

Irene brachte ihn zur Bahn, beschwerte sich, als er sich aus dem Fenster beugte und sie anlächelte, über sein katastrophales Desinteresse. Eigentlich bin ich froh, daß du zur Kur fährst.

Mit einem Kleinbus wurden er und zwei weitere Männer, die allerdings um einiges älter und kränklicher wirkten als er, von der Station abgeholt. Der Fahrer wies ihnen stumm die Plätze zu, stapelte wortlos die Koffer. Zu einer Unterhaltung kam es auch während der Fahrt durch die Wälder und menschenleeren Wiesen der Hochebene nicht.

Mehrfach mußte er husten; die beiden Mitreisenden schauten ihn flüchtig an; er nahm an, sie würden über seine Krankheit nachdenken. Es war ihnen nicht anzusehen, wo es in ihnen wucherte.

Das Sanatorium war wie eine Kaserne geführt, auf Disziplin und Anpassung wurde Wert gelegt; der Chefarzt war der Meinung, gäbe es nicht ein hartes Reglement, geriete, bei den unterdrückten Wünschen von dreihundert männlichen und weiblichen Todeskandidaten, alles aus den Fugen. Das Männerhaus war von dem der Frauen ohnedies geschieden, treffen durfte man sich nur zwischen vier und fünf nachmittags, falls man nicht mit Massagen, Bädern oder ähnlichem beschäftigt war.

Quenzer schickte sich. Er hatte ein Einzelzimmer zur Verfügung, wagte nicht zu fragen, weshalb gerade er so bevorzugt worden sei. Die Schwestern waren freundlich neutral, hielten sich an die Sanatoriums-Ordnung. All-

mählich jedoch, nach einer Woche betäubender Müdigkeit, begann er sich zu widersetzen.
Irene schilderte er in ausführlichen Briefen die Details der Tagesläufe, und er begriff während der Niederschrift, wie systematisch der Patient auf seine Krankheit zurückgedrängt wurde; ein Leben ohne die Verpflichtung, wieder ein gesundes und tätiges Mitglied der Gesellschaft zu werden, war nicht erlaubt. Alle jene, die sich ergeben ihrer Krankheit widmeten, fanden in der Ordnung einen Sinn.
Er hatte auf einem Spaziergang mit einer jüngeren Frau ein Gespräch begonnen, einer zarten Person mit dem Schmelz des Gebrechens, und sie hatten, was zum Patientenritual gehörte, sich gegenseitig über ihre Krankheit informiert. Bei ihr handle es sich, wie sie sagte, um eine bislang kaum erforschte, doch wohl gutartige Verknorpelung an der Wirbelsäule. Sie verwendete, wie viele andere, die Bezeichnung »gutartig« als eine Verheißung. Ihre naiv aufgerissenen, durch dunkel-schimmernde Lidschatten wirkungsvoll gerahmten Augen entzückten ihn: Mädchenblicke, die er vergessen hatte, die er als Märchenbotschaften nur noch aus den Illustrierten kannte. Sie heiße Hilde Kaden und arbeite als Technische Assistentin in einem chemischen Labor, das letzte Vierteljahr allerdings habe sie in Kliniken verbracht und müsse sich nun hier auskurieren.
Auf eine Liebesgeschichte war er nicht vorbereitet. Zwar hatte er in den letzten Jahren ab und zu von Passionen geträumt, wilden, jeglichen Rahmen sprengenden Lieben, hatte mit Kolleginnen geflirtet, doch im Grunde wäre er nie bereit und auch nicht stark genug gewesen, Irene, die Kinder und das Haus aufzugeben. Er hatte nichts aufs Spiel setzen wollen. Und die Krankheit hatte solche Phantasien ausgeschlossen. Hilde überrumpelte ihn. Er wußte, es würde keine Vorgeschichte geben, keine zärtliche Einübung. Und sie war anders als Irene; sie attackierte, gab ihre Lust zu erkennen, ließ sich nicht nur demütig mitspielen.
Er wünschte sich, diese Wendung hätte es vor zwanzig

Jahren gegeben. Im Sanatorium begann man zu tuscheln, und als Quenzer einige Male nicht, wie angeordnet, zum Mittagessen erschien, sich sogar aufs Zimmer servieren ließ, ohne Erlaubnis mit ihr ins Kino fuhr, war abzusehen, daß der Chefarzt ihn bestellen und so gewunden wie entschieden Vorschriften machen würde.
Er mußte Hilde nicht überreden gemeinsam auszubrechen, die Festung verordneter Genesung zu verlassen, ohne entlassen zu sein. Für sie würde es ein Abenteuer sein, eine Unterbrechung der Siechenmonotonie, für ihn eine erste und letzte Flucht, zumindest der Versuch, wieder zu empfinden, Leben zusammenfassen zu können.
Sie packten, ohne ihr Vorhaben zu tarnen. Hilde, die weniger behelligt worden war als Quenzer, fuhr mit ihrem Auto, das sie bereits zwei Tage vorher aus der Garage geholt hatte, vor die Pforte des Männerhauses, hupte zweimal, frech jede Aufmerksamkeit auf sich ziehend — es liefen auch sofort spazierengehende Rekonvaleszenten zusammen —, Quenzer verließ, zwei schwere Koffer schleppend unter Applaus und Kopfschütteln einiger Männer sein Zimmer und wurde, was ihn nicht überraschte, im Entree von dem Chefarzt abgefangen, der vor Erregung nicht imstande war, zusammenhängend zu sprechen. Was da geschehe? Was er vorhabe? Ob er nachgedacht habe? Er sei kein Lausejunge mehr. Erwachsen. Familienvater. Ich habe es mir reiflich überlegt, erwiderte Quenzer. Er solle ihn vorbeilassen, die Koffer seien schwer.
Haben Sie an Ihre Frau gedacht, Herr Quenzer?
Ich habe an alles gedacht, Herr Doktor. Ich danke Ihnen für die Pflege.
Quenzer schob den Mann mit einem Koffer einfach zur Seite, eilte zum Wagen, schob das Gepäck mühsam in den Kofferraum, setzte sich neben Hilde, die es nicht unterlassen konnte, ein weiteres Mal zu hupen; er herrschte sie an, fahr schon, ich bitte dich, fahr los.
Sie nahmen in einer Pension in Mannheim zwei Zimmer. Erst nach zwei Wochen teilte er Irene die Adresse mit. Sie schrieb ihm, der Arzt habe sie unterrichtet, sie könne ihn

nicht verstehen, auch nicht, weshalb er »die Krankheit« verschwiegen habe. Er habe sich in eine Lage manövriert, die für alle unerträglich sei. Aber sie wolle ihm keine Vorwürfe machen und auf ihn warten.
Irenes Ruhe irritierte ihn. Es wäre ihm lieber gewesen, sie hätte hysterisch reagiert.
Hilde sagte er nichts von diesem Brief. Sie lebten, spielend vor einer unausgesprochenen Angst, in den Tag, gingen spazieren, sahen sich Filme an, saßen in Cafés, liebten sich, bestätigten sich unausgesetzt ihre Liebe. Quenzer ließ sich in kleinen Mengen Geld überweisen, sparsam, und jedes Mal dachte er an Irene, die Kinder, ob es ihnen auch ausreiche.
Hildes Rückenschmerzen nahmen zu. Es kam vor, daß sie nächtelang wach lag. Erst redete er auf sie ein, doch sie verhöhnte seine Zärtlichkeit und puppte sich ein. So verengte sich der Raum, den sie für eine neu gewonnene Freiheit gehalten hatten, immer mehr. Nur ließen sie, obwohl sie es sich im Streit androhten, nicht voneinander ab.
Er kontrollierte seinen Zustand nicht mehr. Die würgenden Hustenanfälle häuften sich und aus dem Reiz im Hals war ein konstanter Schmerz geworden. Manchmal bereitete ihm das Sprechen Mühe.
Sie fuhren, um sich abzulenken, in den Schwarzwald und ins Elsaß, unterhielten sich mit fremden Leuten, aßen und tranken gut, lauter Henkersmahlzeiten, wie er sagte, aber das Gefühl, das sie zueinandergetrieben hatte, redeten sie sich jetzt ein. Er drängte sie, einen Arzt aufzusuchen.
Irene schrieb ihm, er solle nicht aus Trotz oder Stolz fortbleiben. Sie werde ihm nichts vorwerfen.
Hilde verschwand, ohne sich zu verabschieden. Er war in der Stadt gewesen, hatte einige Besorgungen gemacht und bemerkt, daß ihr Wagen nicht, wie sonst immer, vor der Pension stand. Er wußte, daß sie fort sei, und war nicht verletzt, packte vielmehr eilig seine Sachen, schlug nach, wann ein geeigneter Zug fahre, beglich die Rechnung und verließ die Pension ohne Erinnerung an eine Flucht, mit der er den Rest seines Lebens hatte retten wollen.

Irene hatte ihn nicht erwartet, aber sie zeigte sich nicht überrascht. Die Kinder dämpften ihre Freude, was ihn betrübte. Sie gingen schonend mit ihm um, vermieden es, laut zu sein, behandelten ihn wie einen heiklen Gast. Er ging regelmäßig zu den Bestrahlungen. Die Ärzte hatten ihm deutlich erklärt, daß zwei Monate ohne Behandlung schlecht wettzumachen seien. Er meinte, sein Schlund wachse allmählich zu.
Abends sperrte er sich in seinem Zimmer ein, studierte, immer von neuem, die Versicherungspolicen, rechnete, nicht ohne Zufriedenheit, was Irene und den Kindern bleiben würde.
Die Unterhaltungen, die er und Irene führten, wurden kürzer, lakonischer. Er verlor alle Empfindung, und wenn er Bücher anlas, fragte er sich, ob er dieses oder jenes Gefühl je gekannt habe. Daß man so leben könne, wunderte ihn. Er entschloß sich, es zu beenden. Es würde sich, hoffte er, der Unfall, mit dem alles Unglück begann, wiederholen lassen.
Er stand am Randstein, neben anderen Leuten, und sah den Omnibus in rascher Fahrt kommen. Mit einem Satz sprang er ihm entgegen, wurde hingeworfen, mitgerissenen und blieb liegen. Er sei auf der Stelle tot gewesen.

Erschienen 1975

Reiner Kunze

Fünfzehn

geb. 1933

Sie trägt einen Rock, den kann man nicht beschreiben, denn schon ein einziges Wort wäre zu lang. Ihr Schal dagegen ähnelt einer Doppelschleppe: lässig um den Hals geworfen, fällt er in ganzer Breite über Schienbein und Wade. (Am liebsten hätte sie einen Schal, an dem mindestens drei Großmütter zweieinhalb Jahre gestrickt haben — eine Art Niagara-Fall aus Wolle. Ich glaube, von einem solchen Schal würde sie behaupten, daß er genau ihrem Lebensgefühl entspricht. Doch wer hat vor zweieinhalb Jahren wissen können, daß solche Schals heute Mode sein würden.) Zum Schal trägt sie Tennisschuhe, auf denen sich jeder ihrer Freunde und jede ihrer Freundinnen unterschrieben haben. Sie ist fünfzehn Jahre alt und gibt nichts auf die Meinung uralter Leute — das sind alles Leute über dreißig.
Könnte einer von ihnen sie verstehen, selbst wenn er sich bemühen würde? Ich bin über dreißig.
Wenn sie Musik hört, vibrieren noch im übernächsten Zimmer die Türfüllungen. Ich weiß, diese Lautstärke bedeutet für sie Lustgewinn. Teilbefriedigung ihres Bedürfnisses nach Protest. Überschallverdrängung unangenehmer logischer Schlüsse. Trance. Dennoch ertappe ich mich immer wieder bei einer Kurzschlußreaktion: Ich spüre plötzlich den Drang in mir, sie zu bitten, das Radio leiser zu stellen. Wie also könnte ich sie verstehen — bei diesem Nervensystem?
Noch hinderlicher ist die Neigung, allzu hochragende Gedanken erden zu wollen.
Auf den Möbeln ihres Zimmers flockt der Staub. Unter ihrem Bett wallt er. Dazwischen liegen Haarklemmen, ein

Taschenspiegel, Knautschlacklederreste, Schnellhefter, Apfelstiele, ein Plastikbeutel mit der Aufschrift »Der Duft der großen weiten Welt«, angelesene und übereinandergestülpte Bücher (Hesse, Karl May, Hölderlin), Jeans mit in sich gekehrten Hosenbeinen, halb- und dreiviertelgewendete Pullover, Strumpfhosen, Nylon und in Gebrauch befindliche Taschentücher. (Die Ausläufer dieser Hügellandschaft erstrecken sich bis ins Bad und in die Küche.)
Ich weiß: Sie will sich nicht den Nichtigkeiten des Lebens ausliefern. Sie fürchtet die Einengung des Blicks, des Geistes. Sie fürchtet die Abstumpfung der Seele durch Wiederholung. Außerdem wägt sie die Tätigkeiten gegeneinander ab nach dem Maß an Unlustgefühlen, das mit ihnen verbunden sein könnte, und betrachtet es als Ausdruck persönlicher Freiheit, die unlustintensiveren zu ignorieren. Doch nicht nur, daß ich ab und zu heimlich ihr Zimmer wische, um ihre Mutter vor Herzkrämpfen zu bewahren — ich muß mich auch der Versuchung erwehren, diese Nichtigkeiten ins Blickfeld zu rücken und auf die Ausbildung innerer Zwänge hinzuwirken. Einmal bin ich dieser Versuchung erlegen.
Sie ekelt sich schrecklich vor Spinnen. Also sagte ich: »Unter deinem Bett waren zwei Spinnennester.«
Ihre mit lila Augentusche nachgedunkelten Lider verschwanden hinter den hervortretenden Augäpfeln, und sie begann »Iix! Ääx! Uh!« zu rufen, so daß ihre Englischlehrerin, wäre sie zugegen gewesen, von so viel Kehlkopfknacklauten — englisch »glottal stops« — ohnmächtig geworden wäre. »Und warum bauen die ihre Nester gerade bei mir unterm Bett?«
»Dort werden sie nicht oft gestört.« Direktor wollte ich nicht werden, und sie ist intelligent.
Am Abend hatte sie ihr inneres Gleichgewicht wiedergewonnen. Im Bett liegend, machte sie einen fast überlegenen Eindruck. Ihre Hausschuhe standen auf dem Klavier. »Die stelle ich jetzt immer dorthin«, sagte sie. »Damit keine Spinnen hineinkriechen können.«
(Nachbemerkung: Um Klagen gekränkter Eltern vorzu-

beugen, hat der Verfasser die Ich-Form gewählt. Sie berechtigt nicht zu Rückschlüssen auf seine Familie. Überdies wären sie unbegründet. Im Zimmer seiner Tochter gibt es kein Klavier.)

Erschienen 1976

Herbert Rosendorfer

Die Karriere des Florenzo Waldweibel-Hostelli

geb. 1934

Da die Anfänge der Laufbahn des heute weltberühmten Komponisten Florenzo Waldweibel-Hostelli absichtlich im dunkeln gehalten werden, ist nicht auszumachen — im Grunde genommen ist es auch gleichgültig —, wer als erster von den beiden in das Haus Annenstraße 14 eingezogen ist: Florenzo Waldweibel-Hostelli (damals noch Chemielaborant und ziemlich glückloser Schriftsteller) oder Erich Sagasser, der Pianist. Ob man in dem Zusammenhang und in Anbetracht dessen, wozu das alles geführt hat, von *Schuld* oder *Dank* und von *Glück* oder *Unglück* sprechen soll, lasse ich dahingestellt, nicht zuletzt, weil mir eine fachliche Würdigung der kompositorischen Werke Waldweibels (von denen damals noch nicht einmal in Ahnungen die Rede sein konnte) fernliegt. Fest steht jedenfalls, daß die jeweils aus nur einem Zimmer bestehenden Wohnungen Sagassers und Waldweibels nebeneinander im gleichen Stockwerk lagen. Ich glaube nicht, daß Waldweibel selber — selbst wenn er nicht mehr als jeder andere besorgt wäre, seine Anfänge zu verschleiern — die Stunde oder wenigstens den Tag anzugeben vermöchte, an dem *es* eigentlich anfing. Wie alle Dinge, ob groß oder klein, war *es* auf einmal da, ein Faktum, gewoben aus tausend Gründen im Bewußten und Unbewußten, die, wie alles, die Ahnenkette ihrer Kausalitäten wenigstens theoretisch bis auf den Urgrund unseres kosmogonischen Weltenstrudels zurückführen konnten: der Pianist Erich Sagasser übte. Er hatte einen bescheidenen, nichtsdestoweniger ermunternden Preis bekommen. Er bereitete sich auf einen Klavierabend vor, den er beim Volksbildungsverband geben sollte; überhaupt war er jung, fleißig und

strebsam, und als ein solcher Pianist übte er eben. Er übte vormittags, er übte nachmittags, gelegentlich übte er abends. Als der Tag seines Konzerts näherrückte, übte er auch am Wochenende. Er spielte lange und komplizierte Tonleitern, um seine Finger geschmeidig zu halten. Er spielte sehr laute Oktavenparallelen, um Kraft in den Gelenken zu bekommen. Er übte säuselnde, elegische, hüpfende oder donnernde Etüden. Er spielte Bach, Schubert und Chopin. Er spielte Brahms, Skrjabin und Bartók. Er übte gelegentlich ein und dieselbe, vermutlich schwierige Stelle hundertmal hintereinander. Zur Erholung spielte er manchmal eine Sonate von Mozart. Hie und da kam ein Kollege, mit dem spielte er dann vierhändig.
Das alles wäre für Waldweibel-Hostelli kaum von Bedeutung gewesen, wenn die Töne nicht die dünnen Wände des Hauses Annenstraße 14 durchdrungen hätten. Zwar störte Waldweibel das vor- und nachmittägliche Üben seines Nachbarn nicht, denn um diese Zeit arbeitete Waldweibel an den Wochentagen in den unfreundlichen Räumen der Firma Dr. Harland & Dr. Filchner KG und ärgerte sich, daß er — anstatt lyrische Gedichte zu schreiben — irgendwelches Pulver mischen und in Flaschen abfüllen mußte. Gegen das abendliche Üben aber verwahrte sich Waldweibel in einer schriftlichen Beschwerde an die Hausverwaltung. Die Beschwerde war erfolglos, denn Sagasser hielt sich streng an die Hausordnung, soweit sie die Musikbetätigung der Inwohner reglementierte (im übrigen selbstverständlich auch, denn Sagasser hielt weder einen Leoparden noch ein Bordell, auch klopfte er seinen Teppich nie vor sechs Uhr in der Früh).
Es ist schwer zu entscheiden, ob ein musikalischer oder ein unmusikalischer Mensch mehr unter fremden pianistischem Üben leidet. Dem schmalen Genuß, der sich dem musikalischen Zwangshörer gelegentlich bietet, steht der oft lebenslange Schaden gegenüber, der ihm dadurch zugefügt wird, daß eine einzige Passage aus einem schönen und großen Werk bis zum Wahnsinn wiederholt wird, so daß der musikalische Nachbar später schon beim ersten

Ton dieses Werkes Krämpfe bekommt und bedauernd das unschuldige Werk aus dem Kreis seiner möglichen Kunsterlebnisse streichen muß. Demgegenüber empfindet der unmusikalische Nachbar — letztlich doch wohl milder behandelt — pianistisches Üben nicht anders als schlichten Lärm. So Florenzo Waldweibel-Hostelli, dessen außerordentlich rudimentäre Musikalität höchstens relativ tiefe und relativ hohe sowie schnellere und langsamere Musikstücke unterscheiden konnte. Die Nationalhymne erkannte er — als Lyriker — am Text.

Der erwähnte Beschwerdebrief war nicht nur erfolglos, er bewirkte sogar eine Verschlimmerung. Sagasser, vielleicht darüber aufgebracht, daß Waldweibel nicht den direkten Weg von Nachbar zu Nachbar gefunden hatte, um in Güte die Sache zu regeln, hielt sich von nun an nachgerade zynisch an die Hausordnung. An Samstagen (an denen Waldweibel lang im Bett lag und dichtete) hatte Sagasser früher nicht vor zehn Uhr vormittags zu spielen angefangen. In der Hausordnung hieß es, Musizieren an Werktagen sei erst ab acht Uhr gestattet. Der Samstag ist vorerst immer noch ein Werktag, sagte sich Sagasser und begann Schlag acht Uhr mit irgendwelchen besonders penetranten chromatischen Läufen. Am dritten Samstag, der so begann, bekam Waldweibel einen Tobsuchtsanfall und warf eine Bierflasche an die Wand. Darüber beschwerte sich nun Sagasser, und zwar mit Erfolg. Bierflaschenwerfen, so stand in einem ernsten Brief der Hausverwaltung an Waldweibel, sei keine Hausmusik und daher in der Wohnung weder nach acht Uhr an Werktagen noch überhaupt gestattet.

Das brachte Florenzo auf einen Gedanken. Er kaufte sich ein Waschbrett ud rasselte darauf mit einem Kleiderbügel, sobald sein Nachbar zu üben begann. Leider mußte Florenzo bald erkennen, daß der Lärm, den er mit seinem Waschbrett erzeugte, dem pianistischen Üben seines Nachbarn nicht gewachsen war. Er nahm deshalb im Geschäft eine große, feste Pappschachtel mit, auf die er das Waschbrett band. Das Ergebnis war schon besser, befrie-

digte ihn aber immer noch nicht. Daraufhin nahm Waldweibel eine Kiste, dichtete die Fugen ab und schnitt Schallöcher hinein. In den Deckel der Kiste ließ er das Waschbrett ein. Wenn nun Florenzo darüberstrich, klang es ungefähr so, wie man sich das ferne Heulen einer gefolterten Elefantenherde vorstellt.
Wieder beschwerte sich Sagasser, diesmal ohne Erfolg, denn Waldweibel erklärte seinen Lärm gleichfalls für Musik und verwies, diesmal zu seinen Gunsten, auf die entsprechenden Paragraphen der Hausordnung, in denen von keinem bestimmten Instrument die Rede war.
Ermuntert durch den Erfolg, schaffte sich Waldweibel eine noch größere Kiste und ein zweites, größeres Waschbrett an. Dadurch, daß er eine rostige Kette rund um die Kiste befestigte, konnte er einen zusätzlichen, sehr befriedigenden Lärmeffekt erzielen.
Tags darauf fand Waldweibel neben den Mülltonnen den großen, verrosteten Deckel eines Waschkessels. Seine Wölbung ließ sich bequem mit dem Fuß eindrücken und gab beim Zurückschnellen einen ohrenbetäubenden Knall.

Große Freude bereitete Waldweibel die Entdeckung, daß eine Metallkugel, in einem bauchigen Glaskrug mit hoher Geschwindigkeit zum Rotieren gebracht, ein alles durchdringendes Kreischen erzeugte.
Das Arsenal seiner Lärmrevanche gegen den Pianisten Sagasser lag und stand stets griffbereit. Kaum daß Sagasser bei Waldweibels nachbarlicher Anwesenheit einen Ton seines Klaviers rührte, stürzte Waldweibel zu seinem Instrumentarium und hörte nicht eher auf mit seinem höllischen Lärm, bis nicht auch Sagasser zu üben aufgehört hatte.
Sagasser war dem Nervenzusammenbruch nahe. Das Konzert rückte immer näher, Üben war notwendiger denn je. Er wagte schon nicht mehr, abends oder an Wochenenden zu spielen. Waldweibel aber nahm sich heimtückisch untertags frei, hie und da auch einen ganzen Tag

Urlaub. Einen flehentlichen Brief Sagassers ließ Waldweibel unbeachtet. Die Bitte des gequälten Pianisten, auf seine Gesundheit und vor allem auf die junge, zarte Pflanze seines beruflichen Erfolges Rücksicht zu nehmen, beantwortete Waldweibel mit dem Ankauf von vier Kuhglocken und einer handlichen elektrischen Bandsäge. Der Gipfel in Florenzos teuflischem Instrumentarium aber war eine große Zinkwanne mit flachem Boden, in die er millimeterhoch Wasser einlaufen ließ, wonach er mit einem speziellen Gummisaugstößel durch wechselweises Ansaugen und Abreißen Geräusche von derartiger Lautstärke und vor allem Unanständigkeit hervorrief, daß sie mit nichts anderem als das Haus in seinen Fundamenten erschütternden Dinosaurierfürzen verglichen werden konnten.

Florenzo Waldweibel hatte aber nicht nur sein Lärmarsenal vervollkommnet, er hatte auch an Fertigkeit zugenommen, es zu handhaben. Wurde drüben der erste Ton am Klavier angeschlagen, begann er mit einem Motorsägen. Dann schüttelte er die Kuhglocken, sprang zu den Waschbrettern über — drei Knaller mit dem Waschzuberdeckel — das Kreischen der Eisenkugel ... er mischte die Geräusche, wechselte mit Behendigkeit die Zusammensetzungen, immer schneller, immer lauter folgten und überstürzten sich Knall und Kreischen und Rasseln und Klirren, wie ein Wichtel sprang Waldweibel endlich zwischen seinen Gerätschaften umher und betätigte stöhnend und schwitzend bald hier, bald dort buchstäblich mit Händen und Füßen seine Instrumente, bis alle gleichzeitig bewegt erschienen. Kam dann als Stretta das markerschütternde Donnern der Saurierfürze hinzu, war es, als wären hundert besonders bösartige Teufel dabei, das heilige Osterläuten der Kirchen von Rom zu parodieren.

Längst hatte dann, wenn Florenzo Waldweibel erschöpft in einen Sessel sank, der Pianist Sagasser sein tränenüberströmtes Gesicht unter Kissen verborgen, betend oder fluchend. Er litt — vier Tage vor seinem Konzert — so stark unter Schlaflosigkeit, Lärmhalluzinationen und Gleichge-

wichtsstörungen, daß er kaum noch aufrecht zu gehen vermochte.
Zwei Tage vor dem Konzert bekam Sagasser unerwartet einen hohen Besuch. Der Musikkritiker Kurt Hubert Krabbel war gehalten (aus einem Grunde, der im für Außenstehende nur schwer zu durchschauenden Geflecht von Protektion und Rücksichtnahmen lag), das Konzert Sagassers zu rezensieren. Krabbel war selbstverständlich viel beschäftigt und hatte am Abend des Konzertes keine Zeit. An und für sich hätte er nicht angestanden, das Konzert zu besprechen, ohne es besucht zu haben. Kurz zuvor aber war er damit hereingefallen: er hatte infolge einer unvorhergesehenen Programmänderung die »Waldstein«-Sonate anstelle der »Appassionata« rezensiert und mußte sich seitdem gefallen lassen, daß man ihm nachsagte, er könne Dur und Moll nicht unterscheiden. So suchte Krabbel den Künstler vor dem Konzert auf und wollte ihn auf Ehre und Gewissen über das Programm befragen, um nicht wieder eine unpassende Passage aus seinem Konzertführer abzuschreiben. (Es handelte sich dabei um einen sehr alten Konzertführer, den kaum noch jemand kannte, schon weil man große Teile der Auflage 1945 eingestampft hatte; im großen und ganzen aber war er für Krabbel durchaus noch brauchbar, wenn er jeweils die Wörter »jüdisch-dekadent« durch »feinsinnig« ersetzte; dafür, daß Krabbel manchmal beim Abschreiben die Seiten verwechselte, kann der alte Konzertführer schwerlich verantwortlich gemacht werden.)
Sagasser war vor Schreck und Ehrerbietung zu Stein erstarrt, als Krabbel bei ihm eintrat. Sagasser erbot sich, unverzüglich sein ganzes Programm dem Kritiker vorzuspielen, der Kritiker winkte zwar dankend ab, aber Sagasser hatte sich schon ans Klavier gesetzt, die ersten Akkorde angeschlagen — er hatte in der Fülle seines Glücks ganz seinen satanischen Nachbarn vergessen, der auch diesmal unverzüglich seine ausgefeilte Lärmorgie entfaltete.
Sagasser spielte mit dumpfer Verbissenheit seinen Sona-

tensatz herunter. Krabbel saß festgebannt auf seinem Stuhl.
»Eine Offenbarung«, sagte Krabbel, als Sagasser geendet und auch der Lärm nebenan aufgehört hatte.
»Wirklich?« sagte Sagasser und war nahe daran, vor Krabbel in die Knie zu stürzen und ihm die Hand zu küssen.
»Wer ist das Genie?« murmelte Krabbel und eilte an dem verdutzten Pianisten vorbei zur Nachbarwohnung.
Der Rest ist bald erzählt. Schon am nächsten »Internationalen Fest für Neue Musik« trat Waldweibel mit seinen »Sadismen für Schlagzeug« auf und erntete das Lob aller Kritiker. Ein neuer Meister war entdeckt. Der Erfolg, wie es so heißt, wich hinfort nicht mehr von Waldweibels Seite.
Anfangs allerdings konnte sich Waldweibel nur schwer in die Rolle des Komponisten finden, nicht weil er unmusikalisch war, sondern weil er fühlte, daß er seiner eigentlichen Berufung, der zum lyrischen Dichter, ferner war als zu den unseligen Zeiten in der stickigen Firma Dr. Harland & Dr. Filchner.
Die Anstrengungen seines Entdeckers, der an den Tantiemen partizipierte, die Tantiemen selber und endlich die Gewöhnung an den Erfolg heilten die unglückliche Liebe Waldweibels zur lyrischen Dichtung. Waldweibel erkannte sogar, daß seine bescheidenen literarischen Einfälle (die wohl nie ausgereicht hätten, ihm Ruhm als Dichter zu verschaffen) von unschätzbarem Wert für seine Kompositionen waren: er erfand Titel, die ihm den glühenden Neid seiner neuen Kollegen eintrugen. So erfand er vor einigen Jahren spezielle Posaunen, an deren Züge er kleine Häkchen löten ließ. Für diese Instrumente verfaßte er: »Trepanationen für sechzehn vollbärtige Posaunisten zur Demonstration des natürlichen Kontrapunktes«. Beim Blasen sollten sich die Häkchen in den Vollbärten der Bläser widerhakengleich verfangen; da die Posaunisten gehalten sind, weiterzublasen, reißt es dann natürlich an ihren Barthaaren, so daß sie — die Posaunisten —

kurz ihre Instrumente absetzen und Schreie ausstoßen. Je tiefer die Posaunisten blasen, desto stärker reißt es an ihren Bärten, desto höher werden damit die Schreie. Das ist, erklärte Waldweibel im »Melos«, der natürliche Kontrapunkt.

Da das Werk 1959 beendet wurde, widmete es Waldweibel dem Land Tirol (wo anders wären noch sechzehn vollbärtige Posaunisten aufzutreiben!) zur 150. Jahresfeier des Aufstandes von 1809 und gab ihm den zusätzlichen Untertitel »Berg-Isel-Cha-cha-cha«. (Wahrscheinlich fiel Waldweibel dem leider verbreiteten und durch nichts als die gemeinsame Bärtigkeit gerechtfertigten Irrtum, der Andreas Hofer mit Fidel Castro verwechselt, zum Opfer.) 1965, zum 200-Jahr-Jubiläum der Uraufführung des »Orfeo« von Gluck, legte Waldweibel ein anderes sensationelles Werk vor. Er ließ sich damals von einem der Notenschrift kundigen Freund alle Noten auf dem Klavier bezeichnen, aus denen die bekannte Arie »Che farò senz' Euridice« besteht. Aus den von Gluck für diese Arie nicht verwendeten Tönen (im wesentlichen ganz hohe, ganz tiefe und ein paar tonartenfremde in der Mitte) wob er ein längeres Musikstück aleatorischer Machart, also eine Art Negativ der Gluck-Arie, und nannte es »Christoph-Willibalds Abdruck im Schnee, Chevaliers pocket-size-concerto«.

Die Autorschaft an der Neubelebung der ormizellischen Katzenorgel (zweiundsiebzig angebundene Katzen, nach Stimm- oder besser Miau-Höhen geordnet und in eine Klaviatur gespannt, in der die Katzen je nach Tastendruck mit einer Nadel in den Schwanz gestochen wurden, womit man verschiedene Töne, ja Akkorde hervorrufen konnte) unter dem Titel »Hommage à Ernst Theodor Amadeus« bestritt Waldweibel allerdings. Möglicherweise, erklärte er im Freundeskreis einmal, sei diese Unterstellung eine kleinliche Rache des Pianisten Sagasser, von dem man im übrigen nie mehr etwas gehört hat.

Erschienen 1970

Adolf Muschg

Playmate

geb. 1934

Natureingang, eine Schönheit von früher:
Knöcheltief im gefallenen Laub, das die ersten Frostnächte geröstet haben. Noch hängen einzelne Händchen oder Wimpel oben, in denen sich das dünn gewordene Licht fängt, stärker scheint, als es eigentlich sein kann, Bernstein, Albumblätter. Die Takelage ist geräumt auf hundert Meter, durchsichtig, bis wo der Nebel daran zu wischen beginnt. Die Flotten der Wälder haben Sommer und Herbst gelöscht, neigen sich, an den Rändern hell, der kommenden Leere entgegen. Hinter mir strickt eine unsichere Sonne an den Maschen des Rotwildgeheges, läßt immer wieder eine fallen, die glänzt, in einem Stück Spinnweb, während dahinter die Rücken der Herde stumpf bleiben, die Flecken der Kitze ruhig im Winterfell nisten. Verhoffen nennt man das wohl. Die Tiere in ihrer schütteren Deckung, ich schon fast draußen, Schutz suchend gegen zwei drei Schauer in den Taschen meines dünnen Samtanzuges, aus dem sich die Wärme einer langen Autofahrt stiehlt.
Die Aussicht, mit der ich mich beschäftige, reicht über den Kindergarten (Bungalowstil), über das leere Rot zweier Tennisplätze bis zu einem nahen Eisfeld und taucht dahinter in einen Novembertag, dessen zarteres Meer das Häusermeer eindeckt, während der Himmel schon eine Art Mittag hat; eine einzelne Glocke bestätigt ihn, setzt dem Läuten des entfernten Verkehrs elf harte Schläge auf, so daß es nun elf Uhr ist, während, immer noch während, der Klangbrei über dem Eisfeld seine trügerische Nähe behält und sich, als fütterte er statt meiner Ohren die Gänge eines alten Versäumnisses, unmittelbar in meine

Erinnerung schleicht: ich bin ewig auf keinem Eis mehr gewesen, Maat, ich könnte dir doch Schlittschuhe kaufen.
Vielleicht nur Bedürfnis nach Bewegung: eigentlich friere ich ja noch, friere jetzt hemmungslos, auf die Art, die durch tiefes Atmen ärger wird, weil man nie so lange durchhält, bis sich der überschüssige Sauerstoff in Wärme verwandelt. Immer schlecht in Chemie. Habe pfiffigerweise den Mantel im Wagen gelassen, dachte wohl, ich müsse dann mit halboffener Jacke neben dem Maat hergehen können, bereit für Dinge, bei denen ein Mantel nur stört, hohe Lagen, zum Beispiel. Früher habe ich ihn hochgeworfen und ihm so viel freien Fall zu kosten gegeben, daß ihm sogar das Gebrüll im Hals steckenblieb. Wenn du dann doch aufgefangen wurdest, fehlte deinem Jubel etwas und meinem Lächeln auch.
Es rumort hinter dem Fenster des einen Sälchens, das mit Papiertannen verklebt ist; wenn das sein Sälchen ist, kann er mich gesehen haben, etwas unter Bäumen, einen Mann, vor dem man Kinder warnt. Die ersten rennen heraus, einer davon mit einem ultrabraunen fetten Prokuristengesicht, rennen bis vor meine Füße und scharren dort im Laub einen Prügel hervor. Ich stehe höflich beiseite. Eine weitere Gruppe; der Maat ist nicht dabei, der Zeitschinder, letztes Mal rannte er. Stopp, sagt der kleine Prokurist und steckt seinen Prügel in eine Mädchengruppe, du Hurensau. Ein Mädchen, Brillenträgerin, ist zwischen Prügel und Hag gefangen. Ich komme ja gleich, sagt es halblaut, aber die andern sind schon weggelaufen, ohne sich umzusehen. Jetzt mußt du einmal sehen, sagt der Gebräunte zu seinem Kumpan und drückt das Mädchen gegen Hag. Dann schlägt er ihm den Prügel mit aller Kraft über den Rücken. Er zerbricht. Er schlägt ihm den Prügelstumpf mit aller Kraft gegen den Bauch. Sie läuft gar nicht richtig weg, schreit auch nicht, als hätten die Prügel sie blöde gemacht. Jetzt reicht's aber, sagt der Mann, vor dem man Kinder eigentlich warnt, tritt zwei Schritte vor und greift nach dem Prokuristen. Ist *mir* doch gleich, sagt der, duckt

sich weg und bleibt stehen. Macht mir doch nichts. Weder
nützt das Mädchen die Gelegenheit, wegzulaufen, noch in
meiner Nähe Schutz zu suchen. Auch der kleine Prokurist
wahrt nicht mehr als fünf Schritte Abstand. Es ist, als
hätte ich Katzen im Februar gestört. Wir stehen sprachlos
herum, diese Eingeborenen und ich, dann wird es dem
Prokuristen zu dumm, und er schlendert weg, summend,
indem er den Prügel auf seiner Handfläche tanzen läßt.
Jetzt erst stiehlt sich das kleine Mädchen mit einem schäbigen Blick in seinen Brillenaugen näher und beginnt zu
plappern. Ich blicke über den Zwergenhag.
Kennst du Michael? frage ich schließlich, ich bin nicht
gern ein stummer fremder Mann, außerdem verläßt mich
die Geduld: was ist mit dem Maat, er weiß doch, daß ich
warte. Ich sage: Michael, nehme an, daß es nicht gelungen
ist, eine Abkürzung für ihn zu finden, oder daß die sogenannte Tante keine gebraucht. Hier genießen die Kinder
alle Silben, die ihre Mütter den Hofberichten abgelauscht
haben oder einem Kosmetik-Spot: Daniele, Raphael, Pe-
tra und natürlich, aus bessern Gründen, den einen oder
andern Attilio oder Luigi; ist der kleine Prokurist einer?
dann weiß er vielleicht, warum er zurückprügelt. Das
kleine Mädchen scheint Fragen nicht zu hören, es faßt
mich bei der Tasche, ich kann es seinem faden lauen Griff
gleich anfühlen, warum es so leicht geprügelt wird. Es
plappert von einer Kreuzung, an der die drei Farben immer zu rasch wechseln, ich soll mitkommen und selbst sehen. Natürlich fürchtet es sich doch nur vor Luigi, der
hinter der Ecke wartet, um seine Eingeborenenhandlung
fortzusetzen; vielleicht zerkratzt er so lange meinen Wagen. Das Mädchen behandelt mich weder als Retter noch
als Mann, vor dem man Kinder warnt, eher als eine Art
nützliches Sperrgut. Auch wenn es keine Hurensau ist, lästig ist es ganz bestimmt. Neue Zwergvölker drängen aus
der Tür. Jetzt kommt auch der Maat.
Er drückt sich so in seiner Gruppe herum, daß er nie vorn
ist; ich hebe leicht die Hand. Er rennt einen sinnlosen Bogen, Wegverlängerung, ruft etwas, aber von mir weg. Es

ist deutlich, daß die Gruppe ihn nicht aufnimmt. Ich löse die Finger des Mädchens ab und stoße es daran ein Stück weiter. Der Maat ist etwas magerer als die andern, sein kummervoll schmales Halunkengesicht bewacht mich aus blauen Augenwinkeln voll Verdacht, aber er kommt näher, von seiner Gruppe, zu der er nicht gehört, mitgetrieben. Ich rühre mich nicht, spiele Baum unter Bäumen, das reine Dasein einer Futterkrippe, die man anlaufen oder passieren kann je nach Hungergefühl. Ein letzter schwacher Umweg von mir weg dann zu mir.
Grüß dich, sag ich.
Wo habt Ihr den Kreisler?
Ein Stück weiter. — Ich nicke mit dem Kinn stadtwärts.
Fahrt Ihr zum Seeteufel? fragt er.
Da waren wir doch letztes Mal.
Dann zum See.
Ich habe mir geschworen, diesmal kein einziges Mal Weißtu Michael zu sagen. Ich sage: wir haben nicht so viel Zeit. Warum zeigst du mir nicht die Tiere dahinten? Die Wildschweine. Ich habe sie jahrelang nicht mehr gesehen.
— Ich schon, sagt er. — Wir gehen nebeneinanderher durch das dicke Laub, das er aufpflügt. Wenn wir auf ebenen Weg kommen, setzt er diesen übertriebenen, weit ausgreifenden Schritt fort. Ich blicke über die Schulter; das Mädchen ist nicht mitgenommen worden, steht immer noch am Hag. Vielleicht müßte man es wirklich über die nächste Kreuzung führen, weil es farbenblind ist oder langsam oder auch eine Art Waise.
Kennst du das Mädchen?
Nein, sagt er, ohne umzusehen. Kauft Ihr mir dann einen Kaugummi?
Ich gebe mir Mühe, bequem neben ihm herzugehen, zuverlässig brummend bei jedem Schritt, in mich selbst versunken, aber nicht genug, um ein Gespräch abzuweisen. Als er noch kleiner war, die Abstände meiner Besuche für ihn größer, fing er immer mit Sie an, fuhr mit Ihr weiter, das Du kam erst, wenn er mich im Eifer mit seinem Großvater verwechselte, was ihm gar nicht auffiel: das Du galt

seinem Eifer. Damals nahm er gleich meine Hand, jetzt nicht.
Die Rehe sind, wäre das Gitter nicht, fast in Reichweite gerückt. Er denkt nicht daran, stehenzubleiben, der witternd geraffte Samt der Mäuler streift mit einem Hauch verdautem Heu an uns vorbei. Er schlägt mit der Hand, ohne hinzusehen, gegen die Drahtmaschen, einige Tiere hüpfen hölzern beiseite.
Hast du das Messer noch? frage ich.
Das ist weg, sagt er.
Einfach verloren?
Er nickt. Gehen wir zum Kreisler, sagt er.
Wir fahren dann damit nach Hause.
Und vorher?
Essen.
Essen wir dann am See?
Er ist hartnäckig. Der See ist eine Autostunde entfernt, und ich habe nur drei Stunden Zeit, dann muß ich in eine andere Stadt, um eine Rede zu halten, in der politische Delikatessen vorkommen. Außerdem dürften die Boote Mitte November längst eingezogen sein.
Jedenfalls am Wasser, sage ich und deute zum Fluß.
Vor dem Käfig, in dem ein Goldfasan hysterisch hin und her rennt, geht ein freier Goldfasan und zieht bei jedem Schritt seine heikel geraffte Hühnerkralle nach. Es sind wirklich nur Hühner, sage ich, du siehst es deutlich.
Mit dem Satz kann er nichts anfangen.
Ich erkläre ihm die Ibisse und daß sie einmal heilig waren.
Mir gefallen *die,* sagt er. Es sind welche mit metallisch glänzenden Hälsen und tieforangenen Ringen um die Pupillen. Maat, du fällst auf Nutten-Effekte herein. Wir suchen die Namen zu den Vögeln. Es kommt nicht alles zusammen. Namenlose Vögel wohnen an falschen Adressen.
Was steht da? fragt er. Dabei kann er lesen, es geht ihm nur zu langsam. Ich betrachte ihn respektvoll: wo hat er das her, daß er nicht glänzen will?
Die Italiener fressen sie sowieso, sagt er.
Den verschlossenen Teil des Parks erreicht man durch das

Volieren-Gebäude. Das Fräulein an der Kasse hält außer Billetts und Futterkörnern auch Toblerone feil. Nachher, sage ich, sonst ißt du nichts. In zehn Minuten schließen wir, sagt die Kassendame, nachdem sie uns Karten und Toblerone verkauft hat. Komm, sage ich, gehen wir rasch, und ergreife seine Hand. Er läßt sie mir. Ich versuche sein Gesicht durch lange Schritte zu röten. Wo hast du die Schokolade, fragt er ohne Frageton, steck sie nicht in die Tasche, ich habe sie nicht gern weich. — Sie schaut noch heraus. — Dann wart mal hier.

Er bleibt vor dem Mauskäfig stehen. Es ist eine Art Bild an der Wand, ein kleines verglastes Rechteck, in das ein Zementklotz mit Furchen eingelassen ist, die als Gänge dienen, ein Spielzeuglabyrinth. Es erweitert sich in der Mitte zu einem Nest, in dem zusammengeschmiegt vier rasch atmende weiße Mäuse hocken, Schlangenfutter wahrscheinlich, das hier nochmals als Ausstellungsgruppe dient: so hat man sich einen Mausbau im Aufriß zu denken, die Glasplatte führt einen Schnitt durch versteinerte Erde. Michael legt die Hände auf beide Seiten des Bildes und dazwischen seinen Kopf mit der Nase aufs Glas, nur zwei Millimeter von den Mäusen entfernt, die nun Dämmerung haben.

Wollen wir drüben wieder hinaus? frage ich. Die Wildkatzen ansehen? Für was, sagt er und versucht die Verdunklung der Mäuse zu verbessern. Komm, sage ich, wo es draußen viel schöner ist.

Dann gehe ich allein, sage ich und gehe, soll er die teuren sieben Minuten bei seinen Mäusen vertrödeln.

Der Maat hat mich eingeholt, poltert ein paar Meter entfernt durchs Laub.

Daß du aber auch das Messer nicht mehr hast, sage ich. Das war ein Messer, so eins verliert man doch nicht. Besonders, wenn man es sich sehr gewünscht hat.

Die sind nämlich auch weg, sagt er und deutet mit dem Kopf zu den Katzenkäfigen hinüber. Ein Baum fiel ihnen auf den Käfig, machte ihn kaputt, und dann sind sie weg. Warum läufst du so.

Aber da sind sie doch, sage ich und streichle mit hochgezogenen Augen den bösen prallen Plüsch, der faul und gesammelt auf irgendeinen Sprung wartet, der ihn durchzucken könnte, die Schlitze einen Blickbruchteil lange geöffnet hat — oh, ich habe ihn erwischt — und dazu die Ohren von außen nach innen dreht, so daß sich die feinen Ohrhaare im Hauch einer großen Abwesenheit rühren.
Zwei haben sie wieder, sagt er, nur zwei. Die dritte ist immer noch weg. Ganz langsam verhungert die. Die verhungert mit der Zeit.
Ich antworte nicht, schaue gradeaus auf die Katzen, spüre aber im Augenwinkel seinen lauernden Blick.
Ich finde sie *zu klein,* sagt er. Dort ist schon der Mann. Wir müssen raus.
Er hat recht. Vor den Pelikanen, beim Ausgang, ist ein Gärtner erschienen und legt in unserer Richtung die Hand an die Stirn. Offenbar stehen wir in der Sonne, tatsächlich, jetzt ist Sonne im leeren Wald.
Ich kehre mich um, nehme seine Hand, gehe schnell. Ich kann einer Aufforderung zum Verlassen des Areals immer noch nicht ausreichend widerstehen.
Jetzt hast du die Wölfe nicht gesehen, sagt Michael an meiner Hand, atemlos vor Schadenfreude, und die Luchse nicht und nicht einmal die Biber. Die sind alle *größer* als die Katzen.
Du zeigst mir dafür die Wildschweine.
Wenn du nachher zu mir kommst, zeige ich dir den Raffi.
— Wer ist das, frage ich. — Das sage ich nicht. Ra-fa-el.
Der Mann fragt: Ist noch jemand draußen?
Wir haben niemand gesehen.
Bevor der die Tür zuziehen kann, drehe ich mich nochmals um. Der Wald trägt seinen November so hell, als wärs ein Vorfrühling. Ruhig und blaß liegen die Inseln einiger Wolken im Geäder der Kronen.
Da ist der Fluß. Blauschwarz und unerschöpflich wie Indianerhaar schwimmt er heran und rutscht schräg über flache Schwellen ab, die seinen Lauf dichter und träge machen. Aus der nahen Kläranlage treiben Flecken wie

Schimmel vorbei, aufbereitetes Eiweiß, von dem sich, schmutziger weiß und in unmerklichen Stößen, ein paar Schwäne absetzen. Die kunstvolleren Wasservögel, die noch zum Park gehören, haben einen eigenen Kanal für sich mit Rispenzeug vergittert. Dahinter sehen die Pekingenten noch chinesischer aus, und die Störche ähneln denen im Bilderbuch.
Am Tisch, er sitzt jetzt richtig am Tisch, in der Strickjacke mit dem großen Reißverschlußring, der selbstausgezogene Overall hängt an der Lehnenecke (ich hänge ihn ordentlicher), versucht mich mein Sohn einzuordnen. Wo ich hingehe? — Schon gesagt. — Woher ich komme? — Das weißtu doch Maat. — Wer sonst noch da ist? Außer mir? — Meine Frau. Alexander. Dazu suche ich für uns beide auf der Karte was aus. Himbeereis, soviel weiß er. Königinpastete vielleicht? Kunstvoller geschlachtete Tierarten sagen ihm nichts. Er läßt sich von der Königin, die er aus Büchern kennt, ködern. Ich ein Rehschnitzel, Fräulein. Sie sind doch frisch? Als ob diese Frage in einem Gasthaus der Welt verneint würde. Bitte, dort oben standen die Rehe, taufrisch. Wir sehen den Fluß durch die Fenster. Er ist noch teeriger geworden und blendet doch. Wenn man wüßte, wo man die Storen herunterläßt, brauchte das Blinzeln nicht weiterzugehen.
Endlich gehen die verdammten Storen von selbst nieder, die ganze verglaste Front lang. Das Blinzeln ist plötzlich weggewischt, die Umrisse an den andern Tischen werden plastisch, man sieht die Gesichter zu den breiten Lauten, die sie bilden. Es ist auch die Sprache Michaels geworden, mittlerweile.
Jetzt wüßte ich aber gern, wer Raffi ist.
Rat einmal.
Er heißt fast wie du.
Wer heißt sonst noch so?
Ein Engel.
Der Maat staunt. Heiße ich auch wie ein Engel?
Michael und Raphael sind die Namen von Erzengeln.
Es gibt gar keine.

Nein.
Aber Raffi gibt es.
Ist Raffi ein Tier?
Der Maat zuckt die Achseln und ziert sich fürchterlich.
Ein Goldhamster?
Ach was, ein Goldhamster, die sind doch viel zu klein.
Ein Esel.
Ich bekomme doch nie einen Esel. Weil wir nicht genug Platz haben.
Die Königinpastete kommt zuerst, ein braunes Dächlein über dem Saucenberg. Ich nehme die Gabel und arbeite das Ganze wieder zu Urbrei zusammen. Michael weiß keine Einwände, Essen bleibt Arbeit für ihn, so oder so, wenn es nicht Dessert ist. Er habe nie Hunger, sagt seine Mutter, er nasche zuviel.
Hier respektiert er die Situation Restaurant, bewahrt Haltung, die ihm der große Stuhl, das komplette Besteck und der fremde Vater abverlangen und für die ihn das Fräulein rühmt. Die Gabel mitten am Stiel haltend, trägt er den Urbrei in seinen Mund ab; immer häufiger läßt er sie darin liegen, wartet auf das Wunder, daß sich der Brei von selbst verzehrt, und greift mit beiden Händen nach dem Glas, an dessen Rand sich Monde aus Brei absetzen. Es ist das zweitemal geleert; das reicht, um auch die Pastete, von der noch fast alles übrig ist, abzuschieben. Zwei Gabeln Salat füttert ihm der Alte eigenhändig nach, wie früher, als er noch klein und die Welt in großer Unordnung war. Deswegen hättest du nicht blaß zu bleiben brauchen, Maat. Noch eine Gabel? Nein? Also her mit dem Himbeereis.
Er ißt langsamer, als ich dachte, nascht offenbar gewohnheitsmäßig; ich kann mit dem Rehschnitzel bequem aufholen. So wird es Crème, sagt er und zeichnet mit dem Löffel Marmorschlieren auf den Schalenboden, Himbeer und Pistache. Das Grüne habe ich ihm angedreht, obwohl er lieber Schokoladeneis gehabt hätte. Aber erstens habe ich noch richtige Schokolade in der Tasche, und dann, warum soll er nicht das Unbekannte versuchen, wenn sein Vater das so gerne will. Raffael ist übrigens ein Kanin-

chen. Er hat es seit gestern und hält es auf seinem Zimmer. Gibt es auch Pistasch in Biel, wo du hingehst? — Ja, Maat, in Biel wird es auch Pistasch geben. — Und wo du herkommst? — Auch. — Bekomme ich einmal Pistasch bei dir zu Hause? Wer ißt dann auch noch Pistasch, wenn wir es essen? — Wer wohl, muß ich nochmals die Wahrheit sagen? — Meine Frau. — Und Alexander? — Noch nicht, viel zu klein. — Kann er nicht einmal das? — Nicht einmal das. — Weiter will er nichts von uns wissen. Den Kaffee schenke ich mir, ein Opfer, aber was hat er davon, zu meinem Kaffee stillzuhalten, wenn sein Pistache erschöpft ist. Ich ziehe die Puppe aus der Tasche, fahre ihr mit dem Mittelfinger in den Kopf, mit dem Daumen in den linken Arm und dem Ringfinger in den rechten Arm. Es ist eine kunstgewerbliche Puppe, mit einem Regen weißen Haares, das über zwei grüne Augenknöpfe und den ledernen Schnabel fällt. Sie hat einen rotweiß gestreiften Leib und hält sich etwas gichtig und verschroben, wie meine Hand darin, der gekrümmte Zeigefinger hat hinter ihrer Brust wenig Raum. Aber Kopf und Arme bewegen sich, knicken ein, das ist die Hauptsache, nicht wahr, Maat.

Wo hast du den her? — Aus Schweden. — Wem gehört er? — Er gehört dir. Er ist aus dem Geschichtenbuch, das ich dir letztes Mal gebracht habe. Erinnerst du dich? An Mumin und Mumrick?

Er erinnert sich nicht. Seine Mutter hätte ihm ruhig daraus vorlesen dürfen. Nur weil ich es mag, wird es kein uninteressantes Buch. — Wie heißt das? — Es steht da innen, sage ich, drehe den Rocksaum der Puppe um und lese einen fremden Namen.

Gib einmal.

Es ist ein Geist, sage ich und weiß nicht, ob das eine gute Idee ist.

Ein Geist? fragt er und schlüpft mit der Hand hinein. Ein guter?

Wo der herkommt, da ist der Winter so lange, da brauchen sie viele gute Geister.

Aber der ist der beste von allen?
Guck doch sein Haar an.
Er schüttelt es. Dann rutscht er vom Stuhl und fackelt mit seiner verkleideten Hand, mit Schnabel und Armstummel im Saal herum. Ich bin ein Geist, ruft er. Er ruft es schamlos laut, er ist es ja nicht selbst, der so schreit. Die Leute gucken erst erstaunt, dann lächeln sie, die Schafsköpfe. Die halten ein Kind mit einem Geist an der Hand allen Ernstes für lieb. Wenigstens leise ist er nicht. Er macht ihnen die Nachsicht sauer. Wenn sie zu mir, dem Verantwortlichen, hinüberblicken, nimmt es jenen kleinen scharfen Zug um den Mundwinkel an. Er behandelt die wehende Puppe als Flugzeug, macht Motorengeräusch und zieht Kreise, hart an Tellern, Mänteln, an jenen kleinen Zügen um den Mund vorbei; er überholt sie spielend. Der Lärm wächst, die Kreise werden enger, suchen einen Punkt, um den sie sich zusammenziehen können, fast habe ich ihn vorhergesehen, es ist mein Hals, der Geist springt meinen Hals von hinten an und hat mich beim Kragen. Ich ziehe den Kragen ein, da rutscht der Geist, jetzt geräuschlos, seine getarnte Körperwärme mitführend, gegen mein Haar dem Wirbel zu, einmal, und dann noch einmal. Die Gestörten haben sich wieder ihren Plättchen zugewandt, der Geist torkelt sanft von meinem Kopf weg in eine besonders leere Leere. Gehen wir, sagt Michael. Zum Kreisler. — Er ist unheilbar.
Es ist zu spät für die Wildschweine, sagt er.
Warum, wo sind sie?
Viel weiter vorn, ich habe gemeint, du wüßtest das. Wir müssen zum Kreisler, sonst kommen wir zu spät.
Aber den Raffael bekomme ich noch zu sehen, rufe ich ihm nach, denn er rennt schon voraus, bergauf.
Er steht schon lange beim Chrysler und fährt mit dem Finger über die Rostnähte im weißen Lack.
Da fällt es auseinander, sagt er, ich habe noch nie ein so kaputtes Auto gesehen.
Das kommt vom vielen Waschen, sage ich und suche nach Luft. Vorn oder hinten?

Vorn. Dann muß er sich anschnallen lassen. Aber erst alle Knöpfe drücken. Innen ist der Chrysler schön, er sieht aus, als hätte eine Jukebox Weihnachten. Hupen. Nochmals hupen. Ich sehe mich nach den Rehen um, aber nur die Fußgänger stellen die Köpfe. Schluß, Maat. N wie Neutral, gut, erst anlassen, aber dann wirst du gefesselt. Es geht um dein Leben, Maat, da muß mir Gewalt erlaubt sein. Ich drücke auf den Zahn D. Der Chrysler schwimmt an, verschluckt sich zart und murkelt tiefer.
Wozu habt ihr das? fragt er die Kopfstützen. Ich erkläre ihm die Geschichte vom Auffahrunfall, rede, die Augen hart am Verkehr, von Fliehkraft und Trägheit. Michael besteht darauf, daß es einen bei Unfällen *immer* nach vorn wirft. Mama hat es selbst gesagt. Darum schnallt man sich doch an. — Wenn du vorn anstößt, wirft es dich nach vorn, und wenn dir einer hinten reinfährt, klappst du nach hinten.
Mich wirft es *immer* nach vorn. Gut, hab du deine eigene Physik, Maat. Deine Schokolade ist alle, ich versteh ja, daß du jetzt recht haben mußt. Ihr habt also nicht mal Kopfstützen in eurem Auto, sage ich.
Weil wir keine brauchen, sagt er. Wir haben alles, was du hast, und noch viel mehr, außerdem hupt der Simca besser. Er greift mir ins Steuer und drückt die Hupstange. Frieden, du Ungeheuer, sage ich. Wenn du das im Verkehr machst, schlag ich ganz hart zu. Übrigens stellen sie das alles in der gleichen Fabrik her, den Simca und den Chrysler.
Deinen haben sie *früher* gemacht, sagt er. Jetzt machen sie unsern.
Ich hätte auch lieber einen Simca.
Er sieht mich von der Seite an: das kann ja nicht wahr sein. Ich bringe den Chrysler mit einem wiegenden Schweben zum Stehen. Der Maat bemerkt so etwas natürlich nicht. Er ist schon aus den Gurten.
Jetzt spielen wir mit Raffi.
Frag erst Raffi, sage ich und begrüße seine Mutter.
Gut, sage ich. Er verändert sich alle vierzehn Tage, du

glaubst es nicht. Sie hat ein neues Hosenkleid an. Nur eine Zigarette, bitte, sage ich, ich bin eigentlich schon längst weg.
Der Maat stürzt ins Haus. Wir kommen langsamer nach. Drinnen legt sie eine Platte auf. Atlantis, eine schlechte Kopie von Hey Jude, aber ich sage nichts; Hey Jude ist auch schon eine Weile her, wir streiten nicht mehr um Nuancen, das ist abgetan. Michael kommt nicht zurück, gräbt wohl oben in seinem Zimmer nach dem Kaninchen. Donovan überläßt sein Geflüser einem Chor zur besseren Stereophonie, der Rauch steigt wortlos und nicht ungastlich.
So, sage ich und drücke die Zigarette aus. Der Maat steht ohne Laut in der Tür. Wie wir vorbei wollen, packt er die Hand seiner Mutter, mit der andern mich an der Tasche, und zieht uns nach draußen. Schau, der hat Nackenstützen, sagt er. Wegen der Auffahrunfälle. Ich muß nur schnell probieren, ob sie beim Simca auch passen. Er reißt die Stützen von den Lehnen und schießt damit blindwütig der Straße zu. Bevor ich ihn zu fassen kriege, rutscht er und fällt; ich sehe ihn unter einem Lastwagen verschwinden. In Wirklichkeit hat er nur die Kopfstützen fallen lassen, zwei riesige Boxfäustlinge, und den Schlag des Simca aufgezerrt. Dann kriecht er hinein, wirft allerlei Kram, Zeitungen, Bücher, über die Vordersitze nach hinten, beugt sich zurück und zieht die Stützen hinein. Ein paar heftige Bewegungen, dann sitzen sie, wo sie nicht hingehören, nicht gebraucht werden, zwei kopfähnliche Gespenster.
Ich beuge mich hinein.
Sie passen, sagt er. Kommt.
Sie passen doch überall, sagt seine Mutter, dafür sind sie gemacht.
Hup einmal, sage ich.
Für was, sagt er.
Ich ziehe die Nackenstützen sanft wieder weg, es eilt jetzt wirklich.
Sag Konsum, sagt er.

Konsum.
's Füdli voll Schuum, sagt er und blickt steif gradeaus.
Ich sage: Hör, Michael, jetzt zeigst du mir noch den Raffi, aber schnell, dann muß ich einfach weg.
Für was, sagt er, immer noch steif.
Aber hör einmal. Ich will doch den Raffi noch sehen, das ist doch klar.
Er ist oben, sagt er.
Ich gehe, erst zögernd, dann schneller ins Haus, werfe im Vorbeigehen die Stützen in den Chrysler. Die Treppe hinauf renne ich und blicke dabei auf die Uhr.
Im Zimmer herrscht jede Unordnung. Teile von Metallbaukästen, Kasperlepuppen (andere), Autos, eine kleine Tankstelle, Reste eines Weckers, und überall Spuren von Kleie oder Häcksel. Richtig, in der Ecke steht der kleine Stall, offen. Ich stoße die Tür ganz auf, schiebe einen schwachen Widerstand weg; da liegt das Kaninchen auf der Seite, die Augen offen, etwas Blut an der Schnauze. Man kann auf dem gelben Fell die Ränder sehen, wo er hingetrampelt hat. Dicht daneben das hellere Fell der Indianerweste, die ich ihm vorletztes Mal mitgebracht habe. Ich hebe den Kopf des Kaninchens an. Er ist schlaff und noch warm. Ich nehme einen Karton (zum Spielzeugaufräumen), lege das Tier hinein, nehme ihn unter den Arm, gehe die Stufen hinunter. Ich stelle das Paket auf den Rücksitz des Chryslers.
Neben der Tür steht Michaels Mutter und schreit zum Straßenrand hinüber: Hör auf! Der Simca hupt, kurz und lang, der Verkehr macht einen Bogen um ihn. Sie will gerade hinlaufen und den Lärmer, den Mörder holen, als ich sie beim Arm erwische. He's killed the animal, sage ich, please don't make a fuss. I am taking it away. Just put his room in order. Ich weiß nicht, warum ich englisch rede, er kann uns nicht hören, er hupt zum Steinerweichen.
Meine Frau, meine frühere Frau steht ohne eine einzige Bewegung. Ich springe in den Wagen, lasse ihn anlaufen und fahre rückwärts hinaus. Neben dem Simca, der jetzt

verstummt ist, lege ich an und drehe die Scheibe herunter.
Er tut desgleichen.
Prima Hupe, sage ich. Ich komme bald wieder, Maat.
Machs gut.
Das Kaninchen war nämlich zu klein, sagt er.
Eben. Wir suchen etwas Größeres.
Ein Wildschwein? fragt er.
Einen Erzengel, sage ich. Tschau.
Und fahre los. Wir hupen beide, ich kurz, er länger. Im Rückspiegel sehe ich noch, wie seine Mutter ihn aus dem Auto hebt.
Und jetzt los wie der Satan, den Braten auf dem Rücksitz, nach Biel, zu den übrigen Delikatessen.

Erschienen 1972

Manfred Bieler

Winterlandschaft

geb. 1934

Da der Ministerpräsident verhindert war, erhielt der Verkehrsminister den Auftrag, die »Galerie zeitgenössischer Malerei« zu eröffnen.
Der Verkehrsminister, seit nahezu fünfzehn Jahren auf seinem Posten, hatte Verdienste, in einem bescheideneren Sinne sogar auf dem Sektor der bildenden Kunst, denn schließlich verdanken wir seiner Anregung die blühenden, symbolgeschmückten Rabatten auf unseren Provinzbahnhöfen, in der Nähe der automatischen Stellwerke und an den einsamen Häuschen der Streckenwärter. Eine liebevoll arrangierte Legende berichtet sogar, der Minister habe bei einem freiwilligen Sonnabendnachmittageinsatz eigenhändig an dem Kieselmosaik mitgewirkt, das — in Grau und Weiß — die Züge eines verstorbenen Großen wiedergibt. Ein Fachmann mußte zwar hier und da einige unbedeutende Reparaturen ausführen (der Volksmund meinte, der Kieselsteinverewigte schielte), aber wann hat es das in unserem Vaterlande schon einmal gegeben, daß ein Minister auf den Knien vorm Hauptbahnhof liegt und im Sand spielt? Das muß man doch sehen!
Der Verkehrsminister bestieg das einfache Podium, öffnete seine Ledermappe und langte seine auf gelbes Durchschlagpapier getippte Eröffnungsrede heraus. Nach einer peinlichen Viertelstunde, in der er sich vor allem außenpolitischen Konstellationen widmete, wurde die Versammlung der Maler und Freunde zeitgenössischer Malerei inne, daß der Verkehrsminister den statistischen Bericht über die Verschiebung von Personenwagen zwischen den Bahnhöfen der dritten und vierten Kategorie verlas. Auch der Minister stockte bei den nun folgenden Zahlen-

kolonnen, unterbrach seine Rede jedoch nicht, zumal er gewiß dem nützlichen Gedanken Raum gab, ein tieferes Verständnis seiner Belange, der des Verkehrs nämlich und insbesondere der der Verschiebung von Personenwagen zwischen Bahnhöfen der dritten und vierten Kategorie, einer sehr lebendigen und beweglichen Erscheinungsweise der Wirklichkeit, könnte den anwesenden Künstlern eigentlich nur zum Vorteil gereichen. Wie wahr! möchte ich hinzufügen, wenn ich mir die spielzeughaften Eisenbahnen, die grotesken Flugzeuge und die untergehenden Dampfer meiner Kollegen vor Augen führe.

Der Minister beschloß seine Rede mit einem kategorischen, aber flammenden Appell an alle Bahnhofsvorsteher, Rangierer, Weichenwärter, Streckenwärter und Einsatzleiter des Abschmierdienstes, den sogenannten Wagenumschlag zu erhöhen und auf diese Weise zur weiteren Stabilisierung der gesamten Wirtschaft beizutragen. Der unmittelbar darauf einsetzende Beifall bewies ihm, daß er mit seiner Vermutung recht behalten hatte, und das Lächeln des Präsidenten unserer Malergenossenschaft bestärkte ihn in dem Glauben an die unerschütterliche Wirkung der Statistik und des Plan- und Rechnungswesens auf allen Gebieten menschlichen Wirkens. Er schob die Rede in die Mappe zurück und hielt wohl seine Aufgabe für beendet, als ihn die beiden Vizepräsidenten unserer Genossenschaft an den Arm nahmen, um ihm die Galerie zu zeigen. Wir hatten uns schon vor mehreren Wochen eine neuartige Hängeordnung für die Bilder ausgedacht, so daß auch der Laie einen instruktiven Überblick über das Geleistete gewinnen konnte. Die Ausstellung war in Köpfe, Gruppen und Landschaften eingeteilt. In dieser Reihenfolge nahm nun auch der Verkehrsminister die Besichtigung vor. Mehrere Kulturreporter umschwärmten ihn, um jedes seiner Worte aufzufangen und es — möglichst telefonisch — an die wartenden Sekretärinnen in den Redaktionsstuben weiterzuleiten. Mich selbst interessierte das Urteil des Ministers bei allem Respekt vor den Leistungen meiner Kollegen eigentlich nur in bezug auf den Landschaftssaal, weil dort meine eigenen Arbeiten hingen. Aber natürlich ging ich nicht sofort voraus, sondern hörte mir geflissentlich an, was der Minister zu dem Kopfsaal zu sagen hatte.

Nun ist es für eine hochgestellte Persönlichkeit gewiß schwierig, bündige Urteile auf jedem Gebiet abzugeben, ohne albernem Besserwissen oder schmieriger Anerkennerei zu verfallen. Ich bemerkte an dem Verkehrsminister eine gewisse Unruhe, um nicht Unlust zu sagen, als er die Köpfe seiner Ministerkollegen betrachtete — ihm sicher aus zahllosen Sitzungen, Wortgefechten, vielleicht Zänkereien sogar, bekannt, während die Schöpfer der Gemälde, die zumeist nach Fotografien gearbeitet hatten, andächtig neben ihm oder hinter ihm standen und nun von seinem Wort, von seinen Lippen Gunst oder Ungunst des Schicksals absehnten.

Ich bewundere den Minister, der sich zu wenig mehr herbeiließ als zu Bemerkungen wie: Willi hat inzwischen graue Haare gekriegt, oder: Ernst ist dicker geworden. Seltsam allerdings, tags darauf unterm Strich zu lesen: Eine besondere Würdigung erfuhren das Porträt des Gesundheitsministers und des Staatssekretärs für Kirchenfragen. In seiner zwanglosen, jedoch tiefschürfenden und freundlichen Art bemängelte der Verkehrsminister einige Grundschwächen unserer bildenden Kunst, die zum Teil noch unter dem Einfluß der dekadenten bürgerlichen Malerei stehend, allzuoft von den konkreten Gegebenheiten abstrahiert, ohne den wirklichen Umständen in ihrer historischen Veränderung Rechnung zu tragen. Hier zeigt sich vor allem ein politisches Versagen in der Erziehungsarbeit unserer Malergenossenschaft.

Wie um dem Künstler, der dabeistand, einen Gefallen zu tun, kratzte der Verkehrsminister aus dem Porträt, das ihn selbst überlebensgroß darstellte, einen Quadratzentimeter Terra di Siena und wies, ohne ein Wort zu sagen, auf sein tatsächlich warzenfreies, glattrasiertes Gesicht. Daß dieser Vorfall nicht an die breiteste Öffentlichkeit kam, verdankt der betreffende Künstler nur den außeror-

dentlich guten Beziehungen seiner Gattin zu den begleitenden Kulturreportern. Lediglich in einem Provinzblättchen fand sich die Notiz, daß der Verkehrsminister nach schöpferischer Diskussion dem Maler bei der Vollendung des Werkes geholfen habe. Der Redakteur ging in seiner Darstellung sogar so weit, die Parole vom »malenden Minister« herauszugeben. (In der letzten Zeit hört man weniger von diesem Redakteur.)
Im Gruppensaal hielt sich der Minister längere Zeit auf. Besonders die Zirkus- und Tierbilder hatten es ihm angetan, während er die Brigadeversammlungen weniger betrachtete.
Nun ist es in unserer Malergenossenschaft eine schöne Tradition geworden, die Zirkusmotive der zwanziger Jahre zu kopieren und sie mit dem Zusatz »Volkseigener Zirkus« beziehungsweise »Staatszirkus« zu versehen. Auch die seit über hundert Jahren bekannten ostpreußischen Ochsengruppen unter den violetten Himmeln, zwischen den zinkweißen Bodennebeln, sind wieder recht im Schwange, nur daß sie eben jetzt »Preisgekrönter Zuchtbulle des Staatsgutes Angermünde« oder »Ein Besuch in der Volksrepublik Polen« heißen. Nun, warum soll man nicht auch daran seine Freude haben? Mir ist es recht.
Leider ist seit dem Besuch des Ministers aber eine Bewegung unter den Malern unseres Landes ausgebrochen, die nicht ohne weiteres zu billigen ist. Wenn man sich auch noch damit abfinden kann, daß die bildenden Künstler truppweise den wenigen Wanderzirkussen nachziehn, die es bei uns gibt, so geht es wohl doch zu weit, wenn im Wettbewerb für das geplante Monument auf dem Platz der Republik 211 Clown-, 37 Seiltänzer- und 18 Dompteur-Standbildentwürfe sowie 2 Kühe eingereicht werden. Gottseidank, kann man nur sagen, hat sich die Jury doch für das ohnehin schon fertige Denkmal eines schwerbewaffneten Matrosen entschieden, der seinen rechten Stiefel einem unter ihm liegenden Offizier auf den gebrochenen Nacken setzt. Witzbolde nennen diese Komposition zwar »Artistenpech«, aber daran ist nichts Wahres. Be-

greiflich, daß mein Herz hüpfte, als der Verkehrsminister den dritten Saal, den Landschaftssaal, betrat. Einen seltsamen Widerspruch will ich gleich aufklären, weil er meiner Ansicht nach für das Folgende von Wichtigkeit ist.
Die Eröffnung der »Galerie zeitgenössischer Malerei« fand im August statt, bei einer Außentemperatur von 30° im Schatten. Die Galerie hat ein Holzdach. Im Landschaftssaal, das war auch nicht gut für die Bilder, waren etwa + 35° Celsius.
Meine Bilder waren Winterlandschaften, vier große Winterlandschaften. Ich lebe in der Vorstadt, und ich hatte gemalt, wie der Winter bei uns in der Vorstadt aussieht: grau, jedoch weißer als in der Innenstadt, flach, aber mit Schornsteinen und Gasometern und kleinen Gärten.
Der Minister ging schnurstracks auf meine Bilder zu. Auch ich dachte jetzt, sie müßten wie eine Erfrischung für ihn sein. Ein bißchen Schnee auf seine Stirn, hinter der sonst die D-Züge pfiffen und Motoren dröhnten. Ein bißchen Eis, ein bißchen Kälte. Der Minister sah sich meine Bilder der Reihe nach an und schüttelte den Kopf. Der Präsident unserer Genossenschaft winkte mich heran, die Augenbrauen hochgezogen.
Das sind Sie? fragte der Minister, und ich nickte.
Ich habe, sagte der Minister, vor einiger Zeit eine Ausstellung sibirischer Malerei gesehen.
Der Präsident unserer Genossenschaft verbeugte sich.
Ich muß sagen, Ihre Bilder, lieber Freund, sind sehr kalt, fuhr der Minister fort. Der Präsident unserer Genossenschaft lächelte mir aufmunternd zu.
Ja, sagte ich.
Im Vergleich mit den sibirischen Bildern finde ich sie viel zu kalt, sagte der Verkehrsminister. Der Präsident unserer Genossenschaft nickte.
Ich verstehe Sie nicht ganz, sagte ich.
Ich meine, sagte der Minister, sehn Sie mal, in Sibirien gibt es Temperaturen bis zu − 75°, liebe Freunde!
Dabei sah sich der Minister erwartungsvoll um, und tatsächlich gefroren alle Gesichter. Selbst die, denen der

Schweiß aus den Achselhöhlen in den Handteller lief, bekamen blaue Wangen beim bloßen Gedanken an die unbarmherzige sibirische Kälte.
Der Minister machte eine kleine Pause, ehe er fortfuhr: Und dennoch, lächelte er, sind die sibirischen Winterbilder lebensvoller, herzlicher, wie soll ich sagen?: wärmer!
Den Umstehenden gelang ein Gelächter.
Trotz der Temperaturen bis zu $-75°$! sagte der Verkehrsminister noch einmal und drohte mir scherzhaft mit dem Zeigefinger. (Diesen Augenblick nutzte ein findiger Fotograf.)
Also, sagte der Minister, malen Sie ruhig Winterlandschaften, wenn Sie wollen. Aber malen Sie wärmere! Lebensvollere! Das Herz muß einem aufgehn! Fröhlich wollen wir sein — auch im Winter!
Ich hatte keine Zeit zur Antwort, denn der Verkehrsminister gab dem Präsidenten unserer Genossenschaft die Hand, nickte den Umstehenden zu und verschwand. Ich stand eine Weile allein, bis sich der 2. Vizepräsident zu mir heranarbeitete und sagte: Wir sprechen morgen darüber.—
Ich hatte eine furchtbare Nacht. Durch meine Träume gingen Männer mit Aktentaschen, klappten sie auf und riefen hinein: »Wärmer! Wärmer!« — Neben meinem Bett stand der Präsident unserer Genossenschaft und schippte mir Schnee auf die Füße.—
Am Vormittag ging ich in die Sitzung. In der Zeitung stand noch nichts über meinen Fall. Das Präsidium der Malergenossenschaft beschloß die Gründung einer »Kommission Winterbilder« der Malergenossenschaft unter dem Vorsitz des 1. Vizepräsidenten. Weiterhin wurde meine Mitgliedschaft in der Malergenossenschaft vorläufig ausgesetzt.
Die Kommission Winterbilder der Malergenossenschaft unternahm eine sechswöchige Studienreise durch Sibirien, von der zwei Mitglieder mit erfrorenen Ohren zurückkehrten. Die Messungen hatten Temperaturen bis zu $-56°$ Celsius ergeben. Ein Kontakt mit sibirischen Ma-

lern hatte sich nicht herstellen lassen, weil die sibirischen Maler bei solchen Temperaturen nicht im Freien arbeiteten. Die tiefste Temperatur in unserer Hauptstadt lag nach Beobachtungen der gleichen Studienkommission bei − 26° Celsius. Für die Exkursion und die Messungen in der Hauptstadt erhielt die Kommission einen Staatspreis. Kurz darauf gab die Kommission Winterbilder einen »Kurzen Lehrgang für Wintermaler« heraus, in dem sich wertvolle Hinweise für die Arbeit der Winterlandschaftsmaler finden. Nach einem ausführlichen Vorwort unseres Verkehrsministers, der ja auch als Wintersportler sehr geschätzt ist, hat die Kommission eine mit erläuternden Texten versehene Tabelle ausgearbeitet, die nach streng naturwissenschaftlichen und klimatologischen Gesichtspunkten gegliedert ist.

Z. B. heißt es:

Temperatur	kleines Format	großes Format
− 5° Celsius	5 cm² Zinkweiß 20 cm² Böhmische Grüne Erde 30 cm² Alizarin-Krapplack	15 cm² Zinkweiß 60 cm² Böhmische Grüne Erde 90 cm² Alizarin-Krapplack
− 10° Celsius	10 cm² Zinkweiß 10 cm² Böhmische Grüne Erde 35 cm² Alizarin-Krapplack	30 cm² Zinkweiß 30 cm² Böhmische Grüne Erde 105 cm² Alizarin-Krapplack
− 20° Celsius	11 cm² Zinkweiß 9 cm² Böhmische Grüne Erde 35 cm² Alizarin-Krapplack	33 cm² Zinkweiß 27 cm² Böhmische Grüne Erde 105 cm² Alizarin-Krapplack
− 60° Celsius	15 cm² Zinkweiß 40 cm² Alizarin-Krapplack	45 cm² Zinkweiß 120 cm² Alizarin-Krapplack

usw.

Durch die Übersichtlichkeit der Darstellung ist es uns jetzt allen leichter geworden, zumal wir unumschränkte Freiheit in der Füllung der übrigen Quadratzentimeter haben. Ausgenommen Weiß und Rot, können wir jetzt jede Farbe beliebig oft und in freier Dosierung verwenden.
Das Präsidium der Malergenossenschaft hat meine Wiederaufnahme in die Genossenschaft davon abhängig gemacht, inwieweit ich bereit bin, meine falschen Auffassungen über das Winterbild im Sinne der Erklärungen unseres Verkehrsministers zu revidieren. Die ersten Winterlandschaften, die ich nach meinem Ausschluß gemalt habe, wiesen nach dem einstimmigen Urteil des Präsidenten der Malergenossenschaft noch zuviel Schnee auf.
Ich bin jedoch sicher, daß ich mit der gestern fertig gewordenen Winterlandschaft Erfolg haben werde. Sie zeigt ein blühendes, tulpen-, narzissen- und rosenbestandenes Feld mit einem Personenzug im Hintergrund. Im Vordergrund des Bildes steht der Verkehrsminister und unterhält sich mit sibirischen Arbeitern. Er hält eine Zigarette in der Hand, die ihm etwas sehr Persönliches gibt, und weist mit durchgedrücktem Arm in die Ferne. Ich habe das Bild »Warmherzige Diskussion über Verkehrsprobleme bei minus 89 Grad« genannt. Es ist überhaupt kein Schnee mehr darauf, und Zinkweiß habe ich nur zum Mischen genommen. Ein bißchen Angst habe ich bloß wegen der Zigarette. Vielleicht ist der Verkehrsminister Nichtraucher.

Erschienen 1968

Herbert Reinoß

Tante Marie

geb. 1935

I

Tante Marie, die wir vor einigen Monaten im frühen Herbst begraben haben. Es erging ihr, wie es Menschen ergeht: dem einen etwas besser, dem andern etwas schlechter. Oder doch nicht ganz; sie ist wohl eine Frau gewesen mit einem nicht alltäglichen Schicksal in einem Jahrzehnt, das wir heute so leichthin und längst, ohne weiter nachzudenken, »unselig« nennen. Die Zeit, durch die sie lebte, fand bei ihr keinen Widerstand: war Bilder um Bilder, die auf einen Film fallen.
Tante Marie. Eine ziemlich entfernte Tante bloß; (so fiel es uns damals, als es plötzlich hieß, sie sei »nicht normal«, überhaupt nicht schwer, sie zu bespötteln). Ich hätte sie vielleicht nicht einmal kennengelernt, wenn sie nicht aus unserem hübschen kleinen Dorf gekommen wäre, sogar aus unserer Nachbarschaft.
So aber begegnete ich ihr schon, als ich ein kleines Kind war, vier oder fünf Jahre alt. Und damals, da war die Marie eine auffallend aussehende, für unsere dörfliche Umgebung sehr gepflegte Frau; ich weiß niemanden, der ihr bei uns halbwegs gleichzusetzen gewesen wäre. Ich erinnere mich: Wir, Kinder, wagten uns kaum in ihre Nähe, so ungewöhnlich erschien sie uns. Und sie hatte ja das große Glück gemacht: einen Mann geheiratet (um 1930), der dann ein hohes Tier würde bei den Nationalsozialisten, und sie besaß ein auffallendes Kind, hübsches Stadtmädchen. Und sie lebte auch nicht mehr bei uns auf dem Land, sondern im großen Hamburg, das war etwas ganz anderes; kam nur gelegentlich zu Besuch.
So war das um 1935.

2

Als Mädchen, da muß die Marie zu den Dorfschönen gehört haben und entsprach doch nicht dem Durchnittsgeschmack der Jungs, die mit ihr die Schulzeit hinter sich brachten, nackt badeten im zwei Kilometer entfernten Waldsee, nebeneinander im Gras lagen und davon faselten, daß sie's bei nächster Gelegenheit mit 'nem Mädchen *richtig* tun würden, bestimmt! (Ich weiß das; ich war ja selbst einer von denen fünfzehn, zwanzig Jahre später; bei uns änderte sich so was nicht so schnell.) Und dann begann damals die Zeit, wo die Jugend männlich-animalisch sein sollte; jedenfalls sprachen die ersten Nazis im Dorf davon, der Sohn des Lehrers und der des großen Bauern Krahn.
Das Schönheitsideal bei uns war immer: praller Busen (Euter), fleischiger Hintern — Weiber, wie Rubens sie in Flandern gemalt hat, vielversprechend für die Feldarbeit und fürs Bett. Die Dürren, die bekamen Spitznamen, die nahm man nicht ganz für voll. Schlank aber war auch Tante Marie.
Und ich kann es mir auch nicht vorstellen, daß sie als junges Mädchen aufreizend umherstolzierte, derart kalbrig, wie es manche ein paar Jahre später vor den Soldaten machten (erst vor den deutschen, dann einige genauso vor den Tommies). Sie scheint eher eine etwas nachlässige, vielleicht: gleichgültige, Haltung gezeigt zu haben; aber sie hatte das sanfte Gesicht einer Madonna: hell, umgeben von glattem, strohfarbenem Haar, das ihr, nach innen gerollt, in den Nacken fiel. Sie konnte einem wohl anhaltend ins Gesicht sehen, ohne daß es herausfordernd wirkte. So kenne ich sie jedenfalls von einem Bild, das heute noch in unserem Familienalbum klebt, und nach einem spontanen Kommentar meiner Mutter zu ihm. Dieses Bild wurde um 1930 gemacht, der Zeit meiner Geburt.
Sie hat früh geheiratet; sie war wohl nicht älter als zwanzig. Der Emil Birkenstock hat mit einer SA-Gruppe übers Wochenende in unserem Dorf gelegen (sie hatte Gelände-

übungen gemacht in den Wäldern); da ist die Marie ihm
aufgefallen, er kam wieder. Kurz: Wenig später heiratete
er sie; und es ist nicht wahr, daß er's mußte, wie es später
rumerzählt wurde (zu seiner Verteidigung). Man kann
das doch nachrechnen: 1930 die Hochzeit, Anfang 1932
kam die Tochter zur Welt, Ursula.
Meine erste bewußte Erinnerung an Birkenstock datiert
etwa aus den Jahren 35/36, als ich mit der Schule anfing.
Aber er war damals solch ein hohes Tier für uns, daß man
sich nachhaltig mit ihm beschäftigte; so habe ich mir vieles gemerkt. Er war groß, schlank, und er wirkte unreif insofern: Man meinte, ihn sich ständig umgucken zu sehen
nach einem drohenden Finger, einer Abstrafung: dem Vater mit dem Leibriemen, der Mutter mit der lockren Hand
— ob die nicht schon in der Haustüre lauerten, um ihn
übers Knie zu legen. (Doch bin ich fast sicher, daß nur ich
allein es so beobachtete und ausdeutete; so muß man nicht
viel darauf geben.)
Ich muß ihm gerechter werden: Er war ein Mann, den ich
niemals dabei ertappte, daß er nicht mitreden konnte. Er
hatte Ansichten zu allem damals; es gab keine Gesellschaft, in der er nicht flink im Mittelpunkt gestanden
hätte mit vielen Sätzen. Aber wo hört das Erzähltalent
auf, dachte ich später, fängt die Logorrhöe an (dieses
Luftschnappen und Hervorsprudeln von Wörtern) und ist
ganz bedenkenlos? Und eines Tages war dann die Position dieses Mannes so, daß einige von seinen vielen Tiraden so schlimm werden konnten wie Mord. Ich erinnere
mich: Ich habe Leute nach einiger Zeit irgendwie gequält
aufstehn und sich aus seiner Umgebung entfernen sehen.
Ein Asketenkopf, er trug eine randlose Brille; war beschlagen auf so gut wie allen Gebieten.
Als er die Marie heiratete, da muß das natürlich eine
große Sache gewesen sein für unser Dorf. Es hat niemand
damals wie sie weggeheiratet in eine große Stadt: die
Welt, und das nicht bloß auf der Ebene des Dienstbotenstandes, sondern gleich einen Lehrer und späteren Parteiführer.

Sie heirateten in Hamburg und verbrachten dann vierzehn Tage in unserem Dorf. Herrliche Sommertage (so hat es Mutter später behauptet). Sie gingen Arm in Arm zum Waldsee zum Baden, Birkenstock, dieser schmucke Mensch, und Tante Marie, vor einem Jahr noch, trotz ihres aparten Aussehens, ohne rechte Aussicht auf einen Mann, plötzlich die Schönste des Dorfes im Bewußtsein aller.
Und sie und ihr Mann: Sie schienen so über alles Alltagsschicksal nach den dörflichen Vorstellungen erhaben, daß auch niemand das Malheur ernst nahm, das Tante Marie schon am vierten oder fünften Tag ihrer Ehe zustieß: Sie verlor beim Baden den Ehering, und alles händeringende Suchen blieb vergebens. Den Ring verlieren: Was war das sonst für ein böses Vorzeichen!, was für eine Katastrophe! Wer den Ehering verlor, der konnte, nach Meinung der Leute, seine Ehe gleich mit abschreiben, mit Sicherheit ging sie in die Brüche. Das gilt natürlich nicht für dich, Marie, will Mutter ihr damals gesagt haben; Marie, du bist nun eine in der Stadt, die glauben doch nicht an so was, und dann hat es auch nichts zu sagen! Man braucht euch doch nur anzusehn: Ihr seid doch die reinsten Turteltauben!
Wirklich, sagte Mutter noch Jahre später, das waren sie! Immer mit der Decke unterm Arm in die Natur, und man bekam ja auch den Beweis: nach wenigen Monaten war die Marie schwanger.

3

Es gab einen bemerkenswerten Tag in unserm Dorf im Mai 1939, ein Frühlingsfest ohne Vorbild und Nachahmung seither. Die Parteileitung aus der Kreisstadt hat die Finger mit im Spiel gehabt; so wurde es eine Sache mit Aufwand und Organisation. Die große Wiese am Dorfausgang war hergerichtet worden mit Hakenkreuzfahnen an hohen Stangen, Tischen und Bänken aus Kneipen, ei-

ner Kapelle, Tanz im Freien. Ja, sagten die Leute noch viele Jahre später, es war ein einmaliges Fest!
Und davon kann ich schon nach der eigenen Anschauung erzählen; ich war inzwischen neun geworden. Ein Ehrengast wurde begrüßt: SS-Unterstumführer Emil Birkenstock, »der unserm kleinen Ort ja auf eine ganz besondere Weise verbunden ist«. Ganz ungewöhnlich, was der Mann für eine Karriere gemacht hatte! Niemand kränkte ihn mehr, indem er seinem Redefluß den Rücken kehrte, sich auf französisch verabschiedete.
Und was Birkenstock an Gescheitheiten äußerte, da konnte von den Unsrigen ohnehin niemand mithalten; es mochte der eine, der andre denken: Gut, daß wir Dörfler auch mal was erfahren von den Vorstellungen der Führenden in den Metropolen der neuen Zeit! Und Birkenstock gab sich mit Charme, seine Überlegenheit nicht ausnutzend, auch den Mädchen gegenüber nicht, die ihm fast atemlos zuhörten und doch wohl am wenigsten etwas verstanden von Westwallproblemen, der möglichen Kaiserwerdung des Führers und der Achillesferse Polens.
Unter diesen Mädchen war die Inge Dolenga, vierzehn, aber entwickelt wie eine Siebzehnjährige (das muß man zugeben). Sie war kurz vor der Schulentlassung und wollte dann als Helferin zur Marine gehen. Die Inge geht an Bord, sagte ihre Mutter; — an Bord, das ist ja Gott sei Dank nicht auf dem Meer, das ist ja an Bord! Die Inge war groß, üppig, dunkel, hatte schon mächtig Busen; ja: sie sollte es schon mit dem Hassel, dem HJ-Führer, treiben, es wollte sie jemand dabei gesehen haben. Sie hatte lustige Augen, die Inge, machte sich wohl kaum über irgendwas Gedanken. Nur ihre beiden Vorderzähne, die standen etwas weiter auseinander als üblich, zwei Millimeter vielleicht; doch sie gefiel damit. Die Inge hing dem Birkenstock (wie man so sagt) an den Lippen: Welch ein Mann, der so viel wußte, wovon sie nichts kapierte, meine Zeit, wann bekam man mal solch einen Mann zu sehen! Und Birkenstock beobachtete offenbar gut, sah ihr Interesse; bald sprach er auffallend in ihre Richtung, seine Ge-

sten gingen zu ihr hin, er sah ihr tief in die Augen. Da schien das Gesicht der Inge noch stärker durchblutet als sonst; und sie vergaß, den Mund zuzumachen, man sah die Lücke zwischen den Vorderzähnen die ganze Zeit.
Es begann zu dunkeln; und er redete. Er vermochte immer noch mit Steigerungen aufzuwarten, ja: geriet in einen Rausch; Wörter, Sätze, Einfälle flogen ihm nur so zu. Und dann der Gipfel, der das ganze Dorf erschüttern sollte:
Hört mal, sagte er unvermittelt, wie ist das eigentlich mit diesem Morgenstern? Schmarotzt hier immer noch, ja?! Da muß man euch wohl auf den Weg helfen, was? Na, macht nichts! Aber erinnert euch doch: Ging der in eure Kirche, als man auf so was noch Wert legte? Na also! Ortsgruppenleiter, wo hängt hier eigentlich der »Stürmer«?
Zu Befehl, Untersturmführer! rief Rabel; am Haus vom Krahn mitten im Dorf!
Gut. Birkenstock nickte. Ihr müßt natürlich mit der Zeit gehn, Leute, fuhr er fort, ihr wahrhaft gerecht werden! Niemand darf heute sagen: Bei uns, da ist das etwas weniger wichtig! Der Ruf unserer Zeit geht an jedes Herz! Was also meint ihr: Soll er auch was mitbekommen, Morgenstern, von dem Fest?!
Da äußerte niemand eine andere Ansicht.
Ich habe mir sie angesehn, die Schaluppe, wo er wohnt, Itzig! Lebt allein da, was?
Allein! rief Rabel. Das heißt, drei Milchziegen, die hat er nachts mit unterm Dach, der Kerl! Tagsüber sind sie angepflockt hinterm Friedhof.
Nimmt sie am Ende mit ins Bett, was? Hahaha!
Scheiben einschmeißen! sagte einer der HJler, einer mit blondem, vorschriftsmäßig geschorenem Kopf, hängenden Schultern. Er war von auswärts, ich kannte ihn nicht.
Klar! antworteten mehrere; waren schon halb unterwegs.
Gottlob, sagte Birkenstock, gibt's genug Eichen in den deutschen Gauen, um alle dran aufzuhängen, die eine Schande für uns sind. Wenn wer Prügel kriegt, dann ste-

hen sie ihm zu! Habt ihr eine Trompete? Er soll sie hören, seine Posaune von Jericho!
Gelächter! Und die Musik nebendran spielte in die frühe Nacht mehr laut als schön; und die Leute betranken sich, manche sangen, andere tanzten. Ich habe das noch ungewöhnlich deutlich vor Augen.
Birkenstock aber ging's um Bedeutsameres.
Das alte Feuerhorn, sagte jemand.
Ja! antwortete er spontan.
Aber er war intelligenter. Halt! rief er im nächsten Augenblick. Dann glaubt vielleicht wer, es brennt wirklich! So wollen wir die guten Leute doch nicht narren! So gut der Gedanke war — es geht nicht!
Die Feuerspritze, sagte Fritz Schmude, genannt »Hexe«, damals im achten Schuljahr.
Das ist die Idee! rief Birkenstock. Setzt ihn unter Wasser! Gebt dem Kerl ein Bad, an das er denken wird! *Das* ist die Idee! »Hexe« errötete, als ihm das Lob zuteil wurde.
Was dann im einzelnen geschah, davon bekam ich erst in der Endphase etwas mit; denn der Gustav Wrobel und ich, wir zwei Neunjährigen, wir blieben in Birkenstocks Nähe, dem Vorbild damals. Und der lief nun durchaus nicht mit zum Spritzenhaus, hob Steine auf zum Werfen. Er paßte einen günstigen Augenblick ab, winkte der Inge Dolenga aus dem Halbdunkel, winkte noch einmal mit dem Kopf, wollte sie ins Dunkle haben. Und so lange dauerte das gar nicht, da war sie bei ihm, und sie entfernten sich zusammen in die entgegengesetzte Richtung.
Der Gustav und ich: Wir, wie Indianer, hinterher!
Was soll ich davon erzählen: Kurz darauf standen die beiden bei Rabels Jasminbüschen, man sah eigentlich nur die Köpfe; und der Gustav und ich, wir waren auf den Knien und wagten kaum zu atmen. Und sie schmusten natürlich; und dann hat der Birkenstock die Inge wohl gekitzelt, denn sie sagte: Nicht! Nein! Aber so ein richtiges Nein war das nicht: sie lachte. Nicht so laut, Mensch! flüsterte Birkenstock. Aber gleich war wieder alles gut zwischen ihnen; und er flüsterte auf sie ein: Ja? Ja?

Nicht hier —, sagte sie; wenn wer kommt —. Nicht hier —. Das hörte ich deutlich.
Da faßte er sie um die Hüfte, und sie wankten ein Stück die Wiese rauf, die unlängst gemäht worden war, es roch so nach Heu. Und da konnten wir uns ungefähr denken, was kommen würde; und es stimmte also: Die Inge trieb es schon mit Kerlen, und ging doch auch noch zur Schule. Und wir hatten das noch nie gesehen, jedenfalls nicht bei Menschen; also nach, bis hinter die Jasminbüsche. Und dort lagen wir und zitterten vor Aufregung und konnten alles beobachten.
Sie hatten sich in einen Heuhaufen gesetzt, gelegt, waren im Heu zugang mit Geknutsche und Gewisper. Und dann lag sie mitten unter ihm, das dralle Ding, und noch einen Augenblick, dann stieß sie heraus: Aah! Und da war mir, als ob etwas ganz Unwirkliches angefangen hatte, es konnte nicht sein, obwohl ich es deutlich sah. Es waren so weiche, gleichmäßige Bewegungen — das sollten die beiden sein, die ich doch kannte? Das Herz schlug mir in den Hals. Und ich sah die nackten Schienbeine, die Knie der Inge, sie leuchteten. Ich seh es noch vor mir wie heute, weil es das erste Mal war, daß ich so etwas erlebte. Und der Gustav neben mir, der sagte plötzlich viel zu laut: Die Sau —!, und er meinte die Inge.
Eine Zeitlang erschienen sie mir wie *ein* unnatürliches Wesen. Wie lange? Aber dann, ganz plötzlich, warf die Inge ein Bein hoch, ich seh das Bild noch klar vor mir, und rücksichtslos stieß sie einen Schrei raus.
Ja: so empfand ich das schon damals als Kind; es war ja auch nicht mißzuverstehen. Wie kann ich es noch genauer beschreiben? Es war ein Herausschreien und irgendwie auch eine Art Schluchzen, durcheinander — wie wenn sich etwas aufs höchste angestaut hatte und mit einemmal durchbrach.
Aber dieser Schrei: Er jagte uns solch einen Schrecken ein, daß wir nach einem kleinen Moment der Starre aufsprangen und davonrannten wie vom Teufel gehetzt. Wir wollten wieder zu Menschen! Und so kamen wir atemlos zu

Morgensterns altem Haus, mischten uns unter die andern — und bekamen noch mit, wie es mit dem Morgenstern zu Ende ging.

Wir sahen: Die Scheiben waren hin, und sie pumpten immer noch mit unserer alten Handpumpe, und einige gröhlten: die, die mitmachten. Die andern glotzten eigentlich nur und sagten nichts. Und plötzlich kletterte der Morgenstern oben langsam aus der Luke, sehr langsam; und war dann auf dem Dach. Und da waren auch die Gröhler für einen Augenblick still — nur das aufgebrachte Vieh im Haus war zu hören.

Doch dann sagte einer laut: Draufhalten, Mensch!; und da hielten sie drauf auf den Mann. Und doch war es wohl gar nicht der Wasserstrahl, sondern der Morgenstern *sprang,* sprang von ganz oben einen Kopfsprung und schlug klatschend auf. Und da hätte man eine Stecknadel fallen hören können, ich bild mir ein: es gab keine Musik mehr, keinen Muckser im ganzen Dorf, nicht mal einen krakeelenden Besoffenen, als hätten alle aufgehört zu atmen. Und ein sehr zögernder Kreis bildete sich um den Morgenstern, und ich sah zwischen den Leuten durch: sein Gesicht lag erstaunlicherweise (aber nachgedacht hab ich erst später) nach oben und war gar nicht kaputt, und nur die Augen: die guckten einen so eigenartig an wie Fliegenaugen, was sag ich: wie glasige starre Fischaugen.

Und da war plötzlich Birkenstock da, sozusagen Obrigkeit, vor der man strammstand. Eine Gasse öffnete sich (doch ich war eigentlich nicht neugierig darauf, was er nun tun würde; ich dachte zu sehr daran, was er mit der Inge gemacht hatte, und starrte ihn deswegen an). Er trat in den Kreis, wollte halb wieder zurück, schaute dann aber doch hin, schaute noch einmal hin, ging sogar nahe ran und griff nach der einen Hand vom Morgenstern, hob den Arm ein bißchen in die Höhe, ließ ihn wieder los, er fiel leblos zu Boden.

Pause.

So'n Jud, sagte er. So'n verdammter Jud. Nichts als Ravage mit dem Pack!

Doch es klang, als sei er nicht so sicher wie üblich. Diese Leute, die so schwiegen, starrten —.
Was sollen wir —, fragte der Ortsgruppenleiter.
Wie —! sagte Birkenstock eisig. Melden! Ein Jude! Den Kreisleiter anrufen und sagen: Jude! Verstanden —?!
Er wird — abgeholt?
Klar, Mensch! Heil Hitler!
Er schien die Sache mit uns Dörflern plötzlich leid zu sein und entfernte sich geradewegs in Richtung Zuhause.

4

Denn Untersturmführer Birkenstock war ja mit Frau und zwei Kindern in unser Dorf gekommen, war Familienvater und hatte die entsprechenden Verpflichtungen. Und unsere Tante Marie war also, wie gesagt, eine Dame geworden in der Großstadt, die eine, einzige aus unserm Nest, die so was tatsächlich geschafft hatte, während viele andre davon zeitlebens nur träumten. Sie hob sich nun ganz eindeutig von den Frauen unseres Dorfes ab, sah man auf Kleidung und Pflege: hatte das Haar zum Beispiel jeden Tag frisch gewaschen, so daß es seidig glänzte. Sie wurde anderswo wohl mit gnädige Frau angeredet.
Und dieses Stadtkind! Die Ursel hatte eine Uhr am Arm, von der nicht mal unser Lehrer glauben wollte, daß es eine richtige war. Als er eines Tages zu Besuch kam, da sagte er: Laß doch mal hören! Und beugte sich runter, der korpulente alte Mann, hielt sich die Uhr ans Ohr und sagte: Tatsächlich, sie tickt!
Ich wurde von Mutter mehrmals hinübergeschickt, um mit diesem Mädchen zu spielen. Aber das war keine reine Freude für mich. Ich war befangen dort, die Ursel hatte ja immer Sonntagskleider an, alles war so sauber und fein. Ja: Und in der Schule, da zogen sie mich damit auf, daß ich dort spielte, weil es mit einem *Mädchen* war — in diesem Alter, da spielt man doch nicht mit Mädchen! Sie riefen mir nach, ich hätte eine Braut. Und dann passierte

auch noch das mit den Bonbons, worüber ich mich sehr schämte, so daß ich danach überhaupt nicht mehr hingehen wollte. Das war so: Wir hatten Kaufladen gespielt, mit Bonbons gehandelt, und ich hatte gedacht, die gekauften darf man aufessen, und als ich zwischendurch auf dem Klo gewesen war, hatte ich zwei in den Mund gesteckt. Aber dann hat die Ursel plötzlich sehr bestimmt gesagt: So, jetzt alles wieder hergeben, du hast fünf! Ich hatte aber nur noch drei, und da hat sie sehr verächtlich gemeint: Du stiehlst ja! Pfui!
Tante Marie hatte sich aber noch in einer andern Hinsicht verändert, das ließ sich nicht übersehen: Sie war nicht mehr ganz das geduldige Lamm, die stille Madonna wie früher, sie hatte einiges Selbstbewußtsein bekommen. Sie setzte sich sogar mit ihrem Mann lautstark auseinander, man glaubt es kaum.
Ich weiß doch, sagte sie ohne Rücksicht, daß ich dir nicht mehr gut genug bin! Du hast doch gesagt, daß du dich nicht mehr befördern lassen willst, weil ich nicht mithalten kann mit dir! Mein Gott, hab ich dich denn *gezwungen*, mich zu nehmen? Renn doch zu einer andern! Die mehr im Kopf hat! Tu's doch!
Es war also nicht mehr ganz das stille Glück draußen auf der Wolldecke, das ließ sich nicht überhören.
Und dem Birkenstock schien die Standpauke ordentlich peinlich zu sein in Gegenwart von Verwandten und sogar uns Kindern; er litt so offensichtlich darunter, daß er ein bißchen einem Märtyrer glich. Er, der nach meiner Erinnerung niemals in Verlegenheit gewesen ist beim Finden von Wörtern, schien plötzlich mit seinem Latein am Ende. Was soll ich bloß machen —? sagte er mit leiser klagender Stimme und zog bedächtig die Schultern hoch, schaute fragend im Kreis fest in Augen. Immer diese — Wahnvorstellungen! Da steigert sie sich derart hinein — ihr seht es ja! Richtig *krankhaft* ist das! Das ist doch *krankhaft!*
Wahnvorstellungen! schrie Tante Marie. Du nimmst doch jede! Alte wie Junge! Und das mit der Tochter vom Sturmbannführer Müller! Das bild ich mir wohl auch bloß ein!

Du solltest wirklich nicht unfair werden, Frauchen, sagte er sanft; und auf reine Vermutungen hin so schwere Beschuldigungen äußern!
Beschuldigungen? rief die Tante. Ich habe es doch selbst gehört, wie die sagten: Wenn der nicht Frau und Kinder hätt —! Und der Müller wär die Sorge mit der los! Diesem *Flittchen!*
Da brachte es auch Birkenstock nicht mehr fertig, geduldig zu bleiben. Er versuchte es anders, seine Stimme war schneidend: Wer hat das gesagt! Antwort!
Das werd ich dir grade auf die Nase binden! sagte Tante Marie. Aber sei nur nicht *zu* sicher! Die Tour vermassel ich dir! Ich weiß, was ich tun muß! Das kannst du mir glauben!
Seht ihr, so ist das, sagte er, plötzlich wieder ganz con sordino. Solche Angriffe, immer, und nichts Konkretes —. Wie soll man denn so was entkräften —. Immer diese krankhaften Beschuldigungen, und alles aus der Luft gegriffen! Als ob ich jemand bin, der so was auf die Dauer aushält! Du mußt dich wirklich zusammennehmen, Frauchen — um unser aller willen!

5

Dann waren sie wieder abgereist. Und die Monate vergingen, zwei Jahre.
Plötzlich, 1941, hieß es, Tante Marie sei anscheinend sehr krank, ihr Mann habe sie jedenfalls fortschaffen lassen. Ich weiß nicht, ob derjenige, der uns den Bericht gab, die Worte genau überlegte, aber ich weiß mit Sicherheit, daß er sagte: Fortschaffen.
Ich erschrak darüber. Krank sein an sich, das hieß noch nicht viel, krank war alle naselang wer; ich selbst hatte gerade erst die Masern gehabt. Aber Fortschaffen: Das fuhr mir in die Glieder. Oma hatten sie eines Tages fortgeschafft, die Mutter meines Vaters, ihr noch am selben Abend ein Bein amputiert (ich hatte gefragt: Was ist das?

und Mutter hatte gesagt: So was wie abgesägt), und dann war sie gestorben und hat bei uns im Wohnzimmer gestanden eine Nacht und einen Vormittag lang im offenen Sarg auf einem notdürftigen Katafalk, und wir Kinder hatten sie uns angucken dürfen, wie sie dalag mit wächsernem Gesicht. Fortschaffen: Das klang gar nicht gut!
Aber Tante Marie blieb am Leben. Es wurde zwar 42, und sie lag immer noch in der Klinik, und die Leute redeten darüber und hatten so ihre Vermutungen; doch sie starb nicht. Besser, man will nicht zu hoch hinaus, sagte jemand; es wachsen eben keinem die Bäume in den Himmel!
Wir haben sie dann sogar besucht, Mutter und ich, an einem sonnigen Nachmittag im Sommer. Auch daran habe ich noch eine deutliche Erinnerung.
Das heißt: Mutter hat sie besucht; ich, damals wohl dreizehn, sollte besser auf einem der weißen Holzstühle auf dem Flur warten, wo die Empfangsschwester hinter einer Scheibe saß wie eine Fahrkartenverkäuferin. Ich weiß noch: Die Klinik lag in einer Art Park, in dem verstreut mehrere Häuser standen in einem einförmigen Alltagsstil der Jahrhundertwende, nicht ärmlich, nur allein gelassen grau; es hätten Privathäuser sein können von mittleren Kaufleuten, verteilt unter hohen schattengebenden Bäumen, verbunden durch geharkte Kieswege. Und ich fand, die Besucher benahmen sich wie auf einem Friedhof: flüsterten nur; und ich dachte an Angstmachendes, sogar an Geister.
Wie geht es denn der Tante, fragte ich hinterher.
Sie ist sehr, sehr krank! sagte Mutter. Und Mutter sah dabei ungewohnt zurückhaltend aus und irgendwie sehr müde. Und nach einer Pause: Vielleicht wärs besser, der liebe Gott würd sie zu sich nehmen! Dann hätt das alles ein Ende —. Aber was red ich da —! Das darfst du keinem erzählen, hörst du!
Liegt sie im Bett? fragte ich.
Na ja —, im Bett —, sagte Mutter unbestimmt. Frag mich lieber nicht so, das verstehst du ja doch alles nicht.

Ich schaute zu einem der loggiaartigen Balkons des einen der Häuser hinauf, wo ein bulliger Glatzkopf, Schädel vorgestreckt wie eine Schildkröte, immer auf und ab lief und monoton ein und dasselbe vor sich hin lallte — wie ein Tier im Käfig.
Guck doch da nicht hin! sagte Mutter befehlend. Und dann waren wir durch das große Tor und am Rand der breiten Straße, wo die Busse kamen; und da war es gleich viel sonniger, und ich war froh, daß wir wegfuhren.
Am selben Abend bekam ich mit, wie Mutter ihrer Freundin Alma berichtete: Weißt du, das ist was ganz Seltsames, was sie mir erzählt hat. Guck, hat sie gesagt, jetzt bin ich doch ruhig, jetzt bin ich doch *normal!* Aber dann krieg ich wieder eine von diesen Spritzen, und dann tob ich! Dann tob ich los, und dann sagen sie: Die ist ja *gefährlich!* Weißt du, sagte sie: Die *wollen* hier, daß ich tob! Bekäm ich sonst immer diese Spritzen? Wenn ich keine Spritzen krieg, dann bin ich doch wie früher, das siehst du ja selbst.
Weiß ich, ob etwas daran war? Ich kann das ja gar nicht wissen.
Jedenfalls: Ein halbes Jahr später, Ende 42, heiratete der Birkenstock wieder — heiratete Fräulein Ilona Müller, die Tochter des Obersturmbannführers Müller; seine erste Ehe war nach Entmündigung seiner Frau Marie für nicht mehr gültig erklärt worden. O ja, der Birkenstock, der weiß, wie man so was macht, bei dem geht so was schnell, sagten die Leute bei uns und meinten wohl nur das rasche Erledigen der Formalitäten und wußten nicht, wie sehr das vielleicht in einem noch viel weiteren Sinn galt. Der Müller erwies sich bei diesem Anlaß übrigens als spendabler Mann: Birkenstock wurde zum Obersturmbannführer befördert, diese Überraschung fand er auf dem Hochzeitstisch.
Das war aber auch schon das Letzte, was wir in jener Zeit über den Birkenstock hörten. Seine Karriere erschien unaufhaltsam; erst recht, nachdem er nun auch eine Frau hatte, deren geistiges Niveau ihm wohl nicht den Gedanken an irgendein Haltmachen nahelegte.

6

1944 oder Anfang 1945 hieß es, Tante Maries Anstalt (nun sprach man offen von Anstalt) sei wegen der Bombenangriffe evakuiert worden an die dänische Grenze (oder sogar nach Dänemark). Und dann war der Krieg zu Ende, und eines Tages war Tante Marie zu Hause. Entlassen! War sie denn für ihre Mitmenschen nicht so gefährlich, daß sie ständig in einer geschlossenen Anstalt gehalten werden mußte?! Und die andere Frage: War ihr Zuhause nicht eine Beamtenwohnung bei einem ansehnlichen Mann und einem hübschen Kind in Hamburg gewesen, bevor sie erkrankt war? Nun war sie in ihr Geburtshaus ins Dorf zurückgekehrt, zu Bruder Otto und Schwägerin Martha, den Kinderlosen. Die Leute sagten: Kinderlos aus Geiz!
Ich sah sie dort bald wieder. Und da saß sie nun: Die Beine übereinandergeschlagen, die gekreuzten Arme eng an den Leib gepreßt, den Rücken rund, auf den Boden (ihre Füße?) starrend; und alles erschien sinnlos. Saß da, das fettige Haar eng anliegend, Mittelscheitel, hinten Knoten, alles so simpel und ohne jede Andeutung von Fraulichkeit, kein Anstoß mehr von innen, sich ein bißchen zu pflegen, auch die Kleider an ihr etwas Gleichgültiges, sie verkamen. Ja: Noch auf der Welt, aber in vielem abgestorben.
Sie hob den Kopf. Sie war nun ungewöhnlich früh alt geworden; die Stirn lag in dicken verkrampften Falten. Sie machte nur diese eine Bewegung mit dem Kopf; sonst keine Änderung der Haltung. Und sie sagte mit hoher, leiser, verwehender Stimme ein paar zusammenhanglose Wörter, wartete eine Antwort nicht ab, sank wieder in sich zusammen.
Was quatscht sie bloß wieder! sagte Bruder Otto mit dem hochgeschobenen Ziegenkopf, den melancholischen Augen, dem Greisengesicht von frühauf; Otto: ein Pedant, der nie lachte.
Sie hob nochmals den Kopf, Stirn in diesen dicken Falten,

aber sie sagte nichts mehr. Sie begann, den Oberkörper rhythmisch hin und her zu wiegen, als folge sie einer Melodie aus ihrem Innern. Nein, keiner Melodie. Ein leerer Mechanismus lief ab.
Sitzt da und quasselt bloß! sagte Otto. Statt mal zu helfen. In der Küche. Nicht mal Geld gibt sie ab. Und hat so'ne feine Rente. Darf denn jemand wie die überhaupt die Rente selbst kassieren. Die paar Groschen, die sie einem gibt. Weiß der Teufel, wer den Rest sieht. Wo sie alles hinschmeißt.
Nun, so ganz ohne Sinn und Verstand warf sie es nicht fort, dafür bin ich Zeuge. Eines Tages hatte ich mir im Schreibwarenladen der Kreisstadt eine Straßenkarte für eine Radtour ausgesucht, ich war inzwischen achtzehn, und ließ mir noch Geschenkpackungen Briefpapier vorlegen, meine damalige Freundin Viktoria von M... hatte in wenigen Tagen Geburtstag. Da betrat Tante Marie den Laden. Sie sah mich an, sagte leise meinen Vornamen. Sagte dann deutlich: Hast Geld? Ja, sagte ich. Sie wartete das nicht ab, schob mir zehn Mark hin, sagte: Da hast. Ich wehrte ab, wollte sie andererseits aber nicht kränken, sagte: Laß doch, ich brauch nichts. Ich beeilte mich fertig zu werden, rasch aus dem Laden zu kommen — wer weiß, wer noch kam und alles mitkriegte. (Wenn Viktoria von M... zum Beispiel erfahren hätte, daß so eine meine Tante war, wenn auch eine entfernte...) Ich griff ziemlich wahllos etwas heraus, sagte zu der Verkäuferin: Dies. Ich bezahls, sagte Tante Marie rasch, ja: ganz erstaunlich rasch. Ich machte nur noch eine halbe Geste der Ablehnung, die Verkäuferin grinste mir verstohlen zu, sie war ganz auf meiner Seite im Gefecht mit dieser Unzurechnungsfähigen. Tante Marie bezahlte also, bezahlte damals auch das Geschenk für Viktoria von M..., dieses Mädchen aus sogenannten besseren Kreisen (das mir kurz darauf sowieso den Laufpaß gab, nachdem ihre Familie mich lange genug als einen ungehobelten Bengel vom Dorf heruntergemacht hatte, sogar in meiner Gegenwart). Ich hörte in jener Zeit, Tante Marie habe gesagt, sie wolle

verreisen. Ein paar Reisen machen, hatte sie gesagt; es
gibt doch die Kadeef-Schiffe, Kraft durch Freude, man
kann nach Dänemark und auch sonst. Da hat der Birkenstock mal mit ihr hingewollt, ganz zu Anfang, sagte
Mutter; — mein Gott, wie lange ist das nun schon
her!
Dachte sie wohl manchmal noch an Birkenstock und ihr
Kind? Sie hat gleich nach der Heimkehr, 45, von ihnen gesprochen. Ich muß doch den Emil suchen, hat sie gesagt;
er ist doch vermißt, vermißt ist er. Aber die kann man suchen lassen, die vermißt sind.
Irgendwer hat ihr das ausgeredet. Sie weiß wohl nicht
mal, daß sie geschieden ist, sagte Mutter, daß der eine andre hat. Sie schien es dann tatsächlich vergessen zu haben,
sprach wochen- und monatelang nicht mehr davon. Aber
plötzlich, eines Tages: Ich muß ihn doch suchen lassen, er
ist doch vermißt, vermißt ist er. Und schwieg wieder.
Wiegte auf ihre Art den Oberkörper.
Die Zeit verging. Doch dann geschah etwas schier Unglaubliches: Eines Tages hatte sie die Adresse der Tochter
(die war mittlerweile wohl schon verheiratet). Otto, der
Bruder, und Martha, die Schwägerin, waren so perplex,
daß niemand sie mit Gewalt daran hinderte, ein Paket
dorthin zu schicken. Sie kaufte allerhand zusammen: Apfelsinen, irgendwelche Wäsche, Eierlikör; schickte es ab.
Sie hat die Adresse vom Suchdienst vom Roten Kreuz,
vermutete Mutter; für die ist es kein Problem, sie zu finden.
Sie erhielt keine Antwort. Das Paket kam nicht zurück,
und niemand antwortete. Vielleicht hat sie Hunger, meine
Kleine, sagte Tante Marie; sie hat Hunger, ich muß was
schicken. Nun, das war zu Beginn der fünfziger Jahre, da
hungerte niemand mehr. Hunger: Hatte sie selbst einmal
hungern müssen, saß das tief in ihr? Sie kaufte einen Berg
Eßbares, packte wieder ein Paket, schrieb die Adresse,
klemmte es aufs Fahrrad, fuhr zur Post in die Stadt. Auch
daran wurde sie nicht gehindert, denn man zitterte vor
Schlimmerem: Daß sie den Birkenstock ebenfalls ausfin-

dig machte und zu ihm wollte — wie *das* dann unmöglich machen —?
Und wieder kam das Paket nicht zurück, und wieder gab es keine Antwort. Schickte sie nochmals etwas, schickte sie vielleicht Geld? Otto behauptete es, sprach sogar von regelmäßigen Geldsendungen. Nichts aus ihrem Mund über Birkenstock selbst, den Plan einer Reise — da wurde er wieder etwas dreister, lamentierte: Ich weiß, wo das hinkommt! Und nichts gibt sie uns, bloß ein paar Groschen! Und die andern, die wollen doch gar nichts. Schreiben sie denn?!
Damit hatte er recht: Die von ihr als Kind so sauber gehaltene, immer so sonntagsfein herausgeputzte Ursel hat ihr nie einen Dankesbrief geschrieben.

7

Ja: Ich ahne natürlich die eine Frage, und ich will nicht kneifen, will sie durchaus beantworten. Ich habe tatsächlich etwas über den Birkenstock und sein Leben nach 1945 gehört; das war so um 55, und es hieß zuverlässig, er wohne nun nicht in Hamburg, sondern im Ruhrgebiet. Er und seine Frau. Die Tochter nicht mehr daheim: längst verheiratet. Und angeblich keine Bekannten, nie Besuch. Eine minderjährige Dorfgöre zog dieser Mann jedenfalls nicht mehr in Büsche oder über einen Heuhaufen; er regte auch nicht mehr an, einen Juden zu quälen; und seine zweite Frau landete nicht im Irrenhaus. Er war nichts weiter als ein durchschnittlicher, durchaus nicht übler Bürger, — schien nie etwas anderes gewesen zu sein.
Der hat schlechte Zeiten hinter sich, sagte mein Gewährsmann. Nachtwächter bloß, zwei Jahre lang. Und die Frau wollte nicht zu ihm halten, streunte, soll sogar einen Engländer gehabt haben. Schlechte Zeiten, ja. Und ist doch mal ein angesehener Mann gewesen, man konnte was von ihm lernen, wenn man nur aufpaßte — was wahr ist, soll wahr bleiben! Wir haben doch alle mal zu ihm aufgesehen

und ihn beneidet! Und nun wieder Lehrer; und wohl auch nur, weil solch Lehrermangel ist.
Man sollte ihn eigentlich vor Gericht bringen, habe ich da gesagt. Das mit dem Morgenstern. Und das mit der kleinen Polin, die was gestohlen haben sollte bei der Fitschenschen, diesem Drachen (wer glaubte denn das); und der Birkenstock war es doch, der den Vorschlag gemacht hat, sie in die Stadt zu geben zur Abstrafung, und da haben sie sie in einem Keller halbtot geschlagen. Und dann: Tante Marie —.
Da laß bloß die Finger raus! sagte mein Bekannter sofort und mit allem Nachdruck. Wieviel von den unsren sind danach umgebracht worden im Osten und hatten keiner Fliege was zuleide getan! Unserm Flüchtling, dem seinen alten Pfarrer haben sie nackt auf die Straße gejagt und sich einen Spaß daraus gemacht, ihn mit Knüppeln totzuschlagen. Und das mit den vielen deutschen Frauen —.
Hör bloß auf! Komm uns nur nicht mit so was!
Ich ließ es tatsächlich. Und was wäre dem Birkenstock auch anzulasten gewesen? Ich meine: Womit sich die Gerichte hätten beschäftigen wollen? Daß er irgendwann dies oder jenes ins Rollen gebracht hatte mit irgendeinem Wort? Gibt es dagegen Gesetze? Die auf dem Gericht hätten doch mit den Achseln gezuckt.

8

Eines Tages vor etwa drei Jahren, ja: im Sommer 64, hörte ich, Tante Marie liegt im Krankenhaus, und das sei das Ende: eine Brust hätten sie ihr abgenommen, aber genützt habe es nichts mehr, es sei Krebs, und auch schon im Unterleib. Es sei zu spät.
Mutter und Ingeborg, meine ältere Schwester, haben sie besucht; und Ingeborg hat mir davon erzählt. Der lange dunkle Gang im Erdgeschoß, und links und rechts lauter weiße Türen. Die Stationsschwester ist ihnen entgegengekommen, und sie haben sie vorsichtig gefragt: Wie ist das

wohl mit der Frau Birkenstock —? Aber da hat die Schwester beiseite geguckt und geantwortet: Ja, Gott —; da müssen Sie mit dem Arzt sprechen, gehen Sie zum Arzt —. Da ist Mutter und Ingeborg alles klargewesen, und den Weg zum Arzt haben sie sich gespart.
Und Marie hat auch in keinem richtigen Krankenzimmer mehr gelegen, sondern schon im »Abstellraum«. Und Ingeborg wußte, was das bedeutete, der »Abstellraum«: ein paar Monate vorher hatte einer vom Sportverein dort gelegen mit sieben Brüchen in Armen und Beinen nach einem Motorradunfall, keiner hatte mehr einen Pfifferling für ihn gegeben, so war er zweimal in den »Abstellraum« verfrachtet worden; aber der hatte ihnen den Gefallen nicht getan, hat sich allen Ernstes wieder hochgerappelt. Nun lagen gleich zwei drin, sagte Ingeborg, Tante Marie und ein altes Omchen. Und Omchens Puls ging wohl schon ganz flau, denn dauernd kam eine Schwester, während wir zu Besuch da waren — Omchen war sichtlich am Sterben. Und so eine süßliche faulige Luft dort drinnen, sagte Ingeborg, die kann man gar nicht beschreiben, aber ich kenne keine Luft, die einen so kaputtmacht, und hinterher konnte ich stundenlang nichts essen.
Und Tante Marie zog das Zudeck immer herauf bis unters Kinn, erzählte Ingeborg; ganz straff; und so hielt sie es. Und sah eigentlich ganz rosig aus in ihrem Mausgesicht. Aber mit so seltsam stierenden Augen; und die Stirn immer in Falten.
Geh, kauf Bier, sagte sie zu Ingeborg; wo ich nu hier lieg, ist doch alles egal —. Da erschraken Mutter und Ingeborg und dachten beide: Weiß sie es —? Aber da erzählte sie bereits etwas ganz anderes: Der Willem kommt immer, der Willem, ja. (Das war wohl ein Verwandter von Omchen). Hol Bier, sagte sie; da ist Geld —. Vom Emil kriegen sie ja die Anschrift nicht raus, sagte sie; der ist bloß vermißt, der Emil. Der Willem kommt; der angelt, der Willem; der ist Angler. Der Emil hat ja immer in Norwegen geangelt; der Emil —. Sie wollen ja gar nicht mein Geld. Der Willem kommt, trinkt Bier —.

Wenige Wochen später im September, die Vogelbeerbäume waren gerade leergefressen, da war die Tante Marie tot. Gestorben an Auszehrung, stand auf dem Totenschein. Und irgendwem fiel ein (merkwürdig: nun erst!): Siehst du, damals, daß sie den Ring verlor, vier Tage haben sie ihn gesucht und nicht gefunden —.
An einem schwülen stürmischen Tag, alle Baumkronen ächzten, ist sie begraben worden. Ein Tag mit Gewitter in der Luft: alle Geräusche, alle Farben intensiver als sonst. Du würdest es nicht glauben, erzählte mir Ingeborg, daß ausgerechnet bei ihr so viele Leute da waren, das ganze Dorf! Und der Pfarrer hat so wunderschön gepredigt, daß wir alle geweint haben; *nie* hat man eine so wunderschöne Predigt gehört. Er sprach über die Friedfertigen, die Gottes Kinder sein werden. Und nur Mutter sagte hinterher: Vielleicht wäre es *noch* besser gewesen, er hätte über die gesprochen, die reinen Herzens sind. Denn friedfertig: das ist sie ja nicht immer gewesen; sie hat sich doch manchmal ziemlich gestritten mit dem Birkenstock, das schon —.
Und als die letzten noch Erde und Blumen ins offene Grab warfen, da brach ein solcher Regen los, erzählte Ingeborg, wie du ihn dir nicht vorstellen kannst. Den ganzen Tag haben wir ihn eigentlich erwartet; und nun brach er los, es war die Sintflut, man konnte kaum Luft kriegen. Die Leute: nichts wie ab in die Autos und die Häuser; im Nu war der Friedhof leer.

Tante Marie. Damit war es zu Ende. (Und wie lange, dann ist auch alles vergessen.)

Erschienen 1980

Albert von Schirnding

Eine Vergebliche

geb. 1935

Im zweiten Kriegsjahr in der Sommerfrische, wir wohnten im Gasthof zur Post, wollte sich Deta ein Urlaubskleid anfertigen lassen, aus Friedenszeiten besaß sie noch einen guten grauen Lodenstoff. Wir gingen zur Schneiderin, die ein Stück hinter dem Ortsausgang in einem abseits stehenden Häuschen wohnte. Deta breitete den Stoff aus, wir betasteten ihn mit den Augen, die Schneiderin nahm ihn anerkennend zwischen die Finger. In einer Woche sollten wir wiederkommen zur Anprobe. Ich ließ ihn ungern zurück zwischen den sich türmenden Fetzen in der dunklen Stube.
Als wir uns pünktlich wieder einfanden, lag das Tuch unverändert an der Stelle, wo wir es gelassen hatten. Entschuldigungen, neue Versprechungen — eine Woche später dasselbe. Das wiederholte sich vier- oder fünfmal, bis unser Aufenthalt sich dem Ende zuneigte, die Schneiderin schien untröstlich, machte sich selbst die heftigsten Vorwürfe wegen ihrer Unpünktlichkeit, wir mußten sie beruhigen. Deta wollte den Stoff wieder mitnehmen, die andere bestand darauf, das Kleid nachzuschicken, eine einzige Anprobe, unmittelbar vor unserer Abreise, würde genügen. Wir hatten die Koffer schon gepackt, als wir den so oft vergeblich zurückgelegten Weg noch einmal gingen. Die Schneiderin war nicht zu Hause, ein halbwüchsiges Mädchen übergab uns den Stoff in einem sorgfältig verschnürten Paket.
Mich wunderte die Gutgläubigkeit, die so schwer beirrbare Hoffnungsseligkeit der Erwachsenen. Von Anfang an hatte mich das Gefühl der Aussichtslosigkeit durchdrungen. Das Kleid hatte keine Chance, je fertig zu wer-

den, ich vermutete, daß die Schneiderin noch nie einen Auftrag ausgeführt hatte. Sie verbrauchte ihre ganze Energie für das Vereinbaren von Terminen, die Erklärungen für ihre Unzuverlässigkeit, das Vertrösten der Kunden. Was sie nicht tat, hielt sie beständig in Atem. Nur so konnte sie den Glauben an ihre Meisterschaft retten. Eine Randfigur, vom Dorf ignoriert, im Sinn das Höhere und zum Scheitern geboren, eine Vergebliche. Zwischen Absicht und Ausführung hatte ein Abgrund sich aufgetan, den zu überspringen auch die Erwachsenen nicht genug Kraft besaßen. Hier der wartende, noch unangetastete Stoff, dort die reine, vollkommene Form — und die Hand rührte sich nicht, weil schon der erste Zugriff den Stoff zerstört, die Form verraten hätte.

Erschienen 1978

Jürgen Lodemann

Bettgeschichte

geb. 1936

Wenn man 25 ist und verdient schon so viel, daß man zwei Nullen an sein Alter dranhängen kann, dann, so hatte ihm sein Onkel gesagt, wird es Zeit, daß man die Spielereien sein läßt und klare Fronten schafft. Onkel Hans hatte recht, klare Verhältnisse. Und mit wem, bitte?
Keine Frage. Mit wem schon, wenn nicht mit einer, mit der es nie Probleme gab, die ihn anrief, wenn sie ihn brauchte, bei der man gar nicht erst viel reden mußte, mit der man sich im Dunkeln verstand. Mit so einer klappte es auch sonst. Wenn nur erst die Grundlage stimmte, das im Bett, dann lief auch alles Weitere.
Dunkel war's in dem vergammelten Treppenhaus. Ich hatte mir noch so viel vorgenommen, sang es in seinem Kopf. Und da war auch wieder dieses Schild: »Füße abstreifen.« Das stand da in Emaille auf der untersten Holzstufe. Denkste, ich streife hier gar nichts ab, weder die Füße noch sonst was.
Michael machte kein Licht, wollte nicht mit dem krachend anspringenden Beleuchtungsautomaten die Bewohner in allen Stockwerken hören lassen, daß da wieder der Typ nach oben ging, zur Margit Thaler. Das brauchte vorläufig nicht jeder zu wissen. Außerdem kannte Mike hier längst jede Stufenbreite im Dustern, jede Biegung und Abwinklung, er hatte ihn im Schritt und im Griff, den Weg nach oben.
Er würde, so sagte er sich, natürlich mit ihr schlafen. Klar. Aber diesmal nicht nur. Diesmal würde er mit ihr reden und die Sache klarkriegen. Er mußte die Geschichte endlich aus der Unverbindlichkeit rausholen, nicht wahr? Nägel mit Köpfen, das hatte er sich vorgenommen. Nicht

bloß nageln, wauh, diesmal auch köpfen. Wie würde sie's diesmal haben wollen? Es kribbelte ihn in der Magengegend. Nur Ruhe, eine halbe Minute, zwanzig Sekunden noch, dann schmeckte er sie, dann wüßte er mehr, dann liefe sie ab, die Automatik mit eingebauter Erfolgsgarantie. Er knöpfte schon mal den Mantel auf, da konnte sie den oben gleich über den Haken werfen. Wie das kribbelte. Aber hinterher nicht vergessen: Diesmal nicht das übliche après, Bier & Pop-Shop und neue Spiele, sondern die fällige Aussprache unter Erwachsenen, nicht wahr? Die war nun fällig — die Margit Thaler.
Die Ding-Dong-Glocke, der huschende Schritt, der Schatten hinterm Glas. Dann die Öffnung, im Dunkeln ihre Zähne, Augen, »kelick« von der schließenden Tür und: die erwartete Überraschung, der Seidenmantel, der duftend auseinanderfiel und darunter nichts versprach, schon alles hielt, entgegenhielt, besoffen, sowas Eingespieltes, gut Organisiertes, Durchtrainiertes, kein Kommando nötig, nur leichter Druck mit Unterarm oder Schenkel, wie schnell sie ihn wieder freigelegt hatte und den Mantel längst weggehängt, das machte sie so, daß er es kaum merkte, katzenartig, die war eben den Einsatz wert, die Thaler, ein Naturtalent, exakt passend für einen wie ihn, hier genügte ein Raunen und das Gurren dann, in ihrem Zimmer lief schon die Gitarren-LP, war das Bettlicht auf Stufe rot zurückgedreht, Alarmstufe, gut geheiztes Zimmer und Platz und weich genug und die Besinnung für die nächste Zeit nicht mehr zu haben, dafür aber sie, die heiße, die Klasse-Margit.
»Was ist? Warum trinkst Du nicht?« hatte sie dann gefragt.
»Kannst Du nicht ausnahmsweise mal'n Tee machen, ich will jetzt nicht, Du, ich — will mal reden, ja?«
»Mal reden? — Okay, ich mach Tee.«
Das lief gut, sie verstand, sie verstand auch das, machte Tee. Auch in diesem Bereich Harmonie. Das dürfte laufen, das lief schon, was er sich da vorgenommen hatte.
»Margit, hör mal.« — »Ja?« — »Es ist so, Du — ich glaub,

wir passen unheimlich gut zusammen. Meinst Du nicht auch?«
»Ja. Aber ja doch. Was glaubst Du denn, warum ich Dich anruf?«
»Aber jetzt sag mal, was hältst Du davon: Ich dachte, wir sollten unsere Sache mal klären.«
»Unsere Sache? klären? was meinst Du damit?«
»Ich finde, so wie das jetzt läuft — so sollte das immer laufen, ja?«
»Aha — was heißt ›immer‹?«
»Ehrlich gesagt, Du, lach mich jetzt nicht aus, ich merk schon, Du nimmst das irgendwie nicht ernst, aber: Ich will Dich einfach heiraten.«
So. Damit war's raus. Ein bißchen plump vielleicht, aber immerhin, er hatte es gebracht — nun konnte man klären, wie sie dazu stand. Sie rutschte auf dem Bett in die Schneiderhocke, schon beim Tee-Machen hatte sie den Seidenmantel angezogen, sonst war sie immer geblieben, wie sie war, naja, okay, so ließ sich wohl auch besser reden.
Sie hielt die Tasse vor ihren Mund. Die dicke blaue, das paßte gut zu dem japanischen Seidenmuster in Gelb. Und beim Trinken ließ sie ihn nicht aus den Augen, trank einen Schluck, wiederholte seinen Satz »Ich will Dich einfach heiraten«. Trank wieder einen Schluck. »Süß«, sagte sie und staunte ihn an.
»Was heißt hier süß, Du, das ist mein Ernst. Ich hab, ehrlich gesagt, ich hab noch nie 'ne Frau gehabt, mit der alles so gut lief, so reibungslos, ja? Du bist für mich die Ideallösung. Und seitdem ich zwei fünf kriege, brauchtest Du im Grunde nicht mehr zu arbeiten, in zwei Jahren spätestens bin ich auf drei Mille, wenn ich mich nicht blöder anstell, als ich bin — he, Du! Margit! Jetzt sag doch mal ein klares Wort, was hältst Du davon?«
»Was ich davon halte?« Sie setzte die Tasse ab und sagte noch beim Absetzen: »Ich find das süß. Du bist — ein Sonnyboy bist Du.«
»Was soll das heißen? Ist das ne Zustimmung oder —?«
Sie schaute ihn an, nun mit vollem Gesicht, ohne Tasse

davor, die Hände im Schoß, lächelte ihn an, schien irgendwie zu wippen auf dem Bett, wollte sie etwa schon wieder? natürlich wollte sie — aber er würde standhaft in seinem Sessel bleiben und auf dem Gespräch beharren. »Michael will mich heiraten«, sagte sie.
»Findest Du das komisch?«
»Ehrlich gesagt: ja, ich find das knollig.«
Knollig, was hieß das jetzt, wahrscheinlich noch ne Stufe abwertender. »Ich sag Dir nochmal, es ist mein Ernst. Du könntest das mal akzeptieren.«
»Okay«, sagte sie und machte nun endlich ein sachliches Gesicht. »Michael«, sagte sie, »ich hab Dich ungeheuer gern. Das weißt Du.« Sie schaute ihn so voll aus ihren Katzenaugen an, daß er das kaum durchstand und lieber Tee trank. »Ich bin verrückt nach Dir«, sagte sie weiter. »Du bist lieb, Du bist zärtlich. Wie gesagt, ich ruf Dich nicht umsonst an, ich weiß, was ich tue. Aber, das mußt du verstehen, und sei bitte nicht traurig — heiraten? Das nicht.«
»Warum nicht.«
»Michael —« sagte sie und räusperte sich, holte eine Zigarette, er spürte, daß sie Formulierungen suchte, »— entschuldige, wenn ich Dir das ein bißchen hart sage, damit Du's kapierst: Aus zwei Gründen nicht.«
Sie blies den Rauch zum dunklen Dachfenster hinauf, als werde sie von dort ihre Gründe holen. »Zum einen«, sagte sie und schaute ihn nun wenigstens nicht mehr an, »zum einen, weil Du mir zu jung bist — stop! ich weiß, was Du jetzt meinst, 25 wäre alt genug — nein, zu jung mein ich anders: Die Art, wie Du das hier siehst, ja? Zum andern — ich denke gar nicht ans Heiraten. Selbst wenn so ein Abgeklärter käme, einer, der mich sähe und so.«
Sie machte eine Pause. Mike kaute und schluckte am Tee und an Margits Antwort, er setzte die Tasse weg und merkte, daß seine Hand zitterte, so schwer war die Tasse doch nicht. »Erst mal zum einen: das mit der Art, wie ich Dich seh — wie seh ich Dich denn? Was stimmt denn da nicht?«

Sie schaute einen Augenblick nach unten, verlegen? Die Haare fielen ihr vor das Gesicht, sie strich sie zurück. »Du, ganz offen: Ich schlaf ungeheuer gern mit Dir. Ich genieß das, wir passen da wirklich gut. Aber ich hab den Eindruck — das ist dann auch schon alles.« Jetzt kam wieder ihr Blick. »Hast Du mich jemals gefragt, was ich sonst so mache? denke? Warum ich eigentlich Lehrerin bin? was ich da für Schwierigkeiten habe? tagtäglich? Anfangs hab ich Dir davon erzählt, damals im Café, weißt du noch? bei der Sache mit dem Eis. Das weißt Du wahrscheinlich nicht mehr, aber eben, das ist es. Ich war damals echt enttäuscht, gleich zu Anfang, weil ich merkte, ernsthaft ist das nichts, das mit dem Sonnyboy. Und irgendwie hast Du es dann ja trotzdem fertiggebracht, mit mir zu schlafen, ich wollte eigentlich nicht, weil ich nur mit Männern zusammen sein will, von denen ich auch sonst was habe, die mich — wie soll ich das sagen, ohne daß Du sauer bist — die mich nicht bloß — ja — benutzen. Die mich voll nehmen, nein, nicht ›für voll‹, sondern voll! Du! Michael, ich bestehe nicht bloß aus Bauch und so, stell Dir vor, ich habe zum Beispiel Ansichten. Über Kinder, über Bücher, über Politik, über — über alles.«

»Warum hast Du dann mit mir weitergemacht?« Da war bei ihm die Luft zum Sprechen schon fast raus, da war seine Stimme schon ziemlich belegt.

Margit rutschte vom Bett, setzte sich auf den Sesselrand und nahm seinen Kopf in die Arme und legte ihr Haar über ihn und küßte ihm die Ohren rot und heiß und den Nacken. »He! Ich war verrückt nach Dir, ich bin es, gerade — verstehst Du —, gerade *weil* es mit Dir um nichts anderes ging, nur ums Bett, die Sache war damit bedient, ja? Bestens bedient, ja?« Sie hob den Kopf und schaute ihn an. Er sah zum Dachfenster. »Ich hoffte, das würde so bleiben. Aber natürlich nicht — irgendwann will Kaufmann Mike sein prima Spielzeug auch mal mit nach Hause nehmen. Mami soll es sehen, die Kollegen. Jetzt ist es soweit. Mußte ja kommen. Du — ich versteh Dich. Ich bin Dir kein bißchen böse, glaub mir. So eine prima Frau,

klar, die muß man doch auch herzeigen dürfen, die muß man sicherstellen, zum Dauerbetrieb machen, nicht bloß gelegentlich und heimlich —« Dazu streichelte sie ihn sehr lieb, so daß er seine Enttäuschung und Scham nicht hochkochen lassen konnte. Sie machte das wieder so zart — warum sollte das alles vorbei sein.
»Du hast mich also auch nur benutzt«, sagte er, ganz schön bitter.
»Sei mir nicht böse. Du!« Sie rutschte von dem Sessel, legte die Rückseite von der Lämmerhirt-LP auf, blieb dann zwischen Sessel und Bett stehen und schaute aus dem Fenster. »Michael. ›Benutzt‹ ist irgendwie falsch. Ich glaube eher, wir haben — wir beide —, haben alles weggelassen, was Schwierigkeiten machen könnte. Haben es anonym gemacht, ja? Praktisch anonym. Wie die im ›letzten Tango‹. Bloß um die Sache im Bett nie kaputtgehen zu lassen. Ich hab Dich immer schön erzählen lassen beim Bier. Von Deinen Bankkollegen, von Deinem Beruf. Du hast nie gemerkt, daß Du immer nur von Dir erzählst. Nach meinen Sachen hast Du Dich nie erkundigt. Anfangs hab ich mich noch geärgert. Dann hab ich aber kapiert, daß ich das niemals fordern durfte, wenn nicht — in dem Moment hätten dann die komplizierten Sachen angefangen, die Schwierigkeiten. Ich hab Dir nie widersprochen, hab Dich immer gestreichelt und so getan, als ob ich alles akzeptiere — Du, entschuldige! Manchmal hab ich ganz schön gestaunt, wie Du so über Frauen denkst, wie Du von Euren Sekretärinnen geredet hast oder von Lehrlingen — mir war klar, da gab's einen himmelweiten Unterschied. Zwischen uns. Finger weg, hab ich gesagt.«
»Warum hast Du darüber keinmal mit mir geredet.«
Sie drehte sich zu ihm um, nahm ihn wieder in die Arme, kniete vor dem Sessel: »Du — ich weiß es nicht — dann hätte es eben angefangen —«
»Das mit den Schwierigkeiten.«
»Ja.« Sie ließ ihn los, schaute an ihm vorbei. »Ich wollte, daß möglichst alles so bleibt. So lange wie möglich. So zauberhaft —« — sie blickte ihn wieder an — »und —

kann das denn nicht so bleiben? Du! Michael! sag doch was —« Sie sprach ganz leise.
»Ich —« — er holte tief Luft, das traf alles so weit drinnen — »— was soll ich sagen. Ich kann jetzt nicht. Ich muß das bedenken. Das, ehrlich gesagt, das hat mich ganz schön umgehauen. Sowas hat mir noch keine —« Er stand auf, ziemlich rasch. »Du, das — ich muß das erst mal klarkriegen, ja? Das war — ja — ein Hammer war das.«
Er zog sich an. Sie stand neben ihm, schaute ihm zu.
»Michael«, sagte sie leise. Und »Hallo«, flüsterte sie. Als er fertig war und gehen wollte, sagte sie: »Du! Ich hab Dich sehr lieb!«
Sie schien fast zu weinen. Er hatte es an ihren Augen gesehen, konnte aber nichts dazu sagen. Er fühlte sich benommen, behämmert. Ein Hammer. Ja, sie könnte ihn natürlich anrufen, wie immer, hörte er sich sagen. Er müsse aber jetzt gehen, Abstand gewinnen.
Und ging die Treppe runter, machte diesmal Licht, wäre sonst gestolpert, kannte sich nicht mehr aus in Winkeln, Längen und Breiten. Und hatte sich doch soviel vorgenommen. »Füße abstreifen?« Köpfe. Köpfe von den Nägeln. Ein Hammer war das.

Erschienen 1978

Gisela Elsner

Die Mieterhöhung

geb. 1937

Oben, das heißt im dritten Stockwerk, waren nur noch zwei Kisten voller Hausrat, die der Ziska mit dem Dietz zum Möbelwagen schaffen mußte. Die Nachbarn, Frauen zumeist oder Rentner wie die Leibolds, sahen beim Hinausschleppen der Habe zu. Seit zwei Stunden ließen sie alles stehen und liegen und sahen zu. Und die Kinder aus dem Haus und aus den Nebenhäusern, die noch nicht schulpflichtig waren, kletterten ineinemfort in den Fond des Möbelwagens und mußten ineinemfort vom Ziska oder vom Dietz hinausgetrieben werden.
Die beiden Leibolds waren auf eine Weise mit ihrem Unglück beschäftigt, daß sie vergessen hatten, ein paar Flaschen Bier zu kaufen oder dem Ziska oder dem Dietz, die mittlerweile heftig schwitzten, das Geld dafür zu geben. Nur eines hatten die Leibolds trotz ihres Unglücks keineswegs vergessen: nämlich aufzupassen, daß nichts gestohlen wurde. Wie fast alle, denen der Ziska mit dem Dietz die Möbel und den Hausrat treppabwärts und ein Stadtviertel oder zwei Stadtviertel oder nur drei Straßenzüge weiter wiederum treppaufwärts schleppte, verdächtigten sie hauptsächlich ihn, daß er nur darauf aus wäre, etwas einzustecken. Anfangs hatte der Ziska nicht einmal geahnt, aus welchem Grund sich diese Leute ihm gegenüber so merkwürdig verhielten.
Die denken, daß du was einsteckst, hatte der Dietz schließlich zögernd gesagt.
Den Dreck soll ich einstecken wollen, hatte der Ziska gefragt. Für die ist das eben kein Dreck, hatte der Dietz gesagt.
Der Job, der ohnehin der Job des Jahrhunderts war, denn

sie kamen keineswegs in der Welt herum, wie es der Dietz, der noch immer von Paris, Rom und Stockholm redete, anfangs behauptet hatte, sie kamen manchmal, wie gesagt, nur drei Straßenzüge weiter, schien, das hatte auch der Ziska längst begriffen, irgend etwas Anrüchiges an sich zu haben. Immer, wenn er frühmorgens auftauchte mit dem Auftragsschein in der Hand, schauten ihn Paare, ja sogar ganze Familien an, als wäre ausgerechnet er der Hauptschuldige für den Umtrieb, der da jeweils veranstaltet wurde.
Paß auf den großen Schwarzen auf, hatte er auch die Leibold dem Leibold zuzischeln hören, der andere ist harmlos.
Hab ich mir auch gedacht, hatte der Leibold zurückgezischelt.
Jetzt sah der Ziska, wie sich der Kopf der Leibold zum Fenster herausbeugte. Ihre Hände vollführten antreibende Bewegungen in seine Richtung. Rufen wollte sie wohl nicht, vielleicht weil sie fürchtete, sie würde wieder schluchzen müssen. Die Leibolds legten, obwohl sie sozusagen auf Nimmerwiedersehen aus der Gegend verschwanden, größten Wert darauf, vor den anderen Hausbewohnern, die die Mieterhöhung, die unvermutete Mieterhöhung, verkraften konnten, das Gesicht zu wahren. Sie legten größten Wert darauf, die anderen, die dies ohnehin nicht glaubten, glauben zu machen, daß sie sich verbesserten. Die meisten Auftraggeber dieses billigen Möbeltransports, der sich nach dem Namen des Unternehmers: Millizer nannte, verbesserten sich zur Verwunderung des Ziska tatsächlich.
Augenblick, sagte er, während unten der Leibold, der oben ebenfalls so heftig immerhin geweint hatte, daß er sich mit dem rosafarbenen Waschlappen, in den sich seine Frau sogar schnäuzte, ab und zu über das Gesicht hatte wischen müssen, mit dem Lächeln derer, die sich zu verbessern pflegen, einem Lächeln, das seine viel zu regelmäßigen, viel zu weißen Zähne zeigte, auftauchte.
Wir müssen langsam, zischelte er und dann warf er, als

wollte er sich vergewissern, daß in der Zwischenzeit
nichts abhanden gekommen war, einen Blick, der zu kurz
war, um sein befriedigtes Nicken auch nur annähernd zu
rechtfertigen, in den Möbelwagen, ehe er wieder schnaufend wie einer, der irgendetwas am Herzen oder an der
Lunge hat, vor dem Dietz und vor dem Ziska die drei
Stockwerke hochstieg.
Siebenundzwanzig Jahre, sagte die Leibold, die gerade dabei war, den Auslegeteppich, der an den Rändern die Abdrücke der schwereren Möbelstücke aufwies und in der
Mitte dermaßen durchgetreten war, daß man nurmehr die
Rückseite sehen konnte, herauszureißen, lediglich damit
ihre Nachfolger in keiner Weise davon profitieren konnten.
Siebenundzwanzig Jahre, wiederholte sie, noch immer auf
Händen und Knien, und dann sah sie in die Richtung des
Dietz, von dem sie ganz offensichtlich bedauert werden
wollte. Aber der Dietz, der auf dererlei Frauen aus unerfindlichen Gründen einen vertrauenerweckenderen Eindruck machte als der Ziska, war derzeit zum Bedauern zu
abgekämpft. Und der Ziska, der der Leibold mit einemmale für ein Trostwort auch gut genug erschien, verspürte
nicht die geringste Lust, diese ehemalige Beamtenfrau zu
bemitleiden, die der Leibold so nachdrücklich, daß man
zurecht annehmen durfte, sie habe es ihm förmlich eingetrichtert, seine Gattin nannte. Er war einfach nicht fähig,
es komisch zu finden, daß ihn solche Leute für einen
Langfinger hielten.
Vorsichtig, vorsichtig, hörte er den Leibold, der mit dem
Geldausgeben die Zähne betreffend recht geizig gewesen
sein mußte, während er die vorletzte Kiste und der Dietz
hinter ihm die letzte Kiste heruntertrugen, halbwegs zischeln und halbwegs rufen. Darauf folgte er ihnen, wie
immer im Verlauf der letzten zwei Stunden, als könnte er
so vermeiden, daß sie irgendwo aneckten oder irgend etwas fallen ließen, offenbar auf Zehenspitzen. Denn weder
der Ziska noch der Dietz hörten seine Schritte. Nur sein
Gezischel: vorsichtig, vorsichtig, und sein Keuchen hör-

ten sie, sobald sie, ebenfalls keuchend, eine Rastpause einlegten.
Die keuchen bloß, um mehr Trinkgeld zu bekommen, hatte die Leibold dem Leibold zugezischelt.
Hab ich mir auch gedacht, hatte der Leibold zurückgezischelt.
Als der Ziska mit dem Dietz zum letzten Mal die Wohnung, eine Altbauwohnung übrigens, betrat, befand sich darin außer den Mänteln, der Aktenmappe des Leibold und der Handtasche der Leibold nur noch der rosafarbene Waschlappen. Nicht gewillt, ihren Nachfolgern irgend etwas zu hinterlassen, griffen sie beide gleichzeitig danach.
Selbst die Glühbirnen hatten sie aus den Fassungen geschraubt und sorgfältig in einer jener Kisten verwahrt, in denen der Ziska, bevor er sie zunagelte, nicht nur alte Zeitschriften, Zeitungen und kurze, teils zusammengeknotete Bindfäden, sondern sogar entzweigerissene Schnürsenkel gesehen hatte.
Ich kann's nicht fassen, ich kann's einfach nicht fassen, sagte die Leibold.
Sie stand wie eingerahmt an jener Stelle der Wand, an der sich, und dies war selbst jetzt noch deutlich zu erkennen, vor kurzem noch eine Vitrine befunden hatte. Anhand der dunklen und der hellen, zumeist rechteckigen, wie ausgeschnitten wirkenden Tapetenstellen hätte sich diese Wohnung auch von einem Fremden ohne weiteres genauso einrichten lassen wie zuvor.
Hier, sagte der Leibold, und er streckte ihr nochmals den Waschlappen hin, den er, ohne sich dessen bewußt zu sein, seit einer Weile schon am Anhänger hin und her schwenkte.
Während sich die Leibold, die schon einen Hut trug, aber noch keinen Mantel, abermals die Brille abnahm, um sich ihre jetzt schwer verschwollenen Lider zu kühlen, tauchte eines der Kinder, die der Ziska und der Dietz ineinemfort aus dem Fond des Möbelwagens hatten treiben müssen, mit seiner Mutter im Korridor auf. Die Mutter mühte

sich, nachdem sich das Kind einmal in der Wohnung befand, keineswegs übermäßig, den Anschein, es sei ganz allein hier hineingelaufen, aufrechtzuerhalten.
Das darfst du doch nicht, sagte sie lediglich, und dann sah sie sich die Leibold und den Leibold auf eine recht genüßliche Weise genau an.
Kein Wunder, wenn die Haustür offen ist, sagte die Leibold.
Sie lächelte. Und der Leibold tätschelte dem Kind den Kopf. Selbst den Waschlappen hatte er, eine Tatsache, die allein der feuchte Flecken rings um den Schlitz seiner Manteltasche verriet, im letzten Augenblick versteckt.
Haben Sie etwa geweint, fragte die Frau.
Aber nein doch, sagte die Leibold.
Wär auch komisch, wo Sie sich verbessern, sagte die Frau.
Muß was an der Lunge haben, sagte sich der Ziska. Er gab dem Dietz ein Zeichen, daß es Zeit sei aufzubrechen. Sie hatten sich vorgenommen, unterwegs noch ein Bier zu trinken. Denn daß sie unterwegs ein Bier trinken konnten, das war der einzige Vorteil dieses Jobs.
Vor dem Möbelwagen, dessen Fond jetzt geschlossen war, standen ein paar weitere Frauen, die sich den Abgang der Leibolds aus nächster Nähe nicht entgehen lassen wollten. Die Leibolds oben schienen ziemlich viel damit zu tun zu haben, ihre Fassung wiederzugewinnen. Weder sie noch er schaute dem Möbelwagen nach, als er abfuhr.
Der Ziska sah sich den Dietz, so wie er es häufig tat, seitdem man ihn verdächtigte, ein Langfinger zu sein, von der Seite an. Noch immer hätte er nicht zu sagen gewußt, aus welchem Grund der Dietz einen vertrauenerweckenderen Eindruck machte als er, der sogenannte große Schwarze, auf den man aufpassen mußte.
Dabei hab ich gar keine schwarzen Haare, sagte er.
Was willst du denn damit sagen, fragte der Dietz, der diesmal fuhr.
Daß ich keine schwarzen Haare habe, sagte der Ziska.
Vielleicht meinen die mich, sagte der Dietz.
Dich werden die meinen, sagte der Ziska.

Er bedauerte es längst, sich auf das Ganze eingelassen zu haben, nicht nur wegen der Verdächtigungen. Es war auch die Art und Weise, in der man ihnen, das heißt meistens dem Dietz, der mit seinem Siegelring am Finger und mit seinen auswendiggelernten, aalglatten Redewendungen wie ein Angestellter wirken konnte, Trinkgelder aushändigte, die er als beleidigend gönnerhaft empfand. Während es die Aufgabe des Dietz war, sich zu bedanken, kam dem Ziska die Aufgabe zu, sich in Fällen, da das Trinkgeld zu niedrig war, zu beschweren.
Wir können's auch umgekehrt halten, hatte der Dietz gesagt.
Aber der Ziska, der den Dietz nun auf ein Lokal, das: Das Lido hieß, hinwies, zog eine Beschwerde einer Danksagung für etwas, das ihm ohnehin zustand, vor.
Das Lido zählte zu jener Art von Lokalen, in denen sie auch im Overall nicht abgewimmelt wurden. Die vom Regen größtenteils abgewaschene Abbildung einer nackten üppigen Blondine zwischen zwei Palmen, die die Beine über dem Eingang spreizte, sollte wohl dazu dienen, die Besucher des sich unweit befindenden Eros-Center vor oder nach dem Besuch dieses Eros-Centers anzulocken. Zu dieser Tageszeit war das Lokal völlig leer. Der Wirt, der hinten auf einer Bank schlief, mußte von Ziska eigens geweckt werden.
Was ist denn jetzt schon wieder, brabbelte er.
Zwei Große hätten wir gern, sagte der Ziska.
Er streckte dem Wirt auch gleich einen Geldschein hin.
Und der Dietz verbeugte sich offenbar ein wenig zu formvollendet. Denn der Wirt warf ihm, ehe er zur Theke schlürfte, zwei Maßkrüge unter den Zapfhahn vollaufen ließ und sich daraufhin wiederum niederlegte, einen überaus mißtrauischen Blick zu.
Mir steht's bis hier, kann ich dir sagen, sagte der Ziska.
Dir steht immer alles gleich bis hier, sagte der Dietz.
Sie leerten die Maßkrüge mit großen Schlücken. Einmal stand der Ziska auf, um nach dem Möbelwagen zu schauen. Einmal stand der Dietz auf, um nach dem Mö-

belwagen zu schauen. Und jedesmal, wenn sich die Tür bewegte, hob der Wirt, obwohl sie weder knarrte noch quietschte, ruckartig den Kopf, den er auf sein Jackett gebettet hatte.
Was ist denn jetzt schon wieder, brabbelte er, als sie endgültig aufbrachen.
Mir steht nicht immer alles gleich bis hier, sagte der Ziska.
Aber der Dietz hatte keine Lust mehr zu reden. Auch mußte er aufpassen, daß er sich nicht verfuhr. Denn obwohl die Siedlung, die sich an das Vergnügungsviertel anschloß, aus sechsstöckigen Reihenhäusern bestand, die in einer öden Regelmäßigkeit errichtet worden waren, neigte jeder Fahrer gerade hier, wo es derart leicht zu sein schien, sich zurechtzufinden, dazu, die Haupt- und die Nebenstraßen miteinander zu verwechseln.
Hätten sie den Leibold nicht mit einemmal, die Aktenmappe noch immer in der Hand, winkend auf der Straße stehen sehen, wären sie wahrscheinlich weitergefahren. Der Leibold, der hier aller Voraussicht nach seinen Lebensabend verbringen mußte, tat jetzt jedenfalls so, als bemerkte er die Köpfe hinter den Fenstern ebensowenig wie die Kinder, die nicht auf dem Spielplatz, sondern dicht neben dem Spielplatz auf der Straße spielten. Der Spielplatz bestand aus einem verrosteten Gestänge zum Klettern, einer mittelgroßen Birke und einem Sandkasten voller Erde und Steine. Der Rasen wies weitaus mehr kahle Stellen auf als grasbewachsene. Das Ganze war mit einem ebenfalls verrosteten, übermannshohen Eisengitter umzäunt. Im Gitter hing eine braunangelaufene Bananenschale und an der Außenseite des Gitters neben einem Schild mit der Aufschrift: Fahrräder anlehnen verboten, war ein Dackel festgebunden.
Der Leibold behauptete wie alle Kunden, daß sie zu spät kämen. Und der Ziska behauptete wie immer, daß sie in eine Verkehrsstauung geraten wären.
Erst als er das sogenannte Apartment betrat, begriff er, aus welchem Grund die Leibolds dermaßen geweint hatten. Es bestand aus einem Zimmer mit einer Kochnische,

die nur mit Hilfe eines Vorhangs abgetrennt werden konnte, einer Duschkabine und einem Flur, falls sich der Raum, in dem gerade die Haustür, wenn sie geöffnet werden mußte, und die Person, die sie öffnete, und ein paar Kleiderhaken Platz hatten, überhaupt als Flur bezeichnen ließ.
Die Leibold, die sich die ganze Zeit über, dem Zimmer den Rücken zugekehrt, am Fenster aufhielt, murmelte ineinemfort etwas von einem schönen Ausblick. Der Ausblick bestand hauptsächlich aus Fenstern wie dem Fenster, aus dem sie schaute, und ein paar Birken, die nicht größer waren als die Birke auf dem Kinderspielplatz.
Der Dietz, der sich nur mühsam ein Lachen verkneifen konnte, verschwand genauso rasch im Treppenhaus wie der Ziska.
Gottseidank im ersten Stock, sagte der.
Was wollen die bloß mit den vielen Möbeln, fragte der Dietz.
Das ist ihre Sache, nicht die unsere, sagte der Ziska.
Im Möbelwagen befand sich immerhin das Inventar dreier Zimmer, das heißt: eines kompletten Wohnzimmers, eines kompletten Eßzimmers und eines kompletten Schlafzimmers. Während sie wiederum die Kisten und Einzelteile der auseinandergenommenen Möbel hinaufschleppten, folgte ihnen der Leibold, noch immer mit der Aktenmappe in der Hand, keuchend und zwischendurch zischelnd: vorsichtig, vorsichtig.
Nur ihre Rastpausen hielten sie diesmal im Treppenhaus ab. Denn die Leibold machte einen zunehmend merkwürdiger werdenden Eindruck. Sie weinte nicht etwa, als das Zimmer voller und voller wurde, obwohl der Ziska und der Dietz wohlweislich darauf verzichteten, die Einzelteile der Schränke, Betten, Nachttische, Kommoden, Anrichten oder Regale zusammenzusetzen. Sie blieb vor dem Fenster stehen, sah den Kindern zu und kicherte, sobald der Dackel irgendetwas machte, das sie komisch fand, und sie fand unter anderem selbst das Bellen dieses Dakkels komisch, leise vor sich hin.

Einmal bat sie ihren Mann, die braunangelaufene Bananenschale vom Eisengitter, das den Spielplatz umzäunte, zu entfernen.
Das sieht so unschön aus, sagte sie.
Und der Leibold, der ineinemfort behauptete, so klein, wie man auf Anhieb meine, sei das Apartment nun auch wieder nicht, ließ sich unten vom Ziska die Banenenschale zeigen und steckte sie dann, ohne der Mülltonnenreihe vor der Haustür die geringste Beachtung zu schenken, vor den Augen der Zuschauerinnen in seine Manteltasche.
Einmal bat die Leibold ihren Mann, ihr mitzuteilen, was auf dem Schild stände, neben dem die Hundeleine befestigt war.
Und der Leibold, der jetzt in einemfort behauptete, er wäre nicht auf der Welt, um sich von einem lumpigen Altwarenhändler übers Ohr hauen zu lassen, ein Zehntel des Werts, sagte er, sage und schreibe, ein Zehntel des Werts, ließ sich unten vom Ziska erst den Hund und dann das Schild mit der Aufschrift: Fahrräder anlehnen verboten, zeigen.
Da behalte ich doch lieber alles, sagte er.
Oben hatte die Leibold das Fenster geöffnet. Sie murmelte etwas von guter Luft ohne Abgase. Sie hatte, als wäre sie nur auf einen Sprung hereingekommen, bisher weder den Hut noch den Mantel abgelegt. Zwischen dem Fenster und der Wohnungstür war nurmehr ein schmaler Gang frei. Aber die Leibold dachte nicht daran, die Bescherung hinter ihrem Rücken zur Kenntnis zu nehmen.
Auch der Leibold zog es, während der Ziska mit dem Dietz den Rest seiner Habe treppaufwärts schleppte, vor, sich außerhalb des Apartments zu schaffen zu machen. Er schraubte die Namensschilder seines Vorgängers, eines Erich Schwegelbauer, vor der Wohnungstür, vor der Haustür und über dem Briefkasten ab, steckte sie zur Bananenschale in die Manteltasche und schraubte dann, nachdem er die Namen der anderen Mieter der Reihe nach gelesen hatte, die eigenen Namensschilder über die leeren Stellen.

Die Mieterhöhung 393

Lieber behalte ich alles, wiederholte er, ehe er den Kopf auffallend langsam ins Zimmer streckte und auffallend rasch wiederum zurückzog.
Seine Frau wollte den Namen des Dackels wissen.
Frag die Kinder, rief sie hinter ihm her.

Erschienen 1973

Kurt Bartsch

Berlin, Gormannstraße

geb. 1937

Morgenstund hat Blut im Mund
Wer es sah, der geht zugrund
Wer es hörte, wie es schrie
Hört nie wieder etwas, nie.

Nichts hören, nichts sehn
Schnell weitergehn.
Dreht euch nicht um
Der Plumpsack geht um.

Lucie Mannheimer wohnt in der Gormannstraße. Einmal, als wir im Regen die Straße entlanggehn, sehen wir einen großen, etwa zwölfjährigen Jungen. Er verläßt den Bürgersteig, wartet mit scheuen Augen, bis wir vorbei sind, setzt seinen Weg an der Hauswand fort. Er hat Angst. Warum hat er Angst, frage ich meine Mutter. Sie antwortet: Er ist Jude.
Woran erkennt man, daß einer Jude ist, frage ich, als wir den engen, lichtlosen Hof überqueren.
Einen Juden erkennt man daran, daß er einen gelben Stern trägt, sagt meine Mutter.
Tante Lucie ist also auch Jude, denke ich. Aber sie hat keine Angst, wenn wir kommen.
Warum hat sie keine Angst, frage ich.
Wer, fragt meine Mutter.
Lucie, sage ich. Warum hat sie keine Angst, wenn wir kommen? Meine Mutter schweigt. Ich sei noch ein Kind, ich könne das nicht verstehen, sagt sie, als ich sie auf der Treppe noch einmal frage.
Wir klopfen, hören drin eine Tür gehen.

Stille. Wir warten.
Mach auf, Lucie. Wir sind es, sagt meine Mutter.
Die Tür öffnet sich einen Spalt; ich kann Lucies schmales, blasses Gesicht sehen. Sie ist krank, sie braucht viel zu essen, sagt meine Mutter immer, wenn wir ihr Brot, einen Topf Suppe bringen. Der Topf, in Zeitungspapier gewickelt, wird auf den Küchentisch gestellt, die beiden Frauen, Freundinnen, tauschen zwei, drei Sätze, flüsternd, als wären sie nicht allein in der Wohnung. Im Korridor, wo Lucies Mantel mit dem gelben Stern hängt, umarmen sie sich.
Wir gehen die Treppe hinunter, über den engen, lichtlosen Hof; die Angst löst sich in mir.
Ich möchte kein Jude werden, sage ich, als wir im Regen die Straße entlanggehn.

Zwei Wochen später, es ist Sommer, der Himmel ist blau über der Stadt, stehen wir wieder vor Lucies Tür. Wir klopfen, aber es rührt sich nichts in der Wohnung.
Wo wolln Sie denn hin, fragt ein Mann, der die Treppe heraufkommt.
Zu Lucie Mannheimer, sagt meine Mutter.
Die wohnt nicht mehr hier, sagt der Mann. Die Juden sind gestern abgeholt worden. Die sind jetzt da, wo sie hingehören.
Er lacht, streckt den Arm aus:
Heil Hitler!
Wir gehen schweigend die Treppe hinunter.
Wo gehören die Juden denn hin, frage ich.
Ich weiß nicht, sagt meine Mutter.
Sie weint.
Jetzt hast du die Suppe umsonst getragen, sage ich.
Es gibt Schlimmres, sagt meine Mutter.

Erschienen 1979

Sigrid Brunk

Strukturen

geb. 1937

Wenn des Kindes winziges Gesicht, lachend verzerrt und mit einem Strahlenkranz aus Haar, auf mein emporgewandtes herabfällt, glauben wir beide, wir blicken in einen Spiegel. Ich frage mich, wie ich das Kind zwingen kann, sich von mir fort zu entwickeln. Ich drehe mich, das Kind im Arm, dem weißen Haus mit dem offenen Fenster zu. Ich höre die Geräusche aus der Küche, wo Hanna das Kaffeewasser aufsetzt. Ich höre genau, wie sie den Kessel vom Herd nimmt, den Deckel auf die Abstellplatte legt und das Wasser in den leeren dröhnenden Kessel strömen läßt. Ich höre, wie der Stuhl über den Boden geschoben wird, und weiß, daß Hanna sich jetzt darauf niederläßt, den Rock hochzieht und die alte viereckige Kaffeemühle zwischen die Beine klemmt, daß sie dann den Griff dreht und bis zweiundvierzig zählt. Wenn sie zweiundvierzigmal den Griff dreht, wird der Kaffee gut. »Hauptsache, du hast auch Bohnen drin, sonst kannst du hundertmal drehen!« sage ich, um sie zu ärgern.
Ich trage das Kind ins Haus und gebe es meiner Schwester auf den Arm. Es fährt mit beiden Händen in ihr graues Haar.
»Ist dein Kaffee fertig?« frage ich.
Sie sieht zur Uhr.
»Noch drei Minuten.«
Ich gehe nach oben, um mich umzuziehen. Ich bin bei meiner Freundin eingeladen. Wir sind in dieselbe Klasse gegangen, aber Inges Kinder sind schon groß, sind sieben und zwölf Jahre alt. Sie sagt, so ein Kleines wie ich möchte sie jetzt nicht mehr haben.

Ich nehme das gelbe Kleid. Ich höre, wie im Zimmer unter mir Hanna mit dem Kind spielt. Ihre sonst so trübe, tonlose Stimme klingt hell und lustig. Ich habe sie immer nur alt und müde gekannt. Als ich ein Kind war, arbeitete sie schon für mich und nähte mir aus ihren eigenen Kleidern Tanzkleider. Ich bin alt, ich brauche keine schönen Kleider mehr, sagte sie. Ich habe es geglaubt. Erst jetzt rechne ich nach. Damals war Hanna Mitte Dreißig. Sie alterte wirklich schneller als andere Menschen. Jetzt könnte man sie beinahe für siebzig halten, dabei ist sie letzten Monat sechsundfünfzig geworden. Sie hat graues, eng an den Schädel gebürstetes Haar, das sie im Nacken zu einem kleinen Knoten dreht. Von den Haarnadeln ist unter dem Knoten die Kopfhaut kahl.
Ich bilde mir ein, daß ich mich von Jahr zu Jahr tiefer bükken muß, um sie zu küssen. Es wäre mir leichter ums Herz, wenn Hanna öfter lachte, wenn sie mal ein Stärkungsmittel nähme oder Ferien machte. Es sieht für andere so aus, als opferte sie sich für mich auf. Die Nachbarn sprechen schon darüber. Ich kann diese Vermutung nicht widerlegen. Die Arbeit ist da und muß getan werden, heißt es. Aber das stimmt nicht. Ich habe ihr einmal hart ins Gesicht gesagt: »Mach dich nicht kaputt! Wenn du zusammenklappst — ich pflege dich nicht!«
»Das brauchst du auch nicht«, hat sie geantwortet.
Immer noch höre ich sie unten mit dem Kind plappern. Sie hat es auf dem Wickeltisch liegen und wechselt die Windel. Sie lehrt es dummes Zeug, zum Beispiel die Zunge herausstrecken. Wir haben schon viel gelacht: Das Kind öffnet das Mäulchen, in dem in unsymmetrischer Anordnung sieben Zähne stecken, und hängt die rose Katzenzunge weit heraus.
Ich gehe hinunter und trinke mit Hanna Kaffee. Ich weiß, daß ich mich sehr verspäte: Es ist ein weiter Weg zu Inges Haus in der Siedlung hinter dem Wald am südlichen Stadtrand. Aber ich wage es nicht, meine Schwester mit dem Kaffee allein zu lassen, den sie, wie sie behauptet, nur meinetwegen kocht. Für sich allein würde sie keinen ko-

chen. Es würde sie verstimmen, wenn ich jetzt ginge. Bis zu meiner Rückkehr am Abend wüßte ich nicht, ob Hanna mir wieder gut ist.

Der Wald, durch den ich gehen muß, hat zu beiden Seiten des aufgeworfenen Weges schwarzen Morast, so daß man nicht fliehen könnte. Inge spottet über meine Angst, durch diesen Wald zu gehen. Ich kenne keine Angst, heißt ihr Schlagwort. Es wäre unmöglich, ihr das Gegenteil zu beweisen. Sie verwechselt Angst mit Feigheit. Ich habe nie ohne Angst gelebt.

Ich fürchte manchmal, in der Nacht durch einen Schrei geweckt zu werden. Und wenn ich dem Schrei folge, finde ich Hanna mitten in ihrem Schlafzimmer, im langen Hemd, den festgeflochtenen Zopf überm Rücken, und sehe sie mit aufgerissenen Augen in eine Ecke starren und schreien. Ich sehe nichts in der Ecke. Ich blicke Hanna an, folge ihren Augen und sehe nichts, während sie schreit und schreit.

Oft denke ich, wenn bloß das Kind nicht so wird wie ich. Meine Mutter soll, ganz jung noch, bevor sie meinem Vater davonlief, schon dasselbe gesagt haben: Wenn das Kind bloß nicht so wird wie ich!

In meiner Kindheit gab es Bilder wie diese: An den Bäumen eines Waldes hängen die nackten Körper von Männern, auf die eine betrunkene Soldateska Scheibenschießen veranstaltet hat. An einem Fluß sitzen zwei Frauen, eine alte und eine junge, Mutter und Tochter. Die alte sitzt vorgebeugt, das Kinn auf den Knien, die junge neben ihr spricht auf sie ein, ihre Kleider sind zerrissen. Aber der alten wurde nicht nur der Rock mit einem Bajonett aufgeschlitzt, sie ist tot. Die junge läuft davon, und die alte bleibt dort sitzen mit den aufgeschlagenen Röcken aus Fleisch. In einem verlassenen Haus liegen drei gefesselte Männer auf dem Boden. Jedem ist ein Kochtopf auf den Bauch gebunden, und unter dem Topf steckt eine lebendige Ratte.

Das Kind, das mit diesen Bildern im Kopf zur Schule ging oder draußen spielte, wußte, es war Krieg. Täglich bereicherte die nüchterne Stimme des Radiosprechers die Reihe der Bilder um ein neues. Es schien kein Ende der Möglichkeiten zu geben. Das Kind fürchtete sich und konnte nicht einschlafen. Damals brachen an seinem Körper große blühende Krater auf, einer neben dem anderen, über die sich goldgelbe Kuppeln wölbten, mit Wasser gefüllt. Das Kind trug immer eine Stecknadel bei sich, die es in der Flamme des Herdes abgeglüht hatte, und stach damit die Kuppen auf, wenn sie zu prall wurden und zogen. Das gelbe Wasser floß heraus, rann am Bein entlang, und die schlaffen Häute der Kuppeln sanken in die blutige Wunde. Die Wunde sonderte Wasser ab, die eben noch schlaffen Häute füllten sich wie kleine Säckchen mit dem Wasser, hoben sich zu neuen Kuppeln hervor, glänzend, prall und goldgelb. Der Vater konnte es nicht mehr mit ansehen, er wickelte sein Kind von Kopf bis Fuß in Mullbinden ein. Aber er mußte es wieder auswickeln; er zeigte ihm, wie sich unter dem glatten Verband Verdickungen bildeten, die es, da es sie nicht aufstechen sollte, mit den Fäusten bearbeitete. Diese Krankheit befiel das Kind mehrmals im Jahr. Die anderen Kinder in der Schule bestaunten es, das war wenigstens ein kleiner Trost. Es begann auch, die quälenden Bilder heimlich zu zeichnen. Daraus wurde eine Sucht, von der ich nie wieder lassen konnte.

Als Inge noch berufstätig war, schickte sie ihre Kinder manchmal zu mir, besonders im Winter, wenn sie nicht Zeit hatte, die Wohnung zu heizen. Akki und Nele überfielen mich unangemeldet; sie stürmten blond, strahlend und laut in mein unaufgeräumtes, nach Kaffee und Alkohol riechendes Zimmer, während ich hinter ihnen die Treppe hinauflief, sie zu überholen trachtete, um ein Fenster aufzureißen, die Flasche zu verstecken, das Zeichenbrett gegen die Wand zu lehnen. Aber die Kinder waren viel schneller, sie betraten mit leichten, sicheren Füßen das Zimmer, durchmaßen es gleich, witterten das Unerwartete und sahen sich gründlich um. Daß ich den Kaffee-

rest auf den Blumentopf goß, fanden sie prima. Aber ich täuschte mich, wenn ich glaubte, es habe sie abgelenkt. Im Gleichgültigtun und Vorbeischlendern versuchten sie, eine unbedeckte Ecke der Zeichnung auf dem Brett zu enträtseln. Zwei Schritte entfernt stehend, entzifferten sie die Titel der Bücher: Die Kapuzinergruft — In der Strafkolonie — Onkel Vanja — Philipp der Zweite ... Sie betrachteten die Fotografien von Joseph Roth und Tschechow und fühlten sich von diesen unzeitgemäßen Männergesichtern auf die gleiche Weise abgestoßen wie von den Bildern ihrer Urgroßväter in den Familienalben.
»Malst du danach?« fragten sie.
Ich antwortete ihnen: »Die Gesichter sind wichtig, man muß sie kennen, wenn man das andere gutmachen will.«
»Die Zeichnungen? Für diese Bücher?«
»Ja.«
»Zeig sie uns! Bitte, zeig sie uns! Nur einmal!«
»Sie sind nicht für Kinder.«
»Du sollst sie uns zeigen!«
»Ihr würdet sie nicht verstehen, sie würden euch nicht gefallen.«
»Zeig sie uns.«
»Eure Mutter würde mich schelten.«
»Wir sagen Mutti nichts.«
Ich öffnete die Seitentür meines Schreibtischs. Ich kniete nieder, um mit meinem Körper das Fach zu verdecken. Aber sie knieten rechts und links von mir und schoben die Köpfe an meinen Schultern vorbei. Sie stießen mit den Stirnen wie Kälber. Auf den Mappen hatte ich Embleme angebracht. Ausgerechnet die schwarze Verloursmappe mit Kreuz und Vlies hatte es ihnen angetan. Auf dem Rücken stand: Der Tod Philipps II.
»Gib mir dies!« rief Akki, der in den Illustrierten immer Jagd auf Bilder von Verkehrsunfällen machte.
Ich lehnte es ab.
»Warum denn nicht?« fragte er mit verklemmter, lüsterner Stimme.
»Davon träumst du schlecht.«

»Nur weil der Mann stirbt?«
Ich blickte in dieses kleine, listige Gesicht, das mir in allem Wissen überlegen vorkam. Aber ich zögerte doch.
»Seht euch lieber dies an.« Ich gab ihnen eine andere Mappe. Doch Akki hatte noch einen Verdacht, seine Neugier brachte ihn auf diesen Gedanken: »Oder wird er etwa hingerichtet?« — »Wer?«
»Na, dieser König. Wie heißt er doch?« Er hielt den Kopf schief, um die Schrift auf dem Buchrücken lesen zu können.
»Philipp der Zweite.«
»Nein, hingerichtet wird er nicht. Jedenfalls nicht von Menschen.«
»Sondern?«
Ich wurde im unrechten Moment nervös. Draußen hielt ein Auto, eine Tür schlug. »Es ist acht Uhr. Eure Eltern werden gleich kommen, und wenn sie dies hier sehen, machen sie mir Vorwürfe. Das sind eben keine Bilder für Kinder!«
Akki und Nele griffen nach einer Mappe, nur um die Tante zu ärgern. Es fiel ein Bild heraus, eine genaue, sachliche Zeichnung zu Dos Passos. Es war schon ein Druck auf einer Doppelseite mit Text, nicht das Original. Sie jubelten, weil sie mich überlistet hatten. Die Mappe mit den Visionen vom Sterben des spanischen Königs umklammernd, erkannte ich sofort, was da zu Boden fiel und sich auf dem grauen Teppich ausbreitete. »Laßt das liegen!« rief ich.
Sie aber dachten, die Tante spinnt, knieten sich neben das Blatt, und während ich ihnen den Rücken wandte, fiel mir Wort für Wort ein, was unter dem Bild stand:
»In der Nacht erloschen plötzlich die Lichter der Stadt. Eine Menschenmenge schlug das Gefängnistor ein. Wesley Everest empfing sie stehend. Sie fuhren mit ihm in einer Limousine zu der Brücke über den Fluß. Während er betäubt auf dem Boden des Autos lag, schnitt ihm ein Geschäftsmann aus Centralia mit einem Rasiermesser den Penis und die Hoden ab. Wesley Everest stieß einen

Schmerzensschrei aus. Jemand hat sich erinnert, daß er nach einer Weile flüsterte: ›Um Gottes willen, Leute, erschießt mich, laßt mich nicht so leiden.‹ Dann hängten sie ihn im Schein der Autoscheinwerfer am Brückengeländer auf.« —

»Weißt du«, sagte Achim und tat so, als habe er gar nichts gesehen, »Akki Baba möchte gern was spielen, Halma oder Mühle. Schach kannst du doch nicht, oder?«

»Nein, nein, du hast mir versprochen, Weihnachtssterne zu machen!« rief Nele, die noch nicht so gut im Lesen war, um einen fortlaufenden Text zu entziffern. Vielleicht war auch meine Zeichnung trotz aller Genauigkeit für ihre von der Fotografie verdorbenen Augen undeutlich geblieben.

Ich drehte mich um und sah die Kinder schon am Couchtisch stehen. Nele raffte das Goldpapier an sich, und Akki versuchte, es ihr zu entreißen.

Wenn die Kinder mich nach mehrstündigem Spiel verlassen hatten, wenn Inge dagewesen war und mit ihnen durch den aufspritzenden Schneematsch davonfuhr, während ich in einem nach Kleister riechenden, mit mißlungenen Weihnachtssternen angefüllten Zimmer allein blieb, dann holte ich die vorher versteckte Flasche hervor und trank in wenigen Zügen eine Menge, die ich für ausreichend hielt, mir meine Konzentration zurückzugeben. Die Unruhe pochte noch in meinem Blut, die lauten Stimmen waren noch in meinem Ohr, ich fühlte mich wie ausgesetzt. Ich fand die Ordnung meiner wirren und doch so exakten Bilder nicht wieder, ging umher und lachte noch über Akkis komische Bemerkungen — er hat Talent zum Clown —, und zugleich rief es von den Bildern her, rief mich zu meinem neurotischen Dienst.

Hanna brachte den Staubsauger herauf, sobald das Auto abgefahren war. Mit den Schnüren kämpfend kam sie herein, hob die Nase und sagte: »Du hast schon wieder getrunken.« Ob die Antwort: »Mir war kalt« sie beruhigte, weiß ich nicht. Sie weiß, daß ich ihr das Recht nicht zuge-

stehe, mir in dieser Sache Vorwürfe zu machen. Der Staubsauger, von ihren Händen geführt, nahm die Papierschlangen, Goldschnipsel und Zwirnsfäden auf. Der graue Teppich breitete seine ruhige, von keinem Muster unterbrochene Fläche aus.
Ich brauchte bloß lange genug diesen Teppich anzustarren, dann wuchs zwischen seinem Stichelhaar wie aus einer Grassteppe der geschlagene Leib des Leoparden hervor oder der zerschmetterte Kopf des Löwen ... und sich umwendend, sah er den Löwen, der jetzt grausig aussah, als sei der halbe Kopf weg, am Saum des hohen Grases auf Wilson loskriechen, und das riesige verstümmelte Haupt glitt nach vorn ...
»Komm!« sagte der Mann, der aus dem Büro nach Hause gekommen war, reichte das Kind, das er unten aus seinem Bettchen genommen hatte, Hanna hinüber und legte den Arm um mich. »Komm. Du hast schon wieder getrunken, du Böse! Du bist ganz böse!«
Ich sah ihn an. Er stand dort groß und breit, in seinem grauen Mantel, ein riesiger Mensch, der schon wegen seiner Größe überlegen war und über alles viel besser Bescheid wissen mußte als ich. Ein riesiger Mensch mit einem scharfen Geruch, der aus den Spalten seines Mantels hervorkam. Sein Kinn war am Abend mit dunklen Stoppeln bewehrt, die in meinen Augenbrauen hängengeblieben und dünne Strähnen meines Haars mitnahmen, als er sich nach dem Begrüßungskuß aufrichtete. Vor dieser Größe und Wärme machte ich mich klein. Auch Hanna merkte jetzt, daß mehr getrunken worden war als zur Erwärmung. Ich sagte mit dieser kleinen, engen, scheußlich falschen Stimme: »Aber ich mußte doch. Ich will ja nicht böse sein!«
»Du mußt gar nicht!«
»Doch, einen Vorhang ziehen gegen das Laute, andere.«
Er kam noch mal zurück, sein Mantel schlug gegen den Türrahmen, seine Schuhe hinterließen ein nasses dunkles Riffelmuster auf dem Linoleum. »Paß doch auf!« schalt Hanna.

Er schlüpfte leicht und schmalfüßig aus den Schuhen, wir sahen es mit Verwunderung. Er streckte eine schmale Hand aus dem schweren Mantel hervor und zog Mappen ans Licht, breitete das Zeichenpapier aus, schob die Bücher heran, kratzte die Rohrfelder sauber, hörte zu, wie ich ihm von dem Löwen erzählte. Welcher seiner Geschäftsfreunde sah ihn so heimkehren? Sie kannten ihn hinter dem Schreibtisch oder in der Klubsesselgarnitur seines Büros. Sie hätten ihn sehr bedauert, wenn sie ihn so gesehen hätten.

Manchmal, wenn ich ihm stundenlang, bis in die Nacht hinein, von dem Löwen erzählt habe oder von den anderen Bildern, wenn wir dann durch dunkle Straßen gehen, damit ich wieder einen klaren Kopf bekomme, wenn ich dann zwischen ruhigen Momenten laut weine, das heisere Weinen einer Trinkerin, dann frage ich ihn, wie er das alles erträgt und ob er sich nicht ein schöneres Leben wünscht — aber er sagt nein.

Früher hat Hanna mir öfter von meiner Mutter erzählt als in den letzten Jahren. Manchmal wiederholt sie den einen oder anderen Bericht, und es gibt Streit zwischen uns, weil ich ihn anders im Gedächtnis habe, als sie ihn jetzt erzählt. Ich werfe ihr vor, daß sie es früher anders erzählt hat, und sie sagt, das könne nicht sein. Wir zanken uns über Details, die auch sie nicht mehr genau weiß, aber zu wissen vorgibt. Das sind Details, auf die ich fieberhaft warte, weil sie mir für die Imagination meiner Mutter wichtig sind. Ihr aber kommt es in erster Linie darauf an, überhaupt über die Toten sprechen zu können, die sie liebt. Daß ich so versessen auf Details bin, versteht sie nicht. Sie könnte mir ja ganz andere Details erzählen, aber das wagt sie nicht. Ich fürchte insgeheim, daß sie es doch einmal wieder versuchen wird und daß ich sie dann wirklich schlage. Ich träume manchmal, daß ich das tue. Sie schweigt aber; mitleidig und verächtlich denkt sie daran, daß ich die Wahrheit nicht ertrage. Vielleicht aber denkt sie auch, daß sie, die mich wie ihr Kind aufzog und

jetzt mein Kind auch wieder wie ihr eigenes annahm, mein Leben nicht verdunkeln sollte.
Meine Mutter soll oft gefragt haben: »Woran denkst du, Hanna?« Ich hüte mich, das zu fragen.
Meine Mutter ist immer hin und her gelaufen, sie konnte nicht stillsitzen, sie mußte sich immer bewegen. Zur Ehe mit einem älteren Mann war sie nicht geschaffen. Durch ihre Unruhe zwang sie ihn, mit dem Rücken zum Zimmer am Schreibtisch zu sitzen, stundenlang, ohne sich zu rühren. Es war, als beschwöre er die Unrast. Er war einsam, niemand half ihm, niemand sprach mit ihm, obwohl sich in dem Zimmer, von dem er sich abgekehrt hatte, seine große Tochter, seine junge Frau und seine kleine Tochter befanden. Er spürte, wie es in den drei weiblichen Wesen kochte. Er hörte, wenn sie den Fuß heftig, zu heftig aufstießen, wenn sie den Atem zu schnell einsogen, wenn sie laut, zu laut lachten.
»Was denkst du, Hanna?« hat dann meine Mutter gefragt. »Was denkst denn du?« — »Ich? Nichts.«
Und wenn ich mich an ihren kleinen Kopf, die langen Wimpern, das Lachen und Tanzen erinnere — und mir ist, als erinnerte ich mich wirklich, als wüßte ich es nicht bloß durch Hanna —, dann glaube ich ihr das. Aber weshalb lief sie dann den ganzen Tag hin und her? Sie schaffte gar nichts bei dem Rennen. Sie lief weder nach kochender Milch auf dem Herd noch nach schlagenden Fenstern und flatternden Gardinen; nicht nach mir, nicht nach dem kranken Mann; weder nach Wäsche auf der Leine im Regen noch nach irgend etwas in diesem geräumigen Haus — das alles tat Hanna. Sie ging vom Fenster zur Tür, von der Tür zum Fenster, stundenlang. Sie trug Mokassins, gepreßtes Leder, rot und gelb bestickt. Oder irre ich mich, gab es diese Schuhe damals noch gar nicht? Ihre Schritte waren jedenfalls ganz leicht, und doch erzitterte das ganze Haus davon, ein seidenweiches, ständiges Erzittern.
Hanna erzählte ihr, die begierig zuhörte, woran sie immer dachte: Sie sah die Toten, die sie liebte. Und zwar sah sie

sie von Anfang an. Nicht von der Geburt bis zum Tod, sondern vom ersten Moment des Totseins an bis in alle weiteren Stadien. Sie folgte ihnen, solange der Prozeß auch dauerte, und er dauerte sehr lange, er hält immer noch an. Auch mit mir hat es Hanna probiert, aber ich reagierte anders als meine Mutter, ich soll überhaupt ganz anders sein, viel härter. Dieselbe Unruhe ist in mir, aber ich laufe nicht wie ein Tier hin und her, ich setze mich hin und zeichne, und Hanna meint, was sicher unmöglich ist, die nervöse Vibration durch das Holz des Tisches, auf den ich meine Hände lege, meine Ellbogen stützte, durch das ganze Haus zu spüren, ein unmerkliches ständiges Erzittern. Vor zwei, drei Jahren etwa hat Hanna mir von unserm toten Vater erzählen wollen. Ich wußte schon, was auf mich zukam. »Laß mich in Ruhe mit deinen Gespenstergeschichten!« sagte ich. Sie lächelte traurig und zaghaft, vielleicht suchte sie Hilfe bei mir. »Nicht Gespenster«, sagte sie. »Wenn du wüßtest!« Sie war nicht darauf gefaßt gewesen, daß ich die Hand zum Schlag hob. »Du mit deiner krankhaften Phantasie!« schrie ich. »Was bis zum Sterben geschieht, ist dir wohl nicht schlimm genug?« Als ich sah, daß sie sich duckte, um den Schlag hinzunehmen, daß sie sich noch nicht einmal wehrte, ließ ich die Hand fallen. Seither haben wir nie wieder über den Vater gesprochen.
Ich habe Sehnsucht nach meinen Eltern, aber ich verschließe mich allem Tranzszendenten und halte mich an das Nachweisbare. Ich werde meinem Kind von keinem Gott erzählen können. Vielleicht hört es von seinem Vater die üblichen kleinen tröstenden Legenden.

Erschienen 1969

Otto Jägersberg
Der letzte Biß
geb. 1942

Man wird nicht dafür bezahlt, daß man mit seinem Leben fertig wird. Das erledigt der Tod. Man bezahlt die Position, die oft eigentlich wirkliches Leben verhindert. Die Idee der Liebe der Menschen untereinander ist durch die Praxis der Führung von Menschen zerstört. Die religiösen Ideologien mit ihrer Verpflichtung zum moralischen Handeln sind durch den Gang wirtschaftlicher und politischer Entwicklungen abgeschafft. Die Religion ist pragmatisch geworden, ihre Tröstungen entsprechen, wenn es hoch kommt, nur noch sozialen Dienstleistungen. Als ich die theologische Sendereihe *GitZ* erhielt, war ich voll guten Willens, den Sinn der Religion — den Glauben — für das Leben zu vermitteln. Aber Denken ist eine nutzlose Anstrengung, um zum Glauben zu gelangen.
Wenn eine Gefolgschaft einen aus ihrer Mitte nach oben geschubst hat, liebt sie ihn nicht mehr. Weil sie ihn selbst erhöht, straft sie ihn mit dem Verlust der Mitte. Der Auserwählte, der alle Krankheiten und Laster seiner Gruppe sanktioniert, wird selbst nicht entlastet. Dem Zweck der Herrschaft ist der Erwählte nur Material. Nicht wer sich selbst erhöht, wird erniedrigt werden, sondern der Gewählte trägt das Kreuz. Das trifft den Intendanten wie den Athleten, den Filmstar wie den Kirchenfürsten. Die Erwählten sind durch die Erwartungen der Gefolgschaft gezeichnet. Das Außergewöhnliche bedingt das verkrüppelte Allgemeine. Wie der Jockey seinen besonderen Platz durch angehaltenes Wachstum, der Leinwandstar durch unsinnige, aber permanente Präsenz zahlt der kirchliche, politische oder wirtschaftliche Machthalter seine zur Schau getragene Unfehlbarkeit mit dem Zerfall seiner In-

dividualität. Der Preis des Überlebens ist das Mitmachen. Ich vermute nicht nur, daß ich nicht beliebt bin. Pohl war es auch nicht. Ihn umgab eine Aura von Neid und Furcht; gute Voraussetzungen, um einem Mann Respekt zu zollen.
Pohls Frau und Sohn lebten auf Distanz. Über ihr Hippieleben in Nepal und ihren Haß auf den Alten brachten die Illustrierten alle Jahre wieder genüßlich Reportagen. Das gab Stoff für Kantinengespräche, genau wie sein häufiger Wechsel persönlicher Assistentinnen. Mir konnte es egal sein. Ich war in der gleichen Partei wie er und machte *GitZ,* ›Gott im technischen Zeitalter‹, eine Sendung, um die er sich nicht kümmerte. Ich hatte keinen persönlichen Kontakt zu ihm, und ich lungerte auch nicht wie so mancher Abteilungsleiter in den Bars herum, die er frequentierte. Wir trafen uns nur auf den turnusmäßigen Abteilungsleiterkonferenzen, wo er in Form launiger Ansprachen seine Noten und Anweisungen erteilte. Ich machte keine Aktennotizen und Eingaben, und er sah nie einen Grund, mich zu sich zu zitieren. Als wir uns außerhalb der Anstalt das erste Mal trafen, erkannte er mich kaum.
Pohl war auf dem Höhepunkt seiner Karriere. Landes- und Bundespolitiker unserer Partei — die, auf die es ankam — standen voll hinter ihm, der Rundfunkrat war sein Instrument, der Verwaltungsrat funktionierte wie sein Vorzimmer, im Personalrat saßen Leute seines Vertrauens, Mitbestimmungstendenzen und Redakteursstatuten der späten sechziger Jahre hatte er durch die Einsparung von zweihundert Planstellen abgeblockt, und seine ›Grundsätze zur Rundfunk- und Fernseharbeit‹, die nach Ansicht selbst liberaler Kreise eine einschneidende Reglementierung und Einschränkung der Presse- und Informationsfreiheit verordneten, hatte er an seiner Anstalt bereits durchgeboxt. Pohl blühte in Erfolg, und als die Lokalzeitung ein Foto von ihm bei der Entgegennahme eines Golfpokals brachte, stellte meine Frau Vergleiche an, die wenig schmeichelhaft für mich waren.
GitZ, ›Gott im technischen Zeitalter‹, lief im Nachmit-

tagsprogramm, die Sendung war schon Institution. Die Sehbeteiligung war nicht besonders hoch, doch für die Zuschauerpost Trostsuchender mußte eine Planstelle geschaffen werden. *GitZ* bestand aus Diskussionen von Theologen aller Konfessionen unter meiner Gesprächsleitung, nach kurzer Filmeinblendung zu einem aktuellen Problem. Die Themen waren denkbar vielseitig, von ›Grenzen des Wohlstands‹ über ›Die Zukunft der Ehe‹ bis ›Die Revolte der Jugend‹, wobei der religiöse Gesichtspunkt im Vordergrund stand. Für die kurzen Filmeinblendungen hatte ich Hausmann, einen freien Mitarbeiter. Den Rest der halbstündigen Sendung bestritt ich mit meinen Diskutanten. *GitZ* wurde in Berlin aufgezeichnet, zwei Tage vor Sendung, in den Studios der ›Palmaris-Film GmbH‹, mit deren Leiter Jürgen Böhme ich befreundet war. Wie überall standen auch in unserem Sender Studios leer, man hätte *GitZ* genausogut zu Hause produzieren können, auf der anderen Seite hat das Fernsehen die Verpflichtung, die deutsche Filmwirtschaft zu fördern. *GitZ* war eine billige Sendung, drei elektronische Kameras, der normale Stab, immer dieselbe Hintergrunddekoration.
Nach der Aufzeichnung ging ich mit Böhme essen, es wurde hin und wieder auch später, das Hotel, in dem ich wohnte, gehörte nicht zu der Kategorie, daß der anstaltsübliche Spesensatz dafür gereicht hätte. Böhme war großzügig, gewieft, nicht ohne Charme, ein jovialer Insulaner. Er sorgte in einer Weise für mich, die vermuten ließ, daß *GitZ* für die Palmaris ein gutes Geschäft war. Böhmes Ferienhaus auf Sylt stand mir mit meiner Familie jederzeit zur Verfügung. Als ich dann selbst zu bauen begann, kamen wir nicht mehr dazu, davon Gebrauch zu machen. Wir hatten ein herrliches Grundstück kaufen können, in der Randlage eines Vororts, zwanzig Autobahnminuten zum Sender, in Sichtweite des Flusses. Böhme, der einen Termin bei Pohl hatte, sagte, als ich ihm den Rohbau zeigte: »Schade, daß der Fluß so sauig ist, man brauchte gar keinen Pool zu bauen.« Wir hatten gar nicht an ein

Schwimmbecken gedacht, die Finanzierung war schon so schwierig genug. Als ich mit meiner Frau darüber sprach, war ihre Meinung, die Bemerkung Böhmes sei als Angebot aufzufassen. Schließlich war die ewige Berlin-Fliegerei in meinem Alter wirklich nicht aufregend.
Bei der nächsten *GitZ*-Produktion brauchte ich das Thema nur anzutippen. Böhme machte mir gleich ein Angebot: Finanzierung eines Swimming-pools, wenn ich dafür sorgen würde, daß *GitZ* weiter von der Palmaris produziert wird. Wir machten nichts schriftlich. Der Pool wurde gebaut. Als Pohl seine halbjährige Einsparungskonferenz hielt, setzte ich mich für die Palmaris ein und verzichtete auf die Filmeinblendungen. Darauf erhielt ich von Pohl ein Schreiben: »Ihre wohlausgewogene Diskussionsleitung, lieber Herr Dr. Weidlich, macht ›Gott im technischen Zeitalter‹ zu einer transparenten Sendung, die die Filmeinblendungen von Herrn Hausmann immer schon als überflüssig erscheinen ließen.« Hausmann lieferte mir eine sentimentale Stunde im Büro.
Wir zogen in unser schönes Haus. Bei der Einweihungsparty warfen mich angetrunkene Kollegen um Mitternacht ins Schwimmbecken. Nun ja.
Es war doch alles ein wenig teurer gekommen. Ich hatte nach Ausschöpfung aller günstigen Kreditmöglichkeiten, Bausparvertrag, Anstaltsdarlehen, noch 120 000 Mark zu 12 Prozent aufnehmen müssen. Der Kapitaldienst belastete mich, nervlich stärker als finanziell. Meiner Frau ging es ebenso. Wir wollten unser Eigentum ganz. Wir fühlten uns nur ohne Schulden glücklich.
Ich sprach mit Böhme. Das regelmäßige Essengehen, die Barbesuche, das teure Hotel könnten gespart werden, schließlich wohnte meine Schwester in Berlin, bei ihr konnte ich auch wohnen. Böhme war einverstanden, die bisherigen Aufwendungen auszuzahlen. Es war alles ganz einfach. Ich ärgerte mich, daß ich nicht schon früher auf die Idee gekommen war. In diese Zeit fiel mein erstes Zusammentreffen mit Pohl. Nach dem Abendessen pflegte ich unsere neue Umgebung zu erkunden. Das war Spa-

ziergang und Stunde der Meditation. Schon bald hinter unserem Haus stieg ein Mischwald sanft an. Hinter der ersten Hügelkette gab es eine reizende Hochebene mit starkem Binsenbewuchs. Das versteppte Gelände war von strengen Fichtenaufforstungen eingerahmt. Ich begegnete keinem Menschen, was meiner Neigung, laut mit mir zu sprechen, entgegenkam. Hier traf ich Pohl. Ein Jäger kreuzte meinen Weg, ein großer Mann mit schlenkerndem Gang. Ich gehöre nicht zu denen, die aus jeder Begegnung in einsamer Natur ein Bruderfest machen, und wollte schon grußlos vorübergehen, als ich ihn erkannte. Er war nicht weniger überrascht. Wir gingen ein Stück miteinander. Er hatte von unserem Hausbau gehört. Wie es mir in der Gegend gefiele? Eine belanglose Plauderei. Er kletterte auf einen Hochstand. Gegen vor sich hin philosophierende Wanderer wie mich, rief er herab, habe er nichts, sie vertrieben das Wild nicht. Mein schönes Spaziergelände war also Pohls Revier. Mir verdarb's die Freude an der Gegend nicht, noch nicht.
Bei Böhme machte ich einen weiteren Vorstoß. Das Geld, das er mir monatlich gab, wurde für alles mögliche gebraucht. Ich wollte nicht weiter Schuldner der Bank bleiben. Ich wollte reinen Tisch, dazu brauchte ich größere Summen. Jetzt gab es erste Anzeichen bei Böhme, daß eine Grenze erreicht war. Er könne das nicht allein entscheiden. Doch bei der nächsten Produktion gab er mir einen Scheck über fünfzigtausend. Ich mußte quittieren. Das war neu. Mir konnte es egal sein: Böhme konnte mich nicht bloßstellen, ohne sich selbst zu ruinieren. Ich übernachtete bei meiner Schwester nicht so komfortabel wie früher im Hotel, aber es mußte sein.
Bei dem nächsten Zusammentreffen mit Pohl führten wir ein längeres Gespräch. Das biologische Gleichgewicht der Natur, mir als Theologen als Beispiel eines höheren Ordnungsprinzips verhaßt, verglich er mit der Ausgewogenheit des Programms. Überhaupt, so vertraute er mir an, hätte er die Gedanken zur veränderten Programmstruktur und zur Personalpolitik auf der Jagd entwickelt. Ruhe

und Übersicht, Maßstab der Natur, er ließ keine Plattheit aus und brachte die ungereimtesten Harmlosigkeiten mit einer Überzeugung, als seien sie bahnbrechende Ergebnisse jahrelanger Gedankentätigkeit. Der Mensch, der seine Nahrung von der Frucht des Ackers und vom gezähmten Tier gewinnen will, muß seine Herden vor Bär, Wolf und Luchs schützen. Pohl holte weit aus. Der Mensch muß die Räuber töten, und wenn er sie ausgerottet hat, dann muß er selbst ihre Rolle übernehmen, damit die wildlebenden Fresser sich nicht ins Ungemessene vermehren. Der Mensch muß weiter töten, weil er selbst das Gleichgewicht der Natur gestört hat. Es war wie bei *GitZ*. Was liebt der Mensch an der Jagd? Ich nahm die Rolle des Diskussionsleiters an. Das zeremonielle Verwalten von Macht, erfuhr ich, das Bestimmen von Schicksal, Prinzip Schicksal, das sei's. Ob das nicht zu hoch angesetzt sei, der Jagdgang nichts weiter als Freizeitgestaltung, wie Golf, mit einem Schuß Liebe zur Natur? Er sei kein Fleischmacher, bewahre nur die Landeskulturen und hätte auch keine Freizeitprobleme. Ich wieder: Ob hinter dem Zerstreuungsritual, das den Jäger die Jagd mehr lieben läßt als die Beute, nicht die Erfahrung des Nichts lauere? Er reagierte sarkastisch: Ich sei hier nicht im Studio. Ich lenkte ein, der Beruf präge eben auch meinen Feierabend. Und er, unvermittelt, wenn mir der Beruf lieb sei, solle ich ihn nicht überspannen, dann wörtlich: »Zahlen Sie der Palmaris umgehend zurück, Weidlich!« Damit ging er.
Ich stand sprachlos und starrte ihm nach. Ich war erledigt.
Als ich wieder denken konnte, sah ich es anders. Pohl konnte nur von Böhme informiert worden sein. Wenn es so war, mußte Pohl mit der Palmaris verbunden sein, sonst hätte Böhme sein eigenes Grab geschaufelt. Solange ich das aber nicht nachweisen konnte, war ich hilflos. Pohl konnte mich jederzeit zwingen, den Hut zu nehmen.
Natürlich wurde ich krank. *GitZ* fiel zum erstenmal in seiner Geschichte aus, dann moderierte Böhme. Ich saß mit

Fieber vor dem Fernseher und sah mir meinen Nachfolger an. Ich beschloß, einen Scheck über fünfzigtausend direkt an Pohl zu geben. Nahm er ihn an, würde die Sache für mich keine Konsequenzen haben. Ich telefonierte mit Böhme, es war nichts aus ihm herauszukriegen. Meiner Frau hatte ich nichts von den Begegnungen mit Pohl erzählt.
Ich war nervös, fieberte und hielt keinen Bissen. Erst langsam dehnte ich meine Spaziergänge bis zur Hochebene aus. Den Scheck trug ich bei mir. An einem ungewöhnlich schwülen Abend befand ich mich in der Nähe des Hochstandes, auf dem ich Pohl wiederholt hatte sitzen sehen. Mir schwindelte und ich ging einige Schritte vom Pfad in eine Fichtenkolonie, wo ich mich auf dichtem Moos ausstreckte. Die Dämmerung verdichtete die Umgebung, vor mir lag das Brachland, und leichter Nebel spann sich in den Binsen. Zur Seite hatte ich freien Blick auf den Hochstand. Mein Kopf wurde wieder klar, ich genoß die Stimmung. Vogelrufe. Atem der Natur. Kein Gedanke an Pohl. Ein entspanntes Lagern im Moos, ein leichtes Träumen; meine Empfindungen trübte kein Schatten.
Ich mußte eingeschlafen sein. Als ich aufstehen wollte, fiel mein Blick auf den Hochsitz. Pohl! Er rauchte. Das Gewehr auf den Knien. Ich wagte nicht aufzustehen. Angst, mich erklären zu müssen. Er könnte mich für ein Wild halten, schießen. Sollte ich rufen ›Herr Pohl, ich bin's, Weidlich, nicht schießen!‹, den Scheck schwenkend aus den Fichten treten? Lächerliche Situation. Pohl drückte die Zigarette aus und nahm das Fernglas hoch. Vom Brachland kam ein bellendes Husten, wie es Rehböcke ausstoßen. Pohl beschäftigte sich mit seinem Gewehr. Dann zielte er. Ich beruhigte mich etwas. Er würde etwas schießen und dann verschwinden. Ich könnte ihm dann zur Beute gratulieren. Ein guter Auftakt.
Es dauerte lange, bis der Schuß fiel. Ich konnte das Ziel nicht sehen. Pohl lud sein Gewehr ruhig nach. Dann sah ich das Tier, ein Reh. Es hetzte durch die Binsen in meine Richtung, brach vor den ersten Fichten zusammen,

streckte den Hals hoch und atmete hörbar. Was tat Pohl? Er steckte sich eine Zigarette an und rauchte. Das Gewehr lag wieder auf seinen Knien. Das Reh schlug mit Hals und Kopf auf den Boden, immer rasender. Pohl rauchte eine Ewigkeit. Irgendwann verendete das Tier röchelnd, ich sah die herausquellende Zunge, noch einmal zuckten die Läufe. Pohl stieg langsam vom Hochstand, das Gewehr lehnte er unten an die Leiter. Er knöpfte seine Jacke auf und zog ein langes Messer aus dem Gürtel. Dann kam er auf mich zu.
Als ich wieder aufzublicken wagte, war Pohl dabei, das Reh auf den Rücken zu drehen. Er stellte einen Fuß auf den rechten Vorderlauf und drückte mit dem Knie die Hinterläufe auseinander. Dann schnitt er dem Reh den Bauch auf. Mir brach der Schweiß aus. Ich wollte weg, nur weg.
Pohl stieß das Messer neben den Kadaver in den Boden, krempelte sich die Ärmel auf und riß und zerrte an den Eingeweiden. Ich begann vorsichtig wegzukriechen. Da richtete Pohl sich auf, in den Händen das bluttropfende schwärzliche Geschlinge. Ich erstarrte. Pohl schmiß die Eingeweide unter die ihm nächststehende Fichte. In dem Augenblick bekam ich den Geruch zu spüren, Geruch von satter Fäulnis und warmer Süße, Erinnerungen auslösend an Schlachttag und Lazarett. Ich würgte und brachte unter Schmerzen nur Speichel aufs Moos. Ich kroch, ich schaute nicht einmal zu Pohl, ich kroch seitwärts aus den Fichten, richtete mich auf und lief. Erst als ich am Hochstand war, blickte ich zurück.
Er stand noch da und scharrte Laub über die Eingeweide. Ein vorbildlicher Jäger, verbarg vor Aasgängern und Naturfreunden das Unausstehliche. Wenn ich ein Pfefferminzbonbon lutschte, warf ich das Papier nicht achtlos weg, sondern trat es in den Waldboden und scharrte Laub darüber. Verwandte Naturen.
Ich lehnte an der Leiter des Hochstandes und atmete tief. Pohl ging zum Kadaver zurück. Es war so dunkel geworden, daß ich sein Gesicht nur undeutlich sah. Er legte das

Reh auf die Seite und richtete Hals und Kopf, trat einen Schritt prüfend zurück, beugte sich erneut, Glieder arrangierend. Wozu das? Wieder ging er zu den Fichten und stöberte herum, riß einen Zweig ab, rupfte ihn klein. Wieder über dem Kadaver, stellte er etwas mit dem Zweiglein an. Ich konnte es nicht sehen. Da fiel mein Blick auf das Gewehr. Es stand direkt neben mir, ein riesiges Ding mit zwei Röhren und Zielfernrohr. Ich nahm es auf. Ich mußte es wie ein Jäger halten, um durch das Fernrohr blicken zu können. Pohl stand breitbeinig über dem Kadaver. Er wischte das Messer an seiner Hose ab, steckte es in den Gürtel, knöpfte die Jacke zu und krempelte die Ärmel herunter. Er verschränkte die Hände und senkte den Kopf. Sprach er ein Gebet, machen Jäger das? Ich wollte sein Gesicht sehen. Wenn ich das Gewehr hob, hatte ich nur seinen Kopf im Glas, groß, wie greifbar. Er hatte die Augen geschlossen. So genau, so nah hatte ich ihn noch nie gesehen. Der waagerechte Strich des Fadenkreuzes lief durch seine Augen, der senkrechte spaltete Stirn und Mund. Als er die Augen öffnete, waren sie direkt auf mich gerichtet. Es war ein Reflex.
Ich hatte noch nie ein Gewehr in der Hand gehabt. Ich kann mit Gewehren, allen Schießwerkzeugen, Schleudern, Flitzebogen, nicht umgehen. Ausgelöst durch den Schreck, diese starrenden Augen auf mich gerichtet zu sehen, hatte ich den Mechanismus ausgelöst. Der Kolben schlug mir schmerzhaft gegen die Backe. Das Gewehr sprang mir aus den Händen. Ich lief zu Pohl. Er war über seine Beute gefallen, sein Kopf lag neben dem Kopf des Rehs. Er hatte den Mund weit aufgesperrt, und die Augen glotzten verdutzt. In der Stirn war ein kleines Loch. Jetzt sah ich auch, was er mit dem Fichtenzweig gemacht hatte, er steckte im Maul des Rehs, die Zunge hatte er zurückgedrückt. Es erschien mir unfaßbar blöd alles. Mensch und Tier in lächerlichen Posen. Ich kam mir unendlich überlegen vor. Ich fühlte mich ruhig und sicher. Irgendwie auch übermütig. Auf jeden Fall zog ich den Fichtenzweig dem Tier aus dem Maul und steckte ihn auf gleiche Weise Pohl

zwischen die Zähne. Warum? Ich kam mir unendlich überlegen vor, fühlte mich ruhig und sicher, irgendwie auch übermütig. Ich habe keine andere Erklärung.
Ich schwitzte auch nicht mehr. Ich hatte keine Angst. Ich war in ausgezeichneter Verfassung. Ich säuberte sogar das Gewehr von möglichen Fingerabdrücken und legte es Pohl zu Füßen. Auch der Blutgeruch des Kadavers störte mich nicht mehr. Ich blickte auf Jäger und Beute. Prinzip Schicksal, die Formulierung Pohls fiel mir ein.
Die Sache erregte Aufsehen. Theorien, Spekulationen, Vermutungen. Die Polizei war sicher, den Täter in Jägerkreisen suchen zu müssen. Zu deutlich der Hinweis mit dem Fichtenzweig zwischen Pohls Zähnen. Das machen nur Jäger. Eine Ehrenbezeigung, alter Brauch: der Jäger ehrt das erlegte Großwild mit dem ›letzten Biß‹, in unserer Gegend nimmt man dafür einen Fichtenzweig. Der Jägerbrauch war bei Pohl waidgerecht durchgeführt. Wilddieb, Waldfeme, Revierkampf? Die Zeitungen waren voll davon. ›Ein altes Jägerherz hat aufgehört zu schlagen‹, es fiel an mich, den Text für die Todesanzeige aufzusetzen. Pünktlich zur Beerdigung tauchten Pohls Frau und Sohn auf und blieben. Die ›Palmaris-Film GmbH‹ bot mir einen hochdotierten Beraterposten an. Pohls Position war frei geworden.
Vorgestern nun hatte ich meine monatliche Sendung ›*Auf ein Wort*‹. Dazu werden ganz demokratisch Zuschauer aus dem Telefonbuch ermittelt, die Fragen zum Programm stellen können, eine ganz lockere und offene Sendung. Einer der Studiogäste fragte mich: »Herr Intendant, wie wird man eigentlich Intendant?« Die Frage löste Heiterkeit aus, aber ich habe versucht, sie ernsthaft zu beantworten. Und heute morgen lese ich in einer ansonsten nicht unseriösen Zeitung: »Als gar ein Witzbold wissen wollte, wie man Intendant werden könne, schlug Dr. Weidlichs große Stunde. Es ging zu wie bei der Berufsberatung. Als gälte es Heere von Schulabgängern für die Intendantenlaufbahn zu gewinnen und den Rest der arbeitenden Nation auf Intendant umzuschulen. Weidlich ist

gewiß ein fähiger Intendant, aber als Modertor war er uns lieber, als er noch über *GitZ* (Gott im technischen Zeitalter) schwebte. Fazit: Wer schult unsere Intendanten um?« Ich dachte erst an einen Leserbrief. Aber es ist zu lächerlich. Zeitungsgeschreibsel. Papiers Natur ist Rauschen.

Erschienen 1979

Günter Wallraff

Brauner Sud im Filterwerk
Melitta Report

geb. 1942

»Hygienische und saubere Fabrikations- und Verwaltungstrakte rufen immer wieder bei den Besuchern aus dem Ausland Erstaunen hervor. ›Das hätten wir hinter dem Namen Melitta nicht erwartet!‹ hören wir immer wieder. Der Satz ›außen hui, innen pfui‹ trifft bestimmt nicht zu.« (aus der Melitta-Werkzeitschrift »Rund um Melitta«, Dezember 69)
Davon wollte ich mich überzeugen, jedoch nicht als »Besucher«. Ich borgte mir von einem Arbeiter die Arbeitspapiere und fuhr nach Minden. Auf einem Schild vor den Werkstoren waren zwar nur »Nachtwächter«-Stellen ausgeschrieben, ich versuchte es trotzdem.
Der Melitta-Konzern zählt mit seinen insgesamt 8 500 Beschäftigten zu den 100 größten Firmengiganten der Bundesrepublik. Die »Melitta-Gruppe« im Inland: Hauptwerk Minden, Zweigniederlassungen Rahling und Uchte; Carl Ronning, Bremen; August Blase GmbH, Lübbecke; Gustav Geber GmbH, Hamburg; D. Hansen & Co, Hamburg, Deutsche Granini GmbH & Co, Bielefeld; Altländer Gold in Buxtehude, Krefeld, Bissingen; Wein Ellermann; Faber-Kaffe, Bremen; Vox-Kaffee, Münster; — im Ausland: Schweden, Dänemark, Holland, Belgien, Frankreich, Schweiz, Österreich, Großbritannien, Kanada, USA, Brasilien, Kolumbien, Mexiko. In über 90 Länder wird exportiert. Der Jahresumsatz der »Melitta-Gruppe« liegt bei 650 Millionen DM. Das Firmengebäude macht von außen nicht den Eindruck einer düsteren Industrielandschaft, der übermannshohe Drahtzaun führt nur um die Produktionsstätte herum, den Angestelltentrakt umfriedet eine gepflegte Hecke. Von außen entsteht auf den

ersten Blick nicht unbedingt der Eindruck einer Fabrik, eine Altenheimstätte einer Großstadt oder der neugebaute Teil des »Heims zum guten Hirten« in Aachen etwa (ein Heim für sogenannte schwererziehbare Mädchen) könnte es ebenfalls sein.
Als ich den Werkschutzmann an der Pforte nach der Personalabteilung frage, versteht er mich nicht. Als ich sagte, daß ich mich als Arbeiter bewerben will, schickt er mich zur »Sozialabteilung«. Der Dame auf der Sozialabteilung sage ich, daß ich eine Stelle als Arbeiter suche. Sie sagt, daß es am einfachsten sei, als »Hilfswerker« anzufangen, um dann nach 10jähriger Melitta-Zugehörigkeit »Stammarbeiter« zu werden.
Bevor sie mich einstellen könne, müsse ich am nächsten Tag zum Vertragsarzt des Werkes, gesund müsse ich sein, dann könne man weitersehen. Der Vertragsarzt untersucht mich, als ob er im Akkord arbeite. Er schaut mir ins Maul, befühlt die Festigkeit der Muskulatur und sucht das Knochengerüst in einer durchgehenden Bewegung nach schadhaften Stellen ab. Dann quetscht er mich in ein Durchleuchtungsgerät. Innerhalb weniger Minuten hat er meine Verwendungsfähigkeit herausgefunden. »Keine Bedenken«, sagt er und schickt mich wieder zur »Sozialabteilung«.
Die Dame in der Sozialabteilung sagt, »50 Mark« koste das Werk die Untersuchung, im Versand sei noch was frei. Der Leiter des Versands, ein Herr Ostermeyer, wird über Lautsprecher herbeigerufen, um mich in »Augenschein zu nehmen«. Er will wissen, was ich vorher gemacht habe, und als ich die Ausrede vorbringe, ich hätte bisher Kunst studiert, könnte davon jedoch nicht meine Familie ernähren und wolle nun auf einen soliden Beruf umsatteln, schüttelt er nur bedenklich den Kopf. »Das kenn ich, das kenn ich. Die Maler, Maurer und Seeleute sind die schlimmsten. Die kommen und versprechen, daß sie bleiben wollen, und im Frühjahr, wenn's wärmer wird, türmen sie wieder.« Er hat ernsthafte Bedenken gegen meine Einstellung. Ich muß ihm versprechen, daß ich hier wirk-

lich eine Lebensstellung antreten will, dann will er's mit mir versuchen. Stundenlohn »4,71« sagt er noch und »morgen Beginn mit Frühschicht 6.00 Uhr«.
Wer bei »Melitta« arbeitet, unterwirft sich einem Gesetz, das mit »Block und Blei« überschrieben ist.
Der Verfasser dieses Gesetzes verkündet darin vorweg, daß es »nach eigenen, besonderen Grundsätzen aufgebaut« sei, um alles »noch straffer zu gestalten«. Er »verlangt«, daß »alle« jenes Gesetz »restlos beherrschen und immer danach handeln«. »Ordnung und Disziplin« schreibt dieses Gesetz in der Einleitung vor, und später in den Ausführungsbestimmungen ist von »Erziehung« und »gründlichem Generalräumen« die Rede, von »Anmarsch« und »Anmarschwegen« und von einem »besonderen Appell«, den man den Neueinrückenden angedeihen läßt.
Von Tätigkeitsworten kommt »zwingen« besonders häufig vor, ebenso wie »kontrollieren«, jedoch auch die Kombination »zwingende Kontrolle« wird einige Male verwandt.
»Melden« kommt in vielen Variationen vor; wie z. B. »sich melden müssen«, »Meldung erstatten«, bis hin zur Forderung: »Nichts selbst einführen, sondern melden.«
Weiter im Sprachgebrauch dieses Gesetzes sind: »scharf prüfen«, »Ruhe gebieten«, »ohne Rücksicht«, »kein Kompromiß«, »kameradschaftlich«, »tadellos«, »unantastbar«, »sauber«, »gründlich«, »ordentlich«, »streng«, »Arbeitseinsatz«, »Abkommandierung«, »überwachen«, (auch gebräuchlich mit der Verstärkung: »laufend überwachen«), »bestraft werden«.
Verlangt wird: »Alles strikt befolgen, bis anders angewiesen«, und noch unmißverständlicher: »Jede Anweisung ist strikt zu befolgen! Niemand darf von sich aus Anweisungen ändern, selbst wenn sie ihm völlig sinnlos erscheinen.«
Das Gesetz gebietet: »Jeder soll auf seinem Platz sein«, und wenn das einmal nicht der Fall ist, fragt der Vorgesetzte Untergebene, »die er unterwegs, d. h. nicht an ihrem Platz antrifft, nach ihrem Weg und Auftrag«.

Ansonsten sorgen Lautsprecher dafür, daß jeder jederzeit überall auffindbar ist: »Wir legen die Lautsprecher in alle Arbeitsräume, in Gemeinschaftsräume, auf die Grünplätze, auf die Höfe«, um so alles »innen und außen besprechen zu können«.
Die »Führung« des Territoriums macht die ihr Unterstellten ausdrücklich darauf aufmerksam: »Wie alles überwachen wir auch das Telefonieren. Es geschieht durch Mithörer, die an einigen Plätzen angebracht sind. Vorurteile hiergegen sind vollkommen unberechtigt«.
Mehrmals weist die »Leitung« die Untergebenen darauf hin, daß die Anordnungen des Gesetzes dazu da sind, die »Schlagfertigkeit« der Organisation zu »erhöhen«.
»Ein Passierschein kontrolliert, so daß keinerlei Lücken in der Kontrolle aller Beschäftigten entstehen können.«
Darüber hinaus »muß der Pförtner mit aufpassen..., wenn wir unabgemeldet zu ›türmen‹ versuchen«.
Die Betriebsordnung, Ausgabe Mai 1970, ist gültig für die 8500 Beschäftigten des Melitta-Konzerns, Minden. Verantwortlich: Konzernherr Horst Bentz, 66, Alleinherrscher der Unternehmensgruppe.
»Wir alle können stolz darauf sein, durch diese Organisationsanweisung (»Block und Blei«) nicht nur eine so ausgezeichnete Ordnung in unserem Betrieb erreicht zu haben, sondern auch eine außerordentliche Schlagkraft. Damit verdanken wir ›Block und Blei‹ einen erheblichen Teil unseres wirtschaftlichen Erfolges.« (Horst Bentz in der hauseigenen Zeitschrift »Rund um Melitta«, 15. Oktober 1970).
Die ersten 14 Tage transportierte ich mit zwei anderen Arbeitern mit Hubwagen Lagerbestände aus dem Keller in den Versand. Nach einer Woche wird mir bewußt, daß unsere Arbeit mit den Preissteigerungen zu tun hat, die Melitta für Anfang des neuen Jahres angekündigt hat und die mit gestiegenen Produktions- und Lohnkosten motiviert werden. Wir müssen die zu alten Produktions- und Lohnbedingungen hergestellte Ware zu einem Sammelplatz befördern, wo die Packungen einzeln mit neuen

Preisen versehen werden, um dann wieder auf Lager zu kommen.
Lange Zeit warb Bentz für sein ständig in der Expansion befindliches Unternehmen neue Beschäftigte mit scheinbar verlockenden Angeboten, verlangte dafür allerdings auch überdurchschnittliche Leistungen. Durch ein besonderes Punktsystem animierte er zu besonders hohen Arbeitsleistungen, forderte zu besonders niedrigen Fehlerquoten heraus und drückte außerdem noch beträchtlich den Krankheitsstand. Er machte seine Arbeiter glauben, sie seien am Gewinn beteiligt und der Mehrwert, den sie erarbeiteten, käme ihnen selbst zugute, was indirekt sogar zutraf, allerdings nur zu einem mikroskopisch kleinen Teil. Den Bärenanteil des Gewinns der so herausgeforderten Mehrarbeit schluckte er, und die Arbeiter, die krank wurden, überlegten sich, ob sie sich nicht dennoch gesund melden sollten: bei Erkrankung entfiel die Ertragsbeteiligung, die im Monat bis zu 150 DM betragen konnte. Damit nicht genug, mußte die gleiche Zeit, die man gewagt hatte, krank zu sein, auch noch ohne Ertragsbeteiligung gearbeitet werden. »Nach Fehlzeiten infolge Erkrankung muß eine gleichlange Zeit gearbeitet werden, in der keine Stundenpunktzahlen gutgeschrieben werden.« (Aus: »Unsere Ertragsbeteiligung«) »Jeder Deutsche, gleich ob Mann oder Frau, hat die Pflicht, gesund zu bleiben.« (Aus »Melitta-Echo« 1940). »Nur stärkste Selbstdisziplin bei Dir, Deinen Angehörigen, Deinen Mitarbeitern kann Erhöhungen der Beiträge oder Minderung der Leistungen vermeiden.« (Beilage zu »Rund um Melitta« 1965). Folglich kann Kranksein für »Melittaner« eine Art Strafe bedeuten. »Der Arzt schrieb mich krank. Das tun Sie mal nicht, sagte ich«, berichtet eine Arbeiterin. Weil man ihr zuvor unbezahlten Urlaub verweigert hatte, befürchtete sie, Arbeitsunfähigkeit könne ihr als »Bummeln« ausgelegt werden. Aber der Arzt schrieb die Frau dennoch krank; und was sie befürchtet hatte, trat ein.
»Ich komme jetzt nicht als Krankenbesucher«, erklärte

der Werkskontrolleur der Arbeiterin bei seiner Visite, »sondern von Ihrem Schichtbüro. Sie haben keinen Urlaub gekriegt, und jetzt ist man der Meinung, daß Sie bummeln.« Der schlechte Gesundheitszustand der Frau ist jedoch so offensichtlich, daß selbst der Kontrolleur einräumt: »Ich glaube, daß Sie krank sind; aber wenn ich denen in der Firma das mal klarmachen könnte ...«
Als die Arbeiterin ihre Tätigkeit wiederaufnimmt, fühlt sie sich von ihrem Schichtleiter schikaniert. Von sitzender Arbeit an der Maschine wird sie — kaum zurück und von der Krankheit noch geschwächt — in Akkord ans Packband versetzt, wo sie stehen muß. »Als es hieß, die sortieren schon wieder aus im Büro, die schmeißen die raus, die viel krank gewesen sind«, erzählte die Arbeiterin, »konnte ich mir denken, jetzt bist du auch dabei, falls du nicht vorher selbst kündigst.« Sie war dabei. »Aus betrieblichen Gründen«, hieß es im Entlassungsbescheid.
»Das Ende der Arbeitsunfähigkeit sollte nicht davon abhängen, daß einem etwa das ›Krankfeiern‹ auf die Dauer schließlich zu langweilig wird ... Die Lohnfortzahlung kann und darf nicht dazu führen, die Zügel schleifen zu lassen.« (Aus »Rund um Melitta« — Beilage »Der Krankenbesucher bittet um Aufmerksamkeit«).
Da es ein patriarchalisch geführtes Unternehmen ist, erhalten die im Konzern beschäftigten ca. 70 Prozent Frauen häufig für die gleiche Arbeit weniger Lohn als die Männer — bis zu 50 Pfennig weniger pro Stunde. Dafür gestattete man den Frauen 12-Stunden-Nachtschichten von abends 6 bis morgens 6, auch 17jährige Mädchen darunter und ältere Frauen, die bis zu drei Wochen hintereinander nach diesem Marathonrhythmus schufteten. (Das Gesetz, das Frauen vor Nachtarbeit schützt, wurde umgangen, und erst nach mehrmaliger Beschwerde der Gewerkschaft schritt das Gewerbeaufsichtsamt ein und verhängte eine »Ordnungsverfügung mit der Androhung eines Zwangsgeldes bei erneutem Verstoß«.)
Nicht selten tut sich Melittachef Bentz als Mäzen hervor. Als ehemaliger Fußballspieler unterstützt er Sportvereine

und hat aktive Sportler unter besonders günstigen Bedingungen bei sich eingestellt. So wurde bei einem aktiven Fußballspieler, der nur als Hilfsarbeiter bei ihm arbeitete, ein Lohnstreifen mit der beachtlichen Monatsabrechnung von 1750 DM gefunden.
Handballnationalspieler Lübking, prominentester Torjäger des von Bentz geförderten Bundesligahandballvereins Grünweiß Dankersen, arbeitete bis vor einigen Monaten bei Melitta. Als er es wagte, aus beruflichen Gründen den Verein zu wechseln, verzieh ihm das Bentz nicht. Er »beurlaubte« ihn fristlos und verhängte Hausverbot über ihn, obwohl sich Lübking auf seiner Arbeitsstelle nichts hatte zuschulden kommen lassen.
Unter dem Motto »Einer für alle, alle für einen« erwartet er von seinen Getreuen Opfersinn, wenn es ihm nützlich erscheint. Als das »Melitta-Bad« gebaut wurde, sollte sich jeder Arbeiter mit einer »Spende« in Form eines Stundenlohnes daran beteiligen. Wer sich ausschließen wollte, hatte das schriftlich zu begründen. Der Arbeiter Wilhelm P., der nichts spendete, weil er gerade ein Haus baute und mit dem Pfennig rechnen mußte, bekam sein »unsoziales Verhalten« sehr bald zurückgezahlt. Als er 25jähriges Jubiläum hatte, war der Jubel nur noch halb so groß. Das zu diesem Anlaß übliche Firmengeschenk in Höhe von 700 DM wurde bei ihm um die Hälfte gekürzt.

». . . innerhalb des Werkgrundstücks, im Freien und in allen Räumen einschließlich Toilette ist das Rauchen grundsätzlich streng verboten. Jede Übertretung dieses Verbots wird mit sofortiger fristloser Entlassung ohne Ansehen der Person geahndet.« (Aus der erweiterten »Melitta-Hausordnung«). Selbst auf den Toiletten des Werks hat der passionierte Nichtraucher Bentz Schilder anbringen lassen: »Auch hier ist das Rauchen verboten!«, was nicht mehr mit »Feuergefährdung« zu motivieren sein dürfte. In »Rund um Melitta«, Oktober 1970, missioniert der Firmenchef denn auch zu dem Thema: »Abgesehen davon weiß ich von Dutzenden, vielleicht Hunderten von

passionierten Rauchern, die dankbar sind, durch das Rauchverbot im Betrieb vom Rauchen abgekommen zu sein.« »... als leidenschaftlicher Nichtraucher griff der Melittachef zur Zigarre. Das war 1965. Erstaunen in der Branche. Bentz kaufte die Zigarrenfabrik August Blase (Hauptmarke: Erntekrone), baute in Lübbecke die modernste Tabakaufbereitungsanlage des Kontinents, wurde fast über Nacht auf jenem schwierigen Feld unserer Wirtschaft zum drittgrößten Hersteller.« (Aus »Die Westdeutsche Wirtschaft und ihre führenden Männer«, Bd. I; in dem Band können sich Industrielle für 2400 Mark pro Seite entsprechend würdigen; Bentz-Würdigung = 6 Seiten). »Ebenso sind viele Nichtraucher (bei Melitta) dankbar, nicht vom Rauch der anderen belästigt zu werden.« (Aus »Rund um Melitta«, Okt. 1970, »Horst Bentz nimmt Stellung«). »Blase-Zigarren mögen eben auch Nichtraucher gern. Ihr Rauch bezaubert.« (Werbespruch aus dem »Melitta-Kundenkalender 1971«).
Die Arbeit ist körperlich ziemlich anstrengend. Es kommt vor, daß bei allzu heftigem Ziehen ein Podest mit Filtern oder Filterpapier umkippt; da ist ein Spanier, mit dem ich zusammenarbeite, der sagt, »ist mir am Anfang auch schon passiert« und mir beim Aufstapeln hilft. Er macht mich auch auf die Unfallgefahren, die die Karren mit den Eisenrädern mit sich bringen, aufmerksam.
Ich hole mir einige Prellungen an den Füßen; und die meisten hier haben schon Fußverletzungen gehabt, wenn ihnen ein schwer beladener Hubwagen über den Fuß gerollt ist. Sicherheitsschuhe mit Eisenkappen, die das verhindern würden, werden vom Werk nicht gestellt, darum trägt sie auch keiner hier. Dafür hängt jedoch ein Aushang aus, in dem die Firma die steigende Unfallquote beklagt: »Bei Verstößen gegen die allgemeinen Unfallverhütungsvorschriften durch Unternehmer oder Versicherte werden die Strafbestimmungen des §710 RVO angewendet. Die Ordnungsstrafen können bis 10 000 DM betragen... Die Berufsgenossenschaft Druck und Papier hat in zwei Schreiben auf das Tragen von Sicherheitsschuhen

hingewiesen. Es darf zumindest erwartet werden, daß festes Schuhwerk grundsätzlich bei der Arbeit getragen wird.« Die Praxis beweist, daß »festes Schuhwerk« kein Ersatz für Sicherheitsschuhe ist. Der Spanier, von einigen »Amigo«, von anderen »Ganove« genannt, ist sieben Jahre bei Melitta. Seine Frau auch. Sie bewohnen zwar dieselbe Wohnung, sind aber nur sonntags wirklich zusammen. Wenn er Frühschicht hat, macht seine Frau Spätschicht. Wenn er nachts um halb zwölf von der Spätschicht kommt, muß er leise sein, um seine Frau nicht zu wecken. Sie muß vor 5 Uhr aufstehen, um pünktlich zur Frühschicht zu erscheinen. Ihr Problem: sie finden für ihr Kleinkind keinen Kindergarten und müssen darum in Wechselschicht selber darauf aufpassen.
Viele, vor allem die jüngeren Arbeiter, sind zu dem Spanier nicht anders als zu ihren deutschen Kollegen. Andere wieder suchen jede Gelegenheit, ihn anzupöbeln. Einige bringen ihre eigene ungesicherte Existenz zum Ausdruck, indem sie ihm frohlockend erklären: »Bald kommt der Tag, da schiebt euch Bentz von einem über den andern Tag alle nach Hause ab.« (Vor einigen Jahren hatte der oberste Chef seinen Arbeitern ins Gewissen geredet: Wenn jeder deutsche Arbeiter wöchentlich 2 Stunden mehr arbeiten würde, könnte von der Beschäftigung der Ausländer Abstand genommen werden). Andere werden ihre Aggressionen los, indem sie den »Amigo« mit »Kommunist« beschimpfen, obwohl der Spanier den Papst verehrt. Ein älterer »Stammarbeiter« von Melitta deutet ihm während der Arbeit einmal genüßlich die Geste des Halsabschneidens an, während er sagt: »Alle werden wir euch killen, wenn ihr unserm Konsul auch nur ein Haar krümmt.« (In Spanien hatten revolutionäre Basken gerade den deutschen Konsul entführt.)
Der Spanier versucht in solchen Situationen meistens mit einer scherzhaften Bemerkung den Kontrahenten milde zu stimmen. Wenn es gelingt, lachen beide, wenn die Anfeindung weitergeht, kommt es vor, daß sich der Spanier — im Bewußtsein seiner Ohnmacht und seines Ausgelie-

fertseins — zwischen die Podeste verkriecht, die Zähne aufeinanderbeißt und am ganzen Körper zittert. Der Spanier ist sehr nervös. Er schreibt es dem wenigen Schlaf zu — 5 Stunden in der Regel —, dem monatlichen »Pflichtsamstag« und den Sonnabenden, an denen häufig auch noch Überstunden gemacht werden.
Auf allen Werktoiletten für Arbeiter sind Pappschilder angebracht, dort steht in sechs Sprachen: »Nach Benutzung der Toilette bitte unbedingt die Hände waschen.« Auf einer Toilette hat jemand das »unbedingt« durchgestrichen und mit Rot eine Deutung daruntergeschrieben: »... nicht nötig, wir sind schon Schweine ...« — Auf einem anderen obligatorischen Toilettenwandspruch »Auch hier ist das Rauchen verboten« hat jemand das »Rauchen« durch »Denken« ersetzt.
»Pflicht« wird großgeschrieben bei »Melitta«. Der militärische Leitsatz: »Ein guter Soldat vergißt über seinen Pflichten seine Rechte« scheint hier verinnerlicht.
Ein älterer Arbeiter an der Ballenpresse z. B. erscheint täglich eine Stunde früher zum Dienst, um durch Säuberung und Wartung seine Maschine in den Bestzustand zu versetzen: das macht er ohne Bezahlung. 1970 zahlte Bentz seinen »Melittanern« ca. 230 DM Weihnachtsgeld bar aus. Angeblich soll ein weiterer Teil des Weihnachts-, ebenso wie des Urlaubsgeldes, im normalen Lohn versteckt sein, der von diesen angeblichen Extras befreit, jedoch äußerst kläglich wäre. Arbeiter, die längere Zeit durch Krankheit ausgefallen waren, büßten dafür an Weihnachtsgeld ein. Besonders ältere, die einige Monate krank oder zur Kur verschickt waren, mußten mit ca. 50 DM Weihnachtsgeld vorliebnehmen.
»Wie sagte doch Hans Keil bei seinem Vortrag auf der KD-Großkonferenz anläßlich des Ronning-Jubiläums in Bremen: ›Fußkranke, Lahme und ängstliche Marschierer sind unerwünscht‹.« (Aus: »Rund um Melitta«, 12/69).
»Urlaub habe ich nie gekannt. Während meiner 50jährigen Tätigkeit — die nur durch meinen Wehrdienst unterbrochen war, habe ich nicht einen einzigen Tag gefehlt«,

und mit einem Augenzwinkern fügte er hinzu: »Ich will mal ehrlich sein, einen halben Tag habe ich mir einmal freigenommen. Das war der Tag, an dem ich heiratete.« (Aus: »Rund um Melitta«, August 1970, Aufmacher S. 1 zum 50jährigen Betriebsjubiläum des Arbeiters Friedrich Dirksmeier.)
Was dem Arbeiter durch Gesetz zusteht, wird auch bei »Melitta« noch unter »sozialen« Gesichtspunkten gesehen. Wer das Werk verlassen will, kündigt nicht einfach, wie es üblich ist, sondern hier läßt man ihn erst einen »Kündigungsantrag« stellen. Die Abteilung, die woanders Personal- oder Einstellungsabteilung genannt wird, wird bei »Melitta« unter »Sozialabteilung« geführt. Dafür wird man im Einstellungsbogen nach Militärdienst und Kriegsgefangenschaft und nach »Gewerkschaftszugehörigkeit« gefragt, und Frauen haben Auskunft über den Zeitpunkt ihrer letzten Periode zu geben.
Obwohl die 40-Stunden-Woche bei vollem Lohnausgleich in der Branche längst üblich ist, hält Bentz noch die 42-Stunden-Woche aufrecht. Bentz in einem Schreiben vom 25. 8. 70 an die IG Druck und Papier: »Hier sehe ich praktisch überhaupt keine Möglichkeit, in der nächsten Zeit etwas zu ändern; denn wenn wir 2 Stunden weniger arbeiten, das sind 5 %, würde das bei 4000 Mitarbeitern eine zusätzliche Neueinstellung von 200 Mitarbeitern bedeuten, was überhaupt nicht zur Debatte steht.«
Der »Betriebsrat« der Melittawerke wird von den wenigen Arbeitern, die es wagen, weiterhin der Gewerkschaft anzugehören, spöttisch »Geschäftsrat« genannt. Die Leiterin der »Sozialabteilung«, eine Cousine von Bentz, gehört ihm an und u. a. einige höhere Angestellte. Zweimal wöchentlich empfängt dieser Betriebsrat für jeweils 2 Stunden in der Bücherei der »Sozialabteilung«.
In einem Interview in der neuesten »Rund um Melitta«, vom 21. 12. 1970, gesteht der Betriebsrat seine Funktionslosigkeit ein. »Seit ich im März gewählt worden bin, waren ganze fünf Leute bei mir.« Er scheint das so in Ordnung zu finden und preist die »Sozialabteilung«, die an-

geblich »viele Aufgaben« erfüllt, die in anderen Betrieben der Betriebsrat wahrnähme.
In einer früheren Werkszeitung wird stolz verkündet: »Fritz Sinock *einstimmig* zum Betriebsratsvorsitzenden gewählt.« Auch bei anderen Abstimmungen im Hause »Melitta« wird so manches »einstimmig« beschlossen, wobei offengelassen wird, ob es sich um »Einstimmigkeit« oder um die eine Stimme des Herrn Bentz handelt. Die Maschinenarbeiterin Frau S. berichtet, wie so ein Betriebsentscheid durchgeführt wurde, als die tarifliche Arbeitszeit sich auf 40 Stunden verkürzte, Bentz jedoch seinen »Melittanern« die 42-Stunden-Woche nicht so ohne weiteres wieder nehmen wollte: »Die Belegschaft sollte darüber abstimmen. Mit einem weißen Blatt gingen die Vorgesetzten durch die Abteilungen. Auf der einen Seite stand ›ja‹, auf der anderen Seite stand ›nein‹. Ich weiß genau, bei uns in der Abteilung waren es nur ein paar Ausländer, die ›ja‹ angekreuzt hatten. Die anderen haben gesagt, wir lassen uns doch den freien Sonnabend nicht nehmen. Auf der Liste, ich hab extra draufgeschaut, stand eine lange Reihe ›nein‹, ein paarmal nur ›ja‹.
Später hing dann ein Aushang am Schwarzen Brett, Herr Bentz bedanke sich, daß wir alle so viel Verständnis hätten und die 42-Stunden-Woche freiwillig machen würden. Von anderen Abteilungen habe ich gehört, daß da überhaupt nicht gefragt worden ist. Allgemein hieß es, daß der Betriebsentscheid fast einstimmig zustande gekommen sei.«
Wenn es eben geht, hält Bentz von seiner Belegschaft »Ungemach« fern. Als die Gewerkschaft vor den Fabriktoren Flugblätter verteilte, hatte Bentz die besseren Argumente, indem er seine Arbeiter beschenkte. An den Werksausgängen ließ er Melitta-Erzeugnisse 2. Wahl aufstapeln; jeder konnte so viel mitnehmen, wie er tragen konnte, und die meisten waren so bepackt, daß sie ihre Hände nicht auch noch nach Flugblättern ausstrecken konnten.
Nicht nur vor ideellem, auch vor materiellem Schaden be-

wahrt der Konzernherr seine Belegschaft (in einer Rede im vorigen Jahr an die »lieben Mitarbeiter«): »Und Sie müssen sich auch die Frage vorlegen, wofür Sie Gewerkschaftsbeiträge bezahlen! Ich habe die Verträge und alles durchgearbeitet ... und muß feststellen, daß die Beiträge in keinem Verhältnis zu den Leistungen stehen. Aber Sie werden sich das genau ausrechnen und dann selber entscheiden, ob Sie Ihr Geld sinnvoll ausgeben wollen.«
»Das wirtschaftliche Ergebnis war verhältnismäßig erfreulich. Um so unerfreulicher waren die gemeinen Angriffe, die in diesem Jahr gegen unser Werk und mich persönlich geführt wurden. Was dabei an Gehässigkeiten und Unwahrheiten aufgebracht wurde, überschreitet jede vorstellbare Grenze. Ich frage mich oft, wie traurig und leer es in solchen Menschen aussehen mag, die nichts anderes tun, als mit Haß und Gemeinheit Unfrieden zu stiften versuchen und zerstören wollen.« (Horst Bentz in »Rund um Melitta«, 21. 12. 1970)
Sie waren gemeinsam von Dresden nach Westdeutschland übergesiedelt, die Familien Bentz und Winkler. Ab 1950 traten sie in enge Geschäftsbeziehungen. Bentz-Freund Winkler lieferte »Melitta« Papier. Das Geschäft blühte. Winkler: »Bentz hatte uns schließlich eröffnet, wir brauchen immer mehr.« Der Papierhersteller steigerte seine Kapazität. In Koppenheim bei Rastatt entstand ein neues Werk. »Bentz hatte uns zu diesem Neubau ermutigt. 1958 — von einem Tag auf den anderen — ließ er mich unvermittelt auf Neubau und Papier sitzen.« »Melitta« hatte über Nacht eine eigene Papierfabrik in Ostfriesland errichtet. Winkler ging in Konkurs. In Liebenzell im Schwarzwald stieg er später in die Kaffee-Filter-Herstellung ein. Nach seiner Frau Brigitte benannte er die Filtertüten »Brigitte-Filter«. Kaum war das neue Produkt auf dem Markt, leitete Bentz gegen die Winklers gerichtliche Schritte ein. Winkler: »Er hatte seinerzeit — das wußten wir nicht — circa 120 Warenzeichen gehortet, darunter war auch der Name ›Brigitta‹. Er wollte uns die Produktion unter diesem Zeichen untersagen lassen. Er ließ uns

ausrichten, die Kampfpackung Brigitta-Filter stünde im Werk Minden »schon ewig und drei Tage Gewehr bei Fuß«. Vor Gericht wurde dem Antrag von Bentz stattgegeben; in einem Vergleich blieb Winkler nichts anderes übrig, als sich mit 5000 DM abfinden zu lassen. Der ehemalige Papierfabrikant Winkler: »Zutrauen tun wir Bentz mittlerweile alles. Wie ist es zum Beispiel dem Keramik-Werk Brauer in Porta ergangen, das auch einmal für Bentz gearbeitet hat? Denen wurde zuerst auch geraten, einen größeren Brennofen aufzustellen; dann wurde ihnen nichts mehr abgenommen. Schließlich konnte Bentz die ganze Anlage aus dem Konkurs ersteigern. Wenn's um Geld geht, kennt der kein Grüß Gott mehr.« »Die Geschichte der ersten 50 Jahre unseres Werks zeigt, daß es nicht Glück, Zufälle oder Tricks sind, wodurch schließlich ein großer Erfolg erzielt wird. Entscheidend ist allein, daß ein Werk eine Idee hat...« (Horst Bentz anläßlich des 50jährigen Firmenjubiläums)
Zur Jahreswende 1970 erwirbt die »Melitta-Gruppe« im Röstkaffee-Bereich nach Ronning und Faber-Kaffee das kurz vor seinem 50jährigen Jubiläum stehende Familienunternehmen »Vox-Kaffee Groneweg und Meintrup« aus Münster. Trotz steigender Umsätze (65 Millionen DM für 1970) muß sich das Unternehmen von »Melitta« schlucken lassen. In vornehmer Zurückhaltung kaschiert Bentz den erbarmungslosen Konkurrenzkampf, in dem der Stärkere dem Schwächeren die Bedingungen diktiert, der Öffentlichkeit gegenüber als »gedeihliche Zusammenarbeit«; Melitta-Presseinformation vom 30. 12. 1970: »Konzentration im Kaffeebereich. Für das kommende Jahr wurde von den Firmen ›Melitta-Werke‹ Bentz & Sohn und ›Vox-Kaffe Groneweg und Meintrup‹, Münster, eine enge Zusammenarbeit der Vertriebsorganisation für die von den beiden Firmen vertriebenen Röstkaffee-Marken beschlossen... Durch gezieltes Marketing und Wettbewerbsmaßnahmen soll den Erfordernissen moderner Absatzplanung Rechnung getragen werden.« Die Vox-Außendienstmitarbeiter, die bisher das Kontaktnetz

zur Geschäftswelt hielten, werden von Bentz voll übernommen. Der Großteil der 220 beschäftigten Arbeiter muß sich nach neuen Arbeitsplätzen umsehen. Bentz zur Pressemitteilung: »Also juristisch haben wir die Firma nicht gekauft... Zusammenarbeit ist vielleicht etwas zu wenig gesagt, wir haben sozusagen die Federführung... Es war auch so, der Herr Groneweg... das ist ein Mann, der seinen Betrieb in 50 Jahren aufgebaut hat und jetzt zwei Herzinfarkte hinter sich hat, der Mann ist 68, dem Mann ins Gesicht zu sagen: ›Hör zu, der Betrieb ist pleite‹ und Du mußt verkaufen; das wollen wir einfach nicht so sagen, das ist eine reine Formulierung... Er macht ja auch noch etwas weiter, seinen Kaffee-Ersatz...« Ebenfalls zum Jahresende 1970 setzte Horst Bentz die 250 Beschäftigten des vor 5 Jahren von ihm erworbenen Porzellanwerks Rehau in Oberfranken unter Mißachtung gesetzlicher Vorschriften in einer Massenentlassungsaktion auf die Straße. Weder wurde ein Sozialplan erstellt, noch der Betriebsrat um Zustimmung gebeten. Eine Diskussion über einen Interessenausgleich zwischen Belegschaft und Arbeitgeber erscheint Bentz als »völlig indiskutabel«. Für die Weiterbeschäftigung der Maschinen ist gesorgt. Sie werden vom Zweigwerk Rahling in Oldenburg übernommen. Gleichzeitig mit der Werkstillegung in Rehau wird die Anlagenkapazität im »Melitta«-Porzellan-Zweigwerk Rahling/Oldenburg erheblich ausgeweitet.
»Diesen beispiellosen Aufstieg erreichte Bentz mit recht unorthodoxen Mitteln... Doch die Gegner des Melitta-Chefs reiben sich nicht nur an seiner in den Grundgedanken 40 Jahre alten Fibel: vielmehr ärgern sie sich über andere Rationalisierungseinfälle des Unternehmers — weil sie so modern sind.« (Laudatio der »Bild-Zeitung« vom 11. Dez. 1970, »Was ist los bei Melitta?«) Im selben Artikel zeigt »Bild« ein Foto: »Entspannung beim Skat; ›Melitta‹-Chef Horst Bentz spielt mit seinen Angestellten.« Das Foto soll die Eintracht zwischen Arbeitgeber und Angestellten dokumentieren. Nur ist dieses Dokument eine der üblichen »Bild«-Fälschungen: Bentz spielt mit seines-

gleichen Skat: mit Bäckereibesitzer Buchheister, Stadtbaumeister Dessauer und dem ehemaligen »Schriftwalter« des »Melitta-Echos« aus der NS-Zeit, Altkamerad Walter Herfurth, dem Bentz eine Betriebsrente von ca. 1000 DM zahlt.

»Treue-Urkunde — Frau F. E. ist heute zehn Jahre Mitarbeiterin der Firma Bentz & Sohn. In guten wie in schlechten Zeiten hielt sie treu zu unserem Werk. Wir gratulieren ihr herzlich zu diesem Arbeitsjubiläum und danken ihr durch die Aufnahme in den Kreis unserer Stamm-Mitarbeiterinnen. Melitta-Werk Bentz & Sohn, 1958.« Die Frau, die dieses Dokument in andächtiger Frömmigkeit vorzeigt, ist inzwischen 23 Jahre bei »Melitta«, hat sich vom Packband zur Angestellten im Verkauf hochgearbeitet. Angesprochen auf die angebliche Bentz-Spende von 140 000 DM an die NLA*, bringt sie ihre Ergebenheit zum Ausdruck: »Das glaube ich gar nicht, wenn der Chef sein Ehrenwort gibt darüber. Ich habe nur gesagt, die Gefolgschaft gibt ihm ja auch keine Rechenschaft ab. Es hat eine Angestellte gesagt: ›Und wenn er das Geld in der Toilette abspült, geht das auch keinen was an.‹ Der Chef lebt ganz bescheiden. Er hat mal am Mittagstisch gesagt: ›Warum kriege ich denn das nicht, was die anderen auch kriegen?‹ Man hatte ihm etwas Besseres vorgesetzt. Jawohl, Salate hatten sie ihm vorgesetzt. Aber er verlangte Eintopf. Er raucht nicht und trinkt nicht.« Frau E. erzählt von einem persönlichen Erlebnis mit ihrem Chef, als er bei ihr Gnade vor Recht hat ergehen lassen:

»Ich gehöre zu der Gemeinschaft der 7.-Tags-Adventisten. Als ich bei Melitta anfing, 1948, wurde dort samstags nicht gearbeitet. Dann kam's aber so, daß gearbeitet wurde. Dann bin ich an den Betriebsrat herangetreten und habe um den freien Samstag gebeten, weil wir an dem Schöpfungstag — am Samstag — nicht arbeiten. Der Be-

---

*Neues rechtes Sammelbecken »Nationalliberale Aktion« inzwischen als Partei »DU« (»Dte Union« von F. J. Strauß als außerbayrische »CSU« mit initiiert).

triebsrat und der Betriebsleiter haben meine Bitte abgelehnt, samstags zu Hause bleiben zu dürfen. Da habe ich gedacht: Jetzt bleibt mir nur noch ein Weg: zu Herrn Bentz zu gehen. Man hat mir gesagt vom Betriebsrat aus, ich sollte das nicht tun. Herr Bentz könne sich mit solchen Lappalien nicht abgeben. Obwohl mir von allen Seiten abgeraten wurde, habe ich aber doch ein Herz gefaßt und bin zu ihm gegangen. Ich habe mich unten angemeldet, die Verwaltung war damals im ›Kurfürsten‹, dann wurde ich auch raufgelassen. Der Mann im Sekretariat hat meinen Namen aufgeschrieben, reingebracht und Herr Bentz hat gesagt: Bitteschön, ich sollte dann reinkommen. Er war ganz zuvorkommend. Er kam mir entgegen bis zum halben Raum und reichte mir die Hand und hat mich begrüßt.
Nehmen Sie Platz, hat er gesagt. Und dann habe ich gesagt: Herr Bentz, ich komme mit einer sehr großen Bitte zu Ihnen. Ich sage, ich habe einen anderen Glaubensweg; wir feiern den Samstag, wie es in der Heiligen Schrift steht. Dann hat er mich ausgefragt, Familienverhältnisse usw., und wo ich her bin. Und ich habe ihm gesagt: Sie als Arbeitgeber und unser Chef erwarten von Ihren Mitarbeitern Pünktlichkeit, Ehrlichkeit und Gehorsam, was ja Grundbedingung ist. Ich sage: Und genauso erwartet Gott von uns, daß wir doch seinen Geboten treu sein sollen. Er war sehr bewegt, ja. Und er sagte zu mir, er sorgte dafür, daß ich meinen Samstag frei kriege. Wie der mir entgegenkam, werde ich nie vergessen. Nie. Und mir hat das leid getan, als er hier im Fernsehen sprach. Ich habe auf der Couch gelegen. Mir ging es damals nicht gut, mir sind die Tränen gelaufen.«
In Ungnade war der Arbeiter H. S. gefallen, als er sich in einer Meinungsumfrage gegen die Einführung von Wechselschicht aussprach. Und das, obschon er seit Jahren zum privaten Schachkreis von Horst Bentz zählte. »Kurz und bündig ließ man mich wissen«, berichtete er, »Sie müssen Schicht machen oder Sie kommen in die Hofkolonne; Hofkolonne ist das letzte«, sagt er, »die in der Hofko-

lonne müssen alles machen — Strafkompanie!« Er versuchte es noch einmal bei der »Sozialabteilung«. »Ich hab gefragt, ob ich denn nicht was anderes arbeiten könnte. ›Es bleibt Ihnen nichts anderes übrig‹, sagte man mir, ›Sie müssen kündigen‹. Und das nach all den Jahren — es waren sechse.« Auf die Frage, warum er sich nicht an den Betriebsrat gewandt hätte: »Das sind ja hier Marionetten!«

»Verschweigen Sie Ihrem Betrieb nicht das Ei des Kolumbus. Unser Tip des Monats: Mit guten Vorschlägen lenken Sie das Interesse der Vorgesetzten auf sich. Nach qualifizierten Mitarbeitern hält man immer Ausschau. Also: Betriebliche Verbesserungsvorschläge einreichen.« (»Rund um Melitta«, Dez. 1967)

Im Januar 1968 erfand der Arbeiter R. eine neue Fertigungsmethode zur qualitativen Verbesserung der Kaffee-Filter-Tüten. Der Betriebsleiter trug die neue Idee — an der R. in seiner Freizeit anderthalb Monate zu Hause getüftelt hatte — Firmenchef Bentz vor. »Ingenieur Wilking sagte mir«, erzählte R., »das sei ein Patent. Er sagte, auf diese Idee wäre noch keiner gekommen.« Nach fünf Monaten eröffneten der Betriebsleiter und der Werks-Justitiar dem Arbeiter, sein Vorschlag sei zwar ohne Zweifel »patentreif«, seine Verwirklichung allerdings würde »Melitta« große Kosten verursachen. Und falls er selbst seine Erfindung als Patent anmelden wolle, müsse man erst nachsehen, ob »Melitta« nicht schon vor Jahren etwas Ähnliches entwickelt hätte. R.: »Man bot mir schließlich an, meine Idee für 400 DM abzutreten; und später, wenn sie verwirklicht würde, sollte ich auf Prozentbasis an der Produktion beteiligt werden. Für mich war der Fall erledigt, nach ein paar Wochen habe ich dann selbst gekündigt.« »Melitta« hätte die Idee des Arbeiters R. wahrscheinlich nie in die Tat umgesetzt, ihre Durchführung hätte die Umstellung eines Teils der Produktionsanlagen bedingt. Aber eine für eine kleinere oder neuzugründende Firma völlig umwälzende Fertigungstechnik zur Herstellung von Kaffee-Filter-Tüten sollte um den Preis eines

Trinkgeldes vor dem Zugriff einer möglichen Konkurrenz geschützt werden.
Auch der Arbeiter A. hatte einen brauchbaren Verbesserungsvorschlag, der seiner Meinung nach dem Werk ca. 3000—4000 DM Kosten ersparen würde, eingereicht, 150 DM wurden ihm dafür geboten, die er sich noch mit einem Kollegen teilen sollte. A., dem das zu wenig war, gab das Geld aus Protest zurück. Daraufhin wurde er von der Verlosung ausgeschlossen, die für alle betrieblichen Ideenspender und Erfinder durchgeführt wurde.
Und so rollte die Kugel, rollt das Glück bei der »Auslosung« der Preise, und wie es der Zufall so will, fielen die Haupttreffer — eine Urlaubsreise, ein VW, ein Fernsehgerät — ausschließlich an Angestellte der höchsten Gehaltsstufe. Eine Kaffeemaschine, einen Fotoapparat, eine Bohrmaschine und einen Grillautomaten spielte das Los Vorarbeitern und Schichtleitern zu. Selbst Arbeiter und Hilfswerker ließ das Glück nicht im Stich; einige gewannen als Trostpreise ein Kaffeeservice.
Mehreren SS-Rängen, die der ehemalige Obersturmbannführer Bentz nach Kriegsende in Sold nahm, fühlt er sich durch gemeinsame Vergangenheit verbunden. Wenn die teilweise angeschlagenen Kriegsveteranen intelligenz- und leistungsmäßig auch nicht mehr so auf der Höhe sind und teilweise aus ihren Spitzenpositionen von jüngeren Kräften verdrängt wurden, garantieren sie durch ihr militärisch straffes Auftreten Zucht und Ordnung bei Melitta. Der ehemalige Obersturmbannführer Tarneden z.B., jetzt Hauswachtleiter, hat von seinem militärischen Schliff nichts eingebüßt. Wenn er strammen Schritts durch die Werkshallen patrouilliert, kann es vorkommen, daß er Nachwuchs-Melittaner zusammenstaucht: »Stellen Sie sich erst mal gerade hin.«
Ein anderer, ein ehemaliger Obertruppführer der Waffen-SS, zeigt den »Arbeitskameraden« (Anrede von Bentz) in sentimentalen Minuten hin und wieder ein liebgewonnenes Kleinod vor: ein ihm von Heinrich Himmler verehrter

Totenkopfring mit der Widmung: »Für besondere Verdienste«.

Bentz selbst, wegen seiner militärischen Hausordnung »Block und Blei« öffentlicher Kritik ausgesetzt, beruft sich in dieser Situation vorzugsweise auf die »Kapazität« Prof. Reinhard Höhn, Leiter der »Akademie für Führungskräfte der deutschen Wirtschaft« in Bad Harzburg, der Deutschlands Manager nach den gleichen Prinzipien ausrichte, wie er auch und auf seinen Lehrgängen seinen Spitzenkräften den letzten Schliff verleihe. Bentz: »Den kenne ich gut, der ist oft hier, der ist ganz begeistert von ›Block und Blei‹.« Als Prof. Höhn einmal den »Musterbetrieb« von Bentz inspizierte, meinte er, daß sich hier innerhalb von anderthalb Jahren nach seinen Wirtschaftsführungsprinzipien das Werk zur Höchstproduktivität organisieren lasse.

Bentz verblüffte den Wirtschaftsspezialisten mit der Feststellung, das Plansoll nicht erst in anderthalb Jahren, vielmehr »in bewährtem Melittatempo bereits in einem halben Jahr« erfüllt zu haben.

Aus dem Schulungsprogramm des Prof. Höhn: »Großunternehmen lassen sich durchaus mit Armeekorps, mittlere Unternehmen mit Bataillonen vergleichen. Da sowohl der militärische wie auch der wirtschaftliche Führer mit einem Gegner zu tun hat, dort der Feind, hier die Konkurrenz, treten stets Umstände und Gegenzüge des Gegners auf, die nicht vorauszuberechnen sind.«

Höhn, im Dritten Reich Berater von Heinrich Himmler, als Generalleutnant der Waffen-SS mit dem Ehrendegen des Reichsführers-SS ausgezeichnet, bekannte noch im Jahre 1944 in der Goebbels-Wochenzeitung »Das Reich«: »Der Eid auf den Führer verpflichtet nicht nur zu Lebzeiten des Führers, sondern über dessen Tod hinaus zu Treue und Gehorsam gegenüber dem neuen, von der Bewegung gestellten Führer...«

Bentz eigene Vergangenheit wurzelt gleichfalls in dieser Zeit: er war Obersturmbannführer der SS, sein Betrieb wurde im Dritten Reich als besonders stramm und vorbildlich mit der goldenen Fahne ausgezeichnet. Er führte Rüstungsaufträge aus, u. a. Teile von Gasmaskenfiltern, Teile von Patronenkästen und Maschinengewehrgurte, und er beschäftigte Polen und Russen als Zwangsarbeiter. Nachdem er nach 2½ Jahren aus dem Internierungslager der Engländer entlassen wurde, konnte er erst 1958 wieder seine Firma übernehmen. Wie Prof. Höhn, legte auch Bentz sich in jener Zeit mit Treueschwüren auf das faschistische System fest: »Führer, wir gehören Dir!« (»Melitta-Echo«, 1941)

»Mit dem Gelöbnis, unseren Betrieb dem Führer zur Verfügung zu stellen, schloß Herr Horst Bentz seine Festrede.« (»Melitta-Echo«, 1939)

Am 1. Mai 1941 wurde ihm von den Parteispitzen die damals begehrte Auszeichnung »Nationalsozialistischer Musterbetrieb« verliehen, die zuvor im Gau Westfalen-Nord nur die Oetker-Werke »für sich buchen« konnten. Mit dem »Melitta-Lied« auf den Lippen: »Gleicher Sinn bringt Gewinn, überwindet auch den schlimmsten Berg, Einigkeit alle Zeit, Heil Melitta-Werk« wurde die mit diesem Prädikat verbundene »Goldene Fahne« im Triumphzug von Augsburg ins Mindener Werk heimgeführt. »Sauber ausgerichtet, stand die Gefolgschaft am Bahnhof, um die Goldene Fahne zu empfangen. Einige zackige Kommandos unseres Betriebsführers (Horst Bentz), die jedem alten Soldaten alle Ehre gemacht hätten, und mit Schingbumm ging's durch die Stadt.« (»Melitta-Echo«, 1941)

In jener Zeit war es Betriebsführer Bentz vergönnt, an der unternehmerischen Heimatfront zwei weitere Betriebe zu erobern: eine Keramikfabrik in Karlsbad und eine Papierfabrik in Düren.

Mit nazistischen Haß- und Hetzparolen sollte die damalige Melitta-Werkszeitung die Gefolgschaft auf Vordermann bringen. Das Betriebskampfblatt von Bentz beschränkte sich keineswegs auf die betrieblichen Belange. Da war der Aufmacher auf Seite 1 den »armen Juden« gewidmet: »... in der Judenfrage hat das Herz zu schweigen! Auch das zieht nicht, wenn man uns sagt: denkt an die armen Kinder. Jeder Judenlümmel wird einmal ein ausgewachsener Jude...« (»Melitta-Echo«, 1938). Da ist von »Judengesocks« und »Bestien« die Rede, und auf dem Betriebsappell am 5. 7. 1938 läßt es sich Horst Bentz nicht nehmen, noch vor der »Reichskristallnacht« zum Boykott jüdischer Geschäfte aufzurufen: »Über die Judenfrage heute noch sprechen zu müssen, erscheint überflüssig und ist es doch nicht. Wir haben neulich eine Arbeitskameradin erwischt, als sie ein jüdisches Geschäft betrat. Sie erzählte uns nachher, daß sie lediglich eine dort beschäftigte Verkäuferin besucht habe. Ob das stimmt, ist leider nicht nachprüfbar. In Werkszeitung Nr. 5 dieses Jahres haben wir bekannt gemacht, daß jeder, der beim Juden kauft, fristlos entlassen wird. Der vorerwähnte Fall macht es erforderlich, die Grenzen enger zu ziehen. Wer künftig überhaupt noch in jüdischen Geschäften gesehen wird, einerlei ob er kauft oder nicht, gehört nicht zu uns und muß fristlos entlassen werden.«

In der Melitta-Werkszeitung Nr. 5: »Damit keiner kommen kann, er habe nicht gewußt usw., führen wir nachstehend alle Juden in Minden, die ein Geschäft ausüben, auf.« Es folgen 30 Namen, mit Berufsangabe und genauer Anschrift. — Von den 30 Genannten hat keiner das Dritte Reich überlebt.

Bentz heute zu dem Vorwurf, er habe neben seinen SS-Leuten auch einen Kriegsverbrecher auf Abteilungsleiterebene bei sich beschäftigt (Bentz): »Der ist begnadigt worden, sonst wäre er gehängt worden in Landsberg... ich habe immer, nicht nur in diesem Fall, früher Dutzende, da gibt es sogar so eine Organisation, die Leute, die straffällig geworden sind, vermittelt. Und ich habe Dutzende von diesen Leuten im Hause eingestellt, ich habe also immer doch die Tendenz gehabt, zu helfen.«

Nach dem Leitspruch »Führer befiehl, wir folgen« wurde von jeher bei Bentz gehandelt. So wie in den 50er Jahren die »Gefolgschaft« auf eine Verärgerung von Bentz hin geschlossen aus der Gewerkschaft austrat und man die

Mitgliedsbücher widerstandslos dem Betriebsrat (seitdem »Geschäftsrat« genannt) aushändigte, trat in den 30er Jahren die damalige »Gefolgschaft« auf Geheiß des Betriebsführers und SS-Sturmmannes Bentz einer anderen Organisation bei: Der NSDAP. Eintrittsgebühren und Mitgliedsbeiträge für die bis dahin noch Parteilosen zahlte Bentz aus eigener Tasche. Der Bleischneider Otto Haar, der sich der damaligen Anweisung widersetzte, mußte die Konsequenzen ziehen und den Betrieb verlassen.

Der Pensionär K. H., damals Schriftsetzer bei Bentz und überzeugter Sozialdemokrat, unterwarf sich seinerzeit dem Bentz-Diktat: »Wir als Drucker, von der Tradition her links, waren ohnehin damals bei Bentz als schwarze Schafe verschrieen und bekamen darum auch 2 Pfennig unter Tarif bezahlt. Stellen Sie sich vor, Sie müssen für Ihre Familie das Geld reinbringen und bekommen dann derartig die Pistole auf die Brust gesetzt.«

Daß der NS-Geist bei »Melitta« keine Ausnahmeerscheinung ist, sondern durchaus üblich in der bundesdeutschen Industrie, kann man auch der Einschätzung des bekannten Industrieberaters M. Schubart entnehmen: »Ich kann natürlich keine Namen nennen ... Aber ich habe ein paar Elitegruppen festgestellt, die tatsächlich — zwar unsichtbar, aber doch evident — bis in die heutige Zeit hinein existieren. Da ist einmal die Mars-Merkur-Gruppe der ehemaligen Generalstäbler, die heute zum Teil führende Rollen in der Wirtschaft spielen. Dann Abkömmlinge der Adolf-Hitler-Schulen, der Reiter-SS und der Waffen-SS. Ich würde sagen, in der Altersgruppe von 45—60 stammen 65—70 Prozent aller heutigen Führungskräfte aus solchen Organisationen. Und die überwiegende Zahl — sagen wir 98 % — jener Altersgruppe stammt aus einer Erziehung, die eigentlich im Dritten Reich ihre Grundlage findet.«

Als der Alterspräsident des Bundestages William Borm (FDP) die Öffentlichkeit erstmalig über Finanziers und Hintermänner der neuen rechten Sammlungsbewegung

»NLA« informierte und sich auf in seinem Besitz befindliche Dokumente berief, war unter anderem von einem bekannten Mindener Kaffee-Filterproduzenten die Rede.
Als dann die »Monitor«-Fernsehsendung, wie zuvor schon Zeitungen, den Verdacht aussprach, Bentz habe der »NLA« 140000 DM gespendet und gehöre ihr als Vorstandsmitglied an — MONITOR: »... Diese Behauptung stützt sich auf die in Bild und Ton festgehaltenen Aussagen des Notars Franz Mader. Mader ist NLA-Bundesvorstandsmitglied und Landtagsabgeordneter. Er hat seine Erklärung abgegeben in Gegenwart des Landtagsabgeordneten Wilhelm Maas«, — ihm außerdem unsoziales Verhalten und Unterdrückung jeder gewerkschaftlichen Betätigung im Betrieb vorwarf, fürchtete Bentz eine Beeinträchtigung seiner Geschäfte. Ehemals gute Kunden stornierten Aufträge, so die Kantinen der Dürrkoppwerke in Bielefeld und der Städtischen Betriebe in Berlin. Helmut Brade, Betriebsrat der Berliner Stadtreinigung: »Bislang haben wir bei ›Melitta‹ für 500000 DM Kaffee und Filter kauft. Das ist nun vorbei.«
Bei »Monitor« bekundeten Hunderte Fernsehzuschauer in Zuschriften, daß sie von jetzt an keine Artikel dieses Unternehmens mehr zu kaufen gedächten, und Bentz erhielt nach eigenen Angaben Tausende Briefe, in denen ihm Verbraucher das gleiche mitteilten.
Bentz schritt zur Tat.
Im Wissen, daß die Öffentlichkeit nicht über die besondere Funktion oder besser Funktionslosigkeit seines Betriebsrats informiert sein würde, ließ er ihn dafür herhalten, in einer großangelegten Anzeigenkampagne die angeblich »unwahren Behauptungen von ›Monitor‹ richtigzustellen.« Die 350000 DM, die die ganzseitigen Anzeigen — u. a. in »Bild« — kosteten, zahlte Bentz.
Bereits anläßlich früherer Presseangriffe hatte Bentz gedroht »zurückzuschlagen«, sobald damit eine »wirtschaftliche Schädigung unserer Werke« verbunden sein sollte. Dieser Zeitpunkt schien gekommen. Mit seinen Rechtsberatern machte er sich zum WDR auf, konferierte mit

Fernsehdirektor Scholl-Latour und Monitor-Chef Casdorff und drohte mit einem Schadenersatzprozeß, der in die Millionen gehen könne. Die »Monitor«-Redaktion, die bereits eine neue »Melitta«-Sendung fast sendefertig hatte (u. a. sollten wegen gewerkschaftlicher Betätigung mit Repressalien bedrohte ehemalige Belegschaftsmitglieder zu Wort kommen), wurde durch den prozeßentschlossenen Milliardär in die Knie gezwungen.
Ein neuer Beitrag fiel unter den Tisch, dafür durfte sich Bentz in der folgenden »Monitor«-Sendung lang und breit auslassen, er hatte das letzte Wort und pries sich so sehr, daß sich am nächsten Tag im Betrieb sogar sonst treu ergebene Melittaner kritisch über ihren Chef äußerten: sie hätten sich bei seiner Gegendarstellung des Eindrucks nicht erwehren können, daß Bentz manches selbst nicht geglaubt hätte und es ihm peinlich gewesen sei, was er da verzapft habe.
Auf einer Belegschaftsversammlung in seinem Betrieb hörte es sich einige Nuancen anders an. Angestellte hatten erklärt: »Wir sorgen uns um den Betrieb. Denn die Abbestellungen häufen sich«, und verlangten Einsicht in die Geschäftsbücher, was Bentz empört zurückwies. Bentz: »Und wenn ich in der ›NLA‹ bin! Wenn sich Rosenthal in einer bestimmten politischen Richtung engagiert, so kann ich mich genausogut in einer anderen politischen Richtung betätigen.«
Und er betätigt sich: zumindest über Geschäftsbeziehungen hält er Kontakt zu NLA-Kreisen.
Als ich auf gut Glück bei der Papierfabrik Anton Beyer in Lippborn als »Melitta-Bestellabteilung« anrufe, erfahre ich: Seit langem bestehen engste Geschäftsbeziehungen. Beyer-Bestellabteilung: »Wir haben doch von Ihnen eine Subvention laufen. 20 Millionen Hauptseiten bei Tragetaschen. Außerdem steht ja jetzt noch der neue Auftrag von 300 000 Tragetaschen für ihren eigenen Gebrauch zur Auslieferung an.« — Papierfabrikant Beyer hatte bekanntlich kürzlich den Bundestagsabgeordneten Fritz Geldner mit zwei sogenannten Beraterverträgen in Höhe

von 400 000 DM von der FDP in die CSU abzuwerben versucht. Damals zweifelte man allgemein daran, daß der verhältnismäßig kleine Unternehmer diese Summe so ohne weiteres aus der eigenen Tasche zu zahlen in der Lage war. Hier könnte Bentz, dessen Konzerngruppe zu den 100 größten der Bundesrepublik zählt, durch Subventionen oder fingierte Aufträge z. B. sich als indirekter Spender erwiesen haben. Es ist kaum zu vermuten, daß diese Geschäftsbeziehung eine rein zufällige ist, es gibt Hunderte von Papierherstellern in der Bundesrepublik.
Auch Werbeagenturen gibt es zahlreiche. Ist es auch ein Zufall, daß Horst Bentz mit der »Interpunkt«-Werbeagentur des ehemaligen SS-Hauptsturmbannführers und jetzigen NLA-Vorsitzenden Siegfried Zoglmann gute Geschäftsbeziehungen pflegt und ihn seinen »Freund« nennt? Bentz bestritt in der »Monitor«-Sendung mit der Maske eines Biedermannes, daß in seinem Betrieb jemals ein Gewerkschafter mit Repressalien bedroht worden sei. »Wenn das wirklich wahr wäre, dann habe ich eine Frage: Warum hat die Gewerkschaft bis heute nicht einen einzigen Namen genannt ...«
Die Betriebswirklichkeit bei »Melitta« sieht so aus: »Seien Sie ja vorsichtig, wir überwachen Sie!« hatte Prokurist Herziger dem Mustermacher Günter Bender angedroht. »Sie sind mir kein Unbekannter mehr und schon das dritte Mal bei mir«, herrschte Betriebsleiter Runte den Mustermacher an, weil der sich über eine Lohneinbuße beklagte, die ihm durch eine seiner Meinung nach schikanöse Versetzung ohne Änderungskündigung entstanden war.
Gewerkschafter Bender kündigte: »Es war mir klargeworden, daß meine Einstellung zur Gewerkschaft nicht in das Konzept dieser Herren paßte und man es darauf anlegte, mich fertigzumachen.«
Ohne Änderungskündigung wurde auch der Drucker Bauer versetzt. Lohneinbuße je Stunde: 40 Pfennig. Bauer war Vertrauensmann für die Gewerkschaft und Werber für seine Organisation. Er und sein Kollege Rüdiger

Schellhase zogen die Konsequenzen und kündigten: »Uns war klar, daß wir um jeden Preis diszipliniert werden sollten.«

Gewerkschafter Fischer wurde von seinem Abteilungsleiter Schmidt sogar mit körperlicher Gewalt aus dem Betrieb entfernt. Der Arzt bescheinigte ihm Kratzwunden, die ihm von seinem Vorgesetzten beigebracht worden seien. Dreher Fischer: »Seit ich auf einer Gewerkschaftsversammlung war, wo die Firmenleitung wahrscheinlich Spitzel hin entsandt hatte, war es um mich geschehen. Ich konnte mir noch so Mühe geben, habe täglich von morgens 7 bis abends 5 nach 6 gearbeitet und jeden Samstag von 6 bis 20 vor 3, ich kam auf keinen grünen Zweig mehr. Kollegen, die neu waren und keine Überstunden machten, bekamen plötzlich 20 Pfennig mehr in der Stunde. Als die Gewerkschaft vor dem Tor Flugblätter verteilte, habe ich dann noch mal den Fehler gemacht, dem Bezirksvorsitzenden, der mitverteilte, die Hand zu geben, und das hatte die Betriebsleitung beobachtet. Obwohl ich später, wenn noch mal Aktionen der Gewerkschaft stattfanden, immer bewußt in entgegengesetzter Richtung ging, war ich bekannt wie ein bunter Hund. Ich hatte zuvor schon einen Warnbrief vom Abteilungsleiter bekommen, ich sei ein Störenfried und mache mir laufend Notizen; und zu guter Letzt kam's so, daß mich Abteilungsleiter Schmidt in den Klammergriff nahm und mich anschrie, sofort diesen Laden zu verlassen.

Als er mich zum Ausgang hinzerrte, taten sich noch einige ›Kollegen‹ bei ihm dicke, indem sie mir ›Verräter‹ und ›Lump‹ nachschrien. Ich wollte von der Pförtnerei wegen des tätlichen Angriffs die Polizei anrufen, aber der Abteilungsleiter Schmidt war ständig hinter mir, hat mir den Telefonhörer aus der Hand gerissen und gesagt: ›da müssen Sie schon zu Fuß hingehen‹.«

»Man kann nur hoffen, daß diese ungerechtfertigten Angriffe nicht von anderer Seite unterstützt werden und daß man uns endlich wieder unseren Betriebsfrieden läßt, der 40 Jahre lang niemals gestört war.«

(Horst Bentz: »Dank zum Jahresende« »Rund um Melitta«, Dez. 1970)
Im Werk selbst ist es kaum möglich, mit Arbeitern über die Firma zu sprechen. Sie blicken sich um, ob auch keiner zuhört, und wenn überhaupt, sprechen sie nur, wenn kein anderer Kollege in der Nähe ist. Einer scheint im anderen einen potentiellen Spitzel der Firmenleitung zu sehen. Einige sagen das auch offen: »Du kannst hier nie genau wissen, wo du bei wem dran bist.
Nach zweimonatiger Zugehörigkeit zur Melitta-Belegschaft wird mein Name plötzlich über Lautsprecher ausgerufen: »Herr G. zur Sozialabteilung.«
In der Sozialabteilung erwartet mich eine Art Firmengericht. Die Cousine von Horst Bentz, Frau Melitta Feistkorn, Leiterin der Sozialabteilung, blickt mißbilligend zu mir herüber. Herr Ostermeyer, der mich einstellte, sitzt mit in der Runde, noch ein Jüngerer im grauen Kittel blättert gelangweilt in einem Büchlein, das die Aufschrift »Betriebsverfassungsgesetz« hat. Ein graues, gewitztes Männlein mit scharfer, befehlsgewohnter Stimme fordert mich mit einer Handbewegung auf, mich auf den noch freien, von den anderen etwas entfernt stehenden Stuhl zu setzen. Dann wendet er sich an die versammelte Runde: »Jetzt werde ich Ihnen das mal vorführen.« Und er beginnt eine Art Verhör. Keiner hat sich mir vorgestellt, das scheint hier so üblich zu sein, Standgericht.
Der kleine Graue, Betriebsleiter Runte, wie ich später erfahre, leitet die Vernehmung. Er wirft mir Disziplinlosigkeit und fehlende Arbeitsmoral vor. Ich hatte gewagt, mir einige Tage unbezahlten Urlaub zu nehmen. Zwei Tage war ich krank und lag mit Fieber im Bett, ließ mich jedoch nicht krankschreiben, sondern zog es vor, den das Werk nicht belastenden unbezahlten Urlaub zu nehmen. Kollegen hatten mir dazu geraten, da »Krankfeiern« auch mit ärztlichem Attest in der Probezeit Entlassung bedeuten würde. Einige Tag hatte ich mir freigenommen, indem ich einen Umzug von Köln nach Minden vorschob, verbunden mit Wohnungsrenovierung. Die direkten Vorgesetz-

ten, zwei Schichtführer, hatten Verständnis und bewilligten das Fehlen unter Verzicht auf Bezahlung. Betriebsleiter Runte, dessen Aufgabe es ist, alle Belange des Betriebs pedantisch wahrzunehmen, schien den entgangenen Mehrwert meiner dem Werk vorenthaltenen Arbeitsleistung als eine Art Diebstahl zu empfinden. Er sagte, schon aus Abschreckungsgründen den anderen Kollegen gegenüber sei ich für das Werk ab sofort untragbar. Ich sei ein Bummelant, wer schon so anfange, was sei dann erst später von dem zu erwarten. Als ich mich zu rechtfertigen versuche, gerade der Anfang, die Umstellung, verbunden mit dem Umzug und Wohnungswechsel, müsse in einem Betrieb, der sich »sozial« nenne, doch Verständnis hervorrufen, werde ich ausgelacht. Herr Runte ist nicht umzustimmen; er nimmt meine Argumente lediglich als Bestätigung seines einmal gefaßten Entschlusses auf.
Routinemäßig stellt er an den Mann mit dem kleinen Büchlein, der während des ganzen Verhörs nicht ein Wort gesagt hat — und der Betriebsratsvorsitzender Sinock ist, wie ich nach meinem Rausschmiß erfahre —, die Frage: »Von hier noch Einwände?« Wie abwesend antwortete der Betriebsratsvorsitzende mit einer verneinenden Kopfbewegung.
Zuletzt sagt Herr Runte noch, man sei hier bei Melitta zwar hart, aber gerecht... Vor Weihnachten schmeiße man keinen auf die Straße. Also sei mein letzter Arbeitstag der 28. Ich hätte die Großzügigkeit dem Werk nicht gedankt, immerhin hätte ich doch auch sogar schon Weihnachtsgeld erhalten. Als ich das verneinte, tritt Herr Runte in Aktion. Er demonstriert allen die Macht seines Amtes, indem er den Leiter der Lohnabteilung über Telefon anbrüllt, was das für eine Schlamperei sei, die 50 Mark Weihnachtsgeld, die jedem zustünden, an mich noch nicht ausgezahlt zu haben. »Händigen Sie das dem Mann zustehende Geld sofort aus«, brüllt er in den Hörer. Und Meister Ostermeyer erhält den Befehl, mich zur ordnungsgemäßen Auszahlung zu begleiten. »Sehen Sie, so sind wir hier, selbst das Weihnachtsgeld zahlen wir Ih-

nen noch«, sagt Runte vorwurfsvoll. Ich bin sehr verunsichert, beinah gerührt und komme nicht umhin, mich bei ihm zu bedanken. Um so erstaunter bin ich, als ich bei Empfang der Endabrechnung die 50 Mark wieder abgezogen finde.
Für Betriebsleiter Runte war es eine Demonstration seiner Macht und was nicht nur für Melitta gilt: Gnade ist kein Recht!
»Natürlich kann die Stadt stolz darauf sein, daß die ›Melitta‹-Erzeugnisse den Namen Mindens in alle Welt hinausgetragen haben und täglich hinaustragen. Sicher ist es ein wesentlicher Faktor für die Volkstümlichkeit von Melitta, daß heute 3600 Menschen der über 8000 Belegschaftsmitglieder in Stadt und Land Minden zu Hause sind! Rechnet man die Familienangehörigen dazu, dann ergibt sich, daß rund ein Viertel der Bevölkerung Mindens in direktem Kontakt zu dem Melitta-Werk steht.«
(Aus der Melitta-Werbeschrift: »Minden und die Melitta-Werke«)
»Sagen Sie um Gottes willen keinem, daß ich Ihnen Auskünfte über Herrn Bentz gegeben habe, ich wäre hier für immer erledigt.«
(Ein führendes Mindener SPD-Mitglied, Mitglied im Stadtrat. Die SPD ist die stärkste Partei Mindens.)

Erschienen 1972

Hugo Dittberner

Das Kriegsopfer

geb. 1944

Die Familienverhältnisse bei den Wehrhahns waren etwas kompliziert. Nur Elfriede, die Mutter, gehörte immer dazu. Sie heiratete im Februar 1944 Ernst Kaufer, als er für ein paar Tage Fronturlaub hatte und seine Mutter besuchte. Damals war Elfriede 19 Jahre, und sie heiratete Ernst, obwohl sie ihn gar nicht richtig kannte. Natürlich war er ihr nicht unbekannt, denn sie wohnte im Haus nebenan, und als Kind, bevor der Krieg begann, hatte sie ihn bewundert, wenn er mit seinem Motorrad durch die Siedlung brauste. Er trug einen Lederanzug und eine von diesen ovalen Lederkappen, die man heute noch auf Fotos sehen kann und die wie Mädchenmützen aussehen. Seine Maschine war eine ältere DKW, deren Baujahr belanglos geworden war, so oft hatte Kaufer sie durch raffinierte Zusammensetzungen und Frisierungen verändert.
Oft stand Elfriede hinter der Gartenpforte, wenn Ernst seine Maschine reinigte und für eine Fahrt fertig machte. Sie hatte den ständig dringender werdenden Wunsch, einmal mit ihm eine verwegene Fahrt zu unternehmen, sie stellte sich vor, vielleicht zum Silbersee, um dort zu baden. Aber sie war noch ein Kind, und Ernst Kaufer nahm ältere Mädchen auf seine Maschine, ohne Elfriede überhaupt zu beachten.
Dann brach der Krieg aus, und 1940 wurde Kaufer eingezogen. Elfriede sah den jungen Kaufer nur noch einige Male, wenn er auf Urlaub kam, darunter 1943 zwei Wochen lang, als Kaufer nach einem Handdurchschuß und einem Lazarettaufenthalt zu einem Genesungsurlaub nach Hause geschickt wurde. Die Wunde war gut verheilt, aber die Sehnen zum Ringfinger der linken Hand war

durchschossen worden, so daß er diesen Finger nicht mehr bewegen konnte. Kaufers Mutter hatte auf Bitten ihres Sohnes, der damals 23 war, das Motorrad in einem Gartenschuppen versteckt und es nicht abgegeben. Die ganze Siedlung wußte davon, und manche sagten zu ihm, jetzt könnte er das Motorrad ruhig abgeben, weil er es mit dieser Pfote doch nicht mehr so gut fahren könnte. Doch Kaufer lachte und fuhr nachts heimlich auf dem Dreckberggelände seine Maschine aus. Tagsüber war er tatenlos. So lernte ihn Elfriede kennen.
Als Kaufer wieder an die Front gereist war, fragte Elfriedes Mutter, die mit Kaufers Mutter befreundet war, ob Elfriede ihn, Kaufer, nicht heiraten wollte. In dieser Zeit hätten die Männer keine Gelegenheit, um ein Mädchen anständig zu werben, und sie hätte von Kaufers Mutter erfahren, daß Kaufer sie, Elfriede, recht gern hätte. Elfriede wußte nicht, was sie dazu sagen sollte. Unsympathisch war ihr der Kaufer nicht. Die Mütter deuteten das als Ziererei, und so wurde in Briefen die Hochzeit angebahnt.
Nach der Hochzeit am 12. Februar 1944 war Kaufer noch 7 Tage da, aber ein Kind, auf das alle gehofft hatten, kam nicht dabei heraus. Dazu war die Zeit wohl zu kurz. Insgesamt schrieben sich die jungen Eheleute noch 11 Mal hin und her, bevor Kaufer im Juli 1944 in russische Gefangenschaft geriet. Das erfuhr jedoch Elfriede nicht, sondern es hieß, Kaufer sei vermißt.
Nach dem Krieg tauchte Wehrhahn in der Siedlung auf. Niemand wußte, woher er kam und was er ausgerechnet hier zu suchen hatte. Er wurde auf dem Schwarzmarkt eine große Figur. Mit dem ersten größeren Geld, das er dabei verdiente, kaufte er Elfriede Kaufers Maschine ab, um seine Geschäfte großzügiger führen zu können. Doch schon bald verließ ihn das Glück. Er wurde gefaßt und für zweieinhalb Jahre ins Gefängnis gesteckt. Die Leute in der Siedlung behaupteten, das wäre noch viel zuwenig, in Wirklichkeit hätte er noch viel mehr auf dem Kerbholz (es war sogar die Rede von einem Totschlag, denn Wehr-

hahn war sehr jähzornig) und er gehörte einen Kopf kürzer.

Zum Erstaunen der Siedlung heiratete er nach seiner Entlassung Elfriede, nachdem diese zuvor Kaufer für tot erklären lassen hatte. Kaufers Mutter hat das Elfriede nie verziehen. Wahrscheinlich war sie es deshalb, die das Gerücht aufbrachte, Elfriede hätte Wehrhahn schon an dem Abend, als sie ihm die Maschine verkaufte, intime Beziehungen zu sich gestattet.

Wehrhahn baute eine gutgehende Reparaturwerkstatt auf. Die Ehe war nicht so gut. Zwar wurde ihnen 1950 die Tochter Kati geboren, aber schon bald drang das gewalttätige Wesen Wehrhahns durch. Er schlug seine Frau manchmal so brutal, daß sie mit blauen Augen einkaufen gehen mußte. Auch begann er, ziemlich wüst zu trinken, so daß sein Geschäft zwar die Familie ernährte, aber sich in der Zeit des allgemeinen Aufschwungs nicht vergrößerte.

Das Jahr 1955 war sehr ereignisreich. Zunächst erfuhren Elfriede und Kaufers Mutter, Kaufer sei in russischer Gefangenschaft, und das Rote Kreuz vermute, er werde bald entlassen. Das war eine Sensation, und die ganze Siedlung spekulierte, was Elfriede nun machen würde und welches überhaupt die rechtliche Situation wäre. Frau Kaufer triumphierte. Sie erzählte überall, Elfriede würde schon sehen, was ihr Sohn zu dieser Ehe sagen würde. Elfriede war apathisch und tat, als ginge sie diese Sache am wenigsten an.

Eines Tages war es dann soweit. Kaufer war zurück. Von seiner Mutter, die ihn vom Bahnhof abgeholt hatte, wußte er wohl über die veränderten Verhältnisse Bescheid. Überall standen in der Siedlung die Leute in den Vorgärten und taten so, als müßten sie ihre Blumen begießen oder Unkraut jäten oder den Zaun überprüfen. Tatsächlich ging Kaufer, der sehr mager aussah und einen völlig unmodernen langen Mantel trug (es war Herbst), gleich in Wehrhahns Haus, während seine Mutter an der Gartenpforte wartete. Wenige Minuten später hörte man ei-

nen unbeschreiblichen Lärm. Glas zersplitterte, eine Frauenstimme schrie, Wehrhahn brüllte wie ein Stier, Möbel schrammten über den Fußboden. Kaufers Mutter stürzte in den Garten und klingelte stürmisch. Niemand öffnete. Wahrscheinlich wurde ihr Klingeln gar nicht gehört, so ein Krach herrschte. Nach einiger Zeit wurde die Tür aufgerissen, Wehrhahn stürzte heraus, warf Frau Kaufer beiseite und rannte hinter das Haus. Dann kam er, während Frau Kaufer ins Haus lief, mit dem Motorrad wieder hervor, warf es an und fuhr durch die offene Gartentür in den Siedlungsweg und hinunter in Richtung Stadt. Er war noch nicht hundert Meter weg, als Frau Kaufer mit einem furchtbaren Aufschrei wieder in der Tür erschien und schrie: Haltet den Mörder! Aber niemand konnte sich rühren vor Schreck. Wehrhahn entkam, und wir haben ihn nie wieder gesehen.
Später stellte sich heraus, daß Wehrhahn sich bereits vor Kaufers Ankunft betrunken hatte. Als Kaufer, den Elfriede schweigend eingelassen hatte, in das Wohnzimmer trat, fragte Wehrhahn Elfriede nur: Ist er das? und warf dann, als sie nickte, seine halbvolle Bierflasche nach Kaufer. Da er ihn nicht traf, stürzte er sich brüllend auf ihn und drosch so lange auf ihn ein, bis Kaufer leblos am Boden liegen blieb. Elfriede, die fortwährend schrie und sich an seinen Arm hängte, stieß er zu Boden. Er muß den Eindruck gewonnen haben, daß er Kaufer getötet hatte. Doch Kaufer war nur besinnungslos und kam schon nach wenigen Minuten wieder zu sich. Der gerufene Arzt stellte eine Gehirnerschütterung, mehrere Blutergüsse und Prellungen fest und verordnete strenge Bettruhe.
Kaufers Mutter war enttäuscht darüber, daß ihr Sohn bei Elfriede blieb und sich von ihr gesund pflegen ließ. In der Siedlung munkelte man, wie das wohl mit rechten Dingen zugehen könnte. Aber da Wehrhahn sich nicht wieder blicken ließ, gewöhnten wir uns an den zurückgekehrten Kaufer, der tagsüber meist ernst in seinem Garten arbeitete und zu Gesprächen nicht aufgelegt schien.
Nun mußte Elfriede arbeiten. Sie ging als Putzfrau, bis

Kaufer sich erholt haben würde und nach einer verdienten Ruhepause wieder selbst für das nötige Geld sorgen würde, sagten die Nachbarn. Doch bei Kaufer war kein besonderes Bedürfnis danach oder nach sonst irgendwas festzustellen. Kaufers Mutter kämpfte zwar gegen Gerüchte, die wissen wollten, Kaufer spräche mit Elfriede kaum ein Wort, würde Zeitung lesen, Radio hören, im Garten herumpuzzeln und früh schlafengehen. Aber es blieb kein Geheimnis, daß Kaufer sich eigentlich nur um Kati, Elfriedes Tochter, kümmerte, die er morgens zur Schule brachte und mittags wieder abholte. Er trug den Tornister und allerlei Kleinigkeiten, von denen sich das Kind nicht trennen wollte: Heftpflasterschachteln, die sie sammelte, eine verlotterte Puppe, die Alfred hieß, und einen schönen Bernstein, den ihr Kaufer geschenkt hatte. Auch nachmittags im Garten, wenn Kati im Wohnzimmer ihre Schulaufgaben machte, sah Kaufer häufig zu dem Fenster, hinter dem das Kind saß.

Die Leute sollten recht behalten, die schon frühzeitig sagten, Kaufer würde die ganze Liebe, die er noch hätte, der Kati zuwenden und darüber völlig Elfriede vernachlässigen, die noch so heiß zwischen den Beinen wäre, daß es bestimmt bald knallen würde. Im nächsten Jahr, Kaufer war erst ein knappes Jahr zurück, erschien im Herbst ein Möbelwagen, in dem vorn ein rothaariger Mann am Steuer saß und neben ihm Elfriede. Sie packten einige kleinere Möbelstücke ein, Kleider und Katis Spielzeug. Kaufer stand die ganze Zeit schweigend am Gartentor und rührte kein Glied. Jedesmal, wenn der rothaarige Mann, den wir noch nie in der Siedlung gesehen hatte, ein Möbelstück hinaustragen wollte, mußte er Kaufer umgehen. Keiner sprach. Erst als Elfriede ihre Tochter bei der Hand nahm und mit ihr das Grundstück verlassen wollte, versuchte Kaufer, das Mädchen festzuhalten, aber nach einem kurzen Blickwechsel mit Elfriede ließ er los und ging schweigend ins Haus. Darauf fuhren der rothaarige Mann, Elfriede und Kati in dem Möbelwagen unter den Augen der Siedlungsbewohner davon. Frau Kaufer er-

zählte, der Mann wäre ein Friseur in Linden und Elfriede hätte das Haus Kaufer geschenkt. Mehr erfuhren wir nicht. Nur später erzählte ein Bekannter der Kaufers, der in Linden wohnte, daß Elfriede noch ein Mädchen geboren hätte, das den Namen Marlies erhielt. Aber geheiratet soll sie den Meier nicht haben.
Kaufer nahm das Geschenk nicht an und zog zurück zu seiner Mutter. Das Haus wurde an Schäfers verkauft, die jetzt noch dort wohnen. Um Kaufer wurde es noch stiller. Er nahm eine Stelle als Monteur an. Da er immer sehr früh zur Arbeit fuhr (auf einemFahrrad) und sehr spät zurückkam, weil er viele Überstunden machte, sahen wir ihn selten. Er soll aber nach einiger Zeit an die Behörde ein wirres und hochmütiges Schreiben gerichtet haben, in dem er eine höhere Ersatzleistung forderte als ihm wie allen, die sich in seiner Lage befanden, bewilligt worden war. Summen wurden jedoch nicht bekannt.
Mit der Zeit dachten wir nicht mehr so oft an Kaufer, und wir hätten seine Geschichte fast vergessen, wenn nicht im Sommer 1967 etwas geschehen wäre, das uns noch einmal lebhaft an die vergangenen Ereignisse erinnerte. Kaufers nämlich erfuhren von ihrem Lindener Bekannten, daß Kati mit einem jungen Fotografen durchgebrannt war. Sie war 17 Jahre damals, und von Durchbrennen kann eigentlich gar nicht mehr gesprochen werden. Aber alle in der Siedlung faßten es so auf.
Von diesem Tag an war Kaufer nicht wiederzuerkennen. Er nahm sich, wie seine Mutter erzählte, unbezahlten Urlaub, um Kati zu suchen. Das schien übertrieben, denn schließlich war er nicht ihr Vater und hatte sie überhaupt nur ein knappes Jahr gekannt.
Wie er sie fand, das weiß nur er, und er hat sich darüber ausgeschwiegen. Jedenfalls fand er sie. Sie lebte in Göttingen zusammen mit dem jungen Fotografen, der Künstler werden wollte. Sie mußte für den Lebensunterhalt sorgen und hatte deshalb den Verkauf in einem Kiosk übernommen. Es war ein solider Kiosk mit kleinem Getränkeausschank.

Als Kaufer sie dort ausgemacht hatte, muß er in sie gedrungen sein, mit ihm zurück in die Siedlung zu kommen, um ihre Ausbildung zu beenden. (Sie war im dritten Lehrjahr in einer Speditionsfirma gewesen.) Mit welchen Argumenten er sie umstimmen wollte, wissen wir nicht. Es war jedoch vergebens. Fest steht, daß Kaufer daraufhin drei Tage von morgens bis abends, solange der Kiosk geöffnet hatte, dort stand und Bier oder andere Alkoholika trank, weil es kühl war, und Kati ihn nicht in den geheizten Innenraum ließ. Schon am zweiten Tag war er so betrunken, daß er sich nur noch mit Mühe am Tresen festhalten konnte und durch sein Umherschwanken vor dem Kiosk die Käufer zu verscheuchen begann. Kati war in einer unangenehmen Situation, zumal der Besitzer des Kiosk vorbeischaute, um den Umsatz zu überprüfen, und feststellen mußte, daß ein betrunkener Mann vor seinem Geschäft hin und her schwankte, die Käufer vertrieb und offensichtlich so betrunken war, daß außerdem zu befürchten stand, er könnte jederzeit auf die Fahrbahn stürzen und von vorbeifahrenden Autos überfahren werden. Da Kati dem Besitzer ihr Familienverhältnis zu Kaufer nicht so leicht erläutern konnte, faßte dieser Kaufer energisch am Arm und hätte ihn eigenhändig fortgebracht, wenn ihn nicht Kati gebeten hätte, Kaufer für heute noch dort zu lassen, sie wollte ihn nach Feierabend zur Bahn bringen.

Leider gelang es ihr nicht, und Kaufer, der wohl in der Nacht gar nicht geschlafen hatte, stand am nächsten Morgen um acht bereits wieder vor dem Kiosk, unrasiert, abgerissen in einem alten Ledermantel und ohne Kontrolle über seine Bewegungen.

Kati, die dies schon befürchtet hatte und deshalb ihren Freund gebeten hatte, im Laufe des Vormittags vorbeizusehen, versuchte, Kaufer mit gutem Zureden davon zu überzeugen, wie nutzlos sein Aufenthalt in Göttingen wäre. Es muß für die Passanten ein eigenartiges Bild gewesen sein, einen vor dem Kiosk torkelnden Mann zu sehen, der von der Verkäuferin mit gutem Zureden, das frei-

lich immer lauter wurde, dazu bewegt werden sollte, von dort zu verschwinden. Als endlich der Fotograf kam, weinte Kati, während Kaufer sich auf den Bürgersteig gesetzt hatte und lallend immer wiederholte: Hier geh ich nicht weg. Hier geh ich nicht weg. Der Fotograf bemühte sich einige Zeit ebenfalls ohne Erfolg, den nun Sitzenden zum Fortgehen zu bringen, indem er ihn hochzuziehen versuchte. Schließlich gab er auf, ging zur nächsten Telefonzelle und rief die Polizei.
Schon nach wenigen Minuten war ein Streifenwagen mit zwei Polizisten zur Stelle. Die Polizisten forderten Kaufer auf, sich zu erheben. Als er nicht reagierte, hoben sie ihn zu zweit hoch. Erst jetzt schien Kaufer sie als Polizisten zu identifizieren, denn plötzlich gebärdete er sich wie ein aufgescheuchter Bulle und schlug um sich. Dabei traf er einen der beiden Polizisten mit einem mächtigen Schwinger so ins Gesicht, daß diesem ein Schneidezahn ganz und ein Eckzahn halb ausgeschlagen wurden. Es floß auch etliches Blut. Nun wurden die Polizisten rabiat. Doch so schnell konnten sie Kaufer nicht bezwingen. Zeugen berichteten, Kaufer habe gekämpft, als kämpfe er den Kampf seines Lebens Erst nach mehreren Minuten konnte er mit einem Knüppelschlag über das linke Ohr unschädlich gemacht werden.
Kaufer wurde wegen Widerstand gegen die Staatsgewalt angeklagt. Es war ein kümmerlicher Prozeß. Kati und der Fotograf waren als Zeugen nicht greifbar. Es hieß, sie seien im Ausland. Kaufer schwieg sich aus. Die beiden Polizisten waren angesichts von Kaufers schwerem Schicksal gar nicht auf eine Bestrafung erpicht, und die Staatsanwaltschaft hätte am liebsten den Prozeß wegen Nichtigkeit niedergeschlagen gesehen. Aber es ging um das Prinzip. Und so wurde Kaufer unter Berücksichtigung der mildernden Umstände, daß er betrunken gewesen sei und darüber hinaus in einer subjektiven Notsituation, zu zwei Monaten Gefängnis verurteilt.
In der Siedlung diskutierte man heiß über den Fall. Es gab nicht wenige, die für einen Freispruch plädierten, zumal

als bekannt wurde, daß Kaufers Mutter durch die Aufregung um diesen Prozeß einen Schlaganfall erlitten hatte und halbseitig gelähmt blieb. Sie mußte in ein Altenpflegeheim gebracht werden, weil Kaufer sich nicht um sie kümmerte (und sie auch unter günstigeren Umständen kaum hätte pflegen können). Kaufer haben wir gar nicht mehr zu Gesicht bekommen. Er ließ durch einen Rechtsanwalt das Haus verkaufen und verzog mit unbekanntem Ziel. Anläßlich des Todes seiner Mutter, zu deren Beerdigung fast alle Siedlungsbewohner erschienen, so daß diese zu den größten Beerdigungen zählt, die ich miterlebt habe, stand Kaufer noch einmal im Mittelpunkt unseres Interesses, weil er nicht anwesend war. Doch mehr noch als sein unverständliches Fehlen erregte die Trauergemeinde die Erinnerung daran, daß Elfriede Wehrhahn nicht zu jenem Prozeß gefahren war, der immerhin durch ihre leibliche Tochter mitverursacht worden war.

Erschienen 1975

Botho Strauß

Berlin ohne Ende

geb. 1944

Schroubek schrieb nicht mehr weiter. Er hatte kaum noch die Kraft, aufrecht im Stuhl zu sitzen. Vor zwei Tagen hatte er den letzten Fruchtjoghurt, den letzten Riegel Schokolade hinuntergeschlungen. Nun gab es nichts mehr. Aus der Küche stanken die Abfälle. Er hatte darin nach Essensresten gewühlt. Er lag vor Hunger frierend und halb bewußtlos auf dem Bett, im Rücken aufgestützt, so auch in der letzten Nacht vor dem Ausgang; ohne sich auszuziehen, ohne ins Bad zu gehen, an dieses Atmen gefesselt, das im Fieber beschleunigte Pumpen, bei dem sich der magere Brustkorb heftig aufbäumte und immer wieder zurückfiel. Der Fernsehschirm strahlte unentwegt auf ihn ab. Solange noch keine Sendungen liefen, starrte er das Testbild an, gerade so, als sei es ein Vexierbild, das man auf etwas anderes hin durchschauen müsse. Zu jeder vollen Stunde hörte er die gesprochenen Nachrichten. Abends streifte er dann, wie immer, durch die Programme, im ruhelosen Wechsel zwischen Ost und West, bemüht, von keiner Sendung den Faden zu verlieren. Dabei konnte er kaum noch unterscheiden, ob die Fülle und die Zersetzung der Erscheinungen dem Apparat vor ihm oder seinem Fieberkopf entstiegen. Nachts, vom Sendeschluß bis zum ersten Frequenzton am Morgen, fiel der dichte schwarz-weiße Schnee, und er duldete sein eintöniges Rauschen, den toten blauen gottgestohlenen Schimmer, unter dem er schließlich Ruhe fand.

*

»Ich muß dich sprechen!«
Er hörte ihre Stimme und nickte mehrmals demütig mit dem Kopf, vergaß aber zu antworten.
»Hörst du mich?«
»Ja . . .«
»Jetzt sofort. Geht das?«
Sie telefonierte aus einer Kneipe. Chansonmusik und Schankgeräusche, über die sich ihre Stimme erhob. Aus dem Hintergrund brüllte jemand ihren Namen: »Hannah!«
»Ich komme gleich«, sagte Schroubek schwach.
»Wie? Sprich lauter!«

Die Kneipe, vor der sie auf ihn warten wollte, hieß ›Erntedank‹ und befand sich nicht weit von seiner Wohnung in der Suarezstraße. Er konnte zu Fuß bequem in zehn Minuten dort sein. Beeilung! rief er laut, vorwärts! Er merkte, wie er sich vor Aufregung in überflüssige Handgriffe zerstreute, Dinge anfaßte und wieder hinlegte und um die eigne Achse wirbelte. Die Beine knickten auf einmal ein, als seien sie mit Schaumstoff gefüllt. Er fiel in den Korridor, und sein abgenutztes weißes Hemd, von Schweißflecken, Joghurtresten und Kugelschreiberstrichen schon besudelt, nahm nun auch noch den Staubdreck an, der fingerdick auf dem Parkett lag. Ein Glück! sagte er, denn fast wäre er aus der Wohnung gerannt und hätte das Wichtigste vergessen. Der Anruf hatte ihn derart durcheinandergebracht, daß ihm sein einziger Gedanke, die seit Monaten einzige Erwartung plötzlich entfallen war: die Schrift! Die Papiere für H., die sie unter allen Umständen lesen mußte, selbst wenn sie, wie er jetzt hoffte, ohnehin bereit war, zurückzukehren. Wie sollte eine neue Verbindung zwischen ihnen beginnen, solange sie nicht ›die Biografie seiner leeren Stunden‹ kannte? Er räumte die letzten Blätter vom Schreibtisch und steckte sie zu den anderen, bereits gesammelten und geordneten, die er in Hannahs Zimmer aufbewahrte. Den immerhin nicht dünnen, festgeschichteten Stapel schob er in eine alte Aktenmappe und verließ seine Wohnung. Er stieg vorsichtig das Treppenhaus hinunter, die rechte Hand zur Stütze an dem breiten Wulst des Geländers, drei Stockwerke. Nervös fürchtete er, vor dem Ziel in Schwäche zusammenzubrechen und seine Verabredung durch Ohnmacht zu versäumen. Als er auf dem Absatz zwischen dem ersten Stock und Parterre angekommen war, hörte er plötzlich, wie in dem nachtstillen Haus ein Telefon anschlug. Er blieb stehen und versuchte genau zu hören. Ja, es war sein Apparat. Das Geläut kam oben aus seiner Wohnung. Also mußte er zurück, und er hetzte. Nach wenigen Aufwärtssprüngen stürzte er, rutschte eine halbe Treppe zurück und verlor dabei seine Aktentasche aus der Hand. Ein zweiter Anruf! Wochenlang niemand, dann gleich zweimal hintereinander; wie immer bei Glücksfällen, dachte er, einer kommt selten allein. Da er wegen des Splitterbruchs auf seinem Brillenglas nur mit dem linken Auge frei sehen konnte, verschätzte er leicht die Stufenabstände und kroch daher lieber und krabbelte aufwärts, als daß er noch einmal riskierte, zurückzustürzen. Es klingelte nicht mehr, als er auf seiner Etage angekommen war. Er brauchte die Wohnungstür gar nicht mehr aufzuschließen. »Wird nichts gewesen sein«, sagte er, »hat sich einer verwählt.« Er war jetzt nicht in der Stimmung, sich enttäuschen zu lassen. Er lehnte sich schräg über das Treppengeländer und ließ sich wieder hinuntergleiten. Unten nahm er die Aktentasche fest in den Griff und trat endlich hinaus auf die Straße. Obwohl der Kaiserdamm um diese Stunde, Sonntag nachts, kaum belebt war, verschwamm ihm der spärliche Verkehr von Menschen und Autos, wie auf einem zu lange belichteten Foto, zu einer karnevalistischen Fülle, in der er keinen Halt mehr fand. Er mußte sich erst langsam wieder an die körperliche Nähe, die volle Gestalt der Dinge gewöhnen und blieb so an allem, was vorbeistreifte, hängen, sah sich um, fast verführt, den Unbekannten zu folgen. So hielt er sich verschiedentlich auf, betrachtete drei Ehepaare in Abendkleidern, Opernbesucher auf dem Heimweg, stellte sich zu Hundebesitzern, die den reichen Kot ihrer Tiere bewunderten, sah vor einer Pizzeria drei streitenden Türken zu und lief hinter einer Gruppe Jugendlicher her, Wochenendausflügler aus Bayern, nur um einen Witz, den gerade ein Mädchen erzählte, zu Ende zu hören. Allmählich wurde er wieder eingerichtet auf die normale Geschwindigkeit und relative Dichte der Ereignisse. Auf der Höhe des Lietzensee-Parks wollte er die Straßenseite wechseln und wartete an der Ampel auf Grün. Plötzlich hörte er die bayrischen Touristen hinter sich. Eine Mädchenstimme redete ihn mit Du an und fragte ihn nach einer Diskothek. Er drehte sich erschrocken um und mußte erleben, daß unter seinem Anblick das Mädchen heftig zusammenzuckte. Er sah sofort zur Seite. Auch die anderen wendeten sich ab. Als sie gewahr wurden, wen sie angesprochen hatten, verzichteten sie auf die Auskunft und wollten unverzüglich weitergehen. Schroubek versuchte die elende Schreckensverstrickung zu durchschlagen, strengte sich an, ihr Vertrauen aus der Entfernung zurückzugewinnen, indem er ihnen hinterherrief, daß hier der Kaiserdamm, nicht der Kurfürstendamm, hier kaum Vergnügungsstätten, dort aber die Menge ... Der Satz verunglückte in jeder Form. Als gefällige Auskunft begonnen, verschärfte sich der Ton, je weiter die Angesprochenen sich entfernten, und endete mit einer bösartigen Zurechtweisung. Grammatik und Affekt hatten sich gegenseitig durcheinandergebracht. Schroubek hielt den Mund. Hab nun mal nicht die Ruhe weg, wie ihr, dachte er, und schon gar nicht zu diesem äußersten Nervenzeitpunkt! Er hörte, wie sich die Jungens jetzt über ihn lustig machten. Sie fragten das Mädchen, das ihn angesprochen hatte, ob sie auf den Depperten stehe, den Mauermonstern von Berlin. Nur einen Pulsschlag höher und vielleicht hätte sich Schroubeks Jähzorn wirklich in dem Gewaltakt entladen, der jetzt in der Fantasie des Davonlaufenden begangen wurde. Er überquerte mit marschfesten Tritten die beiden Fahrbahnen und dachte immerzu: dem Kerl nachrennen, ihm in den Rücken springen, den dürren, schlaksigen Körper auf

das Pflaster werfen, sich auf seine Brust hocken, die spitzen Ellenbogen in seine Augenhöhlen stoßen. Einmal die sogenannten ungeahnten Kräfte spüren, die einem nur in der tiefsten Besinnungslosigkeit zufließen, und dann H. um so entspannter entgegentreten, um so schöner, um die Erfahrung der Raserei und des Zorns erwachsener. Er blieb, die Allee hinunter, auf gleicher Höhe mit seinem Opfer, nur eben auf der anderen Straßenseite, wo die Idee der Mißhandlung freien Auslauf fand.
In die Suarezstraße einbiegend, trennte er sich von dem Weg, den die Touristen forsetzten, und bald auch von der verkniffenen Erregung, mit der er durch sie beschäftigt worden war. Jetzt war er unmittelbar vor dem Ziel. Nur noch wenige Meter. Eine feste, mutige Freude drängte ihn vorwärts. Er mußte rennen. Das Lokal, vor dem sie verabredet waren, lag jenseits der Kantstraße. Ein ausgezehrter Mensch hat doch noch allerhand Reserven, dachte er, wenn er nur seine Muskeln tüchtig in Anspruch nimmt. Am Ende eines langgestreckten Verwaltungsgebäudes entdeckte er eine Leuchtreklame, die nach Art eines Gildenzeichens hervorragte. Das mußte es sein. Er hielt an und ging langsamer weiter, um sie nicht etwa nach Atem schnappend zu begrüßen. Auf dem gläsernen Aushang konnte er jetzt ›Erntedank‹ lesen, in alten deutschen Lettern gemalt, von einem goldgelben Ährenkranz eingefaßt. Nun erkannte er auch, daß niemand draußen stand und auf ihn wartete. Hannah stand nicht, wie vereinbart, vor der Kneipe und wartete auf ihn. Er blieb stehen. Ich werde bestimmt nicht hineingehen, sagte er. Ich will sie warten sehen, wenigstens eine Minute, diese schönste Zuwendung... Schräg gegenüber der Kneipe fand er einen Kinderspielplatz, wo er sich auf eine Bank setzte und die Beine ausstreckte. Gut so, dachte er, hier kann ich mich gedulden, wenn nötig, bis morgen früh. Es war vermutlich schon längst über Mitternacht. Sollte er sich etwa verspätet haben und sie war bereits gegangen, ohne ihn abzupassen? Plötzlich bemerkte er im Dunkeln auf einer anderen Bank eine seltsame menschliche Skulptur — ein in sich

verkrüppeltes Liebespaar, das, seitdem er in der Nähe war, seine Umarmung anhielt. Sofort stand er auf und lief zur Straße zurück. Er verbarg sich nun in einem Hauseingang und richtete von dort seinen Blick ohne jede Ablenkung auf das ›Erntedank‹. Der Wirtsraum lag im Kellergeschoß, und ein paar Treppen führten hinunter zur Tür. Durch die gebogenen Fenster sah man nichts von den Gästen, nur die Deckenbeleuchtung und Teile der klobigen Dekoration im skandinavischen Stil. Unter Schroubeks bohrender Erwartung wurde die fensterlose Holztür ein Gegenstand von allerempfindlichster Bedeutung, der absolute Ausgang, dessen Öffnung er entgegensah mit der Zielschärfe und der unterwürfigen Hingabe eines Attentäters.
Und diese Tür ging nun wirklich auf. Er sprang aus seiner Nische hervor und hob sich auf die Zehenspitzen. Eine Frau kam die Stufen hoch. Es war nicht Hannah.
Statt dessen eine hochgewachsene Frau, nicht mehr ganz jung, wie es ihre etwas biedere, unmodische Dauerwelle verriet, obwohl sie einen Jeansanzug trug. Auch der Mann, der ihr folgte, mußte, der Figur nach zu schließen, über vierzig sein. Jedoch, sie bewegten sich voreinander so seltsam befangen, daß man ihr wirkliches Lebensalter nicht deutlich erkennen konnte. Ohne Zweifel hatten sie sich gerade erst kennengelernt. Sie waren am Wochenende ins ›Erntedank‹ gekommen, jeder in der Hoffnung, eine Bekanntschaft zu machen, und nun ging es haargenau so wie erhofft. Die äußere Ähnlichkeit ihrer Wünsche erleichterte und ernüchterte zugleich die erste Annäherung. Aber ein folgendes, ein sogenanntes intensives Gespräch, in dem jeder sein Innerstes gab und man sich süchtig anvertraute, stimmte sie schließlich auf tiefere Weise einmütig, und sie verließen gemeinsam das Lokal, das sie nicht gemeinsam betreten hatten. Draußen auf der Straße wurde nicht mehr gesprochen. Beide daran gewöhnt, mit kurzlebigen Bekanntschaften auszukommen, wußten nun nicht recht, ob das schon Verliebtsein war, was sie diesmal spürten, oder ob dazu nicht doch noch mehr Freude, noch

mehr Interesse gehörte. Diese Verlegenheit und die Unreife ihrer Begegnung ließ beide jünger wirken und ungeschickter, als sie es waren; aber dieses Ungeschick selbst bestand deutlich aus Bruchteilen eines fest erworbenen und erprobten Geschicks, mit dem sie seit langem ihre täglichen Verhältnisse, im Büro oder in der Familie, erledigten und das an diesem Abend ein wenig durcheinander geraten war. Das fremde Paar konnte Schroubek ablenken, die kleine, auffallend ungeregelte Situation zwischen ihnen und gleichzeitig: das Übliche daran, das Grundbekannte. Alles ist typisch, dachte er, alles auf Anhieb bekannt; noch der verworrenste, persönlichste Augenblick eines Menschen besteht nur aus einer etwas raffinierteren Mischung der allertypischsten, allergemeinsten Merkmale. Und selbst wenn es so etwas wie Einzelheiten und Individuelles wirklich gäbe, wären wir nicht in der Lage, es wahrzunehmen. Unsere Organe werden uns immer nur verständigen, wenn sie irgendeinen Zusammenhang gefunden haben, eine Typik, oder zumindest etwas davon, gerade so viel, daß der Rest zum Ganzen halluziniert wird.

Der Mann spielte mit seinen Autoschlüsseln und schien eine Umarmung vorzubereiten, zu der es aber nicht kam. Die Frau wandte sich vorher ab, wußte aber nicht, auf welches Auto sie zugehen sollte. So faßte er sie leicht am Handgelenk und führte sie zu seinem Wagen, einem gelben Ford Capri, den er halb auf dem Bürgersteig geparkt hatte. Als gäbe es dafür eine eindeutige Kennfarbe oder einen eindeutigen Buchstaben, so unmißverständlich war es ihr am ganzen Körper anzumerken, daß sie sich diesem Auto zum ersten Mal näherte, und ebenso sichtbar die Regung, mit der sie es als *sein* Auto aufnahm, als sein intimes Gehäuse, in das sie nun einsteigen sollte und in dem sie vielleicht als erstes auf Spuren eines ihr nicht angenehmen Geschmacks stieß; Mainzelmännchen, die am Innenspiegel baumeln, Schafsfelle als Schonbezüge über den Sitzen oder gar ein Aufkleber mit Sprüchen wie »Berlin-Zehlendorf grüßt den Rest der Welt« — denn nach solchem Zie-

rat sah der Wagen aus. Würde sie ihn nicht, wenn sie fuhren, einmal, mitten in der Zuneigung, ganz fassungslos anstarren?
Schroubek verfolgte noch, wie der Wagen auf die Fahrbahn rangiert wurde, da fiel ein Licht aus der Kneipe, die Tür stand auf, und ein Mädchen stieg langsam, indem sie auf die Stufen achtete, herauf. Es war Hannah.
Wie klein sie ist! dachte er als erstes. Immer etwas zu klein gewesen, um ihm mühelos den Arm um die Schultern zu legen, wonach ihn manchmal verlangte, wenn sie nebeneinander gingen, aber es reichte immer nur bis um die Hüfte ... Hannah blieb auf dem Bürgersteig stehen und legte die Hände auf ihr Gesicht. Ihre Hemdbluse hing im Rücken über die graue Samthose. Sie hat ja dasselbe an wie beim letzten Mal ...! Aber das war ihm nur so, weil er eben alles an ihr wiedersah. Er wollte gerade auf sie zulaufen, da bemerkte er, daß ihr jemand aus der Kneipe folgte, ein langer, schmaler Junge stolperte hinter ihr her. Er war sehr betrunken. Er versuchte Hannah zu umarmen. Doch fiel er mehr an sie heran, als daß er sie an sich zog. Schroubek hörte, wie Hannah stöhnte und schließlich sagte, er möge sie jetzt bitte in Ruhe lassen ... Beide schwankten. Sie schob ihn mit dem Unterarm zurück, und der Betrunkene fügte sich. Er stierte Hannah wohlwollend an und schien im Dumpfen an einer Äußerung zu arbeiten, brachte jedoch nichts heraus. Plötzlich sackte er in die Knie, fiel aber nicht, sondern griff, sich in der Hocke haltend, nach Hannahs Händen und küßte sie, von der Trägheit befreit, überschwenglich, so als müsse er einen tiefen Dank abstatten. Nun erschien noch jemand. Schroubek erkannte ihn sofort. Es war Fritz. Er scheeste heran, mit seinen verdrehten Beinen, und zog den Betrunkenen von Hannahs Seite, weniger mit Gewalt als unter gütigem Zureden. Der kleine fette Schuldiener streichelte den hagerenKerl am Hinterkopf und führte ihn zurück ins ›Erntedank‹. Bevor sie verschwanden, machte Fritz Hannah noch ein Zeichen, sie möge nun schleunigst gehen. Und das tat sie auch.

Aber sie wartet ja gar nicht auf mich! Um Himmels willen, sie nur nicht gehen lassen! Er rannte hinter ihr her, Schuh über Stirn, mitten auf der leeren Fahrbahn. Zwei Meter von ihr entfernt blieb er plötzlich stehen. Sie hatte sich umgedreht. Aus der Nähe erkannte er sie kaum wieder. Woher auf einmal dies knöcherne Gesicht, die aschfahle Haut, die rotunterlaufenen Augen, engen Pupillen? Sie war übernächtigt und betrunken. Auch sie blickte ihm, ähnlich wie das Mädchen, das nach der Diskothek gefragt hatte, kurz ins Gesicht und senkte dann den Kopf. Ihr Haarscheitel verlief nur im Ansatz gerade, machte einen scharfen Knick und verschwand; einige dick verfilzte Strähnen waren in ihren langen Haaren. Sie bürstet sich nicht mehr, dachte Schroubek zufrieden, als hätte sie es immer nur für ihn getan. Dabei fehlte ihm jede Vorstellung davon, wie er selber aussah. Sonst hätte er sich in vielem, was das Äußere betraf, mit seiner Freundin vergleichen können; beide verschmutzt und abgemagert, abgerissen und bis zur Selbstvertuschung unansehnlich. Zwei Obdachlose, Sozialfälle der Liebe. Aber waren sie es auch durch ein und dieselbe Liebe geworden?
Schroubek drückte seine rechte Hand fester um den Griff der Aktentasche.
»Du wolltest mit mir sprechen...« Hannah sah hinüber auf die andere Straßenseite.
»Schon erledigt«, sagte sie leise. »Ich habe gleich noch mal angerufen. Aber du warst schon aus dem Haus... Inzwischen ist es okay.«
In der Aufregung kam ihm die dumme Angewohnheit, dauernd ein kurzes »Wie?« zu fragen, kaum daß Hannah den Mund aufmachte. Aber sie ging nicht darauf ein und wiederholte nichts. Er hatte auch sofort begriffen. Sie war es, Hannah, als das Telefon ein zweites Mal klingelte und er durchs Treppenhaus zurückkroch... und sie wollte ihm nur sagen, daß er nicht mehr zu kommen brauche! Er spürte, daß dieser Schlag ihm nicht voll zu Bewußtsein kommen dürfe, und sprach schnell aus, was er gerade dachte: »Bin aber doch nicht ganz umsonst gekommen?«

Sie zuckte die Achseln und sagte: »Jemand wollte mir kein Geld geben.« Dann sah sie ihm plötzlich in die Augen, vom rechten, dem hinter dem Splitterglas, hinüber zum linken.
»Hast du Geld?« — »Nichts. Ich habe überhaupt absolut nichts mehr.«
Schroubek lachte nach diesen Worten ein wenig, denn er hatte ja sagen wollen: nun können wir gemeinsam aus leeren Taschen von vorne beginnen! Allein daß sie eine Frage an ihn gerichtet hatte, machte ihn sofort übermütig. Doch Hannah meinte ein bestimmtes Geld und sprach ernst und hastig darüber.
»Du hast nichts. Ich wußte es. Aber Fritz sagte, ich soll dich anrufen, auf alle Fälle mal anrufen. Also habe ich zu dir gesagt, bitte komm her. Verstehst du? Es ging um zweitausend Mark, weil ich nicht wußte, wie ich die heute abend auftreiben soll. Der Kerl, von dem ich sie kriegen soll, sitzt neben mir, da im ›Erntedank‹, und sagt, ich krieg sie nicht, er hat sie nicht. Hat sie natürlich, aber er ist eben ein Schwein. Na ja. Fest steht, Frank braucht das Geld morgen früh, sonst bekommt er Schwierigkeiten, und von mir weiß er, daß er es heute abend auf die Hand bekommt, das ist versprochen, und inzwischen hat er es ja auch, Gott sei Dank. Aber vorher versucht das Schwein den Trick, daß er das Geld nur rausrückt, wenn ich etwas Neues draus mache, verstehst du? Wieder ein Geschäft für ihn, aber das kommt nicht in Frage, nicht mehr. Und er sieht natürlich, ich gehe ans Telefon und telefoniere mit jemandem, von dem er nicht weiß — und, schwupps, zischt er es auf den Tisch und ich hab es. Drecksgeschäfte, sagte ich dir.« — »Welche Geschäfte?« fragte Schroubek unruhig. Niemals hatte er sie ein solches Kauderwelsch reden hören.
»Leihgeschäfte. Sie leihen alles herum. Dies und das. Autos, spezielle Apparate, Wohnungen, Geld. Vor allem Geld. Kleidung, auch Schmuckkram. Was gerade Mode ist. Und die Moden sind so kurz, daß kaufen nicht lohnt.«
Es war, als fände sie in diesem Jargon einen letzten

Schlupfwinkel, um sich, schon unter die Augen ihres Verfolgers gestellt, noch einmal zu verbergen. Schroubek wußte nicht, wie er auf das einzig Wichtige zu sprechen kommen sollte. Irgendwie war die Begegnung fast schon vorbei. Hannah sah wieder zu Boden. Der Sog ihres Schweigens riß ihm plötzlich den Mund auf.
»Warum bist du weggegangen?«
Ein Taxi fuhr heran. Hannah lief auf die Straße und machte ein Handzeichen. Schroubek folgte ihr. In der Verzweiflung hob er die Aktentasche hoch bis an die Brust und stieß den Arm wieder hinab. »Aber du mußt mir doch sagen, was ich getan habe?«
Er berührte sie an der Schulter. Sie blieb auf der Stelle stehen, stocksteif und ohne sich umzuwenden.
»Wenn du es selbst nicht weißt —«
Das Taxi hielt an. Der Fahrer öffnete von seinem Sitz aus den hinteren rechten Wagenschlag. Der Motor lief.
»Wie kann ich es wissen?! Wie kann denn ich es wissen?«
Schroubek schrie in die Luft. Er sah, wie er im Wettlauf mit dem tackernden Dieselmotor unterlag und ohne Antwort, ahnungslos zurückbleiben mußte. Aus der würdigen Übergabe der Schrift konnte jetzt nur noch ein unverschämtes Nachschleudern der Schrift in ein abfahrendes Taxi werden. Aber wenigstens das!
»Sieh her!« rief er, »ich habe alles aufgeschrieben!«
Er streckte ihr den Arm mit der geschlossenen Tasche entgegen. »Hier ... Das mußt du lesen. Mehr weiß ich nicht von mir. Lauter Notizen, nichts Besonderes. Was mir durch den Kopf ging — ohne dich!«
Hannah konnte kaum so schnell begriffen haben, um was es sich handelte, nahm jedoch ohne Zögern die Tasche aus seiner Hand und legte sie, als sie nun im Taxi saß, wie ihr Eigentum auf die Knie.
»Versprichst du mir, daß du das alles liest?«
»Ja«, antwortete sie. Schroubeks Geschenk, seine übermenschliche Unruhe schien sie zu rühren oder auch nur zu ängstigen. »Ich verspreche es dir ... Sind es Briefe?«
»Nein, keine Briefe ...« Er wollte nichts weiter erklären.

Er schloß die Taxitür und beugte sich zitternd ans Fenster. Sie sah ihm durch die Scheibe gerade ins Gesicht; ihr Mund ging ein wenig auf, und dann drückte sie die Augenlider zu und rollte sie gleich wieder auf. Schroubek nahm es ungeteilt für ein Zeichen des festen Versprechens, der neuen Zuversicht und dachte nicht daran, was es wohl auch hätte bedeuten können: ein Lebewohl mit guten Wünschen. Ihn sah, nach dem Augenaufschlag, eine ganz andere an, seine wiedergekehrte Frau. Das Taxi fuhr in Richtung Kantstraße davon. Er setzte sich auf den Bordstein und stützte den Kopf in beide Hände. Das ist das Glück, dachte er, es existiert also doch. Keine Utopie. Mein Glück ist ein Ding der Wirklichkeit. Die Wege der Sehnsucht sind nicht grenzenlos. Es hat sich gelohnt ...
Die lange Überanstrengung oder, je nachdem, die zähe Vernachlässigung seiner selbst, durch die er zuletzt ziemlich in Not geraten war, Schmerz, Schweigen, Ungeschick, Würgegriffe von allen Seiten, lösten sich, schon in den ersten Sekunden nach der Begegnung, von ihm, und er heulte und brabbelte vor sich hin. Zugleich mit den Wellen der Entspannung bekam er die tatsächliche Schwäche und Bedürftigkeit seines abgezehrten Körpers zu spüren. Es fiel ihm jetzt doppelt schwer, auf den Beinen zu stehen und nach Hause zu laufen. »Los, weiter im Glück!« sagte er, »morgen beginnt wieder das normale Leben.« Um sich die Schritte zu erleichtern, zählte er auf, was er ab morgen früh zur Vorbereitung von Hannahs Heimkehr nach und nach tun und besorgen würde. »Sie wird langsam lesen, sie *muß* langsam lesen. Ein paar Tage werde ich mich bestimmt gedulden müssen. Bis dahin ...«
Als sie nach anderthalb Wochen immer noch nicht angerufen hatte, wußte er keine Erklärung mehr. Tagsüber von zehn bis achtzehn Uhr war das Telefon an den Auftragsdienst angeschlossen und gab die Nummer des Modernen Antiquariats an, in dem er vorübergehend eine Anstellung gefunden hatte. So hätte sie ihn jederzeit erreichen können. Die Wohnung war umgeräumt und gründlich gesäubert worden. Im Kühlschrank lagen eine Menge

Delikateßwaren, Früchte und Weine, die er für ihren Empfang aufbewahrte. Neben dem Telefon erinnerte ihn ein Notizzettel daran, daß er die Shrimps sofort nach dem Anruf aus dem Eisfach nehmen müsse, damit sie noch rechtzeitig auftauten. Er überlegte, wie er von sich aus wieder Verbindung mit ihr aufnehmen könnte, und es fiel ihm das ›Erntedank‹ ein. Nach Ladenschluß ging er in die Suarezstraße. Das Lokal hatte eben erst geöffnet, es waren noch keine Gäste da. Der Wirt stand in Anzug und Krawatte hinter der Spüle und wechselte die Bürsten aus. Schroubek fragte ihn, wann er Hannah das letzte Mal gesehen habe. Der Wirt erwiderte, er könne sich nicht erinnern; allerdings sei neulich etwas für sie abgegeben worden. Er griff unter das Regal, auf dem der Kassettenrecorder stand und legte die braune Aktentasche auf den Tresen, in der Schroubek ihr seine Aufzeichnungen übergeben hatte. Wie er mit einem Fingerdruck feststellte, war das Manuskript noch darin. Hannah hatte die Tasche im Taxi liegengelassen. »Kein Wunder, daß sie nicht anruft!« sagte Schroubek leise und schüttelte den Kopf. Er mußte einen Zettel mit seinem Namen und seiner Adresse hinterlassen, um die Fundsache mitnehmen zu dürfen. Da der Zettel für Hannah bestimmt war, fügte er die Telefonnummer, die eigentlich ihre Nummer war, hinzu und, nach einem Gedankenstrich: »Bittet dringend um Anruf.«
Zu Hause kam, allmählich, in kleinen Stößen, die Unruhe wieder, die er von früher kannte. Er stellte das Fernsehen an und setzte sich an den Schreibtisch. Nun packte er sein Manuskript aus und bedeckte es mit einem neuen, leeren Bogen. Er begann mit den Worten: »Ich bin noch nicht ganz am Ziel ...«
Das strich er wieder aus, denn so ließ sich nicht an das Voranstehende anknüpfen. Das ZDF brachte ein Wunschkonzert. Dort wurde jetzt ein Schlagersänger angekündigt, der schon in Schroubeks Jugend zu den bekannten Stars von gestern gehörte. Er mochte kaum an seinen Auftritt in einer Live-Show glauben. Wenn er überhaupt noch lebte, so konnte er in seinen Greisenjahren

doch unmöglich noch die alten Lieder singen. Kaum aber trat er aus der Kulisse eines italienischen Hafens hervor, da ertönte sein voller Gesang. Allerdings war, trotz der feinsten Aufmischung im Playback, der Kratzer auf einer Platte deutlich zu hören. Vermutlich hatte man den Sänger gebeten, seine eigene Platte zum Überspielen mitzubringen, da diese nirgendwo mehr aufzutreiben war. Der aus der Vergessenheit herbeigezerrte Künstler besaß weder die Übung noch, in diesen Minuten, das Gedächtnis, sein Lied einwandfrei lippensynchron vorzutäuschen. Einmal wagte die Kamera eine Großaufnahme, sprang aber sofort erschrocken zurück. Denn während die Erinnerung noch in großen Tönen sang, war der Mund des alten Mannes plötzlich zugefallen und zuckte textvergessen und murmelte Flüche.

Erschienen 1977

Reiner Wertheimer

Wir sind immer noch gute Freunde

geb. 1946

Früher sind der Klaus und ich immer zum Drachensteigen, und keiner hat' so große Drachen wie ich, weil mir der Klaus immer 'n bißchen geholfen hat, beim Bauen und den andern nich. Aber das war schon lang, bevor der Klaus in'n Krieg hat müssen, und überhaupt mach ich mir nichts mehr aus Drachensteigen, wo ich doch schon fast elf bin.
Immer wenn der Radio von unserem Nachbarn sagte, daß Kriegsgefangene kommen, dann bin ich runter zum Bahnhof. 'S ist 'n ganz oller Einheitsempfänger und immer tut er's nich, aber und zu konnte man schon mal hören. Wir sind also immer runter zum Bahnhof ich und meine Schwester und ham uns auf die Trümmer gesetzt, oder auf 'n totes Gleis und ham gewartet, ob der Zug nich kommt. Manchmal waren Ratten da, und ich hab gleich 'n Stein oder sowas danach geschmissen, weil sie uns auch oft was wegfressen. Einmal hab' ich sogar eine erwischt und wollt sie aufs Gleis legen. Aber meine Schwester hat geschimpft, und da hab' ich sie in 'n Loch geschmissen. Viele andere Leute hab'n auch gewartet. Wenn wir den Rauch von der Lokomotive gesehen haben, dann sind wir immer auf und haben uns zum Bahnsteig gedrängt. Und dann sind sie aus dem Güterwagen rausgekommen, alte Männer und junge, so in Klaus seinem Alter. Und viele haben sich umarmt und geküßt, so vor allen und andere haben nur immer gesucht, und niemanden geseh'n. Dann sind sie ganz traurig weggegangen, weil sie noch immer an die anderen Leute gedacht haben, die sich umarmten. Ich bin mir ganz blöde inmitten der ganzen Leute vorgekommen, und hab' nicht hinschauen können, ich weiß auch

nicht warum. Er's nie dabeigewesen, der Klaus, und ich war immer ganz traurig, beim Heimgeh'n. Ich hab' gedacht, wie schön das wird, wenn der Klaus erst wieder da is, dann kann er mir beim Kohlenklauen helfen und unsere Bruchbude ausbessern, wo doch mein Alter immer in Kneipen rumhockt. Was meine Schwester gedacht hat, weiß ich nich, aber manchmal hat sie geheult.
Als ich noch klein war, da is einmal Klaus' Wohnung in die Luft geflogen, und sein Vater und seine Mutter waren verschüttet. Seitdem war er fast immer bei uns. Und dann war der Krieg endlich aus, und es gab kaum was zu essen, und der Klaus is ewig nich gekommen. Einmal frag' ich meine Schwester, warum er denn eigentlich solang nich kommt, aber sie hat nur gesagt, das versteh ich nicht, und weiter ihren Pullover aufgeribbelt.
Ich hab' sie dann nicht weiter ausgequetscht, weil man doch von Amis ab und zu Kaugummis geschenkt kriegt, oder so 'n Zeug, und draußen sind grad zwei vorbei. Ich renn ihnen nach, überhol sie, und geh ihnen dann entgegen. Und wie der eine so an mir vorbeigeht, rempl' ich ihn aus Versehen an. Er läßt was fallen und ich bück' mich gleich und heb's auf. Ich glaub, ich hab noch exkjus mi oder so was gemurmelt. Der andere, 'n baumlanger Kerl und ganz schwarz, sagt was auf Englisch zu ihm und zieht was aus der Tasche und drückt's mir in die Hand. Und wie ich genauer hinschau, da is es 'n Schachtel Camel, lauter richtige amerikanische Zigaretten. Ich hätt' mindestens 'n Viertel Margarine dafür gekriegt auf 'm schwarzen Markt. Aber dann fällt's mir ein: »Die schenkst du Klaus, wenn er heimkommt.«
Im Frühjahr, wie's dann nur noch gefror'ne Kartoffeln gegeben hat, war's dann endlich soweit. Ich hab gleich gewußt, daß da was nicht stimmt.
Wir sind immer unter all den Leuten gestanden und zuerst haben wir 'n Klaus gar nicht gesehen. Aber dann ist so 'n Amputierter mit Krücken vorbei, und wie ich genauer hinschau, da ist es der Klaus. Ich schrei gleich seinen Namen und renn' zu ihm hin. Er bleibt stehen, dreht sich um und

schaut mich bloß immer an. Seine Augen war'n ganz feucht, und wie ich's merk', da will ich zu Boden starren. Aber er faßt mir in die Haare, und biegt mir 'n Kopf zurück, so daß ich ihn anschau'n hab müssen, grad so wie er's immer gemacht hat wenn ich 'ne Scheibe eingeschossen hab', oder sonst was angestellt hatt'. Und auf einmal, da hab' ich geheult, wo ich's doch, hol' mich der Deibel, schon mindestens zwei Jahre lang nicht getan hatt'.
Ich weiß nich, wie lang wir da so standen, ich und der Klaus, aber ich möcht' wetten, 's waren mindestens zehn Minuten. Plötzlich war meine Schwester da, und er hat mich losgelassen. Sie war ganz bleich und hat nur immerzu auf das Bein geschaut, und auf die Krücken. Der Klaus hätt' ihr sicher gern 'n Kuß gegeben, aber sie wollt' nich und hat ihm nur die Hand hingestreckt und nichts gesagt.
Dann sind wir heim, so gut's ging mit' Klaus seinen Krükken. Keiner hat 'n Wort gesagt. Ich auch nich. — — —
Wie wir an der großen Eich vorbeikommen, da renn ich plötzlich los, Klaus zeigen, daß ich schon ganz alleine raufkomm'. Aber im letzten Moment fällt mir das Bein ein und ich kehr' um. Ich glaub', er hat's gar nicht gemerkt.
Zu Abend hat's 'n bißchen Fleisch gegeben, so 'n paar Brocken zähes Zeug, wie immer, wenn Gefangene kamen, und wir gemeint haben, der Klaus ist dabei. Er hat bloß 'n bißchen hinuntergewürgt und dann 'n Teller weggeschoben. Die Kartoffeln mag ich auch nich, aber das Fleisch hätt' ich ganz gern gegessen. Aber ich wollt' nichts sagen.
Nach 'm Essen hat mich meine Schwester bald ins Bett geschickt, und ich war ganz froh, denn's war so 'ne blöde Stimmung. Alles was ich Klaus hätt' erzählen wollen war über 'n Haufen geworfen, wegen dem Bein.
Ich hab' lang nicht schlafen können. Immerfort hab' ich an das Bein denken müssen, und was nun werden soll. Aber dann bin ich endlich doch eingeschlafen. Ich träumte so 'n wirres Zeug, was weiß ich nich mehr. Eimal bin ich mitten in der Nacht aufgewacht. Aus der Küche kam noch Licht. Da fällt mir die Sache mit den Zigaretten ein. Das

hatt' ich ganz verschwitzt. Ich kriech aus 'm Bett, ganz verschlafen, und geh' zur Küchentür. Da hör' ich Stimmen. 's war'n der Klaus und meine Schwester. Sie haben gestritten, grad so wie mein Alter früher mit Ma. Am liebsten hätt' ich vor Wut alles kleingeschlagen, und beinah' hätt' ich wieder angefangen zu heulen. Aber ich bin nur wieder zurück ins Bett.
In der Nacht hab' ich nochmals geträumt, und am Morgen wußt' ich zuerst gar nicht was passiert war. Dann fiel mir alles wieder ein. Ich nahm mir vor, Klaus nie was von dem Traum zu erzählen.
Ich überleg' noch 'n bißchen, dann hüpf' ich aus 'm Bett, und zieh' ganz fix meine Klamotten an, wenn man das überhaupt noch Klamotten nennen will. Ich konnt's kaum erwarten, Klaus zu seh'n' Waschen braucht's nich', dacht' ich mir, und geh' in die Küche. Aber wie ich 'reinkomm', da ist nur meine Schwester da, und klappert mit den paar alten Tassen 'rum. Mein Alter ist auch dagesessen.
»Wo ist 'n Klaus«, frag' ich.
»Weg«, sagt sie.
»Wohin?«
»Was weiß ich. Vielleicht hat's ihm bei uns nich mehr gefallen.«
Ich wußt', warum Klaus weg war. Meine Schwester konnt mich nich anschau'n. Ich hab gleich gewußt, daß sie schuld war, ich wußt's schon, als sie ihm kein 'n Kuß gegeben hat auf 'm Bahnsteig.
»Luder, mistiges«, schrei ich und will auf sie los. Aber mein Alter springt dazwischen, packt mich am Kragen, und haut mir links und rechts eine runter. Ich hab' geheult. Aber nich wegen der Ohrfeigen, sondern aus Wut.
Zuerst wußt' ich nich, was ich machen sollt'. Aber dann bin ich ausgerückt, Klaus suchen. »Soll'n die doch ihr'n Dreck alleine machen«, dacht' ich.
Ich weiß nich, wie lang ich gebraucht hab', bis ich ihn gefunden hatt', aber's war'n mindestens acht Tage.
Zwischendurch bin ich fast gestorben vor Hunger. Wenn's ging, hab ich irgendwo was geklaut, aber viel

war's nich. Einmal wär' ich fast zurück nach Haus', aber dann dacht' ich an Klaus, und da hab ich weitergesucht. Geschlafen hab' ich immer im Freien, in 'ner alten Kiste oder sowas. Nur einmal, da hat's geregnet, da bin ich in 'ne Ruine.
Ich hab' 'n Klaus ewig nich gefunden. 's war 'n ja bloß 'n paar Tage, aber mir kamen's vor wie Wochen. Ich möcht wetten, ich hab' mindestens tausend Ruinen durchgeguckt. Und dabei mußte ich dauernd aufpassen, daß mich keiner sieht.
Dann hab' ich 'n endlich doch erwischt. Er war in 'ner alten Scheune, in der Näh' von der Windmühle. Ich hatt' schon alle Hoffnung aufgegeben, und wie ich 'reingeh', denk ich zuerst, ich seh' nich recht. Aber wie ich genauer hinschau', da war er's tatsächlich. Zuerst hat er mich gar nich bemerkt. Aber dann hat die Tür geknarrt, und er dreht' sich um. Ich will zu ihm hin, und ihm auf die Schulter hau'n und zu ihm sagen: »Klaus, ich bin von zu Haus' ausgerückt, und wir zwei bleiben jetzt immer zusammen, und die können uns 'n Buckel 'runterrutschen«. Aber er war so ganz anders als sonst, und hat mich angestarrt, daß mir der Satz im Hals steckengeblieben ist. Ich hab' runtergeschluckt und konnt' überhaupt nichts sagen und stand nur blöde da.
»Was willst 'n hier?«
»Ich ...«
»Schau, daß du nach Haus' kommst zu deiner feinen Schwester!«
Ich blieb einfach stehen und hab' meine Zehen angeguckt. Mir war alles egal. Ich hatt' gedacht, er würd' sich freu'n, wenn ich zu ihm komm', aber dreht' sich um, und tat, als ob ich gar nicht da wäre.
Da hab' ich ihm den Traum doch erzählt. 'S war'n riesiger Bahnhof mit vielen Gleisen und Bahnsteigen, aber die Weichen gingen nich, und so konnt' man nur in 'n einziges Gleis einfahr'n. Das ganze Gebäude war'n einziger Trümmerhaufen, und Ratten huschten überall rum. Ich wollt immer irgendwas nach ihnen schmeißen, aber ich

konnt' meinen Arm nich bewegen. Und plötzlich kamen haufenweis' Leute und die schrien und kreischten und drängten sich auf 'n Bahnsteig. Meine Schwester war auch dabei. Und dann fuhr 'n riesiger Zug ein, ganz 'n neuer, mit richtigen Personenwagen. Und wie er hält, springt der Klaus ganz fix aus 'm Zug. Er war genauso stark wie früher, und hatte wieder zwei Beine. Und meine Schwester drängt sich gleich zu ihm hin. Er hatt' nen Talismann um'n Hals, wie ich, wo er doch in Wirklichkeit gar kein'n trägt. Und wie er meine Schwester zu sehen kriegt, da nimmt er 'n ab, und schenkt 'n ihr. 's war 'n Kamel oder sowas. Ganz sauber angezogen war er, der Klaus, aber er hatt' genauso alte Schuhe an wie ich. Er und meine Schwester gingen nach Haus', und wie sie an der Eiche vorbeikommen, da steigt er 'rauf, genauso fix wie 'n Affe.
»Da bin ich aufgewacht, weiter weiß ich nich«, sagt' ich. Aber's war gelogen.
Wie ich fertig war, da dreht sich der Klaus um und kommt auf mich zu.
»Bist'n feiner Kerl, Kleiner. Entschuldige, wegen vorhin. Aber du kannst nich hier bei mir bleiben.«
»Wieso 'n nich, Klaus? Wir bau 'n uns irgendwo 'ne kaputte Wohnung wieder auf, so wie's viele machen, und dann sind wir immer zusammen.«
Er hat nur 'n Kopf geschüttelt. Ich wußt' ja genau, daß's nich geht, aber ich wollt's nich wahrhaben.
Ich hab' gebettelt, daß er mich behält, aber es nutzt' nichts. Und wie er mich so einfach heimschickt, da fällt mir der Rest von dem Traum wieder ein, und ich hab 'n ihm richtig vergönnt.
Wie er so auf die Eiche klettert, der Klaus, so fix wie 'n Affe, da verliert er plötzlich beide Schuh', und er konnt' einfach nich weiterklettern; er klammert' sich fest, und schreit nach Hilfe. Und plötzlich verliert er 'n Halt, und fällt 'runter, und schreit fürchterlich und schreit, und schreit. Aber keiner kam, und meine Schwester rennt weg. Von dem lauten Schreien bin ich aufgewacht.
Wir sind immer noch gute Freunde, der Klaus und ich,

und wir treffen uns mindestens dreimal die Woche. Über meine Schwester reden wir nich. Ich hab' auch nie wieder von ihr geträumt.

Erschienen 1965

Karin Struck

Ein kleiner Fall von Zensur

geb. 1947

Herr Maître von der Chefredaktion der *Welt am Sonntag* forderte mich auf, eine Betrachtung über den Monat Dezember zu schreiben. Bisher hatte ich nur Rezensionen für den recht guten Literaturteil der *Welt am Sonntag* geschrieben (einmal über ein Buch von Mitscherlich, ein anderes Mal über eins von Foucault), jedesmal waren meine Beiträge ungekürzt gedruckt worden.

Diesmal nun — es handelte sich um einen Text, der auf Seite 9 der *Welt am Sonntag* gedruckt wurde — geschah mir eine politische Zensur. Ich hatte das Zeilenlimit nicht überschritten, und ich vertraute Herrn Maître, den ich von einer Goethe-Tournee in Amerika gut kannte; Herr Maître rief noch drei Tage vor Erscheinen des kleinen Artikels an, erwähnte kein Wort von einer Kürzung.

In einer Zeit, da Gewerkschafter die Springer-Zeitungen boykottieren, hatte ich, im Grunde mit sehr vorsichtigen Formulierungen, probiert, wie weit ich gehen könne in dieser Zeitung, die ein anspruchsvoller Ableger der *Bild*-Zeitung ist.

Ein sprachloses Erschrecken war dann meine Reaktion, als ich meinen Text, gereinigt von den politischen Sätzen, in der *Welt am Sonntag* wiedersah.

Herr Maître hatte am Telefon noch gefaselt von der Freiheit der Autoren, er sagte, die Autoren ständen ja nicht unter dem Termindruck »wie unsereiner«. — Der Leser möge vergleichen.

Ich frage mich, wenn schon Autoren solche Zensur passiert, denen Herr Maître die totale Narrenfreiheit vorredet, wie erst andere, deren Namen nicht bekannt sind, zensiert werden.

Persönlich bin ich allerdings froh, belehrt worden zu sein, wie sträflich naiv es ist, in der *Welt* schreiben zu wollen:

Die dunkelste Zeit des Jahres

(ungekürzter Text)

Im Dezember haben die Todesängste viele dunkle Schlupfwinkel, sich einzunisten.
Nicht der November ist der Totenmonat; der Oktober, der diesjährig besonders lichte, sonnige, blätterfarbenprächtige, ging ihm voran.
Erst Ende November sind die Bäume kahl.
Keine Farben mehr, nur zieseliertes Geäst, vom Fleisch gekommen. Fröstelnde Glieder an vielen dunklen Morgen, Reste von Todesangstträumen im schläfrigen Sinn. Wär ich ein Tier, hielte ich meinen Winterschlaf jetzt im Dezember.
Sehnsucht nach üppigen Kachelöfen der Kindheit kommt mich an. Ich schau sinnend auf die Baumkronenskelette vor meinen Fenstern und denk an die Christmesse vom vorigen Jahr; der Priester sagte: sein Leib hat die Verwesung nicht geschaut.
Zu Ende des Jahrs spür ich stärker als an jedem Geburtstag: wieder ist ein Jahr vergangen.
Angst hab ich um die Kinder, an der gefährlichen Einbahnstraßenbiegung könnten sie einmal zu kurz nach rechts schaun im Nebel.
Ich kauf ihnen Lodenmäntel und hoff, sie werden den Winter gut überstehn.
Ich werde arbeiten wie immer und auf Schnee warten, der den Baumskeletten weißes Fleisch geben wird. Ich werde Angst haben, mein Stück zu beginnen, wie immer Angst vor dem Beginn. Ich werde ein bißchen regressiv sein wollen im dunkelsten Monat des Jahrs und werd es mir doch nicht erlauben.

Es stimmt schon, ich gesteh's mir ja ein: eine merkwürdige Anziehungskraft geht von diesem Monat aus, dem letzten des Jahrs. Ich verfluche diese dunkle Zeit, und doch lieb ich sie mehr als den hohen hitzigen Sommer.
Auch bei Nebel geh ich spazieren, nur für Autofahrer ist er drohlich.
Und dann erst Wintersonne in kalter Luft, o dann ist's schön zu leben im Winter. Ich seh mich schon gehn und die Augen zusammenkneifen vor dem reflektierenden Licht. Ich werd mich wohl aufraffen und die Kinder zum Schlittenfahren begleiten, wo sie sich ganz vergessen. Wenig werd ich aufs Land kommen und die Felder kaum sehn, die sich erholen.
Ich werd in diesem Monat die Gesichter der Leute sehn, die Keinen haben; nicht nur, weil die Zeitungen von ihnen schreiben.
Ich werd jenen Mann sehn, mittleres Alter, vor einem Pfeiler des Kaufhauses, um den Zugwind geht. Hingefallen und zusammengerollt in der Kälte, schläft er den Schlaf der Besoffenen.
Die Leute starren und gehn vorbei, ich ruf den Notruf an und denk, er wird fluchen, wenn er erwacht.
Ohne Alkohol wird er keine Gemeinsamkeit haben zur Weihnacht. Aber vielleicht freut er sich über ein warmes Bett.
Ich seh Kerzen gezündet, die Todesgeister des Monats auszutreiben. Adventskränze wie Siegerkränze werden aufgehängt und hingestellt als Zeichen des Sieges über die Dunkelheit.
Guten Rutsch ins Neue Jahr werden wir uns sagen, mein Nachbar aber sagt: die Totenglocke geht jetzt jede Stunde, viele, besonders alte Leute sterben jetzt, schaffen den Sprung nicht mehr ins Neue Jahr.
Ich wünsch mir: viel Arbeit und daß ich arbeiten kann. Und ich wünsch mir, im dunkelsten Monat des Jahrs: keine Todesstrafe, keine Atomkraftwerke und daß die Regierenden die Dunkelheit nicht benützen, um Sondergesetze zu schmieden.
Ich liebe dieses Land und möchte immer hierbleiben können.

Und möchte nicht reden wollen, mit den Soldaten, ob ein Krieg kommen könne, und mit welchen Waffen, und daß mein Mann an die vorderste Front müßte, und daß wir auswandern würden, wenn jene Griechin recht hätte, die an einem Nachmittag in Ludwigshafen sagte: der Faschismus kann schnell kommen. Wir haben nüchtern gesprochen: hier ist kein Faschismus, und ich mag es nicht, wenn sie meinem Land so rasch Horoskope machen.
Jede Stunde läutet die Totenglocke in der Erphokirche, sagt mein Nachbar, sie hat einen dunklen Ton, man erkennt sie. Und ich freue mich auf die Kälte, die die Wangen rot macht, nicht nur der Kinder.
Auch die Todesträume haben ihren Sinn, wie die Gedichte, wie die dunkelste Zeit des Jahrs.
(Der Beitrag wurde um den kursiv gedruckten Text gekürzt.)

Erschienen 1979

Gerd Martin Holtzapfel
Schnüffler-Novelle

geb. 1960

Für Flitterwöchner, Dichter, Selbstmörder ein unvergleichlicher Ort. (Hermann Hesse produzierte hier drei Jahre lang, von der Landschaft »besonnt«, Radieschen und Gedichte.)
Doch seit die breitschädeligen Bauern von Urlaubern darauf gebracht wurden, daß ihre Halbinsel mehr zu bieten hat als Kirschen, Birnen und Futterrüben, begannen sie die Uferstraße auszubauen, zwei Zeltplätze anzulegen, die Bodenpreise in die Höhe zu treiben und die direkt am Wasser gelegenen Grundstücke so mit Stacheldraht zu umzäunen, daß, wer in G... baden möchte, gezwungen ist, Land zu kaufen.
Im Sommer wimmelt es hier von streitenden Familien, Kegelbrüdern im Unterhemd und Liebespärchen, die nicht mehr Pfötchen in Pfote gehen, weil der Schweiß die Handflächen feuchtklebrig auseinandergeschmiert hat. Und immer wieder ergießen Vergnügungsdampfer, die auf der hell-hellblauen Fläche heranrauschen, Myriaden schwäbisch schwätzender Touristen ans Ufer, und ihre Kinder bewundern einheimische Buben, die sich von den hohen Pollern des Landestegs dicht hinter dem ablegenden Schiff in die Heckseen stürzen. Das ist zwar seit drei Jahren verboten, denn damals wurde ein Vierzehnjähriger, der zu früh abgesprungen war, von den Propellern der »Schaffhausen« zu Fischfutter zerfetzt, aber die Beliebtheit dieses seither anerkanntermaßen lebensgefährlichen Sports hat dadurch zugenommen. Dies gehört schon zur Geschichte, weil Christoph Bieder, ein seit seinem elften Jahr im G...'schen Gymnasium internierter Heimzögling diesen Sport auch betrieb, um den anderen, vor al-

lem aber *sich* seinen Mut und damit seinen Wert zu beweisen ...
An diesem Nachmittag saß er, inzwischen ein knochenmagerer Sechzehnjähriger, an einem von Limonadenringen verklebten Blechtisch in der Gartenkneipe »Willibald« am See. Er hat sich abseits gesetzt und schrieb. Schüler an Nebentischen dösten in der Hitze. Manchmal kippte einer mit dem Stuhl oder wehrte sich träge gegen die Stechmücken. Es kostete Anstrengung, sich zu der verglasten Theke zu schleppen. Gesprochen wurde nicht.
Bieder sah seinen Freund kommen. Was an Sebastian auffallen mußte, waren seine vielen Pickel. »Was schreibst?«
»N' Brief«, Christoph faltete das Blatt zusammen.
»Isses an die ...« statt des Namens machte der mit dem Kopf eine Bewegung in Richtung Nachbardorf.
Christoph seufzte: »Mnnnh ... klar.« Sebastian atmete sehr hörbar aus und sagte ärgerlich, doch nicht ohne Verständnis: »Du hoffnungsloser Fall.«
Dann ging er zur Theke. Christoph steckte den Füller ein und starrte traurig auf den Sonnenschirm einer vertrockneten Dame. Sebastian kam mit einer Bierflasche zurück: »Du, heut' nachmittag war Konferenz, ich war beim Eberhardt, der hat mit erzählt«, er beugte sich zu Christoph hin, »die wollen wegen dem vielen Rauschgift jetzt mal durchgreifen, und weil sie selbst nix rausfinden, ist ein Trottel vom Rauschgiftdezernat Freiburg gekomen.«
Christoph: »Kann uns doch wurscht sein. Wir rauchen nix, und solange der Bulle sich nicht um die Gartenhäuschen kümmert, is mir das echt egal.«
»Nee, nee«, sagte Sebastian, »wie so ein uniformierter Arbeitsloser konstruiert ist, interessiert sich der für alles.« Er sah Christoph an. »Wir müssen echt leisetreten, die nächste Zeit.«

Schon am Morgen in der zweiten Fünf-Minuten-Pause wußte Sebastian, dem es bereits in frühester Schulzeit gelungen war, sich bei fast allen Lehrern, dem weinerlichen

Schulpfarrer und sogar beim Direktor einträgliche Sympathien zu verschaffen, Alamierendes zu berichten.
Er betrat Christophs Schulzimmer, das die meisten Schüler verlassen hatten, um auf dem Klo zu rauchen, mit seinem geschäftsmäßig schnellen Schritt, Oberkörper vorgebeugt, und ging zügig wie immer, seit er sich diesen Gang angewöhnt hatten, um auch äußerlich die Zielsicherheit auszustrahlen, die er sich für seinen Charakter wünschte.
Christoph hatte diese Eigenart mit von Zuneigung entschärfter Ironie durchschaut, aber beide respektierten unausgesprochenen, über Schwächen des Freundes zu Dritten nicht zu sprechen. Der zweite Stuhl an Christophs Bank war ein Stück zurückgeschoben; auf dem Tisch lagen der Füller, die Nagelschere und ein aufgeschlagenes Englisch-Heft des Mädchens, das dort seinen Platz hatte und das Christoph bis zur Bewußtseinstrübung liebte. Jetzt hatte sie sich vermutlich den Raucherinnen angeschlossen.
Sebastian ging vor der Bank in die Hocke, stützte die Ellbogen auf den Tisch, das Gesicht auf die Fäuste und zog die Stirn in ironische Falten:
»Unser hochwohllöblicher, von allen Seiten zu Recht geschätzter, jedoch von krankhafter Schwätz-Sucht geplagter Stellvertretender Direktor ... kurz: Der schiefäugige Eberhardt hat sich nicht entblödet, mir die säuberlichste Beschreibung unseres Kriminalers zu liefern, die da lautet: Mitte dreißig, so groß wie ich, Brille, Schnauzbart, grüner BMW und heute morgen angekommen. Logiert im D.K.« (D.K. war die internatsübliche Kurzbezeichnung für das Gasthaus ›Zum Deutschen Kaiser‹).
Christoph lachte, schnaubte bei geschlossenem Mund durch die Nase. »Und er kommt echt bloß wegen 'm Rauschgift?«
»Nein: Das isses ja! Der Bernmeier hat ihn gebeten, auch auf die Vandalenakte zu achten. Dabei hat er vor allem unsere Autoknackereien im Auge. Der Bulle guckt sich jetzt die Gegend an.«

— »Weißt du, was ich für möglich halte?« fragte Christoph.
— »Ne.«
— »Daß sie ihm einen Schüler mitgeben, der dem Bullen Informationen liefern soll, denn in der kurzen Zeit kann sich kein Mensch einen echten Durchblick verschaffen. Und es ist, wenn ihnen die Idee kommt, sehr wahrscheinlich, daß sie sich damit an Herrn Sebastian Lautenschlager aus Konschtanz am Bodensee wenden, der trotz seiner befremdlichen Freundschaft mit diesem asozialen Finsterling Bieder ihr uneingeschränktes Vertrauen genießt.«
— »Quatsch, steht überhaupt nicht zur Debatte.«
Sebastian stand auf.
— »Wetten, der Huldrich fragt dich noch? Aber bitte machs nicht, sonst ist dein Ruf ganz hin.«
Sebastian wollte erwidern, aber Dina war erschienen. Knapp ein Jahr älter, war sie schon, als bei Christoph von Pubertät noch kaum die Rede sein konnte, körperlich völlig zur Frau entwickelt gewesen, und dieser Vorsprung vor der ganzen Klasse hatte ihr Bewußtsein geprägt. Auch verstand sie es, zu lächeln wie die sinnlichste Zahnpastawerbung der Welt. Und er verzehrte sich so nach ihr, daß es aussichtslos wäre, seinen Zustand mit dem von Liebeslyrik längst ausgelutschten Vokabular unseres Kulturkreises darzustellen.
Sie trug hochhackige schwarze Stoffsandaletten, mit Riemen an den Fesseln, sehr enge schwarze Stoffhosen, die ihren Leib vorn und hinten in glatte, greifbare Hälften teilten und einen weichen Pullover, der Körper und Arme anzüglich faßbar ahnen ließ. Mit betont weiblichen Schritten kam sie jetzt in das Klassenzimmer und setzte sich an ihren Platz neben Christoph, um sich die Nägel glatt zu feilen. Sie nahm durchaus keine Notiz vom Gespräch der beiden, aber Sebastian konnte jetzt natürlich nichts mehr sagen. Ohnehin war ja mit seinem Freund nichts mehr anzufangen, sobald diese Frau ihn seelisch beschlagnahmte ...

Er sagte: »Morgen, Dina!« Sie nickte, ohne aufzuschauen; ihr leichtes Lächeln hatte schon wieder so eine Färbung, daß sogar Sebastian, für dessen puritanischen Geschmack Dina viel zu weich-fraulich war, sich vorkam, als müsse er sich für was Dummes entschuldigen. Und dieses Gefühl der eigenen Unbedarftheit hielt sich, bis er, nach einem trockenen »Also dann —« zu Christoph, zielbewußten Schritts den sicheren Korridor erreicht hatte, wo ihn nicht mehr das Gefühl drückte, ihm säßen die Blicke dieses Weibes im Nacken.

Nach dem mit dreihundertsechzig anderen »Internierten« aus abgeschabten Blechschüsseln und Aluminiumkannen hastig hineingeschaufelten und -geschlürften Mittagessen gingen Sebastian und Christoph mit geschnürtem Schuhwerk, hellgewetzten Jeans und Bundeswehr-Hemden in die Hügel über dem Dorf. Sie hatten dort oben mit den in den weichen Fels gegrabenen Vorratskellern der Bauern und auch in verschiedenen Ferienhäusern immer wieder Unfug angestellt, der wegen der gesetzlichen Verjährungsfristen für Vandalismus und Einbruchdiebstahl heute noch nicht beschrieben werden kann.

Die Hitze hatte auch Einheimische an den touristenwimmelnden Strand gezogen, wo bleiche Bürospeckbäuche sich der Sonne entgegendrängten, wie Weißwürste auf dem Rost, und deshalb war die Welt hier oben von Menschen fast verschont.

Ein Schnauzbärtiger jedoch kam ihnen, das Hemd bis zum Nabel aufgeknöpft, in Jeans und mit für sein Alter ungewöhnlich langen Haaren (fast bis auf den Kragen) zwischen gelb und knallgrün leuchtenden Feldern entgegengeschlendert. Er war an ausgedehnten Kirschplantagen vorbeigekommen, und als er in den Händen der beiden Jungs zusammengeknüllte Plastiktüten sah, wußte er, wo die hinwollten.

»Hallo!« sagte er und lächelte, indem er die eine Mundseite leicht geöffnet nach oben zog, und faßte mit der Linken nach der linken Tasche seines grellgewürfelten Ober-

hemdes. Christoph, der sich dachte, daß der Freundliche Polizist sei und jetzt (das bewies der Griff nach den Zigaretten) versuchen werde, sie anzuquatschen, wäre gleich stur weitergelaufen; Sebastian aber einerseits aus dem Grundsatz, allen Leuten verbindlich zu begegnen, ein Prinzip, das aus seinem Bedürfnis kam, gemocht zu werden, und andererseits natürlich, weil der Amts-Schnüffler ihn maßlos interessierte, sagte »Tag«, blieb ebenfalls stehn, schob seine Hände jovial in die Hosentaschen und sah hinüber in die Luft über dem Schweizer Ufer, wo hinter saftigen Hügeln fern und bläulich, doch klar umrissen, der Gipfel des Säntis sich zeigte. Christoph, schon drei Schritte weiter, kam zurück, mit betont gelangweiltem Gesicht.
— »Eine gottverdammte Hitze«, sagte Sebastian und kniff die Augen noch kritischer zusammen.
— »Ja, echt brutal«, sagte Polizist Zahn, der sich allerhand darauf einbildete, den Jargon dieser Altersstufe so natürlich zu benützen. Er war ein wenig verblüfft, denn es war ihm noch selten passiert, daß sein Gegenüber von sich aus den ersten dieser blödsinnig belanglosen Sätze gesprochen hatte, mit denen Unbekannte einander ins Gespräch ziehn.
Er steckte sich eine Zigarette an, fragte: »Wollt ihr auch?« und unterhielt sich mit Sebastian, der eine genommen hatte, über Wetter, Touristen, Dörfler; als sie über Wassersport auf Internatsschüler zu sprechen gekommen waren, begann Polizeimeister Zahn ziemlich ungeniert zu fragen, und Sebastian ging auf diese Signale nicht ein, sondern unterhielt sich nun plötzlich damit, *selbst* Fragen zu stellen: Wo der Herr denn her sei und was er beruflich treibe! Zahn wußte bald nicht mehr, was antworten. Jetzt fand es auch Christoph vergnüglich, den Windungen und Ausflüchten des Polizisten, der um sein Inkognito fürchtete, zuzuhören, und dabei mit aufmerksam schiefgehaltenen Kopf, freundlichem Lächeln und großen Augen dieses Gesicht zu betrachten, das nicht von übergroßer Intelligenz gezeichnet war, und auf dem sich nun, in

Falten, die ungewohnt geistige Anstrengung malte. Als es aber Christoph doch zu dumm wurde, sagte er freundlich (und schüttelte den Kopf, als sei das wirklich eine ganz besonders abwegige Idee, die ihm da einfalle): — »Wenn Sie uns nicht eben erklärt hätten, daß Sie ein ganz normaler Mitbürger sind, nach G... nur wegen See und Landschaft gekommen und an der Internatsschule deshalb interessiert, weil Ihr Bruder einen kleinen Sohn hat, der vielleicht aufs Internat soll, also ehrlich, wenn ich das nicht wüßte, würde ich sagen, Sie sind ein vom Rauschgiftdezernat Freiburg zur Aufklärung des Drogenmißbrauchs nach G... geschickter Beamter, der nun auf eine besonders clevere Weise versucht, zwei Knaben auszuhorchen. Aber das ist natürlich Unsinn, nicht wahr? Komm, Sebastian, wir müssen los, wir haben ja noch ein paar Kilo Shit in Hundert-Gramm-Tüten zu verpacken, bevor die kleinen Dealer kommen.«

Dann wandten sie sich bergauf und ließen den beschämten Polizisten verdattert stehen.

— »Die Beamten«, erklärte Christoph im Weitergehen, »sind der Untergang der Nation.«

— »So blöd wie der sind nicht alle.«

— »Na und? Dafür hat der bestimmt das richtige Parteibuch. Ich sag dir: die sind die herrschende Klasse. Sobald einer den Arsch nur *einmal* auf dem richtigen Sessel hat; sofort: Kündigungsschutz, kaum Abgaben bei dauernd steigendem Verdienst, Pensionsanspruch — einzige Voraussetzung ist die politische Überzeugungslosigkeit, und die wird einem Hampelmann wie dem nicht schwerfallen. Wenn wir überleben wollen, egal, ob als Individium oder Nation, müssen wir erst mal diesen schlammigen Wasserkopf abschlagen.«

— »Ein Wasserkopf ist immer noch besser als gar keiner. Und wenn er mal ab ist, wächst den meisten keiner mehr nach.«

— »Völkern schon, guck dir Frankreich an, 1789, in der Revolution, da ham sie...«

— »Ja, aber es gab viel weniger Adelige als bei uns Be-

amte, die sind doch schon in der Mehrheit hier, die werden wir nie wieder los.«
Christoph redete sich in Wut.
»Heut hat der Eberhardt die Dina wieder so väterlich-geil am Arm gefaßt, und als sie dann an der Tafel stand, hat er ihr mit Blicken die Hosen runtergezogen. Die ganze Klasse findet das lustig, aber ich, ich könnte ihm da jedesmal seinen matschigen Schädel einschlagen, da krieg ich so'n Haß, wenn ich seh, wie der die anstarrt.«
— »Naja. Sie braucht sich ja auch nicht so knackig anzuziehn, daß son armer Pauker den Trieb kriegt! Kann mir gut vorstellen, wie die ihre Brust auf die Tischplatte legt, wenns mathematisch im Hirn nicht langt.«
Christoph starrte ihm feindselig ins Gesicht; es war in der Schule bekannt, daß Dina ihre geistigen Anstrengungen manchmal körperlich ein bißchen unterstrich.
Nach einer Weile, sie gingen auf dem weichen Nadelwaldboden, zwischen weit auseinanderstehenden Stämmen, über Sonnenflecken, die über Haar und Hände huschten, sagte Sebastian:
— »Das mit dem Polizisten war vermutlich nicht klug.«
Weiteres Schweigen. Dann: »Was wir machen, betrifft nicht *sein* Gebiet, und wir machens nicht so, daß wir erwischt werden.«
Wieder eine Pause, dann Sebastian:
— »Andererseits ist da jetzt ein Mensch, wenn auch ein dürftiger, den wir gedemütigt haben und der uns vermutlich sehr gern erwischen würde.«
»Dann sollten wir nicht hinfahren —«
»Sebastian, du weißt —«
»Ja, ich weiß, Dina kommt, aber es wäre klüger, solange der Bulle hier ist, nicht noch mehr Autos kurzzuschließen. Wegen einer Fete in Jugendhaft, danke. Vor allem: überleg mal, wie *lange* die Kiste dann irgendwo fehlt! 'Ne halbe Stunde nach Konstanz, 'ne halbe Stunde zurück, plus mindestens zwei Stunden schäkern mit Dina, macht schon drei Stunden, mindestens. Mindestens! Denn wie ich dich kenne, kannst du dich dann nicht losreißen von

deinem Rauschgoldengel. Zeit genug, eine Autonummer an alle Streifenwagen durchzugeben. Auf dem Rückweg schnappen sie uns!«
— »Sebastian, ich hab's ihr doch schon versprochen, und sonst macht sich wieder irgendson Student an sie ran. Außerdem, wenn da Uni-Fest ist, sind so viele Autos auf den Straßen, da ham die keinen Überblick.«
»Quatsch, Scheinargumente. Ich bin eh nicht scharf auf das Fest, gibts doch öfter.« Das klang nach letztem Wort.
»Ach—« sagte Christoph und zeigte ihm die geöffnete Hand, als liege darin die Entschuldigung für seinen Leichtsinn.
»Klar, daß dus nicht riskierst, dich lockt da nichts hin, aber ich *muß* hin, ich muß echt.«
»Wenn du mal unter dem Galgen stehst, Christoph Bieder«, sagte Sebastian seherisch, »dann beschwer dich bitte nicht über Gott oder das System. Du hast dich dann selbst dahingebracht, und wahrscheinlich hat dich sogar noch jemand gewarnt.«
»Ich werde an dich denken«, grinste Christoph, aber es war ihm eng um die Brust. Sie gingen Kirschen klauen.

Polizeimeister Gotthilf Zahn, vierunddreißig Jahre alt, fühlte sich, wie viele Polizisten, zum Außenseiter gestempelt. Schlafstörungen hatte er auch und die üblichen sexuellen Schwierigkeiten von Leuten, die oft nachts zum Dienst rausmüssen. Er fuhr sich nervös mit der Hand über das Gesicht und beschloß eimal mehr, einen Posten im Innendienst zu beantragen, wo die Beamten nicht von Halbstarken auf den Arm genommen werden. Er ging in das von lautem Tipp-Geräusch erfüllte Sekretariat der Schule, ließ sich zum Direktor führen, einem gewaltigen Schwaben, dessen Gesicht, von wuchtigem Unterkiefer und hackender Nase beherrscht, im Verein mit einer selbst für Direktoren unerhört autoritären Art zu sprechen, ihm in respektlosen Kreisen den Namen »Habicht« eingetragen hatte, obwohl er ganz bürgerlich Bernmeier hieß. Herr Huldrich, Dorfpfarrer und Internatsleiter, ein

grundgütiger, aber weinerlicher Mensch, der nach glaubhaft vorgeheuchelter Reue und gemeinsamen Gebet stets zu rührenden »Ich-vergebe-Dir«-Szenen mit warmem Händedruck bereit, in Schülerkreisen mehr belächelt als geachtet wurde, saß, als Zahn das Büro des Schulgewaltigen betrat, bereits in einem der tiefen, roten Sessel; Bernmeier fuhr hinter seinem imperialen Schreibtisch hervor: »So? Grüß Gott, Herr Zahn.« Er sprach die harten Konsonanten weich aus und zog viele Vokale so in die Länge, daß seine Gesprächspartner immer sofort wußten, daß er ein Schwabe war, auch sagte er meist »ä« statt »e«.
— »So? Grüß Gott, Herr Zahn, nähmen Sie doch Blatz!« Er nötigte ihn in den Sessel gegenüber dem Pfarrer und setzte sich an die Längsseite des Teetischchens. Huldrich sah bekümmert aus, und als Zahn den Blicken des Pfarrers folgte, fand er sie auf seine eigene sportliche-braune, spärlich behaarte Brust gerichtet, und schuldbewußt schloß er sein jugendlich gewürfeltes Hemd bis auf den Kragenknopf. — »Ich möchte mich gern mit zwei jungen Männern befassen, die mir aufgefallen sind. So fünfzehn bis sechzehn, ziemlich freches Mundwerk, beide blond, einer mit langen, einer mit kurzen Haaren, der eine, mit den kurzen Haaren, mit leichtem badischen Akzent, weiß anscheinend ziemlich gut Bescheid, sagte auch, er sei schon fünf Jahre hier.«
Pfarrer Huldrich wandte sich zu Bernmeier, und seine kleinen, geröteten Äuglein blinzelten lustig: — »Ja, ja, das können wir uns denken«, schienen sie zu sagen, und auch Bernmeier zerrte seinen spaltenhaften Mund, der sich, völlig lippenlos, an den Enden zu senken pflegte, zu autoritär verständnisinnigem Grinsen in die Breite.
— »Herr Bernmeier«, sagte Huldrich mit seiner Beichtstuhlstimme, die er bei jeder Pause (und er machte in jedem Satz Pausen) salbungsvoll sinken ließ, so als wolle er sagen: es ist schon gut. »Herr Bernmeier, zeige Sie dem Herrn Zahn doch emal die Fotos von Sebaschtian und em Grischtof, da bin i nämlich fascht sicher.«

Bernmeier brachte aus einer Art Album, einem langen braunen Tuch, das an der Wand hing und wo in zwanzig Reihen übereinander die Fotos sämtlicher Zöglinge hinter Klarsicht-Folie staken, veraltete, aber doch noch ähnliche Bildnisse der beiden unruhigen Knaben hervor.
— »Das sinse«, sagte Zahn.
— »Das Ihne die aufgefalle sind«, Bernmeier schob gutgelaunt sein Kinn vor, »das kann i mir schon vorstelle. Nur«, er schüttelte kurz und endgültig seinen massiven Schädel, »mit Rauschgift haben die nix zu tun.«
— »Ha!« machte Zahn, lehnte sich weit in seinem Sessel zurück, und in seinem Grinsen glänzte das verdummende Überlegenheitsbewußtsein des Professionellen: »Woher wissen Sie das?«
Es fehlte nicht viel, und er hätte diesen beiden blutigen Laien auf die Schulter geklopft.
»Sehn Sie, die Dealer, das sind oft ganz bürgerliche Typen, von denen man das zu allerletzt gedacht hätte, das sind meistens Typen, die so im Leben gar nicht auffallen, die haben —«
»Die fallen aber auf«, unterbrach Bernmeier.
»Wie?«
»Ja, doch«, Huldrich war bekümmert, denn er mochte die zwei, vor allem Sebastian, der im Kirchenchor mitsang und ihm oft nach dem Gottesdienst Fragen stellte, die zeigten, daß der Junge bei der Predigt aufgepaßt hatte; aber auch den Christoph hatte er gern, zwar betrat der nie freiwillig eine Kirche, doch vermittelte dem Pfarrer seine Nachsichtigkeit diesem *sozial und familiär* so benachteiligten Schüler gegenüber stets das beglückende Gefühl, gottgefällige Werke zu tun.
— »Die falle schon auf, Herr Zahn, mehr wie alle andere, das sind halt zwei ganz besonders lebendige Bursche«, er war ziemlich bekümmert, »aber mit sowas haben die nix zum tue.«
— »Wissen Sie« (Zahn war überzeugt, daß sie es nicht wüßten und genoß das), »Kriminalität ist, vor allem bei Jugendlichen, oft nichts weiter als das Zusammentreffen

von überschüssiger Kraft und verleitenden Umständen. In der Kriminalstatistik sprechen wir von ›Krimineller Energie‹. Lust am Risiko, zum Beispiel, kann zu den schlimmsten Delikten führen, ich bin sicher, daß diese Autoknackereien und sogenannten Spritztouren, wenn sie nicht mit der Beschaffung von Rauschgift im Zusammenhang stehen, und auf jeden Fall die sinnlosen Einbrüche und Zerstörungen in Ferienhäusern, über die Sie geklagt haben, einzig aus Überdruß und Langeweile gemacht werden.«
Das leuchtete ein. Bernmeier runzelte die Stirn, kniff nachdenklich die Lippen zusammen und nickte ruhig mit dem Kopf.
— »Ich hab mich in den letzten Jahren auch schon oft über diese gleichgültige Generation gewundert, die sich nur für sich selbst interessiert, da waren mir die unruhigen sechziger Jahre fast noch lieber. Heute kann man mit denen ja nicht mal mehr reden. Die haben gar keine Überzeugung, keine Ideale mehr, für die sie gradestehn. Wenn man mit ihnen diskutiert, ist es, als spreche man mit einem Pudding. Die sind so weich, daß uns Schulmeistern«, aus seinem kantigen Gesicht lächelte plötzlich so etwas wie Selbstironie, »ein so formbarer Jahrgang recht sein müßte, und tatsächlich läuft der Schulbetrieb völlig reibungslos. Sie arbeiten ordentlich, keine Streiks, höchstens mal eine hitzige Diskussion, aber wenn sie sich mal auf die Hinterbeine stellen, dann nicht wie 1968, wegen Vietnam oder dem Schah, sondern weil sie Angst um ihre Zensuren haben. Die, die 1968 wild geworden sind, hatten Ansichten, über die man streiten kann, ich habe sie nicht geteilt. Aber sie hatten doch wenigstens etwas vor Augen, sie haben Charakter und Energie bewiesen. Kerle und Mädchen wie damals gibt es heute höchstens zwei-, dreimal pro Jahrgang, und von den anderen, das ist das Lächerliche, Bestürzende, werden sie als Unruhestifter, die das sture Büffeln stören, abgelehnt. Uns Älteren kann so eine egoistisch beschränkte Generation nicht recht sein, auch wenn sie uns heute bequemer leben läßt als ihre Vorgänger. Mir

ist das unheimlich.« Zahn sah ihn verständnislos an.
— »Ja, wirklich! Ich habe einfach Angst, daß wir uns auf die nicht verlassen dürfen, weil, wer an nichts glaubt, dem kann man auch nichts glauben.« Er sah sich um und verstummte. Es passierte ihm öfter, daß er plötzlich in einem Gespräch mit Kollegen oder Freunden so aus sich herausging, lebendige Ideen offenbarte und sich um das Land, das eines Tages in die kraftlosen Hände dieser Generation fallen mußte, sorgte, aber auch heute, wie so oft, mußte er einsehen, wie wenig man ihm folgen konnte, und mit resignierendem Seufzer zog er sich in die sichere Rolle des autoritären Direktors zurück, in der man ihn wenigstens verstand.

Je länger Zahn mit Direktor und Internatsleiter sprach, desto sicherer wurde er, daß er alles werde allein aufklären müssen, und deshalb begab er sich bald ins Hotel. Er verschlief den Nachmittag, und abends um halb neun suchte er das »Seeheim« auf, eine Kneipe im Oberdorf, von der man ihm gesagt hatte, daß sie, wegen lauter Musik und Schummerlicht, für Internatsschüler besonders anziehend sei. Dort verbrachte er, unerkannt hinter einem Bierglas dösend, den Abend, bis, um zwei Minuten vor elf, die letzten Zöglinge gehetzt das Lokal verließen.
In der nächsten Freinacht ertappte Polizeimeister Zahn endlich einen achtzehnjährigen Burschen mit Vollbart beim nächtlichen Aussteigen, folgte ihm in der Hoffnung, einen guten Fang zu machen, bis zum Oberstufen-Mädchenheim, stand in der Kälte, bis der Tag anbrach, und wartete auf den Kerl, der nach dreieinhalb Stunden, zerschlagen, aber offensichtlich bester Laune wieder herausgeklettert kam.
— »Guten Morgen.«
— »Morgen!« Der Junge hatte es eilig. Zahn ging mißmutig neben ihm, es war schon seine zweite Nacht im Freien gewesen, und er fror saumäßig. Übelgelaunt, sah er, wie dieser Rammler, eben einem wohldurchwärmten

Lotterbett entstiegen, die Nase fröhlich in die Luft hob. ›Du Hund‹, dachte er, ›du wirst dich wundern!‹
— »Was sagt denn Ihr Heimleiter, wenn Sie jetzt erst kommen?«
— »Hä?«. Der Kerl blieb stehen, schien nicht zu begreifen, Zahn half nach:
— »Na, ja«, er straffte sich in die Länge und bog sich im Kreuz etwas zurück, »Sie wissen ganz genau, daß Sie rausfliegen, wenn Sie nachts aussteigen und in einem anderen Heim Hausfriedensbruch begehen.«
— »Hausfriedensbruch?« ›Mein Gott‹, dachte Zahn, ›der kriegt ja das Maul gar nicht mehr zu!‹ und er fürchtete, er werde anfangen zu grinsen. In dem Schädel gegenüber schien es zu arbeiten, die Visage verfinsterte sich und eine Sekunde dachte Zahn, der werde sich mit Gebrüll auf ihn stürzen. Statt dessen kam dumpf:
— »Melden Sie mich denn?«
Zahn: »Sie kommen morgen mittag, das heißt natürlich: heute mittag Punkt dreizehn Uhr zehn, in die Gaststube Zum Deutschen Kaiser. Dreizehn Uhr zehn! Sofort nach Schulschluß, klar?«
— »... aber ...«, der arme Mensch schien heftig nachzudenken. Zahn fingerte nach dem Dienstausweis:
— »Polizei.« Das Gesicht wurde noch unglücklicher.
— »Und kein Wort zu den Mitschülern, sonst können Sie gleich die Koffer packen.«
Er wollte gehen, aber wandte noch mal den Kopf: »Ihre Personalien sind nämlich bekannt!«
Jetzt ging es sich ganz anders. Endlich Handgreifliches, endlich konnte er Fuß fassen! Er ging bestens gelaunt. ›Aber merk dir sein Gesicht‹, sagte er zu sich selbst, ›vergiß ja nicht, wie er aussieht! ... doch der wird sowieso kommen.‹ Sein Tritt schallte hart vor ihm her zwischen dem sauberen Fachwerk der Bauernhäuser.

Erst um elf frühstückte Zahn, Kaffee, Spiegelei und Speck, und dann kostete es ihn keine fünf Minuten, bis man anhand der Fotografie aus dem Sekretariat die Akte

über Martin Brehm, geboren am 6. 12. 1960 in Emmendingen, herausgesucht hatte.
Er studierte Einzelheiten, um den Jungen nachher durch Allwissenheit gefügig zu machen. Auch dessen Zensuren lernte er ungefähr auswendig. Es gibt nicht wenige Privatschulen, an denen der wichtigste Nachweis für die Tauglichkeit eines Schülers die Steuererklärung des Vaters ist. Seinem erstaunlichen Mangel an Intelligenz war es auch zuzuschreiben, daß Martin auf die Minute pünktlich im ›Deutschen Kaiser‹ erschien, aus Zahns Kenntnis seiner persönlichen Verhältnisse (sogar von der miserablen Englischarbeit aus der letzten Woche wußte der!) sofort beschloß: verschweigen habe gar keinen Sinn. Und als Zahn eine Namen-Liste, die Martin aber über den Tisch weg nicht lesen konnte, aus dem zahlenschloßgesicherten Aktenkoffer zog und behauptete, eine Schülerin habe ihm acht Dealer aufgeschrieben, und die wollte er, wie auch die Namen der Drogen-Verbraucher, jetzt von ihm bestätigt haben, da nannte Brehm die drei Schüler, von denen er wußte, daß sie nach Singen zum Einkaufen führen, wenn sie vorher bei fünf anderen, die später den Einzelhandel vornehmen sollten, Geld gesammelt hatten. Mehr wußte er nicht, Zahn ließ ihn laufen, holte sich auf dem Sekretariat einen Stapel dünner, brauner Papphefter, die alles enthielten, was die Anstalt vom jeweiligen Zögling wußte, und eine Stunde später klingelte im Oberstufen-Jungenheim, das den anspruchsvollen Namen »Goethe-Haus«, trug, das Telefon. Christoph Bieder verband Zahn mit der Wohnung des Heimleiters, eines verkrachten, schwer kriegsgeschädigten Juristen, der in G... für ein mageres Gnadenbrot seine letzten Kräfte aufrieb.
»Hier Zahn, Rauschgiftdezernat. Wir haben herausgefunden, daß sich der größere Teil der Dealer und Rauschgiftkonsumenten in Ihrem Haus befindet.«
»O Gott«, Firnbergs krankes Herz kam ins Flattern. »In *meinem* Haus, melden Sie das nicht, bitte, ich werde selbst hart durchgreifen, aber melden Sie das nicht der Internatsleitung!«

»Eigentlich«, sagte Zahn, »bin ich dazu verpflichtet...«
Er machte eine Pause und horchte auf das angstverklemmte Schweigen.
»... aber ich kann davon absehen, wenn Sie mir von jetzt ab jede Unregelmäßigkeit, wie etwa nächtliches Aussteigen und dergleichen, unverzüglich melden. Die Nummer meines Hotels haben Sie sich ja in der Konferenz aufgeschrieben.«
— »Ja, — ... äh... alles?«
— »Wie bitte?«
— »Alles melden?«
— »Ja, alles melden, und zwar sofort.«
Zahn spürte: ein Mensch war in seiner Hand, und er genoß es.
Dann rief er der Reihe nach die anderen Heimleiter an und erzählte genau das gleiche. Sie waren, bis auf einen, keineswegs Pädagogen, sondern bevor sie ihre Zuflucht in diesem Internat genommen hatten, allesamt in mehreren bürgerlichen Berufen etwa als Staubsaugervertreter, Konzertpianist, Unteroffizier oder Inspektor einer südafrikanischen Diamantenmine gescheitert. Alle versprachen, sofort zu telefonieren, wenn irgendwer auffalle. So verbrachte Zahn auf ihre Kosten, die kein Auge zudrückten, endlich wieder eine Nacht im Bett.

Der Samstag war von Anfang an unerfreulich. Der See war asphaltgrau, wo er tief ist, fast schwarz, und auf seiner bedrohlichen Schwärze reisten hellweiß glänzende, schnelle Schaumkronen, die sich aufbäumten, verschwanden und langsam auf den Gipfeln der kurzen Wellen wieder hochstiegen. Großes Gewitter kündigte sich an, die Menschen schlichen beklommen umher. Man sprach nicht viel, in der Luft knirschte Hochspannung und noch dazu hatte die erbarmungslos schöne Dina ihren schlanken Leib an diesem Tag mit einem engen, dunklen Kostüm lockend verpackt, dessen knielanger, seitlich geschlitzter Rock, wenn sie die Beine übereinanderschlug, mehr vom hellen, festen Fleisch ihres Oberschenkels

sehen ließ, als für Christophs Seelenruhe erträglich war.
Die Mathematikstunde dehnte sich unendlich, und in seinem in die Hände gestützten Kopf waren nur diese Waden mit den feinen Fesseln darunter, das vanillehelle Haar auf dem schwarzen Spitzenkragen, die Hals und Kinnlinie mit dem warmen Mund — er wußte, wo sie hinging, mußte auch er hingehen, und wenn zehn Polizisten im Dorf waren!
— »Du«, sagte er.
— »Ja?«
Seine Blicke zitterten über ihr Gesicht, als sie sich ihm zuwandte.
— »Wegen heut abend, ich weiß nicht, ob sich das lohnt, die Fahrerei nach Konschtanz, bloß wegen som Fest. Wir könnten doch auch einfach nach Oehningen in die Weinstube, was trinken? Ich lad dich ein.«
— »Ja weißte, ich übernacht' bei meiner Oma, die hat mich sowieso schon lang mal eingeladen für'n Wochenende.«
Sie legte die Hände in den Schoß und schaute ihn aus ihren hellen Augen voll an. Manchmal konnte man sehen, daß sie eigentlich ein gesundes Landmädchen war, und vielleicht war es gerade diese Mischung zwischen femme fatale und Bauerntochter, die ihn so hinriß.
— »Ach so«, er lächelte zu Boden, weil er ihrem Blick nicht standhielt.
— »Ja dann komm ich auch.« Und es schauderte ihn ein bißchen.
In der Pause lief er schuldbewußten Gesichtes zu Sebastian und erklärte ihm, verlegen, aber unerbittlich, daß er aufs Uni-Fest gehen *müsse,* Dina sei nicht davon abzubringen.
Sebastian war wütend.
— »Kannst du wenigstens mitfahren, wenn ihre Eltern sie abholen?«
— »Sie wird nicht abgeholt, sie bleibt in Konstanz über Nacht.«

— »Bei ihrem neuen Bock?«
— »Nein«, Christoph wurde heiß, er spürte daß er einen tiefroten Kopf kriegte, »bei ihrer Großmutter.«
Er hatte Lust, hinauszugehen und zu sterben, einfach zu verschwinden, so als sei er nie dagewesen. Denn er verdrängte ihre Männergeschichten (von denen er natürlich genauso wußte wie jeder andere), so gut er konnte aus seinem Gedächtnis. Sebastian hatte ihn nur daran erinnert, weil er ihn um jeden Preis zurückhalten wollte, wenigstens solange der pensionsberechtigte Arbeitslose im Dorf herumspürte.
— »Wenn du hier 'n Auto knackst«, sagte Sebastian ruhig, »dir in Konstanz einen ansäufst, morgens dann hundemüde zurückfährst, kannst du sicher sein, daß du einen sauberen Blechschaden baust, irgendwo, und dann kriegst du Gitter vors Fenster.«
Christoph zuckte resignierend die Schultern:
— »Pech.«
— »Ja Pech! Du Arschloch.«
Jetzt kam er in Wut.
— »Hau bloß ab zu deiner Honigpunze.« Sebastian wußte schon, worauf es für beide hinauslaufen würde: ›Naja, dann wird es wenigstens kein langweiliges Wochenende.‹ So dachte er und gab sich die nächsten drei Stunden so aufmerksam der schulischen Mitarbeit hin, als sei dies die letzte Gelegenheit in seinem Leben, den erstaunten Lehrern zu beweisen, was aus ihm hätte werden können, wenn es Christoph und vor allem dieses Weibsstück nicht gegeben hätte.

22 Uhr 11 hatte neben Zahns Bett das Telefon geklingelt und aus dem Hörer drangen, von Schnaufern gehackt, bayrische Töne: »Entschuldigens, bitte schön, hier Firnberg Internatsschule, tut mir leid, daß ich Sie stören muß, aber Sie ham ja selber gesagt, also bei dem Christoph Bieder, da ist eine Bettwurst im Bett, nur damit Sie Bescheid wissen«, er keuchte, »Sie ham ja selber gesagt, nicht —«

»Eine Bett-Wurst?«
»Jawohl, allerdings! Ich habe eigenhändig zweimal draufgehauen!«
»Was ist denn eine Bettwurst?«
»Ach so, ja also eine Bettwurst das ist...«
Er kramte in seinem schlaganfallbedrohten Hirn nach verschütteten juristischen Formulierungsfeinheiten. Und dann erfolgte, leicht bayrisch gefärbt, die exakte Definition: »Eine Bettwurst... ist eine... unter der Federdecke... zur vorsätzlichen.. Irreführung der Aufsichtspersonen... zum Zwecke der Verhinderung... der Entdeckung ... widerrechtlichen... nächtlichen Aussteigens durch dieselben... länglich angeordnete Ansammlung... von Kleidungsstücken... die den optischen... Eindruck erwecken soll, der Schüler befinde sich... schlafend in seinem Bett.«
»Das heißt, der Bieder ist weg?«
»Ja, und zum Abendessen war er auch schon nicht da.«
»Ahm«, Zahn dachte nach, —»und der andere, der äh, na Sie wissen schon, dieser Kerl mit dem musikalischen Namen da, mit dem er immer zusammenhängt?«
»Lautenschlager, Sebastian, der, nein, der ist erstaunlicherweise da, er liegt sogar im Bett und schläft... ja... also netwoar.«
Sein Bayrisch wurde wieder stärker.
»Tut ma wirklich leid, doss ich Sie gsteat hob, aber Sie ham ja selber gesagt, netwoar, in der Konferenz...«
»Ja, ja«, sagte Zahn, »das ist in Ordnung, vielen Dank.«
Er hatte sich sofort den Mantel angezogen — das kommende Gewitter drohte noch immer — und jetzt stand er sich, von giftig ihn umsummenden Mücken gequält, die er so gern mit Zigarettenrauch vertrieben hätte, in Sichtweite des ›Goethe-Hauses‹ die Beine in den Bauch, spürte den Revolver in der Manteltasche, stinkwütend, daß er nicht rauchen durfte. Grillen oder Zikaden oder wie diese Viecher hießen, die noch kein Mensch je gesehen hatte, aber die nachts normalerweise immer diesen hohen,

rhythmischen, eintönigen Lärm veranstalteten, waren auch nicht zu hören, überhaupt: alles (außer diesen widerlichen Stechmücken, die sich dauernd auf Hals und Hände setzten) war dumpf und still, und die ganze Natur schien sich nach der Entladung in einem gewaltigen, klatschenden Platzregen zu sehen ...
Sebastians Wecker klingelte um halb zwei. Sofort fuhr seine Hand aus dem Bett und würgte ihn ab. Ungewöhnlich schlecht gelaunt, fand er mit sicherem Griff seine Klamotten, zog Turnschuhe an, bauschte die Steppdecke zur Bettwurst auf, öffnete seinen Schrank, schob die Hand unter einen Stapel frischer Bettbezüge, zog einen fünfundfünfzig Zentimeter langen, an einem Ende zu einer kleinen runden Schlaufe umgebogenen Draht hervor und nahm aus dem Schuhfach die Plastiktüte mit dem übrigen Werkzeug. Er schlich ins hinterste Zimmer am Ende des Flurs im Erdgeschoß; dort wohnte ein schmächtiger Obersekundaner, der schon seit zwei Jahren mit seinem Stimmbruch kämpfte, ohne ihn zu überwinden, und unter der Rolle des Außenseiters litt. Er war so mickrig, daß Christoph ihn »Mücke« getauft hatte, und zur Bestürzung des Kleinen setzte dieser Name sich zunehmend durch. Er sehnte sich nach Aufnahme in die Gemeinschaft, und als ihn Sebastian jetzt weckend an der Schulter faßte, ihn bat, das Fenster leise hinter ihm zu schließen und in etwa einer Stunde seinem Klopfen wieder aufzumachen, da war er trotz seiner tiefen Angst vor jedem Konflikt mit Mächten, die größer waren als er — und die Internatsordnung war eine solche Macht —, dankbar für die Chance, seine Zuverlässigkeit zu beweisen.
Zahn duckte sich sofort hinter den nächsten Busch, als er das Rucken eines verklemmten Fensters hörte. Da sprang einer ins Freie, ging lautlos über die Wiese zur Straße, und Zahn folgte ihm.
Am See liegt ein schwach beleuchteter Parkplatz. Der Kerl, den Zahn immer noch nicht erkennen konnte, ging an den Autos entlang bis zu einem gelben VW-Käfer. Er

holte eine Taschenlampe aus der Tüte und leuchtete aufs Armaturenbrett (›Wahrscheinlich guckt er, ob noch genug Benzin drin ist‹, dachte Zahn). Dann klemmte er den Draht zwischen die Lippen und nahm einen Schraubenzieher aus der Tüte. Den schob er in den Spalt zwischen Rahmen und Tür. Es knirschte, am Rahmen splitterte Lack ab, aber er konnte die Tür, wie mit einem Hebel, einen Finger breit aufbiegen. Dann schob er einen Holzkeil dazwischen, steckte den Schraubenzieher wieder weg, und Zahn sah, wie er, langsam und vorsichtig wie ein Uhrmacher, versuchte, die kleine Drahtschlaufe über den schwarzen Verschlußstift zu fummeln, um ihn dann damit hochzuziehen.
Wo könnte er hinwollen: Radolfzell, Singen, Konstanz, eine andere Möglichkeit gab es von hier aus kaum. Zahn merkte sich die Nummer des gelben Käfers und lief zum ›Deutschen Kaiser‹, wo sein BMW stand.
Wer in eine der drei Städte wollte, mußte zunächst elf Kilometer bis Moos zurücklegen, auf der kurvenreichen Landstraße rund um die Halbinsel, an deren Südseite G... sich befindet. Zahn fürchtete, von »dem da« im Rückspiegel bemerkt zu werden, wenn er ihm schon von G... an folgte; so beschloß er, ihm in Moos aufzulauern. Er konnte seinen BMW »voll ausfahren«.
Als er mit verlöschten Scheinwerfern im Schatten des Wirtshauses stand, gönnte er sich die ersehnte Zigarette. Er rauchte sie zu Ende, der Käfer kam nicht. Er steckte noch eine an. Auch sie wurde zum Stummel. Plötzlich kriegte er das beschämende Gefühl, der größte Idiot Baden-Württembergs zu sein (was etwas heißen will), denn er war nun völlig sicher: der Kerl war nur in ein Nachbardorf gefahren!
Er zwang sich, noch eine quälende Minute zu warten, die er auf dem beleuchteten Zifferblatt des Armaturenbretts beobachtete. Als er den Zündschlüssel umdrehte, wurden die Hauswände hell, dann heller, und ehe er noch begriffen hatte, raste der gelbe Käfer mit gefährlich überhöhter Geschwindigkeit am »Grünen Baum« vorbei und durchs

Dorf und hinaus zwischen den schwarzen Pappelreihen, vorbei am scheinbar endlos sich dehnenden Schilf Richtung Konstanz...

Christoph war, Dinas großzügiges Dekolleté vor Augen, durch das Uni-Fest gleichsam »getragen« worden: als er das Mädchen am Ende eines wilden Rock 'n' Roll so heftig an sich riß, daß sie sich im Kreuz durchbog, spürte er die Hitze ihres Unterleibs, der sich an seinen drängte, und stürzte sich auf ihren Mund, wie man sich ins Wasser stürzt; und es steckte sie an, daß er so sehr nach ihr gehungert hatte — und diese Sekunde, hoffte er jetzt, sollte eins der drei oder vier großen Bilder werden, die man ein Leben lang in der Seele mit sich trägt.
Die Sperrstunde der Enkelin war auf ein Uhr festgelegt. Im Treppenhaus hatte er das Mädchen, ehe es noch den Lichtknopf erreichen konnte, mit sanfter Gewalt ans Geländer gelehnt, ausgezogen, soweit der Ort das zuließ, und so mit zwei Fingern liebkost, daß sie bald anfing, unter seinen Küssen den Kopf hin und her zu wenden und zu miauen, wie eine Katze, der man den Bauch krault. Sie hatte ihm das Hemd aufgeknöpft; er war nie auf die Idee gekommen, daß auch Mädchen Spaß daran fänden, Jungen auszuziehen, und sie küßte ihn fest und hingegeben.
Da war Licht angegangen, ein lahmes Schlurfen zu hören, Pantoffeln, und eine schüttere Stimme: »Dina, bist du da?«
»Ja, Oma, hier unten.«
Gott sei dank wohnte die Alte im zweiten Stock: »Endlich, ist schon Viertel nach eins!«
Als sei Dina ein zerbrechliches Kunstwerk, steckte ihr Christoph vorsichtig die Bluse wieder in den Rock, und wie sie das Höschen hochzog, wurde sie verlegen, aber er nahm noch einmal ihr Gesicht in die Hände, ehe er ging.
In seiner Hose war etwas Feuchtes passiert. Er benutzte das Taschentuch, knöpfte genießerisch sein Hemd zu, drehte sich noch einmal um, dann rannte er, innerlich ju-

belnd, sprang mit gestreckten Armen in die Luft, wie ein Läufer nach einem Sieg.
Ein Herr, Hut, Schal, grauer Mantel, dessen Dackel unter einer Laterne das Bein hob, nickte Christoph zu, als erinnere er sich, bei welcher Gelegenheit Jungen sich so aufführen.
Der gelbe VW gab sich durch Hupen zu erkennen, Christoph warf sich in den Beifahrersitz.
— »... Ach!« machte er gelöst.
— »Du bist ja so happy?«
— »Wahrhaftig, mmh ...« Er fingerte ein Paar Handschuhe aus der Brusttasche seiner Jacke. Sebastian fuhr an. In der Auffahrt zur Universität stand Zahns Wagen. Christoph sah die Freiburger Nummer, aber er machte sich keine Gedanken. Sebastian fuhr zügig, die Straßen waren leer, das Uni-Fest noch nicht zu Ende. »Zigaretten?« fragte er. Christoph steckte sich zwei in den Mund, zündete sie an, gab eine Sebastian. Wer sie kannte, wußte, daß sie überzeugte Nichtraucher waren. Deshalb ließen sie in jedem Auto, das sie benutzten, reichlich Asche zurück. Natürlich nicht die Kippen selbst, denn Speichel hätte sie identifizieren können.

Zahn folgte, so schnell er konnte, dem Käfer. Zu spät fiel ihm die Kreuzung ein. Er fluchte, die Ampel stand auf Rot, da wartete der VW. Jetzt konnte er nur hoffen, daß die sich nicht umdrehten. Vier, fünf Sekunden, dann Grün. Es war natürlich drin, daß sie ihn gesehen hatten. ›Wie der letzte, blutige Anfänger. Wenn das 'ne Beurteilung wäre, wärst du durchgeflogen! Nein: zwei Fehler darf man normalerweise machen‹, sagte er sich, ›und jetzt paß auf die Straße auf, statt Selbstgespräche zu führen, sonst fährst du zu dicht ran oder baust einen Unfall!‹ Ein endlos langes Dorf mit zonengrenzenheller Beleuchtung. Er war schon so weit zurückgeblieben, wie es ging, aber die Straßen waren so leer, sie würden ihn trotzdem bemerken, wenn sie in den Rückspiegel schauten. Dieser Fehler, sein zweiter, war also eigentlich gar kein Fehler, sondern

Pech, aber das macht vor dem Schicksal keinen Unterschied.
Christoph hatte sich schon zweimal umgedreht: »Doch, fährt uns nach. Der stand in der Einfahrt zur Uni, dann an der Kreuzung, jetzt immer noch.«
Sebastian sah in den Rückspiegel: »Von Radolfzell an war immer einer hinter mir, aber ich weiß nicht, ob's der ist. Wär's ein Bulle, hätt' er uns längst angehalten.«
»Wieso, der will wissen, wohin wir fahren.«
»Morgen früh erfährt er sowieso, wo die Kiste geklaut worden ist.«
»Ja, aber wenn wir jetzt wieder nach G... fahren, weiß jeder, daß es jemand aus G... war. Dann fragen sie: Wer war beim Fest? Da haben mich genug gesehen: der Zirbel mit seiner Freundin, Justus Wolf, die Gebrüder Dingler, der Gruhlich mit seiner Frau, wer noch alles. Wir müssen die Karre hierlassen, gleich da vorn, in Markelfingen, und dann ab durch die Wiesen.«
»Zu Fuß? Du spinnst, da sind wir morgen abend noch nicht da.«
»Von Radolfzell sind's quer durch'n Wald, ziemlich genau eine Stunde und zwanzig Minuten, wenn man zwischendurch maln kleinen Dauerlauf einlegt. Hab ich schon gemacht.«
»Also gut«, Sebastian stöhnte, es ließ sich nicht umgehen.
»Aber dann lassen wir die Karre am Bahnhof, dann denken sie vielleicht, wir wollten mit dem Zug weg, außerdem, wenn ich vorher noch den Abstand vergrößern kann, sieht er nicht, in welche Straße wir verschwinden, und wir haben den dunklen Uferweg.«
Radolfzell, eine seelenlose Ansiedlung, hat den Bahnhof, ein selbst für bundesdeutsche Verhältnisse auffallend einfallsloses »Bau-Werk«, eine flache, langgedehnte, mit hellem Blech verkleidete Geschmacklosigkeit, direkt ans Wasser gebaut, so daß, wegen der Bahngleise und Hochspannungsleitungen, jeder, der ans Ufer des Bodensees möchte, gezwungen ist, erst einige Stufen hinauf und dann eine Treppe hinab in eine mit Fahrplänen verzierte

Unterführung zu steigen, an deren Ende ihn dann eine Treppe auf Bahnsteig sieben befördert, von dem aus er endlich, ist ihm die Lust noch nicht vergangen, den See erreichen kann.
Sebastian konnte, von Gegenverkehr unbehindert, mit halsbrecherischem Tempo auf den Platz steuern, wo tags die Busse abfahren. Dort legte er, ohne vorher richtig anzuhalten, den Rückwärtsgang ein und manipulierte das Auto mit dem ersten Anlauf in eine Parklücke. Sie knallten die Türen, spurteten über die Straße — da kam Zahn! Er sah sie noch die Treppe vor dem Bahnhof nehmen, bremste mitten auf dem Busbahnhof und ließ den Wagen auf dem Bürgersteig stehen. Er rannte in den Bahnhof, blieb stehen und horchte, aber da war nur das rasende Padam-pa-dam seines eigenen Herzens. Er hörte nichts. Hinter ihm die Gassen, vor ihm das Loch, das zu den Bahnsteigen führte, rechts ein betonierter Weg den Gleisen entlang (auch möglich, daß sie da lang waren und dann in die Stadt), und nach links führte ein dunkler Gang zu einer Baustelle mit dem Schild »Hier entsteht für Sie eine Bahnhof-Gaststätte«. ›Scheiße‹, dachte er, ›du mußt erst mal überlegen‹. Er rätselte, wieso die zwei in Radolfzell ausgestiegen waren, wenigstens *einer* war ja aus dem Internat, den hatte er ja selber ausbrechen sehen; der andere konnte der sein, in dessen Bett Firnberg die Bettwurst gefunden hatte.
Auf der Straße näherte sich ein Auto. Zahn wollte nachsehen, da meinte er aus der Passage zu den Gleisen Schritte zu hören. Er ging vorsichtshalber in den Gang. Jetzt wurde deutlich: jemand kam die Treppe hochgeschlichen — Zahn huschte zur ersten Tür und drückte die Klinke. Es roch nach Urin und scharfem Putzmittel. Zahn drückte sich lautlos durch die halbgeöffnete Tür, schloß sie bis auf einen Spalt, horchte...

Sebastian wurde zusehends langsamer, japste schon: »Mann, wir halten das doch eh nicht durch!« Sie gingen in beschleunigtem Spaziergängertempo weiter.

»O Junge«, sagte Christoph und atmete tief ein, »ich bin so glücklich über heute abend, das kannst du dir überhaupt nicht vorstellen.«
— »Na, das ist ja schön.«
Christoph blieb stehen, ein entsetztes Gesicht. Sebastian blieb auch stehen, und ehe er sich noch wundern konnte, schlug er sich mit der Faust an die Stirn: »O nein!«
»Ja, Scheiße, das Werkzeug.« Christoph überlegte: »Wir brauchen uns nicht aufzuregen, wir hams immer nur mit Handschuhen angefaßt, das können die nicht identifizieren!«
»Ja, aber . . .«
»Was isses für ne Tüte?«
»Radolfzeller EKZ, das geht auch, aber da war noch was!«
»Hattest du ne Lampe dabei?«
»O ja! Ich dummer Hund hab natürlich meine eigene mitgenommen, da klebt ein dicker Streifen Isolierband drauf: Sebastian Lautenschlager!«
Sie rannten wieder zurück. In der Ferne donnerte es; die Luft roch nach Regen.
In der Unterführung begannen sie zu schleichen: Durch seinen Türspalt sah Zahn sie vorbeigehn. Das Auto, das er vorhin hatte kommen hören, stand mit laufendem Motor, er konnte es nicht sehen. Er schob den Kopf vor und sah die beiden über den Zaun auf die Baustelle klettern und zum Platz gehen. Eine Autotür knallte.
Plötzlich duckte sich der eine, der Größere mit den langen Haaren, und riß den anderen zurück. Sie starrten in die Richtung, wo das Auto stehen mußte, dessen Motor Zahn hörte.
»Bullen!«
Noch eine Autotür schlug. Zahn sah die beiden wie Hasen auf den Zaun zurennen; dann sich drüberschwingen. Er zog sich schnell zurück, und diesmal schloß er die Türe ganz. Er lehnte mit dem Kopf an einer kalten Wand, das Licht war aus um diese Zeit, aber weit oben war ein viereckiges Fenster aus milchigen Glasbausteinen, nicht sehr

groß, doch von einer Lampe auf dem Bahnsteig fiel ein Schimmer vielfach gebrochen in den Raum, und Zahn konnte sehen: an drei Seiten ein zirka acht Zentimeter tiefer Graben, und in der Wand waren in einem Abstand von 50 cm walnußgroße Spüldüsen angebracht, um den Urin in den Graben zu schwemmen. ›Alles abwaschbar‹. Zahn fühlte sich nicht wohl, ›wie in einem Schlachthaus‹.
Er erschrak.
Die Tür ging auf, verdeckte ihn. Christoph schloß sie hinter sich und sagte: »Was machen wir jetzt?«
Da sah er, daß Sebastian hypnotisiert neben ihm an die Wand stierte. Er drehte sich um und sah den Mann auch und rettete sich mit einem langen Sprung ans andere Ende des Pissoirs. Zwischen ihnen fünf Schritte glatten Kachelbodens, der nach Urin und Scheuermittel roch. Zahn faßte in der Tasche den Revolver. Die Angst schnürte ihm den Hals zusammen, er war total heiser.
Christoph dachte: ›Die Fresse haste doch irgendwo schon gesehn.‹ Aber es war zu dunkel. ›Hoffentlich macht er keinen Terz, solange draußen der Streifenwagen steht.‹
Sebastian dachte: ›Selbst wenn die zwei Bullen in dem Streifenwagen jetzt das Auto haben, wissen sie ja noch nicht, daß wir hier sind. Das mit der Taschenlampe war ich einfach nicht, die kann mir geklaut worden sein. Alles ist besser, als jetzt hier erwischt zu werden, wir gehn jetzt einfach, mir doch egal, was da fürn Kinderschänder an der Tür steht, wir müssen nach G . . ., wir gehen jetzt einfach hier raus.‹
Dies alles war gleichzeitig und dauerte noch nicht einmal eine Sekunde, und was dann kam, ging noch schneller: Sebastian tat einen Schritt auf die Tür zu, sagte: »Los!« zu Christoph, aber Zahn, der nicht wußte, daß sie nur gehen wollten, der nicht wußte, daß sie ihn nicht erkannt hatten, der nur noch Angst hatte und »Los!« hörte und diese beiden Kerle, die Autos aufbrachen, auf sich zukommen sah, spürte fest und schwer und sicher die Pistole in seiner Faust, und er zog sie raus und richtete sie auf das Gesicht des Kleineren, mit den kurzen Haaren. Er wollte sagen

»Hände hoch, langsame Bewegungen, Gesicht zur Wand«, er hatte das ja alles gelernt, aber aus seiner engen Kehle kam kein Ton, und er stand nur da, und Christoph sah, daß ein Mann im Regenmantel seinen Freund, der doch nichts wollte, als ruhig nach Hause gehen, mit einer Pistole in den Kopf schießen wollte, und Zahn, der doch gar nicht schießen wollte, der doch nur Angst machen wollte, weil er selber so entsetzliche Angst hatte, Zahn sah plötzlich, daß der andere, der Lange mit dem finsteren Gesicht, mit erhobenen Händen vorsprang, auf ihn zusprang, ihn angriff, und da drückte er den Abzug. Er fühlte, wie sein Handgelenk gepackt und nach oben gerissen wurde, so daß die Pistole, die nicht geschossen hatte, steil und sinnlos in die weiße Betondecke zielte, und dann sah er den anderen, auf den er gezielt hatte, heranspringen, und dann wehrte er sich und trat mit den Knien um sich und merkte, daß er anfing zu weinen vor Wut, als er begriff, daß sie stärker waren und seine Pistole nicht entsichert. Und plötzlich schrie Christoph auf, denn das Knie dieses bewaffneten Irren hatte ihn in die Hoden getroffen, und dann rangen sie schweigend und keuchend, und endlich gelang es, ihm die Füße vom Boden wegzutreten, und er flog mit dem Kopf an die glatte, gekachelte, urinstinkende Mauer, nicht einmal besonders fest, aber es gab ein Geräusch, wie wenn man mit der Faust hart auf den Tisch haut, und dann sackte er zu Boden, lasch, mit einknickenden Beinen und mit offenem Mund und halboffenen Augendeckeln, und sie hörten ganz deutlich, wie seine Kleider an der Wand lang runterrutschten, es war ganz deutlich zu hören, aber er ließ seine Gliedmaßen lächerlich entspannt hängen, wie eine Marionette, der man die Fäden abgeschnitten hat.
Sie begriffen es nicht gleich.
Sie standen ziemlich lange da, und dann fühlte Christoph tief innen Entsetzen heranwachsen. Er faßte sich unsicher ins Haar, als er verstand, daß das ganze Leben jetzt einen Knick bekommen hat, daß geschehen war, was in den Augen der Leute schlimmer ist als alles andere.

Die Leiche tat ihm nicht leid, überhaupt nicht, aber er begriff, daß er mit diesem kleinen, schießwütigen Mann eine Grenze überschritten hatte, über die einen die Menschen nicht wieder zurückkehren lassen, wenn man sie einmal überschritten hat.
Er hörte Sebastians Stimme was sagen, fern und dumpf.
Er hatte es nicht verstanden: »Was?«
»Ich sage: das ist der Rauschgiftbulle aus G...!«
»Ja«, sagte er, »ich weiß.« Aber das war ihm ganz gleichgültig.
Sebastian öffnete die Tür und ging mit leisen Schritten bis an den Bauzaun. Leer von Gedanken, wie in einem Traum, in dem man nicht über das entscheidet, was man tut, lief Christoph hinterher.
Der Streifenwagen stand noch immer da. Mit offenen Türen und laufendem Motor, aber die beiden Polizisten waren ausgestiegen und ans andere Ende des Platzes gegangen, wo ein grüner BMW quer über dem Bürgersteig stand, und einer schrieb irgendwas auf. Dann riß er den Zettel aus dem Block und klemmte ihn unter die Windschutzscheibe. Er sagte irgendwas, und der andere Polizist lachte, dann schlenderten sie wagenwärts.
In der Ferne donnerte es schon lauter, einzeln fielen dicke Tropfen. Die beiden Polizisten hielten ihre Mützen und rannten, Autotüren knallten, der Streifenwagen verschwand.
Sebastians Mund öffnete sich, und er kriegte riesengroße Augen. Er wandte den Kopf zu Christoph, starrte wieder zum BMW und wieder zurück. »Herr Jesus«, sagte er, »ein Strafzettel.«
Sie schwiegen. Wo die Tropfen auf den Asphalt schlugen, spritzte es auf. Sebastian schüttelte immer wieder den Kopf: »Wegen einem Strafzettel! Wegen einem Strafzettel haben wir einen totgemacht!«
Christoph dachte: ›Wenn er jetzt nicht still ist, hau ich ihm eins in die Fresse.‹
»Naja«, hörte er Sebastian sagen, »er war Polizist, so ist er immerhin für seine Überzeugungen gestorben.«

Christoph ging. Mit bachnassen Hemden stiegen sie in den VW, wieder steuerte Sebastian, hatte Lust zu reden, war so unendlich erleichtert, daß alles vorbei war. Aber Christoph schwieg, bis sie ausstiegen.
Im dichten Regen sah niemand sie zum Fenster des mageren Kleinen laufen. Sie klopften an, und mit einem klassischen Zitat zu schließen: es ward ihnen aufgetan!
Das Gewitter brach los.

Geschrieben 1979

Rolf Hochhuth

Neue Themen — alte Formen
Erzähler in der Krise

I

Martin Walsers Beitrag, Alpen-Laokoon oder Über die Grenze zwischen Literatur und Gebirge, den wir Erzählung vermutlich gar nicht nennen dürfen, ebensowenig wie viele andere Beiträge auch, verdeutlicht drastisch wie kein anderer in dieser *Auswahl* zeitgenössischer Erzähler, daß nunmehr auch die »kleine Form« der Literatur eine ebenso verunsichernde Krise durchmacht wie längst schon der Roman und wie seit zwei Generationen bereits die bildende Kunst. Mit einem Satz gesagt: wir haben zwar mehr als hundert überzeugende Erzähler gefunden, fanden jedoch nicht heraus, wie noch zu definieren sei, was eine Erzählung ist. Wen das ebenso erschreckt, wie es uns in Schrecken versetzt hat, der wird aber auch sehen, daß unsere Unfähigkeit, formal abzugrenzen, was »dazugehört«, diese zwei Bände von über tausend Seiten weit aufgemacht hat für die Problematik und Dokumentation dieser so exemplarischen Krise, in die — sehr ähnlich — schon vor achtzig Jahren Hofmannsthal geraten war, als er 1902 seinen Lord-Chandos-Brief schreiben mußte: der Verzicht eines Frühvollkommenen auf seine meisterliche Fähigkeit, in schöner Haltung das schöne Leben mit schönen Worten — die ihm im Munde zu faulen begannen — fortan noch darzustellen wie bisher. So wird Walsers Resignation, den von ihm ersehnten Alpenroman noch zu erzählen — »ich sagte, daß ich gar wohl wüßte, welche Unordnungen in der natürlichen Grazie des Menschen das Bewußtsein anrichtet«, heißt die Formel, auf die Kleist im *Marionettentheater* das gleiche Malheur schon gebracht

hat —, so wird von diesem in seiner Art auch frühvollendet gewesenen Walser aus seinem Schreibkrampf gegenüber dem so verlockenden Thema, ein Krampf, der sich lösen wird, wie man nach seiner Meisternovelle *Das fliehende Pferd* hoffen darf, der faszinierende Rapport eines Erzählers, ein Selbstgespräch, das zwar die »schöne« Alpenerzählung nicht ersetzt, die Walser nicht mehr (oder noch nicht wieder) liefern zu können sich hoffentlich nur einbildet. Doch ist statt deren eine Inventur der »Bestände« an Worten und Fakten zu lesen, die unsere so bestandlose Epoche ihren Erzählern vielleicht — vielleicht auch nicht mehr — noch hinhält zum Gebrauch...
Schon die Generation, die der voranging, die hier den Anfang macht — wir beginnen mit der 1900 geborenen Anna Seghers, schon die Expressionisten haben bekanntlich in den Erdbeben, die ihnen in ihrer Jugend das Ende aller Herrlichkeiten Wilhelms des Letzten vorankündigten, zuerst dem Material mißtraut, aus dem Parolen und Erzählungen gemacht werden: der Sprache. Sie fanden eine neue. Doch anders als in ihren Gedichten blieben sie der *Form* der Erzählung noch weitgehend treu, wenn sie — auch nur ein Schlagwort, das ebensoviel zudeckt wie erhellt — »expressionistische« Prosa schrieben und darüber in heftige Polemiken gerieten, so der 1880 geborene Flake (»Stadt des Hirns«, »Nein und Ja«) mit dem 1876 geborenen Döblin. Und hätte wohl Benn (1886 geboren) seine 1937 in Hannover geschriebene Meistererzählung »Weinhaus Wolf« Erzählung genannt? Ist sie nicht vielmehr pure Geschichtsphilosophie, ein Essay? Thomas Mann ging denn so weit, als er *Mann ohne Eigenschaften* des 1880 geborenen Musil anpries, den einsamen Rang dieses Romans damit zu begründen, daß er »gottlob kein Roman mehr« sei! »Dieses funkelnde Buch, das zwischen Essay und epischem Lustspiel sich in gewagter und reizender Schwebe hält«, sei deshalb kein Roman mehr, weil »wie Goethe sagt, alles Vollkommene in seiner Art über seine Art hinausgehen und etwas anderes, Unvergleichbares werden« müsse.

Das steht in *Wahlverwandschaften*, einem Roman, der bei Erscheinen, eben weil er alle Vorstellungen sprengte, die des Verfassers Zeitgenossen von einem Roman gehegt und gepriesen hatten, als solcher, als Roman gar nicht anerkannt wurde — sowenig siebzig Jahre später die Edwardianer die Dramen Bernard Shaws als Dramen gelten ließen! Was immer dieser Ire da auf die Bühne bringe: Schauspiele seien das jedenfalls nicht, sondern polemische Leitartikel, in Rollen aufgeteilt, so lautete die landläufige Meinung. Sie mißverstand die Überlieferung als ein Formgesetz von Ewigkeitswert. Doch zählt in der Kunst nur, was Eigentum eines Künstlers in *dem* Sinne ist, daß es nicht bereits bei einem anderen auch schon gefunden werden kann; ist einer überhaupt etwas — so ist er zuerst einmal ohne Vergleich. (Was nicht: unvergleichlich heißen soll, sondern: eigentümlich, im Wortsinn.)

Ein Beispiel aus der Graphik mag das illustrieren: Sieht man die graphischen Blätter, die überlieferungsgetreu, doch leider bereits »altmeisterlich« der kaum zwanzigjährige Paul Klee von Bäumen und Menschen und einer Wassermühle zeichnete und die der Betrachter nicht oder kaum unterscheiden kann von der Graphik der Maßgebenden *ihrer* Epoche, Menzel etwa und Corot, so wird Klees Angst sichtbar, als Epigone leben zu sollen, die den Verzweiflungsschritt dieses genialen Jünglings auf ungesichertes Neuland so überzeugend legitimiert — gerade *weil* noch jahrelang seinen ersten, sich vortastenden Schritten ins Abstrakte, ins Surreale alle Merkmale eines existentiellen und folglich formalen Verunsichertseins anzusehen sind.

Nichts davon, daß ihnen Sprache und Form ihrer älteren Zeitgenossen zu einem sie wenigstens in ihren Anfängen lähmenden Problem geworden wäre, ist den Erzählern seit 1900 abzulesen, die in diesen zwei Bänden ausgestellt werden! Und diese ihre — schon das Ahnungslose streifende — Sicherheit im Formalen, der allein Martin Walsers Beitrag sich vorsätzlich entzieht, wirkt nicht nur verstimmend, sondern ist zweifellos auch rangmindernd in einer Epoche, in der doch in Wahrheit nichts und niemand und folglich auch Wörter nicht und was man aus denen zusammenstückelt: Berichte — mehr sicher sind, wie diese Erzähler ihren Lesern (und hoffentlich auch sich selber, sie wären denn zynisch) noch vormachen. Vergleicht man aber die Unbekümmertheit, mit der die hier Versammelten sich der künstlerischen Mittel bedienen, die nicht von *ihnen,* sondern schon eine, ja zwei Generationen vor ihnen geschaffen worden sind, während der Epoche, die wir die »Zweite deutsche Klassik« nennen und die in der Lyrik mit Nietzsche und Liliencron (1844), im Drama mit Sudermann (1857), in der Epik mit Keyserling (1855) beginnt, um dann mit Brechts Geburtsjahr 1898 abzuschließen —, vergleicht man die fast schon wieder naiv gewordenen Erzählersicherheit unserer Gegenwärtigen mit dem revolutionär, ja sensationell *Unerhörten,* das alles — sprachlich, formal, thematisch — gekennzeichnet hat, das beispielsweise die Brüder Heinrich und Thomas Mann heraufbrachten zu der Zeit, als die ältesten der hier versammelten Erzähler gerade geboren wurden, so muß man folgern: keiner von diesen ist unter den Heutigen, mit Ausnahme vermutlich des verschollenen Felix Hartlaub, der die Genialität der zwei so grundverschiedenen Lübecker auch nur streift ... Oder könnte man einem bescheinigen, was auf die beiden Manns zutrifft: mit bisher nie verwendeten Mitteln bisher nie berührte Themen gestaltet zu haben? Das allein aber ist die Definition des Genialen. Die zwei Lübecker haben zehn Jahre vor dem Tode Wilhelm Raabes, der sich freilich durch sein Idol Jean Paul in eine besonders epigonale Prosa verfilzt hatte, in ihren Novellen eine bis dahin im Wortsinne *unerhörte* Prosa entwickelt, um Themen zu gestalten und zu reflektieren — denn in »Tonio Kröger« ist das Essayistische zum erstenmal in der deutschen Novelle schon fast so stark wie das Erzählerische —, die bisher kein deutscher Epiker eines Blicks gewürdigt hatte. So genial war nur noch der Schlag 1900 erscheinende erste innere Monolog, der ohne eine einzige Wortstütze eine ganze Novelle trägt: Schnitzlers *Leutnant Gustl*. Diese drei fanden einen »Ton«, so neu, so unvergleichbar mit dem einer nur dreizehn Jahre zuvor erschienenen Meisternovelle wie »Schimmelreiter«, daß allein die bis dato von keinem deutschen Ohr vernommene Lustigkeit der »Harzreise« Heines (1824) als Vergleich tauglich ist. So wie auch Heines Neuheit nicht an einem anderen Werk — wir hätten es denn vergessen, was möglich ist — *seiner Zeit* gemessen werden kann, sondern nur am fünfzig Jahre zuvor erschienenen »Werther« (1774).

II

Keiner von denen, die wir hier vorstellen, hat eine ähnlich kühne, eine auch nur annähernd so folgenreiche Pionierarbeit zur Gewinnung *artistischen* Neulands geleistet. Beispielsweise ist der hier mit einer faszinierend traurigen, spannenden Kidnapper-Novelle vertretene Hanseate Joachim Maass, Jahrgang 1901, in Tonfall, Stilwille, Periodenbau, Vokabular — wenn auch keineswegs in seiner *Themenwahl!* — niemals der Hörigkeit entkommen, die ihn zeitlebens an den Hanseaten Thomas Mann gefesselt hat. Man vergleiche die letzten Seiten seines Gipfelwerkes: *Der Fall Gouffé* (1952), mit den fast deckungsgleichen letzten Seiten des *Zauberbergs* (1924). Doch kann ja Hörigkeit durchaus fruchtbar machen: ein erotischer Kriminalroman, den zu charakterisieren Sieburg sogar *Madame Bovary* heranzog, findet sich eben nicht im Œuvre Thomas Manns, wenn der auch Maass das Handwerkszeug lieferte, ihn zu schreiben.

So sind *neu* und ihnen allein eigentümlich immerhin die *Themen* dieser Erzähler aus sechzig verschiedenen Jahrgängen, die in Stichproben ausgewählt wurden; in Stichproben, nicht etwa nur entfernt vollzählig: 2000 Seiten haben wir »ausgelesen«, 1088 Seiten hat der Kalkulator uns zu drucken erlaubt. Wer fehlt, der wäre albern, wenn er darin ein »Urteil« erblickte: er fehlt, weil das Geld fehlt,

zu einem noch annehmbaren Preis über diese 1088 Seiten in zwei Bänden hinauszugehen.
Übrigens ist wohl schon aufgefallen, daß wir immer nur von Erzäh*lern* — nie aber von Erzäh*lungen* sprechen! Eben deshalb, weil wir vergebens und lange und mühsam nach dem ästhetischen Parameter gesucht haben: sechzig Jahrgänge, wenn denn eine Entschuldigung nötig ist, sind auf keinen anderen gemeinsamen Nenner zu bringen als auf diesen einen: interessant mußten sie erzählen!
Interessant: das entschied zuerst und zuletzt. Nicht aber die Frage, die zu beantworten wir uns gar nicht imstande fühlten: woher noch diese Maßstäbe zu nehmen seien, sofern es welche gibt, nach denen zu definieren ist, ob eine Erzählung vorliegt oder ob »nur«, wie jene Dummen sagen, die nie selber versucht haben, eine zu schreiben: eine Reportage. Es gab unentbehrlich wichtige *Themen* — Krieg zum Beispiel oder Industrie —, die nicht fehlen dürfen in einer Sammlung, welche *Gegenwart* heißt. Und da die *Kunst* dieser hier vereinigten Erzähler ohnehin nicht von ihnen selber, sondern von ihren Vorgängern schöpferisch ausgebildet wurde, so entschied zuweilen — nicht immer — durchaus auch der Griff nach dem exemplarischeren *Thema,* ob von jenem, ob von diesem ein Beitrag hineinkam. Vor allem aber: wir wußten nicht herauszufinden, wo die Erzählung aufhört und die Reportage beginnt; was noch eine Story ist oder »nur« (oder: schon) eine Anekdote. Ist denn Goethes Definition der Novelle noch tauglich in ihrer seit anderthalb Jahrhunderten Gemeinplatz gewordenen Breitgetretenheit? War sie jemals tauglich? Oder ist es nicht — früher wie heute — eine Forderung an *jede* Form des Erzählens: eine »unerhörte« — was ja meinte: noch nie gehörte — »Begebenheit« berichten zu müssen? Wieso sollten das nicht ebenso Anekdote, Zeitung, Story, Geschichts-Chronik, Erzählung? — und *neu* sein heißt bekanntlich doch nichts weiter als: Novelle.
Kleists *Marionettentheater* nennt Thomas Mann »ein

Glanzstück ästhetischer Metaphysik«. Das ist es *auch*. Doch wäre es das allein: warum dann die erzählerische Einrahmung dieses — von jeder Epoche neu — zu führenden Disputs, der die Krise des durch zu viel Bewußtsein gefährdeten künstlerischen Gestaltens als eine keineswegs nur unsere Gegenwart, sondern *alle* Epochen belastende, ja lähmende Problematik enthüllt? So könnte *Marionettentheater* ebenso eine Erzähler-Anthologie einleiten, die mit Kleist beginnt und mit Thomas Mann schließt — wie wir heute »Die Gegenwart« zuerst angesehen haben unter dem Aspekt, der es Martin Walser so schwer bis unmöglich macht, seinen Alpenroman noch zu schreiben. Denn wie Kleist, belastet von zu viel »Bewußtheit«, sich nur vom Einlaß durch die Hintertüre des Paradieses wieder die Naivität erhoffen kann — er nennt sie: Grazie —, mit marionettenhafter Reflexionslosigkeit vollendete Schönheit künstlerisch zu »treffen«, weil er ja dem Dorn ausziehenden Jüngling ansah, wie unfähig der ist, in göttlicher Unbefangenheit noch einmal die gleiche Grazie zu entwickeln, sobald ihm *bewußt* wird, was und warum er das tun soll — ebenso hat hundert Jahre später, 1911, Gustav Aschenbach (alias: Thomas Mann), der seinen »Tod in Venedig« sterben (oder: schreiben) wird, zum epochebestimmenden Erzähler erst werden können, nachdem sich an ihm »das Wunder der wiedergeborenen Unbefangenheit jenseits der tiefsten Erkenntnis« vollzogen hatte. Und so wartet noch heute Martin Walser darauf, daß doch der Zeitpunkt vielleicht für ihn kommt — nachdem er essayistisch »abgeladen« und durch Reflexion gebannt hat, was ihn lähmt durch die »tiefste Erkenntnis«, daß ihm »ein Bergbauerroman nicht mehr zusteht« —, nicht mehr »höhnisch lachen« zu müssen, wenn ihm »Alpen in der Literatur begegnen«. Er hofft zuversichtlich. Denn schon jetzt wird er wieder »an den guten alten Ernst erinnert, den diese Geländeformationen in mir erwecken können«, wenn er auf einen Erzähler stößt, der »selber lachen muß, weil er so kühn ist, Alpen (noch oder wieder) vorkommen zu lassen«... Hoffen wir, daß sich das

»Wunder der wiedergeborenen Unbefangenheit« vollzieht, auch an *ihm!*

Da gibt es einen auch unsere Zeit noch höchst ermutigenden »Fall« auf höchster Ebene, der belegt, daß dieses Wunder möglich sein kann, wenn die schöpferische Potenz die kritische in einem Erzähler überragt: der Brite Graham Greene mußte mit schmerzendem Bewußtsein, zu spät zu kommen, durch die ganze lange, trockene Wüste hindurch, die scheinbar — nur *schein*bar, wie er beweist — James Joyce und Virginia Woolf als letztes, als einziges noch darstellbares Feld dem Erzähler im zweiten Drittel des 20. Jahrhunderts zu beackern übriggelassen hatten. Daß er neulich, mit siebzig, ein makelloses Meisterwerk schreiben konnte: *Der menschliche Faktor*, das gar nicht hätte entstehen können, würde dieser Erzähler je aufgehört haben, darauf zu beharren, daß, wie Drama ein Synonym für Handlung, novel eines für action ist, verdankt er seiner Unbeirrbarkeit, zeitlebens revoltiert zu haben gegen das Verdikt der verabsolutierenden Apostel des inneren Monologs, die diesen allein noch als künstlerisch möglich angepriesen hatten, weil zwei Genies ihn (ein Vierteljahrhundert nach *Leutnant Gustl*) im Angelsächsischen erfanden.

Greene selber hat diesen zähen Kampf gegen das, was »man« allein noch für rangbestimmend ausgab, als seine »Revolte« bezeichnet, wohl wissend, daß er sich selber nie hätte verwirklichen können, wäre er ein modischer Mitläufer derer geworden, die zwanzig Jahre lang als die allein noch künstlerisch legitime Avantgarde gepriesen worden sind. Spät wurde ihm auch in Deutschland dafür Dank. Ein — bekehrter —Apostel bescheinigte in der *Frankfurter Allgemeinen* 1979 »dem Riesen« Greene:
»Angesichts einer mehr und mehr ins Private zurückweichenden, sich mit der anspruchsvoll-bescheidenen Selbstausstellung ihrer Urheber zufriedengebenden Literatur muß ein souveräner Romanhandwerker vom Schlage Greenes fast wie ein Riese erscheinen. Ein Riese, weil er noch bereit ist, von der eigenen Person abzusehen und die

Anstrengung auf sich zu nehmen, seinen Weltbesitz in Erfindung, in anschauliche Erzählung, in die Entwicklung und Beschreibung dreidimensionaler Menschenschicksale zu übersetzen. Das Unausmeßbare des ›menschlichen Faktors‹ schließt dessen Transponierung in die vermeintliche Enge einer sinnträchtigen Fabel nicht aus.«
Es ist mehr als ein Zufall, es ist eine unüberhörbare Warnung, daß diese Ironisierung der sich »mit der anspruchsvoll-bescheidenen Selbstausstellung ihrer Urheber zufriedengebenden Literatur« durch Günter Blöcker — in der gleichen Sonntagsbeilage der *Frankfurter* zu lesen war wie Hilde Spiels Essay über Ilse Aichingers Gedichte aus drei Jahrzehnten. Hilde Spiel, die selber die einzige Erzählung zu unseren beiden Bänden beizusteuern vermochte, die im Deutschen den Rang einer Katherine Mansfield-Story erreicht, vielleicht nicht zufällig in England geschrieben, spricht voll Sympathie auch von der Prosa der Aichinger und warnt dennoch vor ihr als vor einem weltlosen Sackbahnhof:
»Ilse Aichinger ist seit ihrer ersten Veröffentlichung, dem Roman *Die größere Hoffnung,* zunehmend wirklichkeitsscheuer geworden, hat sich immer mehr in eine Geheimwelt zurückgezogen, die nur Spuren, Signale, Fragmente der äußeren Realität enthält. Das begann mit ›Eliza, Eliza‹ und hatte in ihrem letzten Prosaband ›Schlechte Wörter‹ einen Grad von Unwegsamkeit erreicht, wie er heute nur noch bei ihrer Landsmännin Friederike Mayröcker anzutreffen ist und sich von der *écriture automatique* der Surrealisten kaum mehr unterscheidet. Auf sie, ja auf ihr großes Vorbild Lautréamont, der zum ersten Mal die »Begegnung einer Nähmaschine und eines Regenschirms auf einem Seziertisch« postulierte, kann Ilse Aichinger sich berufen. Jene Regel André Bretons von den zwei voneinander entfernten Wirklichkeiten, die ein desto stärkeres Bild ergeben, je größer die Distanz zwischen ihnen ist, hat sie sich offenbar zu eigen gemacht.
Einige Beispiele aus den ›Schlechten Wörtern‹ mögen dafür zeugen. In dem Text ›Sur le bonheur‹ die Stelle: ›Wo

sie die hübschen geschwärzten Steine hernehmen? Steigbügel vielleicht. Da muß ein Joker her, einer, der durchflieht ohne Lichter.‹ In ›Galy Sad‹: ›Hinunterlassen. Warten, warten, aufhalten. Winnipeg möchte noch einen Strich häkeln, rund um die Knöchel. Winnipeg ist langsam. Schreibt sich falsch und häkelt gerade, immer rundum.‹ In ›Queens‹: »Das soll kein Ende sein, wenn es eines sein soll, Enden genug, längsseits und diesseits, zu Füßen und zu Füßen, wenn du willst, Endlein, vierzehn Schnipsel, synthetics, Perlen und Teufel, das macht sich, Mary...‹ und so fort.«
Warum zitieren wir das in dieser quälenden Ausführlichkeit? Weil es genau die Grenze der Verständnislust dieses Anthologisten anzeigt: mag Aichingers epigonenzahmes Zeug auch noch so namhafte Franzosen zu Gevattern haben und zu Salzburg den Trakl-Preis erringen: realitätsverachtende Texte werden nicht schon deshalb lesbar, weil sie en vogue sind. Die Zahl derjenigen Deutschschreibenden, die durch Irrwege wie diese steril wurden und verlöscht sind in unserer Zeit — ist kaum hoch genug zu schätzen.

III

Adorno, der heftiger zur Verunsicherung seiner zeitgenössischen Künstler beigetragen hat als jede Realität — und sich verächtlicherweise auf weit über tausend Seiten literarischer Analysen nicht ein einziges Mal dazu hinreißen ließ, einen noch nicht fest etablierten Autor, einen noch nicht als »klassisch« ebenso abgesicherten Modernen wie Kafka, Beckett, Joyce auch nur *eines* Blicks zu würdigen, Adorno hat immerhin auch den einsichtigen Satz formuliert: »Die großen Kunstwerke sind jene, die an ihren fragwürdigen Stellen Glück haben« — Glück aber ist nichts anderes, als was uns verdienstlos in den Schoß fällt, das Unerzwungene, das Nichtreflektierte, das, was Kleist Grazie nennt. Davon ist zuweilen auch auf den tausend Seiten dieser Auswahl ein Abglanz. Ja, es könnte sein, daß große Kunstwerke des Glücks nicht einmal so sehr bedürfen wie geringere.

Zum Glück, nicht zuletzt, dieser Erzähler gehört es, dem strengen Frankfurter Lehrmeister nicht zugehört zu haben, denn wie sehr hätte er sie entmutigt! Wie bedrückend, als Student von einer majestätischen Autorität gepredigt zu bekommen: »Will der Roman seinem realistischen Erbe treu bleiben und sagen, wie es wirklich ist, so muß er auf einen Realismus verzichten, der, indem er die Fassade reproduziert, nur dieser bei ihrem Täuschungsgeschäfte hilft.« Das ließ Adorno gesperrt drucken. Wie? — der große realistische Roman habe »nur die Fassade reproduziert«! (Fontane: »Denn der Realismus *ist* die Kunst.«) Adorno aber »begründete« seine Verbotstafel so: »Nicht nur, daß alles Positive, Greifbare, auch die Faktizität des Inwendigen von Informationen und Wissenschaft beschlagnahmt ist, nötigt den Roman, damit zu brechen und der Darstellung des Wesens oder Unwesens sich zu überantworten, sondern auch, daß je dichter und lückenloser die Oberfläche des gesellschaftlichen Lebensprozesses sich fügt, um so hermetischer diese als Schleier das Wesen verhüllt.«

Das ist geistvolle Makulatur. Denn hier wäre doch Adorno zu befragen im Hinblick sogar auf *den* Roman, an dem er selber als wissenschaftlicher Berater mitgearbeitet hat, auf *Doktor Faustus*: Wieso dürfte oder müßte Episches *heute* nicht auch und ebenso Information und Wissenschaft mitliefern, wie von jeher bedeutende Romane das getan haben, zum Beispiel Homers *Odyssee* oder *Moby Dick*? Oder wie *Vor dem Sturm*, dessen Borodino-Kapitel — 1878 endlich veröffentlicht, geschrieben schon früher — Schlachtbeschreibungen liefert, wie der Zeitgenosse des Autors, Mommsen, sie nicht exakter hätte darstellen können. Woher *weiß* Adorno, was in eine Kunstform *nicht* hineingehört? Wer wüßte überhaupt, welcher Gattung der Literatur der Transport — welcher Stückgüter der Innen- und der Umwelt des Menschen verwehrt sein müßte? Stimmte, was Adorno dekretierte: wieso riet er dann nicht davon ab, die Interpretation von opus 111 durch Serenus Zeitblom im Roman selber vornehmen zu lassen — anstatt sie einem Musikwissenschaftler für eine Beethoven-Monographie aufzusparen?

Der Literaturwissenschaftler, persönlich steril wie ein Maulesel, folgert aus dem, was Literatur bisher war: wie sie auch künftig zu sein habe! Daher er nicht schreiben, sondern Geschriebenes nur interpretieren kann — und allemal nach den Maßstäben, die dadurch, daß sie aus schon Vorhandenem gewonnen wurden, nur für dieses schon Vorhandene maßgebend sind, aber eben deshalb, weil sie *dafür* stimmen: das noch nicht Dagewesene nicht einmal anzukündigen vermögen. Wer vorhandene Maßstäbe aber als verbindlich auch für Zukünftiges ansieht, versperrt dem Neuen den Zutritt in die Arena dessen, was allein bisher als Literatur zugelassen war. So auch Adorno, wenn er über »die minderen Erzähler« von heute höhnt — und sie feige natürlich nicht einmal der Namensgebung »würdigt«, er könnte sich ja bloßstellen, wenn er einen noch nicht als Klassiker Festgemachten ernst genommen hat —, daß diese Gegenwärtigen »schon kein Wort mehr zu schreiben wagen, das nicht als Tatsachenbericht um Entschuldigung dafür bittet, daß es geboren ist«. Damit würde er die Mehrzahl der in diesen beiden Bänden zusammengebundenen Erzähler »aussortieren«. Doch dieser subalterne Hohn auf das Neue — war stets das einzige, was Leute seinesgleichen mit dem Neuen verbunden hat. Als 1902 der Student Flake einen Straßburger Germanisten bat, über Fontane promovieren zu dürfen, wollte der Professor sich totlachen: der Küchenmädchen-Romancier Fontane, der nur vom Personal der Frau Professor gelesen werde, als Gegenstand der Wissenschaft?

Adorno gab dann zu, die Wegwendung der Erzähler — die er ja immerfort von denen verlangt hatte — von alldem, was er, der Chefästhet der Republik, für nicht mehr möglich halte zu erzählen, habe den Roman stark reduziert. Er gab zu, anläßlich Brochs, daß der »eigentliche

Impuls des Romans: das Rätsel des äußeren Lebens zu dechiffrieren, der übergeht in die Bemühung ums Wesen« — was immer Adorno mit einem so schwammigen Wort gemeint haben mag —, »dem Gestalteten nicht zum besten anschlägt«. Überhaupt hatte ja Adorno die Eigenschaft, sofort umzufallen, wenn man sich erdreistete — Rühmkorf hat es riskiert, ich auch —, ihn beim Wort zu nehmen. Dann wollte er so nicht gemeint haben, was er schriftlich gegeben hatte: daß bekanntlich nicht nur kein Gedicht nach Auschwitz mehr möglich sei, sondern nach Proust, Kafka und Beckett auch keine Erzählung; Dramen schon sowieso nicht mehr, da die mehr als aufs Wort auf Menschen gegründet sind, die »eigentlich« auch nach den Menschenstümpfen von Becketts »Endspiel« auf keiner Bühne mehr zugelassen werden könnten. Schrieb Adorno einen so ermutigenden und »normalen« Satz: »Die universale Entfremdung und Selbstentfremdung fordert beim Wort gerufen zu werden, und dazu ist der Roman qualifiziert wie wenige andere Kunstformen. Von jeher, sicherlich seit dem achtzehnten Jahrhundert, seit Fieldings ›Tom Jones‹ hatte er seinen wahren Gegenstand am Konflikt zwischen den lebendigen Menschen und den versteinerten Verhältnissen« — so nahm er ihn rasch zurück, indem er die Guckkastenbühne des traditionellen Romans, dessen Idee sich am reinsten in Flaubert verkörperte, als nur dann nicht verlogen noch gelten ließ, wenn der Autor selber »mit dem ironischen Gestus, der den eigenen Vortrag zurücknimmt, den Anspruch abschüttelt, Wirkliches zu schaffen«. Als Beleg nennt Adorno Manns letzte Erzählung »Die Betrogene«, auf die — anders als auf dessen letzten Roman *Der Erwählte* — aber keineswegs zutrifft, was Adorno mit ihr beweisen will: daß diese Erzählung Realität nicht mehr im Leibe habe. Grade diese letzte des »Zauberers«, die traurigste und grausigste Liebesgeschichte seit seiner ersten Novelle »Der kleine Herr Friedemann«, ist bei aller Ironie tiefernst und nur zu lebensnah, das heißt: realitätshaltig.
Nicht daß »notwendig wie bei Kafka — er eignete sich

schlecht zum Muster — die Schilderung von Imaginärem die von Realem ablösen müsse«, gesteht Adorno zu. Wenn dann aber doch heute »von den minderen Erzählern« versucht wird, Realitätskritik zu treiben, *die* vornehmste Aufgabe aller nichtlyrischen Literatur seit der Aufklärung: so hat für die Adorno nicht einmal Spott, geschweige denn einen Blick ...
Finden wir uns damit ab: daß Adorno — vielleicht — diese »Erzähler minderen Ranges«, die in diesen beiden Bänden zu Wort kommen, als wackere Transportunternehmer für Tatsachenschutt hätte gelten lassen — nicht aber als Künstler. Doch Adornos Stimme als ästhetischer Richtschnürer ist die von gestern: man schlage los, was er dazu schrieb, solange noch die Antiquare etwas dafür geben; lange wird ja niemand mehr etwas geben für Adornos Nötigungen, zum Beispiel jene lähmende: daß Roman und Erzählung »genötigt« seien (Adorno), deshalb nicht nur mit allem »Greifbaren« zu brechen, weil das als deren Domäne »von Informationen und Wissenschaft beschlagnahmt« sei; sondern sogar auch noch zu brechen mit der »Faktizität des Inwendigen«! Diese Forderung übertrifft in ihrer schöpfungsfeindlichen Sterilität noch Adornos Verbot, nach Auschwitz Gedichte zu schreiben ...

IV

Diese 79 Erzähler haben sich nicht darum geschert, sondern haben vorsätzlich sich querlegend gegen eine Ästhetik, die den Blick ins Leben als angeblich der Kunst nicht mehr erlaubt verwehren will, durchaus Informationen und Wissenschaft als Hilfsmittel, als ihre Zuträger benutzt, um erzählende, rapportierende Prosa zu schreiben. Das Resultat: ein interessantes Abbild nicht der ganzen Gegenwart, aber doch vieler ihrer Provinzen; und sie haben, darf man positiv bilanzieren, durchaus die ästhetischen Gesetze der Erzählungskunst auch erweitert, be-

reichert. Keiner hat sie verletzt — sofern Erweiterungen möglich sind, ohne Bestehendes, Bisheriges zu verändern, zu beschädigen. Vorhandenes *muß* zuweilen beschädigt werden, soll Neues ihm angefügt werden.
Sie stellten sich, diese Erzähler — ob sie nun diese Shakespeare-Zeile kennen oder nicht —, der Forderung aus dem Coriolan: »Begegnen wir der Zeit, wie sie uns sucht«. Sie gab ihnen die Triebkraft, alle ästhetischen Absperrungsmaßnahmen, die da zu dekretieren bemüht sind, was alles Literatur *nicht* ist, *nicht* darf, *nicht* (mehr) kann, zu durchbrechen und thematisch nicht nur — das *immer* —, sondern zuweilen auch sprachlich und formal Neuland einer Prosa zu erschließen, die erst *ihre* Generation zu schreiben vermochte. Freilich: wenn Wallraff so faszinierend und menschenfeindlich die Arbeitswelt beschreibt, wie sie ist — so läßt sich darüber streiten, ob eine Erzählung wurde, was er da erzählte. Wir drucken das, weil wir nicht herausfanden, was keine Erzählung ist — denn auch Reportagen und Rapporte zum Beispiel sind vom ersten Botenbericht der Weltliteratur, aus den *Persern* des Aischylos, oder seit Homers Aufzählungen der Schiffstypen des Agamemnon, ein unentbehrlicher Bestandteil aller nichtlyrischen Dichtung. Die Formgesetze dessen, was unsere Gegenwart am substantiellsten und interessantesten überlieferte, sind unmöglich anders als durch die Texte selber zu verdeutlichen. Enzensbergers bedrückender Bericht des entrechteten Waisenkinds: würde er ihn selber als Erzählung vor seinem urbanen Kunstverstand gelten lassen — da er ihn jedenfalls ausgegeben hat »nur« als Reportage? Von Benn gibt es die aufreizende Wendung, über die Welt von heute auch für seine Produktion aus den Illustrierten mehr entnehmen zu können als aus Kant. So fand sich die böseste nicht nur — sondern die *einzige* Darstellung jener Hundertschaft von Multimillionären, denen Multimillionen Mitbürger (wirtschaftlich) gehören, nicht in einem Band mit Erzählungen, sondern in Anneliese Friedmanns verbuchten Beiträgen — wir wählen dieses neutrale Wort: Beiträge, weil wir nicht wis-

sen, welcher literarischen Gattung zugehört, was sie da versammelte —, die sie vor zwanzig Jahren für den »Stern« schrieb. Daß professionelle Erzähler — doch damals war sie auch einer, ohne sich selber so zu nennen —, an dieser St.-Moritz-Welt und dem, was sich in ihr breitmacht auf Kosten aller übrigen Westeuropäer, dummblind vorbeiliefen, legitimiert allein schon die Aufnahme dieser ätzenden Charakterstudie, selbst dann, wenn sie weniger frisch geblieben wäre dank eines Vokabulars, das fasziniert, weil es das der Dargestellten, diese denunzierend, miteinbezieht. Und weil es sonst, wie gesagt, in keinem Beitrag zu finden war...
Ein Mangel dieser Sammlung ist einzugestehen: daß sie nichts erzählt aus vielen Lebensbereichen, die doch uns Leute des 20. Jahrhunderts zentral berühren, dirigieren und in Abhängigkeit von sich zwingen! Kommen — nur Beispiele — Fernfahrer, Krankenhäuser, Shopping-Zentren, Finanzämter, Hotels, Bundes- oder Landtage, Gerichte, Schiffe, ein Fließband, Großraumbüros, Architektur-Greuel, Gewerkschaftsbonzen in diesen Berichten vor? Nein. Adorno würde sagen: »gehören« auch nicht hinein, »gehören« in Reportagen — aber ist das wahr? Es ist so albern, als hätten die Autoren von *Krieg und Frieden* und *Wem die Stunde schlägt* auf die Hineinnahme von Pferden oder Maschinengewehren in ihre Epen verzichtet.
Denn selbst wenn man sich darauf einigte, was ausgerechnet Freud in einem Brief an Schnitzler als *die* Domäne der Literatur an den Dichter, als *dessen* »Weites Land« zur Bearbeitung abtrat: die Seele — einigte man sich darauf, *sie* sei der Stoff, aus dem allein noch Erzählungen zu machen seien: wo fände man die Seele, wo träfe man sie an, wenn nicht bei ihrem Zusammenstoß mit der äußeren Wirklichkeit? Wenn Seele identisch ist mit Charakter: Goethe warnte, einen Charakter schildern zu wollen, das sei unmöglich; vielmehr solle man die Tätigkeit eines Menschen schildern — dann habe man auch ein Abbild seines Charakters. Und Somerset Maugham leugnete, daß die Seele

vom Körper getrennt fortbestehen könne, da sie ja dessen Resultat sei; er schrieb, würde er nicht stotternd, rothaarig, mit vorstehenden Zähnen und viel kleiner als seine Schulkameraden aufgewachsen sein — so hätte er eine weniger unfreie, weniger bedrückte Seele gehabt. Wie ernst aber könne es mit deren Unabhängigkeit vom Körper sein, wenn sie anders gewesen wäre, würde man in seiner Jugend schon Zahnärzte gefunden haben, die vorstehende Zähne hätten korrigieren können? Hat Maugham nicht recht? Und hätte sogar Proust seine Seelen-Analysen schreiben können, die Innenwelt seiner Figuren — ohne deren Reibung an der Umwelt durch deren präzise Insbild- und Inswortsetzung mitzuliefern? Es *ist* ein Mangel, der große Mangelerscheinungen auch in der Menschendarstellung nach sich zieht, daß die Erzähler der Gegenwart so weiten Bereichen unserer alltäglichen Außenwelt keine Aufmerksamkeit zugewendet haben! Alltag, das heißt zuerst: den Berufen. Denn wie weit ist ein Leben außerhalb der nichtliterarischen Berufswelt ein Leben? Flake notierte im *Logbuch,* würden junge Leute ihm die Frage stellen, ob er noch einmal Schriftsteller werde, so könnte er nur antworten: Ja, aber nicht mehr so ausschließlich — denn das schließe aus vom alltäglichen Leben, dessen Zentrum der Beruf ist, der zu Mitmenschen Kontakte schafft. Wer hätte sie weniger als der »freie« Schriftsteller? Wer ist noch so allein wie der Autor, der an seinem Schreibtisch sitzt? Nie zu vergessen die ebenso furchtbare wie berechtigte Warnung, die Goethe an Grillparzer ergehen ließ — und die sich in Grillparzers fruchtlos verbitterten späten Jahren seines totalen Isoliertseins in Wien als nur zu wahr und vergeblich erwiesen hat: daß auch Künstler »nur im Kreise Gleichgesinnter« auf die Dauer produktiv bleiben können.

V

Das fängt mit den Schülerzeitschriften der Gymnasiasten an — und hört dann zumeist so rasch auf, wie es drastisch Ernst Robert Curtius gegenüber Benn beklagt hat, als der ihm einen literarisch begabten Studenten empfahl: »Ach, diese jungen Leute, sie sind wie die Vögel, im Frühling singen sie, und im Sommer sind sie dann schon wieder still.«
Rühmkorf wußte auch um die »Unberechenbarkeit und Instabilität pubertären Sangesvermögens«, als er 1965 bei Rowohlt seine — einmalig gebliebene — Anthologie: *Primanerlyrik, Primanerprosa* herausgab. Doch sah er im Gegensatz zu Curtius, der alles »nur« Soziologische am Literaturbetrieb als viel zu irdisch empfand, um seine immer hochgetragene Nase in solche Niederungen einmal herabzubeugen, daß es zumeist der Mangel an Widerhall ist, der die Vögel dann schon in ihrem Sommer wieder verstummen läßt. Brechts Zöllner, der dem Laotse dessen Lehre »abverlangt«, hat für die Menschen nicht weniger getan als der Weise, von dem kein Mensch wüßte ohne des Zöllners Neugier. Rühmkorf hat Schülerzeitschriften durchforstet, Erstaunliches zutage gefördert — wir drukken hier aus seiner Sammlung die Skizze: »Wir sind immer noch gute Freunde«, die ein damals neunzehnjähriger Reiner Wertheimer schrieb — und hat *jene* Entdeckung gemacht (unter anderen), die uns hier veranlaßt, einem Erzähler, der achtzehn war, als er seine »Schnüffler-Novelle« schrieb, zwei Prozent des Platzes zu »opfern«, den wir haben. Schon Namhafte, die im gleichen Buch wie dieser gänzlich Namenlose stehen, wird dessen Gesellschaft nicht als Zumutung kränken; schon Arrivierte, die dennoch aus Raumgründen nicht aufgenommen werden können, werden diesem Anfänger seine zwei Prozent Anteil an diesem Buch dennoch gönnen — es sei denn, sie hätten die mörderischen Schwierigkeiten *ihrer* ersten Startversuche nun, da sie »oben« sind, verdrängt. Rühmkorf entdeckte nämlich bei seiner Sammeltätigkeit, daß *erzählende*

Prosa von Schülern fast so selten vorkommt wie Lyrik — auch gute, wie Rühmkorf belegt — in Mengen produziert wird: »Daß bei der vorliegenden Sammlung das Schwergewicht auf lyrischen Beiträgen liegt (die Auswahl spiegelt die Mengenverhältnisse der Einsendungen), erscheint ohne weiteres plausibel. Wenn wir uns das Gedicht als jenen subjektiven Stimmungsträger vor Augen halten, der es trotz guten hundert Jahren Antistimmungslyrik immer noch ist; als jenes allerpersönlichste Ausdrucksvehikel, das des Umwegs über Plot und Fabel durchaus entraten kann; als jenes Bekenntnisorgan, das zwischen Affekt und Meinung keine Grenze setzen muß und auf logische Begründung nicht angewiesen ist, dann leuchtet die Wahlverwandtschaft zwischen Poesie und Pubertät eigentlich ohne weiteres ein.« Diese, Rühmkorfs, Meinung teilen: heißt darüber staunen, in dieser »Schnüffler-Novelle« des achtzehnjährigen Holtzapfel genau jene Vorzüge zu finden, die nach Rühmkorfs ergiebigem, leider aber nie mehr wiederholten Test sonst bei Teenagern noch *nicht* zu finden sind. Das war noch entscheidender für die Aufnahme seiner Erzählung als das, was auf sie *auch* zutrifft und was Rühmkorf als einen Vorzug der von ihm entdeckten Gedichte pries: daß sie »eine neue Dimension in die Verstimmung bringen«. Diese Schüler-»Erlebnisse« verbuchen — daher sie den letzten von sechzig vorgestellten Jahrgängen exemplarisch bezeugen, eben den Jahrgang 1960 — zum erstenmal den literarisch bisher noch nirgendwo artikulierten Jargon der noch nicht Zwanzigjährigen. Übrigens ist auch »Tante Marie« von Herbert Reinoß (Jahrgang 1935) dessen erste Erzählung, die er — von dem drei Romane ohne Schwierigkeiten verkäuflich waren — »loswerden« konnte, wie er sich resigniert ausgedrückt hat. Die Novelle von Reinoß druckte ich zuerst in *Penthouse*, die von Holtzapfel erschien in *Playboy*: auch symptomatisch für die so entmutigenden, meist zum Verstummen der Anfänger führenden Schwierigkeiten, erstmals mit einer Erzählung gedruckt zu werden. Es gibt keine — keine einzige — deutsche Tageszeitung mehr, die Erzählungen

von Unbekannten druckt, sofern die mehr Platz beanspruchen als die zwei Todesanzeigen eines Industriellen. Es ist aber die Ehre des Anthologisten, auch Ungedruckten an die Öffentlichkeit zu verhelfen. Und den Verschollenen, Verfemten — *ihnen* sogar den Vortritt zu lassen. Sie sind sehr oft mindestens indirekt Opfer der Politik geworden, hauslos durch Vertreibung und damit zuerst einmal wirtschaftlich verunglückt, um das gebracht, was der Autor braucht wie Luft: Unabhängigkeit. Zuweilen hat Politik direkt sie zum Selbstmord getrieben, so Jochen Klepper, dessen Tagebuchfragment *wir* den Titel gaben, wußte doch Klepper noch nicht, als er an seinem letzten Tage eine »Audienz bei Adolf Eichmann« im Journal verzeichnete, daß dieser Obersturmbannführer als der Chefspediteur des schauerlichsten Großinquisitors in die Weltgeschichte »eingehen« werde; dieser autobiographische Text, ebenso wie der noch genannte von August Scholtis, wie die von Ernst von Salomon und Günter Weisenborn und anderen, mußten aus Preisgründen, die unmittelbar vor Redaktionsschluß zur abermaligen Reduzierung der Seitenzahl zwangen, aus diesen beiden Bänden ausquartiert werden, um aber 1983 in einer Anthologie, die den deutschsprachigen Selbstbiographien des 20. Jahrhunderts gewidmet sein wird, doch noch zu erscheinen.
Die Kontinuität des Entsetzlichen in der Geschichte wird in keinem Beitrag so quälend verdeutlicht wie in »Kaspar Hauser in Pilsach« aus Marianne Langewiesches — sie ist verhungert — Reflexionen anläßlich einer Reise zu den großen Marterstätten im deutschen, französischen und schweizerischen Jura: einige der ganz wenigen existentiell aufrührenden Seiten über »Geschichte«, die eine Generation geschrieben hat, die sich sonst weitgehend davor drückt, sich mit Geschichte einzulassen — vermutlich deshalb, weil sie zu sehr unter den Hufen dessen war, was Hegel den Weltgeist nennt. Marianne Langewiesche steht stellvertretend für andere deutsche Autoren und sprach für diese Mundtotgemachten, als sie im letzten (oder einzigen?) Fernseh-Interview, das sie zu geben hatte — an-

läßlich einer kurz aufgelebten Debatte um das »Los« alter deutscher Autoren —, neben dem ebenfalls kümmerlichst im Elend verendeten Siegfried von Vegesack gesagt hat: »Nun, ich kann immer noch fast sechshundert Mark im Monat erschreiben — und wenn nicht mehr, da ist ja der große Wald hinter dem Haus, und zwei Rollen Veronal habe ich auch.«

Es gibt von den eben hier genannten, vielleicht mit Ausnahme von Klepper, so wenig mehr ein Buch auf dem deutschen Markt zu kaufen wie von den ebenfalls in drückender Vereinsamung und materiellem Elend gestorbenen Ernst Kreuder und August Scholtis, dessen Porträt des letzten kaiserlichen Botschafters in London (und Gatten der Mechthild Lichnowsky) wir deshalb einbezogen haben — um es jetzt aufsparen zu müssen für die Sammlung der Autobiographien, 1983 —, weil es auch formal weit über die Grenzen dessen hinaussprengt, was die vorangehende Generation unter Erzählungen würde haben gelten lassen: bezieht doch Scholtis als Zitat ein amtliches Schriftstück mit ein, das zu den Geheimpapieren des Auswärtigen Amtes gehört und mehr als vermutlich jedes andere über den Anbruch der Neuzeit berichtet, das heißt: über die Erweiterung der Krise vom Sommer 1914 zum ersten der Weltkriege. Scholtis, auf dessen völlig verschollene Memoiren ich auch nur durch Golo Manns Essay über dieses Buch aufmerksam wurde, bringt somit indirekt in die erzählende Literatur ein, was sonst in der deutschen so auffallend fehlt: Kenntnis und Darstellung jener Welt, die man mit Schaudern die »große« nennt und an der groß immerhin die Möglichkeit ist, die von ihr abhängige, das heißt: die ganze übrige Welt in namenlose Finsternis zu stürzen. Es ist jämmerlich, wie wenig unsere Literaten im Gegensatz zu den englischen einen Blick für diese Welt haben. Wir wollten aber keine Anthologie mit dem höchst anspruchsvollen Titel *Die Gegenwart* überschriften und uns dabei der gleichen Unzulänglichkeit schuldig machen, die neulich ein gelangweilter und daher aufsässiger Zeitgenosse an unseren Galerie-Direktoren

tadelte; er sagte: »Was versammeln die da für eine Malerei und Plastik, die Besuchern unserer städtischen Galerien in hundert, in zweihundert Jahren — sofern unsere Städte dann noch stehen — nicht die geringste Kunde von *den* drei Ereignissen geben, die mehr Menschen des zwanzigsten Jahrhunderts betroffen haben als alle anderen: Weltkriege, Wirtschaftsdown und die menschenreichste Völkerwanderung der europäischen Geschichte. Wie wenig davon spiegelt unsere offizielle bildende Kunst!«
Natürlich hat dieser Zeitgenosse recht.
Es würde nicht nur unseren Galerie-Direktoren, die darüber befinden, was sie zulassen in ihren »heiligen« Ausstellungshallen — zum Beispiel läßt ihrer keiner bis heute den eminentesten Zeitkritiker unter den deutschen Graphikern zu: A. Paul Weber —, es würde nicht nur diesen Machthabern der Kunstgeschichte (die Geschichte der Kunst sei die Geschichte des Kunst-*Handels,* spottete zu Recht Oswald Spengler) guttun, sondern auch allen deutschen Literaten und Literatur-»Wissenschaftlern«, wenn sie als eine wegweisende Magna Charta gelten ließen, wovon wir uns hier bei der Sichtung zeitgenössischer Erzähler nicht zuletzt leiten ließen: den Essay, den 1944 George Orwell über Arthur Koestler schrieb. Orwell verwies dort vermutlich als erster auf jene *neue,* besondere Art von europäischer Literatur, die das Ergebnis politischer Krisen und Kämpfe sei und somit »einen gemeinsamen Ursprung und zum großen Teil das gleiche Gefühlsklima« aufweise; zu ihr gehörten: »Romane, Autobiographien, Reportagen, soziologische Versuche und Pamphlete«. Und Orwell, der natürlich sich selber auch in dieser Gruppe mitzählte, charakterisierte die Familienähnlichkeit dieser — im Deutschen noch immer so seltenen Literaten-Gattung — wie folgt: »Einige von ihnen sind Romanautoren, andere nicht, aber sie alle sind sich darin gleich, daß sie versuchen, zeitgenössische Geschichte zu schreiben, jedoch inoffizielle Geschichte, jene, über die in den Lehrbüchern geschwiegen und in den Zeitungen gelogen wird.«
Könnten wir nur *mehr* Zeugnisse solcher Innovations-

Schübe hier abdrucken, die darauf hoffen ließen, daß auch bei uns die Substanz eines literarischen Werkes — heute nicht anders als bei Lessing — danach bemessen wird, wieviel Auftrieb zu gesellschaftlichen Veränderungen es in den Leser überträgt! Doch nur ein Narr gibt mehr, als er hat — als er *Platz* hat! So wird vermutlich von »Ausgesperrten« — zu denen ich selber mich natürlich auch gesellt habe — nur mit Erbitterung gebilligt werden, daß trotz der bedrückenden Platznot einige sehr lange Erzählungen aufgenommen wurden. Doch schien es uns nicht erlaubt, allein aus Raumnot und um es auf doppelt so viele Namen zu bringen, nur Stories zu drucken, die ja speziell für die deutsche Literatur *nicht* exemplarisch sind. Die sogenannte long short story — Thomas Mann nannte »Tod in Venedig« so — ist, von höchst respektablen Ausnahmen abgesehen, erstens typischer für die deutsche Literatur als Anekdote und Kurzgeschichte, die selbstverständlich auch hier zu finden sind; und sie hat Gewichtigeres in ihren Reihen. Unentbehrlich schien uns deshalb Jens Rehns ganz große Parabel »Nichts in Sicht« zu sein, über die der alte Benn eine seiner so wenigen Rezensionen schrieb und die ungefähr gleichzeitig mit den zwei anderen meistüberzeugenden Parabeln der Gegenwart erschienen ist: »Warten auf Godot« und »Der alte Mann und das Meer«. Und dennoch mußte endlich — hat doch das letzte Wort bei der Auswahl der Kalkulator — auf diese Erzählung ebenso verzichtet werden wie auf Luise Rinsers »Jan Lobel aus Warschau«, die mir unentbehrlich schien, und wie auf Plenzdorfs — für den Alltag in der DDR so exemplarische — Prosa: »Die neuen Leiden des jungen W.« Und nicht anders erging es uns mit Nossacks Bericht über den »Untergang« seiner Vaterstadt Hamburg Ende Juli 1943 im Phosphor-Sturm; und so mit einer der ganz seltenen deutschen Erzählungen, die überhaupt die Antike heraufholen, mit »Testament des Odysseus« von Walter Jens... Doch freuen wir uns an dem, was immerhin diese über tausend Seiten vereinigen. Und lassen wir auch diesen Aspekt gelten: daß nicht nur dem Bedürfnis der Autoren, sondern auch dem der *Leser* entgegenzukommen ist, ihrem Urverlangen, sich unterhaltungsbedürftig einspinnen zu lassen durch einen »raunenden Beschwörer des Imperfekts« für einen ganzen langen Abend, für eine ganze schlaflose Nacht! Dem aber kann kein allzu knapper, wenn auch artistisch noch so meisterlicher Beitrag genügen, sondern nur ein »ausgewachsenes« Buch. Daher wurde ein kompletter Kriminalroman: Dürrenmatts *Der Richter und sein Henker* aufgenommen, den mir Kenner sogar des klassischen »Krimi« (ich bin keiner), des englischen, für eine Gipfelleistung der Gattung erklären. Verzichten mußten wir dagegen auf ein anderes komplettes Buch, für das die Abdruckgenehmigung nicht erteilt wurde: auf die vermutlich ergreifendste Autobiographie der deutschsprachigen Nachkriegsliteratur, die einem Erzähler glückte: auf Peter Weiss' *Abschied von den Eltern.*

Wien, Ostern 1980   Rolf Hochhuth

Quellenverzeichnis

Der Abdruck der vorliegenden Erzählungen erfolgte mit freundlicher Genehmigung der folgenden Verlage und Erben:

Anna Seghers, *Das Obdach* — Hermann Luchterhand Verlag, Darmstadt; aus: »Erzählungen«, Bd. 1, 1963

Martin Beheim-Schwarzbach, *Der Verfemte* — Martin Beheim-Schwarzbach; aus: »Schatzinseln—Zauberberge«, 1970

Marie Luise Kaschnitz, *Eines Mittags, Mitte Juni* — Insel Verlag, Frankfurt; aus: »Ferngespräche«, 1966

Joachim Maass, *Der Schnee von Nebraska* — Marie Renée Luft

Marieluise Fleisser, *Das Pferd und die Jungfer* — Suhrkamp Verlag, Frankfurt; aus: »Gesammelte Werke 3«, 1972

Ernst Glaeser, *Das Kirschenfest* — Tilde Glaeser

Reinhold Schneider, *Die Geschichte eines Nashorns* — Frau Hildegard Bauer; aus: »Erdbeben«

Ernst Kreuder, *Nebelkomplott* — v. Hase & Koehler Verlag, Mainz; aus: »Tunnel zu vermieten«, 1970

Josef Breitbach, *Der Schuß im Tiergarten* — Fischer Verlag, Frankfurt; aus: »Die Rabenschlacht«, 1973

Kurt Kusenberg, *Der Lokomotivführer hat Geburtstag* — Rowohlt Verlag, Reinbek; aus: »Gesammelte Erzählungen«, 1969

Wolfgang Koeppen, *Als ich Gammler war* — Suhrkamp Verlag, Frankfurt; Teil des zusammenhängenden Textes *Jugend*, 1976

Stefan Andres, *El Greco malt den Großinquisitor* — Piper Verlag, München

Bernt von Heiseler, *Katharina* — Frau von Heiseler

Albrecht Goes, *Unruhige Nacht* — Wittig Verlag, Hamburg

Gerd Gaiser, *Revanche* — Carl Hanser Verlag, München; aus »Einmal und oft«, 1956

Hans Jürgen Soehring, *Die Sektion* — Verlag Kurt Desch, München

Edzard Schaper, *Das Wiedersehen* — Artemis Verlag, München; aus: »Geschichten aus vielen Leben«, 1977

Marianne Langewiesche, *Kaspar Hauser in Pilsach* — Echter Verlag, Würzburg; aus: »Der fränkische Jura«, 1971

Ulrich Becher, *Er wollte sie nicht haben* — Rowohlt Verlag, Reinbek; aus: »Männer machen Fehler«, 1958

Hans Scholz, *Die alte Chabarowsker Apotheke* — Hans Scholz

Max Frisch, *Russenzeit* — Suhrkamp Verlag, Frankfurt; aus: »Tagebuch 1966—1971«, 1972

Hilde Spiel, *Auf einem anderen Stern* — Hilde Spiel; aus: »Kleine Schritte«, 1976

Gertrud Fussenegger, *Der große Obelisk* — Residenz Verlag, Salzburg

Felix Hartlaub, *Notizen aus dem Kriege* — Geno Hartlaub; aus: »Gesamtwerk«, 1959

Rudolf Krämer-Badoni, *Unterwegs nach Stalingrad* — Rudolf Krämer-Badoni; aus: »In der großen Drift«

Arno Schmidt, *Trommler beim Zaren* — S. Fischer Verlag, Frankfurt; aus: »Sommermeteor«

Alfred Andersch, *Mit dem Chef nach Chenonceaux* —Diogenes Verlag, Zürich; aus: »Geister und Leute«, 1969

Gregor von Rezzori, *Von der Gerechtigkeit des Kadis* — Rowohlt Verlag, Reinbek; aus: »Maghrebinische Geschichten«, 1953

Heinrich Schirmbeck, *Die Nacht vor dem Duell* — Claassen Verlag, Düsseldorf

Johannes Bobrowski, *Unordnung bei Klapat* — Verlag Klaus Wagenbach, Berlin; aus: »Der Mahner«, 1969

Heinrich Böll, *Wanderer, kommst du nach Spa* — Gertrud Middelhauve Verlag, Köln

Hans Lipinsky-Gottersdorf, *Die letzte Reise der Pamir* — Hans Lipinsky-Gottersdorf

Wolfdietrich Schnurre, *Das Manöver* — Verlag Paul List, München; aus: »Erzählungen 1945—1965«, 1977

Friedrich Dürrenmatt, *Der Richter und sein Henker* — Benziger Verlag, Zürich; 1952

Wolfgang Borchert, *Jesus macht nicht mehr mit* — Rowohlt Verlag; aus: »Das Gesamtwerk«, 1949

Nino Erné, *Unvollendete Novelle* — Nino Erné; aus: »Italien süß und sauer«, 1975

Christine Brückner, *Nicht einer zuviel!* — Ullstein Verlag, Berlin; aus: »Überlebensgeschichten«, 1973

Franz Fühmann, *Die Berge hinunter* — Verlag Klaus Wagenbach, Berlin; aus: »Atlas«, 1965

Heinar Kipphardt, *Der Hund des Generals* — Athenäum Verlag, Königstein/Ts.; aus: »Der Mann des Tages«, 1977

Jürgen von Manger, *Der Lügner von Goldoni* — Jürgen von Manger

Dieter Wellershoff, *Doppelt belichtetes Seestück* — Verlag Kie-

penheuer & Witsch, Köln; aus: »Doppelt belichtetes Seestück und andere Texte«, 1974
Maria Frisé, *Kartoffelsalat wie immer* — Rowohlt Verlag, Reinbek; aus: »Hühnertag und andere Geschichten«, 1966
Siegfried Lenz, *Die Flut ist pünktlich* — Hoffmann und Campe Verlag, Hamburg; aus: »Jäger des Spotts«, 1958
Ingeborg Bachmann, *Unter Mördern und Irren* — Piper Verlag, München; aus: »Werke II«, 1978
Max von der Grün, *Französin* — Luchterhand Verlag, Darmstadt; aus: »Leben im gelobten Land«, 1975
Werner Wollenberger, *Der Architekt und sein Richter* — Werner Wollenberger
Martin Walser, *Alpen-Laokoon oder Über die Grenze zwischen Literatur und Gebirge* — Suhrkamp Verlag, Frankfurt; aus: »Wer ist ein Schriftsteller?« 1979
Walter E. Richartz, *Arbeitsessen* — Diogenes Verlag, Zürich; aus: »Der Aussteiger«, 1979
Walter Matthias Diggelmann, *Der Jud Bloch* — Benziger Verlag, Zürich; aus: »Reise durch Transdanubien«, 1974
Walter Vogt, *Beute* — Benziger Verlag, Zürich; aus: »Booms Ende«, 1979
Herbert Meier, *Nabelgeschichte* — Benziger Verlag, Zürich; aus: »Anatomische Geschichte«, 1973
Carl Merz/Helmut Qualtinger, *Der Herr Karl* — Langen Müller Verlag, München; aus: »Der Herr Karl«
Reinhard Lettau, *Mißglückte Landnahme* — Carl Hanser Verlag, München; aus: »Schwierigkeiten beim Häuserbauen«, 1962
Hans Magnus Enzensberger, *Der Entkommene von Turin* — Suhrkamp Verlag, Frankfurt; aus: »Der Weg ins Freie«, 1975
Herbert Heckmann, *Die Wahrheit* — Nymphenburger Verlagshandlung, München; aus: »Liebschaften des Zeus«, 1969
Anneliese Friedmann, *Der Schnee der Reichen* — Anneliese Friedmann
Ernst Hinterberger, *Rudolf* — Europa Verlag, Wien; aus: »Wer fragt nach uns«, 1975
Alexander Kluge, *Ein Liebesversuch* — Suhrkamp Verlag, Frankfurt; aus: »Unheimlichkeit der Zeit«, 1977
Rolf Schneider, *Grenzgänger* — Rolf Schneider; aus: »Auskunft«, 1977
Gabriele Wohmann, *Ein unwiderstehlicher Mann* — Gabriele Wohmann

Jochen Ziem, *Die Klassefrau* — Luchterhand Verlag, Darmstadt; aus: »Die Klassefrau«, 1974

Peter Härtling, *Der wiederholte Unfall oder die Fortsetzung eines Unglücks* — Peter Härtling

Reiner Kunze, *Fünfzehn* — S. Fischer Verlag, Frankfurt; aus: »Die wunderbaren Jahre«, 1976

Herbert Rosendorfer, *Die Karriere des Florenzo Waldweibel-Hostelli* — Nymphenburger Verlagshandlung, München; aus: »Der stillgelegte Mensch«, 1970

Adolf Muschg, *Playmate* — Suhrkamp Verlag, Frankfurt; aus: »Liebesgeschichten«, 1972

Manfred Bieler, *Winterlandschaft* — Hoffmann und Campe Verlag, Hamburg; aus: »Der junge Roth«, 1968

Herbert Reinoß, *Tante Marie* — Herbert Reinoß

Albert von Schirnding, *Eine Vergebliche* — Langewiesche-Brandt Verlag; aus: »Bedenkzeit«, 1977

Jürgen Lodemann, *Bettgeschichte* — Diogenes Verlag, Zürich; aus: »Im deutschen Urwald«, 1978

Gisela Elsner, *Die Mieterhöhung* — Gisela Elsner

Kurt Bartsch, *Berlin, Gormannstraße* — Rowohlt Verlag, Reinbek; aus: »Kaderakte«, 1979

Sigrid Brunk, *Strukturen* — Verlag Kiepenheuer & Witsch, Köln; aus »Flammen«, 1981

Otto Jägersberg, *Der letzte Biß* — Diogenes Verlag, Zürich

Günter Wallraff, *Brauner Sud im Filterwerk Melitta* — Verlag Kiepenheuer & Witsch, Köln; aus: »Reportagen«, 1976

Hugo Dittberner, *Das Kriegsopfer* — Rowohlt Verlag, Reinbek; aus: »Draußen im Dorf«, 1978

Botho Strauß, *Berlin ohne Ende* — Carl Hanser Verlag, München; aus: »Die Widmung«, 1977

Reiner Wertheimer, *Wir sind immer noch gute Freunde* — Reiner Wertheimer

Karin Struck, *Ein kleiner Fall von Zensur* — Karin Struck

Gerd Martin Holtzapfel, *Schnüffler-Novelle* — Gerd Martin Holtzapfel

**Ein herrliches Lesebuch
der romantischen Dichtung in der Weltliteratur**

Die Blaue Blume

»Hermann Kesten hat ein herrliches Lesebuch der romantischen Dichtung und Erzählkunst überhaupt zusammengestellt, und in dem man die romantische Dichtung auf der Ebene der Weltliteratur nebeneinander findet, Kleist neben Poe und Pellico, Lermontow neben Tieck und Becquer, Melville neben Andersen und Keller, entsteht eine reiche Variation romantischen Empfindens und Vorstellens, welche nicht nur durch ihre Vielfalt, sondern auch gerade im Kontrast ein neues, lebendiges Bild ergibt.«
Neue Züricher Zeitung

Die schönsten romantischen Erzählungen der Weltliteratur
Eine Anthologie · Hrsg. von Hermann Kesten · 2 Bände in einer Kassette · 796 Seiten · Leinen

*Katherine Mansfield
Sämtliche Erzählungen
in zwei Bänden*

Katherine Mansfield hat die Erzählung als Gattung erneuert. Sie hat ihr eine neue subjektive Form gegeben, eine Lockerheit der Assoziation, die die Pointe im Nebenbei sucht. In einer einfachen lebendigen Sprache, die nichts von ihrem Zauber eingebüßt hat, entdeckt sie scheinbar mühelos das Detail, das in ihren Geschichten zu einem plötzlichen Moment der Wahrheit wird.
Zum ersten Mal liegen mit dieser Ausgabe die Erzählungen Katherine Mansfields geschlossen vor. Eine Entdeckung für jeden, der meisterhafte Prosa und ungebrochene Erzählfreude liebt.

1.000 Seiten. 2 Bände in einer Schmuckkassette.